BRUNNER - SUDDARTH

# SOINS INFIRMIERS

## MÉDECINE ET CHIRURGIE

# FONCTIONS DIGESTIVE, MÉTABOLIQUE ET ENDOCRINIENNE

*BRUNNER/SUDDARTH*

# *SOINS INFIRMIERS – MÉDECINE ET CHIRURGIE*

(EN 6 VOLUMES)

BRUNNER - SUDDARTH

# SOINS INFIRMIERS
## MÉDECINE ET CHIRURGIE

## FONCTIONS DIGESTIVE, MÉTABOLIQUE ET ENDOCRINIENNE

**Suzanne Smeltzer**
**Brenda Bare**

3

3e ÉDITION

ÉDITIONS DU RENOUVEAU PÉDAGOGIQUE INC.

5757, RUE CYPIHOT, SAINT-LAURENT (QUÉBEC) H4S 1X4
TÉLÉPHONE : (514) 334-2690 TÉLÉCOPIEUR : (514) 334-4720

J. B. LIPPINCOTT
A WOLTERS KLUWER COMPANY

VOLUME 3 DE 6

Ce volume est une version française des parties 5, 8 et 9 de la septième édition de *Brunner & Suddarth's Textbook of Medical-Surgical Nursing* de Suzanne Smeltzer et Brenda Bare, publiée et vendue à travers le monde avec l'autorisation de J.B. Lippincott Company

Copyright © 1992 by J. B. Lippincott Company, all rights reserved.

**Traduction:** Sylvie Beaupré, Marie-Annick Bernier, France Boudreault, Pierre-Yves Demers, Annie Desbiens, les traductions l'encrier, Jocelyne Marquis, Véra Pollak
**Révision et supervision éditoriale:** Jocelyne Marquis et Suzie Toutant
**Correction d'épreuves:** France Boudreault, Pauline Coulombe-Côté, Corinne Kraschewski, Diane Provost
**Coordination de la réalisation graphique:** Micheline Roy
**Conception de la page couverture:** Denis Duquet
**Photocomposition et montage:** Compo Alphatek Inc.

Les médicaments et leur posologie respectent les recommandations et la pratique en vigueur lors de la publication du présent ouvrage. Cependant, étant donné l'évolution constante des recherches, les modifications apportées aux règlements gouvernementaux et les informations nouvelles au sujet des médicaments, nous prions le lecteur de lire attentivement l'étiquette-fiche de chaque médicament afin de s'assurer de l'exactitude de la posologie et de vérifier les contre-indications ainsi que les précautions à prendre. Cela est particulièrement important dans le cas des nouveaux médicaments ou des médicaments peu utilisés.

Les méthodes et les plans de soins présentés dans le présent ouvrage doivent être appliqués sous la supervision d'une personne qualifiée, conformément aux normes de compétence en vigueur et en tenant compte des circonstances particulières de chaque situation clinique. Les auteurs, les adaptateurs et l'éditeur se sont efforcés de présenter des informations exactes et de rendre compte des pratiques les plus courantes. Cependant, ils ne peuvent être tenus responsables des erreurs ou des omissions qui auraient pu se glisser ni des conséquences que pourrait entraîner l'utilisation des informations contenues dans cet ouvrage.

© Éditions du Renouveau Pédagogique Inc., 1994
5757, rue Cypihot
Saint-Laurent, Québec (Canada) H4S 1X4
Tous droits réservés.

Dépôt légal: 2e trimestre 1994
Bibliothèque nationale du Québec
Bibliothèque nationale du Canada
Imprimé au Canada

ISBN 2-7613-0890-5 (Volume 3)
13003 ABCD
ISBN 2-7613-0696-1 (L'ensemble)
2245

1 2 3 4 5 6 7 8 9 0 II 9 8 7 6 5 4
COM9

# Consultants

PARTIE 6

*Version anglaise*

Chapitres 24 et 28

Martha V. Manning, RN, MSN
   Infirmière clinicienne spécialisée en réadaptation cardiorespiratoire, The Alexandria Hospital, Alexandria, Virginia

Chapitres 25 et 27

Doreen Chaffinch Grzelak, MSN, RN
   Formation en soins infirmiers, HCA Reston Hospital Center, Reston, Virginia

Chapitre 26

Nancy A. Morrisey, MSN, RNC
   Directrice des soins infirmiers, Surgical Unit, The Alexandria Hospital, Alexandria, Virginia

*Version française*

Chapitres 24, 25, 26, 27 et 28

Line Beaudet, inf., M.Sc.
   Infirmière clinicienne spécialisée, clinique des désordres moteurs, Hôpital général juif, Montréal
   Chargée de cours, faculté des sciences infirmières, Université de Montréal
   Infirmière-conseil

PARTIE 7

*Version anglaise*

Chapitre 30

Carol S. Rosenberg, MSN, RN, CDE
   Infirmière clinicienne spécialisée, soins aux diabétiques, Bay Shores Medical Group, Torrance, California; antérieurement spécialiste clinique, soins aux diabétiques, Cedars-Sinai Medical Center, Los Angeles, California

*Version française*

Chapitres 29, 30 et 31

Lyne Cloutier, inf., M.Sc.
   Infirmière clinicienne en traumatologie, Hôpital du Sacré-Cœur, Montréal

PARTIE 8

*Version anglaise*

Chapitres 20, 21 et 22

Linda J. Burns, PhD, RN
   Coordinatrice du projet NIRA, Somerset Medical Center, Somerville, New Jersey; antérieurement professeur adjoint, School of Nursing, Trenton State College, Trenton, New Jersey

*Version française*

Sylvie Le May, certificat en gestion des services de santé, inf., M.Sc.
   Chargée d'enseignement, faculté des sciences infirmières, Université de Montréal

# Avant-propos

Les six premières éditions anglaises de *Soins infirmiers — médecine et chirurgie* ont été le fruit d'une collaboration qui a trouvé son expression dans un partenariat *efficace*. Le soutien inébranlable des enseignantes, des praticiennes et des étudiantes nous a donné la plus grande des joies en nous amenant à nous pencher sur la quintessence des soins infirmiers, les réactions humaines aux problèmes de santé.

Nous sommes heureuses que Suzanne Smeltzer et Brenda Bare aient accepté d'être les auteures et les directrices de la septième édition de cet ouvrage. Elles nous ont déjà prêté main forte lors des éditions précédentes, et nous pouvons attester qu'elles ont l'intégrité, l'intelligence et la détermination nécessaires à la publication d'un ouvrage d'une telle envergure. Elles savent à

quel point il est important de lire tout ce qui est publié sur le sujet, de voir comment les découvertes de la recherche en sciences infirmières peuvent être mises à profit dans la pratique, de choisir des collaborateurs *qualifiés* et d'analyser à fond les chapitres pour s'assurer que leur contenu est exact et d'actualité.

Nous tenons à remercier les infirmières qui ont utilisé notre ouvrage pour leur fidélité et leur encouragement. Nous passons maintenant le flambeau à Suzanne et à Brenda, avec la certitude qu'elles consacreront tout leur talent à la recherche de l'excellence qui constitue la marque de ce volume.

Lillian Sholtis Brunner, RN, MSN, ScD, *Litt*D, FAAN
Doris Smith Suddarth, RN, BSNE, MSN

# PRÉFACE

Quand on passe d'une décennie à une autre, les prévisions et les prédictions abondent. Quand c'est dans un nouveau siècle que l'on s'engage, elles déferlent. À l'aube du XXIe siècle, la documentation spécialisée dans les soins de santé regorge donc de prédictions sur l'avenir de notre monde, et plus particulièrement sur l'avenir des systèmes de soins de santé. Les titres des ouvrages et des articles sur le sujet contiennent souvent des mots comme «perspectives démographiques au XXIe siècle», «prospectives en matière de soins de santé» ou «les systèmes de soins de santé en mutation».

Selon ceux et celles qui ont tenté de prédire ce que seront les soins infirmiers au XXIe siècle, les infirmières doivent se préparer à faire face à des changements et à relever de nouveaux défis. Il leur faudra donc anticiper les courants et les orientations de leur profession si elles ne veulent pas se laisser distancer. Les nouveaux enjeux leur ouvriront des perspectives inédites sur leur profession, tant dans la théorie que dans la pratique, et cela ne pourra se faire que dans un souci constant d'excellence.

Dans la septième édition de *Soins infirmiers en médecine et en chirurgie* de Brunner et Suddarth, nous nous sommes donné pour but de favoriser l'excellence dans la pratique des soins infirmiers. Nous avons continué de mettre l'accent sur ce qui a fait notre marque dans les éditions précédentes: notions de physiopathologie, explications scientifiques, résultats de la recherche et état des connaissances actuelles sur les principes et la pratique des soins infirmiers cliniques. Pour décrire le vaste champ d'application des soins infirmiers en médecine et en chirurgie, nous avons eu recours à des principes de physique, de biologie, de biotechnologie médicale et de sciences sociales, combinés à la théorie des sciences infirmières et à l'art de prodiguer les soins.

La démarche de soins infirmiers constitue le centre, la structure du présent ouvrage. À l'intérieur de cette structure, nous avons mis en évidence les aspects gérontologiques des soins, les traitements médicamenteux, l'enseignement au patient, les soins à domicile et la prévention. Le maintien et la promotion de la santé, de même que les autosoins, occupent aussi une place importante. Cet ouvrage est axé sur les soins aux adultes qui présentent un problème de santé aigu ou chronique et sur les rôles de l'infirmière qui leur prodigue des soins: soignante, enseignante, conseillère, porte-parole, coordonnatrice des soins, des services et des ressources.

Nous avons accordé plus d'espace que dans les éditions précédentes aux questions d'actualité en matière de soins de santé. Dans cet esprit, nous avons consacré un chapitre aux problèmes d'éthique qui se posent le plus dans la pratique des soins infirmiers. Nous avons aussi traité en détail des besoins en matière de santé des personnes âgées (dont le nombre augmente sans cesse), des sans-abri, des personnes atteintes du sida ou d'autres maladies immunitaires et des personnes atteintes d'une maladie chronique dont la vie est prolongée grâce aux progrès de la médecine.

Nous avons accordé une importance particulière à la recherche en sciences infirmières en consacrant une section aux progrès de la recherche à la fin de chaque partie de l'ouvrage. Dans cette section, nous présentons une analyse des résultats de différentes recherches, suivie de leur application possible en soins infirmiers. Dans les bibliographies, nous avons marqué d'un astérisque les articles de recherche en sciences infirmières. Nous avons choisi avec soin les références les plus représentatives de l'état actuel des connaissances et de la pratique.

De plus, nous avons voulu dans l'édition française faciliter la consultation d'un ouvrage aussi exhaustif en le séparant en volumes plus petits et plus faciles à transporter dans les cours ou sur les unités de soins. Pour ce faire, nous avons divisé la matière en six grandes fonctions, auxquelles nous avons ajouté divers éléments de théorie plus générale: le **volume 1** traite de la fonction respiratoire, du maintien de la santé et de la collecte de données; le **volume 2** couvre les fonctions cardiovasculaire et hématologique ainsi que les notions biopsychosociales reliées à la santé et à la maladie; le **volume 3** traite des fonctions digestive, métabolique et endocrinienne ainsi que des soins aux opérés; le **volume 4** explique la fonction génito-urinaire ainsi que les principes et les difficultés de la prise en charge du patient; le **volume 5** couvre les fonctions immunitaire et tégumentaire, les maladies infectieuses et les soins d'urgence; et enfin, le **volume 6** traite des fonctions sensorielle et locomotrice.

Afin de faciliter la lecture du texte, nous avons utilisé le terme «infirmière» et avons féminisé les titres de quelques professions. Il est entendu que cette désignation n'est nullement restrictive et englobe les infirmiers et les membres masculins des autres professions. De même, tous les termes masculins désignant des personnes englobent le féminin. Nous avons choisi de désigner par le terme «patient» la personne qui reçoit les soins parce que, dans le contexte du présent ouvrage, il correspond bien à la définition donnée par les dictionnaires: Personne qui subit ou va subir une opération chirurgicale; malade qui est l'objet d'un traitement, d'un examen médical (*Petit Robert*). Dans tous les autres contextes, les infirmières peuvent utiliser un autre terme de leur choix: client, bénéficiaire, etc.

Nous avons conservé notre perspective éclectique des soins au patient, parce qu'elle permet aux étudiantes et aux infirmières soignantes d'adapter ce qu'elles apprennent à leur propre conception des soins infirmiers. La matière du présent ouvrage peut être utilisée avec tous les modèles conceptuels de soins infirmiers.

Nous considérons la personne qui reçoit les soins comme un être qui aspire à l'autonomie, et nous croyons qu'il incombe à l'infirmière de respecter et d'entretenir cette volonté d'indépendance.

À l'aube du XXIe siècle, dans l'évolution rapide de la société et des soins de santé, une chose n'a pas changé: l'infirmière a toujours pour rôle d'humaniser les soins. La septième édition de *Soins infirmiers – médecine et chirurgie* de Brunner et Suddarth, avec sa perspective holistique des soins au patient, fait écho à ce souci d'humanisation.

# TABLE DES MATIÈRES

**VOLUME 2**

## partie 4

# *Fonctions cardiovasculaire et hématologique*

## partie 5

# *Notions biopsychosociales reliées à la santé et à la maladie*

**VOLUME 3**

## partie 6

# *Fonctions digestive et gastro-intestinale*

**partie 7**

# *Fonctions métabolique et endocrinienne*

## partie 8

# Soins aux opérés

VOLUME 4

# partie 9

## Fonctions rénale et urinaire

# partie 10

## Fonctions de la reproduction

# partie 11

## Prise en charge du patient: Principes et difficultés

VOLUME 5

# partie 12

## Fonction immunitaire

# *partie* 6

# Fonctions digestive et gastro-intestinale

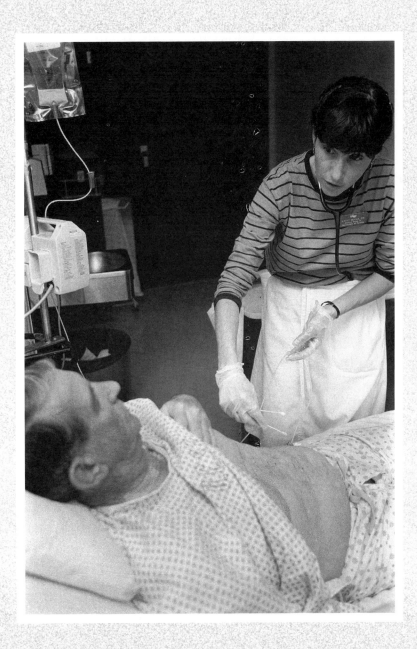

# 24
# ÉVALUATION DES FONCTIONS DIGESTIVE ET GASTRO-INTESTINALE

## OJECTIFS D'APPRENTISSAGE

*Après avoir étudié ce chapitre, vous devriez être en mesure de réaliser ce qui suit:*

1. *Expliquer les processus mécaniques et chimiques contribuant à la digestion et à l'absorption des aliments ainsi qu'à l'élimination des déchets.*
2. *Décrire les mesures de préparation, d'enseignement et de suivi à appliquer auprès des patients qui subissent des examens diagnostiques du tractus gastro-intestinal.*
3. *Appliquer les paramètres d'évaluation de la fonction gastro-intestinale.*

# PHYSIOLOGIE

## ANATOMIE DE L'APPAREIL DIGESTIF

Le tractus gastro-intestinal est un tube dont les deux extrémités communiquent avec le milieu externe. D'une longueur de 6 m, il se prolonge de la bouche à l'œsophage, puis à l'estomac, à l'intestin et à l'anus. L'*œsophage* est situé dans le médiastin, au milieu de la cavité thoracique, en position antérieure par rapport à la colonne vertébrale et postérieure par rapport à la trachée et au cœur. Il est composé d'un tube souple d'environ 25 cm qui se dilate au moment du passage des aliments.

L'*estomac* est situé dans la portion supérieure de l'abdomen, à gauche du plan médian du corps, sous le diaphragme gauche. Il s'agit d'une poche élastique d'une capacité d'environ 1500 mL. L'ouverture supérieure de l'estomac, appelée *jonction œsogastrique*, est entourée d'un anneau de muscle lisse, appelé anneau de l'œsophage inférieur (ou valvule cardio-œsophagienne), qui referme la jonction œsogastrique en se contractant. L'ouverture inférieure de l'estomac est appelée *pylore*. Les muscles lisses circulaires qui tapissent la paroi du pylore forment le *sphincter pylorique*, qui règle les dimensions de l'ouverture entre l'estomac et l'intestin grêle.

L'*intestin grêle,* qui est le plus long segment du tractus gastro-intestinal et représente environ les deux tiers de sa longueur totale, est replié sur lui-même. Il occupe la majeure partie de la cavité abdominale. Il comprend trois parties: une partie supérieure, appelée *duodénum,* une partie centrale, appelée *jéjunum,* et une partie inférieure appelée *iléon.* Le canal cholédoque, qui transporte la bile et les sécrétions pancréatiques, se déverse dans le duodénum.

La jonction entre l'intestin grêle et le gros intestin est généralement située dans la portion inférieure droite de l'abdomen. L'*appendice* est également situé à cet endroit. La *valvule iléocolique*, qui unit l'intestin grêle et le gros intestin, joue un rôle analogue à celui de l'anneau de l'oesophage inférieur et du sphincter pylorique. Le *gros intestin* se compose d'un segment *ascendant*, situé du côté droit de l'abdomen, d'un segment *transversal*, qui s'étend du côté gauche au côté droit de la partie supérieure de l'abdomen, et d'un segment *descendant* situé du côté gauche de l'abdomen. La portion terminale du gros intestin s'appelle le *rectum*, et est relié à l'*anus*. L'anus est entouré d'un sphincter externe qui, contrairement aux autres sphincters du tractus gastro-intestinal, est composé de muscles striés volontaires (figure 24-1).

## Irrigation sanguine du tractus gastro-intestinal

En raison de sa longueur, le tractus gastro-intestinal est irrigué par des artères qui prennent leur origine le long de l'aorte thoracique et abdominale. L'artère mésentérique supérieure et l'artère mésentérique inférieure, qui alimentent l'intestin grêle et le gros intestin, ont une importance particulière: elles forment de petites boucles ou arcades qui encerclent l'intestin et lui fournissent de l'oxygène et des matières nutritives (figure 24-2). Le sang veineux qui draine l'intestin est enrichi par les matières nutritives absorbées dans la lumière du tractus gastro-intestinal. Ces veines fusionnent avec d'autres dans l'abdomen pour former un vaisseau sanguin plus gros, la *veine porte*, qui transporte le sang riche en matières nutritives jusqu'au foie. L'irrigation de l'ensemble du tractus gastro-intestinal représente environ 20 % du débit cardiaque total, et elle s'accroît de façon importante après les repas.

## Innervation

L'innervation du tractus gastro-intestinal provient des parties sympathiques et parasympathiques du *système nerveux autonome*. De façon générale, les nerfs sympathiques exercent un effet inhibiteur sur le tractus gastro-intestinal (à l'exception des sphincters et des vaisseaux sanguins, dont la contraction relève du système nerveux sympathique). Le péristaltisme primaire est stimulé par des nerfs parasympathiques. Seuls l'oesophage supérieur et le sphincter externe de l'anus sont commandés de façon volontaire.

# PROCESSUS DIGESTIF

Pour assurer leurs fonctions, toutes les cellules du corps nécessitent des matières nutritives. Celles-ci proviennent des aliments ingérés comportant des protéines, des lipides, des glucides, des vitamines et des minéraux, ainsi que des fibres de cellulose et divers produits végétaux sans valeur nutritive.

Les principales fonctions digestives du tractus gastro-intestinal permettent de répondre aux besoins suivants de l'organisme:

- dégrader les particules alimentaires en petites molécules pouvant être digérées;
- absorber dans le sang les petites molécules produites par la digestion;
- éliminer les produits non digérés et non absorbés, ainsi que divers produits de déchets de l'organisme.

En passant dans le tractus gastro-intestinal, les aliments entrent en contact avec plusieurs sécrétions qui favorisent la digestion, l'absorption et l'élimination des particules alimentaires (figure 24-3).

## Digestion buccale

La digestion commence avec la mastication, qui permet de réduire les aliments en petites particules pouvant être avalées et mélangées avec les enzymes digestives. La salive, sécrétée par les glandes salivaires de la bouche au rythme d'environ 1,5 L par jour, contient une enzyme, la *ptyaline* (ou amylase salivaire), qui contribue à la digestion de l'amidon (tableau 24-1).

Le réflexe salivaire peut être déclenché par l'absorption de nourriture, par la vue ou l'odeur des aliments, parfois même par le simple fait de penser à de la nourriture. La principale fonction de la salive est de lubrifier les aliments pendant la mastication, ce qui facilite la déglutition.

## Déglutition

La déglutition, action initiale qui propulse les aliments dans le tractus digestif, dépend de la volonté. Sa régulation relève du centre de la déglutition situé dans le bulbe rachidien du système nerveux central. Les efforts volontaires de déglutition sont inefficaces sauf si l'organisme peut effectivement avaler quelque chose, par exemple de l'air, de la salive ou des aliments. Pendant la déglutition, l'épiglotte recouvre l'ouverture de la trachée, ce qui prévient le passage des aliments dans les poumons. La déglutition entraîne la propulsion du bol alimentaire dans la partie supérieure de l'oesophage. Les muscles lisses qui tapissent l'oesophage subissent des contractions rythmiques séquentielles, de haut en bas, qui déplacent les aliments en direction de l'estomac. Pendant le péristaltisme oesophagien, l'anneau de l'oesophage inférieur, situé à la jonction de l'oesophage et de l'estomac, se détend pour permettre au bol alimentaire de pénétrer dans l'estomac. Il se referme ensuite hermétiquement pour prévenir le reflux stomacal dans l'oesophage.

- Le reflux du contenu acide de l'estomac dans l'oesophage entraîne des sensations désagréables dans la région située derrière le sternum (*pyrosis*).

## Effet des sucs gastriques

Une fois dans l'estomac, les aliments sont exposés aux sucs gastriques très acides. Leur pH, qui peut s'abaisser jusqu'à 1, s'explique par la sécrétion d'*acide chlorhydrique* par les glandes de l'estomac qui se produit surtout après les repas. Le volume de sécrétion gastrique est d'environ 2,5 L par jour. Ces sécrétions ont pour fonction de dégrader les aliments en composantes plus faciles à absorber.

- Les personnes qui présentent des sécrétions excessives chroniques d'acide gastrique sont susceptibles de souffrir d'ulcères gastriques ou duodénaux.

Les sécrétions gastriques comportent également une enzyme, la *pepsine*, qui joue un rôle important dans la digestion des protéines.

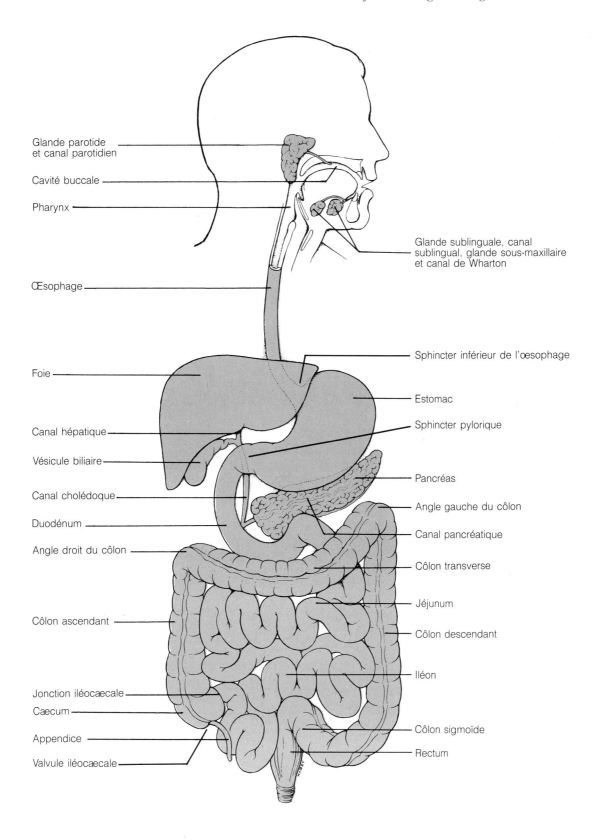

**Figure 24-1.** Diagramme de l'appareil digestif représentant le tractus et les différents sphincters
(Source: E. E. Chaffee et E. M. Greisheimer, *Basic Physiology and Anatomy,* 6ᵉ éd., Philadelphia, J. B. Lippincott)

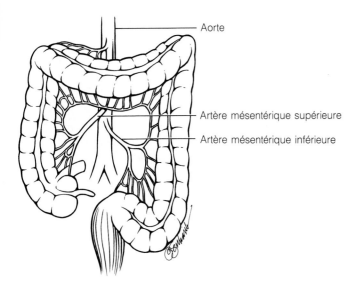

**Figure 24-2.** Anatomie et irrigation sanguine du gros intestin

L'estomac sécrète également un *facteur intrinsèque,* qui est synthétisé par les cellules de l'estomac et se lie à la vitamine $B_{12}$ contenue dans les aliments pour permettre son absorption dans l'iléon.

- En l'absence du facteur intrinsèque, la vitamine $B_{12}$ ne peut être absorbée, ce qui provoque une anémie pernicieuse.

Les contractions péristaltiques de l'estomac déplacent son contenu vers le pylore. Les grosses particules alimentaires, qui ne peuvent traverser le sphincter pylorique, restent dans l'estomac jusqu'à ce qu'elles soient fractionnées.

Les aliments peuvent rester dans l'estomac pendant une période variable, qui va de 30 minutes à plusieurs heures selon les dimensions des particules alimentaires, la composition du repas et divers facteurs. Le péristaltisme de l'estomac et les contractions du sphincter pylorique permettent aux aliments partiellement digérés de pénétrer dans l'intestin grêle à un rythme favorisant l'absorption efficace des matières nutritives.

## Action de l'intestin grêle

Le reste du processus digestif se déroule principalement dans le duodénum. Les sécrétions que l'on retrouve dans le duodénum proviennent du pancréas, du foie et de glandes situées dans la paroi intestinale. La principale caractéristique de ces sécrétions est leur forte teneur en enzymes digestives.

Les sécrétions pancréatiques ont un pH alcalin résultant d'une forte concentration de *bicarbonates* qui neutralisent l'acide gastrique qui pénètre dans le duodénum. Le pancréas sécrète également des enzymes digestives, notamment la *trypsine,* qui favorise la digestion des protéines, l'*amylase,* qui contribue à la digestion de l'amidon, et la *lipase* qui assure la digestion des lipides.

La bile (sécrétée par le foie et stockée dans la vésicule biliaire) contient des *sels biliaires,* du *cholestérol* et de la *lécithine,* qui provoquent l'émulsion des graisses ingérées et favorisent leur digestion et leur absorption. Les sels biliaires, quant à eux, sont réabsorbés dans le sang porte au moment où ils atteignent l'iléon.

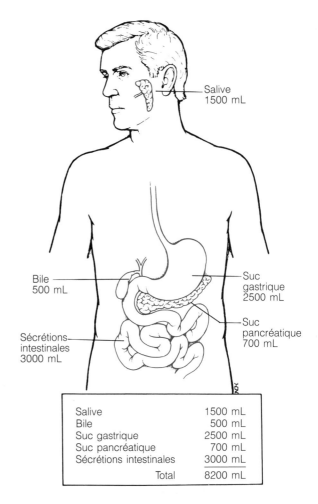

**Figure 24-3.** Volume total des sécrétions digestives produites en 24 heures
(Source: A. Bowen, «Intravenous alimentation in surgical patients», *Mod Med*)

Les sécrétions des glandes intestinales sont composées de mucus, qui tapisse les cellules et protège le duodénum contre l'action de l'acide chlorhydrique, d'hormones, d'électrolytes et d'enzymes. L'intestin secrète environ 1 L/jour de suc pancréatique, 0,5 L/jour de bile et 3 L/jour de substances produites par les glandes de l'intestin grêle. Le péristaltisme intestinal propulse le contenu de l'intestin grêle vers le côlon.

# *BACTÉRIES GASTRO-INTESTINALES ET SUBSTANCES RÉGULATRICES*

## Hormones

Le rythme de sécrétion des liquides gastro-intestinaux et la motilité gastro-intestinale (tableau 24-2) dépendent de trois principales hormones et de deux neuromédiateurs. Une certaine régulation locale s'exerce également. L'*acétylcholine* et l'*histamine* stimulent les glandes gastriques et favorisent la sécrétion d'acide gastrique. La noradrénaline et certaines prostaglandines inhibent l'activité de l'acide gastrique.

La *gastrine* est sécrétée par les cellules de l'estomac. Elle assure la régulation partielle de la sécrétion d'acide gastrique

*(suite à la page 619)*

TABLEAU 24-1.  *Principales enzymes digestives*

| Nom de l'enzyme | Substrat | Produits de réaction | Source de l'enzyme | Lieu d'action |
|---|---|---|---|---|
| *ACTION DES ENZYMES QUI DIGÈRENT LES GLUCIDES* | | | | |
| Amylase salivaire (ptyaline) | Amidon (amylose) des céréales, pommes de terre, légumes | Dextrines, maltose, glucose | Sécrétions des glandes parotides et des glandes sous-maxillaires (salive) | Bouche, si la mastication est complète; fond de l'estomac, si le mélange avec le suc gastrique est retardé |
| Amylase pancréatique (amylopsine) | Amidon | Dextrines maltose, glucose | Sécrétions du pancréas | Intestin grêle |
| | Dextrines | Maltose, glucose | | |
| Disaccharidases | Disaccharides | Monosaccharides | Muqueuse de l'intestin grêle (bordure en brosse) | Bordure en brosse de la paroi intestinale |
| Maltase | Maltose (sirop de maïs, bière) | Glucose | | |
| Isomaltase | Isomaltose | Glucose | | |
| Sucrase | Sucrose (sucre raffiné, fruits) | Glucose et fructose | | |
| Lactase | Lactose (lait) | Glucose et galactose | | |
| *ACTION DES ENZYMES QUI DIGÈRENT LES PROTÉINES* | | | | |
| Pepsine (protéase) | Protéines | Gros peptides | Cellules principales de la muqueuse gastrique (sécrétion sous forme de pepsinogène*, pro-enzyme inactive) | Estomac |
| Trypsine | Protéines et polypeptides (les polypeptides proviennent principalement de la digestion partielle des protéines) | Polypeptides, dipeptides, acides aminés | Pancréas (sécrétion sous forme de trypsinogène, chymotrypsinogène et procarboxypeptidase*, pro-enzymes inactives) | Lumière de l'intestin grêle |
| Chymotrypsine | | | | |
| Carboxypepsidase | | | | |
| Aminopeptidase | Polypeptides | Petits peptides, acides aminés | Cellules de la muqueuse de l'intestin grêle | Bordure en brosse de l'intestin grêle |
| Dipeptidase | Dipeptides | Acides aminés | | |
| *ACTION DES ENZYMES QUI DIGÈRENT LES LIPIDES (TRIGLYCÉRIDES)* | | | | |
| Lipase pharyngienne† | Triglycérides (dans les aliments contenant des lipides) tels que la viande, le beurre, les noix et le fromage | Acides gras, diglycérides, monoglycérides | Muqueuse du pharynx | Fond de l'estomac |
| Lipase gastrique† (stéapsine) | Triglycérides à chaînes courtes (produits laitiers) | Acides gras à chaînes courtes, diglycérides, monoglycérides | Muqueuse gastrique | Estomac |
| Lipase pancréatique | Triglycérides, diglycérides | Diglycérides, monoglycérides, acides gras (chaînes courtes, longues et moyennes) | Pancréas | Lumière de l'intestin grêle |

\* L'activation des pro-enzymes se produit dans la lumière du tractus intestinal.

† Non essentielle à la bonne digestion des lipides

(Source: C. W. Suitor et M. F. Crowley, *Nutrition: Principles and Application in Health Promotion*, 2e éd., Philadelphia, J. B. Lippincott, 1984, p. 219)

**TABLEAU 24-2.    *Substances régulatoires gastro-intestinales***

| Substance | Stimulus de production | Glande cible | Effet sur les sécrétions | Effet sur la motilité |
|---|---|---|---|---|
| **NEUROMÉDIATEURS** | | | | |
| Acétylcholine | Vue, odorat, mastication des aliments, distension stomacale | Glandes gastriques, autres glandes sécrétoires, muscle gastro-intestinal | Augmentation de l'acide gastrique | En général, augmentation; diminution du tonus sphinctérien |
| Noradrénalinie | Stress, stimuli divers | Glandes sécrétoires, muscle gastro-intestinal | En général, inhibition | En général, réduction; augmentation du tonus sphinctérien |
| **RÉGULATEURS HORMONAUX** | | | | |
| Gastrine | Réflexes myentériques provoqués par (1) une distension de l'estomac en présence d'aliments, (2) des sécrétagogues (protéines partiellement digérées, caféine, autres substances présentes dans le café ordinaire et décaféiné, alcool, extraits) | Glandes gastriques | Sécrétion accrue de suc gastrique riche en HCl | Motilité accrue de l'estomac, réduction du temps nécessaire à l'évacuation gastrique. Détente du sphincter iléocæcal. Excitation du côlon. Constriction du sphincter inférieur de l'œsophage |
| Cholécystokinine | Lipides dans le duodénum | Vésicule biliaire | Libération de bile dans le duodénum | |
| | | Pancréas | Production accrue de sécrétions pancréatiques riches en enzymes | |
| | | Estomac | Parfois, légère inhibition de la sécrétion gastrique | |
| Sécrétine | pH du chyme inférieur à 4 ou 5 dans le duodénum | Estomac | Parfois, légère inhibition de la sécrétion gastrique | Inhibition des contractions gastriques |
| | | Pancréas | Production accrue de suc pancréatique riche en bicarbonates | |
| * Peptide intestinal vasoactif | Mal établi | Pancréas | Sécrétions pancréatiques accrues | |
| | | Estomac | Production réduite d'acide gastrique et de pepsine | Détente des muscles de l'estomac |
| * Peptides inhibiteurs gastriques (PIG) | Peptides, acides aminés, lipides et glucose | Glandes gastriques | Production réduite d'acide gastrique. Production accrue d'insuline | Réduction de la motilité gastrique |
| * Motiline | pH alcalin dans le duodénum | Estomac, intestins | | Augmentation de l'activité de l'estomac et de l'intestin |
| **RÉGULATEURS LOCAUX** | | | | |
| Histamine | Mal établi, substances alimentaires | Glandes gastriques | Production accrue d'acide gastrique | |
| * Prostaglandines (plusieurs types) | Peut-être la contraction du muscle intestinal | Diverses glandes | Certaines ($E_1$, $E_2$, A) peuvent inhiber la sécrétion d'acide gastrique et de pepsine. | Les PGE et les PGF peuvent provoquer la contraction des muscles longitudinaux. |

* Rôle physiologique spécifique mal établi

(Source: C. W. Suitor et M. F. Crowley, *Nutrition: Principles and Application in Health Promotion*, 2$^e$ éd., Philadelphia, J. B. Lippincott, 1984, p. 224)

et influe sur la contraction de l'anneau de l'œsophage inférieur et du sphincter pylorique. La distension de l'estomac stimule la libération de gastrine.

La *sécrétine*, sécrétée par la muqueuse de la portion supérieure de l'intestin grêle, stimule la sécrétion de bicarbonates dans le suc pancréatique et inhibe la production d'acide gastrique. La pénétration d'acide gastrique dans l'intestin grêle active la libération de sécrétine.

La *cholécystokinine-pancréozymine* (CCK-PZ), également libérée par les cellules de la portion supérieure de l'intestin grêle, agit sur la vésicule biliaire et le pancréas. Elle provoque la contraction de la vésicule biliaire et la libération d'enzymes digestives du pancréas. La présence d'acides gras et d'acides aminés dans l'intestin grêle stimule la libération de CCK-PZ.

### Bactéries

Le tractus gastro-intestinal comporte normalement des bactéries dont la présence est essentielle au bon fonctionnement gastro-intestinal. On ne retrouve que très peu de bactéries dans l'estomac et la partie supérieure de l'intestin grêle, probablement en raison du fait qu'elles sont détruites par les sécrétions acides de l'estomac. Par contre, la flore bactérienne est plus importante dans l'iléon, et forme l'une des principales composantes du contenu du gros intestin. Ces bactéries contribuent à la dégradation complète des produits de déchet et des sels biliaires.

## DIGESTION ET ABSORPTION DES MATIÈRES NUTRITIVES

Le processus de digestion dégrade en nutriments les aliments ingérés sous forme de lipides, de protéines et de glucides.

Les glucides sont dégradés en disaccharides (sucrose, maltose et galactose) et en monosaccharides (glucose et fructose, par exemple).

- Les cellules utilisent surtout le glucose comme combustible.

Les protéines sont dégradées en acides aminés et en peptides. Les lipides ingérés sont émulsifiés en monoglycérides et en acides gras. Après avoir été dégradés en petites molécules, les glucides, les protéines et les lipides peuvent être plus facilement absorbés. Les vitamines et les minéraux ne sont pas digérés et sont absorbés pratiquement sans transformation. L'absorption, qui se fait dans le jéjunum, est accomplie par transport actif et par diffusion. L'eau et les électrolytes provenant de l'alimentation ainsi que les sécrétions gastro-intestinales sont absorbés par le tractus gastro-intestinal, et seules des quantités minimes sont excrétées dans les selles.

## ACTION DU CÔLON

Dans les quatre heures suivant un repas, les matières résiduelles (dont la consistance est semblable à celle d'une sauce) passent dans l'iléon terminal et traversent lentement la portion proximale du côlon par la valvule iléocolique.

Cette valvule, qui est normalement fermée, prévient le reflux du contenu colonique dans l'intestin grêle. La valvule s'ouvre brièvement lors de chaque onde péristaltique de l'intestin grêle et laisse passer une partie du contenu de l'intestin grêle dans le côlon.

Quand l'activité péristaltique est faible, le contenu du côlon se déplace lentement, mais des ondes intermittentes plus fortes le propulsent sur de grandes distances. Quand cette matière atteint le rectum et le distend, le besoin de déféquer se fait sentir. Lors du repas suivant, des hormones qui stimulent l'intestin sont à nouveau libérées. Les matières de déchet provenant d'un repas atteignent le rectum après environ 12 heures. Entre le rectum et l'anus, le transport est beaucoup plus lent et près du quart des déchets provenant d'un repas peuvent persister dans le rectum trois jours après l'ingestion. La lenteur du transport colonique permet la réabsorption efficace de l'eau et des électrolytes.

## DÉFÉCATION

La distension du rectum entraîne des contractions réflexes de sa musculature et le relâchement du sphincter anal interne, qui est normalement fermé. Le sphincter interne est commandé par le système nerveux autonome, alors que le sphincter externe dépend du cortex cérébral volontaire. Quand le besoin de déféquer se fait sentir, le sphincter anal externe se relâche volontairement, ce qui permet l'expulsion du contenu colonique. Le sphincter anal externe est normalement maintenu dans un état de contraction tonique. Ainsi, la défécation est un réflexe spinal qui peut être inhibé volontairement en maintenant le sphincter anal externe fermé. Ce processus s'apparente à celui de la miction. Des contractions des muscles abdominaux (efforts d'expulsion) favorisent l'évacuation du côlon.

Chez les humains, la défécation se fait en moyenne une fois par jour, mais sa fréquence est très variable. Une modification des habitudes intestinales peut indiquer un trouble du côlon. La *diarrhée* est une augmentation de la fréquence de la défécation, alors que la *constipation* représente une diminution de cette fréquence.

Les personnes âgées sont sujettes à la constipation en raison de leur mobilité réduite et d'une consommation moindre de fibres et d'aliments difficiles à mastiquer. Le chapitre 28 présente une explication détaillée des troubles gastro-intestinaux chez les personnes âgées.

### Fèces et flatuosités

Les fèces sont composées de substances alimentaires non digérées, de matières inorganiques, d'eau et de bactéries. Leur composition reste à peu près identique si le régime alimentaire est modifié, étant donné qu'une importante portion de la masse fécale d'origine non alimentaire est dérivée du tractus gastro-intestinal. Les fèces sont donc expulsées en quantités appréciables même en cas de jeûne prolongé. Leur coloration brune dépend de la dégradation de la bile par la flore intestinale. La formation de produits chimiques, plus particulièrement d'indole et de scatole, par les bactéries intestinales explique en grande partie l'odeur des matières fécales.

Le tractus gastro-intestinal comporte normalement environ 150 mL de gaz. Le gaz expulsé du tractus gastro-intestinal supérieur (éructation) provient de l'air avalé. Le gaz expulsé par la portion inférieure du tractus gastro-intestinal (flatulences) est composé d'air avalé et de gaz produits par les bactéries du côlon. Les gaz provenant du côlon se composent de méthane, de sulfure d'hydrogène, d'ammoniac et d'autres gaz. Ces gaz, qui peuvent être absorbés dans la circulation porte, sont détoxifiés par le foie.

- On administre souvent des antibiotiques aux patients atteints de troubles hépatiques afin de réduire l'importance de la flore colonique et d'inhiber la production de gaz toxiques.

Résumé: Quand la fonction gastro-intestinale est normale, les aliments traversent les diverses composantes du tractus gastro-intestinal où ils sont digérés, absorbés et éliminés. Chacune de ces composantes assure des fonctions spécialisées. Dans l'ensemble, la fonction gastro-intestinale permet aux cellules de recevoir les matières nutritives nécessaires à la réalisation efficace de leurs fonctions.

# EXAMENS ET INTERVENTIONS DIAGNOSTIQUES

L'examen diagnostique du tractus gastro-intestinal se fait par radiographie, échographie et/ou insertion de divers tubes gastriques et intestinaux. En règle générale, l'infirmière informe le patient de ce qui va se passer et lui donne son appui. Les patients qui nécessitent ces examens sont souvent anxieux, âgés ou affaiblis. Une période préalable de jeûne et l'administration de laxatifs ou de lavements sont souvent nécessaires. Ces mesures, qui sont mal tolérées par les malades, peuvent provoquer un déséquilibre hydroélectrolytique. De plus, ces examens exigent souvent une attente prolongée, ils sont laborieux et l'obtention des résultats peut nécessiter un certain délai.

## ÉPREUVES RADIOGRAPHIQUES DIAGNOSTIQUES

L'ensemble du tractus gastro-intestinal peut être observé à la radiographie après administration de sulfate de baryum ou d'un liquide radio-opaque analogue servant de substance de contraste. Ces produits, qui sont composés d'une poudre insipide, inodore, non granulaire et complètement insoluble (donc non absorbable), sont ingérés sous forme de suspensions épaisses ou aqueuses pour l'examen du tractus gastro-intestinal supérieur (*clichés en série du tube digestif*) ou instillés par voie rectale afin de permettre l'exploration visuelle du côlon (*lavement baryté*).

### Examen du tractus gastro-intestinal supérieur (Radiographies du tube digestif)

Les radiogaphies du tube digestif permettent de confirmer ou d'infirmer la possibilité d'un trouble anatomique ou fonctionnel des organes ou sphincters du tractus gastro-intestinal supérieur. Ils contribuent également au diagnostic des ulcères, des varices, des tumeurs, des entérites régionales et des syndromes de malabsorption.

#### Préparation du patient
Le patient doit adopter un régime à faible teneur en résidus pendant deux ou trois jours avant l'examen. À compter de minuit la veille de l'examen, il ne doit rien absorber par la bouche. Un laxatif peut être prescrit afin de nettoyer le tractus intestinal. Comme le tabac peut stimuler la motilité gastrique, le patient ne devrait pas fumer le matin avant l'examen.

#### Technique
Pour l'examen du tractus gastro-intestinal supérieur, le patient doit avaler environ 250 mL de produit baryté sous examen fluoroscopique direct.

Au fur et à mesure que la substance de contraste descend dans l'estomac, la position, l'état et le calibre de l'œsophage peuvent être visualisés, ce qui permet de déceler les troubles anatomiques ou fonctionnels de cet organe. En outre, l'examen permet d'observer la présence d'une hypertrophie éventuelle de l'oreillette droite, ce qui restreint la mobilité de l'œsophage et provoque une pression inadéquate dans cet organe. L'aspect radiographique de la portion inférieure de l'œsophage après consommation d'une suspension barytée épaisse favorise également le diagnostic des varices œsophagiennes qui constituent une manifestation de l'hypertension porte que l'on retrouve notamment dans les cas de cirrhose hépatique.

L'examen fluoroscopique se poursuit ensuite dans l'estomac, au fur et à mesure que sa lumière se remplit de baryum. La motilité et l'épaisseur de la paroi gastrique, ainsi que son enduit muqueux sont observés en vue de déceler les indices de spasmes, d'ulcérations, d'infiltrats malins et d'autres anomalies anatomiques, notamment des pressions externes inadéquates. L'aspect de la valvule pylorique et l'anatomie du duodénum sont également étudiés, plus particulièrement afin de déceler l'ulcération possible de la muqueuse, ou la présence de spasmes dans la paroi ou d'un déplacement de l'ensemble de l'organe dû à la présence d'une tumeur dans la région adjacente.

Pendant l'examen fluoroscopique, des clichés radiographiques sont réalisés afin de fournir un enregistrement permanent des observations recueillies. D'autres radiographies sont prises à divers intervalles, parfois pendant 24 heures, afin d'évaluer le taux d'évacuation gastrique et l'importance de la motilité de l'intestin grêle.

#### Études à double contraste
L'examen à double contraste du tractus gastro-intestinal supérieur nécessite l'administration d'une suspension barytée épaisse permettant de délimiter l'estomac et la paroi œsophagienne. Le patient reçoit ensuite des comprimés qui dégagent du gaz carbonique en présence d'eau. Cette technique permet surtout de mettre en évidence les structures fines de l'œsophage et de l'estomac et de déceler les premiers signes de néoplasmes superficiels.

#### Méthode de perfusion continue
L'examen détaillé de l'intestin grêle nécessite la perfusion continue, à l'aide d'un tube duodénal, de 500 à 1 000 mL d'une suspension liquide de sulfate de baryum. Il s'agit alors d'un examen distinct. Le baryum qui remplit les boucles intestinales peut être observé en continu par fluoroscopie et filmé périodiquement au fur et à mesure qu'il se déplace dans le jéjunum et l'iléon.

### Examen du tractus gastro-intestinal inférieur (lavement baryté)

Le lavement baryté permet de déceler la présence de polypes, de tumeurs et d'autres lésions du gros intestin, ainsi que de mettre en évidence toute anomalie anatomique ou fonctionnelle de l'intestin.

### Préparation du patient

La préparation du patient comprend les mesures nécessaires à l'évacuation complète de la portion inférieure de l'intestin. De façon générale, un régime à faible teneur en résidus doit être observé de un à trois jours avant l'examen. Des liquides clairs sont consommés la veille, ainsi qu'un laxatif. Le patient ne doit rien consommer par voie orale après minuit et des lavements purgatifs lui sont administrés jusqu'à ce que les liquides évacués soient clairs.

- Si le patient présente un trouble inflammatoire actif du côlon, les lavements sont contre-indiqués. Les hémorragies gastro-intestinales actives peuvent interdire le recours aux laxatifs et aux lavements. Les lavements barytés sont contre-indiqués chez les patients pouvant souffrir de perforations ou d'obstructions.

### Technique

Au service de radiologie, une substance radio-opaque est instillée par voie rectale. Après exploration visuelle au fluoroscope, des clichés sont réalisés. Si la préparation du patient est appropriée et que le côlon a été complètement évacué, on distingue bien le contour de l'ensemble du côlon, notamment du cæcum et de l'appendice. La motilité de chacune des portions peut être aussi observée directement. Après l'examen, qui dure environ 15 minutes, on administre un lavement ou un laxatif afin de favoriser l'élimination du baryum.

## ÉPREUVE DE STIMULATION ET ANALYSE DE L'ACIDE GASTRIQUE

L'examen des sucs gastriques permet d'évaluer l'activité sécrétoire de la muqueuse gastrique et la rétention gastrique chez les patients pouvant être atteints d'une obstruction pylorique ou duodénale.

- La présence d'acide permet d'exclure la possibilité d'une anémie pernicieuse.

- L'observation de cellules cancéreuses dans le suc gastrique peut permettre d'établir le diagnostic de carcinome gastrique.

Un petit tube nasogastrique comportant un cathéter terminal gradué à partir de son extrémité distale est inséré dans une narine du patient à jeun. Quand le tube est inséré sur un peu moins de 50 cm, il atteint généralement l'estomac. Une fois en place, il est fixé sur le patient à l'aide d'un ruban adhésif, et le patient est placé en position demi-assise. Le contenu stomacal est lentement et entièrement aspiré à l'aide d'une seringue.

L'administration d'histamine ou de chlorydrate de bétazole (Histalog) par voie sous-cutanée stimule les sécrétions gastriques. Le patient est informé que ces médicaments peuvent entraîner des bouffées de chaleur. On relève fréquemment sa pression artérielle et son pouls afin de déceler une hypotension éventuelle. De l'épinéphrine et de la diphénhydramine (Benadryl) doivent être disponibles en cas d'urgence. Des échantillons gastriques sont prélevés toutes les 15 minutes pendant une heure. Ils sont étiquetés de façon à indiquer s'ils ont été recueillis avant ou après l'administration d'histamine.

L'acidité de l'échantillon est déterminée à l'aide d'un indicateur, par exemple le réactif de Töpfer, d'un papier indicateur ou d'un pH-mètre. Dans certains cas, d'autres examens sont réalisés, notamment un test de Papanicolaou permettant de déceler la présence de cellules de carcinome. Une analyse enzymatique du suc gastrique peut être indiquée.

L'une des données les plus importantes pouvant être tirées de l'analyse gastrique est l'aptitude de la muqueuse à sécréter de l'acide chlorhydrique :

- Les patients atteints d'anémie pernicieuse ne sécrètent pas d'acide dans les conditions basales et après stimulation.

- Les patients présentant une gastrite atrophique chronique ou, dans certains cas, un cancer gastrique, ne sécrètent que très peu d'acide, ou pas du tout.

- Les patients souffrant d'un ulcère gastroduodénal présentent toujours une certaine sécrétion d'acide, alors que ceux souffrant d'un ulcère duodénal en sécrètent généralement des quantités excessives.

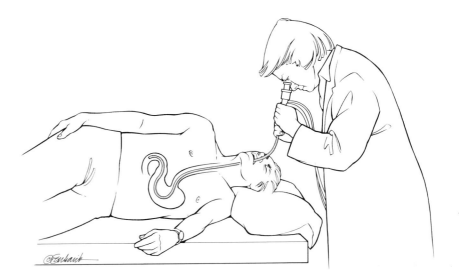

**Figure 24-4.** Patient subissant une fibroscopie

## FIBROSCOPIE DU TRACTUS GASTRO-INTESTINAL SUPÉRIEUR ET FIBROSCOPIE ŒSOPHAGOGASTRODUODÉNALE

La fibroscopie du tractus gastro-intestinal supérieur permet l'observation directe de la muqueuse gastrique à l'aide d'un endoscope lumineux (gastroscope). Cet examen est plus particulièrement indiqué dans les cas d'anomalie œsophagienne, gastrique ou duodénale, ou si un processus inflammatoire, néoplasique ou infectieux est soupçonné (figure 24-4).

Les fibroscopes sont composés d'un tube souple muni de lentilles fibroscopiques. Ils permettent la réalisation de photographies ou de films en couleur. L'instrument doit être protégé étant donné que les faisceaux fibroscopiques peuvent être rompus si le tube est recourbé à angle aigu. Un protecteur buccal doit être installé pour empêcher le patient de mordre le tube.

Les endoscopes électroniques vidéos sont semblables aux appareils fibroscopiques classiques, mais leur dispositif de commande ne comporte pas de lentille de visionnement. L'endoscope est branché directement sur un processeur vidéo qui convertit les signaux électroniques sur un écran de télévision.

Les gastroscopes fibroscopiques sont de plus en plus spécialisés. Des appareils souples à visionnement latéral permettent aujourd'hui de voir les canaux cholédoque, pancréatique et hépatique afin de dépister les ictères, les pancréatites, les tumeurs du pancréas, les lithiases cholédoques et les troubles des voies biliaires. Les lithiases cholédoques peuvent même être extraites par *cholangiopancréatographie rétrograde endoscopique*. En outre, des appareils à compatibilité laser ont été mis au point, mais le traitement par laser des néoplasmes gastro-intestinaux est principalement palliatif. Cette méthode permet surtout de soulager les obstructions, de réduire les dimensions d'une tumeur, d'élargir les lumières obstruées et de traiter les sites hémorragiques.

### Préparation du patient

Le patient doit être à jeun depuis 6 à 12 heures avant l'examen. Les mesures de préparation comprennent une pulvérisation ou un gargarisme à l'aide d'un anesthésique local ainsi que l'administration intraveineuse de diazépam (Valium) immédiatement avant l'introduction du fibroscope. De l'atropine peut également être administrée en vue de réduire les sécrétions. Du glucagon peut permettre de détendre les muscles lisses. Le patient est installé sur le côté gauche, ce qui facilite le drainage salivaire et l'introduction de l'endoscope.

### Technique

Le pharynx est anesthésié par pulvérisation de tétracaïne (Pontocaine) ou par un gargarisme d'aminobenzoate d'éthyle (Hurricane), puis le gastroscope est introduit lentement et délicatement. Les gastroscopes fibroscopiques, qui sont presque toujours entièrement souples, permettent au médecin d'observer de grandes portions de la paroi gastrique ainsi que les sphincters. L'endoscope est ensuite poussé dans le duodénum. On peut y introduire une pince à biopsie pour obtenir des échantillons tissulaires pour examen histologique; on peut aussi pratiquer une cytologie par brossage.

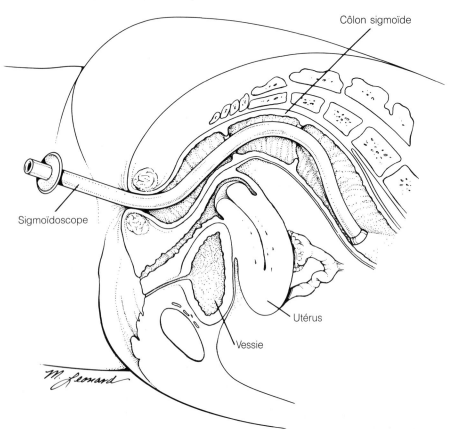

***Figure 24-5.*** Sigmoïdoscopie. L'instrument est inséré au-delà du côlon sigmoïde proximal, puis dans le côlon descendant.

### Soins de suivi

Après la gastroscopie, le patient ne doit rien manger ni boire jusqu'au retour du réflexe pharyngé (après une ou deux heures) afin de prévenir l'aspiration d'aliments ou de liquides dans les poumons. Après une gastroscopie, l'infirmière doit observer le patient afin de déceler les signes de perforation (par exemple la douleur), des difficultés inhabituelles de déglutition ou une élévation de la température. Une légère irritation de la gorge peut être soulagée à l'aide de pastilles, d'un gargarisme salin ou d'un analgésique oral après le retour du réflexe pharyngé.

## ANUSCOPIE, PROCTOSCOPIE ET SIGMOÏDOSCOPIE

Les méthodes permettant d'examiner la portion inférieure de l'intestin font appel à des appareils comportant de petits faisceaux lumineux qui permettent l'observation directe de la lumière. L'anuscope sert à l'examen du canal anal. Le proctoscope et le sigmoïdoscope sont des instruments rigides qui permettent d'examiner le rectum et le côlon sigmoïde, respectivement, en vue de déceler les signes d'ulcération, les tumeurs, les polypes et divers processus pathologiques.

Les modèles souples de sigmoïdoscope permettent l'examen d'une portion de 40 à 50 cm du côlon, depuis l'anus, alors que le modèle rigide n'en permet l'examen que sur 25 cm. La sigmoïdoscopie (figure 24-5) est indiquée dans les cas d'hémorragies rectales, de sang occulte et d'anémie, même si le lavement baryté se révèle négatif. Les travaux de recherche ont montré que la plupart des tumeurs carcinoïdes apparaissent dans la portion terminale de l'iléon. Des examens répétés permettent de déceler les lésions dans les premiers stades de malignité ainsi que les lésions prodromiques (polypes, par exemple). L'examen par sigmoïdoscope souple doit donc être réalisé à l'âge de 50 ans, être refait après un an, puis être réalisé tous les trois ans par la suite.

• Les polypes et les lésions cancéreuses apparaissent le plus souvent sur le côté gauche du côlon.

### Préparation du patient

Cet examen nécessite l'évacuation complète de la portion inférieure de l'intestin. Un lavement à l'eau tiède ou un lavement Fleet est administré jusqu'à ce que les évacuations soient claires. La veille de l'examen, le patient doit dans certains cas consommer des liquides clairs. Il est rare que des laxatifs soient administrés.

### Technique (examen à l'aide d'un instrument rigide)

Le patient s'installe en position genupectorale, en prenant appui sur ses genoux et en plaçant ses pieds au-delà du rebord du lit ou de la table d'examen. Les genoux écartés, il se penche vers l'avant et appuie son visage de côté sur le lit ou la table, en plaçant ses avant-bras de part et d'autre de sa tête et en croisant les mains l'une sur l'autre au-dessus de la tête. Son dos présente alors une inclinaison d'environ 45 degrés, et le patient est en position appropriée pour l'introduction d'un anuscope, d'un proctoscope ou d'un sigmoïdoscope. Les meilleures tables d'examen sont celles qui ont été conçues tout particulièrement pour l'endoscopie. Appelées tables proctoscopiques, elles permettent d'incliner le patient en position optimale.

Pendant la proctosigmoïdoscopie, le patient est informé des progrès de l'examen. Il importe de lui indiquer qu'il éprouvera une sensation de pression comme s'il était sur le point de déféquer. On doit l'informer que cette sensation, provoquée par la pression exercée par l'instrument, ne persistera que très peu de temps. Il peut être nécessaire d'installer un dispositif d'aspiration dans l'instrument en vue d'éliminer les sécrétions, les exsudats, le sang ou les excreta qui pourraient obstruer la région observée. Après chaque utilisation, il faut jeter les flacons collecteurs et les sécrétions en respectant les règles de sécurité prévues à cette fin. Des sigmoïdoscopes jetables sont parfois utilisés. Même s'ils ne nécessitent pas de nettoyage, il faut respecter les consignes de sécurité régissant leur mise au rebut.

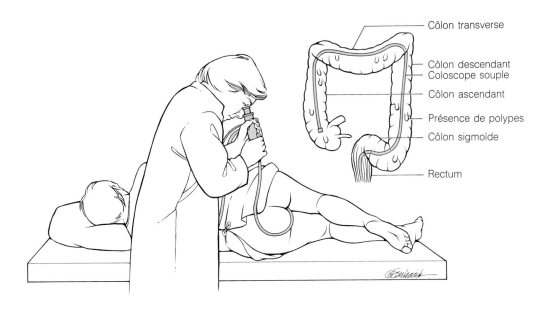

**Figure 24-6.** Colofibroscopie. Un instrument souple est inséré dans le rectum et le côlon sigmoïde, pour atteindre le côlon transverse et le côlon ascendant.

Au cours de l'examen endoscopique, quelques prélèvements tissulaires peuvent être extraits aux fins d'études histologiques. Cette intervention est appelée *biopsie*. Elle est réalisée à l'aide d'une petite pince coupante introduite dans l'instrument. Un collet métallique permet également d'éliminer les polypes rectaux et sigmoïdiens. Après avoir été saisis par leur pédicule, ils sont extraits à l'aide d'un courant d'électrocoagulation qui permet également de prévenir les hémorragies.

• Il importe au plus haut point de placer immédiatement les tissus excisés par l'endoscopiste dans un tampon de gaze humide ou un récipient approprié, de bien les étiqueter et de les envoyer sans délai au laboratoire de pathologie pour analyse.

### Technique (examen à l'aide d'un instrument souple)
Le patient est installé confortablement sur le côté gauche, la jambe droite fléchie placée en position antérieure. Cette intervention permet de réaliser également des biopsies et des polypectomies. L'infirmière applique les mêmes mesures que pour les examens à l'aide d'instruments rigides.

## COLOFIBROSCOPIE

Le colofibroscope souple permet l'exploration visuelle directe du côlon. Cet examen, qui contribue à l'établissement du diagnostic, permet l'extraction de corps étrangers et de polypes ou le prélèvement d'échantillons tissulaires pour biopsie (figure 24-6).

### Préparation du patient
Les résultats de l'examen dépendent d'une bonne préparation du côlon. Le tractus intestinal est tout d'abord évacué grâce à une restriction liquidienne imposée au patient pendant un à trois jours. L'évacuation complète du côlon peut être réalisée de deux façons. Le médecin peut prescrire la prise d'un laxatif pendant deux nuits puis, le matin de l'examen, un lavement Fleet ou des lavements salins peuvent être administrés jusqu'à l'élimination d'un liquide clair. À l'heure actuelle, des solutions de lavage telles que le polyéthylèneglycol (GoLYTELY, Colyte) sont utilisées pour évacuer complètement l'intestin. Le patient doit maintenir une diète à base de liquides clairs à compter de midi la veille de l'examen. Des solutions de lavage sont ensuite prises périodiquement par voie orale pendant les quatre ou cinq heures suivantes. Ces préparations agissent rapidement (les reflux rectaux sont clairs après environ quatre heures) et sont généralement bien tolérées dans la plupart des cas.

Les effets secondaires de ce traitement, qui se manifestent surtout chez les personnes âgées, sont des nausées, un déséquilibre hydroélectrolytique ainsi qu'une hypothermie (les patients doivent généralement boire ces préparations très froides pour que le goût soit acceptable).

• Le patient ne doit pas prendre ses médicaments habituels au moment de l'ingestion d'une solution de lavage, car ils ne seront pas digérés. Le recours aux solutions de lavage est contre-indiqué dans les cas d'obstruction intestinale.

Avant l'examen, un analgésique narcotique, généralement de la mépéridine (Démérol), peut être administré. Pendant l'examen, du diazépam (Valium) peut contribuer à soulager l'anxiété.

### Technique
La coloscopie est réalisée pendant que le patient est couché sur le côté gauche, les jambes repliées. L'instillation d'air dans le côlon ainsi que l'insertion et le déplacement de l'instrument peuvent provoquer des douleurs. Une pince à biopsie ou une brosse cytologique peut être insérée dans l'instrument pour permettre le prélèvement d'échantillons pour examen histologique et cytologique. Les complications découlant de cet examen sont rares, mais une perforation du côlon ou des hémorragies sont possibles.

### Soins de suivi
Il importe d'observer le patient pour déceler les signes et les symptômes de perforation de l'intestin (par exemple, hémorragies rectales, douleurs ou distensions abdominales, fièvre).

## POLYPECTOMIE COLOSCOPIQUE

La polypectomie coloscopique consiste à extraire un polype à l'aide d'un cautère inséré dans un coloscope. Un grand nombre de cancers du côlon débutent par l'apparition de polypes adénomateux dans le côlon. La polypectomie coloscopique vise donc le dépistage rapide et la prévention du cancer colorectal. On procède à des résections et à des biopsies afin de déterminer la nature cellulaire des polypes et d'établir, par exemple, s'il s'agit d'une manifestation bénigne ou maligne. Tous les polypes adénomateux coloniques ayant un diamètre supérieur à 1 cm devraient être extraits, étant donné que la malignité présente des rapports avec les dimensions des polypes. Tous les polypes visibles doivent être enlevés.

## ENTÉROSCOPIE DE L'INTESTIN GRÊLE

On a récemment mis au point un endoscope transnasal de petit calibre qui permet par observation directe des parois de l'intestin grêle de détecter les malformations artérioveineuses, les ulcérations et certaines entéropathies (maladie cœliaque). Auparavant, l'observation était limitée aux portions proximales et distales extrêmes et se faisait à l'aide d'instruments standard. L'examen est réalisé en clinique externe étant donné que la mise en place du tube, qui dépend des mouvements péristaltiques, nécessite plusieurs jours.

## EXAMEN DES SELLES

L'examen de base des selles comprend une inspection des échantillons (volume, consistance et couleur) ainsi qu'une épreuve de dépistage du sang occulte. Les examens spéciaux qui peuvent être indiqués dans certains cas sont une analyse de l'urobilinogène fécale, des lipides, de l'azote, des parasites, des résidus alimentaires et de diverses substances.

### Coloration des selles
La coloration des selles peut varier du brun pâle au brun foncé. Divers aliments et médicaments peuvent en modifier la couleur: les protéines de la viande provoquent une coloration brun foncé, les épinards une couleur verte, les carottes et les betteraves une couleur rouge, le cacao une coloration rouge foncé ou brune, le séné une coloration jaunâtre, le bismuth,

le fer, l'anis et le charbon de bois une coloration noire, et le baryum une apparence blanchâtre.

- S'il est éliminé en quantités suffisantes dans le tractus gastro-intestinal supérieur, le sang entraîne une coloration noire goudronneuse (méléna).

- Le sang qui pénètre dans la portion inférieure du tractus gastro-intestinal ou qui le traverse rapidement semblera rouge brillant ou foncé.

- Des hémorragies rectales ou anales sont possibles si les selles sont striées de rouge en surface ou si la présence de sang est constatée sur le papier hygiénique.

### Épreuves de dépistage du sang occulte dans les selles

Les méthodes de dépistage les plus courantes utilisent la benzidine, la gomme de gaïac ou la réaction à l'orthotolidine. L'épreuve Hemoccult est un exemple de méthode de dépistage au gaïac. Elle est peu coûteuse, non effractive et facile à réaliser à domicile. Elle est contre-indiquée dans les cas d'hémorragies hémorroïdales. L'échantillon de selle est étalé sur une lame en papier sec. La lame est ensuite placée dans une enveloppe et envoyée par la poste au médecin pour examen ultérieur.

Plusieurs facteurs peuvent influer sur la sensibilité et la précision de l'épreuve. Les faux positifs peuvent s'expliquer par la consommation de viande rouge, de volaille, de navet ou de raifort immédiatement avant l'épreuve. Divers médicaments, notamment le fer, les iodures, l'indométhacine,

la colchicine, les salicylates, les stéroïdes et la vitamine C peuvent également être sources de faux positifs. L'alimentation et le régime médicamenteux du patient doivent être évalués avec soin en vue d'éliminer les risques de faux positifs.

Quand l'analyse des selles est réalisée en clinique externe, le patient doit souvent éviter les aliments pouvant provoquer de faux positifs pendant les trois jours précédant l'analyse.

### Consistance et apparence des selles

Divers troubles donnent aux selles une apparence caractéristique:

- Dans les cas de *stéatorrhée,* les selles sont généralement massives, graisseuses, mousseuses, et leur odeur est prononcée. Elles sont grises et présentent un lustre argenté.

- En cas d'*obstruction biliaire,* les selles sont «acholiques», et prennent une coloration grise ou argileuse en raison de l'absence d'urobiline.

- En cas de *colite ulcéreuse chronique,* la présence de mucus ou de pus peut être observée à l'œil nu.

- En cas de *constipation,* d'*ostipation* ou de *fécalome,* les selles peuvent se présenter sous forme de petites masses dures et sèches appelées *scybales.* Ce type de selle peut provoquer des lésions de la muqueuse rectale suffisamment importantes pour entraîner une hémorragie. Les masses fécales sont alors striées de sang rouge.

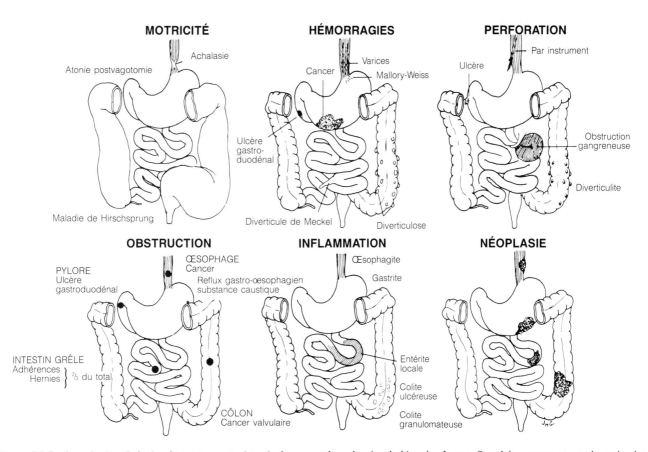

***Figure 24-7.*** Les physiopathologies du tractus gastro-intestinal peuvent être classées de bien des façons. Ce schéma regroupe en six catégories les nombreux troubles possibles.
(Source: J. D. Hardy, *Rhoads Textbook of Surgery,* 6ᵉ éd., Philadelphia, J. B. Lippincott, 1988)

# ÉCHOGRAPHIE

L'échographie est une technique diagnostique non effractive qui consiste à émettre des ondes sonores au travers des structures corporelles internes. L'écho de ces ondes sonores, qui rebondit comme une réflexion, peut être vu sur un oscilloscope.

L'avantage principal de l'échographie abdominale est la reproduction spatiale des masses en direction transversale et longitudinale. Il s'agit d'une technique non effractive, qui n'entraîne aucun effet indésirable appréciable et qui est relativement peu coûteuse. Elle est utile pour l'examen du foie, du pancréas, de la rate, de la vésicule biliaire et des tissus rétropéritonéaux.

Par contre, elle ne peut être utilisée quand la structure à examiner est située derrière un tissu osseux, qui empêche le passage des ondes sonores jusqu'aux structures profondes. En outre, la présence d'air dans l'abdomen ou les poumons peut entraîner des difficultés qui s'expliquent par le fait que les ultrasons se propagent mal dans l'air ou les gaz.

L'échographie endoscopique est une technique spécialisée d'entéroscopie relativement nouvelle qui devrait contribuer grandement au diagnostic des troubles gastro-intestinaux. Un faisceau d'ultrasons à haute fréquence est émis par la pointe de l'endoscope pour permettre un examen transintestinal. Il est alors possible de contourner les difficultés que présentent pour l'échographie classique les gaz intestinaux, le tissu osseux et les couches épaisses de tissu adipeux.

# TOMODENSITOMÉTRIE

La tomodensitométrie est une méthode diagnostique qui consiste à déceler les différences de densité dans de très petits cubes de tissu à l'aide d'un faisceau très étroit de rayons X. Ces données sont transmises à un ordinateur et réorganisées de façon à permettre de voir une coupe transversale de l'organisme sur un écran de contrôle.

La tomodensitométrie abdominale est indiquée dans les cas de troubles du foie, de la rate, des reins, du pancréas et des organes pelviens. La netteté des observations dépend par contre de la présence de graisses corporelles, et cette méthode diagnostique n'est pas très utile chez les patients cachectiques. En outre, comme un temps de balayage de cinq secondes est nécessaire, les artefacts de déplacement provoqués par les pulsations cardiaques et la respiration ne peuvent être éliminés, ce qui donne une image moins nette. Enfin, l'appareil émet des doses appréciables de radiations.

# IMAGERIE PAR RÉSONANCE MAGNÉTIQUE

L'imagerie par résonance magnétique (IRM) en gastro-entérologie sert actuellement à compléter, et non pas à remplacer, l'échographie et la tomodensitographie. Pour subir un examen par IRM, le patient est installé dans un appareil qui reconstruit une image en fonction des champs magnétiques créés entre l'appareil et les structures à l'étude.

- L'IRM est *fortement contre-indiquée* chez les patients portant un stimulateur cardiaque permanent, les champs magnétiques créés pouvant entraver le fonctionnement du stimulateur.

L'examen se fait en 30 à 90 minutes. Le patient n'a besoin d'aucune préparation, sauf s'il doit subir un examen abdominal ou pelvien. Le patient doit cependant ne pas prendre de caféine avant l'examen et être à jeun six heures avant l'examen.

Résumé: Il existe un grand nombre d'outils et de méthodes diagnostiques pouvant contribuer à l'évaluation de l'anatomie et du fonctionnement du tractus gastro-intestinal. Les éléments qui précèdent visaient à fournir des renseignements précis touchant ces interventions, notamment sur les méthodes, la préparation nécessaire, les instructions spéciales et les soins de suivi.

# PHYSIOPATHOLOGIE ET PSYCHOLOGIE

Les nombreuses anomalies du tractus gastro-intestinal correspondent aux principaux types de pathologies qui peuvent toucher les autres organes. La figure 24-7 illustre les diverses catégories de troubles gastro-intestinaux. Chaque portion du tractus peut présenter des lésions congénitales, inflammatoires, infectieuses, traumatiques ou néoplasiques. Comme pour un bon nombre d'autres organes, le tractus gastro-intestinal est sujet à des perturbations circulatoires, à des défaillances de la régulation nerveuse et à la sénescence.

On peut voir dans la figure 24-7 diverses obstructions qui compliquent souvent les états pathologiques de cet organe. La croissance d'une tumeur dans la lumière, les torsions et replis de l'intestin, les infarctus tissulaires découlant d'une interruption de l'irrigation sanguine, l'aspiration de corps étrangers et d'autres raisons peuvent expliquer les obstructions plus ou moins prononcées qui restreignent le passage du contenu intestinal dans le tractus. Par suite de l'obstruction, la force des contractions intestinales s'accroît, l'intestin se distend dans la partie supérieure au point d'obstruction, et des douleurs et un gonflement abdominal apparaissent. Les ondes péristaltiques peuvent parfois s'inverser, ce qui entraîne des vomissements. Des vomissements excessifs peuvent provoquer la perte de grandes quantités de liquide, ce qui entraîne une déshydratation de l'organisme et une perte importante d'acide chlorhydrique pouvant donner lieu à une alcalose métabolique. Si l'obstruction du tractus gastro-intestinal se produit dans le duodénum ou plus loin, les vomissements comporteront des sécrétions biliaires et prendront une coloration verte caractéristique. Si le côlon est obstrué, la valvule iléocolique peut se dilater au point d'être inefficace, entraînant ainsi un reflux colonique et le vomissement de matières fécales.

En plus des nombreux troubles organiques qui peuvent toucher le tractus gastro-intestinal, un grand nombre de facteurs intrinsèques (consécutifs ou non à la maladie) peuvent influer sur sa fonction normale et entraîner l'apparition de symptômes. L'anxiété, par exemple, provoque souvent des troubles de digestion, de l'anorexie ou des perturbations motrices de l'intestin qui donnent lieu à des épisodes de constipation ou de diarrhée. Les étudiants qui sont en période d'examens et les cadres qui ont des décisions importantes à prendre peuvent être sujets à des troubles gastro-intestinaux. En outre, divers troubles psychologiques semblent jouer un rôle dans les dysfonctions physiques. Certains éléments de la personnalité, par exemple, pourraient contribuer à l'apparition des ulcères gastroduodénaux.

En plus de l'équilibre psychologique, certains facteurs physiques comme la fatigue et les déséquilibres soudains de l'apport alimentaire peuvent affecter le tractus gastro-intestinal. L'infirmière doit tenir compte des divers facteurs physiques et psychologiques qui peuvent modifier l'état du tractus gastro-intestinal, tant lorsqu'elle recueille des données sur le patient que lorsqu'elle planifie l'enseignement à lui prodiguer.

# COLLECTE DES DONNÉES

L'infirmière procède à l'examen physique du patient et au relevé complet de ses antécédents en recherchant plus particulièrement les symptômes courants de dysfonctionnement gastro-intestinal. L'encadré 24-1 présente un guide d'évaluation. Les symptômes sur lesquels l'infirmière doit recueillir des données sont notamment la douleur, l'indigestion, les flatuosités, les vomissements, l'hématémèse, les diarrhées et la constipation.

## Douleur
La douleur peut être l'un des principaux symptômes des troubles gastro-intestinaux. Ses caractéristiques, sa durée, sa fréquence et le moment d'apparition varient selon la cause sous-jacente, qui détermine le siège et la distribution des douleurs irradiées. D'autres facteurs concomitants tels que les repas, le repos, la défécation et les troubles vasculaires peuvent influer directement sur les manifestations douloureuses.

## Indigestion
L'indigestion peut découler d'une mauvaise régulation nerveuse de l'estomac ou d'un trouble de l'estomac lui-même ou d'un autre organe. Les aliments gras, qui restent dans l'estomac plus longtemps que les protéines ou les lipides, peuvent être à l'origine des douleurs les plus graves. Les légumes crus et les aliments très épicés peuvent aussi donner lieu à des douleurs importantes.

Les patients souffrant d'un dysfonctionnement gastro-intestinal se plaignent le plus souvent de douleurs dans la partie supérieure de l'abdomen au moment des repas. Les mouvements péristaltiques gastriques peuvent être responsables de ces douleurs. La défécation peut ou non soulager ces douleurs.

## Flatuosités (éructations et flatulences)
L'accumulation de gaz dans le tractus gastro-intestinal peut provoquer des *éructations* (expulsion par la bouche des gaz de l'estomac) ou des *flatulences* (expulsion de gaz par le rectum).

L'air qui pénètre dans l'estomac est expulsé rapidement, mais pas toujours par des éructations. Il se déplace périodiquement dans la portion inférieure de l'oesophage (reflux simple) avant de retourner dans l'estomac en raison des contractions péristaltiques de l'oesophage distal. Les éructations apparaissent quand le reflux simple s'accompagne de contractions des muscles abdominaux antérieurs. La déglutition peut interrompre les éructations au moment où le besoin se fait sentir.

De façon générale, les gaz intestinaux passent dans le côlon et sont éliminés sous forme de flatulences. Le patient se plaint souvent de gonflements, de ballonnement ou de gaz.

## Vomissements
Les vomissements involontaires constituent un autre symptôme important de trouble intestinal. Ils sont généralement précédés de nausées, c'est-à-dire d'une sensation désagréable indiquant le besoin de vomir.

## Hématémèse
L'hématémèse est un vomissement de sang. Quand elle se produit peu après une hémorragie, les vomissements sont rouge clair. Si le sang est resté un certain temps dans l'estomac, le processus digestif transforme l'hémoglobine en un pigment brun qui donne aux vomissements l'apparence de grains de café moulus.

## Diarrhée
La diarrhée, qui se définit comme une augmentation anormale du liquide contenu dans les selles et du volume quotidien des selles, est une anomalie grave de la fonction gastro-intestinale. Les diarrhées s'expliquent souvent par l'accélération du rythme de déplacement du contenu de l'intestin ou du côlon, ce qui laisse une période insuffisante pour l'absorption des sécrétions gastro-intestinales et entraîne une augmentation du contenu hydrique des selles. Les inflammations et divers autres troubles de la muqueuse colonique peuvent également donner lieu à des diarrhées, de même que les infections pathogènes ou parasitaires ou le recours excessif à des purgatifs. L'eau et les électrolytes sont alors réabsorbés en quantité insuffisante, et les liquides qui atteignent le rectum augmentent le volume des selles. La *stéatorrhée* (présence de quantités importantes de lipides dans les selles) s'explique souvent par un trouble pancréatique. L'activité réduite des enzymes pancréatiques restreint la digestion des lipides. Les lésions du tractus biliaire peuvent également provoquer la stéatorrhée en raison de l'absence des sels biliaires. Les diarrhées entraînent une perte de potassium, ce qui provoque un déséquilibre électrolytique, une déperdition des bicarbonates (menant à une acidose) et une déperdition de nutriments (provoquant la malnutrition).

## Constipation
La constipation est une rétention ou un retard de l'expulsion du contenu fécal par le rectum. L'eau des matières fécales est alors absorbée, ce qui restreint le volume normal des selles et donne des selles dures et sèches. La constipation apparaît si les selles sont difficiles plus d'une fois sur quatre ou si elles sont expulsées deux fois par semaine ou moins.

Divers facteurs peuvent être à l'origine des épisodes de constipation, notamment la réduction de l'apport alimentaire ou hydrique ou la consommation d'aliments à faible teneur en résidus, la réduction des activités ou exercices quotidiens, l'atonie de l'intestin (chez les personnes âgées), la neurose, les lésions coloniques ou rectales ainsi que les obstructions intestinales.

Chez les personnes âgées, la constipation et la compaction peuvent parfois s'expliquer par une perte de la sensation de défécation en raison d'une sensibilité moindre des récepteurs tactiles et des barorécepteurs du rectum et du canal anal, d'une

# Encadré 24-1
# Évaluation de la fonction gastro-intestinale

### Renseignements généraux sur l'alimentation

Nom du patient: _____

Poids actuel: _____ Poids idéal: _____ Âge: _____ Sexe: _____ Taille: _____

Le patient a récemment (gagné, perdu) du poids _____ pendant_____ mois, soit _____ kg.

À la maison, les aliments sont achetés par _____ et préparés par _____ .

Relevé de l'alimentation au cours des 72 dernières heures: Description des aliments et quantités

| | Petit déjeuner | Déjeuner | Dîner | Collation | Collation | Apport énergétique quotidien total |
|---|---|---|---|---|---|---|
| 1er jour | | | | | | |
| 2e jour | | | | | | |
| 3e jour | | | | | | |

### Symptômes de dysfonction gastro-intestinale

Le patient (peut, ne peut pas) mastiquer ses aliments. Description des troubles: _____

Il a récemment souffert _____

   *Anorexie*: manque d'appétit.

   *Dysphagie*: déglutition difficile.

   *Polyphagie*: appétit vorace ou alimentation excessive.

   *Odynophagie*: douleur à la déglutition.

Les symptômes ci-dessus persistent depuis _____ (jours, semaines, mois). Ils sont aggravés par _____ et

soulagés par _____ .

Le patient (est, n'est pas) sujet à des indigestions. Les aliments les plus difficiles à digérer sont _____ .

Le patient est soulagé par _____ .

Il (souffre, ne souffre pas) de brûlements d'estomac. Il est soulagé par _____ .

Il (est, n'est pas) sujet à des douleurs. Ces douleurs peuvent être qualifiées de _____ et persistent pendant _____ .

Elles se produisent (fréquence) _____ , sont aggravées par _____ et sont soulagées par _____ .

Elles semblent localisées dans la région de _____ .

Les douleurs (s'irradient, ne s'irradient pas) dans la région _____

   *Œsophagienne*: Rétrosternale; elles peuvent irradier dans le dos.

   *Gastrique*: Épigastrique; elles peuvent irradier dans le dos, surtout dans la région sous-scapulaire gauche.

   *Duodénale*: Épigastrique; elles peuvent irradier dans le dos, surtout dans la région sous-scapulaire droite.

   *Vésiculaire*: Quadrant supérieur droit ou région épigastrique; elles peuvent irradier dans le dos ou la région sous-scapulaire droite.

   *Pancréatique*: Épigastrique; elles peuvent irradier dans le dos ou la région lombaire gauche.

   *Appendiculaire*: Périombilicale; elles peuvent irradier par la suite dans le quadrant inférieur droit.

   *Colonique*: Région de l'hypogastre, quadrant inférieur droit ou gauche.

   *Rectale*: Région pelvienne.

Il a été récemment sujet à des _____

   *Vomissements*: Expulsion forcée du contenu gastrique par l'œsophage.

   *Haut-le-cœur:* Contractions des muscles abdominaux visant l'expulsion du contenu de l'estomac.

   *Hématémèse*: Vomissement de sang rouge vif ou ayant l'apparence de «grains de café».

Ces symptômes persistent depuis _____ (jours, semaines). Ils apparaissent _____ fois par jour.

Ils sont aggravés par _____ et soulagés par _____ . Description du vomissement:

   Quantité _____ Odeur _____ Couleur _____ Goût _____

   Présence de _____ (particules alimentaires, sang, mucus).

Il a récemment souffert de _____ (diarrhées, constipation).

Les symptômes ci-dessus persistent depuis _____ (jours, semaines, mois). Ils sont aggravés par _____ et soulagés

par _____ . Description des selles: _____

Contenu _____ Couleur _____ Consistance _____ Odeur _____

*Facteurs associés*: Apport hydrique quotidien _____ Exercices _____

Consommation d'aliments à forte teneur en fibres _____ Activités _____

Présence (de saignements, d'hémorroïdes) _____

diminution de l'exercice et d'une restriction de l'apport en aliments à forte teneur en fibres pouvant découler de difficultés de mastication dues à la perte des dents ou au port d'une prothèse dentaire mal ajustée.

---

# INTERVENTIONS INFIRMIÈRES

Les interventions infirmières auprès d'un patient devant subir un examen diagnostique du tractus gastro-intestinal comprennent les éléments suivants:

- Donner au patient des renseignements généraux sur une alimentation équilibrée et les facteurs nutritionnels pouvant provoquer des troubles gastro-intestinaux. Lui fournir des renseignements plus adaptés à ses besoins particuliers après la confirmation du diagnostic.
- Renseigner le patient sur les examens et les activités nécessaires (verbalement et par écrit).
- Soulager son anxiété.
- Le rassurer en lui expliquant qu'on fera le nécessaire pour qu'il souffre le moins possible.
- Inciter les membres de la famille et autres à offrir au patient un soutien psychologique lors des examens diagnostiques.

## Bibliographie

### Ouvrages

Berk JE (ed). Bockus' Gastroenterology. Philadelphia, WB Saunders, 1985.

Elipoulos C. Gerontologic Nursing. 2nd ed. Philadelphia, JB Lippincott, 1987.

Fenoglio-Preiser et al. Gastrointestinal Pathology—An Atlas and Text. New York, Raven Press, 1989.

Given BA. Gastroenterology in Clinical Nursing. St Louis, CV Mosby, 1984.

Halevy J. Key Facts in Gastroenterology. New York, Plenum, 1986.

Kratzer GL and Demerest RJ. Office Management of Colon and Rectal Disease. Philadelphia, WB Saunders, 1985.

Misiewic JJ et al. Atlas of Clinical Gastroenterology. New York, Glaxo/Roche, 1985.

Porth CM. Pathophysiology: Concepts of Altered States. 3rd ed. Philadelphia, JB Lippincott, 1990.

Rossman I. Clinical Geriatrics. 3rd ed. Philadelphia, JB Lippincott, 1986.

Sivak M. Gastroenterologic Endoscopy. Philadelphia, WB Saunders, 1987.

Sleisenger M and Fordtan J. Gastrointestinal Disease—Pathology, Diagnosis, Management. 4th ed. Philadelphia, WB Saunders, 1988.

Williams SR. Nutrition and Diet Therapy. St Louis, Times Mirror/Mosby, 1989.

### Revues

Archker E. Screening patients for colorectal cancer. Pract Gastroenterol 1989 Jan/Feb; 25(1): 37, 41–42.

Becker KL et al. Performing an in depth abdominal assessment. Nursing 1988 Jun; 19(6): 59–63.

Buchel E. Endoscopic ultrasonography. Endoscopic Review 1987 Mar/Apr; 4(2): 29–32.

Ciarleglio C. Gastric analysis: Old standby with a new purpose. SGA J 1988 Spring; 10(4): 202–204.

Ciarleglio C. Gastric analysis: Renaissance of an old technique. SGA J 1988 Fall; 11(2): 85–92.

Ciarleglio C. Gastric analysis Smart Chart. Gastroenterol Nurs 1989 Spring; 2(4):258.

Clarke B. Making sense of bowel prep for diagnostic procedures. Nursing Times 1989 Feb 1–7; 85(5): 46–47.

Coleman D. Anatomy and physiology of the small bowel. SGA J 1987 Spring; 10(1): 44–48.

Fiorenza V et al. Small intestinal motility: Normal and abnormal function. Am J Gastroenterol 1987 Nov; 98(11) : 1111–1114.

Fleisher M. Fecal occult blood screening tests. Endosc Rev 1987 May/Jun; 10(3): 31–39.

Groth K. Age related changes in the GI tract. Geriatr Nurs 1988 Sep/Oct; 9(5): 278–280.

Gruber M et al. The power of certainty. . . . Pattern recognition. AJN 1989 Apr; 89(4): 502–503.

Jacobs BB et al. Anatomy of the abdomen. Emergency Care Quarterly 1988 Feb; 3(4): 1–11.

Langfur F. Colonic lavage—Preparation for colonoscopy. Endosc Rev 1987 May/Jun; 10(3): 46–50.

Larson D Advanced anatomy and physiology of the colon. SGA J 1987 Fall; 10(2): 92–97.

Lencki BA. The esophagus. SGA J 1987 Fall; 10(2): 117–119.

Lewis BS and Waye JD. Small bowel enteroscopy in 1988: Pros and Cons. Am J Gastroenterol 1988 Aug; 99(8): 799–802.

Lind CD et al. Diagnosis: GI complaints in the geriatric patient. Part I. Hosp Med 1987 Oct; 23(10): 183–188, 193–4, 199.

Lind CD et al. Diagnosis: GI complaints in the geriatric patient. Part II. Hosp Med 1987 Nov; 23(11): 21–3, 27–9, 32.

Morazzo R et al. Colonoscopy complications. Endosc Rev 1988 Nov/Dec; 11(6): 9–29.

Nelson J and Castell D. Effects of aging on GI physiology. Pract Gastroenterol 1988 Nov/Dec; 24(6): 28–29, 32–35.

Newman FK et al. Magnetic resonance imaging: The latest in diagnostic technology. Nursing 1987 Jan; 17(1): 45–47.

Sekas G and Hutson W. Rectal exam by retroflexion maneuver during flexible sigmoidoscopy. Endoscopic Review 1987 May/Jun; 10(3): 29–31.

Smith CE. Assessing bowel sounds: More than just listening. Nursing 1988 Feb; 18(2): 42–43.

Smith CE. Investigating absent bowel sounds. Nursing 1987 Nov; 17(11): 73, 76–77.

Waye J. Colonoscopy, Why and How? Endosc Rev 1988 Nov/Dec; 11(6): 31–32.

Waye J. Expanding the uses of therapeutic endoscopy. Hosp Prac 1987 Aug 15; 22(8): 143–146, 151, 154.

Williams C. Preparing your patient for colonoscopy. Endosc Rev 1988 Nov/Dec; 11(6): 32–34.

# 25
# ÉVALUATION ET TRAITEMENT DES PATIENTS SOUFFRANT DE PROBLÈMES D'INGESTION ET DE TROUBLES DU TRACTUS GASTRO-INTESTINAL SUPÉRIEUR

## OBJECTIFS D'APPRENTISSAGE

*Après avoir étudié ce chapitre, vous devriez être en mesure de réaliser ce qui suit:*

1. *Appliquer la démarche de soins infirmiers pour intervenir auprès des patients présentant un trouble de la cavité buccale.*

2. *Décrire les rapports entre l'hygiène dentaire, les troubles dentaires et les troubles nutritionnels.*

3. *Expliquer les soins infirmiers à prodiguer aux patients présentant une anomalie des lèvres, des gencives, des dents, de la bouche et des glandes salivaires.*

4. *Appliquer la démarche de soins infirmiers pour intervenir auprès des patients atteints d'un cancer de la cavité buccale.*

5. *Indiquer les besoins physiques et psychosociaux à long terme des patients présentant un cancer de la bouche.*

6. *Appliquer la démarche de soins infirmiers pour intervenir auprès des patients qui subissent une dissection radicale du cou.*

7. *Appliquer la démarche de soins infirmiers pour intervenir auprès des patients présentant un trouble de l'oesophage.*

8. *Décrire les divers troubles pouvant toucher l'oesophage, ainsi que leurs manifestations cliniques, leur traitement et les mesures de réadaptation nécessaires.*

Comme le processus d'ingestion commence par la mastication des aliments, une bonne alimentation dépend en partie de la santé des dents et de l'état général. Les troubles et anomalies de la cavité buccale peuvent influer de façon négative sur l'état nutritionnel, la quantité d'aliments ingérés et le mélange des particules alimentaires avec les enzymes salivaires. Les troubles de l'oesophage découlant tout simplement d'une mauvaise déglutition peuvent également restreindre l'apport alimentaire et hydrique, ce qui peut mettre en danger la santé et le bien-être général.

Compte tenu des rapports étroits qui existent entre l'apport nutritionnel et l'état des structures du tractus gastro-intestinal supérieur (lèvres, bouche, dents, pharynx et œsophage), l'enseignement sanitaire doit surtout être axé sur la prévention des troubles associés à ces structures.

## ▷ *DÉMARCHE DE SOINS INFIRMIERS*
## *PATIENTS PRÉSENTANT UN TROUBLE*
## *DE LA CAVITÉ BUCCALE*

### ▷ *Collecte des données*

À l'étape de la collecte des données, l'infirmière doit notamment établir le profil du patient en vue de préciser ses besoins en matière d'information sur l'hygiène buccodentaire et de déterminer les symptômes exigeant une évaluation médicale.

Le profil du patient doit notamment comprendre (1) les habitudes touchant l'utilisation de la brosse à dents et de la soie dentaire, (2) la fréquence des visites chez le dentiste, (3) la présence de lésions ou d'irritations dans la bouche, sur la langue ou dans la gorge, (4) le port de prothèses dentaires complètes ou partielles, (5) les irritations récentes de la gorge ou la présence de sang dans les crachats, (6) les malaises provoqués par certains aliments, (7) l'apport alimentaire quotidien et (8) la consommation d'alcool et de tabac (y compris le tabac à chiquer).

L'examen physique doit notamment comprendre l'inspection et la palpation des structures internes et externes de la bouche et de la gorge du patient. Les prothèses dentaires complètes et partielles doivent alors être retirées pour permettre l'examen complet des gencives. De façon générale, l'examen peut être réalisé à l'aide d'une source lumineuse et d'un abaisse-langue. Des gants doivent être portés pour la palpation de la langue et de toute anomalie.

On commence l'examen par l'inspection des lèvres afin d'en évaluer l'hydratation, la couleur, la texture et la symétrie, et de déceler la présence d'ulcérations ou de fissures. Les lèvres doivent être humides, roses, lisses et symétriques. L'infirmière demande au patient de bien ouvrir la bouche et insère ensuite un abaisse-langue afin d'exposer la muqueuse buccale pour évaluer sa couleur et les lésions, le cas échéant (figure 25-1**A**). Le canal parotidien de chaque glande parotide se présente alors sous la forme d'un petit point rouge dans la muqueuse buccale, à proximité des molaires supérieures.

L'inspection des gencives permet de déceler les inflammations, les hémorragies, les retraits et les décolorations. L'odeur de l'haleine est également notée. On examine la forme et la couleur de la voûte palatine, de même que la texture et la couleur de la langue. On inspecte les lésions, le cas échéant. La présence d'une mince pellicule blanche et de grosses papilles à bordure, formant un V dans la portion distale du dos de la langue, constitue une observation clinique normale (voir la figure 25-1**B**). On demande au patient de tirer la langue et de la déplacer latéralement pour en estimer les dimensions, la symétrie et la force (ce qui reflète l'intégrité du 12e nerf crânien ([hypoglosse]). Le patient doit ensuite placer la pointe de la langue sur le palais de façon à permettre l'inspection de la surface inférieure de la langue et du plancher buccal. Il importe de noter toute lésion de la muqueuse ainsi que toute anomalie du frein de la langue ou des veines superficielles. Les cancers buccaux, qui se manifestent souvent à cet endroit, se présentent sous la forme de plaques blanches ou rouges, d'ulcères indurés ou d'excroissances verruqueuses.

L'abaisse-langue sert à abaisser la langue pour mettre le pharynx en évidence. Il faut l'appuyer fermement au-delà du centre de la langue afin de ne pas provoquer le réflexe pharyngé et de réduire ainsi la répugnance du patient à l'égard des examens de la bouche. Le patient est invité à incliner la tête vers l'arrière, à ouvrir grand la bouche, à inspirer profondément et à dire «ah», ce qui permet souvent d'aplatir la portion postérieure de la langue et de mettre en évidence les papilles antérieures et postérieures, les amygdales, la luette et le pharynx postérieur. L'inspection de ces structures permet d'en évaluer la couleur et la symétrie, et de noter la présence d'exsudats, d'ulcérations ou d'une hypertrophie. La luette et le palais mou devraient normalement se soulever de façon symétrique à chaque inspiration (ou «ah»), ce qui indique l'intégrité du nerf vague (10e nerf crânien).

L'examen complet de la cavité buccale est essentiel car on observe des anomalies de la bouche dans un grand nombre de troubles: cancer, diabète, immunosuppression médicamenteuse ou syndrome d'immunodéficience acquise (sida).

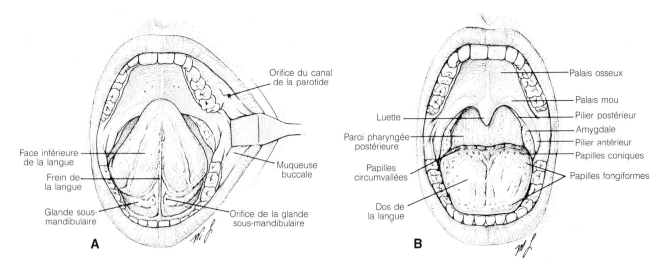

**A**
- Orifice du canal de la parotide
- Face inférieure de la langue
- Frein de la langue
- Glande sous-mandibulaire
- Muqueuse buccale
- Orifice de la glande sous-mandibulaire

**B**
- Palais osseux
- Palais mou
- Pilier postérieur
- Amygdale
- Pilier antérieur
- Papilles coniques
- Papilles fongiformes
- Luette
- Paroi pharyngée postérieure
- Papilles circumvallées
- Dos de la langue

***Figure 25-1.*** La bouche (**A**) et le pharynx (**B**)
(Source: B. Bates, *Guide de l'examen clinique*, 2e éd., Paris, Medsi-Edisem, 1963)

▷ *Analyse et interprétation des données*

Selon les données recueillies, voici les principaux diagnostics infirmiers possibles:

- Atteinte à l'intégrité de la muqueuse buccale reliée à un trouble pathologique, à une infection ou à une lésion chimique ou médicamenteuse (médicaments, prothèses dentaires mal ajustées)
- Déficit nutritionnel relié à l'incapacité d'ingérer suffisamment d'aliments à cause d'un trouble buccal ou dentaire
- Perturbation de l'image corporelle reliée à la modification de l'aspect physique consécutive à une maladie ou à un traitement
- Douleur reliée à une lésion buccale ou un traitement

▷ *Planification et exécution*

▷ *Objectifs de soins:* amélioration de l'état de la muqueuse buccale; amélioration de l'apport nutritionnel; amélioration de l'image corporelle; amélioration du bien-être

- *Interventions infirmières*

▷ *Soins de la bouche.* L'infirmière doit expliquer aux patients l'importance des soins préventifs de la bouche et les techniques nécessaires à cette fin (tableau 25-1). Si le patient ne peut tolérer la brosse à dents ou la soie dentaire, une solution d'irrigation composée de 5 mL de bicarbonate de sodium pour 250 mL d'eau tiède ou une solution de peroxyde d'hydrogène coupé de moitié est recommandée (voir Dudjak, 1987, Progrès de la recherche en sciences infirmières). Si le patient est inconscient, l'infirmière est responsable de son hygiène buccodentaire (voir Miller et Rubinstein, 1987, Progrès de la recherche en sciences infirmières).

Le médecin doit établir la cause du trouble de la muqueuse buccale et la traiter. L'infirmière doit vérifier si le patient consomme des substances pouvant provoquer une irritation et noter ces substances. En cas d'infection bactérienne ou fongique, elle lui administre les médicaments appropriés, elle lui enseigne comment les prendre à la maison et note les résultats obtenus.

▷ *Apport nutritionnel.* Le poids, l'âge et le niveau d'activité du patient sont notés de façon à permettre l'évaluation de l'apport quotidien nécessaire en énergie et en matières nutritives. Il faut calculer l'apport énergétique du patient tous les jours afin de déterminer précisément les quantités d'aliments et de liquide ingérées. La fréquence des repas et le mode d'alimentation sont également notés en vue de déterminer si certains facteurs psychosociaux ou psychologiques influent sur l'ingestion. L'infirmière recommande au patient d'éviter les aliments pouvant gêner sa digestion. Elle lui donne des conseils sur la consistance appropriée des aliments et la fréquence des repas en fonction de son état de santé et de ses préférences. Elle peut également lui conseiller de consulter une diététicienne. Les objectifs des interventions infirmières sont d'aider le patient à atteindre et à maintenir son poids-santé, de favoriser la cicatrisation des tissus et d'améliorer son niveau d'énergie.

▷ *Image de soi positive.* Si le patient présente une altération inesthétique de la bouche par suite d'un trouble ou d'une opération, son image de soi peut être perturbée. L'infirmière doit l'inciter à verbaliser ses perceptions et discuter de façon réaliste des modifications ou des pertes subies. Pendant que le patient exprime ses craintes et ses sentiments négatifs, l'infirmière doit lui offrir son soutien et l'inciter à reconnaître ses réactions (repli sur soi, dépression, colère) et à expliquer comment il se voit et comment les autres le perçoivent de façon à mieux comprendre ses émotions. Elle l'écoute attentivement et détermine si ses besoins sont principalement d'ordre psychosocial ou cognitif-perceptif. Elle pourra ainsi élaborer un plan de soins personnalisé, souligner les atouts et les réalisations du patient, et renforcer ses qualités.

L'infirmière doit déterminer les principales sources d'anxiété du patient dans ses relations interpersonnelles à la maison et au travail. Elle pourra ensuite lui recommander des modes d'interaction avec autrui adaptés à ses besoins et l'aider à faire face à son anxiété et à ses craintes. Elle doit lui souligner que la transformation d'une partie de son corps ne réduit en rien sa personnalité et sa valeur.

L'infirmière enregistre les progrès du patient dans sa recherche d'une image de soi positive. Elle doit être à l'affût de ses réactions de chagrin et noter l'évolution de son état affectif. Elle doit également lui fournir l'occasion de s'exprimer, et accepter ses réactions d'hostilité. Il importe d'inciter le patient à exprimer ses émotions dans un climat de compréhension.

▷ *Bien-être.* Les lésions buccales peuvent être douloureuses. L'infirmière indique au patient les aliments qu'il doit éviter pour réduire la douleur. Ce sont notamment les aliments épicés, très chauds ou coriaces (bretzels, noix). Elle lui explique également comment assurer son hygiène buccodentaire (voir ci-dessus). Il peut être nécessaire de fournir au patient

---

TABLEAU 25-1. *Hygiène buccodentaire préventive*

1. Se brosser les dents à l'aide d'une brosse à poils souples, au moins deux fois par jour. Tenir la brosse à dents à un angle de 45 degrés par rapport aux gencives et aux dents. Les gencives et la surface de la langue doivent également être brossées.
2. Passer la soie dentaire au moins une fois par jour.
3. Utiliser un rince-bouche contre la plaque dentaire.
4. Rendre visite au dentiste au moins tous les six mois, et quand une dent est ébréchée, qu'une ulcération persiste pendant plus de deux semaines ou qu'on a mal aux dents.
5. Éviter l'alcool et le tabac, notamment le tabac à chiquer.
6. Avoir une bonne alimentation et éviter les sucreries.

un analgésique, par exemple de la lidocaïne visqueuse (Xylocaïne visqueuse à 2 %) ou des narcotiques prescrits par le médecin.

## ▷ *Évaluation*

### *Résultats escomptés*

1. Le patient présente une muqueuse buccale intacte.
   a) Il ne ressent ni douleur ni malaise.
   b) La muqueuse ne présente aucune altération visible.
   c) Il connaît les aliments qui peuvent provoquer une irritation (noix, bretzels, aliments épicés).
   d) Il peut indiquer les mesures d'hygiène buccodentaire préventives nécessaires.
   e) Il adhère au traitement médicamenteux.
2. Le patient maintient son poids-santé.
   a) Il prend des repas équilibrés et nutritifs.
   b) Il note quotidiennement son apport énergétique.
   c) Il fait les substitutions alimentaires appropriées pour maintenir l'apport énergétique recommandé.
3. Le patient a une image de soi positive.
   a) Il discute librement du nouvel aspect de son corps.
   b) Il verbalise son anxiété.
   c) Il se considère comme une personne importante.
   d) Il accepte la modification de son apparence et modifie son concept de soi.
   e) Il parle de façon positive de son apparence.
   f) Il concentre son énergie sur ses nouveaux objectifs.
4. Le patient jouit d'un niveau de bien-être acceptable.
   a) Il déclare que la douleur a disparu ou qu'elle est tolérable.
   b) Il évite les aliments et les boissons qui l'incommodent.
   c) Il adhère à son traitement médicamenteux.

# *Troubles de la cavité buccale*

## *Anomalies des lèvres, des gencives et de la bouche*

Les anomalies de la cavité buccale, notamment des lèvres, de la bouche ou des gencives, accompagnent un grand nombre de maladies. Le tableau 25-2 résume les anomalies pouvant apparaître dans ces régions ainsi que leurs causes possibles et les interventions infirmières qui s'y rapportent.

## *Anomalies des dents*

### *Plaque et caries dentaires*

La carie dentaire est le problème de santé dentaire le plus courant et le plus onéreux. Au moins 95 % des Canadiens en souffrent un jour ou l'autre. La carie est un processus d'érosion qui découle de l'action des bactéries sur les glucides fermentables de la bouche, ce qui produit des acides qui dissolvent l'émail des dents. L'ampleur des dommages dépend de plusieurs facteurs, les principaux étant (1) la présence de plaque dentaire, (2) la force des acides et l'efficacité de la neutralisation salivaire, (3) la durée du contact entre les acides et les dents et (4) la sensibilité des dents à la carie. La plaque dentaire est une substance gélatineuse gluante qui adhère aux dents. Les dommages aux dents s'amorcent sous la plaque dentaire.

Les caries se forment dans une petite ouverture, généralement une fissure ou un défaut de l'émail, ou dans un endroit difficile à nettoyer. La lésion peut ensuite passer de l'émail à la dentine. Comme la dentine est moins résistante que l'émail, la carie progresse plus rapidement et finit par atteindre la pulpe dentaire. Quand les vaisseaux sanguins, les vaisseaux lymphatiques et les nerfs sont exposés, ils s'infectent et un abcès peut se produire, à l'intérieur de la dent ou à l'extrémité de la racine. Des douleurs et une ulcération accompagnent généralement l'abcès. Quand l'infection progresse, le visage peut se tuméfier, et une douleur pulsatile peut apparaître. Des radiographies permettent au dentiste de déterminer l'ampleur des dommages et le type de traitement nécessaire. Si le traitement échoue, l'extraction de la dent touchée est nécessaire.

### *Traitement préventif*

Diverses mesures peuvent prévenir et réduire la carie dentaire: bonne hygiène buccodentaire, réduction de la consommation de sucres (glucides raffinés), application de fluorure sur les dents ou consommation d'eau fluorée, et application d'un produit de scellement dans les cavités et les fissures.

Un brossage quotidien soigneux est essentiel à la bonne santé dentaire. La brosse à dents dégrade mécaniquement la plaque bactérienne qui s'accumule autour des dents. Le tableau 25-1 présente les règles d'une bonne hygiène buccodentaire.

Le mouvement normal des muscles de la mastication et l'écoulement salivaire contribuent considérablement à la propreté des dents. Comme les malades n'ont pas une alimentation et une salivation normales, le processus naturel de nettoyage des dents est compromis. Si le patient ne peut se brosser les dents, notamment à cause d'un trouble vasculaire cérébral ou d'un traumatisme invalidant, l'infirmière doit le faire pour lui. Le simple passage d'un coton-tige dans la bouche et sur les dents est inefficace. Le nettoyage mécanique reste la meilleure méthode. Il est préférable d'essuyer les dents du patient à l'aide d'une serviette que de lui demander tout simplement de se gargariser à quelques reprises à l'aide d'un antiseptique buccal. Si le patient refuse de se faire brosser les dents par une infirmière, l'utilisation d'un bâtonnet à éponge et d'une solution de nettoyage (bicarbonate de sodium ou peroxyde d'hydrogène coupé de moitié) peut être efficace.

Les tampons citronnés à la glycérine, qui étaient très utilisés il y a quelques années, sont à éviter parce qu'ils assèchent la muqueuse buccale. Il est préférable d'enduire les lèvres d'un gel hydrosoluble afin de prévenir leur assèchement.

*Alimentation.*    On peut prévenir la carie dentaire en réduisant la consommation de sucre. On peut par exemple remplacer les collations à forte teneur en sucre par des fruits, des légumes, des noix et certains fromages.

*Fluoration.*    La fluoration de l'eau potable peut réduire la carie dentaire de près de 60 %. Dans certaines régions, l'eau est naturellement fluorée. Ailleurs, on ajoute du fluorure dans les sources d'alimentation publique en eau potable. La fluoration peut être réalisée de diverses autres façons, notamment par la prise de préparations vitaminiques, par l'application d'un gel concentré ou d'une solution par le dentiste, par l'ajout de fluorure dans l'eau de consommation ou par l'ingestion de

*(suite à la page 637)*

TABLEAU 25-2. *Anomalies des lèvres, de la bouche et des gencives*

| Trouble | Signes et symptômes | Causes possibles | Traitement |
|---|---|---|---|
| **ANOMALIES DES LÈVRES** | | | |
| Chéilite | Irritation des lèvres associée à la présence de desquamation, de croûtes et de fissures Épaississement blanc de la couche cornée de l'épiderme (hyperkératose) | Effets cumulatifs de l'exposition au soleil; se manifeste plus particulièrement dans les cas d'exposition professionnelle (exploitants agricoles, par exemple) et chez les gens à peau pâle. Peut évoluer vers un épithélioma spinocelluaire. | Expliquer au patient qu'il importe de protéger ses lèvres contre le soleil à l'aide d'un onguent protecteur (avec écran solaire). Conseiller au patient de passer régulièrement un examen médical complet. |
| Herpès — boutons de fièvre | Vésicules simples ou regroupées Peuvent éclater. | Virus de l'herpès simplex — infection opportuniste. Apparaît souvent chez les patients immunoprives. | Acyclovir en application topique ou par voie orale, selon l'ordonnance. Administrer des analgésiques, selon l'ordonnance. Éviter les aliments provoquant une irritation. |
| Chancre | Lésion circonscrite rouge qui devient ulcérée et encroûtée. | Lésion primaire de la syphilis | Humecter les lèvres à froid pendant 20 minutes. Recommander au patient d'éviter les aliments épicés. Enseigner au patient les soins appropriés de la bouche à l'aide de peroxyde d'hydrogène dilué de moitié ou de 5 mL de bicarbonate de sodium dans 250 mL d'eau. |
| Dermatite de contact | Éruptions ou rougeurs Démangeaisons | Réaction allergique au rouge à lèvres ou à d'autres produits de beauté, ou au dentifrice | Recommander au patient d'éviter les allergènes possibles. |
| **ANOMALIES DE LA BOUCHE** | | | |
| Leucoplasie (figure 25-2) | Plaques blanches pouvant être hyperkératosées. Généralement situées dans la muqueuse buccale et indolores. | Moins de 2 % sont malignes. | Recommander au patient de consulter son médecin si le trouble persiste pendant plus de deux semaines. |
| Leucoplasie villeuse | Plaques blanches comportant des projections semblables à des poils. Apparaissent généralement sur le rebord latéral de la langue. | Tabagisme Apparaissent souvent chez les personnes séropositives. | Recommander au patient de consulter son médecin si le trouble persiste pendant plus de deux semaines. |
| Lichen plan | Papules blanches aux intersections d'un réseau de lésions Généralement ulcérées et douloureuses | | Administrer de la lidocaïne visqueuse pour soulager la douleur. Le patient doit garder le produit dans sa bouche pendant 2 ou 3 minutes. Appliquer de la triamcinolone (Kenalog) ou une pâte dentaire (Orabase) après les repas ou au moment du coucher pour favoriser la cicatrisation. Administrer des corticostéroïdes par voie orale ou les appliquer sur les lésions, selon l'ordonnance. Informer le patient qu'un suivi est nécessaire dans les cas chroniques. |

**TABLEAU 25-2.    *Anomalies des lèvres, de la bouche et des gencives*** (suite)

| Trouble | Signes et symptômes | Causes possibles | Traitement |
|---|---|---|---|
| Candidose — moniliase | Plaques blanchâtres ressemblant à du lait caillé. Une fois essuyées, elles laissent une base érythémateuse et souvent hémorragique. | *Candida albicans.* Facteurs de prédisposition : diabète, antibiothérapie et immuno-suppression | Administrer les antifongiques, prescrits : nystatine (Mycosta-tin), clotrimazole ou cétocona-zole. Les médicaments peu-vent être pris sous forme de comprimés ou de suspensions. Dans ce dernier cas, l'infir-mière recommande au patient de se rincer vigoureusement la bouche avec la suspension pendant au moins une minute, avant de l'avaler. |
| Aphtes | Ulcère peu profond avec un centre blanc et un liséré rouge. Apparaît dans la partie interne de la lèvre et de la joue. Peut également se retrouver sur la langue. Débute par une sensa-tion de brûlure ou de picotement et une légère tuméfaction. Douloureux. Persiste générale-ment de 7 à 10 jours et gué-rit sans laisser de cicatrice. Est souvent récurrent. | Inconnues. Est associé aux tensions psychologiques, à la fatigue ou à des facteurs hormonaux. | Imposer un régime de consistance molle ou sans aliments excitants. L'adminis-tration d'antibiotiques ou de stéroïdes peut parfois être utile. |
| Leucoplasie buccale (plaque des fumeurs) | Comprend deux stades. Une ou deux plaques épaisses et blan-châtres apparaissent d'abord sur la muqueuse de la langue ou de la bouche. Avec le temps, la bouche et la langue se recouvrent d'une muqueuse épaisse, d'un blanc crémeux, qui peut se détacher et laisser apparaître du tissu rouge vif. | Irritation chronique provoquée par des dents cariées, infec-tées ou mal réparées, par le tabac, des aliments très épicés ou parfois par la syphilis | Corriger la cause sous-jacente pour éliminer le trouble. |
| Sarcome de Kaposi | Apparaît tout d'abord sur la muqueuse buccale, sous forme de lésion rouge, pourpre ou bleue. Lésion unique ou lésions multiples, planes ou surélevées. | Infection par le VIH | Expliquer au patient les effets secondaires du traitement (chirurgie ou radiothérapie), ainsi que les effets secondaires des médicaments. |

*ANOMALIES DES GENCIVES*

| Trouble | Signes et symptômes | Causes possibles | Traitement |
|---|---|---|---|
| Gingivite | Inflammation et tuméfaction doulou-reuse des gencives. Un simple contact provoque souvent une hémorragie. | Mauvaise hygiène buccodentaire entraînant une accumulation de débris alimentaires, de plaque bactérienne et de tartre. Les gencives peuvent également se tuméfier par suite d'un processus normal, notamment la puberté ou la grossesse. | Enseigner au patient les mesures appropriées d'hygiène bucco-dentaire (voir le tableau 25-1). |
| Gingivite nécrosante | Ulcération pseudomembraneuse grisâtre ou blanchâtre appa-raissant à l'extrémité des gen-cives, sur la muqueuse de la bouche, sur les amygdales et dans le pharynx. Haleine fétide. Saignement gingival très douloureux. La déglutition et l'élocution sont également douloureuses. | Mauvaise hygiène buccodentaire | Enseigner au patient les mesures appropriées d'hygiène bucco-dentaire (voir le tableau 25-1). |

**TABLEAU 25-2.** *Anomalies des lèvres, de la bouche et des gencives* (suite)

| Trouble | Signes et symptômes | Causes possibles | Traitement |
|---|---|---|---|
| Gingivostomatite herpétique | Sensation de brûlure et apparition de petites vésicules après 24 ou 48 heures. Les vésicules peuvent éclater et former un ulcère peu profond recouvert d'une membrane grise. | Virus de l'herpès simplex. Apparaît le plus souvent chez les personnes immunoprives. Peut accompagner divers processus infectieux, notamment la pneumonie à streptocoque, la méningite à méningocoque ou la malaria. | Appliquer des analgésiques à action locale, selon l'ordonnance. Si les douleurs sont graves, il se peut que l'on doive administrer des narcotiques à action générale. Un agent antiviral, notamment de l'Acyclovir par voie orale, peut être prescrit. |
| Parodontite | Peu douloureuse au début. Peut entraîner un saignement gingival, une infection, une rétraction des gencives et le déchaussement des dents. Au stade tardif, les dents peuvent tomber. | Gingivite non traitée Environ 90 % des personnes de plus de 40 ans sont touchées. Une mauvaise hygiène dentaire et une mauvaise alimentation contribuent à son apparition. | Enseigner au patient les mesures appropriées d'hygiène bucco-dentaire (voir le tableau 25-1). |

fluorure de sodium en comprimés ou en gouttes. Pour être davantage efficace, elle doit se faire entre la naissance et l'âge de 10 ans.

Des travaux de recherche récents ont remis en question l'efficacité de la fluoration et indiqué que cette mesure pourrait être associée à l'augmentation de certains types de cancer.

***Produits de scellement.*** Les surfaces d'occlusion des dents comportent des fissures et des cavités qui constituent un terrain propice à la carie. Certains dentistes appliquent un enduit spécial qui remplit ces cavités et les scelle afin de prévenir l'exposition aux facteurs cariogènes.

### Traitement

Le traitement de la carie dentaire peut comprendre les obturations, les extractions, les implantations dentaires et l'ajustement de prothèses.

***Obturations.*** Les régions cariées des dents peuvent être évidées et comblées à l'aide d'un amalgame dentaire (alliage de plusieurs éléments chimiques). Cette intervention est effectuée par un dentiste, généralement sous anesthésie locale.

***Extractions.*** Une extraction peut être nécessaire si la dent est défectueuse ou gravement endommagée. L'extraction d'une ou de plusieurs dents se fait généralement dans le cabinet du dentiste. Un anesthésique local est appliqué, et l'intervention exige moins de 30 minutes.

L'extraction simultanée des quatre molaires peut se faire en une fois, en chirurgie d'un jour. Après anesthésie endotrachéale générale, le chirurgien insère un rétracteur dans la bouche du patient. S'il y a lieu, des incisions sont pratiquées latéralement dans la mandibule pour atteindre les dents incluses. Le tissu osseux extrait de la mâchoire finit par se régénérer. La fermeture de la muqueuse se fait à l'aide de sutures fondantes de soie noire.

L'extraction d'une dent est une intervention simple qui n'entraîne généralement que peu de complications. Les patients âgés et ceux qui prennent des anticoagulants peuvent exiger des mesures spéciales. Le patient âgé peut souffrir d'un trouble chronique qui l'empêche de rester assis dans le fauteuil du dentiste pendant plus de 15 minutes. Le dentiste peut dans ce cas garder son fauteuil en position droite et ménager des pauses pendant l'intervention. Les patients qui prennent des anticoagulants par voie orale peuvent interrompre leur médication et prendre de la vitamine K par voie orale pendant trois jours avant la visite chez le dentiste, selon les instructions du médecin.

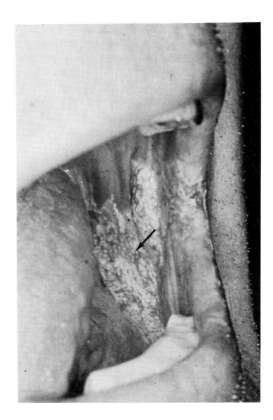

***Figure 25-2.*** Leucoplasie. Des plaques blanches peuvent être observées au-dessus et à droite de la dent.

(Source: M. A. Lynch et coll., *Burket's Oral Medicine: Diagnosis and Treatment*, 8e éd., Philadelphia, J. B. Lippincott, 1984)

***Interventions infirmières.*** Un suintement sanguin reste possible pendant les 24 heures qui suivent l'extraction d'une dent. Le patient est invité à se reposer et à ne pas se rincer la bouche pendant 24 heures afin de réduire les risques de saignement. Si une hémorragie se produit, il doit placer un tampon de gaze propre sur la plaie et serrer les dents pour exercer une pression pendant environ 30 minutes. En cas de douleur grave ou prolongée, de tuméfaction ou d'hémorragie, il doit communiquer avec son dentiste.

Si des molaires incluses ont été extraites, le patient doit placer des sacs de glace sur les deux côtés du visage pendant 20 minutes toutes les heures, pendant 24 heures. Cette mesure réduit la tuméfaction et la douleur. La consommation de liquides est recommandée pendant les 24 premières heures. Les patients apprécient souvent la crème glacée ou les laits frappés parce qu'ils sont nourrissants et que le froid réduit la tuméfaction. Si le patient arrive mal à aspirer ces liquides à l'aide d'une paille, il peut se servir d'un contenant à bec. Les sutures fondent après environ sept jours. L'utilisation d'une solution de rinçage ou d'irrigation buccale (dans la plupart des cas, une solution d'eau salée) est recommandée pendant plusieurs jours après l'extraction. Quand les gencives sont cicatrisées, le patient peut recommencer à se brosser les dents. Une antibiothérapie prophylactique est souvent prescrite après une extraction en vue de prévenir les infections. Si la tuméfaction ou la douleur persistent pendant plus d'une semaine, le patient doit consulter à nouveau son dentiste.

***Implantations dentaires.*** Une transplantation ou une implantation dentaire peut être indiquée si le patient a subi plusieurs extractions ou si le port d'une prothèse lui cause des problèmes. Les implants sont des prothèses métalliques qui remplacent les dents. Ils sont fixés dans la structure osseuse de la gencive.

***Prothèses dentaires.*** Certaines personnes retardent indûment la décision de se procurer une prothèse dentaire même si les dents qui leur restent sont endommagées au-delà de tout espoir de réparation. L'infirmière peut inciter ces personnes à se procurer une prothèse en leur expliquant les avantages qu'ils peuvent en tirer: meilleure apparence, meilleure alimentation et meilleure digestion, risques réduits d'infection. Elle doit également leur souligner qu'ils devront faire preuve de patience pour s'y habituer.

Pendant les deux premiers mois, le patient qui porte une prothèse doit:

- Les porter pendant 24 heures avant le premier ajustement de façon à permettre au dentiste de déceler les points de pression et les endroits où les tissus sont irrités.

- Porter sa prothèse pendant au moins six heures avant un ajustement chez le dentiste.

- Être patient. Il faut de six à huit semaines pour que les gencives s'adaptent à une prothèse.

- Éviter les gros morceaux d'aliments, les aliments qui irritent les gencives (arachides, céleri, maïs, graines) et les aliments qui peuvent s'insérer entre la gencive et la prothèse (tant que les tissus restent tuméfiés).

- Garder sa prothèse propre et ses gencives en bonne santé en les brossant deux fois par jour à l'aide d'une brosse à dents à poils souples.

Les points de pression ou d'irritation dus aux prothèses doivent être signalés au dentiste pour qu'il procède aux ajustements nécessaires. S'ils ne sont pas corrigés, ces points de pression peuvent provoquer des lésions.

Les prothèses doivent être nettoyées avec soin à l'aide d'une brosse à poils durs, d'eau savonneuse, de sel et de bicarbonate de sodium. L'addition d'une goutte d'eau de Javel donne une haleine plus fraîche. Les dentistes recommandent généralement de retirer les prothèses pour la nuit, de les laver et de les faire tremper dans un produit nettoyant approprié. Si le patient ne peut nettoyer ses prothèses, l'infirmière ou un membre de la famille doit le faire pour lui.

Les prothèses partielles ne doivent pas être gardées en place pendant des périodes prolongées. Il importe de les retirer et de bien les nettoyer. Elles sont fixées à l'aide de crampons métalliques qui encerclent une dent. Ces crampons peuvent être ouverts en plaçant les deux index sur un côté, puis sur l'autre. Après avoir été nettoyées, les prothèses partielles peuvent être remises en place d'une simple pression.

La plupart des gens désirent porter leurs prothèses immédiatement après l'extraction des dents. Les dents arrière sont généralement extraites en premier lieu, ce qui permet la cicatrisation des tissus. Pendant cette période, les prothèses sont préparées de façon à ce que la personne puisse les porter tout de suite après l'extraction complète des dents antérieures.

## Abcès périapical

Les abcès périapicaux, souvent appelés abcès dentaires, s'expliquent par un processus de suppuration qui atteint le périoste dentaire apical (membrane fibreuse sur laquelle repose la structure de la dent) et le procès alvéolaire (tissu entourant l'apex de la dent, à l'endroit où elle s'insère dans son alvéole). Ils peuvent prendre deux formes. La forme aiguë est généralement secondaire à une pulpite suppurative découlant d'une infection provoquée par une carie dentaire. L'infection de la pulpe s'étend dans le canal apical de la dent et forme un abcès au sommet de la racine à l'endroit de son insertion dans l'os alvéolaire. L'abcès provoque une douleur lancinante continue qui s'accompagne souvent de cellulite et d'un œdème adjacent des structures faciales. Il provoque également la mobilité de la dent atteinte. La gencive est généralement tuméfiée du côté de la joue. Le patient peut avoir de la difficulté à ouvrir la bouche à cause de la tuméfaction et de la cellulite des structures faciales. Les abcès bien installés peuvent entraîner une réaction généralisée, de la fièvre et un malaise.

L'*abcès périapical chronique* est une forme progressive d'infection qui évolue lentement sous la même forme que l'abcès aigu. Il peut cependant évoluer jusqu'à son stade final de façon insidieuse. L'infection finit par provoquer un «abcès dentaire occulte» qui représente en fait un granulome périapical. Ses dimensions peuvent atteindre 1 cm. Il est souvent diagnostiqué par radiographie et traité par extraction ou traitement du canal radiculaire, généralement avec résection du sommet de la racine dentaire.

### Traitement

Aux premiers stades de l'infection, le chirurgien dentiste peut pratiquer une ouverture dans la chambre pulpaire afin de soulager la tension et la douleur et d'assurer le drainage. L'infection se présente alors généralement sous forme d'abcès périapical. Une incision est faite au travers de la gencive jusqu'à l'os de la mâchoire afin d'établir le drainage. Du pus nauséabond sous pression s'échappe alors par l'incision. Cette intervention est généralement réalisée dans le cabinet du dentiste. Le patient est parfois admis dans un centre hospitalier en chirurgie d'un jour. Après disparition de la réaction inflammatoire, on peut extraire la dent ou effectuer un traitement du canal radiculaire.

### Interventions infirmières

Après le traitement, l'infirmière doit observer le patient pour déceler l'hémorragie. Elle conseille à celui-ci d'utiliser un rince-bouche ou une solution saline tiède afin de garder stérile la région traitée et lui enseigne comment prendre ses antibiotiques et ses analgésiques. Le patient abandonne progressivement sa diète liquide au profit d'une diète molle, en fonction de sa tolérance.

## Malocclusion

La malocclusion est une anomalie de contact entre les dents qui apparaît quand les mâchoires sont fermées. Environ la moitié de la population présente une forme quelconque de malocclusion. La correction du trouble exige l'intervention d'un orthodontiste, ainsi que la collaboration, la motivation et la persévérance du patient, car le traitement est très long. Il est généralement instauré après l'apparition des dents permanentes, souvent vers l'âge de 12 ou 13 ans.

Un traitement orthodontique préventif peut débuter vers l'âge de cinq ans si la malocclusion est diagnostiquée assez tôt. Des travaux de recherche ont montré qu'une orthodontie préventive sur les dents de lait évite souvent le port d'un appareil orthodontique à l'adolescence.

### Traitement

Pour réaligner les dents, l'orthodontiste force graduellement le déplacement des dents à l'aide de fils métalliques ou de plastique. Le patient peut appréhender de porter un appareil qui l'enlaidit, mais il doit le faire pour que son apparence s'en trouve grandement améliorée plus tard. Dans la phase finale du traitement, un dispositif de rétention est porté plusieurs heures par jour afin de soutenir les tissus qui s'adaptent à la nouvelle position des dents.

Des attelles peuvent également être installées en vue de corriger un défaut de longueur de la mâchoire. L'intervention, appelée *chirurgie orthognathique,* est réalisée quand la mâchoire est trop longue ou trop courte pour permettre un bon alignement mandibulaire. Quand la mâchoire est trop longue, du tissu osseux est extrait. Quand elle est trop courte, un greffon osseux ou un corps inerte peut être inséré. On prodigue à ces patients les mêmes soins postopératoires qu'aux patients qui ont subi une fracture mandibulaire (page 648).

### Interventions infirmières

Le patient doit absolument garder sa bouche méticuleusement propre. Il faut souvent l'encourager pour éviter qu'il ne néglige cette partie essentielle de son traitement. Quand un adolescent qui subit une correction orthodontique est hospitalisé en raison d'un autre trouble, il peut être nécessaire de lui rappeler de porter son appareil, à moins que le port n'en soit contre-indiqué à cause du trouble ayant entraîné l'hospitalisation.

## ANOMALIES DES GLANDES SALIVAIRES

Les glandes salivaires comprennent les glandes parotides, situées de part et d'autre du visage, sous l'oreille, les glandes sous-maxillaires et sublinguales, dans le plancher buccal, et les glandes jugales, situées sous les lèvres. Environ 1200 mL de salive sont produits chaque jour. Les glandes jouent principalement un rôle de lubrification, de protection antibactérienne et de digestion.

### Parotidite

La parotidite (inflammation de la glande parotide) est le trouble inflammatoire qui atteint le plus souvent les glandes salivaires. Les oreillons (parotidite épidémique) sont une inflammation des glandes salivaires (généralement de la parotide) provoquée par une infection virale, qui est principalement une maladie pédiatrique transmissible.

Les personnes âgées, les patients gravement malades et les personnes affaiblies souffrant d'une réduction de l'écoulement salivaire par suite d'une déshydratation générale ou de la prise de médicaments présentent des risques élevés de parotidite. Les microorganismes infectieux présents dans la bouche empruntent alors les canaux excréteurs des glandes salivaires.

Le microorganisme en cause est généralement *Staphylococcus aureus* (sauf dans le cas des oreillons). Il s'agit d'une complication qui apparaît brusquement et s'accompagne d'une aggravation de la fièvre et des symptômes de la maladie primaire. Les glandes se tuméfient et deviennent douloureuses. La douleur, qui est ressenti derrière l'oreille, nuit à la déglutition. La tuméfaction s'accroît rapidement et la peau susjacente devient rapidement rouge et luisante.

#### Interventions infirmières

Les mesures de prévention sont essentielles. Pour prévenir la parotidite postopératoire, le patient doit subir les travaux de dentisterie nécessaires avant la chirurgie. Il doit également bien se préparer à l'intervention en maintenant notamment un apport nutritionnel et hydrique approprié, ainsi qu'une bonne hygiène dentaire, et en interrompant si possible la prise de médicaments (tranquillisants et diurétiques) pouvant réduire la salivation. Si une parotidite survient, une antibiothérapie est nécessaire. L'infirmière doit également administrer au patient des analgésiques afin de soulager la douleur. Si l'antibiothérapie est inefficace, une incision et un drainage de la glande s'imposent.

### Sialadénite

La sialadénite (inflammation des glandes salivaires) peut être provoquée par la déshydratation, la radiothérapie, le stress ou une mauvaise hygiène buccodentaire. Elle est associée à une infection par *Staphylococcus aureus,* par *Streptococcus viridans* ou par des pneumocoques. Elle se caractérise notamment par de la douleur, une tuméfaction et un écoulement purulent.

#### Traitement

Des antibiotiques sont administrés afin de soulager les symptômes aigus. Ce trouble peut souvent être éliminé par massage, hydratation et prise de stéroïdes. La sialadénite chronique, qui s'accompagne de douleurs intraitables, nécessite l'excision chirurgicale de la glande et de son canal.

## Calculs salivaires (Sialolithiase)

Les calculs salivaires apparaissent dans la glande sous-maxillaire. Un sialogramme (radiographie prise après injection d'une substance opaque dans le canal) peut être nécessaire afin de mettre en évidence l'obstruction du canal par sténose. Les calculs salivaires sont composés principalement de phosphate de calcium. S'ils sont logés dans la glande, ils ont une forme lobulée irrégulière et leur diamètre peut varier de 3 à 30 mm. Les calculs situés dans le canal sont petits et de forme ovale.

À moins qu'il n'y ait infection, les calculs des glandes salivaires n'entraînent aucun symptôme. Ils peuvent cependant obstruer le canal et provoquer une douleur localisée soudaine, souvent à type de colique, qui disparaît subitement au passage d'un jet de salive. Cette douleur est caractéristique et souvent mentionnée dans le profil du patient. Quand un patient est atteint de ce trouble, la glande est tuméfiée et très sensible, le calcul lui-même peut souvent être palpé et son ombre peut être vue à la radiographie.

Le calcul peut être extrait assez facilement du canal. L'élargissement de son orifice permet parfois le passage spontané du calcul, mais il peut être nécessaire d'extraire chirurgicalement la glande si les symptômes sont récurrents et si le calcul est logé dans la glande elle-même.

## Néoplasmes

Même s'ils sont rares, des néoplasmes de presque tous les types peuvent apparaître dans les glandes salivaires. Les tumeurs atteignent le plus souvent la glande parotide, et leur incidence est à peu près la même chez les hommes et chez les femmes. Le diagnostic est fondé sur les antécédents du patient, l'examen physique et les résultats de la biopsie.

### Traitement

Le meilleur traitement à appliquer dans les cas de tumeurs des glandes salivaires fait l'objet de controverses. On a souvent recours à l'excision partielle de la glande et de toute la tumeur avec une marge importante, associée à une dissection prudente afin de préserver le septième nerf crânien (nerf facial), qui est très vulnérable. Si l'atteinte tumorale est plus importante, il sera peut-être impossible de préserver le nerf. S'il s'agit d'une tumeur maligne ou mixte, une radiothérapie ou une chimiothérapie peut suivre l'opération. Les récidives locales sont courantes et sont généralement plus malignes que la tumeur originale. Elles sont associées à une fréquence accrue d'autres cancers primaires.

# CANCER DE LA CAVITÉ BUCCALE

Le cancer de la cavité buccale, qui peut atteindre toutes les parties de la bouche ou de la gorge, présente des chances élevées de guérison s'il est dépisté rapidement. Il est associé à la consommation d'alcool et au tabagisme, car il semblerait que ces deux facteurs aient un effet carcinogène synergique. L'âge constitue également un facteur de risque, 75 % des cancers de la cavité buccale apparaissant chez des personnes de plus de 60 ans. La consommation de tabac à chiquer accroît également l'incidence de la maladie chez les hommes de moins de 30 ans. Au Canada, les cancers de la cavité buccale causent

3,4 % des décès dus à un cancer. Ils sont deux fois plus fréquents chez les hommes que chez les femmes, mais leur incidence augmente chez les femmes, peut-être en raison d'une consommation accrue de tabac et d'alcool. Le taux de survie de cinq ans pour les cancers de la cavité buccale et du pharynx est de 48 % chez les hommes, et de 60 % chez les femmes. Voici la répartition estimative selon le siège de la tumeur pour 979 décès découlant d'un cancer de la cavité buccale:

| Lèvres | 1 % (22 cas) |
|---|---|
| Langue | 23 % (200 cas) |
| Bouche | 29 % (475 cas) |
| Pharynx | 47 % (282 cas) |

Les tumeurs des *cancers de la lèvre* sont généralement des épithéliomes. Chez les hommes, elles se présentent le plus souvent sous la forme d'une ulcération chronique de la lèvre inférieure. L'épithélioma basocellulaire apparaît généralement sur la lèvre supérieure, et l'épithélioma spinocellulaire sur la lèvre inférieure. Une irritation chronique provoquée par une pipe chaude ou une exposition prolongée au soleil ou au vent sont des facteurs de prédisposition.

La lésion se manifeste le plus souvent sous forme d'une ulcération indurée non douloureuse comportant un liséré surélevé. Toute verrue ou ulcération de la lèvre qui ne se cicatrise pas en deux semaines devrait faire l'objet d'une biopsie.

### Manifestations cliniques

La plupart des cancers de la cavité buccale sont asymptomatiques dans les premiers stades. Le patient se plaint le plus souvent d'une ulcération non douloureuse ou d'une lésion qui ne se cicatrise pas. Quand le cancer atteint un stade plus avancé, le patient se plaint de douleurs et de difficultés de mastication, de déglutition et d'élocution, de même que de toux entraînant des expectorations teintées de sang ou de la présence de masses dans la région du cou.

### Examens diagnostiques

On peut dépister la présence de métastases par l'examen de la cavité buccale et l'examen des ganglions lymphatiques cervicaux. Une biopsie doit être pratiquée quand des lésions évoquent la présence d'un cancer (lésions qui ne se cicatrisent pas en deux semaines). Les régions buccales les plus souvent touchées sont la muqueuse buccale et les gencives chez les personnes qui consomment du tabac à priser ou qui fument le cigare ou la pipe. Chez celles qui fument la cigarette et qui consomment de l'alcool, ce sont le plancher de la bouche, l'aspect antérolatéral de la langue et le complexe du palais mou (palais mou, région antérieure et postérieure des amygdales, luette et région située derrière la jonction des molaires et de la langue).

### Traitement

Le traitement dépend de la nature de la lésion, ainsi que des préférences du médecin et du patient. Une chirurgie de résection, une radiothérapie ou une chimiothérapie ou une association des deux peut être efficace.

Si le cancer atteint la lèvre, on procède généralement à une exérèse locale large des petites lésions. Les lésions plus importantes qui touchent plus d'un tiers de la lèvre sont souvent traitées par radiothérapie pour des raisons esthétiques. Le choix dépend de l'ampleur de la lésion, la dextérité du chirurgien ou du radiologiste et des mesures nécessaires pour traiter le patient en le défigurant le moins possible. Les tumeurs de plus de 4 cm ont un taux élevé de récidive.

Comme le taux de récidive est élevé dans les cas de cancer de la langue, le traitement est généralement drastique. Si la tumeur atteint le bord externe de la langue, on a généralement recours à la radiothérapie et à la chirurgie. Une hémiglossectomie (figure 25-3) est souvent nécessaire.

Si le cancer atteint la base de la langue, la résection chirurgicale est davantage invalidante. La radiothérapie peut alors constituer le traitement principal. Des implants interstitiels et un faisceau externe peuvent être utilisés. Pour les lésions plus importantes, seul le traitement par faisceau externe est administré.

Les cancers de la cavité buccale produisent souvent des métastases qui atteignent les vaisseaux lymphatiques du cou (figure 25-4), ce qui nécessite une dissection radicale du cou (voir page 645).

# ▶ *DÉMARCHE DE SOINS INFIRMIERS*
# *PATIENTS ATTEINTS D'UN CANCER DE LA CAVITÉ BUCCALE*

## ▷ *Collecte des données*

À l'étape de la collecte des données, l'infirmière dresse un profil détaillé du patient (voir page 632). Elle doit surtout porter attention aux antécédents de consommation d'alcool et de tabac et à la présence dans la région de la cavité buccale d'ulcérations non cicatrisées après deux semaines ainsi qu'à l'apparition de masses dans la région du cou.

Lorsqu'elle procède à l'examen physique de la bouche, elle doit inscrire au dossier une description précise des régions ulcérées. Elle examine le cou du patient à la recherche d'une tuméfaction des ganglions lymphatiques (adénopathie).

## ▷ *Analyse et interprétation des données*

Selon les données recueillies, voici les principaux diagnostics infirmiers possibles:

- Manque de connaissances sur le programme thérapeutique et le processus pathologique
- Atteinte à l'intégrité de la muqueuse buccale reliée aux traitements de la radiothérapie à la tête et au cou
- Déficit nutritionnel relié à une réduction de l'apport alimentaire et hydrique secondaire de la sensibilité de la muqueuse buccale ou d'une perte d'appétit
- Perturbation de l'image corporelle reliée à la défiguration entraînée par la lésion buccale ou la chirurgie reconstructive
- Peur de la douleur et de l'isolement social, et stratégies d'adaptation inefficaces reliées au diagnostic et au pronostic de la maladie
- Altération de la communication reliée au traitement ou à la lésion
- Risque élevé d'infection relié à l'altération des réactions immunitaires à cause de la chimiothérapie ou de la radiothérapie
- Chagrin par anticipation relié au diagnostic de cancer

## ▷ *Planification et exécution*

▷ *Objectifs de soins:* Acquisition de connaissances sur le programme thérapeutique; maintien de l'intégrité de la cavité buccale; apport alimentaire et hydrique suffisant; acquisition d'une image de soi positive et de modes de communication efficaces; acquisition de mécanismes d'adaptation; absence d'infection et acceptation du diagnostic

## ▷ *Interventions infirmières*

▷ *Enseignement au patient.* Si le patient désire en savoir davantage sur la maladie dont il est atteint, l'infirmière doit veiller à ce qu'il reçoive des renseignements justes et précis. Certains patients désirent tout connaître de leur maladie,

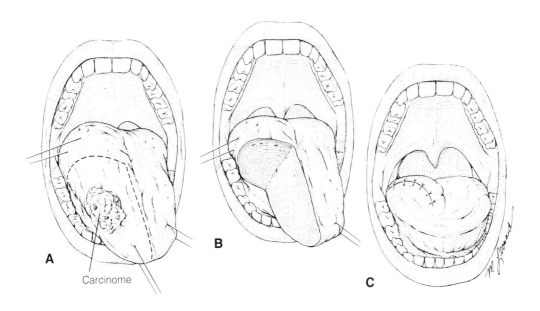

Carcinome

A          B          C

***Figure 25-3.*** (**A**) Chirurgie en cas de cancer de la langue. Petit cancer envahissant de la langue. La langue est tirée et les marges des incisions sont délimitées. (**B**) Une résection profonde extrait une bonne partie des tissus non malins. (**C**) La suture laisse une marge peu profonde, moins bien définie quand la langue est tirée.

(Source: D. G. McQuarrie et coll., *Head and Neck Cancer*, Chicago, Year Book Medical Publishers, 1986)

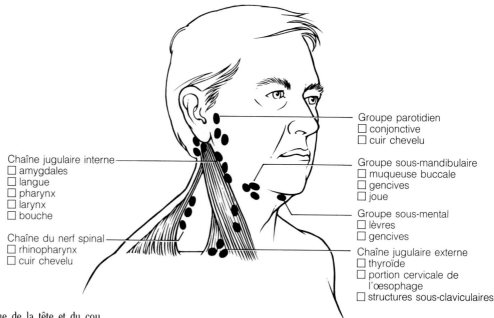

Groupe parotidien
☐ conjonctive
☐ cuir chevelu

Groupe sous-mandibulaire
☐ muqueuse buccale
☐ gencives
☐ joue

Groupe sous-mental
☐ lèvres
☐ gencives

Chaîne jugulaire externe
☐ thyroïde
☐ portion cervicale de
   l'œsophage
☐ structures sous-claviculaires

Chaîne jugulaire interne
☐ amygdales
☐ langue
☐ pharynx
☐ larynx
☐ bouche

Chaîne du nerf spinal
☐ rhinopharynx
☐ cuir chevelu

**Figure 25-4.** Drainage lymphatique de la tête et du cou

tandis que d'autres se contentent du minimum essentiel à l'organisation de leurs activités quotidiennes. Il faut inviter les membres de la famille ou les personnes clés dans la vie du patient à participer à toutes les discussions.

L'infirmière doit déterminer ce que le patient connaît déjà et ce qu'il désire connaître à propos du type de traitement recommandé (chimiothérapie, radiothérapie, chirurgie), des méthodes utilisées et des conséquences sur ses soins. Elle doit l'informer en tenant compte de son niveau de compréhension et le faire à un moment où il est détendu et où il n'est pas distrait par la douleur ou des visiteurs. L'infirmière souligne les données essentielles et demande au patient de les reformuler pour s'assurer qu'il a bien compris.

▷ *Soins de la bouche.* L'infirmière enseigne au patient comment maintenir sa bouche propre. Elle lui recommande d'utiliser une brosse à dents à poils souples afin de réduire l'irritation des gencives, et de passer la soie dentaire au moins une fois par jour afin d'éviter l'accumulation de débris alimentaires pouvant aggraver l'état des tissus sensibles. Si le patient ne peut tolérer la brosse à dents ou la soie dentaire, l'emploi d'une solution d'irrigation composée de 5 mL de bicarbonate de sodium pour 250 mL d'eau tiède est recommandé. Un lavage délicat à l'aide d'un cathéter inséré entre la joue et les dents permet de rafraîchir la bouche et de dégager le mucus accumulé. L'utilisation d'un combiné buccodentaire permet de propulser la solution dans les endroits difficiles d'accès. Les rince-bouche du commerce ne sont pas recommandés étant donné qu'ils contiennent de l'alcool qui peut irriter les gencives et assécher la bouche.

La sécheresse de la bouche constitue une séquelle fréquente des cancers buccaux, plus particulièrement quand les glandes salivaires ont été exposées à une irradiation ou que la personne a subi une intervention chirurgicale importante. Elle apparaît également chez les patients qui prennent des agents psychopharmacologiques ou qui ne peuvent fermer

complètement la bouche. Ils ont alors tendance à respirer par la bouche. Afin de réduire l'importance du trouble, le patient doit éviter les aliments secs, massifs ou entraînant une irritation, ainsi que l'alcool et le tabac. Il faut l'inciter à accroître sa consommation de liquides, à moins qu'il n'y ait de contre-indication. L'utilisation de salive artificielle peut également être utile.

La stomatite ou mucosite (dégradation de la muqueuse buccale) est souvent un effet secondaire de la chimiothérapie ou de la radiothérapie. Des soins prophylactiques doivent être instaurés dès les débuts du traitement. L'aggravation de la mucosite peut cependant exiger dans certains cas une interruption du traitement. Si un patient qui doit subir une radiothérapie a une mauvaise dentition, l'extraction des dents avant le traitement est souvent recommandée afin de prévenir les infections.

Si le patient n'est pas conscient, l'infirmière doit alors assumer l'entière responsabilité de son hygiène buccale. Le recours à une trousse spéciale comportant les bâtonnets applicateurs nécessaires, des abaisse-langue, des rince-bouche et des produits lubrifiants favorise une meilleure constance. Un produit hydrosoluble est appliqué sur les lèvres afin de les humidifier et de soulager la sécheresse et les gerçures.

▷ *Apport alimentaire et hydrique approprié.* L'anorexie est un trouble qui apparaît fréquemment chez les patients présentant un cancer buccal; elle est provoquée par la douleur qu'entraîne l'alimentation. La consommation d'aliments mous ou passés au mélangeur peut alors être utile. L'administration d'un supplément alimentaire (Sustacal, Ensure) contribue à maintenir un apport approprié en protéines et en énergie. Il faut peser le patient régulièrement et procéder à une évaluation nutritionnelle quotidienne afin de déterminer les quantités d'aliments et de liquide ingérées. On recommande à l'infirmière de collaborer avec une diététicienne.

L'infirmière doit tenir compte non seulement des désirs du patient, mais également de ses besoins nutritionnels.

Si le patient ne peut rien consommer par la bouche, un gavage parentéral ou entéral sera nécessaire afin de préserver l'équilibre hydroélectrolytique et d'éviter la faim et un bilan azoté négatif.

▷ *Mesures d'adaptation.*     L'infirmière doit faire preuve de patience et de compréhension envers le patient. Celui-ci a généralement tendance à éviter les contacts sociaux, craint d'avoir mauvaise haleine et se préoccupe de son apparence. L'infirmière doit établir des rapports de communication avec lui, l'inciter à exprimer ses craintes et ses préoccupations et lui offrir l'aide et les explications nécessaires. Les membres de sa famille immédiate doivent être sensibilisés à leur rôle de soutien, être informés du plan de soins destiné au patient et être invités à y participer pleinement et activement.

La salivation excessive nuit à la bonne communication, à l'alimentation et à la déglutition. Les mesures correctrices dépendent de la cause, de la gravité et de la durée du trouble. Si les difficultés sont assez graves mais qu'elles sont temporaires, notamment à la suite d'une opération, un dispositif mécanique d'aspiration comportant un cathéter mou peut être efficace. Si l'écoulement de salive est léger, l'infirmière peut apprendre au patient à avaler plus fréquemment, lui offrir un soutien psychologique et lui administrer des agents anticholinergiques, par exemple à base d'atropine ou de belladone (Robinul). Dans les cas graves, une chirurgie reconstructive des structures buccales peut être nécessaire.

Le patient devrait toujours avoir sous la main des tampons pour s'essuyer la bouche, et un sac en papier devrait être fixé à son chevet pour l'élimination des tampons. On peut avoir recours à un masque facial pour assujettir un pansement sur la bouche ou la mâchoire inférieure. Les cordons du masque peuvent être fixés sur le dessus de sa tête.

L'infirmière devrait inciter les membres de la famille et les amis du patient à lui rendre fréquemment visite afin de lui manifester leur attachement. Le patient peut par contre préférer vivement la solitude et être obsédé par son apparence. Les conséquences de la chirurgie ou de la radiothérapie, plus particulièrement la peur d'être défiguré, peuvent le préoccuper. Les possibilités de la chirurgie reconstructive ou la mise en place d'une prothèse dépendent du siège et de la gravité du trouble et doivent être expliquées au patient. La chirurgie reconstructive peut se faire à l'aide de greffons ou de lambeaux, et il existe par exemple des prothèses qui se fixent aux dents supérieures et se prolongent vers l'arrière pour remplacer le palais mou ou les dents supérieures.

▷ *Soulagement des craintes.*     L'infirmière doit demander au patient d'exprimer ses craintes concernant la douleur, l'isolement, la modification du style de vie et la perte d'autonomie. Les propos du patient peuvent fournir des éléments permettant de traiter ces problèmes et d'élaborer un plan de soins. L'infirmière évalue également les réactions physiques du patient devant ses craintes. Les réactions courantes sont notamment la rigidité musculaire, la fatigue, la tachycardie, l'hypertension, la dyspnée et les nausées.

L'infirmière peut apaiser les craintes du patient de bien des façons. Elle peut notamment lui indiquer qu'il pourra prendre des médicaments toutes les trois ou quatre heures, et que son médecin pourra modifier le schéma posologique au besoin. L'infirmière lui manifeste son soutien, l'incite à verbaliser ses émotions, met l'accent sur ses capacités et renforce son estime de soi.

Elle peut corriger les idées fausses du patient en lui fournissant des renseignements précis. Elle doit également l'inciter à jouer un rôle actif dans ses traitements. L'infirmière recommande au patient de joindre un groupe de soutien, et elle peut lui proposer de demander à un représentant d'un de ces groupes de lui rendre visite.

L'infirmière doit porter attention aux comportements du patient qui indiquent un déficit possible et reconnaître les manifestations associées à un mécanisme de défense, notamment la projection, le déplacement et la rationalisation. Souvent, les patients se replient sur eux-mêmes, ils pleurent facilement et sont envahis par le désespoir. Dans certains cas, ils manifestent divers comportements par crainte d'une mort imminente, tels que: refus, colère, dépression, négociation, résolution et réorganisation. Le rôle de l'infirmière est d'offrir son appui au patient. Elle doit adopter une attitude optimiste, surtout si la lésion a un taux élevé de guérison (90 %, dans les cas de cancer de la lèvre). Elle peut également lui proposer la visite d'un conseiller, d'un travailleur social ou d'un membre du clergé.

▷ *Troubles de la communication.*     Si le patient doit subir une opération radicale à la suite d'un cancer buccal, il risque par la suite d'avoir de la difficulté à communiquer verbalement. Il faut donc évaluer avant l'opération sa capacité de communiquer par écrit et lui fournir une ardoise, ou du papier et un stylo pour lui permettre de communiquer après l'opération. S'il ne peut écrire, on lui fournit une planche de communication contenant les mots usuels ou des illustrations qu'il pourra pointer pour communiquer ses besoins. Au cours de la période postopératoire, les services d'un orthophoniste peuvent être nécessaires.

▷ *Prévention des infections.*     La thrombopénie et la leucopénie, qui sont des effets secondaires de la radiothérapie et de la chimiothérapie, affaiblissent les mécanismes de défense du patient, ce qui le rend plus sujet aux infections. Une anémie consécutive à la malnutrition peut également apparaître. Les résultats des épreuves de laboratoire doivent donc être vérifiés fréquemment. Il faut aussi prendre la température toutes les six à huit heures, car la fièvre peut évoquer une infection. Les visites des personnes susceptibles de transmettre un microorganisme sont interdites étant donné que le système immunitaire du patient est déprimé. Comme le tissu cutané est plus sensible, il importe de prévenir les lésions et de maintenir l'intégrité de la peau afin d'éviter les infections. Une méthode aseptique stricte est nécessaire lors du changement des pansements. La radiothérapie peut provoquer une desquamation (mue de l'épiderme) qui entraîne une sécheresse et des démangeaisons et peut provoquer une rupture de l'épiderme et une infection.

Une bonne alimentation contribue également à prévenir les infections. Les signes d'infection cutanée, notamment la rougeur, la tuméfaction, les écoulements ou la douleur, doivent être signalés au médecin, qui peut alors prescrire une administration prophylactique d'antibiotiques.

▷ *Soins à domicile.*     Les objectifs des soins destinés au patient après sa sortie du centre hospitalier sont semblables aux objectifs fixés pendant l'hospitalisation. Après un traitement pour un trouble buccal, les objectifs sont d'assurer la respiration et un apport nutritionnel suffisant, d'éviter les infections et de dépister les complications. Le patient, les membres de sa famille ou la personne responsable de ses soins à domicile, l'infirmière et tous les autres intervenants de la santé (orthophoniste, diététicienne, psychologue, etc.) doivent établir un plan de soins personnalisé. Si une aspiration buccale ou un tube de trachéotomie est nécessaire, il importe de déterminer le matériel approprié, la façon de l'utiliser et l'endroit où on peut se le procurer. Il faut veiller à maintenir l'humidité et l'aération de la pièce, et à éliminer les odeurs. La façon de préparer des aliments nutritifs, bien assaisonnés et servis à la bonne température doit être expliquée. Dans certains cas, il est plus pratique d'avoir recours à des aliments pour bébé du commerce que de préparer des aliments liquides ou mous à l'aide d'un mélangeur. Si le patient ne peut consommer ses aliments par la bouche, la façon d'administrer un gavage entéral ou parentéral doit être expliquée. Il importe de souligner l'importance de la propreté des pansements et des soins de la bouche. La personne qui prend en charge les soins du patient doit pouvoir déceler les signes d'obstruction, d'hémorragie, d'infection, de dépression et de repli sur soi, et être en mesure de régler ces difficultés ou de consulter les professionnels de la santé qui peuvent le faire. Les visites de suivi à la clinique externe ou au cabinet du médecin jouent un rôle important et permettent d'évaluer les progrès ou la régression du patient. Lors de ces visites, la personne responsable des soins peut également recevoir des instructions touchant la modification des schémas posologiques ou les soins généraux.

Plus de 90 % des récidives de cancer de la cavité buccale apparaissent au cours des 18 premiers mois. Il importe donc que le médecin procède à un examen minutieux toutes les quatre à six semaines. Les visites de suivi sont moins fréquentes après deux ans, mais elles doivent se poursuivre pendant toute la vie du patient en raison de la fréquence des seconds cancers primaires. Le patient doit également cesser de consommer de l'alcool et du tabac. Quand il y a présence de métastases et de nécrose, il est souvent impossible d'arrêter la progression de la maladie. Il faut dans ce cas avoir recours à des mesures palliatives pour assurer le bien-être physique, psychologique et spirituel du patient. Selon la collaboration de la famille, ces mesures peuvent être appliquées dans un centre hospitalier, dans un centre d'hébergement, dans une unité de soins palliatifs ou à domicile.

▷ *Évaluation*

### Résultats escomptés

1. Le patient se renseigne sur le processus pathologique et l'évolution du traitement.
   a) Il s'intéresse à ses traitements et à leurs conséquences, et participe aux séances d'enseignement.
   b) Il sollicite la participation des membres de sa famille aux séances d'enseignement afin de profiter de leur soutien.
2. Le patient pratique une bonne hygiène buccale.
   a) Il se brosse les dents et se sert tous les jours de la soie dentaire. Il s'administre les soins nécessaires après chaque repas.
   b) Il inspecte périodiquement sa bouche afin de dépister la présence de lésions.
   c) Il évite les aliments et liquides pouvant irriter ses gencives ou sa bouche.
   d) Il évite l'alcool et le tabac (y compris le tabac à chiquer) ou limite sa consommation.
   e) Il se sert de lubrifiants buccaux.

   f) Il ne présente aucune altération visible de ses membranes muqueuses.
3. Le patient maintient un apport nutritionnel et hydrique approprié.
   a) Il consomme plusieurs fois par jour des aliments mous qui ne provoquent pas d'irritation.
   b) Il se sert au besoin d'ustensiles modifiés.
   c) Il accroît son poids corporel ou le maintient.
   d) Il jouit d'une hydratation suffisante.
   e) Il demande au besoin des antiémétiques.
   f) Il respecte son horaire d'alimentation entérale ou parentérale.
4. Le patient présente une image de soi positive.
   a) Il a des interactions harmonieuses et satisfaisantes avec les membres de sa famille.
   b) Il manifeste de la confiance en soi.
   c) Il participe à des réunions sociales.
   d) Il peut discuter de son diagnostic et de son pronostic.
   e) Il peut parler de ses réactions psychologiques au diagnostic.
5. Le patient a moins peur de souffrir, d'être isolé ou d'être incapable de s'adapter à la situation.
   a) Il comprend que la douleur sera soulagée, si elle ne peut être éliminée.
   b) Il exprime librement ses craintes et ses préoccupations.
   c) Il accepte de se joindre à un groupe de soutien.
   d) Il communique ouvertement avec les membres de sa famille et les personnes clés dans sa vie.
6. Le patient communique efficacement avec le personnel, les membres de sa famille et ses amis.
   a) Il peut s'exprimer verbalement ou à l'aide d'une ardoise, de papier et d'un crayon ou d'une planche de communication.
   b) Il indique par écrit tous les jours un élément positif à propos de sa situation.
7. Le patient ne présente pas d'infection.
   a) Ses signes vitaux sont normaux.
   b) Il ne présente pas de fièvre.
   c) Il maintient l'intégrité de sa peau.
   d) Il applique les mesures d'hygiène buccodentaire nécessaires après chaque repas et avant d'aller au lit.
   e) Il ne reçoit pas de visiteurs souffrant d'une maladie contagieuse.
   f) Il se conforme à son régime alimentaire à forte teneur en protéines et en glucides.

# GÉRODONTOLOGIE

La gérodontologie est l'odontologie des personnes âgées. Environ 50 % des personnes de plus de 65 ans ont perdu toutes leurs dents à cause de caries ou de paradontolyse. Aujourd'hui, les dentistes visent à préserver les dents permanentes, mais ils ne peuvent pas toujours le faire chez une personne âgée qui a négligé ses soins dentaires. Ils doivent donc dans ce cas avoir recours à une prothèse dentaire partielle ou complète.

La perte des dents n'est pas une conséquence normale du vieillissement. Les changements que l'âge entraîne normalement sur la muqueuse buccale sont notamment l'assèchement et l'amincissement de la couche cutanée épithéliale, ainsi qu'une diminution de la salivation. Certains médicaments que consomment beaucoup de personnes âgées (par exemple, les diurétiques, les médicaments servant à traiter la maladie de Parkinson et certains antidépresseurs) inhibent la sécrétion de la salive. En outre, les fonctions motrices orales (déglutition et mastication) déclinent. L'âge constitue également un facteur de risque pour l'apparition des cancers buccaux, que l'on retrouve dans une proportion de 75 % chez les personnes de plus de 60 ans.

Résumé: Les altérations de la cavité buccale peuvent être consécutives à un trouble localisé ou généralisé. Parmi les causes de ces altérations, signalons: (1) les néoplasmes, (2) l'immunosuppression découlant d'un traitement médicamenteux ou d'une infection par le virus de l'immunodéficience humaine (VIH), (3) les traumatismes, (4) le diabète et (5) des lésions infectieuses d'origine bactérienne, virale ou fongique. Le traitement dépend du type de l'affection, de son siège et de la gravité de l'altération.

# DISSECTION RADICALE DU COU

Les tumeurs malignes de la tête et du cou, notamment les cancers de la cavité buccale, du pharynx et du larynx, peuvent être traités dans les premiers stades par chirurgie, radiothérapie ou chimiothérapie. Ces mesures donnent de bons résultats. Aux stades I et II, ces cancers sont faciles à dépister, ce qui permet un diagnostic et un traitement rapides. La plupart des observateurs s'entendent pour dire que les décès attribuables aux cancers de la tête et du cou ne sont pas dus à des récidives locales, mais plutôt à des métastases qui atteignent les ganglions lymphatiques cervicaux, souvent même avant le traitement de la lésion primaire. Une chimiothérapie ou une radiothérapie peut être administrée en association avec une dissection radicale du cou.

La dissection radicale du cou comprend l'excision de tous les tissus sous-cutanés, depuis la branche montante de la mandibule jusqu'à la clavicule, et depuis la ligne médiane antérieure jusqu'au bord antérieur du muscle trapèze. On excise aussi le muscle sternocléidomastoïdien et d'autres muscles plus petits, ainsi que la veine jugulaire du cou (figure 25-5).

La *dissection radicale modifiée* ne comprend que l'extraction des ganglions lymphatiques. De toute évidence, cette voie semble une bonne solution de rechange à la radiothérapie radicale, et elle remplace avantageusement la dissection classique du cou pour l'élimination des métastases régionales du cou quand l'atteinte reste occulte ou qu'elle ne touche que les ganglions lymphatiques mobiles.

▶ *DÉMARCHE DE SOINS INFIRMIERS*
## *PATIENTS SUBISSANT UNE DISSECTION RADICALE DU COU*

### ▷ *Collecte des données*

Dans la période préopératoire, l'infirmière évalue la préparation physique et psychologique du patient à l'intervention, ainsi que ses connaissances sur les soins généraux préopératoires et postopératoires. Après l'intervention, l'infirmière examine le patient afin de déceler les complications, notamment l'altération de la fonction respiratoire, l'infection ou l'hémorragie. Lorsque le patient commence à se rétablir, on évalue l'amplitude des mouvements du cou.

### ▷ *Analyse et interprétation des données*

Selon les données recueillies, voici les principaux diagnostics infirmiers possibles:

- Manque de connaissances sur les soins préopératoires et postopératoires usuels
- Dégagement inefficace des voies respiratoires relié à une obstruction provoquée par du mucus, une hémorragie ou un œdème
- Risque élevé d'infection relié à l'intervention chirurgicale et découlant d'un mauvais état nutritionnel ou de l'immunosuppression provoquée par la radiothérapie ou la chimiothérapie
- Déficit nutritionnel relié au processus pathologique ou au traitement
- Stratégies d'adaptation inefficaces reliées au diagnostic ou au pronostic
- Douleur reliée à l'incision chirurgicale et à la présence de cellules épithéliales anormales

#### *Complications possibles*

- Hémorragie
- Lésion nerveuse

### ▷ *Planification et exécution*

▷ *Objectifs de soins:*   Participation au plan de traitement; maintien de la fonction respiratoire; absence d'infection; maintien d'un apport nutritionnel et hydrique approprié; adoption de stratégies d'adaptation efficaces; bien-être; absence d'hémorragie; absence de complications tardives découlant d'une lésion nerveuse

### ▷ *Interventions infirmières*

▷ *Enseignement au patient.*   Avant l'intervention, il importe d'expliquer au patient en quoi consistera l'opération, les mesures prises dans la salle d'opération (éclaircir au besoin les explications du chirurgien) et comment se passera la période postopératoire. Il faut aussi inciter le patient à exprimer ses inquiétudes à l'égard de l'opération. Pendant qu'elle discute avec le patient, l'infirmière peut évaluer ses stratégies d'adaptation, l'inciter à poser des questions et élaborer un programme d'aide. Le patient qui établit des rapports de confiance avec l'infirmière fera face plus facilement à la période postopératoire. Après l'intervention, l'infirmière pourra offrir au patient des mesures de soutien supplémentaires en restant à l'écoute des craintes qu'il exprime. Ces interventions doivent faire appel aux membres de la famille.

Les soins infirmiers généraux à administrer dans la période postopératoire sont semblables aux soins à prodiguer aux patients ayant subi une chirurgie importante du cou et qui présentent des difficultés de respiration et de déglutition (voir le plan de soins 25-1). Plus précisément, l'infirmière doit maintenir la liberté des voies respiratoires et évaluer régulièrement la fonction respiratoire, procéder aux soins de la région de l'incision et aux soins d'hygiène buccodentaire, assurer les besoins nutritionnels et être à l'affût des signes d'hémorragie ou de lésions nerveuses.

▷ *Maintien de la fonction respiratoire.*   Après le retrait du tube endotrachéal ou de la canule et la disparition des effets

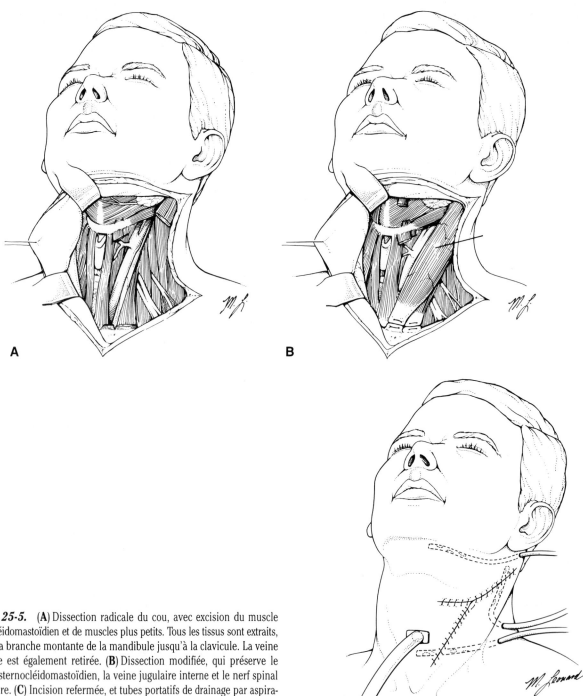

**Figure 25-5.** (**A**) Dissection radicale du cou, avec excision du muscle sternocléidomastoïdien et de muscles plus petits. Tous les tissus sont extraits, depuis la branche montante de la mandibule jusqu'à la clavicule. La veine jugulaire est également retirée. (**B**) Dissection modifiée, qui préserve le muscle sternocléidomastoïdien, la veine jugulaire interne et le nerf spinal accessoire. (**C**) Incision refermée, et tubes portatifs de drainage par aspiration en place

de l'anesthésie, le patient peut être placé en position de Fowler en vue de favoriser sa respiration et son bien-être. Cette position accroît également le drainage lymphatique et veineux, facilite la déglutition et augmente la pression veineuse dans les lambeaux cutanés.

L'infirmière doit évaluer les signes de détresse respiratoire (dyspnée, cyanose et modification des signes vitaux) qui peuvent indiquer un œdème, une irritation de la gorge consécutive à la mise en place du tube endotrachéal, une hémorragie ou un drainage insuffisant. La température est généralement prise par voie rectale.

Dans la période postopératoire immédiate, l'infirmière peut déceler l'apparition d'un stridor (bruit inspiratoire rauque et aigu) en auscultant fréquemment la trachée à l'aide d'un stéthoscope. Le médecin doit alors être appelé sans délai.

Une pneumonie peut survenir en phase postopératoire si les sécrétions pulmonaires ne sont pas éliminées. Il faut inciter le patient à tousser et à respirer profondément pour éliminer ses sécrétions. Il doit s'installer en position assise, l'infirmière lui supportant le cou de ses mains, pour être en mesure de mobiliser les sécrétions excessives. Si cette technique est inefficace, une aspiration des sécrétions respiratoires est nécessaire. Il faut prendre soin de protéger les sutures pendant l'aspiration. Si des tubes de trachéotomie ont été mis en place, l'aspiration est pratiquée à travers ces tubes, en employant une technique stérile. Le patient peut également apprendre à se servir d'un dispositif d'aspiration Yankuer (aspiration à la pointe des amygdales) afin d'éliminer ses sécrétions buccales.

▷ *Soins de la région de l'incision.* Après la mise en place d'un dispositif d'aspiration portatif, les pansements compressifs deviennent inutiles étant donné que les lambeaux cutanés ont été bien assujettis. Le premier jour, de 80 à 120 mL de sécrétions sérosanguines sont généralement extraites à l'aide du dispositif portatif. Les quantités diminuent par la suite. Si un dispositif portatif n'a pas été installé, des drains peuvent être mis en place dans l'incision et des pansements compressifs peuvent être appliqués afin d'éliminer l'espace mort et d'assurer l'immobilisation. Ces pansements compressifs doivent parfois être renforcés périodiquement. Il faut les examiner en vue de déceler les signes d'hémorragie et de constriction, ce qui peut nuire à la respiration. On vérifie également la coloration et la température des lambeaux cutanés afin d'en déterminer la viabilité. Les lambeaux doivent être rose pâle et chauds au toucher. Les signes et symptômes d'infection qui se manifestent dans la région de l'incision doivent être signalés au médecin. Celui-ci prescrit fréquemment des antibiotiques à titre prophylactique.

▷ *Apport nutritionnel.* Dans la période préopératoire, il faut évaluer l'état nutritionnel du patient afin de réduire les risques de complications postopératoires. L'apport alimentaire est souvent insuffisant chez les patients qui doivent subir une dissection radicale du cou, ce qui compromet leur état nutritionnel. Des suppléments parentéraux sont alors indiqués (alimentation parentérale complète) dans la période postopératoire afin d'assurer un bilan azoté positif. Cette mesure peut être nécessaire pendant un certain temps si le patient ne peut consommer suffisamment d'aliments par voie orale.

Pour obtenir un bilan azoté positif, on peut avoir recours à des préparations nutritives (Ensure, Sustacal, petits déjeuners instantanés Carnation, etc.), administrées par voie orale, par tube nasogastrique ou par gastrostomie. Le patient devra prendre des suppléments par voie parentérale ou entérale si son apport énergétique ne répond pas à ses besoins.

Si le patient peut consommer des aliments par la bouche, il faut évaluer sa capacité de mastiquer. Un régime alimentaire modifié, par exemple une diète molle, en purée ou liquide, peut être recommandé au besoin. L'infirmière doit également discuter avec le patient de ses préférences alimentaires. L'administration de soins d'hygiène buccodentaire avant un repas peut favoriser l'appétit du patient.

▷ *Stratégies d'adaptation.* Dans la période préopératoire, le patient doit être renseigné sur l'intervention chirurgicale. Dans la période postopératoire, les soins infirmiers visent à fournir un soutien psychologique au patient qui a subi une transformation radicale de son image corporelle ou qui s'inquiète beaucoup du pronostic de sa maladie. Celui-ci a de la difficulté à communiquer et a peur de devenir incapable de respirer et d'avaler normalement. Il lui faudra du temps pour s'adapter aux modifications provoquées par l'opération, et l'infirmière doit s'assurer le concours des membres de sa famille pour l'encourager et le rassurer.

Les patients ayant subi une importante opération au cou se préoccupent souvent de leur apparence, soit parce que l'incision est recouverte de gros pansements, soit parce qu'elle est exposée à cause de l'utilisation d'un dispositif portatif d'aspiration. L'infirmière peut réconforter le patient en l'acceptant tel qu'il est et en adoptant une attitude positive et optimiste. Malgré l'excision d'une portion importante des tissus, les atteintes esthétiques et fonctionnelles sont moins importantes que l'on pourrait croire. Il faut aussi laisser au patient l'occasion d'exprimer ses inquiétudes quant à la réussite de l'intervention et à son pronostic. Dans la plupart des cas, les patients peuvent maintenir leur poids corporel ou l'augmenter.

Les personnes atteintes d'un cancer de la tête et du cou sont souvent des consommateurs d'alcool et de tabac. Il faut donc inciter le patient à faire abstinence et lui proposer d'autres stratégies d'adaptation qu'il pourra acquérir progressivement.

▷ *Douleur.* La douleur et la crainte de la douleur sont des complications possibles de la dissection radicale du cou. Les cancers de la tête et du cou provoquent généralement moins de douleur que les autres types de cancer (voir Nicholsen, 1988, dans la section portant sur les progrès de la recherche). L'infirmière ne doit cependant pas oublier que la perception de la douleur varie toujours selon les personnes. Elle doit donner au patient les analgésiques prescrits et en évaluer l'efficacité.

## ▷ *Complications possibles*

▷ *Hémorragies.* Une hémorragie peut survenir à la suite d'une rupture de l'artère carotide, de la nécrose du lambeau cutané ou d'une lésion artérielle découlant d'une tumeur ou d'une infection. Voici les mesures indiquées afin de prévenir ou de traiter les hémorragies:

1. Évaluer les signes vitaux. Une tachycardie, une tachypnée ou une hypotension peuvent indiquer un choc hypovolémique imminent consécutif à une hémorragie.

2. Demander au patient d'éviter la manœuvre de Valsalva afin de prévenir les tensions sur le lambeau cutané.

3. Signaler les signes de rupture artérielle imminente, notamment les douleurs épigastriques.

4. Observer les pansements et l'écoulement de la plaie afin de déceler tout saignement excessif.

5. En cas d'hémorragie, rester avec le patient et demander de l'aide. Le traitement d'une hémorragie exige l'application d'une pression continue à l'endroit même de l'hémorragie ou sur les principaux vaisseaux sanguins situés à proximité. Il faut surélever la tête du patient pour maintenir la liberté des voies aériennes et prévenir les aspirations. En agissant avec calme et sang-froid, l'infirmière peut soulager l'anxiété du patient. Un médecin doit être appelé sans délai étant donné qu'une déchirure d'un vaisseau sanguin ou d'une ligature exige une intervention chirurgicale.

▷ *Lésions nerveuses.* Les complications découlant d'une lésion nerveuse peuvent survenir dans le plexus cervical ou dans les nerfs spinaux accessoires s'ils sont sectionnés pendant l'opération. Il importe de signaler toute lésion du nerf facial qui peut entraîner une paralysie de la portion inférieure du visage. D'autre part, une atteinte du nerf laryngé supérieur peut provoquer des troubles de déglutition dus à une perte partielle de sensation dans la glotte. Un orthophoniste pourra traiter ces complications. L'excision des muscles et des nerfs entraîne une faiblesse de l'épaule pouvant provoquer une «épaule tombante», c'est-à-dire une courbure avant de l'épaule.

Un bon programme d'exercice permet d'éviter un grand nombre de difficultés. Ce programme est généralement entrepris après que les tubes de drainage ont été retirés, quand l'incision au cou est suffisamment cicatrisée. Les exercices décrits à la figure 25-6 visent à améliorer la fonction de l'épaule et les mouvements du cou après l'opération.

▷ *Soins à domicile.*  Il faut enseigner au patient et à sa famille comment utiliser le matériel d'alimentation entérale ou parentérale si le patient ne peut consommer d'aliments par la bouche. Les traitements de physiothérapie et d'orthophonie peuvent également se poursuivre à la maison.

Le patient doit être renseigné sur l'existence de groupes de soutien, notamment «Vie Nouvelle», «Vers Vous», «Espoir et amitiés». La section locale de la Fondation québécoise du cancer peut également fournir au patient des renseignements et du matériel.

▷ *Évaluation*

### Résultats escomptés

1. Le patient acquiert des connaissances sur l'évolution de son traitement.
   a) Il se montre désireux d'apprendre les soins préopératoires et postopératoires usuels.
   b) Il peut expliquer les soins préopératoires et postopératoires usuels.
   c) Il fait participer les membres de sa famille aux séances d'enseignement.
2. Le patient ne présente pas de détresse respiratoire.
   a) Ses poumons sont dégagés à l'auscultation.
   b) Il dit qu'il n'est pas essoufflé.
   c) Il peut effectuer efficacement une aspiration.
3. Le patient ne présente pas d'infection.
   a) Les résultats de ses analyses de laboratoire sont normaux.
   b) Il ne présente pas de fièvre.
   c) L'intégrité de sa peau est maintenue.
   d) Il pratique une bonne hygiène buccodentaire après chaque repas et avant d'aller au lit.
   e) Il ne reçoit pas de visiteurs souffrant d'une maladie contagieuse.
   f) Il adopte un régime à forte teneur en protéines et en glucides.
4. Le patient maintient un apport alimentaire et hydrique approprié.
   a) Il se conforme à la voie d'alimentation prescrite.
   b) Il est bien hydraté.
   c) Il maintient son poids ou l'augmente.
5. Le patient utilise des stratégies d'adaptation efficaces.
   a) Il connaît son diagnostic et en comprend le pronostic.
   b) Il discute de ses réactions psychologiques à l'égard du diagnostic.
   c) Il participe aux réunions d'un groupe de soutien.
6. Le patient exprime un sentiment de bien-être.
   a) Il dit qu'il se sent bien.
   b) Il sait à quelles heures il doit prendre ses analgésiques.

Résumé: La dissection radicale du cou est une intervention chirurgicale qui peut être indiquée chez les patients atteints d'un cancer de la tête et du cou. Le patient doit en connaître les complications préopératoires et postopératoires. Il a souvent besoin de soins à domicile après son hospitalisation. Les soins infirmiers à prodiguer à ces patients sont présentés au plan de soins infirmiers 25-1.

---

# FRACTURES DE LA MANDIBULE CORRECTION ET RECONSTRUCTION DE LA MÂCHOIRE

Les fractures de la mandibule peuvent être des fractures simples sans déplacement causées par un coup reçu au menton, ou découler d'interventions chirurgicales, comme pour la correction de la longueur de la mâchoire. Elles peuvent enfin être très complexes avec une perte de tissu et de structures osseuses. Dans ce cas, elles sont généralement dues à un accident grave. Les fractures mandibulaires sont généralement des fractures fermées.

## TRAITEMENT

Dans le cas d'une fracture simple, sans perte de dents, la mâchoire inférieure est assujettie, par brochage, à la mâchoire supérieure. Les broches sont installées autour des dents supérieures et inférieures, de part et d'autre de la ligne de fracture. Des fils croisés ou des bandes élastiques sont installés autour des broches de façon à assujettir fermement la mâchoire inférieure contre la mâchoire supérieure. Cette méthode simple de fixation est utilisée quand des dents peuvent servir à l'installation des broches. Dans les autres cas, diverses méthodes de fixation peuvent être employées. Certaines sont appliquées dans la bouche, comme les arches métalliques, tandis que d'autres, plus complexes, exigent par exemple l'insertion de tiges dans l'os et leur fixation à un plâtre recouvrant la tête.

## INTERVENTIONS INFIRMIÈRES

Dans la période préopératoire, l'infirmière doit s'assurer que le patient peut respirer et avaler adéquatement. Immédiatement après l'opération, le patient est installé sur le côté et sa tête est soulevée légèrement. Le tube d'aspiration nasogastrique mis en place pendant l'opération est relié à un appareil à faible pression afin d'éliminer le contenu stomacal et de réduire les risques d'aspiration. Des médicaments antiémétiques sont administrés au patient afin de prévenir les vomissements. Si le patient vomit, l'infirmière doit couper les broches afin de prévenir toute aspiration. L'opération et le brochage sont refaits par la suite.

L'élimination des sécrétions rhinopharyngiennes est effectuée à l'aide d'un petit cathéter inséré dans une narine. On peut aspirer les sécrétions de la cavité buccale en insérant tout d'abord un abaisse-langue afin d'écarter la joue des dents. Le cathéter est inséré dans un espace entre les dents, à l'endroit d'une dent manquante ou dans l'espace situé derrière la troisième molaire.

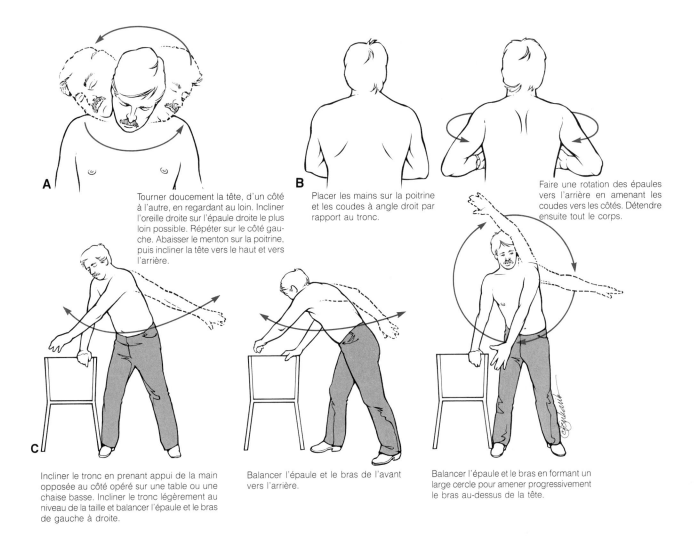

**A** Tourner doucement la tête, d'un côté à l'autre, en regardant au loin. Incliner l'oreille droite sur l'épaule droite le plus loin possible. Répéter sur le côté gauche. Abaisser le menton sur la poitrine, puis incliner la tête vers le haut et vers l'arrière.

**B** Placer les mains sur la poitrine et les coudes à angle droit par rapport au tronc.

Faire une rotation des épaules vers l'arrière en amenant les coudes vers les côtés. Détendre ensuite tout le corps.

**C** Incliner le tronc en prenant appui de la main opposée au côté opéré sur une table ou une chaise basse. Incliner le tronc légèrement au niveau de la taille et balancer l'épaule et le bras de gauche à droite.

Balancer l'épaule et le bras de l'avant vers l'arrière.

Balancer l'épaule et le bras en formant un large cercle pour amener progressivement le bras au-dessus de la tête.

***Figure 25-6.*** Trois exercices de réadaptation après chirurgie de la tête et du cou. L'objectif est de récupérer le plus possible la fonction de l'épaule et la mobilité du cou.

(Source: Exercise for Radical Neck Surgery Patients, Head and Neck Service, Department of Surgery, Memorial Hospital, New York, New York)

Dans la période postopératoire immédiate, l'infirmière doit faire preuve d'une attention constante. Lorsque le patient reprend conscience, elle doit lui rappeler que sa mâchoire est brochée, mais qu'il peut respirer et avaler. Quand les effets de l'anesthésie se dissipent, elle surélève la tête du patient. Si un dispositif péribuccal est mis en place pour immobiliser la mandibule, l'infirmière doit expliquer au patient comment se placer pour ne pas rouler la tête sur le dispositif.

L'hygiène buccale est d'une extrême importance. Il faut nettoyer la bouche du patient avec un rince-bouche tiède alcalin toutes les deux heures et après chaque repas, et l'examiner au moins une fois par jour pour s'assurer qu'elle a été nettoyée à fond. On utilise pour ce faire une lampe de poche et un abaisse-langue. Si possible, une petite brosse à dents à poils souples peut être passée soigneusement. Un lubrifiant hydrosoluble est appliqué sur les lèvres afin d'en prévenir la sécheresse et d'éviter les gerçures.

Une diète liquide est obligatoire, mais elle peut facilement offrir un apport énergétique et liquidien suffisant. Le patient peut être alimenté à l'aide d'une paille, et les aliments mous lui sont présentés à la cuillère. Après chaque repas liquide, le patient doit boire de l'eau et se servir d'un rince-bouche.

En règle générale, le patient peut se lever le lendemain de l'intervention, et il reçoit son congé après deux ou trois jours s'il n'y a pas d'autres traumatismes. Les broches sont généralement retirées après six à huit semaines.

## ENSEIGNEMENT AU PATIENT ET SOINS À DOMICILE

Le patient doit recevoir des directives très précises touchant les soins de la bouche et l'alimentation. On doit l'inciter à respecter ses rendez-vous pour que son médecin puisse s'assurer du bon état du dispositif de fixation. On doit aussi lui recommander de signaler les irritations. Un coupe-fil doit toujours être gardé à portée de la main, et le patient et sa famille doivent connaître la façon de couper les broches métalliques en cas d'urgence.

## Plan de soins infirmiers 25-1
### Soins aux patients ayant subi une dissection radicale du cou

| Interventions infirmières | Justification | Résultats escomptés |
|---|---|---|

**Diagnostic infirmier:** Dégagement inefficace des voies respiratoires relié à une obstruction secondaire d'un œdème, d'une hémorragie ou d'un drainage insuffisant de la plaie

**Objectif:** Maintien de la fonction respiratoire normale

1. Installer le patient en position Fowler.

1. La position Fowler facilite la distension des poumons étant donné que le diaphragme est tiré vers le bas et que les viscères abdominaux sont écartés des poumons. La respiration est ainsi facilitée. Cette position favorise également le drainage lymphatique et veineux. Elle facilite la déglutition et réduit la pression veineuse sur les lambeaux cutanés. Elle permet de prévenir les régurgitations et l'aspiration du contenu de l'estomac dans la période postopératoire.

- Le patient présente un rythme respiratoire normal.
- Il respire bien.
- Il n'utilise pas les muscles accessoires de la respiration.

2. Prendre les signes vitaux toutes les 15 à 20 minutes, au début, puis toutes les 1 ou 2 heures pendant les 24 premières heures.

2. Un œdème, une hémorragie ou un drainage insuffisant modifient les rythmes cardiaque et respiratoire. Une tachypnée et de l'agitation peuvent indiquer une détresse respiratoire.

- Ses signes vitaux restent dans la normale.

3. Ausculter au besoin les bruits respiratoires. Dans la période postopératoire immédiate, placer le stéthoscope sur la trachée afin de vérifier s'il y a présence de stridor.

3. La présence de bruits adventices peut indiquer une ventilation inefficace, une diminution de la perfusion et une accumulation de liquide. La présence d'un stridor (bruit rauque et aigu apparaissant principalement à l'inspiration) indique une obstruction des voies aériennes.

- Ses bruits respiratoires sont normaux.

4. Inciter le patient à respirer profondément et à tousser. L'installer en position assise et soutenir la région du cou avec les deux mains.

4. Le fait de prendre une respiration profonde avant de tousser favorise l'expansion des voies aériennes et la vigueur de la toux. Le mécanisme de la toux agit de concert avec les cils pour éliminer les sécrétions des voies aériennes. Une légère pression sur l'incision pendant la toux réduit l'effort et favorise l'expulsion des sécrétions en permettant une inspiration plus profonde.

- Il a une toux productive.
- Ses voies aériennes sont dégagées.

5. Procéder à l'aspiration des voies aériennes au besoin.

5. L'aspiration mécanique permet de dégager les voies aériennes en éliminant les sécrétions que le patient ne peut expulser. Elle prévient l'obstruction des voies aériennes et stimule la toux. Elle prévient également l'atélectasie qui est provoquée par un bouchon de mucus obstruant les bronches.

- Il respire plus facilement après l'aspiration.

6. Vérifier s'il y a enrouement ou dysphagie.

6. L'œdème consécutif au traumatisme chirurgical peut provoquer une pression sur le pharynx.

- Sa voix n'a pas changé.
- Il peut avaler sans douleur.

# Plan de soins infirmiers 25-1 (suite)

## Patients ayant subi une dissection radicale du cou

| Interventions infirmières | Justification | Résultats escomptés |
|---|---|---|

**Diagnostic infirmier:** Risque élevé d'infection relié à la mauvaise cicatrisation de la plaie

**Objectif:** Absence d'infection

| Interventions infirmières | Justification | Résultats escomptés |
|---|---|---|
| 1. Enseigner au patient les mesures d'hygiène à appliquer avant et après l'opération: rinçage de la bouche avec une solution légèrement alcaline, par exemple 250 mL d'eau et 5 mL de bicarbonate de sodium, toutes les 4 heures. | 1. L'hygiène buccodentaire diminue le nombre de bactéries dans la bouche, ce qui réduit les risques d'infection bactérienne dans la période postopératoire. Le peroxyde d'hydrogène, qui peut dégrader les nouveaux tissus de granulation, *ne doit* jamais être utilisé. | • Dans la période préopératoire et postopératoire, le patient assure toutes les quatre heures son hygiène buccodentaire. <br>• Sa bouche reste propre. |
| 2. Vérifier l'aspiration de la plaie. | 2. L'aspiration rend inutile l'application de pansements compressifs étant donné que les lambeaux cutanés sont bien tendus. Environ 80 à 120 mL de sécrétions sérosanguines sont recueillis pendant les 24 premières heures. Le volume devrait diminuer tous les jours. La présence continue de filets de sang dans les sécrétions indique le suintement d'un petit vaisseau. | • Pendant le premier jour suivant l'intervention, moins de 200 mL de sécrétions sérosanguines sont aspirées de la plaie. <br>• Le greffon cutané ne présente aucun hématome. |
| 3. Noter la quantité de sécrétions aspirées et leur odeur. | 3. Un écoulement purulent nauséabond indique une infection. Un volume de sécrétions supérieur à 300 mL pendant les 24 heures suivant l'opération est considéré comme une anomalie. | • Le drainage sérosanguin reste dans les limites normales. |
| 4. Renforcer au besoin le pansement compressif. | 4. Si un dispositif portatif d'aspiration n'est pas utilisé, des pansements compressifs doivent être mis en place en vue d'éliminer les espaces morts et d'assurer l'immobilisation nécessaire. Ils doivent être *renforcés*, et non pas changés, au besoin. Il faut s'assurer qu'il n'y a pas de constriction pouvant nuire à la respiration. | |
| 5. Appliquer les mesures d'asepsie pour nettoyer la peau à proximité des drains; changer les pansements à compter du deuxième jour jusqu'au cinquième jour suivant l'intervention. | 5. L'application des mesures d'asepsie permet d'éviter la contamination de la plaie. Une solution physiologique permet de nettoyer efficacement la peau à proximité des drains. Le médecin peut également prescrire une solution de povidone-iode, qui est efficace contre plusieurs microorganismes. Il faut toutefois s'assurer que le patient n'est pas allergique à l'iode. | • La plaie et la peau avoisinante restent propres et sans infection. |
| 6. Évaluer la viabilité des lambeaux cutanés toutes les quatre heures après le retrait du pansement. | 6. La présence d'un lambeau cutané cyanosé et froid indique une nécrose possible. | • Les lambeaux cutanés sont normalement rose pâle et chauds au toucher. <br>• Les tissus pâlissent après une légère pression. |
| 7. Prendre les signes vitaux et vérifier si le patient présente des signes d'infection: frissons, diaphorèse, altération de l'état de conscience, fièvre, douleur. | 7. Une température élevée, de la tachypnée et de la tachycardie peuvent indiquer une infection. | • Le patient ne présente pas de fièvre, et sa respiration et son rythme cardiaque sont normaux. <br>• Il est alerte et orienté dans les trois sphères: identité, temps et espace. |

## Plan de soins infirmiers 25-1 (suite)

## Patients ayant subi une dissection radicale du cou

| Interventions infirmières | Justification | Résultats escomptés |
|---|---|---|

**Diagnostic infirmier:** Déficit nutritionnel relié à l'anorexie et à la dysphagie

**Objectif:** Obtention d'un apport nutritionnel suffisant

| | | |
|---|---|---|
| 1. Évaluer l'état nutritionnel du patient dans la période préopératoire, et consulter une diététicienne. | 1. Une mauvaise alimentation dans la période préopératoire ralentit la cicatrisation de la plaie et accroît les risques d'infection. | • Le patient ne présente pas d'antécédents de perte de 10 à 20 % du poids corporel. Dans le cas contraire, des suppléments lui sont donnés de façon à maintenir ou à accroître son poids et à assurer un bilan azoté positif. |
| 2. Administrer les gavages prescrits. | 2. Un tube nasogastrique peut être mis en place pendant plusieurs jours. | • Il tolère les gavages. |
| 3. Assurer les soins d'hygiène buccale avant et après les repas. | 3. Une bonne hygiène buccodentaire favorise l'appétit. | • Il exprime son désir de manger. |
| 4. Faciliter la consommation d'aliments par la bouche: | 4. Les aliments mous sont plus faciles à avaler. Le passage des aliments est plus facile quand la pression est exercée sur le côté opposé à la zone opérée. Si le patient a de la difficulté à s'alimenter sans aide, il peut en être gêné, ce qui nuit à sa digestion. | • Il avale facilement les aliments. |
| a) Offrir des aliments faciles à mastiquer (en purée ou passés au mélangeur, au besoin). | | • Il est à l'aise quand il mange seul ou avec d'autres. |
| b) Recommander au patient d'incliner la tête sur le côté non touché pour avaler. | | |
| c) Lui offrir la possibilité de manger en toute intimité s'il le désire. | | |

**Diagnostic infirmier:** Perturbation du concept de soi et de l'image corporelle reliée à la nouvelle apparence du patient et à ses difficultés de communication

**Objectif:** Manifestation d'une image de soi positive

| | | |
|---|---|---|
| 1. Aider le patient à communiquer efficacement. | 1. Après une opération au cou, les patients présentent souvent un enrouement. Comme une trachéotomie est souvent réalisée, la communication verbale peut être impossible. En outre, la douleur à l'endroit de l'incision peut empêcher le patient de bouger la tête, ce qui restreint les possibilités de communication. | • Le patient sait que son enrouement est temporaire. |
| a) Lui fournir le matériel nécessaire pour qu'il puisse communiquer par écrit. | | • Il communique à l'aide de méthodes non verbales. |
| b) Faire appel à une planche de communication au besoin. | | |
| c) S'assurer que la sonnette d'appel est facile à atteindre. | | |
| d) Avoir recours à des modes non verbaux de communication (par exemple, taper du doigt, langage par signes). | | |
| 2. Inciter le patient à verbaliser ses craintes: | | • Il parle librement de ses craintes et de ses préoccupations. |
| a) Prendre le temps de l'écouter. | 2. a) En écoutant le patient, l'infirmière lui manifeste son acceptation et favorise ses efforts de verbalisation. | • Il accepte le pronostic. |
| | | • Il adopte de nouvelles formes de communication. |
| b) Adopter une attitude positive et optimiste. | b) En adoptant une attitude optimiste, l'infirmière montre au patient qu'elle s'intéresse à son sort et qu'il y a de l'espoir. | • Il accepte le soutien qu'on lui offre. |
| c) Se montrer réaliste. | c) L'honnêteté favorise l'établissement de liens de confiance. Cela peut signifier qu'il faut confirmer au patient qu'il ne sera plus le même sur les plans esthétique et fonctionnel. | |

## *Plan de soins infirmiers 25-1* (suite)
## *Patients ayant subi une dissection radicale du cou*

| Interventions infirmières | Justification | Résultats escomptés |
|---|---|---|
| d) Consulter un orthophoniste. | d) Un orthophoniste peut proposer d'autres modes de communication (parole œsophagienne ou électro-larynx). | |
| e) Collaborer avec les membres de la famille pour les inciter à soutenir et à encourager le patient. | e) Les membres de la famille et les personnes clés dans la vie du patient peuvent lui offrir un soutien très précieux. | |
| f) Consulter l'un des groupes de soutien répertoriés à la Fondation québécoise du cancer. | | |
| 3. Observer le patient afin de déceler tout signe de paralysie faciale. | 3. Une lésion du nerf facial entraîne la paralysie de la portion inférieure du visage. | • Le patient n'est pas atteint de paralysie faciale. |
| 4. Noter les écoulements excessifs de salive. | 4. Les lésions du nerf hypoglosse entraînent une salivation excessive et restreignent la capacité de déglutition. | • Il ne présente pas d'écoulements salivaires ni de dysphagie. |
| 5. Vérifier si la fonction et la position de l'épaule sont normales. | 5. Les lésions du nerf spinal accessoire entraînent une chute de l'épaule. Il faut commencer les exercices de réadaptation dès que la plaie est cicatrisée. | • Il maintient la fonction normale de son épaule. |

## TROUBLES DE L'ŒSOPHAGE

L'œsophage est un tube musculaire tapissé de mucus qui assure la pénétration des aliments dans l'estomac. Il débute à la base du pharynx et se termine environ 4 cm sous le diaphragme. Il assure le transport des aliments et des liquides grâce à la présence de deux sphincters: le sphincter pharyngo-œsophagien, situé à la jonction du pharynx et de l'œsophage, et le sphincter œsophagien inférieur, situé à la jonction de l'œsophage et de l'estomac. La fermeture inadéquate du sphincter œsophagien inférieur permet le reflux du contenu gastrique.

Les difficultés de déglutition (dysphagie) constituent le symptôme le plus courant des troubles de l'œsophage. Elles peuvent se manifester par une sensation de malaise, comme si des aliments étaient «bloqués» dans la portion supérieure de l'œsophage (avant qu'ils ne finissent par passer dans l'estomac), ou par une douleur aiguë au moment de la déglutition (odynophagie). L'obstruction qui gêne le passage des aliments (solides et mous) ou des liquides peut être ressentie à tout endroit de l'œsophage. Souvent, le patient peut indiquer si le problème se situe dans le tiers supérieur, moyen ou inférieur de l'œsophage.

Les troubles de l'œsophage sont nombreux; leur ordre de fréquence est le suivant: achalasie (incapacité de relâcher l'orifice œsophagien) évoluant vers des spasmes diffus, diverticules, perforation, corps étrangers, brûlures chimiques, hernies hiatales, tumeurs bénignes et carcinomes. Avant d'aborder l'étude des troubles de l'œsophage, nous examinerons la démarche de soins infirmiers à appliquer auprès des patients qui en souffrent.

 ## DÉMARCHE DE SOINS INFIRMIERS
## PATIENTS PRÉSENTANT UN TROUBLE DE L'ŒSOPHAGE

### ▷ Collecte des données

L'infirmière doit procéder à un bilan de santé complet du patient. Si elle soupçonne la présence d'un trouble œsophagien, elle doit s'informer de l'appétit du patient. Est-il le même, a-t-il augmenté ou a-t-il diminué? La déglutition est-elle difficile? Si oui, pour des aliments en particulier? Est-elle douloureuse? La douleur est-elle reliée à une certaine position? L'infirmière demande ensuite au patient de décrire sa douleur. Y a-t-il des éléments qui l'aggravent? D'autres symptômes apparaissent-ils périodiquement, par exemple des régurgitations diurnes ou nocturnes, des éructations, des brûlements d'estomac, une pression dans la région inférieure du sternum, la sensation que les aliments «collent» dans la gorge, une sensation rapide de satiété, des nausées, des vomissements ou une perte pondérale? Les symptômes sont-ils aggravés par les tensions émotionnelles? Si le patient se plaint de l'un ou l'autre de ces symptômes, l'infirmière lui demande quand il est apparu, quel lien il a avec l'alimentation, et quels facteurs le soulagent ou l'aggravent (changement de position, éructations, prise d'antiacides ou vomissements). L'interrogatoire doit également porter sur les facteurs d'étiologie passés ou présents, tels que les infections et les agents irritants de nature chimique, mécanique ou physique. La consommation d'alcool et de tabac est également notée. L'infirmière détermine la consommation quotidienne de fruits et de légumes, évalue l'ampleur de l'émaciation s'il y a lieu et procède à l'auscultation du thorax afin de vérifier la présence de complications pulmonaires.

### ▷ Analyse et interprétation des données

Selon les données recueillies, voici les principaux diagnostics infirmiers possibles:

- Déficit nutritionnel relié à l'incapacité partielle ou totale d'avaler
- Douleur reliée à l'ingestion d'un agent abrasif, à une tumeur ou à des épisodes fréquents de reflux gastrique
- Manque de connaissances sur le trouble œsophagien, les examens diagnostiques, le traitement médical, l'intervention chirurgicale et la réadaptation

### ▷ Planification et exécution

▷ *Objectifs de soins:*   Apport nutritionnel approprié; soulagement de la douleur; acquisition de connaissances

### ▷ Interventions infirmières

▷ *Apport nutritionnel approprié.*   Il faut inciter le patient à manger lentement et à mastiquer ses aliments afin de faciliter leur passage dans l'estomac. La consommation fréquente de petites quantités d'aliments non excitants est recommandée afin de favoriser la digestion et de prévenir l'irritation des tissus. La consommation de liquides en mangeant favorise le passage des aliments. Les repas devraient être pris dans une ambiance qui stimule l'appétit. Les agents irritants comme le tabac et l'alcool devraient être évités. On pèse le patient à sa première consultation pour obtenir une valeur initiale, puis on le pèse tous les jours et on note son poids au dossier ainsi que son apport nutritionnel quotidien.

▷ *Soulagement de la douleur.*   La consommation fréquente de petits repas est recommandée étant donné que de grandes quantités d'aliments dans l'estomac peuvent le surcharger et favoriser le reflux gastrique. L'infirmière conseille au patient d'éviter les boissons très chaudes et très froides ainsi que les aliments épicés, car ils stimulent les spasmes œsophagiens et accroissent la sécrétion d'acide chlorhydrique. Elle doit lui conseiller également d'éviter toute activité pouvant exiger un effort thoracique et accroître la douleur. Après chaque repas, le patient doit rester debout pendant une à quatre heures afin de prévenir le reflux. La position debout réduit par gravité le gradient de pression gastro-œsophagien. La tête du lit doit être surélevée de 10 à 20 cm. Le patient ne doit pas manger avant d'aller au lit.

La consommation excessive de produits antiacides en vente libre doit être évitée afin de ne pas provoquer une hyperacidité réflexe. Ces produits doivent être pris selon les indications du médecin, qui peut recommander la dose quotidienne permettant de neutraliser les sucs gastriques sans irriter l'œsophage. Des antagonistes des récepteurs de l'histamine (Pepcid, Tagamet, Zantac) sont administrés selon l'ordonnance afin de réduire l'irritation provoquée par l'acide gastrique.

▷ *Enseignement au patient.*   Le patient doit être préparé physiquement et psychologiquement aux examens diagnostiques, aux traitements et à la possibilité d'une intervention chirurgicale. Le rôle de l'infirmière consiste surtout à expliquer ces interventions, leur but et leur déroulement, ainsi qu'à rassurer le patient. Certains troubles de l'œsophage évoluent avec le temps, alors que d'autres sont dus à un traumatisme (brûlure chimique, perforation, etc.). La préparation physique et psychologique aux traitements est plus difficile dans ce dernier cas en raison du temps de réaction réduit. L'évaluation des interventions thérapeutiques doit être continue. Le patient doit être suffisamment informé pour être en mesure de participer aux soins et aux examens diagnostiques. Si une opération est nécessaire, les mesures d'évaluation à court terme et à long terme sont semblables à celles destinées aux patients qui subissent une chirurgie thoracique.

Les objectifs de la réadaptation dépendent du traitement, et varient par conséquent selon que le patient a dû subir une opération ou qu'il n'a eu qu'à suivre une diète, modifier sa posture et prendre des antiacides. Si le trouble a été éliminé, des mesures d'évaluation à court terme peuvent être suffisantes. S'il persiste, l'infirmière doit aider le patient à s'adapter physiquement et psychologiquement à sa situation et à recevoir les soins de suivi nécessaires. Les troubles de l'œsophage sont souvent chroniques chez les personnes âgées. Celles-ci ont besoin d'aide pour bien planifier leurs repas, prendre leurs médicaments et participer pleinement à des activités sociales. Cette aide peut leur être apportée par une équipe multidisciplinaire composée d'une nutritionniste, d'une travailleuse sociale et des membres de la famille.

▷ *Soins à domicile.*   Dans les cas de troubles chroniques de l'œsophage, les soins à domicile doivent être personnalisés. Ces troubles exigent souvent un régime spécial (aliments passés au mélangeur, diète sans aliments excitants, diète de consistance molle); et la fréquence des repas doit parfois être accrue (quatre à six petits repas par jour). L'horaire de la prise des médicaments doit tenir compte le plus possible des activités quotidiennes du patient. Des analgésiques et des antiacides peuvent être pris, au besoin, toutes les trois ou quatre heures.

Les blessures graves comme les perforations ou les brûlures chimiques de l'œsophage exigent des soins d'urgence. Il faut traiter l'état de choc et la détresse respiratoire, et transporter le blessé le plus rapidement possible dans un établissement de santé. Les mesures d'urgence à appliquer en cas de brûlure chimique sont précisées au chapitre 52.

La présence de corps étrangers dans l'œsophage n'entraîne pas de dangers immédiats pour la vie du patient, sauf si une pression exercée sur la trachée entraîne une dyspnée ou l'arrêt de la respiration. Il est très important de faire de l'enseignement préventif sur les mesures permettant d'éviter d'avaler accidentellement un corps étranger ou un produit caustique (les mesures de réanimation d'urgence sont décrites au chapitre 54).

Dans la période postopératoire, les soins à domicile sont axés sur la bonne alimentation, le soulagement de la douleur et l'amélioration de la fonction respiratoire. À leur sortie du centre hospitalier, certains patients doivent porter temporairement une sonde à gastrostomie ou à jéjunostomie. Le patient et sa famille doivent alors recevoir des instructions précises sur l'utilisation et l'entretien du matériel et sur les soins (les soins aux patients recevant une alimentation parentérale totale sont expliqués à la p. 679, et le traitement des patients ayant subi une gastrostomie est décrit à la p. 675; les soins infirmiers destinés aux patients ayant subi une chirurgie thoracique ou abdominale sont indiqués aux chapitres 34 et 3; le chapitre 47 traite des soins infirmiers destinés aux patients recevant une radiothérapie ou une chimiothérapie).

## ▷ *Évaluation*

### *Résultats escomptés*

1. Le patient a un apport nutritionnel adéquat.
   a) Il prend fréquemment de petits repas.
   b) Il boit de l'eau et prend de petites portions.
   c) Il évite les substances irritantes (alcool, tabac, boissons très chaudes).
   d) Il maintient un poids optimal compte tenu des circonstances.
2. Le patient ne souffre pas ou sa douleur est maintenue à un seuil acceptable.
   a) Il évite les gros repas et les agents irritants.
   b) Il prend les antiacides prescrits.
   c) Il garde le dos droit pendant une à quatre heures après les repas.
   d) Il dit que les éructations et la douleur à la poitrine ont diminué ou sont absentes.
3. Le patient se renseigne sur les troubles de l'oesophage, leur traitement et leur pronostic.
   a) Il connaît la cause de son état.
   b) Il peut expliquer la raison des traitements médicaux ou chirurgicaux qu'il doit subir et de la diète ou du traitement médicamenteux qu'il doit observer.
   c) Il décrit son programme thérapeutique.
   d) Il a adopté des mesures de prévention afin d'éviter les blessures accidentelles.

## *Achalasie*

L'achalasie est un trouble qui découle de l'absence ou de l'inefficacité du péristaltisme de la portion distale de l'oesophage. Elle s'accompagne d'une défaillance du sphincter oesophagien, qui ne peut se détendre lors des mouvements de la déglutition. Elle provoque un rétrécissement de l'oesophage au-dessus de l'estomac qui entraîne la dilatation graduelle de la portion de l'oesophage qui se trouve dans la partie supérieure du thorax. L'achalasie peut évoluer lentement. Il semble que ce trouble ait une incidence familiale.

### *Manifestations cliniques*

Le premier symptôme de l'achalasie est une difficulté à avaler les liquides et les solides. Le patient a l'impression que les aliments adhèrent à la partie inférieure de l'oesophage. La régurgitation d'aliments est courante à un stade plus avancé. Elle peut se produire spontanément ou être provoquée par le patient en vue de soulager la douleur qu'entraîne le blocage des aliments dans l'oesophage. Le patient se plaint également de douleurs thoraciques et d'une sensation de brûlure dans la poitrine. La douleur n'est pas toujours associée à l'alimentation. Ce trouble peut se compliquer de manifestations pulmonaires secondaires provoquées par le reflux du contenu oesophagien (pneumonie par aspiration).

### *Examens diagnostiques*

Les clichés radiologiques permettent d'observer la dilatation de l'oesophage au-dessus du rétrécissement situé à la jonction de l'estomac. Un repas baryté et une endoscopie peuvent permettre d'établir le diagnostic, qui doit cependant être confirmé par manométrie (mesure de la pression dans l'oesophage). La manométrie est effectuée par un radiologiste ou un gastro-entérologue.

### *Traitement*

L'obstruction peut être traitée de deux façons: dilatation forcée (figure 25-7) et séparation chirurgicale des fibres musculaires (figure 25-8). Certains médecins prescrivent des inhibiteurs calciques pour réduire la pression oesophagienne et favoriser la déglutition.

Dans les premiers stades de l'achalasie, on peut avoir recours à la dilatation pneumatique de la sténose. Cette intervention consiste à faire passer par voie orale un tube dans l'oesophage. Un sac extensible (dilatateur de Mosher) est installé dans la portion distale du tube et gonflé. Une dilatation vigoureuse donne des résultats satisfaisants dans 75 % des cas, mais peut se compliquer d'une rupture de l'oesophage dans 3 % des cas. L'intervention pouvant être douloureuse, il faut administrer un analgésique ou un tranquillisant au préalable. Il faut garder le patient en observation afin de s'assurer qu'il n'y a pas eu perforation. La présence de douleurs abdominales et de fièvre peut indiquer une perforation (les perforations sont étudiées en détail un peu plus loin).

La cardiomyotomie constitue l'intervention chirurgicale de choix. Une incision longitudinale d'environ 12 cm est pratiquée dans la couche musculaire de l'oesophage, jusqu'à environ 1 cm à l'intérieur de la région gastrique. Toutes les fibres musculaires sont dégagées de façon à éliminer la sténose de l'oesophage. Les patients ayant des antécédents d'achalasie présentent une incidence légèrement accrue de cancer de l'oesophage. Toutefois, le suivi à long terme par oesophagoscopie n'a pas encore donné de résultats concluants à cet égard.

## *Spasmes diffus*

Les spasmes diffus constituent un trouble moteur de l'oesophage caractérisé par une dysphagie, une odynophagie (déglutition douloureuse) et des douleurs thoraciques s'apparentant au spasme coronarien. La manométrie révèle des contractions simultanées anarchiques. La radiographie permet d'observer des régions spasmodiques distinctes.

On peut traiter les spasmes diffus en administrant des sédatifs et des dérivés nitrés à action prolongée pour soulager la douleur. De petits repas fréquents et une diète de consistance molle sont généralement recommandés afin de réduire la pression oesophagienne et l'irritation provoquant les spasmes. Une dilatation pneumatique et une myotomie oesophagienne peuvent être nécessaires si les douleurs deviennent intolérables.

## *Diverticule*

Un diverticule est une ectasie sacculaire de la muqueuse et de la sous-muqueuse qui apparaît dans une portion plus faible de la musculature (type *propulsif*). Si cette ectasie de la paroi oesophagienne est due à une inflammation ou à la cicatrisation de ganglions lymphatiques péribronchiques, le terme *diverticule de traction* est employé. Selon la portion de l'oesophage où se trouve la diverticule, on parle de: (1) diverticule pharyngé, (2) diverticule moyen de l'oesophage et (3) diverticule épiphrénique (figure 25-9).

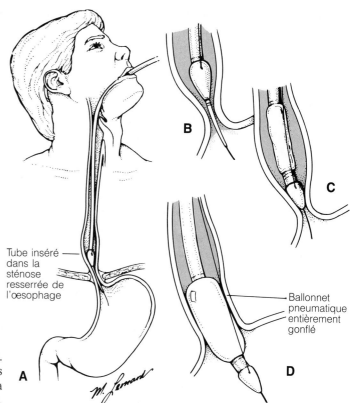

Tube inséré dans la sténose resserrée de l'oesophage

Ballonnet pneumatique entièrement gonflé

**Figure 25-7.** Traitement de l'achalasie par dilatation pneumatique. **(A-C)** Guidé par un tube préalablement avalé, le dilatateur est inséré dans la portion supérieure de l'estomac. **(D)** Quand le ballonnet est dans la position appropriée, il est gonflé par pression de façon à dilater la sténose.

### Diverticule pharyngé

Le type le plus courant de diverticule, qui est trois fois plus fréquent chez les hommes que chez les femmes, est le diverticule pharyngé (diverticule de Zenker). Il atteint la portion postérieure du muscle cricopharyngé dans le plan central du cou. Il se manifeste généralement chez les personnes de plus de 60 ans. Le patient note tout d'abord une sensation de plénitude dans le cou qui s'accompagne de difficultés à avaler. Il peut se plaindre d'éructations, de régurgitations d'aliments non digérés et de borborygmes après les repas. Le diverticule se remplit d'aliments ou de liquides. Quand le patient se couche, les aliments non digérés qui sont régurgités peuvent également provoquer une toux en raison de l'irritation de la trachée. L'haleine est souvent fétide et un goût acide apparaît dans la bouche en raison de la décomposition des aliments qui restent dans le diverticule.

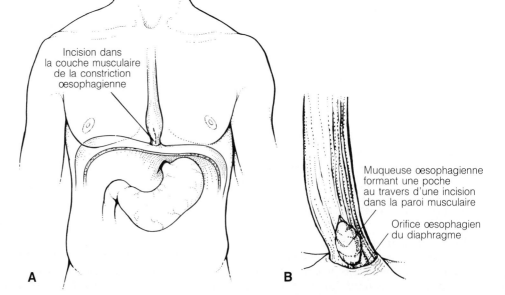

Incision dans la couche musculaire de la constriction oesophagienne

**Figure 25-8.** Traitement de l'achalasie: chirurgies majeures. **(A)** L'oesophage est disséqué à l'avant, sur le côté gauche. Une incision est pratiquée dans la couche musculaire de l'oesophage. **(B)** L'incision est suffisamment importante pour permettre la formation d'une poche dans la muqueuse oesophagienne. La dissection des fibres musculaires soulage la sténose de la portion inférieure de l'oesophage et permet au patient d'avaler normalement.

Muqueuse oesophagienne formant une poche au travers d'une incision dans la paroi musculaire

Orifice oesophagien du diaphragme

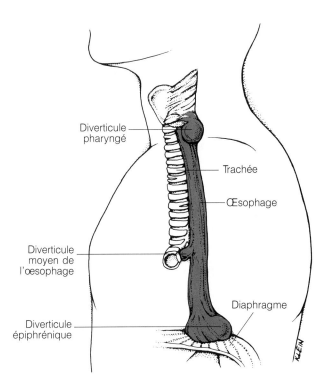

**Figure 25-9.** Lieux possibles d'apparition d'un diverticule de l'œsophage. Le siège du trouble détermine l'incision chirurgicale requise.

***Examens diagnostiques et traitement.*** Afin de déterminer avec exactitude la nature et le siège du diverticule, on prend des radiographies après ingestion de baryum. L'œsophagoscopie est généralement contre-indiquée en raison des risques de perforation du diverticule pouvant entraîner une médiastinite. L'installation à l'aveugle d'un tube nasal doit également être évitée. Le tube doit être guidé dans l'estomac à l'aide d'un endoscope illuminé. Comme le patient présente généralement des antécédents de mauvaise alimentation et d'apport hydrique insuffisant, il faut évaluer son état nutritionnel afin d'établir ses besoins.

Comme il s'agit d'un trouble évolutif, la seule méthode permettant de l'éliminer est la résection chirurgicale du diverticule. L'opération doit être effectuée avec prudence afin d'éviter d'endommager l'artère carotide commune et les veines jugulaires internes. On procède à l'exérèse de la poche jusqu'au rebord de la paroi œsophagienne. En plus de la diverticulectomie, une myotomie du muscle cricopharyngé est souvent réalisée afin de réduire la spasticité musculaire qui pourrait favoriser la réapparition des symptômes. Après l'intervention, les aliments et les liquides sont interdits jusqu'à ce que la radiographie indique que la suture chirurgicale est étanche. On rétablit ensuite progressivement la consommation d'aliments et de liquides en fonction de la tolérance du patient.

***Interventions infirmières.*** Si le patient a de la difficulté à avaler, son alimentation doit être limitée aux aliments qui passent les plus facilement. Des viandes passées au mélangeur accompagnées de suppléments vitaminiques sont souvent prescrites. L'infirmière planifie avec le patient et sa famille une rencontre avec une diététicienne qui établira le régime alimentaire à suivre à domicile.

## Diverticules de la portion moyenne de l'œsophage et diverticules épiphréniques

Les diverticules situés dans la portion moyenne de l'œsophage sont moins fréquents. En outre, les symptômes sont moins aigus et l'intervention chirurgicale peut généralement être évitée.

Les *diverticules épiphréniques*, généralement d'origine propulsive, apparaissent dans la portion inférieure de l'œsophage, juste au-dessus du diaphragme ou parfois plus haut. Ils semblent reliés à une dysfonction du sphincter inférieur de l'œsophage. Le tiers des patients sont asymptomatiques, les autres se plaignent généralement de dysphagie et de douleurs thoraciques.

***Traitement.*** La chirurgie n'est indiquée que si les symptômes sont graves et évolutifs. Comme une voie transthoracique (thoracotomie) est utilisée, les soins infirmiers dans la période préopératoire et postopératoire sont semblables à ceux administrés aux patients ayant subi une chirurgie thoracique (voir le chapitre 3).

***Interventions infirmières.*** Après l'opération, le patient est alimenté à l'aide d'un tube nasogastrique qui est généralement mis en place au moment de l'intervention. Les repas peuvent comprendre tous les types de liquides, mais leur composition, leur nature et les quantités administrées doivent être notées. Après chaque repas, le tube est rincé à l'eau. L'infirmière doit également être à l'affût des signes de fuite dans l'œsophage et d'apparition d'une fistule.

*Si l'opération est trop risquée*, le traitement est semblable à celui destiné aux patients atteints d'un ulcère gastroduodénal: antiacides, anticholinergiques et abstinence de café, d'alcool et de tabac (voir le chapitre 27). En outre, les mesures suivantes permettent d'éviter les reflux: (1) garder la tête du lit surélevée, (2) rester assis avec le dos droit pendant deux heures après les repas, (3) éviter les vêtements et les postures susceptibles de provoquer une pression abdominale, (4) consommer de petits repas et (5) suivre une cure d'amaigrissement en cas d'obésité.

## Perforation

Les lésions de l'œsophage sont chose courante. Les perforations peuvent être causées par la pénétration d'une arme blanche ou d'une balle dans la région du cou ou de la poitrine, ou par une ouverture accidentelle lors d'un examen ou d'une dilatation chirurgicale. Des perforations spontanées de l'œsophage ont également été signalées lors de vomissements.

Le patient éprouve alors une douleur vive et soudaine suivie de dysphagie. Les signes d'infection, de fièvre, de leucocytose ou d'hypotension grave doivent être notés. L'hyperpnée et les douleurs cervicales constituent les premiers signes de lésion. Dans certains cas, des signes de pneumothorax peuvent également être observés. Un examen radiologique et une fluoroscopie permettent de localiser la lésion.

### Traitement

En raison des risques élevés d'infection, il faut instaurer un traitement par antibiotiques à large spectre. Un tube nasogastrique est mis en place afin de recueillir les sécrétions et de réduire la quantité de suc gastrique pouvant refluer dans l'œsophage et le médiastin. Le patient ne doit rien prendre par la bouche, et ses besoins nutritionnels sont comblés par gavage parentéral complet. Une opération peut être nécessaire pour refermer la lésion, ce qui rend le soutien nutritionnel essentiel dans la période postopératoire. En raison des risques de reflux dans l'œsophage, l'alimentation parentérale totale est préférable à la gastrostomie. Compte tenu du siège de l'incision et de la nature de l'intervention chirurgicale, les soins infirmiers postopératoires sont semblables à ceux administrés aux patients ayant subi une opération thoracique ou abdominale.

## Corps étrangers

L'ingestion de corps étrangers (prothèses dentaires, arêtes de poisson, épingles) peut léser l'œsophage et en obstruer la lumière. Le patient peut alors éprouver de la douleur et présenter une dysphagie. Une dyspnée peut également apparaître en raison de la pression exercée. La radiographie permet souvent de mettre en évidence le corps étranger.

En règle générale, le corps étranger peut être retiré à l'aide d'un œsophagoscope. Quand il est pointu (épingle droite, épingle de sûreté, aiguille, clou ou punaise), on ne doit pas le laisser traverser lentement l'estomac et le tractus intestinal. Un aimant relié à une ficelle peut être mis en place par fluoroscopie afin de l'extraire. On peut aussi le retirer à l'aide d'une sonde à ballonnet. Un radiologiste expérimenté peut même retirer une épingle de sûreté ouverte à l'aide d'un œsophagoscope.

Si un bouchon alimentaire est logé dans l'œsophage, le patient peut être traité à l'aide d'un myorelaxant comme le Valium. Cette mesure est parfois suffisante pour assurer la détente du muscle œsophagien et permettre au bouchon de se déplacer dans l'œsophage. Du glucagon peut également être administré par voie intramusculaire. Ce médicament assure lui aussi la détente du muscle œsophagien. Si ces traitements se révèlent inefficaces, on doit avoir recours à l'endoscopie.

## Brûlures chimiques

Le patient qui avale accidentellement ou intentionnellement une base ou un acide fort (un produit de nettoyage, par exemple) présente une détresse psychologique et éprouve une douleur physique aiguë. Les brûlures chimiques aiguës de l'œsophage s'accompagnent de brûlures graves sur les lèvres, la bouche et le pharynx, ainsi que de douleur à la déglutition et, parfois d'une respiration difficile en raison d'un œdème de la gorge ou d'une accumulation de mucus dans le pharynx. Le patient peut être dans un état toxique et fébrile profond, ainsi qu'en état de choc. Il doit être traité sans délai pour le choc, la douleur et la détresse respiratoire.

### Traitement

Une œsophagoscopie et un lavement baryté sont réalisés dès que possible afin de déterminer l'ampleur et la gravité des lésions. Le patient ne doit rien prendre par la bouche et des liquides lui sont administrés par voie intraveineuse. Le médecin pourra mettre en place un tube nasogastrique.

Le traitement aux corticostéroïdes, qu'on prescrit parfois pour réduire l'inflammation ainsi que les cicatrices et la sténose subséquentes, a une efficacité douteuse. L'administration prophylactique d'antibiotiques dans ces cas a également été remise en cause. Ces traitements sont cependant encore prescrits.

Une fois que la phase aiguë est passée, il faut parfois administrer au patient des traitements visant à prévenir ou à traiter les sténoses. Une dilatation à l'aide de bougies perorales ou rétrogrades (par gastrostomie) peut être suffisante. Si la dilatation n'élimine pas les sténoses, un traitement chirurgical peut s'imposer. Une reconstruction peut être réalisée par œsophagectomie ou interposition du côlon de façon à remplacer la portion réséquée de l'œsophage.

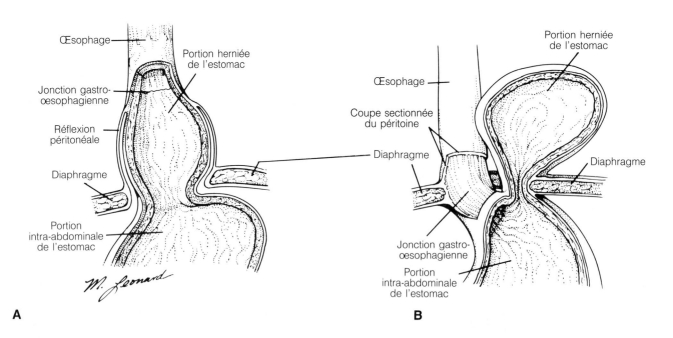

**A**                                   **B**

***Figure 25-10.***    Hernie œsophagienne et para-œsophagienne par glissement. (**A**) Hernie œsophagienne par glissement. La portion supérieure de l'estomac et la jonction cardio-œsophagienne se sont déplacées vers le haut et ont glissé dans le thorax. (**B**) Hernie para-œsophagienne. Une portion ou l'ensemble de l'estomac est passé au travers du diaphragme à proximité de la jonction gastro-œsophagienne.

## Hernie hiatale

L'oesophage pénètre dans l'abdomen par une ouverture du diaphragme et son extrémité inférieure se déverse dans la portion supérieure de l'estomac. Normalement, l'ouverture du diaphragme encercle fermement l'oesophage, et l'estomac est entièrement situé dans l'abdomen. Dans les cas d'*hernie hiatale,* le diaphragme qui est traversé par l'oesophage s'agrandit et une partie de la portion supérieure de l'estomac se déplace pour atteindre la portion inférieure du thorax. Les hernies hiatales peuvent être de deux types, le type I et le type II.

**Type I.**    Les hernies de type I, ou hernies hiatales par glissement, se produisent quand la partie supérieure de l'estomac et la jonction gastro-oesophagienne se déplacent vers le haut et glissent dans le thorax. Environ 90 % des patients atteints d'une hernie hiatale oesophagienne présentent une hernie par glissement. La radiographie et la fluoroscopie permettent de confirmer le diagnostic (figure 25-10**A**).

***Manifestations cliniques et traitement.***    Le patient peut souffrir de brûlures d'estomac, de régurgitations et de dysphagie. Environ 50 % des patients sont asymptomatiques. Le traitement médical comporte la prise fréquente de petits repas pouvant traverser facilement l'oesophage. On recommande au patient de ne pas se coucher pendant l'heure qui suit ses repas afin de prévenir les reflux ou le déplacement de l'hernie. Pour la même raison, la tête du lit est surélevée de 10 à 20 cm. Une intervention chirurgicale est indiquée dans environ 15 % des cas.

**Type II.**    Le type II, moins fréquent (hernie par roulement) survient quand une partie ou l'ensemble de l'estomac traverse le diaphragme à proximité de la jonction gastro-oesophagienne. La proportion des hernies para-oesophagiennes est de moins de 10 %. Celles-ci sont souvent asymptomatiques. Les reflux sont généralement absents, car le sphincter gastro-oesophagien est intact (voir la figure 25-10**B**).

***Manifestations cliniques et traitement.***    Le patient éprouve généralement une sensation de plénitude après les repas. Diverses complications peuvent survenir, notamment une hémorragie, une obstruction et un étranglement, et c'est pourquoi la gastropexie antérieure (fixation de l'estomac prolabé en position normale par suture de la paroi abdominale) constitue le traitement de choix.

## Varices oesophagiennes

Les varices de la portion inférieure de l'oesophage constituent une complication de la cirrhose du foie et de l'hypertension porte. Ce sujet est abordé dans le chapitre 29.

## Tumeurs bénignes

Des tumeurs bénignes peuvent apparaître n'importe où le long de l'oesophage. Les plus fréquentes sont les léiomyomes, qui peuvent obstruer la lumière de l'oesophage. La plupart des tumeurs bénignes sont asymptomatiques et on peut les distinguer des excroissances cancéreuses par biopsie. Les petites lésions sont excisées par oesophagoscopie. Dans le cas de lésions intramurales, une thoracotomie peut être nécessaire.

## CANCER DE L'ŒSOPHAGE

Au Canada, les carcinomes de l'oesophage sont deux fois plus fréquents chez les hommes que chez les femmes. Il semble en outre qu'ils se manifestent généralement entre 50 et 65 ans.

Le cancer de l'oesophage présente une incidence beaucoup plus élevée dans d'autres régions du monde, notamment en Chine et dans la région Nord de l'Iran.

L'irritation chronique est considérée comme un facteur de risque du cancer de l'oesophage. En Amérique du Nord, cette maladie a été associée à l'ingestion d'alcool et à la consommation de tabac. Dans d'autres parties du monde, elle a été reliée à l'utilisation de pipes d'opium, à l'ingestion de boissons très chaudes et à des carences nutritionnelles, plus particulièrement à une faible consommation de fruits et de légumes. Il semble que les fruits et les légumes favorisent la restauration des tissus irrités.

## Physiopathologie et manifestations cliniques

Malheureusement, les tumeurs malignes de l'oesophage sont souvent à un stade avancé quand les symptômes apparaissent. Il s'agit généralement d'un épithélioma malpighien qui peut se propager à la muqueuse oesophagienne ou s'étendre directement dans les couches musculeuses ou au-delà, jusque dans les ganglions lymphatiques. Dans les derniers stades de l'évolution de la maladie, on note une obstruction de l'oesophage avec perforation possible du médiastin et érosion dans les vaisseaux importants.

Les symptômes des cancers de l'oesophage sont notamment une dysphagie, une sensation de plénitude dans la gorge, une déglutition douloureuse, une douleur rétrosternale ou une sensation de plénitude dans la région inférieure au sternum et, plus tard, une régurgitation d'aliments non digérés avec haleine fétide et hoquets. Le patient constate tout d'abord des difficultés de déglutition intermittentes et croissantes. Au début, seule la consommation d'aliments solides est difficile, mais l'obstruction devient plus complète au fur et à mesure que la tumeur grossit, et même les liquides finissent par ne plus passer dans l'estomac. Le patient régurgite ses aliments et de la salive, il peut souffrir d'hémorragies et présente une perte progressive de poids et d'énergie en raison d'un état d'inanition. Les symptômes tardifs sont notamment des douleurs rétrosternales, des hoquets, des difficultés respiratoires et une haleine fétide. *Il s'écoule souvent de 12 à 18 mois entre l'apparition des premiers symptômes et le moment où le patient consulte.* Toute personne qui présente des difficultés de déglutition devrait consulter sans délai un médecin.

## Examens diagnostiques

Le diagnostic est confirmé dans 95 % des cas par oesophagoscopie avec biopsie et brossage. Une bronchoscopie est généralement pratiquée, surtout si la tumeur est située dans la portion moyenne ou le tiers supérieur de l'oesophage. L'on détermine alors si la trachée est atteinte et l'on vérifie si la lésion peut être excisée. Une médiastinoscopie permettra de déterminer si les ganglions et les autres structures médiastinales sont atteints. Les cancers de la portion inférieure de l'oesophage peuvent être dus à un adénocarcinome de l'estomac qui s'étend vers le haut dans l'oesophage.

## Traitement

Si le cancer est à ses débuts, le traitement peut viser la guérison. Malheureusement, il est généralement décelé à un stade avancé, et on doit alors recourir à un traitement palliatif.

Le traitement consiste en une intervention chirurgicale, une radiothérapie, une chimiothérapie ou une association de ces mesures.

L'intervention chirurgicale peut être réalisée dans un but curatif ou palliatif, selon l'ampleur de la maladie. Le traitement chirurgical comprend généralement une résection totale de l'oesophage (oesophagectomie) avec extraction de la tumeur et d'une vaste marge non atteinte de l'oesophage ainsi que des ganglions lymphatiques connexes. La voie chirurgicale peut être thoracique ou abdominale, selon la localisation de la tumeur. Quand la tumeur touche la région cervicale ou la partie supérieure du thorax, la continuité de l'oesophage peut être maintenue par interposition d'un segment du côlon, installation d'un greffon cutané de pleine épaisseur ou élévation de l'estomac dans le thorax avec implantation de l'extrémité proximale de l'oesophage dans l'estomac. Les tumeurs de la portion inférieure de l'oesophage sont plus justiciables d'un traitement chirurgical que les tumeurs plus hautes, et l'intégrité du tractus gastro-intestinal est maintenue par implantation de l'oesophage proximal dans l'estomac.

Le taux de mortalité de la résection chirurgicale de l'oesophage est relativement élevé en raison d'infections, de complications pulmonaires ou d'épanchements anastomotiques. Dans la période postopératoire, le patient porte un tube nasogastrique qui ne doit pas être manipulé, et il ne doit rien consommer par la bouche jusqu'à ce que l'intégrité de l'anastomose soit confirmée par radiographie.

La radiothérapie, seule ou en association avec une chirurgie dans la période préopératoire ou postopératoire, constitue le traitement de choix pour certains médecins. Les avantages de la chimiothérapie associée à la radiothérapie ou à la chirurgie sont actuellement à l'étude.

La meilleure méthode de traitement du cancer de l'oesophage n'a pas encore été établie. Le traitement le plus approprié est établi cas par cas.

## Interventions infirmières

Les interventions infirmières visent à améliorer l'état nutritionnel et physique du patient afin de le préparer à l'opération, à la radiothérapie ou à la chimiothérapie. Si le patient peut consommer des aliments par la bouche, on établit pour lui un programme de gain pondéral axé sur une alimentation à forte teneur en énergie et en protéines, sous forme liquide ou molle. Dans le cas contraire, une alimentation parentérale totale est instaurée. L'état nutritionnel du patient est évalué tout au long du traitement.

Le patient doit être informé de la nature du matériel postopératoire qui sera utilisé, notamment sur les dispositifs nécessaires au drainage thoracique en circuit fermé, à l'aspiration nasogastrique, à l'administration parentérale de liquides et, parfois, à l'intubation gastrique. Dans la période postopératoire immédiate, les soins qui lui sont administrés sont semblables à ceux destinés aux patients subissant une opération thoracique (voir le chapitre 3). Après son réveil, le patient est placé en position semi-Fowler, puis en position Fowler, de façon à prévenir le reflux des sécrétions gastriques. On doit le garder en observation afin de déceler les signes de régurgitation et de dyspnée. La pneumonie par aspiration constitue une complication postopératoire courante. Il faut prendre régulièrement la température du patient afin de déceler toute élévation pouvant indiquer une infiltration de liquide dans le médiastin.

Si un tube prosthétique a été mis en place, ou qu'une anastomose a été réalisée, la continuité fonctionnelle entre la gorge et l'estomac est préservée. Immédiatement après l'intervention, la position du tube nasogastrique doit être marquée et, si un déplacement se produit, le médecin doit en être informé. L'infirmière ne doit pas chercher à remettre en place le tube nasogastrique en raison des risques de lésion de l'anastomose. On retire le tube nasogastrique de cinq à sept jours après l'opération, et on effectue un lavement baryté en vue d'évaluer l'intégrité de l'anastomose avant d'alimenter le patient.

Au début de la reprise de l'alimentation orale, le patient a besoin d'encouragements, car il doit faire preuve de beaucoup de patience. Dès qu'il est en mesure d'accroître de façon significative son apport alimentaire, les liquides parentéraux sont interrompus. Si un tube prosthétique (par exemple un tube souple en latex muni à l'ouverture de petits fils enroulés) est en place, les aliments doivent être bien mastiqués pour ne pas l'obstruer. Après chaque repas, le patient doit rester en position verticale pendant au moins deux heures afin de favoriser le passage des aliments. L'infirmière doit inciter le patient à manger, car celui-ci a généralement peu d'appétit. Si la famille participe en lui apportant ses aliments favoris, préparés à la maison, il aura probablement meilleur appétit. S'il se plaint de douleurs gastriques, des antiacides pourront le soulager. La radiothérapie réduit encore davantage l'appétit et peut provoquer un oesophagite, ce qui rend l'alimentation douloureuse. Il vaut mieux dans ce cas donner au patient des préparations liquides, qu'il tolère mieux.

Souvent, dans la période préopératoire ou postopératoire, l'obstruction totale ou partielle de l'oesophage entraîne une surabondance de salive. L'oesophagostomie cause le même problème. On peut l'atténuer en fixant de petits sacs en plastique à la stomie pour recueillir les sécrétions. Un morceau de gaze (type mèche) peut également être installé à la commissure des lèvres du patient de façon à acheminer les sécrétions dans un bandage ou un bassin. Les risques d'aspiration de la salive dans le tronc trachéobronchique, et les risques de pneumonie qui en découlent, constituent également un grave problème.

Quand le patient est prêt à recevoir son congé du centre hospitalier, il faut expliquer aux membres de la famille les soins nutritionnels à prodiguer, les signes et symptômes à observer et les mesures à prendre lorsque des signes de complication se manifestent. Il faut aussi leur enseigner comment assurer le bien-être du patient et lui fournir un soutien.

Résumé: Les personnes qui présentent des risques de cancer de l'oesophage sont notamment celles qui consomment de l'alcool et du tabac, ainsi que les personnes âgées. Si la tumeur est dépistée rapidement, il est plus facile de l'exciser et d'assurer la continuité de l'appareil digestif. Le taux de mortalité chez les patients atteints d'un cancer de l'oesophage est cependant élevé en raison des trois facteurs suivants: (1) le patient est souvent âgé et présente des troubles pulmonaires et cardiovasculaires; (2) la tumeur est déjà à un stade avancé quand les symptômes apparaissent et il est alors impossible d'extraire de larges portions de tissu à cause de la proximité de structures vitales; (3) la tumeur s'étend souvent aux ganglions lymphatiques avoisinants, de même qu'au cœur et aux poumons, à cause de la proximité de ces organes.

## Bibliographie

### Ouvrages

Barton RE et al. The Dental Assistant. Philadelphia, Lea & Febiger, 1988.

Bates B. A Guide to Physical Examination and History Taking, 5th ed. Philadelphia, JB Lippincott, 1991.

DeVita VT, Hellman S, and Rosenberg SA (eds). Cancer. Principles and Practice of Oncology, 3rd ed. Philadelphia, JB Lippincott, 1989.

Groenwald S (ed). Cancer Nursing: Principles and Practices. Boston, Jones & Bartlett, 1990.

Jameson GG (ed). Surgery of the Esophagus. New York, Churchill Livingstone, 1988.

Skinner DB and Belsey RHR. Management of esophageal disease. Philadelphia, WB Saunders, 1988,

Taintor JF. The Oral Report. New York, Facts on File Publications, 1988.

Tenenbaum L. Cancer Chemotherapy. Philadelphia, WB Saunders, 1989.

Thawley SE et al. Comprehensive Management of Head and Neck Tumors. Philadelphia, WB Saunders, 1987.

Walsh J et al. Manual of Home Health Care Nursing. Philadelphia, JB Lippincott, 1987.

### Revues

*Les articles de recherche en sciences infirmières sont marqués d'un astérisque.*

#### Troubles et cancers de la cavité buccale

Boring C et al. Cancer statistics 1991. CA 1991 Jan/Feb; 41(1): 19–36.

Brady LW and Davis LW. Treatment of head and neck cancer by radiation therapy. Semin Oncol 1988 Feb; 15(1): 29–38.

Bral M and Brownstein CN. Antimicrobial agents in the prevention and treatment of periodontal diseases. Dent Clin North Am 1988 Apr; 32(2): 217–241.

Conklin RJ and Blasberg B. Oral lichen planus. Dermatol Clin 1987 Oct; 5(4): 663–673.

Danielson KH. Oral care and older adults. J Gerontol Nurs 1988 Nov; 14(11): 6–10.

Dreyfuss AI et al. Cyclophosphamide, Doxorubicin, & CisPlat combination chemotherapy for advanced carcinoma of salivary gland origin. Cancer 1987 Dec 15; 60(12): 2869–2872.

* Dudjak LA. Mouth care for mucositis due to radiation therapy. Cancer Nurs 1987 Jun; 10(3): 131–140.

Freedman SD and Devine BA. A clean break: Postop oral care. Am J Nurs 1987 Apr; 87(4): 474–475.

Gagnon-Brousseau N. Soins de la bouche. L'infirmière canadienne 1987 83(8):37-42

Goodman T and Thomas C. Mandibular reconstruction. AORN 1988 Oct; 48(4): 678–688.

Green C. Orthodontics and temporomandibular disorders. Dent Clin North Am 1988 Apr; 32(3): 529–538.

Greenspan D and Greenspan JS. The oral clinical features of HIV infection. Gastroenterol Clin North Am 1988 Jul; 17(3): 535–543.

Hannon LM. Cancer of the oral cavity. Semin Oncol Nurs 1989 Aug; 5(3): 150–159.

Hutton KP and Rogers RS. Recurrent aphthous stomatitis. Dermatol Clin 1987 Oct; 5(4): 761–768.

Krolls SO and Smith WE. Sialolithiasis of the minor salivary glands. Ear Nose Throat J 1988 Apr; 67(4): 296–298.

Loughan DH and Smith LG. Infectious disorders of the parotid gland. N Engl J Med 1988 Apr; 85(4): 311–314.

McWalter GM et al. Draining facial sinus tracts of dental origin. Dental Sch Q 1987; 3(4): 1–4.

Mashberg A and Samit AM. Early detection, diagnosis and management of oral and oropharyngeal cancer. CA 1989 Mar/Apr; 39(2): 67–88.

* Miller R and Rubinstein L. Oral health care for hospitalized patients: The nurse's role. J Nurs Educ 1987 Nov; 26(9): 363–366.

Randle HW. White lesions of the mouth. Dermatol Clin 1987 Oct; 5(4): 641–650.

Ray TL. Oral candidiasis. Dermatol Clin 1987 Oct; 5(4): 651–662.

Schulmeister L. Join the fight against oral cancer. Nursing 1987 May; 17(5): 66–67.

Shaw JH. Causes and control of dental caries. N Engl J Med 1987 Oct 15; 317(16): 996–1004.

Statistique Canada. Canadian Cancer Statistics. Toronto, National Cancer Institute of Canada, 1992.

Suzuki JB. Diagnosis and classification of the peridontal diseases. Dent Clin North Am 1988 Apr; 32(2): 195–216.

Vogler WR et al. A randomized trial comparing Ketoconazole and Nystatin prophylactic therapy in neutropenic patients. Cancer Invest 1987 5(4): 267–273.

Wolfe R et al. Dental emergencies. Management by the primary care physician. Postgrad Med 1989 Feb 15; 85(3): 63–77.

#### Troubles et cancers de la cavité buccale

Adams H et al. Oesophageal tears during pneumatic balloon dilitation for the treatment of achalasia. J Clin Radiol 1989 Jan; 40(1): 53–57.

Blitzer PH. Epidemiology of head and neck cancer. Semin Oncol 1988 Feb; 15(1): 2–9.

Breitbart W and Holland J. Psychosocial aspects of head and neck cancer. Semin Oncol 1988 Feb; 15(1): 29–38.

Dropkin MJ. Coping with disfigurement and dysfunction after head and neck cancer surgery: A conceptual framework. Semin Oncol Nurs 1989 Aug; 5(3): 213–219.

Ferguson MK et al. Early evaluation and therapy for caustic esophageal injury. Am J Surg 1989 Jan; 157(1): 116–120.

Foltz AT. Nutritional factors in the prevention of gastrointestinal cancer. Semin Oncol Nurs 1988 Nov; 4(4): 239–245.

Frank-Stromborg M. The epidemiology and primary prevention of gastric and esophageal cancer. Cancer Nurs 1989 Apr; 12(2): 53–64.

Frieling T et al. Family occurrence of achalasia and diffuse spasm of the oesophagus. Gut 1988 Nov; 29(11): 1595–1602.

Frogge MH. Future perspective and nursing issues in gastrointestinal cancer. Semin Oncol Nurs 1988 Nov; 4(4): 300–302.

Gelfand MD and Botoman VA. Esophageal motility disorders: A clinical overview. Am J Gastroenterol 1987 Mar; 82(3): 181–187.

Grant M et al. Nutrition management in the head and neck cancer patient. Semin Oncol Nurs 1989 Aug; 5(3): 195–204.

Harris LL and Smith S. Chemotherapy in head and neck cancer. Semin Oncol Nurs 1989 Aug; 5(3): 174–181.

Logemann JA. Swallowing and communication rehabilitation. Semin Oncol Nurs 1989 Aug; 5(3): 205–212.

Mahon S. Nursing interventions for the patient with a myocutaneous flap. Cancer Nurs 1987 Feb; 10(1): 21–31.

Martin LK. Management of the altered airway in the head and neck cancer patient. Semin Oncol Nurs 1989 Aug; 5(3): 182–190.

Medvec BR. Esophageal cancer: Treatment and nursing interventions. Semin Oncol Nurs 1988 Nov; 4(4): 246–256.

Mulder DG et al. Management of huge epiphrenic esophageal diverticula. Am J Surg 1989 Mar; 157(3): 303–307.

McCallum RW. The management of esophageal motility disorders. Hosp Pract 1988 Feb 15; 123(2): 239–250.

* Nicholsen BA et al. Assessment of pain in head and neck cancer patients using the McGill questionnaire. J Soc Otorhinolaryngol Head Neck Nurs 1988 Summer; 6(3): 8–12.

Schelper JR. Prevention, detection, and diagnosis of head and neck cancers. Semin Oncol Nurs 1989 Aug; 5(3): 139–149.

Schwartz SS and Yuska CM. Common patient care issues following surgery for head and neck cancer. Semin Oncol Nurs 1989 Aug; 5(3): 191–194.

Snow JB. Surgical management of head and neck cancer. Semin Oncol 1988 Feb; 15(1): 20–28.

Strohl RA. Radiation therapy for head and neck cancers. Semin Oncol Nurs 1989 Aug; 5(3): 166–173.

## Information/Ressources

### Organismes

American Association of Public Health Dentists
New York University Dental Center, 421 First Ave, New York, NY 10010

American Cancer Society
1599 Clifton Rd NE, Atlanta, GA 30329

American Dental Association
211 E Chicago Ave, Chicago, IL 60611

American Society of Geriatric Dentistry
1121 W Michigan St, Indianapolis, IN 46202

Fondation québécoise du cancer
2075, rue Champlain, Montréal (Québec), H2L 2T1

Info-cancer
2075, rue Champlain, Montréal (Québec), H2L 2T1

Société canadienne du cancer
5151, boul. de l'Assomption, Montréal (Québec), H1T 4A9

# 26

# INTUBATION GASTRO-INTESTINALE ET TRAITEMENTS NUTRITIONNELS SPÉCIAUX

OBJECTIFS D'APPRENTISSAGE

Après avoir étudié ce chapitre, vous devriez être en mesure de réaliser ce qui suit:

1. Décrire les objectifs de l'intubation gastro-intestinale et les soins à prodiguer aux patients recevant ce traitement.

2. Appliquer la démarche de soins infirmiers pour intervenir auprès des patients recevant une alimentation par sonde.

3. Expliquer les soins préopératoires et postopératoires à prodiguer aux patients subissant une gastrostomie.

4. Appliquer la démarche de soins infirmiers pour intervenir auprès des patients subissant une gastrostomie.

5. Expliquer les objectifs et les indications de l'alimentation parentérale totale.

6. Appliquer la démarche de soins infirmiers pour intervenir auprès des patients recevant une alimentation parentérale totale.

7. Indiquer les soins infirmiers visant à prévenir les complications de l'alimentation parentérale totale.

## INTUBATION GASTRO-INTESTINALE

L'intubation gastro-intestinale est l'insertion par voie orale ou nasale d'une sonde (tube) en plastique ou en caoutchouc, de longueur variable, dans l'estomac ou l'intestin. Elle permet (1) d'assurer la décompression de l'estomac et d'en retirer des gaz et des liquides, (2) d'évaluer la motilité gastro-intestinale, (3) d'administrer des médicaments et un gavage, (4) de traiter les obstructions ou les foyers hémorragiques ou (5) de prélever le contenu gastrique pour analyse. Les solutions administrées par sonde sont déversées dans une seringue ou un goutte-à-goutte actionné par une pompe électrique ou par gravité.

L'aspiration nécessaire à l'élimination des gaz et des liquides est réalisée à l'aide d'une seringue, d'un dispositif d'aspiration électrique ou d'une sortie murale intégrée.

Diverses sondes servent à la décompression, à l'aspiration, à l'irrigation et au traitement des hémorragies dues à des varices œsophagiennes (Miller-Abbott, Cantor, Harris, Ewald, Levin, Moss, Salem et Sengstaken-Blakemore) ainsi qu'à l'administration des gavages et des médicaments (Levin, Moss, Dobhoff, Keofeed, Flexiflo, Nutriflex et Entriflex). Les sondes diffèrent par leur composition (caoutchouc, polyuréthane, silicone), leur longueur (de 90 cm à 3 m), leur diamètre (6 à 18 Fr), leur fonction et l'endroit où elles sont mises en place dans le tractus gastro-intestinal (estomac, duodénum, jéjunum).

## SONDES NASOGASTRIQUES

La sonde nasogastrique, ou tube court, est introduite dans l'estomac par le nez ou la bouche. Il s'agit généralement d'un tube de Levin, d'un tube de prélèvement gastrique, d'un tube Nutriflex, d'un tube de Moss ou d'un tube œsophagonasogastrique de Sengstaken-Blakemore. On trouvera ci-après la description de ces tubes.

**Tube de Levin.**    Le tube de Levin comporte une lumière unique (14 à 18 Fr) et est fait de plastique ou de caoutchouc. Il est muni d'ouvertures près de son extrémité. Il est utilisé chez les adultes afin d'éliminer les gaz et les liquides du tractus gastro-intestinal supérieur, de prélever un échantillon du contenu gastrique pour analyse en laboratoire et d'administrer directement dans le tractus gastro-intestinal des médicaments ou des gavages.

Des marques circulaires à divers endroits du tube permettent d'orienter sa mise en place. Une marque indique également son point central (figure 26-1). Le tube est inséré avec soin jusqu'à ce que cette marque atteigne la narine du patient, ce qui indique qu'il est dans l'estomac.

On peut s'assurer que le tube est bien placé en aspirant le contenu gastrique à l'aide d'une seringue et en en déterminant le pH. Mais la radiographie reste la seule méthode véritablement sûre pour vérifier la bonne position du tube.

**Tube de prélèvement gastrique.**    Le tube de prélèvement gastrique (Salem, VENTROL) est une sonde nasogastrique opaque aux rayons X, faite de plastique transparent et comportant une double lumière (figure 26-2). Il sert à assurer la décompression et la vidange de l'estomac. Un petit tube interne, qui comporte une ouverture à son extrémité distale, offre une prise d'air pour le tube d'aspiration et de drainage.

1. Faire une marque sur le tube nasogastrique à 50 cm de son extrémité distale (point A).

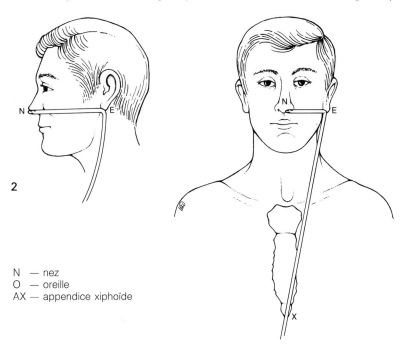

N  — nez
O  — oreille
AX — appendice xiphoïde

2. Demander au patient de s'asseoir en position neutre, la tête vers l'avant. Placer l'extrémité distale du tube à l'extrémité du nez du patient (N); amener le tube jusqu'à la pointe de l'oreille (O), puis jusqu'à l'extrémité de l'appendice xyphoïde (AX). Marquer le point B à cet endroit.

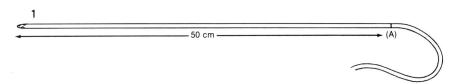

3. Pour repérer le point C sur le tube, déterminer le point central situé entre les points A et B. Le tube nasogastrique est inséré jusqu'au point C.

**Figure 26-1.** Intubation nasogastrique à l'aide d'un tube de Levin court ou d'un tube de Salem

(Source: R. L. Hanson, «Predictive Criteria for Length of Nasogastric Tube Insertion for Tube Feeding», *J Parenteral Enteral Nutr*, 3[3]:160-163)

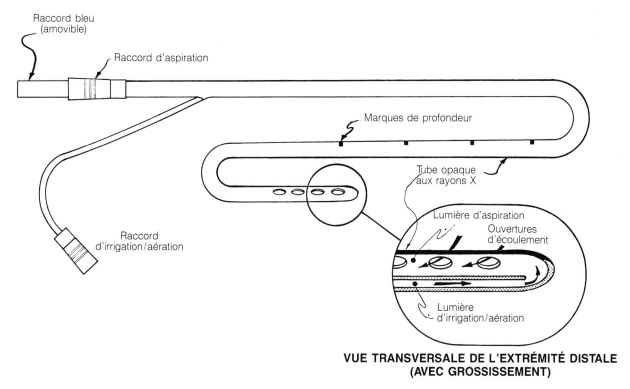

**Figure 26-2.** Tube (de prélèvement) Levin VENTROL. Noter dans l'illustration agrandie la direction de l'écoulement pour l'aspiration et l'irrigation (Source: National Catheter Co., Argyle, N. Y.)

On met le tube de prélèvement en place de la même façon que le tube de Levin. S'il est utilisé correctement, il peut protéger les sutures gastriques étant donné qu'il assure le maintien de la force d'aspiration au niveau des ouvertures de drainage à moins de 25 mm Hg, ce qui est le seuil de fragilité capillaire. Cet effet est assuré par un petit tube d'aération. L'aspiration continue est réglée à basse pression (30 mm Hg), le dispositif d'aération étant laissé ouvert. Si l'aspiration est intermittente, elle peut être réglée entre 80 et 120 mm Hg. En raison du réglage cyclique, l'aspiration au niveau de la muqueuse gastrique est réduite à environ 25 mm Hg.

Pour prévenir le reflux du contenu gastrique dans le tube d'aération, il faut laisser la lumière de ce tube au-dessus du plan médian du corps du patient. Si on ne le fait pas, le tube d'aération agira comme un siphon. Une irrigation peut être effectuée par le tube principal ou le tube d'aération. Si le tube d'aération est utilisé, on fait suivre l'irrigation d'une injection de 10 mL d'air pour en dégager la lumière.

**Tube Nutriflex.** Le tube de gavage nasogastrique Nutriflex mesure 76 cm de longueur et est lesté par une pointe de mercure, ce qui facilite son insertion. Il est enduit d'un lubrifiant Hydromer activé par l'humidité.

**Tube de Moss.** Le tube de décompression gastrique naso-oesophagien Moss mesure 90 cm de long et comporte trois lumières (figure 26-3). Il est fixé dans l'estomac à l'aide d'un ballonnet gonflable. Il sert aussi bien à l'aspiration qu'au lavage oesophagien et gastrique. La troisième lumière constitue la voie d'administration du gavage duodénal.

**Tube de Sengstaken-Blakemore (S-B).** Le tube de S-B permet de traiter les varices oesophagiennes hémorragiques (voir le chapitre 29 et la figure 29-7). Il comporte trois lumières et deux ballonnets, dont il faut vérifier l'étanchéité

et le gonflement avant la mise en place. L'une des lumières sert au gonflement du ballonnet gastrique, la deuxième au gonflement du ballonnet oesophagien. La pression dans chaque ballonnet doit se situer entre 25 et 30 mm Hg. Il faut clamper le tube pour maintenir les pressions choisies. Il faut en outre vérifier la pression périodiquement pour prévenir les fuites d'air dans le système. La troisième lumière permet le lavage gastrique et le contrôle des hémorragies. Il faut fixer une paire de ciseaux à l'aide de ruban gommé au chevet du patient, pour couper le tube et dégonfler le ballonnet en cas de détresse respiratoire. Le cas échéant, il faut en informer le médecin immédiatement.

Résumé: Les sondes nasogastriques courtes permettent la décompression de l'estomac, le prélèvement du contenu gastrique et le gavage. Les dimensions, les diamètres et les longueurs peuvent varier en fonction de l'usage de la sonde et de la durée de sa mise en place. Le tube S-B sert à traiter les hémorragies provenant des varices oesophagiennes.

## SONDES NASO-ENTÉRIQUES

La sonde naso entérique, ou tube long, est introduite par le nez dans l'oesophage, l'estomac et le tractus intestinal. Elle sert à aspirer le contenu intestinal afin de prévenir la distension de l'intestin par des gaz et des liquides. C'est ce que l'on appelle la *décompression*. Les trois principales sondes nasoentériques servant à l'aspiration et à la décompression sont les tubes de Miller-Abbott, de Harris et de Cantor. Elles permettent le traitement actif des obstructions de l'intestin grêle. On peut aussi les utiliser à des fins prophylactiques en les mettant

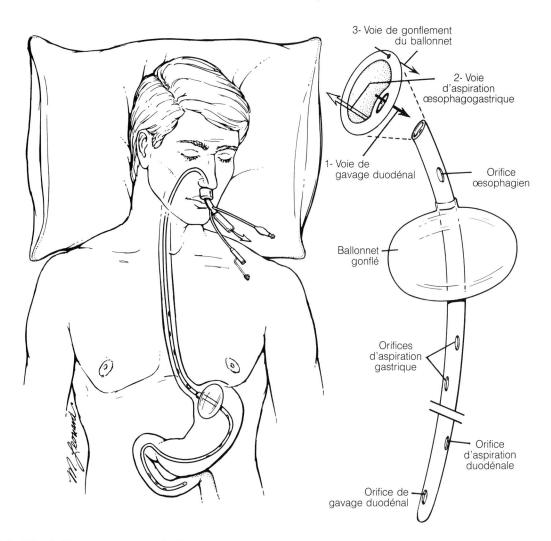

**Figure 26-3.** Tube de Moss pour le gavage et la décompression œsophagienne-duodénale. Il comporte trois voies: (1) une voie de gavage duodénal, (2) une voie d'aspiration œsophagogastrique, qui comprend des ouvertures additionnelles dans le duodénum proximal, l'estomac et l'œsophage distal, et (3) une voie de gonflement du ballonnet.

en place la veille d'une chirurgie abdominale pour prévenir les obstructions après l'intervention.

Comme le péristaltisme est ralenti ou absent pendant les 24 à 48 heures suivant une intervention, à cause de l'anesthésie et de la manipulation des viscères, l'aspiration nasogastrique ou naso-entérique est utilisée pour les raisons suivantes:

- Évacuer des liquides et des flatuosités de façon à prévenir les vomissements et à réduire les tensions le long de l'incision;
- Réduire un œdème pouvant provoquer une obstruction;
- Accroître l'irrigation sanguine et l'apport nutritif dans la région de l'incision.

En règle générale, on garde les tubes en place après l'intervention jusqu'à ce que le péristaltisme se rétablisse, ce qui se manifeste par la présence de bruits intestinaux.

### Sondes de décompression

**Tube de Miller-Abbott.**    Le tube de Miller-Abbott est une sonde à deux lumières (16 Fr) de 3 m. L'une des lumières permet l'introduction de mercure ou le gonflement du ballonnet à l'extrémité du tube; l'autre sert aux aspirations. Avant

de mettre le tube en place, il faut vérifier le ballonnet et mesurer sa capacité. Ensuite on le dégonfle complètement. Il doit être modérément lubrifié et bien refroidi avant que son extrémité soit insérée dans une narine. Des marques sur le tube indiquent la longueur insérée.

**Tube de Harris.**    Le tube de Harris est une sonde (14 Fr) dont l'extrémité est lestée au mercure et dont la longueur est d'environ 1,8 m. Il comporte une pointe métallique qui est lubrifiée et introduite dans la narine, suivie d'un sac de mercure. Le poids du mercure entraîne le sac par gravité. Ce tube ne sert qu'aux aspirations et aux irrigations. Généralement, un tube en Y est fixé à l'extrémité du tube de Harris pour permettre son branchement à un appareil d'aspiration et à une sortie munie d'un clamp servant aux irrigations.

**Tube de Cantor.**    Le tube de Cantor est une sonde (18 Fr) d'une longueur de 3 m. Son diamètre est plus grand que celui des autres tubes longs, et il se compose d'un tube en caoutchouc à l'extrémité duquel est fixé un sac contenant 4 ou 5 mL de mercure. Avant de le mettre en place, on enroule le sac autour du tube. On lubrifie ensuite le tube et on l'insère dans l'œsophage en le passant par une narine (figure 26-4).

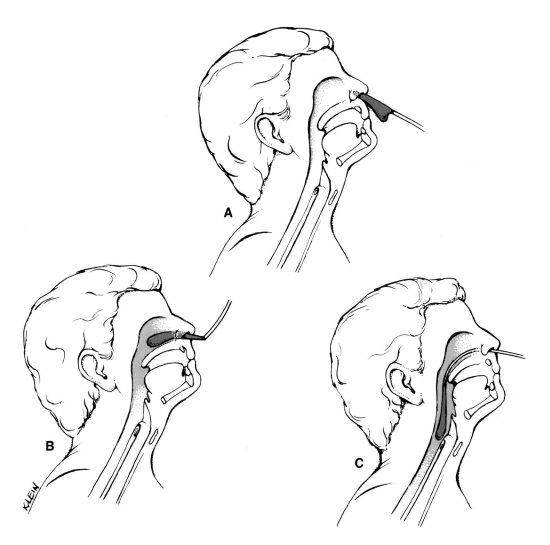

**Figure 26-4.** Mise en place d'un tube de Cantor. (**A**) Le tube lesté par un sac de mercure est introduit dans la narine. Il a une inclinaison naturelle. (**B**) Après la pénétration du sac dans la narine, le tube est incliné vers le haut (la tête peut également être inclinée vers l'arrière) pour favoriser l'action de la gravité sur le sac. (**C**) Le poids du mercure entraîne le sac vers le bas.
(Source: J. D. Hardy, *Rhoads Textbook of Surgery*, 5ᵉ édition, Philadelphia, J. B. Lippincott)

Le patient est en position assise; il peut boire de petites gorgées d'eau afin de favoriser la pénétration du tube. La fluoroscopie peut faciliter l'insertion du tube dans le duodénum.

Résumé: Les sondes naso-entériques longues qui comportent une ou deux lumières servent à la décompression et à l'élimination des gaz et des liquides. Elles sont également mises en place à des fins prophylactiques avant une chirurgie intestinale ou pour traiter les obstructions de l'intestin grêle.

### Sondes de gavage

Il existe plusieurs tubes naso-entériques servant au gavage, par exemple les tubes de Keofeed, de Nyhus / Nelson, de Moss et de Dubbhoff (figure 26-5). Il faut généralement compter 24 heures pour qu'un tube de Dobhoff ou de Keofeed passe dans l'estomac et l'intestin. Le passage du tube est plus facile si le patient est couché sur le côté droit. Le tube naso-entérique de Nyhus / Nelson, qui comporte deux ballonnets, sert à la décompression gastrique et au gavage jéjunal. Les tubes de Nyhus / Nelson et de Moss, qui sont mis en place en salle

d'opération, servent souvent au gavage entéral postopératoire, ce qui permet d'éviter un bilan azoté négatif, de favoriser la cicatrisation des lésions et de promouvoir la motilité et le péristaltisme gastrique, réduisant ainsi le séjour au centre hospitalier après l'opération. On utilise souvent les préparations Vivonex pour l'alimentation par sonde, car elles se présentent sous une forme partiellement digérée, rapidement absorbée par l'intestin.

Les sondes de gavage en caoutchouc, en polyuréthane ou en silicone ont un petit diamètre (6 à 8 Fr) et sont lestées par des pointes au tungstène (plutôt que par des sacs de mercure). Certaines sont enduites d'un lubrifiant activé par l'eau qui facilite leur mise en place et l'insertion d'un stylet. Les instructions du fabricant expliquent comment les mettre en place avec ou sans stylet. Il vaut toutefois mieux utiliser le stylet si le patient refuse de collaborer ou est incapable d'avaler, car le tube peut se nouer ou se tortiller. On doit utiliser le stylet avec prudence chez les patients prédisposés aux perforations œsophagiennes (personnes âgées et personnes frêles dont les tissus sont minces). Généralement, cette sonde est mise en place de la même façon qu'une sonde nasogastrique,

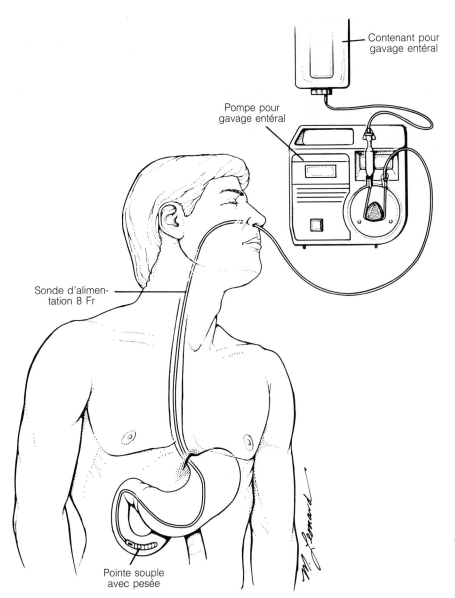

Contenant pour
gavage entéral

Pompe pour
gavage entéral

Sonde d'alimen-
tation 8 Fr

Pointe souple
avec pesée

***Figure 26-5.*** Alimentation entérale par sonde
(8 Fr). L'extrémité souple du tube, qui comporte
une pesée, est insérée dans l'estomac puis, en
passant par le pylore, dans le duodénum ou le
jéjunum proximal.

le patient étant placé en position Fowler. Si le patient ne peut
prendre cette position, on l'installe sur le côté droit.

Résumé: Les sondes de gavage permettent d'administrer
une alimentation complète et divers suppléments visant à favoriser un bilan azoté positif après une intervention chirurgicale. Comme ces sondes sont souples et indolores, elles
peuvent servir aux traitements prolongés.

## RÔLE DE L'INFIRMIÈRE LORS DES INTUBATIONS NASOGASTRIQUES ET NASO-ENTÉRIQUES

Les tâches suivantes incombent à l'infirmière:

- Expliquer au patient les objectifs de l'intubation et la méthode
  utilisée pour la mise en place de la sonde.

- Insérer les sondes nasogastriques et collaborer à l'insertion des
  sondes naso-entériques.
- S'assurer que la sonde nasogastrique est bien placée.
- Mettre en place la sonde naso-entérique.
- Observer les réactions du patient et les inscrire dans les notes
  d'observation.
- Prodiguer au patient des soins d'hygiène buccodentaire et nasale.
- Vérifier si le patient présente des complications.
- Retirer la sonde.

### Enseignement

Avant l'intubation, l'infirmière explique au patient les objectifs de cette intervention. Le patient sera ainsi plus enclin à
collaborer et tolérera mieux les désagréments initiaux de l'intubation. L'infirmière revoit ensuite avec le patient les étapes
de l'intubation et lui explique qu'il doit respirer par la bouche
et que la mise en place de la sonde peut provoquer au début
des haut-le-cœur.

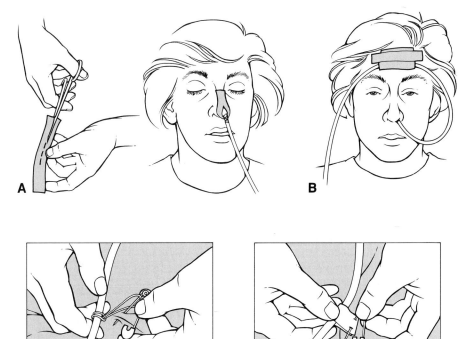

***Figure 26-6.*** Fixation des sondes nasogastriques et naso-entériques. (**A**) La sonde *nasogastrique* est fixée au nez du patient à l'aide d'un ruban afin de prévenir les lésions des voies nasopharyngées. On peut également la fixer sur la joue. (**B**) Le ruban est collé au front du patient et la sonde *naso-entérique* y est fixée de façon à permettre sa descente à l'endroit approprié. (**C** et **D**) La sonde est fixée à la chemise du patient à l'aide d'une bande élastique ou d'un ruban adhésif attaché à une épingle de sûreté pour prévenir les tensions sur le tube lors des mouvements du patient.

## Insertion de la sonde

Pendant l'insertion de la sonde, le patient est généralement assis, le dos droit, et une serviette servant de bavette est placée sur sa poitrine. De plus, on met des papiers mouchoirs à sa disposition. Il faut tirer le rideau ou isoler le patient derrière un paravent et disposer d'un éclairage suffisant. Le médecin enduit parfois la narine et l'oropharynx de tétracaïne (Pontocaïne) pour insensibiliser la voie nasale et réduire le réflexe pharyngé. Le patient peut également se gargariser à l'aide d'un liquide anesthésique ou garder des cubes de glace dans la bouche pendant quelques minutes. On peut également inciter le patient à respirer par la bouche, à haleter souvent ou à boire de l'eau, s'il est autorisé à le faire.

Il peut être nécessaire de réchauffer les tubes en polyuréthane pour les rendre plus souples. Le tube doit être lubrifié à l'aide d'un produit hydrosoluble (gelée K-Y), sauf s'il comporte un enduit sec appelé Hydromer qui assure une bonne lubrification après avoir été humecté. Après la préparation du tube, le patient doit incliner la tête vers l'arrière pour faciliter l'introduction du tube dans sa narine. On lui recommande d'avaler au fur et à mesure du passage du tube. Quand l'extrémité du tube arrive au niveau de l'estomac, la sonde *nasogastrique* est fixée au nez ou à la joue du patient (figure 26-6**A**) pour éviter qu'elle ne se déplace. Il est recommandé d'appliquer de la teinture de benjoin sur la peau du patient à l'endroit où la sonde nasogastrique doit être fixée. La région préparée est recouverte d'un ruban hypoallergène ou Op-site. Le tube est ensuite placé sur le ruban et fixé à l'aide d'un autre ruban. Les sondes *naso-entériques* peuvent être fixées à l'aide de ruban à l'éminence malaire (à l'aide d'une boucle en forme de U) ou au front (figure 26-6**B**). Les sondes naso-entériques *ne doivent pas* être fixées immédiatement étant donné que leur passage dans l'intestin prend environ 24 heures.

## Mise en place de la sonde nasogastrique

Pour assurer la sécurité du patient, il importe de confirmer que la sonde est bien placée. Au début, la radiographie peut servir à cette fin. Par la suite, il faut confirmer que le tube est bien placé avant l'instillation de liquides. Il était auparavant recommandé d'utiliser un stéthoscope pour ausculter l'insufflation d'air dans le tube, mais des travaux récents ont démontré que cette méthode ne permet pas de distinguer si la sonde est placée dans l'estomac ou dans l'intestin, ni de savoir si elle se trouve dans l'estomac ou dans les voies respiratoires. La détermination du pH d'un échantillon prélevé par aspiration ou par ponction-biopsie constitue une méthode plus fiable. Le pH des sécrétions gastriques est en effet acide (environ 3), alors que celui des sécrétions intestinales est d'environ 6,5. Le pH des sécrétions respiratoires est davantage alcalin (au moins 7).

## Descente de la sonde naso-entérique

Une fois que la sonde a passé dans le sphincter pylorique, on peut la descendre de 5 à 7,5 cm toutes les heures. Pour que la force de gravité et le péristaltisme favorisent le passage de la sonde, le patient doit généralement rester couché sur le côté droit pendant deux heures, puis sur le dos pendant deux heures, et enfin sur le côté gauche pendant deux heures. La marche favorise également la descente. Si la sonde descend trop rapidement, elle se recourbera dans l'estomac.

## Surveillance du patient

La sonde nasogastrique est en drainage libre ou reliée à un appareil de drainage intermittent à faible pression. Si elle sert à l'alimentation entérale, son extrémité est enveloppée dans de la gaze et clampée ou bouchée entre les gavages. Il est extrêmement important de confirmer qu'elle est bien placée avant d'instiller des liquides. La sonde peut se déplacer à cause de tensions (dues aux mouvements du patient dans son lit ou dans sa chambre), de la toux, d'aspiration trachéale ou nasotrachéale ou d'une intubation des voies aériennes.

Il faut noter avec précision l'apport liquidien du patient, les gavages et les irrigations. Une solution saline est généralement recommandée pour les irrigations, ce qui évite les pertes d'électrolytes pendant le drainage gastrique. On note au dossier la quantité, la couleur et la nature des écoulements toutes les huit heures.

Quand une sonde à deux ou trois lumières est utilisée, on étiquette chaque lumière selon son usage: aspiration, gavage, gonflement du ballonnet. La portion de la sonde située entre le nez du patient et l'appareil de drainage doit également être fixée en position afin d'éviter les tensions. On peut se servir à cette fin d'une épingle de sûreté ou d'une boucle de ruban adhésif fixée à la chemise du patient. Une bonne portion du tube doit être dégagée de façon à prévenir les tensions et les déplacements (voir la figure 26-6**C, D**).

## Soins et hygiène de la bouche et du nez

Comme les sondes peuvent rester en place pendant plusieurs jours, il importe d'assurer régulièrement et consciencieusement l'hygiène de la bouche et du nez du patient. On peut lui dégager le nez à l'aide d'un coton-tige humide. On peut ensuite se servir d'une solution lubrifiante d'huile hydrosoluble. Le patient sera réconforté par des soins fréquents de la bouche. On doit changer tous les deux jours le ruban de fixation nasal et inspecter les narines du patient afin de déceler les irritations cutanées. Si la muqueuse nasale et pharyngienne du patient s'assèche de façon excessive, une inhalation de vapeur chaude ou froide peut être utile. Des pastilles pour la gorge, un collet de glace et des déplacements fréquents soulagent également le malaise du patient, et permettent de maintenir l'humidité des muqueuses et de prévenir l'infection des glandes parotides.

## Évaluation des complications

Les patients ayant subi une intubation nasogastrique ou naso-entérique peuvent présenter diverses complications, dont un déficit de volume liquidien, des troubles respiratoires et des irritations provoquées par la sonde. Ces complications exigent une évaluation continue et attentive:

### Déficit de volume liquidien

1. Les symptômes suivants indiquent un déficit de volume liquidien:
   - Dessèchement de la peau et des muqueuses
   - Diminution de la diurèse
   - Léthargie et épuisement
   - Baisse de la température corporelle
2. Pour évaluer les déficits de volume liquidien, on doit consigner au dossier, de façon précise, les données suivantes:
   - Écoulements (quantité, coloration et type) toutes les huit heures

- Quantité de liquide instillée par irrigation dans le tube nasogastrique et quantité d'eau prise par la bouche. Une solution isotonique, par exemple une solution physiologique salée, est utilisée pour les irrigations afin de prévenir les pertes électrolytiques lors des drainages gastriques.
- Quantité et caractéristiques des vomissements, le cas échéant
- Bilan hydrique de 24 heures (ingesta et excreta)
- Eau administrée avec les gavages
- Périodes pendant lesquelles l'appareil d'aspiration ne semblait pas fonctionner
- Effets produits par le traitement

### Troubles respiratoires

1. L'intubation nasogastrique entraîne une fréquence accrue de troubles respiratoires postopératoires, parce qu'elle entrave la toux et le dégagement du pharynx.

2. L'infirmière doit évaluer périodiquement les champs pulmonaires en procédant par auscultation afin de déceler la présence de congestion. En outre, elle incite le patient à tousser et à prendre périodiquement des respirations profondes. Elle doit également s'assurer que la sonde est bien placée avant de procéder à l'instillation de liquide.

### Irritations des muqueuses nasales et buccales

1. En assurant les soins d'hygiène buccodentaire du patient, l'infirmière inspecte avec soin ses muqueuses afin de déceler les signes d'irritation ou d'assèchement excessif. En outre, elle doit palper la région à proximité des glandes parotides afin de dépister les douleurs, la présence de masses et les irritations ou les nécroses des muqueuses.

2. Les narines, la muqueuse buccale, l'œsophage et la trachée du patient sont sujets à l'irritation et à la nécrose. Il faut procéder fréquemment à l'inspection visuelle de ces régions pour évaluer l'hydratation du patient. En outre, l'infirmière doit chercher à dépister les œsophagites et les trachéites, qui se manifestent notamment par une irritation de la gorge et un enrouement.

## Retrait de la sonde

Pour retirer la sonde, il importe de dégonfler le ballonnet et de tirer doucement et lentement sur la sonde, sur une distance de 15 à 20 cm, à des intervalles de 10 minutes, jusqu'à ce que l'extrémité du tube atteigne l'œsophage. Le reste du tube est retiré rapidement par la narine. Si le tube ne peut être retiré facilement, l'infirmière ne doit pas en forcer le retrait et doit communiquer avec le médecin.

Au fur et à mesure qu'elle retire la sonde, l'infirmière l'enveloppe dans une serviette pour éviter que son aspect désagréable ne provoque des vomissements chez le patient. Après le retrait de la sonde, l'infirmière assure l'hygiène buccodentaire du patient.

# GAVAGES PAR SONDES NASOGASTRIQUE ET NASO-ENTÉRIQUE

Les gavages sont administrés pour répondre aux besoins nutritionnels du patient quand l'alimentation par voie buccale est impossible, dans la mesure où les fonctions gastro-intestinales sont normales. Les gavages sont administrés dans l'estomac (nasogastriques), ou dans la portion distale du duodénum ou du jéjunum proximal (naso-entériques) quand il est nécessaire de court-circuiter l'œsophage et l'estomac. Le tableau 26-1 indique les diverses situations qui exigent un gavage entéral.

Diverses préparations sont conçues tout particulièrement pour favoriser un meilleur apport nutritionnel par administration buccale ou par gavage. Les gavages présentent plusieurs avantages:

- L'administration intraluminale de matières nutritives préserve l'intégrité gastro-intestinale.

- Le gavage permet de préserver la séquence normale du métabolisme intestinal et hépatique avant la pénétration des éléments nutritifs dans la circulation artérielle.

- La muqueuse intestinale et le foie jouent un rôle important dans le métabolisme des lipides, et ils constituent les seuls sites de synthèse des lipoprotéines.

- Le rapport normal insuline-glucagon est maintenu par l'administration intestinale de glucides.

Les préparations du commerce, dont la composition est «prédéterminée», peuvent poser certains problèmes. Certains patients peuvent mal tolérer divers ingrédients, notamment le sodium, les protéines ou le potassium. Les régimes de base, également offerts dans le commerce, peuvent être modifiés par la diététicienne, qui y ajoute les éléments essentiels voulus: sodium, potassium et lipides. Il importe également d'y incorporer tous les minéraux et vitamines essentiels. L'apport total en énergie, en éléments nutritifs et en liquides est évalué quand il y a réduction de l'apport total, dilution excessive ou gavage.

Plusieurs patients tolèrent mal les gavages, surtout s'ils sont administrés par sonde nasogastrique. Souvent, un tube Silastic de calibre moyen ou petit est mieux toléré qu'un tube en plastique ou en caoutchouc. Les tubes de plus petit calibre, qui peuvent s'obstruer plus facilement, exigent le recours à une préparation à dispersion fine.

Le gavage par sonde et le gavage entéral peuvent être effectués à l'aide d'une vaste gamme de contenants, de sondes, de systèmes d'alimentation et de pompes (Kangaroo 2, IMED-430, Dobhoff, Keofeed II, Flexiflo II). La préparation et le système d'administration sont choisis en fonction des besoins du patient: sources et concentration des produits nutritifs, osmolalité, viscosité et teneur en minéraux de la préparation, méthode et rythme d'administration, dextérité du patient, possibilités de stockage et de réfrigération, coûts. Certaines sondes d'alimentation s'accompagnent d'une préparation Ensure, Isocal, Sustacal ou Vivonex. Le Pulmocare est une préparation spéciale destinée aux patients souffrant de troubles pulmonaires. Elle a une forte teneur en lipides et une faible teneur en glucides. En raison de sa forte densité (6 kJ / mL), elle convient tout particulièrement aux patients dont l'apport hydrique doit être restreint. Elle est également conçue pour réduire la production de gaz carbonique. Certains gavages sont administrés à titre complémentaire, alors que d'autres visent à combler l'ensemble des besoins nutritionnels du patient. Les nutritionnistes collaborent étroitement avec les médecins et les infirmières en vue de déterminer la préparation qui conviendra le mieux à chaque patient.

## Osmose et osmolalité

Les solutions très concentrées et certains aliments peuvent déséquilibrer le bilan hydrique de l'organisme. L'*osmose* permet de maintenir cet équilibre. Ce phénomène, qui dépend du milieu interne de l'organisme, assure le déplacement à travers des membranes de l'eau provenant d'une solution diluée présentant une osmolalité plus faible vers une autre solution dont l'osmolalité est plus élevée, jusqu'à ce que l'osmolalité des deux solutions soit à peu près la même. L'osmolalité des liquides physiologiques normaux est d'environ 300 mOsm / kg.

---

**TABLEAU 26-1.** *Situations exigeant une alimentation entérale*

| État de santé ou besoin | Cause |
|---|---|
| Troubles gastro-intestinaux: préparation préopératoire avec nutriments essentiels | Fistules, malabsorption par résection intestinale étendue, maladie de Crohn, colite ulcéreuse, troubles non spécifiques de la digestion ou de l'absorption |
| Traitements contre le cancer | Radiothérapie, chimiothérapie |
| Soins en convalescence | Intervention chirurgicale, blessure, maladie grave |
| Coma, état de demi-conscience* | Accident vasculaire cérébral, traumatisme crânien, troubles neurologiques |
| Troubles hypermétaboliques | Brûlures, traumatismes, fractures multiples, septicémie |
| Alcoolisme, dépression chronique, anorexie nerveuse* | Troubles chroniques, psychiatriques ou neurologiques |
| État d'affaiblissement* | Maladie ou sénilité |
| Chirurgie maxillofaciale ou cervicale | Maladie ou traumatisme |
| Paralysie oropharyngienne ou œsophagienne* | Maladie ou traumatisme |
| Arriération mentale* | |

*Certains de ces patients risquent de régurgiter et de vomir, et d'aspirer les produits administrés. Chaque cas doit donc être étudié de façon individuelle.

(Source: T. Jensen, «Home Enteral Nutrition», *Dietetic Currents*, Ross Timesaver juillet-août, 9:15-20, 1982)

L'organisme cherche à maintenir à ce niveau l'osmolalité du contenu de l'estomac et de l'intestin.

Les protéines, qui sont de très grosses molécules, n'ont pratiquement aucun effet osmotique. Les acides aminés individuels et les glucides sont cependant plus petits, et leur effet osmotique est plus important. Les lipides, qui sont insolubles dans l'eau, n'ont aucun effet osmotique. Comme les électrolytes (sodium, potassium, etc.) sont composés de particules relativement plus petites, ils ont un effet plus marqué sur l'osmolalité, et donc sur la tolérance du patient.

Lorsque le gavage est administré au-delà du pylore, il est important de tenir compte de l'osmolalité. Quand une solution à concentration et à osmolalité élevées est prise en grandes quantités, de l'eau pénètre dans l'estomac et l'intestin, en provenance des liquides qui entourent les organes et du compartiment vasculaire. Le patient peut alors éprouver une sensation de plénitude, des nausées et des diarrhées pouvant entraîner un état de déshydratation et, dans certains cas, une hypotension et une tachycardie. L'ensemble de ces symptômes est appelé *syndrome de chasse*. On peut également réduire la gravité de ce trouble en commençant le gavage avec une solution plus diluée, et en augmentant progressivement la concentration sur plusieurs jours.

Les effets de l'osmolalité varient grandement selon la tolérance de chaque patient. De façon générale, les patients affaiblis y sont plus sensibles. L'infirmière doit donc bien connaître l'osmolalité des formules administrées et observer attentivement le patient afin de prévenir ces inconvénients.

Résumé: La composition, la consistance et la teneur en énergie et en vitamines des diverses préparations de gavage peuvent varier. Le type de préparation choisi dépendra des dimensions et de la position du tube, du type de supplément nutritionnel (alimentation totale ou partielle) et de la situation du patient.

# ▶ *DÉMARCHE DE SOINS INFIRMIERS*
## *PATIENTS RECEVANT UNE ALIMENTATION PAR SONDE*

### ▷ *Collecte des données*

L'infirmière collabore à l'évaluation des patients pouvant souffrir de troubles de l'alimentation. Sa collecte de données initiales doit porter sur les besoins d'information de la famille et du patient, de même que sur les éléments suivants:

- État nutritionnel du patient: observation de son apparence physique, profil alimentaire (notamment l'intolérance aux aliments, surtout au lait et au lactose) et pertes ou gains récents de poids
- Présence de troubles chroniques ou de situations pouvant accroître les besoins métaboliques de l'organisme
- Bilan hydroélectrolytique
- État des fonctions digestives et capacité d'absorption
- État des fonctions rénales et urinaires
- Réponse aux besoins pondéraux et hydriques (par exemple, de 30 à 40 mL/kg de poids corporel)

- Médicaments et autres traitements pouvant influer sur la capacité digestive
- Conformité des prescriptions alimentaires par rapport aux besoins

En outre, une évaluation plus approfondie est effectuée dans le cas des patients pouvant exiger un traitement alimentaire plus complet. Cette évaluation est faite par une équipe composée de l'infirmière, du médecin et de la nutritionniste. En plus des antécédents, de l'examen physique et des relevés anthropométriques, l'évaluation nutritionnelle comprend les changements pondéraux, les dosages de l'albumine et de la sidérophiline sériques, la numération des lymphocytes, l'évaluation des réactions d'hypersensibilité retardée et l'étude de la fonction musculaire.

### ▷ *Analyse et interprétation des données*

Selon les données recueillies, voici les principaux diagnostics infirmiers possibles:

- Déficit nutritionnel relié à un apport insuffisant de matières nutritives
- Diarrhée reliée au syndrome de chasse
- Risque de dégagement inefficace des voies respiratoires relié à l'aspiration des produits de gavage administrés par sonde
- Risque élevé de déficit du volume liquidien relié à une déshydratation hypertonique
- Risque de stratégies d'adaptation individuelle inefficaces relié à la douleur provoquée par la sonde nasogastrique ou naso-entérique

### ▷ *Planification et exécution*

▷ *Objectifs de soins:*    Atteinte et maintien d'un équilibre nutritionnel; maintien d'habitudes d'élimination intestinale normale, dégagement efficace des voies respiratoires; maintien d'un état d'hydratation approprié; et acquisition de nouvelles stratégies d'adaptation individuelle

### ▷ *Interventions infirmières*

▷ *Équilibre nutritionnel.*    Lors de la préparation et de l'administration d'un gavage, il importe au plus haut point de respecter l'ensemble des mesures d'hygiène. La température et le volume des préparations, le débit d'écoulement et un bon apport hydrique revêtent également une importance majeure.

Comme il faut respecter l'ordonnance touchant la quantité et la fréquence des gavages, l'infirmière doit surveiller avec soin le débit d'écoulement afin d'éviter que les liquides ne soient administrés trop rapidement. Les pompes électriques qui servent souvent à régler le débit et la pression des préparations visqueuses sont relativement lourdes, et elles doivent être fixées à une tige-support à soluté. Divers modèles de pompes ont été conçus spécialement pour le gavage entéral. Elles sont légères et faciles à manipuler, et leur réglage est simple. En voici quelques exemples: Kangaroo Easy-Cap II (Cheeseborough-Pond), Flexiflo II Portable Enteral Nutrition Pump (Ross Laboratories), qui peut être transportée à l'aide d'une courroie réglable en nylon et peut fonctionner pendant huit heures sur piles rechargeables, Enteroport (Diatek), conçue pour l'administration continue à domicile et munie en option d'une courroie portative, IMED 430 Enteral Delivery System (IMED) et Flo Gard 2000 (Travenol Laboratories).

Le volume gastrique résiduel doit être vérifié avant chaque gavage (le contenu gastrique est ensuite réadministré au patient). Si le contenu gastrique aspiré a un volume supérieur à 150 mL, le gavage est retardé et l'état du patient est réévalué après deux heures. Si cela se reproduit, le médecin doit en être informé.

Avant et après chaque prise de médicament ou chaque gavage, et toutes les quatre à six heures en cas de gavage continu, il faut administrer environ 50 mL d'eau pour s'assurer que la sonde est perméable et éliminer les risques de croissance bactérienne, d'encroûtement ou d'occlusion. Certaines études ont indiqué que l'eau est plus efficace que le jus de canneberges pour prévenir l'occlusion des tubes. Les médicaments peuvent être donnés en un seul bolus, avec rinçage après chaque dose, en fonction de leur préparation (tableau 26-2).

**TABLEAU 26-2.    *Médicaments administrés par sonde d'alimentation***

| Type | Préparation |
|---|---|
| Liquide | Aucune |
| Comprimés simples | Écrasés et dissous dans l'eau |
| Comprimés gingivojugaux ou sublinguaux | Laisser fondre dans la bouche. |
| Comprimés entérosolubles | Ne peuvent être écrasés; il faut donc utiliser une autre forme. |

Pour l'irrigation des tubes de gavage de petit calibre servant à une administration continue, une seringue d'au moins 30 mL doit être utilisée de préférence aux seringues plus petites, qui peuvent provoquer la perforation du tube. Le sac et le tube sont remplacés conformément au protocole, généralement toutes les 24 à 48 heures, et de nouvelles préparations sont utilisées toutes les 4 heures afin de réduire les risques de contamination bactérienne.

Les préparations de gavage sont administrées par gravité (goutte à goutte), par bolus ou à l'aide d'une pompe volumétrique (mL / heure) ou péristaltique (gouttes / heure). Pour les gavages par gravité, la préparation est placée au niveau de l'estomac, la gravité déterminant la vitesse d'administration. Les gavages par bolus sont administrés en volumes importants, de 300 à 400 mL toutes les 4 à 6 heures. Le gavage continu constitue la méthode de prédilection: l'administration en petites quantités pendant de longues périodes réduit en effet les risques d'aspiration, de distension, de nausées, de vomissements et de diarrhées.

Les préparations de gavage ne contiennent pas de lactose, et leur osmolalité n'est que de 300 mOsm / kg. Elles peuvent être non diluées et fournir 4,2 kJ / mL. Un rythme d'administration d'environ 100 à 150 mL / h (10 000 à 15 000 kJ / jour) permet d'assurer un bilan azoté positif et un gain pondéral progressif sans provoquer de crampes abdominales ni de diarrhées. Si le gavage est intermittent, de 200 à 350 mL sont administrés au cours d'une période de 10 à 15 minutes.

La surveillance continue du gavage par sonde est nécessaire si l'on veut établir son efficacité. L'infirmière exécute les interventions suivantes:

- Vérifier la position de la sonde, la position du patient et le débit d'écoulement.

- Noter les réactions du patient pendant et après l'administration de la préparation (sensation de plénitude, ballonnement, urticaire, nausées, vomissements, diarrhées et constipation).

- Vérifier les résultats des épreuves de laboratoire afin de s'assurer de l'efficacité du gavage: azote uréique du sang, hémoglobine et hématocrite, protéines sériques.

- Évaluer l'état général du patient en fonction de l'apparence de la peau (turgescence, sécheresse, coloration) et des muqueuses, de la diurèse, de l'état d'hydratation et des variations de poids.

- Observer le patient afin de déceler les signes de déshydratation (assèchement des muqueuses, soif, réduction de la diurèse).

- Noter la quantité de préparation réellement ingérée par le patient.

- Noter les épisodes de nausées, de diarrhées ou de distension.

- Noter toute variation dans les aptitudes à la communication du patient.

- Signaler les situations suivantes: glucose urinaire à +3 ou +4, baisse de la diurèse, gain pondéral soudain ou bouffissure périorbitale ou déclive.

- Installer une nouvelle préparation toutes les quatre heures.

- Changer le contenant et la sonde toutes les 24 heures.

- Évaluer le volume résiduel avant chaque gavage ou, en cas de gavage continu, toutes les quatre heures.

- Mesurer les ingesta et les excreta toutes les huit heures.

- Peser le patient trois fois par semaine.

- Consulter une diététicienne.

- Déceler rapidement tout signe de complication (tableau 26-3).

▷ ***Élimination intestinale.***   Les patients qui reçoivent un gavage nasogastrique ou naso-entérique sont souvent sujets à des diarrhées (selles aqueuses plus de 3 fois en 24 heures). Comme un grand nombre de préparations de gavage ne comportent que très peu de résidus alimentaires, il est tout à fait normal que les selles soient pâteuses et molles. Le syndrome de chasse peut également être à l'origine d'une diarrhée. Pour confirmer qu'un syndrome de chasse est à l'origine de la diarrhée, l'infirmière doit éliminer toutes les autres causes possibles: carence en zinc (une quantité de 15 mg de zinc toutes les 24 heures est recommandée dans la préparation de gavage de façon à maintenir une concentration sérique de 7,65 à 22,95 $\mu$mol / L), contamination de la préparation, malnutrition (une diminution de la surface d'absorption intestinale découlant d'une malnutrition peut provoquer une diarrhée) et traitement médicamenteux. Divers antibiotiques, notamment la clindamycine (Cleocin) et la lincomycine (Lincocin), certains médicaments antiarythmiques (quinidine, propranolol [Inderal]), l'aminophylline ou la théophylline, de même que la digitaline peuvent accroître la fréquence du syndrome de chasse chez certains patients.

Le syndrome de chasse (voir le chapitre 27) s'explique par la distension rapide du jéjunum quand une solution hypertonique est administrée rapidement (en 10 à 20 minutes). Les aliments à forte teneur en glucides et en électrolytes entraînent la pénétration du liquide extracellulaire du système vasculaire dans le jéjunum pour assurer leur dilution et leur absorption. Les symptômes gastro-intestinaux (diarrhées et nausées) associés au syndrome de chasse peuvent être traités par les méthodes suivantes:

- Réduction du débit d'instillation de façon à permettre la dilution des glucides et des électrolytes.
- Réchauffement des préparations à la température ambiante, les températures extrêmes stimulant le péristaltisme.
- Administration de la préparation par perfusion continue plutôt qu'en bolus (si elle est tolérée) afin de prévenir la distension subite de l'intestin.
- Maintien de la position semi-Fowler pendant 30 minutes après le gavage (cette position accroît le temps de transit en réduisant les effets de la gravité).

- Instillation de la quantité minimale d'eau nécessaire pour rincer le tube, avant et après le gavage, les liquides augmentent le temps de transit.

▷ *Dégagement des voies respiratoires.*    Une obstruction des voies respiratoires peut survenir si le contenu stomacal ou la préparation entérale sont régurgités et aspirés, ou si le tube nasogastrique est mal placé et que la préparation est instillée dans le pharynx ou dans la trachée. Les cas de régurgitation et d'aspiration sont moins fréquents si on utilise des sondes naso-entérales, plus particulièrement celles qui assurent la décompression gastrique et œsophagienne/duodénale (Nyhus/Nelson, Moss).

Pour maintenir la liberté des voies aériennes du patient, l'infirmière doit s'assurer que la sonde est bien placée avant chaque gavage, et installer le patient dans la position appropriée afin de prévenir les régurgitations. La position semi-Fowler est recommandée pour les gavages nasogastriques, ce qui réduit les risques de reflux et d'aspiration. La tête du patient doit être soulevée d'au moins 30 degrés pour l'administration

**TABLEAU 26-3.    *Complications des traitements entéraux***

| Complications | Causes |
| --- | --- |
| *GASTRO-INTESTINALES* | |
| Diarrhée | Gavage hyperosmolaire |
| | Perfusion rapide/gavage par bolus |
| | Contamination bactérienne de la préparation |
| | Carence en lactase |
| | Médicaments |
| | Réduction du taux d'osmolarité sérique |
| | Allergies alimentaires |
| Nausées | Modification du rythme de perfusion |
| | Odeurs désagréables |
| | Formule hyperosmolaire |
| | Vidange gastrique insuffisante |
| Gaz/ballonnement/crampes | Présence d'air dans le tube |
| Syndrome de chasse | Gavage en bolus/rythme de perfusion rapide |
| | Préparation froide |
| Atélectasie et pneumonie possible | Vomissements et aspiration de la préparation |
| *MÉCANIQUES* | |
| Déplacement de la sonde | Vomissements et toux excessive |
| | Tensions sur la sonde/sonde mal fixée |
| | Aspiration trachéale |
| | Intubation des voies aériennes |
| Obstruction de la sonde | Rinçage insuffisant/préparation |
| Résidus | Pulvérisation insuffisante des médicaments |
| Irritation nasopharyngienne | Position de la sonde |
| | Sonde trop grosse |
| *MÉTABOLIQUES* | |
| Déshydratation et azotémie (taux élevé d'urée dans le sang) | Gavages hyperosmolaires avec apport hydrique insuffisant |
| Syndrome de gavage | Quantité excessive d'urée par suite de l'administration d'une préparation à forte teneur en protéines et à teneur insuffisante en lipides |
| Déséquilibre électrolytique | Teneur de la préparation et diagnostic médical du patient |

des gavages nasœntériques. Cette position est maintenue pendant au moins 30 minutes après la fin des perfusions et est maintenue en tout temps en cas de gavage continu.

Si on soupçonne une aspiration, on interrompt le gavage et on procède à l'aspiration du pharynx et de la trachée, au besoin. L'infirmière doit en informer le médecin.

▷ *Maintien d'un état d'hydratation approprié.* L'état d'hydratation du patient doit être vérifié attentivement étant donné que ce dernier est souvent incapable de dire qu'il a soif. De l'eau lui est donnée toutes les quatre à six heures, après les gavages, afin de prévenir la déshydratation hypertonique. Au début du traitement, on dilue la préparation de gavage au moins de moitié, et on n'administre pas plus de 50 à 100 mL à la fois. En cas d'administration continue, un débit de 40 à 60 mL/heure est recommandé. On permet ainsi au patient d'acquérir une meilleure tolérance, surtout pour les solutions hyperosmolaires. Les interventions infirmières suivantes sont importantes:

- Observer le patient afin de déceler les signes de déshydratation (assèchement des muqueuses, soif, réduction du débit urinaire).

- Administrer de l'eau à des heures régulières et au besoin.

- Mesurer les ingesta et les excreta toutes les huit heures.

▷ *Stratégies d'adaptation.* Au plan psychosocial, les soins infirmiers visent à soutenir le patient, à l'encourager et à lui redonner l'espoir que son état pourra s'améliorer graduellement. Si le patient a de la difficulté à s'adapter au traitement, l'infirmière intervient de la façon suivante:

- Elle fournit des encouragements au patient quand il respecte son programme thérapeutique.

- Elle favorise l'autonomie du patient, en tenant compte de son niveau d'activité (elle lui permet par exemple de faire son lit, de noter quotidiennement son poids, ses ingesta et ses excreta).

- Elle maintient une attitude optimiste en mentionnant au patient les signes et symptômes qui indiquent des progrès (gain pondéral quotidien, équilibre électrolytique, absence de nausées et de diarrhées).

▷ *Enseignement au patient et soins à domicile.* La préparation du patient à l'administration à domicile des gavages entéraux commence au centre hospitalier. L'infirmière lui enseigne les techniques nécessaires pendant qu'elle administre les gavages pour lui permettre d'observer et d'apprendre la méthode. Avant que le patient reçoive son congé, l'infirmière lui indique oralement et par écrit le matériel nécessaire, la façon de se procurer et de conserver les préparations et le mode d'administration des gavages (fréquence, quantité, vitesse d'instillation). Les membres de la famille du patient qui participent à ses soins sont également invités à toutes les séances d'enseignement. L'infirmière revoit avec eux les divers documents d'information sur le matériel et les préparations, et demande au patient de manipuler le matériel sous sa supervision.

Quand le patient retourne chez lui, une infirmière en santé communautaire suit ses progrès (poids, signes vitaux, niveau d'activité, valeurs des électrolytes) et vérifie s'il présente des complications (syndrome de chasse, nausées/vomissements, pertes de poids, léthargie, confusion, soif excessive). Elle demande au patient de noter quotidiennement dans un carnet l'heure des gavages, les quantités administrées et les symptômes dont il peut souffrir. Elle vérifiera ce carnet lors de ses visites à domicile.

▷ ## Évaluation

### Résultats escomptés

1. Le patient atteint et maintient un bon équilibre nutritionnel.
   a) Il présente un bilan azoté positif.
   b) Les résultats de ses examens diagnostiques sont dans les limites normales (par exemple, azote uréique du sang, hémoglobine, hématocrite, protéines sériques).
   c) Il atteint ou maintient un état d'hydratation approprié de ses tissus corporels.
   d) Il atteint ou maintient un poids optimal.
2. Le patient ne souffre pas de diarrhée.
   a) Il a moins de trois selles aqueuses chaque jour.
   b) Il n'a pas de selles après une alimentation par bolus.
   c) Il indique qu'il ne souffre pas de crampes intestinales.
   d) Ses bruits intestinaux sont normaux.
3. Le patient maintient la liberté de ses voies respiratoires.
   a) Ses poumons sont dégagés à l'auscultation.
   b) Son rythme cardiaque et respiratoire est normal.
   c) Ses radiographies sont normales.
4. Le patient atteint ou maintient un état d'hydratation approprié de ses tissus corporels.
   a) Le bilan de ses ingesta et de ses excreta sur 24 heures est équilibré.
   b) Sa peau et ses muqueuses sont bien hydratées.
   c) Il boit quand il a soif.
5. Le patient s'adapte efficacement au gavage.
   a) Il demande de collaborer à l'administration des gavages.
   b) Il participe à ses soins personnels.
   c) Il encourage et soutient les autres patients qui reçoivent une alimentation par sonde.

# GASTROSTOMIE

La gastrostomie est une intervention chirurgicale qui permet de créer dans l'estomac une ouverture destinée à l'administration d'aliments et de liquides. Dans certains cas, cette intervention permet l'alimentation prolongée, notamment chez les personnes âgées et les patients affaiblis. Chez les patients comateux, la gastrostomie est préférable au gavage nasogastrique étant donné qu'elle permet de préserver le sphincter gastro-œsophagien. En outre, les régurgitations sont moins courantes après une gastrostomie.

Les gastrostomies pratiquées couramment aux fins d'alimentation sont l'intervention de Stamm (temporaire et permanente), de Janeway (permanente) et la gastrostomie endoscopique percutanée (temporaire). Les gastrostomies de Stamm et de Janeway (figure 26-7) exigent une incision abdominale dans le plan moyen supérieur ou une incision transversale dans le quadrant supérieur gauche. L'intervention de Stamm nécessite un recours à des sutures concentriques en bourse qui permettent de fixer le tube sur la paroi gastrique antérieure. Une perforation est réalisée dans la partie supérieure

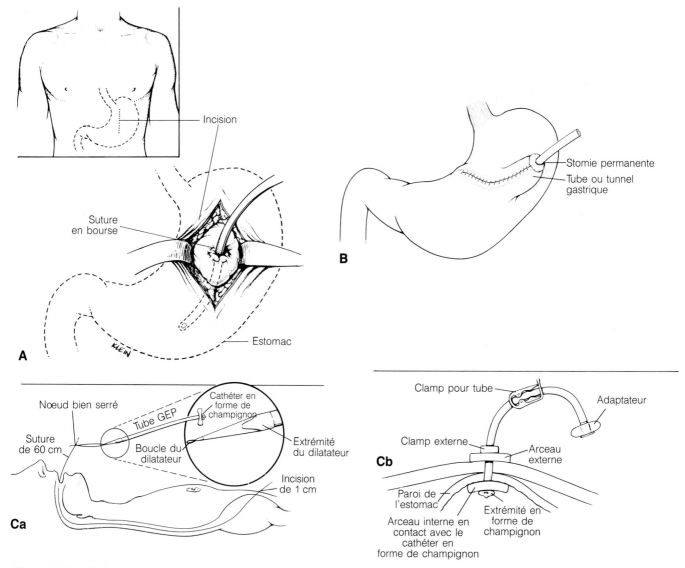

**Figure 26-7.** (**A**) Gastrostomie de Stamm indiquant l'incision et la suture en bourse. (**B**) Gastrostomie de Janeway permanente. (**Ca**) Gastroscopie endoscopique percutanée (GEP). (**Cb**) Grossissement de l'abdomen indiquant le mode de fixation du cathéter.

gauche de l'abdomen afin de permettre la gastrostomie. Selon la technique de Janeway, on crée un tunnel (appelé tube gastrique) qui est amené à l'extérieur de l'abdomen afin de former une stomie permanente.

Pour réaliser une gastrostomie endoscopique percutanée (GEP), le médecin pratique, sous anesthésie locale, une incision abdominale afin d'insérer une canule dans l'estomac. Il fixe ensuite la canule en place à l'aide d'un fil de suture non absorbable. Un deuxième médecin, à l'aide d'un endoscope, saisit l'extrémité du fil et la guide jusqu'à la bouche du patient. Le fil est noué à l'extrémité gonflable du tube GEP. L'endoscopiste pousse alors l'extrémité gonflable du tube dans la bouche du patient pendant que l'autre médecin tire sur le fil passant par la canule. Relié au fil, le tube GEP est guidé dans l'oesophage et l'estomac jusqu'à l'incision abdominale. L'extrémité du cathéter, en forme de champignon, et un arceau interne assurent la fixation du tube sur la paroi de l'estomac. Un arceau externe maintient également le cathéter en place. Un adaptateur de tube est installé entre les gavages, et un clamp permet d'ouvrir ou de refermer le tube.

Les patients souffrant d'un reflux gastro-oesophagien grave sont sujets à des pneumonies par aspiration, et la gastrostomie ne leur convient donc pas. Une jéjunostomie est alors préférable, et un gavage jéjunal par tube nasojéjunal peut être recommandé.

Résumé: Le tube de gastrostomie convient aux utilisations prolongées et à l'alimentation entérale complémentaire. L'alimentation par gastrostomie présente des risques moindres que le gavage nasogastrique ou naso-entérique.

## ▶ *DÉMARCHE DE SOINS INFIRMIERS*
### *PATIENTS AYANT SUBI UNE GASTROSTOMIE*

#### ▷ *Collecte des données*

#### ▷ *Période préopératoire*
L'évaluation préopératoire vise à déterminer dans quelle mesure le patient comprend les modalités de l'opération à venir

et comment il l'envisage. L'infirmière évalue notamment l'aptitude du patient à accepter une modification de son image corporelle et à participer à ses soins, et détermine l'état psychologique du patient et de sa famille. Le patient est-il déprimé, en colère, renfermé ou optimiste? Sa famille pourra-t-elle l'aider?

L'infirmière explique au patient les objectifs de l'intervention chirurgicale pour qu'il puisse mieux comprendre le déroulement de la période postopératoire. Il doit savoir que l'opération vise à court-circuiter l'estomac et que des gavages lui seront administrés directement dans l'estomac à l'aide d'un tube en plastique ou en caoutchouc, ou d'un autre dispositif. Si l'installation du dispositif est permanente, le patient doit en être informé. Cette situation est souvent difficile à accepter; elle est toutefois mieux tolérée quand elle vise à soulager la douleur, des vomissements prolongés, un état de faiblesse et l'incapacité de manger. Souvent, une gastrostomie est réalisée chez des personnes âgées ou des patients comateux qui ne peuvent tolérer les gavages nasogastriques.

L'infirmière évalue l'état du tissu cutané du patient afin de déterminer si une maladie concomitante (diabète sucré ou cancer, par exemple) risque de retarder le processus de cicatrisation.

### ▷ *Période postopératoire*

Dans la période postopératoire, l'infirmière doit évaluer les besoins hydriques et nutritionnels du patient de façon à pouvoir répondre à ses besoins. Elle vérifie également si le tube est en bon état et inspecte la plaie afin de déceler tout signe d'infection. Elle doit en outre évaluer les réactions du patient à la transformation de son image corporelle et sa connaissance des méthodes de gavage afin d'établir les mesures qui l'aideront à mieux accepter l'intubation et à apprendre les mesures d'autosoins à appliquer.

### ▷ *Analyse et interprétation des données*

Selon les données recueillies, voici les principaux diagnostics infirmiers possibles dans la période postopératoire:

- Déficit nutritionnel relié aux problèmes posés par l'alimentation entérale
- Risque élevé d'infection relié à la présence de la plaie chirurgicale et du tube de gastrostomie
- Atteinte à l'intégrité de la peau à proximité du tube
- Stratégies d'adaptation individuelle inefficaces reliées aux diverses pertes subies
- Perturbation du concept de soi ou de l'image corporelle reliée à la présence du tube
- Manque de connaissances sur la technique de gavage

### ▷ *Planification*

▷ *Objectifs de soins:* Maintien d'un état nutritionnel approprié aux besoins du patient; absence d'infection; maintien de l'intégrité de la peau; acquisition de nouvelles stratégies d'adaptation; adaptation au changement de l'image corporelle; et acquisition de connaissances suffisantes sur le gavage

### ▷ *Interventions infirmières*

▷ *Besoins nutritionnels.* Le premier gavage liquide est administré peu après l'intervention. Il se compose généralement

d'eau du robinet additionnée de 10 % de glucose. Au début, de 30 à 60 mL de préparation sont administrés à la fois, mais les quantités sont accrues progressivement. À compter du deuxième jour, le patient peut recevoir de 180 à 240 mL à la fois, s'il tolère bien les liquides et si aucune fuite n'apparaît à proximité du tube. De l'eau et du lait peuvent être instillés après 24 heures dans les cas de gastrostomie permanente. Des liquides à forte teneur énergétique sont progressivement ajoutés. Dans certains cas, au début de la période postopératoire, l'infirmière procède à l'aspiration des sécrétions gastriques et les réinstille ensuite après y avoir ajouté suffisamment de préparation pour obtenir le volume souhaitable. Cette façon de procéder permet d'éviter la dilatation gastrique.

Des aliments passés au mélangeur sont progressivement ajoutés aux liquides clairs jusqu'à ce qu'une diète complète soit atteinte. On trouve dans le commerce des préparations en poudre faciles à préparer. On peut aussi liquéfier au mélangeur les aliments d'un régime normal, et les administrer au patient à l'aide du tube. Cette méthode permet au patient de conserver son régime alimentaire habituel, ce qui est plus facile à accepter. En outre, elle favorise l'intégrité de la fonction intestinale, les fibres et les résidus alimentaires étant semblables à ceux d'un régime normal. Chez les patients souffrant d'un déficit en lactase, la consommation de lait est à éviter.

▷ *Entretien du tube et précautions contre les infections.* Le tube peut être maintenu en place à l'aide d'un ruban adhésif. On enroule d'abord le ruban autour du tube, puis on le fixe à l'abdomen du patient. Un bouchon pour cathéter ou une pince hémostatique à extrémités en caoutchouc peut servir à refermer le tube immédiatement après les gavages de façon à prévenir les fuites. Un petit pansement peut ensuite être appliqué sur l'extrémité du tube. Le tube peut être enroulé et maintenu en place à l'aide de courroies Montgomery ou d'un bandage abdominal. La peau est ainsi protégée contre les fuites de préparation et les écoulements gastriques acides (figure 26-8). Le pansement est changé tous les deux ou trois jours et le patient peut apprendre à le faire lui-même.

▷ *Soins de la peau.* La région cutanée qui entoure la gastrostomie exige des soins spéciaux. La peau peut s'irriter sous l'effet des enzymes des sucs gastriques qui s'écoulent autour du tube. Si elle n'est pas traitée, elle devient macérée, rouge, écorchée et douloureuse. Un lavage quotidien à l'eau et l'application d'un onguent doux (oxyde de zinc ou vaseline) peuvent la protéger. Les gastrostomies prolongées peuvent exiger l'application d'un tampon adhésif sur la stomie pour

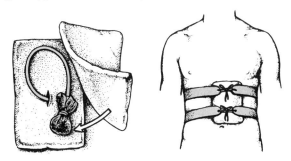

**Figure 26-8.** Entretien du tube. Après le gavage, l'ouverture du tube est recouverte d'un tampon de gaze stérile maintenu par une bande élastique. Le tube est enroulé sur un pansement, recouvert et fixé à l'aide de courroies Montgomery.

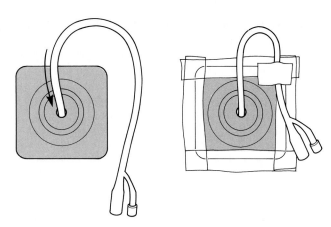

**Figure 26-9.** Fixation du tube de gastrostomie. (**À gauche**) Une ouverture ayant la forme de l'extrémité du tube, mais un peu plus grosse, est pratiquée dans le tampon stomacal adhésif. Le tube est ensuite fixé dans l'ouverture, à l'aide d'un fil, et l'ouverture est scellée. (**À droite**) Le tampon est entouré de ruban, puis le tube est fixé au tampon afin de le maintenir en place et de le protéger.

assurer l'intégrité de la peau à proximité du tube, la protéger contre les sécrétions gastriques et stabiliser la zone d'insertion du tube (figure 26-9).

L'infirmière évalue quotidiennement l'état du tissu cutané du patient afin de déceler les premiers signes de dégradation, d'irritation ou d'excoriation. Le patient et les membres de sa famille doivent être incités à participer à cette inspection visuelle et à toutes les mesures d'hygiène nécessaires.

▷ *Adaptation au changement de l'image corporelle.*
La gastrostomie porte un dur coup à l'image corporelle. L'alimentation, qui représente une fonction physiologique et sociale normale, ne va plus de soi. Le patient sait également que la gastrostomie est une intervention thérapeutique qui n'est pratiquée qu'en cas de maladie grave, chronique, voire terminale. En expliquant calmement au patient les objectifs de la gastrostomie et les méthodes d'alimentation utilisées, l'infirmière peut l'aider à surmonter les difficultés que pose la gastrostomie. Le fait de parler à une personne ayant déjà subi une gastrostomie peut également aider le patient à faire face à sa nouvelle situation. Il lui faudra cependant un certain temps pour s'y adapter et il aura besoin du soutien de sa famille. L'infirmière doit donc évaluer le réseau de soutien familial du patient. L'un des membres de la famille peut jouer un rôle privilégié d'appui auprès du patient et servir de lien entre ce dernier et le personnel soignant.

▷ *Enseignement au patient et soins à domicile.*
L'infirmière doit évaluer les connaissances du patient et son intérêt pour l'apprentissage des techniques nécessaires, ainsi que son aptitude à comprendre et à appliquer les informations reçues. Elle lui donne des instructions détaillées sur la composition de la préparation et son administration à l'aide de la sonde. Pour favoriser son autonomie, elle montre au patient comment s'administrer les soins posthospitaliers nécessaires et l'incite à maintenir le plus possible ses habitudes de vie. À cette fin, elle lui enseigne comment procéder au gavage et comment assurer les soins cutanés. Elle évalue également

ses progrès d'apprentissage en lui posant des questions et en lui demandant de faire des démonstrations pratiques. Le patient et la personne qui l'assistera à domicile doivent être en mesure d'assurer les soins nécessaires; ils doivent connaître la méthode et la fréquence d'administration des autosoins et disposer des ressources matérielles, financières et sociales nécessaires. En plus de l'enseignement personnalisé oral, l'infirmière peut fournir des directives écrites. Elle doit veiller à ce que le patient ait la supervision et le soutien nécessaires à son retour à la maison.

Lorsqu'elle fait une démonstration pratique, l'infirmière commence par montrer au patient comment vérifier son volume gastrique résiduel avant le gavage. Le patient apprend ensuite comment verser de l'eau (à la température ambiante) dans le tube, avant le gavage pour en vérifier la perméabilité et après le gavage pour éliminer les particules alimentaires qui pourraient s'y décomposer. Toutes les préparations de gavage doivent être administrées à la température ambiante ou à la température du corps.

Pour les gavages en bolus, le patient doit apprendre à introduire du liquide dans la sonde à l'aide d'un entonnoir ou d'une seringue. Il doit incliner le récipient pour permettre l'évacuation de l'air pendant l'instillation du liquide. Pendant qu'on verse le liquide, on fait descendre la préparation dans l'estomac par gravité en plaçant l'entonnoir ou la seringue perpendiculairement à l'abdomen (figure 26-10). On peut régler la vitesse de l'écoulement en montant ou en baissant le récipient de 45 cm au maximum par rapport à la paroi abdominale.

Pour l'alimentation en bolus, des quantités de 300 à 500 mL sont généralement administrées pour chaque repas, ce qui exige de 10 à 15 minutes. Les quantités sont souvent établies en fonction des réactions du patient. Si le patient a la sensation que son estomac est «plein», il vaut mieux diminuer les quantités et augmenter la fréquence des repas. *Pour faciliter la digestion et réduire les risques d'aspiration, on peut garder la tête du lit élevée pendant au moins 30 minutes après les gavages.* En cas d'obstruction, il importe d'interrompre le gavage et d'en informer aussitôt le médecin.

On fait une marque sur le tube, au niveau de son contact avec la peau, pour permettre au patient de savoir si le segment externe du tube s'est allongé ou raccourci. On lui recommande d'informer son médecin ou l'infirmière en santé communautaire si la situation se produit. Le tube doit être rincé à l'aide de 30 mL d'eau après chaque administration d'un bolus ou d'un médicament, et il est également rincé tous les jours pour prévenir l'obstruction. Le dispositif d'irrigation doit être lavé tous les jours à l'eau et au savon, et rincé après chaque utilisation.

Le patient peut, s'il le désire, sentir, goûter et mastiquer de petites quantités d'aliments avant le gavage. Cette façon de procéder, qui stimule l'écoulement salivaire et gastrique, peut donner au patient la sensation de s'alimenter normalement. Il peut ensuite déposer les aliments mastiqués dans un entonnoir fixé à son tube de gastrostomie. Ils ne doivent pas être avalés.

L'alimentation par sonde peut également être administrée en perfusion intermittente ou continue à l'aide d'une pompe spéciale. Il faut alors que le patient en apprenne le mode d'utilisation. La plupart des systèmes d'alimentation entérale comportent une alarme intégrée qui se déclenche quand le sac est vide, lorsque la pile est faible ou en cas d'occlusion.

## ▷ *Évaluation*

### *Résultats escomptés*

1. Le patient a un apport équilibré d'éléments nutritifs.
   a) Il tolère la quantité et la fréquence des gavages.
   b) Avant chaque gavage, il a un volume gastrique résiduel de 50 mL ou moins.
   c) Il dit ne pas souffrir de diarrhée.
   d) Il maintient son poids ou l'accroît.
   e) Son bilan électrolytique est normal.
2. Le patient ne présente pas d'infection ni de rupture de l'épiderme.
   a) Il ne souffre pas de fièvre.
   b) La plaie ne présente pas d'écoulement.
   c) La peau qui entoure la plaie chirurgicale est intacte.
   d) Il inspecte la plaie chirurgicale deux fois par jour.
3. Le patient compose avec sa nouvelle image corporelle.
   a) Il peut discuter des changements qu'il subira.
   b) Il verbalise ses inquiétudes.
   c) Il demande à parler avec une personne qui a subi la même intervention.
4. Le patient connaît son programme thérapeutique.
   a) Il collabore au mélange de la préparation ou passe les aliments au mélangeur.
   b) Il peut se servir correctement du matériel.
   c) Il contribue à l'administration de son gavage ou l'administre seul.
   d) Il sait comment maintenir la perméabilité de la sonde.
   e) Il peut nettoyer la sonde.
   f) Il note tous ses ingesta avec précision.
   g) Il peut retirer la sonde et la remettre en place pour le gavage.

## *ALIMENTATION PARENTÉRALE TOTALE (SURALIMENTATION PAR VOIE INTRAVEINEUSE*

Quand l'apport alimentaire du patient est nettement inférieur à ses besoins énergétiques, son *bilan azoté* peut devenir négatif, ce qui signifie que la dégradation des protéines est plus importante que l'apport en protéines. L'alimentation parentérale totale (APT) est une méthode qui permet de fournir à l'organisme les matières nutritives nécessaires. L'APT vise à améliorer l'état nutritionnel du patient, à favoriser un gain pondéral et une meilleure cicatrisation.

La teneur en énergie ou en azote du gavage intraveineux habituel ne suffit pas à répondre aux besoins quotidiens des patients. En réaction, l'organisme commence à convertir des

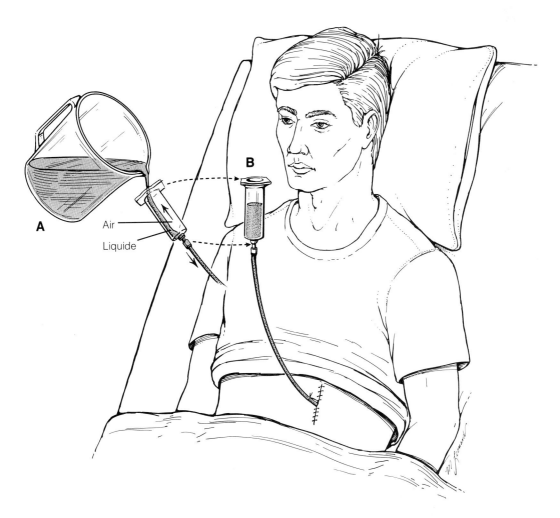

**Figure 26-10.** Gavage gastrostomique par gravité. (**A**) La préparation est instillée selon un angle qui prévient la pénétration d'air dans l'estomac. (**B**) La seringue est soulevée perpendiculairement à l'estomac pour que la préparation descende par gravité.

protéines en glucides par la voie de la glyconéogenèse. Les solutions d'APT comportent par contre de l'eau, des acides aminés, du glucose, des vitamines et des électrolytes en concentrations suffisantes pour fournir au patient l'énergie et l'azote nécessaire à ses besoins alimentaires quotidiens. De façon générale, l'APT assure de 125 à 135 kJ et de 1,0 à 1,5 g/kg de protéines.

Dans la phase postopératoire, le patient adulte doit généralement disposer d'environ 6500 kJ par jour afin d'épargner ses protéines corporelles. S'il souffre par exemple d'une fièvre, d'un traumatisme, de brûlures ou d'un trouble hypermétabolique, il peut avoir besoin de 42 000 kJ additionnels par jour. Le volume nécessaire pour fournir un tel apport énergétique irait au-delà de la tolérance du patient et entraînerait un œdème pulmonaire ou une insuffisance cardiaque congestive. Pour donner au patient l'apport énergétique nécessaire dans un faible volume, il faut accroître les concentrations et faire appel à une voie d'administration qui dilue rapidement les matières nutritives en fonction des seuils de tolérance de l'organisme.

Quand une solution de glucose hypertonique est administrée, les besoins énergétiques du patient sont satisfaits et les acides aminés servent à la synthèse des protéines plutôt qu'à des fins énergétiques. Un supplément de potassium est ajouté à la préparation afin d'assurer un bon équilibre électrolytique et le transport du glucose et des acides aminés au travers des membranes cellulaires. Pour prévenir les carences et fournir à l'organisme les produits nécessaires à la synthèse tissulaire, d'autres éléments, comme le calcium, le phosphore, le magnésium et le chlorure de sodium, sont ajoutés à la préparation.

Les patients qui ont besoin d'une APT et de solutions intraveineuses complémentaires (chimiothérapie, dérivés sanguins, antibiotiques) pourront profiter d'une alimentation parentérale totale cyclique. L'APT est alors administrée à des moments précis au cours d'un intervalle de 24 heures. Les besoins alimentaires et pharmacologiques du patient sont ainsi comblés. Idéalement, l'APT cyclique devrait être administrée pendant la nuit sur une période de 8 à 10 heures.

Le pharmacien prépare les solutions alimentaires intraveineuses prescrites en ayant recours à une méthode aseptique stricte, sous une hotte à écoulement laminaire filtrée. Essentiellement, la solution comporte 25 % de glucose et des acides aminés synthétiques (FreAmine), ce qui fournit au patient 4000 kJ et 6 g d'azote par litre. Des électrolytes sont également ajoutés à la solution en fonction des besoins électrolytiques du patient. Les solutions sont réfrigérées jusqu'au moment de leur utilisation, et elles doivent être réchauffées à la température ambiante. On peut aussi utiliser diverses préparations du commerce (Aminosyn II, FreAmine, etc.) et les modifier en fonction des besoins individuels.

Des émulsions lipidiques (Intralipid) peuvent être administrées en même temps que l'APT. De façon générale, 500 mL d'une émulsion à 10 % sont administrés sur une période de 6 heures, de 1 à 3 fois par semaine. Ces émulsions peuvent représenter jusqu'à 30 % de l'apport énergétique total quotidien.

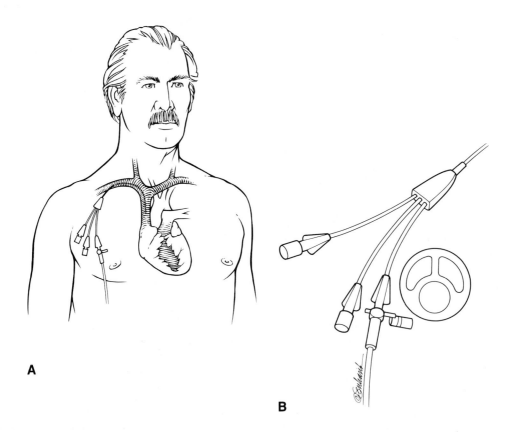

**A**

**B**

***Figure 26-11.***    Cathéter à trois lumières servant à l'alimentation parentérale totale et à divers traitements d'appoint. (**A**) Le cathéter est inséré dans la veine cave en passant par la veine sous-clavière. (**B**) Chaque lumière sert à l'administration d'une solution. Quand elles ne sont pas en usage, elles sont refermées à l'aide d'un bouchon Luer-Lok.

Résumé: L'APT permet d'offrir un complément alimentaire à court et à long terme sans passer par le tractus gastro-intestinal. Il importe alors de contrôler de façon particulière le bilan électrolytique du patient, son poids, son bilan glucosique et son état nutritionnel.

## INDICATIONS CLINIQUES

L'APT est indiquée dans les cas suivants:

* Patients dont l'apport alimentaire est insuffisant pour maintenir un état anabolique (brûlures graves, malnutrition, syndrome de malabsorption par résection intestinale étendue)

* Patients ne pouvant ingérer des aliments par la bouche ni avoir un gavage par sonde (iléus paralytique, maladie de Crohn avec obstruction, entérite consécutive à une irradiation)

* Patients qui refusent de s'alimenter correctement (anorexie mentale, patients gériatriques en phase postopératoire)

* Patients chez qui l'alimentation par voie orale et le gavage ne sont pas recommandés (pancréatite aiguë ou fistule entérocutanée haute)

* Patients ayant besoin d'un soutien nutritionnel préopératoire et postopératoire (après une chirurgie intestinale).

Les critères permettant de déterminer si un patient doit recevoir une alimentation parentérale totale sont notamment un déficit de 10 % du poids corporel, l'incapacité de consommer des aliments ou des liquides par la bouche pendant les sept jours suivant une intervention, et une augmentation anormale du catabolisme (en raison par exemple d'une infection grave accompagnée de fièvre).

## TRAITEMENT

Une infirmière, une diététicienne et un médecin peuvent déterminer si le patient a besoin d'une APT selon divers critères: importance de la perte de poids, bilan azoté, déperdition musculaire et poids maigre total, et incapacité du patient à tolérer l'ingestion d'aliments par la voie du tractus gastro-intestinal. Idéalement, l'infirmière, le pharmacien, la diététicienne et le médecin devraient collaborer ensemble pour déterminer la préparation nécessaire.

L'alimentation parentérale partielle permet de fournir un apport complémentaire par voie orale quand le repos intestinal complet n'est pas indiqué et qu'une aspiration nasogastrique ou naso-entérique n'est pas requise. Comme une solution moins hypertonique est utilisée, l'alimentation partielle peut se faire par une veine périphérique. On doit éviter d'administrer des concentrations de dextrose supérieures à 10 % par les veines périphériques en raison de risques d'irritation de la tunique interne des petites veines. L'alimentation parentérale partielle est généralement administrée pendant moins de deux semaines. L'infirmière et le médecin doivent contrôler avec soin l'administration afin de réduire les risques de complications.

## MÉTHODE D'ADMINISTRATION

Comme les solutions d'APT ont une concentration en solutés de 5 à 6 fois supérieure à celle du sang (et qu'elles exercent une pression osmotique d'environ 2000 mOsm / L), elles peuvent léser la tunique interne des veines périphériques. En vue de prévenir les phlébites et autres complications veineuses, ces solutions sont administrées dans le système circulatoire à l'aide d'une aiguille à gros calibre ou d'un cathéter inséré dans un vaisseau sanguin dont le débit est élevé (souvent, la veine sous-clavière). Les solutions concentrées sont alors diluées très rapidement dans le sang à des niveaux isotoniques.

Des cathéters à une, deux ou trois lumières peuvent être insérés dans la voie sous-clavière. Il est préférable d'avoir recours à un cathéter à trois lumières pour favoriser une meilleure accessibilité dans les cas d'APT à court terme. Les trois lumières distinctes peuvent alors servir à diverses utilisations (figure 26-11). La lumière distale (calibre 16) est utilisée pour la perfusion du sang et des autres liquides visqueux. La lumière moyenne (calibre 18) est réservée à l'APT. La lumière proximale (calibre 18) sert à l'administration de sang et de médicaments ainsi qu'aux prélèvements sanguins.

Les cathéters servant aux traitements à long terme comportent une ou deux lumières. Il en existe deux types: Hickman / Broviac et Groshong. Ces cathéters sont mis en place à la salle d'opération. Ils sont insérés sous la peau (ce qui réduit les risques d'infection ascendante) dans la veine sous-clavière, et leur extrémité distale est insérée dans la veine cave supérieure, à 2 ou 3 cm au-dessus de sa jonction avec le ventricule droit (voir l'encadré 47-4 et la figure 47-4).

Si un cathéter à une seule lumière est utilisé, diverses restrictions doivent alors être respectées. L'administration par le cathéter principal de médicaments qui se mélangent avec la solution nutritive n'est pas recommandée en raison des risques d'incompatibilité entre les médicaments et la solution nutritive (l'insuline constitue une exception). Si des médicaments doivent être administrés, ils doivent être perfusés par une ligne intraveineuse périphérique. Les transfusions de dérivés sanguins ne doivent pas non plus être administrées par le tube principal, les globules rouges pouvant adhérer à la lumière du cathéter et réduire ainsi l'écoulement de la solution nutritive.

### Insertion du cathéter
***Préparation du patient.*** La technique est expliquée au patient pour qu'il comprenne pourquoi il est important de ne pas toucher le point d'insertion du cathéter et qu'il sache qu'il pourra se déplacer pendant la durée du traitement. Pendant l'insertion du cathéter, le patient est placé en décubitus dorsal, la tête basse (afin d'assurer la dilatation des vaisseaux sanguins du cou et des épaules, ce qui favorise la mise en place du tube et prévient les embolies gazeuses). Le point d'insertion est rasé, au besoin. La peau est préparée à l'aide d'acétone ou d'éther afin d'enlever les huiles cutanées, puis brossée à l'aide d'une solution de teinture d'iode ou de providone-iode. Le patient doit tourner la tête du côté opposé à la ponction veineuse. Il reste immobile pendant l'insertion du cathéter et la pose du pansement pour que le tube puisse être mis en place avec précision.

***Insertion du cathéter.*** Le cathéter est inséré de préférence dans la veine sous-clavière, qui débouche sur la veine cave supérieure. Il peut également être inséré dans la veine cave supérieure en passant par la jugulaire interne. Comme les cathéters à demeure créent un risque constant d'infection, il est recommandé de changer de point d'insertion toutes les quatre semaines.

Des draps stériles sont appliqués sur la partie supérieure du thorax, et le patient peut porter un masque afin de prévenir la propagation des microorganismes. De la procaïne ou de la lidocaïne est injectée sous la peau et les tissus sous-jacents afin d'assurer une anesthésie locale. La région cible est le bord inférieur du point médian de la clavicule (voir la figure 26-11**A**). Une aiguille de gros calibre fixée sur une seringue est insérée et déplacée parallèlement à la clavicule et sous celle-ci jusqu'à ce qu'elle pénètre dans la veine. La seringue est alors retirée et un cathéter opaque aux rayons X est inséré dans la veine à travers l'aiguille. Après la mise en place du cathéter, l'aiguille est retirée et le cathéter est relié à une tubulure intraveineuse. On peut demander au patient d'effectuer la manoeuvre de Valsalva jusqu'à ce que la seringue soit détachée de l'aiguille et que le cathéter soit inséré (pour ce faire, il doit prendre une inspiration profonde, et bloquer l'expiration en gardant la bouche fermée; la compression de l'abdomen peut également jouer le même rôle). La manoeuvre de Valsalva est réalisée afin d'assurer une pression veineuse centrale positive, ce qui réduit les risques d'aspiration d'air dans le système circulatoire (embolie gazeuse). Le médecin fixe le cathéter sur la peau, à l'aide d'une suture, afin d'éviter tout déplacement accidentel.

On applique une solution germicide et un onguent antibiotique directement au point d'insertion du cathéter, puis on le recouvre d'un pansement de gaze ou d'un pansement transparent en utilisant une technique stérile stricte.

On vérifie ensuite la position de l'extrémité du cathéter par radiographie. Cela permet également de s'assurer qu'il n'y a pas de pneumothorax avant d'administrer la solution d'APT. Une fois qu'on a confirmé que le cathéter est bien placé, on le branche à un dispositif de perfusion intraveineuse et on administre la solution prescrite. Le débit initial de perfusion, qui est généralement de 50 mL / heure, est accru progressivement jusqu'à ce qu'il atteigne le débit préétabli (100 à 125 mL / heure).

Chaque lumière est fermée à l'aide d'un bouchon Luer-Lok et étiquetée en fonction de son emplacement (proximale, moyenne, distale). Pour assurer la perméabilité des lumières, le médecin peut prescrire qu'elles soient rincées à l'aide d'une solution d'héparine diluée dès la mise en place du cathéter, puis deux fois par jour quand le cathéter n'est pas utilisé, après chaque perfusion intermittente, après tous les prélèvements sanguins et chaque fois que le dispositif de perfusion est débranché. Il ne faut pas prélever du sang pour les analyses sanguines dans la tubulure d'APT, sauf en cas d'urgence. L'irrigation du cathéter ne doit *jamais* être forcée. En cas de résistance, l'infirmière doit communiquer avec le médecin, qui peut tenter de dissoudre le caillot à l'aide d'urokinase. En cas d'échec, on appose sur la lumière une étiquette portant la mention «obstruction par caillot».

Résumé: Quand une APT est instaurée, l'infirmière doit observer le patient systématiquement afin de déceler sans délai l'apparition de complications. Elle doit assurer régulièrement les soins nécessaires au point d'insertion du cathéter, et vérifier tous les jours les résultats des épreuves de laboratoire afin de s'assurer que la solution est administrée en toute sécurité.

## INTERRUPTION DE L'ALIMENTATION PARENTÉRALE TOTALE

L'APT doit être interrompue progressivement de façon à ce que les concentrations de glucose diminuent graduellement. Après administration d'une solution hypertonique, on administre du glucose isotonique pendant plusieurs heures afin d'éviter une hypoglycémie réactionnelle. La prise de glucides par voie orale permet de réduire le temps de sevrage. Les principaux symptômes de l'hypoglycémie réactionnelle sont la faiblesse, la lipothymie, une transpiration abondante, des tremblements, une sensation de froid, la confusion et la tachycardie.

## ► DÉMARCHE DE SOINS INFIRMIERS PATIENTS RECEVANT UNE ALIMENTATION PARENTÉRALE TOTALE

### ▷ Collecte des données

L'infirmière collabore à la détermination des cas pouvant profiter d'une APT. Pour ce faire, elle porte attention aux indicateurs suivants: perte de poids importante (perte de 10 % ou plus chez une personne en santé); réduction de l'apport alimentaire par voie orale pendant plus d'une semaine; tout signe significatif de déperdition protidique (concentrations d'albumine sérique inférieures à 32 g / L, atrophie musculaire, mauvaise cicatrisation des tissus ou excrétion anormale d'azote uréique); diarrhées et vomissements persistants. Elle doit contrôler avec soin le degré d'hydratation du patient, son équilibre électrolytique et son apport énergétique.

Pendant l'APT, l'infirmière doit vérifier le poids du patient, ses ingesta et ses excreta, les concentrations sanguines de glucose, les électrolytes sériques et l'hématocrite afin de déceler toute anomalie. L'APT peut être à l'origine de plusieurs complications importantes. Le tableau 26-4 présente une liste des complications possibles ainsi que les interventions infirmières nécessaires.

### ▷ Analyse et interprétation des données

Selon les données recueillies, voici les principaux diagnostics infirmiers possibles:

- Déficit nutritionnel relié à un apport insuffisant en éléments nutritifs
- Risque élevé d'infection relié à des interventions et examens effractifs au point d'insertion du cathéter ou à la ligne de perfusion
- Excès de volume liquidien relié à une altération du débit de perfusion
- Risque élevé de déficit de volume liquidien relié à une altération du débit de perfusion
- Risque élevé d'intolérance à l'activité relié à la crainte d'un déplacement ou d'une obstruction du cathéter

### ▷ Planification

▷ *Objectifs de soins:* Atteinte d'un niveau d'alimentation optimal, absence d'infection, maintien d'un volume liquidien suffisant, et atteinte d'un niveau optimal d'activité compte tenu des capacités du patient

## ▷ Interventions infirmières

▷ *Alimentation optimale.* Il est préférable de procéder à une perfusion continue et uniforme d'une solution d'APT pendant 24 heures. Dans certains cas, par contre (notamment à domicile), l'alimentation parentérale cyclique peut être appropriée. Le patient peut recevoir dans la même ligne de perfusion un apport énergétique et électrolytique optimal en même temps que les autres produits intraveineux dont il a besoin. L'APT est assurée pendant un nombre prédéterminé d'heures chaque jour.

Le patient est pesé trois fois par semaine, au même moment de la journée et dans les mêmes conditions, ce qui permet d'établir des comparaisons précises. L'APT (sans dépense énergétique additionnelle) permet généralement d'obtenir un gain de poids satisfaisant. L'infirmière doit noter avec précision les ingesta et les excreta et tenir un bilan hydrique. Elle note également la valeur énergétique de tous les aliments consommés par voie orale. Les solutions d'APT comportent des oligoéléments (cuivre, zinc, chrome, manganèse et sélénium), mais les concentrations doivent parfois être modifiées en fonction des besoins individuels du patient. Ces solutions sont évaluées et commandées tous les jours par le médecin, en fonction des résultats des épreuves de laboratoire et de la tolérance du patient.

▷ *Absence d'infection.* Les solutions d'APT offrent un excellent milieu de culture pour la croissance bactérienne et fongique, et les cathéters veineux constituent une porte d'entrée. Il faut donc changer les pansements en utilisant une méthode aseptique, généralement trois fois par semaine et au besoin. *Candida albicans* est le microorganisme infectieux le plus courant, mais on retrouve aussi souvent *Staphylococcus aureus, S. epidermidis* et *Klebsiella pneumoniæ.*

Pour le changement des pansements, le patient est installé en position de semi-Fowler. En portant un masque, l'infirmière et le patient peuvent réduire les risques de contamination par germes aérobies. Les vieux pansements sont retirés avec soin afin de prévenir tout déplacement du cathéter. L'infirmière s'assure qu'il n'y a pas de fuite, que le cathéter n'est pas tordu et que le patient ne présente pas de réactions cutanées (inflammation, rougeur, tuméfaction, douleur au toucher ou écoulements purulents). En portant des gants stériles, l'infirmière nettoie le point d'insertion avec de l'acétone, puis elle applique de la teinture d'iode en se servant d'une pince et de tampons de gaze de 8 × 8 cm. Elle effectue le nettoyage en commençant par le centre et en allant vers l'extérieur. Elle peut utiliser de l'alcool de la même façon pour enlever l'iode. Elle applique ensuite un onguent antibiotique au point de l'insertion du cathéter, selon l'ordonnance, puis le recouvre d'un petit pansement sur lequel elle pratique une petite ouverture. Elle recouvre ensuite ce pansement avec un pansement de gaze ou un pansement transparent. Quand on change la tubulure intraveineuse, il faut agir rapidement afin de prévenir l'accumulation de microorganismes le long de la lumière du tube interne. La jonction du cathéter et de la tubulure est ensuite recouverte et fixée à l'aide d'un ruban adhésif pour empêcher la séparation du cathéter et de la tubulure et l'exposition à l'air ambiant. Le tube intraveineux principal et les filtres sont remplacés toutes les 24 heures et tous les raccords doivent être fixés à l'aide de ruban adhésif afin de maintenir l'intégrité du système. Quand elle remplace la tubulure,

l'infirmière y appose une étiquette où elle inscrit la date, l'heure et ses initiales.

Si le patient présente en plus une plaie avec écoulements à proximité du point d'insertion du cathéter de suralimentation (une trachéotomie, par exemple) des précautions additionnelles s'imposent. Pour assurer que la plaie reste sèche, on peut appliquer un drap stérile adhésif en plastique transparent sur les pansements. Un ruban hypoallergène peut être utilisé si le patient se plaint de démangeaisons. L'infirmière note au dossier l'heure à laquelle elle a remplacé le pansement, ainsi que l'état de la peau du patient et ses réactions.

▷ *Maintien d'un volume liquidien équilibré.* L'utilisation d'une pompe à perfusion est recommandée pour l'APT. Le débit d'administration peut être réglé en millilitres par heure. Il est vérifié toutes les 30 ou 60 minutes, et une alarme signale les difficultés. On ne peut modifier le débit de perfusion pour compenser une administration trop lente ou trop rapide de liquide. Si la solution intraveineuse est épuisée, on installe un sac contenant une solution de dextrose à 10 % et d'eau jusqu'à ce que le sac suivant d'APT soit prêt.

Si le débit est trop rapide, le patient peut souffrir de diurèse hyperosmolaire (un excès de glucose sera excrété) qui dans les cas graves, peut entraîner une crise épileptique réfractaire, le coma et la mort. Les symptômes d'instillation hypertonique rapide sont notamment des maux de tête, des nausées, de la fièvre, des frissons et une lassitude croissante. Si le rythme d'administration est trop lent, le patient ne pourra profiter d'un apport énergétique et azoté maximal.

L'infirmière doit noter le bilan des ingesta et des excreta toutes les huit heures, ce qui permettra de déceler rapidement tout déséquilibre hydrique. Le patient, qui est pesé trois fois par semaine, ne doit pas présenter de perte ou de gain important de poids. L'infirmière vérifie si le patient présente des signes de déshydratation (soif, signe du pli cutané, baisse de la pression veineuse centrale) et, le cas échéant, en informe sans délai le médecin. Il importe de procéder à des dosages de la glycémie pour éviter qu'une hyperglycémie n'entraîne une diurèse ou une déperdition hydrique excessive.

▷ *Niveau optimal d'activité.* L'infirmière doit inciter le patient à maintenir ses activités et à marcher, dans la mesure où ses capacités physiques le lui permettent. Si le patient porte un cathéter en plastique dans la veine sous-clavière, il peut bouger les membres, ce qui lui permet de maintenir son tonus musculaire. L'infirmière doit renforcer l'enseignement et le programme d'exercices que le patient a reçus des services de physiothérapie et d'ergothérapie.

▷ *Enseignement au patient et soins à domicile.* Pour que le patient et sa famille puissent administrer correctement l'alimentation parentérale à domicile, on leur fournit un programme intensif de formation spécialisée et une supervision ultérieure à domicile. Les coûts de ces programmes sont moins élevés que les frais reliés à une hospitalisation prolongée. L'instauration de programmes de maintien à domicile est un service permettant au patient de recevoir chez lui de l'aide, des soins ainsi que du soutien. Ses aptitudes à l'apprentissage, l'intérêt et la disponibilité des membres de sa famille, ses ressources financières et l'organisation matérielle de son domicile sont autant de facteurs qui doivent être évalués avant l'instauration d'un programme d'APT à domicile. Les Centres locaux de services communautaires (CLSC) ont rédigé des

**TABLEAU 26-4.    *Complications possibles de l'alimentation parentérale totale***

| Complications | Cause | Interventions infirmières |
|---|---|---|
| Septicémie | Séparation de la tubulure et contamination<br>Séparation des pansements<br>Contamination de la solution<br>Infection au point d'insertion du cathéter | Recouvrir tous les raccords de ruban adhésif.<br>Ne jamais interrompre la ligne principale ni raccorder d'autres lignes en dérivation.<br>Renforcer ou remplacer rapidement les pansements, en ayant recours à une technique aseptique.<br>Jeter la solution.<br>Informer le médecin. Mesurer les signes vitaux toutes les quatre heures.<br>Changer le point d'insertion du cathéter toutes les quatre semaines. |
| Embolie gazeuse | Débranchement de la tubulure<br>Bouchon manquant<br>Obstruction d'un segment du système vasculaire | Recouvrir tous les raccords de ruban adhésif, dès le début.<br>Remplacer immédiatement la tubulure et en informer le médecin.<br>Replacer le bouchon et en informer le médecin.<br>Placer le patient sur le côté gauche, la tête basse, et informer le médecin. |
| Obstruction du cathéter | Rinçages à l'héparine insuffisants ou mal effectués<br>Interruption de la perfusion | Rincer à l'héparine toutes les lignes de perfusion non utilisées, deux fois par jour.<br>Vérifier toutes les heures le débit de perfusion et vérifier l'intégrité de la ligne. |
| Déplacement du cathéter | Mouvements excessifs, cathéter non fixé | Interrompre la perfusion et communiquer avec le médecin. |
| Hyperglycémie | Intolérance au glucose | Contrôler les concentrations de glucose (dans le sang et l'urine).<br>Vérifier si le patient présente des signes de stupeur, de confusion et de léthargie.<br>Communiquer avec le médecin; ajouter de l'insuline à la solution d'APT selon l'ordonnance. |
| Surcharge liquidienne | Perfusion trop rapide | Réduire le débit de perfusion.<br>Mesurer les signes vitaux.<br>Informer le médecin.<br>Traiter la détresse respiratoire en faisant asseoir le patient et en lui administrant l'oxygénothérapie prescrite au besoin. |
| Pneumothorax | Cathéter mal placé et perforation de la plèvre | Installer le patient en position Fowler.<br>Le rassurer.<br>Mesurer les signes vitaux.<br>Se préparer à un arrêt respiratoire éventuel.<br>Se préparer à une thoracocentèse ou à l'insertion d'un tube thoracique. |
| Hypoglycémie réactionnelle | Interruption de l'APT | Vérifier si le patient présente les symptômes (état de faiblesse, tremblements, diaphorèse, céphalées, faim et état d'appréhension) et communiquer avec le médecin s'ils apparaissent.<br>Effectuer un sevrage progressif de l'APT. |

brochures d'information portant sur tous les aspects du traitement: cathéter et pansements, pompe à perfusion, émulsions lipidiques, rinçage à l'héparine, etc.

Les programmes d'enseignement des soins à domicile préparent le patient à s'administrer lui-même l'alimentation parentérale totale. Celui-ci apprend comment conserver les solutions, préparer les perfusions, rincer le cathéter à l'héparine, changer ses pansements et déceler les complications. Les infections sont la complication la plus fréquente. L'infirmière doit mettre l'accent sur le lavage approprié des mains et le recours à une technique aseptique stricte lors de la manipulation du matériel, du changement des pansements et de la préparation des solutions.

Les troubles mécaniques sont généralement dus à une défaillance technique de la pompe à perfusion ou proviennent du cathéter. Il faut enseigner au patient comment déceler les problèmes liés au cathéter (fuite, bouchon mal assujetti, déchirure de la tubulure, présence d'un caillot sanguin) et lui donner par écrit les mesures à prendre dans chaque cas. Il est généralement possible de remplacer dans les 24 heures les pompes qui fonctionnent mal. On donne au patient une liste de symptômes indiquant une complication métabolique (neuropathies, modification de l'état de conscience, diarrhée, nausées, modification de la peau et débit urinaire) et on lui recommande de communiquer avec l'infirmière du CLSC au programme de maintien à domicile ou avec son médecin s'il pense souffrir d'une complication. Il doit également subir toutes les semaines des analyses hématologiques et biochimiques et faire tous les jours une recherche de glucose dans ses urines.

L'infirmière ne doit pas oublier que les patients ont généralement besoin d'instructions et de mesures de renforcement toutes les deux semaines.

Les aspects psychosociaux de l'alimentation parentérale à domicile sont tout aussi importants que les considérations d'ordre physiologique et technique. Le patient doit apprendre à s'adapter à la perte de ses habitudes alimentaires et à la modification de son mode de vie provoquée par l'interruption de son sommeil (besoin d'uriner plus fréquent pendant les perfusions, généralement deux ou trois fois pendant la nuit). Les principales réactions psychosociales sont notamment la dépression, la colère, le repli sur soi, l'anxiété et une perturbation de l'image corporelle. Le succès des programmes d'alimentation parentérale à domicile dépend de la perception et de la motivation du patient, de sa stabilité psychologique, de ses habiletés psychomotrices et de la disponibilité de son réseau de soutien.

## ▷ *Évaluation*

### *Résultats escomptés*

1. Le patient atteint et maintient un bon équilibre nutritionnel.
   a) Il atteint et maintient un bilan azoté positif.
   b) Les résultats des examens diagnostiques sont dans les limites de la normale (azote uréique du sang, protéines sériques, hémoglobine, hématocrite).
   c) Il atteint ou maintient le poids désiré.
   d) Il atteint ou maintient l'hydratation de ses tissus corporels.
2. Le patient ne présente pas d'infection.
   a) Il n'a pas de fièvre.
   b) Il n'y a pas d'écoulement purulent au point d'insertion du cathéter.
   c) Le point d'insertion du cathéter n'est pas sensible ni douloureux.
   d) L'intégrité de la ligne de perfusion I.V. est maintenue.
3. Le patient est bien hydraté.
   a) Sa peau présente une turgescence normale.
   b) Son bilan quotidien des ingesta et des excreta est équilibré.
   c) Il maintient son poids actuel ou gagne 0,5 à 1 kg toutes les semaines jusqu'à ce que le poids désiré soit atteint.
4. Le patient maintient un niveau d'activité optimal compte tenu de ses capacités.
   a) Il effectue les exercices isométriques et isotoniques prescrits.
   b) Il participe au programme d'exercice recommandé par son médecin et son physiothérapeute.
   c) Il se déplace librement, en respectant ses capacités et les directives du médecin.

Résumé: Pour les patients recevant une APT, les objectifs à atteindre sont notamment un état nutritionnel optimal, l'absence d'infection, un excès de volume liquidien et une

activité optimale. La collecte continue des données (poids, ingesta et excreta, résultat des épreuves de laboratoire, signes d'infection au point d'insertion du cathéter intraveineux et niveau de mobilité et d'activité) vise à évaluer les réactions du patient au traitement. L'ordonnance du médecin touchant la solution d'APT est adaptée aux besoins individuels du patient.

Certains patients reçoivent une alimentation parentérale à domicile. Les patients et les membres de leur famille doivent alors faire preuve de motivation et être en mesure d'apprendre les techniques nécessaires à l'administration du traitement. La supervision du personnel infirmier est essentielle si l'on veut que le patient reçoive des soins appropriés et que ses besoins physiques et psychosociaux soient comblés.

## *Bibliographie*

### *Ouvrages*

Alpers D et al. Manual of Nutritional Therapeutics. Boston, Little, Brown, 1988.

Cerra FB. Pocket Manual of Surgical Nutrition. St Louis, CV Mosby, 1984.

Deitel M (ed). Nutrition in Clinical Surgery. Baltimore, Williams & Wilkins, 1985.

Dixon JA (ed). Surgical Application of Lasers, 2nd ed. Chicago, Year Book Medical Publishers, 1987.

Eastwood GL. Core Textbook of Gastroenterology. Philadelphia, JB Lippincott, 1984.

Hardy JD et al (eds). Hardy's Textbook of Surgery. Philadelphia, JB Lippincott, 1988.

Hermann JB and Wertheimer MD. Case Studies in General Surgery. Baltimore, Williams & Wilkins, 1988.

Hudak CM et al. Critical Care Nursing. A Holistic Approach. Philadelphia, JB Lippincott, 1989.

Nyhus LN and Wastell C. Surgery of the Stomach and Duodenum, 4th ed. Boston, Little, Brown, 1986.

Rombeau JL and Caldwell MD (eds). Clinical Nutrition, Vol I. Enteral and Tube Feeding. Philadelphia, WB Saunders, 1984.

Sabiston DC (ed). Textbook of Surgery: The Biological Basis of Modern Surgical Practice. Philadelphia, WB Saunders, 1986.

Schwartz S et al (eds). Principles of Surgery, 5th ed. New York, McGraw-Hill, 1989.

Williams SR. Nutrition and Diet Therapy. St Louis, Times Mirror/Mosby, 1989.

### *Revues*

*Les articles de recherche en sciences infirmières sont marqués d'un astérisque.*

#### *Intubation et gavage nasogastriques et naso-entériques*

Andrassy RJ. Preserving the gut mucosal barrier and enhancing immune response. Contemp Surg 1988 Feb; 32(2-A): 1–7.

* Anliker AW. Bacterial contamination of continuous-infusion enteral feedings. Nutr Supp Serv 1988 Jul; 8(7): 11–12, 32.

Breach CL and Saldanha LG. Tube feeding complications, Part I: Gastrointestinal. Nutr Supp Serv 1988 Mar; 8(3): 15–16, 19.

Breach CL and Saldanha LG. Tube feeding complications. Part II: Mechanical. Nutr Supp Serv 1988 May; 8(5): 28, 32.

Breach CL and Saldanha LG. Tube feeding complications, Part III: Metabolic. Nutr Supp Serv 1988 Jun; 8(6): 16, 19.

Cerrato PL. Fast action for tube-fed patient's diarrhea. RN 1988 Mar; 51(3): 89–90.

Creighton H. Legal implications of removal of feeding tubes. Nurs Manage 1987 Mar; 18(3): 20, 22, 24.

Davis PD et al. A tube-feeding monitoring flow sheet. Nutr Supp Serv 1988 Jul; 8(7): 21–23.

Eisenberg P. Enteral nutrition: Indications, formulas, and delivery techniques, Nurs Clin North Am 1989 Jun; 24(2): 315–338.

* Eisenberg P et al. Characteristics of patients who remove their nasal feeding tube. Clin Nurse Spec 1987 Mar; 1(3): 94–98.

Fagerman KE and Lysen LK. Enteral feeding tubes: A comparison and history. Nutr Supp Serv 1987 Sep; 7(9): 10–14.

Farley J. About enteral tube nutrition, Nursing 1988 Aug; 18(8): 82.

Farley JM. Current trends in enteral feedings. Crit Care Nurse 1988 Apr; 8(4): 23–28.

Flynn KT et al. Enteral tube feeding: Indications, practices and outcomes. Image: J Nurs Scholarship 1987 Spring; 19(1): 16–19.

Freedman J. Speaking out on nasogastric feedings. Geriatr Nurs 1987 Jan/Feb; 8(1): 7.

Guiness R. How to use the new small-bore feeding tubes. Nursing 1986 Apr; 16(4): 51–56.

Hanson RL. Predictive criteria for length of nasogastric tube insertion for tube feeding. J Parenter Enteral Nutr 1979 May/Jun; 3(3): 160–163.

Hard choices: Ethical issues in nutritional support. Nutr Supp Serv 1987 Feb; 7(2): 19–21.

Hatchett–Cohen L. Nasoduodenal tube feeding. Geriatr Nurs 1988 Feb; 9(2): 88–91.

Heaphey L. Home nutritional support: Current consumer concerns. Nutr Supp Serv 1988 Apr; 8(4): 24.

Herfindal TE et al. Survey of home nutritional support patients. J Parenter Enteral Nutr 1989 May/Jun; 13(3): 255–261.

Herrmann ME et al. Subjective distress during continuous enteral alimentation: Superiority of silicone rubber to polyurethane. J Parenter Enteral Nutr 1989 May/Jun: 13(3): 281–285.

Holmes S. Dietetics artificial feeding. Nursing Times 1987 Aug; 83(31): 49–54.

Horbal–Shuster M and Irwin M. Keeping enteral nutrition on track. Am J Nurs 1987 Apr; 87(4): 523–524.

* Huddleston K et al. MIC or Foley: Comparing gatrostomy tubes. MCN 1989 Jan/Feb; 14(1): 20–23.

Jensen T. Home enteral nutrition. Dietetic Current Ross Timesaver 1982 Jul/Aug; 9: 15–20.

Jones S. Simpler and safer tube-feeding techniques. RN 1984 Oct; 47(10): 40–47.

Krachenfels MM. Update on tube-feeding formulas. Home Healthcare Nurse 1987 Mar; 5(3): 47–50.

McCarthy MS. Early postoperative jejunal feedings with gastric decompression: Implications for nursing practice. Nutr Supp Serv 1988 Sep; 8(9): 8–9.

McLaren M. Home tube feedings: Gastrointestinal complications. Home Healthcare Nurse 1987 Mar; 5(3): 41–42.

* Metheny N. Measures to test placement of nasogastric feeding tubes: A review. Nurs Res 1988 Nov/Dec; 37(6): 324–329.

* Metheny N et al. Effectiveness of the auscultatory method in predicting feeding tube location. Nurs Research 1990 Sep/Oct; 1990; 39(5): 262–267.

* Metheny N et al. Effect of feeding tube properties and three irrigants on clogging rates. Nurs Res 1988 May/Jun; 37(3): 165–169.

* Metheny NA et al. Aspiration pneumonia in patients fed through nasoenteral tubes. Heart Lung 1986 May; 15(3): 256–261.

Moore MC. Do you still believe these myths about tube feedings? RN 1987; 50(5): 51–54.

Padilla GV et al. Subjective distress of nasogastric tube feeding. J Parenter Enteral Nutr 1979 Feb; 13(2): 53–57.

* Pritchard V. Tube feeding-related pneumonias. J Gerontol Nurs 1988 Jul; 14(7): 32–36.

Sanders S. Nursing home problems in tube feeding the geriatric patient. Nutr Supp Serv 1987 Jul; 7(7): 21–22.

Schwartz DB and Darrow AK. Hypoalbuminemia-induced diarrhea in the enterally alimented patient. Nutr Clin Pract 1988 Dec; 12(6): 235–237.

Shronts EP. Enteral formulas update. Nutr Supp Serv 1988 Apr; 8(4): 16.

Stavropoulos MN et al. Long term enteral nutrition for management of gastric outlet obstruction following acid digestion. Nutr Clin Pract 1988 Aug; 3(4): 148–149.

Steinborn PA. Home enteral nutrition. Caring 1988 Sep; 12(9): 20–23.

Strong RM et al. Enteral tube feedings utilizing a pH sensor enteral feeding tube. Nutr Supp Serv 1988 Aug; 8(8): 11, 24–25.

Winkler HR. Home enteral nutrition in practice. Nutr Supp Serv 1987 Dec; 7(12): 27–29.

* Wilson MF and Haynes–Johnson V. Cranberry juice or water? A comparison of feeding-tube irrigant. Nutr Supp Serv 1987 Jul; 7(7): 23–24.

Williams PJ. How do you keep medicines from clogging feeding tubes? Am J Nurs 1989 Feb; 89(2): 181–182.

Winston D. Advances in gastroenterology and nutrition. Nutr Supp Serv 1988 May; 8(5): 7, 10.

Winston DH. Treatment of severe malnutrition in anorexia nervosa with enteral tube feedings. Nutr Supp Serv 1987 Jun; 7(6): 24–25.

*Gastrostomie*

Alltop SA. Teaching for discharge: Gastrostomy tubes. RN 1988 Nov; 51(11): 42–46.

Bruckstein DC. Percutaneous endoscopic gastrostomy. Geriatr Nurs 1988 Mar/Apr; 9(2): 92–93.

Hogan K and Rensselaer LV. An improved method of anchoring a gastrostomy tube. Nutr Supp Serv 1988 Mar; 8(3): 12–14.

Irwin M. Managing leaking gastrostomy sites. Am J Nurs 1988 Mar; 88(3): 359–360.

McGee L. Feeding gastrostomy: Nursing care. Part 2. J Enterostom Ther 1967 Sep/Oct; 14(5): 201–211.

Starkey JF et al. Taking care of percutaneous endoscopic gastrostomy. Am J Nurs 1988 Jan; 88(1): 42–45.

*Alimentation parentérale totale*

Camp LD. Care of the Groshong catheter. Oncology Nursing Forum 1988 Nov/Dec; 15(6): 745–748.

Johndrow PD. Making your patient and his family feel at home with TPN. Nursing 1988 Oct; 18(10): 65–69.

Klass K. Trouble-shooting central line complications. Nursing 1987 Nov; 17(11): 58–61.

Lee B. Total parenteral nutrition. Nurs Times 1987 Jan; 83(1): 33–35.

Lee B. Total parenteral nutrition. Nurs Times 1987 Aug; 83(31): 58–59.

Morris LL. Critical care's most versatile tool. RN 1988 May; 51(5): 42–46.

* Petrosino B et al. Infection rates in central venous catheter dressings. Oncol Nurs Forum 1988 Nov/Dec; 15(6): 709–717.

Reilly JJ et al. Economic impact of malnutrition: A model system for hospitalized patients. J Parenter Enteral Nutr 1988 Apr; 12(4): 371–376.

Scott WL. Complications associated with central venous catheters. Chest 1988 Dec; 94(6): 1221–1224.

Sohl L et al. Working with triple-lumen central venous catheters. Nursing 1988 Jul; 18(7): 50–55.

Szwanek M et al. Trace elements and parenteral nutrition. Nutr Supp Serv 1987 Aug; 7(8) 8–13.

Yamanaka H et al. Preoperative nutritional assessment to predict postoperative complications in gastric cancer patients. J Parenter Enteral Nutr 1989 May/Jun; 13(3): 286–291.

Ziegenbein RC. Focused review criteria for central parenteral nutrition. Nutr Clin Pract 1989 Feb; 4(1): 24–30.

## *Information/Ressources*

### *Organismes*

Centre local de services communautaires (CLSC) de votre quartier

Society of Gastrointestinal Assistants, Inc.
     1070 Sibley Towers, Rochester, NY 14604

American Cancer Society
     90 Park Ave, New York, NY 10016

American Institute of Nutrition
     9650 Rockville Pike, Bethesda, MD 20014

American Society for Gastrointestinal Endoscopy
     PO Box 1565, 13 Elm St, Manchester, MA 01944

Nutrition Institute of America
     200 W 86th St, New York, NY 10024

# 27
# TRAITEMENT DES PATIENTS ATTEINTS DE TROUBLES GASTRIQUES ET DUODÉNAUX

## OBJECTIFS D'APPRENTISSAGE

Après avoir étudié ce chapitre, vous devriez être en mesure de réaliser ce qui suit:

1. Distinguer la gastrite aiguë, la gastrite chronique et les ulcères gastroduodénaux.

2. Appliquer la démarche de soins infirmiers pour intervenir auprès des patients souffrant d'une gastrite.

3. Appliquer la démarche de soins infirmiers pour intervenir auprès des patients souffrant d'un ulcère gastroduodénal.

4. Décrire le traitement diététique, pharmacologique et chirurgical des ulcères gastroduodénaux.

5. Décrire les soins infirmiers à prodiguer aux patients qui subissent une intervention chirurgicale destinée à traiter l'obésité.

6. Appliquer la démarche de soins infirmiers pour intervenir auprès des patients souffrant d'un cancer gastrique.

7. Appliquer la démarche de soins infirmiers pour intervenir auprès des patients subissant une chirurgie gastrique.

8. Indiquer les complications de la chirurgie gastrique ainsi que les mesures de prévention et de traitement de ces troubles.

9. Décrire les soins à domicile nécessaires aux patients ayant subi une chirurgie gastrique.

# GASTRITE

## GASTRITE AIGUË

La gastrite (inflammation de la muqueuse de l'estomac) s'explique souvent par des repas trop copieux ou pris trop rapidement ou par la consommation d'aliments trop assaisonnés ou infectés. Ses autres causes sont notamment l'alcool, l'aspirine, l'urémie et la radiothérapie. Enfin, elle peut être le premier signe d'une infection générale aiguë.

***Physiopathologie et manifestations cliniques.***
La muqueuse gastrique devient oedémateuse et hyperémique, et elle subit une érosion superficielle. Elle sécrète alors une quantité insuffisante de sucs gastriques contenant très peu d'acide et une grande quantité de mucus. Une ulcération superficielle peut se produire et entraîner une hémorragie. Le patient ressent des douleurs abdominales qui s'accompagnent de maux de tête, de lassitude, de nausées et d'anorexie, et il est souvent sujet à des vomissements et à des hoquets. Certains patients sont asymptomatiques.

Après une crise de gastrite, la muqueuse de l'estomac peut se réparer d'elle-même. À l'occasion, une hémorragie peut exiger une intervention chirurgicale. Si les aliments irritants ne sont pas vomis et atteignent l'intestin, une colique et une diarrhée peuvent survenir. De façon générale, le patient se rétablit en 24 heures, mais il peut manquer d'appétit pendant 2 ou 3 jours.

## GASTRITE CHRONIQUE

L'inflammation chronique de l'estomac peut s'expliquer par la présence d'ulcères bénins ou malins, par une cirrhose accompagnée d'hypertension portale ou par une urémie (on croit que l'érosion de la muqueuse gastrique serait due à un excès d'urée dans le sang ou à la présence de bactéries).

**Physiopathologie.**    La gastrite chronique peut être de type A ou de type B. La gastrite de type A découle d'une modification des cellules pariétales entraînant une atrophie et une infiltration cellulaire. Elle est associée à divers troubles auto-immunitaires comme l'anémie pernicieuse. Elle apparaît dans le fundus ou le corps de l'estomac.

La gastrite de type B se situe au niveau de l'antre du pylore (partie inférieure de l'estomac à proximité du duodénum). Elle a récemment été associée à la présence de *Campylobacter pylori*. Elle peut également s'expliquer par divers facteurs alimentaires, dont la consommation de boissons chaudes ou d'épices, la consommation de médicaments, de drogues ou d'alcool, le tabagisme ou un reflux du contenu intestinal dans l'estomac.

**Manifestations cliniques.**    La gastrite de type A se manifeste essentiellement par des symptômes de carence en vitamine $B_{12}$ (voir le chapitre 17). Dans les cas de gastrite de type B, le patient peut se plaindre d'anorexie (manque d'appétit), de pyrosis après les repas, d'éructations, d'un goût aigre dans la bouche, ou de nausées et de vomissements.

**Examens diagnostiques.**    La gastrite de type A est associée à une achlorhydrie ou à une hypochlorhydrie (absence totale ou partielle d'acide chlorhydrique dans le suc gastrique), tandis que la gastrite de type B est associée à une hyper-chlorhydrie. Le diagnostic est établi par gastroscopie, par des clichés en série des différents segments du tube digestif supérieur, et par une étude histologique.

## GASTRITE CORROSIVE

Une forme plus grave de gastrite aiguë peut être provoquée par l'ingestion de bases ou d'acides forts. La muqueuse peut alors devenir gangreneuse ou présenter des perforations. La cicatrisation peut entraîner une obstruction du pylore.

## TRAITEMENT DE LA GASTRITE

Dans les cas de *gastrite aiguë*, le patient ne doit rien ingérer par la bouche jusqu'à ce que les symptômes aient disparu. Quand il peut reprendre son alimentation, un régime sans aliments excitants, accompagné dans certains cas par des alcalis, est recommandé. Si les symptômes persistent, l'administration de liquides par voie parentérale peut être nécessaire. S'il y a hémorragie, on aura recours au même traitement que pour les hémorragies du tractus gastro-intestinal supérieur (voir page 698).

Dans les cas de *gastrite chronique*, le traitement comprend la modification de l'alimentation, le repos, la réduction du stress et l'administration de médicaments. Il n'y a pas de traitement fiable pour les infections par *C. pylori*. Les bactéries peuvent être éliminées par l'administration de préparations de sels de bismuth, comme Pepto-Bismol. Les patients atteints de gastrite de type A présentent généralement des signes de malabsorption de la vitamine $B_{12}$ découlant de la présence d'anticorps contre le facteur intrinsèque.

Dans les cas de *gastrite corrosive*, le traitement immédiat vise à diluer et à neutraliser la substance ingérée.

- Pour neutraliser les acides, des antiacides courants (par exemple de l'hydroxyde d'aluminium) sont indiqués. Pour neutraliser les bases, on peut avoir recours à du jus de citron dilué ou du vinaigre dilué.

- Si la corrosion est étendue ou grave, l'administration d'émétiques et les lavages sont contre-indiqués en raison des risques de perforation.

Le traitement ultérieur comprend des mesures de soutien, notamment une intubation nasogastrique et l'administration d'analgésiques et de sédatifs, d'antiacides, de liquides intraveineux et d'électrolytes. Un examen fibroscopique est parfois nécessaire. La présence de gangrène ou de perforations exige souvent une intervention chirurgicale d'urgence. Enfin, une gastrojéjunostomie ou une résection gastrique peuvent être nécessaires pour traiter l'obstruction du pylore.

## ▶ DÉMARCHE DE SOINS INFIRMIERS PATIENTS ATTEINTS D'UNE GASTRITE

### ▷ Collecte des données

Lorsqu'elle dresse le profil du patient, l'infirmière lui pose des questions sur les signes et les symptômes de la gastrite. Souffre-t-il de brûlures d'estomac, d'indigestions, de nausées ou de vomissements? Ces symptômes se produisent-ils à un moment précis de la journée, avant ou après les repas, après l'ingestion d'aliments épicés ou irritants, ou après la consommation de certains médicaments ou d'alcool? Sont-ils associés à des épisodes d'anxiété, de stress ou d'allergie, ou apparaissent-ils après un repas trop abondant ou pris trop rapidement? Comment soulage-t-il ces symptômes? A-t-il déjà souffert de troubles gastriques ou a-t-il déjà subi une opération à l'estomac? Il est utile d'établir les habitudes alimentaires, et de relever les aliments consommés au cours des 72 dernières heures. Il importe de déterminer si les symptômes sont associés à des excès de table, si d'autres personnes de l'entourage du patient présentent des symptômes analogues, et si celui-ci a vomi du sang ou ingéré un produit caustique.

L'infirmière procède à un examen physique complet et note les signes de douleurs abdominales, de déshydratation (signe du pli cutané, assèchement des muqueuses) et de troubles généraux pouvant expliquer les symptômes de gastrite (urémie chronique, cirrhose). Elle doit également établir le moment de l'apparition des symptômes, ainsi que les méthodes utilisées par le patient pour les traiter et les effets de ces méthodes.

## ▷ *Analyse et interprétation des données*

Selon les données recueillies, voici les principaux diagnostics infirmiers possibles:

- Anxiété reliée à un manque de connaissances sur le traitement
- Déficit nutritionnel relié à un apport insuffisant d'éléments nutritifs
- Risque élevé de déficit du volume liquidien relié à un apport hydrique insuffisant et à une déperdition excessive consécutive à des vomissements
- Manque de connaissances sur le traitement alimentaire
- Douleur reliée à l'irritation de la muqueuse de l'estomac

## ▷ *Planification et exécution*

▷ *Objectifs:* Réduction de l'anxiété; réduction de la consommation d'aliments irritants et apport suffisant d'éléments nutritifs; maintien de l'équilibre hydrique; meilleure connaissance du traitement alimentaire; et soulagement de la douleur

## ▷ *Interventions infirmières*

▷ *Réduction de l'anxiété.* Dans les cas de gastrite corrosive, des mesures d'urgence sont mises en œuvre aussi rapidement que possible. Un traitement de soutien est offert au patient et à sa famille pendant cette période et après la neutralisation ou la dilution de la base ou de l'acide ingéré. On doit dans certains cas préparer le patient à des examens diagnostiques additionnels (endoscopie) ou à une chirurgie. Le patient redoute généralement la douleur et les modalités du traitement, et il peut craindre des lésions permanentes à l'œsophage. L'infirmière doit se montrer calme et répondre le plus clairement possible à ses questions. Elle doit expliquer les méthodes et les traitements en tenant compte de l'intérêt et du niveau de compréhension du patient.

▷ *Mesures nutritionnelles.* Dans les cas de *gastrite aiguë*, l'infirmière offre au patient un soutien physique et psychologique. Elle l'aide à prendre des mesures pour soulager ses symptômes, qui peuvent comprendre des nausées, des vomissements, des brûlures d'estomac et de la fatigue. La consommation d'aliments et de liquides par la bouche est interdite jusqu'à ce que les symptômes aigus aient disparu. Si un traitement intraveineux est nécessaire, l'infirmière en observe le déroulement et vérifie quotidiennement les taux sériques des électrolytes. Après la régression des symptômes, le patient peut consommer de la glace concassée et des liquides clairs. Dès que possible, on lui offre des aliments non excitants, en petites portions fréquentes. Dès que le patient a commencé à manger, l'infirmière doit l'observer de près pour déceler l'apparition de symptômes pouvant indiquer une récidive de la gastrite et en informer le médecin, le cas échéant. Elle recommande au patient de ne pas consommer des boissons contenant de la caféine, pour éviter la stimulation du système nerveux central ainsi que l'augmentation de l'activité gastrique et de la sécrétion de pepsine. Le tabagisme est également contre-indiqué, car la nicotine réduit la sécrétion du bicarbonate pancréatique, ce qui inhibe la neutralisation de l'acide gastrique dans le duodénum. Elle accroît également la stimulation parasympathique, ce qui augmente l'activité musculaire de l'intestin et peut provoquer des nausées et des vomissements.

▷ *Équilibre hydrique.* L'infirmière doit tenir le bilan quotidien des ingesta et des excreta afin de déceler les premiers signes de déshydratation (débit urinaire minimal de 30 mL/h, apport minimal de 1,5 L/j). Si la consommation orale d'aliments et de liquides est interdite, on administre des liquides par voie intraveineuse, à raison de 3 L/j. L'infirmière doit calculer l'apport hydrique et énergétique (1 L de dextrose à 5 % en solution aqueuse = 715 kJ de glucides). Elle doit aussi vérifier les taux sériques des électrolytes (sodium, potassium, chlorures) toutes les 24 heures afin de déceler rapidement les déséquilibres.

Elle doit être à l'affût des signes de gastrite hémorragique (hématémèse, tachycardie, hypotension). Le cas échéant, elle informe le médecin, mesure les signes vitaux et applique le protocole relatif aux hémorragies du tractus gastro-intestinal supérieur (voir plus loin).

▷ *Enseignement au patient.* L'infirmière doit évaluer les connaissances du patient sur la gastrite afin d'élaborer un programme personnalisé d'enseignement. Un régime sans aliments excitants est établi en fonction des besoins énergétiques quotidiens du patient, de ses préférences alimentaires et de la fréquence souhaitable des repas.

Le patient reçoit une liste des éléments et des substances à éviter (par exemple la caféine, la nicotine, les aliments épicés, irritants ou très assaisonnés, l'alcool). Des antiacides, des sels de bismuth, des sédatifs ou des anticholinergiques lui sont administrés selon l'ordonnance. Les patients atteints d'anémie pernicieuse doivent recevoir des directives concernant les injections de vitamine $B_{12}$.

▷ *Soulagement de la douleur.* L'infirmière indique au patient qu'il doit éviter le tabac, les médicaments contenant de l'aspirine, les stéroïdes, les boissons et les aliments pouvant irriter la muqueuse gastrique (voir ci-dessus). Elle évalue la douleur et le soulagement que procurent les médicaments et l'élimination des substances irritantes.

## ▷ *Évaluation*

### *Résultats escomptés*

1. Le patient présente moins d'anxiété.
   a) Il se dit moins anxieux.
   b) Il sait que l'anxiété peut accroître ses symptômes.
2. Le patient consomme moins d'aliments irritants.
   a) Il évite les boissons contenant de la caféine.
   b) Il évite les aliments épicés et les assaisonnements (poivre).
   c) Il choisit des assaisonnements non irritants (menthe, persil).
   d) Il ne consomme pas de boissons alcoolisées.
3. Le patient maintient son équilibre hydrique.
   a) Il consomme tous les jours de six à huit verres d'eau.
   b) Il tolère bien l'administration d'au moins 3 L de soluté intraveineux par jour.
   c) Son débit urinaire quotidien est d'environ 1,5 L.
   d) La turgescence de sa peau est adéquate.
   e) Il accroît son apport alimentaire et hydrique au fur et à mesure que ses symptômes régressent.
4. Le patient respecte le régime alimentaire prescrit.
   a) Il peut indiquer à l'infirmière ses restrictions alimentaires.
   b) Il choisit des boissons et des aliments non irritants.

c) Il modifie son apport énergétique en fonction de ses préférences.

d) Il prend les médicaments conformément à l'ordonnance.

5. Le patient souffre moins.

a) Il évite les boissons et les aliments irritants.

b) Il prend les médicaments prescrits au moment approprié.

c) Il dit éprouver un soulagement de ses douleurs.

Résumé: La gastrite, qui est une irritation de la muqueuse de l'estomac, peut se présenter sous forme aiguë ou chronique. La gastrite aiguë s'explique par l'ingestion de produits irritants et disparaît généralement après quelques jours. La gastrite chronique peut être de type A ou B. La gastrite de type A, qui est associée à une anémie pernicieuse, est généralement traitée par administration de vitamine $B_{12}$. La gastrite de type B a récemment été associée à *C. pylori*. On la traite par l'administration de sels de bismuth (par exemple, Pepto-Bismol). On recommande au patient d'éviter la consommation d'alcool et d'aliments irritants.

## HÉMORRAGIES DU TRACTUS GASTRO-INTESTINAL SUPÉRIEUR

La gastrite et les hémorragies dues à un ulcère gastroduodénal sont les deux causes les plus courantes de saignements du tractus gastro-intestinal supérieur. Le vomissement de sang est appelé *hématémèse*. Le sang vomi peut être rouge vif, ou «marc de café» (à cause de la transformation de l'hémoglobine en méthémoglobine dans l'estomac). Des selles foncées ayant l'aspect du goudron (méléna) indiquent une hémorragie du tractus gastro-intestinal supérieur. Le traitement est fonction de la quantité de sang perdue et de la vitesse de la perte.

***Traitement.*** Le traitement des hémorragies du tractus gastro-intestinal supérieur exige (1) la détermination de la quantité de sang perdue et de la vitesse de la perte, (2) le remplacement rapide du sang perdu, (3) l'interruption des

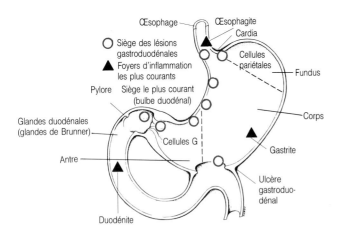

**Figure 27-1.** Les ulcères gastroduodénaux peuvent apparaître dans l'œsophage (œsophagite), dans l'estomac (gastrite) ou dans le duodénum (duodénite). La figure indique les sièges d'ulcères gastroduodénaux et les foyers d'inflammation les plus courants. Les cellules pariétales du fundus de l'estomac sécrètent de l'acide chlorhydrique. La gastrine est sécrétée par les cellules G de l'antre. Les glandes duodénales sécrètent une solution muqueuse alcaline.

saignements par lavage hydrique ou salin, (4) la stabilisation du patient et (5) le dépistage et le traitement de la cause de l'hémorragie. Les interventions médicales et infirmières qui se rapportent aux hémorragies du tractus gastro-intestinal supérieur sont décrites dans la section traitant des complications des ulcères gastroduodénaux.

Après stabilisation du patient, on pratique une endoscopie pour déterminer la cause et le siège exact de l'hémorragie. Cette intervention permet dans environ 80 % des cas de situer l'hémorragie. Si les résultats de l'endoscopie ne sont pas concluants, on tente d'obtenir plus d'information par des examens radiologiques.

La récidive de l'hémorragie, qui se manifeste dans environ 25 % des cas, exige une intervention chirurgicale. On doit observer de près le patient pour dépister rapidement les signes d'hémorragie: réduction de la pression veineuse centrale, tachycardie, tachypnée, hypotension, confusion mentale, soif et oligurie.

## ULCÈRES GASTRODUODÉNAUX

Les ulcères gastroduodénaux sont des excavations de la paroi muqueuse de l'estomac, du pylore, du duodénum ou de l'œsophage (figure 27-1). On les appelle souvent ulcères gastriques, duodénaux ou œsophagiens, selon leur siège. Ils apparaissent par suite de l'érosion d'une région définie de la muqueuse; l'érosion peut s'étendre jusqu'à la couche musculeuse ou traverser le muscle du péritoine. Ils sont plus susceptibles de se former dans le duodénum que dans l'estomac. Ils sont généralement isolés, mais il arrive qu'on en observe deux ou plus. Les ulcères gastriques chroniques se constituent généralement dans la petite courbure de l'estomac, à proximité du pylore. Le tableau 27-1 permet de comparer les caractéristiques des ulcères gastriques et duodénaux.

### Étiologie et incidence

On connaît mal les causes des ulcères gastroduodénaux, mais on sait qu'ils apparaissent uniquement dans les régions du tractus gastro-intestinal exposées à l'acide chlorhydrique et à la pepsine. Ils sont plus fréquents entre l'âge de 40 et 60 ans; ils sont relativement rares chez les femmes en âge de procréer. Occasionnellement, de jeunes enfants en sont atteints. Ils touchent plus d'hommes que de femmes (3:1), mais leur incidence semble en hausse chez les femmes après la ménopause, se rapprochant de celle observée chez les hommes. Les ulcères gastriques peuvent apparaître dans le corps de l'estomac en l'absence de sécrétions excessives d'acide. Il importe donc de distinguer les ulcères gastriques des ulcères duodénaux.

Il semble que de 5 à 15 % de la population nord-américaine souffrirait d'ulcères, mais environ la moitié des cas seulement seraient dépistés. Les ulcères gastroduodénaux sont connus de la médecine depuis les années 1900. Leur incidence s'est accrue jusque dans les années 1950. Depuis lors, elle a diminué graduellement dans les pays occidentaux, pour des raisons mal définies. Elle a en fait baissé de 50 % au cours des 20 dernières années. Les ulcères duodénaux sont de 5 à 10 fois plus fréquents que les ulcères gastriques.

TABLEAU 27-1. *Comparaison des ulcères duodénaux et des ulcères gastriques*

| Ulcères duodénaux chroniques | Ulcères gastriques chroniques |
|---|---|
| *ÂGE*<br>30 à 60 ans | Généralement 50 ans et plus |
| *SEXE*<br>Rapport hommes-femmes: 3:1 | Rapport hommes-femmes: 2:1 |
| *GROUPE SANGUIN*<br>Le plus souvent: O | Aucune différence |
| *ALIMENTATION*<br>Généralement appropriée | Généralement insuffisante |
| *PRODUCTION D'ACIDE DANS L'ESTOMAC*<br>Hypersécrétion | Normale ou hyposécrétion |
| *DOULEURS*<br>Deux à trois heures après les repas; la nuit, elles éveillent souvent le patient entre 1 h et 2 h.<br>Elles sont soulagées par l'ingestion d'aliments. | Elles apparaissent de 30 à 60 minutes après les repas; elles sont rares la nuit.<br>Elles sont soulagées par des vomissements.<br>Elles ne sont pas soulagées par l'ingestion d'aliments et sont parfois même aggravées. |
| *VOMISSEMENTS*<br>Peu fréquents | Fréquents |
| *HÉMORRAGIES*<br>Le méléna est plus fréquent que l'hématémèse. | L'hématémèse est plus fréquente que le méléna. |
| *MALIGNITÉ*<br>Jamais | Moins de 10 % |
| *ASSOCIATION AVEC L'UTILISATION DE MÉDICAMENTS ANTI-INFLAMMATOIRES NON STÉROÏDIENS*<br>Non | Oui |

## Facteurs de prédisposition

Diverses études ont été réalisées dans le but de préciser les caractéristiques des personnes prédisposées aux ulcères gastroduodénaux. Selon les psychanalystes, les ulcères s'expliqueraient par la répression d'un important besoin de dépendance. D'autres estiment que l'incapacité d'exprimer son hostilité pendant des périodes de tensions professionnelles serait un facteur important. Les ulcères semblent apparaître chez des personnes soumises à des tensions psychologiques, mais on ne sait pas très bien si ces tensions en sont la cause ou les effets. Les antécédents familiaux semblent jouer un rôle de prédisposition important, car beaucoup des patients atteints d'un ulcère ont un ou des parents qui présentent ce trouble. De plus, les personnes de groupe sanguin O ont 35 % plus de risques d'être atteintes d'ulcères que les personnes de groupe A, B ou AB. Les autres facteurs de prédisposition sont notamment les tensions psychologiques, le fait de manger rapidement et de façon irrégulière, ainsi que la consommation excessive de tabac. Dans de rares cas, les ulcères s'expliquent par une sécrétion excessive de gastrine due à une tumeur (gastrinome, syndrome de Zollinger-Ellison). Les ulcères gastriques pourraient également être associés à une infection bactérienne (à *C. pylori*, par exemple).

## Physiopathologie

Les ulcères gastroduodénaux sont généralement situés dans la muqueuse gastroduodénale quand celle-ci est incapable de résister à l'action digestive de l'acide gastrique et de la pepsine, à cause d'une augmentation de la sécrétion de pepsine et d'acide, ou d'une baisse de sa résistance normale. Une fois endommagée, la muqueuse ne peut sécréter une quantité suffisante de mucus pour se protéger de l'acide chlorhydrique.

Les sécrétions gastriques se produisent en trois phases: (1) céphalique, (2) gastrique et (3) intestinale. Comme ces phases sont interdépendantes, le dérèglement de l'une d'entre elles peut favoriser l'apparition d'un ulcère.

***Phase céphalique (psychique).*** La première phase est déclenchée par un stimulus (vue, odeur ou goût des aliments) qui agit sur les récepteurs du cortex cérébral pour entraîner une stimulation des nerfs vagues. En fait, un repas peu appétissant a peu d'effets sur la sécrétion gastrique, alors qu'un repas plus savoureux entraîne une sécrétion élevée. Ce phénomène explique le fait que l'on prescrivait auparavant aux personnes souffrant d'ulcères un régime sans aliments excitants. Aujourd'hui, les gastro-entérologues estiment généralement que ce genre de régime a peu d'effets sur l'acidité gastrique ou la guérison des ulcères. Par contre, une activité vagale excessive pendant la nuit, quand l'estomac est vide, peut provoquer une irritation importante.

***Phase gastrique.*** La phase gastrique de la sécrétion est régie par la *gastrine*, une hormone que l'on peut mesurer par essai radio-immunologique. La gastrine pénètre dans la circulation en provenance de l'antre de l'estomac et est transportée vers les glandes du fundus et du corps de l'estomac, où elle stimule la production des sucs gastriques. On peut observer une augmentation de l'activité de la gastrine chez les patients présentant une sténose pylorique. L'antre de l'estomac contient moins de gastrine dans les cas d'ulcère gastrique que dans les cas d'ulcère duodénal. Après une gastrectomie partielle ou une gastrojéjunostomie, on peut observer une libération excessive de gastrine quand une partie de l'antre est préservée mais qu'elle n'est plus en contact avec la partie de l'estomac qui sécrète de l'acide, car la libération de gastrine n'est pas inhibée par la présence d'acide sur la muqueuse. Or, un excès de gastrine dans le sang peut entraîner la formation d'un ulcère. On observe également un excès de gastrine chez les patients atteints du syndrome de Zollinger-Ellison.

***Phase intestinale.*** Pendant la phase intestinale, on assiste à la production de sécrétine au moment où de l'acide chlorhydrique pénètre dans le duodénum. La sécrétine est une hormone qui stimule la sécrétion de bicarbonate par le pancréas, ce qui neutralise l'acide. Elle inhibe également la phase gastrique.

***Barrière muqueuse.*** Chez les humains, les sécrétions gastriques sont composées d'un mélange de mucopolysaccharides et de mucoprotéines et sont produites de façon continue par les glandes muqueuses. Elles absorbent la pepsine et la protègent contre l'acide. L'acide chlorhydrique est sécrété de façon continue, mais sa production augmente sans l'influence de mécanismes neurogènes et hormonaux qui sont déclenchés par les stimuli gastriques et intestinaux. Si l'acide chlorhydrique n'était pas tamponné et neutralisé, et si les couches externes de la muqueuse n'offraient aucune protection, il détruirait l'estomac de concert avec la pepsine. En fait, l'acide chlorhydrique n'entre en contact qu'avec de petites régions de la surface de la muqueuse gastrique et s'y diffuse de façon remarquablement lente. La résistance de la muqueuse, appelée *barrière muqueuse*, est le principal moyen de défense de l'estomac contre les sécrétions digestives. Les autres facteurs qui influent sur la résistance de la muqueuse sont l'irrigation sanguine, l'équilibre acidobasique, l'intégrité des cellules muqueuses et la régénération de l'épithélium.

L'apparition d'un ulcère gastroduodénal peut donc s'expliquer de deux façons: (1) par l'hypersécrétion d'acide et de pepsine, et (2) par l'affaiblissement de la barrière muqueuse. Tout facteur pouvant restreindre la production des sécrétions gastriques ou endommager la muqueuse gastrique est ulcérogène (salicylates et autres anti-inflammatoires non stéroïdiens, alcool, médicaments anti-inflammatoires, etc.).

## Manifestations cliniques

Les symptômes de l'ulcère duodénal (forme la plus courante d'ulcération gastroduodénale) peuvent persister pendant quelques jours, quelques semaines ou plusieurs mois, et peuvent même disparaître puis réapparaître, souvent sans cause précise. Des exacerbations semblent apparaître au printemps ou à l'automne, mais cette constatation n'est pas absolue. Les ulcères asymptomatiques sont assez courants, et dans 20 à 30 % des cas, une perforation ou une hémorragie peut apparaître sans manifestations préalables.

***Douleur.*** De façon générale, le patient atteint d'un ulcère duodénal se plaint de douleurs sourdes et de tiraillements ou d'une sensation de brûlure dans la portion moyenne de l'épigastre et parfois dans le dos. Chez le patient atteint d'un ulcère gastrique, la douleur se situe plutôt au niveau de la partie haute de l'épigastre (à gauche de la ligne médiane). Elle est vive, soudaine et nettement circonscrite dans un diamètre de 2 à 10 cm. Dans les deux cas, on croit que la douleur se produirait au moment où le contenu acide de l'estomac et du duodénum s'accroît, ce qui éroderait la lésion et stimulerait les terminaisons nerveuses exposées (théorie acide). Selon une autre théorie, le contact de l'acide avec la lésion stimulerait un mécanisme réflexe local qui déclencherait la contraction des muscles lisses adjacents (théorie motrice).

La distension de l'estomac par la prise d'aliments et de liquides stimule la sécrétion d'acide. Par ailleurs, les aliments et les liquides ingérés neutralisent cette sécrétion. Pour cette raison, des recommandations judicieuses concernant l'alimentation et l'hydratation sont formulées pour les personnes souffrant d'ulcères.

1. Aliments
   - Prendre trois repas équilibrés par jour.
   - Si la douleur survient entre les repas, prendre une collation si on obtient ainsi un soulagement.
   - Aucun aliment n'est contre-indiqué, à moins qu'il n'augmente la douleur ou le malaise.
2. Boissons
   - Si de petites quantités de lait soulagent la douleur, profiter de ce soulagement.
   - Le café, le thé, les jus et l'alcool peuvent être consommés avec modération. Cependant, ils doivent être évités s'ils aggravent les symptômes.

***Pyrosis (hypersialorrhée, brûlures d'estomac).*** Certains patients éprouvent une sensation de brûlure dans l'œsophage et l'estomac qui remonte jusqu'à la bouche et s'accompagne à l'occasion d'éructations acides. Les éructations sont fréquentes quand l'estomac est vide.

***Vomissements.*** Les vomissements, qui sont rares dans les cas d'ulcération duodénale simple, peuvent constituer un symptôme d'ulcère gastroduodénal. Ils s'expliquent par l'obstruction de l'ouverture gastrique provoquée par un spasme musculaire du pylore ou par une obstruction mécanique (qui peut être provoquée par la cicatrisation ou la tuméfaction de la membrane muqueuse adjacente à l'ulcère). Les vomissements peuvent ou non être précédés de nausées. Ils sont généralement consécutifs à une poussée de douleur grave, qui est soulagée par l'éjection du contenu acide de l'estomac. Les vomissements peuvent contenir des particules d'aliments ingérés la veille.

***Constipation et hémorragies.*** Les patients qui présentent un ulcère duodénal peuvent souffrir de constipation, ce qui est dû généralement au régime alimentaire et aux médicaments.

- Environ 20 % des patients qui souffrent d'hémorragies dues à un ulcère duodénal grave n'ont présenté auparavant aucun trouble digestif; ils développent des symptômes par la suite.

## Examens diagnostiques

L'examen physique peut révéler de la douleur, une sensibilité épigastrique ou une distension abdominale. Les bruits intestinaux sont parfois absents. L'examen baryté du tractus gastro-intestinal supérieur peut révéler la présence de l'ulcère, mais l'endoscopie est la méthode diagnostique de choix.

L'endoscopie du tractus gastro-intestinal supérieur met en évidence les modifications inflammatoires, les ulcères et autres lésions. Elle permet l'observation directe de la muqueuse duodénale et sert à confirmer les examens radiologiques. Elle permet de dépister 20 % des lésions qui n'apparaissent pas aux rayons X en raison de leur taille ou de leur siège. On peut recueillir des selles tous les jours pour recherche de sang occulte jusqu'à ce que les résultats soient négatifs. Une analyse du liquide gastrique peut mettre en évidence une achlorhydrie (absence d'acide chlorhydrique dans les sucs gastriques) et le syndrome de Zollinger-Ellison. Le fait que la douleur soit soulagée par l'ingestion d'aliments ou d'un antiacide, ainsi que l'absence de douleur au réveil évoque fortement la présence d'un ulcère duodénal.

Un test respiratoire a été mis au point pour dépister la présence de *C. pylori*. Même si l'on retrouve cette bactérie chez un grand nombre de patients atteints d'un ulcère gastroduodénal et de gastrite, aucune relation de cause à effet n'a pu être établie.

## Traitement

Dès que le diagnostic d'ulcère gastroduodénal a été établi, on doit dire au patient qu'il peut apprendre à maîtriser sa maladie, mais qu'il peut s'attendre à des récidives.

***Régulation des sécrétions gastriques.*** On peut réduire l'acidité gastrique par l'administration de sédatifs et par une neutralisation, à intervalles fréquents et réguliers, à l'aide de médicaments, d'aliments non irritants et d'antiacides.

Les inhibiteurs des récepteurs H₂ de l'histamine, notamment la ranitidine, la cimetidine ou la famotidine, et les substances qui recouvrent l'ulcère d'une barrière résistante aux acides (par exemple, le sucralfate), permettent la cicatrisation des ulcères duodénaux. Des antispasmodiques peuvent être administrés afin de réduire les spasmes pyloriques et la motilité intestinale. On peut aussi prescrire des anticholinergiques afin de réduire les sécrétions gastriques. Dans les cas où elle est justifiée, l'hospitalisation ne dure que quelques jours, sauf en cas d'hémorragie, d'obstruction, de perforation ou de douleurs nocturnes graves.

***Repos et réduction du stress.*** La réduction du stress est une tâche difficile. Pour y arriver, le patient devra prendre des mesures physiques et psychologiques, et il aura besoin de la collaboration des membres de sa famille. Le patient peut avoir de la difficulté à déterminer les situations qui provoquent des tensions ou de la fatigue. Un rythme de vie effréné et des horaires irréguliers peuvent aggraver les symptômes, et perturber les heures des repas et de la prise des ses médicaments. Il faudra donc donner au patient des conseils sur les façons de réduire le stress et lui recommander de s'accorder des périodes de repos pendant la journée, à tout le moins au cours de la phase aiguë de la maladie.

***Tabagisme.*** Diverses études ont démontré que le tabagisme réduit la sécrétion du bicarbonate libéré par le pancréas dans le duodénum, ce qui entraîne une augmentation de l'acidité du duodénum. Il semble de plus que l'usage de la cigarette compromettrait de façon importante la cicatrisation des ulcères.

***Alimentation.*** Comme il n'est pas prouvé qu'un régime sans aliments excitants soit plus profitable qu'un régime normal, on permet aux patients de manger tout ce qui leur plaît. Dans les premiers stades de la cicatrisation toutefois il faut prendre quelques précautions. Le patient atteint d'un ulcère gastroduodénal doit éviter tout ce qui favorise l'hypersécrétion et l'hypermotilité du tractus gastro-intestinal : boissons et aliments trop chauds ou trop froids, concentrés de viande (qui provoquent une hyperstimulation) alcool et café (y compris le café décaféiné, qui stimule également la sécrétion d'acide). En outre, il doit tenter de neutraliser l'acidité en consommant trois repas par jour à des heures régulières. Il n'est pas tenu de prendre de petits repas fréquents dans la mesure où il prend des antiacides ou des inhibiteurs des récepteurs H₂ de l'histamine.

Les aliments consommés sont choisis sur une base individuelle. Le patient peut consommer les aliments qu'il tolère bien et éviter ceux qui provoquent des douleurs. Le lait et la crème ne sont plus considérés comme les éléments de base du traitement. En fait, une alimentation riche en lait et en crème peut être nuisible étant donné que ces produits stimulent la sécrétion d'acide et augmentent, à la longue, les taux sériques des lipides (un facteur qui contribue à l'apparition de l'athérosclérose).

***Inhibiteurs des récepteurs H₂.*** L'histamine exerce ses effets grâce à deux récepteurs : le récepteur H₁, situé dans la muqueuse bronchique et nasale, le tissu cardiaque et les vaisseaux sanguins, et le récepteur H₂, que l'on retrouve principalement dans les cellules pariétales de l'estomac, dans l'utérus, dans les muscles bronchiques et dans les lymphocytes T. Même si les récepteurs H₂ se retrouvent dans différents tissus, il semble que seuls les récepteurs gastriques

**TABLEAU 27-2.** *Traitement médicamenteux des ulcères duodénaux*

| Classe de médicaments / Médicament | Schéma posologique |
|---|---|
| *ANTIACIDES* (divers) | 30 mL, 1 et 3 heures après les repas et au coucher, pendant 4 semaines ou plus |
| *INHIBITEURS DES RÉCEPTEURS H₂* | |
| Cimetidine | 300 mg qid pendant 4 à 6 sem. (ou 400 mg bid et 800 mg une fois par jour) |
| | Pour prévenir les récidives : 400 mg / jour au coucher |
| Ranitidine | 150 mg bid pendant 4 à 6 sem. (ou 300 mg une fois par jour) |
| | Pour prévenir les récidives : 150 mg / jour au coucher |
| Famotidine | 40 mg une fois par jour pendant 4 à 6 sem. Traitement d'entretien : 20 mg / jour au coucher |
| *AGENTS CYTOPROTECTEURS* | |
| Sucralfate | 1 g qid ou 2 g bid |

(Source: M. J. Koch, «How to Detect and Heal Lesions and Relieve Pain», *Consultant*, mai 1987; 27(5):21-24)

soient touchés par les inhibiteurs des récepteurs $H_2$. Les antihistaminiques courants bloquent l'action des récepteurs $H_1$ mais n'ont aucun effet sur les récepteurs $H_2$. Les inhibiteurs des récepteurs $H_2$ (la cimetidine, la ranitidine et la famotidine) réduisent de façon importante la sécrétion d'acide par l'estomac. À doses élevées, ils abaissent les seuils de sécrétion à des niveaux infinitésimaux.

La cimetidine (Tagamet) est prise par voie orale à chaque repas et au coucher. Un comprimé de 300 mg inhibe à plus de 90 % la sécrétion d'acides pendant environ 5 heures. Elle inhibe également les sécrétions de gastrine, d'acétylcholine et d'histamine. Elle soulage les douleurs ulcéreuses et réduit par conséquent la consommation d'antiacides. Même si des études ont démontré que les antiacides liquides sont aussi efficaces que la cimétidine, s'ils sont pris de façon appropriée, la plupart des patients préfèrent prendre des comprimés plutôt qu'une préparation liquide pendant la journée. Un traitement de courte durée à la cimetidine permet d'obtenir la cicatrisation complète des ulcères, mais un traitement d'entretien à faible dose est souvent nécessaire pour prévenir les récidives. Les effets indésirables de ce médicament sont notamment des altérations hépatiques, la gynécomastie et la confusion chez les patients âgés. On observe des interactions médicamenteuses (plus particulièrement avec la warfarine, le Valium et la théophylline).

La ranitidine (Zantac) est un autre inhibiteur des récepteurs $H_2$ qui s'administre sous forme de comprimés deux fois par jour. Diverses études ont démontré que ce médicament est plus efficace que la cimetidine et qu'il provoque moins d'effets indésirables. Ses effets indésirables sont notamment des étourdissements, de la constipation, une gynécomastie et un état dépressif. La dépression s'installe généralement en six à huit semaines pour disparaître plusieurs semaines après l'arrêt du médicament.

La famotidine (Pepcid) est un inhibiteur des récepteurs $H_2$ qui se prend une fois par jour, généralement au coucher. Des études cliniques ont démontré qu'il provoque la cicatrisation rapide des ulcères en 4 à 8 semaines chez environ 85 % des patients traités. Par la suite, une dose réduite est recommandée comme traitement d'entretien. La vitesse d'absorption de la famotidine n'est pas modifiée de façon significative par les antiacides, qui peuvent être pris en même temps. Des études menées chez des patients âgés n'ont révélé aucune modification significative de la pharmacodynamique. Le tableau 27-2 présente le schéma posologique de ces médicaments.

**Antiacides.**    Les antiacides sont encore le traitement de base des ulcères gastroduodénaux, même s'ils ne peuvent maintenir le pH à 3,5 ou plus (ce qui est nécessaire pour inactiver la pepsine) pendant plus de 45 minutes. Il faut donc essayer de trouver l'antiacide qui assurera la meilleure innocuité tout en neutralisant l'acidité le plus longtemps possible. De façon générale, les antiacides sont évacués rapidement de l'estomac, et des doses fréquentes sont nécessaires. Il ne faut pas dépasser les doses recommandées en raison de risques d'alcalose ou d'hyperacidité réactionnelle.

Le bicarbonate de sodium est probablement l'agent qui neutralise le mieux le contenu acide de l'estomac, mais il *n'est pas* recommandé, étant donné qu'il est évacué très rapidement de l'estomac et qu'il peut facilement provoquer avec le temps une alcalose.

Les antiacides peuvent être classés en différentes catégories selon qu'ils contiennent du magnésium seulement, du magnésium et de l'aluminium ou de l'aluminium seulement. Ceux qui contiennent du magnésium provoquent souvent des diarrhées, et ceux qui contiennent de l'aluminium entraînent de la constipation. Les antiacides à base de calcium ne sont pas recommandés car ils entraînent une augmentation du taux de gastrine sérique et de l'acidité gastrique.

Auparavant, la teneur en sodium déterminait souvent le choix de l'antiacide. Plus récemment, les fabricants d'antiacides ont réduit la teneur en sodium de tous leurs produits. Les antiacides sont plus efficaces s'ils sont administrés sous forme liquide.

La fréquence de l'administration des antiacides est déterminée en fonction du temps de vidange gastrique. De façon générale, on recommande de prendre 15 à 30 mL, de 1 à 3 heures après chaque repas et au coucher. Le traitement sera efficace plus longtemps si les antiacides sont pris une heure après les repas, au moment où la production d'acide est à son maximum. Les effets sont généralement de courte durée, et il faut prendre une nouvelle dose après deux heures. Certaines personnes préfèrent les comprimés, qui sont plus pratiques. Les patients doivent bien lire les directives figurant sur l'emballage et consulter leur médecin pour établir leur schéma posologique. Si le patient est éveillé la nuit par des douleurs épigastriques, on doit lui recommander de noter l'heure et de régler son réveil une heure avant le moment de l'apparition des douleurs pour prendre un antiacide.

**Anticholinergiques.**    Les anticholinergiques bloquent l'acétylcholine, qui est l'un des principaux stimulants de la sécrétion d'acide, mais leur efficacité est entravée par leurs effets indésirables qui peuvent apparaître aux doses thérapeutiques. Ils ne sont donc prescrits qu'aux patients souffrant de douleurs nocturnes graves et persistantes, et sont généralement contre-indiqués pour les traitements prolongés. Ils réduisent l'activité motrice de l'estomac, ce qui permet aux antiacides d'y rester plus longtemps. Dans certains cas, ils sont pris au coucher avec une double dose d'antiacide.

Les principaux effets indésirables des anticholinergiques sont l'assèchement de la bouche et de la gorge, une soif excessive, des troubles de déglutition, une rougeur et un assèchement de la peau, une accélération du pouls et de la respiration, une dilatation des pupilles et une excitation.

- En raison de ces effets indésirables, ils sont contre-indiqués dans plusieurs cas: glaucome, tachycardie, dysrythmie, sténose du pylore, colite ulcéreuse, iléus paralytique et rétention urinaire.

**Autres médicaments.**    Le sucralfate (Sulcrate) est un médicament à action locale qui a également des propriétés anti-ulcéreuses. Il forme avec les protéines (comme l'albumine et le fibrinogène) un film qui tapisse le fond de l'ulcère. Cette barrière résiste aux acides, mais ne les réduit pas. En d'autres mots, les acides ne sont pas neutralisés, mais ils ne peuvent atteindre la lésion ulcérée. Le sucralfate n'est que très peu absorbé par le tractus gastro-intestinal, et ses effets antiulcéreux ne dépendent pas de son activité générale.

**Durée du traitement.**    Le patient doit respecter son traitement médicamenteux pour assurer la guérison complète de son ulcère. Comme les symptômes disparaissent en une semaine dans la plupart des cas, l'infirmière doit lui faire comprendre l'importance de poursuivre son traitement pour

*(suite à la page 696)*

## Plan de soins infirmiers 27-1
## Patients présentant un ulcère gastroduodénal

| Interventions infirmières | Justification | Résultats escomptés |
|---|---|---|

**Diagnostic infirmier:** Manque de connaissances sur la prévention des symptômes et le traitement de la maladie

**Objectif:** Acquisition des connaissances nécessaires sur la prévention et le traitement de la maladie

| | | |
|---|---|---|
| 1. Évaluer les connaissances du patient et sa motivation. | 1. La capacité de se concentrer sur l'apprentissage de nouvelles notions dépend de l'état physique du patient, de son niveau d'anxiété et de sa bonne volonté. | • Le patient se montre désireux d'apprendre des façons de traiter sa maladie. |
| 2. Donner les renseignements nécessaires: a) Utiliser des mots que peut comprendre le patient. b) Choisir un moment où le patient est reposé et intéressé. c) Limiter les séances d'enseignement à 30 minutes. | 2. La personnalisation du plan d'enseignement favorise l'apprentissage. | • Le patient participe aux séances d'apprentissage. • Il pose des questions. |
| 3. Rassurer le patient en lui expliquant que sa maladie peut être traitée. | 3. On favorise ainsi la modification du comportement dans le sens désiré. | • Le patient démontre sa capacité de prendre en charge ses autosoins. |

**Diagnostic infirmier:** Douleur reliée à l'irritation de la muqueuse et aux spasmes musculaires

**Objectif:** Soulagement de la douleur

| | | |
|---|---|---|
| 1. Administrer les médicaments prescrits: a) Antiacides b) Inhibiteurs des récepteurs $H_2$ de l'histamine c) Anticholinergiques | 1. Les médicaments permettent de réduire la douleur: a) Les antiacides neutralisent l'acidité des sécrétions gastriques. b) Les inhibiteurs des récepteurs $H_2$ de l'histamine restreignent la sécrétion d'acide gastrique. c) Les anticholinergiques inhibent la libération de l'acide chlorhydrique. | • Le patient prend ses médicaments selon l'ordonnance. • Il souffre moins grâce au traitement médicamenteux. |
| 2. Recommander au patient de ne pas prendre de médicaments ulcérogènes vendus sans ordonnance. | 2. Les médicaments contenant des salicylates irritent la muqueuse gastrique. | • Le patient remplace l'aspirine par de l'acétaminophène (Tylenol). • Il évite les médicaments vendus sans ordonnance qui comportent de l'acide acétylsalicylique (Contac, Alka-Seltzer). |
| 3. Conseiller au patient d'éviter les aliments et les boissons qui irritent la muqueuse de l'estomac (caféine et alcool). | 3. Les boissons et aliments qui contiennent de la caféine stimulent la sécrétion d'acide chlorhydrique. | • Le patient respecte les restrictions recommandées. |
| 4. Recommander au patient d'accroître sa consommation d'eau. | 4. L'eau est un bon antiacide. | • Le patient consomme de 6 à 8 verres d'eau par jour. |
| 5. Recommander au patient de manger lentement et de bien mastiquer. | 5. Plus les particules alimentaires sont grosses, plus la sécrétion d'acide chlorhydrique est importante. | • Le patient prend de plus petits repas et mastique ses aliments plus lentement. |
| 6. Recommander au patient de prendre ses repas à heure fixe et de prendre périodiquement des collations. | 6. Les repas pris à des heures régulières contribuent à maintenir les particules alimentaires dans l'estomac, ce qui neutralise l'acidité des sécrétions gastriques. | • Le patient respecte son horaire de repas et de collations. |
| 7. Conseiller au patient de cesser de fumer. | 7. Le tabagisme accroît les risques de récidive des ulcères. | • Le patient cesse de fumer. |

## Plan de soins infirmiers 27-1    (suite)

## Patients présentant un ulcère gastroduodénal

| Interventions infirmières | Justification | Résultats escomptés |
|---|---|---|

**Diagnostic infirmier:**    Anxiété reliée à la peur des conséquences d'une maladie grave

**Objectif:**    Réduction de l'anxiété

| | | |
|---|---|---|
| 1. Encourager le patient à exprimer ses préoccupations et ses craintes, et à poser des questions. | 1. Une bonne communication favorise l'établissement d'une relation de confiance, ce qui contribue à soulager l'anxiété et le stress. | • Le patient exprime ses craintes et ses préoccupations. |
| 2. Expliquer les raisons qui justifient le respect du programme de traitement:<br>a) Médicaments<br>b) Restrictions alimentaires<br>c) Modification des activités<br>d) Réduction ou arrêt de la consommation de tabac | 2. L'acquisition de connaissances permet de réduire la peur de «l'inconnu». Elle favorise la modification du comportement. | • Le patient comprend la raison d'être des traitements et des restrictions.<br>• Il modifie son comportement dans le sens voulu. |
| 3. Aider le patient à reconnaître les situations qui sont source de stress. | 3. Il faut connaître les causes du stress pour être en mesure de les éliminer. | • Le patient reconnaît les situations qui sont source de stress. |
| 4. Enseigner au patient divers exercices de réduction du stress: méditation, techniques de diversion et imagerie. | 4. La réduction de l'anxiété diminue la sécrétion d'acide chlorhydrique. | • Le patient utilise des mesures de relaxation lorsqu'il en sent le besoin. |

**Diagnostic infirmier:**    Déficit nutritionnel relié à la douleur qui suit les repas

**Objectif:**    Atteinte d'un état nutritionnel optimal

| | | |
|---|---|---|
| 1. Recommander des boissons et des aliments non irritants. | 1. Les aliments non irritants réduisent les douleurs épigastriques. | • Le patient évite les boissons et les aliments irritants. |
| 2. Conseiller au patient de prendre ses repas à heures régulières et d'éviter les collations avant le coucher. | 2. La régularité des repas contribue à neutraliser l'acidité gastrique, mais les collations avant le coucher accroissent la sécrétion d'acide. | • Le patient prend ses repas et ses collations à heure fixe. |
| 3. Inciter le patient à prendre ses repas dans un climat de détente. | 3. Un climat de détente réduit l'anxiété, ce qui restreint la sécrétion d'acide chlorhydrique. | • Le patient prend ses repas dans un climat de détente. |

éviter l'arrêt de la cicatrisation et le retour des symptômes. Le repos et la prise de sédatifs et de tranquillisants, qui accroissent le bien-être, sont recommandés au besoin. On préconise généralement des doses d'entretien pendant un an si le patient prend des inhibiteurs des récepteurs $H_2$.

Après la première semaine, les antiacides ne sont plus administrés pour soulager les symptômes, mais pour les prévenir. Il semble préférable que le patient prenne ses repas à heures régulières.

De la sixième ou septième semaine jusqu'à six mois, les antiacides sont pris environ une heure après les repas et au coucher. On peut en interrompre l'administration par la suite. Si le patient traverse une période de stress ou s'il porte moins attention à son alimentation et que ses symptômes

réapparaissent, on réinstaure le traitement jusqu'à la disparition des symptômes. On doit exhorter le patient à cesser complètement de fumer. Il faut l'inciter à recourir à des méthodes qui l'aideront à abandonner l'usage du tabac et à soulager le stress.

**Interventions chirurgicales.**    Depuis l'arrivée des inhibiteurs des récepteurs $H_2$, l'exérèse des ulcères gastroduodénaux est plus rare. La chirurgie est recommandée dans les cas d'ulcères rebelles ou d'hémorragies, de perforations ou d'obstructions pouvant être fatales. Les interventions chirurgicales sont notamment la vagotomie, la vagotomie avec pyloroplastie ou l'anastomose de type Billroth I ou II. Voir à la page 709, la section intitulée «Démarche de soins infirmiers: Patients subissant une chirurgie gastrique».

## Pronostic

Des récidives peuvent apparaître dans les deux ans chez environ un tiers des patients. Toutefois, la prise d'inhibiteurs des récepteurs $H_2$ à titre préventif permet d'en abaisser l'incidence. Les risques de récidive sont plus faibles si le patient évite le tabac, le thé, le café, les boissons au cola (même sans caféine), l'alcool et les médicaments ulcérogènes (notamment les agents anti-inflammatoires).

## ▶ DÉMARCHE DE SOINS INFIRMIERS PATIENTS ATTEINTS D'UN ULCÈRE GASTRODUODÉNAL

### ▷ *Collecte des données*

Les données concernant l'état de santé et les habitudes de vie du patient sont essentielles à l'établissement d'un programme de prévention et de traitement des ulcères gastroduodénaux. Aussi, l'infirmière demande au patient de lui décrire la douleur qu'il éprouve et les méthodes qui lui permettent de la soulager (aliments, antiacides). L'ulcère gastroduodénal provoque généralement une douleur que les patients décrivent comme une «brûlure» ou un «tiraillement» apparaissant environ deux heures après les repas. La douleur réveille souvent le patient entre minuit et 3 h; elle est généralement soulagée par la prise d'un antiacide ou d'aliments, ou par des vomissements. L'infirmière demande au patient s'il a vomi, si ses vomissements étaient rouge vif ou avaient l'apparence du marc de café, et s'il a vu du sang dans ses selles. Elle lui demande également d'indiquer les aliments qu'il a consommés au cours des 72 dernières heures et s'informe de ses habitudes alimentaires (vitesse et régularité des repas, préférences à l'égard des aliments épicés, des assaisonnements, des boissons contenant de la caféine). Elle évalue le niveau de tension ou de nervosité du patient et lui pose diverses questions: Combien de cigarettes fume-t-il par jour? Comment exprime-t-il sa colère? Comment décrirait-il son travail et sa vie familiale? A-t-il des problèmes ou des tensions au travail ou au sein de sa famille? D'autres membres de sa famille ont-ils souffert d'ulcère?

L'infirmière mesure les signes vitaux du patient afin de déceler les signes d'anémie (tachycardie, hypotension) et procède à une recherche de sang occulte dans les selles. Elle effectue un examen physique du patient et une palpation de son abdomen à la recherche de douleurs localisées.

### ▷ *Analyse et interprétation des données*

Selon les données recueillies, voici les principaux diagnostics infirmiers possibles:

- Douleur reliée aux effets de la sécrétion gastrique d'acide sur les tissus endommagés
- Anxiété reliée à la perspective d'être atteint d'une maladie grave
- Manque de connaissances sur la prévention des symptômes et le traitement de l'ulcère

### ▷ *Planification et exécution*

▷ *Objectifs:* Soulagement de la douleur, réduction de l'anxiété; acquisition de connaissances sur la prévention et le traitement de la maladie

### ▷ *Interventions infirmières*

▷ *Soulagement de la douleur.* L'administration des médicaments prescrits (antiacides, anticholinergiques, inhibiteurs des récepteurs $H_2$ de l'histamine) permet de soulager la douleur. L'infirmière recommande au patient d'éviter l'aspirine et les aliments et boissons qui contiennent de la caféine (cola, thé, café, chocolat), et de prendre ses repas à des heures régulières dans une ambiance détendue. Elle l'incite à apprendre des techniques de relaxation pour lutter contre le stress, soulager la douleur et arrêter de fumer. Voir le Plan de soins infirmiers 27-1: Patients présentant un ulcère gastroduodénal.

▷ *Réduction de l'anxiété.* L'infirmière doit évaluer les connaissances du patient et ce qu'il désire connaître à propos de sa maladie. Elle doit également déterminer son degré d'anxiété. Les patients qui souffrent d'un ulcère gastroduodénal sont généralement anxieux, mais cachent leur anxiété, ce qui aggrave souvent le processus morbide. L'infirmière renseigne le patient en fonction de ses capacités d'apprentissage, et répond à ses questions. Elle lui permet d'exprimer librement ses craintes, sans porter de jugement. Elle lui explique également les examens diagnostiques qu'il doit subir, et administre les médicaments à l'heure fixée. Les victimes d'ulcère étant souvent des personnes qui mesurent leur temps et planifient leurs journées, toute dérogation à l'horaire peut accroître leur anxiété et augmenter la sécrétion d'acide. L'infirmière doit donc rassurer le patient en lui disant qu'il peut toujours obtenir de l'aide en cas de difficulté. Elle l'amène à préciser la cause de ses tensions et lui enseigne des stratégies d'adaptation efficaces et des techniques de relaxation. Dans toute la mesure du possible, les membres de la famille doivent collaborer aux soins et apporter au patient un soutien psychologique.

▷ *Enseignement au patient et soins à domicile.* Pour se rétablir de son ulcère, le patient doit bien comprendre sa situation et connaître les facteurs qui aggravent ou atténuent son état. Voici quelques éléments qu'il importe de considérer à cet égard:

1. *Médicaments:* Le patient connaît-il les médicaments qu'il doit prendre à domicile (nom du médicament, posologie, fréquence et effets indésirables possibles)? Le patient connaît-il les médicaments qu'il doit éviter?

2. *Alimentation:* Le patient connaît-il les aliments qui aggravent la douleur? Sait-il que le café, le thé, les boissons au cola et l'alcool augmentent la production d'acide? Sait-il qu'il doit éviter de trop manger? Comprend-il qu'il doit prendre ses repas à des heures régulières, dans une ambiance de détente?

3. *Tabagisme:* Le patient sait-il que le fait de fumer peut nuire à la cicatrisation de son ulcère? Connaît-il l'existence de programmes pouvant l'aider à cesser de fumer? Le patient sait-il que le fait de fumer accroît probablement l'irritation de l'ulcère?

4. *Repos et réduction du stress:* Le patient connaît-il les sources de stress dans sa vie familiale ou professionnelle? Sa maladie ou d'autres situations ont-elles engendré des symptômes de stress ou des problèmes dans sa vie familiale ou professionnelle? Peut-il se réserver des périodes de repos pendant la journée? Peut-il s'accorder des périodes de détente ou de relaxation après les périodes inévitables de stress? A-t-il besoin d'un counseling psychologique prolongé?

5. *Connaissance des complications:* Le patient surveille-t-il l'apparition des signes et symptômes de complications qui doivent être signalés?
   - *Hémorragies:* refroidissement de la peau, confusion, accélération de la fréquence cardiaque, respiration laborieuse, présence de sang dans les selles
   - *Perforation:* douleurs abdominales graves, rigidité et sensibilité abdominales, vomissements, fièvre et accélération de la fréquence cardiaque
   - *Sténose du pylore:* nausées, vomissements, distension abdominale et douleurs abdominales
   - *Douleur irréductible:* douleur et malaise persistants reliés au stress, à l'alimentation ou au traitement médicamenteux

6. *Soins de suivi:* Le patient sait-il qu'un suivi d'une durée d'environ un an est nécessaire? A-t-il été informé que l'ulcère pourrait réapparaître? Sait-il qu'il doit consulter un médecin en cas de récidive?

▷ *Évaluation*

### Résultats escomptés

1. Le patient ne présente plus de douleur.
   a) Il n'éprouve plus de douleur entre les repas.
   b) Il prend des antiacides selon l'ordonnance.
   c) Il respecte son traitement médicamenteux.
   d) Il évite les boissons et les aliments pouvant provoquer de la douleur.
   e) Il prend ses repas à heure fixe.
   f) Il n'éprouve aucun des effets indésirables des antiacides (diarrhée ou constipation).
2. Le patient est moins anxieux.
   a) Il connaît les situations qui provoquent du stress.
   b) Il sait quels changements apporter à son mode de vie pour réduire le stress.
   c) Il fait participer sa famille aux décisions touchant la modification de son mode de vie.
   d) Il modifie son mode de vie de façon appropriée.
   e) Il prend les sédatifs et les tranquillisants prescrits.
   f) Il n'éprouve aucun effet indésirable découlant des sédatifs et des tranquillisants.
3. Le patient se conforme à son programme thérapeutique.
   a) Il évite les boissons et les aliments irritants.
   b) Il prend ses repas à heure fixe.
   c) Il mange lentement, dans une atmosphère de détente.
   d) Il prend les médicaments prescrits au moment voulu.
   e) Il a recours à des mécanismes d'adaptation afin de réduire le stress.

## COMPLICATIONS DES ULCÈRES GASTRODUODÉNAUX

Les principales complications des ulcères gastroduodénaux sont l'hémorragie, la perforation, la sténose du pylore et l'ulcère rebelle.

### Hémorragie

L'hémorragie, qui se manifeste par une hématémèse, un méléna ou les deux, constitue *la complication la plus courante* des ulcères gastroduodénaux. Elle se produit chez 10 à 20 % des patients atteints d'un ulcère et son taux de mortalité est de 30 à 40 %. Le foyer le plus fréquent d'hémorragie est la portion distale du duodénum. Quand l'hémorragie est importante (2000 à 3000 mL), le sang est perdu surtout dans les vomissements. Le patient devient presque exsangue, et il faut corriger rapidement les pertes sanguines pour lui sauver la vie. Quand l'hémorragie est moins importante, le sang est en tout ou en partie passé dans les selles, qui prennent une coloration noire semblable à celle du goudron en raison de la digestion de l'hémoglobine.

***Collecte des données.*** L'infirmière évalue l'état de santé du patient afin de dépister les premiers symptômes d'hémorragie: lipothymie ou étourdissements. Des nausées peuvent précéder ou accompagner l'hémorragie. La dyspepsie est parfois absente. L'infirmière mesure les signes vitaux afin de vérifier s'il y a tachycardie, hypotension et tachypnée. On obtient le taux d'hémoglobine et l'hématocrite et on effectue une recherche de sang dans les selles. On note le débit urinaire pendant 24 heures afin de déceler l'anurie ou l'oligurie.

***Traitement.*** Comme l'hémorragie peut être fatale, il faut établir rapidement sa cause et sa gravité, et remplacer le sang perdu afin de prévenir le choc hypovolémique.

- On effectue les préparatifs nécessaires à la mise en place d'une ligne de perfusion intraveineuse périphérique (pour la perfusion de sérum physiologique et la transfusion de sang) et, dans certains cas, d'une ligne de perfusion centrale (pour la perfusion de liquides et la mesure de la pression veineuse centrale). Des dérivés sanguins sont administrés si les signes suivants apparaissent: tachycardie, transpiration et refroidissement des extrémités.
- L'hémoglobine et l'hématocrite sont mesurés pour vérifier l'importance de l'hémorragie.
- Une sonde urinaire à demeure est mise en place pour la surveillance du débit urinaire.
- Une intubation nasogastrique est réalisée pour distinguer le sang frais du sang «marc de café» et administrer une solution saline de lavage (élimination des caillots et vasoconstriction des vaisseaux superficiels). Une solution physiologique peut être administrée par voie orale, et des liquides sont retirés par aspiration. Cette intervention élimine l'acide, prévient les nausées et les vomissements et permet de déceler les hémorragies ultérieures. Le pH des sécrétions gastriques, obtenues de la sonde nasogastrique, peut être mesuré toutes les heures, et des antiacides administrés si le pH est inférieur à 4.
- Une oxygénothérapie peut être instaurée.
- Le patient est placé en décubitus pour prévenir le choc hypovolémique.
- Les signes vitaux sont mesurés aussi souvent que l'état du patient l'exige.
- Le choc hypovolémique est traité selon les modalités décrites au chapitre 34.

Si l'hémorragie ne peut être arrêtée par les mesures ci-dessus, les traitements suivants peuvent être entrepris:

1. Traitements endoscopiques. L'hémorragie peut être arrêtée grâce à différents traitements endoscopiques: coagulation par laser ou par sonde thermique ou injection de médicaments, comme l'épinéphrine, permettant d'arrêter l'hémorragie. Ces techniques

**TABLEAU 27-3.** *Chirurgies gastriques en cas d'ulcères gastroduodénaux*

| Intervention | Description | Mortalité | Récidive | Avantages | Séquelles |
|---|---|---|---|---|---|
| Vagotomie avec drainage: pyloroplastie ou gastro-entérostomie | La vagotomie peut être tronculaire ou sélective (préservation des rameaux hépatiques, cœliaques et pancréatiques). | Moins de 1 % | 12 % | Intervention chirurgicale assez simple<br>Résultats cliniques:<br>75 % — excellents<br>10 % — bons<br>10 % — faibles | Parfois, une sensation de plénitude après avoir mangé (33 %), syndrome de chasse (10 %), diarrhée (10 %) et gastrite (90 %) |
| Vagotomie et antrectomie | Résection des nerfs vagues et excision de l'antre de l'estomac | 3,9 % | 3,3 % | Taux d'ulcération marginale plus faible | Parfois, une sensation de plénitude après avoir mangé, syndrome de chasse, diarrhée, anémie et malabsorption |
| Gastrectomie subtotale Billroth I (gastroduodénostomie; anastomose après résection) | Extraction du tiers distal de l'estomac; anastomose avec le duodénum | 2 % | 10 % | Rétablit la continuité normale. | Syndrome de chasse, anémie, malabsorption et perte pondérale<br>Le taux d'ulcération marginale est de 4 %. |
| Billroth II (gastrojéjunostomie; anastomose après résection) | Excision du segment distal de l'estomac et de l'antre; anastomose avec le jéjunum | | 1 à 3 % | | Le taux d'ulcération marginale est de 2 %. |
| Vagotomie supersélective sans drainage | Section du nerf vague qui innerve les cellules pariétales avec préservation de l'innervation de l'antre gastrique et des viscères abdominaux extragastriques | Moins de 1 % | 1 à 9 % | Pas de syndrome de chasse, de gastrite réflexe ni de diarrhées.<br>L'antibiothérapie n'est pas nécessaire étant donné que le tractus gastro-intestinal n'est pas incisé. | Semble présenter peu de risque; une évaluation à long terme est nécessaire. |

peuvent être utilisées en association. On ne s'entend pas sur le moment le plus propice pour l'endoscopie. Certains estiment qu'elle doit être réalisée dans les 24 heures suivant la stabilisation de l'hémorragie. D'autres croient qu'elle doit être effectuée pendant la phase aiguë de l'hémorragie, dans la mesure où l'exploration visuelle est possible.

2. Perfusions intra-artérielles de vasopressine, au moyen d'une pompe, directement dans l'artère hémorragique; un artériogramme de contrôle est nécessaire pour évaluer l'efficacité du traitement.

3. Embolisation sélective. On peut injecter un caillot sanguin autologue, avec ou sans Gelfoam (éponge en gélatine absorbable), dans le rameau vasculaire qui alimente l'hémorragie. On peut aussi introduire un mélange du sang du patient ou d'autres dérivés sanguins à l'aide d'un cathéter au-dessus de la lésion hémorragique. Cette intervention est faite par un radiologiste.

***Traitements chirurgicaux.*** Si l'hémorragie réapparaît dans les 48 heures suivant l'instauration du traitement

médical, ou si plus de 6 unités de sang en 24 heures sont nécessaires pour maintenir le volume sanguin, une intervention chirurgicale sera vraisemblablement nécessaire. Certains médecins recommandent d'emblée une intervention chirurgicale pour les patients atteints d'un ulcère gastroduodénal qui ont fait trois hémorragies.

Les autres facteurs qui peuvent exiger le recours à la chirurgie sont l'âge du patient (après 60 ans, les hémorragies massives sont trois fois plus susceptibles d'entraîner la mort), des antécédents d'ulcération duodénale chronique et la présence concomitante d'une ulcération gastrique.

On excise la région ulcéreuse, ou on ligature les vaisseaux sanguins qui alimentent l'hémorragie. Dans bien des cas, on pratique en même temps une intervention permettant d'éliminer la cause sous-jacente de l'ulcération (par exemple, une vagotomie et une pylorectomie, ou une gastrectomie).

***Perforation.*** La perforation d'un ulcère gastroduodénal peut survenir de façon soudaine, sans indice préalable de troubles digestifs. La perforation de la cavité péritonéale exige une intervention chirurgicale d'urgence.

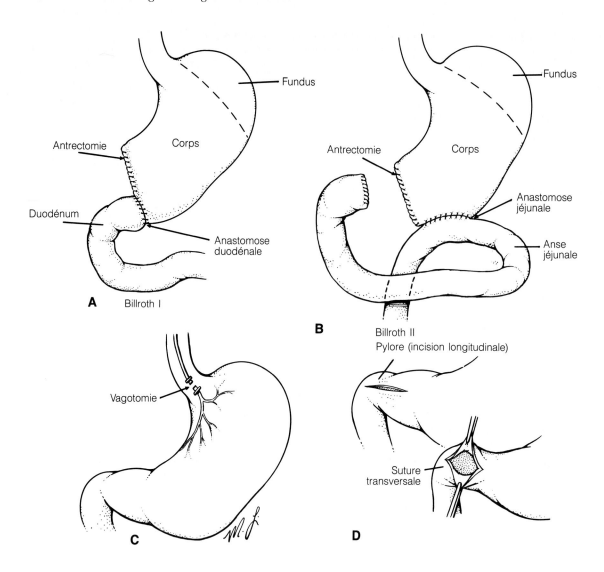

**Figure 27-2.** Interventions chirurgicales pratiquées dans les cas d'ulcères. **(A)** Antrectomie avec anastomose duodénale (Billroth I). **(B)** Antrectomie avec anastomose jéjunale (Billroth II). **(C)** Résection des nerfs vagues (vagotomie). **(D)** Pyloroplastie : une incision longitudinale est pratiquée dans le pylore, puis suturée transversalement dans le but d'élargir l'ouverture du pylore.

Les signes et symptômes à relever sont notamment les suivants :

- Douleur épigastrique brutale et persistante, dont l'intensité va en augmentant.
- Douleur pouvant irradier dans les épaules, plus particulièrement l'épaule droite, en raison de l'irritation du nerf phrénique du diaphragme.
- Vomissements et collapsus (syncope)
- Abdomen très sensible et rigide
- État de choc

Une intervention chirurgicale immédiate est indiquée, pour éviter une péritonite chimique, qui apparaît quelques heures après la perforation, suivie d'une péritonite bactérienne. La perforation doit donc être refermée aussi rapidement que possible. Dans certains cas, un traitement chirurgical de la lésion ulcéreuse est indiqué.

Après l'intervention, le contenu de l'estomac est drainé à l'aide d'un tube nasogastrique. L'infirmière surveille l'équilibre hydroélectrolytique du patient et est à l'affût des signes de péritonite ou d'infection (fièvre, douleur abdominale, iléus paralytique, absence ou augmentation des bruits intestinaux, distension abdominale). Une antibiothérapie par voie parentérale peut être prescrite.

### Sténose du pylore

La sténose du pylore est due à la présence dans la région distale du sphincter pylorique de lésions cicatricielles consécutives à des spasmes ou à de l'oedème, ou de tissu cicatriciel provenant d'ulcères récidivants. Ses principaux symptômes sont des nausées, des vomissements, de la constipation, une plénitude épigastrique, de l'anorexie et (plus tard) une perte de poids.

On commence le traitement en insérant un tube nasogastrique pour décompresser l'estomac. En même temps,

*(suite à la page 704)*

## Plan de soins infirmiers 27-2
## *Patients subissant une résection gastrique*

| Interventions infirmières | Justification | Résultats escomptés |
|---|---|---|

### PÉRIODE PRÉOPÉRATOIRE

*Diagnostic infirmier:* Manque de connaissances sur l'intervention chirurgicale et le déroulement de la période postopératoire

*Objectif:* Acquisition de connaissances sur l'intervention et le déroulement de la période postopératoire

| Interventions infirmières | Justification | Résultats escomptés |
|---|---|---|
| 1. S'assurer que le patient comprend la nature de l'opération qu'il doit subir. | 1. Les connaissances acquises dans la période préopératoire permettent au patient de mieux accepter les mesures postopératoires. | • Le patient respecte son programme thérapeutique. |
| 2. Informer le patient qu'il sera placé en position semi-Fowler après la disparition des effets de l'anesthésie. | 2. La position semi-Fowler favorise le bien-être du patient et facilite le drainage de l'estomac. | |
| 3. Informer le patient qu'il devra pratiquer des exercices de respiration profonde et de toux dans la période postopératoire. | 3. La toux et les respirations profondes préviennent les complications pulmonaires. | • Le patient évite les respirations superficielles qui sont associées à la douleur dans la région de l'incision. |
| 4. Informer le patient qu'une sonde sera mise en place et qu'il ne pourra consommer de liquides dans la période postopératoire jusqu'au retour du péristaltisme. | 4. L'intubation nasogastrique permet d'effectuer le drainage du contenu gastrique, qui peut contenir du sang dans les 12 premières heures. | • Le patient d'adapte aux inconvénients de la sonde nasogastrique. |
| 5. Informer le patient qu'il recevra des liquides par voie parentérale. La prise de liquides par voie orale sera interdite jusqu'à ce que la sonde nasogastrique soit retirée et le péristaltisme rétabli. | 5. L'administration de liquides par voie parentérale permet de répondre aux besoins liquidiens et nutritionnels du patient, et remplace les liquides perdus lors du drainage et des vomissements. | • Le patient accepte les restrictions liquidiennes imposées. |
| 6. Informer le patient qu'il pourra recommencer progressivement à consommer des aliments non irritants. | 6. La consommation d'aliments est accrue graduellement, de même que celle des liquides (jusqu'à 120 mL entre les repas) afin d'établir la tolérance du patient. | • Le patient respecte son régime alimentaire. |
| 7. Informer le patient qu'il pourra se lever avec de l'aide le lendemain de l'opération. | 7. La marche précoce prévient la stase veineuse et la thrombophlébite. | • Le patient accepte de marcher dès qu'il en est capable. |
| 8. Informer le patient que ses pansements pourront contenir des écoulements. Il doit signaler sans délai les écoulements excessifs ou la présence de sang rouge. | 8. Un écoulement sérosanguin est normal dans la période postopératoire, plus particulièrement si des drains ont été mis en place. | • Le patient sait que ses pansements pourront contenir des écoulements et qu'ils seront renforcés au besoin. |

### PÉRIODE POSTOPÉRATOIRE

*Diagnostic infirmier:* Douleur reliée à l'incision chirurgicale

*Objectif:* Soulagement de la douleur

| Interventions infirmières | Justification | Résultats escomptés |
|---|---|---|
| 1. Conseiller au patient de se tourner fréquemment pour favoriser son bien-être et prévenir les complications pulmonaires et vasculaires. | 1. L'inactivité favorise l'accumulation de sécrétions pulmonaires. | • Le patient collabore à ses exercices pulmonaires. |
| 2. Administrer les analgésiques ou les narcotiques prescrits. | 2. Le soulagement de la douleur découle de la dépression sélective du système nerveux central. | • Le patient demande des analgésiques au besoin. |

## Plan de soins infirmiers 27-2    (suite)

## Patients subissant une résection gastrique

| Interventions infirmières | Justification | Résultats escomptés |
|---|---|---|
| 3. Interdire la prise de liquides par voie orale jusqu'à ce que le médecin le permette. | 3. Si le patient ne prend rien par voie orale, la plaie chirurgicale se cicatrise plus rapidement. | • Le patient ne prend rien par voie orale. |
| 4. Assurer l'évacuation des liquides, du sang et des gaz de l'estomac par aspiration gastrique. | 4. Favorise la cicatrisation de la plaie chirurgicale et prévient les distensions et la douleur. | |

***Diagnostic infirmier:***   Risque élevé de déficit de volume liquidien relié à un choc ou à une hémorragie

***Objectif:***   Absence de déficit de volume liquidien

| | | |
|---|---|---|
| 1. Évaluer le patient afin de déceler les signes de choc:<br>  a) Mesurer les écoulements provenant des pansements et ceux recueillis dans le flacon de drainage.<br>  b) Prendre la pression artérielle, le pouls et la respiration.<br>  c) Administrer les transfusions et les liquides prescrits.<br>  d) Indiquer au patient les symptômes qu'il doit signaler. | 1. La diminution du volume du sang circulant peut provoquer un choc hypovolémique. | • Le patient signale à l'infirmière les symptômes suivants: étourdissements, augmentation de la fréquence cardiaque, confusion, fatigue excessive ou peau moite et froide. |
| 2. Être à l'affût des signes d'hémorragie:<br>  a) Examiner les liquides aspirés dans le flacon de drainage afin de déceler toute trace de sang.<br>  b) Vérifier s'il y a saignement au niveau des sutures.<br>  c) Mesurer la pression artérielle, le pouls et la respiration.<br>  d) Préparer le patient à une transfusion sanguine et instaurer le traitement selon l'ordonnance.<br>  e) Si l'hémorragie persiste, préparer le patient à une intervention chirurgicale. | 2. L'hémorragie peut entraîner un choc hypovolémique et la mort. | • Le patient fait part à l'infirmière du moindre signe d'hémorragie. |

***Diagnostic infirmier:***   Déficit nutritionnel relié à l'intervention chirurgicale

***Objectif:***   Atteinte d'un état nutritionnel optimal

| | | |
|---|---|---|
| 1. Administrer les solutés intraveineux prescrits. | 1. L'administration de solutés par voie intraveineuse permet de prévenir l'état de choc et de maintenir l'équilibre hydroélectrolytique. | • Le patient collabore au traitement intraveineux. |
| 2. Administrer par voie orale les liquides prescrits quand des bruits intestinaux réapparaissent. | 2. La présence de bruits intestinaux indique le retour du péristaltisme. | |
| 3. Accroître la consommation de liquides en fonction de la tolérance du patient. | 3. La consommation de liquides maintient l'équilibre hydrique. | • Le patient accepte de consommer des liquides en fonction de sa tolérance. |
| 4. Assurer au patient une alimentation non irritante et lui administrer les suppléments vitaminiques qu'exige son état. | 4. Les aliments non irritants favorisent l'intégrité de la muqueuse gastrique. | • Le patient respecte son régime alimentaire. |

## Plan de soins infirmiers 27-2 (suite)

### Patients subissant une résection gastrique

| Interventions infirmières | Justification | Résultats escomptés |
|---|---|---|
| 5. Continuer à donner au patient des suppléments de fer et de vitamines selon l'ordonnance. | 5. Il faut ajouter au régime alimentaire postopératoire des suppléments de fer et de vitamines pour favoriser la réparation des tissus et prévenir l'anémie. | • Le patient prend les suppléments de fer et de vitamines prescrits. |
| 6. Recommander au patient d'éviter les aliments qui favorisent l'apparition du syndrome de chasse; lui conseiller de consommer des matières grasses en quantités modérées, et des glucides en faible quantité. | 6. La réduction de l'hypertonicité du contenu intestinal prévient l'attraction osmotique des liquides extracellulaires dans la région intestinale. | • Le patient respecte le régime alimentaire prescrit. |

**Diagnostic infirmier:** Risque élevé d'infection relié à l'incision chirurgicale

**Objectif:** Absence d'infection

| | | |
|---|---|---|
| 1. Examiner la plaie afin de déceler les signes et symptômes d'infection: rougeurs, tuméfaction, douleur provoquée, écoulements purulents, fièvre. S'ils apparaissent, les signaler sans délai. Utiliser une technique aseptique lors des changements de pansements. | 1. L'incision doit rester propre. Certains écoulements sérosanguins peuvent apparaître dans les 24 heures qui suivent l'opération, puis disparaître progressivement. | • Le patient ne présente aucun signe ou symptôme d'infection. |
| 2. Examiner l'abdomen afin de déceler les signes de péritonite (douleur, rigidité, distension). | 2. Une péritonite peut apparaître à la suite d'une chirurgie gastrique. | • Le patient ne présente aucun symptôme de péritonite. |
| 3. Administrer les antibiotiques prescrits à des fins prophylactiques. | 3. Après une chirurgie abdominale, des antibiotiques sont souvent administrés afin de prévenir l'infection. | • Le patient ne présente pas de réactions indésirables aux antibiotiques. |

**Diagnostic infirmier:** Risque de non-observance du programme thérapeutique relié à une réaction de déni

**Objectif:** Observance du programme

| | | |
|---|---|---|
| 1. Aider le patient à réduire le stress. | 1. Le stress accroît la sécrétion d'acide chlorhydrique, ce qui irrite la muqueuse déjà lésée. | • Le patient applique des méthodes de réduction du stress (rétroaction biologique, imagerie, diversion). |
| 2. Inciter le patient à se faire suivre par un médecin. | 2. Il faut procéder à des analyses hématologiques périodiques pour vérifier s'il y a anémie. Un examen physique complet permet de dépister les récidives et les complications. | • Le patient consulte son médecin tous les 6 à 12 mois. |
| 3. S'assurer que le patient peut compter sur une personne ou un organisme qui pourra l'aider à s'adapter à sa situation: services de maintien à domicile, membre du clergé, psychologue, infirmière de première ligne. | 3. Le patient peut avoir besoin d'un réseau de soutien pour s'adapter à sa maladie. | • Le patient demande l'aide dont il a besoin. |

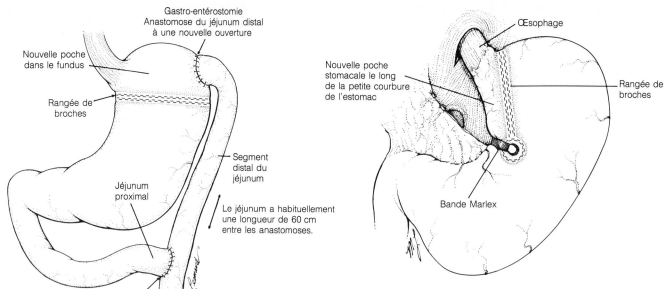

**Figure 27-3.** Pontage gastrique de Roux-en-Y. Une rangée horizontale de broches crée une poche ayant une capacité de 50 mL ou moins. Le jéjunum proximal est disséqué et sa portion distale est anastomosée à la nouvelle poche. Le segment proximal est anastomosé au jéjunum.

il importe de s'assurer qu'une obstruction est à l'origine de la douleur. On doit à cette fin mesurer la quantité de liquide aspiré par le tube nasogastrique. Un résidu supérieur à 200 mL évoque fortement une obstruction. Certains médecins pratiquent également une épreuve de charge. Pour réaliser cette épreuve, on perfuse 750 mL de solution physiologique par le tube nasogastrique dans la partie moyenne de l'antre de l'estomac. On mobilise régulièrement le patient pour permettre une vidange gastrique normale. Après 20 minutes, on pratique une aspiration. Si plus de 400 mL de solution sont récupérés, l'obstruction est confirmée.

Avant l'opération, il faut poursuivre la décompression et corriger les perturbations de volume liquidien extracellulaire ainsi que les déséquilibres électrolytiques et métaboliques. Il faut tenir un bilan quotidien minutieux des ingesta et des excreta. Diverses mesures de soutien peuvent améliorer l'état du patient. Il est parfois souhaitable de répéter l'épreuve de charge. Si elle est négative, le traitement médical se poursuit. Dans le cas contraire, une chirurgie (vagotomie et antrectomie) peut être nécessaire. Si le patient souffre de malnutrition grave, on doit souvent avoir recours à une alimentation parentérale totale.

### Ulcères rebelles

Les ulcères rebelles sont les ulcères qui entraînent des symptômes chroniques et qui résistent à toutes les formes de traitement. Il s'agit du motif le plus fréquent d'intervention chirurgicale dans les cas d'ulcères gastriques.

On doit relever soigneusement les antécédents du patient, y compris ses habitudes alimentaires et médicamenteuses, ce qui pourrait révéler une consommation exagérée de boissons contenant de la caféine et de médicaments contenant de l'aspirine. Il faut évaluer avec soin l'ensemble du tractus gastro-intestinal afin de déceler la présence d'autres troubles : hernie hiatale, cholécystite ou diverticulite.

**Figure 27-4.** Gastroplastie verticale. Une rangée verticale de broches le long de la petite courbure de l'estomac permet de former une petite poche stomacale.

Le patient et sa famille sont informés du fait que la chirurgie n'assure pas dans tous les cas la guérison de l'ulcère. Il faut aussi les prévenir des séquelles postopératoires possibles, notamment une intolérance aux produits laitiers et aux aliments sucrés.

## TRAITEMENT CHIRURGICAL

Dans les cas d'ulcères gastroduodénaux, on a recours à la chirurgie quand les traitements médicamenteux ont échoué ou qu'il y a complications (hémorragies, perforation ou sténose du pylore). Les patients qui doivent subir une intervention chirurgicale sont souvent atteints depuis longtemps; ils sont déprimés et ont connu de nombreuses interruptions dans leur vie professionnelle ainsi que des tensions familiales. Divers types d'intervention chirurgicale peuvent être pratiquées pour traiter les ulcères gastroduodénaux (tableau 27-3).

- La *gastrectomie subtotale* est l'extraction d'un tiers de l'estomac. Le segment préservé est anastomosé au duodénum ou au jéjunum.

- L'*antrectomie* comprend l'extraction de la portion inférieure (antre) de l'estomac (continuant les cellules G qui sécrètent la gastrine) ainsi que d'une petite portion du duodénum et du pylore. Le segment préservé est anastomosé au duodénum (intervention de Billroth I) ou au jéjunum (intervention de Billroth II) (figure 27-2). Une antrectomie peut également être réalisée en conjonction avec une vagotomie tronculaire.

- La *vagotomie* est une résection des nerfs vagues. Elle peut être pratiquée pour réduire la sécrétion d'acide chlorhydrique.

  La *vagotomie tronculaire,* qui comprend la résection des nerfs vagues droit et gauche à l'endroit où ils pénètrent dans l'estomac, dans la partie distale de l'œsophage, est le type de vagotomie le plus souvent utilisé afin de réduire la sécrétion d'acide ainsi que la motilité gastrique et intestinale.

- La *vagotomie sélective* comprend la résection de l'innervation vague de l'estomac avec maintien de l'innervation du reste de l'abdomen.

- La *vagotomie supersélective* est la section du nerf vague qui innerve les cellules pariétales de la portion supérieure de l'estomac. L'innervation de l'antre est préservée, ce qui permet souvent d'éviter une pyloroplastie.

- La *pyloroplastie* est une intervention de drainage selon laquelle une incision longitudinale est pratiquée dans le pylore, puis suturée transversalement, ce qui a pour effet d'élargir l'orifice du pylore et d'en relâcher le muscle (voir la figure 27-2). La pyloroplastie accompagne généralement la vagotomie tronculaire ou la vagotomie sélective, des interventions qui retardent la vidange gastrique.

## *Interventions infirmières*

Dans la période préopératoire, les soins infirmiers destinés aux patients qui doivent subir une chirurgie en raison d'ulcères gastroduodénaux sont notamment les suivants:

- *Préparation du patient aux examens diagnostiques.* Le patient subit des épreuves de laboratoire, des radiographies en série et un examen général avant l'opération. L'infirmière le prépare à chacun de ces examens diagnostiques en lui expliquant leur nature et leur but.

- *Évaluation des besoins nutritionnels et liquidiens.* Les besoins nutritionnels et liquidiens du patient revêtent une importance capitale. Chez les patients souffrant d'une sténose du pylore, des vomissements prolongés entraînent généralement une perte de poids et de liquides. Il faut donc tout mettre en œuvre pour restaurer l'équilibre nutritionnel et hydroélectrolytique du patient.

- *Vidange du tractus gastro-intestinal.* Une aspiration nasogastrique est souvent nécessaire pour assurer la vidange de l'estomac, plus particulièrement si le patient souffre d'une sténose du pylore. Le tube est mis en place avant l'intervention, et laissé en place pendant et après l'opération. Il est important que le côlon soit vide quand le patient est amené à la salle d'opération. Pour ce faire, on pratique un lavement la veille de l'intervention. Si des clichés gastro-intestinaux ont été pris peu avant l'opération, des lavements sont administrés pour éliminer complètement le baryum qui peut persister dans le côlon.

- *Réduction de la consommation de liquides.* Au cours des 24 heures qui précèdent l'opération, le patient ne doit généralement consommer que des liquides par voie orale.

Dans la période postopératoire, les soins infirmiers sont les mêmes que pour les chirurgies gastriques. (Voir aux pages 709 à 711, Démarche de soins infirmiers: Patients subissant une chirurgie gastrique, et pages 701 à 703, Plan de soins infirmiers 27-2: Patients subissant une résection gastrique.)

Résumé: Les ulcères duodénaux, les ulcères gastriques et les ulcères œsophagiens sont associés au stress, à la consommation excessive d'alcool et au tabagisme. Des données permettent de croire que les ulcères gastriques, et peut-être les ulcères duodénaux, seraient associés à la présence de *C. pylori*.

Le traitement médical fait appel à des inhibiteurs des récepteurs de l'histamine $H_2$ et à des antiacides. Le recours à des médicaments de cytoprotection a récemment été autorisé. Si le patient souffre d'hémorragies, d'une perforation ou d'une obstruction pouvant menacer sa vie, ou s'il ne réagit pas aux médicaments, une intervention chirurgicale est nécessaire.

# SYNDROME DE ZOLLINGER-ELLISON (GASTRINOMES)

On soupçonne un syndrome de Zollinger-Ellison quand de multiples ulcères sont présents. Les principaux signes de ce syndrome sont: une hypersécrétion de sucs gastriques, des ulcérations duodénales multiples (dans la deuxième et la troisième portion du duodénum), une augmentation de la masse des cellules pariétales, une hypertrophie des glandes duodénales et des gastrinomes (des tumeurs des îlots de Langerhans). Des gastrinomes peuvent également se retrouver dans le duodénum et dans l'estomac. Le taux de malignité est élevée.

D'énormes quantités d'acide chlorhydrique sont sécrétées, ce qui a pratiquement pour effet d'entraîner l'autodigestion de l'estomac. Le taux sérique de gastrine est élevé, car la sécrétine stimule la sécrétion de gastrine au lieu de l'inhiber. Une stéatorrhée et une diarrhée (présence de lipides non absorbés dans les selles) peuvent apparaître étant donné que l'excès d'acidité gastrique inactive la lipase, ce qui provoque la précipitation des sels biliaires et réduit la digestion des lipides. La gastrine restreint également l'absorption de l'eau et du sel, ce qui favorise la diarrhée.

***Traitement.*** L'hypersécrétion d'acide peut être ralentie par l'administration de doses élevées d'inhibiteurs des récepteurs $H_2$ comme la cimétidine, la ranitidine et la famotidine. Dans certains cas, le double de la dose normale est nécessaire; il faut généralement augmenter la posologie si l'usage est prolongé. Les inhibiteurs des récepteurs $H_2$ peuvent être administrés en association avec un anticholinergique. L'oméprazole, un inhibiteur de la pompe à protons, peut également être utilisé.

Si le patient ne réagit pas aux médicaments, un traitement chirurgical peut être utile: gastrectomie totale ou vagotomie. Des métastases sont découvertes lors de l'opération chez environ 20 % des patients.

***Collecte des données.*** Les déséquilibres hydroélectrolytiques secondaires à la diarrhée et à l'hypercalcémie doivent être évalués, le cas échéant. L'infirmière doit également préparer le patient aux examens diagnostiques.

Après confirmation du diagnostic, l'infirmière explique au patient qu'il doit suivre le traitement médicamenteux prescrit et se conformer aux soins de suivi. Pour les patients qui doivent subir une chirurgie, voir le Plan de soins infirmiers 27-2.

# ULCÈRES DE STRESS

Le terme *ulcère de stress* s'applique aux ulcérations muqueuses aiguës de la région duodénale ou gastrique qui se produisent par suite de dérèglements physiologiques.

***Physiopathologie et causes.*** L'apparition d'un ulcère de stress peut être consécutive à des brûlures, à un choc, à une septicémie ou à un traumatisme. Une fibroscopie réalisée dans les 24 heures suivant la blessure permet d'observer des érosions peu profondes dans les parois de l'estomac. Après 72 heures, des érosions gastriques multiples peuvent être observées. Les ulcères de stress s'étendent tant que le stress se maintient et rétrocèdent quand le patient se rétablit. Il s'agit là d'une caractéristique qui leur est propre.

Les causes réelles de l'ulcération de la muqueuse sont encore mal établies. De façon générale, l'ulcération est précédée d'un choc, ce qui réduit l'irrigation sanguine de la muqueuse gastrique et provoque un reflux dans l'estomac du contenu du duodénum. En outre, de grandes quantités de pepsine sont libérées. L'ischémie, l'acide et la pepsine créent un terrain idéal pour l'apparition d'un ulcère. On doit distinguer les ulcères de stress des ulcères de Cushing et des ulcères de Curling. Les ulcères de Cushing sont fréquents chez les patients souffrant d'un traumatisme crânien. Ils peuvent apparaître dans l'œsophage, l'estomac ou le duodénum, et sont généralement plus profonds et plus pénétrants que les ulcères de stress. Les ulcères de Curling sont des ulcères gastriques qui apparaissent fréquemment dans les 72 heures suivant des brûlures importantes.

***Traitement.*** Les antiacides sont à la base du traitement. Si le patient est en crise aiguë, les antiacides peuvent être administrés par sonde nasogastrique. Des aspirations gastriques sont pratiquées fréquemment en vue de maintenir le pH à 3,5 ou plus. Un traitement par des antiacides peut inhiber l'activité de la pepsine (une enzyme protéolytique). Les ulcères de stress peuvent être traités de façon radicale par l'administration de cimétidine et d'antiacides.

# OBÉSITÉ MORBIDE

L'*obésité morbide* se définit par un poids qui est le double du poids santé. On la traite par un régime amaigrissant et des modifications de comportement. On peut diriger les personnes obèses vers une clinique d'amaigrissement. Certains médecins recommandent des traitements d'acupuncture ou d'hypnose. Si ces mesures échouent après trois à cinq ans, on peut avoir recours à une intervention chirurgicale.

## Traitement chirurgical

***Fixation maxillomandibulaire.*** La fixation maxillomandibulaire consiste à immobiliser les mâchoires à l'aide d'un fil métallique, ce qui empêche l'ouverture complète de la bouche. Les pertes de poids sont lentes, et la plupart des patients reprennent par la suite le poids perdu.

***Ballonnet intragastrique.*** Les ballonnets intragastriques sont des sacs souples en polyuréthanne qui sont insérés dans l'estomac pour réduire l'espace disponible pour les aliments. L'intervention est réalisée sous sédation et le ballonnet, dont les dimensions sont semblables à celles d'une petite boîte de jus, est inséré dans l'estomac par endoscopie. Le mode d'action exact de ce dispositif est mal connu, mais on croit qu'il stimulerait les fibres nerveuses gastriques qui induisent la satiété. Le patient a la sensation d'avoir l'estomac plein et mange donc moins. Le ballonnet s'ajoute à la modification de l'alimentation et du comportement. Il doit être retiré après quatre mois, et remis en place au besoin. L'une des complications de ce mode de traitement est la rupture du ballonnet que l'on doit alors retirer par endoscopie pour empêcher qu'il ne passe dans le duodénum.

***Dérivation jéjuno-iléale.*** La dérivation jéjuno-iléale est l'anastomose du jéjunum proximal et de l'iléon terminal. Elle n'est indiquée, et à titre temporaire seulement, que chez les patients pesant plus de 230 kg. Elle est généralement suivie d'un pontage gastrique ou d'une gastroplastie, quand le patient a perdu suffisamment de poids pour que ces interventions soient envisageables. La dérivation jéjuno-iléale est associée à une incidence élevée de complications métaboliques (cirrhose hépatique, lithiase rénale, hypoprotéinémie) et n'est donc pas recommandée pour le traitement à long terme de l'obésité morbide.

***Pontage gastrique et gastroplastie verticale.*** Le pontage gastrique et la gastroplastie verticale sont à l'heure actuelle les interventions de réduction gastrique de choix pour le traitement de l'obésité morbide. Le pontage gastrique est la dissection du segment proximal de l'estomac pour constituer une petite poche et une petite gastro-entérostomie. Le pontage gastrique de Roux-en-Y est recommandé pour les pertes de poids à long terme. Il s'agit d'une intervention selon laquelle on crée, à l'aide d'une rangée horizontale de broches, une poche stomacale comportant une stomie de 1 cm anastomosée à une partie du jéjunum distal (gastro-entérostomie). La partie proximale disséquée du jéjunum est anastomosée au jéjunum distal (figure 27-3).

Dans la gastroplastie verticale, on place une double rangée de broches dans la petite courbure de l'estomac, à partir de l'angle de His. Une petite stomie est créée à l'extrémité des broches par d'autres broches placées en cercle, un treillis en polypropylène ou un tube en silicone (figure 27-4).

***Interventions infirmières.*** Dans la période postopératoire, les soins infirmiers généraux sont semblables à ceux destinés aux patients devant subir une résection gastrique (voir le plan de soins infirmiers 27-2). Le patient reçoit généralement son congé après une semaine et doit respecter certaines restrictions alimentaires. Il doit prendre dans la plupart des cas six petits repas dont la valeur énergétique totale est de 2500 à 3500 kJ. Il faut l'inciter à consommer des liquides afin de prévenir la déshydratation. Il doit communiquer avec son médecin s'il éprouve une soif excessive ou si ses urines sont trop concentrées. Des consultations en clinique externe sont prévues tous les mois.

Les mesures psychosociales sont essentielles dans le cas de ces patients. Il importe de les aider à modifier leurs habitudes alimentaires et à s'adapter à leur nouvelle image corporelle. Les patients qui ne respectent pas les restrictions alimentaires mangent généralement trop ou trop rapidement. Ils peuvent alors souffrir de vomissements et d'une distension douloureuse de l'œsophage.

Les complications postopératoires immédiates sont notamment la péritonite, l'obstruction de l'estomac, les ulcères gastriques, l'atélectasie et la pneumonie, les thrombo-embolies et des troubles métaboliques découlant de diarrhées et de vomissements prolongés.

# CANCER DE L'ESTOMAC

Le cancer de l'estomac est l'une des formes de cancer les plus fréquentes au Canada, où il cause plus de 2000 décès chaque année, principalement chez des personnes de plus de 40 ans. Il touche à l'occasion des personnes jeunes. La plupart des cancers de l'estomac sont des adénocarcinomes et se situent au niveau du pylore ou de l'antre de l'estomac. L'incidence du cancer de l'estomac est très élevée au Japon, ce qui a entraîné la mise sur pied de programmes de dépistage destinés à l'ensemble de la population. L'alimentation semble être en cause: une forte consommation d'aliments fumés et une faible consommation de fruits et de légumes ont été associées au cancer de l'estomac. Les autres facteurs de risque sont notamment une inflammation chronique de l'estomac, l'anémie pernicieuse, l'achlorhydrie et peut-être l'hérédité. Le pronostic est sombre, et la plupart des patients ont déjà des métastases au moment du diagnostic.

## Manifestations cliniques

Les premiers symptômes du cancer de l'estomac sont souvent mal définis, étant donné que la plupart des tumeurs apparaissent dans la petite courbure de l'estomac, où elles ne dérèglent que très peu la fonction gastrique. Dans les premiers stades par conséquent, les symptômes sont souvent absents. S'ils sont présents, ils peuvent s'apparenter à ceux d'un ulcère bénin (douleur soulagée par des antiacides, notamment). À un stade plus avancé de l'évolution de la tumeur, les principaux symptômes sont les suivants: indigestion, anorexie, dyspepsie, amaigrissement, douleurs abdominales, constipation, anémie, nausées et vomissements.

## Examens diagnostiques

Comme les tumeurs gastriques ne sont généralement pas palpables, l'examen physique n'est pas très utile. Les épreuves diagnostiques comprennent des radiographies du tractus gastro-intestinal supérieur et un repas baryté par la méthode du double contraste suivi d'une endoscopie pour biopsie et cytologie des lavages gastriques. Comme des métastases apparaissent souvent avant les signes précurseurs, une tomodensitométrie, une scintigraphie osseuse et une scintigraphie hépatique permettent souvent de préciser l'étendue de la maladie. Chez les personnes de plus de 40 ans, une dyspepsie qui se prolonge pendant plus de quatre semaines exige un examen radiologique complet du tractus gastro-intestinal.

## Traitement

L'ablation de la tumeur constitue le seul traitement efficace des carcinomes gastriques. Si la tumeur peut être excisée quand elle est encore localisée dans l'estomac, la guérison est possible. Par contre, si la tumeur est étendue, les chances de guérison sont nulles. Dans ce cas, la résection de la tumeur peut constituer une mesure palliative efficace qui prévient l'apparition de divers symptômes, notamment d'une obstruction (voir pages 709 à 711, Démarche de soins infirmiers: Patients subissant une chirurgie gastrique). Si une *gastrectomie subtotale radicale* a été pratiquée, la portion préservée de l'estomac est anastomosée au jéjunum, comme dans la gastrectomie pour le traitement d'un ulcère. Quand une *gastrectomie totale* est

pratiquée, la continuité gastro-intestinale est rétablie par une anastomose de l'extrémité de l'oesophage avec celle du jéjunum. Si les métastases atteignent des organes vitaux, comme le foie, une chirurgie palliative plutôt que radicale est indiquée.

Si le traitement chirurgical n'offre pas d'espoir de guérison, la chimiothérapie peut retarder les progrès de la maladie ou avoir des effets palliatifs. Les antinéoplasiques généralement utilisés sont le 5-fluorouracile (5FU) en association avec l'adriamycine et la mitomycine-C. La radiothérapie est inefficace dans le cancer de l'estomac.

## ▶ DÉMARCHE DE SOINS INFIRMIERS
### PATIENTS ATTEINTS D'UN CANCER DE L'ESTOMAC

### ▷ Collecte des données

L'infirmière relève les habitudes alimentaires du patient. Elle lui demande notamment s'il consomme beaucoup d'aliments fumés ou séchés, s'il mange beaucoup de fruits et de légumes, s'il a perdu du poids et, le cas échéant, combien de kilogrammes?

Si le patient est fumeur, elle lui demande combien de cigarettes il fume par jour et depuis combien de temps? Souffre-t-il de douleurs à l'estomac pendant qu'il fume ou après? Consomme-t-il de l'alcool? Si oui, quelle est sa consommation quotidienne?

L'infirmière lui demande également s'il y a des antécédents de cancer dans sa famille immédiate ou chez des parents plus éloignés? Elle soit aussi obtenir des renseignements qui pourront être utiles lors de l'évaluation du réseau de soutien. Elle note son état civil et lui demande s'il peut compter sur un soutien psychologique, financier ou autre?

L'examen physique peut révéler une masse palpable. L'examen des autres organes peut mettre en évidence une sensibilité au toucher ou des masses. La douleur est généralement un symptôme tardif.

### ▷ Analyse et interprétation des données

Selon les données recueillies, voici les principaux diagnostics infirmiers possibles:

- Anxiété reliée à l'intervention chirurgicale imminente
- Déficit nutritionnel relié à l'anorexie
- Douleur reliée à la présence de cellules épithéliales anormales
- Deuil anticipé relié au diagnostic de cancer
- Manque de connaissances sur les autosoins

### ▷ Planification

▷ *Objectifs de soins:* Réduction de l'anxiété; alimentation optimale; soulagement de la douleur; acceptation du diagnostic et des changements à apporter dans le mode de vie

### ▷ Interventions infirmières

▷ *Réduction de l'anxiété.* Il faut créer un climat de détente et de confiance dans lequel le patient se sentira à l'aise pour exprimer ses craintes, ses préoccupations et même sa colère. L'infirmière doit inciter les membres de la famille à écouter le patient et à exprimer également leurs émotions.

Elle doit rassurer le patient et appuyer sa démarche d'adaptation. Elle lui explique également les techniques et les traitements qui seront mis en œuvre de façon à ce qu'il sache à quoi s'attendre. Elle lui propose également de voir un membre du clergé, s'il le désire.

▷ *Alimentation optimale.* Il est préférable que le patient prenne de petits repas composés d'aliments non irritants pour réduire l'irritation gastrique. Les suppléments alimentaires doivent avoir une forte teneur en vitamines A et C, ainsi qu'en fer, pour favoriser la réparation des tissus. Si une gastrectomie totale est pratiquée, le patient devra, par la suite, recevoir tous les mois de la vitamine $B_{12}$ par voie parentérale tout au long de sa vie. L'infirmière vérifie le débit et la fréquence de la perfusion intraveineuse et note les ingesta et les excreta. Elle pèse quotidiennement le patient pour s'assurer qu'il maintient son poids ou l'augmente. Elle note les signes de déshydratation (soif, assèchement des muqueuses, mauvaise turgescence cutanée, tachycardie) et vérifie les résultats des épreuves de laboratoire quotidiennes (dosages du sodium, du potassium, du glucose, de l'azote uréique du sang) afin de déceler les anomalies métaboliques. Elle administre les anti-émétiques prescrits.

▷ *Soulagement de la douleur.* L'infirmière note la fréquence, l'intensité et la durée de la douleur, de même que les facteurs déclenchants et concomitants. Elle aide le patient à prendre des mesures pour soulager la douleur: changements de position, réduction des facteurs de stress, distractions. Elle peut aussi lui proposer des méthodes analgésiques non pharmacologiques: imagerie, diversion, relaxation, massages, repos. Elle administre les analgésiques selon l'ordonnance et note leur efficacité. En cas de douleur grave, elle devra peut-être mettre en place une perfusion continue.

▷ *Soutien psychosocial.* L'infirmière aide le patient à exprimer ses craintes et ses préoccupations à propos du diagnostic. Elle laisse à celui-ci assez de latitude pour qu'il puisse manifester sa peine à sa façon. Elle répond à ses questions honnêtement et l'incite à participer aux diverses décisions touchant son traitement. Certains patients considèrent la perte d'une partie de leur corps et la chirurgie comme une forme de mutilation, tandis que d'autres se réfugient dans la négation et ont besoin d'un renforcement de la réalité. Pendant les périodes où il pleure, le patient doit être laissé seul, s'il le désire.

L'infirmière offre également un soutien émotionnel aux membres de la famille du patient et aux personnes clés dans sa vie. Elle doit savoir qu'il est normal que le patient ait des sautes d'humeur et adopte des mécanismes de défense (déni de la réalité, rationalisation, transfert, régression) et en informer le patient et sa famille. Elle veille également à ce que le patient puisse consulter des conseillers et des spécialistes: membre du clergé, infirmière spécialisée en psychiatrie, psychologue, travailleur social ou psychiatre. L'infirmière doit faire preuve d'empathie et consacrer le temps nécessaire au patient. Dans la plupart des cas, celui-ci accepte de collaborer à ses autosoins après avoir abordé plus ouvertement sa nouvelle situation.

▷ *Enseignement au patient et soins à domicile.* Si le patient a subi une résection partielle, l'infirmière l'informe qu'il ne pourra reprendre son alimentation habituelle avant six mois. Au début, le patient doit prendre souvent de petits repas ou être alimenté par sonde. Une alimentation parentérale totale est parfois nécessaire. Comme l'alimentation entérale entraîne un risque de syndrome de chasse, le patient doit connaître la nature de ce trouble et la façon de le traiter.

L'infirmière indique au patient qu'il ne pourra peut-être pas reprendre ses activités normales avant trois mois. Des périodes quotidiennes de repos lui seront nécessaires, et il devra se rendre fréquemment chez son médecin après avoir reçu son congé. La chimiothérapie et la radiothérapie exigeant une modification du mode de vie, les patients doivent être informés de la durée des traitements, des réactions possibles (nausées, vomissements, anorexie et fatigue) et du fait qu'ils devront trouver un moyen de transport pour se rendre sur les lieux du traitement. Dans certains cas, une consultation auprès d'un spécialiste de la santé mentale peut se révéler nécessaire.

Le soutien nutritionnel commence au centre hospitalier et est renforcé à domicile. Une infirmière en santé communautaire supervisera les gavages par sonde et enseignera au patient et aux membres de sa famille comment se servir du matériel et des préparations, et comment déceler les complications (les techniques de gavage par sonde sont expliquées aux pages 670-675). Il faut enseigner au patient comment noter son poids et tenir le bilan de ses ingesta et de ses excreta. Il faut aussi lui enseigner diverses mesures destinées à soulager la douleur, les nausées, les vomissements et les ballonnements, en plus de lui indiquer les complications qui exigent des soins médicaux, notamment les hémorragies (hématémèse manifeste ou occulte, méléna), les obstructions, les perforations ou l'aggravation des symptômes.

L'infirmière enseigne au patient en quoi consistent les soins de l'incision et comment déceler les signes d'infection (écoulements malodorants, douleur, sensation de chaleur, fièvre, inflammation, tuméfaction). Elle lui explique le cas échéant en quoi consistent les traitements de chimiothérapie. Le patient et les membres de sa famille doivent être bien au fait des soins nécessaires pendant et après les traitements.

## ▷ *Évaluation*

### *Résultats escomptés*

1. Le patient est moins anxieux.
   a) Il exprime ses craintes et ses préoccupations à l'égard de l'opération.
   b) Il recherche le soutien émotionnel nécessaire.
   c) Il discute de ses sentiments à l'égard de l'opération avec sa famille.
   d) Il connaît la technique chirurgicale et les soins postopératoires nécessaires.
2. Le patient atteint un état nutritionnel optimal.
   a) Il consomme fréquemment de petits repas.
   b) Il consomme des aliments à forte teneur en fer et en vitamines A et C.
   c) Il maintient le poids recommandé.
3. Le patient souffre moins.
   a) Il prend les médicaments prescrits, au moment prévu.
   b) Il se repose à plusieurs reprises pendant la journée.
   c) Il applique des techniques de relaxation.
4. Le patient accepte le diagnostic.
   a) Il exprime librement ses craintes et ses préoccupations.
   b) Il recherche le soutien émotionnel des membres de sa famille.
   c) Il discute du pronostic.

5. Le patient effectue ses autosoins et modifie son mode de vie.
   a) Il reprend ses activités normales dans les trois mois.
   b) Il fait alterner les périodes d'activité et les périodes de repos.
   c) Six mois après la chirurgie, il tolère trois repas ordinaires tous les jours.
   d) Il s'administre ses gavages par sonde.
   e) Il s'adapte à l'hyperalimentation intraveineuse.
   f) Il respecte son programme de chimiothérapie.
   g) Il se rend à ses rendez-vous de suivi à la clinique externe ou au cabinet du médecin.

Résumé : Le cancer de l'estomac est l'une des formes de cancer le plus meurtrières au Canada. Il a pris des proportions alarmantes dans certains pays, dont le Japon. Il est vraisemblablement relié à divers facteurs alimentaires. Comme il est généralement diagnostiqué à un stade avancé, son pronostic est très sombre.

# CHIRURGIE GASTRIQUE

Une chirurgie gastrique peut être pratiquée chez les patients souffrant d'un ulcère gastroduodénal et qui présentent des hémorragies, des obstructions ou des perforations pouvant menacer leur vie, ou qui ne réagissent pas aux médicaments. Elle peut également être indiquée dans les cas de cancer ou de traumatisme gastriques. Les techniques opératoires sont notamment la gastrectomie (ablation de l'estomac) partielle ou totale, avec anastomose œsojéjunale et terminoterminale ou terminolatérale.

## ▶ DÉMARCHE DE SOINS INFIRMIERS

### PATIENTS SUBISSANT UNE CHIRURGIE GASTRIQUE

### ▷ Collecte des données

Dans la période préopératoire, l'infirmière évalue les connaissances du patient sur les soins préopératoires et postopératoires. Elle détermine également dans quelle mesure le patient et sa famille savent pourquoi celui-ci doit être opéré. Dans la période préopératoire, elle évalue l'état nutritionnel du patient : A-t-il perdu du poids ? Combien de kilogrammes ? Depuis combien de temps ? Souffre-t-il de nausées et de vomissements ? Présente-t-il une hématémèse ? Elle vérifie aussi si des bruits intestinaux sont présents et procède à la palpation de l'abdomen afin de déceler les masses ou la sensibilité au toucher.

Dans la période postopératoire, l'infirmière vérifie si le patient présente des complications dues à l'opération : hémorragie, infection, distension abdominale ou régression de l'état nutritionnel. (Voir la section intitulée Démarche de soins infirmiers : Soins postopératoires au chapitre 34, pour connaître les soins destinés aux patients ayant subi une gastrectomie totale. Dans le cas où la cavité thoracique a été incisée, voir la section intitulée : Patients subissant une intervention thoracique au chapitre 3.)

### ▷ Analyse et interprétation des données

Selon les données recueillies, voici les principaux diagnostics infirmiers possibles :

1. Anxiété reliée à l'intervention chirurgicale
2. Manque de connaissances sur l'intervention chirurgicale et le déroulement de la période postopératoire
3. Déficit nutritionnel
4. Douleur reliée à l'incision chirurgicale
5. Manque de connaissances sur les soins à domicile

L'infirmière doit, en collaboration avec le médecin, procéder au traitement des troubles suivants, le cas échéant :
1. Hémorragies
2. État de choc
3. Complications pulmonaires
4. Syndrome de chasse
5. Stéatorrhée
6. Carence en vitamine $B_{12}$
7. Gastrite et œsophagite

### ▷ Planification et exécution

▷ *Objectifs :* Réduction de l'anxiété ; connaissance et compréhension de l'intervention chirurgicale et des soins postopératoires ; état nutritionnel optimal ; soulagement de la douleur ; autonomie dans les soins à domicile et absence de complication

### ▷ Interventions infirmières

▷ *Réduction de l'anxiété.* L'un des éléments importants des soins infirmiers préopératoires porte sur le soulagement des craintes et de l'anxiété du patient à l'égard de l'opération. L'infirmière doit l'inciter à exprimer ses émotions et répondre à ses questions. Si le patient souffre d'hémorragies, d'une perforation ou d'une obstruction aiguë, il est parfois impossible d'assurer la préparation psychologique nécessaire. L'infirmière responsable des soins postopératoires doit alors prévoir les préoccupations, les craintes et les questions du patient. Dans tous les cas, elle doit offrir son soutien au patient après l'opération et lui fournir les explications qu'il demande.

▷ *Acquisition de connaissances.* Il importe également d'expliquer au patient les diverses techniques et interventions préopératoires et postopératoires. Les explications de l'infirmière doivent notamment porter sur la prémédication, l'intubation nasogastrique, le traitement par voie intraveineuse, les pansements abdominaux et les soins pulmonaires. Ces explications doivent également être renforcées après l'intervention, plus particulièrement si le patient a été opéré d'urgence.

▷ *État nutritionnel approprié.* L'état nutritionnel du patient doit être évalué au cours de la phase préopératoire. Souvent, les patients atteints d'un cancer de l'estomac souffrent de malnutrition et peuvent avoir besoin d'une alimentation entérale ou, plus souvent, d'une alimentation parentérale totale dans la phase préopératoire (voir page 679). Après l'intervention, l'alimentation parentérale peut être poursuivie pour répondre aux besoins énergétiques du patient et permettre à celui-ci de reprendre les liquides perdus par les écoulements et les vomissements.

Après le retour des bruits intestinaux et le retrait du tube nasogastrique, on administre d'abord des liquides, puis de petites portions d'aliments. Des aliments non irritants sont progressivement ajoutés jusqu'à ce que le patient puisse consommer six petits repas par jour et boire 120 mL de liquide entre les repas. Pour que le patient puisse accroître son apport alimentaire, on doit lui offrir des aliments et des liquides de façon progressive, en fonction de sa tolérance.

Une dysphagie peut apparaître après une vagotomie tronculaire et provoquer des lésions dans la partie inférieure de l'œsophage. Si le patient régurgite, il se peut qu'il s'alimente trop rapidement ou de façon excessive. Les régurgitations peuvent également indiquer la présence d'un œdème le long de l'incision, qui empêche le passage des liquides et des aliments dans le tractus intestinal. Si une rétention gastrique se produit, il est parfois nécessaire de rétablir l'aspiration nasogastrique. Il faut alors régler l'appareil à faible pression pour éviter la désunion des sutures.

Dans le traitement à long terme de ces patients, on doit tenir compte du fait qu'ils perdent souvent du poids parce qu'ils ont rapidement une sensation de plénitude qui réduit leur appétit. Leur anorexie peut également s'expliquer par un syndrome de chasse (voir ci-dessous), qui apparaît chez environ 20 % des patients ayant subi une gastrectomie partielle.

L'enseignement doit porter plus particulièrement sur les points suivants:

- Les liquides doivent être pris avant ou entre les repas, plutôt qu'en mangeant.

- Il est préférable de prendre des repas plus fréquents en petites portions.

- Les repas doivent être composés principalement d'aliments solides.

- Les aliments contenant des glucides de faible poids moléculaire, par exemple du sucrose et du glucose, doivent être évités. Les lipides peuvent être consommés en fonction de la tolérance.

- Il est souhaitable d'ajouter à l'alimentation des suppléments vitaminiques et des triglycérides à chaîne moyenne.

Les autres carences alimentaires auxquelles l'infirmière doit porter attention sont notamment: (1) la malabsorption du fer organique, qui peut exiger la prise de suppléments par voie orale ou parentérale et (2) la baisse du taux sérique de vitamine $B_{12}$, qui peut exiger la prise de suppléments par voie intramusculaire.

▷ *Soulagement de la douleur.*    Dans la période postopératoire, le médecin prescrit des analgésiques afin d'assurer au patient un degré acceptable de bien-être. L'infirmière doit veiller à ce que le patient effectue ses exercices respiratoires (respirations profondes et toux) et marche. Elle évalue l'efficacité des interventions analgésiques. Si le patient a subi une gastrectomie partielle, elle l'installe en position semi-Fowler afin de favoriser son bien-être et de faciliter le drainage de l'estomac.

Il faut assurer l'entretien du tube nasogastrique afin de prévenir les distensions stomacales et la douleur qui en résulte. Le volume du drainage nasogastrique est normalement assez faible après une gastrectomie totale.

▷ *Soins à domicile.*    Avant de préparer le plan d'enseignement, il faut évaluer dans quelle mesure le patient est physiquement et psychologiquement prêt à retourner chez lui (s'il souffre d'un cancer de l'estomac, il faut lui enseigner les mesures d'entretien et les mesures palliatives). Il est préférable que le plan de congé soit élaboré par une équipe multidisciplinaire (infirmières, médecin, nutritionniste et travailleur social). Des instructions écrites se rapportant aux repas, aux activités, aux médicaments et aux soins de suivi doivent être remises au patient, si besoin est.

## ▷ Interventions de collaboration

▷ *Hémorragies.*    Les hémorragies sont une complication de la chirurgie gastrique. Le patient présente alors les signes habituels de ce trouble (voir le chapitre 34) et peut vomir de grandes quantités de sang rouge. L'aspect et le volume des écoulements nasogastriques doivent être notés (pendant les 12 premières heures, il est normal que les écoulements contiennent une certaine quantité de sang). Une hémorragie excessive doit cependant être signalée. Enfin, il faut examiner les pansements abdominaux afin de vérifier s'il y a saignement.

Comme les hémorragies sont susceptibles de bouleverser le patient et sa famille, l'infirmière doit se montrer calme et rassurer le patient. Elle applique les mesures d'urgence nécessaires (lavage nasogastrique et administration de sang et de dérivés sanguins).

▷ *État de choc.*    Les états de choc sont une autre complication de la chirurgie gastrique, plus particulièrement chez les patients gravement atteints. Le rétablissement de la température normale et l'administration de liquides constituent les mesures prophylactiques nécessaires. Les symptômes et le mode de traitement des états de choc sont expliqués au chapitre 34.

▷ *Complications pulmonaires.*    Les opérations pratiquées dans la partie supérieure de l'abdomen entraînent souvent des complications pulmonaires, car le patient a tendance à éviter de respirer profondément. L'infirmière doit donc être prévoyante et appliquer des mesures préventives visant à favoriser les échanges gazeux (oxygène-gaz carbonique) et une circulation adéquate: toux, respiration profonde et marche. Toutes les quatre heures, elle doit procéder à l'auscultation des poumons.

▷ *Syndrome de chasse.*    Le terme «syndrome de chasse» désigne un ensemble de symptômes vasomoteurs et gastro-intestinaux qui se produisent après les repas chez 10 à 50 % des patients ayant subi une chirurgie gastro-intestinale ou une vagotomie.

***Manifestations cliniques.***    Les premiers symptômes de ce trouble sont une sensation de plénitude, de la faiblesse, une lipothymie, des étourdissements, des palpitations, une diaphorèse, une douleur à type de crampes et de la diarrhée. Par la suite, la glycémie s'élève rapidement et une sécrétion compensatoire d'insuline s'ensuit. Le patient présente alors une hypoglycémie réactionnelle. Des symptômes vasomoteurs peuvent apparaître de 10 à 90 minutes après les repas et se manifester par les troubles suivants: pâleur, transpiration, palpitations, maux de tête, sensation de chaleur, étourdissements et même somnolence.

***Physiopathologie.*** La physiopathologie de ce syndrome est mal connue, mais plusieurs causes pourraient l'expliquer, dont les effets mécaniques de l'anastomose d'une petite partie de l'estomac à une large ouverture pratiquée dans le jéjunum. Les aliments à forte teneur en glucides et en électrolytes doivent être dilués dans le jéjunum avant d'être absorbés. Après l'opération, le passage des aliments du reste de l'estomac jusqu'au jéjunum est trop rapide. L'ingestion de liquides au moment des repas est un autre facteur qui provoque le passage rapide du contenu de l'estomac dans le jéjunum. Les symptômes du syndrome de chasse découleraient de la distension rapide de l'anse jéjunale anastomosée à l'estomac. Le contenu intestinal hypertonique attirerait le liquide extracellulaire du sang circulant dans le jéjunum pour diluer les électrolytes et le sucre.

***Interventions infirmières.*** L'infirmière doit enseigner au patient la bonne façon de s'alimenter afin de prévenir le syndrome de chasse.

- Pendant les repas, le patient doit être installé en position demi-assise. Il doit s'étendre pendant 20 à 30 minutes après les repas afin de retarder la vidange gastrique.

- Il ne doit pas prendre de liquides pendant le repas, mais il peut en prendre une heure avant ou une heure après le repas.

- Il peut consommer des lipides en fonction de sa tolérance, mais l'apport en glucides doit être faible (le sucrose et le glucose sont à éviter).

- Il peut prendre des antispasmodiques, selon l'ordonnance, afin de retarder la vidange de l'estomac.

L'opération n'est envisagée qu'en dernier recours (moins de 1 % des cas).

▷ ***Stéatorrhée.*** La stéatorrhée (présence de graisses non absorbées dans les selles) s'explique en partie par le fait que la vidange gastrique est trop rapide pour que les lipides puissent se mélanger aux sécrétions pancréatiques et biliaires. Dans les cas bénins, elle peut être corrigée par la réduction de l'apport en matière grasses et l'administration d'un médicament contre la motilité.

▷ ***Carence en vitamine $B_{12}$.*** La gastrectomie totale entraîne l'inhibition complète de la production du «facteur intrinsèque», une substance essentielle à l'absorption de la vitamine $B_{12}$ dans le tractus gastro-intestinal. Par conséquent, si le patient ayant subi cette opération ne reçoit pas pendant toute sa vie des injections de vitamines $B_{12}$, il va souffrir inévitablement d'une carence de cette vitamine qui peut entraîner avec le temps des manifestations identiques à celles de l'anémie pernicieuse: macrocytose associée à des troubles généraux. Ces manifestations peuvent apparaître en moins de cinq ans et s'aggraver par la suite jusqu'à entraîner la mort du patient. Cette complication peut être évitée par l'administration tous les mois de 100 à 200 $\mu$g de vitamine $B_{12}$ par voie intramusculaire (ce traitement doit être amorcé sans délai après la gastrectomie).

▷ ***Gastrite et œsophagite.*** L'excision du pylore, qui bloque normalement le reflux du contenu duodénal, peut entraîner une œsophagite et une gastrite de reflux. Ces troubles se manifestent par du pyrosis et l'évacuation d'une matière bilieuse. Les repas et les vomissements ne soulagent pas la douleur. Des agents de liaison comme la cholestyramine (Questran), des gels d'hydroxyde d'aluminium ou du chlorhydrate de métoclopramide (Reglan) ont été utilisés avec un certain succès.

## ▷ *Évaluation*

### *Résultats escomptés*

1. Le patient est moins anxieux.
   a) Il comprend en quoi consiste l'intervention chirurgicale.
   b) Il exprime ses craintes et ses préoccupations à l'égard de l'opération.
   c) Il recherche un soutien émotionnel dans le réseau qui lui est accessible.
2. Le patient connaît le déroulement de la période postopératoire.
   a) Il parle de l'intervention chirurgicale et du déroulement de la période postopératoire.
   b) Il fait part aux membres de sa famille de ses sentiments touchant l'opération.
3. Le patient atteint un état nutritionnel optimal.
   a) Il maintient un poids acceptable.
   b) Il peut expliquer pourquoi il doit prendre ses repas à heure fixe.
   c) Il prend ses suppléments vitaminiques.
   d) Il ne souffre ni de nausées ni de vomissements.
4. Le patient atteint un degré de bien-être optimal.
   a) Il indique que la douleur est soulagée adéquatement.
5. Le patient se conforme aux restrictions imposées.
   a) Il explique pourquoi il a besoin de suppléments vitaminiques.
   b) Il connaît ses restrictions alimentaires.
   c) Il connaît les services d'aide à domicile auxquels il peut avoir recours.
6. Le patient ne présente aucune complication.
   a) Ses signes vitaux sont stables.
   b) Il ne souffre pas d'hémorragie.
   c) Il prend des respirations profondes et tousse toutes les deux à quatre heures.
   d) Ses poumons sont dégagés à l'auscultation.
   e) Il commence à marcher un ou deux jours après l'intervention.
   f) Il maintient son poids.
   g) Il respecte son traitement médicamenteux.

Résumé: Le patient qui doit subir une chirurgie gastrique a besoin de certaines explications touchant les mesures préopératoires et postopératoires. Une intervention chirurgicale doit être pratiquée d'urgence dans diverses situations, notamment chez les patients qui présentent un ulcère gastroduodénal compliqué d'hémorragies, de perforations ou d'une obstruction, ou qui ne réagissent pas aux médicaments et chez ceux qui présentent un traumatisme ou un cancer gastriques. L'infirmière doit tenir compte des besoins de chaque patient. Le Plan de soins infirmiers 27-2 résume les interventions infirmières dont ces patients peuvent avoir besoin.

## *Bibliographie*

### *Ouvrages*

Bates B. A Guide to Physical Examination and History Taking, 5th ed. Philadelphia, JB Lippincott, 1991.

DeVita VT, Hellman S, and Rosenberg SA (eds). Principles and Practice of Oncology, 3rd ed. Philadelphia, JB Lippincott, 1989.

Gitnick G et al. Principles and Practices of Gastroenterology and Hepatology. New York, Elsevier, 1988.

Groenwald S (ed). Cancer Nursing: Principles and Practices. Boston, Jones & Bartlett, 1990.

Margulis AR and Burhemn HJ. Alimentary Tract Radiology, 4th ed. St Louis, CV Mosby, 1989.

Sleisenger MH and Fordran JS. Gastrointestinal Diseases: Pathophysiology, Diagnosis, Management. Philadelphia, WB Saunders, 1989.

Walsh J et al. Manual of Home Health Care Nursing. Philadelphia, JB Lippincott, 1987.

*Revues*

*Les articles de recherche en sciences infirmières sont marqués d'un astérisque.*

### Ulcères gastroduodénaux et gastrites

Carson JL and Strom BL. The gastrointestinal side effects of the nonsteroidal anti-inflammatory drugs. J Clin Pharmacol 1988 Jun; 28(6): 554–559.

Ganz RA. Smoking, life stresses, and personality disorders in ulcer patients. Gastroenteroloogy 1987 Jul; 93(1): 221–222.

Hornick RB. Peptic ulcer disease: A bacterial infection? N Engl J Med 1987 Jun; 316(25): 1598–1600.

Koch MJ. How to detect and heal lesions and relieve pain. Consultant 1987 May; 27(5): 21–24.

Konopad E and Noseworthy T. Stress ulceration: A serious complication in critically ill patients. Heart Lung 1988 Jul; 17(4): 339–347.

Matthewson K et al. Which peptic ulcer patients bleed. Gut 1988 Jan; 29(1): 70–74.

McNulty CA. Campylobacter-associated gastritis. Practitioner 1987 Feb; 231(424): 176–178.

Michaletz PA and Graham DY. Gastritis. Postgrad Med 1988 Feb; 83(3): 98–106.

Miller TA. Emergencies in acid-peptic disease. Gastroenterol Clin North Am 1988 Jun; 17(2): 303–315

Wyatt J and Dixon MF. Chronic gastritis: A pathogenetic approach. J Pathol 1988 Feb; 154(2): 113–124.

### Hémorragies gastro-intestinales

Christensen J et al. Incidence of perforated and bleeding peptic ulcers before and after the introduction of $H_2$ receptor antagonists. Ann Surg 1988 Jan; 207(1): 4–6.

Eastwood GL. Upper GI bleeding: Differential diagnosis and management. Hosp Med 1987 Feb; 23(2): 57–63.

Eastwood GL. Upper GI bleeding: Differential diagnosis and management. Hosp Med 1987 Mar; 23(3): 44–52.

Farley J. Myths and facts about gastrointestinal bleeding. Nursing 1988 Mar; 18(3):25.

Patras AZ et al. Managing GI bleeding. It takes a two-tract mind. Nursing 1988 Apr; 18(4): 68–75.

### Obésité morbide

Borkin JS et al. The effects of morbid obesity and the Garren-Edwards gastric bubble on solid phase gastric emptying. Clin J Gastroenterol 1988 Dec; 83(12): 1364–1367.

*Bufalino J et al. Surgery for morbid obesity: The patient's experience. Appl Nurs Res 1989 Feb; 2(1): 16–22.

Council of Scientific Affairs. Treatment of obesity in adults. JAMA 1988 Nov 4: 260(17): 2547–2551.

Kennedy-Caldwell C. The morbidly obese surgical patient. Crit Care Nurse 1987 Sep/Oct; 7(5): 87–89.

### Cancer de l'estomac

Boring et al. Cancer statistics 1991. CA 1991 Jan/Feb; 41(1): 19–36.

Feickert DM et al. Gastrectomy for stomach carcinoma. AORN 1988 Jun; 47(6): 1395–1406.

Frank-Stromborg M. The epidemiology and primary prevention of gastric and esophageal cancer. Cancer Nurs 1989 Apr; 12(2): 53–64.

Foltz AT. Nutritional factors in the prevention of gastrointestinal cancer. Semin Oncol Nurs 1988 Nov; 4(4): 239–245.

Frogge MH. Future perspectives and nursing issues in gastrointestinal cancer. Semin Oncol Nurs 1988 Nov; 4(4): 300–302.

Treat J et al. Therapy of advanced gastric carcinoma. Am J Clin Oncol 1989 Apr; 12(2): 162–168

Wong JF. Stomach cancer. Semin Oncol Nurs 1988 Nov; 4(4): 257–264.

### Syndrome de Zollinger-Ellison

Maton PN et al. Medical management of patients with Zollinger-Ellison syndrome who have had a previous gastric surgery: A prospective study. Gastroenterology 1988 Feb; 94(3): 294–299.

Wolfe MM and Jensen RT. Zollinger-Ellison syndrome. Current concepts in diagnosis and management. N Engl J Med 1987 Nov; 317(19): 1200–1209.

### Traitements

Boey J. Proximal gastric vagotomy. The preferred operation for perforations in acute duodenal ulcer. Ann Surg 1988 Aug; 208(2): 169–174.

Critchlow JF. Comparative efficacy of parenteral histimine ($H_2$)-antagonists in acid suppression for the prevention of stress ulceration. Ann Surg 1987 Dec; 83(6A): 23–28.

Feickert DM. Gastric surgery: Your cruicial pre- and postop role. RN 1987 Jan; 50(1): 24–35.

Gustavsson S and Kelly A. Total gastrectomy for benign disease. Surg Clin North Am 1987 Jun; 67(3): 539–550.

Haglund U et al. Esophageal and jejunal motor function after total gastrectomy and Roux-Y esophagojejunostomy. Am J Surg 1989 Mar; 157(3): 308–311.

Smout AJ et al. Gastric emptying and postprandial symptoms after Billroth II resection. Surgery 1987 Jan; 101(1): 27–34.

Sontag SJ. Current status of maintenance therapy in peptic ulcer diseases. Am J Gastroenterol 1988 Jun; 83(6): 607–617.

Texter EC. A critical look at the clinical use of antacids in acid-peptic disease and gastric acid rebound. Am J Gastroenterol 1989 Feb; 84(2): 97–108.

## Information/Ressources

### Organismes

American Cancer Society
1599 Clifton Rd, NE, Atlanta, GA 30329

American Digestive Disease Society
420 Lexington Ave, New York, NY 10017

American Gastroenterological Association
6900 Grove Rd, Thorofare, NJ 08086

National Interagency Council on Smoking and Health
419 Park Ave South, New York, NY 10016

# 28

# TRAITEMENT DES PATIENTS ATTEINTS DE TROUBLES GASTRO-INTESTINAUX ET RECTAUX

## OBJECTIFS D'APPRENTISSAGE

*Après avoir étudié ce chapitre, vous devriez être en mesure de réaliser ce qui suit:*

1. *Préciser les besoins d'apprentissage des patients atteints de constipation ou de diarrhée.*

2. *Appliquer la démarche de soins infirmiers pour intervenir auprès des patients atteints de constipation ou de diarrhée.*

3. *Comparer les syndromes de malabsorption physiopathologie, manifestations cliniques et traitement.*

4. *Appliquer la démarche de soins infirmiers pour intervenir auprès des patients présentant une appendicite ou une diverticulite.*

5. *Comparer la maladie de Crohn et la colite ulcéreuse: physiopathologie, manifestations cliniques, examens diagnostiques et soins médicaux, chirurgicaux et infirmiers.*

6. *Appliquer la démarche de soins infirmiers pour intervenir auprès des patients atteints d'une entéropathie inflammatoire chronique.*

7. *Décrire les soins infirmiers à prodiguer pour répondre aux besoins des patients ayant subi une stomie intestinale.*

8. *Appliquer la démarche de soins infirmiers pour intervenir auprès des patients atteints d'un cancer du côlon ou du rectum.*

9. *Décrire les divers types d'occlusions intestinales et leur traitement.*

10. *Appliquer la démarche de soins infirmiers pour intervenir auprès des patients présentant un trouble anorectal.*

Les troubles gastro-intestinaux touchent des millions de Nord-Américains, dont plus de la moitié de façon chronique. Ils sont une importante source d'incapacité permanente et entraînent un fort taux d'absentéisme. Ils sont chaque année la cause de milliers de décès.

Ils ont de l'importance parce que la digestion et l'absorption se font principalement à la surface des intestins et dans les cellules intestinales. Ils sont nombreux et variés, et s'accompagnent souvent de constipation et de diarrhée, notamment chez les personnes âgées. Dans tous les groupes d'âge, le stress de la vie moderne, les habitudes alimentaires irrégulières, la consommation insuffisante de fibres et d'eau ainsi que le manque d'exercice contribuent à ces troubles. Les laxatifs comptent parmi les médicaments en vente libre les plus consommés en Amérique du Nord; leur abus est en voie de devenir un problème grave chez les personnes âgées. L'infirmière peut contribuer à réduire la fréquence et la gravité des troubles gastro-intestinaux en établissant les comportements qui en augmentent les risques, en enseignant comment les prévenir, et en aidant les personnes atteintes à améliorer leur état et à prévenir les complications.

# CONSTIPATION

La constipation est une irrégularité anormale de la défécation ou une difficulté à évacuer les matières fécales durcies.

La plupart des personnes vont à la selle au moins une fois par jour, mais la normale se situe entre trois selles par jour et trois selles par semaine. Chez les personnes constipées, la défécation est irrégulière et se complique d'un durcissement des selles. Occasionnellement, on observe une diarrhée liquide due à l'irritation provoquée par la présence dans le côlon de masses de matières fécales sèches et dures. Les selles évacuées contiennent alors une bonne quantité de mucus, sécrété par les glandes du côlon en réaction à l'irritation. Dans les cas de constipation grave, le rectum devient obstrué par des masses de matières fécales dures qui doivent être amollies par une instillation d'huile avant d'être évacuées par un lavement.

La constipation peut être provoquée par certains médicaments (tranquillisants, anticholinergiques, narcotiques, antiacides avec aluminium), des troubles anorectaux (hémorroïdes, fissures), une obstruction (cancer de l'intestin), des troubles métaboliques et neurologiques (diabète, sclérose en plaques), des déséquilibres endocriniens (hypothyroïdisme, phéochromocytome), un empoisonnement au plomb et des affections du tissu conjonctif (sclérodermie, lupus érythémateux). Le syndrome du côlon irritable et les maladies diverticulaires s'accompagnent souvent de constipation.

Parmi les facteurs qui peuvent causer la constipation, on note la faiblesse, l'immobilité, la fatigue et l'incapacité de produire l'effort nécessaire à l'évacuation des selles (dans les cas d'emphysème, par exemple). Souvent, la constipation apparaît chez des personnes très occupées qui ne prennent pas le temps d'aller à la selle. Elle découle également de mauvaises habitudes alimentaires (consommation insuffisante de fibres), d'un manque d'exercice et du stress.

La constipation peut également s'expliquer par la consommation chronique de laxatifs qui finissent par masquer le besoin naturel de déféquer. Il s'agit là d'un important problème de santé publique en Amérique du Nord.

Certains troubles aigus, comme l'appendicite, s'accompagnent souvent d'un durcissement des matières fécales. On doit éviter l'administration de laxatifs dans les cas d'appendicite, ce qui pourrait provoquer une perforation. De façon générale, les purgatifs ne sont pas recommandés si le patient présente de la fièvre, des nausées ou des douleurs dues à la constipation. Ils sont prohibés en cas de trouble inflammatoire de l'intestin.

***Gérontologie.***    La constipation est cinq fois plus fréquente chez les personnes âgées que chez les plus jeunes, ce qui s'explique par un certain nombre de facteurs. Les personnes âgées dont les dentiers sont mal ajustés ou qui ont perdu leurs dents ont de la difficulté à mastiquer et choisissent souvent des aliments mous ou prétraités ayant une faible teneur en fibres. Certains parmi les aînés ont perdu tout intérêt pour la nourriture et consomment des aliments-minute qui ont aussi une faible teneur en fibres, ou ont un apport liquidien insuffisant, ce qui réduit le volume des matières fécales et en rend l'élimination plus difficile. Le manque d'exercice et l'alitement contribuent également à la constipation en diminuant le tonus des muscles abdominaux.

Dans certains cas, les personnes âgées croient être constipées si elles ne vont pas à la selle tous les jours, ne sachant pas qu'il peut être normal de déféquer trois fois par semaine seulement.

***Physiopathologie.***    On connaît mal la physiopathologie de la constipation, mais on croit que ce trouble serait relié à un défaut de l'une des trois principales fonctions du côlon: transport du mucus (le mucus favorise la motilité), activité myoélectrique (mélange du bol fécal et motricité) et processus de défécation. L'envie de déféquer est normalement stimulée par une distension du rectum qui déclenche une suite de quatre mécanismes: stimulation du réflexe inhibiteur rectoanal, détente du muscle du sphincter interne, détente du muscle du sphincter externe et des muscles pelviens, et augmentation de la pression intra-abdominale. Tout défaut de l'un ou l'autre de ces quatre mécanismes peut donc provoquer une constipation non organique ou idiopathique.

Si on ne va pas à la selle au moment où l'envie de déféquer se manifeste, la muqueuse et la musculature du rectum deviennent insensibles à la présence des matières fécales, et un stimulus plus fort sera nécessaire pour provoquer une nouvelle envie de déféquer. La rétention de matières fécales se manifeste d'abord par une irritabilité du côlon se traduisant par des spasmes, plus particulièrement après les repas. Ces spasmes peuvent provoquer des douleurs à type de colique dans la région moyenne ou inférieure de l'abdomen. Après plusieurs années, le côlon perd son tonus musculaire et ne réagit plus aux stimuli normaux. Le patient souffre alors de *constipation spastique*, qui évolue vers une *constipation atonique*. Le vieillissement s'accompagne également d'une atonie intestinale qui peut être compliquée par une utilisation constante de laxatifs.

***Manifestations cliniques.***    Les manifestations cliniques de la constipation sont notamment une distension abdominale, des *borborygmes* (gargouillements), des douleurs et des pressions, une perte d'appétit, des maux de tête, de la fatigue, des indigestions, une sensation d'évacuation incomplète, des difficultés à déféquer et l'élimination de petites quantités de selles dures et sèches.

***Examens diagnostiques.*** Le diagnostic de la constipation peut être établi à partir d'un examen physique complet, d'un lavement baryté, d'une sigmoïdoscopie et d'une recherche de sang occulte dans les selles. Ces examens permettent de déterminer si la constipation est due à des spasmes ou à un rétrécissement de l'intestin. On peut procéder à des études de la pression anorectale pour dépister les faiblesses des muscles et du sphincter. La constipation est dite idiopathique quand elle n'est pas reliée à une cause organique.

***Traitement.*** Le traitement vise la cause sous-jacente de la constipation. Il peut comprendre l'arrêt de la surconsommation de laxatifs, la consommation de fibres alimentaires, la pratique d'exercices de renforcement des muscles abdominaux et l'établissement de bonnes habitudes intestinales (écoute des réflexes, réaction à l'envie de déféquer, établissement d'une période quotidienne pour la défécation, consommation d'eau chaude aux repas). La consommation quotidienne de 30 à 60 grammes de son non traité est

**TABLEAU 28-1.** *Classification et action des laxatifs*

| Classification | Agent type | Action | Enseignement au patient |
|---|---|---|---|
| Agents mucilagineux | Muciloïde hydrophile de psyllium (Metamucil) | Se composent de polysaccharides ou de dérivés de la cellulose qui, en se mélangeant aux liquides intestinaux, augmentent de volume et stimulent le péristaltisme. | Prendre ces laxatifs avec 250 mL d'eau, et faire suivre d'un autre 250 mL d'eau. Ne pas les prendre sans eau. On doit consulter son médecin si on observe une distension abdominale ou une production excessive de gaz. |
| Agents salins ou osmotiques | Hydroxyde de magnésium (lait de magnésie) | Contiennent des ions magnésium non absorbables qui modifient la consistance des selles en favorisant la pénétration d'eau par osmose dans l'intestin et en stimulant le péristaltisme. Agissent en deux heures. | La préparation liquide est plus efficace que les comprimés. Ne pas prendre de façon prolongée en raison d'effets toxiques possibles (dépression neuromusculaire ou du SNC, déséquilibres électrolytiques). Ne pas administrer aux patients souffrant d'insuffisance rénale. |
| Agents lubrifiants | Huile minérale | Se composent d'hydrocarbures non absorbables qui amollissent les matières fécales en lubrifiant la muqueuse intestinale, ce qui facilite le passage des selles. Agissent en six à huit heures. | Ne pas prendre au moment des repas étant donné que les huiles minérales peuvent réduire l'absorption des vitamines liposolubles et retarder l'évacuation gastrique. Avaler avec soin pour éviter que des gouttes d'huile ne pénètrent dans le pharynx, ce qui pourrait provoquer une pneumonie lipidique. |
| Agents stimulants | Bisacodyl (Dulcolax) | Produisent une irritation de l'épithélium du côlon en stimulant les terminaisons nerveuses sensorielles et en augmentant la sécrétion de mucus. Agissent en six à huit heures. | Ces laxatifs peuvent entraîner un déséquilibre hydro-électrolytique, surtout chez les personnes âgées. Ne pas broyer ou mâcher les comprimés. Éviter la consommation de lait ou d'antiacides dans l'heure qui suit pour ne pas dissoudre prématurément l'enrobage du produit. |
| Agents émollients | Docusate Sodique (Colace) | Provoquent une hydratation des selles en exerçant une action surfactive sur l'épithélium du côlon (augmentation de la mouillabilité du bol fécal par l'eau intestinale). Ils ont des propriétés à la fois hydrophiles et hydrophobes. Ils n'ont pas d'effet laxatif. | Peuvent être utilisés sans danger par les patients qui doivent éviter les efforts excessifs (patients cardiaques ou souffrant de troubles anorectaux). |

recommandée, plus particulièrement chez les personnes âgées. Une alimentation à forte teneur en résidus accélère le passage des selles molles dans le côlon.

Si un laxatif est nécessaire, on peut avoir recours à un agent mucilagineux, un agent osmotique ou salin, ou encore un agent lubrifiant, stimulant ou émollient. Voir le tableau 28-1 pour l'action de ces laxatifs et l'enseignement au patient qui en fait usage. Les lavements et les suppositoires rectaux ne sont pas recommandés pour le traitement de la constipation. On doit réserver leur usage au traitement des fécalomes et à la préparation de l'intestin en vue d'une chirurgie ou d'un examen diagnostic. Si la consommation prolongée de laxatifs est nécessaire, le médecin peut prescrire un agent mucilagineux en association avec un agent osmotique.

# ▶ DÉMARCHE DE SOINS INFIRMIERS PATIENTS ATTEINTS DE CONSTIPATION

## ▷ Collecte des données

Quand on aborde le sujet des troubles du transit intestinal, on doit tenter de mettre le patient à l'aise en faisant preuve de tact et en respectant son intimité. Les questions à caractère plus personnel peuvent être posées une fois que l'infirmière a établi un climat de confiance.

### Profil du patient
- Apparition et durée de la constipation
- Mode de vie (exercice, alimentation, stress)
- Activités professionnelles
- Habitudes d'élimination antérieures
- Habitudes d'élimination actuelles
- Recours aux laxatifs et aux lavements
- Consommation actuelle de médicaments reliée à l'élimination
- Antécédents médicaux
- Couleur, odeur et consistance des selles
- Présence des éléments suivants:
    sensation de plénitude ou de pression rectale
    douleurs abdominales
    efforts de défécation
    diarrhées aqueuses
    flatulences

### Examen physique
- Auscultation de l'abdomen (bruits intestinaux)
- Caractéristiques des bruits intestinaux (fréquence, absence, tonalité élevée, gargouillements)
- Palpation (absence de distension, distension légère, modérée, grave)
- Inspection de la région périanale à la recherche d'hémorroïdes, de fissures et de signes d'irritation

## ▷ Analyse et interprétation des données

Selon les données recueillies, voici les principaux diagnostics infirmiers possibles:

- Constipation ou présence de fécalomes reliée à de mauvaises habitudes alimentaires
- Manque de connaissances sur les mesures de prévention de la constipation
- Anxiété reliée à l'irrégularité intestinale

## ▷ Planification et exécution

▷ *Objectifs de soins*: Rétablissement et maintien d'un mode régulier d'évacuation intestinale; augmentation de l'apport en liquide et en fibres; connaissance des mesures préventives de la constipation et soulagement de l'anxiété

## ▷ Interventions infirmières

▷ *Maintien d'un mode régulier d'élimination intestinale.* Il s'agit d'un élément essentiel des soins prodigués à tous les patients. Les efforts que nécessite la défécation sont considérables, plus encore si le patient doit utiliser un bassin hygiénique. La constipation ajoute à ces efforts et peut provoquer une fatigue extrême. Il importe encore plus d'éviter la constipation chez les patients atteints d'insuffisance cardiaque, chez ceux qui ont subi récemment un infarctus du myocarde et qui sont ainsi exposés à une rupture cardiaque, et chez ceux présentant de l'hypertension artérielle.

Pour faciliter la défécation, l'infirmière aide le patient à prendre la position appropriée. La position semi-accroupie favorise la contraction des muscles abdominaux et met à profit la force de gravité. Les patients hospitalisés qui ne peuvent se servir de la toilette éprouveront moins de fatigue s'ils utilisent une chaise d'aisance ou le bassin hygiénique assis sur le bord de leur lit, les pieds reposant sur un fauteuil. Si le patient ne peut s'asseoir, on placera un petit coussin au niveau de la courbure lombaire pour réduire la fatigue et favoriser le bien-être.

▷ *Enseignement au patient et soins à domicile.* La majorité des objectifs du patient peuvent être atteints grâce à un programme d'enseignement portant sur les causes de la constipation, de même que sur les habitudes alimentaires et les exercices qui favorisent l'élimination.

Dans les cas de constipation chronique, l'infirmière a pour rôle de collaborer à la rééducation du patient. Elle doit lui expliquer avec soin la physiologie de la défécation et insister plus particulièrement sur l'importance d'aller à la selle dès que le besoin s'en fait sentir. Le patient doit réserver un temps précis à la défécation, de préférence après un repas. On peut déclencher le réflexe d'évacuation par autosuggestion. Pour obtenir une flexion des hanches, on peut utiliser un petit appui-pieds.

Le patient doit connaître la composition d'un régime alimentaire équilibré et savoir qu'il peut différer par certains points d'un régime alimentaire prescrit. De façon générale, un régime à forte teneur en fibres et en résidus est indiqué dans les cas de constipation atonique, tandis qu'un régime alimentaire non irritant ou à faible teneur en résidus est indiqué pour les patients souffrant du syndrome du côlon irritable. Chez les personnes âgées, l'ajout de 2 g de son aux céréales quotidiennes peut favoriser l'élimination et réduire le recours aux laxatifs, aux produits amollissants et aux lavements.

Pour stimuler la défécation, l'infirmière recommande des marches fréquentes et des exercices de renforcement des muscles abdominaux: par exemple, contraction isotonique des muscles abdominaux quatre fois par jour, demi-redressement du tronc, genoux fléchis, et levées des jambes, genoux fléchis, en décubitus dorsal. Les patients alités feront des exercices d'amplitude de mouvement. Ils devront de plus se retourner d'un côté à l'autre et rester en décubitus ventral (sauf contre-indication) pendant 30 minutes toutes les quatre heures.

Ces exercices accroissent le tonus des muscles abdominaux, qui contribuent à l'élimination du contenu du côlon.

▷ *Réduction de l'anxiété.*    Les patients qui ne vont pas à la selle tous les jours ont besoin d'être rassurés. Ils doivent savoir que certaines personnes en bonne santé vont à la selle trois fois par jour, tandis que d'autres ne le font que deux ou trois fois par semaine. Ils doivent aussi savoir que certains aliments séjournent dans les voies gastro-intestinales pendant 48 heures, ce qui leur fera comprendre et accepter le fait qu'il n'est pas nécessaire d'aller à la selle tous les jours. Ils doivent cesser la prise de laxatifs. Si les matières fécales restent trop longtemps dans le rectum et qu'elles se déshydratent et durcissent, on peut les ramollir en instillant de 60 à 90 mL d'huile chaude dans le rectum avant le coucher. Un petit lavement au sérum physiologique le lendemain matin devrait permettre d'éliminer les matières fécales.

Si le patient prend des laxatifs il doit en connaître les effets secondaires : formation de fécalomes et dépendance. Les mesures de prévention de la constipation sont notamment l'élimination progressive des laxatifs, la consommation de quantités suffisantes de liquides et de fibres, un programme approprié d'exercices et la modification des facteurs qui contribuent à ce trouble (stress, mauvaises habitudes d'élimination, etc.).

## ▷ *Évaluation*

### *Résultats escomptés*

1. Le patient adopte un mode régulier d'élimination.
   a) Il réserve du temps tous les jours à la défécation.
   b) Il suit un programme régulier d'exercices.
   c) Il évite la consommation de laxatifs.
   d) Il consomme tous les jours 2 à 3 L d'eau.
   e) Il consomme des aliments à forte teneur en fibres (fruits frais, son, noix, pains et céréales de grains entiers, fruits et légumes cuits).
   f) Il évacue des selles bien formées tous les jours ou tous les deux ou trois jours.
2. Le patient connaît les mesures de prévention de la constipation.
   a) Il connaît les mesures qui favorisent la défécation.
   b) Il explique l'importance de la consommation de liquides et d'aliments à forte teneur en fibres.
   c) Il fait des exercices de renforcement des muscles abdominaux.
3. Le patient est moins anxieux à propos de son mode d'élimination intestinale.
   a) Il connaît les mesures pouvant prévenir ou soulager la constipation.
   b) Il modifie ses habitudes de vie de façon à régulariser son mode d'élimination intestinale.
   c) Il ne consomme pas de laxatifs, sauf sur ordonnance médicale.

## Complications de la constipation

**Manoeuvre de Valsalva.**    Les efforts faits au moment de la défécation ont des effets marqués sur la pression artérielle (*manoeuvre de Valsalva*). Pendant les efforts, la circulation du sang veineux dans la poitrine est temporairement ralentie par suite d'une augmentation de la pression intrathoracique qui provoque un affaissement des grosses veines. Les oreillettes et les ventricules reçoivent moins de sang, ce qui réduit le débit systolique du ventricule gauche. Le débit cardiaque diminue et la pression artérielle baisse pour s'élever ensuite,

presque immédiatement, jusqu'à un point qui dépasse de beaucoup le seuil original (effet rebond). Chez les patients souffrant d'hypertension, cette réaction compensatoire peut avoir des conséquences très graves, comme la rupture d'une artère importante dans le cerveau ou ailleurs.

**Fécalomes.**    Les fécalomes sont une accumulation de matières fécales sèches qui ne peuvent être évacuées. On peut les palper au toucher rectal. Ils exercent, dans certains cas, une pression sur la muqueuse du côlon entraînant la formation d'un ulcère et provoquent parfois des fuites de selles liquides. Le traitement comprend des lavements avec de l'huile minérale ou des solutions salées, ainsi que l'extraction manuelle des selles.

**Mégacôlon.**    Le mégacôlon se caractérise par une distension et une atonie du côlon dues à la présence d'une masse de matières fécales. Il se manifeste par de la constipation, une incontinence fécale et une distension abdominale. L'obstruction, qui peut être diagnostiquée par examen radiologique, entraîne dans certains cas une perforation exigeant une colectomie d'urgence.

**Côlon cathartique.**    Le côlon cathartique est une atrophie de la muqueuse du côlon qui s'accompagne d'un épaississement musculaire et de fibrose. Il est dû à l'abus chronique de laxatifs. Il se manifeste par une hypokaliémie, une alcalose métabolique, une malabsorption et des fuites de matières fécales liquides. Les traitements visent le soulagement des symptômes.

# DIARRHÉE

La diarrhée est un trouble qui se manifeste par une fréquence anormale des selles (plus de trois par jour), ainsi qu'une modification de leur volume (plus de 200 g par jour) et de leur consistance (teneur accrue en liquides). Elle est généralement associée à un besoin impérieux de déféquer, à des douleurs périanales, et à de l'incontinence. Trois facteurs déterminent sa gravité : sécrétion intestinale, altération de l'absorption et altération de la motilité.

La diarrhée peut être *de grand volume, de faible volume* ou *infectieuse*. Selon le nombre de selles par jour, on la dit légère (de une à trois selles), modérée (de trois à six selles) ou grave (plus de six selles avec fièvre ou présence de sang).

Les affections qui se manifestent par de la diarrhée sont le syndrome du côlon irritable, la colite ulcéreuse, la maladie de Crohn, une carence en hydrates de carbone, un mauvais fonctionnement du sphincter anal, le syndrome de Zollinger-Ellison, l'occlusion intestinale (iléus), ainsi que certaines infections virales ou bactériennes.

**Physiopathologie.**    La *diarrhée aiguë*, ou *de grand volume*, apparaît quand les intestins sécrètent l'eau et les électrolytes au lieu de les absorber. La *diarrhée de faible volume* est causée par un accroissement du péristaltisme, dû généralement à un trouble inflammatoire (colite ulcéreuse, maladie de Crohn). La *diarrhée infectieuse* est causée par un agent infectieux et se manifeste par une augmentation de la teneur en eau des matières fécales résultant d'une augmentation de la sécrétion d'eau par les cellules muqueuses. On observe aussi une augmentation du péristaltisme. Les agents infectieux les plus souvent en cause sont *Shigella*, *Escherichia coli* et *Campylobacter jejuni*. Ils sont introduits dans les intestins par voie directe ou par des aliments contaminés. S'ils sont introduits par voie directe, comme dans la dysenterie bacillaire, la libération des toxines se fait dans les intestins. À l'inverse, dans le cas des intoxications alimentaires, les toxines sont présentes dans les aliments contaminés. *Staphylococcus aureus,* par exemple, produit une toxine qui provoque une irritation grave des voies gastro-intestinales.

**Mesures de prévention.**    Pour prévenir les intoxications alimentaires, on doit s'assurer que tous les fruits frais et les viandes sont conservés et traités de façon appropriée. La viande doit être bien cuite et consommée sans délai ou réfrigérée immédiatement. Le lait et les produits laitiers doivent être réfrigérés et protégés des contaminations. Les crèmes anglaises et les garnitures à la crème sont d'excellents milieux de culture bactérienne. Elles doivent donc être bien cuites, conservées au réfrigérateur et consommées en moins de 24 heures.

De toute évidence, la propreté, plus particulièrement dans la cuisine, est une mesure très importante de prévention des diarrhées infectieuses. Tous les ustensiles servant à la préparation et au service des aliments doivent être nettoyés à fond et rangés dans un endroit propre. Tous les préposés au traitement des aliments doivent respecter rigoureusement les mesures d'hygiène et être immédiatement relevés de leurs fonctions s'ils présentent un risque de contamination.

**Manifestations cliniques.**    Dans les cas de diarrhée aiguë, les selles ont une coloration brun grisâtre, une odeur nauséabonde, et contiennent des particules alimentaires non digérées ainsi que du mucus. Le patient se plaint de crampes abdominales, de distension, de gargouillements intestinaux (borborygmes), d'anorexie et de soif. Une contraction douloureuse de l'anus (ténesme) peut accompagner chaque défécation.

Les diarrhées provoquées par une intoxication alimentaire ont un début fulgurant. Elles apparaissent dans les quelques heures qui suivent la consommation d'aliments contaminés et, sauf dans les cas graves, se résorbent en un ou deux jours (dès que les toxines sont excrétées et que la réaction inflammatoire disparaît). On note parfois une faible fièvre. La déshydratation et la faiblesse en sont les symptômes caractéristiques.

La dysenterie, qui s'explique par la croissance de pathogènes dans les voies gastro-intestinales, évolue par contre de façon plus progressive et persiste pendant quelques jours ou quelques semaines.

**Examens diagnostiques.**    Dans les cas de diarrhée inexpliquée, on doit effectuer un hémogramme complet, un profil biochimique, une analyse d'urines, de même qu'une analyse et une culture de selles. Une proctosigmoïdoscopie et un lavement baryté sont parfois nécessaires.

**Traitement.**    Le traitement médical vise principalement la maladie sous-jacente. Certains médicaments, comme la prednisone peuvent réduire la gravité de la diarrhée et de la maladie.

Pour traiter les diarrhées légères, on augmente la consommation orale de liquides et on administre, dans certains cas, une solution orale de glucose et d'électrolytes afin de réhydrater le patient. Dans les cas de diarrhée modérée non infectieuse, on peut administrer des médicaments comme le chlorhydrate de diphénoxylate (Lomotil) et le chlorhydrate de lopéramide (Imodium) pour réduire le péristaltisme. Si la diarrhée est d'origine infectieuse, on administre des antibiotiques.

Un traitement intraveineux peut être nécessaire pour assurer une réhydratation rapide, surtout chez les patients très jeunes ou âgés.

**Gérontologie.**    Chez les personnes âgées, la diarrhée peut entraîner rapidement une déshydratation et une hypokaliémie. On doit donc noter avec soin les ingesta et les excreta de façon à déterminer les pertes hydriques. Un débit urinaire inférieur à 30 mL/h pendant 2 ou 3 heures consécutives doit être signalé au médecin. L'hypokaliémie se manifeste par une faiblesse musculaire, une paresthésie, une hypotension, une anorexie et des étourdissements. On doit également communiquer avec le médecin si le taux de potassium est inférieur 3,0 mmol/L, à cause d'un risque d'arythmies (tachycardie auriculaire et ventriculaire, fibrillation ventriculaire et extrasystoles ventriculaires) pouvant avoir des conséquences fatales. On doit être à l'affût des signes d'hypokaliémie chez les patients âgés qui prennent de la digitaline car la baisse du taux de potassium amplifie les effets toxiques de la digitaline.

Les personnes âgées qui souffrent d'incontinence fécale doivent avoir un accès facile à la salle de bain. Si elles ont de la difficulté à se déplacer, on doit les aider à le faire.

Le vieillissement provoque une sécheresse cutanée et une diminution de la couche de tissu adipeux sous-cutané, ce qui rend la peau sensible. Par conséquent, les enzymes contenues dans les selles peuvent provoquer une irritation et une excoriation. On doit enseigner au patient à garder sa région périanale propre et sèche, et l'aider à le faire au besoin. Il faut laver la région à l'eau savonneuse, bien l'assécher et y appliquer de la gelée de pétrole pour assurer une protection supplémentaire.

# ▶ *DÉMARCHE DE SOINS INFIRMIERS* *PATIENTS ATTEINTS DE DIARRHÉE*

## ▷ *Collecte des données*

*Profil du patient*
- Apparition et évolution de la diarrhée
- Présence des éléments suivants:
    douleurs abdominales
    crampes
    envie impérieuse d'aller à la selle
    selles aqueuses
    selles graisseuses
    présence de mucus ou de pus dans les selles
- Traitements médicamenteux en cours
- Apport alimentaire quotidien
- Antécédents médicaux (maladies chroniques)
- Allergies
- Exposition récente à une maladie aiguë
- Voyage à l'étranger récent

*Examen physique*
- Auscultation de l'abdomen à l'écoute des bruits intestinaux
- Bruits intestinaux caractéristiques (fréquence, borborygmes)
- Palpation à la recherche d'une distension et de régions sensibles
- Examen des selles (consistance, couleur et odeur)

- Examen de la peau et des muqueuses à la recherche de déshydratation
- Auscultation à la recherche d'hypotension orthostatique et de tachycardie
- Pesée quotidienne et bilan des ingesta et des excreta.

Les selles aqueuses traduisent une affection de l'intestin grêle, et les selles molles ou semi-solides un trouble du côlon. Les selles volumineuses et graisseuses indiquent une malabsorption intestinale, et la présence de pus et de mucus dénote une colite ou une entérite. La présence de gouttelettes d'huile à la surface de l'eau de la toilette est presque toujours un signe d'insuffisance pancréatique. Les diarrhées nocturnes peuvent être la manifestation d'une neuropathie diabétique.

### ▷ Analyse et interprétation des données

Selon les données recueillies, voici les principaux diagnostics infirmiers possibles:

- Diarrhée reliée à une infection, à l'ingestion d'aliments contaminés ou à un trouble intestinal
- Risque élevé de déficit de volume liquidien relié à des selles fréquentes et à un apport insuffisant en liquides
- Anxiété reliée à des évacuations fréquentes et non volontaires de selles
- Risque élevé d'atteinte à l'intégrité de la peau relié à une évacuation fréquente de selles molles
- Risque élevé de transmission d'une infection.

### ▷ Planification et exécution

▷ *Objectifs de soins*:  Arrêt de la diarrhée; maintien de l'équilibre hydrique; réduction de l'anxiété; maintien de l'intégrité de la peau et prévention des infections.

### ▷ Interventions infirmières

▷ *Arrêt de la diarrhée.*  Pendant les épisodes de diarrhée aiguë, le patient doit se reposer, garder le lit et consommer des liquides et des aliments à faible teneur en fibres. Si les aliments sont tolérés, l'infirmière recommande un régime alimentaire non irritant. Comme la caféine stimule la motilité intestinale, on en restreint la consommation. On interdit parfois le lait car certains types de diarrhée aiguë entraînent un déficit transitoire en lactase. On doit administrer des antidiarrhéiques, comme le chlorhydrate de diphénoxylate (Lomotil), selon l'ordonnance du médecin.

▷ *Maintien de l'équilibre hydrique.*  Pendant les épisodes de diarrhée aiguë, il est difficile d'assurer l'équilibre hydrique en raison d'une réduction de l'absorption d'eau, ce qui provoque une augmentation relative des excreta. L'infirmière doit donc être à l'affût des signes de déshydratation: baisse de la turgescence cutanée, tachycardie, faiblesse du pouls, baisse du taux sérique de sodium et soif excessive. Elle doit aussi tenir un bilan précis des ingesta et des excreta et peser le patient tous les jours. Il lui faut de plus inciter le patient à consommer des liquides (eau, jus, bouillons, préparations comme Gatorade), ou lui administrer des liquides par voie parentérale selon l'ordonnance du médecin.

▷ *Réduction de l'anxiété.*  L'infirmière doit permettre au patient d'exprimer les craintes et les inquiétudes que provoque le manque de maîtrise de ses fonctions intestinales. La gêne est souvent une préoccupation majeure.

Elle doit aider le patient à établir quels sont les aliments irritants et les facteurs de stress qui peuvent précipiter chez lui des épisodes de diarrhée. L'élimination ou la réduction de ces facteurs contribue à régulariser la défécation. Le patient doit aussi apprendre à reconnaître les signes avant-coureurs de la diarrhée (fatigue, crampes abdominales, augmentation des bruits intestinaux). En cas d'incontinence, des sous-vêtements absorbants spéciaux peuvent être utiles.

L'infirmière doit avant tout faire preuve d'empathie, de compréhension, de tolérance et de calme. Elle doit aider le patient à s'adapter à sa situation, et à faire l'inventaire de ses ressources personnelles, familiales, professionnelles, matérielles et autres.

▷ *Soins cutanés.*  Les enzymes digestifs contenus dans les selles diarrhéiques peuvent provoquer une irritation locale et entraîner une excoriation de la région périanale. L'infirmière doit donc expliquer au patient les soins préventifs: essuyer la région anale après la défécation, la laver à l'eau tiède savonneuse, l'assécher immédiatement à l'aide de tampons d'ouate et appliquer une lotion ou un onguent.

▷ *Mesures de prévention des infections.*  On doit prendre pour acquis, jusqu'à preuve du contraire, que les patients atteints de diarrhée sont contagieux. Si la diarrhée est d'origine infectieuse, l'infirmière doit établir s'il y a d'autres cas de diarrhée chez les membres de la famille et les autres personnes avec lesquelles le patient a été en contact. Les précautions nécessaires doivent être prises afin de prévenir la propagation de la maladie par contamination des mains, des vêtements, de la literie ou d'autres objets.

L'infirmière tente de déterminer s'il existe un rapport de cause à effet entre les épisodes de diarrhée et les aliments consommés. Si on soupçonne une intoxication alimentaire, les aliments sont soumis à des cultures. Il arrive que des aliments non contaminés irritent les voies gastro-intestinales.

### ▷ Évaluation

#### Résultats escomptés
1. Le patient évite les aliments irritants.
   a) Il connaît les aliments qui provoquent une irritation.
   b) Il ne consomme pas d'aliments irritants.
   c) Il va moins souvent à la selle.
   d) Ses selles sont bien formées.
2. Le patient maintient son équilibre hydroélectrolytique.
   a) Il consomme suffisamment de liquide.
   b) Il tolère les administrations parentérales de liquide et d'électrolytes.
   c) Il ne présente pas de fatigue ou de faiblesse musculaire.
   d) Il est conscient et bien orienté.
   e) Ses muqueuses sont humides et ses tissus cutanés présentent une turgescence normale.
   f) Son bilan des ingesta et des excreta est normal.
   g) Ses urines ont une densité normale.
3. Le patient est moins anxieux.
   a) Il exprime ses préoccupations et ses craintes.
   b) Il connaît les symptômes avant-coureurs de la diarrhée.
   c) Il a recours à des mécanismes d'adaptation efficaces.
   d) Au besoin, il porte des sous-vêtements absorbants qui protègent ses vêtements.

4. Le patient maintient l'intégrité de sa peau.
   a) Il garde sa région périanale propre après la défécation.
   b) Il applique sur sa peau une lotion ou un onguent.

Résumé: La constipation et la diarrhée sont des troubles gastro-intestinaux fréquents. Les patients atteints de constipation ont des selles dont la fréquence est insuffisante, et ceux atteints de diarrhées ont des selles trop fréquentes. Les interventions infirmières auprès des patients qui souffrent de ces troubles visent les objectifs suivants: maintien de l'équilibre hydroélectrolytique, réduction de la douleur et de l'anxiété, et rétablissement du mode normal d'élimination.

# SYNDROMES DE MALABSORPTION

La *digestion* est l'ensemble des transformations subies par les aliments pour les rendre assimilables par les cellules. L'absorption intestinale assure le passage des éléments nutritifs à travers la muqueuse et dans le système porte.

En plus des éléments nutritifs, les voies gastro-intestinales reçoivent de grandes quantités de liquide et d'électrolytes. Sur une ingestion quotidienne de liquide d'environ 1500 mL, auxquels s'ajoutent environ 7000 mL provenant des voies gastro-intestinales (salive, sucs gastriques, biliaires, pancréatiques et intestinaux), environ 500 mL seulement sont absorbés au-delà de la valvule iléocolique. Pour assurer l'absorption, l'intestin doit donc modifier constamment le volume et la composition de son contenu.

Des altérations du processus complexe de la digestion peuvent provoquer une malabsorption, c'est-à-dire un défaut de résorption digestive d'au moins un des principaux éléments nutritifs: lipides, hydrate de carbone et protéines. Une malabsorption se produit quand le processus digestif est altéré:

* par un défaut du catabolisme et du transport des éléments nutritifs (résection gastrique, syndrome de Zollinger-Ellison, insuffisance pancréatique)
* par une absorption insuffisante des éléments nutritifs à travers la muqueuse intestinale (diverticulite jéjunale, dysfonction iléale)
* par un ensemble de causes (maladies parasitaires, maladie de Whipple, maladie cœliaque).

En plus de ces causes, certains troubles inflammatoires de l'intestin, notamment la colite ulcéreuse et la maladie de Crohn, provoquent une accélération du catabolisme des protéines dans l'intestin grêle, ce qui entraîne une perte de protéines dans la lumière intestinale (entéropathie avec perte de protéines).

***Physiopathologie.*** Les trois principaux syndromes de malabsorption sont (1) la sprue tropicale, (2) la maladie cœliaque de l'adulte (sprue non tropicale, intolérance au gluten) et (3) l'intolérance au lactose. La sprue tropicale et la maladie cœliaque entraînent des manifestations cliniques et des transformations pathologiques semblables, mais leur répartition géographique et leurs causes diffèrent, de même que leur traitement. La maladie cœliaque de l'adulte, est une malabsorption intestinale provoquée par une intolérance au gluten, une protéine que l'on trouve dans le blé, le seigle, l'avoine et l'orge. Le gluten entraîne une atrophie des villosités intestinales, ce qui réduit leur capacité d'absorption.

L'intolérance au lactose est due à une carence en lactase, une enzyme digestive qui dégrade le sucre du lait, le lactose, ce qui provoque une accumulation de lactose dans l'intestin. Cette accumulation a pour résultat une rétention d'eau se manifestant par des crampes abdominales, des nausées et parfois de la diarrhée.

***Manifestations cliniques.*** Les syndromes de malabsorption, quelle qu'en soit la cause, se caractérisent par l'évacuation fréquente de selles molles, volumineuses, nauséabondes et souvent de couleur grisâtre, avec stéatorrhée (présence excessive de matières grasses). Ils se manifestent par de la faiblesse, une perte pondérale et un malaise généralisé.

S'ils ne sont pas traités, les patients atteints d'un syndrome de malabsorption s'affaiblissent et deviennent émaciés. Ils présentent des carences en vitamines liposolubles (A, D et K) dues à une mauvaise absorption de ces vitamines. La carence en vitamine K, et l'hypoprothrombinémie qui en résulte, peut entraîner des hémorragies. On observe aussi une anémie macrocytaire du type de celle qui caractérise la carence en acide folique (voir le chapitre 17). Dans certains cas une hypocalcémie provoque une déminéralisation progressive du squelette et entraîne une grave hyperirritabilité neuromusculaire et une tétanie.

Voir le tableau 28-2 pour les aspects cliniques et physiopathologiques des troubles de l'absorption et de la digestion.

***Traitement.*** Des analyses diagnostiques peuvent contribuer à préciser le trouble qui est à l'origine de la malabsorption (tableau 28-3). S'il s'agit de la maladie cœliaque, l'élimination du gluten de l'alimentation provoque une amélioration clinique marquée, avec arrêt des diarrhées et rétablissement de l'équilibre nutritionnel. Cette rémission ne persiste que dans la mesure où le patient évite de consommer du gluten, ce qui est difficile étant donné qu'on en retrouve dans un grand nombre de liants et d'agents de remplissage. Presque toutes les pâtisseries en contiennent, même celles dites «sans blé», ainsi que certaines marques de crème glacée.

Le traitement de l'intolérance au lactose exige l'élimination du lait et des produits laitiers. Les produits à base de jus de soja (appelé improprement lait de soja) peuvent alors les remplacer. La plupart des adultes arrivent à digérer les produits laitiers fermentés, par exemple le fromage et le yaourt. On conseillera donc au patient d'en consommer parce qu'ils sont une bonne source de calcium.

La sprue tropicale est une maladie dont on ne connaît pas la cause. On la traite avec succès par l'administration d'acide folique, que l'on poursuit pendant quatre à six mois après la rémission, et d'antibiotiques à large spectre. Parce que l'acide folique a presque toujours des effets bénéfiques, impressionnants parfois, dans le traitement de la sprue tropicale, on croit que cette maladie serait due à une carence en acide folique.

# TROUBLES INFLAMMATOIRES AIGUS

Les troubles inflammatoires aigus, par exemple l'appendicite et la péritonite, peuvent se manifester de façon semblable: sensibilité et douleurs abdominales, nausées et vomissements, anorexie, fébricule, tachycardie et leucocytose. Le diagnostic est fondé sur le profil du patient et l'examen physique.

**TABLEAU 28-2.** *Aspects physiopathologiques et cliniques des troubles de l'absorption et de la digestion*

| Trouble | Physiopathologie | Manifestations cliniques |
|---|---|---|
| Résection gastrique avec gastrojéjunostomie | Réduction de la stimulation pancréatique en raison d'une dérivation duodénale, mauvais mélange des aliments, de la bile et des enzymes pancréatiques, réduction du taux de facteur intrinsèque, stase bactérienne dans l'anse afférente | Perte de poids, stéatorrhée modérée, anémie (carence en fer, malabsorption de la vitamine $B_{12}$ et carence en acide folique) |
| Insuffisance pancréatique (pancréatite chronique, cancer du pancréas, résection du pancréas, fibrose kystique) | Réduction de l'activité des enzymes pancréatiques intraluminales avec mauvaise absorption des lipides et des protéines | Antécédents de douleurs abdominales suivies d'une perte de poids, stéatorrhée marquée, azotorrhée, intolérance au glucose (70 % des cas) |
| Insuffisance iléale (résection ou maladie) | Perte de la surface d'absorption iléale entraînant une réduction de la masse des sels biliaires et une malabsorption de la vitamine $B_{12}$, de même qu'une inhibition de l'absorption des liquides due à la présence de bile dans le côlon | Diarrhée, perte de poids et stéatorrhée, plus particulièrement après une résection de plus de 100 cm, malabsorption de la vitamine $B_{12}$ |
| Stase intestinale (rétrécissement chirurgical, anse borgne, fistules, diverticules jéjunaux multiples, sclérodermie) | Prolifération des bactéries intestinales intraluminales, plus particulièrement des anaérobies, à plus de $10^6$/mL, entraînant la déconjugaison des sels biliaires et provoquant une réduction de la masse commune des sels biliaires, ainsi qu'une utilisation de la vitamine $B_{12}$ par les bactéries | Pertes de poids, stéatorrhée, malabsorption de la vitamine $B_{12}$, malabsorption possible du D-xylose |
| Syndrome de Zollinger-Ellison | Inactivation des enzymes pancréatiques en raison d'une hyperacidité duodénale | Prédisposition aux ulcères, stéatorrhée |
| Intolérance au lactose | Carence en lactase intestinale provoquant une augmentation du taux intraluminal de lactose et une diarrhée osmotique | Touche environ 20 % des patients présentant des troubles de l'absorption et de la digestion; diarrhée et crampes d'intensité variable après ingestion d'aliments contenant du lactose, réaction positive au test de tolérance au lactose, déficit en lactase intestinale |
| Maladie cœliaque (intolérance au gluten) | Réaction toxique de l'épithélium de surface à une fraction du gluten entraînant la destruction de la surface d'absorption | Perte de poids, diarrhée, ballonnement, anémie (baisse du taux de fer et d'acide folique), ostéomalacie, stéatorrhée, azotorrhée, malabsorption du D-xylose, malabsorption de l'acide folique et du fer, modifications cellulaires visibles à la biopsie |
| Sprue tropicale | Cause inconnue; se manifeste par une inflammation des muqueuses et une atrophie partielle des villosités | Perte de poids, diarrhée, anémie (faible taux d'acide folique et de vitamine $B_{12}$), stéatorrhée, faible absorption du D-xylose et de la vitamine $B_{12}$, modifications cellulaires caractéristiques mais non spécifiques visibles à la biopsie |
| Maladie de Whipple | Invasion bactérienne de la muqueuse intestinale | Arthrite, hyperpigmentation, lymphadénopathie, important épanchement, fièvre, perte de poids, stéatorrhée, azotorrhée, modifications cellulaires visibles à la biopsie |
| Certains troubles parasitaires (giardiase, strongyloïdiose, coccidiose, capillariose) | Invasion ou lésion de la muqueuse de surface | Diarrhée, perte de poids, stéatorrhée, présence du parasite dans la biopsie jéjunale ou dans les selles |
| Immunoglobulinopathies | Réduction des mécanismes de défense de l'intestin, hyperplasie du tissu lymphoïde, lymphopénie | Souvent associées à la giardiase; hypogammaglobulinémie ou déficit isolée en IgA, modifications cellulaires caractéristiques visibles à la biopsie |

(Source: J. A. Halsted, *The Laboratory In Clinical Medicine.* Philadelphia, W. B. Saunders)

La chirurgie est le traitement de choix. Les objectifs du patient sont la réduction de la douleur, la prévention d'un déficit du volume liquidien, la réduction de l'anxiété, la prévention de la perforation, le maintien de l'intégrité de la peau et un apport nutritionnel suffisant.

# APPENDICITE

L'appendice est un petit tube d'environ 10 cm de long qui s'ouvre sur le cæcum sous la valvule iléocolique. Chez l'humain, il n'aurait aucune fonction particulière. Il se remplit d'aliments et se vide de façon régulière, tout comme le cæcum, mais de façon incomplète parce que son orifice est petit. Il peut donc s'obstruer et est particulièrement vulnérable aux infections (appendicite).

L'appendicite est la cause la plus fréquente d'inflammation aiguë dans le quadrant inférieur droit de la cavité abdominale. Elle touche environ 7 % de la population. Elle est plus fréquente chez les hommes que chez les femmes et se manifeste le plus souvent entre l'âge de 10 et de 30 ans.

Son incidence est plus grande dans les pays où la consommation de fibres est faible et celle des sucres raffinés forte. Au Canada, environ 29 000 appendicectomies sont pratiquées chaque année.

**Physiopathologie.**    L'inflammation et l'oedème de l'appendice sont dus à une coudure ou à une occlusion, provoquée par la présence d'une concrétion fécale, d'une tumeur ou d'un corps étranger. L'inflammation accroît la pression intraluminale, ce qui donne naissance à des douleurs de plus en plus violentes dans tout l'abdomen ou dans sa partie supérieure, qui, après quelques heures, se localisent dans le quadrant inférieur droit. L'appendice enflammé finit par se remplir de pus et risque alors de se perforer.

L'importance des douleurs et des spasmes musculaires, ainsi que la présence ou l'absence de constipation ou de diarrhée, dépendent davantage de la position de l'appendice que de la gravité de l'infection. Si l'appendice s'enroule autour du cæcum (appendice *rétrocæcal*), les douleurs et la sensibilité se situent dans la région lombaire. Si sa pointe se trouve dans le bassin, ces signes ne se manifestent qu'au toucher rectal. Des douleurs au moment de la défécation indiquent que la pointe est située contre le rectum. Des douleurs au moment de la miction indiquent que la pointe est située à proximité de la vessie ou qu'elle empiète sur l'uretère.

**Manifestations cliniques.**    Les douleurs dans le quadrant inférieur s'accompagnent généralement d'une fébricule, de nausées et de vomissements. Une sensibilité locale à la pression peut être observée au *point de McBurney* (figure 28-1**A**), situé à mi-chemin entre l'ombilic et l'épine iliaque antérosupérieure. En outre, une certaine rigidité de la partie inférieure du muscle rectal droit peut être constatée. Une leucocytose modérée est souvent présente, et les pertes d'appétit sont courantes. Si l'appendice se perfore, les douleurs sont plus diffuses, une distension abdominale apparaît, en raison d'un iléus paralytique, et l'état du patient s'aggrave.

**Complications.**    La complication majeure de l'appendicite est une perforation, qui provoque une péritonite ou la formation d'un abcès. L'incidence des perforations varie entre 10 et 32 %. Elle est plus forte chez les jeunes enfants et les personnes âgées. Les perforations apparaissent généralement dans les 24 heures qui suivent l'apparition des douleurs. Elles se manifestent par de la fièvre (37,7 °C ou plus), des signes d'intoxication et un accroissement marqué de la douleur.

**TABLEAU 28-3.**    *Examens diagnostiques indiqués dans les syndromes de malabsorption*

| Examens diagnostiques | Résultats en cas de syndrome de malabsorption |
|---|---|
| Hémoglobine et hématocrite | Abaissées s'il y a anémie |
| Volume globulaire moyen | Abaissé s'il y a malabsorption de la vitamine $B_{12}$ |
| Taux sérique de carotène | Abaissé s'il y a stéatorrhée et malabsorption des lipides |
| Exploration radiologique gastro-intestinale | Anomalies associées au syndrome de malabsorption : épaississement de la muqueuse intestinale, modification du temps de transit fécal, rétrécissement de la muqueuse du dernier segment de l'iléum |
| Coloration au Soudan pour recherche de lipides dans les selles | La présence d'un nombre anormalement élevé de gouttelettes de lipides peut aider à distinguer la malabsorption d'un trouble de la digestion |
| Dosage des lipides dans les selles de 72 heures | Diète contenant 80 g de lipides pendant les deux jours qui précèdent l'analyse. Un taux de lipides supérieur à 5 g / 24 h indique un trouble de la digestion des lipides. |
| Épreuve d'absorption du D-xylose | Les 5 g de D-xylose ingérés doivent être excrétés dans les urines dans les cinq heures qui suivent leur ingestion. Une excrétion réduite indique une malabsorption ou une stéatorrhée entérogène (selles lipidiques découlant d'un trouble de l'intestin grêle). |

(Source: G. L. Eastwood, *Core Textbook of Gastroenterology.* Philadelphia, J. B. Lippincott)

**Examens diagnostiques.**    Le diagnostic est fondé sur un examen physique complet et les résultats de l'hémogramme.

L'examen physique révèle souvent une légère rigidité musculaire, des bruits intestinaux normaux et une douleur provoquée à la détente brusque de la paroi abdominale après la palpation. Au début, la palpation de l'abdomen révèle une sensibilité diffuse à proximité de l'ombilic et du milieu de l'épigastre. Plus tard, la douleur se déplace dans le quadrant inférieur droit. Elle est exacerbée par la toux et la percussion de la paroi abdominale antérieure. Le *signe de Rovsing,* une douleur provoquée dans le quadrant inférieur droit par la palpation du quadrant inférieur gauche (figure 28-1**B**), est caractéristique de l'appendicite.

Plus la douleur est prononcée, plus le patient a tendance à protéger son abdomen, ce qui accroît sa rigidité musculaire. La flexion de la hanche droite est une position de protection souvent adoptée par le patient, indiquant une irritation du muscle psoas par l'appendice enflammé (*signe du psoas*). Chez environ 50 % des patients, les examens radiologiques révèlent une opacité dans le quadrant inférieur droit ou des écoulements gazeux localisés.

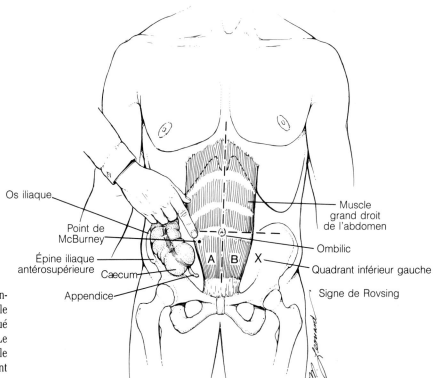

**Figure 28-1.** Point de McBurney. Quand l'appendice est enflammé, une sensibilité apparaît dans le quadrant inférieur droit au point de McBurney (**A**) situé entre l'ombilic et l'épine iliaque antérosupérieure. Le signe de Rovsing est une douleur provoquée dans le quadrant inférieur droit par la palpation du quadrant inférieur gauche (**B**).

Le patient présente une fébricule et sa numération leucocytaire est supérieure à $10 \times 10^6$. La proportion des neutrophiles dépasse souvent 0,75. Chez environ 10 % des patients atteints d'appendicite aiguë, la formule leucocytaire est normale.

**Traitement.** Une chirurgie est indiquée sauf si on soupçonne une perforation récente et une péritonite généralisée. Si le recours à la chirurgie n'est pas décidé, on doit éviter l'administration d'analgésiques narcotiques de crainte de masquer les symptômes. Une fois la décision prise, des analgésiques peuvent être administrés.

L'infirmière collabore à la préparation préopératoire du patient. On procède à une perfusion intraveineuse pour assurer le bon fonctionnement des reins et remplacer les liquides perdus. On peut administrer de l'aspirine pour faire baisser la fièvre. Une antibiothérapie est souvent instaurée à titre préventif. Si on soupçonne un iléus paralytique, on met en place une sonde nasogastrique. Avant l'opération, le patient doit vider sa vessie, puis prendre les médicaments préopératoires prescrits. Un lavement n'est habituellement pas nécessaire.

Les patients qui souffrent de douleur abdominale aiguë et qui désirent un soulagement acceptent plus facilement la chirurgie, ce qui facilite l'anesthésie et le réveil. L'opération peut se faire sous anesthésie générale ou rachidienne.

Immédiatement après son réveil, le patient est placé en position de Fowler. Un analgésique narcotique, généralement du sulfate de morphine, lui est administré à des intervalles de trois ou quatre heures. On administre des liquides par voie orale dès qu'ils sont tolérés, sauf s'il y a déshydratation, auquel cas on les administre par voie intraveineuse. Si son état le permet, le patient peut consommer les aliments qu'il désire le jour même de l'opération.

S'il n'y a pas de complications, si la température est normale et si la douleur est tolérable, le patient reçoit son congé le jour même de l'opération. Les points de suture sont retirés cinq à sept jours plus tard dans le cabinet du médecin. L'appendicectomie est cependant une intervention d'urgence, qui provoque souvent des complications, comme une perforation.

Si une péritonite est possible, on laisse un drain dans l'incision. L'infirmière doit être à l'affût des signes d'occlusion intestinale et d'hémorragie. Un abcès peut se former dans la région pelvienne, sous le diaphragme ou dans le foie. On observe alors de la fièvre et une accélération du pouls, ainsi qu'une augmentation du nombre des leucocytes. Une fistule laissant passage aux matières fécales peut se former après le drainage d'un abcès appendiculaire. Il importe donc de communiquer avec le chirurgien si on observe la présence de matières fécales dans les pansements.

Voir l'encadré 28-1 pour les complications de l'appendicectomie.

## PÉRITONITE

La péritonite est une inflammation du péritoine, c'est-à-dire de la membrane qui tapisse la cavité abdominale et recouvre les viscères. Elle s'explique généralement par une infection due à des bactéries provenant des voies digestives ou, chez les femmes, des organes reproducteurs internes (figure 28-2). La péritonite secondaire, qui provient de sources externes, s'explique par une lésion, ou par la propagation d'une inflammation qui atteint un organe extrapéritonéal, par exemple le rein. Les bactéries les plus souvent en cause sont *E. coli*, *Klebsiella*, *Proteus* et *Pseudomonas*. Les effets directs de l'infection sont une *inflammation* et un *iléus*. La péritonite peut aussi avoir pour cause une appendicite, un ulcère perforé, une diverticulite ou une perforation intestinale. Elle est parfois associée à un traumatisme intestinal, à une intervention chirurgicale et à la dialyse péritonéale.

*Encadré 28-1*
## Complications de l'appendicectomie

L'infirmière peut éviter au patient une invalidité prolongée en dépistant rapidement les complications et en les prenant en charge de façon appropriée.

| Complication | Interventions infirmières |
|---|---|
| *Péritonite* | Dépistage de la sensibilité abdominale, de la fièvre, des vomissements, de la rigidité abdominale et de la tachycardie<br>Aspiration nasogastrique<br>Réhydratation du patient, selon l'ordonnance<br>Administration d'antibiotiques, selon l'ordonnance |
| *Abcès pelvien ou lombaire* | Dépistage de l'anorexie, des frissons, de la fièvre et de la diaphorèse<br>Dépistage de la diarrhée, qui peut indiquer un abcès pelvien<br>Préparation du patient à un examen rectal<br>Préparation du patient au drainage chirurgical de l'abcès |
| *Abcès sous-diaphragmatique* | Dépistage des frissons, de la fièvre et de la diaphorèse<br>Préparation à un examen radiologique<br>Préparation au drainage chirurgical de l'abcès |
| *Iléus (paralytique et mécanique)* | Auscultation des bruits intestinaux<br>Intubation et aspiration nasogastrique<br>Remplacement des liquides et électrolytes par voie intraveineuse, selon l'ordonnance<br>Préparation à la chirurgie, si un diagnostic d'iléus mécanique est établi |

***Physiopathologie.*** La péritonite est provoquée par l'écoulement du contenu des organes abdominaux dans la cavité abdominale, généralement en raison d'une inflammation, d'une infection, d'une ischémie, d'un traumatisme, d'une perforation tumorale ou, dans le cas de la dialyse péritonéale, de l'introduction de liquide contaminé. Un œdème apparaît alors dans les tissus, rapidement suivi d'une exsudation. Le liquide de la cavité péritonéale devient trouble et contient des protéines, des globules blancs, des débris cellulaires et du sang, en quantité croissante. Les voies gastro-intestinales réagissent immédiatement par une hypermotilité, suivie rapidement d'un iléus paralytique accompagné d'une accumulation d'air et de liquide.

***Manifestations cliniques.*** Les symptômes de la péritonite dépendent du siège et de l'ampleur de l'inflammation, qui est déterminée par l'infection causale. Au début, le patient ressent une douleur diffuse, qui devient peu à peu constante, localisée et plus intense à proximité du siège de l'infection. La douleur est généralement exacerbée par le mouvement. La région touchée de l'abdomen devient très sensible, et les muscles deviennent rigides. On observe parfois un iléus, et une sensibilité provoquée à la détente brusque de la paroi abdominale après palpation. Les nausées et les vomissements sont fréquents, de même qu'une baisse de la motilité intestinale. On note de la fièvre, une accélération du rythme cardiaque et une leucocytose. Si la péritonite s'aggrave, elle peut entraîner un choc, dû à une hypovolémie, et une septicémie. Ses premières manifestations sont souvent les symptômes du trouble sous-jacent.

***Traitement.*** Le traitement médical vise principalement la correction des déséquilibres hydroélectrolytiques. L'hypovolémie s'explique par le passage de quantités importantes de liquide et d'électrolytes de la lumière intestinale dans la cavité péritonéale, ce qui réduit l'espace vasculaire, et, par conséquent, l'irrigation rénale. En outre, le liquide contenu dans la cavité abdominale peut nuire à la ventilation en provoquant une pression sur le diaphragme. On doit dans ce cas administrer plusieurs litres d'une solution isotonique.

L'intubation avec aspiration du contenu intestinal contribue à soulager la distension et favorise le fonctionnement de l'intestin. L'administration d'oxygène à l'aide d'une canule nasale ou d'un masque facilite la respiration. Cependant, une intubation des voies aériennes et une ventilation assistée sont parfois nécessaires.

Si la cause de la péritonite est éliminée rapidement, l'inflammation régresse et le patient se rétablit. Sinon, l'inflammation se généralise pour atteindre toute la cavité abdominale.

La septicémie est la principale cause de décès dans les cas de péritonite. Aussi, on administre dès son apparition d'importantes doses d'un antibiotique à large spectre, jusqu'à ce que les résultats des cultures soient connus, après quoi on change pour un antibiotique spécifique.

Si la cause de la péritonite n'est pas éliminée, le patient peut succomber à une obstruction intestinale, due à la formation d'adhérences ou d'un abcès localisé dans l'intestin grêle. Les abcès peuvent être drainés avec succès.

Le traitement chirurgical vise à supprimer la cause de l'infection: appendicectomie, résection avec ou sans anastomose d'un segment d'intestin infecté, réparation des perforations et drainage des abcès. Si l'infection est trop étendue, une stomie peut être nécessaire.

***Interventions infirmières.*** L'évaluation précise de la douleur est importante: nature, siège et irradiation.

Il importe aussi de tenir le bilan des ingesta et des excreta pour établir la quantité de liquide à remplacer. En outre, le

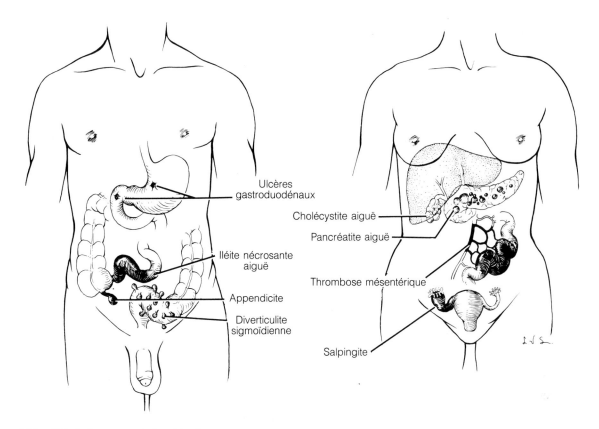

**Figure 28-2.** Principales causes de la péritonite
(Source: L. W. Way [ed]. *Current surgical Diagnosis and Treatment*, 9ᵉ éd., Los Altos, CA, Lange Medical Publishers, 1991)

relevé de la pression veineuse centrale (voir page 294) peut être utile, une pression à 15 cm $H_2O$ ou plus pouvant indiquer une surcharge circulatoire.

Si des drains ont été mis en place pendant l'opération, il importe que l'infirmière note l'apparence des écoulements. Elle doit mobiliser le patient avec soin pour ne pas déplacer accidentellement les drains.

Les signes de régression de la péritonite sont notamment une baisse de la température et un ralentissement du pouls, le ramollissement de l'abdomen, le retour des bruits intestinaux, le passage de gaz et la défécation. On accroît alors progressivement la consommation orale d'aliments et de liquides tout en réduisant l'administration parentérale de liquide.

Les deux complications les plus courantes sont l'éviscération de la plaie et la formation d'un abcès. On doit communiquer sans délai avec le médecin si le patient se plaint de douleur ou de sensibilité à l'abdomen ou s'il sent que «quelque chose a lâché». L'apparition soudaine d'écoulements sérosanguinolents indique fortement une désunion des sutures (voir le chapitre 34).

# MALADIES DIVERTICULAIRES

Un *diverticule* est une hernie de la muqueuse qui tapisse l'intestin faisant saillie à travers la paroi musculaire du côlon. Des diverticules peuvent se former dans tous les segments des voies gastro-intestinales, de l'œsophage jusqu'au rectum.

La *diverticulose* est la présence de nombreux diverticules, en l'absence d'inflammation. La *diverticulite* est l'inflammation d'un ou de plusieurs diverticules, due à la rétention d'aliments ou de bactéries, et pouvant provoquer une perforation ou une occlusion, ou encore la formation d'un abcès. Ce trouble atteint environ 10 % de la population, surtout des personnes de 60 ans et plus. Son incidence est d'environ 60 % chez les personnes de 80 ans ou plus. Chez les personnes de moins de 40 ans, une prédisposition congénitale est vraisemblable. Un régime alimentaire à faible teneur en fibres serait l'une des principales causes de la maladie.

Il semble qu'environ 20 % des patients atteints de diverticulose finissent par présenter une diverticulite. La diverticulite se manifeste le plus souvent dans le côlon sigmoïde (95 % des cas). Elle peut apparaître sous forme de crises aiguës ou d'infection latente.

***Physiopathologie.*** Un diverticule se forme quand les couches muqueuses et sous-muqueuses du côlon font saillie à travers la paroi musculaire, à cause d'une élévation de la pression intraluminale (des couches musculaires épaissies obstruant la lumière), d'une baisse du volume intestinal (carence en fibres) et d'une réduction de la force des muscles de la paroi du côlon (hypertrophie musculaire provoquée par des masses fécales durcies). Dans les cas de diverticulite, l'inflammation peut se propager à la paroi intestinale avoisinante, et provoquer une irritabilité et une spasticité du côlon. On observe parfois la formation d'un abcès entraînant une péritonite et des hémorragies dues à une érosion des artères.

***Manifestations cliniques.*** La constipation provoquée par une colite spasmodique précède souvent de plusieurs années l'apparition de la diverticulose. L'irrégularité intestinale et la diarrhée sont également des signes de diverticulose. Les symptômes les plus courants d'une diverticulite modérément grave sont des douleurs à type de crampes dans le quadrant inférieur gauche de l'abdomen et une fébricule. L'inflammation locale d'un diverticule, peut entraîner un rétrécissement du gros intestin provoquant des crampes, des selles de faible diamètre et de la constipation. La formation de tissu de granulation s'accompagne parfois de saignements occultes, ce qui peut entraîner à la longue une anémie ferriprive. On observe de plus de la faiblesse et de la fatigue. Si un abcès se forme, la palpation révèle la présence d'une masse et on note une sensibilité locale, de la fièvre et une leucocytose. La perforation d'un diverticule enflammé provoque des douleurs abdominales qui se situent dans la région du segment atteint, généralement le segment sigmoïdien, et se complique généralement d'un abcès ou d'une péritonite. La péritonite se manifeste par une rigidité, des douleurs abdominales, l'absence de bruits intestinaux et le choc. Les diverticules non enflammées peuvent éroder les régions voisines des artères et provoquer un hémorragie rectale grave.

***Gérontologie.***    L'incidence des maladies diverticulaires s'accroît avec l'âge, en raison d'une modification des couches musculaires du côlon et d'une hyperplasie cellulaire. La diverticulose est souvent insidieuse et beaucoup de personnes âgées hésitent à faire part de leurs symptômes à un médecin de peur d'avoir à subir une chirurgie ou d'apprendre qu'elles souffrent de cancer.

Chez les personnes âgées, la présence de sang dans les selles est un signe courant de maladie diverticulaire, mais il passera inaperçu si le patient n'examine pas ses selles ou que sa vue ne lui permet pas de le faire.

***Évaluation diagnostique.***    La diverticulose peut être diagnostiquée par des cliclés radiographiques montrant un rétrécissement du côlon et un épaississement des couches musculaires.

Le profil du patient révèle généralement les deux principaux symptômes de la diverticulite: douleur dans le quadrant inférieur gauche et modification importante des habitudes intestinales (diarrhée ou constipation). Le diagnostic se fonde sur la sigmoïdoscopie (visualisation directe), la coloscopie et le lavement baryté (une fois l'inflammation disparue). La tomodensitométrie peut révéler la présence d'abcès.

***Traitement.***    Dans les cas de *diverticulose*, une alimentation à forte teneur en fibres est prescrite afin de prévenir la constipation. S'il y a *diverticulite*, on met l'intestin au repos: aucune administration orale, perfusions intraveineuses et aspirations nasogastriques. Des antibiotiques à large spectre et des analgésiques sont prescrits. Quand les symptômes régressent, on reprend peu à peu l'alimentation par voie orale. Un régime à faible teneur en fibres est parfois indiqué jusqu'à ce que les signes d'infection s'atténuent.

Pour soulager les spasmes, on administre des antispasmodiques comme du bromure de propanthéline (Pro-Banthine) et du glycopyrrolate (Robinul) avant les repas et au coucher. Dans certains cas, on doit avoir recours à des sédatifs et des tranquillisants de même qu'à une antibiothérapie. Pour traiter la constipation, on fait appel à des agents mucilagineux, comme Metamucil, à des agents émollients, comme le docusate de sodium (Colace), à l'instillation d'huile chaude dans le rectum et à l'emploi de suppositoires, comme le bisacodyl (Dulcolax). Ces mesures visent à réduire la flore bactérienne intestinale, à diminuer le volume des selles et à les ramollir, ce qui facilite leur passage à travers la région obstruée par l'inflammation.

Dans les cas de diverticulose, la chirurgie n'est indiquée que s'il y a hémorragies graves, et n'est pas préconisée par tous, car des études ont démontré un taux de récidive de 50 %. Une colectomie avec anastomose iléorectale / iléoanale est généralement recommandée.

Dans la plupart des cas de diverticulite, un traitement médical suffit, mais dans 25 % des cas environ, une chirurgie est nécessaire en raison d'une perforation, d'une péritonite, de la formation d'un abcès, d'une hémorragie ou d'une occlusion. Deux types de chirurgie sont recommandés: (1) résection et anastomose en une étape du segment sigmoïdien atteint (crises récurrentes), et (2) résection et anastomose en plusieurs étapes (occlusions, perforations et fistules) (figure 28-3). La chirurgie est précédée d'un lavement baryté. Pour préparer le patient à la chirurgie, il importe d'éviter toute irritation du côlon, qui est déjà sensible et sujet aux perforations. Un laxatif salin léger et l'administration prudente de lavements évacuateurs suffisent la plupart du temps.

Le type de l'opération dépend des constatations opératoires. Si possible, on excise la région atteinte et on relie directement les extrémités restantes de l'intestin (résection et anastomose). Si une résection en deux étapes est indiquée, on excise le côlon, comme dans l'intervention en une étape, et on abouche les extrémités de l'intestin à des ouvertures pratiquées dans l'abdomen (colostomie proximale et distale). On pratique

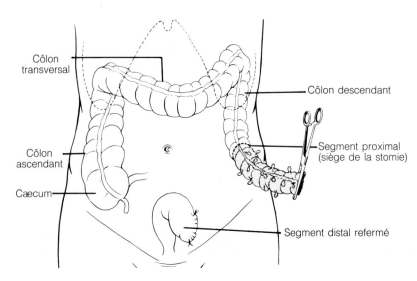

Côlon transversal

Côlon descendant

Côlon ascendant

Caecum

Segment proximal (siège de la stomie)

Segment distal refermé

***Figure 28-3.***    Intervention de Hartmann pour le traitement de la diverticulite. Résection du segment atteint (portion ombragée) à son extrémité distale. Si une anastomose est pratiquée, le segment proximal (en pointillé) est réséqué et anastomosé directement au segment distal. Dans l'intervention en deux étapes, on pratique une colostomie proximale, et on suture le segment distal (intervention de Hartmann, illustrée ci-contre) ou on l'amène à l'extérieur pour former une fistule muqueuse. Dans la deuxième étape, on referme la colostomie et on pratique l'anastomose.

(Source: L. W. Way [ed.], *Current surgical Diagnosis and Treatment*, 9ᵉ éd., Los Altos, CA, Lange Medical Publishers, 1991)

l'anastomose dans une seconde étape. Chez certains patients, cette chirurgie est contre-indiquée ou impossible à réaliser. On la remplace par une dérivation du transit fécal (colostomie transverse proximale) qui permettra la régression de l'inflammation. On pratique plus tard la résection de la portion atteinte du côlon et l'anastomose. La colostomie est donc temporaire, car on la referme après la résection et l'anastomose. La colostomie transverse proximale exige le port d'un sac. Les irrigations sont rarement indiquées. Le patient peut prendre des bains ou des douches et nettoyer la peau qui entoure la stomie à l'eau et au savon.

## ▶ DÉMARCHE DE SOINS INFIRMIERS
## PATIENTS ATTEINTS DE DIVERTICULITE

### ▷ Collecte des données

#### Profil du patient
- Apparition et durée des douleurs
- Habitudes alimentaires (faible consommation de fibres)
- Mode d'élimination (constipation avec diarrhée hémorragique périodique)
- Présence des éléments suivants:
    effort de défécation
    ténesme
    sensation de ballonnement abdominal

#### Examen physique
- Auscultation des bruits intestinaux
- Caractéristiques des bruits intestinaux
- Palpation du quadrant inférieur gauche à la recherche de douleurs ou d'une sensibilité
- Palpation de la région sigmoïdienne (masse ferme)
- Prélèvement de selles pour recherche de pus, de mucus et de sang
- Prise de la température et du pouls
- Prélèvement de sang pour formule leucocytaire et vitesse de sédimentation

### ▷ Analyse et interprétation des données

Selon les données recueillies, voici les principaux diagnostics infirmiers possibles:

- Constipation reliée à un rétrécissement du côlon dû à l'épaississement des tissus musculaires
- Douleurs reliées à l'inflammation et à l'infection
- Diminution de l'irrigation tissulaire gastro-intestinale reliée à une infection secondaire à la formation d'un abcès, à une perforation ou à une péritonite

### ▷ Planification

▷ *Objectifs de soins*: Retour du mode d'élimination normal; soulagement de la douleur; amélioration de l'irrigation tissulaire gastro-intestinale

### ▷ Interventions infirmières

▷ *Maintien de l'élimination normale.* Un apport hydrique de 2 ou 3 L/jour (si la réserve cardiaque du patient le permet) est recommandé. Les aliments mous comportant de bonnes quantités de fibres (par exemple les pois et les pruneaux) sont indiqués afin de favoriser la défécation. Dans les cas de maladie diverticulaire sans complications, du son brut, des soupes, des salades et des céréales sont également recommandés. Un programme personnalisé d'exercice permet d'améliorer le tonus des muscles abdominaux. Les habitudes quotidiennes du patient sont étudiées afin d'établir l'horaire des repas et de réserver un temps précis à la défécation. On doit aider le patient à reconnaître les mauvaises habitudes qui contribuent à supprimer le besoin de déféquer. La consommation quotidienne d'agents mucilagineux, comme le Metamucil, est recommandée pour faciliter le passage des matières fécales dans le côlon. On administre également des agents émollients selon l'ordonnance du médecin, pour réduire l'effort de défécation et, par conséquent, la pression intestinale. Un lavement à garder à l'huile peut être prescrit pour amollir les selles et réduire l'inflammation.

▷ *Soulagement de la douleur.* On soulage la douleur par l'administration d'analgésiques et d'antispasmodiques, selon l'ordonnance du médecin. Une alimentation à faible teneur en fibres est recommandée jusqu'à la disparition de l'inflammation. L'intensité, la durée et le siège de la douleur sont notés afin de déterminer la gravité de l'inflammation et son évolution. Les douleurs qui apparaissent dans le quadrant inférieur gauche peuvent irradier dans le dos. On doit informer sans délai le médecin si on observe une rigidité abdominale, car il s'agit d'un signe de perforation ou de péritonite.

▷ *Prévention des complications.* Les soins infirmiers à prodiguer aux patients atteints de maladies diverticulaires visent surtout la prévention des complications par l'établissement des prédispositions et l'instauration de mesures appropriées. Habituellement, l'infirmière doit inciter le patient à accroître sa consommation de liquide pour favoriser l'hydratation, maintenir la consistance normale des selles et prévenir les efforts de défécation. Cependant, lors des épisodes d'inflammation aiguë, on restreint souvent la consommation de liquide par voie orale que l'on remplace par une administration intraveineuse afin de prévenir la déshydratation.

Quand il y a infection et que les aliments sont tolérés, on recommande une alimentation à faible teneur en fibres. L'infirmière a alors pour tâche de conseiller le patient à propos de son alimentation. Elle doit en outre porter attention aux signes de perforation: sensibilité et rigidité abdominale, leucocytose et augmentation de la vitesse de sédimentation, douleur, hyperthermie, tachycardie et hypotension. Une perforation est une urgence chirurgicale.

Le patient doit comprendre la nature du trouble dont il est atteint et savoir qu'il doit mettre son intestin au repos. La diverticulose du côlon était autrefois considérée comme un trouble relativement sans conséquences, mais on sait aujourd'hui qu'elle peut provoquer des complications qu'il importe de prévenir.

### ▷ Évaluation

#### Résultats escomptés
1. Le patient présente un mode d'élimination normal.
    a) Il dit éprouver moins de douleur et de crampes intestinales.
    b) Il évacue sans douleur des selles molles et bien formées.
    c) Il ajoute du son brut à ses aliments.

d) Il boit au moins 10 verres de liquide tous les jours (si le liquide est toléré).

e) Il fait des exercices tous les jours.

2. Le patient se dit soulagé de la douleur.

a) Il demande des analgésiques au besoin.

b) Il se conforme à un régime alimentaire à faible teneur en fibres.

3. Le patient présente une irrigation tissulaire gastro-intestinale normale.

a) Il respecte ses restrictions alimentaires.

b) Il garde le lit.

c) Il ne présente pas de fièvre.

d) Son abdomen est mou et non sensible, et ses bruits intestinaux sont normaux.

## DIVERTICULE DE MECKEL

Le diverticule de Meckel est une anomalie congénitale qui se caractérise par la présence d'un conduit borgne, semblable à l'appendice, qui s'ouvre sur le segment distal de l'iléon en amont de la valvule cœcale. Il se rencontre chez 2 % de la population environ, et est plus fréquent chez les hommes que chez les femmes.

Le diverticule de Meckel peut s'enflammer et provoquer une obstruction intestinale, ou se perforer et entraîner une péritonite.

Il se manifeste généralement par des douleurs abdominales dans la région de l'ombilic et la présence dans les selles de sang rouge foncé (les hémorragies de l'estomac ou de la partie supérieure de l'intestin se caractérisent par des selles noires et les hémorragies du côlon par la présence de sang rouge). Il se traite par une exérèse chirurgicale.

Résumé: L'appendicite, la péritonite et la diverticulite sont des troubles inflammatoires aigus qui se rapprochent par leurs signes et symptômes, mais diffèrent du point de vue physiopathologique. Les soins infirmiers destinés aux patients qui souffrent de ces troubles visent le soulagement de la douleur, le maintien de l'équilibre hydroélectrolytique, la réduction de l'anxiété et la prévention des complications.

## ENTÉROPATHIES INFLAMMATOIRES CHRONIQUES

Les entéropathies inflammatoires chroniques sont la maladie de Crohn (entérite régionale, colite granulomateuse) et la colite et leur incidence ulcéreuse. Elles touchent entre 4 et 10 % de la population nord-américaine. Elles sont plus fréquentes chez les Blancs et leur incidence est particulièrement marquée dans la population juive. Il existe une prédisposition familiale chez 10 à 20 % des patients.

À l'heure actuelle, on croit que la maladie de Crohn et la colite ulcéreuse sont des troubles distincts dont les causes sont semblables; les théories à ce sujet foisonnent. Elles se caractérisent toutes deux par des crises suivies de périodes de rémission. Aucune anomalie chromosomique spécifique n'a pu être mise en évidence. Ils peuvent être déclenchés par des agents environnementaux, dont les pesticides, les additifs alimentaires, le tabac et l'irradiation. Selon certaines études, ils pourraient être associés à des anomalies de l'immunité humorale et à médiation cellulaire. Des anticorps lymphocytotoxiques ont aussi été mis en évidence chez des patients atteints d'une entéropathie inflammatoire, mais on ne sait pas encore s'ils sont directement liés à ces maladies.

Il y a quelques années, on a présumé dans la documentation médicale qu'il existerait un lien entre les entéropathies inflammatoires chroniques et des facteurs psychologiques. Or, cette hypothèse n'a pas été soutenue, bien qu'un certain nombre de personnes atteintes de ces maladies présentent des traits de caractère communs: dépendance, passivité, immaturité, perfectionnisme et désir de plaire. Des cliniciens suggèrent plutôt que ces traits de personnalité seraient le résultat et non la cause des symptômes, ce qui devra être confirmé par de plus amples recherches. On trouvera au tableau 28-4 une comparaison de la maladie de Crohn et de la colite ulcéreuse.

## MALADIE DE CROHN (ENTÉRITE RÉGIONALE, COLITE GRANULOMATEUSE)

***Physiopathologie.*** La maladie de Crohn est une maladie inflammatoire qui se manifeste généralement chez les adolescents et les jeunes adultes, mais peut apparaître à tout âge. Elle touche le plus souvent l'iléon distal et le côlon, mais peut atteindre toutes les parties des voies digestives, de la bouche jusqu'à l'anus. Le processus inflammatoire s'étend pour envahir toute l'épaisseur de la paroi intestinale (atteinte transmurale), ce qui explique la formation de fistules, de fissures et d'abcès. Les régions atteintes sont bien délimitées par rapport aux régions saines adjacentes, ce qui est caractéristique de la maladie. On observe la présence de granulomes dans 50 % des cas. Au stade avancé, la muqueuse intestinale prend un aspect pavimenteux, et la lumière intestinale se rétrécit au point de provoquer une obstruction.

***Manifestations cliniques.*** La maladie de Crohn apparaît généralement de façon insidieuse, se manifestant par des douleurs abdominales non soulagées par la défécation, de la diarrhée et une perte de poids. Environ 90 % des personnes qui en sont atteintes souffrent de diarrhée. La formation de tissus de scarification et de granulomes provoque une occlusion qui se caractérise par des douleurs abdominales à type de crampes. Comme le péristaltisme est stimulé par la consommation d'aliments, ces crampes apparaissent après les repas. Afin de les éviter, le patient s'alimente peu. Comme ses besoins nutritionnels ne sont pas comblés, il présente une perte de poids, un état de malnutrition et une anémie macrocytaire. En outre, des ulcères se forment dans la membrane qui tapisse l'intestin et diverses manifestations inflammatoires apparaissent, ce qui entraîne l'écoulement dans le côlon de produits irritants provenant de l'intestin tuméfié. Le patient souffre alors de diarrhée chronique et présente une émaciation qui s'explique par un apport nutritionnel insuffisant et des pertes hydriques constantes. Dans certains cas, la portion enflammée de l'intestin peut se perforer et entraîner la formation d'abcès anaux et intra-abdominaux. Un méléna et un syndrome de malabsorption peuvent en résulter, ainsi que de la fièvre et une leucocytose. Les abcès, les fistules et les fissures sont courants.

***Examens diagnostiques.*** L'examen diagnostique le plus concluant est un lavement baryté des voies gastro-intestinales supérieures, mettant en évidence le signe de Kantor (aspect en ficelle) qui indique un rétrécissement d'un segment de l'intestin.

On procède généralement à un examen proctosigmoïdoscopique dans le but de distinguer la maladie de Crohn de la colite ulcéreuse. Le diagnostic de maladie de Crohn est probable quand il n'y a aucune atteinte rectale.

L'examen des selles peut révéler la présence de sang occulte et de stéatorrhée. On note parfois une augmentation de la vitesse de sédimentation et une leucocytose. Les bruits intestinaux sont exagérés dans le quadrant inférieur droit.

## COLITE ULCÉREUSE

**Physiopathologie.**     La colite ulcéreuse est une maladie inflammatoire chronique et récurrente du côlon et du rectum, qui n'atteint que rarement l'iléon distal. Il s'agit d'un trouble grave, qui s'accompagne de complications généralisées et a souvent des conséquences fatales. Elle évolue vers un cancer du côlon dans 10 à 15 % des cas. Elle touche la

**TABLEAU 28-4.** *Comparaison de la maladie de Crohn et de la colite ulcéreuse*

|  | *Maladie de Crohn* | *Colite ulcéreuse* |
|---|---|---|
| *ÉVOLUTION* | Lente et variable | Poussées et rémissions |
| *MANIFESTATIONS ANATOMOPATHOLOGIQUES* | | |
| *PATHOLOGIE* | | |
| Stade initial | Épaississement transmural | Ulcération de la muqueuse |
| Stade avancé | Granulomes profonds et pénétrants | Minuscules ulcérations de la muqueuse |
| *MANIFESTATIONS CLINIQUES* | | |
| Siège | Iléon, côlon ascendant (généralement) | Rectum, côlon descendant |
| Hémorragies | Généralement absentes, mais peuvent se produire | Courantes et graves |
| Atteinte périanale | Courante | Rare, modérée |
| Fistules | Courantes | Rares |
| Atteinte rectale | Dans 20 % des cas environ | Dans presque tous les cas |
| Diarrhée | Moins grave | Grave |
| *EXAMENS DIAGNOSTIQUES* | | |
| Radiographies | Lésions régionales discontinues<br>Rétrécissement du côlon<br>Œdème de la muqueuse<br>Sténoses, fistules | Atteinte diffuse<br>Aucun rétrécissement du côlon<br>Aucun œdème de la muqueuse<br>Sténoses rares, absence de fistules |
| Sigmoïdoscopie | Peut être normale, sauf en cas de fistules périanales | Inflammation de la muqueuse |
| Coloscopie | Ulcérations distinctes dans le côlon ascendant séparées par une muqueuse relativement normale | Muqueuse friable avec pseudopolypes ou ulcérations dans le côlon gauche |
| *TRAITEMENT* | | |
|  | Stéroïdes, sulfonamides (Sulfasalazine [Azulfidine]) | Stéroïdes, sulfonamides; l'Azulfidine contribue à prévenir les récidives |
|  | Nutrition parentérale totale<br>Colectomie partielle ou totale, avec iléostomie ou anastomose | Proctocolectomie avec iléostomie |
|  | Chez certains patients, le rectum peut être préservé | Le rectum ne peut être préservé que chez les patients «guéris» par la colectomie |
|  | Récurrences fréquentes | |
| Complications généralisées | Obstruction de l'intestin grêle | Mégacôlon toxique<br>Néoplasies |
|  | Hydronéphrose du rein droit | Pyélonéphrite |
|  | Néphrolithiases | Idem |
|  | Cholélithiases | Carcinome cholangiocellulaire |
|  | Arthrite | Idem |
|  | Rétinite, iritis | Idem |
|  | Érythème noueux | Idem |

muqueuse superficielle du côlon et se caractérise par des ulcérations multiples, une inflammation diffuse et une desquamation de l'épithélium. Elle évolue par poussées. Les lésions, qui sont continues, s'étendent peu à peu à tout le gros intestin, qui se rétrécit, se raccourcit et s'épaissit à cause d'une hypertrophie musculaire et de dépôts de lipides.

**Manifestations cliniques.**    Les principaux symptômes de la colite ulcéreuse sont la diarrhée, les douleurs abdominales, un ténesme intermittent et des hémorragies rectales. On observe en outre, une anorexie, une perte de poids, de la fièvre, des vomissements et une déshydratation, de même que des crampes et un besoin impérieux de déféquer. Le patient peut passer de 10 à 20 selles liquides par jour. Il est souvent atteint d'hypocalcémie et d'anémie. On note enfin, dans certains cas, une douleur provoquée à la détente brusque de la paroi abdominale après palpation dans le quadrant inférieur droit.

**Examens diagnostiques.**    Avant de poser un diagnostic de colite ulcéreuse, on doit procéder à un examen des selles afin d'éliminer les causes infectieuses de colite, plus particulièrement *Entamoeba histolytica*. La colite ulcéreuse se manifeste généralement par la présence de sang dans les selles, une leucocytose, une anémie et une aplasie médullaire, de même qu'une baisse du taux plasmatique de protéines due à une atteinte hépatique, un déséquilibre électrolytique, une thrombocytose due au processus inflammatoire et une baisse du taux de fer sérique attribuable aux pertes sanguines. Une sigmoïdoscopie et un lavement baryté contribuent à distinguer cette maladie des autres troubles du côlon se manifestant par des symptômes analogues.

- Dans les cas de colite ulcéreuse aiguë, on doit éviter l'administration de purgatifs quand on prépare le patient pour un lavement baryté, ceux-ci pouvant entraîner une exacerbation grave des symptômes et provoquer un mégacôlon (dilatation excessive du côlon), une perforation et le décès. Le patient qui doit subir cet examen peut suivre une diète hydrique dans les jours précédents et recevoir un léger lavement à l'eau du robinet le jour de l'examen.

## Traitement médical des entéropathies inflammatoires

Dans les cas de maladie de Crohn et de colite ulcéreuse, le traitement médical vise à réduire l'inflammation, à éliminer les réactions immunitaires anormales et à favoriser le repos de l'intestin afin d'assurer, si possible, la guérison.

Une alimentation à faible teneur en résidus et à forte teneur en protéines comportant l'administration de suppléments vitaminiques et de fer permet de répondre aux besoins nutritifs du patient. On administre des liquides par voie intraveineuse pour corriger le déséquilibre hydroélectrolytique dû à la déshydratation provoquée par la diarrhée. On doit éviter tous les aliments qui risquent d'aggraver la diarrhée, dont le lait dans les cas d'intolérance au lactose. On doit aussi éviter les repas froids et le tabac qui augmentent la motilité intestinale. Dans certains cas, une alimentation parentérale totale est indiquée.

L'administration de sédatifs et d'un agent antidiarrhéique/antipéristaltique permet de réduire le péristaltisme du côlon et de favoriser le repos digestif de l'intestin. Elle se poursuit jusqu'à ce que la fréquence et la consistance des selles se

rapprochent de la normale. Les sulfonamides, comme la sulfasalazine (Azulfidine) ou le sulfisoxazole (Novosoxazole) sont souvent efficaces dans les cas d'inflammation légère ou modérée. Des antibiotiques sont administrés pour traiter les infections secondaires, plus particulièrement les abcès, les perforations et la péritonite. L'Azulfidine contribue à prévenir les récidives.

L'hormone adrénocorticotrope (ACTH) et les corticostéroïdes sont plus efficaces s'ils sont administrés au début de la phase inflammatoire plutôt qu'au stade chronique. Les symptômes de la maladie réapparaissent souvent quand on cesse ou qu'on réduit l'administration de stéroïdes. Par contre, ces médicaments ont d'importants effets secondaires, comme l'hypertension, la rétention hydrique, les cataractes, l'hirsutisme et la suppression de la fonction surrénalienne.

La psychothérapie vise à préciser les inquiétudes du patient et à les éliminer, de même qu'à résoudre les conflits qui peuvent aggraver son état.

## Traitement chirurgical des entéropathies inflammatoires

Quand les traitements non mutilants ne peuvent soulager les symptômes graves d'une entéropathie inflammatoire, une chirurgie est recommandée.

Dans les cas de maladie de Crohn avec lésion bien délimitée (obstruction, abcès, fistule, constriction), on pratique une résection de la région affectée avec anastomose. La perte de 50 % de l'intestin grêle peut généralement être tolérée. Les interventions chirurgicales les plus courantes sont les suivantes:

- Colectomie totale (excision de tout le côlon) avec iléostomie (abouchement de l'iléon à la paroi abdominale)
- Colectomie segmentaire (résection d'un segment du côlon) avec anastomose (réunion des portions restantes du côlon)
- Colectomie subtotale (résection presque complète du côlon) avec anastomose iléorectale (union de l'iléon et du rectum)

Le taux de récidive dans les cinq ans qui suivent la chirurgie est de 20 à 40 %; il est plus élevé chez les patients de moins de 25 ans.

Une intervention chirurgicale est nécessaire chez environ 15 à 20 % des patients présentant une colite ulcéreuse. Les indications de la chirurgie sont notamment l'absence d'amélioration ou une détérioration continue, les hémorragies importantes, les perforations, la formation de constrictions et les risques de cancer. L'intervention de choix est la colectomie totale suivie d'une iléostomie. Les interventions plus limitées n'assurent généralement qu'un soulagement temporaire. Une proctocolectomie (excision complète du côlon, du rectum et de l'anus) est recommandée en cas d'atteinte grave du rectum.

Au cours des années 70, on a mis au point une intervention chirurgicale associant la proctocolectomie et la création d'un réservoir iléal (iléostomie continente de Kock), ce qui élimine le port d'un sac de stomie. On construit ce réservoir, muni d'une valvule, à partir d'un segment iléal d'environ 30 cm (figure 28-4**A**). Les écoulements gastro-intestinaux peuvent être conservés dans cette poche pendant plusieurs heures, puis éliminés à l'aide d'une sonde insérée dans la valvule. La principale complication de cette intervention est le mauvais fonctionnement de la valvule, qui frappe de 20 à 40 % des patients.

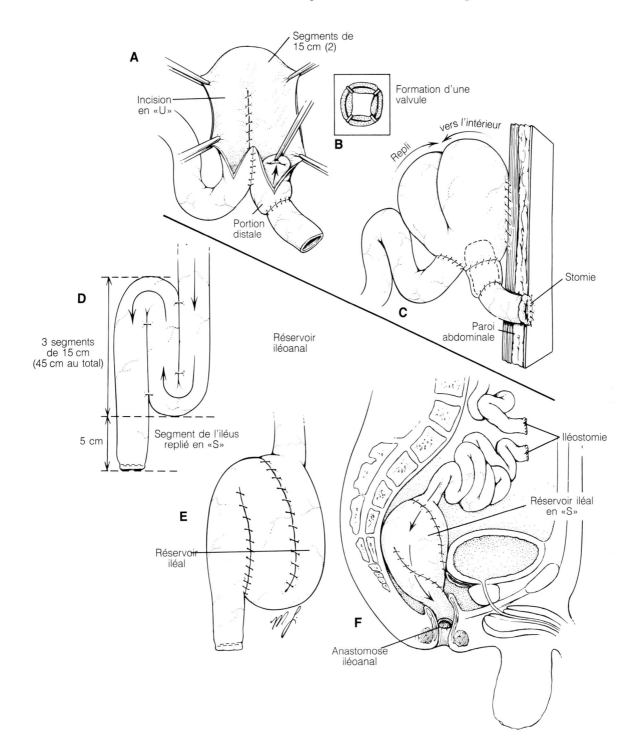

**Figure 28-4.** Création d'un réservoir iléal dans l'iléostomie continente de Kock et l'anastomose iléoanale.

*Iléostomie continente de Kock*: (**A**) Un segment de 30 cm de l'iléon est suturé pour former un «U». Il est ensuite ouvert et sa partie distale est repliée dans l'iléon (invagination). (**B**) Une valvule est formée par suture de la partie de l'intestin repliée sur elle-même. (**C**) La partie supérieure de l'iléus est repliée sur elle-même et une stomie est formée dans la partie distale.

*Pour l'anastomose iléoanale*: (**D**) Une portion de 50 cm de l'iléon distal est alignée en forme de «S». (**E**) L'intestin est ouvert le long de la surface antimésentérique, puis les parois adjacentes sont anastomosées pour créer un réservoir. (**F**) Une proctectomie précède l'anastomose. On crée une iléostomie temporaire que l'on referme après quelques mois.

Dans les cas de colite ulcéreuse chronique et de polypose colique familiale, on utilise une nouvelle intervention chirurgicale qui permet de conserver le contrôle sphinctérien et l'évacuation anale. Cette intervention comprend la création d'un réservoir iléal et une anastomose iléoanale. Elle est précédée d'une proctocolectomie totale (figure 28-4**F**). Une iléostomie temporaire est pratiquée au moment de la chirurgie, puis refermée après trois mois. Le réservoir iléal réduit le nombre de selles d'environ 50 %, soit de 14 à 20 par jour à 7 à 10 par jour. L'évacuation nocturne est progressivement réduite à une seule fois. Les complications de l'anastomose iléoanale sont notamment l'excoriation du tissu cutané périanal, par suite de l'écoulement de matières fécales, la formation d'une constriction au siège de l'anastomose et une occlusion de l'intestin grêle.

 # DÉMARCHE DE SOINS INFIRMIERS
## PATIENTS PRÉSENTANT UNE ENTÉROPATHIE INFLAMMATOIRE CHRONIQUE

### ▷ Collecte des données

#### Profil du patient
- Apparition et durée des douleurs abdominales
- Présence des éléments suivants:
  - diarrhée
  - ténesme
  - nausées
  - anorexie
  - perte de poids
- Rapport entre les symptômes et le stress ou de mauvaises habitudes alimentaires
- Antécédents familiaux d'entéropathies inflammatoires
- Allergies, plus particulièrement au lait ou au lactose
- Habitudes alimentaires, et consommation d'alcool, de caféine et de tabac (par jour ou par semaine)
- Dépression, anxiété
- Troubles du sommeil

#### Examen physique
- Auscultation des bruits intestinaux et détermination de leurs caractéristiques
- Palpation à la recherche d'une distension, de sensibilité et de douleurs
- Dépistage des hémorragies rectales

Dans la maladie de Crohn, la douleur est généralement localisée dans le quadrant inférieur droit, où on peut percevoir une hyperactivité des bruits intestinaux due à des borborygmes et à une augmentation du péristaltisme. La palpation révèle une sensibilité abdominale. Le symptôme le plus évident de ce trouble est la présence de douleurs intermittentes, associées à de la diarrhée, qui ne sont pas soulagées par la défécation. Des douleurs dans la région périombilicale indiquent généralement une atteinte du dernier segment de l'iléon. Dans la colite ulcéreuse, l'abdomen est parfois distendu; on note une douleur provoquée à la détente brusque de la paroi abdominale après palpation. Les hémorragies rectales sont un signe caractéristique de ce trouble.

### ▷ Analyse et interprétation des données

Selon les données recueillies, voici les principaux diagnostics infirmiers possibles:

- Diarrhée reliée au processus inflammatoire
- Douleurs et crampes abdominales reliées à une augmentation du péristaltisme
- Déficit de volume liquidien et déséquilibre électrolytique reliés à une anorexie, à des nausées et à la diarrhée
- Déficit nutritionnel relié à une anorexie consécutive à la diarrhée
- Intolérance à l'activité reliée à la fatigue
- Anxiété reliée à une intervention chirurgicale imminente
- Stratégies d'adaptation individuelle inefficaces reliées à des crises répétées de diarrhée
- Manque de connaissances à propos de l'évolution et du traitement de la maladie

### ▷ Planification et exécution

▷ *Objectifs de soins*: Rétablissement d'un mode d'élimination intestinale normal; réduction des douleurs et des crampes abdominales; prévention du déficit de volume liquidien; maintien d'un apport nutritionnel suffisant; absence de fatigue; réduction de l'anxiété; adaptation plus efficace; acquisition de connaissances sur la maladie

### ▷ Interventions infirmières

▷ **Rétablissement d'un mode d'élimination normal.** L'infirmière établit s'il existe un rapport entre la diarrhée et certains aliments, les activités du patient ou ses tensions psychologiques. Elle doit noter les facteurs qui précipitent la diarrhée, de même que la fréquence des selles, leur consistance et leur quantité. Le patient doit avoir facilement accès à la salle de bain ou à un bassin hygiénique. La propreté et l'absence d'odeur sont également importantes. L'infirmière doit aussi administrer les antidiarrhéiques prescrits, et noter la fréquence et la consistance des selles après le début du traitement. Pour réduire le péristaltisme, le patient est incité à garder le lit.

▷ **Réduction de la douleur.** On doit noter si les douleurs sont sourdes ou à type de crampes ou s'il s'agit plutôt d'une sensation de brûlure. Le moment de leur apparition a de l'importance: avant ou après les repas, pendant la nuit ou avant une selle. Ces douleurs sont-elles constantes ou intermittentes? Sont-elles soulagées par la prise de médicaments?

Des médicaments anticholinergiques sont administrés au patient 30 minutes avant un repas afin de réduire la motilité intestinale. On peut soulager la douleur par des analgésiques, de même qu'en changeant le patient de position, en procédant à une application locale de chaleur (selon l'ordonnance), en ayant recours à des activités de diversion et en prévenant la fatigue.

▷ **Prévention du déficit de volume liquidien.** Pour déceler l'apparition d'un déficit de volume liquidien, l'infirmière doit noter avec soin les liquides pris par voie orale ou intraveineuse, de même que les excreta (urines, selles liquides, vomissements, écoulements provenant des lésions ou des fistules). Elle doit peser régulièrement le patient, car le poids peut révéler des gains ou des pertes rapides de liquide.

Il lui faut de plus être à l'affût d'autres signes dont la sécheresse de la peau et des muqueuses, la diminution de la turgescence cutanée, l'oligurie, l'épuisement, l'hypothermie, l'augmentation de l'hématocrite, l'augmentation de la densité urinaire et l'hypotension. Elle incite le patient à consommer des liquides par voie orale et surveille le débit des perfusions intraveineuses. Elle doit enfin chercher à réduire la diarrhée par des mesures comme les restrictions alimentaires, la réduction du stress et l'administration d'antidiarrhéiques.

▷ *Maintien d'un apport nutritionnel suffisant.* L'alimentation parentérale totale (APT) est indiquée quand l'inflammation intestinale est grave. L'infirmière doit alors tenir un bilan des ingesta et des excreta et peser le patient tous les jours. Pendant le traitement, celui-ci devrait prendre 0,5 kg par jour. Au cours de l'APT, on procède tous les jours à la recherche du glucose et de l'acétone dans les urines, de même qu'à la mesure de la densité. Après l'APT, on utilise une préparation nutritive liquide complète à forte teneur en protéines et à faible teneur en graisses et en résidus, car ces préparations sont digérées principalement dans le jéjunum et ne stimulent pas les sécrétions intestinales, ce qui permet à l'intestin de se reposer. Les symptômes d'intolérance sont les nausées, les vomissements, la diarrhée et la distension abdominale.

Si la consommation d'aliments par voie orale est tolérée, le patient doit manger souvent en petites quantités afin d'éviter la distension de l'estomac et de réduire le péristaltisme. Ses activités sont restreintes pour conserver son énergie et diminuer ses besoins énergétiques et le péristaltisme.

▷ *Repos.* Pour permettre au patient de conserver son énergie et pour réduire la vitesse de son métabolisme, on recommande des périodes de repos au cours de la journée, de même qu'une restriction des activités. Le patient peut cependant poursuivre les activités que lui permettent ses capacités, ce qui lui évitera de se sentir diminué. S'il fait de la fièvre, s'il évacue souvent des selles diarrhéiques ou s'il présente des hémorragies, il devra garder le lit. Les exercices passifs et actifs sont recommandés pour toutes les personnes alitées afin de maintenir le tonus musculaire et de prévenir les complications thrombo-emboliques. La restriction des activités doit être évaluée et modifiée quotidiennement.

▷ *Réduction de l'anxiété.* En étant attentive, et en faisant preuve de calme et de confiance, l'infirmière peut établir de bons rapports avec le patient. Elle doit lui permettre de poser des questions et d'exprimer ses sentiments, tout en étant à son écoute et à l'affût des signes non verbaux d'anxiété (agitation, visage tendu). La maladie peut provoquer chez le patient une instabilité psychologique, et l'infirmière doit adapter son enseignement préopératoire en conséquence, en tenant compte de son niveau de compréhension et des détails qu'il désire connaître. Certains patients veulent tout savoir tandis que d'autres se contentent de renseignements généraux. Pour aider le patient à comprendre en quoi consiste la chirurgie et à imaginer l'apparence d'une stomie, l'infirmière peut lui apporter des illustrations.

▷ *Stratégies d'adaptation.* Comme le patient se sent isolé et impuissant, l'infirmière doit absolument faire preuve de compréhension et lui apporter l'aide psychologique nécessaire.

À cause du stress et de la situation critique à laquelle il doit faire face, il pourra adopter un comportement puéril, être exigeant, et manifester de la colère, du déni et un repli sur lui-même.

L'infirmière ne doit pas oublier que le comportement du patient peut être influencé par de nombreux facteurs extérieurs. Le patient qui souffre d'une grave diarrhée et d'irritation rectale est souvent anxieux, découragé et déprimé. Il importe alors de lui fournir l'aide nécessaire pour qu'il s'adapte aux tensions dont il souffre. On doit lui faire comprendre que ses plaintes sont bien accueillies, l'inciter à parler et à exprimer ses émotions, et discuter avec lui de ce qui le trouble. L'accent doit être mis sur le patient lui-même, plutôt que sur sa maladie. Diverses mesures peuvent contribuer à réduire les tensions: techniques de relaxation, exercices de respiration et techniques de rétroaction biologique.

▷ *Enseignement au patient et soins à domicile.* L'infirmière doit évaluer dans quelle mesure le patient comprend la nature de sa maladie et établir s'il a besoin de plus d'information sur son traitement (tests, médicaments, chirurgie).

Elle doit également le renseigner sur le régime alimentaire recommandé. Une alimentation non irritante, à faible teneur en résidus et à forte teneur en protéines, en énergie et en vitamines permet de soulager les symptômes et de réduire les diarrhées. Elle doit de plus lui donner les raisons qui justifient l'administration de stéroïdes ou autres anti-inflammatoires, d'antibiotiques, d'antidiarrhéiques et d'antispasmodiques. Enfin, elle doit insister sur le fait qu'il doit prendre les médicaments selon l'ordonnance du médecin et ne pas les arrêter soudainement, ce qui pourrait provoquer de graves troubles, surtout dans le cas des stéroïdes.

Si une chirurgie est nécessaire, l'infirmière doit expliquer au patient le déroulement de l'opération, de même que les soins préopératoires et postopératoires. Si l'intervention chirurgicale comporte une stomie, le patient doit connaître les soins qui s'y rapportent. Voir le plan de soins infirmiers 28-1 destiné aux patients ayant subi une stomie intestinale.

Les patients qui reçoivent leurs soins à domicile doivent comprendre que le trouble dont ils souffrent peut être stabilisé et qu'ils peuvent mener une vie satisfaisante entre les poussées. Pour y arriver, ils doivent connaître la nature de l'entéropathie inflammatoire dont ils souffrent et son traitement.

Pendant les poussées, ils doivent se reposer si nécessaire et modifier leurs activités en fonction de leur niveau d'énergie. Si possible, ils doivent restreindre leurs activités à un seul étage de la maison. On doit leur conseiller de limiter les travaux (les corvées domestiques par exemple) qui entraînent des tensions sur les muscles abdominaux inférieurs. En raison de la fréquence des selles (de 10 à 20 par jour), ils devraient dormir dans une chambre située à proximité de la salle de bain; s'ils ont rapidement accès à la toilette, ils auront moins peur des accidents. Un désodorisant domestique permet d'éliminer les odeurs.

Les patients doivent aussi être renseignés sur les médicaments qu'ils doivent prendre (nom, doses, effets secondaires, fréquence des administrations) et sur le moment où ils doivent les prendre. Certaines mesures peuvent être utiles à cette fin: contenants séparant les comprimés selon le jour et l'heure, listes de vérification quotidienne, etc.

# Plan de soins infirmiers 28-1
## *Patients ayant subi une stomie intestinale*

| Interventions infirmières | Justification | Résultats escomptés |
|---|---|---|

***Diagnostic infirmier:***    Manque de connaissances sur l'intervention chirurgicale et les mesures préopératoires

***Objectif:***    Connaissance du déroulement de l'opération et des mesures préopératoires

1. Demander au patient s'il a déjà subi une intervention chirurgicale et noter ses impressions négatives et positives.

2. Reprendre l'information donnée par le chirurgien et s'assurer qu'elle a été bien comprise. Apporter au besoin des éclaircissements et des explications. Déterminer si la stomie est permanente ou temporaire. Tenir compte du pronostic si le patient souffre de cancer.

3. Utiliser des illustrations pour indiquer l'emplacement et l'apparence de la suture (abdominale, périnéale) et de la stomie, si le patient est suffisamment intéressé et réceptif.

4. Expliquer au patient qu'il doit prendre des antibiotiques par voie orale et parentérale pour débarrasser son intestin des bactéries. Une évacuation mécanique est aussi nécessaire dans certains cas.

5. Aider le patient lors de l'intubation nasogastrique ou naso-entérique. Mesurer le volume des écoulements provenant du tube.

---

1. Les craintes engendrées par de mauvaises expériences ajoutent à l'anxiété. En parlant avec le patient, l'infirmière peut corriger ses idées fausses et lui permettre d'exprimer ses émotions. On doit mettre l'accent sur les expériences positives.

2. Les explications détruisent les idées fausses et soulagent l'anxiété. Si la stomie est permanente, ou si le pronostic est mauvais, il sera plus difficile de susciter une attitude positive.

3. Dans certains cas, ces renseignements soulagent l'anxiété et la peur de l'inconnu. Dans d'autres, ils accroissent l'anxiété.

4. Les antibiotiques et l'évacuation mécanique réduisent la flore microbienne intestinale.

5. L'intubation naso-entérique permet de décomprimer les voies gastro-intestinales et d'en évacuer le contenu avant la chirurgie.

---

- Le patient exprime son anxiété et ses craintes face à la chirurgie.
- Il adopte une attitude positive à l'égard de la chirurgie.
- Il répète en ses propres termes les renseignements fournis par le chirurgien et l'infirmière.
- Il connaît l'anatomie et la physiologie normales des voies gastro-intestinales et les modifications qu'entraînera la chirurgie. Il peut indiquer la position prévue pour la suture abdominale et la stomie. Il décrit l'apparence et les dimensions de la stomie.
- Il se conforme aux mesures préopératoires: prise d'antibiotiques et lavements.
- Il tolère la présence d'un tube nasogastrique ou naso-entérique.

***Diagnostic infirmier:***    Perturbation du concept de soi reliée à la transformation de l'apparence corporelle

***Objectif:***    Amélioration du concept de soi

1. Inciter le patient à exprimer ses sentiments à propos de la stomie.

2. Offrir au patient d'être à ses côtés quand il verra et touchera la stomie pour la première fois.

3. Proposer que le conjoint du patient ou la personne clé dans sa vie voit la stomie.

4. Offrir une thérapie au besoin.

5. Organiser la visite d'une personne ayant subi une stomie.

---

1. On permet ainsi au patient de verbaliser et de préciser ses craintes, et à l'équipe soignante de prendre les mesures nécessaires pour les réduire.

2. On pourra ainsi répondre immédiatement aux questions du patient, ce qui soulagera son anxiété.

5. Cette personne est particulièrement en mesure de réconforter le patient, car elle sait par expérience ce qu'il ressent.

---

- Le patient exprime librement ses craintes.
- Il accepte l'aide fournie.
- Il demande de l'aide au besoin.
- Il indique qu'il est prêt à rencontrer une personne ayant subi une stomie.

## Plan de soins infirmiers 28-1 (suite)
## Patients ayant subi une stomie intestinale

| Interventions infirmières | Justification | Résultats escomptés |
|---|---|---|

**Diagnostic infirmier:** Anxiété reliée à la perte de l'évacuation intestinale volontaire

**Objectif:** Réduction de l'anxiété

| | | |
|---|---|---|
| 1. Donner des renseignements au patient sur sa fonction intestinale:<br>a) caractéristiques des écoulements<br>b) fréquence des évacuations. | 1. Ces renseignements, donnés en fonction du niveau de compréhension du patient, favorisent une meilleure adaptation psychologique. | • Le patient cherche à se renseigner sur l'altération de sa fonction intestinale.<br>• Il manipule correctement l'appareil de stomie.<br>• Il peut nettoyer et changer son sac de stomie sans aide.<br>• Il est capable d'irriguer sa stomie.<br>• Son mode d'élimination se régularise. |
| 2. Enseigner au patient comment préparer son sac de stomie.<br>a) Choisir un sac bien assujetti à la stomie. Mesurer les dimensions de la stomie à l'aide du guide fourni par le fabricant, et les comparer avec celles du sac. Un espace d'environ 3 mm doit être prévu autour de la stomie.<br>b) Retirer le plastique qui protège la partie adhésive. *Note*: Pour mettre le sac en place, appuyer sur la partie adhésive pendant 30 secondes. | a) L'ouverture du sac doit être plus large que celle de la stomie. On trouve des ouvertures de différents diamètres, et des ajustements peuvent être faits au besoin.<br><br>b) Le sac peut être appliqué directement sur la peau (ou sur une barrière cutanée). | |
| 3. Enseigner au patient à changer son sac avant l'apparition de fuites. Les personnes âgées ont parfois de la difficulté à voir ou à manipuler l'appareil de stomie. | 3. La manipulation du sac exige l'acquisition d'une certaine dextérité, ce qui se fait avec de la pratique et des encouragements. | |
| 4. Enseigner au patient comment irriguer sa stomie (généralement le quatrième ou le cinquième jour). Lui recommander de faire régulièrement l'irrigation à un moment précis, selon le type de stomie. | | |

**Diagnostic infirmier:** Risque élevé d'atteinte à l'intégrité de la peau péristomique relié à des écoulements irritants

**Objectif:** Maintien de l'intégrité de la peau

| | | |
|---|---|---|
| 1. Renseigner le patient sur les signes ou symptômes d'irritation ou d'inflammation de la peau. Si possible, utiliser des illustrations. | 1. Le tissu cutané péristomique doit être rose pâle, ne pas présenter d'abrasion et être semblable à la peau de l'abdomen. | • Le patient peut décrire l'aspect de la peau saine.<br>• Il nettoie sa peau de façon appropriée.<br>• Il sait comment appliquer une barrière cutanée.<br>• Le patient retire son sac sans irriter sa peau.<br>• Sa peau reste intacte autour de la stomie. |
| 2. Enseigner au patient à nettoyer doucement la peau qui entoure la stomie. | 2. Une légère friction à l'eau chaude et au savon doux permet de nettoyer la peau, de réduire l'irritation et de prévenir les abrasions. On doit assécher la peau par tapotement pour éviter l'irritation. | |
| 3. Enseigner comment appliquer une barrière cutanée (poudre, gel, pâte). | 3. Ces produits protègent la peau contre les enzymes et les bactéries. | |
| 4. Enseigner au patient comment retirer son sac. | 4. Le décoller doucement pour éviter les irritations. Ne jamais l'arracher! | |

# Plan de soins infirmiers 28-1
## Patients ayant subi une stomie intestinale

| Interventions infirmières | Justification | Résultats escomptés |
|---|---|---|

**Diagnostic infirmier:**  Risque de déficit nutritionnel relié au refus des aliments pouvant provoquer des douleurs gastro-intestinales

**Objectif:**  Maintien d'un apport nutritionnel suffisant

| | | |
|---|---|---|
| 1. Procéder à un bilan nutritionnel complet pour établir si le patient consomme des aliments qui peuvent accroître le péristaltisme en irritant l'intestin. | 1. Le patient réagit différemment à certains aliments en raison de sa sensibilité. | • Le patient modifie son alimentation pour éviter les aliments irritants et assurer un apport nutritionnel équilibré. |
| 2. Enseigner au patient à éviter les aliments contenant de la cellulose ou de l'hémicellulose (noix, graines). | 2. La cellulose est un résidu non digestible des végétaux. Elle provoque une rétention d'eau, augmente le volume des selles et stimule l'évacuation. | • Il évite certains aliments, notamment les arachides. <br> • Le patient choisit les fruits appropriés. |
| 3. Recommander au patient de consommer de façon modérée les fruits pouvant provoquer une irritation, notamment les pruneaux, les raisins et les bananes. | 3. Ces fruits accroissent le volume des écoulements. | |

**Diagnostic infirmier:**  Dysfonctionnement sexuel relié à une modification de l'image corporelle

**Objectif:**  Maintien d'une fonction sexuelle satisfaisante

| | | |
|---|---|---|
| 1. Inciter le patient à exprimer ses craintes. Le partenaire peut participer à la discussion. | 1. Si le patient exprime ses besoins, il est plus facile d'élaborer un plan de soins. | • Le patient exprime ses craintes et ses préoccupations. <br> • Il connaît les positions sexuelles appropriées. <br> • Il accepte les conseils d'un spécialiste. |
| 2. Recommander des positions sexuelles appropriées. | 2. On peut ainsi éviter au patient d'être embarrassé par l'aspect de sa stomie, et prévenir l'irritation par la friction de la peau péristomique. | |
| 3. Demander l'aide d'un sexologue, d'un psychiatre ou d'un psychologue. | 3. Certains patients ont besoin des conseils d'un spécialiste. | |

**Diagnostic infirmier:**  Risque élevé de déficit de volume liquidien relié à l'anorexie et aux vomissements

**Objectif:**  Maintien de l'équilibre hydrique

| | | |
|---|---|---|
| 1. Faire le bilan des ingesta et des excreta. <br> a) Noter les ingesta et les excreta. | 1. Ces mesures permettent de vérifier l'équilibre hydrique. <br> a) Une différence importante entre les ingesta et les excreta peut indiquer le début d'un déséquilibre hydrique. Normalement, une personne ingère (aliments, liquides) et excrète (urine, fèces, poumons) environ 3 L de liquide toutes les 24 heures. | • Le patient maintient son équilibre hydrique. <br> • Ses taux sériques et urinaires de sodium et de potassium sont normaux. <br> • Sa peau a une turgescence normale. <br> • La surface de sa langue est rose et sa muqueuse est humide. |
| b) Peser quotidiennement le patient. | b) Un gain ou une perte de 1 L de liquide se traduit par une modification du poids corporel de 1 kg. | |
| 2. Vérifier les taux sériques et urinaires de sodium et de potassium. | 2. L'équilibre hydroélectrolytique est régi en majeure partie par le sodium. Les vomissements entraînent une baisse | |

## Plan de soins infirmiers 28-1 (suite)
## Patients ayant subi une stomie intestinale

| Interventions infirmières | Justification | Résultats escomptés |
|---|---|---|
| | des taux urinaires et sériques de sodium. Contrairement aux taux sériques, les taux urinaires de sodium reflètent de façon précise et rapide l'évolution de l'équilibre sodé. Les effets du sodium se conjuguent à ceux du potassium, qui est également évacué lors des vomissements. Un déficit important en potassium est associé à une réduction du bicarbonate de potassium intracellulaire, ce qui provoque une acidose et une hyperventilation de compensation. | |
| 3. Observer et noter la turgescence de la peau et l'apparence de la langue. | 3. Une bonne hydratation se traduit par le retour de la peau à son état initial après avoir été pincée. *Remarque*: Chez les personnes âgées, le retour à la normale est plus lent. Les modifications de l'aspect de la muqueuse qui recouvre la langue reflètent rapidement et de façon précise le degré d'hydratation. | |

Des modifications au régime alimentaire peuvent contribuer à réduire les symptômes, mais ne peuvent guérir la maladie. Une alimentation à faible teneur en résidus et à forte teneur en protéines et en énergie est recommandée, plus particulièrement lors des poussées. On doit inciter le patient à noter les aliments qui irritent son intestin, et à les éliminer de son alimentation.

En raison de leur caractère chronique, les entéropathies inflammatoires entraînent souvent des difficultés familiales et financières. L'aide des membres de la famille est essentielle, mais certains d'entre eux peuvent éprouver du ressentiment, de la culpabilité, ou de la lassitude et sont incapables de composer avec les tensions psychologiques associées aux exigences des soins requis par la personne malade.

Certains patients évitent les contacts sociaux par crainte d'être embarrassés, et plusieurs préfèrent manger seuls. La perte du contrôle volontaire de la défécation a des effets sur d'autres aspects de leur vie et il leur faudra un certain temps pour vaincre leurs craintes et leurs frustrations.

### ▷ Évaluation

#### Résultats escomptés

1. Le patient dit évacuer moins de selles diarrhéiques.
   a) Il connaît l'effet de certains aliments, de l'activité ou du stress sur sa fonction d'élimination.
   b) Il restreint ses activités et reste alité.
   c) Il prend ses médicaments selon l'ordonnance.
2. Le patient éprouve moins de douleur.
   a) Il a recours à des activités de diversion pour réduire son anxiété et ses douleurs.
   b) Il prend des anticholinergiques avant les repas.
   c) Il prend au besoin les analgésiques prescrits.
3. Le patient maintient son équilibre hydrique.
   a) Il boit tous les jours 1 ou 2 L de liquide.
   b) Sa température corporelle est normale.
   c) Sa peau a une turgescence normale et ses muqueuses sont humides.
4. Le patient a un apport nutritionnel suffisant.
   a) Il prend souvent de petits repas, qui ne provoquent pas de diarrhée.
   b) Il se conforme à l'alimentation parentérale totale.
   c) Il prend au besoin des préparations nutritives liquides complètes.
5. Le patient évite de se fatiguer.
   a) Il se repose périodiquement pendant la journée.
   b) Il garde le lit, conformément aux restrictions.
   c) Il fait ses exercices comme il se doit.
6. Le patient est moins anxieux.
   a) Il peut parler de ses craintes et de ses préoccupations.
   b) Il décrit dans ses propres termes l'intervention chirurgicale qu'il a subie.
   c) Il manipule correctement l'appareil de stomie.
   d) Il parle librement avec une personne ayant subi une stomie.
7. Le patient s'adapte à sa maladie.
   a) Il exprime librement ses émotions.
   b) Il a des échanges satisfaisants avec les membres de sa famille et ses amis.
   c) Il adopte des mesures appropriées de réduction du stress.
8. Le patient comprend la nature de sa maladie.
   a) Il modifie son alimentation de façon à réduire les diarrhées.

b) Il prend les médicaments prescrits.

c) Il décrit les interventions chirurgicales qu'il devra peut-être subir.

Résumé: La maladie de Crohn et la colite ulcéreuse sont des entéropathies inflammatoires chroniques qui entraînent des modifications physiologiques dans certaines régions de l'intestin ou du côlon. Au début, ces deux troubles sont généralement traités à l'aide de médicaments, mais une intervention chirurgicale peut devenir nécessaire.

Les soins infirmiers destinés aux patients atteints de la maladie de Crohn ou de colite ulcéreuse sont semblables, et visent la réduction de l'anxiété et des douleurs, le maintien de l'équilibre hydroélectrolytique et nutritionnel, de même que l'adaptation aux effets de la maladie. Quand une chirurgie est nécessaire (une iléostomie par exemple), le patient a besoin d'un enseignement préopératoire et d'une aide psychologique.

# SOINS INFIRMIERS À PRODIGUER AUX PATIENTS SUBISSANT UNE ILÉOSTOMIE

## Interventions infirmières préopératoires

Avant la chirurgie, on doit prévoir une période de préparation au cours de laquelle on remplacera les liquides, le sang et les protéines perdus. Des antibiotiques peuvent être prescrits. Si le patient prend des stéroïdes, on ne doit pas en interrompre l'administration ni avant, ni pendant, ni après l'opération, et il faut s'assurer que le patient ne présente pas d'insuffisance surrénalienne en prenant régulièrement son pouls et sa pression artérielle et en observant son débit urinaire, son aspect général et ses réactions.

En général, le patient observe un régime alimentaire à faible teneur en résidus, sous forme de petits repas fréquents. Toutes les autres interventions préopératoires sont semblables à celles indiquées pour une chirurgie abdominale générale. L'emplacement de la stomie est marqué par le chirurgien ou une infirmière spécialisée. Il est essentiel que la stomie soit bien placée.

On renseigne le patient sur l'iléostomie à l'aide de documents, d'illustrations et d'explications. Celui-ci doit bien comprendre en quoi consiste la chirurgie et quelles en sont les conséquences. L'enseignement préopératoire porte plus particulièrement sur le soin des drains, la nature des écoulements, l'intubation nasogastrique, l'administration parentérale de liquides, les tamponnements et les soins périanaux.

## Interventions infirmières postopératoires

Après une iléostomie, on doit appliquer les soins généraux des plaies abdominales. Dès la fin de l'opération, on place un sac collecteur temporaire sur la stomie et on le fait adhérer fermement à la peau. Des liquides irritants seront évacués continuellement par l'extrémité de l'intestin grêle qui s'ouvre dans l'abdomen, car ils ne sont pas retenus par un sphincter. Il est primordial d'éviter tout contact entre les liquides et le tissu cutané. L'infirmière doit noter le volume et l'aspect des liquides éliminés par la stomie. Après la cicatrisation de la stomie, un autre appareil collecteur est mis en place sur la peau à l'aide d'un ciment spécial. On doit vérifier la forme précise de la stomie après trois semaines, quand l'œdème s'est résorbé. On choisit le modèle et les dimensions de l'appareil collecteur permanent après trois mois, quand le poids du patient s'est stabilisé et que la stomie a pris sa forme définitive.

Comme le patient perd de grandes quantités de liquide au début de la période postopératoire, on doit noter de façon précise sa consommation de liquide, de même que son débit urinaire et son évacuation fécale, afin de déterminer ses besoins en liquide. La consommation de liquide et une alimentation à faible teneur en résidus et à forte teneur énergétique sont recommandées.

Dans la période postopératoire immédiate, il importe aussi d'irriguer fréquemment le tube d'aspiration nasogastrique, conformément à l'ordonnance du médecin. L'aspiration nasogastrique vise à faciliter la cicatrisation et à soulager la pression sur la suture en prévenant l'accumulation du contenu gastrique. Le patient reçoit des liquides par voie parentérale pendant quatre ou cinq jours. Par la suite, il peut consommer de petites quantités de liquides clairs et reprendre progressivement son alimentation. Les nausées et la distension abdominale sont des signes d'obstruction dont on doit informer le médecin traitant.

Comme pour toute autre chirurgie abdominale, on doit inciter le patient à quitter son lit dès que possible, et lui administrer les analgésiques prescrits.

Vers la fin de la première semaine, on retire le tamponnement rectal. Comme cette intervention peut être douloureuse, le patient reçoit un sédatif une heure auparavant. Une fois le tamponnement retiré, on doit irriguer la région périanale deux ou trois fois par jour jusqu'à cicatrisation complète.

## Aspects psychosociaux

Souvent, le patient croit que la stomie est très apparente, et qu'elle a des conséquences beaucoup plus importantes qu'une simple cicatrice. Comme il a perdu une fonction corporelle importante et que son anatomie est modifiée, il doit traverser les étapes du processus de deuil: choc, déni, rejet, colère et réorganisation. L'altération de l'image corporelle soulève beaucoup de questions sur les rapports familiaux, la fonction sexuelle et, chez les femmes, sur la capacité de procréer et d'avoir un accouchement normal.

Le patient doit aussi sentir qu'on le comprend et qu'on s'intéresse à lui. L'infirmière doit donc gagner sa confiance en faisant preuve de calme et d'ouverture d'esprit, ce qui est particulièrement important pendant la période préopératoire et lors des traitements. Il faut aussi prévoir qu'il aura besoin d'information, de soutien et de directives pour prendre en charge les soins de sa stomie.

Le soin des stomisés s'avère un véritable défi pour l'infirmière. Une hospitalisation relativement longue peut provoquer chez eux de l'irritabilité, de l'anxiété et du désespoir. L'infirmière peut coordonner les soins en tenant des réunions auxquelles participeront le patient, sa famille, le médecin, le psychologue ou le psychiatre, le travailleur social, le stomathérapeute et la diététicienne. Le travail en équipe peut faciliter la démarche de soins infirmiers dans ces situations complexes.

À l'inverse, l'iléostomie peut avoir des effets favorables chez les patients qui souffrent de colites depuis plusieurs années car elle les soulage de leurs douleurs. Une période d'apprentissage et d'adaptation est toutefois nécessaire, au cours de laquelle l'infirmière doit faire preuve d'empathie et de tolérance.

L'aide d'un autre stomisé peut également être utile. L'Association d'iléostomie et de colostomie de Montréal est un organisme sans but lucratif voué à l'éducation et la réadaptation des patients stomisés. Elle offre aux patients des renseignements utiles sur la vie après une stomie, par des documents, des conférences et des présentations. De multiples groupes communautaires organisent la visite de personnes compétentes qui peuvent redonner espoir aux nouveaux stomisés, et offrent des services de réadaptation. Plusieurs centres hospitaliers québécois emploient une infirmière stomathérapeute, qui est une ressource précieuse pour ces patients.

## RÉADAPTATION ET ENSEIGNEMENT

Après une iléostomie, le patient doit s'adapter à une situation particulièrement difficile, soit la perte du contrôle volontaire de l'élimination intestinale. Comme le contenu de l'iléon est liquide et qu'il s'écoule continuellement, il ne peut rétablir ses habitudes intestinales. Il doit donc porter jour et nuit un sac de vinyle ou de plastique, que l'on pourrait considérer comme une prothèse.

Plusieurs jours après l'intervention, on mesure le diamètre de la stomie, à l'aide d'un dispositif spécial, une carte présentant des anneaux de diverses grandeurs. On adapte ensuite l'ouverture du sac collecteur permanent au diamètre de la stomie, ce qui permet au patient de reprendre ses activités normales sans crainte des fuites ou des odeurs.

Pour que le patient puisse prendre soin de sa stomie, celle-ci doit être placée de façon appropriée, soit le plus près possible du plan médian du corps de façon à permettre même aux patients obèses dont l'abdomen est proéminent d'y avoir facilement accès.

Au début, comme l'oedème provoque une légère obstruction, la stomie peut être bruyante, mais le bruit s'atténue avec le temps. On recommande initialement une alimentation à faible teneur en fibres comportant des fruits et des légumes tamisés, qui sont une importante source de vitamines A et C. Par la suite, les restrictions alimentaires sont moins importantes, mais le patient doit quand même éviter les aliments à forte teneur en fibres et ceux qui sont difficiles à digérer: céleri, maïs soufflé, maïs, graines de pavot ou de carvi et noix de coco. Pendant l'été, l'équilibre hydroélectrolytique peut être plus difficile à assurer, à cause de la transpiration. Des boissons comme le Gatorade, contribuent à le maintenir. Si les écoulements sont trop aqueux, on restreint la consommation des aliments riches en fibres (céréales de grains entiers, pelure des fruits frais, fèves, maïs et noix).

Si les écoulements sont trop secs, on accroît avec précaution la consommation de sel. La consommation d'eau ou de liquide n'augmente pas la teneur en eau des écoulements, car l'excédent est excrété dans les urines.

On observe souvent une excoriation de la peau qui entoure la stomie, ce qui est dû à la présence d'enzymes dans les écoulements. En cas d'irritation et de croissance de levures, on applique de la poudre de nystatine (Mycostatin) sur la région péristomique.

Le patient doit changer son sac régulièrement s'il veut éviter les fuites. Pour enseigner au patient comment utiliser et remplacer son sac, l'infirmière devrait suivre les indications de l'encadré 28-2. La fréquence des changements de sac dépend de la position de la stomie et de la structure du corps.

De façon générale, un même sac peut être porté pendant cinq à sept jours. Il doit être vidé toutes les quatre à six heures, ou lors de chaque miction. Il est muni dans sa partie inférieure d'un bec de vidange fermé par une pince spéciale. Les sacs utilisés sont généralement jetables et à l'épreuve des odeurs. Certains aliments comme les épinards et le persil, réduisent les odeurs et d'autres, dont le chou, les oignons et le poisson produisent des odeurs désagréables. Pour éliminer les odeurs, le patient peut aussi prendre trois ou quatre fois par jour des comprimés de sous-carbonate de bismuth, qui lui sont prescrits par le médecin, ou encore un médicament qui réduit le volume des selles comme le chlorhydrate de diphénoxylate (Lomotil), également obtenu sur ordonnance.

Si le patient a subi une iléostomie continente avec valvule, on doit lui enseigner la méthode d'évacuation du réservoir iléal (encadré 28-3).

Quand les écoulements sont épais, de l'eau peut être injectée dans le cathéter pour les amollir. La consistance des écoulements dépend de l'alimentation. Au début, leur volume n'est que de 60 à 80 mL, mais il s'accroît de façon importante avec le temps, le réservoir iléal s'agrandissant peu à peu pour accepter un volume de 500 à 1000 mL. Une sensation de pression dans le réservoir indique qu'il est temps de le vider.

***Enseignement au patient et soins à domicile.*** Le conjoint et la famille du patient doivent bien connaître les adaptations qui seront nécessaires lors du retour du patient à la maison. On doit notamment leur indiquer pour quelles raisons celui-ci doit occuper la salle de bain pendant 10 minutes à certains moments de la journée, et pourquoi certains produits sont nécessaires. Le patient a besoin de leur compréhension pour réduire ses tensions et, par conséquent, ses problèmes.

On doit insister sur les besoins psychosociaux du patient. Si l'iléostomie est continente, on peut lui indiquer qu'il n'aura pas à porter un sac, ce qui est généralement suffisant pour le motiver à apprendre rapidement comment évacuer le réservoir iléal.

À la maison, la stomie peut être recouverte d'un pansement absorbant d'un côté et plastifié de l'autre (une couche jetable de bonne qualité peut être découpée en pièces de 7,5 sur 7,5 cm et constituer un pansement très approprié). Le pansement est maintenu en place à l'aide de ruban adhésif. Pour réduire l'excoriation de la peau, le ruban est placé de façon différente chaque fois.

Il est préférable d'utiliser un lubrifiant hydrosoluble plutôt que de la gelée de pétrole, qui peut obstruer le cathéter et est plus difficile à éliminer.

Dans la salle de bain, le patient peut se placer selon ses préférences. Il peut s'asseoir sur le siège de la toilette, rester debout ou s'asseoir sur une chaise devant la toilette. On suggère qu'il fixe un tube au cathéter au moyen d'un adaptateur, ce qui évitera l'éclaboussure des écoulements hors de la toilette.

On doit l'inciter à modifier sa technique au besoin si l'évacuation lui cause des difficultés. S'il arrive mal à mettre le cathéter en place, il doit se détendre et bien le lubrifier. Il peut également s'étendre pour mettre le cathéter en place, puis se relever pour faciliter l'évacuation.

Les recommandations touchant le soin de la peau, l'élimination des odeurs, l'alimentation et les activités courantes sont les mêmes que pour les autres patients ayant subi une stomie.

## Encadré 28-2
# Directives pour le changement des sacs de stomie

Le changement du sac de stomie permet de prévenir les fuites (on le change généralement tous les cinq à sept jours), d'examiner la peau qui entoure la stomie et d'éliminer plus facilement les odeurs. Le sac doit être changé chaque fois que le patient ressent une brûlure ou un prurit sous le disque, ou des douleurs dans la région de la stomie. Il est préférable de le faire tôt le matin, avant le déjeuner, ou entre deux et quatre heures après les repas, au moment où l'intestin est le moins actif.

### Méthode

| Soins infirmiers | Commentaires/Justification |
|---|---|
| 1. Favoriser le bien-être du patient et sa participation à l'intervention. | Le patient peut participer plus activement à l'intervention s'il se trouve dans une atmosphère qui favorise la détente et s'il profite d'explications appropriées. |
| A) Demander au patient de se détendre (respecter son intimité).<br>B) Expliquer en détail l'intervention.<br>C) Exposer la région de la stomie et retirer la ceinture s'il y a lieu. | |
| 2. Retirer le sac.<br>A) Demander au patient de s'asseoir sur la toilette ou sur une chaise placée devant la toilette. S'il le préfère, il peut également se placer debout devant la toilette. | Ces positions facilitent le retrait ou l'évacuation du sac. |
| B) Décoller minutieusement le sac en repoussant doucement la peau du disque adhésif. | |
| 3. Nettoyer la peau.<br>A) Laver la peau doucement à l'aide d'un linge doux humecté d'eau courante et de savon non parfumé. S'il le désire, le patient peut prendre un bain avant la mise en place d'un nouveau sac. | Le patient peut prendre une douche avec ou sans son sac. S'il prend un bain, il doit placer un ruban adhésif micropore de chaque côté du disque afin de le maintenir en place. |
| B) Bien rincer et assécher la peau après l'avoir nettoyée. | Les résidus d'eau ou de savon rendent plus difficile la pose de ruban adhésif. |
| 4. Pour mettre le sac collecteur en place (si la peau *n'est pas* irritée):<br>A) Appliquer une barrière cutanée appropriée sur la peau péristomique. | Plusieurs modèles de sac collecteur s'accompagnent d'une barrière cutanée. |
| B) Retirer le papier qui protège la surface adhésive du disque (sacs jetables en plastique) et appliquer directement le disque sur la peau. | La peau doit être bien asséchée avant la mise en place du sac collecteur. |
| C) Maintenir une pression ferme pendant 30 secondes pour assurer une bonne adhérence. | |
| 5. Pour appliquer le sac collecteur (si la peau est irritée):<br>A) Bien nettoyer la peau, en douceur, et l'assécher par tapotement. | On élimine ainsi les débris. |
| B) Pulvériser du Kenalog, éliminer l'excès d'humidité à l'aide d'une compresse de coton et saupoudrer un peu de poudre de nystatine (Mycostatin). | La préparation de stéroïdes (Kenalog) contribue à réduire l'inflammation. L'antifongique (nystatine) permet de traiter les infections péristomiques courantes. Ces deux produits sont vendus sur ordonnance. |
| (1) On peut également appliquer une barrière Stomahesive (Squibb); ces barrières sont offertes en deux dimensions (10 × 10 cm et 20 × 20 cm). Leur ouverture doit être découpée aux dimensions de la stomie à l'aide d'un guide (fourni avec la barrière). Elles s'appliquent directement sur la peau. | Le Stomahesive favorise la cicatrisation de la peau excoriée. Il adhère bien, même sur la peau humide et irritée. |
| (2) On peut également humecter une compresse de pâte de karaya et l'appliquer directement. Si la peau est humide, on peut appliquer de la poudre de karaya, puis en enlever l'excès. | Le karaya favorise également la cicatrisation de la peau. Il possède une bonne adhésivité. |
| C) On place ensuite le sac collecteur sur la peau traitée. | |
| 6. S'assurer que l'extrémité inférieure du sac est fermée à l'aide de la pince ou de la bande élastique fournie. | Une fermeture étanche permet d'éliminer les fuites. |

## Encadré 28-3
## Conduite à tenir pour l'évacuation d'une iléostomie continente (iléostomie de Koch)

Une *iléostomie continente* est la création à partir de l'intestin grêle d'un réservoir pour les matières fécales, dont l'extrémité est munie d'une valvule. Après l'intervention, on insère un cathéter dans la stomie que l'on relie à un système de drainage en circuit fermé. Pour assurer la perméabilité du cathéter, on instille lentement entre 10 et 20 mL de sérum physiologique dans le réservoir toutes les trois heures. On ne doit pas aspirer ce liquide, mais le laisser s'écouler par gravité.

Après environ deux semaines, lorsque la cicatrisation permet de retirer le cathéter de la stomie, on apprend au patient à évacuer son réservoir. Il doit disposer à cette fin du matériel suivant: cathéter, papiers mouchoirs, lubrifiant hydrosoluble, compresses, seringue, solution d'irrigation (dans un bol) et un haricot ou autre récipient. L'évacuation du réservoir se fait comme ci-dessous. On doit aider le patient à effectuer cette intervention jusqu'à ce qu'il soit capable de le faire sans aide.

| **Soins infirmiers** | **Commentaires/Justification** |
|---|---|
| 1. Lubrifier le cathéter et l'insérer doucement sur environ 5 cm, jusqu'au point où on sent une résistance. | Une faible pression suffit généralement pour faire pénétrer le cathéter. |
| 2. Si la résistance est trop grande, remplir une seringue de 20 mL d'air ou d'eau, et en injecter le contenu dans le cathéter tout en maintenant une certaine pression. | Cette mesure permet au cathéter de pénétrer dans le réservoir. |
| 3. Placer l'autre extrémité du cathéter dans le récipient maintenu sous le niveau de la stomie. Plus tard, le patient pourra évacuer le contenu du réservoir directement dans la toilette. | La gravité facilite l'évacuation; les écoulements peuvent comprendre des gaz. |
| 4. Après l'évacuation, on retire le cathéter, puis on lave à l'eau tiède la peau péristomique et on la sèche. On applique ensuite un tampon absorbant sur la stomie et on le fixe avec un ruban adhésif hypoallergène. | Cette intervention prend en tout de 5 à 10 minutes. Au début, elle est effectuée toutes les trois heures, puis de moins en moins souvent jusqu'à trois fois par jour. |

## Complications

Des complications surviennent chez environ 40 % des patients qui ont subi une iléostomie; elles exigent une intervention chirurgicale dans moins de 20 % des cas. L'*irritation du tissu cutané péristomique,* qui est la complication la plus courante de l'iléostomie, s'explique par une fuite d'écoulements, due le plus souvent à un mauvais ajustement du sac. Celui-ci doit alors être ajusté par une infirmière ou une stomathérapeute. L'usage d'une barrière cutanée s'impose souvent. La *diarrhée,* qui se manifeste par le remplissage du sac (toutes les heures ou moins) par des écoulements très irritants, est une autre complication pouvant entraîner très rapidement une déshydratation et un déséquilibre hydroélectrolytique. On doit alors donner au patient un supplément d'eau, de sodium et de potassium pour prévenir l'hypovolémie et l'hypokaliémie, et lui administrer des antidiarrhéiques. Les *sténoses,* quant à elles, sont provoquées par la formation de tissu cicatriciel circulaire au siège de la stomie. Le tissu cicatriciel doit être excisé par chirurgie. Des *calculs urinaires* peuvent apparaître chez environ 10 % des patients iléostomisés en raison d'une déshydratation due à une réduction de l'apport liquidien. Si l'infirmière observe chez le patient la présence dans la région inférieure de l'abdomen de douleurs intenses qui irradient dans les jambes, une hématurie et des signes de déshydratation, elle doit filtrer toutes les urines. Les petits calculs sont parfois évacués dans les urines, mais les plus gros doivent être désintégrés ou extraits par chirurgie. Les *cholélithiases* (présence de calculs dans la vésicule) provoquées par le cholestérol sont trois fois plus fréquentes chez les patients ayant subi une iléostomie que dans l'ensemble de la population, en raison d'une modification de l'absorption des acides biliaires se produisant dans la période postopératoire. Les spasmes de la vésicule biliaire se manifestent par des douleurs intenses dans la partie supérieure droite de l'abdomen qui peuvent irradier dans le dos et l'épaule droite. L'*iléite* est une complication qui indique une récidive de l'entéropathie inflammatoire.

# OCCLUSION INTESTINALE

Une occlusion intestinale est une obstruction du transit intestinal (passage des aliments dans les voies digestives) sous-jacente à un trouble pathologique. L'occlusion peut être d'origine mécanique ou paralytique.

1.  *Occlusion mécanique*: Elle se manifeste par une pression sur les parois intestinales provoquant une obstruction intraluminale ou murale et est causée notamment par une invagination, des polypes, une sténose, des constrictions, des adhérences, une hernie ou un abcès.

2.  *Occlusion paralytique*: Elle se caractérise par un arrêt du péristaltisme et est due à une amyloïdose, une dystrophie musculaire progressive, un trouble endocrinien (diabète sucré) ou un trouble neurologique (maladie de Parkinson). Une occlusion paralytique peut également découler d'une intervention chirurgicale.

L'obstruction peut être partielle ou complète, et sa gravité dépend bien sûr de son importance, du segment intestinal touché et, surtout, du degré d'altération de l'irrigation de la paroi intestinale.

Les principales causes d'obstruction de l'intestin grêle sont les adhérences (60 %), suivies des hernies et des tumeurs. Les autres causes en sont les invaginations, les volvulus et l'iléus paralytique.

### Adhérences

Après une chirurgie abdominale, la cicatrisation peut être incomplète dans plusieurs régions de l'abdomen, et des segments de l'intestin peuvent adhérer à ces régions. C'est ce que l'on appelle des adhérences inflammatoires. Elles sont généralement peu graves et se résorbent d'elles-mêmes. Dans certains cas toutefois, elles provoquent une coudure qui obstrue le transit intestinal. L'occlusion apparaît généralement trois ou quatre jours après la chirurgie, au moment où le péristaltisme se rétablit et où le patient consomme pour la première fois des aliments et des liquides.

### Invaginations

Une invagination est l'introduction d'une portion d'intestin dans celle qui la suit, un peu à la façon d'un télescope. Ce phénomène est provoqué par le péristaltisme. L'invagination apparaît le plus souvent à proximité de la valvule iléocæcale. Elle peut également commencer au point de fixation d'une tumeur ou être déclenchée par une onde péristaltique et se propulser dans le côlon, entraînant ainsi dans la lumière le point d'attache du pédicule (figure 28-5**A**).

### Volvulus

Un volvulus (voir figure 28-5**B**) est une obstruction qui menace la vie du patient et qui est provoquée par une torsion de l'intestin qui obstrue sa lumière proximale et distale. Il entraîne une accumulation de gaz et de liquide et une altération de l'irrigation tissulaire se traduisant par une nécrose, une perforation et une péritonite.

### Iléus paralytique

L'iléus paralytique s'explique par un arrêt du péristaltisme dû à un traumatisme ou à la présence de toxines dans les nerfs qui régissent la motilité intestinale. On peut observer un iléus paralytique fonctionnel après une chirurgie abdominale; il dure généralement de 12 à 36 heures. La consommation de liquide et d'aliments est alors interdite jusqu'au rétablissement du péristaltisme normal, indiqué par le retour des bruits intestinaux (perçus au stéthoscope) ou le passage de gaz. Un iléus paralytique peut également être associé à une blessure au dos, à une chirurgie rénale ou, le plus souvent, à une péritonite.

L'arrêt du péristaltisme entraîne une distension intestinale par les gaz produits par la décomposition du contenu intestinal ou l'absorption d'air. Il se manifeste par une absence ou une réduction des bruits intestinaux et un important malaise, voire des douleurs intenses.

### Hernies abdominales

Une hernie abdominale est la protrusion d'un organe de l'abdomen (généralement l'intestin grêle) au travers d'une ouverture de la paroi abdominale. Dans la plupart des cas, les hernies s'expliquent par une faiblesse congénitale ou acquise de la

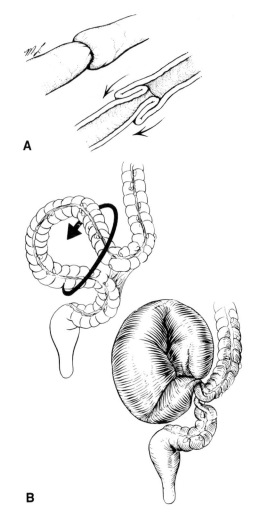

**A**

**B**

***Figure 28-5.*** Deux cas d'obstruction intestinale. (**A**) Invagination. Introduction d'une portion de l'intestin dans celle qui la suit. (**B**) Volvulus du côlon sigmoïde. Dans la plupart des cas, la torsion se fait dans le sens contraire des aiguilles d'une montre. L'intestin est œdématié.
(Source: L. W. Way [éd], *Current Surgical Diagnosis and Treatment*, 9ᵉ éd., Los Altos, CA, Lange Medical Publishers, 1991)

paroi abdominale, à laquelle s'ajoute une augmentation de la pression intra-abdominale par la toux ou un effort, ou encore par une lésion abdominale en évolution. Elles ont tendance à s'aggraver après leur apparition.

Le sac herniaire, qui est formé par le péritoine, peut contenir une partie du gros intestin, de l'intestin grêle, de l'épiploon et, dans certains cas, de la vessie. Au début, le sac ne se remplit qu'au moment où le patient est debout, son contenu retournant dans la cavité abdominale dès qu'il se couche. Il existe plusieurs formes de hernies.

La *hernie inguinale indirecte* est la forme la plus courante (elle s'explique par une faiblesse de la paroi abdominale, au point d'émergence du cordon spermatique chez l'homme, et du ligament rond chez la femme). Elle suit le trajet du canal inguinal, et s'étend souvent jusqu'au scrotum ou jusqu'aux lèvres (figure 28-6). Elle est fréquente chez l'homme et peut apparaître à tout âge.

La *hernie inguinale directe* traverse la paroi inguinale postérieure. Elle est également plus fréquente chez l'homme. Elle est plus difficile à corriger que la hernie inguinale indirecte,

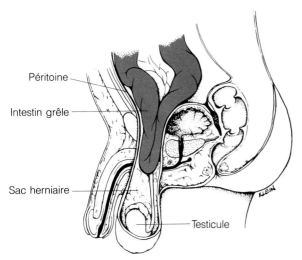

**Figure 28-6.** Hernie inguinale. Le sac herniaire qui est formé par le péritoine abdominal, contient l'intestin, l'épiploon et d'autres structures abdominales.

et elle réapparaît souvent après la chirurgie. Elle serait héréditaire ou due à un défaut de la synthèse du collagène.

La *hernie ombilicale* s'explique par l'absence de fermeture de l'anneau fibreux chez les enfants et par une faiblesse de la cicatrice ombilicale chez l'adulte. Elle est plus fréquente chez les femmes obèses et les enfants, et se manifestent par une protrusion du nombril. Elle peut aussi être provoquée par une augmentation de la pression abdominale à la suite d'une cirrhose et d'une ascite.

La *hernie ventrale* est due à une faiblesse de la paroi abdominale attribuable très souvent à la fermeture incomplète d'une incision chirurgicale. Elle apparaît donc fréquemment après une intervention chirurgicale ayant exigé un drainage. Elle se manifeste d'abord par un léger gonflement qui évolue vers la formation d'un sac herniaire.

La *hernie crurale (fémorale)* apparaît sous le ligament inguinal (arcade crurale) formant une saillie ronde sous l'aine. Elle est plus fréquente chez les femmes en raison des grossesses.

La principale complication des hernies abdominales est l'occlusion intestinale. C'est pourquoi on doit procéder sans délai à une réfection chirurgicale.

Une hernie est dite *réductible* quand la masse qui fait saillie peut être replacée dans la cavité abdominale, soit de façon naturelle quand le patient se couche, soit par réduction manuelle (la masse est repoussée dans la cavité). Avec le temps, des adhérences se forment entre le sac et son contenu, et la hernie devient *irréductible*. Elle ne peut plus être réduite, et obstrue parfois complètement le transit intestinal.

Une *hernie étranglée,* est une hernie compliquée par une constriction de son contenu. Il en résulte une gêne de la circulation sanguine dans les viscères herniés. Une grave occlusion intestinale s'ensuit, avec risque de nécrose. La hernie étranglée se manifeste par des douleurs au siège de l'étranglement suivies rapidement de douleurs abdominales à type de colique, de vomissements et d'une tuméfaction du sac herniaire.

**Réduction mécanique.** Très souvent, le patient peut réduire lui-même son hernie. Pour empêcher la protrusion de la masse herniale en position debout, il peut porter un bandage herniaire composé d'un coussinet ferme placé au-dessus de la hernie et retenu par une ceinture. La plupart des spécialistes s'entendent pour dire que le bandage herniaire provoque plus de problèmes qu'il n'en résout. Il peut entraîner des irritations et des lésions cutanées, et provoquer, s'il est mal placé, un étranglement de la hernie. On en recommande cependant l'usage (1) chez les nouveau-nés qui ne peuvent être opérés immédiatement parce qu'ils sont trop petits ou souffrent d'un autre trouble (une bronchite par exemple), (2) chez les adultes qui souffrent d'un trouble qui exige un traitement préalable ou (3) chez les patients qui portent depuis des années un bandage herniaire dont ils ne veulent se séparer et qui craignent l'hospitalisation. Un spécialiste doit alors assurer le bon ajustement du bandage et en vérifier l'efficacité par la manoeuvre de Valsalva. Un bain quotidien et des applications de fécule de maïs en poudre peuvent réduire les risques d'irritation cutanée. Pour ne pas qu'il glisse, le bandage herniaire est porté directement sur la hernie, et non sur les vêtements. Soulignons enfin *qu'il ne peut guérir la hernie*; il prévient tout simplement la pénétration du contenu abdominal dans le sac herniaire.

Les hernies doivent toujours être corrigées par chirurgie afin d'éviter l'étranglement. En cas d'étranglement, la chirurgie est toujours très risquée mais est inévitable.

L'opération, que l'on appelle herniorraphie, comprend la résection du sac herniaire, le replacement de son contenu dans la paroi abdominale et la consolidation de la paroi par suture sur l'orifice herniaire pour prévenir les récidives. L'incidence des récidives est de 5 à 25 %. Si la paroi abdominale est très faible, on peut pratiquer une *hernioplastie*, qui est une consolidation de la paroi abdominale à l'aide d'un treillis qui stimule l'activité fibroplastique et accroît la résistance des tissus. En cas d'étranglement, l'intervention est plus complexe en raison de l'occlusion et des lésions intestinales.

***Interventions infirmières préopératoires.*** La plupart des patients qui subissent une *herniorraphie* (résection d'une hernie) sont en bonne santé et ont choisi d'eux-mêmes la chirurgie. On peut les inciter à recourir à la chirurgie en leur indiquant qu'une hernie peut se compliquer au point de mettre leur vie en danger. Le patient est admis au centre hospitalier la veille ou le matin de l'opération. Dans les situations d'urgence (hernie irréductible ou étranglée), l'infirmière prépare le patient comme pour toute autre opération urgente.

L'évaluation porte notamment sur le dépistage des infections des voies respiratoires supérieures, de la toux chronique provoquée par le tabagisme et des allergies provoquant des éternuements. La toux ou les éternuements justifient que l'on retarde l'opération car ils pourraient en annihiler les résultats.

***Soins infirmiers postopératoires.*** Quelques heures après la chirurgie, le patient peut quitter le lit. Les patients jeunes et en santé qui ne présentent aucune autre maladie reçoivent souvent leur congé le jour même. Après une anesthésie locale ou spinale, le patient peut consommer les aliments de son choix. Si une anesthésie générale a été pratiquée, la consommation de liquide et d'aliments est restreinte jusqu'au retour du péristaltisme.

La rétention urinaire est fréquente dans la période postopératoire. Il importe donc de prévenir la distension de la vessie. Ceci peut exiger à la limite la pose d'une sonde vésicale si les autres interventions infirmières pour initier la miction ne donnent pas les résultats escomptés.

Si le patient tousse ou éternue après l'opération, on doit lui enseigner à protéger sa plaie avec les mains pour réduire la douleur et prévenir une pression intra-abdominale excessive.

Une tuméfaction du scrotum peut se produire après la résection d'une hernie inguinale. Comme cette complication est particulièrement douloureuse, le patient hésite à se déplacer. On peut alors soutenir le scrotum à l'aide d'une serviette roulée et y appliquer de façon intermittente de petits sacs de glace. On peut administrer un narcotique pour soulager la douleur, et des antibiotiques pour prévenir une épididymite. Un suspensoir ou un support scrotal peuvent également soulager le patient.

Dans certains cas, une infection retarde la cicatrisation. Une douleur dans la région de l'incision et une hyperthermie peuvent en signaler la présence. On traite l'infection par l'administration d'antibiotiques à action générale, ou par une application de chaleur sur la plaie suivie d'une incision et d'un drainage.

Dans les cas de résection complexe, notamment dans les hernies ombilicales ou les hernies ventrales étendues, une aspiration nasogastrique peut prévenir les distensions, les vomissements et les tensions. Des agents émollients sont prescrits pour prévenir les efforts de défécation.

***Enseignement aux patients et soins à domicile.*** Certains patients reçoivent leur congé le lendemain de l'opération, mais d'autres doivent être hospitalisés plus longtemps. On pratique souvent l'herniorraphie sous anesthésie locale, en chirurgie d'un jour. Le patient doit alors savoir que la douleur et la tuméfaction dans la région scrotale persistent généralement 24 à 48 heures. Des applications locales de glace, l'élévation du scrotum, le port d'un support scrotal et la prise d'analgésiques devraient le soulager. Le patient doit communiquer avec son médecin si la douleur s'aggrave et si la tuméfaction persiste.

Certains chirurgiens autorisent leurs patients à reprendre toutes leurs activités, dans la mesure où elles ne provoquent pas de douleur ou de tension sur l'incision. Mais, dans la plupart des cas, on recommande de restreindre les activités pendant cinq à sept jours, et d'éviter de soulever des objets lourds pendant quatre à six semaines. Pour éviter les récidives, le patient devra respecter les principes de la mécanique corporelle chaque fois qu'il fera un effort.

Le patient doit également signaler à son médecin tout écoulement au siège de l'incision. Diverses mesures permettent d'éviter les efforts de défécation: modification de l'alimentation, prise de laxatifs ou d'agents émollients et consommation quotidienne de 2000 mL de liquide. Les douleurs ou les difficultés à la miction doivent être signalées au médecin.

***Évaluation.*** Pour établir les interventions infirmières immédiates, on doit vérifier s'il y a retour du péristaltisme, débit urinaire approprié, diminution de la tuméfaction du scrotum, absence d'infection, réduction de la douleur et absence d'effort de défécation. Par la suite, on évaluera dans quelle mesure le patient comprend les restrictions établies et se conforme à son traitement.

## OCCLUSION DE L'INTESTION GRÊLE

***Physiopathologie.*** L'occlusion de l'intestin grêle se manifeste par une accumulation dans sa partie proximale du contenu intestinal, de liquides et de gaz. On observe par conséquent une distension qui réduit l'absorption des liquides et stimule les sécrétions gastriques, ce qui entraîne une perte de liquide et d'électrolytes. La distension, si elle s'aggrave, a pour effet de réduire la pression veineuse et artérielle, avec pour résultat un œdème, une congestion et une nécrose évoluant vers une perforation de la paroi intestinale.

La distension abdominale peut également provoquer le vomissement des reflux. Ces vomissements entraînent une perte d'ions hydrogène et potassium avec pour résultat une hypochlorémie, une hypokaliémie et une alcalose métabolique. Par la suite, les pertes d'eau et de sodium provoquent une déshydratation et une acidose. Si ces pertes sont importantes, un choc hypovolémique peut s'en suivre.

***Manifestations cliniques.*** Le symptôme initial d'une occlusion de l'intestin grêle est généralement la présence de douleurs irradiantes. Il arrive que le patient élimine du sang et du mucus sans être capable d'évacuer des matières fécales et des flatulences. Des vomissements s'ajoutent à ce tableau clinique caractéristique. Si l'occlusion est complète, les ondes péristaltiques deviennent très vigoureuses, et leur sens s'inverse, propulsant le contenu intestinal vers la bouche plutôt que vers le rectum. Si l'occlusion atteint l'iléon, on observe des vomissements de matières fécales. Le patient vomit d'abord le contenu de son estomac, puis le contenu de son duodénum et de son jéjunum (teinté de bile) puis, avec chaque douleur paroxysmale, le contenu iléal, qui est de couleur plus foncée. En raison des pertes d'eau, de sodium et de chlore provoquées par les vomissements, des signes évidents de déshydratation apparaissent. Le patient se plaint d'une soif intense, d'étourdissements, d'un malaise généralisé et de douleurs. Sa langue et ses muqueuses s'assèchent et son visage prend un aspect pincé. On observe une distension d'autant plus importante que l'occlusion est basse. Si la situation n'est pas corrigée, un choc provoqué par la déshydratation et la perte du volume plasmatique survient. Le patient tombe alors dans un état de prostration, son pouls s'accélère et s'affaiblit, sa température et sa pression artérielle baissent, sa peau devient pâle, froide et moite. À ce stade, la mort peut survenir rapidement. En cas d'étranglement, le patient ressent des douleurs abdominales intenses et présente une forte fièvre, une leucocytose et des symptômes de choc.

***Examens diagnostiques.*** Le diagnostic est fondé sur la présence des symptômes indiqués ci-dessus ainsi que sur les examens radiologiques, qui révèlent la présence de quantités anormales de gaz dans l'intestin. Des analyses de laboratoire (bilan électrolytique, formule sanguine complète, etc.) pourront confirmer la déshydratation, la baisse du volume plasmatique et l'infection, si elle est présente.

***Traitement.*** Dans la majorité des cas, la décompression de l'intestin à l'aide d'un tube naso-entérique donne des résultats appropriés. Quand l'occlusion est complète, les risques d'étranglement rendent nécessaire une intervention chirurgicale. Avant la chirurgie, on remplace les pertes hydroélectrolytiques, par l'administration de solutions intraveineuses.

Le traitement chirurgical des occlusions intestinales dépend en grande partie de leurs causes. Si elles sont dues, comme c'est souvent le cas, à une hernie étranglée ou à des adhérences, on procède à une résection de la hernie ou à la dissection des adhérences. Dans certains cas, on doit pratiquer une résection de la partie étranglée de l'intestin avec anastomose. La complexité de la chirurgie dépend du moment de l'apparition de l'occlusion et de l'état de l'intestin.

## OCCLUSION DU GROS INTESTIN

Environ 15 % des occlusions intestinales touchent le gros intestin, le plus souvent le côlon sigmoïde. Les causes les plus fréquentes de ce trouble sont les carcinomes, les diverticulites, les entéropathies inflammatoires et les tumeurs bénignes.

***Physiopathologie.*** Une occlusion qui se situe au niveau de la valvule iléocæcale se manifeste sensiblement de la même façon qu'une occlusion de l'intestin grêle. L'occlusion du côlon peut entraîner une distension grave et une perforation si des liquides et des gaz sont refoulés vers l'iléon (insuffisance valvulaire). L'occlusion du gros intestin, même si elle est complète, est beaucoup moins grave s'il y a irrigation du côlon. Par contre, un arrêt de l'irrigation peut provoquer un étranglement et une nécrose qui peuvent avoir des conséquences fatales. La déshydratation est plus lente que dans l'occlusion de l'intestin grêle, étant donné que le côlon peut absorber les liquides, et se distendre bien au-delà de sa capacité normale.

***Manifestations cliniques.*** Du point de vue clinique, les occlusions du gros intestin se distinguent de celles de l'intestin grêle en ce qu'elles progressent plus lentement. Chez les patients souffrant d'une occlusion sigmoïdienne ou rectale, la constipation peut être le seul symptôme manifeste pendant plusieurs jours. Plus tard, l'abdomen se distend et on peut voir les replis du gros intestin à travers la paroi abdominale. Le patient souffre de douleurs à type de crampes dans la partie inférieure de l'abdomen et vomit des matières fécales. Au stade avancé, les manifestations ressemblent à celles de l'occlusion iléale.

Les radiographies permettent d'observer la distension du côlon, et les lavements barytés sont contre-indiqués.

***Traitement.*** En cas d'occlusion et de perforation du côlon droit, le traitement chirurgical est généralement une résection avec colostomie ou iléostomie. Une anastomose iléoanale peut également être pratiquée. On a recours à la *cæcostomie* (insertion d'un tube dans la lumière du caecum) si le patient ne peut supporter sans risques une intervention chirurgicale ou si on doit lever d'urgence l'occlusion. Cette intervention permet l'évacuation des gaz et d'un petit volume d'écoulements.

Résumé: Les occlusions intestinales peuvent être dues à un trouble physiopathologique de l'intestin grêle ou du gros intestin. Elles se manifestent par des douleurs et une distension abdominale et sont diagnostiquées sur la foi de constatations radiologiques. Elles se traitent dans les cas bénins par une simple décompression de l'intestin et dans les cas graves par une résection chirurgicale.

# CANCER DU CÔLON ET DU RECTUM

Contrairement aux cancers de l'intestin grêle, les cancers du côlon sont relativement courants. En fait, ils sont parmi les formes de cancer les plus fréquentes tant chez les hommes que chez les femmes au Canada. Environ 16 200 nouveaux cas de cancer du côlon et du rectum (7700 chez les femmes et 8500 chez les hommes) sont diagnostiqués chaque année. L'incidence du cancer du côlon est deux fois supérieure à celle du cancer du rectum.

L'incidence s'accroît avec l'âge (la majorité des personnes atteintes ont plus de 50 ans), et elle est plus élevée chez les personnes ayant des antécédents familiaux de cancer du côlon et de colite ulcéreuse. La figure 28-7 illustre la distribution des cancers du côlon et du rectum. Récemment, on a noté

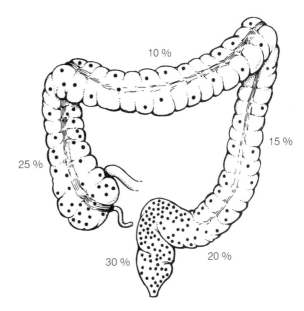

**Figure 28-7.** Distribution des cancers du côlon et du rectum
(Source: L. W. Way [éd], *Current Surgical Diagnosis and Treatment*, 9ᵉ éd. Los Altos, CA, Lange Medical Publishers, 1991)

une baisse des cancers du côlon sigmoïde et du rectum et une augmentation de ceux du côlon ascendant et descendant.

Le taux de survie d'un an des cancers du côlon et du rectum n'est que de 50 % et le taux de survie de 5 ans se situe entre 40 et 50 %. On pourrait pourtant sauver trois patients sur quatre si la maladie était dépistée et traitée à temps. Or, les symptômes (modification des habitudes intestinales et hémorragies rectales) se manifestent bien souvent quand il est trop tard. Voir l'encadré 28-4 pour les facteurs de risque des cancers du côlon et du rectum.

***Physiopathologie.*** Les cancers du côlon et du rectum ont toujours leur origine dans la membrane épithéliale qui tapisse l'intestin. Comme dans les autres types de cancer, les cellules cancéreuses envahissent et détruisent les tissus normaux et se propagent dans les structures avoisinantes. Des cellules cancéreuses peuvent se détacher de la lésion primaire et se disséminer dans d'autres régions du corps (le plus souvent dans le foie). Les personnes ayant des antécédents d'entéropathie inflammatoire ou de polypes sont davantage exposées aux cancers du côlon et du rectum. Le siège du cancer en dicte les effets.

***Manifestations cliniques.*** La majorité des cancers du côlon et du rectum ne sont dépistés qu'après l'apparition de symptômes: modification des habitudes intestinales (symptôme le plus courant), présence de sang dans les selles (deuxième symptôme le plus courant), présence de mucus dans les selles, douleurs abdominales ou rectales, rétrécissement persistant du diamètre des selles, ténesme et sensation d'évacuation incomplète. On observe dans certains cas une anémie, une perte de poids et de la fatigue. L'apparition soudaine d'une occlusion peut être le premier symptôme d'un cancer du côlon situé entre le caecum et le côlon sigmoïde car dans cette région, où les selles sont liquides, l'occlusion est lente et ne se manifeste qu'au moment où la lumière intestinale est presque entièrement obstruée. Dans les cas de cancer du côlon sigmoïde et du rectum, l'occlusion se manifeste plus rapidement par de la constipation alternant avec de la diarrhée, des crampes abdominales basses et une distension.

## Encadré 28-4
# Facteurs de risques du cancer du côlon

Âge — plus de 40 ans
Présence de sang dans les selles
Antécédents de polypes rectaux
Présence de polypes adénomateux ou d'adénomes villeux
Antécédents familiaux de cancer du côlon ou de polypose colique
    familiale
Antécédents d'entéropathie inflammatoire chronique
Alimentation — Forte consommation de graisses, de protéines
    et de bœuf, et faible consommation de fibres

• Les personnes présentant des modifications inexplicables de leurs habitudes intestinales, dont la forme des selles s'est modifiée et qui présentent un méléna doivent subir des examens approfondis afin d'éliminer la possibilité d'un cancer du gros intestin.

***Gérontologie.*** L'incidence des cancers du côlon et du rectum s'accroît avec l'âge. Chez les personnes âgées, ils sont la forme de cancer la plus fréquente après le cancer de la prostate chez l'homme. L'apparition des symptômes est souvent insidieuse. On constate presque toujours de la fatigue due à une anémie ferriprive, de même que des douleurs abdominales, une occlusion, un ténesme et des hémorragies rectales.

Chez les personnes âgées, les cancers du côlon sont étroitement associés à la consommation d'aliments cancérigènes et à une carence en fibres alimentaires qui ralentit le transit intestinal, ce qui allonge le temps d'exposition aux substances cancérigènes. On croît en outre que la consommation excessive de matières grasses transformerait la flore microbienne intestinale et entraînerait la conversion des stéroïdes en produits cancérigènes.

***Examens diagnostiques.*** En plus de l'examen abdominal et rectal, les épreuves diagnostiques les plus révélatrices sont la recherche de sang occulte dans les selles, le lavement baryté, la proctosigmoïdoscopie et la coloscopie. La sigmoïdoscopie avec biopsie ou frottis pour étude cytologique permet de déceler plus de 60 % des cas de cancer du côlon et du rectum. Chez les personnes de 50 ans et plus, une sigmoïdoscopie est recommandée tous les deux ans.

On a cru que l'augmentation du taux d'antigène carcino-embryonnaire (ACE) dans les tissus du côlon était un indicateur très fiable de cancer du côlon. Des travaux récents ont cependant démontré qu'on ne peut se fonder sur le taux d'ACE que dans 30 à 40 % des cas pour poser un diagnostic. On peut toutefois l'utiliser pour dépister les récidives. Après excision complète de la tumeur, le taux d'ACE devrait revenir à la normale dans les 48 heures. Une augmentation subséquente indique une récidive.

À domicile, la recherche du sang occulte dans les selles se fait surtout au moyen du test au Gaïac. En laboratoire, il existe une épreuve quantitative qui dépiste le *hème* (fraction non protéique de la molécule d'hémoglobine contenant le fer) qui est altéré au cours du transit intestinal. Les résultats sont exprimés en milligrammes d'hémoglobine par gramme de selles.

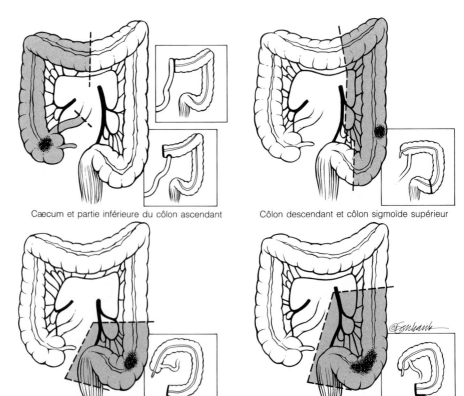

Caecum et partie inférieure du côlon ascendant

Côlon descendant et côlon sigmoïde supérieur

Côlon sigmoïde inférieur et partie supérieure du rectum

Région rectale

***Figure 28-8.*** Exemples de sièges de cancers, parties excisées et méthode de réalisation de l'anastomose (petits diagrammes)
(Source: American Cancer Society)

## TRAITEMENT CHIRURGICAL

La chirurgie est le principal mode de traitement des cancers du côlon. Les cancers *in situ* sont extraits par coloscopie. Une résection intestinale est indiquée pour les cancers coloniques de stade I, II et III. Le type de chirurgie dépend du siège et des dimensions de la tumeur. Dans la plupart des cas, on résèque largement la lésion et les ganglions satellites (figure 28-8). Cette intervention est appelée colectomie partielle ou hémi-colectomie. Les portions restantes de l'intestin sont réunies par anastomose.

En cas d'infection, l'anastomose doit parfois être retardée. On pratique alors une colostomie (abouchement du côlon à la peau de l'abdomen). Le siège de la tumeur et l'importance de l'envahissement des tissus avoisinants déterminent l'emplacement de la colostomie (figure 28-9). Une chirurgie est parfois recommandée à des fins palliatives dans les cancers du côlon de stade IV. Les tumeurs disséminées qui ont atteint des structures vitales ne sont pas opérables.

La chirurgie est également le principal traitement dans les cancers du rectum. Encore une fois, le type de chirurgie varie en fonction des dimensions et du siège de la tumeur. Le chirurgien cherche toujours à préserver le sphincter anal pour éviter une colostomie permanente. Une résection large de la tumeur et une anastomose sont parfois possibles. Les cancers avancés du rectum ou du sigmoïde, surtout s'il y a symptômes d'occlusion partielle ou complète, exigent une colostomie permanente. Quand la tumeur se situe dans la partie inférieure du sigmoïde ou du rectum, elle est extraite par incision périnéale. Cette intervention est appelée résection abdominopérinéale. Elle exige une colostomie permanente (figure 28-10).

## TRAITEMENT MÉDICAL

On utilise aujourd'hui différentes formes de traitement adjuvant pour les cancers du côlon et du rectum, dont la radiothérapie qui vise à réduire la taille de la tumeur, à améliorer les résultats de la chirurgie et à retarder les récidives. Dans le cas de tumeurs inopérables, la radiothérapie assure un bon soulagement des symptômes. On peut l'administrer par voie intracavitaire ou par implant. On a utilisé la chimiothérapie en complément de la chirurgie avec de bons résultats. À l'heure actuelle, l'utilité de l'immunothérapie est à l'étude.

## COMPLICATIONS

La colostomie entraîne deux fois moins de complications que l'iléostomie. On peut toutefois observer un *prolapsus de la stomie* (dû généralement à l'obésité), des *perforations* (dues à une mauvaise irrigation de la stomie), une *rétraction de la stomie*, des *fécalomes* et une *irritation cutanée*. Des fuites peuvent apparaître au siège de l'anastomose si les segments intestinaux sont affaiblis ou atteints. Ces écoulements entraînent une rigidité et une distension abdominales, une hyperthermie et des signes de choc. Une correction chirurgicale est alors nécessaire.

Dans toutes les chirurgies abdominales, des complications pulmonaires sont à craindre. Les patients âgés de 50 ans et plus présentent des risques élevés, surtout s'ils reçoivent ou ont reçu des antibiotiques ou des sédatifs, ou s'ils sont longtemps alités. Les deux principales complications pulmonaires sont la pneumonie et l'atélectasie. On peut les prévenir en mobilisant le patient (toutes les deux heures), en lui faisant effectuer des exercices de spirométrie et de toux et en le faisant marcher dès que possible.

Voir l'encadré 28-5 pour les complications de la chirurgie abdominale.

## SOINS INFIRMIERS AUX PATIENTS SUBISSANT UNE COLOSTOMIE

### INTERVENTIONS INFIRMIÈRES PRÉOPÉRATOIRES

#### Aide psychosociale

L'annonce d'un diagnostic de cancer du côlon ou du rectum exigeant une colostomie permanente est une situation critique et dévastatrice pour le patient et sa famille. L'infirmière doit évaluer leurs perceptions, leurs réactions psychologiques et leur aptitude à se soutenir les uns les autres. S'il est question d'une colostomie temporaire, les craintes et les préoccupations peuvent être les mêmes, car la colostomie temporaire peut devenir permanente si l'état du patient se détériore et s'il ne peut tolérer une autre opération. L'infirmière doit donc inciter le patient et sa famille à exprimer leurs craintes et à faire appel à de nouvelles stratégies d'adaptation.

L'infirmière doit évaluer le degré d'anxiété (légère, modérée ou grave) dont souffre le patient et établir avec lui les

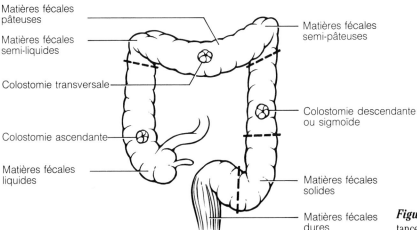

**Figure 28-9.** Siège des colostomies permanentes et consistance des matières fécales

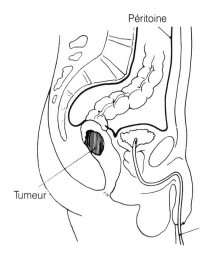

1. Patient, avant la chirurgie
(noter la tumeur dans le rectum).

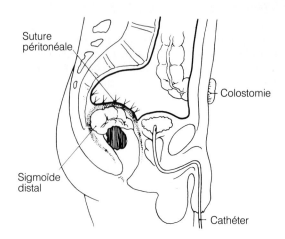

2. Le côlon sigmoïde est excisé et une colostomie est créée.
L'intestin distal a été disséqué jusqu'à un point situé sous le
péritoine pelvien, qui est suturé sur l'extrémité fermée du
sigmoïde distal et le rectum.

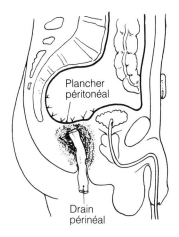

3. La résection périnéale comprend l'excision du rectum et de
la partie libre du sigmoïde. Un drain est inséré dans l'ouverture
laissée par la chirurgie.

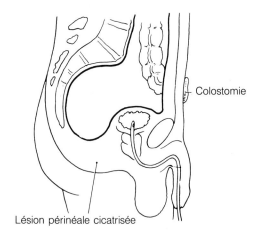

4. Résultat final après cicatrisation. Noter la lésion périnéale
cicatrisée et la colostomie permanente.

**Figure 28-10.**    Résection abdominopérinéale à la suite d'un cancer du rectum

mesures qui lui permettront de s'adapter à sa maladie et à faire face à la chirurgie. Elle peut lui poser des questions pour évaluer ses connaissances à propos de la chirurgie. Sait-il à quoi ressemble une stomie, l'endroit où elle sera placée et quelle est sa fonction? Connaît-il la consistance des écoulements et la fréquence des évacuations? A-t-il déjà vu un sac de stomie? A-t-il reçu la visite d'une stomathérapeute? Connaît-il quelqu'un qui porte une stomie? Désire-t-il parler à un stomisé? Le patient doit pouvoir compter sur l'aide et sur l'appui de tous les membres de l'équipe soignante, de l'infirmière stomathérapeute et de sa famille.

Le patient peut souvent profiter d'une rencontre avec une personne ayant subi une colostomie. L'Association d'iléostomie et de colostomie de Montréal est un organisme sans but lucratif qui offre aux patients ayant subi une stomie des renseignements utiles sur les conséquences de cette intervention par le biais de documents, de conférences et d'exposés. Divers organismes provinciaux et régionaux (voir page 760) assurent

un service de visite par des membres qualifiés et des représentants d'organismes de réadaptation.

La perturbation de l'image corporelle et du mode de vie est souvent profondément troublante, et le patient peut avoir besoin d'aide et d'empathie pour s'y adapter. Comme la stomie est située sur l'abdomen, le patient peut croire qu'elle est très apparente. L'infirmière l'aidera en le renseignant de façon concrète sur l'opération, la création de la stomie et les soins qu'elle exige. Si le patient se montre réceptif, elle peut lui faire voir des diagrammes, des photographies et des appareils de stomie. Comme il est sujet à des tensions psychologiques, elle devra lui répéter régulièrement certaines explications. L'infirmière doit également lui accorder du temps pour poser des questions, exprimer ses besoins et ses attentes et verbaliser ses craintes et son impuissance. Si elle comprend les préoccupations et les sentiments du patient et se montre respectueuse et attentive, elle gagnera sa confiance et s'assurera de sa collaboration.

# Encadré 28-5
## Complications des interventions chirurgicales à l'intestin

L'infirmière doit faire preuve de vigilance pour dépister rapidement les complications chez le patient qui vient de subir une intervention chirurgicale. Elle peut ainsi prévenir une invalidité prolongée et, dans certains cas, le décès.

| Complication | Évaluation et interventions infirmières |
|---|---|
| **Iléus paralytique** | Procéder à une intubation nasogastrique.<br>Préparer le patient pour des examens radiologiques.<br>Assurer le remplacement des liquides et des électrolytes perdus.<br>Administrer les antibiotiques prescrits si le patient présente des symptômes de péritonite. |
| **Occlusion mécanique** | Vérifier la présence de nausées, de vomissements, et de douleurs intermittentes à type de colique. |
| **Infection intrapéritonéale et infection de la plaie** | Vérifier la présence de douleurs abdominales constantes et généralisées, l'accélération du pouls et l'élévation de la température.<br>Préparer le patient à une décompression intestinale (par tube).<br>Administrer par voie intraveineuse les liquides et les électrolytiques prescrits.<br>Administrer les antibiotiques prescrits. |
| **Infection intra-abdominale** | |
| Péritonite | Vérifier la présence de nausées, de hoquets, de frissons, de poussées de fièvre et de tachycardie.<br>Administrer les antibiotiques prescrits.<br>Préparer le patient pour un drainage.<br>Administrer les liquides et les électrolytes intraveineux prescrits.<br>Préparer le patient pour une intervention chirurgicale si son état se détériore. |
| Formation d'un abcès | Administrer les antibiotiques prescrits.<br>Appliquer des compresses chaudes, (selon l'ordonnance du médecin).<br>Préparer le patient pour un drainage chirurgical. |
| **Complications reliées à l'incision** | |
| Infection | Prendre régulièrement la température afin de dépister les poussées de fièvre.<br>Vérifier la présence de rougeur, de sensibilité et de douleur dans la région de l'incision.<br>Collaborer à la mise en place d'un drain.<br>Recueillir un échantillon de liquide de drainage pour culture et antibiogramme. |
| Désunion des sutures | Observer l'apparition soudaine d'écoulements séreux abondants dans la région de l'incision.<br>Recouvrir l'incision de compresses stériles et les maintenir en place à l'aide d'un dispositif de fixation.<br>Préparer immédiatement le patient pour une intervention chirurgicale. |
| **Complications au point de l'anastomose** | |
| Désunion de l'anastomose<br>Fistules | Préparer le patient pour une intervention chirurgicale.<br>Collaborer à la décompression intestinale.<br>Administrer les liquides parentéraux prescrits pour corriger les déséquilibres hydroélectrolytiques. |

### Préparation à la chirurgie

Si son état le permet, le patient suit, dans les jours qui précèdent la chirurgie, un régime alimentaire à forte teneur en énergie et à faible teneur en résidus. Sauf en cas d'urgence, on administre des antibiotiques (kanamycine, érythromycine et néomycine, par exemple) par voie orale pendant plusieurs jours pour réduire la flore microbienne du côlon et pour amollir et réduire son contenu. On peut de plus évacuer le contenu intestinal à l'aide de laxatifs, de lavements ou d'irrigations.

L'infirmière doit évaluer avec soin la douleur: nature, siège, durée et facteurs concomitants. Elle note également les pertes liquidiennes provenant des vomissements et de la diarrhée afin de régler en conséquence l'apport liquidien et de maintenir l'équilibre hydrique. Si le taux d'hémoglobine est inférieur à 100 g/L, des transfusions sanguines peuvent être prescrites afin de prévenir l'anémie post-chirurgicale. Une intubation nasogastrique est parfois indiquée pour réduire la distension. Une sonde à demeure est mise en place, conformément à l'ordonnance, de façon à garder la vessie vide pendant la chirurgie. Cette mesure permet également de garder les pansements périnéaux secs après la chirurgie. On doit aussi préparer l'abdomen et la région périnéale pour la chirurgie.

## INTERVENTIONS INFIRMIÈRES POSTOPÉRATOIRES

Les soins postopératoires aux patients ayant subi une colostomie sont semblables à ceux indiqués pour tous les types de chirurgie abdominale (voir le chapitre 34). On doit cependant accorder une attention particulière aux signes de complication indiqués plus haut: écoulements au point de l'anastomose, prolapsus de la stomie, perforation, rétraction de la stomie, fécalomes, irritation cutanée et complications pulmonaires. Le jour suivant la colostomie, on doit aider le patient à quitter le lit et à effectuer la première irrigation de sa stomie. Celui-ci peut reprendre rapidement son régime alimentaire habituel et ses habitudes de vie.

### Gérontologie

Les personnes âgées ont parfois des troubles visuels et auditifs, ainsi que de la difficulté à effectuer les tâches qui exigent une motricité fine. Il peut donc être utile de leur faire manipuler l'appareil de stomie avant l'intervention, et de simuler des nettoyages de la peau péristomique et des irrigations de la stomie.

Les personnes âgées font souvent des chutes, et il importe d'établir si elles peuvent se rendre sans aide à la toilette.

Comme la peau subit des transformations avec l'âge, les soins cutanés revêtent une grande importance pour les stomisés âgés. On observe en effet un amincissement de l'épithélium et du tissu graisseux sous-cutané, ce qui favorise les irritations. Il importe donc de bien nettoyer la peau et de veiller au bon ajustement de l'appareil de stomie. De plus, l'artériosclérose entraîne une réduction de l'irrigation sanguine de l'incision et de la stomie, ce qui retarde le transport des éléments nutritifs et la cicatrisation.

Chez certains patients, l'irrigation retarde l'élimination car elle réduit le péristaltisme et la production de mucus. Dans la plupart des cas, les patients âgés ne sont à l'aise dans les soins de leur stomie qu'après six mois.

## SOINS DE LA COLOSTOMIE

La colostomie fonctionne entre trois et six jours après l'intervention. L'infirmière doit assurer les soins nécessaires jusqu'à ce que le patient puisse le faire lui-même. Elle doit lui enseigner les soins de la peau ainsi que la façon d'assurer l'évacuation et l'irrigation du sac collecteur.

### Soins cutanés

L'aspect des écoulements varie selon le type de colostomie. Dans la colostomie transverse, les selles sont molles, pâteuses, et irritantes pour la peau. Dans la colostomie descendante ou sigmoïde, elles sont relativement solides et légèrement irritantes. Le patient doit protéger la peau péristomique en la lavant souvent avec un savon doux et en appliquant une barrière cutanée. Il s'assure également de fixer solidement son sac collecteur. De la nystatine (Mycostatin) peut être saupoudrée sur la peau en cas d'irritation ou de croissance de levures.

Il faut nettoyer doucement la peau avec un linge doux humide et un savon non irritant, et enlever l'excédent de barrière cutanée. Le savon est un agent abrasif doux qui élimine les enzymes provenant des fuites fécales. Après avoir bien nettoyé la peau, on applique un pansement de gaze sur la stomie, ou on y insère un tampon pour absorber l'excès d'écoulements. Le patient peut prendre un bain ou une douche avant le changement de sac. L'application de ruban micropore de chaque côté du sac l'empêchera de se déplacer pendant le bain. On assèche la peau par tapotement avec un tampon de gaze; on évitera de frotter. Avant de changer le sac, on applique une barrière cutanée (plaque, pâte, poudre) pour protéger la peau des écoulements.

### Mise en place du sac collecteur

On mesure d'abord la stomie et on choisit un sac dont l'ouverture dépasse de 0,3 cm environ celle de la stomie. On nettoie ensuite la peau péristomique et on applique la barrière cutanée. On retire le papier ou le plastique qui protège la partie adhésive du sac, on place le sac sur la stomie et on appuie pendant 30 secondes. En cas d'irritation cutanée légère, on peut saupoudrer de la poudre de Karaya ou de la poudre Stomahesive avant de mettre le sac en place.

### Entretien du sac

Le patient peut porter un sac collecteur immédiatement après l'irrigation, puis le remplacer par un simple pansement. Il peut choisir parmi une vaste gamme de modèles, selon ses besoins. La plupart des sacs sont jetables et étanches aux odeurs. Il existe aussi dans le commerce des désodorisants efficaces.

Comme on l'a mentionné plus haut, le port constant d'un sac de stomie n'est généralement pas nécessaire une fois que le patient sait comment effectuer l'évacuation. Il suffit de recouvrir la stomie d'un pansement ou d'un tampon, sur lequel on place une pellicule de plastique et que l'on retient au moyen d'une ceinture ou d'une gaine. Rien ne s'échappe de la stomie entre les irrigations, sauf des gaz et un peu de mucus.

### Retrait du sac

Il faut retirer le sac quand il est plein au tiers ou à moitié afin d'éviter qu'il ne se décolle, ce qui pourrait entraîner des fuites.

## Encadré 28-6
# Directives pour l'irrigation de la colostomie

L'irrigation de la colostomie vise l'évacuation des matières fécales, des gaz et du mucus contenus dans le côlon, le nettoyage des voies intestinales inférieures et l'établissement d'un mode régulier d'évacuation favorisant la reprise des activités normales du patient. L'irrigation doit se faire à un moment approprié, de préférence après un repas, de façon à permettre au patient de vaquer à ses occupations. Elle doit être effectuée au même moment tous les jours.

Avant l'irrigation, le patient s'assoit sur une chaise placée devant la toilette, ou sur la toilette elle-même. Il suspend un réservoir d'irrigation contenant entre 500 et 1500 mL d'eau du robinet 45 à 50 cm au-dessus de la stomie (à la hauteur de ses épaules, quand il est assis). Il retire le pansement ou le sac, et procède comme suit à l'irrigation.

| Soins infirmiers | Commentaires/Justification |
|---|---|
| 1. Mettre en place le manchon d'irrigation. En placer l'extrémité dans la toilette (voir la figure 28-11). | On élimine ainsi les odeurs et les éclaboussures, et on permet l'écoulement des matières fécales dans la toilette. |
| 2. Laisser une partie de l'eau contenue dans le réservoir s'écouler dans le tube et la sonde. | On évite ainsi d'introduire des bulles d'air dans le côlon, ce qui pourrait provoquer des crampes. |
| 3. Lubrifier la sonde et l'insérer doucement dans la stomie, sur une distance maximale de 8 cm, et maintenir l'entonnoir fermement contre la stomie pour éviter le reflux d'eau. | Ces étapes sont nécessaires pour prévenir les perforations intestinales. |
| 4. Si le cathéter est difficile à insérer, laisser de l'eau s'écouler lentement et le pousser doucement. *Ne jamais le pousser avec force.* | L'écoulement d'eau permet de relâcher l'intestin, ce qui facilite le passage du cathéter. |
| 5. Laisser le liquide pénétrer lentement dans le côlon. Si le patient ressent des crampes, clamper le tube et faire une pause avant de poursuivre l'opération. L'eau doit s'écouler en 5 à 10 minutes. | Les crampes sont généralement provoquées par l'administration trop rapide de l'eau ou par un volume trop important d'eau. Pour la première irrigation postopératoire, un volume de 500 mL suffit généralement. On peut ensuite l'accroître jusqu'à 1000 ou 1500 mL, selon les besoins du patient. |
| 6. Maintenir l'entonnoir en place pendant 10 secondes après l'instillation d'eau, puis le retirer délicatement. | |
| 7. Laisser ensuite s'évacuer le contenu du côlon pendant 10 à 15 minutes, puis assécher la partie inférieure du manchon et la fixer à la partie supérieure, ou la clamper. | La plus grande partie de l'eau, des matières fécales et des gaz est évacuée en 10 à 15 minutes. |
| 8. Laisser le manchon en place et demander au patient de se lever et de marcher pendant 20 minutes. | La marche stimule le péristaltisme et favorise l'évacuation du reste du contenu intestinal. |
| 9. Nettoyer la région péristomique avec de l'eau et un savon doux, puis l'assécher délicatement. | Il importe de tenir la région de la stomie propre et sèche pour prévenir les irritations. |
| 10. Replacer le pansement ou le sac. | Le patient devra porter un sac jusqu'à ce qu'il puisse effectuer l'irrigation de la colostomie. |

Pour ce faire, le patient s'assoit confortablement ou reste debout, selon ses préférences. Il retire le sac en le soulevant, tout en tirant doucement vers le bas la peau qui se trouve sous la plaque adhésive, ce qui préviendra l'irritation de la peau et les dégâts.

### Irrigation de la colostomie

Les écoulements provenant d'une stomie ne sont pas retenus par une contraction musculaire volontaire. On doit donc en assurer l'évacuation par irrigation ou de façon naturelle, sans irrigation. Le choix dépend du patient et de la nature de la colostomie. L'aspect et la fréquence des écoulements varient en fonction du type de colostomie (figure 28-9).

L'irrigation de la colostomie vise à éliminer les gaz, le mucus et les matières fécales du côlon. Elle permet au patient de vaquer à ses activités professionnelles ou sociales sans craindre les accidents. L'irrigation *régulière* de la stomie réduit les gaz et la rétention de liquides irritants.

Le moment de l'irrigation doit être établi en tenant compte des activités du patient. Voir l'encadré 28-6 pour la méthode

d'irrigation, et la figure 28-11 pour une illustration du matériel nécessaire.

## SOINS DE L'INCISION PÉRINÉALE

Si la tumeur maligne a été excisée par voie périnéale, on doit dépister les signes d'hémorragie dans la région de l'incision. On place souvent dans l'incision une mèche ou un tampon qui en sort progressivement pour être évacué complètement environ sept jours après l'opération. On observe généralement l'évacuation de fragments de tissus desquamés. Cette évacuation persiste pendant 10 jours environ et peut être accélérée par une irrigation mécanique de l'incision ou par des bains de siège.

Ces soins peuvent être administrés deux ou trois fois par jour, au début, puis de moins en moins fréquemment. On doit noter l'état de l'incision périnéale et faire part au médecin de la présence d'hémorragies, d'une infection ou de nécrose. Pendant l'administration des soins, il importe de protéger le lit à l'aide d'alèses ou d'un protège-drap. Il est préférable d'effectuer l'irrigation le matin, avant les autres soins.

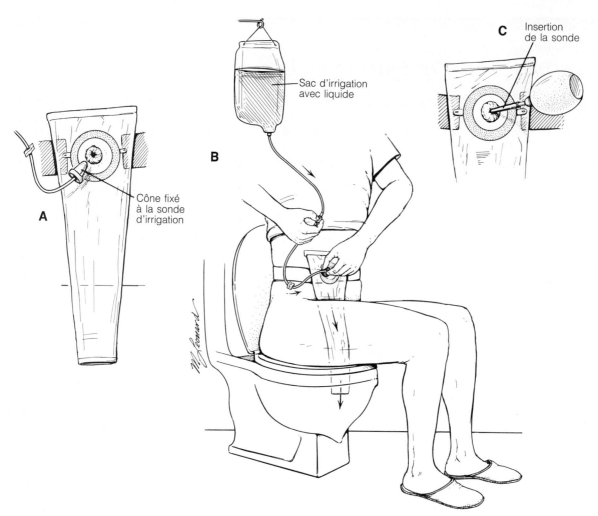

**Figure 28-11.** Irrigation d'une colostomie. (**A**) La sonde d'irrigation est attachée à un entonnoir permettant d'éviter les lésions aux tissus de la stomie. (**B**) Le liquide d'irrigation (généralement de l'eau) est instillé après la mise en place du manchon. Le contenu intestinal est évacué dans la toilette. (**C**) On peut stimuler l'évacuation à l'aide d'un seringue à poire dont on a retiré l'éjecteur et à laquelle on a attaché une sonde plus souple qui réduit l'irritation.

On doit retourner le patient d'un côté à l'autre toutes les deux heures. Le décubitus dorsal est inconfortable et expose à une désunion des sutures, ce qui peut retarder la cicatrisation.

On laisse en place une sonde à demeure pendant plusieurs jours afin de prévenir la rétention urinaire et les pressions sur la région périnéale. On doit suivre de près le débit urinaire pour dépister certaines complications et les déséquilibres hydriques.

## ENSEIGNEMENT AU PATIENT ET SOINS À DOMICILE

Le conjoint et la famille du patient doivent savoir qu'une certaine adaptation sera nécessaire après le retour de celui-ci à la maison. On doit les inciter à exprimer leurs préoccupations. Ils devront faire preuve de compréhension pour réduire les tensions chez le patient et lui faciliter la vie.

Avant le congé, l'infirmière établit avec le patient et sa famille un horaire personnalisé pour les soins et l'irrigation de la stomie. Elle peut leur remettre divers documents à ce sujet qu'ils pourront lire à la maison. Un membre de la famille devrait se charger de l'achat du matériel nécessaire. Le patient peut également profiter d'un suivi assuré par une infirmière visiteuse ou des services offerts par les associations de stomisés.

## ÉTAT NUTRITIONNEL

On doit souvent rappeler au patient qu'une bonne alimentation favorise le bien-être général et l'adaptation à la colostomie. Le patient peut consommer les aliments qu'il désire, dans la mesure où son alimentation est variée et équilibrée, et qu'elle ne provoque pas de diarrhée ou de constipation.

On doit procéder à une évaluation complète de l'état nutritionnel du patient. Il importe d'éviter les aliments entraînant une production excessive de gaz et d'odeurs: chou, œufs, poisson, fèves et ceux contenant de la cellulose, comme les arachides. On doit également déterminer si les restrictions alimentaires entraînent des carences nutritionnelles et trouver des aliments non irritants pour corriger ces carences. On recommande au patient d'attendre quelque temps avant d'écarter un aliment irritant car il est possible que la sensibilité diminue avec le temps.

L'infirmière doit évaluer l'équilibre hydrique du patient (turgescence cutanée, humidité des muqueuses, ingesta et excreta, poids) et faire part au médecin des signes de déshydratation. Si le patient souffre de diarrhée, elle note la fréquence des selles, ainsi que la présence de crampes abdominales, d'un besoin impérieux de déféquer et d'un accroissement des bruits intestinaux. Il lui faut de plus aider le patient à reconnaître les aliments et les liquides pouvant provoquer de la diarrhée, par exemple les fruits, les aliments à forte teneur en fibres, le café, le thé et les boissons gazeuses. L'administration d'un élixir parégorique, de sous-gallate de bismuth, de sous-carbonate de bismuth ou de chlorhydrate de diphénoxylate (Lomotil) avec de l'atropine permet de faire cesser la diarrhée. En cas de constipation, du jus de pruneaux, du jus de pomme ou un laxatif léger peuvent être efficaces.

## ACTIVITÉ SEXUELLE

On doit inciter le patient à discuter de la reprise de ses activités sexuelles. Dans certains cas, le patient pose directement des questions à ce sujet ou fait part de ses craintes. Il peut considérer la chirurgie comme une mutilation qui menace sa sexualité, ou craindre l'impuissance. Il peut aussi se préoccuper des odeurs ou des fuites provenant du sac pendant ses rapports sexuels. On peut lui recommander d'autres positions, ainsi que diverses méthodes permettant de stimuler sa libido. L'infirmière doit évaluer les besoins du patient et préciser ses préoccupations. Si elle se sent mal à l'aise, ou si les difficultés du patient semblent complexes, elle doit demander l'aide d'une infirmière stomathérapeute, d'un sexologue ou autre spécialiste.

## DÉMARCHE DE SOINS INFIRMIERS
## PATIENTS ATTEINTS D'UN CANCER DU CÔLON OU DU RECTUM

▷ *Collecte des données*

*Profil du patient*
- Présence de douleurs abdominales
- Caractéristiques des douleurs
  siège
  fréquence
  durée
  reliées à la consommation de certains aliments ou autres facteurs
- Habitudes antérieures d'élimination
- Habitudes actuelles d'élimination — modifications exactes
- Traitements médicamenteux actuels
- Antécédents médicaux
- Description de la couleur, de l'odeur et de la consistance des selles
- Présence de sang ou de mucus dans les selles
- Perte de poids
- Habitudes alimentaires, y compris la consommation d'alcool
- Fatigue inhabituelle

*Examen physique*
- Auscultation de l'abdomen (bruits intestinaux)
- Palpation à la recherche de régions sensibles, de distensions et de masses solides
- Examen des selles (présence de sang)

▷ *Analyse et interprétation des données*

Selon les données recueillies, voici les principaux diagnostics infirmiers possibles:

*Période préopératoire*
- Anxiété reliée à une intervention chirurgicale imminente et à l'annonce d'un diagnostic de cancer
- Douleurs reliées à une compression des tissus due à une obstruction
- Déficit nutritionnel relié à des nausées et à l'anorexie
- Risque élevé de déficit de volume liquidien relié à des vomissements

*Période postopératoire*
- Risque élevé d'infection relié à la contamination possible de la cavité abdominale lors de l'intervention chirurgicale
- Manque de connaissances à propos du diagnostic, de l'intervention chirurgicale et des soins nécessaires après le retour à la maison
- Atteinte à l'intégrité de la peau reliée aux incisions chirurgicales (abdominales et périanales) et à la création d'une stomie

▷ *Planification*

▷ *Objectifs*:  Réduction de l'anxiété; soulagement de la douleur; atteinte d'un état nutritionnel optimal; maintien de l'équilibre hydroélectrolytique; prévention des infections; acquisition de connaissances à propos du diagnostic, de l'intervention chirurgicale et des soins nécessaires après le retour à la maison; cicatrisation optimale des tissus

▷ *Interventions infirmières*

▷ *Réduction de l'anxiété.*  L'infirmière évalue le niveau d'anxiété du patient (léger, modéré, grave) et recherche des moyens de réduire ses tensions, dont le respect de l'intimité, les exercices de relaxation et la rétroaction biologique. Elle doit également réserver du temps au patient qui désire exprimer son chagrin et poser des questions. Elle communique au besoin avec un membre du clergé et organise pour le patient et sa famille une rencontre avec les médecins et les infirmières dans le but de discuter du traitement et du pronostic. Une rencontre avec une stomathérapeute peut également être utile. Si le patient le désire, il peut aussi rencontrer une personne stomisée.

L'infirmière doit faire preuve de calme et d'empathie, et répondre honnêtement aux questions du patient. Elle doit lui expliquer le déroulement des examens et des interventions en fonction de son niveau de compréhension. Au besoin, elle étaye et clarifie les renseignements donnés par le médecin. Certains patients désirent en savoir le plus possible et apprécient les illustrations, tandis que d'autres préfèrent ne pas entrer dans les détails. Il importe donc de déterminer l'information dont le patient a besoin et ce qu'il désire savoir.

▷ *Soulagement de la douleur.*  On doit administrer au patient des analgésiques, selon l'ordonnance, et vérifier l'efficacité de ceux-ci. Pour favoriser la détente, on peut réduire le bruit et l'éclairage, fermer le téléviseur ou la radio et restreindre les visites ou les appels téléphoniques. Certaines mesures peuvent favoriser le bien-être: changement de position, massage du dos, et techniques de diversion et de relaxation.

▷ *Maintien de l'équilibre nutritionnel.* Si son état le permet, le patient suit un régime à forte teneur en énergie, en protéines et en glucides et à faible teneur en résidus dans les jours qui précèdent l'opération afin de combler ses besoins nutritionnels, de réduire le péristaltisme et de prévenir l'apparition de crampes. Une diète hydrique stricte peut être prescrite 24 heures avant la chirurgie pour réduire le volume du contenu intestinal. Dans certains cas, une alimentation parentérale complète est nécessaire pour remplacer les éléments nutritifs, les vitamines et les minéraux perdus. On doit noter tous les jours le poids du patient et prévenir le médecin si la perte pondérale se poursuit malgré l'alimentation parentérale.

L'anémie est fréquente chez les patients atteints d'un cancer du côlon et du rectum. Si le taux d'hémoglobine est inférieur à 100 g/L, le médecin peut prescrire une transfusion de sang. Lors de l'administration des transfusions, on doit respecter les directives et le protocole de soins de l'établissement. On doit être à l'affût des signes de réaction allergique (éruptions, rougeurs, urticaire, frissons, dyspnée, vomissements, tachycardie) et interrompre la transfusion le cas échéant.

▷ *Maintien de l'équilibre hydroélectrolytique.* On doit tenir le bilan des ingesta et des excreta, en tenant compte des vomissements, afin de dépister les déséquilibres hydriques. Pour prévenir les vomissements, on restreint la consommation par voie orale d'aliments et de liquides et on administre des antiémétiques selon l'ordonnance. Dans certains cas, la consommation de liquides est tolérée, tandis que dans d'autres le patient ne doit rien prendre par la bouche. Avant l'opération, on insère un tube nasogastrique pour aspirer les liquides accumulés et prévenir la distension abdominale, et on met en place une sonde à demeure pour surveiller le débit urinaire horaire. Si le débit est inférieur à 30 mL/h, on doit prévenir le médecin.

On doit surveiller de près l'administration intraveineuse de liquides et d'électrolytes, et vérifier les taux sériques d'électrolytes pour déceler l'hypokaliémie et l'hyponatrémie qui peuvent résulter de pertes hydriques gastro-intestinales. On doit également prendre régulièrement les signes vitaux afin de déceler l'hypovolémie qui se manifeste par de la tachycardie, de l'hypotension et une faiblesse du pouls. On doit aussi noter les signes de déshydratation: diminution de la turgescence cutanée, assèchement des muqueuses et augmentation de la densité urinaire.

▷ *Prévention des infections.* Pour réduire la flore intestinale en vue d'une chirurgie abdominale, on administre par voie orale des antibiotiques: kanamycine (Kantrex), érythromycine (Erythrocin) et néomycine, selon l'ordonnance. Les antibiotiques amollissent aussi les selles et réduisent le volume du contenu intestinal. Au besoin, on a aussi recours à des laxatifs, des lavements ou des irrigations du côlon.

▷ *Enseignement préopératoire au patient.* L'infirmière évalue les connaissances du patient à propos du diagnostic, du pronostic, de l'intervention chirurgicale, ainsi que de son niveau de fonctionnement en période postopératoire. Elle détermine également ses capacités d'apprentissage et son intérêt, et précise l'information dont il a besoin, la façon de la lui présenter et le moment où il sera le plus réceptif. Elle choisit aussi les personnes qui doivent être présentes et incite le patient à participer au processus d'apprentissage.

Il importe de choisir un endroit et un moment appropriés, de répéter les explications et de féliciter le patient pour ses progrès.

L'enseignement au patient porte plus précisément sur la préparation physique à l'opération, l'apparence de l'incision et de la stomie, les soins de l'incision et de la stomie, les restrictions alimentaires, le soulagement de la douleur et le traitement médicamenteux (voir le plan de soins infirmiers 28-1 destiné aux patients ayant subi une stomie intestinale).

▷ *Soins de l'incision.* Dans les 24 heures suivant l'opération, on doit examiner fréquemment l'incision abdominale pour s'assurer qu'elle se cicatrise sans complications (infection, désunion des sutures, hémorragies, œdème excessif). Les pansements sont changés au besoin pour prévenir les infections. Le patient apprend à protéger sa plaie lorsqu'il éternue, et à respirer profondément pour réduire la tension sur les bords de l'incision. On doit aussi prendre régulièrement sa température, son pouls et son rythme respiratoire pour dépister les infections. Si la température du patient dépasse 38,3 °C, on doit aviser le médecin.

L'infirmière examine la stomie à la recherche de tuméfaction (un léger œdème est normal), d'une coloration anormale (la stomie devrait être rose), et d'écoulements (un écoulement léger est normal), et de saignements, toujours anormaux. Pour prévenir l'irritation, la peau péristomique est nettoyée doucement et épongée avec soin. On trouvera à la page 751 une description des soins de l'incision périnéale.

▷ *Enseignement au patient et soins à domicile.* L'infirmière doit établir un plan de congé en collaboration avec le médecin, la stomathérapeute, la travailleuse sociale et la diététicienne. Avant de quitter le centre hospitalier, le patient reçoit des renseignements précis, en fonction de ses besoins, sur le soin de la stomie et les complications possibles: obstruction, infection, rétrécissement, rétraction ou prolapsus de la stomie, et irritation de la peau péristomique. Le patient a également besoin de conseils diététiques pour être en mesure d'éliminer les aliments qui provoquent la diarrhée ou la constipation. On lui donne la liste des médicaments qui lui sont prescrits, ainsi que des renseignements sur l'action, les indications et les effets secondaires possibles de chacun d'eux. L'infirmière met au point avec lui une méthode lui permettant de s'assurer qu'il prendra ses médicaments au moment approprié.

Elle revoit avec lui, et si possible avec sa famille, la façon d'effectuer ses traitements (irrigations, nettoyage de la plaie) et de changer ses pansements. Le patient doit savoir précisément quand appeler son médecin, et connaître les complications qui exigent une attention immédiate (hémorragie, distension et rigidité abdominale, diarrhées et syndrome de chasse — voir page 710). Il doit se peser toutes les semaines et communiquer avec son médecin s'il note une perte subite de poids ou une perte continue de plus de deux à quatre kilos en une semaine. Si une radiothérapie est nécessaire, l'infirmière lui en explique les effets secondaires: anorexie, vomissements, diarrhée et épuisement.

▷ *Évaluation*

### *Résultats escomptés*
1. Le patient est moins anxieux.
   a) Il exprime ouvertement ses craintes et ses préoccupations.
   b) Il adopte des mécanismes d'adaptation efficaces face au stress.

c) Il partage ses émotions et ses préoccupations avec les membres de sa famille.

d) Il rencontre des personnes ressources (membre du clergé, travailleuse sociale, stomisé).

2. Le patient éprouve moins de douleur.

a) Il demande des analgésiques au besoin.

b) Il utilise des méthodes de diversion ou autres.

c) Il dit ne pas éprouver de douleur.

3. Le patient maintient un apport nutritionnel satisfaisant.

a) Il consomme des aliments à faible teneur en résidus et à forte teneur protéinoénergétique.

b) Il dit éprouver rarement des crampes abdominales.

c) Il tolère une alimentation parentérale.

4. Le patient maintient son équilibre hydrique.

a) Quand il a des nausées, il réduit sa consommation orale d'aliments et de liquides.

b) Son débit urinaire est d'environ 1,5 L / 24 h.

c) Il ne souffre pas de paresthésie, d'étourdissements, de fatigue inhabituelle (signes d'hypokaliémie), ni de soif excessive.

d) Sa peau est bien hydratée et ne présente pas de démangeaisons.

e) Il maintient le poids recommandé.

5. Le patient évite les infections.

a) Il prend des antibiotiques par voie orale.

b) Il collabore aux évacuations intestinales.

c) Il ne présente pas de fièvre.

6. Le patient se renseigne sur sa maladie, son intervention chirurgicale et ses soins à domicile.

a) Il parle de sa maladie, de son intervention chirurgicale et de ses soins postopératoires.

b) Il pose des questions précises.

c) Il parle de ses craintes et de ses préoccupations.

d) Il participe activement au processus d'apprentissage (il écoute attentivement, explique les interventions, reformule les notions importantes et répond correctement aux questions).

e) Il fait part de ses besoins individuels à propos des soins à domicile.

f) Il participe activement au soin de sa stomie.

7. Le patient assure la propreté de son incision, de sa stomie et de son incision périnéale.

a) Il décrit avec précision l'aspect de son incision.

b) Il dit que la douleur ressentie dans la région de l'incision est soulagée par les analgésiques.

c) Il sait que sa peau péristomique doit être soulevée et rose, et qu'elle ne doit pas être exagérément tuméfiée.

d) Sa peau péristomique a une couleur normale et n'est pas irritée.

e) Il aide l'infirmière à changer ses pansements.

f) Au besoin, il entreprend le nettoyage de la stomie et de la peau péristomique.

g) Il collabore à l'irrigation de l'incision périnéale.

h) Il protège sa plaie avec les mains quand il tousse et prend des respirations profondes.

i) Il ne présente pas de fièvre.

Résumé: Les cancers du côlon et du rectum entraînent un mauvais fonctionnement des voies gastro-intestinales inférieures et une modification des habitudes intestinales. La chirurgie en est le principal traitement et une colostomie est parfois nécessaire. Les soins infirmiers préopératoires et postopératoires sont axés sur l'aide psychologique au patient et à sa famille et l'enseignement des soins de la colostomie.

# POLYPES DU CÔLON ET DU RECTUM

Un polype est une masse de tissu qui fait saillie dans la lumière intestinale. On peut en retrouver dans toutes les parties de l'intestin et du rectum. Les polypes sont classés en deux groupes: néoplasiques (adénomateux cancéreux) et non néoplasiques (muqueux et hyperplasiques). Dans le monde occidental, les polypes adénomateux (croissances épithéliales bénignes) sont les plus courants. On les retrouve plus souvent dans le côlon que dans l'intestin grêle. Même si la grande majorité des polypes adénomateux ne subissent pas une transformation maligne, on doit suivre avec soin leur évolution. L'incidence des polypes est de 10 à 60 %, et leur occurrence est plus fréquente entre l'âge de 50 et 60 ans.

Les manifestations cliniques dépendent des dimensions du polype et de la pression qu'il exerce sur le tissu intestinal. Le symptôme le plus courant est l'hémorragie rectale. Des douleurs dans la partie inférieure de l'abdomen peuvent également survenir. Si le polype est suffisamment gros, on observera des symptômes d'occlusion.

Le diagnostic est fondé sur les antécédents médicaux et le toucher rectal, le lavement baryté, la sigmoïdoscopie ou la coloscopie. On peut exciser les polypes par coloscopie à l'aide d'instruments comme l'anse diathermique. On établit ensuite par examen microscopique le type du polype afin de déterminer si un traitement chirurgical est nécessaire. On pratique une polypectomie si le polype est cancéreux ou risque de le devenir.

# TROUBLES ANORECTAUX

Les principaux motifs de consultation pour troubles anorectaux sont les douleurs et les hémorragies rectales, mais aussi pour la protrusion des hémorroïdes, les écoulements anaux, les démangeaisons, la tuméfaction et la sensibilité de l'anus, les sténoses ou les ulcérations. Les douleurs qui retardent la défécation peuvent provoquer de la constipation.

## Examen rectal et préparation du patient

Le dépistage des lésions anorectales se fait par examen visuel (anuscopie) et par le toucher rectal. En outre, l'examen rectal permet de diagnostiquer ou d'exclure un grand nombre de troubles abdominaux et pelviens, dont l'appendicite, la diverticulite, la salpingite, les tumeurs de l'ovaire, de l'utérus et du côlon, ainsi que diverses lésions prostatiques.

Pour l'examen rectal, le patient peut être en position genupectorale, en position de Sims ou placé sur une table de proctoscopie. On doit expliquer au patient la nature et les modalités de l'examen, et le recouvrir de façon à n'exposer que la région rectale.

## ABCÈS ANORECTAUX

Un abcès anorectal est provoqué par une infection des espaces pararectaux. Les personnes atteintes de la maladie de Crohn ou de troubles immunitaires, comme le sida, sont plus particulièrement vulnérables à ces infections. Ces abcès entraînent souvent l'apparition d'une fistule.

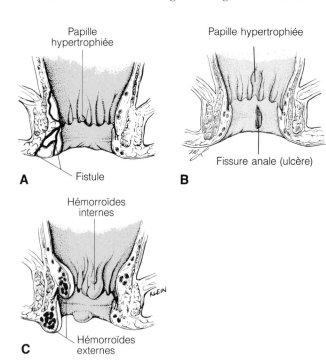

**Figure 28-12.** Divers types de lésions anales. (**A**) Fistule. (**B**) Fissure. (**C**) Hémorroïdes internes et externes

***Manifestations cliniques et traitement.*** Un abcès peut se former dans les espaces qui se trouvent à l'intérieur et autour du rectum. Il contient généralement une certaine quantité de pus nauséabond et est douloureux. S'il est superficiel, on peut observer des rougeurs, une sensibilité et une tuméfaction. S'il est plus profond, il peut avoir des effets toxiques et provoquer des douleurs abdominales basses et de la fièvre. Dans environ la moitié des cas, les abcès rectaux entraînent l'apparition d'une fistule.

On peut soulager les symptômes par des bains de siège et l'administration d'analgésiques, mais il est nécessaire de procéder sans délai à une incision et drainage. En cas d'infection profonde avec fistule, on doit exciser le trajet de la fistule (au moment de l'incision et drainage ou plus tard). Dans la majorité des cas, le méchage n'est pas nécessaire, mais s'il l'est, il se fait avec de la gaze enduite de gelée de pétrole. Pour retirer la mèche, il est souvent utile de l'imbiber au préalable d'une solution saline.

Les abcès se cicatrisent par granulation. Les selles doivent être formées, et non pas liquides ou molles. On évite généralement l'emploi de laxatifs et d'huile minérale.

## FISTULES ANALES

Une fistule anale est un conduit fibreux anormal entre le canal anorectal et la surface cutanée périanale (figure 28-12**A**). Les fistules sont généralement consécutives à une infection, mais aussi à un traumatisme, à des fissures ou à la maladie de Crohn.

***Manifestations cliniques.*** Du pus ou des selles peuvent s'écouler de façon constante de l'ouverture cutanée. Les autres symptômes provoqués par la fistule sont l'évacuation de gaz ou de matières fécales dans le vagin, et un prurit. Si elle n'est pas traitée, la fistule peut provoquer une septicémie.

***Traitement.*** Comme les fistules ne se cicatrisent généralement pas de façon spontanée, le traitement chirurgical est recommandé. L'opération se nomme *fistulectomie* (excision

du trajet de la fistule). Trois ou quatre heures avant l'opération on rase la région périnéale et on administre des lavements afin d'évacuer complètement le contenu intestinal. La solution du dernier lavement doit être évacuée entièrement et être limpide.

Pour pratiquer l'opération, on place le patient en position gynécologique et on met en évidence le trajet de la fistule par insertion d'une sonde ou par injection d'une solution de bleu de méthylène. On dissèque ensuite la fistule ou on l'ouvre sur tout son trajet. On place ensuite une mèche dans l'incision.

## FISSURES ANALES

Une fissure anale est une déchirure longitudinale du canal anal (voir figure 28-12**B**). Elle apparaît généralement à la suite d'un traumatisme provoqué par l'expulsion de grosses selles résistantes, ou d'une contraction persistante du canal anal due au stress et à l'anxiété et provoquant de la constipation. Les autres causes de ce trouble sont notamment les accouchements, les traumatismes et l'abus des laxatifs. La fissure anale se manifeste surtout par une douleur intense à la défécation.

***Manifestations cliniques et traitement.*** Les fissures se caractérisent par une douleur, une sensation de brûlure et des saignements lors de la défécation. Elles répondent souvent à un traitement traditionnel: prise d'agents émollients ou d'agents mucilagineux, consommation accrue d'eau, bains de siège, et suppositoires émollients. On peut soulager la douleur par l'emploi de suppositoires contenant un analgésique et un anti-inflammatoire. Une dilatation anale sous anesthésie est nécessaire dans certains cas.

Si la fissure ne répond pas au traitement médical traditionnel, on doit avoir recours au traitement chirurgical: dilatation du sphincter anal et excision de la fissure ou dissection d'une partie du sphincter externe. Cette dernière opération provoque une paralysie du sphincter externe qui soulage les spasmes et permet la cicatrisation. S'il y a présence d'une hémorroïde sentinelle, on l'excise en même temps que la fissure.

## HÉMORROÏDES

Les hémorroïdes sont des coussinets tissulaires qui se trouvent dans le canal anal. Elles sont très courantes, étant présentes chez environ la moitié des personnes de 50 ans. La grossesse peut faire apparaître des hémorroïdes ou les aggraver. Les hémorroïdes sont dites *internes* quand elles se situent au-dessus du sphincter anal, et *externes* quand elles se situent au-dessous de ce sphincter (voir figure 28-12**C**). Elles provoquent des démangeaisons et des douleurs, et sont la cause la plus fréquente de la présence de sang rouge vif dans les selles. Les hémorroïdes internes font souvent saillie dans le sphincter et deviennent alors très douloureuses.

***Manifestations cliniques et traitement.*** Les hémorroïdes externes œdématiées, ulcérées et thrombosées peuvent provoquer des douleurs très pénibles. Les hémorroïdes internes ne sont généralement pas douloureuses jusqu'à ce qu'elles saignent, fassent saillie et s'hypertrophient. On peut soulager les symptômes et les douleurs qui accompagnent les hémorroïdes grâce à des mesures d'hygiène personnelle et en évitant les efforts excessifs de défécation. Souvent, on peut aussi réduire les hémorroïdes par une alimentation à forte teneur en résidus comportant des fruits et du son. Si cette mesure ne suffit pas, la prise d'un agent mucilagineux peut être utile. Certaines mesures permettent de soulager l'engorgement: bains de siège, onguents et suppositoires avec anesthésique, astringents (teinture d'hamamélis) et repos au lit. On peut aussi traiter les hémorroïdes par photocoagulation à l'infrarouge et par diathermie bipolaire, de nouvelles méthodes qui permettent à la muqueuse d'adhérer aux muscles sous-jacents. Pour les petites hémorroïdes qui saignent, l'injection de solutions sclérosantes est efficace.

La ligature élastique est un traitement chirurgical qui peut être utilisé dans les cas d'hémorroïdes internes. Pour ce faire, on repère l'hémorroïde à l'aide d'un anuscope, on la saisit et on l'enserre d'une bande élastique, ce qui entraîne une nécrose et la formation d'une escarre. Ce traitement s'est révélé satisfaisant dans certains cas, mais il est parfois douloureux et peut provoquer des hémorragies, et une infection périanale.

On peut aussi traiter les hémorroïdes par cryochirurgie, soit le recours à de très basses températures pour provoquer une nécrose. Ce traitement n'est pas douloureux, mais il n'est que rarement utilisé parce qu'il entraîne des écoulements nauséabonds et que la cicatrisation est longue.

L'excision des hémorroïdes externes peut se faire à l'aide du laser. Ce traitement, qui peut être administré dans le cabinet du médecin, est rapide et relativement indolore.

Les traitements décrits ci-dessus ne sont pas efficaces dans les cas d'hémorroïdes thrombosées qui doivent être excisées par hémorroïdectomie, une opération qui comprend une dilatation digitale du sphincter rectal et l'extraction des hémorroïdes par clampage et cautérisation, ou par ligature et excision. Une fois l'opération terminée, on peut insérer dans le sphincter un petit tube (souvent recouvert d'une éponge de gelée de pétrole) pour permettre l'évacuation des gaz et du sang, le cas échéant. Plutôt que d'insérer un tube, certains chirurgiens préfèrent avoir recours à des éponges de gélatine ou d'oxycellulose pour recouvrir les lésions anales. Ces éponges sont maintenues en place à l'aide d'un bandage en T.

***Enseignement au patient et soins à domicile.*** Pour prévenir l'apparition de douleurs à la défécation, le patient peut prendre un agent émollient pendant plusieurs jours. L'administration locale d'un astringent peut également être utile. Pour soulager la douleur, le médecin peut recommander l'aspirine ou l'acétaminophène. L'évacuation normale et sans douleur des selles devrait normalement se rétablir dans les sept jours (voir Démarche de soins infirmiers: Patients présentant un trouble anorectal).

## KYSTE PILONIDAL

Le kyste pilonidal se retrouve dans le sillon interfessier à la surface postérieure de l'extrémité inférieure du sacrum inférieur (figure 28-13). Il semble qu'il soit formé par un repli du tissu épithélial sous la peau qui communiquerait avec la surface cutanée par plusieurs petits sinus. On retrouve souvent des poils dans ces ouvertures, d'où le nom de *pilonidal* (nid de poils). Les kystes sont généralement asymptomatiques jusqu'à l'adolescence ou le début de la vie adulte, alors qu'ils se manifestent par une infection entraînant des écoulements irritants ou un abcès. La transpiration et les frictions peuvent facilement provoquer une irritation dans cette région.

***Traitement.*** Si l'infection est prise à ses débuts, on peut la juguler par l'administration d'antibiotiques. S'il y a formation d'un abcès, ou si le kyste contient des poils ou d'autres débris, un traitement chirurgical est indiqué. On traite les abcès par incision et drainage. On excise généralement le kyste et les sinus secondaires. Dans bien des cas, l'incision peut être suturée, mais si elle est trop importante et ne peut être entièrement refermée, on la laisse se cicatriser par granulation. Les excisions étendues ne sont plus considérées nécessaires.

***Interventions infirmières.*** Chez les patients présentant un abcès, on applique fréquemment des compresses humides chaudes. Après excision du kyste, les soins sont les mêmes que pour toute autre lésion superficielle. Le rasage des poils à proximité de la lésion est recommandé afin d'éviter les récidives. Pendant les premiers jours, le patient peut se coucher sur le ventre ou se placer sur le côté avec un oreiller entre les jambes pour être plus à l'aise. Dans la majorité des cas, il peut quitter le lit peu de temps après la chirurgie et profiter de soins postopératoires à domicile.

## ▶ DÉMARCHE DE SOINS INFIRMIERS
## PATIENTS PRÉSENTANT UN TROUBLE ANORECTAL

### ◇ Collecte des données

*Profil du patient*
- Présence de saignements
- Description des hémorragies (quantité, couleur)
- Présence de douleurs

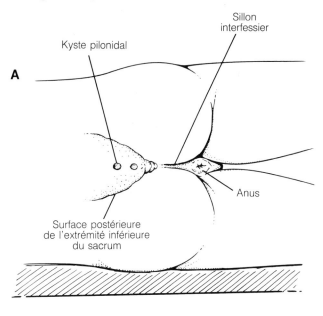
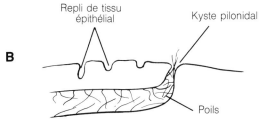

***Figure 28-13.*** (**A**) Kyste pilonidal de l'extrémité inférieure du sacrum, 5 cm environ au-dessus de l'anus dans le sillon interfessier. (**B**) Noter les poils qui émergent du sinus. Des échancrures cutanées localisées peuvent également apparaître à proximité des sinus.

- Caractéristiques de la douleur (pendant la défécation, durée, douleurs abdominales associées)
- Présence d'écoulements (mucoïdes, purulents, sanguinolents)
- Antécédents alimentaires (consommation de fibres)
- Mode d'élimination
- Consommation de laxatifs
- Travail (position debout ou assise prolongée)

*Examen physique*
- Examen de la région périanale à la recherche d'hémorroïdes, de fissures, d'écoulements de pus, de matières fécales, de signes d'irritation
- Examen des selles (présence de sang ou de mucus)

## ▷ Analyse et interprétation des données

Selon les données recueillies, voici les principaux diagnostics infirmiers possibles:

- Constipation reliée à une inhibition de la défécation due à la douleur
- Anxiété associée à la gêne, et à la crainte de la chirurgie
- Douleur reliée à une irritation, des pressions et une sensibilité dans la région anorectale dus à un trouble anorectal et à la présence de spasmes sphinctériens postopératoires
- Altération de l'élimination urinaire reliée à la crainte de la douleur après l'opération
- Risque élevé d'accidents et d'hémorragies relié à l'incision chirurgicale
- Risque de non-observance du régime thérapeutique

## ▷ Planification et exécution

▷ *Objectifs*: Soulagement de la constipation; réduction de l'anxiété; soulagement de la douleur; rétablissement de l'élimination urinaire; prévention des hémorragies; et observance du régime thérapeutique

## ▷ Interventions infirmières

▷ *Soulagement de la constipation.* Le patient doit consommer au moins 2000 mL d'eau par jour pour assurer une bonne hydratation, et des aliments riches en fibres pour accroître le volume du bol fécal et faciliter l'évacuation. Il peut aussi prendre un agent mucilagineux (Metamucil) ou un agent émollient, selon l'ordonnance du médecin. Il doit réserver chaque jour du temps à la défécation et être attentif à l'envie de déféquer. Les patients qui craignent la défécation à cause de la douleur peuvent pratiquer des exercices de relaxation pour détendre les muscles périanaux et éviter les contractions et les spasmes.

▷ *Soulagement de l'anxiété.* Le patient qui doit subir une chirurgie rectale est souvent irritable parce que sa situation le met mal à l'aise et qu'il éprouve de la douleur. On doit préciser ses besoins psychosociaux particuliers et élaborer un plan de soins en conséquence. Si le patient désire plus d'intimité, le nombre de ses visiteurs peut être restreint. On doit toujours respecter son intimité pendant l'administration des soins. Pour prévenir l'apparition d'odeurs désagréables, il faut éviter de laisser les pansements souillés dans la chambre. Au besoin, on peut pulvériser un produit désodorisant.

▷ *Soulagement de la douleur.* Pendant les 24 heures qui suivent une chirurgie rectale, le patient peut éprouver des spasmes douloureux des muscles du sphincter et de l'anus. Le soulagement de la douleur est donc essentiel. Il faut favoriser le bien-être du patient (repos au lit en cas de prolapsus des hémorroïdes internes, restriction de la marche en cas d'abcès). L'application de glace et d'un onguent analgésique peut être utile. Les compresses chaudes peuvent favoriser une meilleure circulation et soulager les tissus irrités. Les bains de siège, trois ou quatre fois par jour, peuvent soulager les ulcérations et la douleur en réduisant les spasmes du sphincter. Après 24 heures, on peut appliquer localement un anesthésique pour réduire les irritations locales et la douleur.

L'application de compresses humides contenant un mélange à part égale d'eau et de teinture d'hamamelis peut réduire l'œdème. On doit toutefois protéger la peau avec de la gelée de pétrole pour éviter qu'elle ne macère. Le patient doit se placer périodiquement en décubitus ventral pour favoriser l'assèchement de l'œdème.

Les médicaments prescrits sont notamment les suppositoires anesthésiques, les astringents, les antiseptiques, les tranquillisants et les antiémétiques. Le patient qui sait mettre correctement en place les suppositoires est plus susceptible de se conformer à son traitement, est plus calme et plus à l'aise. À cette fin, il se couche sur le côté et fléchit la jambe du dessus. Il déballe ensuite le suppositoire, écarte les fesses d'une main et insère le suppositoire de l'autre. Si le suppositoire a été conservé au réfrigérateur, on peut le laisser réchauffer à la température ambiante pour réduire l'irritation de la muqueuse rectale. Les suppositoires hydrosolubles peuvent être lubrifiés à l'eau ou avec une gelée lubrifiante. Les suppositoires au beurre de cacao sont prélubrifiés.

▷ *Rétablissement de l'élimination urinaire.* Après une chirurgie rectale, l'élimination urinaire est souvent altérée par des spasmes réflexes du sphincter vésical et des contractions musculaires dues à l'appréhension et à la douleur. Avant d'avoir recours au sondage, il faut favoriser la miction volontaire (consommation accrue d'eau, écoulement d'eau sur le méat urinaire, ouverture d'un robinet). Le patient est généralement autorisé à quitter le lit pour aller à la toilette.

▷ *Prévention des hémorragies.* On doit examiner la région de l'incision afin de dépister les saignements. Une perte excessive de sang se manifeste par de la tachycardie, de l'hypotension, de l'agitation et une soif excessive. L'hémorroïdectomie peut se compliquer d'une hémorragie provenant des veines disséquées. Si un tube a été inséré dans le sphincter après l'opération, on retrouvera du sang sur les pansements. En cas d'hémorragie, on doit appliquer une pression directe sur la région d'où provient le saignement et prévenir le médecin.

▷ *Enseignement au patient et soins à domicile.* Le patient doit garder la région périanale le plus propre possible, en la lavant à l'eau tiède et en l'asséchant à l'aide de tissus absorbants. Il doit éviter de la frotter avec du papier hygiénique.

Le patient peut prévenir la constipation en allant à la toilette dès qu'il en ressent le besoin et en évitant la prise de laxatifs non prescrits par le médecin. Il doit se conformer à un régime alimentaire riche en fibres, consommer beaucoup de liquide et marcher dès qu'il le peut.

Au moment de son congé de l'hôpital, le patient devrait savoir comment s'administrer des bains de siège et comment vérifier la température de l'eau. Les bains de siège peuvent être pris dans la baignoire ou dans un bain en plastique spécial (vendu en pharmacie).

On doit expliquer au patient le régime alimentaire qui lui est prescrit, lui faire comprendre l'importance d'une bonne alimentation et de l'exercice, et lui indiquer les laxatifs qu'il peut prendre sans danger. L'infirmière doit revoir avec lui les soins quotidiens établis en collaboration avec le chirurgien.

## ▷ Évaluation

### Résultats escomptés

1. Le patient maintient des habitudes normales de défécation.
    a) Il se réserve du temps pour la défécation généralement après un repas ou avant le coucher.
    b) Il va à la toilette dès qu'il en ressent le besoin et prend le temps qu'il faut pour déféquer.
    c) Il fait au besoin des exercices de relaxation.
    d) Il accroît sa consommation de liquide à 2 L/24 h.
    e) Il consomme des aliments à forte teneur en fibres.
    f) Il dit évacuer des selles molles et bien formées.
    g) Il dit éprouver moins de douleurs abdominales.
2. Le patient est moins anxieux.
    a) Il parle de ses craintes et de ses préoccupations.
    b) Il décrit l'intervention chirurgicale.
    c) Il explique les mesures postopératoires nécessaires.
    d) Il fait part de ses besoins d'intimité.
3. Le patient éprouve moins de douleur.
    a) Il modifie la position de son corps et ses activités de façon à soulager la douleur.
    b) Il procède à des applications de chaleur ou de froid dans la région anorectale.
    c) Il prend des bains de siège quatre fois par jour.
    d) Il change fréquemment ses pansements, et demande de l'aide au besoin.
    e) Il dit éprouver moins de douleur.
4. Le patient peut initier la miction volontairement.
    a) Ses mictions ne sont pas difficiles.
    b) Il n'éprouve pas de douleur à la miction.
5. Le patient ne présente pas d'hémorragie.
    a) Son incision est propre.
    b) Ses signes vitaux sont normaux.
    c) Il ne présente pas de saignements.
6. Le patient se conforme à son régime thérapeutique.
    a) Il garde sa région périanale sèche.
    b) Il consomme des aliments à forte teneur en fibres.
    c) Ses selles sont généralement molles et bien formées.
    d) Il marche dès qu'il le peut.

Résumé: Les troubles anorectaux se manifestent par des signes et des symptômes analogues, même si leur physiopathologie diffère. Ils dictent des interventions infirmières visant le maintien des fonctions normales d'élimination, le soulagement de la douleur et de l'anxiété, et la prévention des complications.

## Bibliographie

### Ouvrages

Allan RN et al. Inflammatory Bowel Diseases. New York, Churchill Livingstone, 1990.

Bolt RJ et al. The Digestive System. New York, John Wiley & Sons, 1983.

Brandt L. Gastrointestinal Disorders of the Elderly. New York, Raven Press, 1984

Chopra S and May R. Pathophysiology of Gastrointestinal Diseases. Boston, Little, Brown, 1989

Cohen S. Clinical Gastroenterology: A Problem Solving Approach. New York, John Wiley & Sons, 1983.

Corman ML. Colon and Rectal Surgery, 2nd ed. Philadelphia, JB Lippincott, 1989.

Danzi JT. Idiopathic Inflammatory Bowel Disease: Current Clinical Practice. Philadelphia, WB Saunders, 1987.

Donovan MI and Girton SE. Cancer Care Nursing. Norwalk, CT, Appleton-Century-Crofts, 1984.

Eastwood GI. Core Textbook of Gastroenterology. Philadelphia, JB Lippincott, 1984.

Eliopoulos C. Gerontologic Nursing, 2nd ed. Philadelphia, JB Lippincott, 1987.

Fenoglio-Preiser et al. Gastrointestinal Pathology: An Atlas and Text. New York, Raven Press, 1989.

Ferrari BT et al. Complications of Colon and Rectal Surgery. Philadelphia, WB Saunders, 1985.

Gitnick G. Handbook of GI Emergencies, 2nd ed. New York, Elsevier, 1987.

Given B and Simmons S. Gastroenterology in Clinical Nursing. St Louis, CV Mosby, 1984.

Hamilton H. Gastrointestinal Disorders (Nurses Clinical Library). Springhouse, PA, Springhouse, 1985.

Kirsner J and Shorter R. Diseases of the Colon, Rectum, and Anal Canal. Baltimore, Williams & Wilkins, 1988.

Kirsner J and Shorter R. Inflammatory Bowel Disease, 3rd ed. Philadelphia, Lea & Febiger, 1988.

Misiewic JJ et al. Atlas of Clinical Gastroenterology. New York, Glaxo/Roche, 1985.

Price AL. Ileostomy Care: Stoma Care and Management Techniques. Springfield, IL, Charles C Thomas, 1984.

Shackelford RT and Zuidema GD. Surgery of the Alimentary Tract. Philadelphia, WB Saunders, 1986.

Sivak M. Gastroenterologic Endoscopy. Philadelphia, WB Saunders, 1987.

Sleisenger MH and Fordtran JS. Gastrointestinal Disease: Pathophysiology, Diagnosis, and Management. Philadelphia, WB Saunders, 1988.

Spiro HM. Clinical Gastroenterology. New York, Macmillan, 1983.

Spratt JS. Neoplasms of the Colon, Rectum, and Anus. Philadelphia, WB Saunders, 1984.

Steiner P et al. A Sourcebook for Living With Inflammatory Bowel Disease. Nat'l Foundation for Ileitis and Colitis, 1985.

Way LW. Current Surgical Diagnosis and Treatment. Los Altos, CA, Lange Medical Publishers, 1991.

Welch CE et al. Manual of Lower Gastrointestinal Surgery. New York, Springer-Verlag, 1986.

### Revues

*Les articles de recherche en sciences infirmiers sont marqués d'un astérisque.*

### Généralités

Birkett DH. Hemorhoids: Diagnosis and treatment options. Hosp Pract 1988 Jan 30; 23(1): 99-102, 105+.

Bitterman RN. Nonspecific abdominal pain. Emerg Med 1989 Mar 30; 21(6): 63, 67-68.

Kelly M. Adjusting to Ileostomy. Nurs Times 1987 Aug 19-25; 83(33): 29-31.

Koster TJ. Sounding out appendicitis. Emerg Med 1988 Feb 15; 20(3): 133-136.

Lanardhanan R et al. Cecal volvulus: Decompression. Am J Gastroenterol 1987 Sep; 88(9): 912-914.

Morrissey K and Cohan A. Colonoscopic decompression for non-obstructive colonic dilatation. Curr Concepts Gastroenterol 1989; 13(2): 7–13.

Palmer RC. Diverticular disease: Dietary and other measures that help control these lesions. Consultant 1988 May; 28(5): 75–82.

Shabsin H. Behavioral considerations in evaluating and treating chronic GI pain. Endosc Rev 1988 May/Jun; 11(3): 67–72.

Statistiques Canada, Rapport sur la santé. Interventions chirurgicales et traitements 1989; 1(1):2-43.

Waye JD et al. Small colon polyps. Am J Gastroenterol 1988 Feb; 88(2): 120–122.

### Constipation et diarrhées

Basch A. Changes in elimination associated with cancer. Semin Oncol Nurs 1987 Nov; 3(4): 287–292.

Bayless TM. Chronic diarrhea: Newly appreciated syndromes. Hosp Pract 1989 Jan 15; 24(1): 117–131.

Beck ML. Imodium. SGA J 1988 Fall; 11(2): 112–113.

Durand PJ et coll. Une confiture laxative. L'infirmière canadienne 1991, 87(8):35-37.

MacLeod J. Fecal incontinence: A practical program of management. Endosc Rev 1988 Nov/Dec; 11(6): 45–59.

* McMillan SC. Validity and reliability of the constipation assessment scale. Cancer Nurs 1989 Jun; 12(3): 183–188.

McShane RE. Constipation: Impact of etiological factors. J Gerontol Nur 1988 Apr; 14(4): 31–34, 46–47.

Ogorek C and Reynolds J. Chronic constipation: Diagnosis and treatment. Endos Rev 1987 Nov/Dec; 4(6): 47–53.

Vargas J. Sorting out the causes of vomiting and diarrhea. Emerg Med 1988 Feb 15; 20(3): 138–148.

### Occlusion intestinale

Cobert BL. Obstruction of the small and large bowel. Hosp Med 1989 Aug; 23(8): 77–89.

Dalzell T. Acute intestinal obstruction. Nurs Times 1989 Jan 11; 85(1): 59–61.

Johnson J. Colonoscopy and diseases of the large bowel. Endosc Rev 1989 Jul/Aug; 12(4): 29–34.

Ricci E et al. Endoscopic management of colonic stenosis. Endosc Rev 1989 May/Jun; 12(3): 8–25

Webb W. Endoscopic therapy of colonic strictures, volvulus, and pseudo-obstruction. Endosc Rev 1989 Jul/Aug; 12(4): 41–44.

### Malabsorption postchirurgicale

Dowling H. Short bowel syndrome. Endosc Rev 1988 Jul/Aug; 12(4): 47–57.

McConnell EA. Fluid and electrolyte concerns in intestinal surgical procedures. Nurs Clin North Am 1987 Dec; 22(4): 853–860.

### Maladies du côlon, du rectum et de l'anus

Fazio VW. Anorectal disorders. Gastroenterol Clin North Am 1987 Mar; 16(1): 1–198.

Harbick SV. Colorectal cancer. SGA J 1988 Spring; 10(4): 208–210.

Kretchevsky D. Epidemiology of colon cancer. Endosc Rev 1987; 4(3): 12–20.

Luk GD. Colorectal cancer. Gastroenterol Clin North Am 1988 Dec; 17(4): 1–200.

Owen D. Premalignant lesions of the GI tract. Endosc Rev 1987 May/Jun 4(3): 18–30.

Patterson BH et al. Food choices and cancer guidelines. Am J Public Health 1988 Mar; 78(3): 282–286.

### Entéropathies inflammatoires

Bennett P. Psychological aspects of physical illness: IBD (Part I). Nurs Times 1987 Nov 18-24; 83(46): 51–53.

Black M. Crohn's disease, pathophysiology, diagnosis, and management. Gastroenterol Nurs 1989 Spring; 2(4): 259–262.

Clause RE et al. Inflammatory bowel disease: A systematic approach to diagnosis and management. Physician Assist 1988 Jul; 12(7): 43–45, 49+.

Farraye FA et al. Inflammatory bowel disease: Advances in management of ulcerative colitis and Crohn's disease. Consultant 1988 Oct; 28(10): 39–43, 46–47.

Feuenstein IM. Radiologic evaluation of IBD: CT and Ultrasonography. Appl Radiol 1987 Nov; 16(11): 160–162.

Ginsberg A. Management of inflammatory bowel disease. Gastroenterol Clin North Am 1989 Mar; 18(1): 1–198.

Ginsberg A. New treatment for inflammatory bowel disease. Endosc Rev 1987 Jul/Aug; 4(4): 25–27.

Greenstein AJ. The surgery for Crohn's disease. Surg Clin North Am 1987 Jun; 67(3): 573–596.

Hennesy K. Nutritional support and gastrointestinal disease. Nurs Clin North Am 1989 Jun; 24(2): 373–382.

Kinash RG. Inflammatory bowel disease: Implications for the patient, challenges for nurses. Rehabil Nurs 1987 Dec; 34(12): 82–89.

Lubat E and Balthazar EJ. Current role of CAT Scan in IBD. Am J Gastroenterol 1988 Feb; 89(2): 107–113.

Nold HJ. Complications of inflammatory bowel disease. Hosp Pract 1987 Nov 30; 22(11): 65–75.

Prasad ML. Surgical options for the patient with inflammatory bowel disease. SGA J 1988 Winter; 10(3): 141–144.

Sirlin SM et al. Inflammatory bowel disease. Physician Assist 1988 Mar; 12(3): 24–25, 29–32, 34.

Smith L. Surgery for inflammatory bowel disease. Endosc Rev 1987 Jul/Aug; 4(4): 34–38.

Swartz M. Beyond the scope: A nursing view of the extraintestinal manifestations of inflammatory bowel disease. Gastroenterol Nurs 1989 Summer; 1(1): 3–9.

### Stomies

Landry A et Tremblay S. La sexualité du stomisé. Un tabou pour qui? Nursin Québec 1988, 8(6):28-37.

### Cancer du côlon

Lémann M. Prévention du cancer colorectal. Revue de l'infirmière, 38(17):41-45.

## Information/Ressources

### Organismes

American Cancer Society
1599 Clifton Rd NE, Atlanta, GA 30329

Associations des stomisés (regroupements régionaux)
Contacter la Fondation québécoise du cancer pour de plus amples informations.

Association d'iléostomie et de colostomie de Montréal
5151, boul. l'Assomption, Montréal, Qc., H1T 4A9

Fondation canadienne pour l'iléite et la colite
1155, rue Metcalfe, Montréal, Qc., H3B 2V5

Fondation québécoise du cancer
2075, Champlain, Montréal, Qc.

Info-cancer
2075, Champlain, Montréal, Qc.

International Association for Enterostomal Therapy
2081 Business Circle Dr, Suite 290, Irvine, CA 92715

National Foundation for Ileitis and Colitis
444 Park Ave S, New York, NY 10016

Société canadienne du cancer
5151, boul. de l'Assomption, Montréal, Qc., H1T 4A9

United Ostomy Association
36 Executive Park, Irvine, CA 92714

# PROGRÈS DE LA RECHERCHE EN SCIENCES INFIRMIÈRES

## TROUBLES DIGESTIFS ET GASTRO-INTESTINAUX

### Généralités

Des études récentes en soins infirmiers dans le domaine des troubles gastro-intestinaux et de leur traitement ont fourni des renseignements utiles pour la pratique clinique. Ces travaux portaient notamment sur les mesures de promotion de la santé et de prévention de complications pouvant entraîner des douleurs ou une incapacité prolongée.

On trouvera ci-dessous des résumés d'études ayant pour objet l'hygiène orale et l'alimentation par sonde. Certaines de ces études ont été menées sur des échantillons trop petits pour permettre des généralisations, mais leurs résultats justifient des études plus poussées.

### Hygiène orale

▷ **R. Miller et L. Rubinstein, «Oral health care for hospitalized patients: The nurse's role», J Nurs Ed, nov 1987; 26 (9): 362-366.**

Cette étude avait pour but de déterminer si les étudiantes en sciences infirmières dans leur dernière année d'étude possèdent des connaissances suffisantes en matière de soins d'hygiène orale aux patients hospitalisés. Un questionnaire comportant 12 questions ouvertes et fermées a été élaboré pour recueillir des données auprès d'étudiantes de deux programmes de sciences infirmières. Les questions portaient sur la plaque, les maladies de la bouche et des dents et les mesures d'hygiène orale quotidienne, et sur l'opinion des étudiantes à propos du rôle de l'infirmière en matière de soins oraux aux patients hospitalisés. Le taux de réponse a été de 75,2 % (164 questionnaires retournés).

Les résultats de cette étude démontrent que la majorité des étudiantes possèdent des connaissances de base sur la plaque dentaire, la gingivite, les moyens d'éliminer la plaque et le soin des dentiers. En outre, 85 % d'entre elles ont affirmé que l'infirmière est la personne la mieux placée pour aider les patients à assurer leur hygiène orale quotidienne. Par contre, moins de la moitié d'entre elles estimaient être en mesure de reconnaître les signes de troubles périodontaux, et 11 % seulement ont dit qu'il importe d'éliminer la plaque bactérienne chez les patients présentant une immunosuppression.

**Soins infirmiers.** Selon les résultats de cette étude, les infirmières ont besoin de plus de connaissances sur les soins d'hygiène orale aux patients hospitalisés, car elles ont une importante responsabilité en la matière.

▷ **L. A. Dudjak, «Mouth care for mucositis due to radiation therapy», Cancer Nurs, juin 1987; 10(3): 131-140.**

Les progrès réalisés en matière de traitement du cancer (chimiothérapie, radiothérapie et immunothérapie) ont permis d'accroître le taux de guérison et de prolonger la vie des patients. Ces traitements ont cependant des effets nocifs sur les tissus normaux. Ainsi la radiothérapie provoque d'importantes altérations tissulaires et fonctionnelles de la cavité orale chez les patients atteints d'un cancer cervicofacial. Selon les auteurs de cette étude, il est nécessaire d'établir un protocole de traitement de la stomatite due à la radiothérapie.

Leur étude portait donc sur les effets de deux protocoles de soins oraux utilisant respectivement le peroxyde d'hydrogène dilué de moitié et une solution de bicarbonate de soude et d'eau sur l'état de la muqueuse orale et le bien-être des patients subissant une radiothérapie cervicofaciale. L'échantillon se composait de 15 patients recevant au moins 5000 rad dans la cavité orale. Les sujets ont été assignés au hasard à l'un des deux protocoles de soins. La seule différence entre les protocoles était la solution utilisée. On a recueilli les données au début de la radiothérapie et un mois après la fin du traitement au moyen d'un outil objectif d'examen de la bouche et d'un outil subjectif visant à établir le niveau de bien-être.

L'étude n'a révélé aucune différence significative entre les deux groupes pour ce qui a trait à l'état de la bouche. On a toutefois observé une différence significative dans le niveau de bien-être, celui des patients utilisant le peroxyde d'hydrogène étant supérieur. Le taux d'infection orale était le même dans les deux groupes, mais inférieur aux taux retrouvés par d'autres chercheurs. Les auteurs de cette étude en sont donc venus à la conclusion que les soins systématiques de la bouche sont plus efficaces qu'un traitement spécifique pour réduire les conséquences nocives de l'irradiation sur la muqueuse orale.

**Soins infirmiers.** Les résultats de cette étude suggèrent que l'enseignement au patient et à sa famille devrait mettre l'accent sur l'importance des soins oraux. Il importe que les infirmières insistent sur la nécessité pour le patient de se conformer aux soins de la bouche et s'assurent la collaboration des membres de la famille.

### Alimentation par sonde

▷ **N. Metheny et coll., «Effectiveness of the auscultatory method in predicting feeding tube location», Nurs Res, sept/oct 1990; 39(5): 262-267.**

L'alimentation des patients se fait souvent par sonde nasogastrique ou naso-entérique. Par mesure de sécurité, on recommande de vérifier la position de ces sondes avant chaque alimentation. L'une des méthodes les plus couramment utilisées pour ce faire est l'écoute au stéthoscope des bruits produits par de l'air insufflé dans la sonde.

Cette étude visait deux objectifs : déterminer si cette méthode permet de repérer l'extrémité du tube dans les voies gastro-intestinales (œsophage, estomac ou intestin grêle proximal) et si elle permet de s'assurer que la sonde n'a pas pénétré dans les voies respiratoires.

L'échantillon se composait de 85 adultes présentant une maladie grave et à qui on avait inséré une sonde nasogastrique ou naso-entérique de petit calibre. On a d'abord vérifié par radiographie la position de la sonde, puis enregistré les bruits produits par l'insufflation d'air. Cent quinze séquences sonores ont été obtenues. Cinq cliniciens qualifiés ont écouté ces enregistrements et noté indépendamment leurs impressions.

L'étude a révélé que l'auscultation ne permet pas de vérifier efficacement la position des sondes d'alimentation dans les voies gastro-intestinales, car seulement 34,4 % des réponses étaient justes.

Au cours de l'étude, une sonde gastrique a pénétré par inadvertance dans les voies respiratoires chez trois sujets. Dans deux cas, l'insufflation d'air était clairement audible. En outre, les bruits ont été transmis des poumons ou de l'espace pleural dans la partie supérieure de l'abdomen.

***Soins infirmiers.***    Selon les résultats de cette étude, l'auscultation ne permet pas de distinguer si une sonde est placée dans l'estomac ou dans l'intestin grêle. Elle ne permet pas non plus de distinguer si elle se trouve dans les voies gastro-intestinales ou dans les voies respiratoires, ce que permettrait par contre la mesure du pH des sécrétions aspirées.

▷ *A. W. Anliker, «Bacterial contamination of continuous-infusion enteral feedings»,* Nutri Supp Serv, *juillet 1988 ; 8(7) : 11-12, 32.*

On administre souvent des solutions d'alimentation entérale au goutte-à-goutte, dans les centres hospitaliers, les établissements de soins prolongés et à domicile. Comme ces solutions restent à la température ambiante pendant de longues périodes, elles sont exposées aux contaminations bactériennes pouvant provoquer une gastro-entérite.

On a donc voulu étudier la croissance bactérienne en fonction du temps dans les solutions d'alimentation entérales administrées au goutte-à-goutte, présumant que la numération des colonies augmenterait avec le temps.

L'échantillon se composait de dix patients recevant une alimentation entérale au goutte-à-goutte sur une période d'au moins 72 heures. Des cultures ont été effectuées sur des échantillons des solutions d'alimentation à 0, 24, 48 et 72 heures après la mise en place de la sonde. Après 72 heures, 80 % des échantillons recueillis étaient positifs, et 13 microorganismes différents ont été identifiés.

L'étude n'a révélé aucune différence significative de la numération moyenne des colonies entre 0 et 24 heures, 24 et 48 heures, et 48 et 72 heures. Par contre, une différence significative est apparue entre 0 et 48 heures, 0 et 72 heures, et 24 et 72 heures.

***Soins infirmiers.***    Il semble que les dispositifs d'alimentation au goutte-à-goutte peuvent être laissés en place sans danger pendant 48 heures, mais on devra confirmer

ces résultats par des études portant sur un nombre plus important de sujets.

▷ *M. F. Wilson et V. Haynes-Johnson, «Cranberry juice or water ? A Comparison of feeding-tube irrigants»,* Nutri Supp Serv, *juillet 1987 ; 7(7) : 23-24.*

L'une des complications mécaniques les plus courantes de l'alimentation entérale est l'obstruction de la sonde. On doit alors l'irriguer, ou la remplacer si l'irrigation échoue, ce qui peut avoir pour le patient des conséquences physiques et psychologiques, en plus d'augmenter les coûts.

Cette étude avait pour but de comparer l'efficacité du jus de canneberge à celle de l'eau pour assurer la perméabilité des sondes d'alimentation Dobbhoff. L'échantillon se composait de 30 patients recevant en perfusion continue par pompe une préparation nutritive liquide Osmolite par la voie d'une sonde Dobbhoff insérée depuis peu par voie nasale. Les sujets ont été répartis au hasard en deux groupes recevant respectivement 30 mL d'eau et 30 mL de jus de canneberge toutes les quatre heures.

L'étude a révélé une fréquence significativement supérieure des obstructions dans les tubes irrigués au jus de canneberge ; aucun des tubes irrigués à l'eau ne s'est obstrué, contre 73,3 % de ceux irrigués au jus de canneberge.

***Soins infirmiers.***    Selon les résultats de cette étude, l'eau est efficace pour assurer la perméabilité des sondes d'alimentation Dobbhoff insérées par voie nasale et servant à l'administration continue d'Osmolite par pompes à perfusion. On devra toutefois mener des études semblables avec les autres solutions nutritives couramment utilisées.

▷ *N. Metheny, P. Eisenberg et M. McSweeney, «Effect of feeding tube properties and three irrigants on clogging rates»,* Nurs Res, *mai/juin 1988 ; 37(3) : 165-169.*

Cette étude visait deux objectifs : analyser l'influence de la composition et du calibre des sondes d'alimentation sur les obstructions, et comparer l'efficacité du jus de canneberge, de l'eau et du Coca-Cola pour l'irrigation des sondes.

On a étudié sur trois périodes de 12 heures consécutives, 108 sondes d'alimentation, dont la moitié se composaient de polyuréthane, et l'autre de silicone, un nombre égal dans chaque groupe ayant un calibre de 8, 10 et 12 Fr. Chaque sonde était reliée à un dispositif d'alimentation par gravité contenant la même solution entérale isotonique. Le débit était le même pour toutes les sondes et n'a pas été modifié entre les irrigations effectuées toutes les quatre heures. Un tiers des sondes furent irriguées au jus de canneberge, un tiers à l'eau et l'autre tiers au Coca-Cola.

L'étude a démontré que les sondes en polyuréthane sont supérieures aux sondes en silicone, et que le Coca-Cola et l'eau assurent une meilleure irrigation que le jus de canneberge. Le diamètre des sondes n'a eu aucun effet significatif sur la fréquence des obstructions.

***Soins infirmiers.***    Selon les résultats de cette étude, les sondes en polyuréthane sont moins susceptibles de s'obstruer que les sondes en silicone. Pour l'administration de préparations plus épaisses, on recommande l'emploi de sondes de calibre 10 ou 12 Fr. Il est moins coûteux de choisir une sonde qui est peu susceptible de s'obstruer qu'une sonde moins chère que l'on devra remplacer.

▷ *P. Eisenberg, M. Spies et N. A. Metheny, «Characteristics of patients who remove their nasal feeding tube»,* Clin Nurse Spec, *mars 1987; 1(3): 94-98.*

Les infirmières qui dispensent des soins aux patients qui reçoivent une alimentation entérale craignent souvent que le patient retire lui-même sa sonde, ce qui entraîne une interruption de l'alimentation et le remplacement de la sonde, avec les complications pour le patient et les coûts qui s'ensuivent.

Cette étude prospective d'une durée de six mois avait pour but de préciser des constantes chez les patients qui retirent eux-mêmes leur sonde. L'échantillon se composait de 109 patients recevant une alimentation entérale (mise en place de 213 sondes naso-entériques), dont 41 % ont retiré leur sonde au moins une fois. L'agitation et la désorientation étaient des facteurs significatifs chez ces sujets, surtout s'ils étaient associés à un accident vasculaire cérébral, un traumatisme crânien ou une septicémie.

***Soins infirmiers.*** Selon les résultats de cette étude, il importe de déterminer si les patients qui reçoivent une alimentation parentérale risquent de retirer leur sonde et, si oui, de prendre les mesures nécessaires (fixation nasale, contention) pour éviter qu'ils ne le fassent. On doit réévaluer la situation fréquemment et s'assurer la collaboration de la famille.

# *partie* 7
## *Fonctions métabolique et endocrinienne*

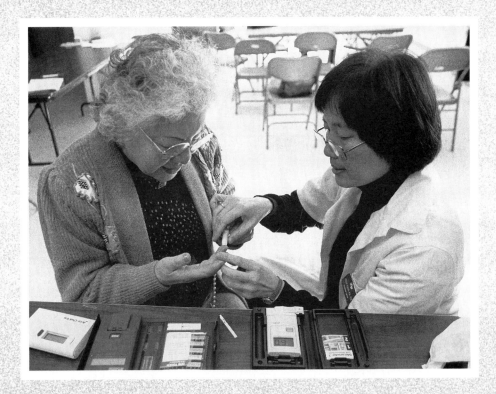

# 29
# ÉVALUATION ET TRAITEMENT DES PATIENTS ATTEINTS D'AFFECTIONS HÉPATIQUES ET BILIAIRES

## OBJECTIFS D'APPRENTISSAGE

*Après avoir étudié ce chapitre, vous devriez être en mesure de réaliser ce qui suit:*

1. Définir les fonctions métaboliques du foie et les altérations de ces fonctions qu'entraînent les affections hépatiques.
2. Expliquer les tests d'exploration de la fonction hépatique et les manifestations cliniques des affections hépatiques en fonction des modifications physiopathologiques du foie.
3. Établir le rapport entre l'ictère, l'hypertension portale, l'ascite, les carences nutritionnelles, le coma hépatique et les modifications physiopathologiques du foie.
4. Comparer les divers types d'hépatite: leurs causes, les mesures préventives à appliquer, les manifestations cliniques, le traitement, le pronostic et les soins à prodiguer à domicile.
5. Appliquer la démarche de soins infirmiers pour intervenir auprès des patients atteints d'une cirrhose hépatique.
6. Décrire les soins médicaux et infirmiers à dispenser aux patients qui ont des varices œsophagiennes.
7. Comparer les traitements chirurgicaux et non chirurgicaux des patients atteints d'un cancer du foie.
8. Décrire les soins infirmiers postopératoires à dispenser aux patients qui ont subi une greffe du foie.
9. Comparer les diverses méthodes de traitement de la cholélithiase.
10. Appliquer la démarche de soins infirmiers pour intervenir auprès des patients qui présentent une cholélithiase ou ont subi une cholécystectomie.

## PHYSIOLOGIE

Le foie est la glande la plus volumineuse de l'organisme. On peut le comparer à une usine chimique qui fabrique, stocke, transforme et excrète un grand nombre de substances qui participent au métabolisme. Sa localisation est essentielle à cette fonction, car il reçoit directement du tractus gastro-intestinal un sang riche en matières nutritives qu'il stocke ou transforme en substances chimiques; celles-ci sont ensuite utilisées ailleurs dans l'organisme pour répondre aux besoins métaboliques. Le foie est particulièrement important dans la régulation du métabolisme du glucose et des protéines. Il fabrique et sécrète la bile, qui joue un rôle capital dans la digestion et l'absorption des lipides dans le tractus gastro-intestinal. Il assure des fonctions d'excrétion en éliminant les déchets de la circulation sanguine et en les sécrétant dans la bile. La bile produite par le foie est stockée provisoirement dans la vésicule biliaire, qui la libère dans l'intestin au moment opportun afin d'assurer le processus de digestion.

## Anatomie

Le foie est situé sous la cage thoracique, dans la partie supérieure droite de l'abdomen. Il pèse en moyenne 1500 g et est constitué de quatre lobes. Chaque lobe est entouré d'une mince couche de tissu conjonctif, qui se prolonge dans le lobe lui-même et divise le foie en petits lobes appelés *lobules*. La figure 29-1 présente un diagramme du foie et de sa structure anatomique.

La circulation sanguine dans le foie revêt une importance capitale pour son fonctionnement. Le sang qui irrigue le foie provient de deux sources. Près de 75 % de l'apport sanguin provient de la veine porte, qui irrigue le tractus gastro-intestinal, et est riche en matières nutritives. Le reste de l'apport sanguin provient de l'artère hépatique et est riche en oxygène. Les branches terminales de ces deux sources d'apport sanguin se rejoignent pour former les lits capillaires, qui constituent les sinusoïdes du foie. Les cellules hépatiques (hépatocytes) baignent donc dans un mélange de sang veineux et artériel. Les sinusoïdes se déversent dans une veinule appelée *veine centrale* qui occupe le centre de chaque lobule hépatique. Les veines centrales se rejoignent pour former la veine sushépatique, qui assure le drainage veineux du foie et se déverse dans la veine cave inférieure, près du diaphragme. Il y a donc deux sources d'apport sanguin au foie, mais une seule voie de sortie.

En plus des hépatocytes, on trouve dans le foie des cellules phagocytaires qui appartiennent au système réticulo-endothélial. Les autres organes qui contiennent des cellules réticulo-endothéliales sont la rate, la moelle osseuse, les ganglions lymphatiques et les poumons. Dans le foie, ces cellules sont appelées *cellules de Kupffer*. Leur rôle principal est de phagocyter les matières particulaires (comme les bactéries) qui pénètrent dans le foie par la circulation porte.

Les canaux les plus petits, appelés *canalicules*, sont situés entre les lobules hépatiques. Ces canalicules reçoivent les secrétions des hépatocytes et les acheminent vers des canaux biliaires de plus fort diamètre qui se réunissent pour former le *canal hépatique*. Le canal hépatique et le canal cystique de la vésicule biliaire se rejoignent pour former le *canal cholédoque*, qui se déverse dans l'intestin grêle. L'écoulement biliaire dans l'intestin est commandé par le sphincter d'Oddi, situé à la jonction du canal cholédoque et du duodénum.

La vésicule biliaire, organe creux piriforme mesurant de 7,5 à 10 cm, est située dans une dépression peu profonde à la face inférieure du foie, auquel elle est reliée par du tissu conjonctif lâche. La vésicule biliaire peut contenir de 30 à 50 mL de bile. Sa paroi est constituée principalement de muscle lisse. La vésicule biliaire est reliée au canal cholédoque par le canal cystique.

## Fonctions métaboliques du foie

Le foie joue un rôle capital dans la régulation de la glycémie. Après un repas, le glucose est extrait du sang veineux porte par le foie et converti en glycogène, pour être ensuite stocké dans les hépatocytes. Le glycogène peut être par la suite reconverti en glucose, et libéré dans la circulation sanguine afin de maintenir une glycémie normale. Le foie peut également synthétiser du glucose par un processus appelé *glyconéogenèse*: le foie produit alors du glucose à partir des acides aminés, qui proviennent de la dégradation des protéines ou du lactate produits par l'effort musculaire.

L'utilisation des acides aminés pour la glyconéogenèse entraîne la formation d'un sous-produit métabolique,

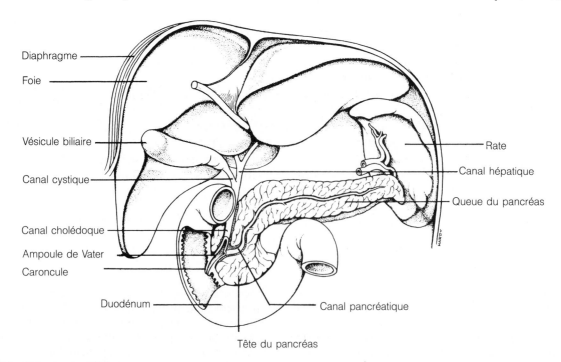

**Figure 29-1.** Foie et voies biliaires

(Source: E. E. Chaffee et E. M. Greisheimer, *Basic Physiology and Anatomy,* 4ᵉ éd., Philadelphia, J. B. Lippincott)

l'ammoniaque, que le foie transforme en urée. L'ammoniaque produit par les bactéries intestinales est également éliminé du sang porte pour la synthèse uréique. Le foie se trouve ainsi à convertir l'ammoniaque, toxine potentielle, en urée, composé inoffensif qui peut être excrété dans l'urine.

Le foie joue également un rôle important dans le métabolisme protidique. Il synthétise presque toutes les protéines plasmatiques (sauf les $\tau$-globulines), y compris l'albumine, les $\alpha$-globulines et les $\beta$-globulines, les facteurs de coagulation, les protéines de transport spécifiques et la plupart des lipoprotéines plasmatiques. Le foie a besoin de la vitamine K pour synthétiser la prothrombine et certains des autres facteurs de coagulation. Les acides aminés servent de constituants pour la synthèse protéique.

Le foie joue aussi un rôle actif dans le métabolisme des lipides. Les acides gras peuvent être dégradés pour la production d'énergie et la production des corps cétoniques (acide acétylacétique, acide $\beta$-hydroxybutyrique et acétone). Les corps cétoniques sont de petits composés qui peuvent pénétrer dans la circulation sanguine et assurer une source énergétique aux muscles et aux autres tissus. La dégradation des acides gras en corps cétoniques se produit principalement lorsque le glucose disponible pour le métabolisme est réduit, comme dans les cas de jeûne ou chez les patients diabétiques. Les acides gras et leurs produits métaboliques servent également à la synthèse du cholestérol, de la lécithine, des lipoprotéines et d'autres lipides complexes. Dans certaines circonstances, les lipides peuvent s'accumuler dans les hépatocytes et entraîner une anomalie appelée stéatose hépatique.

Le foie stocke des réserves importantes de vitamines A, $B_{12}$, D et de plusieurs substances du complexe vitaminique B. Il stocke également certains métaux comme le fer et le cuivre. Comme le foie contient beaucoup de ces substances, des extraits de foie servent au traitement d'une vaste gamme de troubles de l'alimentation.

## Métabolisme des médicaments

Un grand nombre de médicaments, comme les barbituriques et les amphétamines, sont métabolisés par le foie, ce qui diminue généralement leur efficacité, mais peut dans certains cas l'activer. Le métabolisme des médicaments se fait principalement par leur liaison avec une vaste gamme de composés, comme l'acide glucuronique ou l'acide acétique, afin de former des substances plus solubles. Les produits conjugués, comme la bilirubine, peuvent être excrétés dans les fèces ou les urines.

## Bile

La bile est sécrétée de façon ininterrompue par les hépatocytes, puis recueillie dans les canalicules et les canaux biliaires. Elle se compose principalement d'eau et d'électrolytes (sodium, potassium, calcium, chlorures et bicarbonates), et contient aussi d'importantes quantités de lécithine, d'acides gras, de cholestérol, de bilirubine et de sels biliaires. La bile est recueillie et stockée dans la vésicule biliaire. Elle est par la suite évacuée dans l'intestin au moment de la digestion. La bile sert à l'excrétion de diverses substances, comme la bilirubine, et favorise la digestion grâce aux sels biliaires qui émulsionnent les lipides.

***Sels biliaires.*** Les sels biliaires sont synthétisés par les hépatocytes à partir du cholestérol. Après conjugaison avec les acides aminés (taurine et glycine), ils sont excrétés dans la bile. Les sels biliaires, le cholestérol et la lécithine sont nécessaires pour émulsionner les lipides dans l'intestin. Ce processus est indispensable pour une digestion et une absorption efficaces. Les sels biliaires sont ensuite réabsorbés, principalement dans la partie distale de l'iléon et rejoignent le foie par la veine porte pour passer à nouveau dans la bile. On appelle *cycle entérohépatique* ce trajet qui va des hépatocytes à la bile, puis à l'intestin, avec retour aux hépatocytes. Grâce à la circulation entérohépatique, seule une petite fraction des sels biliaires qui pénètrent dans l'intestin est excrétée dans les fèces, ce qui réduit la nécessité d'une synthèse active des sels biliaires par les cellules hépatiques.

## Excrétion de la bilirubine

La bilirubine est un pigment qui provient de la dégradation de l'hémoglobine par les cellules du système réticuloendothélial, notamment les cellules de Kupffer. Les hépatocytes éliminent la bilirubine du sang et la transforment chimiquement par conjugaison avec l'acide glucuronique, ce qui la rend plus soluble en solution aqueuse. La bilirubine ainsi conjuguée est sécrétée par les hépatocytes dans les canalicules adjacents et finit par être transportée par la bile dans le duodénum. Dans l'intestin grêle, la bilirubine est convertie en urobilinogène, qui est en partie excrété dans les fèces et en partie absorbé par la muqueuse intestinale dans le sang porte. Une grande partie de l'urobilinogène réabsorbé est éliminée par les hépatocytes et sécrétée à nouveau dans la bile (cycle entérohépatique). Une partie de l'urobilinogène pénètre dans la circulation générale et est excrétée par les reins dans l'urine. L'élimination de la bilirubine dans la bile représente la voie principale d'excrétion de ce composé. La concentration de bilirubine dans le sang peut être plus importante dans le cas d'une affection hépatique, d'une obstruction des voies biliaires ou d'une destruction excessive d'érythrocytes. En cas d'occlusion du canal cholédoque, la bilirubine ne pénètre pas dans l'intestin, ce qui entraîne l'absence d'urobilinogène dans l'urine.

## Vésicule biliaire

La vésicule biliaire sert à stocker la bile. Entre les repas, lorsque le sphincter d'Oddi est fermé, la bile produite par les hépatocytes pénètre dans la vésicule biliaire. Pendant ce stockage, une grande partie de l'eau que contient la bile est absorbée par les parois de la vésicule biliaire, la bile devenant alors de 5 à 10 fois plus concentrée qu'au moment de sa sécrétion par le foie. Lorsque les aliments pénètrent dans le duodénum, la vésicule biliaire se contracte et le sphincter d'Oddi se relâche, laissant pénétrer la bile dans l'intestin. Cette réaction provient de la sécrétion de l'hormone cholécystokinine-pancréozymine (CCK-PZ) par la paroi intestinale.

## Physiopathologie

Le dysfonctionnement hépatique découle d'une lésion du parenchyme hépatique, soit directement par suite d'une affection hépatique primaire, soit indirectement en raison d'un obstacle sur les voies excrétrices de la bile ou d'une perturbation de la circulation entérohépatique.

Les processus morbides qui sont à l'origine d'un dysfonctionnement hépatocellulaire peuvent être causés par des agents infectieux comme les bactéries et les virus, par l'anoxie, par des troubles du métabolisme, par les toxines et les médicaments, par des carences nutritionnelles ou par un état d'hypersensibilité. La cause la plus courante des lésions parenchymateuses est probablement la malnutrition, surtout chez les alcooliques. La réaction des cellules du parenchyme hépatique est sensiblement la même pour la plupart des agents nocifs: remplacement du glycogène par des lipides, produisant une stéatose accompagnée ou non d'une nécrose. Cet état est couramment associé à une infiltration cellulaire inflammatoire et à une augmentation du tissu fibreux. La régénération cellulaire peut se produire si le processus morbide n'est pas trop toxique pour les cellules. Une affection chronique du parenchyme finit par donner un foie fibreux et atrophié comme dans la cirrhose hépatique.

Le dysfonctionnement hépatocellulaire se manifeste par une modification des fonctions métaboliques et excrétoires du foie. Le taux sérique de bilirubine augmente, ce qui donne un *ictère* (coloration jaune des muqueuses de la peau, de la sclérotique et d'autres tissus), provoqué par une obstruction intrahépatique des voies biliaires. Le dysfonctionnement hépatique entraîne des anomalies du métabolisme glucidique, lipidique et protidique. Les anomalies du métabolisme protidique se traduisent par une diminution de la concentration de l'albumine sérique et un œdème. L'ammoniaque, sous-produit toxique du métabolisme, est réabsorbée à partir du tractus gastro-intestinal par la circulation porte, mais n'est pas transformée en urée en raison de l'atteinte des cellules hépatiques. L'augmentation de la concentration sérique d'ammoniaque peut se traduire par des altérations des fonctions du système nerveux central.

L'architecture vasculaire du foie peut être perturbée, ce qui augmente la pression sanguine de la veine porte et entraîne une ascite (accumulation de liquide dans la cavité péritonéale) et des varices œsophagiennes. Une baisse de la production des divers facteurs de coagulation peut conduire à des hémorragies siégeant à divers endroits, mais particulièrement à des hémorragies gastro-intestinales.

De nombreuses anomalies endocriniennes sont également associées au dysfonctionnement hépatique, car le foie est alors incapable de métaboliser normalement les hormones, notamment les hormones androgènes ou sexuelles. On ne connaît pas avec certitude leurs mécanismes d'apparition, mais on croit que la gynécomastie, l'aménorrhée, l'atrophie testiculaire et d'autres perturbations des fonctions et des caractéristiques sexuelles découlent de l'incapacité du foie à inactiver efficacement les œstrogènes.

Une lésion hépatique aiguë peut entraîner une insuffisance hépatique aiguë, mais la lésion peut aussi être entièrement réversible, ou progresser jusqu'à l'hépatite chronique. L'ultime conséquence d'une lésion hépatique chronique est la cirrhose, caractérisée par le remplacement des cellules du parenchyme hépatique par du tissu fibreux. Une insuffisance hépatique se produit lorsque le foie est incapable de remplir ses fonctions excrétoires et que ses fonctions métaboliques ne suffisent plus à répondre aux besoins de l'organisme. Le coma hépatique survient quand le dysfonctionnement hépatique est tellement grave que le foie ne peut éliminer l'ammoniaque (produit final du métabolisme des protéines) qui s'accumule dans le sang et le système nerveux, entraînant des manifestations qui mettent en danger la vie du patient.

## *Gérontologie*

Les modifications les plus fréquentes du foie chez les personnes âgées sont une réduction de sa taille et de son poids, accompagnée d'un ralentissement de la circulation sanguine hépatique globale. Mais cette réduction est en général proportionnelle à la diminution normale de la taille et du poids associée au vieillissement. Chez une personne âgée, les épreuves d'exploration de la fonction hépatique donnent donc les mêmes résultats que chez les autres patients; des résultats anormaux indiquent une anomalie de la fonction qui ne découle pas du vieillissement lui-même.

Le système immunitaire se transforme avec l'âge, et chez les personnes âgées, la baisse de sensibilité peut accroître l'incidence et la gravité de l'hépatite B ainsi que l'incidence des abcès hépatiques consécutifs au ralentissement de la phagocytose par les cellules de Kupffer.

Le métabolisme des médicaments par le foie semble réduit chez les personnes âgées, mais cette transformation s'accompagne généralement de changements consécutifs à la modification de la masse grasse, qui touchent l'absorption intestinale, l'excrétion rénale et la diffusion dans l'organisme de certains médicaments. À cause de ces changements, il faut exercer un contrôle vigilant sur les médicaments administrés et adapter la posologie afin de prévenir l'intoxication médicamenteuse.

# EXAMENS DIAGNOSTIQUES DE LA FONCTION HÉPATIQUE

**Épreuves d'exploration de la fonction hépatique.** Plus de 70 % du parenchyme hépatique peut être altéré avant que l'examen des fonctions hépatiques ne révèle une anomalie. Les fonctions hépatiques sont généralement évaluées par rapport à l'activité enzymatique sérique (par exemple, phosphatases alcalines, transaminases, lacticodéshydrogénases) et aux concentrations sériques des protéines, de la bilirubine, de l'ammoniaque, des lipides et des facteurs de coagulation. Plusieurs de ces épreuves peuvent servir à l'évaluation des patients présentant des lésions hépatiques, mais elles ne permettent pas, à elles seules, de déterminer la nature et la gravité du dysfonctionnement hépatique. Bien d'autres troubles peuvent influer sur les résultats des épreuves, qui ne sont donc pas des indicateurs précis de dysfonctionnement hépatique. Le tableau 29-1 présente une liste des épreuves d'exploration de la fonction hépatique courantes.

**Autres épreuves diagnostiques.** L'échographie, la tomodensitométrie (TDM) et la résonance magnétique nucléaire (RMN) permettent de déterminer les structures normales et les anomalies du foie et de l'arbre biliaire.

**Examen du foie.** Le foie peut être palpé dans le quadrant supérieur droit. À la palpation, il présente un bord tranchant et une surface lisse (figure 29-2). Son volume est estimé par la percussion de son bord supérieur et de son bord inférieur. Si le foie n'est pas palpable, mais que l'on soupçonne une sensibilité, une percussion vive de la partie inférieure droite du thorax peut provoquer une douleur. On compare ensuite la réaction du patient en effectuant la même manœuvre sur la partie inférieure gauche du thorax.

**TABLEAU 29-1.**    *Épreuves fonctionnelles hépatiques*

| Épreuves | Valeurs normales | Application pratique |
|---|---|---|
| *PIGMENTATION* | | |
| Bilirubine sérique conjuguée | 0-5,1 $\mu$mol/L | Ces épreuves permettent de déterminer la capacité de conjugaison et d'excrétion de la bilirubine par le foie. Les résultats s'écartent des valeurs normales en cas d'affection du foie et des voies biliaires, et sont cliniquement associés à l'ictère (jaunisse). |
| Bilirubine sérique totale | 1,7-20,5 $\mu$mol/L | |
| Bilirubine urinaire | 0 (0) | |
| Urobilinogène urinaire | 0,09-4,23 $\mu$mol/24 h | |
| Urobilinogène fécale (rare) | 0,068-0,34 mmol/24 h | |
| *PROTÉINES* | | |
| Protéines sériques totales | 70-75 g/L | Les protéines sont fabriquées par le foie. Leur concentration peut être modifiée dans diverses insuffisances hépatiques. |
| Albumine sérique | 35-55 g/L | |
| Globulines sériques | 15-30 g/L | Albumine    Cirrhose |
| Électrophorèse des protéines sériques | 32-56 g/L | Hépatite chronique |
| Albumine | | Œdème, ascite |
| $\alpha_1$-globulines | 1-4 g/L | Globulines    Cirrhose |
| $\alpha_2$-globulines | 4-12 g/L | Affection hépatique |
| $\beta$-globulines | 5-11 g/L | Ictère obstructif chronique |
| $\tau$-globulines | 5-16 g/L | Hépatite virale |
| Rapport albumine-globuline | A > G ou 1,5:1-2,5:1 | Le rapport albumine-globuline est inversé dans les cas d'affection hépatique chronique (diminution de l'albumine et augmentation des globulines). |
| *TEMPS DE QUICK* | | |
| Réaction du temps de prothrombine à la vitamine K | Retour à la normale | Le temps de prothrombine peut être allongé dans les cas d'affection hépatique. Il ne retourne pas à la normale en présence de vitamine K dans les cas de lésions graves des cellules hépatiques. |
| *PHOSPHATASES ALCALINES* | Varie selon la méthode: 2-5 unités Bodansky 20-90 U/L à 30° | Les phosphatases alcalines sériques sont fabriquées dans les os, le foie, les reins et l'intestin, et excrétées par les voies biliaires. En l'absence d'affections osseuses, elles constituent un indicateur sensible d'une obstruction des voies biliaires. |
| *TRANSAMINASES* | | |
| AST ou SGOT | 4,8-19 U/L | Lorsque des cellules hépatiques sont endommagées, ces épreuves permettent de mesurer les enzymes qui sont libérés. En cas de lésion des cellules hépatiques, l'activité sérique de ces enzymes est élevée. |
| ALT ou SGPT | 2,4-17 U/L | |
| LDH | 80-192 U/L | |
| *AMMONIAQUE DU SANG* | 11,1-67,0 $\mu$mol/L | Le foie transforme normalement l'ammoniaque en urée. La concentration d'ammoniaque dans le sang augmente donc lorsqu'il y a insuffisance hépatique. |
| *CHOLESTÉROL* | | |
| Ester | 3,90-6,50 mmol/L 60 % du total (fraction du cholestérol total: 0,60) | Le taux de cholestérol est élevé dans les cas d'obstruction des voies biliaires, ou abaissé dans les affections du parenchyme hépatique. |

| Autres épreuves | Application pratique |
|---|---|
| *ÉPREUVES RADIOLOGIQUES* | |
| Examen au baryum de l'œsophage | Permet de déceler la présence de varices œsophagiennes indiquant une augmentation de la pression dans la circulation porte. |
| Radiographie simple de l'abdomen | Permet de déterminer le volume du foie. |
| Tomodensitographie hépatique avec marqueur radioactif (rose Bengale iodé, or ou technétium) | Permet une exploration visuelle du volume et de l'aspect du foie ainsi que le remplacement du tissu hépatique par des cicatrices, des kystes ou des tumeurs. |

**TABLEAU 29-1.**    (suite)

| Autres épreuves | Application pratique |
|---|---|
| Cholécystographie et cholangiographie | Permet de visualiser la vésicule biliaire et les voies biliaires. |
| Artériographie du tronc cœliaque | Permet de visualiser le foie et le pancréas. |
| Splénoportographie (vénographie splénique porte) | Permet de déterminer si la circulation porte est adéquate. |
| *PÉRITONÉOSCOPIE OU LAPAROSCOPIE* | Permet l'inspection directe de la face antérieure du foie, de la vésicule biliaire et du mésentère à l'aide d'un trocart. |
| *BIOPSIE HÉPATIQUE* | Permet de déterminer les transformations histologiques du tissu hépatique. |
| *MESURE DE LA PRESSION PORTE* | La pression porte est élevée dans les cas de cirrhose hépatique. |
| *ŒSOPHAGOSCOPIE ET ENDOSCOPIE* | Permet de déceler les varices et les anomalies œsophagiennes. |
| *ÉLECTROENCÉPHALOGRAMME* | Tracé anormal dans les cas de coma hépatique et de coma hépatique imminent. |
| *ÉCHOGRAPHIE* | Permet de visualiser le volume des organes abdominaux et la présence de masses. |
| *TOMODENSITOMÉTRIE (TDM)* | Permet de déceler les néoplasmes hépatiques, de diagnostiquer les kystes, abcès et hématomes, et de distinguer l'ictère obstructif de l'ictère non obstructif. |
| *ANGIOGRAPHIE* | Permet de visualiser la circulation entérohépatique et de déceler la présence de masses hépatiques et d'en connaître la nature. |
| *RÉSONANCE MAGNÉTIQUE NUCLÉAIRE (RMN)* | Permet de déceler les néoplasmes hépatiques et de diagnostiquer les kystes, les abcès et les hématomes. |

Si le foie est palpable, on note son volume, sa consistance, s'il est sensible à la palpation, si le contour est régulier ou non. Si le foie a augmenté de volume, on note dans quelle position il se trouve par rapport au rebord costal droit afin d'apprécier sa taille. On détermine si son bord inférieur est tranchant et lisse ou irrégulier et si le foie hypertrophié a une surface irrégulière ou lisse. Le foie d'un patient atteint de cirrhose est petit et dur, tandis que chez un patient souffrant d'une hépatite aiguë, il est très mou et le bord se déplace facilement de la main. La sensibilité à la palpation indique un élargissement soudain et récent de la gaine vasculobiliaire. L'absence de sensibilité peut dénoter une hypertrophie ancienne. Le foie d'un patient qui présente une hépatite virale est sensible, tandis que celui d'un patient atteint d'une hépatite alcoolique ne l'est pas. L'augmentation de volume du foie est une anomalie et exige un examen plus poussé.

***Biopsie hépatique.***    Le diagnostic de la plupart des troubles hépatiques est grandement facilité par la biopsie hépatique (prélèvement de tissu hépatique par aspiration aux fins d'étude histologique). Les fonctions de l'infirmière au cours d'une biopsie hépatique sont résumées dans l'encadré 29-1. La technique de la biopsie hépatique est illustrée à la figure 29-3.

## MANIFESTATIONS CLINIQUES DU DYSFONCTIONNEMENT HÉPATIQUE

Les lésions hépatiques présentent des complications nombreuses et variées, dont les conséquences ultimes sont souvent invalidantes ou létales. Leur traitement est souvent difficile.

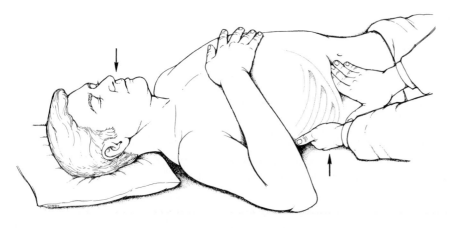

***Figure 29-2.***    Méthode de palpation du foie. Pendant que le patient inspire, le foie s'abaisse à la rencontre de l'index de la main droite. À la fin de l'inspiration, l'examinateur relâche légèrement la pression de la main et essaie de sentir le bord du foie «glisser» sous le bout des doigts.

## *Encadré 29-1*
# *Rôle de l'infirmière au cours d'une biopsie hépatique*

| *Soins infirmiers* | *Justification* |
|---|---|

### *Préparation pour l'intervention*

1. S'assurer que les épreuves de coagulation (temps de Quick, PTT et numération des plaquettes) ont été demandées, réalisées et notées, et que du sang compatible est disponible.

Un grand nombre de patients atteints d'une affection hépatique présentent des anomalies des facteurs de coagulation et sont susceptibles de présenter des saignements abondants.

2. Vérifier si la formule de consentement a été signée.

3. Noter le pouls, la fréquence respiratoire et la pression artérielle du patient immédiatement avant la biopsie.

Les valeurs établies avant la biopsie servent de référence pour comparer les signes vitaux du patient et évaluer son état après l'intervention.

4. Décrire par avance au patient:
   • les étapes de l'intervention
   • les sensations qu'il éprouvera normalement pendant l'intervention
   • les effets prévisibles de l'intervention
   • les restrictions imposées à ses activités et le suivi.

Ces explications permettent de dissiper les craintes du patient et de s'assurer de sa collaboration.

### *Pendant l'intervention*

5. Fournir du soutien au patient au cours de l'intervention.

La présence et le soutien de l'infirmière donnent au patient un sentiment de bien-être et de sécurité.

6. Exposer le côté droit de la partie supérieure de l'abdomen (l'hypochondre droit).

La région cutanée au point d'injection doit être nettoyée et anesthésiée localement.

7. Demander au patient d'inspirer et d'expirer profondément à plusieurs reprises, pour finalement expirer profondément en retenant sa respiration à la fin de sa dernière expiration (voir la figure 29-3).
   • Le médecin introduit rapidement l'aiguille à biopsie par la voie transthoracique (intercostale) ou transabdominale (sous-costale), perfore le foie, procède à l'aspiration et retire l'aiguille. L'intervention ne prend que 5 à 10 secondes.

En retenant sa respiration, le patient immobilise la paroi thoracique et le diaphragme; cette immobilisation évite de perforer le diaphragme et réduit au maximum le risque de lacération du foie.

8. Dire au patient de reprendre une respiration normale.

### *Après l'intervention*

9. Immédiatement après la biopsie, aider le patient à se tourner sur le côté droit; placer un oreiller sous le rebord costal, et lui recommander de rester immobile en position allongée pendant quelques heures.

Dans cette position, la gaine vasculobiliaire se trouve comprimée contre la paroi thoracique à l'endroit de la biopsie ce qui prévient l'écoulement de sang ou de bile.

10. Noter le pouls, la fréquence respiratoire et la pression artérielle du patient à des intervalles de 10 à 20 minutes pendant la période prescrite, ou jusqu'à ce que leurs valeurs soient stables et que l'état du patient soit satisfaisant. Signaler immédiatement toute augmentation de la fréquence du pouls, toute diminution de la pression artérielle, les plaintes de douleur ou les manifestations d'appréhension.

Ces signes peuvent indiquer la présence et l'évolution d'une hémorragie hépatique, d'une hémorragie grave ou d'un cholépéritoine, qui sont les complications les plus fréquentes de la biopsie hépatique.

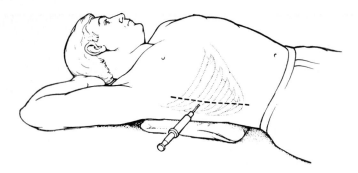

**A** Pendant que le patient retient sa respiration afin de maintenir le foie et le diaphragme le plus haut possible, l'aiguille est insérée dans le foie.

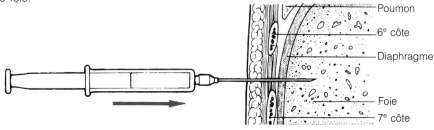

Poumon
6ᵉ côte
Diaphragme
Foie
7ᵉ côte

**B** Environ 1 mL de soluté physiologique est injecté pour éliminer de l'aiguille le sang et le tissu adipeux ou musculaire.

**C** Avec la seringue en position d'aspiration, l'aiguille est enfoncée dans le foie. Le tissu est aspiré, puis l'aiguille est retirée. Le prélèvement hépatique est expulsé dans le formol, où il est conservé pour analyse.

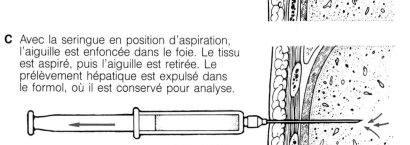

***Figure 29-3.*** Technique de biopsie hépatique

Voici quelles sont les complications les plus fréquentes et les plus importantes des affections du foie:

- l'ictère, qui découle d'une hausse de la concentration de bilirubine dans le sang;

- l'hypertension portale et l'ascite, qui proviennent de modifications circulatoires dans le foie atteint et entraînent des hémorragies gastro-intestinales graves ainsi qu'une rétention aqueuse et sodique excessive;

- les carences nutritionnelles, attribuables à l'incapacité des cellules hépatiques déréglées à métaboliser certaines vitamines, ce qui entraîne un affaiblissement du système nerveux central et périphérique et une prédisposition anormale aux hémorragies;

- le coma hépatique, qui traduit une accumulation sérique d'ammoniaque.

Les soins infirmiers à dispenser aux patients atteints d'un dysfonctionnement hépatique sont résumés dans le plan de soins infirmiers 29-1.

## ICTÈRE

Lorsque la concentration de bilirubine dans le sang est anormalement élevée, quelle qu'en soit la cause, tous les tissus de l'organisme, y compris la cornée et la peau, prennent une coloration jaune ou jaune verdâtre, d'où le terme courant de *jaunisse* pour désigner l'ictère. L'ictère se manifeste sur le plan clinique lorsque le taux sérique de bilirubine dépasse 34 à 43 $\mu$mol / L. La concentration sérique accrue de bilirubine et l'ictère peuvent provenir d'une insuffisance de la captation hépatique, de la conjugaison ou de l'excrétion de la bilirubine dans le système biliaire. L'ictère se présente sous plusieurs formes:

*(suite à la page 777)*

## Plan de soins infirmiers 29-1
## Patient présentant une insuffisance hépatique

| Interventions infirmières | Justification | Résultats escomptés |
|---|---|---|

**Diagnostic infirmier:**  Intolérance à l'activité reliée à un état de fatigue, de léthargie et de malaise

**Objectif:**  Accroissement de la tolérance à l'activité

| | | |
|---|---|---|
| 1. Évaluer le niveau de tolérance à l'activité et le degré de fatigue, de léthargie et de malaise. | 1. Fournit les valeurs initiales qui serviront aux évaluations ultérieures de l'efficacité des interventions. | • Le patient manifeste un intérêt accru pour les activités. |
| 2. Seconder le patient dans ses activités et son hygiène lorsqu'il est fatigué. | 2. Permet au patient de faire de l'exercice et de veiller à son l'hygiène dans les limites de sa tolérance. | • Il participe aux activités et fait de plus en plus d'exercice sans dépasser ses limites. |
| 3. Inciter le patient à se reposer s'il est fatigué, s'il souffre de douleurs abdominales ou s'il ressent un malaise. | 3. Permet au patient de conserver son énergie et de ménager son foie. | • Il dit que ses forces lui reviennent et qu'il se sent mieux. |
| 4. Aider le patient à choisir des activités et des exercices qui lui plaisent. | 4. Stimule l'intérêt du patient pour l'activité. | • Il dit que la douleur abdominale et le malaise ont disparu. |

**Diagnostic infirmier:**  Déficit nutritionnel relié à une distension abdominale, à la douleur et à l'anorexie

**Objectif:**  Amélioration de l'état nutritionnel

| | | |
|---|---|---|
| 1. Évaluer l'apport alimentaire et l'état nutritionnel du patient en l'interrogeant sur ses antécédents alimentaires, en lui demandant d'inscrire ses ingesta dans un carnet, en le pesant quotidiennement, en étudiant les résultats des épreuves de laboratoire et en prenant ses mensurations anthropométriques. | 1. Permet de déceler les carences et de s'assurer que l'état nutritionnel du patient est satisfaisant. | • Le patient a amélioré son état nutritionnel, ce qui se manifeste par un gain de poids (sans rétention aqueuse) et une amélioration dans les résultats des épreuves de laboratoire et les mensurations anthropométriques. |
| 2. Assurer un régime hyperglucidique et un apport en protéines compatible avec les fonctions hépatiques. | 2. Fournit au patient l'énergie nécessaire tout en permettant l'utilisation des protéines pour la guérison. | • Il explique pourquoi il doit changer son régime alimentaire. |
| 3. Élever la tête du lit pour les repas. | 3. Réduit le malaise provoqué par le ballonnement abdominal et la sensation de plénitude provoquée par la pression du contenu gastrique et de l'ascite sur l'estomac. | • Il énumère les aliments riches en glucides et ceux qui lui fournissent les protéines dont il a besoin (besoins élevés dans les cas de cirrhose et d'hépatite, faibles dans les cas d'insuffisance hépatique). |
| 4. Assurer l'hygiène buccodentaire du patient avant les repas et veiller à ce qu'il prenne ses repas dans un milieu agréable. | 4. Crée une ambiance qui stimule l'appétit. | • Il dit avoir meilleur appétit. |

**Diagnostic infirmier:**  Atteinte à l'intégrité de la peau reliée à l'ictère et à l'œdème

**Objectif:**  Amélioration de l'intégrité de la peau

| | | |
|---|---|---|
| 1. Évaluer le degré de malaise que provoquent les démangeaisons et l'œdème. | 1. Permet de déterminer les stratégies appropriées. | • La peau du patient est intacte et ne présente pas de rougeurs, d'excoriation ni de rupture. |

# Plan de soins infirmiers 29-1 (suite)
## Patient présentant une insuffisance hépatique

| Interventions infirmières | Justification | Résultats escomptés |
|---|---|---|
| 2. Noter l'importance de l'ictère et de l'œdème. | 2. Fournit les valeurs initiales qui permettront de déceler les changements et d'évaluer l'efficacité des interventions. | • Le patient dit que le prurit est soulagé.<br>• Il ne présente aucune excoriation due au grattage. |
| 3. Garder les ongles du patient courts et lisses. | 3. Prévient l'excoriation et l'infection dues au grattage. | • Il utilise des savons et des lotions qui favorisent l'hydratation, et il peut expliquer pourquoi. |
| 4. Assurer des soins cutanés fréquents, en évitant d'utiliser du savon et des lotions à base d'alcool. | 4. Élimine les déchets cutanés tout en hydratant la peau. | • Il se tourne seul à intervalles réguliers. L'œdème a diminué dans les parties déclives du corps. |
| 5. Masser les proéminences osseuses et tourner régulièrement le patient. | 5. Réduit les risques de rupture de l'épiderme due aux pressions prolongées sur les proéminences osseuses et favorise la mobilisation de l'œdème. | |

*Diagnostic infirmier:*    Risque élevé d'accident relié à l'altération des mécanismes de coagulation et du niveau de conscience

*Objectif:*    Réduction des risques d'accident

| | | |
|---|---|---|
| 1. Évaluer le niveau de conscience et les capacités cognitives du patient. | 1. Permet de savoir dans quelle mesure le patient est capable de se protéger et d'appliquer les mesures de sécurité requises; peut également permettre de déceler une détérioration des fonctions hépatiques. | • Le patient a une bonne orientation spatiotemporelle et reconnaît les personnes.<br>• Il ne présente pas d'ecchymoses (contusions), de lacérations ou d'hématomes. |
| 2. Assurer un milieu sûr (rembourrer les ridelles, éliminer les obstacles dans la chambre). | 2. Réduit les chutes et les accidents, ainsi que les lésions qu'ils entraînent. | • Il n'a pas d'hallucinations et peut facilement se lever sans aide ou quitter le centre hospitalier. |
| 3. Veiller à ce qu'il y ait souvent quelqu'un auprès du patient pour le réorienter et réduire la nécessité de recourir aux contentions. | 3. Prévient les blessures tout en stimulant et en orientant le patient; réduit le recours aux contentions, qui peuvent le perturber davantage. | |

*Diagnostic infirmier:*    Perturbation de l'image corporelle reliée à un changement dans l'apparence personnelle, à un changement de rôle et à une dysfonction sexuelle

*Objectif:*    Amélioration de l'image corporelle et de l'estime de soi du patient

| | | |
|---|---|---|
| 1. Évaluer les changements dans l'apparence personnelle du patient et leur signification pour lui et sa famille. | 1. Ces renseignements permettent d'évaluer les effets sur le patient et la personne clé dans sa vie des changements dans l'apparence, les fonctions sexuelles et le rôle de celui-ci. | • Le patient verbalise ses inquiétudes face aux changements dans son apparence, dans sa vie sexuelle et dans son mode de vie.<br>• Il discute de ses inquiétudes avec les personnes clés dans sa vie. |
| 2. Inciter le patient à verbaliser ses réactions et ses sentiments à l'égard de ces changements. | 2. Permet au patient de définir et d'exprimer ses inquiétudes; encourage le patient et la personne clé dans sa vie à en parler ensemble. | |

## Plan de soins infirmiers 29-1 (suite)
## Patient présentant une insuffisance hépatique

| Interventions infirmières | Justification | Résultats escomptés |
|---|---|---|
| 3. Évaluer les stratégies d'adaptation utilisées antérieurement par le patient et les personnes clés dans sa vie. | 3. Incite le patient à recourir aux stratégies d'adaptation qu'il connaît bien et qui se sont révélées efficaces par le passé. | • Il reconnaît les stratégies d'adaptation qui se sont révélées efficaces par le passé. |
| 4. Aider et encourager le patient à soigner le plus possible son apparence et à explorer de nouveaux rôles et de nouvelles fonctions. | 4. Encourage le patient à ne pas abandonner les rôles et les fonctions qu'il pourra retrouver grâce à un traitement approprié tout en l'incitant à explorer les possibilités. | • Il a recours aux stratégies d'adaptation efficaces qu'il a déjà utilisées pour faire face aux changements dans son apparence, sa vie sexuelle et son mode de vie. |
| | | • Il soigne son apparence et conserve une bonne hygiène personnelle. |
| 5. Aider le patient à se définir des objectifs à court terme. | 5. La réalisation de ces objectifs sert de renforcement positif et augmente l'estime de soi. | • Il se fixe des objectifs à court terme et définit des stratégies lui permettant de les atteindre. |
| 6. Encourager le patient à prendre des décisions concernant ses soins. | 6. Aide le patient à prendre sa vie en charge, à se sentir mieux et à rehausser son estime de soi. | • Il joue un rôle actif dans la prise des décisions le concernant et concernant les soins qu'il reçoit. |
| 7. Rechercher avec le patient des personnes-ressources pouvant lui apporter un soutien additionnel (conseiller, prêtre, etc.). | 7. Aide le patient à découvrir les personnes-ressources dont il a besoin et à accepter leur aide au moment voulu. | • Il trouve des ressources qui lui seront bénéfiques. |
| | | • Il reconnaît que certaines habitudes passées lui étaient préjudiciables. |
| 8. Aider le patient à déterminer les pratiques antérieures qui ont pu lui être nocives (alcoolisme et toxicomanie). | 8. Le patient ne pourra choisir un mode de vie plus sain s'il ne reconnaît pas que ces pratiques lui sont nocives. | • Il exprime de façon saine sa frustration, sa colère, etc. |

1) l'ictère hémolytique, 2) l'ictère hépatocellulaire, 3) l'ictère obstructif et 4) l'ictère lié à l'hyperbilirubinémie héréditaire. L'ictère hépatocellulaire et l'ictère obstructif sont les deux formes les plus couramment associées aux lésions hépatiques.

**Ictère hémolytique.** L'ictère hémolytique découle d'une destruction importante des érythrocytes, qui libère la bilirubine dans le plasma avec une telle rapidité que le foie, même s'il fonctionne normalement, ne peut l'excréter aussi rapidement qu'elle se forme. Ce type d'ictère se manifeste chez les patients qui présentent une maladie hémolytique par incompatibilité sanguine et d'autres troubles hémolytiques. La bilirubine dans le sang de ces patients est principalement du type non conjugué ou «libre». L'urobilinogène augmente dans l'urine et les matières fécales; la bilirubine, au contraire, n'est pas présente dans l'urine. Sauf dans les cas d'hyperbilirubinémie extrême, les patients qui présentent cette forme d'ictère n'éprouvent pas les symptômes ou les complications propres à l'ictère *en soi*. Mais un ictère très prolongé, même s'il est bénin, peut entraîner la formation de calculs pigmentaires dans la vésicule biliaire. Un ictère d'une gravité extrême (chez les patients dont le taux de bilirubine libre est supérieur à 20-25 mg/dL par exemple) présente un risque élevé de lésion du tronc cérébral.

**Ictère hépatocellulaire.** L'ictère hépatocellulaire est causé par l'incapacité des cellules hépatiques atteintes à éliminer des quantités normales de bilirubine du sang. Les lésions cellulaires peuvent avoir pour cause une infection, comme dans l'hépatite A, l'hépatite B, l'hépatite C (transfusion de sang contaminé par un virus); le virus de la fièvre jaune; ou une intoxication médicamenteuse ou chimique (par exemple, tétrachlorure de carbone, chloroforme, phosphore, produits arsenicaux, éthanol ou certains médicaments psychothérapeutiques).

La *cirrhose* hépatique est une forme d'affection hépatocellulaire qui peut provoquer l'ictère. Elle est généralement associée à une consommation excessive d'alcool, mais elle peut aussi être le résultat tardif d'une nécrose des cellules hépatiques, attribuable à une infection virale. Dans le cas de l'ictère obstructif prolongé, des lésions cellulaires finissent par apparaître, si bien que les deux formes se présentent simultanément.

**Manifestations cliniques.** Les patients atteints d'un ictère hépatocellulaire peuvent être modérément ou gravement malades, présenter certains symptômes: une diminution de l'appétit, nausées, perte d'énergie et de résistance et, dans certains cas, perte de poids. L'ictère n'est pas toujours manifeste. La concentration sérique de bilirubine et le taux d'urobilinogène dans l'urine peuvent cependant être élevés. En outre, les concentrations sériques de d'aspartate-aminotrasférase (AST) et d'alanine-aminotrasférase (ALT) peuvent être élevées, indiquant une nécrose cellulaire. Au début, si un agent infectieux est la cause de l'ictère, le patient peut se plaindre de maux de tête, de frissons et de fièvre. Selon la cause et l'étendue de l'atteinte cellulaire, l'ictère hépatocellulaire peut être entièrement réversible.

***Ictère par obstruction.*** Un calcul, un processus inflammatoire, une tumeur ou un organe hypertrophié obstruant les voies biliaires peuvent causer un ictère par obstruction de type extrahépatique. L'obstruction peut également se situer dans les petits canaux biliaires du foie (obstruction intrahépatique), en raison par exemple de la pression exercée par l'oedème inflammatoire du foie, ou d'une inflammation exsudative dans les canaux eux-mêmes. Il arrive aussi, mais plus rarement, que l'obstruction intrahépatique soit due à la stase ou à l'épaississement de la bile dans les canalicules provoqués par la prise de certains médicaments, qui sont donc appelés agents «cholestatiques». Il s'agit notamment des phénothiazines, des antithyroïdiens, des sulfamides hypoglycémiants, des antidépresseurs tricycliques et de la nitro-furantoïne.

***Manifestations cliniques.*** Que l'obstruction soit intrahépatique ou extrahépatique, et quelle qu'en soit la cause, si la bile ne peut s'écouler normalement dans l'intestin et qu'elle reflue dans le foie, elle est réabsorbée dans le sang et transportée dans l'organisme, colorant ainsi la peau, les muqueuses et la sclérotique. La bile est excrétée dans les urines, qui prennent une couleur orangée et un aspect mousseux. En raison de la quantité réduite de bile dans l'intestin, les fèces sont blanchâtres ou couleur d'argile. Le patient peut éprouver un prurit grave qui nécessite des bains d'huile ou d'amidon répétés. Comme la bile intestinale est nécessaire à l'absorption des graisses, une dyspepsie, et particulièrement une intolérance aux aliments gras, peuvent apparaître temporairement. Dans ce cas, les concentrations d'AST et d'ALT n'augmentent pas beaucoup, mais les concentrations de bilirubine et de phosphatases alcalines sont élevées.

***Hyperbilirubinémie héréditaire.*** L'ictère peut également être provoqué par des maladies héréditaires entraînant une augmentation des concentrations sériques de bilirubine (hyperbilirubinémie). La *maladie de Gilbert* est une cholémie simple familiale découlant d'une diminution de la glucoronyl-transférase et d'une augmentation de la bilirubine non conjuguée entraînant un ictère. Malgré l'augmentation des concentrations sériques de bilirubine, les résultats des études histologiques des tissus hépatiques et des épreuves d'exploration de la fonction hépatique sont normaux, et il y a absence d'hémolyse. Parmi les autres troubles probablement causés par des erreurs innées du métabolisme biliaire, mentionnons la *maladie de Dubin-Johnson* (ictère chronique idiopathique, avec présence de pigments dans le foie) et le *syndrome de Rotor* (hyperbilirubinémie conjuguée familiale chronique, sans présence de pigments dans le foie), l'ictère gravidique récidivant «bénin» (avec rétention de la bilirubine conjuguée, probablement consécutive à une sensibilité inhabituelle aux hormones de la grossesse) et probablement aussi la cholostase récidivante bénigne intrahépatique.

## HYPERTENSION PORTALE ET ASCITE

L'obstruction de la circulation dans le foie entraîne une augmentation de la pression sanguine (*hypertension portale*) dans la circulation veineuse porte. L'hypertension portale est couramment associée à la cirrhose hépatique, mais elle peut aussi être associée à une affection hépatique non cirrhotique.

L'hypertension portale présente deux séquelles importantes:

1. Des *varices* oesophagiennes, gastriques et hémorroïdales se forment en raison des pressions élevées transmises à toutes les veines du système porte. Ces varices sont susceptibles de rupture et sont souvent à l'origine d'hémorragies massives du tractus gastro-intestinal supérieur et du rectum (voir p. 794). Les risques d'hémorragie sont accrus par les anomalies des facteurs de coagulation souvent présentes chez les patients atteints d'une cirrhose hépatique.

2. La deuxième manifestation importante de l'hypertension portale est l'*ascite*, ou accumulation de liquide dans la cavité abdominale. Au fur et à mesure que l'ascite évolue, le volume intravasculaire diminue, et les reins libèrent de la rénine. Cette libération de rénine entraîne une sécrétion accrue d'aldostérone par les glandes surrénales, qui stimule la rétention d'eau et de sodium par les reins pour stabiliser le volume intravasculaire. Malheureusement, si l'hypertension portale se maintient, la rétention aqueuse aggrave l'ascite. L'albumine du liquide ascitique cause une augmentation de la pression oncotique qui attire encore plus de liquide dans la cavité péritonéale.

### Collecte des données

La présence et la gravité de l'ascite peuvent être déterminées par percussion de l'abdomen. Si du liquide s'est accumulé dans la cavité péritonéale, les flancs font saillie lorsque le patient est couché sur le dos. La présence du liquide accumulé peut être confirmée par percussion pour préciser la mobilité de la matité (figure 29-4 **A, B**), ou par la détection du signe du flot ascitique (figure 29-4**C**). Le signe du flot n'est décelé qu'en présence d'une importante quantité de liquide. On mesure quotidiennement le volume de l'abdomen et le poids corporel afin d'évaluer la progression de l'ascite et la réaction du patient au traitement. Les divers moyens de tarir l'ascite sont présentés ci-après: changement de régime alimentaire, pharmacothérapie, paracentèse et dérivation.

### Réduction de la rétention aqueuse et de l'ascite

***Régime alimentaire.*** Le traitement de l'ascite vise à réduire la rétention aqueuse en provoquant un bilan sodique négatif. Le patient doit éviter le sel de table, les aliments salés, le beurre salé et la margarine, ainsi que tous les aliments congelés et en conserve qui ne sont pas préparés spécialement pour les régimes hyposodés. On peut améliorer la saveur des aliments non salés en ayant recours à des succédanés du sel comme le jus de citron, l'origan et le thym. Le patient doit consulter son médecin avant de consommer des succédanés commerciaux, car ceux-ci peuvent avoir des effets graves: par exemple, ceux qui contiennent de l'ammoniaque peuvent précipiter un coma hépatique. On peut recommander au patient de consommer à volonté du lait en poudre et du lait à faible teneur en sodium. Si l'ascite n'est pas tarie grâce à ce régime, la restriction sodée doit être plus rigoureuse. La consommation quotidienne de sel doit être réduite à 200 mg, et des diurétiques doivent être administrés.

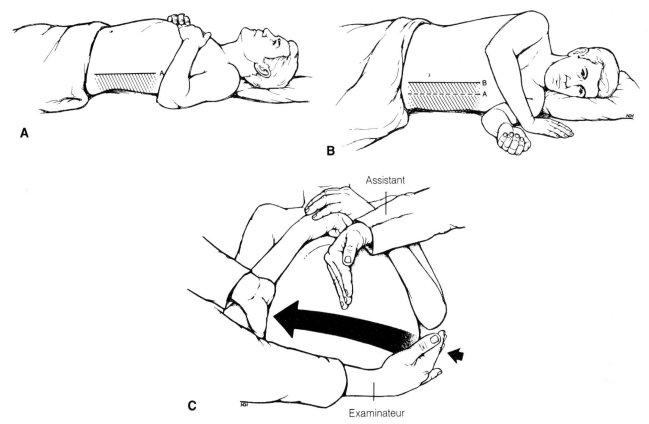

**Figure 29-4.** Évaluation de l'ascite. (**A**) Pour percevoir la mobilité de la matité, l'examinateur percute chaque flanc, le patient étant en décubitus dorsal. En présence de liquide, une matité est perçue à chaque flanc. On note les limites internes de la matité comme en A. Le patient est ensuite déplacé sur le côté. (**B**) Il faut noter ce qui se passe dans la zone de matité s'il y a du liquide. (**C**) Pour détecter le signe du flot, l'examinateur place une main le long de chaque flanc. Son assistant place ensuite une main, le côté cubital vers le bas, le long de la ligne médiane du corps, et applique une légère pression. L'examinateur donne ensuite un coup vif d'une main sur un flanc, son autre main restant en place pour déceler les signes éventuels d'une onde liquide. Son assistant amortit de la main les ondes qui se déplacent dans la paroi abdominale.

(Copyright 1974, American Journal of Nursing Company. Reproduit avec la permission de l'American Journal of Nursing, 1974, sept. 74[9])

***Diurétiques.***     On peut également réduire l'oedème et l'ascite en provoquant la diurèse. Pour ce faire, on réduit l'apport quotidien en sodium de 200 à 500 mg, on restreint les liquides si la concentration sérique en sodium est faible et on administre des diurétiques par voie orale comme le furosémide (Lasix) ou l'acide étacrynique (Edecrin). Ces diurétiques doivent être pris avec prudence, leur emploi prolongé pouvant provoquer une déplétion sodique grave (hyponatrémie). L'administration de spironolactone (Aldactone), un inhibiteur de l'aldostérone, peut aussi renforcer l'action de ces diurétiques et contribuer à prévenir une déperdition potassique excessive. Le chlorure d'ammonium et l'acétazolamide (Diamox) sont contre-indiqués, car ils peuvent précipiter un coma hépatique. La perte pondérale quotidienne ne doit pas dépasser 0,25 kg.

L'infirmière doit surveiller attentivement le patient qui suit un traitement aux diurétiques afin de déceler les complications qui risquent de survenir, comme un déséquilibre hydroélectrolytique ou une encéphalopathie. Les déséquilibres hydroélectrolytiques comprennent l'hypovolémie, l'hypokaliémie, l'hyponatrémie et l'alcalose hypochlorémique. L'encéphalopathie peut être déclenchée par la déshydratation et l'hypovolémie. En outre, lorsque les réserves potassiques sont épuisées, la quantité d'ammoniaque dans la circulation générale augmente, ce qui peut entraîner un dysfonctionnement cérébral et une encéphalopathie. Tous les jours, l'infirmière effectue un bilan précis des ingesta et des excreta, mesure la circonférence abdominale et pèse le patient afin d'évaluer le bilan hydrique. Elle contrôle les taux sériques d'ammoniaque et d'électrolytes afin d'évaluer l'équilibre électrolytique, la réaction au traitement et les risques d'encéphalopathie.

L'intégrité de la peau sera altérée si les soins cutanés ne sont pas appropriés. Il importe de soulager la pression exercée sur les proéminences osseuses et le tissu oedémateux en mobilisant le patient fréquemment, ou encore en l'installant sur un matelas à gonflement alternatif. Il sera peut-être aussi nécessaire de surélever les membres inférieurs et de faire porter au patient des bas de soutien. On peut également administrer de l'albumine hyposodée par voie intraveineuse afin d'augmenter temporairement le taux d'albumine sérique, ce qui entraîne une élévation de la pression osmotique. Cette mesure contribue à réduire l'oedème en faisant refluer dans la circulation sanguine le liquide ascitique, qui finira par être éliminé par les reins.

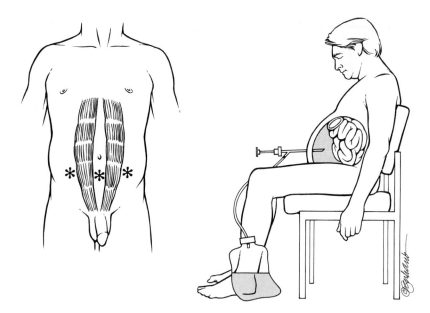

***Figure 29-5.*** Paracentèse

## Paracentèse

La paracentèse consiste à évacuer de la cavité péritonéale l'accumulation de liquide (d'ascite) en pratiquant une petite incision chirurgicale ou une ponction de la paroi abdominale. Cette intervention pour le traitement de l'ascite était autrefois pratique courante. On l'utilise surtout aujourd'hui dans l'examen diagnostique du liquide ascitique, dans le traitement d'une accumulation ascitique massive résistant à d'autres thérapies et causant de graves problèmes au patient ainsi que dans la préparation d'autres interventions, notamment la radiographie, la dialyse péritonéale, la réinjection du liquide d'ascite ou la chirurgie.

Si la paracentèse est justifiée (figure 29-5), on se limite à aspirer lentement de 2 à 3 L de liquide afin de soulager les symptômes aigus. L'élimination d'importantes quantités de liquide peut entraîner l'hypotension, l'oligurie et l'hyponatrémie. Si le liquide éliminé dépasse la limite indiquée, l'ascite tend à se reformer en prélevant du liquide extracellulaire dans tous les tissus de l'organisme.

***Interventions infirmières.*** L'infirmière prépare le patient qui doit subir une paracentèse en lui donnant les informations nécessaires ainsi que les instructions à suivre, et en le rassurant.

- Il faut demander au patient de vider sa vessie aussi complètement que possible juste avant la paracentèse afin de réduire les risques de ponction accidentelle de la vessie.

L'infirmière prépare le matériel stérile et les récipients nécessaires aux prélèvements. Avant l'intervention, elle demande au patient de s'asseoir avec le dos droit sur le bord du lit ou dans un fauteuil, le dos bien appuyé et les pieds reposant sur un tabouret. Elle lui installe au bras le brassard du sphygmomanomètre. Le trocart est introduit de façon aseptique par une incision pratiquée sur la ligne médiane du corps sous le nombril, et le liquide est prélevé par un drain dans un contenant.

Au cours de l'intervention, l'infirmière aide le patient à garder la position appropriée.

- Il faut observer attentivement le patient afin de déceler les signes de collapsus vasculaire, comme la pâleur du teint, la tachycardie ou la baisse de la pression artérielle, qui est mesurée à intervalles fréquents dès le début de l'intervention.

Lorsque l'intervention est terminée, on installe le patient dans une position confortable. Le liquide ascitique recueilli est mesuré et décrit, les prélèvements sont dûment étiquetés et envoyés aux laboratoires appropriés, où le sédiment cellulaire, son poids spécifique, sa concentration en protéines et sa teneur en bactéries seront analysés.

## Dérivations

La réinjection du liquide ascitique dans la circulation générale est parfois utilisée pour traiter l'ascite, mais ce traitement présente des risques d'infection. En outre, il n'a que des effets temporaires, et le liquide s'accumule à nouveau dans les deux mois qui suivent chez plus de 70 % des patients.

La dérivation péritonéoveineuse de Le Veen permet de réduire l'ascite et de maintenir le volume protéique et hydrique intravasculaire par une dérivation ou réinjection du liquide ascitique dans la circulation générale (figure 29-6). Selon cette méthode, un tube de silicone perforé est introduit dans la cavité périnéale par une petite incision abdominale transverse. L'extrémité proximale du tube est fixée à une valve ; un autre tube sort de la valve et est enfilé par voie sous-cutanée dans la veine cave supérieure. La valve est normalement fermée, mais elle s'ouvre lorsque la pression dans la cavité péritonéale augmente de 3 cm $H_2O$ au-dessus de la pression de la veine cave intrathoracique. Lorsque la valve s'ouvre, le liquide ascitique s'écoule dans la veine cave supérieure. Lorsque la pression diminue, la valve se referme.

En période postopératoire, on garde le patient en observation et on évalue l'hématocrite toutes les quatre heures afin de s'assurer qu'il n'y a pas d'expansion du volume vasculaire ni d'hémodilution découlant de l'arrivée du liquide ascitique. On interrompt une hémodilution excessive en installant le patient en position assise, ce qui réduit la différence entre la pression de la cavité péritonéale et la pression intrathoracique et entraîne la fermeture de la valve et l'arrêt temporaire du drainage du liquide ascitique dans la veine cave. On peut prescrire un diurétique comme le furosémide pour éviter les risques d'œdème pulmonaire. Il faut étudier attentivement les coagulogrammes, car la réabsorption de substances dans le liquide ascitique peut inhiber la coagulation et entraîner des hémorragies. On note toutes les deux heures le poids du patient, le volume de l'abdomen et la diurèse. Ordinairement, l'hématocrite diminue, le volume de l'abdomen décroît, le poids diminue et la diurèse augmente. Si le contraire se produit, il se peut que la dérivation ne soit plus perméable et que le liquide ascitique s'accumule de nouveau.

Après la disparition de l'ascite, l'apport hydrique et sodique recommandé sera fonction de l'état cardiaque du patient et de la présence d'un œdème périphérique. Les patients souffrant d'ascite exigent des soins continus et doivent être gardés en constante observation, car même si l'ascite peut être tarie, les troubles hépatiques sous-jacents ne sont pas corrigés par la dérivation péritonéoveineuse.

La dérivation péritonéoveineuse de Le Veen présente toutefois des inconvénients, comme un taux élevé d'infections bactériennes et de troubles de la coagulation. Les complications associées à la dérivation péritonéoveineuse (obstruction de la valve, thrombose de la veine cave supérieure) peuvent se traduire par une nouvelle accumulation du liquide ascitique. Pour éviter ces complications, on utilise plutôt des techniques de dérivation du système porte (décrites à la page 804) afin de traiter l'ascite réfractaire. Ces techniques ont fait leurs preuves mais elles entraînent souvent des risques importants d'encéphalopathie. On a constaté que l'encéphalopathie était plus fréquente chez les patients traités pour l'ascite que chez les patients traités pour des varices œsophagiennes, ce qui semble indiquer que le risque peut être accru chez les patients qui présentent une ascite réfractaire.

## CARENCES NUTRITIONNELLES

Un apport vitaminique insuffisant entraîne un autre ensemble de complications, fréquentes chez les patients qui présentent une affection hépatique chronique. Ces patients présentent différents types de carences: (1) avitaminose A, béribéri, polynévrite et psychose de Wernicke-Korsakoff, tous attribuables à une carence en thiamine; (2) lésions des muqueuses et de la peau, caractéristiques d'une carence en riboflavine; (3) carence en pyridoxine; (4) hypoprothrombinémie (voir p. 473), caractérisée par des hémorragies et des ecchymoses spontanées dues à une carence en vitamine K; (5) lésions hémorragiques du scorbut (carence en vitamine C) et (6) anémie macrocytaire découlant d'une carence en acide folique.

- En raison des risques associés à ces avitaminoses, il importe que le régime alimentaire du patient atteint d'une affection hépatique chronique (surtout dans les cas d'alcoolisme) comprenne un apport complémentaire important en vitamine A, en vitamines du complexe B, en vitamine C, en vitamine K et en acide folique.

## COMA HÉPATIQUE

Complication redoutable de l'affection hépatique, le coma hépatique survient par suite d'une insuffisance hépatique grave

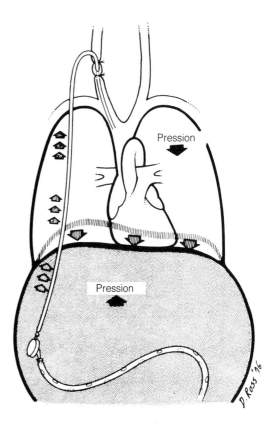

**Figure 29-6.** Dérivation péritonéojugulaire pour la réduction de l'ascite. La valve se trouve du côté droit inférieur extrapéritonéal, et un tube collecteur perforé se prolonge dans la cavité péritonéale.
(Source: L. Schiff [éd.], *Diseases of the Liver*, 6e éd., Philadelphia, J. B. Lippincott, 1987)

liée à l'accumulation d'ammoniaque et d'autres métabolites toxiques dans le sang. L'augmentation de la concentration sanguine d'ammoniaque entraîne un dysfonctionnement et des lésions cérébrales provoquant une encéphalopathie hépatique et un coma hépatique.

***Évaluation et manifestations cliniques.*** Les premiers symptômes du coma hépatique comprennent des changements psychiques et des troubles moteurs légers. Le patient semble un peu confus et présente des troubles de l'humeur. Il devient peu soigneux de sa personne, et ses habitudes de sommeil se modifient. Il a tendance à dormir le jour et à être agité et insomniaque la nuit. À un stade ultérieur, on peut avoir du mal à le réveiller. Il peut présenter une *astérixis* («flapping tremor» ou tremblement très ample des membres supérieurs). Une activité aussi simple que l'écriture devient difficile. Un échantillon quotidien d'écriture peut témoigner de la progression du coma hépatique ou de son inversion. Dans les premières phases du coma hépatique, les réflexes du patient sont hyperactifs; avec l'approfondissement du coma, ces réflexes disparaissent, et les membres inférieurs et supérieurs peuvent devenir flasques.

L'électroencéphalogramme (EEG) révèle un ralentissement généralisé et une amplitude accrue des ondes de l'activité électrique cérébrale. Mises à part les ondes triphasiques, toutes les autres manifestations signalées ici peuvent aussi être observées dans d'autres états. On peut parfois constater un *fœtor hepaticus*, odeur douceâtre et fétide caractéristique de l'haleine, qui ressemble à l'odeur du gazon frais tondu, de l'acétone ou du vin. À un stade plus avancé, le patient peut manifester des troubles prononcés de la conscience et une désorientation spatiotemporelle complète. À un stade ultérieur, il sombre dans le coma et peut présenter des convulsions. Environ 35 % des patients atteints d'une cirrhose hépatique décèdent dans un état de coma hépatique.

***Facteurs aggravants et déclenchants.*** Toutes les circonstances qui entraînent une augmentation de la teneur en ammoniaque du sang sont susceptibles d'aggraver ou de précipiter le coma hépatique. L'ammoniaque provient surtout de la digestion enzymatique et bactérienne des protéines alimentaires et sanguines dans le tractus gastro-intestinal. Cette ammoniaque est *plus abondante* à la suite d'une hémorragie gastro-intestinale (varices œsophagiennes ou hémorragie gastro-intestinale chronique), d'un régime hyperprotidique, d'une croissance bactérienne dans l'intestin grêle et le gros intestin ou d'une urémie. L'ingestion de sels d'ammonium a aussi pour effet d'augmenter la concentration sanguine d'ammoniaque. En présence d'alcalose ou d'hypokaliémie, le sang absorbe de plus fortes quantités d'ammoniaque provenant du tractus gastro-intestinal et du liquide des tubules rénaux. Le taux sérique d'ammoniaque est *réduit* par l'élimination des protéines du régime alimentaire et l'administration d'antibiotiques (comme le sulfate de néomycine) qui réduisent la quantité de bactéries intestinales capables de transformer l'urée en ammoniaque.

D'autres facteurs, sans rapport avec l'augmentation des concentrations sanguines d'ammoniaque peuvent provoquer le coma hépatique chez les patients sensibles, notamment une diurèse excessive, la déshydratation, une infection, une intervention chirurgicale, la fièvre et les médicaments psychotropes, notamment les sédatifs, les tranquillisants et les narcotiques. Le tableau 29-2 présente les stades du coma hépatique, les signes et symptômes courants et les diagnostics infirmiers possibles pour chaque stade.

## Traitement

Voici les principales modalités de traitement du coma hépatique:

- On observe fréquemment le patient qui présente un coma hépatique imminent afin d'évaluer son état neurologique. Chaque jour, on demande au patient de fournir un échantillon d'écriture et de faire des calculs arithmétiques afin de suivre l'évolution des perturbations de la conscience.
- On effectue un bilan quotidien des ingesta et des excreta et on pèse chaque jour le patient.
- On enregistre les signes vitaux toutes les quatre heures.
- On examine fréquemment le patient afin de déceler tout signe d'infection, pulmonaire ou autre.
- Si des signes d'infection sont notés, on les signale sans délai.
- On mesure quotidiennement les concentrations sériques d'ammoniaque.
- Si des signes d'un coma hépatique imminent se manifestent, on réduit ou on élimine sur-le-champ l'apport protidique du patient. On maintient la restriction pendant un certain temps.
- On peut administrer un lavement haut, sur ordonnance, pour réduire l'absorption d'ammoniaque d'origine digestive.
- On peut également administrer un antibiotique comme la néomycine à titre d'antiseptique intestinal.

- On fait avec soin le bilan électrolytique et on le corrige en cas d'anomalie.
- Si des sédatifs et des analgésiques sont prescrits, on les administre en petites doses et on garde le patient en observation.

On administre du *lactulose (Cephulac)* en vue de réduire les concentrations sanguines d'ammoniaque; son action est probablement due à un ensemble de mécanismes qui favorisent l'excrétion de l'ammoniaque dans les selles: (1) l'ammoniaque est gardée à l'état ionisé, ce qui entraîne une baisse du pH du côlon, inversant ainsi le passage normal de l'ammoniaque du côlon au sang; (2) un effet cathartique se produit, qui réduit la quantité d'ammoniaque absorbée en provenance du côlon; et (3) la flore fécale est transformée en micro-organismes qui ne produisent pas d'ammoniaque à partir de l'urée.

L'émission de deux ou trois selles molles par jour indique que le lactulose agit bien. Des selles diarrhéiques aqueuses indiquent cependant que la dose de médicament est trop élevée. Les effets secondaires possibles comprennent un ballonnement et des crampes intestinales, qui disparaissent généralement après une semaine. Pour masquer la saveur sucrée que certains patients n'aiment pas, on peut diluer le lactulose dans un jus de fruit. Il faut garder le patient en observation afin d'éviter l'hypokaliémie et la déshydratation. Il ne faut pas administrer d'autres laxatifs en même temps que le lactulose, car leurs effets pourraient perturber la régulation de la posologie. Des lavements au lactulose se sont révélés efficaces dans les cas d'encéphalopathie hépatique aiguë chez des patients comateux ou pour lesquels l'administration orale était contre-indiquée ou impossible.

# AUTRES MANIFESTATIONS DU DYSFONCTIONNEMENT HÉPATIQUE

Chez un grand nombre de patients souffrant d'un dysfonctionnement hépatique, l'hypoalbuminémie découlant d'une production réduite d'albumine sérique dans le foie provoque un œdème généralisé. La production des facteurs de coagulation par le foie est également réduite, ce qui accroît les risques de contusions, de saignements de nez, d'hémorragies par suite de blessures et, comme nous l'avons déjà mentionné, d'hémorragies gastro-intestinales. La baisse de production de plusieurs facteurs de coagulation peut être attribuable en partie à une absorption insuffisante de vitamine K d'origine digestive. Cela vient probablement de l'incapacité des cellules hépatiques à transformer la vitamine K en prothrombine. L'absorption des autres vitamines liposolubles (vitamines A, D et E) et des graisses alimentaires peut aussi être déficiente puisque l'émission de sels biliaires dans l'intestin diminue.

Des anomalies du métabolisme glucosique se produisent également; la glycémie peut être anormalement élevée peu après un repas (épreuve d'hyperglycémie de type diabétique), mais une hypoglycémie peut se produire à jeun à cause de la diminution des réserves de glycogène du foie et de la baisse de la glyconéogenèse.

- Les patients qui présentent une insuffisance hépatique ayant de la difficulté à métaboliser les médicaments, il faut diminuer la posologie.

TABLEAU 29-2.   *Stades de l'encéphalopathie hépatique et diagnostics infirmiers possibles**

| Stade | Symptômes cliniques | Signes cliniques et variations de l'électroencéphalogramme | Diagnostics infirmiers possibles |
|---|---|---|---|
| 1 | Niveau de conscience normal, avec périodes de léthargie et d'euphorie; inversion du cycle sommeil-éveil | Astérixis; difficulté à écrire et à dessiner des figures linéaires. EEG normal | Intolérance à l'activité<br>Déficit d'autosoins<br>Perturbation des habitudes de sommeil |
| 2 | Somnolence diurne plus importante; désorientation; comportement inadapté; sautes d'humeur; agitation | Astérixis; fœtor hepaticus. EEG anormal, ralentissement généralisé | Perturbation des interactions sociales<br>Perturbation dans l'exercice des rôles<br>Risque élevé d'accident |
| 3 | État stuporeux; difficulté à s'éveiller; sommeil presque constant; confusion prononcée; propos incohérents | Astérixis; augmentation du réflexe tendineux; rigidité des membres. EEG très anormal | Déficit nutritionnel<br>Altération de la mobilité physique<br>Altération de la communication |
| 4 | État comateux; absence possible de réaction aux stimuli douloureux | Absence d'astérixis; absence du réflexe tendineux; flaccidité des membres. EEG très anormal | Risque élevé d'aspiration<br>Perturbation des échanges gazeux<br>Atteinte à l'intégrité des tissus |

* Les diagnostics infirmiers sont susceptibles d'évoluer; la plupart des diagnostics établis à un stade donné se retrouvent aux stades ultérieurs.

La diminution du métabolisme des œstrogènes par le foie atteint peut entraîner une gynécomastie, une atrophie testiculaire, la perte des poils pubiens chez l'homme et l'irrégularité menstruelle chez la femme, ainsi qu'un angiome stellaire et une rubéfaction palmaire (érythème palmaire des cirrhotiques). La splénomégalie (augmentation du volume de la rate) avec possibilité d'hypersplénisme est une manifestation courante de l'hypertension portale. Chez les patients atteints d'un dysfonctionnement hépatique dû à une obstruction biliaire, on observe fréquemment de fortes démangeaisons causées par la rétention des sels biliaires.

# AFFECTIONS HÉPATIQUES

## HÉPATITE VIRALE

L'hépatite virale constitue un problème de santé publique de plus en plus lourd. Sa facilité de transmission, sa morbidité et l'absence prolongée qu'elle peut entraîner à l'école ou au travail en font une maladie extrêmement coûteuse.

On estime que de 60 à 90 % des cas d'hépatite virale ne sont pas déclarés. Ce phénomène serait dû à la présence de cas subcliniques, à la non-reconnaissance des cas bénins et aux erreurs de diagnostic.

On comprend mieux aujourd'hui l'hépatite virale grâce à Blumberg qui, en 1968, découvrait l'antigène Australie (Au) comme marqueur immunologique spécifique de l'infection par l'hépatite B. Il s'en est suivi une série de nouvelles désignations, et l'antigène Australie est maintenant appelé antigène d'enveloppe du virus de l'hépatite B: HB$_s$Ag. Plus récemment, un antigène spécifique de l'hépatite A a été découvert (HA Ag). Des épreuves ont également été mises au point pour repérer les anticorps anti-HAV, anti-HB$_s$ et anti-HB$_c$, ainsi que l'antigène «e» et l'anticorps anti-e associé à l'hépatite B. Cela veut dire qu'il existe des épreuves diagnostiques, notamment la réaction de fixation du complément, l'immuno-adhérence et le radio-immunodosage, permettant

de reconnaître l'hépatite A et l'hépatite B. On a également reconnu l'existence d'un ou de plusieurs autres agents responsables de l'hépatite C (hépatite non A, non B).

L'encadré 29-2 présente la terminologie associée à l'hépatite virale.

***Soins infirmiers.*** Pour l'infirmière, les soins aux patients atteints d'hépatite virale posent quatre types de problèmes: (1) le problème général des soins infirmiers liés à l'hépatite; (2) les risques particuliers que présentent les patients en hémodialyse et les toxicomanes qui utilisent des drogues par injection intraveineuse; (3) l'absence de symptômes chez beaucoup de patients, ce qui entraîne parfois un grave danger épidémiologique; et (4) les mesures de santé publique nécessaires à l'élimination de ce danger. Parmi ces mesures de santé publique figurent les dispositions suivantes:

- L'amélioration des conditions d'hygiène publique et privée
- L'application d'une hygiène personnelle rigoureuse en tout temps
- L'élaboration et l'application de règlements sanitaires pour contrôler la préparation et la distribution des aliments
- La surveillance sanitaire des établissements publics: écoles de tous niveaux, maisons d'étudiants, établissements de soins prolongés, casernes et camps militaires, etc.
- Les programmes continus d'éducation sanitaire
- La déclaration, aux services de santé publique locaux, de tous les cas d'hépatite virale

Le tableau 29-3 permet de comparer entre elles les principales formes de l'hépatite virale.

### Virus de l'hépatite A

L'hépatite A, autrefois appelée hépatite infectieuse, est causée par un virus à ARN appartenant à la famille des entérovirus. Sa transmission emprunte la voie fécale-orale, le plus souvent par l'ingestion de boissons ou d'aliments infectés par le virus. On trouve parfois celui-ci dans les selles de patients infectés, avant même l'apparition des symptômes et pendant les tout premiers jours de la maladie. Le processus le plus fréquent est le suivant: un jeune adulte, infecté en milieu scolaire, transporte chez lui le virus; à la faveur d'une hygiène domestique

## *Encadré 29-2*
## *Glossaire de l'hépatite*

### *Hépatite A*

| | |
|---|---|
| HAV | Virus de l'hépatite A; agent étiologique de l'hépatite A (autrefois appelée hépatite infectieuse) |
| Anti-HAV | Anticorps dirigé contre le virus de l'hépatite A; apparaît dans le sérum sanguin peu après les premiers symptômes; disparaît après une période de 3 à 12 mois. |
| IgM anti-HAV | Anticorps IgM dirigé contre le virus de l'hépatite A; sa présence indique une infection récente causée par ce virus; positif jusqu'à six mois après l'infection. |

### *Hépatite B*

| | |
|---|---|
| HBV | Virus de l'hépatite B; agent étiologique de l'hépatite B (autrefois appelée hépatite sérique) |
| $HB_sAg$ | Antigène de surface du virus de l'hépatite B (ou antigène australien) indique une hépatite B aiguë ou chronique ou à l'état latent; indique un état infectieux. |
| Anti-$HB_s$ | Anticorps dirigé contre l'antigène de surface de l'hépatite B; indique que le sujet a déjà été exposé à l'hépatite mais a été immunisé; indique parfois un anticorps passif provenant d'un IGHB, ou une réponse immunitaire provenant d'un vaccin contre l'hépatite B. |
| $HB_eAg$ | Antigène «e» de l'hépatite B; présent dans le sérum sanguin au début de la maladie; indique un stade hautement infectieux de l'hépatite B; sa persistance dans le sérum sanguin indique l'évolution vers l'hépatite chronique. |
| Anti-$HB_e$ | Anticorps dirigé contre l'antigène «e» de l'hépatite B; indique un faible titre du virus de l'hépatite B. |
| $HB_cAg$ | Antigène nucléocapsidique de l'hépatite B; se trouve dans les cellules du foie; difficilement décelable dans le sérum sanguin. |
| Anti-$HB_c$ | Anticorps dirigé contre l'antigène nucléocapsidique de l'hépatite B; indicateur très sensible de l'hépatite B; apparaît vers la fin de la phase aiguë de la maladie; indique qu'il y a eu autrefois infection par le virus de l'hépatite B. |
| IgM anti-$HB_c$ | Anticorps IgM dirigé contre l'antigène nucléocapsidique; demeure jusqu'à six mois après l'infection par le virus de l'hépatite B. |

### *Hépatite C*

| | |
|---|---|
| HCV | Virus de l'hépatite C (autrefois appelée hépatite non A — non B); peut constituer plus d'un virus. |

### *Hépatite D*

| | |
|---|---|
| HDV | Virus de l'hépatite D (agent delta); agent étiologique de l'hépatite D; la réplication exige le virus de l'hépatite B (HBV). |
| HDAg | Antigène de l'hépatite D; décelable au début d'une infection aiguë par le virus de l'hépatite D. |
| Anti-HDV | Anticorps dirigé contre le virus de l'hépatite D; indique une infection, passée ou présente, par le virus de l'hépatite D. |

déficiente, l'infection gagne la famille. Ce type de propagation est plus répandu dans les pays en voie de développement ou dans les régions surpeuplées, où les conditions d'hygiène sont mauvaises. La manipulation d'aliments par une personne infectée, l'absorption d'eau contaminée ou l'ingestion de crustacés provenant d'eaux usées sont autant de sources possibles. Mais l'infection provient très rarement d'une transfusion sanguine.

La période d'incubation dure, estime-t-on, de 1 à 7 semaines, la moyenne étant de 30 jours. La phase active dure de 4 à 8 semaines; elle est généralement plus longue et plus grave chez les personnes âgées de plus de 40 ans.

La présence du virus dans le sérum est de courte durée; au moment où survient l'ictère, le patient n'est probablement plus porteur du virus.

***Évaluation et manifestations cliniques.*** Beaucoup de patients ne présentent ni ictère ni symptôme. Les symptômes, quand ils apparaissent, sont ceux d'une infection bénigne des voies respiratoires supérieures, de type grippal, avec température subfébrile. L'anorexie, souvent intense, constitue un premier symptôme. On l'attribue tantôt à l'émission d'une toxine par le foie endommagé, tantôt à l'incapacité où se trouvent les cellules hépatiques lésées de neutraliser l'élément toxique d'un produit anormal. Par la suite, l'ictère apparaît et l'urine devient foncée. La digestion est pénible et marquée, à des degrés divers, par des douleurs épigastriques vagues, des nausées, des brûlures gastriques et de la flatulence. Le patient peut aussi manifester une nette aversion pour le goût de la cigarette, l'odeur de la fumée de cigarette ou autres odeurs fortes. Ces symptômes s'atténuent dès que l'ictère atteint son point culminant, soit environ 10 jours après son apparition. Souvent, le foie et la rate sont modérément hypertrophiés pendant les quelques jours qui suivent l'installation de la maladie. Autrement, et mis à part l'ictère, on relève peu de signes physiques.

Chez l'enfant, les symptômes peuvent être très discrets. L'adulte présente généralement des symptômes plus évidents et plus graves, et la maladie dure chez lui plus longtemps.

**Traitement.** Le repos au lit durant la phase aiguë ainsi qu'un régime alimentaire à la fois attrayant et nutritif font partie du traitement et des soins infirmiers. Pendant la période d'anorexie, le patient doit prendre fréquemment de petites portions, complétées au besoin par une perfusion intraveineuse de glucose. Comme il n'a pas le goût de manger, on doit parfois faire preuve de persuasion et d'ingéniosité pour stimuler son appétit. Il faut maintenir une alimentation liquide et solide optimale pour contrecarrer la perte de poids probable et accélérer la guérison. Avant même la phase ictérique, cependant, bien des patients retrouvent l'appétit et n'ont plus besoin de rappels pour s'alimenter adéquatement.

Selon les résultats des épreuves de laboratoire et selon l'état du patient, on décidera ou non d'aliter celui-ci et de restreindre son activité physique. Le retour progressif à la marche semble hâter la guérison, pourvu que chaque période d'activité n'aille pas jusqu'au point de fatigue et soit suivie d'une période de repos.

**Enseignement au patient et soins à domicile.** Le traitement se fait généralement à domicile, à moins de symptômes particulièrement graves. Le patient et sa famille ont donc besoin d'aide — non seulement pour faire face à l'invalidité et à la fatigue qui accompagnent l'hépatite, mais aussi pour savoir quand consulter en cas de persistance ou d'aggravation des symptômes. Le patient et sa famille ont également besoin de directives précises quant au régime alimentaire, au repos et aux tests sanguins de contrôle nécessaires. Ils doivent être sensibilisés à la nécessité d'une hygiène rigoureuse (comme le lavage des mains) pour éviter la contamination des autres membres de la famille.

**Pronostic.** En règle générale, l'hépatite A est guérissable; très rares sont les cas où elle dégénère en nécrose aiguë du foie ou en hépatite fulminante aboutissant à la cirrhose du foie et à la mort.

L'hépatite A confère l'immunité contre elle-même; toutefois, la personne qui en a souffert peut contracter ensuite d'autres formes d'hépatite. La maladie ne comporte pas d'infection latente, et aucune hépatite chronique n'y est associée. Le taux de mortalité clinique est d'environ 0,5 %.

**Prévention et lutte contre la maladie.** Voici quelques moyens de réduire le risque de contracter l'hépatite A:

* *Bonne hygiène personnelle.* Insister particulièrement sur le lavage des mains (après chaque défécation et avant chaque repas).

* *Bonne hygiène publique.* Prendre les précautions qui s'imposent dans la manipulation des aliments, dans l'approvisionnement en eau potable et dans le traitement des eaux usées.

* *Administration d'immunoglobuline.* L'administration d'immunoglobuline par voie intramusculaire peut prévenir l'hépatite A, pourvu que ce traitement soit institué dans les deux semaines qui suivent l'exposition. On stimule ainsi la production d'anticorps chez le patient, assurant à celui-ci de six à huit semaines

d'immunité passive. L'immunoglobuline peut éliminer les symptômes manifestes de la maladie; l'hépatite A inapparente qui s'ensuit produit alors une immunité active face aux attaques ultérieures du virus. On enregistre parfois — quoique rarement — des réactions généralisées à l'immunoglobuline. (On doit prendre des précautions particulières pour administrer quelque forme d'immunoglobuline humaine que ce soit à une personne qui a déjà souffert d'angio-œdème, d'urticaire ou d'autres réactions allergiques. Il faut alors avoir à sa disposition de l'épinéphrine, à utiliser en cas de réactions généralisées ou anaphylactiques.)

* *Prophylaxie avant l'exposition.* On recommande la vaccination préalable pour les voyageurs à destination de régions ou de pays sous-développés ou soumis à des conditions d'hygiène insuffisantes ou précaires.

* *Prophylaxie en milieu exposé.* On recommande également l'administration d'immunoglobuline à quiconque cohabite ou a des relations sexuelles avec une personne atteinte d'hépatite A.

## Virus de l'hépatite B

Le virus de l'hépatite B est une particule à double enveloppe, contenant de l'ADN, ou acide désoxyribonucléique. Cette particule se compose des éléments suivants:

$HB_cAg$ — Antigène nucléocapsidique de l'hépatite B (matériel antigénique contenu dans un noyau intérieur)

$HB_sAg$ — Antigène de surface du virus de l'hépatite B (matériel antigénique contenu dans une couche extérieure)

$HB_eAg$ — Protéine indépendante, en circulation dans le sang

Chaque antigène produit un anticorps particulier:

Anti-$HB_c$ — Persiste durant la phase aiguë de la maladie; peut indiquer la persistance, dans le foie, du virus de l'hépatite B.

Anti-$HB_s$ — Décelable à la fin de la convalescence; indique généralement que le patient est guéri et qu'il s'immunise.

Anti-$HB_e$ — Indique en général un affaiblissement du pouvoir infectieux.

Chez 80 à 90 % des patients infectés, le $HB_sAg$ est décelable, quoique de façon éphémère, dans la circulation sanguine; ce qui n'est pas le cas du $HB_cAg$. On peut observer pendant des mois et même des années la présence de $HB_sAg$ dans le sang de ces patients. S'il n'y a pas de $HB_eAg$, ces patients sont probablement des porteurs asymptomatiques de l'hépatite B; s'il y a du $HB_eAg$, il peut s'agir de patients atteints d'hépatite chronique et, de ce fait, plus dangereux.

Contrairement à l'hépatite A, qui se transmet principalement par la voie fécale-orale, l'hépatite B se transmet surtout par le sang (voie percutanée et muqueuses). On a repéré le virus dans le sang, la salive, le sperme et les sécrétions vaginales; ce virus peut se transmettre par les muqueuses ainsi que par les ruptures de la peau. L'hépatite B peut avoir une longue période d'incubation. Elle se réplique dans le foie et demeure dans le sérum pour des périodes relativement longues, ce qui favorise la transmission du virus. C'est pourquoi l'on compte parmi les personnes à risques les médecins généralistes, les techniciens de laboratoire, les dentistes,

**TABLEAU 29-3.** *Caractéristiques comparées des divers types d'hépatite virale*

|  | *Hépatite A* | *Hépatite B* | *Hépatite C* | *Hépatite D* |
|---|---|---|---|---|
| Autres noms | HAV, hépatite de type A, hépatite virale A, hépatite infectieuse ou épidémique; virus IH | HBV, hépatite de type B, hépatite sérique, virus SH, particules de Dane | Hépatite non A — non B | Virus delta, agent delta |
| ***ÉPIDÉMIOLOGIE*** | | | | |
| Cause | Virus de l'hépatite A | Virus de l'hépatite B | Virus de l'hépatite C; peut constituer plus d'un virus. | Virus de l'hépatite D |
| Mode de transmission | Contamination fécale-orale; mauvaise hygiène<br>Contact avec personnes infectées<br>Eau, aliments, crustacés contaminés<br>Rarement par transfusions sanguines | Absorption parentérale, ou par contact intime avec un malade en phase aiguë; entre homosexuels masculins<br>Transmission verticale, de la mère au nourrisson<br>Instruments, seringues ou aiguilles contaminés; dialyse rénale* | Transfusion de sang ou de dérivés du sang<br>Employés des centres de transplantation rénale ou de dialyse rénale<br>Toxicomanie parentérale<br>Établissements de soins prolongés* | Comme pour l'hépatite B<br>La réplication exige l'antigène de surface du virus de l'hépatite B; il s'ensuit un développement semblable à celui de l'hépatite B. |
| Source du virus ou de l'antigène | Sang, fèces, salive | Sang, salive, sperme, sécrétions vaginales | Semble se propager par voie sanguine | |
| Répartition en fonction de l'âge | Jeunes adultes (15-29 ans); personnes d'âge mûr ayant échappé à l'infection durant l'enfance. | Toutes catégories d'âge, mais surtout les jeunes adultes | Comme pour l'hépatite B | |
| Période d'incubation | De 1 à 7 semaines; moyenne: 30 jours | De 2 à 5 mois; moyenne: 90 jours | Variable: de 14 à 115 jours; moyenne: 50 jours | |
| Diffusion | Mondiale | Mondiale | Mondiale<br>Représente 20 % des cas sporadiques | |
| Anticorps | Anti-HAV<br>Présent dans le sérum de convalescents et dans les immunoglobulines sériques (IGS) | Anti-HB$_c$ (anticorps dirigé contre l'antigène nucléocapsidique)<br>Anti-HB$_s$ (anticorps dirigé contre l'antigène de surface) | | |
| Immunité | Homologue | Homologue | | |
| Gravité | Généralement anictérique et asymptomatique | Plus grave que l'hépatite A | Gravité très variable; ressemble à l'hépatite A ou B; s'étend souvent sur plusieurs mois.<br>Peut évoluer vers une hépatite chronique* ou une cirrhose. | Fréquence accrue d'hépatite fulminante |
| ***NATURE DE LA MALADIE*** | | | | |
| Signes et symptômes | Peut survenir avec ou sans symptômes: affection ressemblant à la grippe.<br>Phase préictérique: céphalées, malaises, fatigue, anorexie, lassitude, fièvre<br>Phase ictérique: urine foncée, ictère scléral, ictère, sensibilité et parfois hypertrophie du foie | Peut survenir sans symptômes.<br>Taux de transaminase sérique: 1000 UI/L<br>Peut développer des anticorps contre le virus.<br>Semblable à l'hépatite A, mais plus grave<br>S'accompagne rarement de fièvre et de symptômes respiratoires, mais parfois d'arthralgie ou d'érythème. | Comme pour l'hépatite B<br>Moins grave, anictérique | Comme pour l'hépatite B |

* De récentes recherches laissent croire qu'il en va de même pour l'hépatite B et l'hépatite C.

**TABLEAU 29-3.**   (suite)

| | *Hépatite A* | *Hépatite B* | *Hépatite C* | *Hépatite D* |
|---|---|---|---|---|
| Diagnostic et méthode | Transaminases sériques élevées<br>Taux de fixation du complément<br>Dosage par la méthode radio-immunologique | $HB_sAg$ (antigène de surface du virus de l'hépatite B), $HB_eAg$ (antigène «e» de l'hépatite B) et anti-$HB_c$ (anticorps dirigé contre l'antigène nucléocapsidique), en l'absence d'anti-$HB_s$ (pouvant être obtenu en batterie) dans le sérum<br>Transaminases sériques élevées<br>Dosage par radio-immunodosage-hémagglutination | | Anticorps antidelta, en présence de $HB_sAg$ (antigène de surface du virus de l'hépatite B) |
| Gravité | Généralement bénigne<br>Taux de mortalité clinique: de 0 à 1 % | Variable, peut devenir grave<br>Taux de mortalité clinique: de 1 à 10 % | Nombreux cas d'infection chronique inapparente et de maladie chronique du foie | Comme dans l'hépatite B mais avec plus fort risque d'hépatite active chronique et de cirrhose |
| Traitement | Apport liquidien adéquat, repos, bonne alimentation | Comme pour l'hépatite A<br>Tests actuellement en cours sur un vaccin à virus par chimiothérapie, capable d'éliminer l'hépatite chronique inapparente | Recherche en cours: interféron alpha | Recherche en cours: interféron alpha |
| *PRÉVENTION* | Bonne salubrité<br>Bonne hygiène personnelle<br>Techniques de stérilisation adéquates<br>Rigoureuse sélection des préposés affectés à la manipulation des aliments<br>Administration d'immunoglobuline dans les quelques jours qui suivent l'exposition | Administration d'immunoglobuline à hépatite B; probablement utile après ingestion, inoculation ou éclaboussures de $HB_sAg$ (antigène de surface du virus de l'hépatite B)<br>On recommande l'administration du vaccin à hépatite B pour immuniser, avant exposition, les personnes à risque élevé.<br>Sélection des donneurs de sang | Sélection des donneurs de sang | Éviter l'exposition à l'hépatite B |

les infirmières et les inhalothérapeutes, ainsi que le personnel et la clientèle des centres d'hémodialyse et d'oncologie. Il faut également considérer comme personnes à risque les homosexuels actifs de sexe masculin, ainsi que les toxicomanes qui s'administrent des drogues par voie intraveineuse. Le dépistage obligatoire de l'$HB_sAg$ chez les donneurs de sang a réduit de beaucoup l'incidence de l'hépatite B consécutive aux transfusions sanguines.

**Évaluation et manifestations cliniques.**   Sur le plan clinique, l'hépatite B ressemble beaucoup à l'hépatite A. Mais la période d'incubation, nettement plus longue, dure de deux à cinq mois. Le taux de mortalité, également plus élevé, varie de 1 à 10 % selon l'étendue de l'infection et l'état du patient. Les signes et symptômes de l'hépatite B, qui peuvent être insidieux, varient largement d'un cas à l'autre. La fièvre et les symptômes respiratoires sont rares. Certains patients éprouvent des arthralgies et ont des éruptions cutanées. D'autres perdent l'appétit et éprouvent de la dyspepsie, des douleurs abdominales, des douleurs diffuses dans tout le corps, des malaises et une faiblesse générale. L'ictère peut être visible ou non. Lorsqu'il se manifeste, les selles sont pâles et les urines sont foncées. Le foie, sensible et hypertrophié, peut mesurer de 12 à 14 cm à la verticale. Chez un petit nombre de patients, la rate, hypertrophiée, devient palpable; parfois, les ganglions latéraux du cou peuvent être hypertrophiés.

**Gérontologie.**   Le patient âgé qui contracte l'hépatite B risque une grave nécrose des cellules du foie ou une défaillance hépatique fulminante, particulièrement s'il souffre en même temps d'autres maladies. L'hépatite B est alors grave, et le pronostic sombre.

**Traitement.**   On a récemment effectué des essais cliniques à l'aide de l'interféron alpha. Il semble qu'un traitement rapide, qui consiste à injecter par voie sous-cutanée cinq millions d'unités quotidiennement pendant quatre mois, provoque une rémission de l'hépatite B chez un tiers des patients. Ce traitement élimine chez 10 % des patients l'antigène de surface du virus de l'hépatite B (indicateur d'un état infectieux). Ces résultats sont certes prometteurs; mais il convient de noter que l'interféron reste inefficace chez bon nombre de patients, qu'il doit être administré par injection quotidienne et qu'il n'est pas dénué d'effets secondaires. Ces effets secondaires peuvent comprendre des symptômes pseudogrippaux ainsi que de la fatigue. Il faudra en outre un suivi à long terme pour déterminer si les effets de l'interféron se maintiennent et si, en fin de compte, ce traitement réduit l'incidence des carcinomes hépatiques chez les patients atteints d'hépatite B.

Quel que soit le traitement qu'on utilise par ailleurs, on recommande normalement l'alitement jusqu'à disparition des symptômes de l'hépatite. Par la suite, on restreint l'activité du patient jusqu'à ce que soit résorbée l'hypertrophie du foie et que soient abaissées les concentrations de bilirubine sérique et d'enzymes hépatiques. On doit maintenir une alimentation adéquate, mais réduire l'ingestion de protéines si les symptômes indiquent que le foie n'arrive plus à métaboliser les sous-produits protéiniques. Pour réduire les symptômes dyspepsiques et les malaises généraux, on utilise aussi d'autres mesures thérapeutiques, comme l'administration d'antiacides, de belladone ou d'antiémétiques. On doit cependant éviter tout médicament si les vomissements posent un problème. On doit alors hospitaliser le patient et le soumettre à une rééquilibration hydrique. Étant donné le mode de transmission de la maladie, il faut également vérifier si le patient est porteur d'autres maladies à diffusion hématogène.

La convalescence peut être longue; la complète élimination des symptômes peut prendre trois ou quatre mois. Pendant la convalescence (une fois l'ictère complètement disparu), il est souhaitable de rétablir graduellement l'activité physique.

Il appartient à l'infirmière de tenir compte des problèmes psychosociaux que vit le patient, en particulier l'isolement dans lequel la phase aiguë et la phase infectieuse de sa maladie l'ont laissé par rapport à sa famille et à ses amis. Il faut prévoir des mesures particulières pour limiter les effets de la maladie sur la perception sensorielle. On doit également aider le patient et sa famille à surmonter leur crainte et leur anxiété quant à la propagation de la maladie.

### Enseignement au patient et soins à domicile.
Étant donné que la convalescence est longue, il faut préparer le patient et sa famille aux soins à domicile. Avant même de donner au patient son congé, on doit s'assurer qu'il trouvera chez lui le repos et l'alimentation dont il a besoin. On doit renseigner sur les risques de contagion les parents et amis qui seront en étroit contact avec le convalescent, et faire en sorte qu'ils reçoivent le vaccin contre l'hépatite B ou de l'immunoglobuline. Les personnes à risque doivent recevoir toute information utile sur les premiers signes de l'hépatite B et sur les moyens de réduire les risques d'infection. Il vaut mieux que le centre local de services communautaires (CLSC) envoie à domicile une infirmière. Celle-ci évaluera les progrès du patient, répondra aux questions de la famille sur la transmission de la maladie et s'assurera que tous saisissent bien l'importance du repos et d'une bonne alimentation. Étant donné les risques de transmission par relations sexuelles, l'infirmière du CLSC devra recommander des mesures de protection (comme l'usage de préservatifs ou l'abstinence) pour éviter l'échange de liquides biologiques.

**Pronostic.** D'après les statistiques, le taux de mortalité due à l'hépatite B atteint 10 %. Il faut y ajouter un autre 10 %, représentant les patients chez qui cette maladie dégénère en infection inapparente ou en hépatite chronique. L'hépatite B demeure, à travers le monde, la cause principale de la cirrhose du foie et de l'hépatome.

### Prévention et lutte contre la maladie.
Les objectifs sont les suivants: (1) interrompre la chaîne de transmission; (2) à l'aide du vaccin contre l'hépatite B, protéger les personnes à risque; et (3) utiliser l'immunisation passive pour les personnes exposées sans protection au virus de l'hépatite B.

Pour réduire le risque de transmission par transfusion sanguine, on doit généraliser le dépistage des porteurs du $HB_sAg$ parmi les donneurs de sang. Pour réduire le risque d'infection entre patients pendant le prélèvement d'échantillons sanguins ou pendant les thérapies parentérales, on n'utilisera que des seringues, aiguilles et lancettes uniservice. (Il faut se rappeler que partout où des toxicomanes se partagent l'usage d'aiguilles intraveineuses, on assiste à une flambée des cas d'hépatite.) De même, on prendra soin d'administrer toute médication à l'aide d'ampoules individuelles.

Dans tout laboratoire clinique, les techniciens s'abstiendront de manger. Ils porteront des gants pour manipuler le sang et les autres liquides biologiques ainsi que les spécimens $HB_sAg$ positifs. Les aires de travail seront désinfectées quotidiennement.

### Vaccin contre l'hépatite B.
Pour les personnes à risque élevé, on recommande l'immunisation active. Le vaccin se présente sous deux formes. L'une est préparée à partir de plasmas sanguins prélevés sur des humains chroniquement infectés par le virus de l'hépatite B. Certes, l'enthousiasme pour la vaccination contre l'hépatite B s'est refroidi à cause de la crainte d'une possible transmission du virus de l'immunodéficience humaine (VIH). Pourtant, aucune des nombreuses études sur le sujet n'a pu établir que le sida puisse être transmis par le vaccin contre l'hépatite B. Tous les virus, y compris celui du sida, sont tués pendant la préparation du vaccin. On a récemment mis au point un deuxième vaccin contre l'hépatite B: c'est le Recombivax HB, préparé à partir d'une souche de levure recombinée. Sa réponse est semblable à celle du vaccin dérivé du plasma, mais avec un plus faible titre d'anticorps; il faut donc parfois administrer des injections de rappel. On n'a encore établi ni la durée de la protection assurée par le vaccin, ni l'opportunité des injections de rappel.

Chacun des deux vaccins décrits ci-dessus est administré en trois doses; la deuxième et la troisième sont injectées respectivement un mois et six mois après la première. Chez les adultes, l'injection doit se faire dans le muscle deltoïde, car, en la pratiquant dans la région fessière, on risque de ne pas obtenir une aussi bonne réaction. Les personnes à risque élevé (y compris les infirmières et tout le personnel infirmier en contact avec le sang ou les dérivés du sang) devraient recevoir une immunisation active. (On trouvera dans le tableau 29-4 une liste des autres personnes à risque qui devraient recevoir le vaccin contre l'hépatite B.) On procède au dépistage des anticorps anti-$HB_s$ chez les travailleurs de la santé qui ont eu de fréquents contacts avec le sang, pour déterminer si les précédentes expositions les ont déjà immunisés. Des études ont démontré que le vaccin contre l'hépatite B confère une immunité active à 90 % des personnes en bonne santé. Il n'apporte aucune protection à celles qui ont déjà été exposées au virus B, pas plus qu'il ne protège contre l'hépatite A ou l'hépatite C. Les effets indésirables de l'immunisation sont rares; ils se limitent généralement à une douleur et une rougeur autour du point d'injection.

**TABLEAU 29-4.** *Personnes particulièrement exposées à l'hépatite B*

Travailleurs de la santé fréquemment exposés au sang, aux dérivés du sang ou à d'autres liquides biologiques; la liste, non exhaustive, comprend:
le personnel des centres d'hémodialyse
les infirmières en oncologie et en chimiothérapie
les autres personnes risquant les piqûres d'aiguille
le personnel des salles d'opération
les inhalothérapeutes
les dentistes
Les patients des centres d'hémodialyse
Les homosexuels actifs de sexe masculin
Les usagers de drogues illégales administrées par voie intraveineuse
Les proches ou les partenaires sexuels des personnes porteuses du virus de l'hépatite B
Les voyageurs à destination de régions où règnent de mauvaises conditions d'hygiène
Les hétérosexuels ayant de nombreux partenaires
Les receveurs de dérivés du sang (comme les concentrés de facteurs de coagulation)

***Immunoglobuline anti-hépatite B.*** L'administration d'immunoglobuline anti-hépatite B (IGHB) est indiquée pour les personnes qui, exposées au virus de l'hépatite B, n'ont jamais contracté la maladie ni été vaccinées contre elle. De cette catégorie font partie les cas suivants: (1) exposition accidentelle à du sang $HB_sAg$ positif, par voie percutanée (piqûre d'aiguille) ou par voie transmuqueuse (éclaboussures en contact avec les muqueuses); (2) les personnes ayant eu des relations sexuelles avec des personnes $HB_sAg$ positives; et (3) exposition périnatale. L'immunoglobuline anti-hépatite B, qui entraîne une immunité passive, est préparée à partir de plasmas choisis pour leur titre élevé d'anti-$HB_s$ (anticorps dirigé contre l'antigène de surface de l'hépatite B). Il n'est pas établi, rappelons-le, que l'infection par le virus de l'immuno-déficience humaine (VIH) puisse se transmettre par l'immunoglobuline anti-hépatite B.

Pour les personnes exposées à l'hépatite B par suite de relations sexuelles ou par voie percutanée ou transmuqueuse, on recommande les deux types d'immunisation: active et passive. Si l'on administre en même temps l'immunoglobuline et le vaccin, on doit le faire en deux points d'injection distincts et utiliser deux seringues.

## Hépatite C

Un certain nombre de cas d'hépatite ne relèvent ni de l'hépatite A ni de l'hépatite B; on parle alors d'«hépatite C», appellation qui a remplacé celle d'«hépatite non A — non B». Cette forme d'hépatite peut avoir pour cause trois virus différents. Parmi les personnes à risque élevé, on trouve les enfants qui reçoivent de fréquentes transfusions ou ceux qui ont besoin de forts volumes de sang. Mais l'hépatite C ne frappe pas

seulement des patients qui ont subi une transfusion ou des toxicomanes qui utilisent des drogues par injection. Elle frappe aussi le personnel des centres de dialyse rénale et les pensionnaires de foyers pour déficients mentaux; elle se transmet également à l'occasion de relations sexuelles.

La période d'incubation de l'hépatite C a une durée variable, ce qui reflète bien la diversité des causes possibles. Les symptômes de l'hépatite C consécutive à une transfusion surviennent habituellement six ou sept semaines après cette transfusion. Le cheminement clinique de l'hépatite C aiguë est semblable à celui de l'hépatite B. Les symptômes sont habituellement bénins. Souvent, cependant, il se produit ensuite une infection chronique inapparente. Les personnes qui ont souffert de l'hépatite C sont prédisposées à la maladie chronique du foie, et le risque de cirrhose ou de cancer du foie devient pour eux plus élevé. On a expérimenté une thérapie à long terme, qui utilise de petites doses d'interféron; les essais préliminaires ont eu de bons effets sur certains patients atteints d'hépatite C.

On a approuvé en 1990 une méthode de dépistage de l'hépatite C dans les transfusions sanguines; son application devrait réduire considérablement le nombre des cas d'hépatite reliés aux transfusions.

## Hépatite D

L'hépatite D, ou hépatite delta, survient dans certains cas d'hépatite B. Rappelons que la réplication de ce virus exige l'antigène de surface de l'hépatite B; c'est pourquoi seules les personnes atteintes d'hépatite B risquent de contracter l'hépatite D. Si l'épreuve de laboratoire décèle des anticorps antidelta en présence du $HB_sAg$, le diagnostic est confirmé. L'hépatite D est également courante chez les toxicomanes qui utilisent des drogues par injection, chez les patients en hémodialyse et chez les receveurs de multiples transfusions sanguines. Les symptômes de l'hépatite D sont semblables à ceux de l'hépatite B, avec cette différence que les patients courent plus de risques de souffrir d'infection fulminante, elle-même susceptible de dégénérer en hépatite chronique active et en cirrhose. On recourt aux mêmes traitements que pour les autres formes d'hépatite; le traitement à l'interféron, cependant, est encore au stade de la recherche.

# HÉPATITE TOXIQUE ET HÉPATITE MÉDICAMENTEUSE

Certains produits chimiques entraînent des effets toxiques pour le foie; absorbés par la bouche ou injectés par voie parentérale, ils produisent une nécrose aiguë du foie, ou *hépatite toxique*. Les produits chimiques les plus souvent responsables de cette maladie sont le tétrachlorure de carbone, le phosphore, le chloroforme et les composés aurifères. Ce sont de véritables hépatotoxines.

Nombre de médicaments sont susceptibles de causer l'hépatite, mais ils sont plutôt sensibilisants que toxiques. Le résultat, c'est-à-dire l'*hépatite médicamenteuse*, ressemble à l'hépatite virale aiguë; toutefois, la destruction du parenchyme hépatique a tendance à être plus étendue. Citons quelques médicaments susceptibles d'entraîner l'hépatite: l'isoniazide, l'halothane, l'acétaminophène, de même que certains agents antibiotiques, antimétaboliques ou anesthésiques.

***Manifestations cliniques et traitement.*** À son éclosion, l'hépatite toxique ressemble à l'hépatite virale. Il convient d'abord d'établir les antécédents d'exposition aux produits chimiques, aux médicaments et aux autres agents hépatotoxiques; cela accélérera la mise en route du traitement et l'élimination des causes. L'anorexie, la nausée et les vomissements constituent les symptômes habituels; l'examen physique permettra de déceler un ictère et une hépatomégalie. Plus l'intoxication est grave, plus les symptômes sont marqués.

La guérison de l'hépatite médicamenteuse aiguë sera rapide, pour autant que l'exposition ait été limitée en durée et en intensité, et qu'on ait vite repéré et éliminé l'hépatotoxine. Mais les chances de guérison sont minces s'il s'est écoulé une longue période entre cette exposition et l'apparition des symptômes. Il n'existe aucun antidote efficace. La fièvre monte, le patient devient profondément intoxiqué et prostré. Les vomissements peuvent être persistants et contenir du sang. On peut constater de graves anomalies de la coagulation et voir apparaître des hémorragies sous-cutanées. Les symptômes gastro-intestinaux peuvent s'aggraver jusqu'au collapsus vasculaire. Le délire, le coma et les convulsions prennent de l'ampleur et, habituellement en peu de jours, le patient meurt d'une hépatite fulminante. (Voir la section suivante.)

Mise à part la greffe de foie, les possibilités de traitement sont minces. L'objectif immédiat consiste à restaurer et à maintenir l'équilibre hydroélectrolytique, à remplacer le sang perdu et à s'assurer que le patient reçoit le soutien et le réconfort nécessaires. Peu de patients survivent à l'hépatite toxique aiguë, et ce n'est souvent que pour souffrir ensuite d'une maladie chronique du foie.

Advenant la guérison du foie, il peut y avoir cicatrisation, suivie d'une cirrhose postnécrotique. Selon le médicament en cause, la sensibilité du patient peut se manifester dès le premier jour de l'administration ou seulement quelques mois plus tard. Généralement, la réaction est brusque et s'accompagne de frissons, de fièvre, d'éruption cutanée, de prurit, d'arthralgie, d'anorexie et de nausées. Par la suite, on peut noter un ictère, des urines foncées, un foie hypertrophié et sensible. Une fois interrompue l'administration du médicament en cause, les symptômes peuvent disparaître graduellement. La réaction peut cependant être violente, et même fatale, malgré l'arrêt du médicament. Si de la fièvre, une éruption cutanée ou un prurit apparaissent après la prise d'un médicament, le patient doit immédiatement cesser de le prendre.

On s'est inquiété, à juste titre, des effets qu'entraîne pour le foie un inhalant anesthésique non explosif aujourd'hui fort répandu: l'halothane (Fluothane). Celui-ci peut causer au foie des lésions graves et parfois fatales. Son emploi est donc contre-indiqué (1) pour les patients atteints d'affections hépatiques; (2) à répétition, particulièrement pour les patients chez qui une première administration d'halothane a été suivie d'une fièvre sans cause connue; et (3) pour les patients qu'on sait déjà sensibilisés. Cette sensibilisation se serait manifestée pendant la deuxième semaine suivant l'opération par de la fièvre, une éruption cutanée, une éosinophilie, une arthralgie ou un ictère.

## HÉPATITE FULMINANTE

L'hépatite fulminante se caractérise par l'apparition d'une encéphalopathie hépatique dans les huit semaines qui suivent l'éclosion de la maladie chez un patient qui ne présentait jusque-là aucun dysfonctionnement hépatique. L'évolution clinique comporte une détérioration rapide et spectaculaire causée par une lésion hépatocellulaire et une nécrose massive. Le taux de mortalité est extrêmement élevé (de 60 à 85 %), malgré des traitements intensifs.

L'hépatite fulminante a le plus souvent pour cause une hépatite virale. Parmi les autres causes figurent les médicaments toxiques (comme l'acétaminophène), les substances chimiques (comme le tétrachlorure de carbone), les troubles métaboliques (la maladie de Wilson, ou dégénérescence hépatolenticulaire), et les transformations structurelles (syndrome de Budd-Chiari).

L'apparition d'un ictère et d'une anorexie profonde amène généralement le patient à consulter. Par la suite, la maladie s'accompagne souvent d'anomalies dans la coagulation, de déficiences rénales, de troubles électrolytiques, d'infection, d'hypoglycémie, d'encéphalopathie et d'œdème cérébral.

Comme traitement de l'hépatite fulminante, on a jusqu'ici utilisé l'exsanguinotransfusion de sang ou de plasma, l'hémoperfusion sur charbon activé et l'injection de corticostéroïdes. Malgré cela, le taux de mortalité demeure élevé. C'est pourquoi la greffe de foie est devenue le traitement privilégié de cette maladie. On trouvera à la page 807 un exposé sur la greffe de foie.

## CIRRHOSE DU FOIE

La cirrhose du foie désigne la cicatrisation de cet organe. On distingue généralement trois types de cirrhose:

1. La *cirrhose de Laennec* (ou cirrhose portale, cirrhose alcoolique, ou cirrhose nutritionnelle), où le tissu cicatriciel entoure les espaces portes. Cette forme, généralement imputable à l'alcoolisme chronique, constitue la forme la plus répandue de cirrhose.

2. La *cirrhose postnécrotique* (ou cirrhose méta-ictérique), où l'on remarque de larges bandes de tissu cicatriciel, résultat tardif d'une hépatite virale aiguë survenue précédemment.

3. La *cirrhose biliaire*, caractérisée par une cicatrisation péricholangitique et périlobulaire. Ce type de cirrhose est habituellement le résultat d'une obstruction et d'une infection biliaire chronique (cholangite); son incidence est nettement inférieure à celles de la cirrhose de Laennec et de la cirrhose postnécrotique.

La partie du foie qui est principalement en cause dans la cirrhose est constituée des espaces portes et périportes, où les canalicules biliaires de chaque lobule communiquent entre eux pour former les canaux biliaires. Sous l'effet de l'inflammation, la bile épaissie et le pus bloquent les canaux biliaires. Le foie tente alors de former de nouveaux canaux; il se produit donc une surabondance de tissus, composés en bonne partie de nouveaux conduits biliaires sans connexions et entourés de tissu cicatriciel.

Parmi les manifestations cliniques de cette maladie, on note, par intermittence, l'ictère et la fièvre. Au début, le foie est hypertrophié, dur et de forme irrégulière; par la suite, il s'atrophie. Le traitement est le même que pour les autres formes d'insuffisance chronique du foie.

## Physiopathologie

Certes, on connaît à la cirrhose plusieurs causes possibles. Mais la consommation d'alcool semble bien être la principale de ces causes: c'est parmi les alcooliques qu'on trouve le plus fréquemment cette maladie. La carence de protéines dans l'alimentation contribue elle aussi à la détérioration du foie par la cirrhose, mais l'excès d'alcool demeure le principal responsable de la stéatose hépatique et de ses conséquences. On relève cependant des cas de cirrhose chez des personnes qui ne consomment aucun alcool, tout comme chez des personnes qui en consomment beaucoup mais s'alimentent normalement.

Certaines personnes — alcooliques ou non, souffrant ou non de malnutrition — semblent plus réceptives que d'autres à cette maladie. D'autres facteurs peuvent y concourir, dont l'exposition à certains produits chimiques (tétrachlorure de carbone, naphtaline chlorée, arsenic ou phosphore) ou à la schistosomiase infectieuse. Pour une femme atteinte de cette maladie, on trouve deux hommes qui le sont; la majorité des patients ont entre 40 à 60 ans.

La cirrhose de Laennec se caractérise par des épisodes de nécrose successives qui touchent les cellules hépatiques. Les cellules détruites font graduellement place à du tissu cicatriciel et la quantité de tissu cicatriciel finit par dépasser la quantité de tissu fonctionnel. Des îlots de tissu normal résiduel et de tissu en voie de régénération peuvent faire saillie hors des régions resserrées du foie et donner à celui-ci l'aspect clouté caractéristique de la cirrhose. La maladie connaît habituellement une éclosion insidieuse et une très longue évolution; celle-ci s'étend parfois sur 30 ans ou plus.

## Manifestations cliniques

Peu après le début de la cirrhose, le foie tend à s'hypertrophier et ses cellules se chargent de graisse; il devient ferme et présente à la palpation un bord tranchant. Cette hypertrophie rapide peut provoquer des douleurs abdominales à cause de la tension exercée sur la gaine vasculobiliaire (capsule de Glisson). Plus tard au cours de la maladie, le foie s'atrophie au fur et à mesure que le tissu cicatriciel contracte le tissu hépatique. À la palpation, le bord du foie est bosselé.

Ces manifestations tardives sont dues en partie à la défaillance chronique de la fonction hépatique et en partie à l'obstruction de la circulation porte. Presque tout le sang venu des organes digestifs se trouve recueilli dans les veines portes, puis transporté vers le foie. Comme le foie cirrhotique bloque la circulation du sang, ce dernier est refoulé dans la rate et dans le tractus gastro-intestinal. Ces organes deviennent alors le siège d'une congestion passive chronique, la stagnation du sang les empêchant de fonctionner normalement. Souvent, les patients présentent des troubles dyspeptiques chroniques, ainsi que de la constipation ou de la diarrhée. On note une perte pondérale progressive. Du liquide riche en protéines peut s'accumuler dans la cavité péritonéale, où il provoque une ascite. À la percussion, on constate une matité mobile ou un signe du flot (voir la figure 29-4). Il peut aussi y avoir une splénomégalie. L'examen de la figure et du tronc révèle souvent un angiome stellaire, ou dilatation des artérioles superficielles, qui donne à celles-ci l'aspect d'araignées d'un rouge bleuté.

Ainsi donc, la transformation des fibres obstrue la circulation sanguine qui traverse normalement le foie. Cette obstruction, à son tour, provoque la formation de vaisseaux sanguins collatéraux dans le système gastro-intestinal et la dérivation du sang des vaisseaux portes vers des vaisseaux sanguins à pression plus faible. C'est pourquoi l'on trouve souvent, chez les patients atteints de cirrhose, des vaisseaux sanguins distendus: certains, proéminents, sont visibles à l'examen de l'abdomen (*têtes de Méduse*); d'autres peuvent apparaître tout au long du tractus gastro-intestinal. Ces vaisseaux sanguins collatéraux se forment le plus souvent dans l'œsophage, dans l'estomac et dans la partie inférieure du rectum; selon leur siège, ils deviennent varices ou hémorroïdes. N'étant pas destinés à soutenir la pression et le volume sanguins que la cirrhose entraîne, ces vaisseaux peuvent se rompre et saigner. C'est pourquoi il faut détecter à l'examen toute hémorragie (interne ou externe) provenant du tractus gastro-intestinal. Environ 25 % des patients ont de petites hématémèses; d'autres ont de fortes hémorragies, provenant de l'estomac ou de varices œsophagiennes.

D'autres symptômes tardifs de la cirrhose sont imputables à une défaillance chronique de la fonction hépatique. La concentration d'albumine plasmatique étant réduite, le patient est prédisposé à l'œdème. La surproduction d'aldostérone provoque la rétention de sodium et d'eau ainsi que l'excrétion de potassium. Par ailleurs, la formation, le stockage et l'utilisation de certaines vitamines (particulièrement les vitamines A, C et K) deviennent insuffisantes. Cette carence se traduit fréquemment par l'apparition de phénomènes associés à l'avitaminose, notamment les hémorragies provoquées par la carence en vitamine K. La gastrite chronique, le dysfonctionnement gastro-intestinal, les carences alimentaires et le dysfonctionnement hépatique sont causes de l'anémie souvent constatée chez les patients atteints de cirrhose du foie. À leur tour, l'anémie, la mauvaise alimentation et le piètre état de santé du patient se traduisent par une profonde fatigue qui l'empêche de poursuivre ses activités quotidiennes normales.

Les manifestations cliniques peuvent aller jusqu'à la détérioration de la fonction mentale: il y a menace d'encéphalopathie et de coma hépatique. On recommande donc de procéder à un examen neurologique qui portera sur le comportement général du patient, ses capacités cognitives, son sens de l'orientation spatiotemporelle et son élocution.

L'infirmière doit non seulement noter les manifestations cliniques, mais aussi obtenir des renseignements précis sur les habitudes du patient en matière d'alimentation et de consommation d'alcool. Elle doit aussi, dans certains cas, vérifier si le patient est exposé à des agents toxiques au travail ou dans ses loisirs. Elle note tous les médicaments pris par le patient, y compris les anasthésiques généraux, et elle en vérifie l'hépatotoxicité.

## Examens diagnostiques

Les résultats des épreuves de laboratoire permettent de mesurer l'étendue de l'affection hépatique et le type de traitement à y apporter. En raison de la complexité des fonctions du foie, on dispose d'un large éventail d'épreuves diagnostiques susceptibles de fournir des renseignements sur l'état de cet organe (voir le tableau 29-1). Le patient a besoin de savoir pourquoi ces épreuves sont effectuées et de quelle façon il peut collaborer. Dans les cas de grave dysfonction du parenchyme hépatique, le taux sérique d'albumine tend à diminuer, tandis que le taux de globuline s'élève. Les dosages des enzymes sériques mesurent la détérioration des cellules hépatiques:

les taux de phosphatases alcalines, d'aspartate transférase (AST), et d'alanine transférase (ALT) augmentent, tandis que les taux de cholinestérase sérique peuvent diminuer. On effectue un dosage de la bilirubinémie pour mesurer l'excrétion de la bile ou sa rétention. Quant à la photolaparoscopie, utilisée de pair avec la biopsie, elle permet une exploration visuelle directe du foie.

L'échographie et la scintigraphie mesurent la différence de densité entre les cellules parenchymateuses et le tissu cicatriciel. La tomodensitométrie et la scintigraphie radio-isotopique renseignent sur la taille du foie, ainsi que sur la circulation ou l'obstruction du sang qui est censé l'irriguer.

## Traitement

Le traitement du patient atteint de cirrhose est habituellement fonction des symptômes que celui-ci présente. Ainsi, on prescrit des antiacides pour réduire les douleurs gastriques et le risque d'hémorragie gastro-intestinale. Les vitamines et les suppléments nutritifs favorisent la guérison des cellules hépatiques atteintes et améliorent l'état nutritionnel général du patient. Les diurétiques d'épargne potassique (comme la spironolactone) sont indiqués pour diminuer l'ascite s'il y a lieu; contrairement aux autres agents diurétiques, ils contribuent à rétablir l'équilibre hydroélectrolytique. Le médecin doit prévenir instamment le patient contre toute ingestion d'alcool; de son côté, l'infirmière, tout en faisant preuve d'empathie, doit appuyer cette recommandation avec fermeté. Certes, toutes ces mesures n'arriveront pas à guérir la fibrose d'un foie cirrhotique, mais elles pourront arrêter ou freiner sa progression.

On a effectué des études préliminaires sur l'utilisation de la colchicine dans le traitement de la cirrhose. Or, cet anti-inflammatoire, déjà utilisé contre les symptômes de la goutte, semble capable de prolonger la vie de patients atteints de cirrhose bénigne ou modérée.

## ▶ DÉMARCHE DE SOINS INFIRMIERS PATIENTS ATTEINTS DE CIRRHOSE DU FOIE

### ▷ Collecte des données

L'infirmière recueille des données sur les causes déterminantes, en particulier sur les antécédents d'abus chronique d'alcool et sur les changements survenus dans l'état physique et mental du patient. Elle fait le bilan de la consommation d'alcool et consigne ses données au dossier. À l'aide d'entrevues avec le patient, elle évalue l'état mental de celui-ci; elle note son orientation par rapport aux personnes, au lieu et au temps. Son aptitude à exercer des activités professionnelles ou domestiques fournit certaines données sur son état physique et mental. Ses relations avec sa famille, ses amis et ses collègues peuvent être révélatrices d'une incapacité due à l'alcoolisme et à la cirrhose. L'infirmière note aussi le ballonnement, la distension abdominale, les hémorragies gastro-intestinales, les ecchymoses et les variations de poids.

### ▷ Analyse et interprétation des données

Selon les données recueillies, voici les principaux diagnostics infirmiers possibles:

- Intolérance à l'activité reliée à la fatigue, à la faiblesse généralisée et à l'atrophie musculaire
- Déficit nutritionnel relié à une gastrite chronique, au ralentissement du transit gastro-intestinal et à l'anorexie
- Atteinte à l'intégrité de la peau reliée à l'œdème, à l'ictère et à la déficience du système immunitaire
- Risque élevé d'accident relié à la dégradation des mécanismes de coagulation et à l'hypertension portale
- Altération des opérations de la pensée reliée au dysfonctionnement hépatique et à la hausse des taux d'ammoniaque sérique

### ▷ Planification et exécution

▷ *Objectifs de soins:*  Autonomie; amélioration de l'état nutritionnel; amélioration de l'état de sa peau; réduction des risques de blessure; amélioration de l'état mental

### ▷ Interventions infirmières

Pour aider le patient à atteindre ces objectifs, le traitement doit viser principalement à (1) favoriser le repos, pour que le foie déjà déréglé n'ait pas à fournir un trop grand effort; (2) satisfaire les besoins nutritionnels du patient; (3) prévenir toute nouvelle atteinte à l'intégrité de la peau; (4) réduire les risques d'hémorragie; (5) réduire les perturbations métaboliques et éliminer le plus possible les facteurs susceptibles d'aggraver encore la détérioration de la fonction mentale.

▷ *Repos.*  Le patient atteint d'une maladie hépatique active a besoin de repos et de soutien pour permettre au foie de recouvrer son fonctionnement normal. On doit mesurer et enregistrer quotidiennement le bilan des ingesta et des excreta du patient ainsi que son poids. Lorsqu'il est alité, on installe le patient de façon à permettre une expansion respiratoire maximale; cette précaution prend une importance particulière lorsqu'une ascite marquée gêne les mouvements du thorax. Lorsque le patient souffre d'insuffisance hépatique, on doit parfois recourir à l'oxygénothérapie afin d'oxygéner les cellules affaiblies et de prévenir la destruction des autres.

Le repos permet au foie de se rétablir en réduisant les besoins de l'organisme et en augmentant l'apport de sang. Le patient étant sujet à l'infection, il faut prendre des mesures visant à prévenir les troubles respiratoires, circulatoires et vasculaires tels que la pneumonie, la thrombophlébite et les escarres de décubitus. On incite le patient à accroître graduellement son activité, au fur et à mesure qu'il reprend du poids et que s'améliore son état nutritionnel. Il s'agit alors de lui proposer un programme équilibré d'activité physique, d'exercice léger et de repos.

▷ *Amélioration de l'état nutritionnel.*  Si le patient atteint de cirrhose ne fait ni ascite ni œdème et ne montre aucun signe de coma imminent, on doit lui fournir une alimentation nutritive et riche en protéines; on doit compléter cette alimentation par un supplément de vitamines du complexe B et d'autres vitamines recommandées (notamment les vitamines A, C et K ainsi que l'acide folique). L'importance d'une alimentation adéquate est telle qu'on ne doit rien négliger pour encourager le patient à manger. Cela lui est aussi nécessaire que n'importe quel médicament. À cause de la pression que l'ascite exerce sur son abdomen, le patient tolère souvent mieux de nombreux repas légers que les trois repas quotidiens habituels.

Il faut tenir compte des préférences du patient. Si ce dernier souffre d'une anorexie grave ou prolongée, s'il vomit ou si pour quelque autre raison il est sous-alimenté, on lui fournit les matières nutritives nécessaires à l'aide d'un tube nasogastrique ou par alimentation parentérale totale.

Si le patient a des selles grasses (stéarrhée), on lui administre, sous forme hydrosoluble, les vitamines liposolubles A, D et E (Aquasol A, D et E). Pour prévenir l'anémie, le médecin prescrit de l'acide folique et du fer. Si le coma menace ou progresse, on impose temporairement un régime hypoprotidique, car l'excès d'aliments riches en protéines (comme les viandes) risquerait de provoquer une encéphalopathie, tandis qu'une carence protéinique entraînerait un bilan azoté négatif et une perte d'azote. Parmi les aliments riches en protéines, on suggère les produits laitiers (œufs, lait écrémé), les céréales (germe de blé, riz blanc) et le poisson. On doit maintenir un régime à forte teneur énergétique et fournir un supplément de vitamines et de minéraux. Par exemple, on peut donner au patient du potassium par voie buccale si les taux de potassium sérique sont normaux ou bas et si les reins fonctionnent normalement. Dès que le permet l'état du patient, on rétablit l'apport protéinique à un niveau normal ou supérieur. Le régime alimentaire, conçu comme élément de la thérapeutique, doit être déterminé en fonction de chaque patient.

▷ *Soins cutanés.*   Il est important d'appliquer méticuleusement les soins cutanés, à cause de la présence d'œdème sous-cutané et d'ictère, de l'immobilité ainsi que des risques élevés de rupture de l'épiderme et d'infection. On doit changer régulièrement la position pour prévenir les escarres de décubitus. Il faut également se garder d'utiliser des savons irritants et des rubans adhésifs, sources de lésions de la peau. On applique une lotion pour calmer le prurit et l'on veille à réduire les risques d'égratignures.

▷ *Prévention des hémorragies.*   La maladie du foie réduisant la production de prothrombine et la synthèse des substances nécessaires à la coagulation du sang, le risque d'hémorragie s'accroît. Il faut donc appliquer certaines précautions: protéger le patient contre les chocs et les chutes, en munissant son lit de ridelles capitonnées; exercer une pression adéquate sur tous les points d'injection; éviter l'usage d'objets tranchants susceptibles d'infliger des blessures. L'infirmière vérifie si le patient présente des signes d'hémorragie interne (méléna et présence de sang dans les selles). Elle mesure régulièrement les signes vitaux. Pour prévenir la rupture des varices œsophagiennes, elle évite tout ce qui pourrait augmenter la pression porte. Elle modifie au besoin le régime alimentaire du patient et lui administre des laxatifs émollients afin de réduire l'effort nécessaire à la défécation. Elle observe le patient afin de déceler toute hémorragie gastro-intestinale. Elle garde, prêt à l'usage, tout le matériel nécessaire en cas d'hémorragie gastro-intestinale ou de rupture de varices œsophagiennes: sonde de Sengstaken-Blakemore, ligne de perfusion intraveineuse, médicaments (voir pages 794, 801-805).

▷ *Amélioration de la fonction mentale.*   Les patients qui ont subi une dérivation ou qui sont atteints de cirrhose avancée souffrent parfois d'un syndrome neurologique appelé encéphalopathie portocave. Ce syndrome se manifeste par une détérioration de l'état mental pouvant aller jusqu'à la démence et s'accompagne de mouvements anormaux, volontaires ou non. Ce type d'encéphalopathie a pour cause principale l'action de l'ammoniaque sur le métabolisme cérébral. Plusieurs facteurs (les uns imprévisibles, les autres évitables) prédisposent le patient atteint de cirrhose à cette forme d'encéphalite. L'infirmière est bien placée pour en percevoir les premiers signes et veiller à ce que le patient soit traité rapidement. Elle peut aussi appliquer diverses mesures pour garder le patient en contact avec la réalité.

▷ *Enseignement au patient et soins à domicile.*   Pendant le séjour au centre hospitalier, l'infirmière et les autres membres du personnel soignant préparent le patient en vue du jour où il obtiendra son congé. Ils lui donnent des directives sur le régime alimentaire à adopter et insistent sur la nécessité de bannir tout alcool. Au besoin, ils le mettent en contact avec un organisme comme les Alcooliques anonymes, avec un psychiatre ou avec un membre du clergé en qui il a confiance.

Il faut maintenir longtemps encore — et même indéfiniment, dans certains cas — les restrictions sodiques. Pour aider le patient à respecter ce régime, on lui fournit des directives écrites, accompagnées d'explications et d'encouragements. La famille est elle-même appelée à collaborer à ce soutien.

Le programme thérapeutique n'aura de succès que si le patient en reconnaît l'absolue nécessité et collabore pleinement à son exécution. Or, cela suppose en particulier le repos. Cela exige aussi, dans la plupart des cas, une profonde transformation du mode de vie, l'observance d'un régime alimentaire bien équilibré et, surtout, l'abstention de tout alcool. On met en garde le patient et sa famille quant aux complications auxquelles il reste exposé: l'encéphalite (dont on explique les symptômes), les hémorragies, l'infection. La guérison n'est ni rapide ni facile; elle est jalonnée de fréquents revers et de périodes d'apparente stagnation. Le patient trouve souvent ardu de ne plus pouvoir recourir à l'alcool pour trouver réconfort et évasion. L'infirmière, par sa compréhension, son soutien et ses encouragements, peut jouer auprès de lui un rôle considérable. Pour lui faciliter la transition entre le centre hospitalier (qui lui fournit un solide encadrement) et la maison (où la consommation d'alcool lui était peut-être coutumière), on le dirige vers un centre local de services communautaires (CLSC), qui enverra à domicile une infirmière en santé communautaire. Celle-ci pourra observer les progrès du patient et la façon dont celui-ci et sa famille respectent les recommandations reçues au centre hospitalier en matière de consommation d'alcool et d'alimentation. Elle réitérera ou précisera ces recommandations, elle répondra aux questions surgies après le retour à la maison, et elle aidera le patient à modifier ses habitudes de vie.

Résumé: Pour avoir une vue d'ensemble des soins infirmiers à prodiguer au patient atteint de cirrhose, voir le Plan de soins infirmiers 29-2.

▷ *Évaluation*

### Résultats escomptés

1. Le patient se montre capable de participer aux activités.
   a) Il planifie ses activités et ses exercices de façon à faire alterner les périodes de repos et les périodes d'activité.

b) Il dit que ses forces lui reviennent et qu'il se sent mieux.

c) Il prend du poids, sans augmentation de l'oedème ni formation d'ascite.

d) Il participe à ses soins d'hygiène.

2. Le patient améliore son état nutritionnel.

a) Il absorbe les éléments nutritifs appropriés et évite l'alcool, comme en fait foi son journal alimentaire quotidien.

b) Il prend du poids sans augmentation de l'oedème ni formation d'ascite.

c) Il souffre moins de troubles gastro-intestinaux et d'anorexie.

d) Il énumère les aliments (solides et liquides) qui sont à la fois nourrissants et conformes à son régime.

e) Il énumère les aliments qui lui sont interdits.

f) Il adhère à son traitement vitaminique.

g) Il explique pourquoi il doit diminuer les quantités et augmenter la fréquence des repas.

h) Il s'abstient de tout alcool.

3. La peau du patient est en meilleur état.

a) La peau est intacte, sans trace de rupture de l'épiderme ni d'infection.

b) L'oedème des membres et du tronc a régressé.

c) La peau des membres et du tronc a retrouvé son élasticité.

d) Le patient change souvent de position dans son lit.

e) Il vérifie chaque jour l'état des proéminences osseuses.

f) Il évite tout ce qui peut causer des lésions à la peau.

g) Il dit que le prurit a diminué ou disparu.

h) Il applique une lotion pour réduire le prurit.

4. Le risque d'hémorragie a diminué.

a) Il n'y a pas d'ecchymoses ni de formation d'hématomes.

b) Le patient ne présente pas d'hémorragie digestive active (il n'y a, par exemple, ni méléna ni hématémèse).

c) Les épreuves d'exploration ne révèlent pas de saignements occultes.

d) Le patient applique des mesures visant à prévenir les lésions (par exemple : il utilise une brosse à dents douce ; il se mouche doucement ; il évite les efforts de défécation ; il dispose les meubles de façon à ne pas s'y heurter et à ne pas tomber).

5. Le patient manifeste une amélioration de ses fonctions mentales.

a) Les taux sériques d'ammoniaque sont redevenus normaux.

b) Le patient a une bonne orientation spatiotemporelle et reconnaît les personnes.

c) Il manifeste une durée d'attention normale (par exemple, il peut lire jusqu'au bout un article qui l'intéresse ou suivre une émission télévisée).

d) Il peut tenir avec les membres de sa famille ou avec les membres de l'équipe de soins une conversation normale.

e) Il ne signale pas d'incontinence urinaire ou fécale.

f) Il sait reconnaître les premiers signes de détérioration des opérations de la pensée.

# HÉMORRAGIES PAR RUPTURE DES VARICES ŒSOPHAGIENNES

Le saignement ou l'hémorragie de varices oesophagiennes survient chez environ le tiers des patients atteints de cirrhose et de varices. Le taux de mortalité attribuable à une première hémorragie va de 45 à 50 % ; c'est une des principales causes de décès chez les patients souffrant de cirrhose.

## Physiopathologie et manifestations cliniques

Les *varices oesophagiennes* sont des veines dilatées et sinueuses que l'on retrouve généralement dans la sous-muqueuse de l'oesophage inférieur. Elles peuvent cependant apparaître plus haut dans l'oesophage ou se prolonger jusque dans l'estomac. Une telle situation a presque toujours pour cause l'hypertension portale, qui, à son tour, est due à l'obstruction de la circulation veineuse porte, à l'intérieur du foie cirrhotique. Devant l'obstruction croissante de la veine porte, le sang veineux provenant du tractus intestinal et de la rate cherche, dans une circulation collatérale, de nouveaux chemins de retour vers l'oreillette droite. Cela a pour effet d'accroître la pression exercée sur les vaisseaux qui irriguent la tunique sous-muqueuse de l'oesophage inférieur et sur la partie supérieure de l'estomac. Ces vaisseaux collatéraux, loin d'avoir une grande élasticité, sont sinueux et fragiles ; ils saignent facilement. Les varices sont parfois imputables à d'autres causes, comme une *thrombose de la veine porte* ou comme certaines anomalies circulatoires de la veine splénique ou de la veine cave supérieure.

L'hémorragie d'une varice oesophagienne peut entraîner la mort. Elle peut également provoquer un choc hémorragique qui diminue l'irrigation cérébrale, hépatique et rénale. L'épanchement de sang dans le tractus gastro-intestinal augmente les taux sériques d'azote et d'ammoniaque, ce qui accroît le risque d'encéphalopathie. L'hématémèse et le méléna ont souvent pour origine la rupture d'une varice oesophagienne, surtout chez les patients qui ont abusé de l'alcool. La dilatation des veines ne provoque habituellement aucun symptôme, à moins que la pression portale n'augmente brusquement et que la muqueuse ou la structure qui la porte ne s'amincisse. C'est alors que survient l'hémorragie massive. Parmi les facteurs qui y contribuent, citons : la fatigue musculaire encourue dans la manipulation d'objets lourds ; les efforts de défécation ; les éternuements, la toux ou les vomissements ; l'oesophagite ou l'irritation des vaisseaux, attribuables à une mastication insuffisante des aliments ou à l'absorption de liquides irritants ; les salicylates et tous les médicaments qui érodent la muqueuse oesophagienne ou gênent la réplication des cellules.

## Évaluation

La connaissance des antécédents du patient et l'examen physique aideront à trouver la cause et le siège de l'hémorragie. Il convient aussi de procéder immédiatement à une endoscopie, car au moins 30 % des hémorragies qu'on impute d'abord à des varices oesophagiennes proviennent en réalité d'autres sources (gastrite, ulcères). Pour repérer la source du saignement, on utilise aussi le repas baryté, l'échographie, la tomodensitométrie et l'angiographie. L'examen neurologique aidera à détecter une éventuelle encéphalopathie hépatique causée par l'irruption de sang dans le tractus gastro-intestinal et par l'élévation du taux d'ammoniaque dans le sang. Les manifestations de l'encéphalopathie vont de la somnolence au coma. La dilatation des veines de l'abdomen et l'apparition d'hémorroïdes rectales peuvent être des signes d'hypertension portale. On peut aussi voir apparaître de l'ascite, ainsi qu'un grossissement de la rate (splénomégalie). On doit parfois recourir à diverses épreuves de laboratoire : transaminases sériques, bilirubinémie, phosphatases alcalines et protéines sériques.

## Plan de soins infirmiers 29-2
## Patient atteint de cirrhose

| Interventions infirmières | Justification | Résultats escomptés |
|---|---|---|

**Diagnostic infirmier:** Intolérance à l'activité reliée à un état de fatigue et à la perte de poids

**Objectif:** Gain d'énergie et plus grande participation aux activités

| | | |
|---|---|---|
| 1. Offrir un régime alimentaire riche en protéines et en énergie. | 1. Fournit au patient l'énergie et les protéines nécessaires à la guérison. | • Le patient dit avoir retrouvé ses forces et se sentir mieux. |
| 2. Fournir un supplément vitaminique (vitamines A, C et K; complexe vitaminique B). | 2. Fournit un supplément nutritionnel. | • Il planifie ses activités de façon à s'accorder de bonnes périodes de repos. |
| 3. Inciter le patient à faire alterner les périodes de repos et les périodes d'exercice. | 3. Permet au patient de ménager ses forces et de faire de l'exercice sans dépasser son seuil de tolérance. | • Il augmente son niveau d'activité et d'exercice au fur et à mesure que les forces lui reviennent. |
| 4. Inciter le patient à allonger graduellement les périodes d'exercice et l'aider à faire ses exercices. | 4. Accroît le bien-être général du patient et rehausse son estime de soi. | • Il prend du poids, sans augmentation de l'œdème ni formation d'ascite. |
| | | • Il consomme les éléments nutritifs dont il a besoin et exclut de son régime tout alcool. |

**Diagnostic infirmier:** Hypothermie reliée au processus inflammatoire de la cirrhose

**Objectif:** Maintien d'une température corporelle normale

| | | |
|---|---|---|
| 1. Prendre la température régulièrement et la noter. | 1. Fournit les valeurs initiales qui permettront de déceler la présence de fièvre et d'évaluer le résultat des interventions. | • Le patient a une température normale et n'a pas de fièvre, de frissons ni de transpiration. |
| 2. Inciter le patient à augmenter son apport liquidien. | 2. Compense les pertes liquidiennes dues à la transpiration et à la fièvre; accroît le niveau de bien-être du patient. | • Il consomme une quantité suffisante de liquides. |
| 3. Appliquer des compresses fraîches ou un sac de glace pour diminuer la température. | 3. Réduit la fièvre par conduction et par évaporation; accroît le niveau de bien-être du patient. | |
| 4. Administrer les antibiotiques selon l'ordonnance. | 4. Il faut que les concentrations sériques d'antibiotiques soient suffisantes pour traiter l'infection. | |
| 5. Éviter toute exposition aux infections. | 5. Réduit le risque de surinfection ainsi que les risques d'augmentation de la température corporelle et du métabolisme. | |
| 6. Garder le patient au repos tant que la température est élevée. | 6. Réduit la vitesse du métabolisme. | |

**Diagnostic infirmier:** Atteinte à l'intégrité de la peau reliée à l'œdème

**Objectif:** Amélioration de l'état de la peau et protection des tissus œdémateux

| | | |
|---|---|---|
| 1. Restreindre la consommation de sel selon l'ordonnance. | 1. Prévient ou limite la formation d'œdème. | • La peau des membres et du tronc retrouve son élasticité normale. |

## Plan de soins infirmiers 29-2 (suite)
## Patient atteint de cirrhose

| Interventions infirmières | Justification | Résultats escomptés |
|---|---|---|
| 2. Appliquer à la peau un soin méticuleux. | 2. La peau et les tissus œdémateux qui ne reçoivent pas suffisamment de matières nutritives deviennent très vulnérables aux pressions et aux lésions. | • L'épiderme est intact.<br>• Les tissus maintiennent ou retrouvent une apparence normale, sans rougeur, changement de coloration ni chaleur au niveau des proéminences osseuses.<br>• Le patient change régulièrement de position. |
| 3. Si le patient est alité, le tourner et le changer régulièrement de position. | 3. Réduit les pressions prolongées sur certaines parties du corps; favorise la mobilisation de l'œdème. | |
| 4. Peser quotidiennement le patient, noter les ingesta et les excreta. | 4. Facilite l'évaluation du bilan hydrique, de la rétention aqueuse et de la perte liquidienne par les tissus. | |
| 5. Effectuer tous les exercices passifs d'amplitude des mouvements; surélever les membres œdémateux. | 5. Favorise la mobilisation de l'œdème. | |
| 6. Installer de petites coquilles de caoutchouc mousse ou de caoutchouc sous les talons, sous les malléoles et sous les autres proéminences osseuses. | 6. Bien utilisés, ces accessoires protègent les proéminences osseuses et réduisent les risques de lacération. | |

**Diagnostic infirmier:**  Atteinte à l'intégrité de la peau reliée à l'ictère et à un déficit immunitaire

**Objectif:**  Amélioration de l'état de la peau et réduction de l'irritation cutanée

| | | |
|---|---|---|
| 1. Observer le degré d'ictère de la peau et de la sclérotique, et le consigner au dossier. | 1. Fournit une donnée initiale qui permettra de déceler les changements et d'évaluer les résultats des interventions. | • L'état de la peau s'améliore.<br>• La peau est intacte et ne présente pas de rupture ou d'infection.<br>• Le patient n'éprouve plus de prurit.<br>• L'ictère de la peau et de la cornée diminue.<br>• Dans sa toilette quotidienne, le patient utilise des émollients et évite les savons. |
| 2. Prodiguer des soins cutanés fréquents, ne pas utiliser de savon pour le bain et donner des massages avec lotions émollientes. | 2. Prévient la sécheresse de la peau et réduit le prurit. | |
| 3. Garder courts les ongles du patient. | 3. Prévient l'excoriation due au grattage. | |

**Diagnostic infirmier:**  Déficit nutritionnel relié à l'anorexie et à des troubles gastro-intestinaux

**Objectif:**  Amélioration de l'état nutritionnel

| | | |
|---|---|---|
| 1. Encourager le patient à prendre ses repas ainsi que les suppléments dont il a besoin. | 1. Le patient qui souffre d'anorexie et de troubles gastro-intestinaux a besoin de beaucoup d'encouragements. | • Le patient a une alimentation plus abondante et plus nutritive.<br>• Il absorbe des repas riches en protéines et en énergie.<br>• Il énumère les aliments (solides ou liquides) qui sont à la fois nourrissants et conformes à son régime.<br>• Il prend du poids sans augmentation de l'œdème ni formation d'ascite.<br>• Il explique pourquoi il doit diminuer les quantités et augmenter la fréquence des repas. |
| 2. Lui offrir fréquemment de petites portions. | 2. L'anorexique tolère souvent mieux les petites portions fréquentes. | |
| 3. Fournir au patient des plats attrayants dans une atmosphère agréable. | 3. Stimule l'appétit et procure une sensation de bien-être. | |
| 4. Supprimer tout alcool. | 4. Élimine les kilojoules «vides»; prévient l'irritation gastrique due à l'alcool. | |
| 5. Veiller à l'hygiène buccodentaire avant chaque repas. | 5. Enlève le goût désagréable dans la bouche et stimule l'appétit. | |

# Plan de soins infirmiers 29-2 (suite)
## Patient atteint de cirrhose

| Interventions infirmières | Justification | Résultats escomptés |
|---|---|---|
| 6. Administrer les médicaments prescrits contre les nausées, les vomissements, la diarrhée ou la constipation. | 6. Ces médicaments réduisent les symptômes et les malaises gastro-intestinaux, qui diminuent l'appétit du patient. | • Il dit avoir meilleur appétit et se sentir mieux. |
| 7. En cas de constipation, inciter le patient à absorber plus de liquide et à se mobiliser d'avantage. | 7. Favorise une élimination intestinale normale; réduit les malaises et le ballonnement abdominaux. | • Il s'abstient de tout alcool. <br>• Il participe à ses soins d'hygiène bucco-dentaire avant les repas. <br>• Il prend les médicaments prescrits contre les troubles gastro-intestinaux. |
| 9. Observer le patient afin de déceler tout signe d'hémorragie gastro-intestinale. | 8. Permet de détecter les complications gastro-intestinales graves. | • Il dit que ses fonctions gastro-intesinales sont normales et qu'il a une élimination fécale régulière. <br>• Il énumère les symptômes d'un dysfonctionnement gastro-intestinal à signaler: méléna, hémorragie massive. |

**Diagnostic infirmier:** Risque élevé d'accident relié à l'hypertension portale, à la perturbation des mécanismes de coagulation et à la détoxification incomplète des médicaments par le foie malade

**Objectif:** Réduction des risques d'accident

| Interventions infirmières | Justification | Résultats escomptés |
|---|---|---|
| 1. Observer toutes les selles; en noter la couleur, la consistance et la quantité. | 1. Afin de détecter les hémorragies du tractus gastro-intestinal. | • Le patient ne montre aucun signe d'hémorragie active en provenance du tractus gastro-intestinal. |
| 2. Être à l'affût de certains symptômes: anxiété, ballonnement épigastrique, faiblesse et agitation. | 2. Ce sont les premiers signes d'une hémorragie ou d'un état de choc. | • Il ne manifeste pas d'agitation, de ballonement épigastrique ou d'autre signe d'hémorragie ou d'état de choc. |
| 3. Analyser les selles et les vomissements afin de déceler la présence de sang occulte. | 3. Afin de déceler les premiers signes d'hémorragie. | • Les tests de détection d'hémorragie gastro-intestinale occulte sont négatifs. <br>• Il n'y a pas d'ecchymoses ou de formation d'hématomes. |
| 4. Observer le patient afin de déceler les manifestations hémorragiques: ecchymoses, épistaxis, pétéchies, saignement des gencives. | 4. Indique une altération des mécanismes de coagulation. | • Les signes vitaux du patient sont normaux. <br>• Le patient reste calme en cas d'hémorragie active. |
| 5. Mesurer les signes vitaux du patient à intervalles fréquents et les noter au dossier. | 5. Afin d'obtenir des données initiales et de déceler une hypovolémie ou un état de choc. | • Il sait pourquoi il doit recevoir des transfusions sanguines et connaît les mesures à prendre en cas d'hémorragie. |
| 6. Aider le patient à rester calme; limiter ses activités. | 6. Réduit les risques d'hémorragie et d'efforts inutiles. | • Il prend de lui-même des mesures pour prévenir les lésions (par exemple, il utilise une brosse à dents douce, il se mouche doucement, il évite les heurts et les chutes, il évite les efforts de défécation). |
| 7. Collaborer avec le médecin pour l'introduction de la sonde à ballonnet dans l'œsophage lors de l'hémostase locale compressive. | 7. Rend moins traumatisante, chez un patient anxieux et agressif, l'insertion d'un tube pour le traitement d'urgence d'une hémorragie. | • Les médicaments ne provoquent pas d'effets indésirables. <br>• Le patient prend tous les médicaments prescrits. |
| 8. Garder le patient en observation pendant les transfusions sanguines. | 8. Permet de détecter les réactions aux transfusions. (Le nombre de transfusions qu'exige le traitement des hémorragies actives provenant de varices œsophagiennes accroît les risques de complications.) | • Il sait pourquoi les médicaments doivent être utilisés avec prudence. |
| 9. Recueillir et enregistrer les données sur les vomissements: nature, volume, et heure à laquelle ils se produisent. | 9. Aide à évaluer l'ampleur d'une hémorragie et à mesurer la perte sanguine. | |

## *Plan de soins infirmiers 29-2* (suite)

## *Patient atteint de cirrhose*

| *Interventions infirmières* | *Justification* | *Résultats escomptés* |
|---|---|---|
| 10. Garder le patient à jeun, s'il y a lieu. | 10. Cette mesure, en prévenant les vomissements, réduit les risques d'aspiration du contenu gastrique et de lésions de l'œsophage et de l'estomac. | |
| 11. Administrer la vitamine K prescrite. | 11. Favorise la coagulation, en fournissant les vitamines liposolubles nécessaires. | |
| 12. Garder le patient en observation lors des épisodes de saignement. | 12. Rassure le patient anxieux et permet de savoir rapidement si de nouveaux problèmes surgissent. | |
| 13. Quand cesse l'hémorragie (et suivant l'ordonnance du médecin), offrir au patient des boissons froides à absorber par voie buccale. | 13. Réduit le risque de nouvelles hémorragies en favorisant la vasoconstriction de l'œsophage et des vaisseaux sanguins de l'estomac. | |
| 14. Prendre les mesures de prévention nécessaires pour éviter au patient tout traumatisme. | 14. Assure la sécurité du patient. | |
| a) Disposer les objets et le mobilier de façon à éviter au patient les heurts et les chutes. | a) Réduit les risques de lésions et d'hémorragies en évitant les chutes, les coupures, etc. | |
| b) Inciter le patient à se moucher doucement. | b) Réduit les risques d'épistaxis secondaires à un traumatisme ou à des troubles de la coagulation. | |
| c) Procurer au patient une brosse à dents douce et lui déconseiller l'usage de cure-dents. | c) Prévient les lésions de la muqueuse buccale tout en favorisant une bonne hygiène buccodentaire. | |
| d) Inciter le patient à absorber des aliments riches en vitamine C. | d) Hâte la guérison. | |
| e) Appliquer des compresses froides s'il y a traumatisme. | e) Réduit le saignement dans les tissus en favorisant la vasoconstriction locale. | |
| f) Noter le siège des hémorragies. | f) Permet de détecter le siège de nouvelles hémorragies et de surveiller le siège des hémorragies antérieures. | |
| g) Pour les injections, utiliser des aiguilles de petit calibre. | g) Réduit le suintement et la perte de sang qu'entraînent les injections répétées. | |
| 15. Administrer avec prudence les médicaments; vérifier si des effets indésirables apparaissent. | 15. Réduit l'apparition d'effets secondaires, dus à l'incapacité du foie malade de détoxifier (métaboliser) normalement les médicaments. | |

*Diagnostic infirmier:*   Douleur et malaises reliés à l'hypertrophie et à la sensibilité du foie ainsi qu'à l'ascite

*Objectif:*   Amélioration du bien-être

| | | |
|---|---|---|
| 1. Recommander au patient de rester alité s'il souffre de malaises abdominaux. | 1. Réduit les besoins métaboliques du patient et protège le foie. | • Le patient reste au lit lorsqu'il souffre.<br>• Il prend les antispasmodiques et les sédatifs prescrits, au besoin. |

# Plan de soins infirmiers 29-2 (suite)

## Patient atteint de cirrhose

| Interventions infirmières | Justification | Résultats escomptés |
|---|---|---|
| 2. Administrer les antispasmodiques et les sédatifs prescrits. | 2. Réduit l'irritabilité du tractus gastro-intestinal et allège la douleur et les malaises abdominaux. | • Il dit que la douleur et les malaises abdominaux ont diminué. |
| 3. Observer le patient pour savoir s'il ressent de la douleur et des malaises; le cas échéant, en déterminer la nature, consigner l'information au dossier et avertir le médecin. | 3. Fournit une donnée initiale qui permettra de détecter toute nouvelle détérioration de l'état du patient et d'évaluer les résultats des interventions. | • Il signale la douleur et les malaises dès qu'ils apparaissent.<br>• Le patient qui souffre d'ascite réduit sa consommation de sodium et de liquides selon l'ordonnance. |
| 4. Réduire l'apport sodique et liquidien selon l'ordonnance. | 4. Freine la formation d'ascite. | • La douleur est soulagée.<br>• Le volume de l'abdomen a diminué, et le poids est adéquat. |

**Diagnostic infirmier:**  Excès de volume liquidien relié à la formation d'ascite et d'œdème

**Objectif:**  Retour à un volume liquidien normal

| | | |
|---|---|---|
| 1. Restreindre l'apport sodique et liquidien selon l'ordonnance. | 1. Réduit la formation d'ascite et d'œdème. | • Le patient s'astreint à un régime à faible teneur en sodium et il respecte les restrictions imposées quant à l'apport liquidien. |
| 2. Administrer les diurétiques, le potassium et les suppléments protéiques prescrits. | 2. Favorise l'excrétion des liquides par les reins et le maintien d'un équilibre hydroélectrolytique normal. | • Il prend sans souffrir d'effets indésirables les diurétiques, le potassium et les suppléments protéiques prescrits. |
| 3. Consigner au dossier les ingesta et les excreta. | 3. Permet de juger si le traitement est efficace et si l'apport liquidien est suffisant. | • La diurèse augmente.<br>• La circonférence abdominale du patient décroît. |
| 4. Mesurer quotidiennement le tour de taille et l'inscrire au dossier. | 4. Rend compte des changements survenus dans la formation et l'accumulation de l'ascite. | • Le patient connaît les raisons qui justifient les restrictions imposées quant à l'apport sodique et à l'apport liquidien. |
| 5. Expliquer au patient les raisons des restrictions sodiques et liquidiennes imposées. | 5. Permet au patient de comprendre les raisons des restrictions qu'on lui impose et de collaborer à leur application. | |

**Diagnostic infirmier:**  Altération des opérations de la pensée reliée au dysfonctionnement du foie et à l'élévation du taux d'ammoniaque dans le sang

**Objectif:**  Amélioration de l'état mental

| | | |
|---|---|---|
| 1. Limiter les protéines dans l'alimentation du patient selon l'ordonnance. | 1. En évitant les aliments riches en protéines, on réduit la source d'ammoniaque. | • L'état mental du patient s'est amélioré.<br>• Les concentrations sériques d'ammoniaque sont dans les limites de la normale. |
| 2. Donner fréquemment de petites portions d'aliments à forte teneur en glucides. | 2. Fournit les glucides nécessaires pour répondre aux besoins énergétiques du patient et assure un effet d'épargne azotée. | • Le patient a une bonne orientation spatio-temporelle et reconnaît les personnes.<br>• Il a un cycle de veille-sommeil normal. |
| 3. Protéger le patient contre l'infection. | 3. Réduit le risque d'un nouvel accroissement des besoins métaboliques. | • Il s'intéresse à ce qui se passe autour de lui. |
| 4. Garder le patient au chaud, à l'abri des courants d'air. | 4. Réduit les frissons, qui accroissent les besoins métaboliques. | • Sa capacité d'attention a une durée normale. |
| 5. Matelasser les ridelles du lit. | 5. Protège le patient, en cas de coma hépatique ou de crise convulsive. | • Il est capable de suivre une conversation et d'y participer. |

## Plan de soins infirmiers 29-2 (suite)
## Patient atteint de cirrhose

| Interventions infirmières | Justification | Résultats escomptés |
|---|---|---|
| 6. Limiter le nombre de visiteurs. | 6. Réduit l'activité du patient et, par conséquent, ses besoins métaboliques. | • Le patient ne présente pas d'incontinence urinaire ou fécale. |
| 7. Exercer une surveillance constante pour assurer la sécurité du patient. | 7. Permet de déceler sur-le-champ l'apparition de nouveaux symptômes; réduit les risques de lésion si le patient est confus. | • Il n'a pas de crises convulsives. |
| 8. Éviter les narcotiques et les barbituriques. | 8. Prévient l'occultation des symptômes du coma hépatique; évite le surdosage dû à l'incapacité du foie lésé de métaboliser les narcotiques et les barbituriques. | |
| 9. Réveiller le patient à intervalles réguliers. | 9. Procure une stimulation au patient et permet d'évaluer son niveau de conscience. | |

***Diagnostic infirmier:***   Mode de respiration inefficace relié à l'ascite et à la restriction des mouvements de la cage thoracique secondaire à l'ascite, au ballonnement abdominal ou à la présence de liquide dans la cavité thoracique

***Objectif:***   Amélioration de l'état respiratoire

| | | |
|---|---|---|
| 1. Élever la tête du lit. | 1. Réduit la pression abdominale sur le diaphragme; permet des mouvements thoraciques plus larges et une meilleure distension des poumons. | • L'état respiratoire du patient s'améliore. |
| 2. Épargner les forces du patient. | 2. Réduit les besoins métaboliques du patient ainsi que ses besoins en oxygène. | • Le patient se sent moins essoufflé.<br>• Il reprend des forces et se sent mieux.<br>• La fréquence respiratoire est de 12 à 18 par minute, et il n'y a pas de bruits adventices. |
| 3. Mobiliser régulièrement le patient. | 3. Favorise l'expansion et l'oxygénation de tous les segments des poumons. | • Les mouvements de la cage thoracique sont amples et sans restriction. |
| 4. Assister le patient pendant la paracentèse ou la thoracocentèse. | 4. La paracentèse et la thoracocentèse (dont le but est de retirer le liquide de la cavité thoracique) peuvent effrayer le patient. En réduisant les désagréments et les risques de ces interventions, l'infirmière obtient plus facilement la collaboration du patient. | • Les résultats du dosage des gaz du sang artériel sont normaux.<br>• Le patient ne présente pas de confusion ou de cyanose. |
| a) Le soutenir et le maintenir en place durant l'intervention.<br>b) Inscrire au dossier le volume et la nature du liquide aspiré. | b) La quantité et la nature du liquide retiré indiquent dans quelle mesure la présence de celui-ci freine la distension des poumons. | |
| c) Noter, le cas échéant, la toux et l'augmentation de la dyspnée ou de la pulsation. | c) Ces symptômes signalent une irritation de la cavité pleurale et indiquent des difficultés respiratoires causées par un pneumothorax ou un hémothorax (accumulation d'air ou de sang dans la cavité pleurale). | |

Le soutien de l'infirmière, avant et pendant l'examen endoscopique effectué dans le but de repérer le siège du saignement, peut être efficace pour diminuer le stress inhérent à cette intervention. L'infirmière reste à l'affût des signes de dysrythmie cardiaque, de perforation ou d'hémorragie. Après l'examen, on ne fait absorber au patient aucun liquide tant que n'est pas rétabli le réflexe pharyngé. Pour soulager le mal de gorge, on peut donner au patient des pastilles ou des gargarismes si son état le permet et s'il est conscient. Si l'hémorragie est active, on ne lui fait rien absorber par la bouche et on le prépare aux autres interventions diagnostiques et thérapeutiques.

Pour mesurer en salle d'opération la pression de la veine porte, on peut introduire une aiguille dans la rate; si le manomètre dépasse 20 mL de soluté physiologique, la situation est anormale. Mais la méthode la plus pratique pour mesurer la pression portale tout en permettant l'examen radiologique du lit vasculaire hépatique consiste à cautériser simultanément la veine ombilicale porte et la veine sus-hépatique. On peut également examiner le débit sanguin pour connaître avec plus de précision le débit cardiaque.

La splénoportographie utilise des clichés en série ou des clichés segmentaires pour détecter, dans les vaisseaux de l'œsophage, une circulation collatérale massive qui révélerait la présence de varices. On a également recours à l'hépatoportographie et à l'angiographie cœliaque, examens généralement effectués en salle d'opération ou dans un service de radiologie.

Pour dresser le profil global du patient, l'infirmière observe l'état physique de celui-ci, évalue ses réactions émotionnelles face à l'hémorragie, mesure régulièrement ses signes vitaux et évalue son état nutritionnel.

Le saignement provenant de varices œsophagiennes peut vite dégénérer en choc hémorragique et doit donc être traité comme un cas d'urgence.

## Traitement

Le patient dont les varices œsophagiennes saignent est gravement malade; son état requiert des soins médicaux énergiques et des soins infirmiers compétents (voir l'encadré 29-3). S'il y a hématémèse et méléna, on doit évaluer l'étendue du saignement et vérifier continuellement les signes vitaux. On note tout indice d'hypovolémie, comme la froideur et la moiteur de la peau, la tachycardie, une chute de la pression artérielle, une baisse du débit urinaire, l'agitation, ainsi qu'une accélération ou une baisse de l'amplitude des pouls périphériques. On mesure le volume sanguin à l'aide d'un cathéter veineux central ou d'un cathéter artériel. L'oxygénothérapie prévient l'hypoxie et permet de maintenir une bonne oxygénation du sang.

Puisque les patients ayant des hémorragies par rupture des varices œsophagiennes sont sujets à un déséquilibre électrolytique, on leur administre des solutés intraveineux pour rééquilibrer le volume liquidien et remplacer les électrolytes perdus. Ils peuvent avoir également besoin de transfusions sanguines. On vérifie soigneusement le débit urinaire et, s'il y a lieu, on insère une sonde à demeure.

***Traitement non chirurgical.*** On adopte de préférence un traitement non chirurgical. Il y a à cela deux raisons: d'une part, le taux élevé de mortalité qu'on observe dans la chirurgie d'urgence des varices œsophagiennes; d'autre part, le piètre état de santé des patients atteints d'une grave affection hépatique.

***Pharmacothérapie.*** Comme premier mode de traitement, on peut utiliser la vasopressine (Pitressin), en raison de son double effet: constriction du lit artériel splanchnique et baisse de la pression portale. Ce médicament s'administre par voie intraveineuse ou par perfusion intra-artérielle. Dans l'une et l'autre méthode, l'infirmière doit garder le patient en observation. L'aspiration gastrique et les signes vitaux offrent des indices de l'efficacité de la vasopressine. Il faut tenir le bilan électrolytique ainsi que le bilan des ingesta et des excreta, car une hyponatrémie peut survenir et la vasopressine peut avoir un effet antidiurétique.

Chez un patient atteint d'une maladie coronarienne, l'emploi de la vasopressine serait contre-indiqué, car la vasoconstriction coronarienne secondaire à l'administration de ce médicament pourrait précipiter un infarctus du myocarde.

La combinaison de vasopressine et de nitroglycérine (administrée par voie intraveineuse, sublinguale ou percutanée) a été efficace dans la réduction ou la prévention des effets secondaires (constriction des vaisseaux coronariens et angine) engendrés par la vasopressine seule.

Selon certaines études, la somatostatine serait plus efficace que la vasopressine pour réduire l'hémorragie due aux varices œsophagiennes et n'en a pas les effets vasoconstricteurs. Le Popranolol, qui bloque les récepteurs adrénergiques bêta et abaisse la pression porte, a prévenu chez certains patients le saignement des varices œsophagiennes; on recommande toutefois de ne l'utiliser qu'en combinaison avec d'autres modes de traitement, comme les injections sclérosantes ou la sonde à ballonnet. Il faudra attendre des études plus poussées de ces médicaments pour mieux juger de leurs effets dans le traitement et la prévention des hémorragies.

***Compression par sonde à ballonnet.*** Pour maîtriser chez certains patients l'hémorragie de varices œsophagiennes, on exerce une pression sur le cardia (orifice œsophagien de l'estomac) et sur les varices à l'aide d'une sonde à double ballonnet, ou sonde de Sengstaken-Blakemore (figure 29-7). Les trois ouvertures pratiquées dans le tube répondent à des fins précises: aspiration gastrique, gonflage du ballonnet gastrique et gonflage du ballonnet œsophagien.

On gonfle le ballonnet situé dans l'estomac, puis on tire doucement sur le tube pour exercer une pression sur le cardia. On irrigue le tube pour détecter l'hémorragie: si l'eau qui revient ne contient pas de sang, le ballonnet œsophagien n'est pas gonflé; si l'hémorragie se poursuit, le ballonnet œsophagien est gonflé. On maintient dans les deux ballonnets une pression de 25 à 30 mm Hg, mesurée par le manomètre. Une fois le ballonnet gonflé, il y a risque de lésion ou de rupture de l'œsophage. L'infirmière doit garder le patient en observation constante à ce moment-là. On peut exercer une traction sur le tube. Si l'on utilise une sonde à trois lumières, on peut insérer un tube nasogastrique par l'autre narine pour aspirer les sécrétions œsophagopharyngiennes. Cette manœuvre n'est pas nécessaire avec le tube à quatre orifices (figure 29-7**C**), qui fournit une voie directe pour l'aspiration œsophagienne. Il est recommandé de confirmer à l'aide d'un cliché radiographique la position du tube et des ballonnets.

Pour éliminer le sang du tractus gastro-intestinal, on peut administrer par le tube un cathartique comme du sulfate de magnésium. Si le sang n'est pas éliminé de l'estomac, il pourrait y avoir absorption d'ammoniaque, ce qui peut entraîner un coma hépatique et même la mort. On administre ensuite de la néomycine pour réduire la flore bactérienne intestinale, source d'enzymes génératrices d'ammoniaque.

## Encadré 29-3
## Modes de traitement des hémorragies par rupture des varices œsophagiennes et soins infirmiers à prodiguer

| Modes de traitement* | Action | Priorités |
|---|---|---|
| **Traitements non chirurgicaux** | | |
| Agents pharmacologiques | | |
| Vasopressine (Pitressin) | Réduit la pression porte en resserrant les artères splanchniques. | Observer le patient afin de déceler sa réaction au traitement. |
| Propranolol (Inderal) | Réduit la pression porte en bloquant l'action des inhibiteurs récepteurs adrénergiques β. | Vérifier si des effets indésirables apparaissent.<br>• Dans le cas de la vasopressine : angine. (On prescrit parfois de la nitroglycerine pour prévenir l'angine ou la traiter.) |
| Somatostatine | | • Dans le cas du propranolol : ralentissement du pouls et baisse de la pression artérielle ; altération de la réaction cardiovasculaire à l'hémorragie.<br>Administrer le médicament selon l'ordonnance.<br>Apporter du soutien au patient pendant le traitement. |
| Compression par sonde à ballonnet | Exerce une pression directe sur le siège de l'hémorragie, dans l'œsophage et l'estomac. | Surveiller de près la position du tube qui, déplacé ou détaché accidentellement, pourrait obstruer les voies aériennes et provoquer une aspiration.<br>Expliquer brièvement au patient le déroulement de l'intervention, pour obtenir sa collaboration lors de l'insertion de la sonde et pour apaiser ses craintes.<br>Appliquer des soins d'hygiène buccodentaire fréquents.<br>Signaler l'apparition de douleur cardiaque. |
| Lavage à l'aide d'un soluté physiologique glacé | Produit une vasoconstriction des vaisseaux sanguins de l'œsophage et de l'estomac. | S'assurer que la sonde nasogastrique soit perméable afin de prévenir l'aspiration.<br>Examiner l'échantillon gastrique prélevé afin de vérifier s'il contient du sang et si les saignements ont cessé.<br>Protéger le patient contre les frissons. |
| Sclérothérapie endoscopique | Favorise la thrombose et la sclérose du siège de l'hémorragie grâce à l'injection d'un agent sclérosant dans les varices œsophagiennes. | Observer le patient afin de déceler rapidement tout signe d'aspiration, de perforation de l'œsophage ou de reprise de l'hémorragie après le traitement. |
| **Traitements chirurgicaux** | | |
| Anastomoses portocaves | Réduit l'hypertension portale, en dérivant la circulation sanguine hors du système porte obstrué. | Observer le patient afin de déceler l'apparition d'une encéphalopathie portosystémique (altération de l'état de conscience, dysfonctionnement neurologique), d'une insuffisance hépatique ou de saignements.<br>L'anastomose exige des soins infirmiers intensifs et spécialisés pendant une période prolongée.<br>Prodiguer au patient les soins post-thoracotomie nécessaires. |
| Ligature chirurgicale des varices | Bloque les vaisseaux sanguins au siège même de l'hémorragie. | Observer le patient afin de déceler toute reprise de l'hémorragie. |
| Dissection transversale de l'œsophage et dévascularisation | Isole du système porte le siège de l'hémorragie. | Observer le patient afin de déceler toute reprise de l'hémorragie. |

* On peut recourir à différents modes simultanément ou consécutivement.

Pour effectuer l'*aspiration gastrique*, on branche à la fonction d'aspiration l'orifice de la sonde destiné à cette fin. On irrigue le tube une fois par heure, et on examine les écoulements pour voir si l'hémorragie est maîtrisée. On peut utiliser dans le ballonnet gastrique un soluté physiologique glacé pour resserrer les vaisseaux sanguins de l'estomac. Il est alors à prévoir que le patient soit pris de frissons, et l'infirmière devra appliquer des mesures de bien-être. On relâche périodiquement les pressions et la traction exercées sur le tube, selon les indications du médecin. On poursuit pendant plusieurs jours, puis on y met fin avec précaution, et l'on retire le tube s'il ne se produit plus de saignements.

Cette méthode comporte, malgré les nombreux succès enregistrés, certains dangers qu'il convient de noter. Si on laisse le tube en place pendant trop longtemps ou sous une pression trop grande, il peut causer l'ulcération ou la nécrose de la muqueuse de l'estomac ou de l'œsophage. S'il y a rupture soudaine du tube, l'air ne passe plus, et le contenu de l'estomac est aspiré dans les poumons. Pour réduire les risques de cette complication, on utilisera un tube neuf, dûment testé. On doit

également tenir compte d'un autre risque: l'asphyxie du patient, qui peut se produire si le tube et le ballonnet gonflé sont entraînés accidentellement dans le pharynx. Ces dangers imposent des soins intensifs et spécialisés. Ainsi, on ne doit jamais laisser sans surveillance un patient confus ou agité qu'on aura muni d'un tube et de ballonnets gonflés.

L'aspiration de sang et de sécrétions est souvent associée à l'utilisation de la sonde à ballonnet particulièrement chez des patients stuporeux ou comateux. Pour assurer le passage de l'air et réduire le risque d'asphyxie, on pratique une intubation endotrachéale avant d'insérer la sonde.

On peut, selon l'ordonnance, dégonfler périodiquement le ballonnet pour éviter l'érosion et la nécrose de la muqueuse de l'estomac et de l'œsophage et pour vérifier si le saignement a pris fin.

L'infirmière doit appliquer des mesures de bien-être pour soulager le patient, notamment des soins fréquents de la bouche et du nez. Pour permettre au patient de se débarrasser des sécrétions accumulées dans la bouche, elle laissera à sa portée des mouchoirs en papier. Dans certains cas, on devra

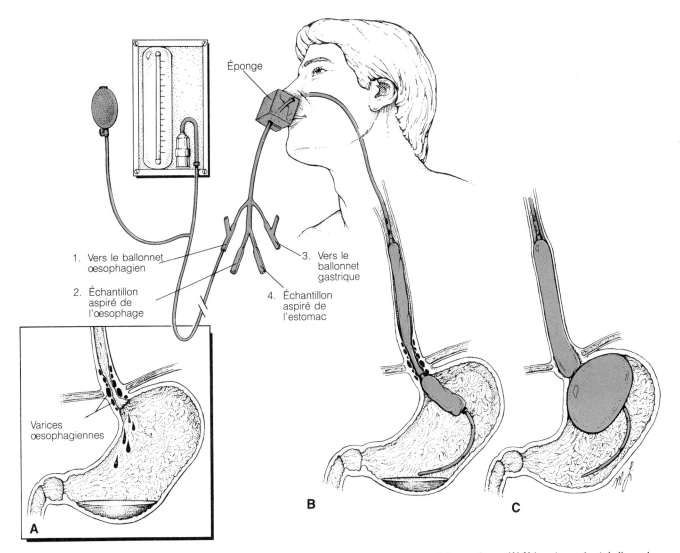

**Figure 29-7.** Utilisation d'une sonde à ballonnet pour le traitement des varices œsophagiennes hémorragiques. **(A)** Veines (ou varices) de l'œsophage inférieur, dilatées et hémorragiques. **(B)** Sonde à quatre lumières et à ballonnets (non gonflés), après sa mise en place. **(C)** Compression des varices œsophagiennes hémorragiques, à l'aide du ballonnet œsophagien et du ballonnet gastrique. Les orifices donnant respectivement sur l'estomac et sur l'œsophage permettent d'aspirer les sécrétions.

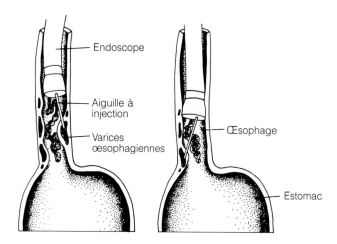

**Figure 29-8.** Sclérothérapie endoscopique. Injection d'un agent sclérosant dans les varices œsophagiennes à l'aide d'un endoscope

procéder à une aspiration buccale. Le patient qui a déjà subi une hémorragie œsophagienne est habituellement anxieux et effrayé. Il sera moins angoissé s'il sait que l'infirmière est à proximité, prête à répondre à son appel. L'insertion du tube est pour lui une expérience pénible, toujours désagréable. On peut le rassurer en lui fournissant des explications pendant l'insertion du tube et après son installation.

L'utilisation de la sonde à ballonnet jugule l'hémorragie dans 90 % des cas, mais les récidives sont fréquentes, ce qui exige le recours à d'autres formes de traitement. Il faut donc, même une fois les ballonnets dégonflés et la sonde retirée, évaluer fréquemment l'état du patient.

*Sclérothérapie endoscopique.* La sclérothérapie endoscopique (figure 29-8) consiste à injecter un agent sclérosant, à l'aide d'un endoscope, dans les varices œsophagiennes hémorragiques. Elle vise à provoquer la thrombose de la veine atteinte et, éventuellement, sa sclérose. Certes, aucune étude fondée sur des méthodes de contrôle statistique n'a établi de façon concluante la supériorité de ce traitement par rapport aux autres ni son aptitude à prolonger de beaucoup la vie, mais il a été utilisé avec succès dans le traitement des hémorragies gastro-intestinales. On l'a aussi utilisé dans le traitement de varices œsophagiennes avant leur rupture. Mais l'utilisation de cette mesure à titre prophylactique ne fait pas l'unanimité, parce qu'elle ne permet pas de prédire quel tiers des patients souffrant de varices oeophagiennes vont souffrir d'hémorragie. Après le traitement, on doit garder le patient en observation afin de déceler rapidement de nouvelles hémorragies, la perforation de l'oesophage, la pneumonie par aspiration ou la sténose de l'oesophage. Pour contrer les effets du reflux gastro-oesophagien, on peut administrer des antiacides après l'intervention.

Pour supprimer toutes les varices, on doit parfois répéter les injections sclérosantes. Le patient et sa famille doivent bien comprendre que ces traitements additionnels sont importants et que le patient devra être suivi sur une longue période même s'il n'a pas d'hémorragie active.

*Autres mesures.* On traite également les hémorragies par la sédation et par le repos complet de l'oesophage. Pour ce faire, on administre une alimentation parentérale. On doit prévenir tout effort et tout vomissement. On utilise habituellement l'aspiration gastrique pour garder l'estomac le plus

vide possible. Le patient se plaint souvent d'avoir très soif; on peut l'hydrater en lui prodiguant des soins d'hygiène buccodentaire fréquents et en humectant ses lèvres avec des éponges humides. L'infirmière vérifie très souvent la pression artérielle du patient. Souvent, il y a lieu d'administrer un supplément de vitamine K et de pratiquer une série de transfusions sanguines. L'infirmière réduira l'anxiété du patient en le rassurant et en maintenant un climat de calme autour de lui.

*Traitements chirurgicaux.* Les interventions chirurgicales suivantes peuvent être pratiquées pour le traitement des varices œsophagiennes: la ligature directe des varices; les dérivations, anastomoses portocave ou splénorénale; et la dissection transversale de l'oesophage, avec dévascularisation.

*Dérivations chirurgicales.* L'intervention la plus courante consiste à créer une anastomose entre la veine porte et la veine cave inférieure: c'est l'*anastomose portocave* (figure 29-9). Lorsqu'on dérive le sang porte dans la veine cave, la pression dans le système porte diminue et, par conséquent, les risques d'hémorragie par rupture des varices œsophagiennes et gastriques sont réduits. Si une thrombose ou d'autres raisons empêchent d'utiliser la veine porte, on peut, après avoir pratiqué une splénectomie, effectuer la dérivation entre la veine splénique et la veine rénale gauche: c'est l'*anastomose splénorénale.* Certains chirurgiens préfèrent cette dernière à l'anastomose portocave, même quand la veine porte est utilisable.

Il existe également un troisième type de dérivation, l'*anastomose mésentéricocave,* où l'on sectionne la veine cave inférieure et où l'on abouche l'extrémité proximale de la veine cave avec le côté de la veine mésentérique supérieure.

Ces divers types de dérivation constituent des interventions complexes. Leur succès n'est pas toujours assuré, à cause de la coagulation qui se produit dans les veines utilisées pour la dérivation, mais elles constituent le seul moyen d'abaisser la pression dans le système porte. Comme les hémorragies par rupture des varices œsophagiennes sont souvent mortelles et que les personnes qui en souffrent sont des patients à risque élevé, il faut souvent s'y résoudre pour leur sauver la vie.

*Dévascularisation et dissection transversale.* Ces interventions sont utilisées pour isoler le siège de l'hémorragie du système porte à haute pression dans le traitement d'urgence des hémorragies par rupture de varices œsophagiennes. On atteint l'extrémité inférieure de l'oesophage à l'aide d'une petite incision gastrostomique. La pince anastomotique permet de créer une nouvelle anastomose entre les extrémités sectionnées de l'oesophage. Il faudra procéder à des études fondées sur des méthodes de contrôle statistique pour déterminer si cette intervention pourrait remplacer d'autres traitements.

*Soins infirmiers postopératoires.* Toute hémorragie, dans quelque partie du corps qu'elle se situe, est génératrice d'angoisse et crée une situation de crise pour le patient et pour sa famille. Chez le patient alcoolique, le délirium provoqué par le sevrage de l'alcool complique encore la situation. Le rôle de l'infirmière consiste alors à encourager le patient, à lui fournir les explications nécessaires sur les interventions médicales et infirmières dont il sera l'objet, et à l'observer de près pour détecter les complications et intervenir le plus rapidement possible.

Les soins postopératoires à prodiguer sont analogues à ceux qu'exige toute opération abdominale, mais des complications peuvent survenir; choc hypovolémique, encéphalopathie

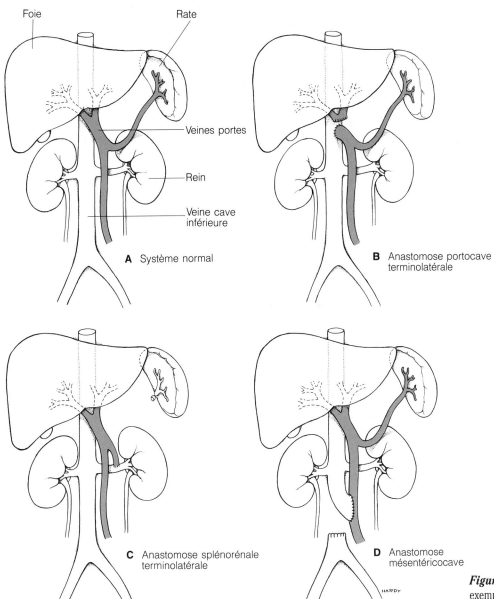

**Figure 29-9.** Système porte normal, avec exemples d'anastomose du système porte

portocave, déséquilibre électrolytique, alclose métabolique et respiratoire, syndrome de sevrage alcoolique et crises convulsives, les interventions chirurgicales n'arrêtent pas la progression de la maladie hépatique évolutive, et les saignements peuvent reprendre lorsque de nouveaux vaisseaux collatéraux se formeront.

Les modalités de traitement et les soins infirmiers destinés au patient souffrant d'hémorragies par rupture des varices œsophagiennes sont résumés dans l'encadré 29-3.

## CANCER DU FOIE

Les tumeurs hépatiques sont généralement de nature cancéreuse. Ce n'est que depuis peu qu'on s'intéresse aux tumeurs bénignes du foie, parce que leur fréquence a beaucoup augmenté au cours des dernières années avec l'usage des contraceptifs oraux.

Les tumeurs malignes primitives du foie sont rares. Elles surviennent ordinairement chez des personnes atteintes de cirrhose, particulièrement de cirrhose postnécrotique (ou méta-ictérique). Il s'agit d'*hépatomes* qui ne peuvent généralement être enlevés par résection à cause de leur expansion rapide et de la dissémination des métastases. Le *cholangiome* est une tumeur primitive maligne qui prend généralement naissance dans un foie normal. Décelé à temps, il est guérissable; mais les possibilités d'une détection rapide sont minces.

On attribue parfois à diverses autres causes le cancer primitif du foie: à la cirrhose; à l'hépatite B; à certains produits chimiques toxiques, comme le chlorure de vinyle ou l'arsenic; à la cigarette, surtout lorsque s'y ajoute la consommation d'alcool; aux substances aflatoxines ou cancérigènes contenues dans certaines herbes médicinales.

Dans la moitié des cas de cancer avancé, on trouve dans le foie des métastases provenant d'un foyer principal situé hors de cet organe. Les tumeurs malignes sont susceptibles d'atteindre le foie par le système porte, par les canaux lymphatiques ou directement par l'expansion d'une tumeur abdominale. Elles trouveraient même dans le foie le milieu le plus propice à leur développement. Souvent, en effet, la métastase hépatique est la première manifestation clinique du cancer primitif localisé à distance. Seule une opération exploratrice ou une autopsie pourrait conduire à la découverte de la tumeur primitive.

Les premières manifestations d'une maladie maligne du foie correspondent aux signes et aux symptômes des cancers qui perturbent la fonction digestive: perte pondérale récente, affaiblissement, anorexie et anémie. Le patient peut éprouver des douleurs à l'abdomen, et le volume du foie peut augmenter rapidement. Cet organe présente alors à la palpation une surface irrégulière. Il n'y a d'ictère que si les plus gros canaux biliaires sont bloqués sous la pression de nodules malins situés dans le hile du foie. Quand de tels nodules obstruent les veines portes ou que le tissu cancéreux envahit la cavité péritonéale, il y a formation d'ascite.

Le diagnostic du cancer du foie se fonde sur les signes et symptômes cliniques, sur les antécédents du patient et l'examen physique, ainsi que sur les résultats des épreuves de laboratoire et des examens radiologiques. On observe parfois une augmentation des taux sériques de bilirubine, de phosphatase alcaline, d'aspartate-iminotransférase (AST) et de déshydrogénase lactique. On peut également observer une leucocytose (augmentation du nombre des globules blancs dans le sang), une érythrocytose (accroissement du nombre des globules rouges), une hypercalcémie, une hypoglycémie ou une hypocholestérolémie. Chez 30 à 40 % des patients souffrant de cancer du foie, le taux sérique d'alphafœtoprotéine, qui sert de marqueur de la tumeur, est anormalement élevé.

Chez de nombreux patients, la tumeur primitive hépatique a déjà produit des métastases dans d'autres organes avant même que le diagnostic n'ait été établi. Celles-ci se trouvent le plus souvent dans les poumons, mais elles peuvent se trouver dans les ganglions lymphatiques régionaux, dans les glandes surrénales, les os, les reins, le cœur, le pancréas et l'estomac.

## Traitement non chirurgical

La radiothérapie et la chimiothérapie ont été utilisées dans le traitement des maladies malignes du foie avec plus ou moins de succès. Ces traitements peuvent certes prolonger la vie du patient et même améliorer sa qualité de vie en soulageant sa douleur et ses malaises, mais leur principal effet demeure purement palliatif.

***Radiothérapie.***    La radiothérapie réussit efficacement à soulager la douleur et les malaises chez 70 à 90 % des patients; elle réduit également l'anorexie, la faiblesse et la fièvre. Elle améliore même, quoique temporairement, les résultats des épreuves d'exploration des fonctions du foie. Il existe également d'autres méthodes d'irradiation: (1) l'injection intraveineuse d'anticorps contre les antigènes cancéreux marqués par des isotopes radioactifs; et (2) l'insertion percutanée d'une source de radiation interstitielle de haute intensité. Le but de l'une et de l'autre méthode est d'irradier directement les cellules de la tumeur. On a également mis à l'essai une combinaison de radiothérapie et de chimiothérapie, mais rien n'indique que ses avantages dépassent ceux de chacune des deux thérapies prise séparément.

***Chimiothérapie.***    On recourt à la chimiothérapie pour améliorer la qualité de vie du patient et prolonger sa vie. On peut aussi s'en servir comme traitement adjuvant après la résection chirurgicale de tumeurs du foie. Pour administrer des agents anticancéreux à des patients qui ont les deux types de tumeurs hépatiques (tumeur primitive et métastases), on utilise deux méthodes différentes: par voie générale et par perfusion régionale.

On peut aussi implanter une pompe qui apporte au foie, par l'artère hépatique, une forte concentration de chimiothérapie. Ce traitement, qui peut s'effectuer au domicile du patient, permet une perfusion fiable, régulière et continue du médicament.

***Enseignement du patient et soins à domicile.***    L'infirmière demande au patient et à sa famille d'évaluer les complications et les effets secondaires du médicament, et de les signaler quand ils apparaissent. Ils doivent donc être bien informés sur l'action du médicament, les effets thérapeutiques escomptés et ses effets indésirables. L'infirmière leur explique que les fréquentes consultations de suivi permettront de connaître la réaction du patient et de la tumeur à la chimiothérapie, de s'assurer que celle-ci n'a pas d'effets toxiques et de vérifier l'état de la zone d'implantation de la pompe. L'infirmière encourage le patient à reprendre le plus tôt possible ses activités habituelles, mais elle lui recommande d'éviter les sports de contact et toute activité susceptible d'endommager la pompe.

***Drainage percutané de la bile.***    Le drainage percutané de la bile, ou drainage transhépatique, permet de contourner les canaux biliaires obstrués par des tumeurs du foie, du pancréas ou des canaux biliaires eux-mêmes chez les patients porteurs de tumeurs inopérables ou pour qui une opération comporterait trop de risques. Sous radioscopie, on insère un cathéter qui traverse la paroi abdominale au delà du point d'obstruction et pénètre dans le duodénum. On arrive ainsi à rétablir l'écoulement de la bile, à soulager la pression et la douleur causées par l'accumulation de bile en deçà de l'obstruction, à réduire le prurit et l'ictère. Le patient en ressent un grand soulagement; ses chances de survie et sa qualité de vie s'améliorent. Pendant plusieurs jours, on ouvre le cathéter pour évacuer la bile à l'extérieur; on note la quantité de bile écoulée et sa couleur, et on vérifie si elle contient du sang et des débris.

Les complications que le drainage est susceptible d'entraîner sont, notamment, la septicémie, la fuite de bile, l'hémorragie et une nouvelle obstruction des voies biliaires par des débris accumulés dans le cathéter ou par des tumeurs envahissantes. Il faut donc observer attentivement le patient afin de déceler l'apparition de fièvre ou de frissons, l'échappement de bile hors de la sonde, l'évolution des signes vitaux, ainsi que tout indice d'obstruction biliaire, comme l'accroissement de la douleur ou de la pression, le prurit ou la reprise de l'ictère.

***Enseignement au patient et soins à domicile.***    Souvent, le patient et sa famille craignent que le cathéter ne se détache. Il faut donc les rassurer en leur expliquant qu'il est maintenu solidement et leur montrer concrètement l'usage du cathéter. Il faut aussi leur fournir par écrit des instructions précises sur la façon de maintenir parfaitement propre la région qui entoure le cathéter, sur la vérification de son état et de son point d'insertion et, éventuellement, sur l'utilisation d'eau stérilisée ou de solution physiologique pour irriguer le cathéter et éliminer tout débris. L'infirmière enseigne au patient et à son entourage les précautions à prendre au cours de l'irrigation pour éviter d'introduire des bactéries dans le système biliaire ou dans le cathéter. Elle leur recommande, en particulier, de ne pas aspirer à l'aide de la seringue ni de retirer celle-ci, ce qui risquerait d'introduire dans l'arbre biliaire ou dans le cathéter des matières irritantes venues du duodénum. Enfin, elle leur apprend à reconnaître les signes de complications, et leur recommande d'appeler une infirmière ou un médecin si un problème surgit ou s'ils ont des questions.

**Autres modes de traitement non chirurgical.** L'*hyperthermie* a déjà été utilisée dans le traitement des métastases du foie; on emploie alors diverses méthodes pour diriger la chaleur sur la tumeur tout en épargnant les tissus sains. Quant à la *cryochirurgie* (congélation des cellules de la tumeur) et à la *chirurgie au laser,* on commence à peine à les utiliser comme modes de traitement. On étudie actuellement l'*immunothérapie,* qui consiste à administrer au patient atteint d'une tumeur au foie des lymphocytes capables de réagir contre la tumeur. On a atteint le résultat escompté, c'est-à-dire la régression de la tumeur, chez des patients atteints d'un cancer métastatique qui avait résisté aux traitements traditionnels. Il faudra encore d'autres études pour connaître avec précision les avantages et les limites de ces nouvelles thérapies.

## Traitement chirurgical

Pour que la lobectomie du foie élimine un cancer, il faut que la tumeur primitive soit localisée ou, s'il y a métastases, que celles-ci soient circonscrites et que leur siège initial puisse être complètement excisé. Or, les métastases du foie sont rarement circonscrites ou solitaires. Certains chirurgiens, misant sur le pouvoir autorégénérateur des cellules hépatiques, ont retiré avec succès 90 % du foie. Mais la présence de cirrhose réduit le pouvoir régénérateur du foie.

**Évaluation préopératoire et préparation.** En préparant le patient à l'intervention chirurgicale, on évalue, pour mieux y répondre, ses besoins d'ordre nutritionnel, émotif et physique ainsi que ses besoins d'apport liquidien. On lui fournit des explications, du soutien et des encouragements pour l'aider à se préparer physiquement et psychologiquement à l'intervention. Il peut être appelé à subir, pendant ce temps, toute une batterie d'examens diagnostiques épuisants: scintigraphie et biopsie hépatiques, cholangiographie, angiographie sélective du foie, ponction-biopsie à l'aiguille, péritonéoscopie, laparoscopie, échographie et tomodensitométrie. À cela peuvent s'ajouter divers examens hématologiques, notamment le dosage sérique des phosphotases alcalines et de l'acide oxalacétique glutamique. Il faut parfois préparer le tractus intestinal par l'administration d'un purgatif, par l'irrigation du côlon et par l'injection d'antibiotiques intestinaux afin de réduire le risque d'accumulation d'ammoniaque et au cas où il faudrait pratiquer en cours d'opération une incision dans les intestins.

**Intervention chirurgicale.** S'il faut restreindre pendant plus de 15 minutes la circulation sanguine venant de l'artère hépatique et de la veine porte, il faudra probablement procéder par hypothermie. (Dans des conditions thermiques normales, on admet une occlusion d'une durée de 15 minutes.) Il y a deux types de divisions hépatiques: la division réelle habituelle (fonctionnelle) du foie comprend deux lobes (droit et gauche), le droit étant six fois plus gros que le gauche. La plupart des chirurgiens préfèrent la division anatomique (chirurgicale) des lobes du foie. Elle consiste à scinder l'organe en deux lobes plus ou moins égaux, le droit et le gauche, par un sillon lobaire à peu près dans l'axe de la vésicule biliaire et de la veine cave inférieure sur la surface viscérale. Selon cette division, la ramification des vaisseaux hépatiques et la veine porte se prêtent à une segmentation plus égale. Une lobectomie droite du foie, pratiquée selon la division chirurgicale, est moins étendue qu'elle ne le serait dans la division fonctionnelle.

Pour pratiquer une lobectomie droite du foie ou une lobectomie droite complète, on utilise une incision thoraco-abdominale, tandis que pour une lobectomie gauche, on pratique une incision abdominale complète.

**Soins infirmiers postopératoires.** L'opération peut entraîner des problèmes cardiopulmonaires, des dysfonctionnements respiratoires ou des troubles hépatiques. Toute anomalie du métabolisme exige des soins attentifs. Dans certains cas, on administre une perfusion continue de solution glucosée à 10 % pour prévenir une chute abrupte de la glycémie causée par une baisse de la glyconéogenèse. La synthèse des protéines et le métabolisme des lipides sont eux aussi altérés, ce qui nécessite des perfusions d'albumine. Il faut également prévoir de lourdes pertes sanguines; si elles se produisent, on procède à des transfusions sanguines et à des perfusions de solutés intraveineux. Pendant les deux ou trois jours qui suivent l'opération, le patient exige une étroite surveillance. Les soins infirmiers requis sont les mêmes que les soins infirmiers postopératoires à prodiguer en chirurgie thoracique et abdominale (voir le chapitre 34). Il faut inciter le patient à marcher le plus tôt possible après l'opération. La régénération du foie s'effectue rapidement; on cite à cet égard le cas d'un patient dont le foie, réséqué à 90 %, a retrouvé en 6 mois sa masse normale.

**Greffe du foie et traitement des tumeurs hépatiques.** L'ablation du foie et son remplacement par un organe provenant d'un donneur sain est généralement couronnée de succès. Toutefois, le taux de récidive de la tumeur maligne initiale est de 80 ou 85 %. C'est pourquoi l'on recommande de compléter la greffe par une chimiothérapie par voie générale ou une radiothérapie.

## GREFFE DU FOIE

La greffe du foie est utilisée pour traiter une maladie du foie en phase terminale qui met en péril la vie du patient et pour laquelle il n'existe aucune autre forme de traitement. Les résultats obtenus dans les greffes du foie se sont remarquablement améliorés depuis qu'on fait usage de cyclosporine. Cet agent immunosuppresseur, utilisé en association avec des corticostéroïdes, est en partie responsable du taux de réussite annuel de 80 % que connaît actuellement cette intervention. Malgré ce succès, la greffe du foie n'a rien d'une intervention ordinaire; elle s'accompagne parfois de complications dues à diverses causes: la durée même de l'intervention, le traitement immunosuppresseur, l'infection et les difficultés techniques que pose la reconstruction des vaisseaux sanguins et des voies biliaires. Parfois aussi on se heurte à des problèmes généralisés déjà existants causés par une affection hépatique. Ces problèmes entraînent des complications avant et après l'opération. La greffe devient particulièrement délicate lorsque le patient a déjà subi une chirurgie abdominale, surtout s'il s'agissait d'une intervention visant à traiter les complications d'une maladie hépatique avancée comme les dérivations utilisées dans le traitement de l'hypertension portale ou des varices œsophagiennes.

Les indications de la greffe du foie se sont élargies grâce à la pratique d'anastomoses veineuses, aux progrès du traitement immunosuppresseur et à de nouvelles techniques de reconstruction des voies biliaires. D'une façon générale, on peut pratiquer la greffe du foie pour traiter une affection hépatique chronique avancée (quand on la juge irréversible), l'insuffisance hépatique fulminante, les affection hépatiques métaboliques ainsi que les tumeurs malignes qui exigent l'ablation complète du foie. Parmi les cas où la greffe du foie est particulièrement indiquée, citons les nécroses hépatocellulaires (comme l'hépatite virale, l'hépatite causée par l'usage d'alcool ou de drogue; la dégénérescence hépatolenticulaire ou maladie de Wilson), ainsi que les maladies cholostatiques (comme la cirrhose biliaire primitive, la cholangite sclérosante et l'atrésie des voies biliaires). Pour le traitement de ces troubles, la greffe du foie a dépassé le stade expérimental: c'est désormais une technique bien établie. Les centres où elle se pratique se sont multipliés, et ils accueillent des patients venus de centres hospitaliers fort éloignés. Pour préparer le patient et sa famille à une greffe du foie, l'infirmière, quel que soit le milieu de soins où elle pratique, doit bien connaître l'intervention.

La greffe orthotopique suppose l'ablation complète du foie malade et son remplacement par un foie sain. L'ablation crée un espace pour le nouvel organe et permet de redonner aux voies biliaires, par la reconstruction chirurgicale, la configuration la plus normale possible. Souvent, le candidat à la greffe du foie souffre de plusieurs problèmes généralisés, et il faut en tenir compte dans la prestation des soins préopératoires et postopératoires. Comme la présence de graves hémorragies gastro-intestinales ou d'un coma hépatique avancé est de nature à compromettre le succès de l'opération, on s'efforce de réaliser celle-ci avant que le patient n'ait atteint un tel stade.

***Soins infirmiers préopératoires.*** Les patients atteints d'un dysfonctionnement hépatique irréversible sont candidats à une greffe hépatique. On les soumet alors à une batterie d'examens diagnostiques pour vérifier s'ils sont en état de subir cette greffe. On leur fournit, ainsi qu'à leur famille, des explications détaillées sur la nature de l'opération, ses chances de succès et ses risques d'échec; sur les effets secondaires d'une immunosuppression prolongée; sur l'importance d'un suivi régulier; sur la nécessité de suivre toute sa vie un programme thérapeutique. Une fois établie l'aptitude du patient à subir la greffe, on inscrit son nom sur la liste d'attente du centre hospitalier où sera pratiquée l'opération. Celui-ci transmet les coordonnées du patient au réseau informatisé de métro-transplant, chargé de repérer l'organe qui convient à chaque candidat. Or, on ne peut disposer d'un foie à greffer qu'au moment où décède quelque part une personne saine qui a subi de graves lésions cérébrales et qui est en état de mort cérébrale. De plus, le candidat à la greffe ne peut s'absenter, car il doit être rejoint dès qu'un organe compatible devient disponible. Pendant cette attente (souvent fort longue en raison de la rareté des donneurs), la maladie du candidat peut s'aggraver et se compliquer. Plusieurs meurent avant de subir la greffe. Le candidat et sa famille vivent donc une attente extrêmement stressante, pendant laquelle l'infirmière est souvent leur principal soutien.

Pour accroître les chances de succès de la greffe, on commence par traiter les principaux troubles dont souffre le patient: malnutrition, ascite massive, déséquilibre hydro-électrolytique. Si le dysfonctionnement hépatique est apparu très rapidement (défaillance hépatique fulminante, par exemple), le patient dispose de peu de temps pour soupeser les différentes options et leurs conséquences respectives; souvent, à ce stade, il est déjà tombé dans le coma, et c'est sa famille qui doit prendre la décision pour lui.

La coordinatrice des soins infirmiers fait partie intégrante de l'équipe affectée à la greffe, et elle joue un rôle important dans l'évaluation du patient. D'une part, elle est le porte-parole du patient et de la famille; d'autre part, elle assure la liaison entre le patient et les autres membres de l'équipe de transplantation. Elle agit, en outre, comme personne ressource auprès des autres infirmières et auprès des autres membres de l'équipe de soins.

### Intervention chirurgicale

On dégage d'abord des autres organes le foie du donneur; on vide la vésicule biliaire de toute la bile qu'elle contient, car elle pourrait léser les parois des voies biliaires. Pour faciliter la conservation du nouveau foie, on irrigue celui-ci à l'aide d'une solution, puis on le réfrigère. Au moment de le mettre en place dans l'abdomen du receveur, on le purge encore à l'aide d'une solution refroidie de lactate Ringer pour éliminer le potassium ainsi que les bulles d'air. On procède alors à l'anastomose des vaisseaux sanguins et du canal biliaire, entre le foie du donneur et celui du receveur. On reconstitue les voies biliaires par une anastomose terminoterminale entre le canal cholédoque du donneur et celui du receveur; on insère un tube en T pour drainer la bile à l'extérieur. (Si la maladie ou l'absence de canaux biliaires rend impossible l'anastomose terminoterminale, on pratique une anastomose terminolatérale entre le cholédoque du greffon et une anse du jujénum (Roux-en-Y); dans ce cas, le drainage se fera de l'intérieur, et l'on n'insérera pas de tube en T.) La transplantation du foie est une intervention très longue; cela tient en partie au fait que le receveur souffrant d'hypertension portale a souvent une circulation veineuse collatérale importante. Par conséquent de nombreux vaisseaux doivent être ligaturés en cours d'opération. La transplantation peut s'accompagner de pertes de sang considérables. Si le patient a des adhérences datant d'une précédente opération à l'abdomen, on est parfois obligé de procéder à leur libération opératoire. Si l'opéré a déjà subi des anastomoses, il faut renverser celles-ci par voie chirurgicale pour permettre l'irrigation du nouveau foie par la veine porte.

***Soins infirmiers postopératoires.*** Comme les médicaments immunosuppresseurs inhibent les défenses naturelles de l'organisme, le patient doit être protégé, dans la mesure du possible, des bactéries, des virus et des champignons. Durant la période qui suit immédiatement l'opération, on surveille étroitement les fonctions cardiovasculaire, pulmonaire, rénale, neurologique et métabolique; on surveille aussi étroitement la pression artérielle moyenne et la pression de l'artère pulmonaire. Pour évaluer l'état hémodynamique du patient et le volume liquidien intravasculaire, on prend les mesures suivantes: débit cardiaque, pression veineuse centrale, pression capillaire pulmonaire, gaz du sang (sang artériel et sang veineux), débit urinaire, fréquence cardiaque et pression artérielle. On analyse les résultats des épreuves d'exploration des fonctions hépatiques, les taux d'électrolytes, les coagulogrammes, les radiographies pulmonaires, le cardiogramme, ainsi que le bilan des excreta: urine, bile, sécrétions drainées à l'aide des drains thoraciques et des drains de Jackson Pratt. Comme le foie est responsable du stockage du glycogène ainsi que de la synthèse des protéines et des facteurs de coagulation, il est essentiel de mesurer régulièrement les concentrations de ces substances durant les premiers jours qui suivent l'opération et de procéder à un traitement substitutif si elles s'abaissent.

Il peut également se produire une atélectasie ainsi qu'une altération du rapport ventilation-perfusion. Cela peut avoir plusieurs causes: l'agression du diaphragme durant l'opération, l'anesthésie prolongée, l'immobilité, la douleur postopératoire et la présence de tubes dans le thorax. Pour faire face à ces complications, on munit d'avance le patient d'un tube endotrachéal et on procède à une ventilation artificielle immédiatement après l'opération. Au besoin, on aspire les sécrétions et l'on humidifie l'atmosphère avec de l'eau stérilisée.

Le taux de complications postopératoires est élevé. Il est principalement relié à des complications d'ordre technique ou à l'infection. Parmi les complications susceptibles de suivre immédiatement l'opération, citons: l'hémorragie, l'infection, le rejet du nouvel organe et un écoulement biliaire insuffisant. Les anastomoses des voies biliaires peuvent se rompre, s'infecter ou s'obstruer. L'hémorragie est fréquente dans la période postopératoire; elle peut avoir pour cause la coagulopathie, l'hypertension portale ou la fibrinolyse (celle-ci pouvant être le résultat d'un traumatisme ischémique au foie du donneur). En raison de la perte de sang, l'hypotension peut se produire à ce stade; on la combat en administrant des plaquettes, du plasma frais congelé et d'autres dérivés du sang. L'hypertension est plus commune, mais ses causes restent indéterminées; on ne la traite que si l'augmentation de la pression est considérable ou prolongée.

Par contre, c'est l'infection qui constitue la cause la plus fréquente des décès consécutifs à la transplantation du foie. Il s'agit souvent d'infection du poumon ou de mycoses. La diminution de la résistance à l'infection vient des immunosuppresseurs utilisés pour prévenir le rejet du nouvel organe. On doit donc prendre diverses précautions pour prévenir les infections nosocomiales; il faut, en particulier, user d'une rigoureuse asepsie dans la manipulation des dispositifs de drainage artériel, urinaire, biliaire ou autres, dans le prélèvement d'échantillons et dans le changement des pansements.

Le système immunitaire perçoit comme un antigène étranger le foie qu'on transplante. Il déclenche donc une réponse immunitaire; celle-ci active les lymphocytes T, qui attaquent l'organe transplanté et le détruisent. C'est pour prévenir cette réaction de rejet qu'on utilise la cyclosporine. Celle-ci entrave l'action des lymphocytes T immunocompétents pour prévenir la production de cellules T effectrices. Certes, le taux de survie de un à cinq ans après la transplantation a monté en flèche depuis l'avènement de la cyclosporine, mais cela ne va pas sans de graves effets secondaires. Parmi ceux-ci, la néphrotoxicité vient en tête. Le problème, ici, semble proportionnel à la dose administrée, mais on peut corriger le dysfonctionnement rénal en réduisant la dose de cyclosporine. On doit parfois recourir à la biopsie hépatique et à l'échographie si l'on soupçonne des épisodes de rejet. Parmi les autres agents utilisés dans la transplantation, on peut citer les corticostéroïdes, l'azathioprine, les globulines antilymphocytaires ainsi que l'anticorps monoclonal OK-T3. On poursuit les essais cliniques sur de nouveaux agents immunosuppresseurs.

Le FK-506, en particulier, semble avoir moins d'effets secondaires que la cyclosporine.

Devant l'échec d'une transplantation, on en tente généralement une nouvelle, mais les chances de réussite sont moindres.

***Enseignement au patient et soins à domicile.*** L'enseignement au patient et à sa famille sur les mesures de promotion de la santé à long terme constitue une importante fonction de l'infirmière. Elle doit leur faire comprendre pourquoi il est important d'observer fidèlement le programme thérapeutique, et bien expliquer les méthodes d'administration des agents immunosuppresseurs, leur but et leurs effets secondaires. Elle explique au patient, oralement et par écrit, comment et quand il doit prendre ses médicaments, elle lui recommande de toujours avoir une provision suffisante de médicaments à la maison de façon à ne jamais en manquer et ne jamais omettre une dose. Elle lui explique quels sont les signes et symptômes révélateurs d'un problème en lui recommandant de consulter l'équipe de transplantation s'ils se présentent. Si le patient est muni d'un drain en T, elle lui montre comment l'entretenir.

Elle doit insister sur l'importance du suivi hématologique et des rendez-vous avec l'équipe de transplantation. Lors de ces consultations, on mesure le taux de cyclosporine et l'on effectue d'autres analyses sanguines afin de vérifier le fonctionnement du foie et celui des reins. Pendant les premiers mois, le patient peut avoir besoin de subir un bilan hématologique deux ou trois fois par semaine. Au fur et à mesure que son état se stabilisera, on réduira la fréquence des bilans hématologiques et celle des rendez-vous avec l'équipe de transplantation. L'infirmière doit aussi bien expliquer au patient qu'il est important de subir des examens ophtalmologiques réguliers, car l'usage prolongé de stéroïdes accroît les risques de cataractes et de glaucome. Parce qu'il suit un traitement immunosuppresseur, l'infirmière lui recommande également d'appliquer assidûment des mesures d'hygiène buccodentaire et de consulter régulièrement son dentiste.

Certes, il ne faut pas laisser croire au patient que la transplantation signifie pour lui le retour à la vie normale. Mais il reste que, dans la mesure où l'on peut éviter le rejet et l'infection, l'opération accroît ses chances de survivre et de mener une vie plus normale. Nombreux sont les «greffés du foie» qui ont pu mener, après l'opération, une vie active et productive; bien des femmes ont connu des grossesses normales et mis au monde des enfants normaux.

## ABCÈS HÉPATIQUES

Chaque fois qu'une infection apparaît dans le tractus gastrointestinal, il y a danger que les microorganismes responsables ne gagnent le foie par les voies biliaires, par le système veineux porte, ou encore par les systèmes artériel, hépatique ou lymphatique. La plupart des bactéries sont rapidement détruites, mais quelques-unes d'entre elles peuvent rester présentes. Les toxines bactériennes détruisent les cellules environnantes, et le tissu ainsi nécrosé fournit aux microorganismes un mur protecteur. Pendant ce temps, les leucocytes migrent vers la région infectée, créant ainsi une cavité d'abcès qui contient des leucocytes vivants, des leucocytes morts, des cellules hépatiques liquéfiées et des bactéries. Les abcès pyogènes de ce type peuvent être multiples et petits, mais il est possible qu'il n'y en ait qu'un.

L'abcès hépatique présente un tableau clinique de septicémie, avec peu ou pas de signes de localisation. Le patient fait de l'hyperthermie, souvent accompagnée de frissons. Il se plaint parfois d'une douleur sourde à l'abdomen et d'une sensibilité dans le quadrant supérieur droit de l'abdomen. L'hépatomégalie, l'ictère et l'anémie peuvent faire leur apparition. Il s'ensuit une maladie susceptible d'entraîner la mort. Le taux de mortalité était autrefois de 100 %, faute de symptômes cliniques précis, faute de moyens de diagnostic suffisants et faute de techniques adéquates pour le drainage chirurgical de l'abcès. Aujourd'hui, grâce à la tomodensitométrie et à la scintigraphie du foie (qui permettent de diagnostiquer rapidement l'abcès) et grâce aux nouvelles méthodes de drainage chirurgical de l'abcès, on a pu réduire de beaucoup le taux de mortalité.

Le traitement comprend, notamment, l'administration d'antibiotiques par voie intraveineuse; le choix de l'antibiotique dépend de la nature des microorganismes qu'on a décelés. *Entamoeba histolytica* est la cause la plus courante des abcès hépatiques; dans certaines régions du monde, on attribue à des bacilles Gram négatif l'accroissement de la fréquence des abcès du foie. La gravité de l'état du patient exige des soins continus.

Résumé: Le foie est un organe très complexe, dans sa structure comme dans son fonctionnement. Advenant un dysfonctionnement, tous les problèmes généralisés peuvent se présenter: depuis les symptômes pseudogrippaux jusqu'à l'hémorragie gastro-intestinale et le coma hépatique. Les dysfonctionnements du foie sont souvent des maladies chroniques, mais cela n'exclut pas l'apparition d'une hépatite fulminante. Le traitement des maladies du foie couvre aujourd'hui un large éventail, et va du traitement de symptômes comme l'ascite, l'ictère et l'hémorragie gastro-intestinale, jusqu'à la transplantation du foie d'un donneur pour remplacer un foie trop gravement atteint. L'infirmière qui prodigue des soins aux patients souffrant d'un dysfonctionnement hépatique chronique peut intervenir de diverses façons: aider le patient atteint de cirrhose à faire face aux symptômes chroniques et à adopter un mode de vie sain; aider le patient atteint d'une affection aiguë ou d'une insuffisance hépatique en soulageant les effets généraux du dysfonctionnement, en évaluant les symptômes susceptibles de mettre la vie du patient en danger (comme l'hémorragie gastro-intestinale); et aider l'opéré à se rétablir le mieux possible de la transplantation.

Les maladies du foie et leurs complications sont responsables du quart de tous les décès qui surviennent en Amérique du Nord chaque année. Les cirrhoses tuent, à elles seules, environ 3500 Canadiens annuellement.

# AFFECTIONS DU SYSTÈME BILIAIRE

Plusieurs problèmes peuvent affecter le système biliaire et entraver l'écoulement normal de la bile dans le duodénum. Citons en particulier la formation d'un carcinome obstruant l'arbre biliaire, l'infection du système biliaire et la présence de calculs dans la vésicule biliaire. Ce dernier problème est le plus répandu de tous. Même si la présence de calculs biliaires (ou *cholélithiase*) n'est pas à la source de toutes les infections de la vésicule biliaire (ou *cholécystites* ), 95 % des patients souffrant de cholécystite ont des calculs. Environ 10 % des Nord-Américains seraient porteurs de calculs vésiculaires. Cependant, la majorité d'entre eux seraient asymptomatiques, c'est-à-dire qu'ils ne présentent pas les symptômes caractéristiques de la colique biliaire. On trouvera à l'encadré 29-4 les principaux termes techniques désignant les affections du système biliaire et les techniques utilisées dans leur traitement.

## CHOLÉCYSTITE

La vésicule biliaire peut devenir le siège d'une infection aiguë (cholécystite) qui provoque dans la partie supérieure droite de l'abdomen de la douleur, de la sensibilité et de la raideur associées à des nausées, à des vomissements et aux signes habituels d'inflammation aiguë. On parle alors de *cholécystite aiguë*. Si la vésicule est remplie de pus, on est en présence d'un *empyème de la vésicule biliaire* (ou *pyocholécyste*).

Dans 90 % des cas de cholécystite, il s'agit de *cholécystite calculeuse*, c'est-à-dire qu'un calcul situé dans la vésicule biliaire obstrue l'évacuation de la bile. La bile qui reste dans la vésicule déclenche une réaction chimique; il s'ensuit une autolyse et de l'oedème. Les vaisseaux sanguins sont comprimés, compromettant ainsi l'irrigation de la vésicule. Cette dernière, faute d'une irrigation sanguine adéquate, est bientôt atteinte par la gangrène et, parfois, perforée. Les bactéries ne jouent qu'un faible rôle dans la cholécystite; c'est *après* l'effondrement des mécanismes locaux de défense que se produit l'invasion bactérienne.

On appelle cholécystite *sans calculs* (acalculeuse) celle où la vésicule biliaire n'est pas obstruée par des calculs. Elle se produit après une intervention chirurgicale majeure, un traumatisme grave ou une brûlure. Certains l'attribuent à un déséquilibre hydroélectrolytique ou à une altération régionale de l'irrigation sanguine des viscères. Comme elle coïncide généralement avec une intervention importante ou avec un grave traumatisme, son diagnostic est difficile.

## CHOLÉLITHIASE

Dans la cholélithiase, ou lithiase vésiculaire, les calculs se forment généralement à partir de constituants solides contenus dans la bile; leur forme, leur taille et leur composition sont très variables (figure 29-10).

La formation de calculs biliaires est rare chez les enfants et chez les jeunes adultes. Mais sa fréquence augmente à partir de la quarantaine et atteint son sommet chez les personnes de 75 ans. On estime que, dans ce dernier groupe d'âge, une personne sur trois a des calculs.

### Physiopathololgie

On trouve deux principaux types de calculs biliaires: les uns composés en majeure partie de pigment, les autres composés principalement de cholestérol. Les calculs pigmentaires se forment probablement lorsqu'il y a précipitation des pigments non conjugués dans la bile. Les risques de calculs pigmentaires sont plus élevés chez les patients atteints de cirrhose, d'hémolyse, ou d'une infection de l'arbre biliaire. Ces calculs ne pouvant se dissoudre, on doit les retirer par voie chirurgicale.

## Encadré 29-4
### Terminologie des affections du système biliaire et de leur traitement

Cholécystectomie — Ablation de la vésicule biliaire

Cholécystectomie laparoscopique — Ablation de la vésicule biliaire par endoscopie

Cholécystectomie au laser — Ablation de la vésicule biliaire à l'aide de rayons laser plutôt qu'à l'aide du scalpel et des instruments traditionnels

Cholécystite — Inflammation de la vésicule biliaire

Cholécystostomie — Ouverture et drainage de la vésicule biliaire

Cholédochoduodénostomie — Anastomose entre le canal cholédoque et le duodénum

Cholédochojéjunostomie — Anastomose entre le canal cholédoque et le jéjunum

Cholédocholithiase — Présence de calculs dans le canal cholédoque

Cholédocholithotomie — Incision du canal cholédoque pour en retirer des calculs

Cholédochostomie — Ouverture du canal cholédoque

Cholélithiase — Présence de calculs dans la vésicule biliaire

Lithotripsie — Désintégration des calculs biliaires par ondes de choc

---

Les calculs formés de cholestérol sont responsables de la plupart des maladies de la vésicule biliaire dans la population canadienne. Le cholestérol est une des composantes normales de la bile. Insoluble dans l'eau, il devient hydrosoluble sous l'action des acides et de la lécithine (phospholipides) contenus dans la bile. Chez les patients prédisposés à la formation de calculs, on constate une diminution de la synthèse des acides biliaires et une augmentation de la synthèse de cholestérol dans le foie, de sorte que la bile est sursaturée en cholestérol. Celui-ci se précipite pour former des calculs. La bile saturée de cholestérol prédispose à la formation de calculs; elle agit comme un irritant qui enflamme la vésicule.

La fréquence des calculs cholestériniques et des maladies de la vésicule biliaire est quatre fois plus élevée chez les femmes que chez les hommes. Les femmes multipares, obèses et âgées de plus de 40 ans y sont plus exposées que les autres; la fréquence croît encore parmi celles qui font usage de contraceptifs oraux, d'œstrogènes et de clofibrate (qui accentuent la saturation de la bile en cholestérol). Si l'incidence de la formation de calculs biliaires augmente aussi avec l'âge, c'est à cause de deux phénomènes qui accompagnent le vieillissement: le foie sécrète plus de cholestérol, et la synthèse des acides biliaires décroît. Le risque de malabsorption des sels biliaires augmente encore chez les patients atteints de maladies gastro-intestinales, chez les porteurs d'un drain en T, et chez les patients qui ont déjà subi une résection ou une anastomose de l'iléon.

### Manifestations cliniques

Certains calculs biliaires demeurent asymptomatiques, ne produisant aucune douleur et ne se manifestant que par de légers symptômes gastro-intestinaux. On ne détecte leur présence qu'au hasard d'une intervention chirurgicale ou d'un examen relié à un autre problème.

Le patient souffrant d'une maladie vésiculaire attribuable à des calculs peut manifester deux types de symptômes: les uns dus à la maladie même de la vésicule, les autres dus

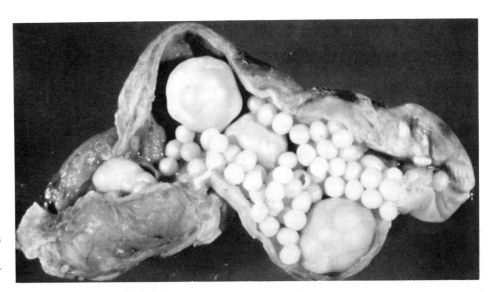

**Figure 29-10.** Calculs multiples dans une vésicule biliaire

(Photo: National Institute of Diabetes and Digestive and Kidney Diseases)

à ce qu'un calcul empêche l'évacuation de la bile. Tous ces symptômes peuvent être aigus ou chroniques. Le patient peut ressentir des douleurs épigastriques: plénitude gastrique, ballonnement abdominal, douleur vague dans le quadrant supérieur droit de l'abdomen. Ces douleurs peuvent survenir après un repas composé d'aliments gras ou frits.

Si un calcul obstrue le canal cystique, la vésicule se distend et s'infecte parfois. La température corporelle augmente, et une masse palpable se forme dans l'abdomen. Le patient peut ressentir une colique biliaire et, dans la partie supérieure droite de l'abdomen, une douleur atroce qui irradie jusqu'au dos ou à l'épaule droite. Cette douleur est généralement associée à des nausées et à des vomissements, et ressentie quelques heures après un repas copieux. Le patient est agité et incapable de trouver une position confortable. Chez certains patients, la douleur est constante plutôt que de type colique.

Une telle poussée de colique biliaire a pour cause une contraction de la vésicule. Cette dernière, à cause de l'obstruction créée par le calcul, est incapable d'évacuer la bile. Lorsque la vésicule est distendue, le fond touche la paroi abdominale, dans la région du 9e et du 10e cartilage costal. Il s'ensuit une douleur au quadrant supérieur droit à chaque inspiration profonde, qui empêche l'excursion complète des poumons. La douleur engendrée par une cholécystite aiguë peut devenir telle qu'il faut administrer au patient un analgésique comme la mépéridine. Il vaut mieux ne pas administrer de morphine, car on croit qu'elle aggrave les spasmes dans le sphincter d'Oddi.

Dans un faible pourcentage des cas, l'ictère fait son apparition, généralement accompagné d'une obstruction du canal cholédoque. La bile, qui ne peut plus se déverser dans le duodénum, est absorbée dans le sang — ce qui donne à la peau et à la muqueuse une coloration jaune, souvent accompagnée de fortes démangeaisons de la peau.

L'excrétion des pigments biliaires par les reins donne à l'urine une couleur très foncée. Les selles, que ne colorent plus les pigments biliaires, sont décolorées et deviennent blanchâtres.

L'obstruction de l'écoulement biliaire a également pour effet d'entraver l'absorption des vitamines liposolubles A, D, E et K. Une obstruction prolongée peut entraîner une avitaminose. Une carence en vitamine K entraîne des anomalies de la coagulation sanguine.

Si l'on arrive à déloger le calcul biliaire, le canal cystique est rouvert, la vésicule se draine, et l'inflammation disparaît assez rapidement. Si au contraire l'obstruction persiste, il peut se former un abcès, une nécrose et une perforation accompagnée d'une péritonite généralisée.

## Examens diagnostiques

**Radiographie abdominale.** Si l'on soupçonne une maladie de la vésicule biliaire et qu'on veuille vérifier l'existence d'autres causes ou symptômes, on prend une radiographie de l'abdomen. Cependant, il faut savoir que ce n'est que dans 15 à 20 % des cas que les calculs biliaires sont suffisamment calcifiés pour être visibles sur la pellicule.

***Échographie.*** L'échographie a supplanté la cholécystographie comme moyen diagnostique. Elle a sur cette dernière l'avantage de la rapidité et de la précision, et peut être utilisée pour un patient souffrant d'un dysfonctionnement hépatique ou d'ictère sans l'exposer aux rayonnements ionisants.

L'échographie est plus précise si le patient est à jeun depuis la veille et que la vésicule est distendue. L'échographie utilise la réflexion d'un faisceau d'ultrasons pour détecter les calculs logés dans la vésicule biliaire ou dans un canal cholédoque dilaté. Elle décèle les calculs avec une précision de 95 %.

***Choléscintigraphie ou scintigraphie.*** La choléscintigraphie s'avère très efficace pour le diagnostic de la cholécystite aiguë. Ce procédé consiste à administrer par voie intraveineuse un isotope radioactif. Celui-ci est alors fixé par les hépatocytes et rapidement excrété par le système biliaire. On explore alors les voies biliaires, et l'on obtient des images de la vésicule et de l'arbre biliaire. Cette épreuve est plus coûteuse que l'échographie, elle dure plus longtemps, elle expose le patient aux rayonnements et ne permet pas de détecter les calculs. On ne s'en sert que dans les cas où l'échographie ne fournit pas de résultats concluants.

***Cholécystographie.*** Même si elle a été supplantée par l'échographie, la cholécystographie est encore utilisée lorsque l'échographie n'est pas concluante ou lorsqu'on ne dispose pas de matériel d'échographie. On peut recourir à la cholécystographie orale pour détecter la présence de calculs et pour évaluer l'aptitude de la vésicule à se remplir, à concentrer son propre contenu, à se contracter et à se vidanger. On administre au patient un produit de contraste iodé. Ce produit est excrété par le foie, puis concentré dans la vésicule biliaire. La vésicule normale se remplit de la substance opacifiante; les calculs, s'ils sont présents, dessinent des ombres sur la radiographie.

Parmi les opacifiants ainsi utilisés, citons l'acide iopanoïque (Telepaque) et l'iodiapamide de méglumine (Cholografine). Ces préparations pharmaceutiques sont administrées en doses orales de 10 à 12 heures avant l'examen radiographique. Pour prévenir la contraction et la vidange de la vésicule biliaire, le patient doit rester à jeun après l'administration de l'opacifiant.

Il faut s'assurer auprès du patient que celui-ci n'est pas allergique à l'iode ou aux fruits de mer. S'il ne l'est pas, on administre le produit par voie orale le soir qui précède l'examen. On prend une radiographie du quadrant supérieur droit de l'abdomen. Si la vésicule se remplit et se vide normalement et ne contient aucun calcul, on conclut à l'absence de toute maladie de la vésicule. Dans ce dernier cas, on peut estimer nécessaire d'administrer une seconde dose d'opacifiant et de prendre une deuxième radiographie. Chez un patient qui souffre d'ictère, la cholécystographie est inutile puisque le foie n'est pas en mesure d'excréter le colorant radio-opaque. La cholécystographie orale demeurera vraisemblablement partie intégrante de l'examen des patients chez qui l'on a retiré des calculs biliaires par dissolution ou lithotripsie.

***Cholangiopancréatographie rétrograde endoscopique.*** La cholangiopancréatographie rétrograde endoscopique (CPRE) permet d'explorer des structures qu'on ne pouvait voir auparavant que par laparotomie. Elle consiste à insérer un fibroscope flexible dans l'œsophage jusque dans le duodénum descendant (figure 29-11). On introduit une canule dans le canal cholédoque et dans le canal de Wirsung, puis on injecte dans ces canaux un produit radio-opaque qui permet de voir et d'évaluer l'arbre biliaire. Le CPRE permet également d'explorer directement ces structures et d'accéder au cholédoque distal pour en retirer un calcul qui y serait resté.

***Interventions infirmières.*** Cet examen exige la collaboration du patient. Celui-ci doit en effet faciliter l'insertion du fibroscope si l'on veut éviter toute lésion du tube gastro-intestinal et de l'arbre biliaire. Avant l'examen, l'infirmière doit lui expliquer la nature de l'intervention et la collaboration qu'on attend de lui. Immédiatement avant de procéder, on lui administre un sédatif. Durant l'intervention, l'infirmière surveille la perfusion intraveineuse, administre les médicaments prescrits et mobilise le patient. L'endoscopie terminée, elle évalue l'état du patient, mesure ses signes vitaux et reste à l'affût de tout indice de perforation ou d'infection. Elle l'observe également afin de déceler l'apparition d'effets indésirables des médicaments administrés pendant l'intervention et de noter le retour du réflexe pharyngé après l'anesthésie locale.

***Cholangiographie percutanée transhépatique.*** La cholangiographie percutanée transhépatique (CPT) consiste à injecter un colorant directement dans l'arbre biliaire. Grâce à la concentration relativement élevée du colorant, on voit se dessiner nettement toutes les composantes du système, notamment les canaux hépatiques situés à l'intérieur du foie, le canal cholédoque dans toute son étendue, le canal cystique et la vésicule biliaire.

La cholangiographie percutanée transhépatique peut se pratiquer même en présence d'ictère ou de dysfonctionnement du foie. Elle permet de faire la distinction entre l'ictère causé par une maladie du foie (ictère hépatocellulaire) et l'ictère imputable à une obstruction biliaire, d'étudier les symptômes gastro-intestinaux chez les patients cholécystectomisés, de repérer les calculs à l'intérieur des canaux biliaires et, enfin, de diagnostiquer un cancer situé dans le système biliaire.

***Intervention.*** Le patient, à jeun et ayant reçu un sédatif, est installé en décubitus dorsal sur la table de radiographie. On désinfecte le point choisi pour l'injection (généralement situé sur la ligne médioclaviculaire immédiatement sous le rebord costal droit) et l'on y injecte de la lidocaïne (Xylocaine). On pratique sur ce point une petite incision et l'on y introduit une aiguille fine et souple munie d'un stylet. L'insertion se fait en direction céphalique postérieure selon un angle de 45° et parallèlement à la ligne médiane. Dès que la pénétration a atteint une profondeur d'environ 10 cm, on retire le stylet et on le remplace par un raccord de plastique auquel est attachée une seringue de 50 mL. Pendant qu'on retire lentement l'aiguille, on exerce une légère aspiration jusqu'à ce que la bile apparaisse dans la seringue. On retire la plus grande quantité possible de bile, on injecte un produit radio-opaque et on prend la radiographie.

Avant de retirer l'aiguille, on aspire à l'aide de la seringue la plus grande quantité possible de colorant et de bile pour prévenir toute fuite dans le trajet de l'aiguille et dans la cavité péritonéale, ce qui réduit le risque de péritonite.

***Interventions infirmières.*** Le taux de complications inhérent à cette intervention demeure assez faible. L'infirmière n'en doit pas moins observer étroitement le patient afin de déceler l'apparition de symptômes d'hémorragie, de péritonite et de septicémie et signaler immédiatement les douleurs et autres indicateurs de ces complications. Elle administre les antibiotiques prescrits pour réduire les risques de septicémie et de choc septique.

## Traitement non chirurgical

Le traitement médical vise principalement à réduire la fréquence des cholécystites et des crises aiguës de douleur

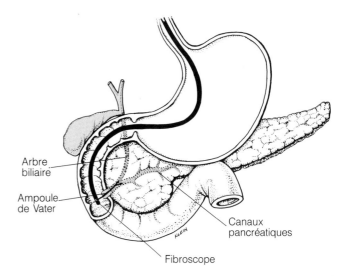

**Figure 29-11.** Cholangiopancréatographie rétrograde endoscopique (CPRE). À l'aide d'un fibroscope à vision latérale, on installe un cathéter dans l'ampoule de Vater et l'on injecte dans l'arbre biliaire un produit radio-opaque. On examine également le réseau des canaux pancréatiques, s'il y a lieu. Cette pratique est particulièrement indiquée pour le traitement de néoplasmes ampullaires ou préampullaires, qu'elle permet de voir en même temps qu'on en effectue la biopsie. On s'abstiendra cependant d'y recourir dans les cas de pancréatite aiguë.

(Source: P. S. Misra et S. Bank, *Gallbladder disease: Guide to Diagnosis,* Hosp Med)

à la vésicule biliaire par un traitement de soutien et un régime alimentaire. Elle vise aussi, si possible, à supprimer la cause des cholécystites en recourant à la pharmacothérapie et à l'examen endoscopique.

***Traitement de soutien et régime alimentaire.*** Chez environ 80 % des patients souffrant d'une inflammation aiguë de la vésicule biliaire, le repos, les perfusions intra-veineuses, l'aspiration nasogastrique et l'administration d'analgésiques et d'antibiotiques entraînent une rémission des symptômes. À moins d'une détérioration grave de l'état du patient, on retarde l'intervention chirurgicale jusqu'à ce que disparaissent les symptômes aigus et qu'on puisse procéder à un examen complet.

Immédiatement après une crise, on ne fait généralement absorber au patient que des liquides à faible teneur en gras. On peut mêler à du lait écrémé des suppléments en poudre à forte teneur en protéines et en glucides. Puis, dans la mesure où le patient le tolère, on ajoute à sa diète des fruits cuits, du riz ou du tapioca, des viandes maigres, des pommes de terre en purée, des légumes qui ne provoquent pas de flatulence, du pain, du café ou du thé. Le patient doit éviter de consommer des œufs, de la crème, du porc, des aliments frits, du fromage, des sauces grasses, des légumes qui provoquent de la flatulence et de l'alcool. Il faut lui rappeler fréquemment que les aliments gras risquent de provoquer une nouvelle crise.

La diète peut constituer l'essentiel du traitement pour les patients qui ne souffrent que d'intolérance aux aliments gras et ne présentent que de vagues symptômes gastro-intestinaux.

***Pharmacothérapie.*** L'acide chénodésoxycholique (ACDC) réussit à dissoudre environ 60 % des calculs biliaires translucides aux rayons X qui sont composés principalement de cholestérol. Cet acide inhibe la synthèse hépatique et la sécrétion de cholestérol. La saturation en cholestérol diminue,

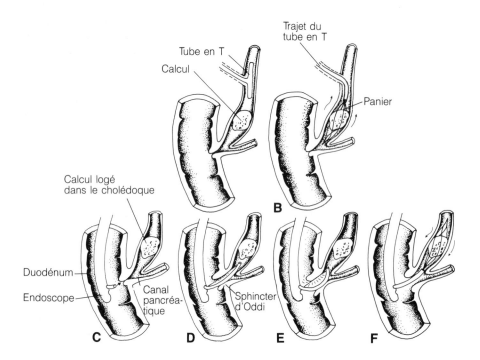

Trajet du
tube en T

Tube en T

Calcul

Panier

B

Calcul logé
dans le cholédoque

Duodénum

Endoscope

Canal pancréa-
tique

Sphincter
d'Oddi

C        D        E        F

***Figure 29-12.*** Extraction d'un calcul biliaire. (**A**) Par l'utilisation du trajet d'un tube en T. (**B**) À l'aide d'un panier fixé à un cathéter qu'on enfile dans le trajet d'un tube en T. (**C**) À l'aide d'un endoscope introduit dans le duodénum. (**D**) À l'aide d'un papillotome introduit dans le canal cholédoque. (**E**) Agrandissement de l'ouverture du sphincter d'Oddi. (**F**) À l'aide d'un panier introduit par endoscopie.

ce qui réduit la taille des plus gros calculs, dissout les petits et empêche la formation d'autres calculs. Ce traitement est plus efficace lorsque les pierres sont de petite taille. La dose à administrer est fonction du poids du patient. L'ACDC est généralement indiqué pour les patients qui refusent l'intervention chirurgicale ou pour qui celle-ci présente trop de risques.

Les œstrogènes, les contraceptifs oraux et le clofibrate peuvent contrecarrer les effets de l'acide chénodésoxycholique. Si le patient fait usage de ces médicaments, il faut informer son médecin.

Chez 20 à 50 % des patients traités à l'ACDC, on a observé la récurrence de la formation de calculs. Pour prévenir celle-ci, le patient doit continuer à prendre de faibles doses du médicament. Il faut s'assurer que le patient observe son traitement en procédant à des analyses sanguines pour vérifier la dose thérapeutique.

Si les symptômes aigus de cholécystite persistent ou reviennent, la pharmacothérapie ne suffit pas et il faudra procéder à une intervention chirurgicale ou à une lithotripsie.

La pharmacothérapie impose, pour une longue période, un suivi médical et un dosage régulier des enzymes du foie. L'infirmière doit recommander au patient d'avertir son médecin si des effets indésirables du médicament se manifestent ou si les symptômes de la cholécystite réapparaissent.

L'acide ursodésoxycholique (AUDC) est aussi utilisé pour dissoudre les calculs biliaires. Il a moins d'effets indésirables que l'ACDC, et on peut obtenir le même effet avec de plus petites doses.

***Extraction non chirurgicale des calculs biliaires.*** On étudie actuellement diverses méthodes pour le traitement des calculs par la perfusion de solvants dans la vésicule biliaire. L'une de ces méthodes consiste à perfuser un solvant dans la vésicule à l'aide d'un drain ou d'un cathéter introduit directement par voie percutanée. Une autre méthode consiste à perfuser un solvant à l'aide d'un tube ou d'un drain introduit dans un tube en T pour dissoudre les calculs qui ont subsisté après l'intervention chirurgicale par

la cholangiopancréatographie rétrograde endoscopique (CPRE) ou par un cathéter biliaire introduit par voie orale. Pour ce faire, on introduit le cathéter par la bouche jusque dans le canal cholédoque; puis on oriente vers le nez l'extrémité supérieure du cathéter et on le laisse en place. Cela permet au patient de manger et de boire normalement pendant qu'on observe le passage des calculs ou qu'on injecte les solvants chimiques destinés à les dissoudre.

Il existe plusieurs méthodes pour éliminer, sans recours à la chirurgie, les calculs qui ont échappé à la cholécystectomie ou qui se sont logés dans le canal cholédoque. L'une d'elles consiste à enfiler dans le trajet du tube en T ou de la fistule formée par l'insertion du drain un cathéter ainsi qu'un instrument auquel est attaché un panier servant à extraire le calcul logé dans le canal cholédoque. On peut également utiliser la CPRE. Une fois l'endoscope introduit, on s'en sert pour insérer un instrument tranchant dans l'ampoule de Vater. L'instrument sert à trancher les fibres sous-muqueuses (ou papilles) du sphincter d'Oddi. En agrandissant l'orifice, on permet au calcul de passer spontanément dans le duodénum. Pour extraire le calcul, on peut aussi introduire par l'endoscope un autre instrument muni à son extrémité d'un panier ou d'un ballonnet (figure 29-12). Bien que cette méthode n'entraîne généralement aucune complication, il faut observer étroitement le patient pour détecter tout signe d'hémorragie, de perforation ou de pancréatite. Cette méthode est particulièrement utile dans le diagnostic et le traitement des patients qui présentent des symptômes après une opération dans les voies biliaires, de ceux dont la vésicule est intacte et de ceux pour qui une intervention chirurgicale présenterait trop de risques.

***Lithotripsie extracorporelle par ondes de choc.*** On utilise avec succès la lithotripsie extracorporelle par ondes de choc pour fragmenter les calculs sans recourir à la chirurgie. Le mot *lithotripsie* vient de deux mots grecs: *lithos* (qui signifie *pierre*) et *tripsis* (qui signifie *frottement* ou *friction*). Cette méthode non effractive consiste à diriger de façon répétée, sur les calculs situés dans la vésicule ou dans le canal

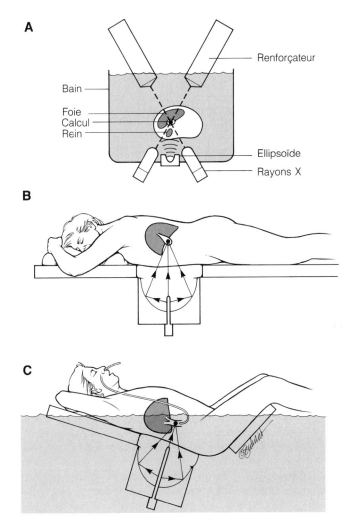

**Figure 29-13.** (**A**) Lithotripsie extracorporelle par ondes de choc. Le calcul est localisé par imagerie. Les ondes de choc sont produites dans l'ellipsoïde et transmises jusqu'au calcul à travers l'eau. (**B**) Position du patient pour le traitement des calculs situés dans la vésicule biliaire. Un sac rempli d'eau est placé dans une cavité pratiquée dans la table; les ondes de choc sont transmises, à travers le sac, du générateur à la peau du patient. (**C**) Position du patient pour le traitement des calculs situés dans le canal cholédoque. Le patient est partiellement immergé dans un bain rempli d'eau. Une sonde nasobiliaire sert à introduire un opacifiant radiologique pour voir et localiser le calcul et décomprimer l'arbre biliaire.

cholédoque, des ondes de choc destinées à les fragmenter. Les ondes de choc sont produites dans une substance liquide par une étincelle électrique (décharge piézoélectrique ou électromagnétique). L'énergie ainsi dégagée se transmet au corps du patient par l'eau du bain où celui-ci repose ou par un sac rempli de liquide (figure 29-13**A**). On fait converger les ondes de choc vers les calculs à fragmenter. Les tissus environnants n'ayant pas tous la même impédance, ils n'absorbent qu'une faible part de l'énergie des ondes de choc dirigées vers les calculs; si donc on prend soin d'éviter les tissus contenant beaucoup d'air et les tissus denses (comme les poumons, le tractus gastro-intestinal et les os), cette méthode n'entraîne que très peu de lésions tissulaires.

Les calculs étant ainsi broyés petit à petit, leurs fragments quittent d'eux-mêmes la vésicule ou le canal cholédoque. On les retire alors par endoscopie, ou ils sont dissous, dans les acides

biliaires ou par un solvant. Comme cette méthode n'exige ni incision ni hospitalisation, on peut admettre le patient la veille ou le traiter en clinique externe. En moins de 48 heures, il peut généralement reprendre ses activités habituelles.

S'il faut utiliser une forte somme d'énergie, on administre au patient une anesthésie générale, rachidienne ou épidurale. Si, au contraire, on utilise une faible somme d'énergie, on peut procéder sans anesthésie; mais il faut alors augmenter le nombre de décharges pour arriver à fragmenter les pierres.

On place le patient en décubitus ventral, au-dessus de l'appareil (figure 29-13**B**). On installe entre le patient et le lithotriteur un sac rempli de liquide; pour l'élimination de calculs situés dans le canal cholédoque, on peut immerger partiellement le patient dans un bain d'eau (figure 29-13**C**). On insère un cathéter biliaire (par voie nasale ou autre) pour introduire un opacifiant radiologique dans l'arbre biliaire et décomprimer le canal biliaire durant le traitement. On utilise l'échographie pour voir les calculs. Pour réduire les risques de dysrythmie cardiaque, on synchronise les ondes de choc avec l'électro-cardiogramme.

Parmi les effets secondaires de la lithotripsie utilisée dans le traitement des calculs biliaires, il faut mentionner les pétéchies cutanées (14 %) et l'hématurie macroscopique (3 %), probablement imputables à des lésions microscopiques que les ondes de choc infligent au rein droit en traversant celui-ci. On peut relever des effets secondaires plus graves, comme la pancréatite ou l'obstruction des canaux biliaires, mais leur incidence est faible. Après la lithotripsie, on observe le patient afin de déceler l'apparition de ces symptômes. Comme le patient est susceptible de recevoir son congé peu de temps après la fin du traitement, il faut l'y préparer adéquatement, lui enseigner les soins qu'il devra continuer à s'administrer à domicile et lui décrire les symptômes dont il doit signaler l'apparition. Si le médecin prescrit l'absorption de sels biliaires par voie orale, l'infirmière doit expliquer au patient pourquoi il est important de se conformer au traitement médicamenteux et d'avoir un suivi.

***Lithotripsie intracorporelle.*** La lithotripsie intracorporelle offre divers moyens de fragmenter les calculs situés dans la vésicule biliaire ou dans le canal cholédoque: les ultrasons, le laser intermittent ou l'eau, tous dirigés directement sur les calculs à l'aide d'un encosdope. Puis, par irrigation ou par aspiration, on retire les fragments ou débris des calculs. On peut ensuite procéder à l'ablation de la vésicule biliaire par incision ou par laparoscopie. Si la vésicule n'est pas réséquée, on peut introduire un drain qu'on laissera en place pendant sept jours.

Les diverses méthodes dont on dispose aujourd'hui pour éliminer les calculs biliaires sans recourir à l'intervention chirurgicale contribueront sans doute à diminuer la fréquence de celle-ci, à réduire la durée moyenne de l'hospitalisation et à hâter le retour du patient à la vie normale.

## Traitement chirurgical

Le traitement chirurgical visant à corriger les maladies de la vésicule biliaire et à enlever les calculs qui s'y forment peut répondre à trois objectifs: le soulagement de symptômes chroniques, l'élimination de la colique hépatique à sa source même et le traitement de la cholécystite aiguë. L'intervention chirurgicale peut être élective (après disparition des symptômes) ou être effectuée en urgence si l'état du patient l'exige.

***Soins préopératoires.*** En plus des examens radiologiques de la vésicule, on peut procéder à une radiographie du thorax, à un électrocardiogramme et à des épreuves d'exploration de la fonction hépatique (tableau 29-1). Si le taux de prothrombine du patient est anormalement bas, on lui administre de la vitamine K. On peut aussi lui administrer des dérivés du sang avant l'intervention.

On doit également se préoccuper des besoins nutritionnels du patient; si ce dernier ne s'alimente pas convenablement, il se peut qu'on doive lui administrer par voie intraveineuse du glucose ainsi que des suppléments d'hydrolysat protéinique pour favoriser la cicatrisation et prévenir les lésions hépatiques.

La préparation en vue d'une intervention chirurgicale de la vésicule ressemble à celle qui précède toute laparotomie pratiquée dans la partie supérieure de l'abdomen. Avant l'intervention, on explique au patient comment se mobiliser et respirer profondément, ce que souvent il hésite à faire, le point d'incision étant situé haut dans l'abdomen. Or, ce sont là des moyens de prévenir deux complications qui peuvent survenir après l'opération, soit la pneumonie et l'atélectasie. L'infirmière explique aussi au patient que divers tubes seront en place après l'opération, comme des drains, une sonde nasogastrique pour le drainage par gravité ou par aspiration.

***Intervention chirurgicale et systèmes de drainage.*** Le patient est généralement placé en décubitus dorsal sur la table d'opération; à l'aide d'un coussin d'air ou d'un sac de sable, on soulève la partie supérieure de l'abdomen pour faciliter l'accès de la région biliaire.

***Cholécystectomie.*** La cholécystectomie est une des interventions chirurgicales les plus fréquentes: chaque année, au Québec 12 000 patients la subissent. Elle consiste à faire l'ablation de la vésicule biliaire après ligature du canal et de l'artère cystique. On pratique la cholécystectomie dans la plupart des cas de cholécystite aiguë ou chronique. On utilise un drain de Penrose, qu'on place dans la vésicule jusqu'à une incision abdominale pour drainer le sang, les liquides sérosanguins et la bile vers des pansements absorbants.

***Minicholécystectomie.*** La minicholécystectomie consiste à retirer la vésicule à travers une incision de 4 cm; on l'agrandit au besoin pour enlever de gros calculs. L'usage de drains est facultatif. La faveur dont jouit ce type d'intervention tient surtout à la brièveté de l'hospitalisation, ce qui en réduit énormément le coût. Mais on s'interroge sur l'utilité d'une méthode qui ne permet pas au chirurgien de voir l'ensemble des canaux biliaires qui peuvent être touchés.

***Cholécystectomie laparoscopique.*** La cholécystectomie laparoscopique (ou endoscopique) s'effectue à travers une petite incision de la paroi abdominale dans l'ombilic. On insuffle de l'anhydride carbonique dans la cavité abdominale (pneumopéritoine) pour faciliter l'introduction de l'endoscope et pour rendre plus visible au chirurgien les structures abdominales. On introduit l'endoscope par l'incision ombilicale, puis on pratique trois autres petites incisions dans la paroi abdominale pour introduire d'autres instruments dans le champ opératoire. Le chirurgien peut voir le système biliaire à travers l'endoscope, auquel est fixée une caméra qui transmet l'image de la zone intra-abdominale.

Étant donné que l'endoscopie peut révéler des problèmes qui exigent le recours à une chirurgie abdominale ouverte, il faut y préparer le patient psychologiquement (en lui donnant les explications nécessaires) et physiquement (en lui administrant une anesthésie générale). Contrairement à l'opération abdominale ouverte, l'endoscopie n'entraîne pas d'iléus paralytique et provoque moins de douleurs abdominales postopératoires. De plus, le patient peut généralement quitter le centre hospitalier un ou deux jours après l'intervention et reprendre ses activités normales après une semaine. On recommande de limiter la cholécystectomie laparoscopique aux cas de cholécystite bénigne et de ne la pratiquer que dans les centres hospitaliers où l'équipe opératoire est rompue aux techniques laparoscopiques.

***Cholécystectomie au laser.*** Dans la cholécystectomie par laparotomie et dans la cholécystectomie laparoscopique, on utilise parfois le laser au lieu des instruments chirurgicaux habituels (ciseaux, scalpel, etc.). Le scalpel au laser sert alors à disséquer la vésicule. Dans la cholécystectomie laparoscopique au laser, il faut pratiquer plusieurs orifices (petites incisions) qui permettent de saisir la vésicule à l'aide des instruments, de la retirer de la cavité abdominale et de transmettre par l'endoscope l'image du champ opératoire. On draine alors la vésicule et on l'irrigue. On fragmente par lithotripsie intracorporelle les calculs situés dans la vésicule et, par irrigation ou par aspiration, on retire les débris. On peut alors disséquer la vésicule à l'aide du laser, puis la retirer à travers l'endoscope.

Cette méthode, rapporte-t-on, permet au patient d'abréger son séjour au centre hospitalier et de reprendre plus promptement ses activités. Mais les auteurs qui en traitent ne sont pas unanimes sur la sécurité et l'efficacité du laser; l'un d'eux affirme que la dissection pratiquée à l'aide de ciseaux et assistée par l'électrocoagulation est à la fois plus simple et plus rapide, plus sûre et plus économique que le recours au laser pour disséquer la vésicule.

***Cholédochostomie.*** La cholédochostomie consiste à pratiquer une incision dans le canal cholédoque pour en retirer des calculs. Cela fait, on introduit généralement dans le canal un tube relié à un système de drainage par gravité pour évacuer la bile jusqu'à ce que l'œdème se résorbe. Si, comme il arrive souvent, la vésicule biliaire contient elle aussi des calculs, la cholédochostomie est immédiatement suivie d'une cholécystectomie.

***Cholécystectomie chirurgicale.*** On a recours à la cholécystectomie lorsque l'état du patient ne permet pas de procéder à une intervention plus importante ou qu'une réaction inflammatoire aiguë dissimule le système biliaire. On ouvre la vésicule par voie chirurgicale et on en retire les calculs de même que la bile ou le pus qui s'y sont formés. Par la suite, on installe un drain qu'on assujettit à l'aide de sutures. Sitôt le patient retourné à son lit, l'infirmière doit relier ce drain à une système de drainage placé à côté du lit pour que la bile ne coule pas autour du tube et se répande dans la cavité péritonéale. Une fois passée la crise, on peut ramener le patient à la salle d'opération pour y pratiquer une cholécystectomie.

En soi, la cholécystectomie chirurgicale comporte peu de risques. Le taux élevé de mortalité qui y est associé (de 20 à 30 %, d'après les statistiques) est dû à la maladie sous-jacente.

***Cholécystectomie percutanée.*** On utilise la cholécystectomie percutanée pour le diagnostic et le traitement de la cholécystite aiguë chez les patients qui ne peuvent subir une opération ou recevoir une anesthésie générale. Ce sont notamment les patients atteints de septicémie ou d'une grave insuffisance cardiaque, rénale, pulmonaire ou hépatique. Une anesthésie locale est utilisée. Guidé par l'échographie ou par la tomodensitométrie, on introduit une aiguille fine à travers la paroi abdominale jusque dans la vésicule. Pour s'assurer que l'aiguille est bien placée, on aspire de la bile. Par la suite, on insère un cathéter dans la vésicule biliaire afin de décomprimer les voies biliaires. Presque immédiatement, dit-on, l'application de cette méthode soulage la douleur et fait disparaître les signes et les symptômes de septicémie et de cholécystite. Avant, pendant et après l'intervention, on administre des antibiotiques.

**Gérontologie.** De toutes les interventions chirurgicales pratiquées sur des personnes âgées, les plus répandues sont celles par lesquelles on traite les affections du système biliaire. Bien que l'incidence des calculs biliaires soit plus grande chez les personnes âgées, celles-ci ne présentent pas nécessairement les symptômes habituels (fièvre, douleur, frissons et ictère). Chez elles, les maladies des voies biliaires sont souvent précédées ou accompagnées de symptômes de choc septique: oligurie, hypotension, altérations mentales, tachycardie et tachypnée.

Bien que toute intervention chirurgicale chez les personnes âgées présente des risques à cause des maladies associées préexistantes, le taux de mortalité dû aux graves complications issues d'une affection du système biliaire est très élevé. Le risque de mortalité et de morbidité est plus élevé lorsque le patient âgé subit une intervention chirurgicale d'urgence pour une maladie des voies biliaires qui menace sa vie. Malgré la présence de maladies associées ou antérieures à l'opération, les personnes âgées tolèrent d'habitude assez bien une cholécystectomie élective, qui présente peu de risques si le patient a une évaluation et des soins adaptés avant, pendant et après l'intervention chirurgicale.

# ▶ DÉMARCHE DE SOINS INFIRMIERS
## PATIENTS DEVANT SUBIR UNE OPÉRATION DE LA VÉSICULE BILIAIRE

### ▷ Collecte des données

Lorsqu'on dresse le profil du patient et qu'on procède à l'examen physique, on tente de savoir quand se produisent les douleurs abdominales et quels sont les facteurs qui déclenchent la douleur. On demande au patient s'il a des douleurs abdominales quelques heures après un repas riche en matières grasses. On vérifie l'état respiratoire, car l'incision à pratiquer dans la partie supérieure de l'abdomen au cours de l'opération pourra entraver les mouvements respiratoires. On note aussi les antécédents du patient en matière de tabagisme et les autres problèmes respiratoires qu'il a pu éprouver dans le passé. Si le patient présente une polypnée superficielle, une toux persistante ou inefficace ou des bruits adventices, on le consigne également au dossier. Enfin, on évalue l'état nutritionnel du patient en se fondant sur ses habitudes alimentaires antérieures, sur l'examen général et sur les résultats des épreuves de laboratoire.

### ▷ Diagnostics infirmiers

Selon les données recueillies, voici les principaux diagnostics infirmiers pouvant s'appliquer aux patients atteints d'une maladie de la vésicule biliaire et devant subir une intervention chirurgicale:

- Douleur reliée à l'obstruction des voies biliaires ainsi qu'à l'inflammation et à la distension de la vésicule
- Perturbation des échanges gazeux reliée à l'incision chirurgicale pratiquée dans la partie supérieure de l'abdomen
- Atteinte à l'intégrité de la peau reliée à l'altération de l'écoulement biliaire après l'opération
- Déficit nutritionnel relié à une sécrétion de bile inadéquate
- Manque de connaissances sur les soins à effectuer à domicile

### ▷ Planification et exécution

▷ *Objectifs de soins:* Soulagement de la douleur; absence de complications respiratoires; écoulement adéquat de la bile après l'intervention chirurgicale; amélioration de l'apport nutritionnel; connaissance des soins postopératoires à domicile

### ▷ Interventions infirmières

▷ *Soins infirmiers postopératoires.* Sitôt le patient remis des effets de l'anesthésie, on le place dans la position de Fowler. On peut lui administrer des liquides par voie intraveineuse, et procéder à une aspiration nasogastrique pour réduire le ballonnement abdominal (dans bien des cas, la sonde est mise en place immédiatement avant l'intervention chirurgicale). Après 24 heures, on peut lui donner de l'eau ou d'autres liquides; plus tard, après le retour des bruits intestinaux, on lui donne une diète de consistance molle.

▷ *Soulagement de la douleur.* L'incision pratiquée dans la région sous-costale incite généralement le patient à éviter tout mouvement et à contracter les muscles qui entourent la région de l'incision en respirant superficiellement afin de prévenir la douleur. Comme il importe de ventiler à fond les poumons et d'augmenter progressivement l'activité pour éviter les complications postopératoires, il faut administrer au patient les analgésiques prescrits et l'aider à se tourner, à tousser, à respirer profondément et à marcher. Pour réduire la douleur ressentie au cours de ces manœuvres, on place un oreiller sur la région de l'incision ou on l'entoure d'un bandage.

▷ *Amélioration de l'état respiratoire.* Les patients qui ont subi une incision dans la partie supérieure de l'abdomen sont particulièrement sujets aux complications pulmonaires. Il faut donc les encourager à prendre des respirations profondes toutes les heures, pour assurer une expansion complète des poumons et prévenir l'atélectasie. Pour éviter les complications respiratoires et d'autres complications comme la thrombophlébite, le patient doit marcher le plus tôt possible après l'opération. Plus que d'autres, les patients âgés et les obèses sont sujets aux complications pulmonaires.

▷ *Écoulement biliaire et soins de la peau.* Comme nous l'avons déjà mentionné, il faut relier immédiatement les drains à un récipient de drainage après une cholécystectomie ou une cholédochostomie. Il faut également prendre soin d'assujettir la tubulure aux pansements ou au drap de dessous tout en laissant assez de jeu pour permettre au patient de se mouvoir sans détacher le tube ni le couder. Comme le récipient de drainage demeure attaché quand le patient marche, on peut placer le sac collecteur dans une poche du peignoir ou le fixer de telle sorte qu'il soit au-dessous de la taille ou du canal cholédoque. Si l'on utilise un drain de Penrose (lorsque le patient a subi une cholécystectomie par exemple), il faut changer les pansements aussi souvent que cela est nécessaire. Pour assurer la bonne tenue du pansement, on utilise des bandes de Montgomery.

Après les opérations que nous venons de décrire, l'infirmière reste à l'affût des signes d'infection, de fuite de bile dans la cavité péritonéale ou d'une obstruction de l'écoulement biliaire. Si la bile ne s'écoule pas adéquatement, il est fort probable qu'une obstruction refoule la bile dans le foie et dans la circulation sanguine. Comme cette situation est susceptible d'entraîner l'ictère, l'infirmière doit être très attentive à la couleur de la sclérotique. Elle doit également noter et signaler toute douleur au quadrant supérieur droit de l'abdomen, la présence de nausées et de vomissements, tout écoulement de bile autour du tube en T, la présence de selles décolorées ainsi que tout changement dans les signes vitaux.

Comme la bile peut continuer de s'écouler en quantités considérables par le drain pendant un certain temps, l'infirmière devra changer fréquemment les pansements extérieurs et protéger la peau contre l'irritation. Les pommades à base d'aluminium, de vaseline ou d'oxyde de zinc empêchent la bile de «digérer» littéralement la peau.

Pour éviter que toute la bile ne s'écoule, on place le drain ou le sac collecteur au-dessus du niveau de l'abdomen de façon à ce que la bile ne soit évacuée à l'extérieur que si la pression monte dans le système biliaire. Toutes les 24 heures, l'infirmière note la quantité, la couleur et les caractéristiques de la bile accumulée dans le récipient et consigne ces données au dossier. Après plusieurs jours de drainage, on peut clamper les tubes pendant une heure, avant et après chaque repas. On permet ainsi à la bile de se rendre jusqu'au duodénum et de faciliter la digestion. Après 7 ou 14 jours, on retire les tubes de la vésicule ou du canal cholédoque.

Chez tous les patients soumis au drainage biliaire, l'infirmière doit observer quotidiennement les selles et en noter la couleur au dossier. Au besoin, elle envoie au laboratoire des échantillons d'urines et de selles pour examen des pigments biliaires. Les résultats de ces épreuves permettent de vérifier si le pigment disparaît du sang et circule de nouveau vers le duodénum. Il faut procéder à un bilan quotidien des ingesta et des excreta.

▷ *Amélioration de l'état nutritionnel.* Immédiatement après l'intervention chirurgicale, on donne au patient des aliments faibles en matières grasses et riches en glucides. Lorsqu'il quitte le centre hospitalier, il n'a pas de régime particulier à suivre, mais on lui recommande de maintenir un régime nutritif et d'éviter tout excès de matières grasses. On lève cette restriction après quatre ou six semaines, une fois que les canaux biliaires sont assez dilatés pour absorber le volume de bile autrefois retenu dans la vésicule et que l'ampoule de Vater a retrouvé son fonctionnement normal. Lorsque le patient consommera des matières grasses, une certaine quantité de bile sera alors libérée dans le tube digestif pour émulsionner ces matières et faciliter leur digestion. Avant ce stade, certaines personnes ne seraient pas en mesure de digérer complètement les matières grasses et risqueraient d'avoir des flatulences. Il reste cependant que l'opération à la vésicule vise, entre autres objectifs à long terme, le retour à un régime alimentaire normal.

▷ *Enseignement au patient et soins à domicile.* Il se peut que, au moment où le patient reçoit son congé, le système de drainage biliaire soit encore en place. Il faut donc renseigner le patient et sa famille sur le fonctionnement de ce système ainsi que sur son entretien, et leur recommander de signaler promptement au médecin toute modification dans les caractéristiques et la quantité du liquide recueilli. En aidant le patient à se procurer les pansements dont il aura besoin, on atténue l'inquiétude qu'il peut éprouver à la pensée de retourner chez lui avec un drain en place.

Il faut également informer le patient sur les médicaments qu'il devra prendre (vitamines, anticholinergiques et antispasmodiques) et sur leur action. On lui explique quels symptômes il devra signaler rapidement au médecin (ictère, urines foncées, selles blanchâtres, prurit, et signes d'inflammation ou d'infection comme la douleur ou la fièvre).

Après une cholécystectomie, certains patients constatent une accélération du transit intestinal, qui peut aller d'une à trois selles par jour. Cette situation est due à un suintement continuel de bile à la jonction entre le canal cholédoque et le duodénum. Généralement, la fréquence des selles se normalise en quelques semaines ou en plusieurs mois, pendant lesquels le patient doit absolument être suivi.

## ▷ *Évaluation*

### *Résultats escomptés*

1. La douleur est soulagée.
   a) Le patient dit que la douleur due à la cholécystite et à la cholélithiase a diminué, et qu'il ne ressent plus de douleur dans la région de l'incision.
   b) Il pose les mains de chaque côté de l'incision abdominale en exerçant une pression pour soulager la douleur.
   c) Il évite les aliments susceptibles de provoquer la douleur.
   d) Il prend les analgésiques prescrits après l'opération.
   e) Il adopte des mesures de prévention des complications postopératoires lorsque la douleur a disparu (il se tourne, tousse, respire profondément et marche).
2. Le patient n'éprouve aucune complication respiratoire.
   a) Il ne présente pas de fièvre ni de tachypnée et ne tousse pas.
   b) Il a une excursion pulmonaire complète lorsqu'il respire profondément.
   c) Il a une toux efficace et se sert d'un oreiller pour exercer une pression sur l'incision.
   d) Il prend les analgésiques prescrits après l'opération.
   e) Il effectue les exercices prescrits (il se tourne, marche, etc.).
3. La peau est intacte autour du point d'écoulement de la bile.
   a) Il ne fait pas de fièvre et ne souffre pas de douleurs abdominales, ses signes vitaux sont stables et il n'y a pas de bile autour du tube de drainage.
   b) Il dit que l'écoulement de la bile diminue graduellement.
   c) Il dit que la couleur de sa peau, de ses muqueuses, de ses selles et de ses urines est normale.
   d) Il montre qu'il sait utiliser correctement le drain; il énumère les complications qui doivent être signalées au médecin (comme l'apparition de rougeurs ou de pus au point de drainage).
   e) Il énumère les signes et symptômes d'obstruction biliaire qui doivent être notés et signalés.
   f) Le taux de bilirubine sérique se maintient dans la normale.
4. Le patient n'a plus d'intolérances alimentaires.
   a) Il maintient un apport alimentaire adéquat.
   b) Il évite les aliments qui déclenchent des symptômes gastro-intestinaux.
   c) Il dit que les nausées, les vomissements, la diarrhée, les flatulences et les malaises abdominaux ont diminué ou disparu.

Au Canada, les calculs de vésicule biliaire sont fort répandus chez les adultes, et les maladies de la vésicule figurent parmi les principaux motifs d'hospitalisation. Certes, de nouveaux traitements non chirurgicaux ont progressé au cours de la dernière décennie. Mais on connaît encore mal leurs résultats à long terme, et la chirurgie de la vésicule demeure l'un des traitements les plus couramment utilisés. La pratique de la chirurgie d'un jour et la réduction de la durée du séjour au centre hospitalier permettent à plusieurs patients de regagner leur domicile moins de 24 heures après une cholécystectomie élective. Parce que le séjour au centre hospitalier est plus court, il est essentiel de donner au patient et à sa famille des explications précises sur les signes et symptômes de complications consécutives au traitement des calculs, qu'il soit chirurgical ou non. Il faut également leur enseigner les mesures préventives à appliquer pour éviter ces complications.

## Bibliographie

### Ouvrages

Bengmark S. Progress in Surgery of the Liver, Pancreatitis, and Biliary System. Boston, Nijhoff, 1988.

Hodgson WJB. Liver Tumors: Multidisciplinary Management. St Louis, Warren H Green, 1988.

Sigardson-Poor KM and Haggerty LM. Nursing Care of the Transplant Recipient. Philadelphia, WB Saunders, 1990.

Thompson R. Lecture Notes on the Liver. Oxford, Blackwell Scientific Publications, 1985.

US Department of Health and Human Services. Sixth Special Report to the US Congress on Alcohol and Health. Washington, DC, Public Health Service. National Institute on Alcohol Abuse and Alcoholism, 1987.

Wanebo HJ (ed). Hepatic and Biliary Cancer. New York, Marcel Dekker, 1987.

### Revues

#### Foie

##### Généralités

Adinaro D. Liver failure and pancreatitis: Fluid and electrolyte concerns. Nurs Clin North Am 1987 Dec; 22(4): 843-852.

Bannister P et al. Sex hormone changes in chronic liver disease: A matched study of alcoholic versus non-alcoholic liver disease. Q J Med 1987 Apr; 63(240): 305-313.

Burnett DA. Rational uses of hepatic imaging modalities. Semin Liver Dis 1989 Feb; 9(1): 1-6.

Hirayama T. A large-scale cohort study on risk factors for primary liver cancer, with special reference to the role of cigarette smoking. Cancer Chemother Pharmacol 1988; 23(Suppl): S114-S117.

Kemeny N and Schneider A. Regional treatment of hepatic metastases and hepatocellular carcinoma. Curr Probl Cancer 1989 Jul/Aug; 13(4): 203-283.

Oberfield RA et al. Liver cancer. CA 1989 Jul/Aug; 39(4): 206-218.

O'Mary SS. Liver cancer: Primary and metastatic disease. Semin Oncol Nurs 1988 Nov; 4(4): 265-273.

Rikkers LF. Current status of the management of patients with portal hypertension. Surg Annu 1988; 20: 179-200.

Rustgi A, Saini S, and Schapiro BH. Hepatic imaging and advanced endoscopic techniques. Med Clin North Am 1989 Jul; 73(4): 895-909.

Williams NN and Daly JM. Current trends in management of hepatic metastases. Surg Annu 1989 21: 215-235.

#### Hépatite

Archambault A. L'Hépatite virale au Canada et États-Unis. Rapport, Université de Montréal, Montréal, 1984.

Balistreri WF. Viral hepatitis. Pediatr Clin North Am 1988 Jun; 35(3): 637-669.

Bruckstein AH. Immunoprophylaxis of viral hepatitis. Postgrad Med 1988 Jul; 84(1): 85-88, 91-92, 94.

Conrad ME and Lemon SM. Prevention of endemic icteric viral hepatitis by administration of immune serum gamma globulin. J Infect Dis 1987 Jul; 156(1): 56-63.

Hoffnagle JH and Jones EA. Therapy of chronic viral hepatitis: Past, present, and future. Semin Liver Dis 1989 Nov; 9(4): 231-234.

Hoffnagle JH. Chronic hepatitis B. N Engl J Med 1990 Aug 2; 323(5): 337-339.

Lange R. Viral hepatitis and international travel. Am Fam Pract 1987 Jul; 36(1): 179-184.

Lisanti P and Talotta D. Hepatitis D: Yet another reason to get your HBV vaccine. Am J Nurs 1990 Apr; 90(4): 29-30.

McLean AA, Monahan GR, and Finkelstein DM. Prevalence of hepatitis B serologic markers in community hospital personnel. Am J Public Health 1987 Aug; 77(8): 998-999.

Perrillo RP et al. A randomized controlled trial of interferon alfa-2b alone and after prednisone withdrawal for the treatment of chronic hepatitis B. N Engl J Med 1990 Aug 2; 323(5): 295-301.

Peters M. Mechanisms of action of interferons. Semin Liver Dis 1989 Nov; 9(4): 235-239.

Renault PF and Hoofnagle JH. Side effects of alpha interferon. Semin Liver Dis 1989 Nov; 9(4): 273-277.

Schiff E. Immunoprophylaxis of viral hepatitis: A practical guide. Am J Gastroenterol 1987; Apr; 82(4): 287-291.

Seeff LB and Dienstag JL. Transfusion-associated non-A, non-B hepatitis. Where do we go from here? (Editorial). Gastroenterology 1988 Aug; 95(2): 530-533.

Smith LG and Perez G. Viral hepatitis. The alphabet game. Postgrad Med 1988 Oct; 84(5): 179-184, 186.

Stringer B and Walker M. Hepatitis reducing the risk. L'infirmière canadienne 1989; 85(8).

#### Cirrhose

Boyer JL and Ransohoff DF. Is colchicine effective therapy for cirrhosis? N Engl J Med 1988 June 30; 318(26): 1751-1752.

Franco D et al. Should portosystemic shunt be reconsidered in the treatment of intractable ascites in cirrhosis? Arch Surg 1988 Aug; 123(8): 987-991.

Kaplan MM. Medical treatment of primary biliary cirrhosis. Semin Liver Dis 1989 May; 9(2): 138-143.

Kershenobich D et al. Colchicine in the treatment of cirrhosis of the liver. N Engl J Med 1988 June 30; 318(26): 1709-1713.

Mackay IR and Gershwin ME. Primary biliary cirrhosis: Current knowledge, perspectives, and future directions. Semin Liver Dis 1989 May; 9(2): 149-157.

Stanley MM et al. Peritoneovenous shunting as compared with medical treatment in patients with alcoholic cirrhosis and massive ascites. N Eng J Med 1989 Dec 14; 321(24): 1632-1638.

Test your knowledge of medical/surgical nursing. Part 3. (Assess your readiness to care for a patient with cirrhosis). Nursing 1989 Dec; 72-75.

Tzakis AG et al. Liver transplantation for primary biliary cirrhosis. Semin Liver Dis 1989 May; 9(2): 144-157.

Ulrich M. Les méandres du foie. Nursing Québec 1987; 7(5):10-14.

Williams GD. Trends in alcohol-related morbidity and mortality Public Health Rep 1988 Nov/Dec; 103(6): 592-597.

#### Hépatite fulminante

Brems JJ et al. Fulminant hepatic failure: The role of liver transplantation as primary therapy. Am J Surg 1987 Jul; 154(1): 137-141.

O'Grady JG et al. Controlled trials of charcoal hemoperfusion and prognostic factors in fulminant hepatic failure. Gastroenterology 1988 May; 94(5): 1186-1192.

Russell GJ, Fitzgerald JF, and Clark JH. Fulminant hepatic failure. J Pediatr 1987 Sep; 111(3): 313-319.

Schafer DF and Shaw BW Jr. Fulminant hepatic failure and orthotopic liver transplantation. Semin Liver Dis 1989 Aug; 9(3): 189-194.

*Varices oesophagiennes*

Burns SM and Martin MJ. VP/NTG therapy in the patient with variceal bleeding. Crit Care Nurs 1990 Oct; 10(9): 42–49.

Burroughs AK. The management of bleeding due to portal hypertension. Part 1. The management of acute bleeding episodes. Q J Med 1988 Jun; 67(254): 447–458.

Feneyrou B et al. Initial control of bleeding from esophageal varices with the Sengstaken–Blakemore Tube. Experience in 82 patients. Am J Surg 1988 Mar; 155(3): 509–511.

Fleig WE and Strange EF. Esophageal varices: Current therapy in 1989. Endoscopy 1989 Mar; 21(2): 89–86.

Garden OJ et al. Propranolol in the prevention of recurrent variceal hemorrhage in cirrhotic patients. A controlled trial. Gastroenterology 1990 Jan; 98: 185–190.

Hosking SW et al. Management of bleeding varices in the elderly. Br Med J 1989 Jan 21; 298(6667): 152–153.

O'Connor KW et al. Comparison of three nonsurgical treatments for bleeding esophageal varices. Gastroenterology 1989 Mar; 96(3): 899–906.

Panés J et al. Efficacy of balloon tamponade in treatment of bleeding gastric and esophageal varices. Dig Dis Sci 1988 Apr; 33(4): 454–459.

Peck SN and Griffith DJ. Reducing portal hypertension and variceal bleeding. Dimens Crit Care Nurs 1988 Sep/Oct; 7(5): 269–278.

Pierce JD, Wilkerson E, and Griffiths SA. Acute esophageal bleeding and endoscopic injection sclerotherapy. Crit Care Nurs 1990 Oct; 10(9): 67–72.

Pinto HC et al. Long-term prognosis of patients with cirrhosis of the liver and upper gastrointestinal bleeding. Am J Gastroenterol 1989 Oct; 84(10): 1239–1243.

Sarin SK. Endoscopic sclerotherapy for esophago-gastric varices: A critical reappraisal. Aust N Z J Med 1989 Apr; 19(2): 162–171.

Tabibian N. Sclerotherapy for esophageal varices. Am Fam Physician 1988 Jun; 37(6): 147–152.

Terblanche J. The surgeon's role in the management of portal hypertension. Ann Surg 1989 Apr; 209(4): 381–395.

Terblanche J, Burroughs AK, and Hobbs, KEF. Controversies in the management of bleeding esophageal varices. Part 1. N Engl J Med 1989 May 25; 320(21): 1393–1398.

Terblanche J, Burroughs AK, and Hobbs, KEF. Controversies in the management of bleeding esophageal varices. Part 2. N Engl J Med 1989 Jun 1; 320(22): 1469–1475.

Terblanche J, Kahn D, and Bornman PC. Long-term injection sclerotherapy treatment for esophageal varices. Ann Surg 1989 Dec; 210(6): 725–731.

Zeppa R et al. Portal hypertension. A fifteen year perspective. Am J Surg 1988 Jan; 155(1): 6–9.

*Greffe du foie*

Beckermann S and Galloway S. Elective resection of the liver: Nursing care. Crit Care Nurs 1989 Nov/Dec; 9(10): 40–42, 44, 46–48.

Buckels JAC. Liver transplantation in acute fulminant hepatic failure. Transplantation Proc 1987 Oct; 19(5): 4365–4366.

Donovan JP et al. Preoperative evaluation, preparation, and timing of orthotopic liver transplantation in the adult. Semin Liver Dis 1989 Aug; 9(3): 168–175.

Gruppi LA, Killen AR, and Rodriguez W. Liver transplantation: Key nursing diagnoses. Dimens Crit Care Nurs 1990 Sep/Oct; 9(5): 272–279.

Gruppi LA et al. Launching a multidisciplinary staff development program for liver transplantation. Nurs Connect 1990 Sep; 3(2): 55–60.

Kirby RM et al. Orthotopic liver transplantation: Postoperative complications and their management. Br J Surg 1987 Jan; 74(1): 3–11.

Kozlowski LM. Case study in identification and maintenance of an organ donor. Heart Lung 1988 Jul; 17(4): 366–371.

Legault M. La transplantation, une histoire de foie. Nursing Québec 1987; 7(4): 16-23.

Miller HD. Liver transplantation: Postoperative ICU care. Crit Care Nurs 1988 Sep; 8(6): 19–21, 24–31.

Omery A and Caswell D. A nursing perspective of the ethical issues surrounding liver transplantation. Heart Lung 1988 Nov; 17(6, Part 1): 626–631.

Pezze JL. RATG: Implications for nursing care in organ transplantation. Crit Care Nurs 1990 Oct; 10(9): 18–24.

Shaw BW et al. Postoperative care after liver transplantation. Semin Liver Dis 1989 Aug; 9(3): 202–230

Sheets L. Liver transplantation. Nurs Clin North Am 1989 Dec; 24(4): 881–889.

Smith SL. Liver transplantation: Implications for critical care nursing. Heart Lung 1985 Nov; 14(6): 617–627.

Spisso J, Clark B, and Wallace T. The postoperative liver transplant patient. Crit Care Nurs 1988 Jan/Feb; 8(1): 53–58.

Starzl TE et al. Orthotopic liver transplantation for alcoholic cirrhosis. JAMA 1988 Nov 4; 260(17): 2542–2544.

Starzl TE and Demetris AJ. Liver transplantation: A 31-year perspective, Part I. Curr Probl Surg 1990 Feb; 27(2): 55–115.

Starzl TE and Demetris AJ. Liver transplantation: A 31-year perspective, Part II. Curr Probl Surg 1990 Mar; 27(3): 123–178.

Starzl TE and Demetris AJ. Liver transplantation: A 31-year perspective, Part III. Curr Probl Surg 1990 Apr; 27(4): 187–240.

Van Thiel DH, Makowka L, and Starzl TE. Liver transplantation: Where it's been and where it's going. Gastroenterol Clin North Am 1988 Mar; 17(1): 1–18.

Vargo RL and Rudy EB. Infection as a complication of liver transplant. Crit Care Nurs 1989 Apr; 9(4): 52–62.

Whiteman K et al. Liver transplantation. Am J Nurs 1990 Jun; 90(6): 68–72.

Wood RP et al. A review of liver transplantation for gastroenterologists. Am J Gastroenterol 1987 Jul; 82(7): 593–606.

Wood RP et al. Complications requiring operative intervention after orthotopic liver transplantation. Am J Surg 1988 Dec; 156(6): 513–518.

*Maladies de la vésicule biliaire*

American College of Physicians, Health and Policy Committee. How to study the gallbladder (Position Paper). Ann Intern Med 1988 Nov 1; 109(9): 752–754.

Aranha GV, Kruss D, and Greenlee HB. Therapeutic options for biliary tract disease in advanced cirrhosis. Am J Surg 1988 Mar; 155(3): 374–377.

Burnett D et al. Use of external shock-wave lithotripsy and adjuvant ursodiol for treatment of radiolucent gallstones. A national multicenter study. Dig Dis Sci 1989 Jul; 34(7): 1011–1015.

Carter DC. Pancreatitis and the biliary tree: The continuing problem. Am J Surg 1988 Jan; 155(1): 10–17.

Cass AS. Extracorporeal shock wave lithotripsy for gall stones. How effective is it? Postgrad Med 1989 Feb 15; 85(3):111, 112, 117–120, 122.

Chapman WC, Stephens WH, and Williams LF Jr. Principles of biliary extracorporeal lithotripsy. Technical considerations and clinical implications. Am J Surg 1989 Sep; 158(3): 179–191.

Cuschieri A. The laparoscopic revolution–Walk carefully before we run (editorial). J R Coll Surg Edinb 1989 Dec; 34(6): 295.

Cuschieri A, Berci G, and McSherry CK. Laparoscopic cholecystectomy (editorial). Am J Surg 1990 Mar; 159(3): 273.

Delikaris PG. Choledochoduodenostomy. Surg Annu 1989; 21: 181–199.

Diettrich NA, Cacippo JC, and Davis RP. The vanishing elective cholecystectomy: Trends and their consequences. Arch Surg 1988 Jul; 123(7): 810–814.

Dubois F et al. Coelioscopic cholecystectomy: Preliminary report of 36 cases Ann Surg 1990 Jan; 211(1): 60–62.

Dubois F, Berthelot G et Levard H. Cholécystectomie sous coelioscopie. Annales de chirurgie 1990; 44(3): 203-206.

Fitzgibbons RJ et al. Alternatives to conventional surgical therapy for calculous biliary tract disease. Surg Annu 1989; 21: 237–262.

Frimberger E. Operative laparoscopy: Colecystotomy. Endoscopy 1989 Dec; 21(Suppl I): 367–372

Gagnon J. Les lithiases vésiculaires; un choix de traitement. L'infirmière canadienne 1992; 38-40.

Goco IR and Chambers LG. Dollars and cents: Minicholecystectomy and early discharge. South Med J 1988 Feb; 81(2): 162-163.

Gutman H et al. Changing trends in surgery for benign gallbladder disease. Am J Gastroenterol 1988 May; 83(5): 545-548.

Heinerman PM, Boeckl O, and Pimpl W. Selective ERCP and preoperative stone removal in bile duct surgery. Ann Surg 1989 Mar; 209(3): 267-271.

Hwang MH et al. Transcholecystic endoscopic choledocholithotripsy: Successful management of retained common bile duct stone. Endoscopy 1987 Jan; 19(1): 24-27.

Inui K et al. Nonsurgical treatment of cholecystolithiasis with percutaneous transhepatic cholecystoscopy. Am J Gastroenterol 1988 Oct; 83(10): 1124-1127.

Jurf JB, Clements L, and Llorente J. Cholecystectomy made easier. Am J Nurs 1990 Dec; 90(12): 38-39.

Klimberg S, Hawkins I, and Vogel SB. Percutaneous cholecystostomy for acute cholecystitic in high-risk patients. Am J Surg 1987 Jan; 153(1): 125-129.

Lancaster S and Bears-Marshall D. Gallstone lithotripsy. Am J Nurs 1988 Dec; 88(12): 1629-1630.

Lauritsen KB et al. Cholescintigraphy and ultrasonography in patients suspected of having acute cholecystitis. Scand J Gastroenterol 1988 Jan; 23(1): 42-46.

Lee PH, Hopkins TB, and Howard PJ. Percutaneous cholecystolithotomy. Urology 1989 Jan; 33(1): 37-39.

Lewis RT et al. Simple elective cholecystectomy: To drain or not. Am J Surg 1990 Feb; 159(2): 241-245.

Margiotta SJ et al. Cholecystectomy in the elderly. Am J Surg 1988 Dec; 156(6): 509-512.

Martin KI and Doubilet P. How to image the gallbladder in suspected cholecystitis. Ann Intern Med 1988 Nov 1; 109(9): 722-729.

McGahan JP. A new catheter design for percutaneous cholecystotomy. Radiology 1988 Jan; 166(1 pt 1): 49-52.

Moody FG et al. Lithotripsy for bile duct stones. Am J Surg 1989 Sep; 158(3): 241-247.

Neoptolemos JP et al. ERCP findings and the role of endoscopic sphincterotomy in acute gallstone pancreatitis. Br J Surg 1988 Oct; 75(10): 954-960.

Perissat J, Collett DR, and Bellard R. Gallstones: Laparoscopic treatment, intracorporeal lithotripsy followed by cholecystostomy or cholecystectomy—A personal technique. Endoscopy 1989 Dec; 21(Suppl I): 373-374.

Rhodes M et al. Cholesystokinin (CCK) provocation test: Long-term follow-up after cholecystectomy. Br J Surg 1988 Oct; 75(10): 951-953.

Richter JM and Weinstein DF. Extracorporeal shock-wave lithotripsy of common bile duct stones. Gastroenterology 1989 Jan; 96(1): 252-254.

Sackman M et al. Shock-wave lithotripsy of gallbladder stones. The first 175 patients. N Engl J Med 1988 Feb 18; 318(7): 393-397.

Sauerbruch T. Gallstone lithotripsy by extracorporeal shock waves. Am J Surg 1989 Sep; 158(3): 188-191.

Sharp KW. Acute cholecystitis. Surg Clin North Am 1988 Apr; 68(2): 269-279.

Shively EH et al. Operative cholangiography. Am J Surg 1990 Apr; 159(4): 380-384.

Siegman-Igra Y et al. Septicemia from biliary tract infection. Arch Surg 1988 Mar; 123(3): 366-368.

Sivak MV Jr. Endoscopic management of bile duct stones. Am J Surg 1989 Sep; 159(3): 228-240.

Smith N and Max MH. Gallbladder surgery in patients over 60: Is there an increased risk? South Med J 1987 Apr; 80(4): 472-474.

Stahlgren LH. Biliary lithotripsy. Am J Surg 1988 Sep; 156(Part 2): 5B-8B.

Sullivan WA Jr. Treatment of acute cholecystitis. Selection of the optimum approach. Postgrad Med 1987 Jan; 81(1): 191-198.

Teplick SK et al. Percutaneous cholecystostomy in patients at high risk. Treatment of acute acalculous cholecystitis. Postgrad Med 1987 Jan; 81(1): 209-211, 214.

Vanderpool D et al. Cholecystectomy. South Med J 1989 Apr; 82(4): 450-452.

Vanier L. La cholécystectomie par laparoscopie. Nursing Québec 1992; 12(2): 18-20.

Vogelzang RL and Nemcek AA Jr. Percutaneous cholecystostomy: Diagnostic and therapeutic efficacy. Radiology 1988 Jul; 168(1): 29-34.

Wenk H et al. Percutaneous transphepatic cholecysto-lithotripsy (PTCL). Endoscopy 1989; 21(5): 221-222.

## *Information/Ressources*

### *Organismes*

Alcohol and Drug concerns Inc
    11 Progress A. bureau 20 Scarborough (Ontario) M1P 4S7

Alcooliques anonymes Québec
    820 Boul. Charest Est, bureau 130, Québec (Québec) G1K 8H8

Alcoholics Anonymous World Service (AA)
    PO Box 459 Grand Central Station, New York, NY 10163

American Liver Foundation
    998 Pompton Ave, Cedar Grove, NJ 07009

Association des intervenants en toxicomanie au Québec
    1477 Boul. Saint-Joseph Est, Montréal (Québec) H2J 1M6

Canadian liver foundation
    1320 4 Onge St., bureau 301, Toronto (Ontario) M4T 1X2

National Institute on Alcohol Abuse and Alcoholism
    Rockville, MD 20857

National Council on Alcoholism, Inc
    12 W 21st St, New York, NY 10010

# 30
# ÉVALUATION ET TRAITEMENT DES PATIENTS ATTEINTS DE DIABÈTE SUCRÉ

*OBJECTIFS D'APPRENTISSAGE*

*Après avoir étudié ce chapitre, vous devriez être en mesure de réaliser ce qui suit:*

1. *Différencier le diabète de type I du diabète de type II.*

2. *Décrire les facteurs étiologiques reliés au diabète.*

3. *Faire la relation entre les manifestations d'ordre clinique du diabète et les changements physiopathologiques s'y rattachant.*

4. *Connaître la signification diagnostique et clinique des épreuves de glycémie.*

5. *Expliquer les modifications à apporter au régime alimentaire dans le traitement du diabétique.*

6. *Décrire la relation entre le régime alimentaire, l'activité physique et la médication (insuline ou hypoglycémiants oraux, par exemple) chez les diabétiques.*

7. *Élaborer un plan d'enseignement pour les patients devant s'administrer des injections d'insuline.*

8. *Déterminer le rôle des hypoglycémiants oraux dans le traitement du diabète.*

9. *Différencier l'hypoglycémie de l'acidocétose diabétique et du syndrome hyperosmolaire sans acidocétose.*

10. *Décrire les stratégies de traitement auxquelles un diabétique doit avoir recours lorsqu'il est malade.*

11. *Décrire les principales complications macroangiopathiques, microangiopathiques et neuropathiques du diabète, de même que les soins de base essentiels à leur prévention.*

12. *Dresser la liste du matériel didactique et des associations d'aide communautaire pour diabétiques.*

13. *Appliquer la démarche de soins infirmiers pour intervenir auprès des patients atteints de diabète.*

# DÉFINITION

Le diabète sucré correspond à un groupe d'anomalies hétérogènes dont la caractéristique commune est une augmentation du taux de glucose sanguin (glycémie). Normalement, une certaine quantité de glucose circule dans le sang, laquelle provient de l'absorption digestive et de la formation de glucose par le foie. L'insuline, une hormone sécrétée par le pancréas, stabilise les concentrations de glucose dans le sang en régularisant la sécrétion et le stockage du glucose.

Chez les patients atteints de diabète, l'organisme réagit anormalement à l'insuline, ou le pancréas produit une quantité insuffisante d'insuline. Cela perturbe le métabolisme des glucides, des protéines et des lipides. L'hyperglycémie qui en résulte peut provoquer des complications métaboliques majeures comme l'acidocétose diabétique et le syndrome hyperosmolaire sans acidocétose. L'hyperglycémie chronique peut entraîner une microangiopathie (rénale et rétinienne) et une neuropathie. La macroangiopathie, qui peut causer notamment un infarctus du myocarde, un accident vasculaire cérébral et une maladie des vaisseaux périphériques, est fréquente chez les diabétiques.

# TYPES DE DIABÈTE

Il existe divers types de diabète sucré dont les causes, les manifestations cliniques et le traitement diffèrent. Les principales catégories de diabètes sont les suivantes:

- Type I: diabète sucré insulinodépendant (DID)
- Type II: diabète sucré noninsulinodépendant (DNID)
- Diabète associé à d'autres maladies ou syndromes
- Diabète gestationnel

Le diabète de type I, insulinodépendant, touche environ 5 à 10 % des diabétiques. Dans ce cas, le pancréas ne sécrète pas suffisamment d'insuline, et l'administration d'insuline par injection est donc absolument nécessaire pour équilibrer le taux de glucose sanguin. Cette forme de diabète apparaît généralement avant l'âge de 30 ans.

Le diabète de type II, noninsulinodépendant, frappe 90 à 95 % des diabétiques. Le diabète de type II est dû à une diminution de la sensibilité cellulaire à l'insuline (insulinorésistance) et à une sécrétion insuffisante d'insuline. Le traitement de cette forme de diabète repose d'abord sur le régime alimentaire. Dans les cas où le taux de glucose sanguin demeure trop élevé, des hypoglycémiants oraux complètent le régime alimentaire. Chez certains patients atteints de cette forme de diabète, les hypoglycémiants oraux ne corrigent pas l'hyperglycémie et des injections d'insuline sont nécessaires. De plus, lors des périodes de stress physiologique (maladie ou intervention chirurgicale), les patients qui assurent leur équilibre glucidique par un régime alimentaire et par un traitement aux hypoglycémiants oraux peuvent avoir besoin d'injections d'insuline. Le diabète de type II survient en règle générale après 30 ans et chez les obèses.

Les complications du diabète peuvent survenir chez tout diabétique, qu'il prenne ou non de l'insuline. Certains patients atteints du diabète de type II et traités par voie orale peuvent croire qu'ils ne sont pas de vrais diabétiques. Lorsqu'ils se comparent aux patients insulinodépendants, ils ont l'impression que leur maladie n'est pas «grave». L'infirmière doit insister sur le fait que, si leur glycémie est suffisamment élevée pour qu'on ait diagnostiqué un diabète et s'ils prennent des hypoglycémiants par voie orale pour corriger leur taux de glucose sanguin, ils souffrent réellement de diabète et non d'une simple intolérance au glucose à la limite de la normale. (À l'heure actuelle, on considère le diabète limite comme un trouble de la tolérance au glucose dans lequel la glycémie se situe entre les valeurs normales et les valeurs qui suggèrent la présence d'un diabète [voir page 829].)

Le tableau 30-1 présente un résumé des principales catégories de diabète, de la nomenclature et des anciennes dénominations, ainsi que des principaux signes cliniques. Il est important de noter que ce système de classification est dynamique plutôt que statique et ce, sur deux plans. En premier lieu, les recherches de plus en plus nombreuses sur le sujet montrent beaucoup de différences entre les personnes souffrant d'un même type de diabète. En deuxième lieu, au fil du temps, un diabétique peut passer d'une catégorie de diabète à une autre. Par exemple, une patiente souffrant de diabète gestationnel peut, après l'accouchement, devenir noninsulinodépendante (type II). Ces types diffèrent également sur le plan de l'étiologie, de l'évolution clinique et du traitement.

# ÉPIDÉMIOLOGIE

Au Québec en 1985, on estimait à 140 000 le nombre des diabétiques connus et à environ 211 000 celui des diabétiques non connus, soit un total de 351 000 diabétiques. Il y aurait environ 550 nouveaux cas de diabète juvénile (de type I) au Québec chaque année chez les jeunes de moins de 17 ans.

Le diabète touche particulièrement les personnes âgées. Dans la population des 65 ans et plus, le taux de diabète de type II est 8,6 %. Ce chiffre englobe 15 % de la population des centres d'hébergement. Les populations latino-américaines, noires et autochtones ont un taux de diabète plus élevé que les populations blanches. Chez les Amérindiens, 20 à 50 % des adultes sont atteints du diabète.

Au Canada, le diabète représente la principale cause de cécité acquise (chez les personnes de 25 à 74 ans) et d'amputation non traumatique. Il touche 25 % des patients dialysés. Il vient au cinquième rang dans les causes de décès par maladie au Canada, principalement à cause du taux élevé de coronaropathies chez les diabétiques.

Les coûts engendrés par le diabète ne cessent de croître en raison des frais médicaux élevés et du vieillissement de la population. On estime qu'au Québec les coûts reliés au diabète s'élèvent à plus de 60 millions de dollars par année, comprenant les frais des soins médicaux directs et les coûts indirects imputables à l'invalidité et à la mort prématurée.

Les taux d'hospitalisation pour les personnes atteintes de diabète sont 2,4 fois plus élevés chez les adultes et 5,3 fois plus élevés chez les enfants que pour la population dans son ensemble. Le taux d'hospitalisation est encore plus élevé chez les diabétiques âgés, 50 % d'entre eux étant hospitalisés chaque année. Des complications graves, menaçant le pronostic vital, contribuent souvent à accroître le taux d'hospitalisation chez les patients diabétiques.

**TABLEAU 30-1.** *Classification du diabète sucré et des intolérances au glucose*

| Nomenclature | Anciennes dénominations | Signes cliniques |
|---|---|---|
| Type I: Diabète sucré insulinodépendant (DID) (5 à 10 % des diabétiques) | Diabète juvénile<br>Diabète prédisposant à la cétose<br>Diabète instable | Peut débuter à tout âge, mais est plus courant chez les jeunes.<br>Patient habituellement mince au moment du diagnostic<br>L'étiologie peut comprendre des facteurs génétiques, immunologiques ou environnementaux (origine virale).<br>Présence fréquente d'anticorps anti-îlots de Langerhans<br>Présence fréquente d'anticorps anti-insuline même avant le traitement à l'insuline<br>Peu ou pas d'insuline endogène<br>Besoin vital d'insuline<br>Prédisposition à la cétose en l'absence d'insuline<br>Complication majeure de l'hyperglycémie: acidocétose |
| Type II: Diabète sucré noninsulinodépendant (DNID) (90 à 95 % des diabétiques: obèses — 80 % du type II; non obèses — 20 % du type I) | Diabète des adultes<br>Diabète de la maturité<br>Diabète résistant à la cétose<br>Diabète stable | Peut apparaître à tout âge, mais est plus fréquent après 30 ans.<br>Patient habituellement obèse au moment du diagnostic<br>L'étiologie peut comprendre l'obésité, l'hérédité et des facteurs environnementaux.<br>Absence d'anticorps anti-îlots de Langerhans<br>Diminution de l'insuline endogène<br>La plupart des patients obèses peuvent corriger leur glycémie grâce à une perte pondérale.<br>Les hypoglycémiants oraux peuvent stabiliser le taux de glucose sanguin si le contrôle du régime alimentaire ne suffit pas.<br>L'insulinothérapie peut être nécessaire, à court ou à long terme, afin d'éviter l'hyperglycémie.<br>Cétose rare, sauf dans les cas de stress ou d'infection<br>Complication majeure: syndrome hyperosmolaire sans acidocétose |
| Diabète associé à d'autres maladies et syndromes | Diabète secondaire | Facteurs associés à cette forme de diabète: atteintes pancréatiques, déséquilibres hormonaux, prise de médicaments comme les glucocorticoïdes et les préparations contenant des l'œstrogènes<br>Le patient peut avoir besoin d'hypoglycémiants oraux ou d'une insulinothérapie selon l'aptitude du pancréas à sécréter de l'insuline. |
| Diabète gestationnel | Diabète gestationnel | Se manifeste durant la grossesse, habituellement pendant le deuxième ou le troisième trimestre.<br>Causé par des hormones sécrétées par le placenta qui inhibent l'action de l'insuline.<br>Risque de complications périnatales supérieur à la normale, notamment la macrosomie (gros bébé)<br>Traitement par un régime alimentaire et, si nécessaire, par une insulinothérapie pour maintenir le glucose sanguin à des concentrations normales<br>Sa fréquence est de 2 à 5 %.<br>Intolérance transitoire au glucose, mais qui peut se manifester de nouveau:<br>• Lors des prochaines grossesses<br>• Après 5 à 10 ans (habituellement sous forme de diabète de type II) dans 30 à 40 % des cas, en majorité chez les obèses. |

TABLEAU 30-1.    (suite)

| Nomenclature | Anciennes dénominations | Signes cliniques |
|---|---|---|
| | | Les facteurs de risque comprennent: l'obésité, l'âge (femmes de plus de 30 ans), les antécédents familiaux de diabète, l'accouchement antérieur d'un enfant pesant plus de 4 kg. |
| | | Il faut effectuer des tests de dépistage chez toutes les femmes enceintes entre la 24e et 28e semaine de la grossesse. |
| Intolérances au glucose | Diabète limite | La glycémie se situe entre les valeurs normales et les valeurs qui suggèrent la présence d'un diabète. |
| | Diabète latent | |
| | Diabète chimique | 25 % des patients deviendront diabétiques. |
| | Diabète infraclinique | Complications rétiniennes et rénales sans gravité |
| | Diabète asymptomatique | Le patient peut être obèse ou non; le patient obèse doit perdre du poids. |
| | | Il faut effectuer des tests de dépistage du diabète périodiquement. |
| Anomalie préalable de la tolérance au glucose | Diabète latent | Métabolisme du glucose normal |
| | Prédiabète | Antécédents d'hyperglycémie (durant une grossesse ou une maladie) |
| | | Après l'âge de 40 ans, les patients qui présentent des symptômes ou des antécédents de diabète doivent être soumis à des épreuves périodiques de dépistage. |
| | | Il faut inciter le patient à maintenir un poids normal pour sa stature. |
| Anomalie potentielle de la tolérance au glucose | Prédiabète | Aucun antécédent d'intolérance au glucose |
| | | Facteurs de risque de diabète: |
| | | • Antécédents familiaux de diabète |
| | | • Obésité |
| | | • Accouchement antérieur d'un enfant de plus de 4 kg à la naissance |
| | | • Membre d'une communauté amérindienne avec forte incidence de diabète |
| | | Il faut effectuer des tests de dépistage et inciter les patients à maintenir un poids normal. |

# PHYSIOPATHOLOGIE ET MANIFESTATIONS CLINIQUES

## Physiologie normale

Les cellules *bêta*, un des quatre types de cellules des îlots de Langerhans, sécrètent l'insuline. On considère que l'insuline est une hormone anabolisante ou de stockage. En phase d'absorption alimentaire, la sécrétion d'insuline s'accroît et stimule la pénétration du glucose sanguin dans les muscles, le foie et les cellules adipeuses. Dans ces cellules, l'insuline produit les effets suivants:

• Elle stimule la mise en réserve du glucose dans le foie et les muscles (sous forme de glycogène).

• Elle accroît le stockage des graisses alimentaires dans les tissus adipeux.

• Elle accélère le transport des acides aminés (dérivés des protéines alimentaires) dans les cellules.

L'insuline inhibe également la dégradation du glucose, des protéines et des lipides stockés.

En phase de «jeûne» (entre les repas et durant la nuit), la sécrétion d'insuline est plus faible, mais se poursuit. La sécrétion de glucagon, une hormone pancréatique produite par les cellules *alpha* des îlots de Langerhans, augmente. L'équilibre entre les concentrations d'insuline et de glucagon a pour effet d'assurer la régulation de la glycémie par la libération du glucose contenu dans le foie.

Au départ, le foie produit du glucose en décomposant le glycogène (la glycogénolyse). Après 8 à 12 heures de jeûne, le foie fabrique du glucose à partir de substances non glucidiques, comprenant les acides aminés (la glyconéogenèse).

## Physiopathologie du diabète

**Diabète de type I.** Dans ce type de diabète, on observe une diminution importante de la sécrétion d'insuline par les cellules bêta des îlots de Langerhans. L'hyperglycémie à jeun se manifeste à la suite d'une surproduction de glucose par le foie. De plus, le glucose provenant de l'alimentation ne peut être stocké, mais reste dans la circulation sanguine et provoque une hyperglycémie postprandiale (après les repas).

Lorsque la concentration en glucose sanguin est assez élevée, les reins sont incapables de réabsorber tout le glucose filtré; le glucose est alors excrété dans les urines (glycosurie), ce qui provoque une importante perte hydroélectrolytique. C'est ce que l'on appelle la diurèse osmotique. Cette perte liquidienne excessive se manifeste par l'émission d'une abondante quantité d'urines (polyurie) et une soif intense (polydipsie).

La carence en insuline modifie également le métabolisme des protéines et des lipides, ce qui entraîne une perte pondérale. En raison de la diminution de ses réserves d'énergie, le patient peut ressentir une faim excessive (polyphagie), de même que de la fatigue et de la faiblesse.

À mesure que la carence en insuline s'accroît, les mécanismes qui sont habituellement inhibés par l'insuline se produisent sans restriction. C'est ainsi que la glycogénolyse (dégradation du glucose stocké) et, plus importante encore, la glycogenèse (synthèse du glucose à partir d'acides aminés et d'autres substrats) aggravent l'hyperglycémie. De plus, il y a dégradation des lipides, ce qui augmente la production des corps cétoniques, sous-produits de cette dégradation. Les *corps cétoniques* sont des acides qui dérèglent l'équilibre acidobasique lorsqu'ils s'accumulent en trop grande quantité. L'acidocétose diabétique qui en découle se manifeste par les signes et symptômes suivants: douleurs abdominales, nausées, vomissements, hyperventilation et haleine à odeur d'acétone. Lorsque l'acidocétose n'est pas traitée, elle peut entraîner des troubles de la conscience, le coma et même la mort.

En général, le diabète de type I se manifeste brutalement avant l'âge de 30 ans. Une insulinothérapie accompagnée d'une rééquilibration hydroélectrolytique corrige rapidement les perturbations du métabolisme et fait disparaître les symptômes de l'hyperglycémie et de l'acidocétose. L'exercice physique, un régime alimentaire approprié et des dosages fréquents de la glycémie font partie intégrante du traitement de ce type de diabète.

**Diabète de type II.** Le diabète de type II est dû à une insulinorésistance et à une insuffisance de la sécrétion d'insuline. L'insulinorésistance se caractérise par une diminution de la sensibilité cellulaire à l'insuline. Normalement, l'insuline se fixe aux récepteurs membranaires situés à la surface des cellules et déclenche ainsi une réaction en chaîne associée au métabolisme du glucose à l'intérieur de la cellule. Dans le diabète de type II, l'insulinorésistance est accompagnée d'une diminution de ces réactions intracellulaires. L'insuline perd de son efficacité, ce qui réduit l'absorption du glucose par les tissus.

Afin de corriger l'insulinorésistance et de prévenir l'accumulation de glucose dans le sang, la sécrétion d'insuline doit augmenter. Ce phénomène se produit dans l'intolérance au glucose. Dans ce cas, la concentration de glucose reste normale ou légèrement élevée grâce à une sécrétion accrue d'insuline. Toutefois, quand les cellules bêta ne parviennent plus à sécréter davantage d'insuline, le taux de glucose augmente et le diabète de type II se manifeste.

Même si une insuffisance de sécrétion d'insuline caractérise le diabète de type II, la quantité d'insuline présente est suffisante pour prévenir la dégradation des lipides et la synthèse des corps cétoniques qui s'y rattache. Par conséquent, l'acidocétose diabétique ne se manifeste pas. Cependant, un diabète de type II peut entraîner une complication grave appelée syndrome hyperosmolaire sans acidocétose (voir page 855).

Le diabète de type II apparaît plus fréquemment chez les personnes obèses de plus de 30 ans. Étant donné qu'on associe ce type de diabète à une intolérance évolutive au glucose, il peut passer inaperçu pendant de nombreuses années. Si le patient présente des symptômes, ceux-ci sont souvent bénins: fatigue, irritabilité, polyurie, polydipsie, lésions cutanées qui guérissent difficilement, infections vaginales et vue brouillée (si la glycémie est très élevée).

Chez la plupart des patients souffrant du diabète de type II (environ 75 %), la découverte de la maladie est souvent fortuite (lors d'épreuves de laboratoire courantes, par exemple). Parfois, les complications chroniques (atteintes oculaires, neuropathie des nerfs périphériques et maladies des vaisseaux périphériques, par exemple) se manifestent avant même que le diagnostic de diabète n'ait été posé.

Puisque l'on associe l'insulinorésistance à l'obésité, le principal traitement du diabète de type II est la perte pondérale. L'activité physique est également très importante pour améliorer l'efficacité de l'insuline. On peut administrer des hypoglycémiants oraux lorsque le régime alimentaire et l'activité physique ne suffisent pas à corriger la glycémie. Si des doses maximales d'hypoglycémiants oraux ne parviennent pas à réduire la glycémie à un taux satisfaisant, on doit avoir recours à l'insuline. Certains diabétiques deviennent insulinodépendants tandis que d'autres n'ont besoin d'insuline que temporairement lors de périodes de stress physiologique, comme une maladie ou une intervention chirurgicale.

**Complications du diabète.** Les complications du diabète de type I et II se divisent en deux catégories: les complications aiguës et les complications chroniques. Les complications aiguës peuvent survenir à la suite d'un déséquilibre thérapeutique, ce sont notamment:

- L'hypoglycémie (glycémie basse) appelée également réaction à l'insuline ou choc insulinique.

- L'hyperglycémie (glycémie élevée) qui, si elle n'est pas maîtrisée, peut entraîner l'acidocétose diabétique dans les cas de diabète de type I ou le syndrome hyperosmolaire sans acidocétose dans les cas de diabète de type II.

Si elles ne sont pas traitées correctement, les complications aiguës peuvent entraîner le coma, voire la mort.

Les complications chroniques du diabète de type I et II apparaissent habituellement 10 à 15 ans après le début de la maladie. Les trois principaux types de complications chroniques sont les suivants:

- La macroangiopathie (altération des grosses artères), qui touche les artères coronaires, cérébrales et périphériques;

- La microangiopathie (altération des petits vaisseaux), qui touche l'œil (rétinopathie) et les reins (néphropathie);

- Les neuropathies, qui touchent les nerfs sensitifs et moteurs et le système nerveux autonome, et entraînent des problèmes tels que l'impuissance et l'ulcère du pied (pied diabétique).

## Encadré 30-1
## Complications du diabète

### Complications aiguës

1. Hypoglycémie (glycémie basse). Également connue sous les noms de réaction hypoglycémique, réaction à l'insuline, choc insulinique
2. Hyperglycémie (glycémie élevée). Peut entraîner:
   • Acidocétose diabétique dans les cas de diabète de type I
   • Syndrome hyperosmolaire sans acidocétose dans les cas de diabète de type II

### Complications chroniques

1. Macroangiopathie
   a) Coronaropathie ischémique (entraînant l'infarctus du myocarde)
   b) Accident vasculaire cérébral
   c) Maladie des vaisseaux périphériques*
2. Microangiopathie
   a) Rétinopathie (atteinte de l'œil)
   b) Néphropathie (atteinte rénale)
3. Neuropathies (lésions neurologiques)
   a) Atteinte des nerfs sensitifs et moteurs (affecte les membres)
   b) Atteinte du système nerveux autonome (affecte les fonctions gastro-intestinales, cardiovasculaires et génito-urinaires)

\* Peut entraîner des ulcères du pied et est responsable de la fréquence relativement élevée des amputations chez les diabétiques.

---

Afin de retarder et, si possible, d'éviter l'apparition d'une microangiopathie et d'une neuropathie, il est important de normaliser la glycémie. Pour prévenir la macroangiopathie, la néphropathie et peut-être même la rétinopathie, il faut aussi stabiliser la pression artérielle. L'encadré 30-1 contient un résumé des complications du diabète.

# ÉTIOLOGIE

## Diabète de type I

Le diabète de type I se caractérise par la destruction des cellules bêta des îlots de Langerhans. On pense actuellement qu'une association de facteurs héréditaires, immunologiques et même environnementaux (infections virales, par exemple) favorise cette destruction.

**Facteurs génétiques.**   Le diabète de type I n'est pas héréditaire en soi, il s'agit plutôt d'une prédisposition ou d'une tendance. Cette prédisposition génétique est associée à certains groupes H.L.A. (antigènes d'histocompatibilité). Les H.L.A. sont un ensemble de gènes responsables des antigènes de transplantation et d'autres fonctions immunitaires. Quatre-vingt-quinze pour cent des patients de race blanche atteints du diabète de type I sont de groupe HLA DR3 ou DR4, ou les deux. Les personnes de ces deux groupes H.L.A. courent donc de trois à cinq fois plus de risques de souffrir du diabète de type I. La présence combinée des gènes DR3 et DR4 multiplie le risque de diabète de type I par 10 ou 20 (comparativement à la population générale).

**Facteurs immunologiques.**   Dans le diabète de type I, des mécanismes auto-immunitaires seraient en cause, soit la formation d'anticorps réagissant avec les antigènes de l'organisme considérés comme étrangers. On a en effet découvert chez certains patients, au moment du diagnostic ou même de nombreuses années avant l'apparition des signes cliniques du diabète de type I, des autoanticorps qui détruisaient les cellules des îlots de Langerhans, inhibant ainsi la sécrétion d'insuline endogène (interne). Actuellement, on étudie les effets des immunosuppresseurs sur l'évolution de la maladie chez les patients récemment diagnostiqués et chez les personnes atteintes de prédiabète (diabétiques qui possèdent des anticorps, mais qui ne présentent aucun symptôme clinique de diabète).

**Facteurs environnementaux.**   On effectue encore des recherches sur les facteurs extérieurs pouvant favoriser la destruction des cellules bêta. On a notamment proposé que certains virus ou certaines toxines pouvaient accélérer le processus auto-immunitaire qui entraîne la destruction des cellules bêta.

L'interaction des facteurs génétiques, immunologiques et environnementaux dans l'étiologie du diabète de type I est toujours à l'étude. Bien qu'on ne puisse encore parfaitement expliquer les phénomènes qui entraînent la destruction des cellules bêta, il est généralement admis qu'une prédisposition génétique constitue l'un des facteurs sous-jacents à l'apparition du diabète de type I.

## Diabète de type II

À l'heure actuelle, on ne connaît pas les mécanismes qui engendrent l'insulinorésistance ainsi que la carence en insuline chez les patients atteints de diabète de type II. Cependant, on croit que les antécédents génétiques jouent un rôle dans l'évolution de l'insulinorésistance. De plus, on sait que certains facteurs de risque sont associés à l'apparition du diabète de type II, notamment:

- L'âge (l'insulinorésistance tend à survenir chez les personnes de plus de 65 ans)
- L'obésité
- Les antécédents familiaux
- L'origine ethnique (en Amérique du Nord, par exemple, les Latino-américains, les Amérindiens et dans une moindre mesure, les Noirs courent plus de risques de souffrir du diabète de type II)

# EXAMENS DIAGNOSTIQUES

On établit le diagnostic de diabète sur la base du taux de glucose sanguin (glycémie). On peut poser un diagnostic de diabète si, à plus d'une reprise, la glycémie à jeun est supérieure à 7,8 mmol/L ou si la glycémie aléatoire est supérieure à 11,1 mmol/L. Lorsque la glycémie à jeun est normale ou légèrement élevée, une hyperglycémie provoquée est nécessaire.

**Hyperglycémie provoquée.** Actuellement, l'épreuve d'hyperglycémie provoquée par voie orale (HGPO) est plus sensible que l'épreuve d'hyperglycémie provoquée par voie intraveineuse (HGPI). On n'y a recours que dans des circonstances particulières (chez le patient qui a subi une chirurgie gastrique, par exemple). Pour procéder à une hyperglycémie provoquée par voie orale, on administre une solution glucosée.

Le patient suit un régime alimentaire riche en glucides (150 à 300 g) pendant les 3 jours précédant l'examen. Il doit être à jeun depuis minuit le matin de l'épreuve. On effectue un premier prélèvement à jeun, puis on fait ingérer au patient 75 g de glucose, habituellement sous la forme d'une solution sucrée gazéifiée (Glucola). Pendant l'épreuve, le patient doit éviter toute activité physique, ne pas fumer et ne rien boire, mis à part de l'eau.

L'Organisation mondiale de la santé (O.M.S.) recommande un prélèvement sanguin deux heures après l'ingestion de glucose. Le National Diabetes Data Group recommande en plus un prélèvement sanguin 30 et 60 minutes après l'ingestion de glucose. L'encadré 30-2 présente les critères diagnostiques du diabète sucré définis par l'Organisation mondiale de la santé.

De nombreux facteurs influent sur l'épreuve d'hyperglycémie provoquée par voie orale, notamment la méthode de dosage, la source du prélèvement (sang capillaire ou veineux), le régime alimentaire, le niveau d'activité, le repos au lit, les affections chroniques, les médicaments et la concentration de la solution glucosée. Chez les personnes âgées, le régime alimentaire, le niveau d'activité et les médicaments compliquent l'interprétation des résultats de l'examen.

Il est essentiel d'imposer un régime au patient qui doit subir une hyperglycémie car l'apport alimentaire peut en modifier les résultats. Il faudra sans doute remettre des instructions écrites au patient afin de s'assurer qu'il prenne bien la quantité de glucides requise. Si le régime alimentaire du patient est normal et que son poids est stable, un apport de 150 g par jour devrait suffire.

Il faut demander au patient de cesser la prise de tout médicament pouvant fausser l'épreuve d'hyperglycémie provoquée trois jours avant cette épreuve. Les médicaments suivants sont associés à une intolérance au glucose: les diurétiques (les thiazidiques, habituellement), les glucocorticoïdes, les œstrogènes synthétiques et les phénytoïnes (comme le Dilantin). Parmi les agents pouvant modifier les épreuves d'hyperglycémie provoquée, on retrouve des doses élevées d'acide nicotinique, l'alcool, de même que l'ingestion chronique de salicylés et d'inhibiteurs de la monoamine-oxydase (les dérivés de l'hydrazine surtout).

Chez certains patients, notamment les femmes enceintes, les patients ayant subi une chirurgie gastrique et les personnes âgées, les résultats de l'épreuve d'hyperglycémie provoquée peuvent être faussés. On doit modifier le critère diagnostique dans le cas des femmes enceintes. Chez les patients ayant subi une chirurgie gastrique, l'épreuve d'hyperglycémie provoquée par voie intraveineuse est nécessaire, car le glucose administré par voie orale traverse rapidement l'intestin grêle, ce qui entraîne son absorption rapide et, donc, une glycémie anormale.

**Gérontologie.** L'hyperglycémie semble être associée au vieillissement et se manifeste chez les hommes et les femmes partout dans le monde. L'augmentation de la glycémie peut apparaître dans la cinquantaine et est de plus en plus fréquente avec l'âge. Si l'on exclut des statistiques les personnes âgées atteintes de diabète manifeste, environ 10 à 30 % des personnes âgées souffrent d'une hyperglycémie reliée à l'âge.

Reste à savoir si l'hyperglycémie reliée à l'âge est bénigne et fait partie du processus de vieillissement, ou si elle est pathologique et exige une intervention thérapeutique. De nombreuses études semblent indiquer que l'hyperglycémie est pathologique, car elle entraîne des complications macroangiopathiques.

On n'a toujours pas cerné les causes des modifications du métabolisme des glucides reliées à l'âge. Apparemment, le ralentissement de la capacité d'absorption du tractus gastrointestinal ne contribuerait pas à ces modifications. Cependant, de mauvaises habitudes alimentaires, la sédentarité, une diminution de la masse maigre dans laquelle les glucides ingérés peuvent être stockés, une modification de la sécrétion d'insuline et l'insulinorésistance seraient tous des facteurs favorisants.

# TRAITEMENT

Le traitement du diabète vise principalement à régulariser l'activité de l'insuline de même que la glycémie pour réduire les risques de complications vasculaires et neurologiques. L'objectif du traitement des différents types de diabète consiste à réduire la glycémie sans trop perturber les activités quotidiennes du patient.

Le traitement du diabète a cinq composantes, soit:

Le régime alimentaire
L'activité physique
La surveillance
La médication (au besoin)
L'enseignement

Puisque le mode de vie du patient, de même que l'état physique et émotionnel changent, le traitement varie au cours de la maladie. Les progrès de la recherche peuvent aussi modifier le traitement. Les professionnels de la santé doivent donc constamment évaluer le plan de traitement du diabète et le modifier en conséquence. Le patient doit lui-même apporter

## Encadré 30-2
## Critères diagnostiques de l'Organisation mondiale de la santé pour le diabète sucré chez les adultes

À deux reprises au moins:

1. Glycémie aléatoire $>$ 11,1 mmol/L

ou

2. Glycémie à jeun $>$ 7,8 mmol/L

ou

3. Glycémie 2 heures après l'HGPO (75 g de glucose) $>$ 11,1 mmol/L

(Source: Organisation mondiale de la santé, *Diabetes mellitus. Report of a WHO study group*, Tech Report Series n° 727, 1985)

---

des ajustements quotidiens à son traitement. Bien que l'équipe de soins dirige le traitement, c'est le patient qui est l'ultime responsable de la prise en charge du programme thérapeutique. C'est pourquoi l'on considère l'enseignement au patient et à sa famille comme une composante essentielle du traitement du diabète.

## RÉGIME ALIMENTAIRE

**Principes généraux.** Le traitement du diabète repose sur le régime alimentaire et la maîtrise du poids. Le régime alimentaire du diabétique vise les objectifs suivants:

1. Fournir les éléments nutritifs essentiels (vitamines et minéraux, par exemple).

2. Permettre d'atteindre et de maintenir un poids idéal (santé).

3. Répondre aux besoins énergétiques.

4. Prévenir les fluctuations quotidiennes importantes de la glycémie et maintenir celle-ci le plus près possible des valeurs normales.

5. Réduire les taux de lipides dans le sang, s'ils sont trop élevés.

Dans la mesure du possible, les patients qui ont besoin d'insuline pour corriger leur glycémie doivent consommer à chaque repas à peu près la même quantité d'énergie et de glucides. Ils doivent aussi prendre leurs repas à intervalles réguliers et ajouter au besoin des collations pour prévenir les réactions hypoglycémiques.

Chez les patients obèses (particulièrement les diabétiques noninsulinodépendants), la réussite du traitement repose sur la perte pondérale. Par ailleurs, chez les personnes obèses en général, la perte de poids constitue la principale mesure visant à prévenir l'apparition du diabète. L'obésité est associée à une résistance accrue à l'insuline et représente l'une des principales causes du diabète de type II. Certains patients obèses atteints de diabète de type II peuvent réduire de façon significative ou éliminer complètement la prise d'insuline ou d'hypoglycémiants oraux grâce à une perte pondérale, parfois de 10 % seulement. Les diabétiques obèses noninsulinodépendants ne sont pas obligés de prendre leurs repas à heures régulières

et de consommer toujours la même quantité de glucides et d'énergie. Ils doivent surtout réduire leur apport énergétique.

L'aspect le plus difficile du traitement est sans contredit le respect du régime alimentaire. Chez les patients obèses, il semble plus raisonnable de ne pas réduire l'apport énergétique de façon radicale. Les personnes qui ont maigri éprouvent souvent de la difficulté à maintenir leur poids. Pour les aider à conserver de bonnes habitudes alimentaires, l'infirmière peut leur recommander de participer à des thérapies comportementales, d'adhérer à un groupe de soutien ou de consulter régulièrement une diététicienne.

Le régime alimentaire du diabétique doit tenir compte de ses préférences alimentaires, de son mode de vie, de ses heures habituelles de repas ainsi que de son bagage culturel et ethnique. Les patients sous insulinothérapie ont plus de latitude dans le choix de l'heure et de la composition de leurs repas, car ils peuvent modifier leurs doses d'insuline selon leurs besoins (voir page 837).

### Apport énergétique
**Besoins énergétiques.** Pour établir un régime alimentaire, on commence par déterminer les besoins énergétiques du patient en fonction de son âge, de son sexe, de son poids et de son activité physique. Il existe de nombreuses méthodes visant à établir les besoins énergétiques du patient. Par exemple, dans le cas d'un régime visant à maintenir le poids on peut multiplier le poids idéal par 120 kJ/kg. Pour établir un régime amaigrissant, on multiplie le poids idéal en kilogrammes par 65 ou 85 kJ. Dans la plupart des cas, l'apport énergétique d'un régime amaigrissant se situe entre 4000 et 5000 kJ. Lorsque le patient a atteint le poids désiré, on peut augmenter l'apport énergétique à des valeurs permettant de maintenir le poids. La perte de poids et le maintien du poids idéal permettent souvent à eux seuls de corriger l'hyperglycémie chez les diabétiques non insulinodépendants (type II). Chez les jeunes patients atteints de diabète de type I, on doit prescrire un régime ayant une teneur énergétique suffisante pour assurer une croissance et un développement normaux. Souvent l'hyperglycémie a entraîné chez eux une importante perte de poids. On doit donc leur prescrire un régime à forte teneur énergétique pour qu'ils retrouvent leur poids normal.

**Répartition de l'apport énergétique.** En plus de l'apport énergétique quotidien recommandé, le régime alimentaire du diabétique doit tenir compte du pourcentage de kilojoules provenant des glucides, des protéines et des lipides. Les glucides existent sous deux formes: les sucres simples et les sucres complexes. Les féculents comme le pain, les céréales, le riz et les pâtes sont des sucres complexes. Les fruits et le sucre de table sont des sucres simples. En général, les aliments riches en glucides ont un effet très marqué sur la glycémie; ils sont digérés plus rapidement que les autres aliments et aussitôt transformés en glucose. Il y a plusieurs dizaines d'années, on recommandait aux diabétiques un régime alimentaire plus riche en protéines et en lipides qu'en glucides, afin de réduire l'augmentation de la glycémie après le repas. Toutefois, on a démontré depuis que les sucres complexes sont absorbés graduellement dans le tube digestif et entraînent une augmentation de la glycémie moins grande qu'on ne l'avait cru. De plus, les régimes alimentaires à moins forte teneur en glucides ont une plus forte teneur en lipides, ce qui augmente le risque de maladies cardiovasculaires habituellement associé au diabète.

On recommande aujourd'hui un apport énergétique plus élevé en glucides qu'en lipides et en protéines. Toutefois, on poursuit les recherches afin de déterminer dans quelle mesure un régime alimentaire riche en glucides convient aux patients ayant une tolérance réduite au glucose. Les recommandations pourraient donc être modifiées en fonction du résultat de ces recherches. À l'heure actuelle, les associations de diabète recommandent que 50 à 60 % de l'apport énergétique provienne des glucides, 20 à 30 % des lipides, et 12 à 20 % des protéines.

*Glucides.* Les Nord-Américains consomment beaucoup de glucides, surtout sous forme de sucres simples. Le but premier du régime alimentaire du diabétique est d'augmenter l'apport en sucres complexes (surtout les aliments riches en fibres comme le pain, les céréales, les pâtes et les légumineuses). Cependant, puisque certains aliments nutritifs comme le lait et les fruits contiennent des sucres simples (lactose et fructose), il ne faut pas éliminer complètement les sucres simples du régime. En effet, on tolère de plus en plus une consommation modérée de sucrose (sucre blanc) à condition que le patient puisse maîtriser sa glycémie, son taux de lipides dans le sang (cholestérol et triglycérides) et son poids. Le fait de pouvoir consommer un peu de sucres simples peut aider certains patients à se conformer à leur régime alimentaire.

*Lipides.* On recommande de réduire la teneur en lipides du régime alimentaire du diabétique en diminuant le pourcentage total d'énergie provenant des graisses alimentaires et en limitant la consommation de graisses saturées (10 % du total de l'apport énergétique). De plus, on conseille de restreindre l'apport total de cholestérol alimentaire. Ces recommandations permettent de réduire certains facteurs de risque (notamment un taux sérique élevé de cholestérol) souvent associés à la cardiopathie ischémique, cause principale de mortalité et d'invalidité chez les diabétiques.

*Protéines.* On peut incorporer des protéines d'origine non animale au régime alimentaire afin de réduire l'apport en graisses saturées et en cholestérol. De plus, on recommande aux patients qui présentent les signes avant-coureurs d'atteinte rénale de restreindre leur apport en protéines.

*Fibres.* Au cours des 10 dernières années, grâce à de nombreuses études portant sur le régime alimentaire dans le traitement du diabète, on a accordé une importance accrue aux fibres. Les fibres jouent en effet un rôle dans la réduction du cholestérol total et des lipoprotéines de basse densité (LDL) dans le sang. L'addition de fibres dans le régime alimentaire peut également améliorer la glycémie et ainsi réduire les besoins en insuline exogène.

Il existe deux catégories de fibres alimentaires: les fibres solubles et les fibres insolubles. Les légumineuses, l'avoine et certains fruits contiennent des fibres solubles qui jouent un rôle plus important dans la réduction de la glycémie et des taux de lipides que les fibres insolubles.

On pense que le mécanisme d'action des fibres solubles est relié à la formation d'un gel dans le tractus gastro-intestinal. Ce gel ralentit la vidange de l'estomac et le transport des aliments dans le tractus gastro-intestinal supérieur. La capacité des fibres à réduire la glycémie peut être attribuée à un taux d'absorption plus lent du glucose provenant des aliments qui contiennent des fibres solubles.

On trouve les fibres insolubles dans le pain de blé entier, dans les céréales et dans certains légumes. Le rôle primordial de ce type de fibre est d'augmenter le volume fécal et d'éviter la constipation. Les fibres solubles et les fibres insolubles coupent l'appétit, ce qui facilite la perte de poids.

Une augmentation subite de l'apport en fibres risque d'entraîner une hypoglycémie. Il faut donc modifier le dosage de l'insuline ou des hypoglycémiants oraux en conséquence. Les patients peuvent présenter d'autres complications (notamment une plénitude gastrique, des nausées, de la diarrhée, de la flatulence et de la constipation) si leur apport liquidien n'est pas suffisant. Pour augmenter la teneur en fibres de son régime alimentaire, le diabétique doit procéder graduellement. On lui recommande de consulter une diététicienne.

Les recherches sur le rôle des fibres alimentaires se poursuivent. Elles indiquent déjà que l'addition de fibres dans le régime alimentaire est salutaire. Des études plus approfondies permettront de déterminer les fibres les plus efficaces, leur mode de fonctionnement, de même que la teneur optimale en fibres d'un régime alimentaire destiné à maîtriser la glycémie et le taux de lipides.

*Alcool.* La consommation d'alcool n'est pas formellement interdite aux diabétiques. Toutefois, il est important que les patients et les professionnels de la santé soient conscients des effets néfastes de l'alcool.

En général, les patients doivent respecter les mêmes consignes que le grand public en ce qui concerne la consommation d'alcool. On recommande de consommer de l'alcool en quantité modérée. L'hypoglycémie est sans contredit le plus grand risque que court un diabétique qui consomme de l'alcool. Ce risque est d'autant plus grand chez les patients insulinodépendants. En effet, l'alcool peut inhiber les mécanismes physiologiques permettant la synthèse du glucose (glycogénèse). Par conséquent, les risques d'hypoglycémie augmentent lorsque le patient consomme de l'alcool à jeun. De plus, le patient qui consomme trop d'alcool sera incapable de reconnaître et de traiter correctement l'hypoglycémie, et d'observer le régime alimentaire prescrit pour prévenir cette complication.

Chez les patients atteints de diabète de type II qui prennent des hypoglycémiants oraux, l'alcool peut provoquer une réaction du type de celle causée par le disulfirame (Antabuse). Le chlorpropamide (Diabinese) est l'hypoglycémiant qui provoque le plus souvent cette réaction, dont les principaux symptômes sont: rougeur du visage, sensation de chaleur, céphalées, nausées, vomissements, transpiration et soif. Ces symptômes apparaissent quelques minutes après avoir consommé de l'alcool.

TABLEAU 30-2.    **Exemples de menus basés sur les tables d'équivalence**

| Équivalences | Menu 1 | Menu 2 | Menu 3 |
|---|---|---|---|
| 2 portions de féculents | 2 tranches de pain | Petit pain à hamburger | 250 mL de pâtes cuites |
| 3 portions de viande | 60 g de dinde tranchée et 30 g de fromage écrémé | 90 g de bœuf haché maigre | 90 g de crevettes bouillies |
| 1 portion de légume | Laitue, tomate, oignon | Salade verte | 115 g de tomates mûres |
| 1 portion de graisses | 5 mL de mayonnaise | 15 mL de vinaigrette | 5 mL d'huile d'olive |
| 1 portion de fruit | 1 pomme moyenne | 285 g de pastèque | 285 g de fraises fraîches |
| Aliments facultatifs | Thé glacé | Soda à faible teneur en sucre | Eau citronnée |
| | Moutarde, cornichon, piment fort | 15 mL de ketchup, cornichon, oignon | Ail, basilic |

En plus des effets indésirables immédiats, l'alcool peut entraîner un gain pondéral (en raison de sa teneur énergétique élevée), une hyperlipidémie et une augmentation de la glycémie (surtout avec les cocktails et les liqueurs, qui contiennent beaucoup de sucre).

L'infirmière doit donc recommander au patient la modération; elle doit lui conseiller de consommer des boissons à faible teneur en énergie ou en glucides, comme les bières légères ou les vins secs, et de les prendre avec des aliments. Il est important que les diabétiques calculent l'apport énergétique de l'alcool dans leur régime alimentaire.

## Groupes alimentaires

Afin d'enseigner au patient les principes d'un régime alimentaire équilibré et de l'aider à planifier ses repas, on a réparti les aliments en différents groupes, en fonction de leurs caractéristiques communes, comme leur teneur énergétique, leur composition (quantité de protéines, de lipides ou de glucides) ou leurs effets sur la glycémie.

**Tables d'équivalence.**    Les tables d'équivalence sont un outil très utilisé. Elles sont au nombre de six: pain et céréales; légumes; lait et produits laitiers; viande et substituts; fruits; graisses. Les aliments contenus dans un même groupe (selon des quantités précises) ont la même teneur en énergie et contiennent à peu près la même quantité de protéines, de lipides et de glucides.

On donne au patient des plans de repas (personnalisés en fonction de ses besoins et de ses préférences) basés sur un certain nombre de choix d'aliments de chaque groupe. Les aliments contenus dans un même groupe sont interchangeables, ce qui permet au patient de choisir une variété d'aliments tout en consommant la même quantité d'éléments nutritifs. Le tableau 30-2 contient trois exemples de repas interchangeables sur le plan de la teneur en glucides, en protéines et en lipides.

De nombreux livres, brochures et périodiques donnent des équivalences alimentaires pour les plats cuisinés, les desserts et les collations. Certains fabricants de produits alimentaires publient des tables d'équivalence pour leurs produits.

**Les quatre groupes alimentaires essentiels.** On recommande aux patients qui ont besoin d'un régime alimentaire simple de choisir leurs aliments parmi les quatre groupes essentiels lors de la préparation de leurs repas. Ces groupes comprennent le pain et les céréales, le lait et les produits laitiers, la viande et les substituts (viande, poisson, volaille, légumineuses) et les fruits et légumes. Dans le régime du diabétique, on doit séparer les fruits des légumes, parce qu'ils ont un effet complètement différent sur la glycémie. Les quatre groupes alimentaires ne permettent pas autant d'uniformité que les tables d'équivalence, mais ils assurent néanmoins un régime alimentaire équilibré.

On peut aussi expliquer tout simplement au patient quels aliments contiennent des glucides (sucres simples et complexes), des protéines et des lipides, et lui recommander de planifier ses repas en incluant des aliments de chacun de ces trois groupes alimentaires, et en s'assurant de consommer des sucres complexes (féculents) et de restreindre les sucres simples et les matières grasses.

**Calcul de la valeur énergétique.**    Les patients obèses atteints de diabète de type II (noninsulinodépendants) peuvent planifier leurs repas en choisissant les aliments en fonction de leur teneur énergétique. Pour ces patients, la teneur énergétique est plus importante que la proportion des glucides, des protéines et des lipides.

**Indice de glycémie.**    L'un des principaux buts du régime alimentaire du diabétique est d'éviter une augmentation marquée et rapide de la glycémie après les repas. Pour cette raison, on a, dans le passé, recommandé à certains patients d'éviter ou de limiter la consommation d'aliments susceptibles de causer de fortes élévations postprandiales de la glycémie.

On a longuement cru que les sucres simples avaient un effet plus important sur la glycémie postprandiale que les sucres complexes. Toutefois, selon des études récentes, certains sucres complexes agiraient comme des sucres simples. De plus, on a découvert que des aliments ayant une même teneur en glucides peuvent avoir des effets très différents sur la glycémie.

On utilise le terme *indice de glycémie* pour décrire l'augmentation du taux de glucose dans le sang après l'ingestion d'une quantité donnée d'un aliment en comparaison à une quantité égale de glucose. Certaines études ont démontré que les tubercules, comme les carottes et les pommes de terre, ont un indice de glycémie plus élevé que certains sucres simples et complexes, tels les pâtes, les légumineuses et le fructose. Cependant, les résultats de ces études sont parfois fondés sur la réaction de la glycémie à l'ingestion d'une quantité considérable d'un seul type d'aliment. Donc, on ne peut pas utiliser l'indice de glycémie pour prédire l'effet d'un aliment donné lorsqu'il est consommé dans un régime varié normal.

D'autres études récentes ont permis de démontrer que de nombreux facteurs ont une influence sur l'indice de glycémie des aliments:

- La teneur en protéines, en lipides et en fibres du repas
- La forme des sucres ingérés (cru ou cuit, par exemple)
- Le contenu et l'heure du repas précédent
- La fréquence des repas
- Les variations de la digestion, de l'absorption et du métabolisme

Les études portant sur l'indice de glycémie ont soulevé de nombreuses questions concernant la méthode habituelle de planification des repas du diabétique. Par exemple, on s'est interrogé sur l'équivalence de certains aliments contenus dans les tables. En effet, certains aliments peuvent contenir la même quantité de glucides, mais ne pas avoir le même effet sur la glycémie. De plus, les aliments regroupés dans une table peuvent avoir un effet différent sur la glycémie selon la façon dont ils sont préparés.

Même si les recherches sur l'indice de glycémie ne sont pas complètes, on peut formuler certaines recommandations:

- La combinaison de féculents et d'aliments contenant des lipides et des protéines a tendance à ralentir l'absorption de ces aliments et la réponse glycémique.

- En général, les aliments crus et entiers donnent une réponse glycémique plus faible que les aliments hachés, en purée ou cuits.

- On peut réduire la réponse glycémique en consommant les sucres simples, en même temps que des aliments à absorption lente.

Les patients peuvent obtenir leur propre indice de glycémie en mesurant leur glycémie après avoir ingéré un aliment donné, ce qui peut les aider à améliorer leur glycémie par une adaptation en conséquence de leur régime alimentaire. Les patients qui mesurent souvent leur glycémie peuvent utiliser l'indice de glycémie pour ajuster leurs doses d'insuline en fonction des variations de leur apport alimentaire.

**Les édulcorants et l'étiquetage des aliments.** Les diabétiques peuvent utiliser des édulcorants, surtout si ces produits les aident à observer leur régime alimentaire. Ils doivent toutefois les utiliser avec modération afin de réduire les risques d'effets néfastes.

Il existe deux types d'édulcorants: les édulcorants nutritifs et les édulcorants non nutritifs. Les édulcorants nutritifs contiennent des kilojoules, tandis que les édulcorants non nutritifs contiennent peu ou pas de kilojoules (consommés en quantités normales).

#### Édulcorants nutritifs
- Comprennent le fructose (sucre des fruits), le sorbitol et le xylitol.
- Contiennent des kilojoules.
- Contiennent presque autant de kilojoules qu'une quantité équivalente de sucrose (sucre blanc).
- Entraînent une augmentation de la glycémie moins importante que le sucrose.
- Sont souvent utilisés dans des aliments dits «sans sucre».
- Peuvent avoir un effet laxatif (sorbitol).

#### Édulcorants non nutritifs
- Contiennent peu ou pas de kilojoules.
- Sont utilisés dans certains aliments préparés ou vendus pour usage domestique.

- Ont un effet minime ou nul sur la glycémie.
- Saccharine — aucune valeur énergétique
- Aspartame — combiné au dextrose, 16 kJ / sachet, perd son pouvoir édulcorant avec la chaleur.
- Acesulfame K — combiné au dextrose, 4 kJ / sachet

**L'étiquetage des aliments.** Les aliments étiquetés «sans sucre» mais contenant un édulcorant nutritif peuvent renfermer la même quantité de kilojoules que les produits équivalents. Ils ne sont donc pas toujours indiqués pour les gens qui veulent perdre du poids. De plus, ils peuvent augmenter la glycémie s'ils sont consommés en trop grande quantité.

Les aliments «légers» n'ont pas nécessairement une valeur énergétique plus faible, car le terme «léger» est employé à toutes les sauces. Les diabétiques doivent donc savoir que les aliments légers peuvent contenir une quantité considérable de sucres et de matières grasses.

On doit également expliquer aux patients qu'ils doivent lire les étiquettes des aliments naturels, surtout les collations, parce que ces produits contiennent souvent du miel, du sucre brun ou du sirop de maïs. De plus, ces collations «naturelles» peuvent contenir des graisses végétales saturées (de l'huile de coco ou de palme, par exemple), des graisses végétales hydrogénées ou des graisses animales, qui sont toutes contre-indiquées dans un régime à faible teneur en lipides.

### Enseignement sur le régime alimentaire

La diététicienne utilise pour son enseignement divers outils éducatifs et du matériel pédagogique. Au départ, l'enseignement au patient doit porter sur l'importance de bonnes habitudes alimentaires et sur le rapport entre l'insuline et la nourriture. La diététicienne doit également donner au patient un régime alimentaire personnalisé. Lors du suivi, elle peut passer à des notions plus complexes, comme le choix d'un repas au restaurant, la lecture des étiquettes et l'adaptation du régime en fonction de l'exercice, de la maladie ou des occasions spéciales. L'infirmière joue un rôle important en communiquant à la diététicienne les renseignements dont elle a besoin et en s'assurant que le patient comprenne bien les conseils.

Certains patients ne parviennent pas à utiliser les tables d'équivalence: il est possible qu'ils ne possèdent pas les capacités intellectuelles nécessaires pour ce faire, ou qu'ils aient un blocage affectif parce qu'ils n'acceptent pas la maladie ou voient le régime alimentaire comme une privation. Il est très important de simplifier l'information autant que possible et de donner au patient la possibilité de bien l'assimiler en la répétant et en lui donnant l'occasion de la mettre en pratique. De plus, il faut insister sur le fait que l'utilisation des tables d'équivalence (ou toute autre méthode) n'oblige pas à changer radicalement ses habitudes alimentaires mais ouvre simplement de nouvelles perspectives sur l'alimentation.

## ACTIVITÉ PHYSIQUE

L'activité physique est essentielle dans le traitement du diabète, car elle abaisse le taux de glucose dans le sang et réduit les risques de maladies cardiovasculaires. Elle réduit la glycémie en augmentant la consommation de glucose par les muscles et en stimulant l'utilisation de l'insuline. Elle favorise également la circulation sanguine et le tonus musculaire. Ces effets aident le diabétique à perdre du poids, à réduire le stress et à se sentir mieux. L'exercice agit également sur les lipides sanguins en augmentant les taux de lipoprotéines de haute densité (HDL), et en réduisant les taux de cholestérol total et de triglycérides. Ces effets bénéfiques sont particulièrement importants pour les diabétiques, qui sont prédisposés aux maladies cardiovasculaires.

Toutefois, les patients dont la glycémie est supérieure à 14 mmol / L et dont les urines contiennent des corps cétoniques doivent éviter l'exercice jusqu'à ce que la cétonurie soit redevenue négative et la glycémie plus basse. La pratique d'une activité physique lorsque la glycémie est élevée entraîne une augmentation de la sécrétion du glucagon, de l'hormone de croissance et des catécholamines. Le foie libère ainsi plus de glucose, ce qui entraîne une augmentation de la glycémie. Le diabétique doit donc éviter de faire de l'exercice si sa glycémie est à 14 mmol / L ou plus.

Afin de prévenir l'hypoglycémie, on doit recommander au patient insulinodépendant de prendre une collation dont la teneur en glucides est de 15 g (l'équivalent d'un fruit) ou une collation riche en sucres complexes avec des protéines avant d'entreprendre un effort modéré. La quantité exacte d'aliments varie d'une personne à une autre et doit être déterminée en tenant compte des résultats de la glycémie. Certains patients ne ressentent pas le besoin de prendre une collation quand ils font de l'exercice une à deux heures après le repas. D'autres peuvent avoir besoin de manger avant l'exercice, peu importe le moment de la journée. Si c'est le cas, il n'est pas nécessaire de soustraire ce supplément alimentaire du régime habituel.

Le patient insulinodépendant risque aussi de subir un choc hypoglycémique plusieurs heures *après* l'exercice. Afin d'éviter ce risque (plus particulièrement après un effort physique exigeant), le patient peut prendre une collation à la fin de la séance d'exercice. De plus, il est possible qu'il ait à réduire sa dose d'insuline.

Les patients qui font de l'exercice de façon prolongée doivent mesurer leur glycémie avant, pendant et après l'effort. De plus, ils doivent prendre des collations à forte teneur en glucides afin de maintenir leur taux de glucose. Les personnes qui font de l'exercice avec un diabétique doivent connaître l'existence du diabète et savoir comment prodiguer les premiers soins en cas de choc hypoglycémique grave.

Chez les patients obèses atteints de diabète de type II, l'exercice et le régime alimentaire favorisent le métabolisme du glucose et réduisent le tissu adipeux. L'exercice, jumelé à une perte de poids, augmente l'affinité des récepteurs pour l'insuline et peut réduire le besoin en insuline ou en hypoglycémiants oraux. À long terme, l'intolérance au glucose peut se corriger complètement. La prise d'une collation avant l'effort physique n'est pas toujours nécessaire chez les diabétiques noninsulinodépendants qui ne prennent pas d'insuline ou d'hypoglycémiants oraux.

On doit recommander aux diabétiques de faire de l'exercice toujours à la même heure (de préférence aux heures où la glycémie est à son maximum) et toujours à la même intensité. On leur conseille également de faire de l'exercice tous les jours, plutôt que de façon sporadique. Les recommandations quant à l'exercice varieront selon que le diabétique souffre de rétinopathie, d'une atteinte du système nerveux autonome ou des nerfs sensitifs et moteurs, ou encore d'une maladie cardiovasculaire. L'augmentation de la pression artérielle qu'entraîne l'exercice peut aggraver la rétinopathie diabétique et augmenter les risques d'hémorragies dans le corps vitré ou la rétine. Chez les patients souffrant d'une coronaropathie, l'exercice risque de déclencher l'angine ou un infarctus du myocarde. Il est très important que les patients ayant des engourdissements reliés à une neuropathie évitent tout traumatisme aux membres inférieurs.

En général, on recommande au diabétique d'augmenter lentement et graduellement la durée de l'exercice. Pour de nombreux patients, la marche est un exercice bénéfique et sans danger qui n'exige aucun équipement spécialisé (mis à part de bonnes chaussures) et peut se pratiquer n'importe où.

On recommande aux patients de plus de 30 ans ayant deux facteurs de risque ou plus de maladie cardiaque de se soumettre à un électrocardiogramme à l'effort. Les facteurs de risque de cardiopathie comprennent l'hypertension, l'obésité, un taux de cholestérol élevé, un électrocardiogramme au repos anormal, un mode de vie sédentaire, le tabagisme et des antécédents familiaux de maladie cardiaque. Tous les diabétiques doivent discuter de leur programme d'activité physique avec leur médecin.

## Gérontologie

Les personnes âgées atteintes de diabète ont avantage à pratiquer une activité physique régulière et adaptée à leurs capacités. En effet, l'exercice diminue l'hyperglycémie, procure une sensation de bien-être et utilise les kilojoules ingérés, ce qui entraîne une perte pondérale. Puisque les personnes âgées sont prédisposées aux accidents cardiovasculaires, on doit mettre au point un programme d'exercice modéré et régulier, adapté à leurs capacités physiques. On doit également tenir compte des incapacités physiques dues à d'autres maladies chroniques.

# MESURE DU GLUCOSE ET RECHERCHE DES CORPS CÉTONIQUES

## Autocontrôle glycémique

Au cours des années 80, on a fait d'importants progrès dans le domaine du dosage de la glycémie. Les techniques d'autocontrôle de la glycémie (ACG) constituent sans doute le plus important progrès dans le traitement du diabète depuis la découverte de l'insuline.

En dosant fréquemment sa glycémie, le diabétique peut maintenant ajuster son traitement pour atteindre un équilibre optimal de son diabète. Il peut aussi dépister et prévenir l'hypoglycémie et l'hyperglycémie, ce qui aura sans doute pour effet de réduire les complications chroniques du diabète.

***Mode d'emploi.*** Il existe différentes techniques de dosage de la glycémie. La plupart d'entre elles exigent que le patient prélève une goutte de sang par une ponction au bout du doigt. Il doit ensuite déposer la goutte de sang sur une bandelette réactive, puis laisser reposer pendant 45 ou 60 secondes, selon les directives du fabricant. Certains fabricants recommandent que l'on essuie la goutte de sang sur la bandelette en se conformant strictement à leurs directives. La plage réactive de la bandelette change de couleur. On peut lire les résultats en se servant de l'échelle colorimétrique figurant sur l'étiquette du contenant des bâtonnets (figure 30-1), ou d'un glucomètre qui donne une lecture numérique de la glycémie.

Il existe maintenant des glucomètres qui n'exigent pas que l'on essuie la goutte de sang sur la bandelette, car on y insère la bandelette avant d'y déposer la goutte de sang. Le glucomètre affiche automatiquement la glycémie après un court délai (moins d'une minute). Des glucomètres plus récents n'exigent pas l'utilisation de bandelettes. Ils sont dotés d'une cartouche de détection du glucose dans laquelle on dépose la goutte de sang. Ils sont plus rapides et sont généralement pourvus d'une minuterie automatique que l'utilisateur n'a pas besoin d'activer.

On trouve aussi sur le marché des glucomètres pour les patients souffrant d'une déficience visuelle. Ils sont dotés de composantes sonores qui aident le patient à effectuer ses analyses et à en obtenir les résultats.

### Avantages et inconvénients des systèmes d'autocontrôle de la glycémie.
Il est très important que le patient emploie une méthode qu'il est capable de maîtriser. Les facteurs qui ont une influence sur la capacité d'utiliser l'autocontrôle de la glycémie sont, notamment, l'acuité visuelle, la motricité fine, les facultés intellectuelles, la facilité d'apprentissage des techniques nouvelles, la volonté et les coûts.

Les méthodes visuelles sont les moins coûteuses et exigent moins de matériel. Cependant, le patient doit être capable de bien distinguer les couleurs et de minuter avec précision les étapes de la méthode.

En général, les glucomètres sont plus coûteux (au départ, du moins), mais ils éliminent la subjectivité de la lecture visuelle.

Dans le cas des glucomètres qui exigent l'essuyage des bandelettes réactives, les manipulations sont plus nombreuses et doivent se faire selon une séquence très précise. Par contre, ces glucomètres permettent une double vérification des résultats par la lecture visuelle de la bandelette. Les glucomètres de la nouvelle génération qui n'exigent pas d'essuyage sont généralement plus faciles à utiliser. Toutefois, la plupart d'entre eux ne permettent pas de vérifier visuellement les résultats. La figure 30-2 présente deux systèmes d'autocontrôle de la glycémie.

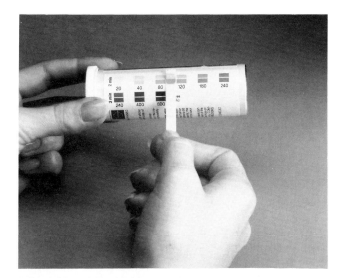

***Figure 30-1.*** Bandelettes réactives. L'utilisateur compare la couleur de la bandelette sur une échelle colorimétrique.

Toutes les techniques comportent des risques d'erreur. Voici les sources d'erreur les plus courantes :

- Une mauvaise application du sang (goutte de sang trop petite, par exemple)
- Un manque de précision dans le minutage
- Un essuyage incorrect du sang (trop vigoureux ou trop léger, ou non conforme aux recommandations du fabricant)
- Un mauvais entretien du glucomètre (accumulation de poussière et de sang sur les surfaces optiques)

L'infirmière joue un rôle important lors de l'enseignement initial des techniques d'autocontrôle de la glycémie. Il est tout aussi important qu'elle s'assure que les patients qui en ont l'habitude effectuent correctement leurs dosages. On doit déconseiller aux patients d'acheter leur glucomètre dans un magasin qui n'offre pas une formation ou à partir d'un catalogue. Tous les 6 ou 12 mois, les patients doivent comparer les résultats de leurs propres analyses à ceux obtenus en laboratoire.

### Candidats à l'autocontrôle de la glycémie.
Tous les diabétiques peuvent tirer profit de la surveillance de leur glycémie. Il s'agit de la pierre angulaire de l'insulinothérapie intensive (à raison de deux à quatre injections par jour, ou avec utilisation d'une pompe à insuline) de même que du traitement du diabète gestationnel. Elle est également fortement recommandée :

- aux patients atteints d'un diabète instable ;
- aux patients qui ont tendance à souffrir d'acidocétose ou d'hypoglycémie grave ;
- dans les cas d'hypoglycémie sans symptômes précurseurs ;
- lorsque le seuil d'élimination rénale du glucose (c'est-à-dire le taux de glucose sanguin qui entraîne l'apparition de glucose dans les urines) est anormal.

Chez les patients noninsulinodépendants, l'autocontrôle de la glycémie est utile pour juger de l'efficacité de l'exercice, du régime alimentaire et des hypoglycémiants oraux. Elle peut également inciter le patient à se conformer au traitement. On doit aussi conseiller l'autocontrôle au patient atteint de diabète de type II durant les périodes où il est davantage exposé à l'hyperglycémie (lors d'une maladie, par exemple) ou à l'hypoglycémie (augmentation inhabituelle du niveau d'activité).

### Fréquence de l'autocontrôle.
On recommande à la plupart des patients insulinodépendants d'effectuer deux à quatre dosages par jour (habituellement avant les repas et au coucher). Les patients qui prennent de l'insuline avant chaque repas doivent effectuer un dosage au moins trois fois par jour afin de déterminer correctement leur dose. On peut également recommander aux patients noninsulinodépendants de pratiquer des autocontrôles deux à trois fois par semaine au moins.

On recommande à tous les patients d'effectuer un autocontrôle chaque fois qu'il y a risque d'hypoglycémie ou d'hyperglycémie.

### Utilisation des résultats de l'autocontrôle.
Les patients à qui on n'a pas enseigné comment utiliser les résultats des dosages de la glycémie pour modifier leur traitement ont tendance à cesser de pratiquer l'autocontrôle. L'enseignement peut varier selon la capacité de compréhension du

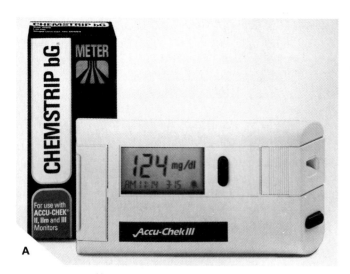

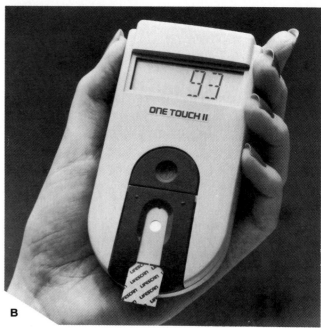

**Figure 30-2.** Deux glucomètres. **(A)** L'Accu-Chek III permet une double vérification des résultats par une lecture visuelle. (L'Accu-Chek Easy, qui n'apparaît pas sur la figure, n'exige pas d'essuyage.) **(B)** Le glucomètre One Touch II n'exige pas d'essuyage.
(**A**: Source: Boehringer Manheim Corp., Indianapolis; **B**: Source: Lifescan, Inc., une société du groupe Johnson et Johnson)

patient et la façon dont le médecin conçoit le traitement du diabète. Mais il faut à tout le moins définir certains paramètres, ne serait-ce que les circonstances qui exigent l'intervention du médecin. Certains patients sous insulinothérapie se servent d'algorithmes complexes (règles) pour la modification de leurs doses d'insuline.

## Hémoglobine glycosylée

Il s'agit d'une analyse sanguine qui représente la glycémie moyenne pour une période approximative de deux à trois mois. Lorsque le taux de glucose sanguin est élevé, une molécule de glucose se fixe à l'hémoglobine d'un globule rouge. Plus le taux de glucose sanguin reste longtemps au-dessus des concentrations normales, plus la formation d'hémoglobine glycosylée est importante. Le complexe est permanent et dure toute la vie du globule rouge, soit environ 120 jours. Si le taux de glucose sanguin se maintient près des concentrations normales, avec quelques élévations de la glycémie, la valeur de l'hémoglobine glycosylée ne sera pas très élevée.

Cependant, si la glycémie est régulièrement élevée, l'hémoglobine glycosylée le sera aussi. Si le patient dit obtenir des dosages normaux de la glycémie par autocontrôle, mais que son taux d'hémoglobine glycosylée est élevé, on peut penser qu'il ne fait pas ses dosages de façon correcte ou qu'il ne les fait pas au bon moment.

Il existe différents tests d'hémoglobine glycosylée, dont l'hémoglobine $A_{1C}$ et l'hémoglobine $A_1$. Les valeurs normales de l'hémoglobine glycosylée varient selon la méthode utilisée mais se situent généralement entre 4 et 8 %. Un taux d'hémoglobine glycosylée normal reflète des concentrations sanguines de glucose qui se rapprochent de la normale.

## Glycosurie

Avant que ne soient disponibles les techniques d'autocontrôle de la glycémie, l'évaluation du taux de glucose dans les urine constituait la seule méthode de contrôle quotidien du diabète. À l'heure actuelle, on l'utilise peu dans le traitement du diabète.

Pour effectuer cette analyse, on imprègne d'urine une bandelette réactive ou un comprimé réactif et on compare la couleur obtenue sur une échelle colorimétrique. Les résultats sont exprimés en pourcentage (0,10 %, 0,25 %, 2 %, par exemple) ou sur une échelle de +1 à +4. On préfère cependant les résultats en pourcentage parce qu'ils sont constants d'une méthode à l'autre.

Les principaux inconvénients de l'utilisation de la glycosurie dans le contrôle du diabète sont les suivants:

- Elle ne reflète pas la glycémie au moment de l'analyse.
- Elle ne permet pas de déceler l'hypoglycémie, car la glycosurie est négative quand la glycémie se situe entre 0 et 10 mmol/L ou plus.
- Les patients peuvent avoir la fausse impression de bien maîtriser leur diabète si leurs résultats sont négatifs.
- Différents médicaments (aspirine, certains antibiotiques, par exemple), de même que la vitamine C, peuvent fausser les résultats de l'analyse.
- Chez les patients âgés ou atteints d'une maladie rénale, le seuil d'élimination rénale (c'est-à-dire, le taux de glucose sanguin qui entraîne l'apparition de glucose dans les urines) est plus élevé, et on peut obtenir des lectures négatives à des taux de glucose dangereusement élevés.

La détermination de la glycosurie est moins coûteuse que le dosage de la glycémie et n'exige par une ponction du doigt. Ce sont là d'ailleurs ses principaux avantages.

Parfois, on a simultanément recours à la glycosurie et à la glycémie pour déceler une hyperglycémie extrême. Toutefois, la glycosurie ne devrait être conseillée qu'aux patients qui ne peuvent pas ou ne veulent pas pratiquer le dosage de la glycémie.

## Acétonurie

La présence de corps cétoniques dans les urines révèle un diabète de type I mal équilibré. En l'absence presque totale d'insuline, l'organisme utilise ses réserves de lipides pour obtenir de l'énergie. Les corps cétoniques sont le sous-produit de la dégradation des lipides et s'accumulent dans le sang de même que dans l'urine. On peut en dépister la présence par une analyse d'urines.

La recherche de l'acétonurie se fait le plus souvent au moyen de bandelettes (Ketostix ou Chemstrip uK) qui mesurent un type particulier de corps cétoniques. La présence de corps cétoniques se manifeste par une couleur violacée sur la plage réactive de la bandelette. (Remarque: on emploie aussi le terme acétone pour désigner les corps cétoniques.) Certaines bandelettes permettent de dépister le glucose en même temps que les corps cétoniques (Keto-Diastix ou Chemstrip uGK). Une grande quantité de corps cétoniques peut inhiber le développement de la couleur dans la plage réactive du glucose.

On doit procéder à une recherche de corps cétoniques si un patient souffrant de diabète de type I présente une glycosurie importante ou une glycémie élevée inexpliquée (plus de 14 mmol/L), de même qu'en période de maladie ou de grossesse.

# INSULINOTHÉRAPIE

Comme nous l'avons déjà mentionné, l'insuline est sécrétée par les cellules bêta des îlots de Langerhans. L'insuline diminue la glycémie après les repas en facilitant l'absorption et l'utilisation du glucose par les cellules des muscles, des tissus adipeux et du foie. Au cours des périodes de jeûne, l'insuline inhibe la dégradation du glucose, des protéines et des lipides stockés.

Chez les diabétiques de type I, l'organisme ne produit pas suffisamment d'insuline. Ils doivent donc prendre de l'insuline toute leur vie. Les diabétiques de type II doivent prendre de l'insuline pour équilibrer leur glycémie quand le régime alimentaire et les hypoglycémiants oraux n'y parviennent pas. De plus, certains patients qui réussissent habituellement à maîtriser leur diabète de type II grâce au régime alimentaire ou grâce à l'association du régime alimentaire et d'un hyperglycémiant oral peuvent avoir temporairement besoin d'une insulinothérapie, par exemple lorsqu'ils sont malades, lorsqu'ils ont contracté une infection, lors d'une grossesse, lorsqu'ils subissent une intervention chirurgicale ou dans les périodes de stress inhabituel.

En général, les injections d'insuline s'effectuent plusieurs fois par jour pour corriger les élévations de la glycémie après les repas ou durant la nuit. Puisque la glycémie détermine la dose d'insuline, il est essentiel de la mesurer. L'autocontrôle de la glycémie est devenu la pierre angulaire de l'insulinothérapie, car elle permet d'évaluer l'efficacité de la dose d'insuline et favorise un meilleur équilibre de la glycémie.

***Préparations d'insuline.*** Il existe un grand nombre de préparations d'insuline sur le marché. Elles varient selon trois caractéristiques principales: la rapidité d'action, la concentration et la structure (origine).

***Rapidité d'action.*** On peut classer l'insuline en trois principales catégories selon le début, le pic et la durée d'action.

L'insuline régulière a un début d'action variant entre 30 minutes et 1 heure. Elle atteint son pic d'action entre 2 et 4 heures et a une durée d'action allant de 6 à 8 heures. On l'appelle aussi insuline Toronto CZL. L'insuline Semilente a une durée d'action légèrement plus longue: début, 1 à 2 heures, pic, 4 à 6 heures et durée, 8 à 12 heures.

Ces deux insulines se présentent sous la forme d'une solution incolore et transparente. Celle-ci est normalement administrée 20 à 30 minutes avant les repas, seule ou en association avec une insuline à action prolongée.

***Les insulines à action intermédiaire comprennent:***
- l'insuline NPH (protamine neutre Hagedorn)
- l'insuline Lente («L»)

Leur début d'action est de 3 à 4 heures, leur pic se situe entre 8 et 16 heures, et leur durée d'action peut aller de 20 à 24 heures.

Ces insulines ont à peu près la même durée d'action et se présentent sous la forme d'une suspension blanche et opaque. Si l'insuline NPH ou Lente est administrée seule, il n'est pas essentiel de l'injecter 30 minutes avant les repas. Cependant, il est important que le patient prenne une collation au début et au pic d'action de ces insulines. On dit parfois que les insulines à action prolongée n'ont pas de pic car elles ont une action longue, lente et soutenue.

***L'insuline à action prolongée est:***
- l'insuline Ultralente («UL»)

Son début d'action est de 6 à 8 heures, son pic varie entre 14 et 20 heures, et elle a une durée d'action de plus de 32 heures.

(Remarque: Pour ces trois principaux types d'insuline, les débuts, pics et durées d'action diffèrent selon les sources d'information. L'infirmière doit avant tout établir les repas (et les collations) «couverts» par la dose. En général, les insulines à action rapide couvrent les repas pris immédiatement après l'injection, tandis que les insulines à action intermédiaire couvrent les repas subséquents. Les insulines à action retardée fournissent une concentration d'insuline relativement constante et régularisent d'abord le taux de glucose sanguin à jeun.)

***Concentration.*** Au Canada, la concentration d'insuline la plus couramment utilisée est de 100 UI. Cela signifie que chaque dose d'insuline est de 100 unités par centimètre cube. Ainsi, une seringue qui contient 100 unités d'insuline à 100 UI est une seringue de 1-mL.

Il y a plusieurs années, au Canada, l'utilisation des concentrations d'insuline de 40 UI et de 80 UI était largement répandue. Maintenant, les concentrations de 80 UI ne sont plus offertes, et on n'utilise que très rarement les concentrations de 40 UI.

***Origine.*** Auparavant, toutes les insulines provenaient du pancréas du bœuf (insuline bovine) et du porc (insuline porcine). Cependant, on trouve de plus en plus sur le marché des insulines humaines. Il existe deux procédés de fabrication : la conversion d'insuline porcine en insuline humaine par la substitution d'un acide aminé, et la production d'insuline humaine par la technique de l'ADN recombiné.

*Fabricants.* Au Canada, les deux principaux fabricants d'insuline sont Connaught Novo et Lilly. Les insulines produites par différents fabricants sont normalement interchangeables si la concentration (100 UI, par exemple), la structure (humaine) et le type (NPH) sont les mêmes.

Les insulines humaines sont connues sous des noms commerciaux :

- Humulin, pour les insulines humaines de Lilly
- Novolin, pour les insulines humaines de Connaught Novo

Ainsi, un patient qui s'administre 20 unités d'insuline humaine NPH peut utiliser l'insuline Humulin N ou Novolin N. Le tableau 30-3 présente une liste exhaustive des insulines offertes sur le marché.

*Schéma posologique.* Il existe plusieurs schémas posologiques d'insulinothérapie pouvant comprendre de une à quatre injections par jour. En général, il faut associer une insuline à action rapide à une insuline à action prolongée. Le pancréas qui fonctionne normalement sécrète continuellement de petites quantités d'insuline durant le jour et la nuit. De plus, chaque fois qu'il y a élévation de la glycémie après consommation d'aliments, il y a sécrétion rapide de grandes quantités d'insuline, en fonction de l'augmentation de la glycémie par les aliments. Le but de tous les schémas posologiques, sauf le plus simple, qui consiste en une injection par jour, est de reproduire le mieux possible le mode de sécrétion physiologique de l'insuline par le pancréas. En général, plus l'insulinothérapie est complexe, plus il est possible d'atteindre des taux de glucose sanguin normaux, surtout chez les patients dont les habitudes alimentaires et les activités varient. Le tableau 30-4 contient les divers schémas posologiques d'insulinothérapie de même que leurs avantages et leurs inconvénients.

On peut apprendre aux patients à utiliser les résultats du dosage de la glycémie pour modifier leurs doses d'insuline. Ils peuvent ainsi adapter plus facilement le contenu de leurs repas et leurs activités physiques. Cependant, les insulinothérapies complexes exigent beaucoup de détermination de la part du patient, des cours intensifs de même qu'un suivi par une équipe de soins. De plus, les patients qui visent à atteindre une glycémie normale risquent de présenter des réactions hypoglycémiques plus fréquentes.

Le choix des modalités de l'insulinothérapie est fonction d'un grand nombre de facteurs, notamment des connaissances du patient, de sa motivation, de ses objectifs, de son état de santé et de ses moyens financiers. De plus, les préférences du médecin traitant, de même que la disponibilité du matériel et du personnel de soutien peuvent influer sur le choix de l'insulinothérapie.

Il existe deux façons d'envisager l'insulinothérapie. L'une consiste à simplifier le traitement autant que possible en tentant d'éviter les complications aiguës du diabète (hypoglycémie et hyperglycémie symptomatiques, par exemple). Avec ce type d'insulinothérapie simplifiée (c'est-à-dire une à deux injections par jour), les patients ont souvent une glycémie plus élevée que la normale. Ce schéma posologique est utilisé chez les patients en phase terminale, chez les personnes frêles et âgées en perte d'autonomie ou chez tout patient qui ne veut pas ou ne peut pas se soumettre à une insulinothérapie plus complexe.

Le deuxième type d'insulinothérapie consiste à utiliser un schéma posologique plus complexe (deux à quatre injections par jour) afin d'obtenir un contrôle glycémique qui est à la fois précis, pratique et sûr. Certains diabétologues croient que le maintien de la glycémie à des concentrations proches de la normale peut prévenir ou ralentir l'apparition des complications chroniques du diabète. Une insulinothérapie plus complexe a également pour avantage de procurer au patient une certaine souplesse en lui permettant d'ajuster au jour le jour ses doses d'insuline en fonction de son alimentation et de ses activités, et en fonction des variations de son taux de glucose sanguin.

Il est essentiel que les patients participent au choix de l'insulinothérapie. Ils doivent peser les avantages des différents traitements en fonction de leurs coûts en temps et en argent (nombre d'injections ou de dosages de la glycémie, temps à consacrer à l'inscription des résultats, etc.). Il n'existe aucune règle fixe quant au type de patient à qui peut convenir une insulinothérapie donnée. Il ne faut pas prendre pour acquis que les patients âgés ou ceux qui souffrent d'une déficience visuelle devront automatiquement avoir une insulinothérapie simplifiée. De même, on ne peut assumer que tous les jeunes patients voudront se soumettre à une insulinothérapie complexe.

L'infirmière joue un rôle primordial dans l'enseignement au patient des différents types d'insulinothérapie. Elle doit aussi adresser le patient à un spécialiste du diabète ou à un centre d'éducation sur le diabète.

*Enseignement — injections d'insuline.* Les injections d'insuline se font par voie sous-cutanée à l'aide de seringues à insuline. Une variété de seringues et de dispositifs d'injection existent sur le marché. Les encadrés 30-3 et 30-4 contiennent un résumé des éléments importants à inclure dans l'enseignement sur l'insuline.

### Matériel

*Insuline.* Les insulines à action rapide sont des solutions limpides, tandis que les insulines à action retardée sont des suspensions opaques et blanches. On doit mélanger doucement l'insuline à action prolongée (en retournant la fiole ou en la roulant entre ses mains) avant l'injection.

Certaines préparations d'insuline doivent être réfrigérées, tandis que d'autres se conservent à la température ambiante. Toutefois, les préparations d'insuline ne doivent jamais être congelées ou exposées au soleil ou à la chaleur. Au moment de l'injection, on recommande que la préparation d'insuline soit à la température ambiante. Si elle est réfrigérée, il est donc nécessaire de la réchauffer entre les mains ou de la sortir du réfrigérateur quelque temps avant l'injection.

On doit également vérifier s'il y a présence de particules blanchâtres sur les parois des fioles d'insuline intermédiaire ou lente. La présence de particules blanches est appelée *floculation*, et se produit généralement dans des fioles d'insuline humaine non réfrigérées. La floculation indique que l'insuline est inactivée et ne doit pas être utilisée.

*Seringues.* Le format des seringues est fonction des concentrations d'insuline utilisées (100 UI, par exemple).

**TABLEAU 30-3.** *Préparations d'insuline offertes au Canada*

| Fabricant | Nom commercial | Espèce | Type |
|---|---|---|---|
| *ACTION RAPIDE* | | | |
| Lilly | Iletin I | Bovine et porcine | Régulière |
| Lilly | Iletin II | Bovine ou porcine | Régulière |
| Lilly | Humulin régulière | Humaine | Régulière |
| Novo Nordisk | Régulière | Porcine | Régulière |
| Novo Nordisk | Porcine purifiée régulière | Porcine | Régulière |
| Novo Nordisk | Novolin R | Humaine | Régulière |
| Lilly | Iletin I Semilente | Bovine et porcine | Semilente |
| Novo Nordisk | Semilente | Bovine | Semilente |
| Novo Nordisk | Porcine purifiée S | Porcine | Semilente |
| *ACTION INTERMÉDIAIRE* | | | |
| Lilly | Iletin I NPH | Bovine et porcine | NPH |
| Lilly | Iletin II NPH | Porcine | NPH |
| Lilly | Humulin NPH ou N | Humaine | NPH |
| Novo Nordisk | NPH | Bovine | NPH |
| Novo Nordisk | Porcine purifiée N | Porcine | NPH |
| Novo Nordisk | Novolin N | Humaine | NPH |
| Lilly | Iletin I Lente | Bovine et porcine | Lente |
| Lilly | Iletin II Lente | Porcine | Lente |
| Lilly | Humulin L | Humaine | Lente |
| Novo Nordisk | Lente | Bovine | Lente |
| Novo Nordisk | Porcine purifiée | Porcine | Lente |
| Novo Nordisk | Novolin L | Humaine | Lente |
| *ACTION PROLONGÉE* | | | |
| Lilly | Iletin I Ultralente | Bovine et porcine | Ultralente |
| Lilly | Humulin U | Humaine | Ultralente |
| Novo Nordisk | Ultralente | Bovine | Ultralente |
| Novo Nordisk | Bovine purifiée U | Bovine | Ultralente |
| *PRÉMÉLANGÉE* | | | |
| Lilly | Humulin 70/30 | Humaine | 70 % NPH/30 % rég. |
| Novo Nordisk | Novolin 70/30 | Humaine | 70 % NPH/30 % rég. |

Actuellement, il existe trois types de seringue à insuline à 100 UI:

- Seringue de 1-mL, contenant 100 unités
- Seringue de 1/2-mL, contenant 50 unités
- Seringue de 3/10-mL, contenant 30 unités

La longueur de l'aiguille (environ 1 cm) est la même pour tous les types de seringue, et son calibre se situe entre 27 et 29. Les plus petites seringues sont graduées en unités; les patients souffrant d'une déficience visuelle ou prenant de faibles doses d'insuline ont donc plus de facilité à les utiliser. Certaines seringues de 1 mL sont graduées en 2 unités.

### Préparation de l'injection

*Mélange des insulines.* Quand on doit administrer simultanément de l'insuline à action rapide et de l'insuline à action lente, on les mélange habituellement dans la même seringue.

Toutefois, des études laissent croire que la stabilité de certains mélanges serait de 5 à 15 minutes seulement, selon les proportions. Ainsi, le mélange de l'insuline régulière avec de l'insuline Ultralente provoquerait une réaction de liaison qui ralentirait l'action de l'insuline régulière. Cette réaction pourrait également se produire à un degré moindre lorsqu'on mélange de l'insuline régulière à de l'insuline Lente. On recommande aux patients de s'informer auprès d'un spécialiste du diabète à ce sujet. Il est primordial que les patients préparent toujours leurs injections d'insuline de la même façon.

Les opinions divergent à savoir quel type d'insuline (à action rapide ou lente) doit être prélevé en premier lieu dans la seringue. La plupart des monographies des fabricants recommandent de prélever l'insuline régulière en premier lieu. Le patient doit surtout prendre l'habitude de toujours utiliser la même technique. Ainsi, il évitera de prélever accidentellement

# Encadré 30-3
# Enseignement au patient: Administration d'insuline

Après avoir reçu cet enseignement, le patient sera en mesure de réaliser ce qui suit:

## Matériel

### Insuline

1. Lire les informations inscrites sur la fiole d'insuline.
   - Type (NPH, régulière, par exemple)
   - Origine (humaine, bovine, porcine)
   - Concentration (100 UI, par exemple)
   - Date de péremption
2. Vérifier l'apparence de l'insuline.
   - Limpide ou blanche et opaque
   - Présence de floculation (dépôts, liquide trouble)
3. Savoir où acheter et conserver l'insuline.
   - Calculer la durée approximative du contenu de la fiole.
   - Connaître le temps de conservation des fioles ouvertes.

### Seringues

1. Trouver la concentration indiquée sur la seringue (100 UI).
2. Connaître le format de la seringue (100 unités, 50 unités ou 30 unités, par exemple).
3. Savoir où jeter les seringues utilisées.

## Préparation et administration de l'insuline

1. Établir la quantité et le type appropriés d'insuline.
2. Mélanger adéquatement deux types d'insuline, si nécessaire.
3. Désinfecter la peau, faire pénétrer l'aiguille et injecter l'insuline.
4. Décrire la rotation des points d'injection.
   - Énumérer toutes les régions du corps où peuvent se faire les injections.
   - Décrire le mode de rotation à appliquer: injection dans l'abdomen seulement ou injection dans une même partie du corps au même moment de la journée, par exemple.
   - Décrire une méthode systématique de rotation des points d'injection: dessin d'une ligne en pointillé d'un côté à l'autre de l'abdomen, par exemple.

## Connaissance de l'action de l'insuline

1. Énumérer les éléments de l'ordonnance.
   - Le type d'insuline et la posologie
   - L'horaire des injections d'insuline
2. Décrire les modalités d'action de l'insuline.
   - Nommer les insulines à action rapide et les insulines à action prolongée.
   - Connaître le délai approximatif d'action de l'insuline.
   - Expliquer pourquoi il faut attendre 15 à 30 minutes après l'injection avant de manger (lorsqu'on utilise de l'insuline régulière).

## Intégration des injections d'insuline dans l'horaire quotidien

1. Énumérer dans l'ordre les activités préprandiales.
   - En utilisant un truc mnémotechnique, comme le mot «gim», pour se souvenir de l'ordre des activités («g» = glycémie, «i» = injection d'insuline, «m» = manger).
   - Décrire l'horaire quotidien à respecter (comme «dosage de la glycémie», «insuline», «manger», avant le petit déjeuner et le déjeuner; «dosage de la glycémie» et «manger», avant le dîner et le coucher).
2. Donner de l'information concernant l'hypoglycémie.
   - Symptômes: tremblements, transpiration abondante, nervosité, faim, faiblesse
   - Causes: trop d'insuline, trop d'exercice, pas assez d'aliments
   - Traitement: 10 à 15 g d'un sucre simple, comme 2 à 3 comprimés de glucose, 1 tube de gel de glucose, 125 à 250 mL de jus
   - Après le traitement initial, prendre une collation comprenant des féculents et des protéines, comme du fromage et des biscottes, du lait et des biscottes ou un demi-sandwich.
3. Donner les mesures de prévention de l'hypoglycémie.
   - Ne pas retarder l'heure des repas.
   - Prendre un repas ou une collation toutes les 4 ou 5 heures (pendant le jour).
   - Ne jamais sauter un repas.
   - Augmenter l'apport alimentaire avant l'exercice.
   - Vérifier la glycémie régulièrement.
   - Modifier la dose d'insuline seulement après consultation avec le médecin.
   - Toujours avoir sur soi un sucre à action rapide.
   - Porter un bracelet indiquant qu'on est diabétique.
   - Expliquer les signes et le traitement de l'hypoglycémie à ses amis, à sa famille et à ses collègues de travail.
   - Enseigner aux membres de sa famille, à ses colocataires et à ses compagnons de voyage comment injecter du glucagon en cas de réaction hypoglycémique grave.
4. Vérifier régulièrement dans quelle mesure le diabète est équilibré.
   - Prendre note du dosage de la glycémie, des doses d'insuline injectées, des réactions hypoglycémiques et des modifications du régime alimentaire.
   - Respecter tous ses rendez-vous chez le médecin.
   - Consulter son médecin régulièrement (habituellement 2 à 4 fois par année).
   - Savoir comment communiquer avec son médecin en cas d'urgence.
   - Savoir quand appeler son médecin pour lui signaler une variation de la glycémie.

## Encadré 30-4
## *Technique d'injection de l'insuline*

1. Désinfecter le point d'injection avec de l'alcool. Attendre que l'alcool soit complètement séché (5 à 10 secondes).

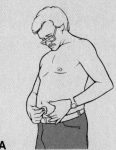

**A**

2. Avec une main, tendre la peau ou la pincer sur une grande surface.

**B**

3. Prendre la seringue de l'autre main et la tenir comme un crayon. Insérer l'aiguille à angle droit sous la peau*.

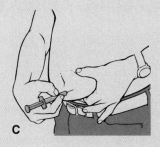

**C**

4. Pour injecter l'insuline, enfoncer complètement le piston**.

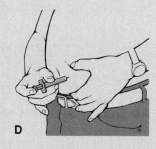

**D**

5. Retirer l'aiguille en la maintenant droite. Appliquer une compresse ou un tampon d'ouate imbibé d'alcool sur le point d'injection pendant quelques secondes.

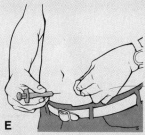

**E**

6. Utiliser les seringues jetables une seule fois et les placer ensuite dans un récipient de plastique (dont le couvercle ferme hermétiquement) comme un contenant vide d'eau de javel ou de détergent.

**F** EAU DE JAVEL

\* On enseigne parfois à insérer l'aiguille à un angle de 45°.
\*\* On enseigne parfois à retirer légèrement le piston, avant de l'enfoncer complètement, pour s'assurer qu'il n'y a pas de sang dans la seringue.

la mauvaise dose ou le mauvais type d'insuline, ou encore d'injecter un type d'insuline dans une fiole qui en contient un autre.

Les patients qui ont de la difficulté à préparer leur mélange d'insulines peuvent utiliser une insuline prémélangée, contenant 70 % d'insuline NPH et 30 % d'insuline régulière, ou faire remplir des seringues à l'avance.

Au Canada, les insulines prémélangées sur le marché sont Novolin 70 / 30 (Novo Nordisk) et Humulin 70 / 30 (Lilly). Le dosage initial de l'insuline prémélangée doit être calculé de façon à ce que les proportions d'insuline NPH et d'insuline régulière correspondent aux doses distinctes nécessaires.

Les patients qui sont capables de s'injecter de l'insuline mais qui ont de la difficulté à préparer leurs seringues peuvent

TABLEAU 30-4. *Insulinothérapies*

| Graphique | Caractéristiques | Avantages | Inconvénients |
|---|---|---|---|
| Pancréas normal<br> | La sécrétion d'insuline s'accroît lorsque la glycémie augmente, et se maintient à un niveau bas et régulier entre les repas. | | |
| Une injection par jour<br>Action de l'insuline<br> | Une injection avant le petit déjeuner:<br>• NPH* ou<br>• NPH et régulière | Traitement simple | La glycémie à jeun est difficile à normaliser si l'effet de l'insuline NPH ne dure pas. Une hypoglycémie peut survenir l'après-midi si le patient tente d'équilibrer sa glycémie à jeun en augmentant la dose d'insuline NPH. |
| Deux injections par jour<br>Action de l'insuline<br> | Une injection avant le petit déjeuner et une avant le déjeuner:<br>• NPH ou<br>• NPH et régulière ou<br>• Prémélangée (N et R) | Traitement le plus simple qui imite le fonctionnement normal du pancréas. | Exige un horaire fixe pour les repas et l'exercice. Impossibilité de modifier les doses si on utilise une insuline prémélangée. |

Trois ou quatre injections par jour

Une injection avant chaque repas:
• NPH avant le dîner ou
• NPH au coucher ou
• Ultralente une ou deux fois par jour

Imite mieux le fonctionnement normal du pancréas que le traitement à deux injections par jour.
Permet de déterminer la dose d'insuline régulière avant chaque repas.
Offre plus de souplesse dans l'horaire des repas et de l'exercice.

Exige plus d'injections que les autres traitements.
Nécessite de nombreux dosages de la glycémie chaque jour.
Exige un enseignement et un suivi attentifs.

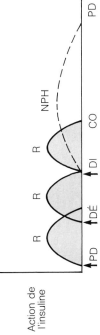

Pompe à insuline

Utilise SEULEMENT de l'insuline régulière perfusée à un rythme lent et continu appelé *débit de base* (habituellement 0,5 à 1,5 unité/heure); le patient s'administre des doses d'appoint avant chaque repas.

Imite le mieux le fonctionnement normal du pancréas.
Les pics imprévisibles sont moins fréquents qu'avec les insulines à action intermédiaire et à action prolongée.
Offre une plus grande souplesse dans l'horaire des repas et de l'exercice physique.

Exige un enseignement approfondi et un suivi régulier.
Possibilité d'ennuis techniques.
Exige de nombreux dosages quotidiens de la glycémie.
Peut coûter plus cher.

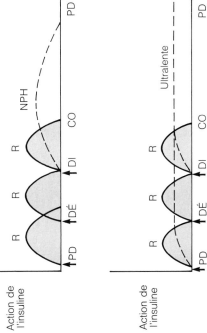

* On peut remplacer l'insuline NPH par de l'insuline Lente (toutefois, le taux d'absorption de l'insuline régulière peut diminuer lorsqu'on la mélange à une insuline Lente).
PD = petit déjeuner, DÉ = déjeuner, DI = dîner, CO = collation, (flèche) = injection d'insuline

les faire préparer à l'avance par une infirmière en santé communautaire, un membre de la famille ou un ami. On peut préparer les seringues pour trois semaines et les garder au réfrigérateur.

*Prélèvement de l'insuline.*    La plupart des fabricants recommandent d'injecter dans la fiole une quantité d'air égale au nombre d'unités d'insuline à prélever, afin d'empêcher la formation d'un vide dans la fiole, ce qui rendrait difficile le prélèvement de l'insuline.

Des infirmières spécialisées dans le traitement des diabétiques ont remarqué que certains patients (insulinodépendants depuis de nombreuses années) n'injectent plus d'air dans la fiole avant de prélever l'insuline. Ces patients se sont rendu compte que cette étape n'était pas nécessaire. Une intéressante étude effectuée en Angleterre a remis en question la nécessité de l'injection d'air dans les fioles d'insuline. Environ le tiers des patients (et presque toutes les infirmières) interrogés dans le cadre de cette étude ont répondu qu'ils ne le faisaient pas. De plus, on a demandé à 52 patients de prélever de l'insuline sans avoir préalablement injecté de l'air dans la fiole. La plupart d'entre eux ont trouvé qu'il était plus facile de prélever l'insuline de cette façon et n'ont eu aucune difficulté à préparer la dose correcte d'insuline (Lockwood et coll., 1988).

L'élimination de cette étape (ou sa modification, par exemple en injectant une seringue d'air par semaine dans le flacon) facilite l'enseignement, surtout dans le cas des doses mixtes qui exigent l'injection dans chaque fiole d'une quantité d'air différente, ce qui est difficile à apprendre pour certains patients. La simplification de la préparation des injections d'insuline favorise l'autonomie des personnes âgées.

Comme pour toute autre modification des techniques d'injection, il importe avant tout que le patient procède toujours de la même manière. L'infirmière doit faire preuve de souplesse dans l'enseignement aux nouveaux patients ou dans l'évaluation des aptitudes d'un patient qui connaît déjà les techniques d'injection.

### Administration de l'insuline

*Choix du site et rotation.*    Les cinq principales régions d'injection sont l'abdomen, les bras (face postérieure), les cuisses (face antérieure) et les hanches (voir figure 30-3). L'insuline est absorbée plus rapidement lorsqu'elle est injectée dans certaines régions. L'absorption est plus rapide au niveau de l'abdomen et plus lente dans les bras, les cuisses et les hanches, par ordre décroissant.

On recommande d'effectuer une rotation systématique des sites d'injection afin de ne pas altérer le tissu adipeux. De plus, pour régulariser l'absorption d'insuline, on doit inciter le patient à utiliser tous les sites d'injection d'une région plutôt que de faire une rotation au hasard, d'une région à une autre. Par exemple, certains patients utilisent presque exclusivement la région abdominale et font leurs injections successivement à une distance de 1 à 2 cm. D'autres utilisent toujours la même région au même moment de la journée. Par exemple, ils effectuent les injections du matin dans l'abdomen et les injections du soir dans les bras ou les jambes.

Certains principes généraux s'appliquent aux méthodes de rotation. On doit essayer de ne pas utiliser le même point plus d'une fois toutes les 2 ou 3 semaines. Ensuite, si on prévoit faire de l'exercice, on ne doit pas injecter l'insuline dans un membre qui sera sollicité au cours de l'activité physique parce que l'absorption de l'insuline peut être modifiée.

Autrefois, on enseignait aux patients à effectuer une rotation d'une région à une autre (en injectant dans le bras droit, puis dans le côté droit de l'abdomen, puis dans la cuisse droite, par exemple). On doit recommander aux patients qui procèdent encore de cette façon d'utiliser la même région selon une méthode systématique.

*Insertion de l'aiguille.*    Il existe diverses méthodes pour insérer l'aiguille lors d'une injection d'insuline. On peut soit étendre soit pincer la peau; on peut utiliser un angle de 45° ou de 90°; on peut ou non procéder à une aspiration avant d'effectuer l'injection.

La technique utilisée pour tenir la peau et insérer l'aiguille doit permettre l'injection de l'insuline dans le tissu sous-cutané. Une injection trop profonde (intramusculaire, par exemple) ou trop superficielle peut modifier le taux d'absorption de l'insuline.

Pour effectuer une aspiration, le patient doit insérer l'aiguille, puis tirer légèrement sur le piston pour vérifier si du sang monte dans la seringue. S'il n'y a pas de sang, le patient repousse le piston et injecte l'insuline; s'il y en a, il ne doit pas injecter l'insuline car l'aiguille se trouve dans un vaisseau sanguin.

On s'interroge sur la nécessité de l'aspiration pour les injections d'insuline, étant donné le très petit calibre de l'aiguille. Cette question est présentement à l'étude. De nombreux patients insulinodépendants ont éliminé depuis longtemps cette étape de leur technique d'injection sans ressentir d'effets néfastes.

Pour certains patients, l'aspiration est une procédure complexe, qui peut même comporter des dangers. Par exemple, les patients souffrant d'une déficience visuelle ou d'un trouble de la motricité fine peuvent retirer l'aiguille en partie ou en entier. L'aspiration est pratiquement impossible à réaliser pour les patients qui ne peuvent utiliser qu'une seule main

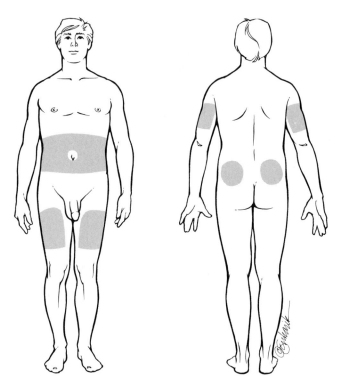

***Figure 30-3.***  Régions d'injection suggérées

(ceux qui ont subi un accident vasculaire cérébral, par exemple). De plus, les patients qui utilisent un appareil d'injection dans lequel la seringue est insérée ne peuvent pas la voir durant l'injection. Ceux qui se servent d'un stylo à insuline ne peuvent tirer sur le piston.

### Problèmes liés à l'emploi de l'insuline

**Réactions allergiques locales.**    Après l'injection, il peut se produire une réaction allergique locale se traduisant par une rougeur, un œdème, une sensibilité, une induration ou une papule de 2 à 4 cm. Ces réactions se manifestent habituellement au début du traitement et disparaissent avec le temps. Elles sont de moins en moins fréquentes en raison de la très grande pureté des insulines fabriquées aujourd'hui. Le médecin peut prescrire un antihistaminique à prendre une heure avant l'injection.

**Réactions allergiques généralisées.**    Les réactions allergiques généralisées à l'insuline sont rares. Elles se manifestent d'abord par une réaction localisée, suivie d'un urticaire généralisé. Le traitement repose sur une désensibilisation obtenue en administrant d'abord de petites doses d'insuline que l'on augmente graduellement.

**Lipodystrophie insulinique.**    La *lipodystrophie* est une altération du métabolisme des lipides qui se manifeste par une lipoatrophie ou une lipohypertrophie. Elle se produit aux sites d'injection. La *lipoatrophie* est une disparition de la graisse sous-cutanée qui se manifeste par la formation de fossettes ou un œdème. L'utilisation d'insuline à 100 UI, pure à 99 %, a éliminé presque entièrement cette complication. Le traitement de la lipoatrophie consiste en une injection d'insuline purifiée dans la périphérie de la région affectée.

La *lipohypertrophie* se caractérise par le développement de masses lipomateuses dans une région d'injection. Elle est causée par l'utilisation répétée du même site d'injection. L'injection d'insuline dans les régions hypertrophiées peut en retarder l'absorption. On prévient la lipohypertrophie par la rotation des points d'injection.

**Insulinorésistance.**    Tous les diabétiques présentent un jour ou l'autre une résistance à l'insuline. L'obésité en est la cause la plus fréquente. Dans ce cas, une perte de poids s'impose.

L'insulinorésistance clinique se caractérise par un besoin quotidien de 200 unités ou plus d'insuline. Chez la plupart des patients insulinodépendants, une petite quantité d'anticorps anti-insuline se développent, ce qui entraîne une diminution de l'insuline disponible.

Le traitement comprend l'administration d'une préparation d'insuline mieux purifiée et peut exiger la prise de prednisone pour freiner la formation des anticorps. Souvent, une réduction graduelle des doses d'insuline est nécessaire. Les patients doivent donc être en mesure de maîtriser l'hypoglycémie.

**Autres méthodes d'administration de l'insuline.**    Dans les années 80, l'utilisation de l'insulinothérapie intensive s'est répandue. Il s'agit de l'injection de trois ou quatre doses d'insuline par jour afin de se rapprocher autant que possible de la sécrétion normale d'insuline. On a donc mis au point plusieurs dispositifs dans le but de simplifier les manipulations qu'exigent les nombreuses injections quotidiennes d'insuline.

**Chambre implantable.**    La chambre implantable est un dispositif que le patient insère sous la peau et qui peut rester en place jusqu'à trois jours. Le Button Infuser est muni d'une aiguille de calibre 27, fixée à un septum hermétique. Un nouveau dispositif, appelé Insuflon, se compose d'un cathéter flexible en téflon auquel est fixé un septum. Semblable à un cathéter intraveineux, il est pourvu d'une aiguille d'insertion que le patient retire une fois le cathéter en place.

**Stylos à insuline.**    Ce dispositif a l'apparence d'un stylo à encre et est muni de petites cartouches (200 unités) remplies d'insuline. Sa plume est une aiguille jetable qui sert à administrer l'insuline. L'insuline est libérée en appuyant sur un bouton-pressoir pour chaque pas de 1 ou 2 unités. Le patient qui utilise ce dispositif doit insérer une aiguille à chaque injection, mais il n'a pas besoin de transporter un flacon d'insuline et de manipuler une seringue. Ce dispositif est surtout utile pour les patients qui n'utilisent qu'un seul type d'insuline à la fois (une insuline régulière trois fois par jour après les repas et une insuline NPH au coucher, par exemple) ou qui peuvent se servir de l'insuline prémélangée composée de 70 % d'insuline NPH et de 30 % d'insuline régulière.

**Pistolet à injection.**    Le pistolet à injection est une solution de remplacement à la seringue. Il libère l'insuline sous la peau en un jet extrêmement fin. Il est plus coûteux que les autres dispositifs et exige un enseignement particulier et une surveillance rigoureuse. De plus, il faut informer les patients du fait que le taux d'absorption, le pic d'action et les taux d'insuline peuvent différer lorsqu'ils passent de la seringue au pistolet à injection. (Habituellement, l'action de l'insuline administrée par pistolet à injection est plus rapide.)

**Pompe à insuline.**    Ce petit appareil extracorporel imite de très près la sécrétion d'insuline par le pancréas. Les pompes à insuline se composent d'une seringue de 3 mL fixée à un long tube mince (105 cm), dont la lumière est très étroite, attaché à une aiguille ou à un cathéter en téflon (figures 30-4 et 30-5). Le patient insère l'aiguille ou le cathéter en téflon dans les tissus sous-cutanés (habituellement dans l'abdomen) et le fixe à l'aide de ruban adhésif ou d'un pansement transparent. Il faut changer l'aiguille ou le cathéter en téflon au moins tous les trois jours. La pompe se transporte à la ceinture ou dans une poche. Certaines femmes la fixent à l'avant ou sur le côté de leur soutien-gorge ou encore sur un porte-jarretelles.

On n'utilise avec la pompe que de l'insuline régulière qui est libérée de deux façons, d'abord selon un débit de base continu de 0,5 à 2 unités à l'heure, puis en doses d'appoint avant chaque repas. La dose d'appoint est libérée par une activation de la pompe à l'aide d'un bouton poussoir. Le patient peut déterminer la dose d'appoint d'insuline selon sa glycémie, ce qui lui permet de planifier son apport alimentaire et son activité physique.

L'efficacité des pompes à insuline en comparaison des schémas posologiques à doses multiples soulève la controverse. Un grand avantage des pompes à insuline est l'utilisation exclusive de l'insuline régulière, ce qui évite les pics d'action imprévisibles et les changements inattendus de la glycémie. De plus, les pompes à insuline permettent au patient de jouir d'une plus grande liberté (pour ce qui concerne l'heure et le nombre des repas, l'activité physique et les voyages) et parfois, d'atteindre un meilleur équilibre de son diabète.

Le risque d'interruption du débit d'insuline (si le cathéter ou l'aiguille est obstrué, si la réserve d'insuline est épuisée ou si les piles sont faibles) est un des inconvénients des pompes à insuline. Un autre de leurs inconvénients est le risque

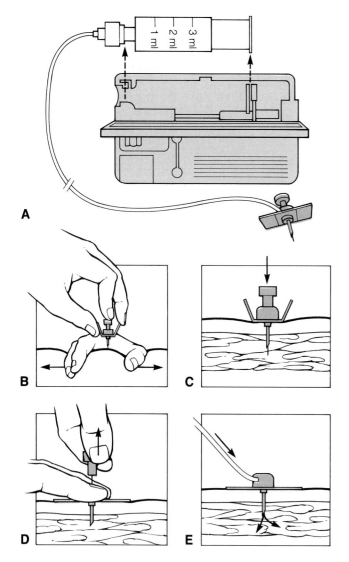

**A**

**B**

**C**

**D**

**E**

***Figure 30-4.*** **(A)** Schéma d'une pompe à insuline montrant une seringue à l'intérieur de la pompe et le tube qui la relie au point d'injection. **(B-E)** Point d'injection avant, pendant et après l'insertion de l'aiguille et du cathéter

absolument enseigner au patient comment pratiquer le dosage de la glycémie et calculer les doses d'insuline. Il doit donc être suivi de près par une équipe de professionnels expérimentés dans le traitement par pompe à insuline.

***Méthodes expérimentales d'administration de l'insuline.*** Des pompes implantables pouvant être programmées en fonction de la glycémie font actuellement l'objet d'études cliniques. On travaille également à la mise au point d'appareils implantables qui mesureraient la glycémie et administreraient l'insuline selon les besoins.

***Greffe de pancréas.*** On a réalisé jusqu'ici très peu de greffes du pancréas ou d'une partie du pancréas, et on se questionne sur les risques des traitements immunosuppresseurs par rapport aux avantages de la greffe. Une autre voie de recherche est l'implantation de cellules pancréatiques sécrétrices d'insuline. L'intervention chirurgicale nécessaire pour réaliser cette implantation est moins complexe et la fréquence des problèmes immunitaires est moins élevée.

## HYPOGLYCÉMIANTS ORAUX

Les hypoglycémiants oraux sont efficaces dans le traitement des patients atteints de diabète de type II pour qui le régime alimentaire seul ne suffit pas. Une liste des hypoglycémiants oraux est présentée au tableau 30-5.

Au Canada, les hypoglycémiants oraux offerts sur le marché sont des sulfonylurées.

Ils agiraient principalement en stimulant la libération d'insuline par le pancréas. Ils ne sont efficaces que si le pancréas est encore capable de sécréter de l'insuline. On ne peut donc pas les utiliser dans le traitement du diabète de type I. Les hypoglycémiants oraux auraient également pour effet, sans action directe sur le pancréas, d'augmenter l'efficacité de l'insuline lorsque celle-ci atteint les cellules. Ils pourraient également réduire la synthèse du glucose par le foie. Cependant cette dernière hypothèse suscite des controverses.

d'infection au point d'injection. L'utilisation d'une pompe à insuline comporte un risque d'hypoglycémie, attribuable au fait que les patients maintiennent généralement une glycémie plus basse que par les autres méthodes de traitement. Pour certains patients, le port d'une pompe 24 heures par jour est un inconvénient. (La pompe peut être débranchée pour un temps limité [douche, activité physique, relation sexuelle, par exemple].)

De nombreuses polices d'assurance couvrent les coûts du traitement par pompe. Si ces coûts ne sont pas couverts, les frais encourus pour l'achat de la pompe et du matériel connexe peuvent représenter un obstacle pour certains patients.

Le patient qui suit un traitement par pompe à insuline doit être en mesure d'effectuer le dosage de sa glycémie plusieurs fois par jour. De plus, il doit être psychologiquement stable et accepter son diabète parce que la pompe à insuline est visible et lui rappelle continuellement son état. Il faut

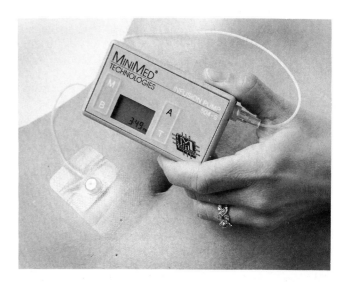

***Figure 30-5.*** Pompe à insuline MiniMed
(Source: MiniMed Technologies, Sylmar, CA)

**TABLEAU 30-5.**  *Hypoglycémiants oraux en vente au Canada*

| Nom générique (Nom commercial) | Concentration en mg | Posologie quotidienne habituelle en mg | Dose maximum en mg | Durée d'action en heures |
|---|---|---|---|---|
| *COMPOSÉS DE PREMIÈRE GÉNÉRATION* | | | | |
| Tolbutamide (Orinase) | 250, 500 | 500-2000 (dose fractionnée) | 3000 | 6-12 |
| Chlorpropamide (Diabinese) | 100, 250 | 100-500 (dose unique) | 750 | 60 |
| *COMPOSÉS DE DEUXIÈME GÉNÉRATION* | | | | |
| Glyburide (glibenclamide [Dia$\beta$eta]) | 1,25; 2,5; 5 | 2,5-10 (dose unique ou fracturée) | 20 | 12-24 |
| Glucophage (metformine) | 500 | 500-1500 | 2500 | 24 |

(Source: CPS 1992)

On divise les sulfonylurées selon leur durée d'action: rapide ou intermédiaire et prolongée. Les effets secondaires les plus fréquents sont des symptômes gastro-intestinaux et des réactions cutanées. Une dose trop élevée peut provoquer une hypoglycémie si le patient saute un repas ou diminue son apport alimentaire. En raison de l'effet hypoglycémiant prolongé de certains sulfonylurées (particulièrement le chlorpropamide), l'hypoglycémie exige parfois une hospitalisation. De plus, le chlorpropamide a un effet semblable à celui du disulfirame quand le patient consomme de l'alcool (voir la section sur l'alcool pour plus de détails).

Certains médicaments interagissent directement avec les hypoglycémiants oraux en altérant leur effet hypoglycémiant. D'autres ont un effet indépendant sur la glycémie et entravent indirectement l'action des hypoglycémiants oraux. Les diurétiques (qui provoquent une perte potassique), les glucocorticoïdes, les œstrogènes et le phénytoïne (Dilantin) peuvent entraîner une élévation de la glycémie. Les salicylates, le propranolol et les inhibiteurs de la monoamine-oxydase peuvent causer une hypoglycémie.

Les patients doivent comprendre qu'on leur prescrit des hypoglycémiants oraux pour compléter (et non pour remplacer) les autres aspects du traitement tels le régime alimentaire et l'activité physique. Quand le patient souffre d'hyperglycémie en raison d'une infection, d'un traumatisme ou d'une intervention chirurgicale, on doit parfois remplacer temporairement les hypoglycémiants oraux par de l'insuline.

Si, avec le temps, les hypoglycémiants oraux n'arrivent plus à équilibrer le diabète, on doit avoir recours à l'insuline. C'est ce que l'on appelle un *déséquilibre secondaire du diabète*. On parle de *déséquilibre primaire* quand la glycémie reste élevée un mois après le début du traitement aux hypoglycémiants oraux.

## ENSEIGNEMENT AU PATIENT

Le diabète sucré est une maladie chronique qui oblige la personne qui en est atteinte à s'administrer elle-même un traitement sa vie durant. Puisque le régime alimentaire, l'activité physique, de même que le stress physique ou émotionnel peuvent déstabiliser le diabète, les diabétiques doivent apprendre à modifier en conséquence leurs habitudes

de vie. Ils doivent notamment apprendre à assumer des soins quotidiens pour éviter les élévations et les baisses marquées de la glycémie. De plus, ils doivent intégrer à leur mode de vie l'application de mesures de prévention visant à atténuer les risques de complications chroniques. En évaluant les connaissances théoriques et pratiques dont le diabétique a besoin, l'infirmière pourra l'informer et le conseiller efficacement.

***Approches pédagogiques.*** L'évolution des systèmes de santé exige une modification des méthodes d'enseignement et de formation pour les diabétiques. En effet, on réduit de plus en plus la durée des hospitalisations pour utiliser davantage les services de consultation externe. Ces dernières années, de nombreux programmes de formation et d'enseignement pour diabétiques en consultation externe ont donc été créés. Cependant, *pour certains patients, l'apprentissage des techniques d'autotraitement et des mesures à prendre en vue de prévenir les complications du diabète ne peut se faire qu'au cours d'une hospitalisation.*

Dans de nombreux centres hospitaliers, des infirmières se spécialisent dans l'enseignement aux diabétiques et dans leur traitement. Toutefois, un grand nombre de diabétiques sont quand même hospitalisés dans différentes unités de soins. Les infirmières soignantes jouent donc un rôle essentiel auprès de ces patients. En effet, ce sont souvent elles qui dépistent le diabète, qui évaluent les capacités du patient en matière d'autosoins, qui lui fournissent une formation de base, qui renforcent l'enseignement donné par les spécialistes et qui prennent des dispositions pour assurer le suivi.

***Organisation de l'information.*** Il existe différentes façons d'organiser l'énorme quantité de renseignements à fournir au diabétique et d'établir un ordre de priorités pour l'enseignement. De nombreux centres hospitaliers et services de consultation externe pour diabétiques ont publié des guides, des plans de soins et de la documentation (souvent basée sur les recommandations des associations de diabète) qui peuvent être utilisés pour prodiguer l'enseignement sur le diabète et évaluer les résultats.

On peut structurer l'enseignement aux diabétiques en divisant les connaissances théoriques et pratiques en deux catégories:

1. Connaissances théoriques et pratiques de base
2. Formation permanente

***Connaissances de base.***    Tout patient chez qui l'on vient de diagnostiquer un diabète de type I ou tout diabétique de type II qui commence à utiliser l'insuline doit acquérir des connaissances de base, qui comprennent l'information nécessaire à la survie. L'enseignement doit porter sur les éléments suivants:

1. Physiopathologie simple
   a) Définition de base du diabète
   b) Valeurs normales de la glycémie
   c) Effets de l'insuline et de l'activité physique
   d) Effets des aliments et du stress, incluant les maladies et les infections
   e) Plans de traitement de base
2. Traitement
   a) Administration de l'insuline
   b) Régime alimentaire de base (groupes alimentaires et horaire des repas)
   c) Contrôle de la glycémie et de l'acétonurie
3. Dépistage, traitement et prévention des complications graves
   a) Hypoglycémie
   b) Hyperglycémie
4. Conseils pratiques
   a) Où acheter et garder l'insuline, les seringues et les glucomètres.
   b) Quand et comment communiquer avec le médecin.

Les patients chez qui l'on a récemment diagnostiqué un diabète de type II doivent également connaître ces notions fondamentales, mais il faut donner priorité à l'enseignement sur le régime alimentaire. Il est également important d'expliquer ce qu'est l'hypoglycémie aux patients qui ont commencé à prendre des hypoglycémiants oraux. Il est important que les diabétiques comprennent qu'ils doivent poursuivre leur apprentissage même s'ils maîtrisent les techniques et les notions de base. Cet apprentissage se fait par l'expérience, par l'échange d'information avec d'autres diabétiques et par l'entremise de programmes structurés de formation permanente.

***Formation permanente.***    Au cours de la formation permanente, le patient approfondit les connaissances de base (comment modifier son régime alimentaire ainsi que les doses d'insuline et comment se préparer à un voyage, etc.) et apprend les mesures de prévention des complications chroniques du diabète. Ces mesures comprennent:

- Les soins des pieds
- Les soins des yeux
- L'hygiène générale (soin de la peau et hygiène buccodentaire, par exemple)
- Modification des facteurs de risque (stabilisation de la pression artérielle et des taux de lipides sanguins, de même que de la glycémie)

Plus tard, le patient pourra apprendre à utiliser d'autres méthodes d'administration de l'insuline (pompe à insuline, apprentissage d'algorithmes et de règles complexes permettant de calculer et de modifier les doses d'insuline). Par exemple, il pourra apprendre à calculer ses doses d'insuline d'après la courbe des glycémies de plusieurs jours.

Le «perfectionnement» du diabétique est plus ou moins poussé loin selon son intérêt et ses capacités. Toutefois, l'apprentissage des mesures préventives est essentiel. Par exemple, les soins des pieds peuvent éviter l'amputation et les soins des yeux, la cécité.

***Quand prodiguer l'enseignement.***    Avant de commencer l'enseignement au diabétique, l'infirmière doit s'assurer que celui-ci et sa famille sont prêts à recevoir cet enseignement. Lorsqu'un patient apprend qu'il est atteint de diabète et qu'il doit se faire des injections d'insuline, il passe à travers les diverses étapes du processus de deuil. Ces étapes sont le choc, le déni, la dépression, le marchandage, la colère et l'acceptation. Le temps nécessaire pour passer à travers ces étapes varie d'une personne à l'autre. Ce processus peut s'accompagner d'un sentiment d'impuissance, de culpabilité, d'une perturbation de l'image corporelle, d'une perte de l'estime de soi et de la peur de l'avenir. L'infirmière doit évaluer les stratégies d'adaptation du patient; elle doit également rassurer celui-ci et sa famille en leur expliquant qu'il est normal de traverser une période de dépression.

L'infirmière doit s'informer des inquiétudes et des peurs du patient et de sa famille afin de vérifier s'ils entretiennent des idées fausses qui contribueraient à accroître inutilement leur anxiété. Voir l'encadré 30-5 pour les principales idées fausses sur le diabète. Il faut fournir au patient des renseignements simples et directs afin d'éviter tout malentendu. Lorsque le patient maîtrise les connaissances de base, il peut apprendre des notions plus complexes.

Après avoir dissipé les malentendus et répondu aux questions qui inquiètent le plus le patient, l'infirmière doit adopter une attitude ferme mais bienveillante pour que le patient concentre son attention sur l'apprentissage des connaissances pratiques de base. Puisqu'il est essentiel que le patient apprenne rapidement de nombreuses techniques nouvelles, l'enseignement doit commencer le plus tôt possible après que le diagnostic a été posé. Dans le cas des patients hospitalisés, on ne peut se permettre d'attendre le moment idéal pour prodiguer l'enseignement, car les hospitalisations sont de plus en plus courtes. S'il commence tôt son apprentissage, le patient peut s'exercer à appliquer ses nouvelles connaissances sous la surveillance d'une infirmière avant sa sortie du centre hospitalier. Il est nécessaire qu'une infirmière en santé communautaire assure un suivi à domicile. afin de renforcer l'apprentissage.

***Méthodes d'enseignement.***    Les méthodes d'enseignement doivent être souples. En effet, la meilleure méthode ne consiste pas nécessairement à fournir des renseignements dans un ordre logique. Par exemple, les patients qui craignent les injections doivent apprendre d'abord à insérer l'aiguille et à injecter l'insuline (ou s'exercer avec une solution physiologique) avant d'apprendre à acheter, à conserver et à mélanger les insulines.

On peut utiliser divers outils pour faciliter l'enseignement. De nombreux fabricants fournissent des brochures et des vidéocassettes qui aident le patient dans son apprentissage. Il est important d'utiliser une grande variété de documents écrits correspondant à la capacité de lecture du patient. On peut encourager le patient à se tenir au courant des méthodes de traitement les plus récentes en participant à des activités offertes par les centres hospitaliers et les associations régionales de diabétiques. De plus, il existe de nombreuses publications sur le diabète destinées aux patients et qui abordent divers aspects du traitement.

On doit permettre au patient diabétique et à sa famille de mettre en pratique, sous la surveillance d'un professionnel

# Encadré 30-5
## Idées préconçues sur le diabète et son traitement

| *Idée préconçue* | *Réponse de l'infirmière* |
|---|---|
| Une trop grande consommation de sucre cause le diabète. | Lorsqu'on est atteint de diabète, un trop grande consommation de sucre peut entraîner une élévation de la glycémie. Toutefois, la cause première du diabète est une carence en insuline ou une diminution de la capacité de l'insuline à stabiliser la glycémie. L'ingestion d'une trop grande quantité de sucre *ne cause pas* ces problèmes. |
| | Le diabète de type I se caractérise par une très faible sécrétion d'insuline par les cellules bêta du pancréas. De nombreux facteurs sont en cause, dont des facteurs génétiques, immunitaires et environnementaux. |
| | Dans le diabète de type II, l'organisme résiste à l'action de l'insuline. Les cellules bêta du pancréas ne libèrent pas suffisamment d'insuline pour corriger cette insulinorésistance, ce qui entraîne l'hyperglycémie. L'ingestion d'une trop grande quantité de sucre *n'est pas la cause* de l'insulinorésistance ou de la diminution de la sécrétion d'insuline. Par contre, l'obésité et l'hérédité sont deux facteurs qui contribuent à l'apparition du diabète de type II. |
| On trouve du sucre seulement dans les desserts. | Il existe divers types de sucres simples qui entraînent plus rapidement une élévation de la glycémie. Les desserts contiennent souvent du sucrose. De nombreux autres aliments préparés (tel les yaourts, les céréales, les haricots en boîte, les sauces et les vinaigrettes) contiennent également du sucre. Les patients doivent lire l'étiquette afin de vérifier si les aliments contiennent des sucres tels que le sirop de maïs, le dextrose, le sucre brun ou le miel. |
| | *Les fruits et les jus de fruits contiennent aussi du sucre.* Même si l'étiquette porte la mention «non sucré» ou «sans sucre ajouté», ils contiennent un sucre naturel qui peut provoquer une élévation de la glycémie. |
| Le seul changement que le diabétique doit apporter à son régime alimentaire est d'arrêter la consommation de sucre. | D'abord, le patient doit comprendre qu'il est impossible (et déconseillé) de cesser toute consommation de sucre. Certains aliments nutritifs (comme les fruits) contiennent du sucre et doivent faire partie du régime alimentaire. De plus, selon les résultats d'études récentes, on pourrait augmenter la quantité de sucres simples (dont le sucre blanc) permise dans le régime alimentaire du diabétique sans provoquer d'effets néfastes sur la glycémie. |
| | Le régime alimentaire des patients insulinodépendants comprend un apport limité en sucres concentrés; il est important que l'horaire des repas soit respecté. De plus, ces patients doivent apprendre à modifier leurs doses d'insuline en fonction de la quantité d'aliments ingérée ou du contenu glucidique des repas. |
| | Il est important que les patients qui utilisent des hypoglycémiants oraux évitent de sauter un repas et limitent leur apport glucidique. Si le patient est obèse, il doit réduire son apport énergétique total, de préférence en réduisant sa consommation de matières grasses. |
| Si un patient atteint de diabète de type II commence à utiliser de l'insuline, il ne pourra jamais arrêter de le faire. | Pendant une période de stress intense (comme celui causé par une maladie, une infection ou une intervention chirurgicale) ou lors de la prise de médicaments entraînant une élévation de la glycémie, certains patients atteints de diabète de type II doivent prendre de l'insuline. Si le diabète était bien équilibré grâce au seul régime alimentaire ou grâce au régime alimentaire associé à des hypoglycémiants oraux, le patient pourra reprendre son traitement habituel après la période de stress. |
| | De plus, on utilise parfois l'insuline pour équilibrer la glycémie des patients obèses atteints de diabète de type II qui ne parviennent pas à perdre du poids. Si un patient perd du poids après le début de l'insulinothérapie, on peut réduire graduellement les doses d'insuline et arriver peu à peu à équilibrer la glycémie par le régime alimentaire et l'activité physique seulement, ou avec l'aide d'hypoglycémiants oraux. |

# Encadré 30-5 (suite)

| *Idée préconçue* | *Réponse de l'infirmière* |
|---|---|
| Si un diabétique doit augmenter ses doses d'insuline pour équilibrer sa glycémie, c'est que son diabète s'aggrave. | L'infirmière doit expliquer au patient que, contrairement à d'autres médicaments qui sont administrés à des doses précises, la posologie de l'insuline varie selon les individus. En effet, la dose d'insuline est établie en fonction de la glycémie. Si la dose initiale ne parvient pas à réduire la glycémie, le patient peut croire que son diabète est très grave. Il est donc important de lui expliquer que différents facteurs peuvent influer sur la capacité de l'insuline à réduire la glycémie, notamment l'obésité, la puberté, la grossesse, certaines maladies et certains médicaments. |
| | Pour éviter l'hypoglycémie, les médecins prescrivent souvent au début de l'insulinothérapie des doses faibles qu'ils augmentent lentement jusqu'à ce que le taux de glucose sanguin atteigne les valeurs souhaitées. |
| L'insuline entraîne la cécité (ou d'autres complications). | Il arrive que des patients croient que l'insuline est la cause de complications comme l'amputation et la cécité parce qu'ils ont connu un diabétique chez qui ces complications ont coïncidé avec le début de l'insulinothérapie. Les diabétiques qui ont de telles complications sont souvent atteints depuis longtemps d'un diabète de type II qui ne peut plus être stabilisé par le régime alimentaire ou les hypoglycémiants oraux. On doit expliquer au patient que ce sont des facteurs tels que l'élévation de la glycémie ou de la pression artérielle (et non pas l'insulinothérapie) qui contribuent à l'apparition de certaines complications. On doit donc insister sur le fait que l'insuline, hormone naturelle présente chez tous les humains, favorise l'équilibre de la glycémie et ne cause en aucune manière les complications chroniques du diabète. |
| Les injections d'insuline se font directement dans une veine. | Certains patients croient qu'ils devront, pour injecter l'insuline, insérer l'aiguille dans une veine comme on le fait pour un prélèvement de sang. L'infirmière doit donc les rassurer en leur disant que l'insuline est injectée dans le tissu adipeux de la face *postérieure* des bras (ou de l'abdomen, des cuisses ou des hanches) et que l'aiguille est beaucoup plus courte que celles utilisées pour une ponction veineuse. |
| Il est extrêmement dangereux d'injecter de l'insuline s'il y a des bulles d'air dans la seringue. | Certains patients croient que l'injection de bulles d'air peut être mortelle. Cette crainte est liée à la croyance selon laquelle l'insuline s'injecte dans les veines. L'infirmière doit expliquer au patient que le seul inconvénient associé aux bulles d'air présentes dans la seringue est que la quantité d'insuline injectée sera inférieure à la dose requise. Il est souvent difficile de faire sortir toutes les petites bulles de la seringue. Le patient doit savoir que la présence de ces bulles est sans danger. |
| La glycémie et la glycosurie sont des tests équivalents (c'est-à-dire qu'ils fournissent les mêmes renseignements). | L'infirmière doit expliquer au patient que la glycémie constitue la méthode la plus précise parce qu'elle mesure directement le taux de glucose sanguin. La glycosurie, qui évalue la quantité de glucose excrétée dans les urines depuis la dernière miction, n'est qu'une méthode indirecte pour déterminer le taux de glucose dans le *sang*. Les reins n'excrètent pas de sucre dans les urines tant que la glycémie n'a pas atteint un taux de 10 à 11,1 mmol/L. Par conséquent, la glycosurie est négative quand la glycémie se situe entre 0 et 10 mmol/L. La glycosurie ne permet donc pas de dépister l'hypoglycémie, ni de contrôler avec précision la glycémie. |
| La glycémie reste stable pendant toute la journée. | Le patient doit savoir que les fluctuations de la glycémie sont normales: elle est à son plus bas avant les repas, et à son plus haut une ou deux heures après un repas. Le traitement du diabétique vise à réduire au minimum les variations de la glycémie, et non pas à en éliminer les fluctuations normales. |

(Source: M. A. Pearce, C. S. Rosenberg et M. B. Davidson, «Patient education», dans M. B. Davidson [éd.], *Diabetes Mellitus: Diagnosis and Treatment*, 3ᵉ éd., New York, Churchill Livingstone, 1991)

de la santé, le traitement de l'hypoglycémie. Lorsque le patient maîtrise bien ces éléments, des groupes de soutien peuvent l'aider à adopter de nouvelles habitudes de vie et à observer son traitement.

### Enseignement au patient diabétique « expérimenté ».

Il est très important d'évaluer les techniques de base apprises par les patients qui souffrent de diabète depuis plusieurs années. Des études ont démontré que plus de 50 % des diabétiques font des erreurs dans la pratique des autosoins. Pour s'assurer que le patient maîtrise ces techniques, il faut l'observer pendant qu'il les met en pratique, et non pas se fier à sa description. De plus, il faut s'assurer que les patients connaissent bien les mesures préventives concernant le soin des pieds et des yeux, ainsi que la modification des facteurs de risque.

Les patients qui souffrent de complications chroniques peuvent trouver celles-ci très pénibles à supporter, et beaucoup revivent un deuil. Certains retrouvent un regain d'intérêt pour les autosoins dans l'espoir de retarder les complications ultérieures, tandis que d'autres sont submergés par la culpabilité et déprimés. L'infirmière doit inciter le patient à parler de ses sentiments et de ses craintes face à ces complications et lui en expliquer la nature. Là encore, les groupes de soutien peuvent aider le patient et sa famille à faire face à la modification du mode de vie qu'imposent ces complications.

### Fidélité au traitement.

L'infirmière doit traiter avec empathie et compréhension les diabétiques qui ont de la difficulté à respecter leur traitement. Elle ne doit pas avoir recours aux menaces (risque de cécité ou d'amputation d'un membre) ou à la culpabilisation, car elle ne pourra ainsi établir une relation de confiance avec le patient. Elle doit éviter les termes comme « tricher » qui ont une connotation péjorative, ce qui peut faire naître chez le patient des sentiments de culpabilité et de dévalorisation.

Lorsqu'un patient éprouve de la difficulté à stabiliser sa glycémie ou qu'il n'arrive pas à éviter les complications mineures, l'infirmière doit déterminer si ces problèmes sont liés à la non-observance du traitement, à un manque de connaissances ou à un déficit d'autosoins. Elle ne doit toutefois pas prendre pour acquis que le patient ne se conforme pas au traitement par mauvaise volonté. Celui-ci peut avoir oublié certaines directives ou ne les avoir jamais apprises. L'infirmière peut remédier à cette situation en fournissant au patient des renseignements complets et en s'assurant qu'il les a bien compris.

Si les problèmes ne sont pas liés à un manque d'information, ils peuvent avoir pour cause des facteurs physiques ou émotionnels. Par exemple, un patient dont l'acuité visuelle est réduite peut éprouver de la difficulté à s'administrer correctement l'insuline, à mesurer sa glycémie ou à examiner sa peau et ses pieds. De plus, le manque de souplesse (surtout chez les personnes âgées) peut rendre impossible l'examen de la plante des pieds. Des facteurs émotionnels tels un déni catégorique du diagnostic ou un état dépressif peuvent rendre le patient incapable d'effectuer chaque jour les nombreuses activités d'autosoins requises.

Il est également très important de vérifier si le patient présente des signes d'infection ou de stress qui peuvent provoquer une élévation de la glycémie malgré la fidélité au traitement.

L'infirmière peut utiliser les méthodes suivantes pour aider le patient à suivre son traitement:

1. Traiter les facteurs sous-jacents (manque de connaissances, déficit d'autosoins ou maladie, par exemple).
2. Simplifier le programme thérapeutique si le patient éprouve de la difficulté à le suivre.
3. Adapter le programme thérapeutique pour qu'il réponde mieux aux besoins du patient (modification du régime alimentaire ou de l'horaire d'administration de l'insuline pour donner plus de latitude dans la composition et l'heure des repas).
4. Établir avec le patient des objectifs simples et mesurables.
5. Mettre l'accent sur les bons points, et non sur les négligences (féliciter le patient pour les analyses qu'il a faites plutôt que le réprimander pour celles qu'il a omises, par exemple).
6. Aider le patient à se trouver des raisons personnelles de respecter son traitement.
7. Inciter le patient à se concentrer sur ses objectifs de vie et ses intérêts pour faire en sorte que le diabète prenne moins d'importance.

# COMPLICATIONS AIGUËS DU DIABÈTE

On distingue trois complications aiguës du diabète: l'hypoglycémie, l'acidocétose diabétique et le syndrome hyperosmolaire sans acidocétose.

## HYPOGLYCÉMIE

L'hypoglycémie est la baisse du taux sanguin de glucose entre 2,7 et 3,3 mmol/L. Elle peut avoir pour cause l'administration d'une dose trop importante d'insuline ou d'hypoglycémiants oraux, un apport alimentaire insuffisant ou une activité physique trop intense. Elle peut survenir à n'importe quelle heure du jour ou de la nuit. Elle apparaît souvent entre les repas, particulièrement si le repas est retardé ou si le patient n'a pas pris de collation. Par exemple, elle peut se manifester au milieu de la matinée lorsque l'insuline régulière du matin atteint son pic d'action; elle peut aussi survenir vers la fin de l'après-midi, ce qui correspond au pic d'action de l'insuline Lente ou NPH du matin, ou encore au milieu de la nuit, au moment où l'insuline Lente ou NPH du soir atteint son pic d'action, surtout chez les patients qui n'ont pas pris de collation avant le coucher.

### Symptômes.

On divise les symptômes de l'hypoglycémie en deux catégories: les symptômes adrénergiques et les symptômes neurologiques.

Dans les cas d'hypoglycémie légère, on observe une stimulation du système nerveux central. La libération d'adrénaline entraîne les symptômes suivants: transpiration profuse, tremblements, tachycardie, palpitations, nervosité et faim.

Dans l'hypoglycémie modérée, les cellules du cerveau sont privées du combustible dont elles ont besoin pour fonctionner normalement. Les signes d'un mauvais fonctionnement du système nerveux central sont notamment une incapacité de se concentrer, des céphalées, une sensation ébrieuse, de la confusion, des pertes de mémoire, un engourdissement des lèvres et du bout de la langue, des troubles de l'élocution, un manque de coordination, l'émotivité, un comportement irrationnel, une vision double et la somnolence. Ils sont accompagnés de symptômes adrénergiques.

Dans les cas d'hypoglycémie grave, les perturbations du système nerveux central sont telles que le diabétique a besoin d'aide pour traiter son hypoglycémie. Les symptômes sont, notamment, la désorientation, des convulsions, de la difficulté à se réveiller ou une perte de conscience.

Les symptômes de l'hypoglycémie peuvent survenir brusquement; ils varient considérablement selon les patients, en raison de la baisse relative du taux de glucose ou de la vitesse de cette baisse. Par exemple, les patients dont la glycémie se situe habituellement autour de 11,1 mmol/L ou plus peuvent présenter des symptômes (de type adrénergique) d'hypoglycémie lorsque leur glycémie baisse rapidement à 6,6 mmol/L ou moins. Par contre, les patients dont la glycémie est normalement moins élevée peuvent rester asymptomatiques lorsque leur glycémie chute lentement sous un taux de 2,7 mmol/L.

**Traitement.** L'hypoglycémie doit être traitée dès l'apparition des symptômes. On recommande habituellement au patient de consommer 10 à 15 g de sucre à absorption rapide:

- 2 à 4 comprimés de glucose vendus en pharmacie
- 125 à 180 mL de jus de fruit ou de soda
- 6 à 10 bonbons acidulés (Life Savers ou autres)
- 10 à 15 mL de sucre ou de miel

(Il n'est pas nécessaire d'ajouter du sucre au jus de fruit même si l'étiquette porte la mention «sans sucre». Le fructose contenu dans le jus fournit suffisamment de sucres simples pour faire augmenter la glycémie. L'addition de sucre au jus de fruit peut entraîner une brusque élévation de la glycémie, ce qui risque de causer une hyperglycémie quelques heures plus tard.)

Si les symptômes persistent pendant plus de 10 ou 15 minutes après la consommation de la dose de sucre, le patient doit en prendre une autre dose. Lorsque l'hypoglycémie est corrigée, il doit prendre une collation contenant des protéines et des féculents (du lait ou du fromage avec des biscottes, par exemple) si son régime alimentaire ne prévoit pas la prise d'un repas ou d'une collation dans les 30 à 60 minutes qui suivent le traitement.

Le diabétique (insulinodépendant, en particulier) doit toujours avoir sur lui une source de sucres simples. Il existe de nombreuses préparations commerciales de glucose, en comprimés ou en gel, qui sont faciles à transporter. Lorsqu'un diabétique ressent les symptômes de l'hypoglycémie et qu'il n'a pas à portée de la main la dose de sucre recommandée, il doit consommer un autre aliment (de préférence un aliment contenant des sucres simples).

On doit conseiller aux patients de ne pas consommer des desserts à forte teneur en énergie et en matières grasses (comme des biscuits, des gâteaux, des beignes et des glaces) pour traiter l'hypoglycémie, car les matières grasses retardent l'absorption du sucre. De plus, le patient sera tenté de consommer davantage de ces aliments si les symptômes ne disparaissent pas assez rapidement, ce qui risque de provoquer plus tard une hyperglycémie.

Les patients qui trouvent leur régime alimentaire trop restrictif profitent parfois des épisodes d'hypoglycémie pour se «récompenser» en mangeant des desserts. On doit faire comprendre à ces patients qu'il est plus prudent de manger du dessert à l'occasion s'ils en ont trop envie, mais de se limiter à consommer des sucres simples (à faible teneur énergétique) pour le traitement de l'hypoglycémie.

**Traitement de l'hypoglycémie grave.** On peut administrer 1 mg de glucagon, par injection sous-cutanée ou intramusculaire, aux patients inconscients qui ne peuvent avaler. Le glucagon est une hormone sécrétée par les cellules alpha du pancréas qui stimule la libération de glucose par le foie (glycogénalyse). Il se présente sous forme de poudre en flacons de 1 mg. On doit y ajouter un solvant avant l'injection. Après l'administration, il faut attendre que le patient reprenne conscience, ce qui peut prendre jusqu'à 20 minutes. Après que le patient a repris conscience, on doit lui administrer des sucres simples suivis d'une collation pour prévenir une hypoglycémie secondaire, car l'effet du glucagon est de courte durée. L'injection de glucagon provoque parfois des nausées. Il faut recommander aux patients de communiquer avec leur médecin après un épisode d'hypoglycémie grave.

Le glucagon est vendu uniquement sous ordonnance. Il est utile que le diabétique insulinodépendant en ait toujours à sa portée et qu'un membre de son entourage soit capable de le lui injecter en cas d'urgence. Cela est particulièrement important pour les patients chez qui l'hypoglycémie se manifeste sans avertissements.

En milieu hospitalier, on doit administrer par injection intraveineuse 25 à 50 mL de dextrose à 50% dans de l'eau (D-50) aux patients inconscients ou incapables d'avaler. La solution agit habituellement en quelques minutes. Les patients peuvent se plaindre de céphalées ou ressentir une douleur au point d'injection. Il est important de vérifier la perméabilité de la ligne intraveineuse, car les solutions hypertoniques comme le dextrose à 50% sont très irritantes pour les veines.

**Prévention et enseignement au patient.** Le patient peut éviter l'hypoglycémie en mangeant à heures régulières, en prenant son insuline et en faisant de l'exercice. Il peut avoir besoin de prendre des collations entre les repas et avant le coucher afin de neutraliser le pic d'action de l'insuline. Avant d'entreprendre une activité physique intense, le diabétique doit habituellement prendre une collation ou un plus gros repas pour couvrir la période durant laquelle l'insuline atteint son pic d'action. Il doit mesurer sa glycémie régulièrement afin de savoir quand modifier sa dose d'insuline.

Le diabétique et sa famille doivent connaître les symptômes de l'hypoglycémie. Les membres de la famille en particulier doivent savoir que tout changement apparemment anodin de comportement peut être un signe d'hypoglycémie. Ils doivent inciter (en insistant si nécessaire) le diabétique à mesurer sa glycémie s'ils craignent l'hypoglycémie. Certains patients (pendant un épisode d'hypoglycémie) refusent de mesurer leur glycémie ou de manger et se mettent en colère quand un membre de leur famille tente de les traiter. Les membres de la famille doivent insister, et comprendre que l'hypoglycémie peut provoquer des comportements irrationnels involontaires.

**Gérontologie.** L'hypoglycémie présente davantage de risques pour les personnes âgées pour différentes raisons:

- Celles-ci vivent souvent seules et ne reconnaissent pas toujours les symptômes de l'hypoglycémie;
- Elles présentent souvent une altération de la fonction rénale, ce qui prolonge les effets des hypoglycémiants oraux, qui sont excrétés par les reins;
- Elles ont parfois moins d'appétit ou ont des moyens financiers plus limités; elles peuvent donc sauter un repas;
- Elles présentent souvent une baisse de l'acuité visuelle, ce qui peut entraîner des erreurs lors de l'administration de l'insuline.

# ACIDOCÉTOSE DIABÉTIQUE

***Physiopathologie.*** L'acidocétose diabétique est principalement due à une carence en insuline totale ou partielle, ce qui provoque des troubles du métabolisme des glucides, des protéines et des lipides. Elle se manifeste principalement par:

une déshydratation
une perte électrolytique
une acidose

Quand il y a carence en insuline, la quantité de glucose qui pénètre dans les cellules est réduite. En outre, le foie produit trop de glucose. Ces deux facteurs conduisent à l'hyperglycémie. L'excès de glucose est excrété par les reins avec de l'eau et des électrolytes (comme le sodium et le potassium). C'est ce que l'on appelle la diurèse osmotique, qui se caractérise par une émission excessive d'urines (polyurie), entraînant une déshydratation et une perte d'électrolytes. Les patients atteints d'acidocétose grave peuvent perdre en moyenne 6,5 L d'eau et jusqu'à 400 ou 500 mmol de sodium, de potassium et de chlore en 24 heures.

La carence en insuline provoque également une dégradation des lipides (adipolyse). Les acides gras libres sont transformés par le foie en corps cétoniques. La production de corps cétoniques est excessive car l'insuline, qui empêcherait normalement ce phénomène, fait défaut. Les corps cétoniques étant acides, leur accumulation dans la circulation (cétose) provoque une *acidose* métabolique.

***Signes et symptômes.*** Les signes et symptômes de l'acidocétose sont présentés à la figure 30-6. L'hyperglycémie avec acidocétose se traduit par une polyurie ou une polydipsie (soif accrue), de même qu'une vue brouillée, des malaises et des céphalées. Les patients qui subissent une déplétion marquée du volume intravasculaire peuvent souffrir d'hypotension orthostatique.

La cétose et l'acidose qui caractérisent l'acidocétose provoquent des symptômes gastro-intestinaux tels que l'anorexie, des nausées, des vomissements et des douleurs abdominales. Les patients peuvent présenter une haleine d'acétone (odeur fruitée) caractéristique. En outre, on peut observer une hyperventilation (une respiration très profonde mais non laborieuse), que l'on appelle respiration de Kussmaul et qui traduit l'effort fait par l'organisme pour compenser l'acidose.

***Valeurs des épreuves de laboratoire.*** La glycémie peut varier entre 16,6 et 44,4 mmol/L. Elle peut être beaucoup plus basse chez certains patients et beaucoup plus élevée (plus de 55,5 mmol/L) chez d'autres (généralement selon le degré de déshydratation). *L'infirmière doit absolument comprendre que la gravité de l'acidocétose n'est pas forcément fonction de la glycémie.* Certains patients peuvent être atteints d'une acidose grave avec une glycémie entre 5,5 et 11,1 mmol/L, alors que d'autres ne présentent aucun symptôme d'acidocétose malgré une glycémie entre 22,2 et 22,7 mmol/L.

L'acidocétose se traduit par un faible taux de bicarbonate sérique (0 à 15 mmol/L) et un pH bas (entre 6,8 et 7,3). La pression partielle de gaz carbonique est aussi abaissée (entre 10 et 30 mm Hg), ce qui reflète une compensation respiratoire (respiration de Kussmaul) de l'acidose métabolique. L'accumulation de corps cétoniques (cétose) peut être dépistée par une analyse du sang ou des urines.

Les taux de potassium et de sodium peuvent être faibles, normaux ou élevés, suivant l'importance de la perte hydrique (déshydratation). Une réhydratation est généralement nécessaire.

La déshydratation peut également s'accompagner d'une augmentation des taux de créatinine, d'azote uréique du sang et d'hémoglobine, de même que de l'hématocrite. Après la réhydratation, les taux de créatinine et d'azote uréique du sang continueront à augmenter chez les patients atteints d'une insuffisance rénale sous-jacente.

***Causes.*** On distingue trois causes principales de l'acidocétose:

- la réduction ou l'oubli d'une dose d'insuline;
- une maladie ou une infection;
- un diabète non diagnostiqué ou non traité.

La carence en insuline peut être due à l'insuffisance de la dose d'insuline prescrite ou à une erreur du patient dans son administration. Il arrive que des patients diabétiques estiment devoir réduire leur dose d'insuline parce qu'ils ont perdu l'appétit ou présentent des vomissements. Au contraire, la maladie (en particulier les infections) peut provoquer une augmentation de la glycémie; les patients ne doivent donc pas réduire leurs doses pour compenser la réduction de l'apport alimentaire lors de la maladie et peuvent même avoir besoin de les augmenter.

D'autres causes contribuent à la baisse du taux d'insuline: les erreurs dans la préparation ou l'injection de l'insuline (cela se produit surtout chez les patients ayant des problèmes visuels); l'omission de doses d'insuline (cela se produit souvent chez les adolescents diabétiques qui acceptent difficilement leur maladie); ou une défaillance du matériel (tube de la pompe à insuline obstruée, par exemple).

Certaines maladies et infections sont liées à l'insulinorésistance. En réponse au stress physique (et émotionnel), on constate une augmentation de la concentration des «hormones de stress»: glucagon, adrénaline, noradrénaline, cortisol et hormone de croissance. Ces hormones favorisent la production de glucose par le foie et empêchent les muscles et les tissus adipeux d'utiliser le glucose, neutralisant ainsi l'action de l'insuline. Par conséquent, si on n'augmente pas les doses d'insuline lors d'une maladie ou d'une infection, on peut observer une hyperglycémie évoluant vers une acidocétose.

***Traitement.*** Le traitement de l'acidocétose diabétique vise à corriger les trois principaux problèmes qu'elle entraîne, soit la déshydratation, les pertes électrolytiques et l'acidose.

***Déshydratation.*** La réhydratation est importante pour le maintien de l'irrigation des tissus. De plus, elle favorise l'excrétion de l'excès de glucose par les reins. Les patients peuvent avoir besoin de 6 à 10 L de soluté intraveineux pour compenser la perte hydrique due à la polyurie, à l'hyperventilation, à la diarrhée et aux vomissements.

D'abord, on administre une solution salée physiologique (0,9 %) à un débit très élevé (généralement de 0,5 à 1 L/h pendant 2 ou 3 heures). (On peut utiliser une solution hypotonique (0,45 %) chez les patients qui souffrent d'hypertension ou d'hypernatrémie, ou qui présentent des risques d'insuffisance cardiaque.) Après quelques heures, on administre une solution hypotonique (0,45 %) pour une réhydratation continue, à condition que la pression artérielle soit stable et que la concentration de sodium ne soit pas trop basse.

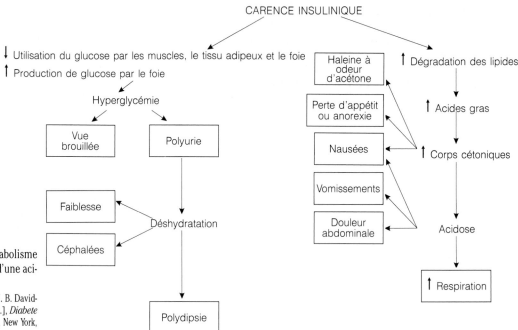

**Figure 30-6.** Anomalies du métabolisme entraînant les signes et symptômes d'une acidocétose diabétique

(Source: M. A. Pearce, C. S. Rosenberg et M. B. Davidson, «Patient education», M. B. Davidson [éd.], *Diabete Mellitus: Diagnosis and Treatment*, 3ᵉ éd., New York, Churchill Livingstone, 1991)

La perfusion peut être poursuivie pendant quelques heures à un débit moyen ou élevé (200 à 500 mL/h).

Pour surveiller l'hydratation, on mesure fréquemment les signes vitaux (dont la pression artérielle orthostatique et la fréquence cardiaque), on évalue la fonction respiratoire et on effectue le bilan des ingesta et des excreta. L'élimination urinaire sera plus lente que l'apport hydrique intraveineux jusqu'à ce que la déshydratation soit corrigée. Il est parfois nécessaire d'utiliser un succédané du plasma sanguin pour corriger une grave hypotension non résorbée par le traitement intraveineux. Il faut observer le patient afin de déceler les signes de surcharge liquidienne, tout particulièrement s'il est âgé ou s'il souffre d'insuffisance cardiaque.

***Pertes électrolytiques.*** Le potassium est l'électrolyte le plus important dans le traitement de l'acidocétose diabétique. Que la concentration sérique initiale de potassium soit faible, normale ou même élevée, il y a toujours une baisse considérable des réserves de potassium. En outre, étant donné que la concentration de potassium diminue au cours du traitement de l'acidocétose, il faut la mesurer fréquemment.

Certaines modalités du traitement de l'acidocétose réduisent la concentration sérique de potassium. Ce sont notamment:

La réhydratation, qui entraîne une augmentation du volume plasmatique, ce qui provoque une baisse de la concentration sérique de potassium.

La réhydratation, qui augmente l'excrétion urinaire de potassium.

L'administration d'insuline, qui favorise les échanges de potassium entre le liquide extracellulaire et le liquide intracellulaire.

Il est essentiel de procéder à temps, mais avec prudence, au remplacement du potassium pour éviter les arythmies cardiaques graves qui peuvent accompagner l'hypokaliémie. Il est parfois nécessaire d'administrer jusqu'à 40 mmol/h de potassium (ajouté aux solutions IV) pendant plusieurs heures. Puisque la concentration de potassium chute pendant le traitement de l'acidocétose, *du potassium doit être administré même si la concentration sérique de potassium est normale.* On réduit le débit d'administration du potassium quand l'acidocétose se résorbe. Pour administrer une perfusion de potassium sans risque, l'infirmière devra s'assurer que:

l'électrocardiogramme ne montre pas de signes *d'hyper*kaliémie (ondes T hautes et pointues);
le taux de potassium mesuré en laboratoire est normal ou faible;
le patient urine (ne présente pas d'oligoanurie).

Il faut vérifier régulièrement l'électrocardiogramme (toutes les deux ou quatre heures) et les dosages du potassium pendant les huit premières heures du traitement. Le remplacement du potassium n'est interrompu que si l'on observe une hyperkaliémie ou si le patient n'urine pas.

Toutefois, étant donné que la concentration de potassium baisse rapidement à la suite de la réhydratation et de l'administration d'insuline, il faut reprendre le remplacement de potassium dès que la concentration de potassium revient à la normale.

***Acidose.*** L'accumulation des corps cétoniques, (dont le pH est acide), est due à la dégradation des lipides. L'acidose qui en résulte est corrigée grâce à l'insuline, qui inhibe la dégradation des lipides.

L'insuline est généralement perfusée par voie intraveineuse à un débit lent et continu (5 unités à l'heure, par exemple). La glycémie doit être dosée toutes les heures. Lorsque la glycémie atteint des valeurs de 13,8 à 16,6 mmol/L, on ajoute du dextrose aux solutions IV afin de ralentir la baisse de la glycémie.

Il est possible d'utiliser différents mélanges d'insuline régulière. L'infirmière doit convertir en mL/h le débit de la perfusion d'insuline, généralement prescrit en u/h. Par exemple, si l'on mélange 100 unités d'insuline régulière avec 500 mL de solution salée à 0,9 %, 1 unité d'insuline correspond à 5 mL. Ainsi, un débit de perfusion d'insuline de 5 u/h correspond à 25 mL / h. Il est préférable de ne pas perfuser l'insuline dans la solution de réhydratation, car il est souvent nécessaire de changer le débit de perfusion et le contenu des solutions de réhydratation.

L'insuline doit absolument être administrée en perfusion intraveineuse continue jusqu'à la reprise des injections sous-cutanées. Toute interruption de l'administration d'insuline peut provoquer une nouvelle accumulation de corps cétoniques et aggraver ainsi l'acidose. Même si la glycémie revient à la normale, la perfusion d'insuline ne doit pas être interrompue. Il faut plutôt augmenter la vitesse de perfusion du dextrose ou sa concentration.

Il ne faut pas oublier que la glycémie se corrige généralement avant l'acidocétose. La perfusion intraveineuse d'insuline doit donc être poursuivie pendant 12 à 24 heures, jusqu'à ce que le taux de bicarbonate sérique augmente (entre 15 et 18 mmol / L au moins) et jusqu'à ce que le patient soit en mesure de manger. Une glycémie normale n'indique *pas* la correction de l'acidocétose.

On n'administre généralement pas de bicarbonate pour corriger une acidose grave, à cause d'un risque de baisse rapide (potentiellement mortelle) du taux sérique de potassium. La perfusion continue d'insuline suffit généralement à corriger l'acidose caractéristique de l'acidocétose.

***Prévention et enseignement.*** Pour prévenir l'acidocétose associée à la maladie, il faut enseigner aux diabétiques les «règles des jours de maladie» (encadré 30-6). Il faut avant tout leur recommander de ne pas diminuer leurs doses d'insuline quand ils souffrent de nausées ou de vomissements. Ils doivent plutôt prendre leur dose habituelle d'insuline (ou la dose «jours de maladie» spécialement prescrite), et consommer fréquemment de petites portions de glucides. Il est très important de prendre du liquide toutes les heures pour éviter la déshydratation. L'acétonurie et la glycémie doivent être vérifiées toutes les trois ou quatre heures.

Si le patient est incapable de boire sans vomir ou si la glycémie ou la concentration des corps cétoniques restent élevées, il doit communiquer avec son médecin. On doit lui apprendre à s'organiser de façon à avoir toujours en réserve les aliments à prendre durant les jours de maladie. De plus, il doit toujours avoir sur lui des bandelettes réactives (pour la mesure de l'acétonurie et de la glycémie). Il doit aussi savoir comment rejoindre un médecin le jour comme la nuit.

## SYNDROME HYPEROSMOLAIRE SANS ACIDOCÉTOSE

***Physiopathologie et manifestations cliniques.*** Le syndrome hyperosmolaire sans acidocétose se caractérise par une hyperglycémie et une hyperosmolarité, accompagnées de troubles de la conscience. D'autre part, la cétose est faible ou inexistante. Une carence en insuline active est la principale anomalie biochimique en cause. L'hyperglycémie persistante entraîne une diurèse osmotique qui provoque à son tour des pertes hydroélectrolytiques. Pour maintenir l'équilibre osmotique, l'eau passe du compartiment intracellulaire au compartiment extracellulaire. Outre la glycosurie et la déshydratation, on observe une hypernatrémie.

Comme son nom l'indique le syndrome hyperosmolaire sans acidocétose, ne s'accompagne ni d'acidose, ni de cétose. On pense que cette différence majeure est due en partie à la quantité d'insuline présente. Dans l'acidocétose, il n'y a presque pas d'insuline, ce qui entraîne la dégradation du glucose, des protéines et des lipides stockés (la dégradation des lipides conduisant à la production des corps cétoniques). Dans le cas du syndrome hyperosmolaire, la quantité d'insuline n'est pas aussi faible. Elle n'est pas assez importante pour empêcher une hyperglycémie (et, donc, la diurèse osmotique), mais elle

---

## *Encadré 30-6*
## *Directives à suivre lors des périodes de maladie (Règles des jours de maladie)*

- Prendre l'insuline ou les hypoglycémiants oraux comme d'habitude.
- Toutes les trois ou quatre heures, faire un dosage de la glycémie et (pour les diabétiques de type I) une recherche d'acétone dans les urines.
- Prévenir son médecin si le résultat de la glycémie est supérieur à 16,6 mmol / L ou au chiffre précisé par le médecin) ou s'il y a présence d'acétone dans les urines.
- Les patients insulinodépendants peuvent avoir besoin de doses supplémentaires d'insuline régulière toutes les trois ou quatre heures.
- Si le régime alimentaire ne peut être respecté, lui substituer la consommation d'aliments de consistance molle (75 mL de gélatine ordinaire, 250 mL de potage velouté, 125 mL de crème anglaise, 3 biscuits salés, par exemple) à raison de 6 à 8 fois par jour.
- En cas de vomissements, de diarrhée ou de fièvre persistante, consommer du liquide (125 mL de soda ordinaire ou de jus d'orange, 125 mL de bouillon, 250 mL de Gatorade) toutes les demi-heures ou toutes les heures pour prévenir la déshydratation et assurer un apport énergétique.
- Informer le médecin de l'apparition de nausées, de vomissements ou de diarrhée, car une perte liquidienne importante peut être dangereuse.
- Les patients atteints de diabète de type I incapables de retenir les liquides absorbés par voie orale doivent souvent être hospitalisés pour éviter une acidocétose ou un coma.

est suffisante pour éviter la dégradation des lipides. Les patients atteints du syndrome hyperosmolaire sans acidocétose ne présentent pas les symptômes gastro-intestinaux associés à la cétose. Or, ce sont souvent ces symptômes qui amènent les patients souffrant d'acidocétose à consulter. Par conséquent, les patients atteints du syndrome hyperosmolaire sans acidocétose endurent une polyurie et une polydipsie pendant des semaines et ne consultent (bien souvent à cause des pressions d'un membre de la famille ou du personnel d'un établissement de soins prolongés) que lorsque des troubles neurologiques apparaissent ou lorsqu'une maladie sous-jacente s'aggrave. L'hyperglycémie et la déshydratation sont plus graves si ce syndrome n'est pas traité rapidement.

Le syndrome hyperosmolaire sans acidocétose se manifeste par une hypotension, une déshydratation grave (sécheresse des muqueuses et faible turgescence de la peau), une tachycardie et divers signes neurologiques (troubles de la conscience, hémiparésie, crises convulsives). Il s'agit d'un trouble grave, souvent lié à une maladie sous-jacente qui entraîne la mort dans 5 à 30 % des cas.

**Causes.**    Le syndrome hyperosmolaire sans acidocétose touche principalement les personnes âgées (50 à 70 ans) qui n'ont pas d'antécédents de diabète ou qui souffrent d'un diabète de type II. La poussée évolutive peut être déclenchée par une maladie aiguë (pneumonie, infarctus du myocarde, accident vasculaire cérébral), par la prise de médicaments provoquant une carence en insuline (diurétiques thiazidiques, propranolol), ou par certaines interventions thérapeutiques (hémodialyse ou dialyse péritonéale, alimentation parentérale). Le patient souffre généralement de polyurie depuis plusieurs jours ou plusieurs semaines, même si son apport liquidien est insuffisant.

**Traitement.**    En gros, le traitement du syndrome hyperosmolaire sans acidocétose est semblable à celui de l'acidocétose: liquides, électrolytes et insuline. En raison de l'âge généralement avancé des patients, il est souhaitable de surveiller attentivement le volume vasculaire et le bilan électrolytique afin de prévenir tout risque d'insuffisance cardiaque ou d'arythmies. On amorce le traitement liquidien en perfusant une solution salée à 0,9 % ou 0,45 %, selon la concentration de sodium et la gravité de la déplétion volumique. Il peut être nécessaire de mesurer la pression veineuse centrale ou la pression artérielle pour guider la rééquilibration hydrique. Du potassium est ajouté aux liquides de remplacement lorsque le débit urinaire est adéquat. Pour déterminer les quantités à administrer, on procède à de fréquents dosages de la concentration sérique de potassium.

La glycémie, même si elle est extrêmement élevée, diminuera à mesure que le patient sera réhydraté. Le rôle de l'insuline est moins prépondérant lors du traitement du syndrome hyperosmolaire sans acidocétose, à cause de l'absence d'acidose. Toutefois, on administre généralement de l'insuline selon un débit lent et continu pour traiter l'hyperglycémie, et on ajoute du dextrose aux liquides de remplacement (comme pour l'acidocétose) lorsque la glycémie atteint 13,8 à 16,6 mmol/L.

Quant aux autres modalités thérapeutiques, elles seront déterminées en fonction de la maladie sous-jacente et de l'évaluation clinique et biochimique. Le traitement se poursuit jusqu'à ce que les anomalies métaboliques soient corrigées et que les symptômes neurologiques aient disparu. La disparition des symptômes neurologiques peut prendre entre trois et cinq jours. Pour cette raison, le traitement du syndrome

hyperosmolaire sans acidocétose se poursuit généralement bien au-delà de la correction des anomalies métaboliques.

Une fois rétabli du syndrome hyperosmolaire sans acidocétose, la plupart des patients sont en mesure d'équilibrer leur diabète grâce au régime alimentaire avec ou sans hypoglycémiants oraux.

# ▶ DÉMARCHE DE SOINS INFIRMIERS
## PATIENTS CHEZ QUI ON A RÉCEMMENT DÉPISTÉ UN DIABÈTE SUCRÉ

### ▷ *Collecte des données*

Lorsqu'elle dresse le profil du patient et qu'elle procède à l'examen physique l'infirmière essaie surtout de déceler les signes et symptômes d'une hyperglycémie prolongée et les facteurs physiques, sociaux et émotionnels qui peuvent compromettre la capacité d'apprentissage et l'autonomie du patient.

Au cours de son entretien avec le patient, l'infirmière demande à celui-ci de décrire les symptômes qui ont précédé le diagnostic du diabète (polyurie, polydipsie, polyphagie, sécheresse de la peau, vue brouillée, perte pondérale, démangeaisons vaginales, ulcères qui ne guérissent pas, etc.). Il faut procéder au dosage de la glycémie et à la recherche d'acétone dans les urines.

L'infirmière doit vérifier si le patient atteint de diabète de type I présente des signes d'acidocétose diabétique: acétonurie, respiration de Kussmaul, hypotension orthostatique et léthargie. Elle doit aussi demander au patient s'il présente des symptômes d'acidocétose diabétique, comme des nausées, des vomissements et des douleurs abdominales. Elle doit prendre connaissance des résultats des épreuves de laboratoire pour déceler les signes d'acidose métabolique, (baisse du pH et du taux de bicarbonate), et de déséquilibre électrolytique.

Elle doit vérifier si le patient atteint de diabète de type II présente des signes de syndrome hyperosmolaire sans acidocétose, notamment de l'hypotension, des troubles de la conscience, des crises convulsives et une diminution de la turgescence cutanée. Elle doit prendre connaissance des résultats des épreuves de laboratoire pour déceler l'hyperosmolarité et les déséquilibres électrolytiques.

(Remarque: Lorsque le patient présente des signes et des symptômes d'acidocétose diabétique ou de syndrome hyperosmolaire sans acidocétose, l'infirmière doit d'abord axer ses interventions sur le traitement des complications aiguës décrites dans les sections précédentes. Une fois ces complications surmontées, les soins infirmiers doivent être axés sur le traitement à long terme du diabète.)

L'infirmière doit déceler les facteurs physiques qui peuvent compromettre la capacité d'apprentissage du patient ou son autonomie:

- Déficience visuelle (faire lire au patient des chiffres ou des mots sur une seringue à insuline, sur un menu, dans un journal ou dans une brochure d'information)
- Trouble de la coordination motrice (observer comment le patient mange ou effectue d'autres tâches, ou lui demander de manipuler une seringue ou un dispositif à gachette pour la ponction du doigt)
- Déficience neurologique (due à un accident vasculaire cérébral, par exemple) (consulter le dossier du patient; établir s'il souffre d'aphasie ou s'il éprouve de la difficulté à exécuter des ordres simples)

L'infirmière doit aussi évaluer la situation sociale du patient afin de déterminer les facteurs qui peuvent influer sur le traitement du diabète ou le plan d'enseignement:

- Diminution de la capacité de lecture et d'écriture (vérifier pendant l'examen si le patient souffre d'une déficience visuelle en lui faisant lire du matériel didactique)
- Ressources financières limitées
- Présence ou absence d'un soutien familial
- Horaire quotidien type (questionner le patient sur l'heure et le nombre de ses repas, sur son horaire de travail et d'exercice, sur ses projets de vacances)

Pour évaluer l'état émotionnel du patient, l'infirmière doit observer son comportement général (renfermé, anxieux, etc.) et son langage corporel (évite le contact des yeux). Il faut demander au patient quelle est sa principale crainte face au diabète (cela permettra à l'infirmière de déterminer si le patient a des idées préconçues sur le diabète). On doit également déterminer les facultés d'adaptation du patient en lui demandant comment, dans le passé, il a fait face à des situations complexes.

## ▷ *Analyse et interprétation des données*

Selon les données recueillies, voici les principaux diagnostics infirmiers possibles:

- Risque élevé de déficit de volume liquidien relié à la polyurie et à la déshydratation
- Altération nutritionnelle reliée à un déséquilibre insulinique, à des mauvaises habitudes alimentaires ou à la sédentarité
- Manque de connaissances sur le diabète et les techniques d'autosoins
- Risque de déficit d'autosoins relié à un handicap physique ou à des facteurs sociaux
- Anxiété reliée à la peur de ne pouvoir traiter le diabète, à des idées fausses sur le diabète ou à la crainte des complications

## ▷ *Planification et exécution*

▷ *Objectifs de soins:* Rétablissement de l'équilibre hydroélectrolytique; stabilisation de la glycémie; rétablissement du poids normal; maîtrise des techniques de base et des activités d'autosoins; et réduction de l'anxiété

## ▷ *Interventions infirmières*

▷ *Maintien de l'équilibre hydroélectrolytique.* L'infirmière établit le bilan hydrique du patient et administre les liquides et les électrolytes par voie intraveineuse selon l'ordonnance. De plus, elle incite le patient à boire beaucoup de liquide. Elle doit également vérifier les dosages des électrolytes sériques (surtout le sodium et le potassium). Elle mesure régulièrement les signes vitaux du patient pour déceler les signes de déshydratation (tachycardie et hypotension orthostatique).

▷ *Correction des anomalies métaboliques.* Il faut pratiquer un dosage de la glycémie (normalement avant les repas et au coucher), et administrer l'insuline selon l'ordonnance. Le traitement de l'hypoglycémie comprend l'absorption de jus et de comprimés de glucose. On traite l'hyperglycémie en donnant au patient des doses complémentaires d'insuline

(toutes les trois ou quatre heures au maximum), selon l'ordonnance. Il faut inciter le patient à prendre des repas complets et des collations. On doit prendre des arrangements avec la diététicienne pour que le patient puisse avoir des collations supplémentaires avant une activité physique plus intense. Si l'heure du repas est retardée parce que le patient doit subir des examens diagnostics ou d'autres interventions, l'infirmière doit veiller à ce que les doses d'insuline soient modifiées en conséquence.

▷ *Enseignement au patient.* L'infirmière doit enseigner au patient les soins de base: dosage de la glycémie, administration de l'insuline, recherche de l'acétone dans les urines, régime alimentaire, etc., de même que les mesures de prévention des complications aiguës (hypoglycémie et hyperglycémie). Si le patient présente des signes de complications chroniques du diabète au moment du diagnostic, l'infirmière doit lui enseigner les mesures préventives appropriées (soins des pieds et des yeux, par exemple).

▷ *Formation spécialisée et soins à domicile.* Pour enseigner les techniques de base au patient diabétique, l'infirmière a recours à du matériel didactique particulier, comme une loupe pour la préparation de l'insuline ou un dispositif d'aide à l'injection. Au besoin, elle peut utiliser une documentation très facile à comprendre et à lire. Elle demande à la famille d'aider le diabétique à administrer son traitement (préparation des seringues à l'avance, dosage de la glycémie, etc.). Si le patient souffre d'un handicap physique, il faut consulter un spécialiste pour connaître les glucomètres et les dispositifs d'administration de l'insuline les mieux adaptés à ses besoins. On doit prendre les dispositions nécessaires pour obtenir les services d'une infirmière en santé communautaire ou diriger le patient vers un centre d'enseignement pour diabétiques en consultation externe. On doit aussi aider le patient à trouver des ressources communautaires où il pourra obtenir de l'enseignement et du matériel pour compenser ses incapacités physiques (un centre pour personnes atteintes d'une déficience visuelle, par exemple).

▷ *Réduction de l'anxiété.* L'infirmière doit offrir un soutien affectif au patient et prendre le temps de l'écouter s'il sent le besoin de parler, de pleurer ou de poser des questions. Elle doit corriger les idées fausses du patient et de sa famille (voir l'encadré 30-5), et les aider à se concentrer sur l'apprentissage des techniques d'autosoins. Elle doit inciter le patient à pratiquer les techniques qu'il redoute le plus en lui expliquant que ses craintes se dissiperont après qu'il les aura effectuées une fois et en le félicitant de ses succès.

## ▷ *Évaluation*

### *Résultats escomptés*

1. Le patient présente un bilan hydroélectrolytique normal.
   a) Le bilan des ingesta et des excreta est équilibré.
   b) Ses taux sériques d'électrolytes sont dans les limites de la normale.
   c) Ses signes vitaux sont stables et l'hypotension orthostatique et la tachycardie sont résorbées.
2. Le patient assure l'équilibre de son métabolisme.
   a) Il évite l'hypoglycémie ou l'hyperglycémie.
   b) Ses épisodes d'hypoglycémie sont de courte durée.
   c) Il ne perd plus de poids et commence à se rapprocher du poids désiré.

3. Le patient explique les techniques de base et en fait la démonstration. Il a acquis les connaissances qui suivent:

### Physiopathologie simple

a) Il définit le diabète comme une élévation de la glycémie.
b) Il connaît les valeurs normales de la glycémie.
c) Il connaît les facteurs qui provoquent une baisse de la glycémie (insuline, exercice).
d) Il connaît les facteurs qui entraînent une hausse de la glycémie (aliments, maladies et infections).
e) Il décrit les principales modalités du traitement: régime alimentaire, exercice, dosage de la glycémie, médicaments, enseignement.

### Modalités du traitement (insuline, régime alimentaire, dosage de la glycémie, enseignement)

a) Il pratique correctement le prélèvement et l'injection de l'insuline (comprenant le mélange de deux types d'insuline, au besoin).
b) Il sait comment faire la rotation systématique des points d'injection.
c) Il dit comprendre la classification des groupes alimentaires (selon le système utilisé).
d) Il sait à quelle heure il doit prendre ses collations et ses repas.
e) Il sait quels aliments il peut choisir au menu d'un restaurant et connaît les aliments qui peuvent être substitués.
f) Il pratique la technique de dosage de la glycémie: utilisation du dispositif de ponction du doigt; obtention d'une grosse goutte de sang; application du sang sur la bandelette; essuyage de la bandelette au moment opportun (au besoin); lecture de la valeur de la glycémie et inscription de cette valeur. S'il utilise un glucomètre, le patient sait comment l'étalonner et le nettoyer, changer les piles et reconnaître les signaux d'alarme.
g) Il sait comment se débarrasser des dispositifs de ponction du doigt et des aiguilles.
h) Il sait comment effectuer la recherche d'acétone dans les urines (pour les patients atteints de diabète de type I) lorsqu'il est malade ou quand sa glycémie se situe régulièrement ou sans raisons entre 13,8 et 16,6 mmol/L.
i) Il connaît les ressources communautaires et les services de consultations externes où il pourra obtenir des renseignements sur le diabète.

### Complications aiguës (hypoglycémie et hyperglycémie)

a) Il énumère les symptômes de l'hypoglycémie et les dangers de l'hypoglycémie non traitée.
b) Il sait comment traiter l'hypoglycémie: 10 à 15 mg de sucres simples suivis d'une collation composée de protéines et de glucides.
c) Il connaît les causes de l'hypoglycémie: doses trop fortes d'insuline, retard ou diminution de l'apport alimentaire, augmentation de l'activité physique.
d) Il explique les mesures de prévention de l'hypoglycémie: dosage fréquent de la glycémie si son horaire quotidien est modifié et prise d'une collation avant de faire de l'exercice. Il sait qu'il est important de porter un bracelet Medic Alert et a toujours sur lui une source de sucres simples.
e) Il connaît les symptômes de l'hyperglycémie prolongée.
f) Il connaît les règles à suivre en cas de maladie (encadré 30-6).

### Renseignements pratiques

a) Il sait où acheter et conserver l'insuline, les seringues et le matériel de dosage de la glycémie.
b) Il sait quand il doit consulter son médecin: maladie, glycémies régulièrement au-dessus de la concentration fixée par le médecin, plaies cutanées qui ne guérissent pas.
c) Il sait où s'adresser en cas d'urgence.

---

# COMPLICATIONS CHRONIQUES DU DIABÈTE

On a noté, dans la population diabétique, une baisse régulière du nombre de décès liés à l'acidocétose et aux infections. Cependant, on a observé une hausse alarmante des décès associés à des complications rénales et cardiovasculaires. L'augmentation de ces complications s'explique en partie par l'augmentation de l'espérance de vie des diabétiques.

Les complications chroniques du diabète peuvent toucher presque tous les organes. Les principaux types de complications chroniques sont les suivants:

Macroangiopathie
Microangiopathie
Neuropathie

Des études portant sur les causes précises et la pathogénie de chaque type de complications sont actuellement en cours. Toutefois, il semble que l'augmentation de la glycémie contribue à la neuropathie, à la microangiopathie et aux facteurs de risque associés à la macroangiopathie. L'hypertension constitue également un facteur favorisant, particulièrement dans les cas de macroangiopathie et de microangiopathie.

Les complications chroniques touchent les diabétiques de type I et de type II. Habituellement, elles apparaissent 5 à 10 ans après le début de la maladie. Les néphropathies (microangiopathie) sont plus fréquentes chez les patients atteints de diabète de type I, tandis que les complications cardiovasculaires (macroangiopathie) se rencontrent davantage chez les patients âgés atteints de diabète de type II.

## MACROANGIOPATHIE

Les lésions athéroscléreuses des grosses artères sont fréquentes chez les diabétiques. Cette athérosclérose (dépôts lipidiques dans les gros vaisseaux) est semblable à celle des non-diabétiques, mais elle survient généralement à un plus jeune âge. On observe différents types de macroangiopathie selon le siège des lésions athéroscléreuses.

**Coronaropathies.** L'athérosclérose des artères coronaires accroît la fréquence de l'infarctus du myocarde chez les diabétiques (de deux fois chez les hommes et de trois fois chez les femmes). Le diabète augmente les risques de complications associées à l'infarctus du myocarde et les risques d'un deuxième infarctus. Selon certaines études, les coronaropathies sont la cause de 50 à 60% des décès chez les diabétiques.

Chez les diabétiques souffrant d'une coronaropathie, les symptômes caractéristiques de l'ischémie sont souvent absents. Ainsi, certains patients ne perçoivent pas les signes précurseurs d'une diminution du débit cardiaque et peuvent présenter des infarctus du myocarde asymptomatiques, c'est-à-dire sans la douleur thoracique caractéristique. Ces infarctus ne sont révélés que par l'électrocardiogramme. Une atteinte du système nerveux autonome pourrait expliquer l'absence de symptômes.

**Accident vasculaire cérébral.** Les lésions athéroscléreuses ou la migration d'un embole dans les vaisseaux du cerveau sont à l'origine des accidents vasculaires cérébraux et des accidents ischémiques transitoires. L'accident vasculaire cérébral chez les diabétiques s'apparente à celui que l'on observe chez les non-diabétiques, mais le diabétique court deux fois plus de risques d'en être victime. Des études semblent démontrer que la mortalité par accident vasculaire cérébral est bien plus élevée chez les diabétiques que chez les non-diabétiques.

**Maladie des vaisseaux périphériques.** L'athérosclérose des gros vaisseaux sanguins des membres inférieurs peut entraîner une artériopathie périphérique oblitérante, un trouble qui est deux à trois fois plus fréquent chez les diabétiques que chez les non-diabétiques, et qui se manifeste principalement par une diminution des pouls périphériques et une claudication intermittente (douleur au niveau des fesses, des hanches et / ou des mollets lors de la marche). L'artériopathie prononcée des membres inférieurs est la principale cause de la fréquence accrue de la gangrène et des amputations chez les diabétiques.

**Rôle du diabète dans la macroangiopathie.** Des études portant sur la relation entre le diabète et la macroangiopathie sont actuellement en cours. Les lésions athéroscléreuses des diabétiques sont semblables à celles que présentent les non-diabétiques, mais elles sont plus fréquentes pour des raisons que l'on ignore. La seule caractéristique propre aux diabétiques est l'hyperglycémie. Toutefois, on n'est pas parvenu à établir un lien direct entre l'hyperglycémie et l'athérosclérose.

Les facteurs de risque associés à l'athérosclérose sont l'augmentation des taux de lipides sanguins, l'hypertension, le tabagisme, l'obésité, la sédentarité et les antécédents familiaux. Il semble que ces facteurs de risque jouent le même rôle chez les diabétiques que chez les non-diabétiques. Certains facteurs de risque sont plus fréquents chez les diabétiques (obésité, hypertriglicéridémie, hypertension, par exemple). Toutefois, à facteurs de risque égaux, les diabétiques sont plus exposés à l'athérosclérose que les non-diabétiques. Le diabète constituerait donc en soi un facteur de risque d'athérosclérose.

Des chercheurs s'intéressent vivement aux autres facteurs associés au diabète susceptibles de favoriser l'athérosclérose. Ce sont, notamment, des anomalies des plaquettes et des facteurs de coagulation, une diminution de la flexibilité des globules rouges, une réduction de la diffusion d'oxygène, des altérations de la paroi artérielle liées à l'hyperglycémie et parfois à l'hyperinsulinémie.

**Traitement et prévention de la macroangiopathie.** Actuellement, on recommande de prévenir et de traiter les facteurs de risque connus de l'athérosclérose. Le régime alimentaire est important dans le traitement de l'obésité, de l'hypertension et de l'hyperlipidémie. Il est parfois indiqué d'utiliser des médicaments pour maîtriser l'hypertension et l'hyperlipidémie. Une baisse du taux de triglycérides est associée à l'équilibre de la glycémie.

Il est important que le diabétique fasse de l'exercice physique régulièrement tout en tenant compte de ses limites.

Comme nous l'avons vu précédemment (voir la section sur l'activité physique), la présence de complications comme les neuropathies et les rétinopathies réduit le choix des activités physiques. L'activité physique doit être pratiquée à un moment qui favorise la réduction de l'hyperglycémie postprandiale. On doit toutefois éviter le moment où l'insuline atteint son pic d'action pour prévenir l'hypoglycémie.

La réduction des facteurs de risque est un aspect important du traitement du diabète. Souvent, les patients insulinodépendants se concentrent uniquement sur la mesure de la glycémie et la modification de leurs doses d'insuline. Il est essentiel de leur faire comprendre que la réduction des facteurs de risque est tout aussi importante et qu'ils ne doivent surtout pas négliger cet aspect du traitement.

## MICROANGIOPATHIE

La macroangiopathie touche les diabétiques et les non-diabétiques, mais la microangiopathie touche exclusivement les diabétiques. Elle se caractérise par un épaississement de la membrane qui enveloppe les cellules endothéliales des capillaires (membrane basale). Selon certains chercheurs, cet épaississement serait dû à un ensemble de réactions chimiques provoquées par l'hyperglycémie.

Les troubles de fonctionnement des capillaires peuvent avoir un effet dévastateur lorsqu'ils touchent la microcirculation de la rétine et des reins. Au Canada, la rétinopathie diabétique est la principale cause de cécité avant l'âge de 65 ans et représente plus de 33 % des cas de cécité.

### Rétinopathie diabétique

La rétinopathie diabétique est due à des altérations des petits vaisseaux de la rétine (figure 30-7). La rétine est la région de l'œil qui reçoit les images et les envoie au cerveau. Elle est très vascularisée : petites artères et veines, artérioles, veinules et capillaires.

Les trois principaux stades de la rétinopathie sont la rétinopathie non proliférative, la rétinopathie préproliférative et la rétinopathie proliférative. La plupart des diabétiques présentent une rétinopathie non proliférative dans les 5 à 15 ans qui suivent le diagnostic. Un très faible pourcentage de ces patients atteindront le stade de la rétinopathie proliférative.

**Rétinopathie non proliférative.** À ce premier stade de la rétinopathie les altérations pathologiques des capillaires comprennent l'épaississement de la membrane basale, l'augmentation de la perméabilité des capillaires et la présence d'occlusions.

Au moins 90 % des diabétiques (dont la glycémie est mal maîtrisée) peuvent présenter les signes cliniques d'une rétinopathie non proliférative. Chez ces patients, les seuls signes de rétinopathie sont des microanévrismes dispersés, visibles à l'examen ophtalmologique. La plupart d'entre eux n'ont pas de déficience visuelle et présentent peu de risques de cécité.

À ce stade de la rétinopathie, seul un *oedème maculaire* pourrait entraîner une déficience visuelle. Cet oedème est causé par un écoulement ou une hémorragie des capillaires. Lorsque la fuite de l'oedème se produit dans la région de la macula

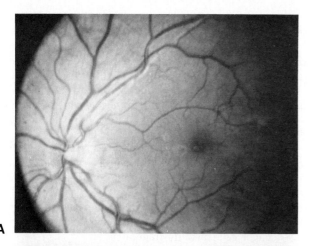

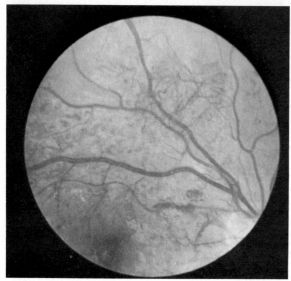

***Figure 30-7. Rétinopathie diabétique.*** (**A**) Fond d'un œil normal. La région circulaire claire (à gauche), vers laquelle de nombreux vaisseaux sanguins convergent, représente la papille optique. C'est à cet endroit que le nerf optique rejoint le fond de l'œil. À droite de la papille optique se trouve une tache sombre de plus petite taille, la macula. (**B**) Fond de l'œil d'un patient présentant une rétinopathie diabétique grave, on y voit une importante néovascularisation, des microanévrismes et des hémorragies. (Source des photographies: National Eye Institute)

(partie de la rétine où les images du centre du champ visuel convergent), la vision est déformée et il peut y avoir perte de la vision centrale. La vision périphérique n'est pas toujours touchée. Environ 10 % des patients atteints de diabète de type I et de type II souffrent d'oedème maculaire.

***Rétinopathie préproliférative.*** Il s'agit du stade intermédiaire de la rétinopathie, qui est annonciateur de la rétinopathie proliférative. Des études épidémiologiques ont démontré que 10 à 50 % des patients souffrant d'une rétinopathie préproliférative atteindront le stade de la rétinopathie proliférative en peu de temps (parfois en moins d'un an). Ce stade se caractérise par une occlusion des capillaires et une réaction de la rétine à la réduction de l'irrigation sanguine (hypoxie rétinienne).

En réaction à l'hypoxie, la rétine développe de nouveaux vaisseaux sanguins. On pense que les capillaires dilatés et sinueux observés au stade préprolifératif représenteraient un début de néovascularisation.

Comme au stade non prolifératif, l'apparition d'une déficience visuelle est généralement due à un oedème maculaire.

***Rétinopathie proliférative.*** Il s'agit du stade avancé de la rétinopathie qui est responsable de la plupart des cas de déficience visuelle chez les diabétiques. Le terme *prolifératif*

désigne la formation de nouveaux vaisseaux sanguins sur la rétine et autour de celle-ci. Au stade préprolifératif, la croissance des nouveaux vaisseaux se produit à l'intérieur de la rétine, tandis qu'au stade prolifératif, les nouveaux vaisseaux s'étendent jusqu'au corps vitré (vers le devant de l'œil). Ces nouveaux vaisseaux sont très fragiles, car leur paroi est mince. Ils laissent facilement échapper du sang.

La déficience visuelle associée à la rétinopathie proliférative est due à une hémorragie dans le corps vitré ou à un décollement de la rétine. Normalement, le corps vitré est transparent pour permettre à la lumière d'atteindre la rétine, mais l'hémorragie entraîne son opacification, puis subséquemment la formation de tissu cicatriciel. Ce tissu cicatriciel exerce sur la rétine une traction pouvant provoquer son décollement.

Par contre, une rétinopathie avancée et des hémorragies n'entraînent pas toujours une perte visuelle importante. Toutefois, les patients qui observent des symptômes d'hémorragie, comme la perception de «mouches volantes» ou de «toiles d'araignée» ou d'un changement soudain de la vision, doivent subir un examen ophtalmologique, et un traitement au laser, s'il y a lieu.

***Examens diagnostics.*** Pour poser son diagnostic, l'ophtalmologiste doit pratiquer une ophtalmoscopie ou une

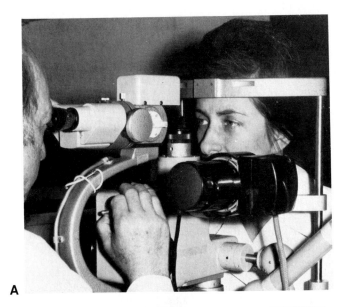

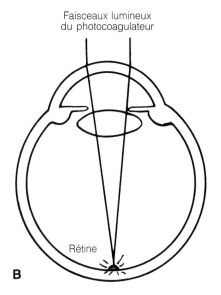

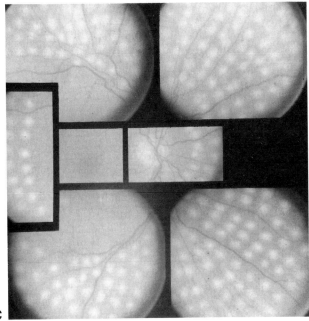

*Figure 30-8.* **Photocoagulation. (A)** Photo d'une personne subissant un traitement au laser argon. Ce laser émet un fin faisceau de lumière turquoise d'une grande intensité. Le traitement consiste à diriger un faisceau lumineux intense vers l'œil et à le concentrer en un petit point de la rétine. **(B)** Principes de la photocoagulation. Le faisceau lumineux intense agit à la manière des rayons du soleil que l'on concentre à travers une loupe. **(C)** Cette photo du fond de l'œil droit montre une brûlure récente par photocoagulation panrétinienne au laser à argon. La brûlure en forme de réseau ne touche pas la macula.

(Source: **(A)** Dr Arnall Patz, Wilmer Eye Institute, Johns Hopkins Hospital, Baltimore, Maryland. **(B)** American Association of Workers for the Blind, Blindness Annual. **(C)** R. Klein, «Management of eye diseases in the insulin-dependent diabetic patient», *Primary Care Clin* 1983; 10[4]:686)

angiographie à la fluorescéine. L'angiographie à la fluorescéine permet de déterminer le stade de la rétinopathie et son ampleur. Pour réaliser l'angiographie, on injecte un produit de contraste dans une veine du bras. Le produit de contraste circule dans le sang pour atteindre la rétine, ce qui permet à l'ophtalmologiste d'examiner en détail les vaisseaux de la rétine, à l'aide d'instruments spéciaux, et d'obtenir des renseignements plus précis qu'à l'ophtalmoscopie. On peut de plus prendre des photos du fond de l'œil à travers divers filtres qui activent et enregistrent la fluorescence du produit de contraste. Celui-ci se lie aux protéines sanguines; il apparaît d'abord dans la choroïde, puis dans les branches artérielles de la rétine. Les zones d'écoulements des vaisseaux et les zones de néovascularisation (formation de nouveaux vaisseaux) sont imprégnées de fluorescéine.

Cet examen peut se faire en consultation externe. Il peut entraîner les complications suivantes:

- des nausées pendant l'injection du produit de contraste;
- une coloration fluorescente jaunâtre de la peau et des urines pendant 12 à 24 heures;
- une réaction allergique se traduisant par de l'urticaire ou des démangeaisons.

Cet examen diagnostic est généralement sans risque. Pour bien préparer le patient, on doit lui expliquer:

- les différentes étapes de l'examen;
- les complications possibles;
- les renseignements que l'examen permet d'obtenir.

On doit également l'informer que:

- l'intervention n'est pas douloureuse;
- le flash de l'appareil photo peut causer un léger malaise pendant une courte période.

## Traitement

***Photocoagulation (laser).*** On traite principalement la rétinopathie diabétique par photocoagulation au laser argon (voir la figure 30-8). Le traitement au laser détruit les vaisseaux sanguins lésés de même que les régions de néovascularisation. Des études récentes sur la rétinopathie diabétique ont permis d'établir les altérations de la rétine associées à des risques accrus d'hémorragie. Chez les patients qui présentent ces altérations, la *photocoagulation panrétinienne* peut considérablement réduire le rythme de progression de la cécité. Elle consiste à pratiquer une multitude de brûlures au laser (plus de 1000) sur la rétine (sauf dans la région de la macula). Elle réprime la croissance des nouveaux vaisseaux et l'hémorragie des vaisseaux lésés.

Pour traiter l'œdème maculaire, on utilise la photocoagulation «localisée», qui consiste à pratiquer la brûlure des microanévrismes dans la région de la macula. Des études récentes ont démontré que cette intervention peut réduire de 50 % le taux des déficiences visuelles associées à l'œdème maculaire.

Les traitements par photocoagulation se font habituellement en consultation externe, et la plupart des patients peuvent reprendre leurs activités normales le lendemain de l'intervention. Dans certains cas, on demande au patient d'éviter les efforts. Le traitement n'est habituellement pas très douloureux, mais il peut provoquer un certain malaise. Habituellement, il suffit d'administrer un collyre anesthésique. Un faible pourcentage des patients traités remarquent une légère perte de l'acuité visuelle ou de la vision périphérique, ou une altération de l'adaptation à l'obscurité. Pour la plupart des patients cependant, ces inconvénients sont minimes en regard des risques de cécité.

***Vitrectomie.*** Une hémorragie importante dans le corps vitré entraîne son opacification et, par conséquent, la cécité. La vitrectomie est une intervention chirurgicale qui consiste à retirer au moyen d'un vitréotome l'humeur vitrée remplie de sang ou de tissus fibreux. On la remplace par une solution physiologique ou un autre liquide.

On pratique la vitrectomie chez les patients qui ont déjà perdu une partie de leur acuité visuelle et dont l'hémorragie dans le corps vitré ne s'est pas résorbée après six mois. Le but de l'intervention est de redonner au patient une vision fonctionnelle; on ne s'attend généralement pas à ce qu'il recouvre une vue normale.

***Autres complications ophtalmologiques.*** La rétinopathie diabétique n'est pas la seule complication du diabète susceptible d'affecter l'acuité visuelle. Les cataractes, l'hypoglycémie, l'hyperglycémie, la neuropathie et le glaucome peuvent également compromettre la vision (voir le chapitre 55).

## Enseignement

Tous les traitements de la rétinopathie causent une perte de l'acuité visuelle, ce qui doit être expliqué au patient et à sa famille de façon franche. L'évolution de la rétinopathie est longue et cause du stress. Dans son enseignement, l'infirmière doit insister sur les points suivants:

- La rétinopathie est une conséquence probable du diabète, mais ne signifie pas que le diabète s'aggrave.
- Il a de fortes chances que la rétinopathie n'entraîne pas la cécité.
- Des examens ophtalmologiques fréquents sont le meilleur moyen de préserver la vision, car ils permettent de déceler les rétinopathies.

Lorsqu'elle prend soin d'un diabétique souffrant d'une déficience visuelle, l'infirmière ne doit pas oublier que:

- l'apparition d'une déficience visuelle cause toujours un choc; la réaction à une baisse de la vue varie selon la personnalité, le concept de soi et les mécanismes d'adaptation;
- l'acceptation de la cécité se fait par étapes; certaines personnes l'acceptent assez rapidement, tandis que d'autres ne l'acceptent jamais;
- même si la rétinopathie est bilatérale, elle est parfois plus grave dans l'un des yeux;
- la rétinopathie peut s'accompagner d'une neuropathie périphérique entraînant une perte de la dextérité manuelle et de la sensibilité tactile.

## Néphropathie

En Amérique du Nord, les diabétiques représentent 25 % des cas d'insuffisance rénale chronique exigeant une hémodialyse ou une greffe rénale. Le risque de néphropathie est de 20 à 40 % chez les diabétiques.

Chez les diabétiques de type I les premiers signes d'atteinte rénale se manifestent souvent après 15 à 20 ans, tandis que chez les diabétiques de type II ils apparaissent dans les 10 ans qui suivent le diagnostic, ce qui peut s'expliquer par le fait que chez de nombreux patients atteints de diabète de type II, la maladie était déjà présente depuis plusieurs années lorsqu'elle a été diagnostiquée et traitée.

À l'heure actuelle, il n'existe aucun moyen de savoir si un diabétique souffrira ou non de néphropathie. Toutefois, on étudie présentement la relation entre l'équilibre de la glycémie et la néphropathie. La stabilisation de la pression artérielle est la seule mesure de prévention connue pour retarder l'évolution d'une maladie rénale établie.

***Pathologie.*** Il semble qu'au début de la maladie le taux de filtration glomérulaire augmente. On se rappellera que la structure moléculaire de la membrane basale des capillaires du rein (glomérules) agit comme un filtre sélectif. Or, avec le temps, l'hyperglycémie épaissit la membrane basale, et l'altération des proportions des glycoprotéines en modifie la structure moléculaire. La membrane est donc à la fois plus épaisse et plus perméable, de sorte que des protéines sanguines sont excrétées dans les urines.

Peu après l'apparition du diabète, et particulièrement lorsque la glycémie est élevée, le mécanisme de filtration des reins subit une agression; en conséquence, la pression des vaisseaux sanguins du rein augmente. Il est probable que cette augmentation de pression contribue à l'évolution de la néphropathie. Des médicaments et des régimes alimentaires qui pourraient prévenir cette complication sont actuellement à l'étude.

***Examens diagnostiques.*** L'excrétion d'albumine dans les urines est l'un des premiers signes d'atteinte rénale, mais elle peut passer inaperçue pendant de nombreuses années. Un échantillon d'urines de 24 heures peut permettre de dépister une microalbuminurie. Plus de 85 % des patients présentant une microalbuminurie développeront une néphropathie. Un régime alimentaire à faible teneur en protéines pourrait faire rétrocéder la microalbuminurie.

Si l'analyse d'urines sur bandelette réactive révèle régulièrement la présence d'une quantité considérable d'albumine, on doit obtenir les taux de créatinine sérique et d'azote uréique du sang. À ce stade de la néphropathie, il est souvent nécessaire de procéder à d'autres examens pour déceler une atteinte cardiaque ou autre. Certains examens comprennent l'injection de produits de contraste qu'un rein malade a de la difficulté à éliminer. Il est donc important de peser l'importance de l'examen diagnostique en regard des risques qui s'y rattachent.

Les patients (diabétiques ou non-diabétiques) au stade initial d'une néphropathie présentent souvent de l'hypertension artérielle. Par ailleurs, plus de 50 % des diabétiques souffrent d'hypertension artérielle essentielle (pour des raisons inconnues). Il ne faut toutefois pas prendre pour acquis qu'un diabétique présentant de l'hypertension souffre de néphropathie, car l'hypertension n'est pas le seul critère diagnostique de maladie rénale.

***Manifestations cliniques.*** Les signes et symptômes d'atteinte rénale chez les diabétiques sont sensiblement les mêmes que chez les non-diabétiques. (Voir le chapitre 36 pour le traitement des patients souffrant de troubles rénaux.) Par ailleurs, l'insuffisance rénale entraîne une diminution du catabolisme (dégradation) de l'insuline exogène et endogène, ce qui augmente la fréquence des épisodes d'hypoglycémie. On doit donc modifier les doses d'insuline en fonction des changements observés dans le catabolisme de l'insuline, de même que de la modification du régime alimentaire exigée pour le traitement de l'insuffisance rénale. Le stress qu'entraîne l'insuffisance rénale affecte l'estime de soi, les relations familiales, les relations conjugales et presque tous les aspects de la vie quotidienne du patient. L'altération de la fonction rénale entraîne souvent des troubles multiorganiques (diminution de l'acuité visuelle, impuissance, ulcères du pied, insuffisance cardiaque et diarrhée nocturne, par exemple).

***Prévention et traitement.*** En plus de maintenir un équilibre glycémique adéquat, les diabétiques doivent se conformer aux mesures suivantes:

- Maîtrise de l'hypertension (la prise d'inhibiteurs rénine-angiotensine pour la maîtrise de l'hypertension peut également diminuer l'albuminurie dans les premiers stades)
- Prévention ou traitement énergique des infections urinaires
- Interdiction d'ingérer des substances néphrotoxiques
- Adaptation de la médication selon l'évolution de la néphropathie
- Régime alimentaire à faible teneur en sodium
- Régime alimentaire à faible teneur en protéines (particulièrement au début de la néphropathie)

Il existe deux traitements de l'insuffisance rénale: la dialyse (hémodialyse ou dialyse péritonéale) et la greffe.

L'*hémodialyse* des patients diabétiques est semblable à celle des non-diabétiques (voir le chapitre 36). Elle est contre-indiquée chez les patients souffrant de maladies cardiovasculaires, à cause du stress qu'elle provoque. De plus, elle est très astreignante.

On utilise de plus en plus la dialyse péritonéale continue ambulatoire (DPCA) et la dialyse péritonéale intermittente chez les diabétiques car elles offrent une plus grande souplesse. De plus, on peut ajouter de l'insuline à la solution de dialyse, ce qui permet d'assurer un meilleur équilibre du diabète et d'éviter les injections d'insuline. Toutefois, la dialyse péritonéale exige souvent des doses plus élevées d'insuline à cause de la présence de glucose dans la solution de dialyse. Elle comporte de plus des risques d'infections diverses et de péritonite.

Depuis quelques années, le taux de réussite de la greffe rénale chez les diabétiques a augmenté. Dans les centres hospitaliers qui font de nombreuses greffes, le taux de survie du greffon à cinq ans est de 75 à 80 %. Tout comme le rein d'origine, le rein greffé du diabétique peut subir des lésions si la glycémie reste élevée. Aussi, pour assurer le succès de la greffe, il est essentiel d'effectuer de fréquents dosages de la glycémie et d'ajuster en conséquence les doses d'insuline.

Le taux de mortalité des diabétiques dialysés est plus élevé que celui des non-diabétiques dialysés. Les décès sont étroitement liés à la gravité des troubles cardiovasculaires.

## Neuropathies diabétiques

Les neuropathies diabétiques peuvent atteindre les nerfs périphériques sensitifs et moteurs, le système nerveux autonome et les nerfs rachidiens. Sur le plan clinique, les troubles varient en fonction du siège des cellules nerveuses touchées.

Leur incidence augmente avec l'âge et la durée de la maladie, pouvant atteindre 50 % chez les patients atteints de diabète depuis 25 ans. Il se pourrait que l'une des causes des neuropathies soit une glycémie élevée pendant plusieurs années.

Les neuropathies diabétiques relèveraient d'un mécanisme vasculaire ou métabolique, ou d'une association des deux. Un épaississement de la membrane basale et une occlusion des capillaires, ainsi qu'une démyélinisation des nerfs probablement liée à l'hyperglycémie pourraient être en cause. La conduction nerveuse est interrompue lorsque la gaine myélinique est atteinte.

La polyneuropathie périphérique et l'atteinte du système nerveux autonome constituent les deux formes de neuropathie diabétique les plus courantes.

***Manifestations cliniques de la polyneuropathie périphérique.*** Ce type de neuropathie touche généralement la portion distale des nerfs. Elle se manifeste surtout dans les membres inférieurs, de façon bilatérale et symétrique, et peut se propager rapidement en amont.

Ses premiers symptômes sont, notamment, des paresthésies (sensation anormale de picotement, de fourmillement, etc.), ainsi qu'une sensation de brûlure (surtout la nuit). Ces symptômes sont suivis d'engourdissements des pieds. Une baisse de la sensibilité proprioceptive (conscience de la position et des mouvements du corps, ainsi que de la position et du poids des objets par rapport au corps), de même qu'une baisse de la sensibilité tactile peuvent rendre la démarche instable. La diminution de la sensibilité à la douleur et à la chaleur expose à des blessures et à des infections plantaires, qui peuvent passer inaperçues.

L'examen physique révèle une baisse du réflexe ostéotendineux et du sens vibratoire. Parfois, ces observations physiques peuvent être les seuls signes de polyneuropathie périphérique. Chez les patients présentant des symptômes de polyneuropathie périphérique, il est important d'éliminer les autres types de neuropathie, comme la neuropathie due à une avitaminose ou la neuropathie alcoolique.

***Traitement de la polyneuropathie périphérique.*** On a vu des cas où une maîtrise rigoureuse du diabète suffisait à atténuer les symptômes. Des études sont en cours pour déterminer dans quelle mesure la normalisation de la glycémie peut arrêter la progression des neuropathies ou prévenir leur apparition.

Chez certains patients, la douleur se résorbe spontanément en moins de six mois ; chez d'autres, elle persiste pendant des années. On peut tenter de la soulager par divers médicaments : analgésiques (de préférence non narcotiques), antidépresseurs tricycliques, anticonvulsivants (phénitoïne ou carbamazépine), antiarythmiques (mexilétine), ou par l'électrostimulation percutanée.

**Manifestations cliniques d'une atteinte du système nerveux autonome.** Les atteintes du système nerveux autonome peuvent toucher presque tous les organes ; leur traitement dépend de l'appareil ou du système atteint.

On trouvera ci-dessous les principales manifestations d'une atteinte du système nerveux autonome.

*Cardiovasculaires.* Une fréquence cardiaque stable avec légère tachycardie, une hypotension orthostatique et un infarctus du myocarde «silencieux» et indolore sont des manifestations cardiovasculaires d'une atteinte du système nerveux autonome.

*Gastro-intestinales.* Un retard de la vidange gastrique peut survenir, accompagnée de symptômes caractéristiques : satiété rapide, ballonnement, nausées et vomissements. La glycémie peut subir des fluctuations considérables et inexpliquées, liées à une absorption irrégulière du glucose provenant de l'alimentation. On peut observer aussi une constipation «diabétique» ou de la diarrhée (surtout la nuit).

*Urinaires.* Une rétention urinaire, une perte de la sensation de plénitude vésicale, ainsi que d'autres symptômes de vessie neurogène peuvent être engendrés par une atteinte du système nerveux autonome. La vessie neurogène prédispose aux infections urinaires, à plus forte raison dans les cas de diabète mal équilibré, car l'hyperglycémie réduit la résistance à l'infection.

*Surrénaliennes.* Une atteinte du système nerveux autonome peut provoquer une diminution, ou une disparition des symptômes adrénergiques caractéristiques de l'hypoglycémie : tremblements, sudation, nervosité et palpitations. Une trop stricte maîtrise de la glycémie *n'est pas* recommandée pour ces patients, à cause de l'impossibilité de dépister à temps l'hypoglycémie.

*Sudomotrices.* On peut observer une diminution ou une absence de sudation («anidrose») au niveau des membres inférieurs, compensée par une sudation accrue dans la partie supérieure du corps. La sécheresse des pieds augmente les risques d'ulcères plantaires.

*Sexuelles.* Les troubles sexuels, surtout l'impuissance chez les hommes, sont l'une des complications les plus connues et les plus redoutées du diabète. On connaît encore mal les effets de l'atteinte du système nerveux autonome sur la sexualité féminine, bien qu'on ait observé une diminution de la lubrification vaginale. Il existe peu d'études à ce sujet.

L'*impuissance*, c'est-à-dire la difficulté ou l'impossibilité d'obtenir une érection satisfaisante, est plus fréquente chez les hommes diabétiques que chez les hommes non diabétiques du même âge. L'infirmière et le patient doivent cependant savoir que les neuropathies *ne sont pas* la seule cause d'impuissance chez l'homme diabétique. Des médicaments comme les antihypertenseurs, des facteurs psychologiques ou une autre maladie (insuffisance vasculaire par exemple) peuvent y contribuer.

Une évaluation minutieuse des facteurs susceptibles d'entraîner l'impuissance est primordiale. Il faut traiter les causes sous-jacentes (modification du traitement antihypertenseur par exemple) ou offrir au patient un counseling sexuel ou conjugal, avant d'envisager des traitements effractifs comme l'implantation d'une prothèse pénienne.

De nombreux patients éprouvent de la difficulté à parler de leurs problèmes sexuels. Il est donc important de poser des questions directes tout en faisant preuve de tact lorsqu'on dresse le profil sexuel du patient. Certains patients ne savent pas que les troubles sexuels peuvent être liés à des troubles médicaux, et ils les attribuent simplement au stress ou à l'âge. D'autres, au contraire, peuvent souffrir d'impuissance psychogène parce qu'ils sont mal informés sur l'impuissance liée au diabète. Il est donc important de donner au patient des renseignements précis concernant les causes de l'impuissance chez les diabétiques.

Le rôle joué par l'hyperglycémie et les troubles vasculaires n'est pas encore clairement déterminé. Une glycémie mal équilibrée, de même que d'autres symptômes liés aux complications du diabète, peuvent contribuer à créer une impression générale de malaise et de faiblesse. Ces symptômes peuvent également réduire l'intérêt du patient pour les relations sexuelles. L'atteinte du système nerveux autonome n'affecte généralement pas la libido, ni la capacité d'éjaculer ou d'avoir un orgasme.

*Éjaculation rétrograde.* Il arrive que des hommes présentant une atteinte du système nerveux autonome aient une érection normale et un orgasme, mais sans éjaculation. Ces hommes peuvent présenter une éjaculation rétrograde, un trouble selon lequel le sperme est dirigé dans l'urètre postérieur et dans la vessie. Le diagnostic d'éjaculation rétrograde est confirmé par la présence d'un grand nombre de spermatozoïdes actifs dans les urines. Dans ce cas, on dirige les couples qui désirent un enfant vers une clinique de fertilité.

# PROBLÈMES DU PIED ET DE LA JAMBE CHEZ LE DIABÉTIQUE

Cinquante à soixante-quinze pour cent des personnes qui subissent des amputations des membres inférieurs sont diabétiques. Pourtant, 50 % de ces amputations pourraient être évitées si les patients connaissaient et appliquaient chaque jour les mesures préventives de soins des pieds.

Trois complications du diabète contribuent à accroître les risques d'infection des pieds :

*Les neuropathies* : La polyneuropathie périphérique entraîne une perte de la sensibilité à la douleur et à la pression, alors qu'une atteinte du système nerveux autonome provoque une sécheresse de la peau et des fissures dues à une diminution ou une absence de sudation.

*Les maladies des vaisseaux périphériques* : Une mauvaise circulation dans les jambes retarde la cicatrisation, ce qui peut entraîner la gangrène.

*Le déficit immunitaire* : Comme l'hyperglycémie altère la capacité des leucocytes de détruire les bactéries, un diabète mal équilibré diminue la résistance à certaines infections.

L'ulcère plantaire débute de façon caractéristique par une lésion des tissus mous, par la formation d'une fissure entre les orteils ou sur une région de peau sèche, ou encore par la formation de callosités. Le patient dont les pieds sont insensibles ne remarque pas ces lésions, qui peuvent être d'origine thermique (utilisation de coussins chauffants ou marche sur du béton chaud par exemple), chimique (application de substances caustiques sur des cors ou des durillons), ou traumatique (mauvaise technique de coupe des ongles, présence d'un corps étranger dans la chaussure, ou port de chaussures ou de chaussettes mal adaptées).

Si le patient n'examine pas ses pieds soigneusement tous les jours, la lésion ou la fissure peut passer inaperçue et causer une infection grave. Les premiers signes visibles d'infection sont un œdème, un écoulement ou une rougeur (due à la cellulite), ou la gangrène.

Le traitement des ulcères plantaires comprend l'alitement, la prise d'antibiotiques et le débridement de la plaie. Pour favoriser la cicatrisation, il est important de maîtriser la glycémie, qui a tendance à augmenter lorsque des infections se déclarent. Chez les patients souffrant d'une maladie des vaisseaux périphériques, les ulcères guérissent difficilement parce que l'oxygène, les éléments nutritifs et les antibiotiques atteignent difficilement les tissus lésés. L'amputation peut se révéler nécessaire pour éviter une infection généralisée.

Lorsque l'on traite des patients fortement prédisposés aux ulcères plantaires, l'examen des pieds et l'enseignement relatif aux soins des pieds sont essentiels. Les facteurs de risque sont les suivants:

- Diabète depuis plus de 10 ans
- Patient de plus de 40 ans
- Tabagisme
- Pouls périphériques faibles
- Baisse de la sensibilité
- Déformations anatomiques et irritations cutanées dues à une pression (oignons ou durillons, par exemple)
- Antécédents d'ulcère plantaire ou amputation

***Soins des pieds.*** Les soins préventifs sont les suivants: le patient doit bien se laver les pieds, les assécher soigneusement et les masser avec un lubrifiant (il faut veiller à ce qu'il ne reste pas de résidus d'eau ou de lotion entre les orteils). Il doit examiner ses pieds tous les jours pour dépister les rougeurs, les ampoules, les fissures, les durillons ou les ulcères. Si sa vue laisse à désirer ou s'il manque de flexibilité (problèmes courants chez les personnes âgées), il peut utiliser un miroir pour examiner la plante de ses pieds ou enseigner à un membre de sa famille comment faire l'examen des pieds. Tous les diabétiques doivent examiner la surface interne de leurs chaussures afin de déceler les surfaces rugueuses ou la présence d'un corps étranger. En plus de l'examen manuel et visuel quotidien, des examens périodiques par un podologue, un médecin ou une infirmière s'imposent. On recommande aux patients ayant des callosités ou des ongles très épais de voir régulièrement un podologue.

On doit recommander au patient de porter des chaussures fermées et confortables. Le podologue peut fournir au patient des semelles coussinées adaptées pour soulager les points de pression. Les chaussures neuves doivent être assouplies progressivement (les porter d'abord une ou deux heures par jour, puis de plus en plus longtemps) pour éviter la formation d'ampoules. Il faut éviter les comportements à risques, notamment marcher pieds nus, utiliser des coussins chauffants, porter des souliers à bout ouvert. Il faut couper les ongles en ligne droite sans arrondir les coins.

Il faut conseiller aux patients de réduire les facteurs de risque favorisant les maladies des vaisseaux périphériques, comme le tabagisme et l'hyperglycémie. Il est important de maîtriser la glycémie pour éviter un déficit immunitaire et des neuropathies.

---

# PROBLÈMES PARTICULIERS RELIÉS AU DIABÈTE

## DIABÉTIQUES DEVANT SUBIR UNE OPÉRATION

Durant les périodes de stress physiologique (lors d'une intervention chirurgicale, par exemple), la glycémie tend à augmenter à cause de l'élévation de la concentration des hormones de stress (adrénaline, noradrénaline, glucagon, cortisol et hormone de croissance). Si l'hyperglycémie n'est pas adéquatement maîtrisée durant l'intervention chirurgicale, la diurèse osmotique qui en résultera pourrait entraîner une importante perte hydroélectrolytique. Les patients atteints de diabète de type I risquent également de souffrir d'acidocétose en période de stress.

Le risque d'hypoglycémie est particulièrement élevé chez les patients diabétiques si l'intervention est reportée dans l'après-midi et que le patient a reçu une dose d'insuline à action intermédiaire le matin.

Il existe différentes façons d'équilibrer la glycémie au cours de l'opération, mais quelle que soit la méthode utilisée, il est essentiel de procéder fréquemment à des dosages de la glycémie avant et après l'opération.

Si le patient est insulinodépendant, on peut administrer la moitié ou les deux tiers de la dose matinale habituelle (d'insuline à action intermédiaire ou d'une association d'insuline à action rapide et intermédiaire) par voie sous-cutanée le matin précédant l'opération. Le reste de la dose est administré après l'intervention. On peut également diviser le nombre total d'unités d'insuline prises quotidiennement en quatre doses égales d'insuline régulière, qu'on administre par voie sous-cutanée toutes les 6 heures.

Le matin de l'opération on n'administre habituellement pas d'insuline par voie sous-cutanée, à moins que la glycémie ne soit élevée (au-dessus de 11,1 mmol/L, par exemple) auquel cas on administre une petite dose d'insuline régulière.

Pendant l'intervention chirurgicale, on corrige la glycémie par une perfusion intraveineuse d'insuline régulière, équilibrée par une perfusion de dextrose. On mesure la glycémie toutes les heures, et on ajuste le débit des perfusions en conséquence. Après l'opération, on peut continuer la perfusion d'insuline jusqu'à ce que le patient soit capable de manger. Si l'on cesse d'administrer de l'insuline par voie intraveineuse, on peut administrer de l'insuline régulière par voie sous-cutanée à intervalles fixes (toutes les 4 à 6 heures), ou de l'insuline à action intermédiaire toutes les 12 heures en association avec de l'insuline régulière, au besoin, jusqu'à que le patient puisse manger et revenir à ses doses normales d'insuline.

L'infirmière qui prend soin d'un patient diabétique recevant de l'insuline par voie intraveineuse doit surveiller attentivement le débit de la perfusion et la glycémie. L'insuline administrée par voie intraveineuse a une durée d'action beaucoup plus courte que l'insuline administrée par voie sous-cutanée. Par conséquent, quand on arrête la perfusion, le patient présente une hyperglycémie dans les heures qui suivent. L'infirmière doit donc veiller à ce que de l'insuline par voie sous-cutanée soit administrée immédiatement avant ou une heure après l'arrêt de la perfusion intraveineuse.

Les patients souffrant de diabète de type II qui ne prennent normalement pas d'insuline peuvent en avoir besoin pendant la période opératoire. Souvent, on recommande aux patients qui prennent de la chlorpropamide, un hypoglycémiant oral à action prolongée, de ne pas en prendre la veille de l'intervention chirurgicale. Certains patients peuvent reprendre leur traitement normal, soit le régime alimentaire et la prise d'hypoglycémiants oraux, pendant la période de rétablissement. D'autres (qui maîtrisaient probablement mal leur diabète par le régime alimentaire et un hypoglycémiant oral avant la chirurgie) devront poursuivre les injections d'insuline après leur sortie du centre hospitalier.

Chez les patients atteints de diabète de type II qui subissent une intervention chirurgicale mineure mais qui ne sont pas insulinodépendants, il est possible que les concentrations de glucose restent stables s'ils ne reçoivent pas une perfusion de dextrose pendant l'opération. Dans la période postopératoire, ils auront peut-être besoin de petites doses d'insuline régulière jusqu'à ce qu'ils puissent reprendre leur régime alimentaire et la prise de l'hypoglycémiant oral.

Durant la période postopératoire, on doit surveiller attentivement le patient pour s'assurer qu'il ne présente pas de complications cardiovasculaires, car l'athérosclérose, les infections des plaies et les ruptures de l'épiderme sont fréquentes chez les diabétiques, surtout chez ceux qui présentent une baisse de la sensibilité à la douleur à cause d'une neuropathie.

# TRAITEMENT DU PATIENT DIABÉTIQUE HOSPITALISÉ

Dix à vingt pour cent des patients hospitalisés dans les services de médecine et de chirurgie souffrent de diabète. Ces chiffres augmenteront sans doute en raison du vieillissement de la population. Même dans les centres hospitaliers qui ont une unité pour diabétiques, on retrouve généralement des patients diabétiques dans toutes les unités de soins.

Il est fréquent que le diabète ne soit pas la raison de l'hospitalisation, mais un changement d'horaire, une maladie ou une opération peuvent perturber l'équilibre de la glycémie. On trouvera ci-dessous les principaux aspects des soins infirmiers à prodiguer au patient diabétique hospitalisé.

**Autosoins.**    Tous les patients hospitalisés doivent s'en remettre au personnel soignant pour la plupart des aspects de leurs soins quotidiens. Le diabétique qui a l'habitude d'assurer lui-même son traitement (surtout l'adaptation de ses doses d'insuline), trouve particulièrement difficile de ne plus décider de l'horaire de ses repas et de ses injections d'insuline. De plus, il a souvent peur que l'on intervienne pas assez rapidement s'il présente de l'hypoglycémie.

Il est important que l'infirmière comprenne ces inquiétudes et qu'elle le fasse participer le plus possible à l'établissement du plan de soins. Si le patient est en désaccord avec certains aspects des soins infirmiers ou médicaux liés au diabète, l'infirmière doit en faire part aux autres membres de l'équipe de soins et, si possible, modifier le plan de soins pour répondre aux besoins du patient.

**Hyperglycémie pendant l'hospitalisation.** Le patient hospitalisé peut présenter une hyperglycémie liée à l'affection qui a entraîné son hospitalisation. De plus, d'autres facteurs peuvent entraîner une hyperglycémie, notamment:

- Des changements dans le programme thérapeutique habituel (augmentation de l'apport alimentaire, réduction des doses d'insuline, réduction des activités, etc.)
- Les médicaments (les glucocorticoïdes, comme la prednisone, qui sont utilisés dans le traitement de divers troubles inflammatoires)
- La perfusion intraveineuse de dextrose utilisée pour maintenir l'équilibre hydrique ou pour l'administration d'antibiotiques ou d'un autre médicament
- Un traitement trop énergique de l'hypoglycémie
- La mauvaise synchronisation de l'heure des repas avec l'heure de la prise d'insuline (une hyperglycémie postprandiale peut survenir si on administre de l'insuline immédiatement avant, ou même après les repas)

Il est important que l'infirmière corrige certains de ces facteurs pour éviter que le patient ne souffre inutilement d'hyperglycémie. Il est essentiel qu'elle s'informe des habitudes du patient à domicile pour qu'il conserve le plus possible son horaire habituel de prise d'insuline, de repas et d'activité. Le dosage de la glycémie et l'obtention d'une ordonnance pour des doses additionnelles d'insuline (au moment où le patient s'administre habituellement de l'insuline) constituent un volet important des fonctions de l'infirmière.

- *Il ne faut pas cesser l'administration d'insuline lorsque la glycémie est normale.*

L'insuline régulière est habituellement requise pour éviter l'hyperglycémie postprandiale (même chez les patients ayant des glycémies préprandiales normales) car l'insuline NPH n'atteint son pic d'action que plusieurs heures après l'administration. Les antibiotiques administrés par voie intraveineuse doivent être mélangés à une solution salée physiologique (si possible) pour éviter une perfusion excessive de dextrose (surtout si le patient peut manger). Il est important de ne pas traiter trop énergiquement l'hypoglycémie, ce qui pourraient entraîner une hyperglycémie. Le traitement de l'hypoglycémie doit se faire selon le protocole en vigueur dans le centre hospitalier (normalement, administration de 10 à 15 g de glucides). Si le traitement initial n'augmente pas suffisamment la glycémie, il faudra le répéter.

**Causes courantes de l'hypoglycémie.**    L'hypoglycémie chez le patient hospitalisé est normalement due à un excès d'insuline ou à un retard dans l'heure du repas. Voici quelques exemples:

- L'administration excessive d'insuline régulière selon une «échelle mobile d'insuline», surtout à titre de supplément aux doses d'insuline à action rapide et intermédiaire prises régulièrement deux fois par jour

- Le fait de ne pas modifier les doses d'insuline en fonction de l'apport alimentaire (chez un patient qui ne prend rien par la bouche, par exemple)
- Un traitement trop énergique de l'hyperglycémie (administration de doses trop rapprochées d'insuline régulière avant que le pic d'action n'ait été atteint, ce qui crée un effet cumulatif).

L'infirmière doit examiner la courbe des valeurs de la glycémie et ne pas administrer les doses d'insuline qui provoquent régulièrement une hypoglycémie. Les doses d'insuline régulière par voie sous-cutanée doivent être administrées toutes les trois ou quatre heures au plus. Dans le cas des patients qui reçoivent de l'insuline NPH ou Lente avant le petit déjeuner et le dîner, l'infirmière doit se rappeler que ces doses d'insuline peuvent atteindre leur pic d'action en même temps que des doses d'insuline régulière administrées au déjeuner ou au coucher, ce qui peut provoquer de l'hypoglycémie (l'insuline NPH prise le matin atteint son pic d'action en même temps que l'insuline régulière prise à l'heure du déjeuner, ce qui peut entraîner une hypoglycémie en fin d'après-midi, tandis que l'insuline NPH prise à l'heure du dîner atteint son pic d'action en même temps que l'insuline régulière prise à l'heure du coucher, ce qui peut provoquer une hypoglycémie nocturne). Afin d'éviter les réactions hypoglycémiques dues au retard dans la prise du repas, l'infirmière doit prendre les dispositions nécessaires pour que le patient ait une collation si l'heure du repas est retardée parce qu'il doit subir un examen, un traitement de physiothérapie, ou autre.

### Modifications courantes du régime alimentaire

*Rien par voie orale (à jeun).* Si le patient doit rester à jeun avant un examen, l'infirmière doit veiller à ce que la dose habituelle d'insuline soit modifiée. On peut cesser d'administrer l'insuline régulière et la remplacer par une moins forte dose (la moitié de la dose habituelle, par exemple) d'insuline NPH (à action intermédiaire) ou d'insuline Lente. On peut également administrer plus souvent (toutes les trois à quatre heures) des doses d'insuline régulière seulement. Il se peut que le médecin prescrive une perfusion de dextrose pour fournir un apport énergétique au patient et éviter l'apparition d'une hypoglycémie.

Il est important de se rappeler que, même si le patient ne s'alimente pas, la glycémie peut augmenter en raison de la production du glucose par le foie, surtout chez les diabétiques de type I et les diabétiques de type II qui ne sont pas obèses. De plus, chez les patients atteints de diabète de type I, l'élimination complète de la dose d'insuline peut provoquer une acidocétose diabétique. L'administration d'insuline au patient diabétique de type I qui ne prend rien par la bouche constitue donc une intervention infirmière importante.

Les patients insulinodépendants atteints de diabète de type II ne souffrent pas d'acidocétose lorsqu'ils cessent de prendre de l'insuline, car leur pancréas en produit un peu. Ces patients peuvent donc sans danger cesser complètement de prendre de l'insuline (à condition de ne *pas* recevoir du dextrose par voie intraveineuse).

Si le patient doit rester à jeun pendant une longue période, il faut procéder à des dosages fréquents de la glycémie et administrer de l'insuline à intervalles réguliers, généralement deux à quatre fois par jour. L'insulinothérapie pour un patient qui doit rester à jeun pendant une longue période peut comprendre l'administration d'insuline NPH toutes les 12 heures (en association avec de l'insuline régulière selon les résultats de la glycémie), ou l'administration d'insuline régulière toutes les 4 à 6 heures seulement. Ces patients doivent recevoir du dextrose par perfusion intraveineuse, ce qui leur fournit un apport énergétique et réduit la cétose.

*Diète hydrique.* Si le diabétique peut prendre des liquides, on peut lui donner des aliments contenant des sucres simples, comme du jus et du Jell-O, qui font partie de son régime alimentaire habituel. Les patients hospitalisés doivent maintenir un état nutritionnel satisfaisant afin d'accélérer leur guérison. Il ne faut donc pas leur donner des substituts à faible teneur énergétique, comme des sodas ou du Jell-O diététique lorsque tout leur apport énergétique provient de liquides. Les sucres simples, s'ils sont consommés seuls, entraînent une élévation rapide de la glycémie; il est donc important de faire correspondre les pics d'action de l'insuline avec les pics de glycémie. Lorsqu'un patient à jeun reçoit de l'insuline à intervalles réguliers, il faut faire les dosages de la glycémie et les injections d'insuline en fonction de l'heure des repas.

*Gavage.* Les solutions utilisées pour le gavage chez les patients porteurs d'une sonde nasogastrique ou d'une autre sonde d'alimentation contiennent probablement plus de sucres simples et moins de protéines et de lipides que le régime type du diabétique, ce qui peut entraîner une augmentation de la glycémie. Lorsque l'alimentation par sonde est administrée à une vitesse continue, il est important que les doses d'insuline soient administrées à intervalles réguliers (l'insuline NPH toutes les 12 heures, l'insuline régulière toutes les 4 à 6 heures). Si on administre de l'insuline comme à l'habitude (par exemple à l'heure du petit-déjeuner et du dîner), le patient peut souffrir d'hypoglycémie le jour parce qu'il reçoit trop d'insuline pour son apport énergétique, et il peut souffrir d'hyperglycémie la nuit parce qu'il continue à être alimenté alors que l'action de l'insuline diminue.

L'arrêt de l'alimentation par sonde, que ce soit dans un but précis ou par inadvertance, entraîne souvent une hypoglycémie. Si les médecins prévoient arrêter temporairement l'alimentation par sonde, l'infirmière doit discuter avec eux de la modification des doses d'insuline ou de la mise en place d'une perfusion intraveineuse de dextrose pour éviter l'hypoglycémie. De plus, si des problèmes liés à l'alimentation par sonde surviennent de façon imprévue (retrait accidentel de la sonde, obstruction de la sonde, présence de résidus gastriques élevés, par exemple), l'infirmière doit prévenir le médecin, mesurer la glycémie plus fréquemment, et administrer une perfusion intraveineuse de dextrose, au besoin.

*Alimentation parentérale totale.* Lorsqu'un patient diabétique reçoit une alimentation parentérale totale, on peut lui administrer de l'insuline par voie intraveineuse ou de l'insuline à action intermédiaire ou à action rapide par voie sous-cutanée. Si l'alimentation parentérale totale est continue, il faut mesurer la glycémie et administrer de l'insuline à intervalles réguliers. Si l'alimentation n'est pas continue, on doit injecter au patient de l'insuline par voie sous-cutanée de façon à ce que l'insuline atteigne son pic d'action au moment de la perfusion.

*Hygiène.* L'infirmière qui prodigue des soins à un patient diabétique hospitalisé doit veiller tout spécialement à l'hygiène buccodentaire et aux soins cutanés. Puisque la paradontolyse est fréquente chez les diabétiques, il est important que l'infirmière les encourage à pratiquer leurs soins dentaires quotidiens. Elle doit également les aider à garder une peau propre et sèche, surtout dans les régions où les surfaces cutanées se touchent (comme l'aine, les aisselles et, chez les femmes obèses, sous les seins), car ces régions sont propices aux irritations par frottement et aux mycoses.

Si le patient est alité, les soins infirmiers doivent mettre l'accent sur la prévention des ruptures de l'épiderme aux points de pression. Les talons sont particulières exposés aux ruptures de l'épiderme, chez les patients qui souffrent de polyneuropathie périphérique.

Il faut nettoyer, assécher et masser les pieds avec un corps gras (sauf entre les orteils), et les examiner fréquemment. Quand le patient est couché sur le dos, on peut réduire la pression sur les talons en plaçant les jambes sur un oreiller. Quand il est assis dans un fauteuil, on doit placer ses pieds de façon à ce qu'aucune pression ne soit exercée sur les talons. Si le patient souffre d'un ulcère plantaire, il est important de pratiquer des soins préventifs sur le pied non atteint, de même que les soins appropriés sur le pied infecté.

Comme toujours, il faut profiter de chaque occasion pour enseigner aux diabétiques les autosoins, notamment les soins de la bouche, de la peau et des pieds. On doit également inculquer aux femmes diabétiques les mesures de prévention des infections vaginales, car celles-ci sont plus fréquentes lorsque la glycémie est élevée. Les patients comprennent souvent l'importance de l'hygiène personnelle quotidienne parce que l'infirmière la met au premier plan durant leur séjour au centre hospitalier.

## STRESS

Comme on l'a mentionné précédemment, le stress physiologique, causé par une intervention chirurgicale ou une infection par exemple, favorise l'hyperglycémie et peut entraîner une acidocétose ou un syndrome hyperosmolaire sans acidocétose. Mais le stress émotionnel peut également avoir un effet néfaste sur l'équilibre du diabète. Une augmentation des «hormones de stress» entraîne une élévation de la glycémie, surtout si le patient ne modifie pas son apport alimentaire et ses doses d'insuline en conséquence. De plus, pendant les périodes de stress émotionnel, le diabétique n'observe pas toujours l'horaire des repas, de l'activité physique et de la prise des médicaments. Cela peut déclencher un épisode d'hyperglycémie, voire d'hypoglycémie (chez les patients qui prennent de l'insuline ou des hypoglycémiants oraux et qui mangent moins à cause du stress, par exemple).

On doit absolument informer les diabétiques des effets néfastes du stress émotionnel sur la maîtrise du diabète. Il faut les inciter à observer autant que possible leur programme thérapeutique pendant les périodes de stress. De plus, il est important de leur enseigner des méthodes de lutte contre le stress.

## GÉRONTOLOGIE

Aujourd'hui, l'espérance de vie des diabétiques s'est allongée. On compte donc un plus grand nombre de diabétiques de type I et II chez les personnes âgées. Quel que soit le type de diabète et son ancienneté, il faut souvent modifier les objectifs du traitement chez un diabétique âgé. On doit plutôt mettre

l'accent sur la qualité de vie, notamment le maintien de l'autonomie et la promotion du bien-être en général. Une maîtrise rigoureuse de la glycémie n'est pas toujours indiquée et peut même présenter des dangers, mais il faut éviter l'hyperglycémie symptomatique prolongée.

Certaines personnes âgées sont incapables de suivre un plan de traitement complexe, ce qui ne signifie pas que toutes les personnes âgées doivent suivre un programme thérapeutique simplifié. Même si le traitement vise avant tout à éviter l'hypoglycémie et l'hyperglycémie symptomatiques, certains patients préfèrent un programme plus complexe qui leur laissera une plus grande latitude dans le choix et l'horaire des repas. Quel que soit leur âge, tous les diabétiques ont besoin d'un plan de traitement personnalisé et d'un suivi régulier.

La capacité d'apprentissage et l'autonomie des personnes âgées sont parfois réduites pour différentes raisons, dont une perte visuelle ou auditive, des pertes de mémoire, une réduction de la mobilité et de la motricité fine, des tremblements, la dépression, la solitude, de faibles revenus et des problèmes liés à d'autres maladies.

Il est important d'évaluer ces facteurs et de vérifier si le patient a des idées préconçues sur les causes et le traitement du diabète avant d'élaborer un plan de traitement et d'enseignement. Il est important de donner au patient âgé des instructions brèves et simples et de lui laisser amplement le temps de s'exercer à les mettre en pratique. Il est souvent utile d'avoir recours à des aides comme une loupe pour la seringue à insuline, un stylo à insuline ou un miroir pour l'examen des pieds. Si nécessaire, on peut demander à un membre de la famille ou à un membre d'un service de maintien à domicile d'aider le patient pour les soins de base. Il est préférable d'enseigner au patient ou à un membre de sa famille comment doser la glycémie, car la mesure de la glycosurie est moins précise chez les personnes âgées en raison de l'élévation du seuil d'élimination rénale, et de la fréquence des atteintes rénales et urinaires. Il est essentiel d'évaluer fréquemment l'autonomie du patient en matière de traitement (administration d'insuline, dosage de la glycémie, soins des pieds, planification des repas), particulièrement chez les patients dont la vue est faible ou qui ont des pertes de mémoire.

Les personnes âgées éprouvent souvent de la difficulté à observer leur régime alimentaire parce qu'elles ont moins d'appétit et une mauvaise dentition, ou parce que la préparation des repas leur cause des problèmes physiques et financiers. De plus, certaines d'entre elles refusent de changer leurs habitudes alimentaires. Il peut donc être nécessaire d'adapter le régime alimentaire en fonction des habitudes alimentaires du patient ou de ses difficultés.

Il est essentiel de prévenir les complications. L'hypoglycémie est particulièrement dangereuse, car elle peut passer inaperçue et entraîner des chutes. La déshydratation est également à surveiller chez les patients qui ont constamment une glycémie élevée. L'évaluation des complications chroniques (particulièrement les maladies des pieds et des yeux) est importante. C'est la prévention de la cécité et de l'amputation grâce au dépistage et au traitement rapides de la rétinopathie et des ulcères plantaires qui permettront à la personne diabétique âgée d'éviter l'hébergement et de rester autonome. L'encadré 30-7 présente un résumé des changements observés chez les personnes âgées diabétiques.

## ▶ DÉMARCHE DE SOINS INFIRMIERS
### PATIENTS DIABÉTIQUES SOUFFRANT D'UNE AUTRE AFFECTION

Les diabétiques sont souvent hospitalisés pour un trouble qui n'est pas directement associé à la maîtrise de la glycémie. Toutefois, pendant le traitement de ce trouble, la glycémie peut se déstabiliser. De plus, l'hospitalisation est souvent pour le diabétique l'occasion de mettre à jour ses connaissances sur les autosoins et les mesures de prévention des complications du diabète. L'infirmière qui soigne un patient diabétique doit donc d'abord axer ses interventions sur le diabète plutôt que sur le trouble qui a entraîné l'hospitalisation. De plus, la maîtrise de la glycémie est essentielle, car l'hyperglycémie diminue la résistance à certaines infections et peut retarder la guérison.

### ◇ Collecte des données

Les données à recueillir dans le cas d'un diabétique hospitalisé pour une cardiopathie, une néphropathie, un accident vasculaire cérébral, une maladie des vaisseaux périphériques, une intervention chirurgicale ou toute autre maladie sont les mêmes que pour les patients non diabétiques souffrant de ces maladies et sont décrites dans les autres chapitres de ce volume. En plus, l'infirmière doit recueillir des données sur l'hypoglycémie, l'hyperglycémie, les ruptures de l'épiderme et les capacités d'autosoins, notamment en ce qui concerne les techniques de base et les mesures de prévention des complications chroniques.

L'infirmière vérifie si le patient souffre d'hypoglycémie ou d'hyperglycémie en procédant à de fréquents dosages de la glycémie sur le sang capillaire (habituellement avant les repas et au coucher). Elle doit aussi être à l'affût des signes et des symptômes d'hypoglycémie ou d'hyperglycémie prolongée (notamment l'acidocétose et le syndrome hyperosmolaire sans acidocétose).

Il est très important d'effectuer un examen complet de la peau, particulièrement aux points de pression, et des membres inférieurs. L'infirmière doit vérifier si la peau est sèche et s'il y a présence de gerçures, de ruptures de l'épiderme et de rougeurs. Elle doit demander au patient s'il a des antécédents ou des symptômes de neuropathie comme des picotements et de la douleur, ou un engourdissement aux pieds. Elle évalue également les réflexes tendineux.

L'infirmière doit évaluer le plus rapidement possible les capacités du patient en matière d'autosoins afin de déterminer s'il a besoin d'un enseignement plus approfondi. Elle *observe* le patient pendant qu'il prépare l'insuline et se l'injecte, mesure sa glycémie et effectue les soins des pieds. (Il n'est pas suffisant de questionner le patient.) Avec l'aide d'une diététicienne, l'infirmière évalue les connaissances du patient sur son régime alimentaire en lui posant des questions directes et en passant en revue ses choix de repas. Elle pose des questions au patient sur les signes, le traitement et la prévention de l'hypoglycémie et de l'hyperglycémie. Elle évalue également ses connaissances sur les facteurs de risque de macroangiopathie, particulièrement l'hypertension, l'augmentation de la consommation de lipides et le tabagisme. Elle doit aussi demander au patient la date de son dernier examen ophtalmologique.

---

## Encadré 30-7
## *Facteurs pouvant avoir une influence sur la maîtrise du diabète chez les personnes âgées*

### Altérations de la perception sensorielle

- Diminution de l'acuité visuelle
- Diminution de l'odorat
- Modification du goût
- Diminution des sensations proprioceptives

### Troubles gastro-intestinaux

- Problèmes dentaires
- Altération de l'appétit
- Retard dans la vidange gastrique
- Ralentissement du transit intestinal

### Modification des habitudes d'activité et d'exercice

- Vie plus sédentaire

### Troubles rénaux

- Diminution de la fonction rénale
- Diminution de la clairance des médicaments

### Changements affectifs et cognitifs

- Médicaments et repas omis ou pris irrégulièrement

### Facteurs socioéconomiques

- Essai de régimes miracles
- Solitude ou isolement
- Manque d'argent

### Maladies chroniques

- Hypertension
- Arthrite
- Cancers
- Infections aiguës ou chroniques

### Interactions médicamenteuses

- Utilisation des médicaments d'une autre personne
- Consultation de divers médecins pour différentes maladies
- Consommation d'alcool

## ▷ *Analyse et interprétation des données*

Selon les données recueillies, voici les principaux diagnostics infirmiers possibles:

- Risque élevé de déficit nutritionnel relié à une libération accrue d'hormones de stress (en raison d'une maladie) et à une perturbation de l'équilibre des doses d'insuline, de l'alimentation et de l'activité physique
- Risque élevé d'atteinte à l'intégrité de la peau relié à l'immobilité et à un déficit sensoriel (dû à une neuropathie)
- Déficit d'autosoins (dû à l'absence d'un enseignement de base ou de l'approfondissement des connaissances de base)

## ▷ *Planification et exécution*

▷ *Objectifs de soins:*    Atteinte d'une bonne maîtrise de la glycémie; maintien de l'intégrité de la peau; capacité d'effectuer les autosoins de base et d'appliquer les mesures de prévention des complications chroniques du diabète.

## ▷ *Interventions infirmières*

▷ *Maîtrise de la glycémie.*    L'infirmière doit mesurer la glycémie du patient et lui administrer de l'insuline selon l'ordonnance. Elle doit s'assurer que les doses d'insuline sont modifiées en fonction des variations de l'horaire des repas et du régime alimentaire. De plus, elle doit traiter s'il y a lieu l'hypoglycémie (en faisant prendre au patient du glucose par voie orale) ou l'hyperglycémie (en lui donnant des doses supplémentaires d'insuline régulière toutes les trois ou quatre heures au plus). Elle doit dresser une courbe de la glycémie afin de déterminer si l'hypoglycémie ou l'hyperglycémie surviennent toujours au même moment de la journée, et transmettre ces données au médecin afin qu'il modifie les doses d'insuline en conséquence. Si la glycémie est chroniquement élevée, l'infirmière doit être à l'affût des signes d'acidocétose ou de syndrome hyperosmolaire sans acidocétose en vérifiant les résultats des épreuves de laboratoire et en évaluant régulièrement l'état du patient.

▷ *Soins de la peau.*    L'infirmière doit procéder à un examen quotidien de la peau et à la recherche de sécheresse ou de gerçures. Elle doit laver les pieds du diabétique avec de l'eau tiède et du savon. Les pieds ne doivent pas tremper trop longtemps dans l'eau. Ils doivent être bien essuyés, particulièrement entre les orteils. Il faut appliquer de la lotion sur tout le pied, sauf entre les orteils. Les talons des patients alités (particulièrement ceux qui souffrent d'une neuropathie) doivent être surélevés à l'aide d'un oreiller placé sous la jambe; les talons doivent se trouver à l'extérieur de l'oreiller. Il faut traiter les ulcères plantaires selon l'ordonnance. Si le patient présente des ruptures de l'épiderme, l'infirmière doit préconiser un équilibre optimal de la glycémie.

▷ *Enseignement au patient.*    Si le patient n'arrivait pas à effectuer certaines techniques correctement lors de l'évaluation initiale, l'infirmière lui demande de les refaire correctement plusieurs fois devant elle. Elle lui enseigne les mesures d'autosoins qui lui permettront de prévenir l'apparition de complications chroniques, notamment les soins des pieds et des yeux.

## ▷ *Évaluation*

### *Résultats escomptés*

1. Le patient maîtrise bien sa glycémie.
   a) Il évite l'hypoglycémie et l'hyperglycémie.
   b) Les épisodes d'hypoglycémie sont rapidement résorbés.
2. Le patient maintient l'intégrité de sa peau.
   a) Sa peau est souple, elle n'est ni sèche ni gercée.
   b) Il ne présente pas d'ulcère de décubitus ni d'ulcères plantaires.
3. Le patient explique et applique les techniques de base ainsi que les soins préventifs.

### *Modalités du traitement*

a) Le patient applique correctement les techniques d'auto-administration de l'insuline et de dosage de la glycémie.
b) Il montre qu'il connaît bien son régime alimentaire en choisissant des repas équilibrés et en expliquant la méthode qu'il utilise pour choisir ses aliments.
c) Il connaît les signes, le traitement et les mesures de prévention de l'hypoglycémie et de l'hyperglycémie.

### *Soins des pieds*

a) Il examine ses pieds (en utilisant au besoin un miroir pour en examiner la plante), y compris les espaces entre les orteils.
b) Il se lave les pieds avec de l'eau tiède et du savon; il les assèche complètement.
c) Il applique une lotion sur tout le pied, sauf entre les orteils.
d) Il sait quoi faire pour réduire les risques d'ulcère plantaire, notamment:
   - Il porte toujours des chaussures bien ajustées.
   - Il utilise la main ou le coude, *jamais le pied,* pour vérifier la température de l'eau du bain.
   - Il n'utilise pas de coussins chauffants sur ses pieds.
   - Il porte des bas de coton.
   - Il ne porte pas de chaussures trop serrées.
   - Il assouplit progressivement les chaussures neuves.
   - Il se fait examiner les pieds chaque fois qu'il voit son médecin.
   - Au besoin, il consulte un podologue pour les soins des ongles et des pieds.

### *Mesures de prévention des troubles oculaires*

a) Il consulte un ophtalmologiste *une fois par année* (en commençant cinq ans après le diagnostic du diabète de type I et dans l'année du diagnostic de diabète de type II).
b) Il sait que la rétinopathie n'entraîne généralement *pas* de déficience visuelle avant que la rétine ne soit gravement lésée.
c) Il sait qu'un traitement rapide au laser, de même qu'une bonne maîtrise de la glycémie et de la pression artérielle, peuvent prévenir la cécité liée à la rétinopathie.
d) Il dit que l'hypoglycémie et l'hyperglycémie sont deux causes d'une vision floue (temporaire).

### *Mesures de réduction des facteurs de risque de macroangiopathie*

a) Il arrête de fumer.
b) Il réduit son apport alimentaire en lipides et en cholestérol.
c) Il maîtrise l'hypertension.
d) Il pratique régulièrement de l'activité physique.

# RÉSUMÉ

Le diabète sucré correspond à un groupe d'anomalies du métabolisme des glucides, des protéines et des lipides. Ces anomalies sont associées à une carence en insuline ou à une diminution de la quantité de l'insuline sécrétée par le pancréas. De nombreuses complications vasculaires et neurologiques sont liées au diabète sucré. Ces complications peuvent entraîner des problèmes comme la cécité, l'insuffisance rénale et l'amputation, de même que des accidents vasculaires cérébraux et des infarctus du myocarde.

Le traitement du diabète repose sur le régime alimentaire, la surveillance du taux de glucose dans le sang et parfois dans les urines, la recherche de l'acétone dans les urines (chez les patients atteints de diabète de type I), l'activité physique et les médicaments comme les hypoglycémiants oraux et l'insuline. Depuis 10 ans, des progrès importants dans les modalités du traitement ont permis aux patients diabétiques d'atteindre une glycémie presque normale et d'acquérir plus de souplesse dans l'organisation de leur vie. L'enseignement constitue l'aspect le plus important du traitement des diabétiques. Les infirmières jouent un rôle essentiel en fournissant au patient et à sa famille tous les outils et renseignements dont ils ont besoin pour traiter efficacement le diabète. Elles enseignent aux patients de nouvelles techniques pour maîtriser leur diabète, pour éviter et traiter les complications aiguës (comme l'hypoglycémie et l'hyperglycémie) et les complications chroniques. De plus, elles ont un rôle important à jouer dans la promotion du bien-être psychologique des patients et de leur famille.

## Bibliographie

### Ouvrages

Biermann J and Toohey B. The Diabetic's Book. Los Angeles, J Tarcher, 1990.

Biermann J and Toohey B. The Diabetic's Total Health Book. Los Angeles, J Tarcher, 1988.

Catelier C et Thobroutsky G. Le diabète sucré; reconnaître et comprendre — traiter. Saint-Hyacinthe, Edisem, 1984.

Davidson M. Diabetes Mellitus: Diagnosis and Treatment, 3rd ed. New York, John Wiley & Sons, 1990.

En collaboration (13 auteurs). Le grand livre du diabète. Montréal, Libre expression, 1990.

Guilhaume B et Perlemuter L. Endocrinologie-diabète. 2ᵉ éd., Paris, Masson, 1988.

Guthrie D (ed). Diabetes Education: A Core Curriculum for Health Professionals. Chicago, American Association of Diabetes Educators, 1988.

Jensen N and Moore M (eds). Learning to Live Well with Diabetes, 2nd ed. Minnetonka, MN, Diabetes Center, Inc, 1987.

Jovanovic L, Biermann J, and Toohey B. The Diabetic Woman. Los Angeles, J. Tarcher, 1987.

Krall L and Beaser R. Joslin Diabetes Manual, 12th ed. Philadelphia, Lea & Febiger, 1989.

Lebovitz H (ed). Physician's Guide to Non-Insulin-Dependent (Type II) Diabetes: Diagnosis and Treatment, 2nd ed. Alexandria, VA, American Diabetes Association, 1988.

Monk A et al. Managing Type II Diabetes. Wayzata, MN, DCI Publishing, 1988.

Olson O. Diagnosis and Management of Diabetes Mellitus, 2nd ed. New York, Raven Press, 1988.

Perlemuter L. ABC du diabète. Paris, Masson, 1983.

Peterson C and Jovanovic L. The Diabetes Self-Care Method, 2nd ed. New York, Simon & Schuster, 1991.

Redman BK. The Process of Patient Education, 6th ed. St Louis, CV Mosby, 1988.

Robillard R. Le nouveau guide du diabétique. Montréal, Stanké, 1980.

Sperling M (ed). Physician's Guide to Insulin-Dependent (Type I) Diabetes: Diagnosis and Treatment. Alexandria, VA, American Diabetes Association, 1988.

### Prises de position/concensus

American Association of Diabetes Educators. Effective utilization of blood glucose monitoring: Position statement. The Diabetes Educator 1989 Sep/Oct; 15:(5):461.

American Association of Diabetes Educators. Prevention of transmission of blood-borne infectious agents during blood glucose monitoring: Position statement. The Diabetes Educator 1988 Sep/Oct; 14(5):425.

American Diabetes Association. Office guide to diagnosis and classification of diabetes mellitus and other categories of glucose intolerance: Position statement. Diabetes Care 1991 Mar; 14(Suppl 2):3–4.

American Diabetes Association. Gestational diabetes mellitus: Position statement. Diabetes Care 1991 Mar; 14(Suppl 2):5–6.

American Diabetes Association. Screening for diabetes: Position statement. Diabetes Care 1991 Mar; 14(Suppl 2):7–9.

American Diabetes Association. Standards of medical care for patients with diabetes mellitus: Position statement. Diabetes Care 1991 Mar; 14(Suppl 2):10–13.

American Diabetes Association. Prevention of type I diabetes mellitus: Position statement. Diabetes Care 1991 Mar; 14(Suppl 2):14–15.

American Diabetes Association. Eye care guidelines for patients with diabetes mellitus: Position statement. Diabetes Care 1991 Mar; 14(Suppl 2):16–17.

American Diabetes Association. Foot care in patients with diabetes mellitus: Position statement. Diabetes Care 1991 Mar; 14(Suppl 2):18–19.

American Diabetes Association. Nutritional recommendations and principles for individuals with diabetes mellitus: Position statement. Diabetes Care 1991 Mar; 14(Suppl 2):20–21.

American Diabetes Association. Use of noncaloric sweeteners: Position statement. Diabetes Care 1991 Mar; 14(Suppl 2):28–29.

American Diabetes Association. Insulin administration: Position statement. Diabetes Care 1991 Mar; 14(Suppl 2):30–33.

American Diabetes Association. Continuous subcutaneous insulin infusion: Position statement. Diabetes Care 1991 Mar; 14(Suppl 2): 34–35.

American Diabetes Association. Diabetes mellitus and exercise: Position statement. Diabetes Care 1991 Mar; 14(Suppl 2):36–37.

American Diabetes Association. Bedside blood glucose monitoring in hospitals: Position statement. Diabetes Care 1991 Mar; 14(Suppl 2):38.

American Diabetes Association. Urine glucose and ketone determinations: Position statement. Diabetes Care 1991 Mar; 14(Suppl 2):39–40.

American Diabetes Association. Concurrent care: Position statement. Diabetes Care 1991 Mar; 14(Suppl 2):41.

American Diabetes Association. Hospital admission guidelines for diabetes mellitus: Position statement. Diabetes Care 1991 Mar; 14(Suppl 2): 42–43.

American Diabetes Association. Third-party reimbursement for outpatient diabetes education and counseling: Position statement. Diabetes Care 1991 Mar; 14(Suppl 2):44.

American Diabetes Association. Management of diabetes in correctional institutions: Position statement. Diabetes Care 1991 Mar; 14(Suppl 2):45.

American Diabetes Association. Responsible use of animals in research: Position statement. Diabetes Care 1991 Mar; 14(Suppl 2):46.

American Diabetes Association. Hypoglycemia and employment/licensure: Position statement. Diabetes Care 1991 Mar; 14(Suppl 2):47.

American Diabetes Association. Food labeling: Position statement. Diabetes Care 1991 Mar; 14(Suppl 2):48.

American Diabetes Association. Jet injectors: Technical review. Diabetes Care 1991 Mar; 14(Suppl 2):50.

American Diabetes Association. Exercise and NIDDM: Position statement. Diabetes Care 1991 Mar; 14(Suppl 2):52–56.

American Diabetes Association. Self-monitoring of blood glucose: Consensus statement. Diabetes Care 1991 Mar; 14(Suppl 2):57-62.

American Diabetes Association. Diabetic neuropathy: Consensus statement. Diabetes Care 1991 Mar; 14(Suppl 2):63-68.

American Diabetes Association. Role of cardiovascular risk factors in prevention and treatment of macrovascular disease in diabetes. Diabetes Care 1991 Mar; 14(Suppl 2):69-75.

American Diabetes Association. National standards for diabetes patient education and American Diabetes Association review criteria. Diabetes Care 1991 Mar; 14(Suppl 2):76-81.

## Revues

*Les articles de recherche en sciences infirmières sont marqués d'un astérisque.*

### Généralités

Anderson R. The challenge of translating scientific knowledge into improved diabetes care in the 1990s. Diabetes Care 1991 May; 14(5):418-421.

Armstrong N. Coping with diabetes mellitus: A full-time job. Nurs Clin North Am 1987 Sep; 22:559-568.

Bach JF. L'origine immunitaire du diabète. La recherche, 214:1206-1215.

Beaulieu L et Viens G. Le diabète gestationnel. Le médecin du Québec, 24(9):63-69.

Bertin-Lebrette. L'alimentation des diabétiques. Revue de l'infirmière, 36(5):21-24.

Birk R. Feelings and emotions: Their role in diabetes care. Caring 1988 Nov; 7(11):46-48.

Bohannon J. Diabetes in the elderly. Postgrad Med 1988 Oct; 84(5):283-295.

Brosseau J. (Diabetes in) Native Americans. Diabetes Forecast 1988 Sep; 41(9):42-45.

Cameron K and Gregor F. Chronic illness and compliance. J Adv Nurs 1987 Nov; 12(6):671-676.

Carr P. When overcompliance means trouble. Nursing 1990 Mar; 20(3):65-66.

Guillausseau PJ et Guillausseau-Scholer C. Le diabète sucré; formes cliniques et physiopathologie. Soins, 524:4-6.

Harris J. Impaired glucose tolerance in the U.S. population. Diabetes Care 1989 Jul/Aug; 12(7):464-474.

Harris M. Hypercholesterolemia in diabetes and glucose intolerance in the U.S. population. Diabetes Care 1991 May; 14(5):366-374.

Jewler D. (Diabetes in) Americans of Latin descent. Diabetes Forecast 1988 Sep; 41(9):27-32.

Lipson L et al. (Diabetes in) Black Americans. Diabetes Forecast 1988 Sep; 41(9):34-38.

Lipson L and Kato-Palmer S. (Diabetes in) Asian Americans. Diabetes Forecast 1988 Sep; 41(9):48-51.

* Lundman B, Asplund K, and Norberg A. Living with diabetes: Perceptions of well-being. Res Nurs Health 1990 Aug; 13(4):255-262.

Mayou R, Bryant B, Turner R. Quality of life in non-insulin-dependent diabetes and a comparison with insulin-dependent diabetes. J Psychosom Res 1990; 34(1):1-11.

Morrow L and Halter J. Diabetes mellitus in the older adult. Geriatrics 1988 Dec; 43(Suppl):57-65.

National Diabetes Data Group. Classification and diagnosis of diabetes mellitus and other categories of glucose intolerance. Diabetes 1979 Dec; 28(12):1039-1057.

Skyler JS. Insulin dependent diabetes mellitus. Postgrad Med 1987 May 1; 81(6):163-174.

Songer T et al. Health, life and automobile insurance characteristics in adults with IDDM. Diabetes Care 1991 Apr; 14(4):318-324.

Stern M. Kelly West lecture: Primary prevention of type II diabetes mellitus. Diabetes Care 1991 May; 14(5):399-410.

World Health Organization. Diabetes mellitus. Report of a WHO study group. Tech Report Series No. 727, 1985.

Zimmet PZ. Primary prevention of diabetes mellitus. Diabetes Care 1988 Mar; 11(3):258-262.

### Traitement

Abraira C and Derler J. Large variations is sucrose in constant carbohydrate diets in type II diabetes. Am J Med 1988 Feb; 84(2):193-200.

Anderson J and Campbell R. Mixing insulins in 1990. Diabetes Educator 1990 Sep/Oct; 16(5):380-386.

Anderson J and Geil P. New perspectives in nutrition management of diabetes mellitus. Am J Med 1988 Nov; 85(Suppl 5A):159-165.

* Beaulieu J. Nursing diagnoses co-occurring in adults with insulin-dependent diabetes mellitus. Classif Nurs Diagn Proc Eighth Conf 1989; 199-205.

Bingham P and Riddle M. Combined insulin-sulfonylurea treatment of type II diabetes. Diabetes Educator 1989 Sep/Oct; 15(5):450-455.

Champagne G. Surveillance du diabétique au cabinet. Le médecin du Québec, 22(10).

Clouse R and Sandrock M. Intensive nutritional support. Diabetes Spectrum 1989 Sep/Oct; 2(5):329-334.

Crapo P. Use of alternative sweeteners in diabetic diet. Diabetes Care 1988 Feb; 11(2):174-182.

Dunning D. Safe travel tips for the diabetic patient. RN 1989 Apr; 52(4):51-55.

* Edelstein J and Linn M. Locus of control and the control of diabetes. Diabetes Educator 1987 Jan/Feb; 13(1):51-54.

Farkas-Hirsch R and Levandoski L. Implementation of continuous subcutaneous insulin infusion (insulin pump) therapy: An overview. Diabetes Educator 1988 Sept; 14(5):401-406.

* Germain C and Nemchik R. Diabetes self-management and hospitalization. Image: Journal of Nursing Scholarship 1988 Summer; 20(2):74-78.

Gohdes D. Diet therapy of minority patients with diabetes. Diabetes Care 1988 Feb; 11(2):189-191.

Graham C. Exercise and aging: implications for persons with diabetes. Diabetes Educator 1991 May/Jun; 17(3):189-195.

Gravel F. L'hémoglobine glycosylée et le contrôle du diabète. Le médecin du Québec, 22(10).

Hamera E et al. Self-regulation in individuals with type II diabetes. Nurs Res 1988 Nov/Dec; 37(6):363-367.

Hébert M. Le diabète gestationnel. Diététique en action 1989, 3(6):24-25.

Horton E. Role and management of exercise in diabetes mellitus. Diabetes Care 1988 Feb; 11(2):201-211.

Huzar J and Cerrato P. Diabetes now: The role of diet and drugs. RN 1989 Apr; 52(4):46-50.

Jovanovic-Peterson L, et al. Identifying sources of error in self-monitoring of blood glucose. Diabetes Care 1988 Nov/Dec; 11(10):791-794.

* Keith K and Pieper B. Perioperative blood glucose levels: a study to determine the effect of surgery. AORN J 1989 Jul; 50(1):103-110.

Kittler P and Sucher K. Diet counseling in a multicultural society. Diabetes Educator 1990 Mar/Apr; 16(2):127-132.

* Krug L, Haire-Joshu D, and Heady S. Exercise habits and exercise relapse in persons with non-insulin dependent diabetes mellitus. Diabetes Educator 1991 May/Jun; 17(3):185-188.

Lockwood D, Trand M, and Mather H. Is injecting air into insulin bottles necessary? Br Med J 1988 Nov; 297(6659):1315-1316.

Marynuik M and Cox J. The role of diet in reducing the risks of hyperlipidemia. Diabetes Educator 1988 Sep/Oct; 14(5):435-437.

* McCarthy J, Sink P, and Covarrubias B. Reevaluation of single-use insulin syringes. Diabetes Care 1988 Nov/Dec; 11(10):817-818.

Paige M and Heins J. Nutritional management of diabetic patients during intensive insulin therapy. Diabetes Educator 1989 Nov; 14(6):505-509.

Pendleton L, House W, and Parker L. Physicians' and patients' views of problems of compliance with diabetes regimens. Public Health Rep 1987 Jan/Feb; 102(1):21-26.

* Poteet G, Reinert B, and Ptak H. Outcome of multiple usage of disposable syringes in the insulin-requiring diabetic. Nurs Res 1987 Nov/Dec; 36(6):350-352.

Robertson C. When an insulin-dependent diabetic must be NPO. Nursing 1986 Jun; 16(6):30-31.

Robertson C. The new challenges of insulin therapy. RN 1989 May; 52(5):34-38.

Rosenberg C. Current status of insulin pumps. Mt Sinai J Med 1987 Mar; 54(3):217-220.

Sawicki P et al. Color discrimination and accuracy of blood glucose self-monitoring in type I diabetic patients. Diabetes Care 1991 Feb; 14(2):135-137.

Skyler J. Intensive insulin therapy: A personal and historical perspective. Diabetes Educator 1989 Jan/Feb; 15(1):33-39.

Smith L and Casso M. Exercise and the intensively treated IDDM patient. Diabetes Educator 1988 Nov/Dec; 14(6):510-515.

Smithgall J. Parenteral nutrition in diabetes mellitus. Diabetes Educator 1987 Winter; 13(1):41-46.

Steil C. Insulin storage. Diabetes Educator 1988 Nov/Dec; 6(14):564-565.

Strock E et al. Managing diabetes in the home: A model approach. Caring 1988 Feb; 7(2):50-56.

Trevelyan J. The reluctant patient. Nurs Times 1990 Jan 24-30; 86(4):68, 71-72.

Tomky D. Tapping the full power of insulin pumps. RN 1989 Jun; 52(6):46-48.

Tomky D. Diabetes now: A three-pronged approach to monitoring. RN 1989 Mar; 52(3):24-30.

Tremblay L. Quand votre glycémie se maintient dans les hauteurs et que votre humeur s'en ressent. Plein soleil 1989, 31(2).

* Wakefield B et al. Does contamination affect the reliability and validity of bisected Chemstrip bGs? West J Nurs Res 1989 June; 11(3):328-333.

Wylie-Rosett J. Evaluation of protein in dietary management of diabetes mellitus. Diabetes Care 1988 Feb; 11(2):143-148.

Wylie-Rosett J, Swenscionis C, Stern J. Nutritional and behavioral strategies for the obese individual with diabetes. Top Clin Nutr 1988 Oct; 3(4):9-19.

*Enseignement au patient et à la famille*

* Anderson R et al. The diabetes care and education provided by nurses working in physicians' offices. Diabetes Educator 1988 Nov; 14(6):532-536.

Bartlett E. The stepped approach to patient education. Diabetes Educator 1988 Mar/Apr; 14(2):130-135.

Bouvet E et Nanette J. Diabète, ce qu'il faut savoir. Vie et santé 1990, 1163:13-21.

Cleary M. Aiding the person who is visually impaired from diabetes. Diabetes Educator 1985 Winter; 10(4):12-23.

Donohue-Porter P. Diabetes now: Patient education makes all the difference. RN 1989 Nov; 52(11):56-64.

Fox B. Geriatric patient education: Issues and answers. J Contin Educ Nurs 1988 Jul/Aug; 19(4):169-173.

Funnel M. Role of diabetes educator for older adults. Diabetes Care 1990 Feb; 13(Suppl 2):60-65.

Funnell M et al. Empowerment: An idea whose time has come in diabetes education. Diabetes Educator 1991 Jan/Feb; 17(1):37-41.

Hahn K. Teaching patients to administer insulin. Nursing 1990 Apr; 20(4):70.

Harris R et al. Development of the diabetes health belief scale. Diabetes Educator 1987 Summer; 13(3):292-297.

Herget M and Williams A. New aids for low-vision diabetics. Am J Nurs 1989 Oct; 89(10):1319-1322.

Hurxthal K. Quick! Teach this patient about insulin. Am J Nurs 1988 Aug; 88(8):1097-1100.

Istre SM: The art and science of successful teaching. Diabetes Educator 1989 Jan/Feb; 15(1):67-75.

Jackson M and Broussard B. Cultural challenges in nutrition education among American Indians. Diabetes Educator 1987 Winter; 13(1):47-50.

Monnier N. et Baclet N. L'éducation des diabétiques insulinotraités et le rôle de l'infirmière. Revue de l'infirmière 1986, 36(5):17-20.

Ortega J, Klinger D, Creoff P et Jaillous M. Rôle de l'infirmière spécialisée en diabétologie. Soins 1989, 524:36-39.

Rubin R, Peyrot M, and Saudek C. Differential effect of diabetes education on self-regulation and life-style behaviors. Diabetes Care 1991 Apr; 14(4):335-337.

Smith J et al. Survey of computer programs for diabetes management and education. Diabetes Educator 1988 Sep/Oct; 14(5):412-415.

Tabak E. The relationship of information exchange during medical visits to patient satisfaction: A review. Diabetes Educator 1987 Winter; 13(1):36-40.

* Teza S, Davis W, and Hiss R. Patient knowledge compared with national guidelines for diabetes care. Diabetes Educator 1988 May/June; 14(3):207-211.

Tremblay L. Un programme d'enseignement destiné aux professionnels de la santé. Nursing Québec 1987, 7(4).

Westberg J and Jason H. Building a helpful relationship: The foundation of effective patient education. Diabetes Educator 1986 Fall; 12(4):374-378.

*Complications*

Ai E and Ferris F. The early treatment of diabetic retinopathy. Diabetes Educator 1988 Sep/Oct; 14(5):421-424.

Bamburger D, Days G, and Gerding D. Osteomyelitis in the feet of diabetes patients: Long-term results, prognostic factors, and the role of anti-microbial and surgical therapy. Am J Med 1987 Oct; 83(4):653-660.

Biancardini P, Capron L, Ortega J, Cortis A, Dutey H et Guillausseau PJ. Le pied diabétique. Soins 1987, 497-498.

Bild DE et al. Lower-extremity amputation in people with diabetes: Epidemiology and prevention. Diabetes Care 1989 Jan; 12(1):24-31.

Broadstone V et al. Diabetic peripheral neuropathy. Part I: Sensorimotor neuropathy. Diabetes Educator 1987 Winter; 13(1):30-35.

Cyrus J et al. Diabetic peripheral neuropathy. Part II: Autonomic neuropathies. Diabetes Educator 1987 Spring; 13(2):111-115.

The DCCT Research Group. Are continuing studies of metabolic control and microvascular complications in IDDM justified? The diabetes control and complications trial (DCCT). N Engl J Med 1988 Jan; 318(4):246-250.

* D'Eramo G and Fain J. Adult foot care perceptions and practices. Practical Diabetology 1988 Nov/Dec; 7(6):1-2.

Dills S et al. Coping with neuropathy, the forgotten complication. Diabetes Educator 1987 Spring; 13(2):148-151.

Fritz ME. Periodontal disease and diabetes. Clin Diabetes 1989 Sept/Oct; 7(5):77, 80-84.

Funnel M and McNitt P. Autonomic neuropathy: Diabetics' hidden foe. Am J Nurs 1986 Mar; 86(3):266-270.

Graham C and Lasko-McCarthey P. Exercise options for persons with diabetic complications. Diabetes Educator 1990 May/Jun; 16(3):212-220.

Guillausseau PJ et Guillausseau-Scholer C. Le diabè sucré, complications métaboliques, vasculaires, nerveuses et infectieuses. Soins 1989, 524:8-14.

Hahn K. The many signs of renal failure. Nursing 1987 Aug; 17(8):34-42.

Haire-Joshu D. Smoking, cessation, and the diabetes health care team. Diabetes Educator 1991 Jan/Feb; 17(1):54-65.

Havlin C and Cryer P. Hypoglycemia: The limiting factor in the management of insulin-dependent diabetes mellitus. Diabetes Educator 1988 Sep/Oct; 14(5):407-411.

Hoops S. Renal and retinal complications in insulin-dependent diabetes mellitus: The art of changing the outcome. Diabetes Educator 1990 May/Jun; 16(3):221-231.

Hultman J and Mohr R. Evaluation and treatment of diabetic foot problems. Mt Sinai J Med 1987 Mar; 54(3):253-260.

Huzar J. Diabetes now: Preventing acute complications. RN 1989 Aug; 52(8):34-40.

Jerums G et al. Spectrum of proteinuria in type I and type II diabetes. Diabetes Care 1987 Jul/Aug; 10(4):419-427.

Kaiser F and Korenman S. Impotence in diabetic men. Am J Med 1988 Nov; 85(5A):147-152.

Katzin L. Chronic illness and sexuality. Am J Nurs 1990 Jan; 90(1):54-59.

Leese D. Diabetic cranial mononeuropathies: A patient's perspective. Diabetes Educator 1988 Nov; 14(6):527-531.

Maliszewiski M, Dennis C, and Decoste K. Prevention, detection, and treatment of diabetic eye disease: An overview and demonstration project. Diabetes Educator 1988 Sep/Oct; 14(5):416-420.

Miller R and Evans W. Nurse and patient: Allies preventing amputation. RN 1988 Jul; 51(7):38-44.

Mueller MJ et al. Insensitivity, limited joint mobility, and plantar ulcers in patients with diabetes mellitus. Phys Ther 1989 Jun; 69(6):453-459, (response to commentary) 461-462.

Narins B and Narins R. Clinical features and health-care costs of diabetic nephropathy. Diabetes Care 1988 Nov/Dec; 11(10):933-939.

Nawoczenski D et al. The neuropathic foot—A management scheme: A case report. Phys Ther 1989 Apr; 69(4):287-291.

* Nylin K. Diabetic patients facing long-term complications: coping with uncertainty. J Adv Nurs 1990 Sep; 15(9):1021-1029.

Ramsey P. Hyperglycemia at dawn. Am J Nurs 1987 Nov; 87(3):1424-1426.

Ratner R and Whitehouse F. Motor vehicles, hypoglycemia, and diabetic drivers. Diabetes Care 1989 Mar; 12(3):217-222.

Robertson C. Caring for the diabetic with PAD (peripheral arterial disease). RN 1988 Jul; 51(7):42-44.

Robertson C. Coping with chronic complications. RN 1989 Sep; 52(9):34-43.

Rosenberg C. Wound healing in the patient with diabetes mellitus. Nurs Clin North Am 1990 Mar; 25(1):247-261.

Rosenthal J. Timely recognition of diabetic retinopathy. Emerg Med 1989 Jun 15; 21(11):87-90.

Schreiner-Engel P. Diagnosing and treating the sexual problems of diabetic women. Clin Diabetes 1988 Nov/Dec; 121:126-136.

Sabo C and Michael S. Managing D.K.A. and preventing a recurrence. Nursing 1989 Feb; 19(2):50-56.

Selby J et al. The natural history and epidemiology of diabetic nephropathy. Implications for prevention and control. JAMA 1990 Apr 11; 263(14):1954-1959.

Tuck M. Treatment of hypertensive diabetic patients. Diabetes Care 1988 Nov/Dec; 11(10):828-832.

Viberti G. Recent advances in understanding mechanisms and natural history of diabetic renal disease. Diabetes Care 1988 Nov/Dec; 11(Suppl 1):3-9.

Vinicor F. Atherosclerosis and DM. Diabetes Spectrum 1988 Nov/Dec; 5:319-323.

Watkins P. Editorial: Diabetic autonomic neuropathy. JAMA 1990 Apr 12; 322(15):1078-1079.

The Working Group on Hypertension in Diabetes. Statement on hypertension in diabetes mellitus. Final report. Arch Intern Med 1987 May; 147(5):830.

Wulsin L et al. Psychosocial aspects of diabetic retinopathy. Diabetes Care 1987 May/Jun; 10(3):367-373.

### Traitements à l'étude

Editorial: Transplant or insulin. Lancet 1990 June 9; 335(8702):1371-1372.

Becker S. The risks and rewards of pancreatic transplant. RN 1989 Jul; 52(7):54-57.

Herold K and Rubenstein A. Immunosuppression for insulin-dependent diabetes. N Engl J Med 1988 Mar 17; 318(11):701-703.

Marks J and Skyler J. Clinical review: Immunotherapy of type I diabetes mellitus. J Clin Endocrinol Metab 1991 Jan; 72(1):3-9.

Selam J and Charles M. Devices for insulin administration. Diabetes Care 1990 Sep; 13(9):955-979.

Soon-Shiong P and Lanza R. Pancreas and islet-cell transplant. Potential cure for diabetes mellitus. Postgrad Med 1990 Jun; 87(8):133-134, 139-140.

Sutherland D. Coming of age for pancreas transplantation. West J Med 1989 Mar; 150(3):314-318.

### Collections sur le diabète

American Diabetes Association. 1991 Buyer's guide to diabetes products. Diabetes Forecast 1990 Oct; 43(10):34-74.

Davidson M and Braunstein G (eds). Diabetes mellitus: Recent developments in treatment. Mt Sinai J Med 1987 Mar; 54(3):195-271.

Laxton C (ed). Diabetes and home care. Caring 1988 Nov; 7(2):3-67.

Rizza R and Greene D (eds). Diabetes mellitus. Med Clin North Am 1988 Nov; 72(6):1271-1607.

## Information/Ressources

### Organismes

American Association of Diabetes Educators
500 North Michigan Ave Suite 1400, Chicago, IL 60611 (312) 661-1700

American Diabetes Association
1660 Duke St, Alexandria, VA 22313 (703) 549-1500

American Dietetic Association
430 North Michigan Ave, Chicago, IL 60611 (312) 280-5000

American Foundation for the Blind
15 West 16th St, New York, NY 10011 (212) 620-2000

Association canadienne du diabète
78 Bond Street, Toronto, Ont. M5B 2J8

Association du diabète du Québec
C. P. 252, Trois-Rivières (Québec) G9A 5G1

Juvenile Diabetes Foundation
432 Park Ave S, New York, NY 10016 (212) 889-7575

Juveniles Diabetes Foundation of Canada
89 Granton Ave., Richmond Hill, Ont. L4B 2N5

Medic Alert Foundation International
2323 Colorado St, Turlock CA 95381-1009 (209) 668-3333

National Library Services for the Blind and Physically Handicapped
1291 Taylor St, NW Washington, DC 20542 (202) 287-5100

### Périodiques pour les patients

Diabetes '90, Subscription Department, American Diabetes Association, 1660 Duke St, Alexandria, VA 22314

Diabetes Forecast, American Diabetes Association, Membership Center, PO Box 2055, Harlan, IA 51593-0238

Diabetes in the News, Ames Center for Diabetes Education, Miles Inc, PO Box 3105, Elkhart, IN 46515

Diabetes Self-Management, PO Box 51125, Boulder, CO 80321-1125

Health-O-Gram, SugarFree Center, 13725 Burbank Blvd, Van Nuys, CA 91401

Le diabète, Bulletin de l'association du diabète du Québec.

Living Well With Diabetes, Diabetes Center, 13911 Ridgedale Dr, Suite 250, Minnetonka, MN 55343

# 31
# ÉVALUATION ET TRAITEMENT DES PATIENTS ATTEINTS DE TROUBLES ENDOCRINIENS

## OBJECTIFS D'APPRENTISSAGE

Après avoir étudié ce chapitre, vous devriez être en mesure de réaliser ce qui suit:

1. Indiquer les fonctions de chacune des glandes endocrines ainsi que les hormones qu'elles sécrètent.

2. Donner les examens diagnostiques utilisés pour déceler les troubles de fonctionnement de chacune des glandes endocrines.

3. Comparer l'hyperthyroïdie à l'hypothyroïdie: leurs causes, leurs manifestations cliniques, leurs traitements et les interventions infirmières qui s'y rattachent.

4. Élaborer un plan de soins infirmiers pour le patient devant subir une thyroïdectomie.

5. Comparer l'hyperparathyroïdie à l'hypoparathyroïdie: leurs causes, leurs manifestations cliniques, leurs traitements et les interventions infirmières qui s'y rattachent.

6. Comparer la maladie d'Addison au syndrome de Cushing: leurs causes, leurs manifestations cliniques, leurs traitements et les interventions infirmières qui s'y rattachent.

7. Appliquer la démarche de soins infirmiers pour intervenir auprès des patients souffrant d'insuffisance surrénalienne.

8. Appliquer la démarche de soins infirmiers pour intervenir auprès des patients atteints du syndrome de Cushing.

9. Préciser les besoins en enseignement des patients nécessitant une corticothérapie.

10. Différencier la pancréatite aiguë de la pancréatite chronique.

11. Appliquer la démarche de soins infirmiers pour intervenir auprès des patients atteints de pancréatite aiguë.

12. Connaître les limites de la chirurgie pour le traitement des tumeurs du pancréas.

# PHYSIOLOGIE

Les glandes endocrines, qui sécrètent directement leurs produits dans la circulation sanguine, se différencient des glandes exocrines, comme les glandes sudoripares, dont les sécrétions sont émises par l'intermédiaire de canaux vers les surfaces épithéliales. Les substances chimiques sécrétées par les glandes endocrines sont appelées *hormones*; elles aident à régulariser les fonctions organiques de concert avec le système nerveux. Ce double mécanisme, où l'action rapide du système nerveux est équilibrée par une action hormonale plus lente, permet une régulation précise des fonctions de l'organisme en réponse aux modifications variées qui surviennent à l'intérieur comme à l'extérieur du corps.

On divise les hormones en trois grands groupes: les hormones stéroïdiennes, telle l'hydrocortisone; les hormones peptidiques ou protéiques, telle l'insuline; les hormones dérivées d'acides aminés, telle l'adrénaline. Les glandes endocrines les plus importantes sont illustrées à la figure 31-1. Le tableau 31-1 dresse une liste des principales hormones, de leurs tissus cibles et de certaines de leurs propriétés.

Les glandes endocrines ont certaines caractéristiques histologiques communes: elles sont composées de cellules sécrétrices formant de minuscules îlots (acini) et, malgré l'absence de canaux, elles bénéficient d'une riche irrigation sanguine, de sorte que les substances chimiques qu'elles produisent peuvent entrer rapidement dans le sang circulant.

La concentration sanguine de la plupart des hormones est relativement constante. Une concentration hormonale élevée inhibe la production hormonale, tandis qu'une faible concentration accélère cette production. C'est ce que l'on appelle la *régulation par rétroaction*.

***Mécanisme de l'action hormonale***. Les hormones peuvent modifier le fonctionnement de leur tissu cible par une interaction avec des chémorécepteurs situés sur la membrane des cellules ou à l'intérieur de celles-ci. Les hormones peptidiques et protéiques agissent sur les récepteurs membranaires, ce qui active une enzyme intracellulaire, l'adényl-cyclase. Ceci a pour résultat d'accroître la production d'adénosine monophosphate 3',5' cyclique (AMPc). L'AMPc à son tour agit sur les fonctions enzymatiques intracellulaires. Par conséquent, l'AMPc est le «second messager» qui lie l'hormone peptidique se trouvant à la surface de la cellule à une modification dans le milieu intracellulaire. Certaines hormones protéiques ou peptidiques peuvent également intervenir en modifiant la perméabilité de la membrane cellulaire. Ces hormones agissent assez rapidement, en quelques secondes ou en quelques minutes. Le mécanisme d'action des hormones dérivées d'acides aminés est semblable à celui des hormones peptidiques.

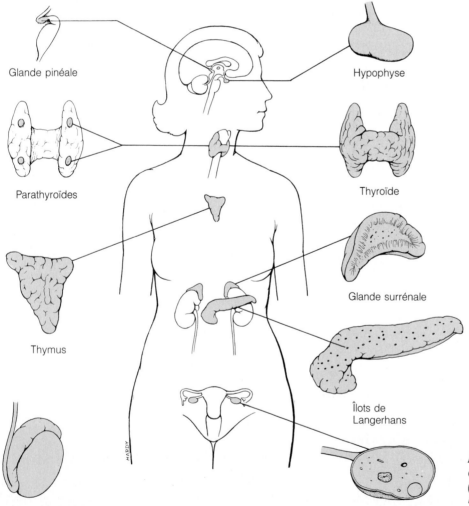

Glande pinéale

Hypophyse

Parathyroïdes

Thyroïde

Thymus

Glande surrénale

Îlots de Langerhans

Testicules (chez l'homme)

Ovaires (chez la femme)

***Figure 31-1.***  Sites des principales glandes endocrines

(Source: E. E. Chaffee et I. M. Lyle, *Basic Physiology and Anatomy*, 4e éd., Philadelphia, J. B. Lippincott)

Les hormones stéroïdiennes, parce que plus petites et très liposolubles, pénètrent les membranes cellulaires et interagissent avec les récepteurs intracellulaires. Le complexe stéroïde-récepteur modifie le métabolisme cellulaire et stimule la synthèse de l'acide ribonucléique (ARN) messager à partir de l'acide désoxyribonucléique (ADN). Par la suite, l'ARN messager active la synthèse des protéines à l'intérieur de la cellule. Comme la protéinosynthèse s'effectue en quelques heures, l'action des hormones stéroïdiennes est beaucoup plus lente que celle des autres types d'hormones.

## Hypophyse

L'hypophyse, ou glande pituitaire, a toujours été considérée comme la glande maîtresse du système endocrinien, car elle sécrète des hormones qui régissent la sécrétion d'hormones d'autres glandes endocrines. L'hypophyse elle-même est régie en grande partie par l'hypothalamus, adjacent au cerveau.

L'hypophyse est une structure ronde d'environ 1,3 cm de diamètre située sous la face inférieure de l'encéphale et reliée à l'hypothalamus par la tige pituitaire. Elle se divise en trois parties, le lobe antérieur, le lobe intermédiaire et le lobe postérieur.

Le lobe *postérieur* de l'hypophyse (posthypophyse) sécrète d'importantes hormones telles que la *vasopressine* (hormone antidiurétique appelée ADH) et l'*ocytocine*. Ces hormones sont synthétisées à l'intérieur de l'hypothalamus et descendent jusqu'aux cellules nerveuses qui relient l'hypothalamus au lobe postérieur de l'hypophyse, où elles sont stockées. La sécrétion de vasopressine est activée par une augmentation de l'osmolalité sanguine ou par une baisse de la pression artérielle; la principale fonction de cette hormone est de régir l'excrétion de l'eau par le rein. La sécrétion d'ocytocine est activée pendant la grossesse et au moment de l'accouchement; les principales fonctions de cette hormone sont de faciliter l'émission du lait pendant la lactation et d'augmenter la force des contractions utérines pendant le travail et l'accouchement. On administre de l'ocytocine par voie parentérale pour déclencher le travail.

Le lobe *antérieur* de l'hypophyse (antéhypophyse) sécrète d'importantes hormones telles que la folliculostimuline (FSH), l'hormone lutéinisante (LH), la prolactine, l'hormone corticotrope (ACTH), l'hormone thyréotrope (TSH) et l'hormone de croissance. La sécrétion de chacune de ces hormones dépend de facteurs stimulants sécrétés par l'hypothalamus. Ces facteurs stimulants atteignent l'antéhypophyse par la circulation porte hypophysaire.

Les hormones libérées par l'antéhypophyse sont transportées dans la circulation générale vers leurs organes cibles. La principale fonction des hormones TSH, ACTH, FSH et LH est de faire libérer des hormones d'autres glandes endocrines. La prolactine agit sur les glandes mammaires afin de stimuler la production du lait. Les effets de l'hormone de croissance sur divers tissus cibles sont multiples et nous les verrons en détail ci-dessous. Les autres stimulines seront étudiées conjointement avec leurs organes cibles.

**Hormone de croissance**.    L'hormone de croissance, également connue sous le nom de somatotrophine, est une hormone protéique qui stimule la synthèse des protéines à l'intérieur de plusieurs tissus, accélère la dégradation des acides gras contenus dans le tissu adipeux et augmente la glycémie. Ces actions sont essentielles à la croissance normale, quoique d'autres hormones, telles que l'hormone thyroïdienne et l'insuline, contribuent aussi à la croissance. Le stress, l'effort et l'hypoglycémie ont pour effet d'augmenter la sécrétion de l'hormone de croissance, qui a une demi-vie dans le sang de 20 à 30 minutes et est en grande partie inactivée dans le foie. Une sécrétion insuffisante d'hormone de croissance pendant l'enfance provoque le nanisme. Inversement, une sécrétion excessive entraîne le gigantisme, les personnes atteintes de gigantisme peuvent mesurer de 2 à 2,5 m. Chez l'adulte, la libération excessive d'hormone de croissance engendre l'acromégalie, un trouble qui se manifeste par des déformations des os et des tissus mous ainsi qu'une hypertrophie des viscères, sans augmentation de la taille.

**Anomalies de la fonction hypophysaire**.    L'hypersécrétion ou l'hyposécrétion de n'importe laquelle des hormones sécrétées ou libérées par l'hypophyse entraîne des dysfonctionnements hypophysaires. Le dérèglement de la partie antérieure de l'hypophyse ne touche pas nécessairement la partie postérieure, et vice versa. L'hypersécrétion hypophysaire met souvent en jeu l'ACTH ou l'hormone de croissance. L'hypersécrétion de corticostéroïdes entraîne le syndrome de Cushing, et l'hypersécrétion de l'hormone de croissance entraîne l'acromégalie. Une hyposécrétion de l'ensemble des hormones hypophysaires provoque ce que l'on appelle le *panhypopituitarisme*. Ce trouble se manifeste par une atrophie de la glande thyroïde, de la corticosurrénale et des gonades due à la sécrétion insuffisante des stimulines. Le diabète insipide est le trouble le plus couramment associé à un dysfonctionnement du lobe postérieur; ce trouble se caractérise par l'excrétion d'urines diluées en quantité excessive à cause d'une sécrétion insuffisance de vasopressine.

## Glande thyroïde

La glande thyroïde est un organe en forme de papillon situé dans la partie antérieure et inférieure du cou, en avant de la trachée. Elle est formée de deux lobes latéraux reliés par un isthme. Elle mesure environ 5 cm de longueur sur 3 cm de largeur, et son poids est en moyenne de 30 g. Le débit sanguin vers la thyroïde est d'environ 5 mL/min/g de tissu glandulaire. Il est donc presque cinq fois plus élevé que le débit sanguin vers le foie, ce qui témoigne de l'importante activité métabolique de cette glande. Les trois hormones sécrétées par la glande thyroïde sont la thyroxine ($T_4$) et la triiodothyronine ($T_3$), appelées hormones thyroïdiennes, et la calcitonine.

**Hormones thyroïdiennes**.    La thyroxine et la triiodothyronine sont les hormones thyroïdiennes. Ce sont des acides aminés qui ont la propriété exclusive de contenir des molécules d'iode. $T_4$ contient quatre atomes d'iode à l'intérieur de chaque molécule, tandis que $T_3$ en contient trois. Ces hormones se lient à une glycoprotéine appelée thyroglobuline et sont synthétisées et stockées dans les cellules de la glande thyroïde jusqu'à leur libération dans la circulation sanguine.

**Captation et métabolisme de l'iode**.    L'iode est essentiel à la synthèse des hormones par la glande thyroïde. En fait, la glande thyroïde utilise la plus grande partie de l'iode de l'organisme, de sorte qu'une carence en iode a pour principale conséquence un dysfonctionnement de la glande thyroïde. Les aliments fournissent de l'iodure qui est absorbé dans le sang par les voies digestives. Avec une remarquable

**TABLEAU 31-1.** *Système endocrinien*

| Glandes endocrines et hormones | Principal lieu d'action | Principaux processus touchés |
|---|---|---|
| **HYPOPHYSE** | | |
| *Lobe antérieur* | | |
| Hormone de croissance (somatotrophine) | Organisme entier | Croissance des os, des muscles et d'autres organes |
| Thyrotrophine | Thyroïde | Croissance et activité sécrétoire de la glande thyroïde |
| Corticotrophine | Corticosurrénale | Croissance et activité sécrétoire de la corticosurrénale |
| Folliculostimuline | Ovaires | Maturation des follicules et sécrétion d'œstrogène |
| | Testicules | Maturation des canalicules séminifères, spermatogenèse |
| Lutéinostimuline | Ovaires | Ovulation, formation du corps jaune, sécrétion de progestérone |
| | Testicules | Sécrétion de testostérone |
| Prolactine ou hormone lactogène (hormone lutéotrope) | Glandes mammaires et ovaires | Sécrétion du lait; maintien du corps jaune |
| Hormone mélanotrope | Peau | Pigmentation |
| *Lobe postérieur* | | |
| Hormone antidiurétique (vasopressine) | Rein | Réabsorption de l'eau; équilibre hydrique |
| | Artérioles | Pression artérielle |
| Occytocine | Utérus | Contraction |
| | Glandes mammaires | Expulsion du lait |
| **GLANDE PINÉALE** | | |
| Mélatonine | Gonades | Maturation sexuelle |
| **GLANDE THYROÏDE** | | |
| Thyroxine et triiodothyronine | Organisme entier | Taux du métabolisme; croissance et développement; métabolisme intermédiaire |
| Calcitonine | Os | Inhibe la résorption osseuse; abaisse les concentrations de calcium sanguin |
| **GLANDES PARATHYROÏDES** | | |
| Parathormone | Os, rein, intestin | Favorise la résorption osseuse, accroît l'absorption du calcium; élève les concentrations de calcium dans le sang |
| **GLANDES SURRÉNALES** | | |
| *Corticosurrénale* | | |
| Minéralocorticoïdes (par exemple, aldostérone) | Reins | Réabsorption du sodium; élimination du potassium |
| Glucocordicoïdes (par exemple, cortisol) | Organisme entier | Métabolisme des glucides, des protéines et des graisses; réaction au stress; action anti-inflammatoire |
| Hormones sexuelles | Organisme entier | Poussée de croissance précédant l'adolescence |
| *Hormones médullosurrénaliennes* | | |
| Adrénaline | Muscle cardiaque, muscle lisse, glandes | Fonctions d'urgence: les mêmes que lorsqu'il y a stimulation du système nerveux sympathique |
| Noradrénaline | Organes innervés par le système nerveux sympathique | Médiateur chimique; augmente la résistance périphérique |
| **ÎLOTS DE LANGERHANS** | | |
| Insuline | Organisme entier | Diminution de la glycémie; utilisation et stockage des glucides; diminution de la glyconéogenèse; |
| Glucagon | Foie | Augmentation de la glycémie; glycogénolyse |
| Somatostatine | Organisme entier | Abaisse la glycémie en inhibant la libération de l'hormone de croissance et celle du glucagon |
| **TESTICULES** | | |
| Testostérone | Organisme entier | Développement des caractères sexuels secondaires |
| | Organes reproducteurs | Développement et préservation |

TABLEAU 31-1.   (suite)

| Glandes endocrines et hormones | Principal lieu d'action | Principaux processus touchés |
|---|---|---|
| **OVAIRES** | | |
| Œstrogènes | Organisme entier | Développement des caractères sexuels secondaires |
| | Glandes mammaires | Développement des canaux galactophores |
| | Organes reproducteurs | Maturation et fonctionnement normal du cycle |
| Progestérone | Glandes mammaires | Développement du tissu sécrétoire |
| | Utérus | Préparation à l'implantation de l'œuf; maintien de la grossesse |
| **TRACTUS GASTRO-INTESTINAL** | | |
| Gastrine | Estomac | Production du suc gastrique |
| Entérogastrone | Estomac | Réduction de l'activité motrice et sécrétrice |
| Sécrétine | Foie et pancréas | Production de bile; production de suc pancréatique aqueux (riche en NaHC03) |
| Pancréozymine | Pancréas | Production de suc pancréatique riche en enzymes |
| Cholécystokinine | Vésicule biliaire | Contraction et vidange |

(Source: E. E. Chaffee et I. M. Lyle, *Basic Physiology and Anatomy*, 4e éd., Philadelphia, J. B. Lippincott)

efficacité, la glande thyroïde extrait l'iodure du sang et le concentre à l'intérieur des cellules, où il est converti en iode; l'iode réagit avec la tyrosine (un acide aminé) pour former les hormones thyroïdiennes.

**Régulation de la fonction thyroïdienne.** La sécrétion de la thyrotrophine ou thyrostimuline (TSH) par l'hypophyse régit le rythme de la libération des hormones thyroïdiennes. La libération de la TSH est déterminée à son tour par les taux des hormones thyroïdiennes dans le sang. Une baisse de la concentration sanguine de $T_3$ ou de $T_4$ stimule la libération de TSH, ce qui a pour effet d'augmenter la sécrétion de $T_3$ et de $T_4$. Ce processus illustre bien le phénomène de rétroaction. L'hormone de libération de la thyrostimuline (TRH), sécrétée par l'hypothalamus, exerce un effet modulateur sur la libération de la TSH par l'hypophyse. Des facteurs liés à l'environnement, telle une chute de température, peuvent entraîner une augmentation de la sécrétion de TRH, qui à son tour accroît la sécrétion des hormones thyroïdiennes. La figure 31-2 illustre l'axe hypothalamus-hypophyse-thyroïde qui régit la sécrétion des hormones thyroïdiennes.

**Fonctions des hormones thyroïdiennes.** Les hormones thyroïdiennes $T_3$ et $T_4$ ont pour principale fonction de régulariser l'activité métabolique cellulaire; elles servent de centre rythmogène en accélérant les réactions métaboliques. Elles agissent souvent sur le taux du métabolisme en augmentant la concentration des enzymes spécifiques qui contribuent à la consommation d'oxygène et en modifiant la réactivité des tissus aux autres hormones. À cause de leurs effets sur le métabolisme cellulaire, les hormones thyroïdiennes influent sur tous les organes importants. Elles agissent sur le métabolisme cellulaire, en plus de jouer un rôle essentiel dans la croissance et la maturation du cerveau et des os.

**Calcitonine.** La calcitonine, ou thyrocalcitonine, est une autre hormone importante sécrétée par la glande thyroïde. Sa sécrétion n'est toutefois pas régie par la TSH. La thyroïde sécrète de la calcitonine lorsque les taux plasmatiques de calcium sont élevés; la calcitonine abaisse le taux sérique de calcium en augmentant le dépôt des ions calcium dans les os.

**Anomalies de la fonction thyroïdienne.** Une sécrétion inadéquate d'hormones thyroïdiennes au cours du développement fœtal et néonatal entraîne un retard de croissance physique et mentale (crétinisme) causé par un ralentissement général du métabolisme. Chez l'adulte, l'hypothyroïdie (myxœdème) se manifeste par de la léthargie, un ralentissement de l'idéation et un ralentissement généralisé des fonctions

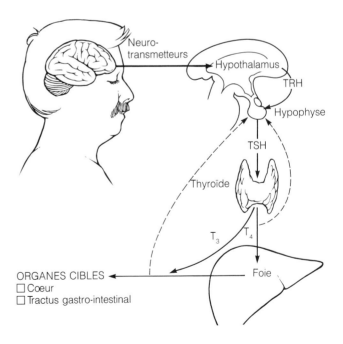

***Figure 31-2.*** Axe hypothalamus-hypophyse-thyroïde. L'hormone de libération de la thyrostimuline (TRH), sécrétée par l'hypothalamus active la sécrétion de thyrostimuline (TSH) par l'hypophyse. La TSH active la production des hormones thyroïdiennes ($T_3$ et $T_4$) par la glande thyroïde. Les fortes concentrations de $T_3$ et $T_4$ inhibent la sécrétion de TSH et, par conséquent, la sécrétion des hormones thyroïdiennes, selon un mécanisme de rétroaction négative (pointillé).

corporelles. À l'inverse, l'hyperthyroïdie se manifeste par une augmentation importante de la vitesse du métabolisme. La plupart des autres caractéristiques des patients atteints d'hyperthyroïdie sont le résultat d'une réponse accrue aux cathécholamines (adrénaline et noradrénaline). On associe généralement l'hypersécrétion d'hormones thyroïdiennes à une hypertrophie de la glande thyroïde (goitre), qui peut aussi apparaître en présence d'une carence en iodure. La carence en iodure abaisse les concentrations d'hormones thyroïdiennes circulantes, ce qui accroît la libération de TSH; la hausse des concentrations de TSH entraîne une surproduction de thyroglobuline et une hypertrophie de la glande thyroïde.

## Glande surrénales

Le corps humain possède deux glandes surrénales situées chacune au-dessus d'un rein. Chaque glande surrénale se divise en deux parties bien distinctes, la partie médullaire (médullosurrénale) qui sécrète les catécholamines, et la partie corticale (corticosurrénale) qui sécrète les corticostéroïdes.

**Médullosurrénale**.    La médullosurénale fait partie du système nerveux autonome. La stimulation des fibres sympathiques préganglionnaires, dont l'influx chemine directement vers les cellules de la médullosurrénale, provoque la libération des catécholamines (adrénaline et noradrénaline). Chez l'homme, la médullosurrénale sécrète 90 % d'adrénaline et 10 % de noradrénaline. Les catécholamines mobilisent le stock d'énergie chimique pour fournir suffisamment de combustible à tous les muscles en activité. L'adrénaline est surtout libérée en situation d'alarme (réaction de lutte ou de fuite). La sécrétion d'adrénaline entraîne une diminution du débit sanguin aux tissus qui n'interviennent pas en situation d'urgence comme les tissus du tractus gastro-intestinal. Elle entraîne également une augmentation du débit sanguin aux tissus essentiels à la réaction de lutte ou de fuite, tels ceux du muscle cardiaque et des muscles squelettiques. Les catécholamines déclenchent également la libération d'acides gras libres, accélèrent le métabolisme basal et augmentent la glycémie.

**Corticosurrénale**.    La corticosurrénale produit trois types d'hormones: les glucocorticoïdes, dont le prototype est l'hydrocortisone; les minéralocorticoïdes, principalement l'aldostérone; et les hormones sexuelles, principalement les androgènes (hormones sexuelles mâles).

**Glucocorticoïdes**.    Les glucocorticoïdes doivent leur nom à leur influence importante sur le métabolisme du glucose; une hypersécrétion d'hydrocortisone augmente la glycémie. Les glucocorticoïdes ont néanmoins des effets importants sur le métabolisme de presque tous les organes. Ils sont sécrétés par la corticosurrénale en réponse à la libération d'ACTH par le lobe antérieur de l'hypophyse. Le mode d'action des glucocorticoïdes illustre bien le phénomène de la rétroaction négative: leur présence dans le sang inhibe la libération de la corticolibérine (CRF) par l'hypothalamus et la sécrétion d'ACTH par l'hypophyse. Cette diminution de la sécrétion d'ACTH réduit la libération des glucocorticoïdes par la corticosurrénale. Le bon fonctionnement de la corticosurrénale est essentiel à la vie, mais une hormonothérapie substitutive appropriée peut remédier à certains dysfonctionnements.

Les glucocorticoïdes sont souvent administrés afin d'inhiber la réaction inflammatoire déclenchée par une lésion des tissus et de supprimer les réactions allergiques. Les effets toxiques des glucocorticoïdes sont notamment un risque de diabète, d'ostéoporose et d'ulcère gastroduodénal, de même qu'une dégradation accrue des protéines donnant lieu à une atrophie musculaire, à des troubles de cicatrisation et à une redistribution du tissu adipeux. La présence dans le sang de grandes quantités de glucocorticoïdes exogènes inhibe à la fois la libération de l'ACTH et des glucocorticoïdes endogènes, ce qui peut causer une atrophie de la corticosurrénale. S'il y a interruption brusque de l'administration exogène de glucocorticoïdes, la corticosurrénale atrophiée ne peut plus réagir adéquatement, ce qui provoque une insuffisance surrénalienne.

**Minéralocorticoïdes**.    Les minéralocordicoïdes exercent surtout leur action sur le métabolisme des électrolytes, agissant sur les tubules rénaux et l'épithélium gastro-intestinal pour stimuler l'absorption des ions sodium et l'excrétion des ions potassium ou hydrogène. La sécrétion de l'aldostérone est peu influencée par l'ACTH, car elle s'effectue surtout en réaction à la présence d'angiotensine II, une substance qui augmente la pression artérielle par son effet vasoconstricteur sur les artérioles. La concentration d'angiotensine II augmente quand il y a libération de rénine par le rein en réaction à une baisse de la pression d'irrigation. La concentration accrue d'aldostérone qui en résulte favorise la réabsorption du sodium par le rein et par le tractus gastro-intestinal, ce qui tend à ramener la pression artérielle à la normale. La sécrétion d'aldostérone peut également être stimulée par une hyperkaliémie. L'aldostérone est la principale hormone de régulation du taux de sodium.

**Hormones sexuelles (androgènes)**.    Les androgènes sécrétés par la corticosurrénale exercent une action analogue à celle des androgènes sécrétés par les testicules. La glande surrénale peut également sécréter de petites quantités d'œstrogènes, les hormones sexuelles femelles. La sécrétion des androgènes est régie par l'ACTH. Chez les femmes, une hypersécrétion congénitale d'androgènes due à un déficit enzymatique entraîne une masculinisation, qu'on appelle *syndrome adrénogénital*.

## Glande parathyroïdes

Les glandes parathyroïdes, normalement au nombre de quatre, sont situées dans la face postérieure des lobes latéraux de la thyroïde. Comme ces glandes sont petites, on peut facilement les exciser par inadvertance au cours d'une chirurgie thyroïdienne. Cette ablation accidentelle est la cause la plus fréquente de l'hypoparathyroïdie.

La parathormone, l'hormone protéique sécrétée par les parathyroïdes, régit le métabolisme du calcium et du phosphore. Une hypersécrétion de parathormone accroît l'absorption rénale, intestinale et osseuse du calcium, ce qui augmente le taux sérique de calcium. La parathormone, dont certaines actions sont stimulées par la vitamine D, tend aussi à abaisser le taux sérique de phosphore. Un excès de parathormone peut augmenter la concentration sérique de calcium au point de mettre la vie en danger. Lorsque le produit de la concentration de calcium et de la concentration de phosphore (calcium x phosphore) est élevé, on peut observer une précipitation de phosphate de calcium qui se dépose dans les os et d'autres organes, provoquant une calcification des tissus.

Le taux sérique de calcium ionisé régit la libération de la parathormone. Une augmentation de la concentration sérique de calcium abaisse la sécrétion de parathormone, selon un mécanisme de rétroaction.

## Pancréas

Le pancréas, situé dans la partie supérieure de l'abdomen, exerce des fonctions à la fois exocrines (enzymes digestives) et endocrines. Les sécrétions des glandes exocrines, contrairement à celles des glandes endocrines, atteignent leur site d'action par la voie d'un canal et ne sont pas déversées dans la circulation sanguine.

***Pancréas exocrine.*** Les sécrétions du pancréas exocrine s'accumulent dans le canal pancréatique. Celui-ci est accolé au cholédoque, qui s'ouvre sur le duodénum au niveau de l'ampoule de Vater. Le sphincter d'Oddi, situé autour de l'ampoule, commande partiellement la rate, au niveau de laquelle les sécrétions du pancréas et de la vésicule biliaire entrent dans le duodénum.

Les sécrétions du pancréas exocrine sont des enzymes digestives et un liquide riche en électrolytes. À cause de leur forte concentration en bicarbonate de sodium, ces sécrétions sont très alcalines et ont la capacité de neutraliser le suc gastrique très acide qui pénètre dans le duodénum

Les enzymes pancréatiques comprennent l'*amylase*, qui contribue à la digestion des protéines, et la *lipase*, qui contribue à la digestion des lipides. D'autres enzymes activent la décomposition de produits alimentaires plus complexes.

Des hormones provenant du tractus gastro-intestinal stimulent la sécrétion de ces sucs pancréatiques exocrines. La sécrétine est le principal stimulant de la sécrétion de bicarbonate, tandis que la pancréozymine-cholécystokinine (P-ch) est le principal stimulant de la sécrétion des enzymes digestives. Le nerf vague influe également sur la sécrétion des sucs pancréatiques exocrines.

***Pancréas endocrine.*** Les îlots de Langerhans constituent le pancréas endocrine; ce sont des formations arrondies enfouies dans le tissu pancréatique. Ils se composent de cellules alpha, bêta et delta. Les cellules bêta sécrètent l'*insuline*, les cellules alpha le *glucagon* et les cellules delta la *somatostatine*. L'une des principales fonctions de l'insuline est d'abaisser la glycémie en permettant au glucose d'entrer dans les cellules du foie, des muscles et d'autres tissus, où il est stocké sous forme de glycogène ou utilisé pour répondre aux besoins énergétiques. De plus, l'insuline favorise le stockage des graisses dans les tissus adipeux et la synthèse des protéines dans divers tissus. Le diabète sucré est une affection caractérisée par une insuffisance de la production d'insuline. On le diagnostique par des concentrations élevées de glucose dans le sang et les urines. L'organisme ne pouvant plus utiliser le glucose pour ses dépenses énergétiques, il utilise les graisses et les protéines, ce qui entraîne une perte de poids. Normalement, la sécrétion d'insuline par le pancréas est régie par la concentration de glucose dans le sang. En réaction à une baisse de la glycémie, le pancréas sécrète du glucagon, dont les effets sont contraires à ceux de l'insuline: il augmente la glycémie en convertissant le glycogène en glucose. La somatostatine a aussi un effet hypoglycémiant en inhibant la libération de l'hormone de croissance par l'hypophyse et du glucagon par le pancréas, ces deux hormones ayant tendance à augmenter la glycémie.

***Régulation endocrinienne du métabolisme des glucides.*** Le glucose utilisé pour répondre aux besoins énergétiques de l'organisme provient du métabolisme des glucides et des protéines; ce processus de transformation est appelé glucogenèse. Le glucose peut être stocké temporairement dans le foie, dans les muscles ou dans d'autres tissus sous forme de glycogène. Le système endocrinien régit la glycémie en réglant la vitesse à laquelle le glucose est synthétisé, stocké et transporté dans la circulation sanguine. Les hormones maintiennent normalement la glycémie à 5,5 mmol / L. La glycémie est principalement abaissée par l'insuline; elle est augmentée par le glucagon, l'adrénaline, les corticoïdes, l'hormone de croissance et les hormones thyroïdiennes.

# GLANDE THYROÏDE

## Évaluation de la fonction thyroïdienne

Plusieurs examens permettent d'obtenir un tableau complet et précis de la fonction thyroïdienne. Les signes et symptômes cliniques peuvent aussi donner des renseignements utiles.

La glande thyroïde produit un effet de stimulation grâce à deux hormones, la thyroxine ($T_4$) qui stabilise le métabolisme et la triiodothyronine ($T_3$) qui est cinq fois plus active que $T_4$ et a une action plus rapide sur le métabolisme. Afin d'évaluer la fonction thyroïdienne, on mesure les concentrations d'hormones thyroïdiennes dans le sang.

***$T_4$ sérique.*** La $T_4$ sérique est le plus souvent mesurée par méthode radio-immunologique ou par des techniques basées sur la liaison compétitive. La $T_4$ sérique se situe habituellement entre 58,5 et 150 nmol / L; elle est liée principalement à la globuline de transport de la thyroxine (TBG) et à la préalbumine. La $T_3$ est aussi liée à des protéines, quoique moins solidement. Des variations des taux sériques des protéines de liaison entraînent des variations correspondantes du taux de la $T_4$. Les facteurs suivants peuvent fausser les résultats du dosage de la $T_4$: maladies généralisées graves, médicaments (contraceptifs oraux, stéroïdes, phénytoïne ou salicylates, par exemple), pertes de protéines consécutives à un syndrome néphrotique, utilisation d'androgènes.

***$T_3$ sérique.*** On peut mesurer la quantité de $T_3$ sérique libre et liée, ou totale. Comme la $T_4$, la $T_3$ est libérée par la sécrétion de TSH. L'hyperthyroïdie augmente les concentrations de $T_3$ et de $T_4$ mais davantage la concentration de $T_3$. Les valeurs normales de la $T_3$ sérique sont de 1,15 et 3,10 nmo / L.

***Fixation de $T_3$ sur résine.*** On utilise un réactif à base de $T_3$ radiatif pour mesurer indirectement le taux de cette hormone. On détermine la quantité de $T_3$ liée à la thyroglobuline (TBG) ainsi que le nombre de sites de liaison disponibles. Chez les personnes normales, une partie seulement des sites de liaison de la TBG sont occupés par $T_3$. Lorsque de la $T_3$ marquée est ajoutée, in vitro, au sérum du patient, une fraction se fixe aux sites inoccupés. On mesure ensuite le nombre de sites de liaison non occupés, ce qui reflète la quantité de $T_3$ non liée. La valeur normale de la fixation de $T_3$ est de 0,25 à 0,35 en chiffres absolus, ce qui indique que le tiers des sites de liaison de la TBG sont occupés par $T_3$. Ainsi, dans l'hyperthyroïdie, caractérisée par une baisse des sites de liaison inoccupés, la fixation de $T_3$ est supérieure à 0,35. À l'opposé, dans l'hypothyroïdie, les sites de liaison non occupés sont augmentés et la fixation de $T_3$ est inférieure 0,25.

L'épreuve de fixation de $T_3$ est utile pour évaluer la concentration de $T_3$ chez les patients qui ont reçu des doses diagnostiques ou thérapeutiques d'iode. Des médicaments tels les œstrogènes, les androgènes, les salicylates, la phénytoïne, les anticoagulants ou les stéroïdes peuvent fausser les résultats de cette épreuve.

**Mesure de la thyrotropine.**    La thyrotropine (TSH) est stimulée par l'antéhypophyse et régit la sécrétion de $T_3$ et de $T_4$. La mesure de la concentration sérique de TSH est d'une grande utilité pour diagnostiquer et traiter les troubles thyroïdiens, de même que pour distinguer les troubles d'origine thyroïdienne des troubles d'origine hypophysaire ou hypothalamique.

**Dosage radio-immunologique.**    On mesure généralement la concentration sérique de TSH par méthode radio-immunologique. Le taux de TSH est élevé dans l'hypothyroïdie primaire. On a récemment mis au point une technique de mesure de la TSH plus sensible et plus précise. Cette technique utilise un anticorps monoclonal.

**Test à l'hormone de libération de la thyréostimuline.**    Ce test permet de vérifier directement les réserves hypophysaires de TSH et est d'une grande utilité si les tests de fixation de $T_3$ et de $T_4$ sont peu concluants. On mesure la concentration de TSH immédiatement avant et 30 minutes après l'administration intraveineuse de TRH.

Dans l'hypothyroïdie due à une affection primaire de la glande thyroïde, on observe une augmentation de la concentration sérique de TSH; dans l'hypothyroïdie d'origine hypophysaire ou hypothalamique, la réaction à la TRH est absente ou différée. Avant le test, il faut prévenir le patient que l'administration intraveineuse de TRH peut occasionner une rougeur temporaire du visage, des nausées ou un besoin d'uriner.

**Thyroglobuline.**    Précurseur de $T_3$ et de $T_4$, la thyroglobuline peut être mesurée avec précision par dosage radio-immunologique. Les facteurs qui augmentent ou diminuent l'activité de la glande thyroïde et la sécrétion de $T_3$ et de $T_4$ ont aussi un effet sur la synthèse et la sécrétion de la thyroglobuline. On observe une élévation de la concentration de thyroglobuline dans le cancer de la thyroïde, l'hyperthyroïdie et la thyroïdite subaiguë, et dans certains états physiologiques normaux comme la grossesse. La mesure du taux de thyroglobuline est utile pour le suivi et le traitement des patients souffrant d'un cancer thyroïdien.

**Fixation d'iode radioactif.**    Cet examen permet de mesurer le taux de fixation de l'iode par la glande thyroïde.

Après avoir administré au patient de l'$I^{131}$, on effectue un dosage à l'aide d'un compteur à scintillation qui détecte et compte le nombre de rayons gamma émis par la dégradation de l'$I^{131}$ dans la thyroïde. Il s'agit d'un examen simple qui donne des résultats fiables. Pour obtenir le taux de fixation, on divise l'activité thyroïdienne par le taux d'activité administrée (exprimé en pourcentage). Étant donné que l'apport en iodure ou en hormones thyroïdiennes peut influencer les résultats, il est essentiel de procéder à un interrogatoire préliminaire minutieux. Les valeurs normales peuvent varier selon les régions et la consommation d'iode du patient. Les personnes souffrant d'hyperthyroïdie fixent une forte proportion de l'$I^{131}$ (jusqu'à 90 % chez certains), tandis que la fixation d'iode est très faible chez les patients souffrant d'hypothyroïdie. On utilise aussi cet examen pour calculer la dose thérapeutique d'$I^{131}$ à administrer au patient souffrant d'hyperthyroïdie.

**Scintigraphie thyroïdienne.**    Cet examen, qui ressemble à la fixation d'iode radioactif, se fait à l'aide d'un détecteur à scintillation qui balaie la région à explorer. Une imprimante inscrit une marque pour un nombre de particules prédéterminé. On obtient ainsi une image visuelle de l'emplacement des isotopes radioactifs. L'$I^{131}$ est l'isotope le plus souvent utilisé, mais on se sert également d'$I^{125}$ et de $Tc^{99m}$ (pertechnétate de sodium) car leurs propriétés physiques et biochimiques permettent de les administrer à plus faible dose. La scintigraphie est utile pour déterminer l'emplacement, la taille, la forme et la fonction anatomique de la glande thyroïde, surtout si le tissu thyroïdien est rétrosternal ou hypertrophié. Elle permet aussi de déterminer l'état fonctionnel d'une région «chaude» (augmentation de la fonction) ou «froide» (diminution de la fonction). Bien que la majorité des régions froides (régions à activité de croissance) ne présentent pas de malignité, une absence d'activité dénote une probabilité de cancer, en particulier s'il n'existe qu'une région d'inactivité. On peut procéder à la scintigraphie de toute la surface corporelle lorsque l'on recherche des métastases thyroïdiennes fonctionnelles.

**Iode lié aux protéines.**    L'iode lié aux protéines est une molécule conjuguée qui se forme lorsque $T_4$ se lie à certains composants des protéines plasmatiques. La fonction thyroïdienne peut être évaluée relativement à la concentration d'iode lié aux protéines. On mesure l'iode après avoir précipité et lavé les protéines. Les valeurs normales se situent entre 0,32 et 0,63 $\mu$mol/L. Des valeurs supérieures à 0,63 $\mu$mol/L indiquent un hyperfonctionnement de la thyroïde, tandis que des concentrations inférieures à 0,32 $\mu$mol/L indiquent une hypothyroïdie. Étant donné que les résultats ne sont pas fiables si le patient a pris des médicaments contenant de l'iode, cette épreuve est aujourd'hui moins utilisée.

**Rôle de l'infirmière lors des explorations de la fonction thyroïdienne**.    Lorsqu'un patient doit subir des examens de la fonction thyroïdienne, il est essentiel de s'assurer qu'il n'a pas pris de médicaments contenant de l'iode, car ceux-ci peuvent fausser les résultats. Les opacifiants radiologiques et certains médicaments utilisés pour le traitement des troubles thyroïdiens contiennent de l'iodure. Certains antiseptiques à usage local, des multivitamines et autres suppléments souvent trouvés dans les magasins d'aliments naturels, certains sirops antitussifs, l'amiodarone (un antiarythmique) sont d'autres sources moins évidentes d'iode. Parmi les autres médicaments qui peuvent fausser les résultats des examens de la fonction thyroïdienne se trouvent les œstrogènes, les salicylates, les amphétamines, les agents antinéoplasiques, les antibiotiques, les stéroïdes et les diurétiques

**TABLEAU 31-2.    *Liste partielle des médicaments pouvant fausser les résultats des examens de la fonction thyroïdienne***

| | |
|---|---|
| Œstrogènes | Opiacés |
| Sulfamides hypoglycémiants | Androgènes |
| Glucocorticoïdes | Salicylates |
| Iode | Lithium |
| Propanolol | Amiodarone |
| Cimétidine | Clofibrate |
| 5-Fluorouracile | Furosémide |
| Phénytoïne | Diazépam |
| Héparine | Danazol |
| Hydrate de chloral | Antagonistes de la dopamine |
| Opacifiants radiologiques | Propylthiouracile |

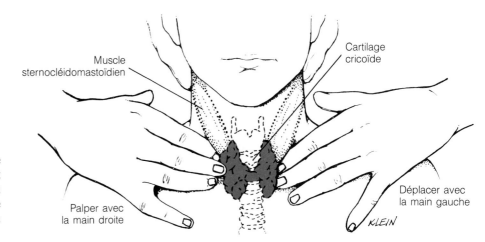

**Figure 31-3.** Technique de palpation de la glande thyroïde. L'isthme thyroïdien peut être senti sur la ligne médiane, à environ 1 cm sous le cartilage cricoïde. La glande est palpée latéralement sous l'insertion du sternocléidomastoïdien.

mercuriels. Il faut donc demander au patient s'il prend ces médicaments et, le cas échéant, le noter sur la formule de demande d'analyse. Le tableau 31-2 fournit une liste partielle des agents susceptibles de fausser les résultats des examens de la fonction thyroïdienne.

## Examen de la glande thyroïde

Tous les patients sont soumis à un examen et à une palpation de la glande thyroïde. Pour faire un bon examen, il faut utiliser des repères anatomiques précis. On examine la partie basse du cou entre les muscles sternocléidomastoïdiens afin de déceler la présence d'oedème antérieur ou d'asymétrie. Pour ce faire, on demande au patient de tendre légèrement le cou et d'avaler. Le tissu thyroïdien s'élève normalement lors de la déglutition. Il est alors possible de palper la thyroïde afin de déterminer sa taille, sa forme, sa consistance ainsi que sa symétrie, et de vérifier s'il y a des zones de sensibilité.

L'examinateur peut effectuer la palpation face au patient ou par derrière. Pour l'examinateur débutant, il est plus facile de faire l'examen par derrière, en encerclant le cou avec les deux mains (figure 31-3). On appuie les pouces sur la nuque, puis on déplace l'index et le médius pour sentir l'isthme thyroïdien et les faces antérieures des lobes latéraux. À la palpation, l'isthme est ferme et élastique. On examine le lobe gauche en demandant au patient de fléchir légèrement le cou en avant et à gauche. On déplace ensuite le cartilage thyroïde vers la gauche avec les doigts de la main droite. Cette manœuvre déplace le lobe gauche profondément dans le muscle sternocléidomastoïdien, où il est plus facile à palper. On palpe ensuite le lobe gauche en plaçant le pouce gauche profondément sur la partie postérieure du sternocléidomastoïdien, l'index et le médius exerçant une pression contraire sur la partie antérieure du muscle. L'examinateur peut demander au patient de déglutir, car il est plus facile de repérer la thyroïde quand elle remonte dans le cou. On procède de la façon contraire de l'autre côté. Normalement, l'isthme est la seule partie palpable de la thyroïde. On peut occasionnellement palper deux lobes étroits, lisses et non douloureux chez les patients dont le cou est délicat.

Si la glande thyroïde semble augmentée de volume, on doit alors procéder à une auscultation des deux lobes avec le diaphragme du stéthoscope. L'auscultation permettra d'entendre la vibration d'un bruit localisé. Cette anomalie indique que la circulation sanguine est trop rapide dans la thyroïde et que le patient devrait être orienté vers un médecin. De même, une consultation auprès d'un médecin est nécessaire s'il y a sensibilité au toucher, augmentation de volume ou présence de nodules.

## HYPOTHYROÏDIE ET MYXŒDÈME

L'hypothyroïdie se caractérise par un hypofonctionnement à évolution lente de la thyroïde suivi de symptômes d'insuffisance thyroïdienne. Dans 95 % des cas, l'hypothyroïdie est due à une baisse de fonctionnement de la glande thyroïde elle-même qui entraîne un déficit d'hormones thyroïdiennes. C'est ce qu'on appelle l'*hypothyroïdie primaire*. On parle d'*hypothyroïdie secondaire* quand le défaut est d'origine hypophysaire ou hypothalamique. Le crétinisme est une insuffisance thyroïdienne présente à la naissance. Dans ce cas, la mère peut également être atteinte d'insuffisance thyroïdienne.

Chez l'adulte, la cause la plus fréquente d'hypothyroïdie est la thyroïdite auto-immune (thyroïdite d'Hashimoto). Il s'agit d'une réaction immunitaire contre la glande thyroïde. L'hyperthyroïdie peut aussi faire suite à une hypothyroïdie (voir page 888). Elle est fréquente chez les patients qui ont été traités à l'iode radioactif, aux antithyroïdiens ou par une intervention chirurgicale pour une hyperthyroïdie. Elle est plus fréquente chez les femmes âgées.

## Manifestations cliniques

Les premiers symptômes de l'hypothyroïdie ne sont pas précis. La personne éprouve une grande fatigue qui l'empêche de donner son rendement habituel au travail ou de vaquer à ses activités quotidiennes. La chute des cheveux, les ongles cassants et la peau sèche sont des signes courants, de même qu'une sensation d'engourdissement et de picotement dans les doigts. La voix peut s'enrouer; les femmes ont des troubles menstruels tels que la ménorragie ou l'aménorrhée accompagnés d'une perte de la libido.

Une hypothyroïdie plus grave entraîne une baisse de la température et un ralentissement du pouls. La personne accuse un gain pondéral même si elle n'a pas augmenté sa consommation d'aliments (toutefois, les patients atteints d'une hypothyroïdie grave peuvent présenter une cachexie). À cause d'une accumulation de mucopolysaccharides dans les tissus sous-cutanés, (qui est à l'origine du terme *myxœdème*), la peau s'épaissit. Les cheveux tombent et le visage est inexpressif. La personne se plaint souvent d'avoir froid, même lorsqu'il fait chaud.

Au début, le patient peut être irritable et se plaindre de fatigue, mais à mesure que la maladie évolue, ses réactions émotionnelles s'atténuent. Le processus mental s'alourdit et le patient semble apathique. L'élocution est lente, la langue épaisse, les mains et les pieds augmentent de volume. Le patient se plaint souvent de constipation. Une perte auditive peut apparaître. Au stade avancé du myxœdème, on peut noter des changements de personnalité.

Le myxœdème est cinq fois plus fréquent chez les femmes que les hommes et apparaît le plus souvent entre l'âge de 30 et 60 ans. Il n'est pas sans présenter de complications, car il est souvent associé à une athérosclérose d'évolution rapide entraînant de graves conséquences. Le patient qui présente un myxœdème important est hypothermique, anormalement sensible aux sédatifs, aux opiacés et aux anesthésiques; par conséquent, ces médicaments doivent lui être administrés avec une extrême prudence.

Les patients atteints d'une hypothyroïdie non diagnostiquée qui subissent une intervention chirurgicale risquent de souffrir d'hypotension pendant l'opération; après l'opération, ils peuvent présenter une insuffisance cardiaque et une altération de l'état de conscience.

## Traitement

Le traitement vise d'abord et avant tout à rétablir le métabolisme normal par une hormonothérapie substitutive. Le médicament de prédilection pour le traitement de l'hypothyroïdie et la suppression du goitre non toxique est la lévothyroxine synthétique (Synthroid ou Levothroid). La posologie sera fonction de la concentration de TSH sérique. On emploie plus rarement les extraits thyroïdiens lyophilisés parce qu'ils entraînent de brèves augmentations de la concentration de $T_3$, accompagnées parfois de symptômes d'hyperthyroïdie. Si le traitement substitutif est adéquat, les symptômes de myxœdème disparaîtront et le métabolisme normal sera rétabli.

Le traitement consiste à maintenir les fonctions vitales en mesurant les gaz du sang artériel afin de déterminer la rétention de gaz carbonique et d'orienter l'utilisation de la ventilation assistée pour combattre l'hypoventilation. Il faut administrer les liquides avec prudence afin d'éviter l'intoxication par l'eau. L'application externe de chaleur (un coussinet chauffant, par exemple) est à éviter parce qu'elle accroît les besoins en oxygène et peut entraîner un collapsus vasculaire. En présence d'hypoglycémie, on peut administrer une perfusion de glucose concentré afin d'assurer un apport en glucose sans risque de surcharge liquidienne. Si le myxœdème a évolué jusqu'au coma myxœdémateux, une hormone thyroïdienne est administrée par voie intraveineuse (habituellement Synthroid), jusqu'à ce que le patient reprenne conscience. On peut ensuite poursuivre le traitement hormonal par voie orale. En présence d'insuffisance corticosurrénalienne, une corticothérapie peut être administrée.

## Mesures de précaution

Une ischémie ou un infarctus du myocarde peuvent survenir en réaction au traitement chez les patients atteints de myxœdème.

Les patients qui souffrent de myxœdème depuis longtemps ont presque toujours une concentration sérique élevée de cholestérol et sont atteints d'athérosclérose et d'angine. Tant que le métabolisme est au-dessous de la normale et que les tissus, notamment le myocarde, ont des besoins peu importants en oxygène, le patient tolère une réduction de l'apport sanguin. Cependant, quand on lui administre une hormonothérapie ses besoins en oxygène sont accrus, mais l'apport en oxygène ne peut être augmenté à cause de l'athérosclérose. L'amélioration de l'athérosclérose est lente, et parfois même impossible. L'angine de poitrine apparaît lorsque l'apport en oxygène du myocarde ne répond pas aux besoins. Une angine ou des arythmies peuvent se manifester au début de l'hormonothérapie substitutive, car les hormones thyroïdiennes augmentent l'action des catécholamines sur l'appareil cardiovasculaire.

L'infirmière doit faire preuve de vigilance afin de détecter tout signe d'angine dès le début du traitement. Si des signes d'angine apparaissent, elle doit le signaler immédiatement au médecin, qui devra entreprendre rapidement un traitement pour éviter un infarctus du myocarde. De toute évidence, l'hormonothérapie doit être interrompue sur le champ. Plus tard, lorsqu'on peut la reprendre en toute sécurité, il faut réduire la posologie et garder le patient en observation constante.

Les patients âgés myxœdémateux qui présentent de l'artériosclérose peuvent manifester de la confusion et de l'agitation si le métabolisme est accéléré trop rapidement.

L'hormonothérapie substitutive est suivie d'une amélioration marquée sur le plan clinique. Toutefois, même si les signes de myxœdème disparaissent après une période de 3 à 12 semaines, le patient doit suivre un traitement hormonal toute sa vie.

Parce que les hormones thyroïdiennes interagissent avec d'autres médicaments, il faut prendre certaines précautions durant le traitement. Les hormones thyroïdiennes peuvent augmenter le taux de glycémie, ce qui peut exiger un ajustement des doses d'insuline et d'agents hypoglycémiques oraux. La phénytoïne et les antidépresseurs tricycliques peuvent potentialiser les effets des hormones thyroïdiennes. Ces hormones peuvent aussi accroître les effets pharmacologiques de la glucoside digitalique, des anticoagulants et de l'indométacine. L'infirmière doit donc observer et évaluer soigneusement le patient afin de déceler l'apparition d'effets indésirables.

- Une hypothyroïdie grave non traitée se caractérise par une sensibilité accrue à tous les médicaments hypnotiques et sédatifs.

Ces médicaments, même à faibles doses, peuvent provoquer une profonde somnolence, qui dure beaucoup plus longtemps que prévu. De plus, ils peuvent provoquer une détresse respiratoire qui pourrait être fatale parce que le myxœdème entraîne une diminution de la réserve respiratoire et une hypoventilation alvéolaire. La posologie doit donc être aussi faible que possible (un tiers ou la moitié de la dose ordinairement utilisée chez les patients du même âge et de poids équivalent ayant une fonction thyroïdienne normale). Il ne faut pas administrer d'agents hypnotiques et sédatifs, à moins d'indication précise. S'il est nécessaire d'en administrer, l'infirmière doit surveiller de près le patient afin de déceler tout signe de narcose (stupeur) ou d'insuffisance respiratoire.

## Soins infirmiers

Le patient atteint d'hypothyroïdie éprouve une baisse d'énergie et une léthargie de modérée à grave. Il risque donc les complications qu'entraîne l'immobilité. En outre, étant donné que le myxoedème altère son état cardiovasculaire et pulmonaire, il lui est encore plus difficile de faire de l'exercice et de participer à des activités. Il est donc très important que l'infirmière lui offre un soutien en l'aidant à effectuer ses soins personnels et en l'incitant à participer à des activités qui respectent sa tolérance à l'effort, afin d'éviter les complications dues à l'immobilité. L'infirmière doit prendre régulièrement les signes vitaux et évaluer le niveau cognitif du patient tout au long du bilan diagnostique et au début du traitement afin de déceler les symptômes suivants : (1) détérioration de l'état mental et physique ; (2) symptômes indiquant que les systèmes cardiovasculaire et respiratoire ne peuvent pas réagir efficacement à l'accélération du métabolisme provoquée par le traitement ; (3) restrictions ou complications causées par le myxoedème.

- Étant donné que les patients souffrant d'hypothyroïdie ont déjà un métabolisme très lent et que la maladie altère le métabolisme et la capacité d'excrétion, il faut user d'une extrême prudence dans l'administration des médicaments.

Même si la température ambiante semble confortable ou chaude le patient frissonne et éprouve une grande intolérance au froid. Il faut donc lui fournir des vêtements et des couvertures supplémentaires et le protéger des courants d'air. Mais il faut éviter de lui donner un coussin chauffant ou une couverture électrique, ce qui pourrait l'exposer à une vasodilatation périphérique, à d'autres pertes de chaleur ou à un collapsus cardiovasculaire. De plus, à cause du ralentissement de ses réactions et de la détérioration de ses fonctions mentales, le patient pourrait se brûler sans s'en rendre compte.

Les changements qu'entraîne l'hypothyroïdie inquiètent souvent le patient et sa famille. Il faut les rassurer en leur expliquant que le traitement fera disparaître une grande partie des symptômes. Il faut également expliquer au patient qu'il doit continuer à prendre ses médicaments selon l'ordonnance, même après que les symptômes soient disparus. Il faut lui donner des conseils diététiques lui permettant de perdre du poids et de retrouver une élimination intestinale régulière. Étant donné que l'hypothyroïdie affecte l'état mental, il est important qu'un membre de la famille connaisse également les objectifs de soins, l'horaire de prise des médicaments et les effets indésirables à signaler au médecin. De plus, ces instructions doivent être mises par écrit et données au patient, à sa famille et à l'infirmière en santé communautaire pour que ceux-ci connaissent la conduite à tenir quand le patient aura réintégré son domicile.

Il est possible que le patient souffrant d'une hypothyroïdie modérée ou grave ait d'importantes réactions émotives face à l'altération de son état physique. Les membres de sa famille et ses amis peuvent avoir une réaction négative face aux changements que subit son apparence surtout quand le diagnostic n'est pas établi rapidement. Ceux-ci peuvent avoir étiqueté le patient comme émotionnellement instable, indocile ou peu disposé à prendre soin de lui-même. Les patients qui ont éprouvé des symptômes graves, peuvent se sentir déprimés et coupables une fois la maladie traitée. Il faut donc rassurer le patient et sa famille en leur expliquant que son cas n'est pas unique. La famille peut avoir besoin d'assistance et de counseling pour être en mesure de faire face aux problèmes et aux réactions que la maladie a suscités.

***Enseignement au patient et soins à domicile.*** Les patients souffrant d'hypothyroïdie et de myxoedème, et plus particulièrement les femmes âgées, ont énormément besoin de suivi, d'enseignement et de soins. Avant que le patient ne quitte le centre hospitalier, il faut prendre des dispositions pour s'assurer que son milieu favorisera son observance du traitement, car il aura besoin d'aide et d'encouragements pour prendre chaque jour ses médicaments. Il sera utile de préparer un horaire ou un fichier pour s'assurer qu'il a pris tous ses médicaments et respecté la posologie. Il faut insister sur le fait qu'il est important de poursuivre l'hormonothérapie substitutive, et expliquer au patient et à sa famille quels sont les signes d'un excès ou d'une insuffisance de médicaments. Il faut également prendre des dispositions pour qu'une infirmière en santé communautaire se rende chez le patient une fois par semaine afin d'évaluer son état physique, ses fonctions cognitives, ainsi que sa capacité à faire face aux changements qu'il vient de subir.

***Gérontologie.*** La plupart des patients atteints d'hypothyroïdie primaire ont entre 40 et 70 ans et en souffraient généralement depuis un certain temps, de façon bénigne ou modérée, quand leur maladie a été diagnostiquée. Il se peut que la forte prévalence d'hypothyroïdie chez les personnes âgées soit reliée aux altérations de la fonction immunitaire qu'entraîne le vieillissement. Comme les signes et symptômes de l'hypothyroïdie sont souvent atypiques chez les personnes âgées, celles-ci peuvent être asymptomatiques ou presque jusqu'à ce que le dysfonctionnement soit devenu grave. La dépression, l'apathie ainsi qu'un ralentissement de la motricité ou de l'activité constituent les symptômes initiaux majeurs. Chez tous les patients atteints d'hypothyroïdie, les analgésiques, les sédatifs et les anesthésiques ont un effet prolongé ; par conséquent, il est essentiel de faire preuve d'une extrême prudence lorsqu'on doit administrer ces agents à une personne âgée, d'autant plus qu'ils altèrent aussi les fonctions hépatique et rénale.

Chez les patients âgés présentant une hypothyroïdie bénigne ou modérée, les doses initiales d'hormones substitutives doivent être très faibles et augmentées graduellement pour éviter des complications cardiaques et neurologiques. Par exemple, une substitution trop rapide peut entraîner une angine chez les patients qui souffrent d'une ischémie due à l'hypothyroïdie. Il peut y avoir aggravation de l'insuffisance cardiaque et des arythmies pendant la transition de l'état hypothyroïdien à l'état métabolique normal. De plus, la démence peut devenir plus apparente pendant la phase initiale de l'hormonothérapie thyroïdienne substitutive chez le patient âgé.

Le myxoedème et le coma myxoedémateux se retrouvent presque exclusivement chez les patients âgés de 50 ans et plus. À cause du taux élevé de mortalité du coma myxoedémateux, il est important de procéder immédiatement à l'administration de fortes doses d'hormones thyroïdiennes par voie intraveineuse et de prodiguer des soins de soutien. On trouvera un résumé des soins infirmiers à donner au patient atteint d'hypothyroïdie ou de myxoedème au plan de soins infirmiers 31-1.

## Plan de soins infirmiers 31-1
## Patients souffrant d'hypothyroïdie ou de myxœdème

| *Interventions infirmières* | *Justification* | *Résultats escomptés* |
|---|---|---|

### MYXŒDÈME BÉNIN OU MODÉRÉ

***Diagnostic infirmier:*** Intolérance à l'activité reliée à la fatigue et au déficit cognitif

***Objectif:*** Participation accrue aux activités et accroissement de l'autonomie

| | | |
|---|---|---|
| 1. Favoriser l'autonomie dans les activités d'autosoins. | | • Le patient participe aux activités d'autosoins. |
| a) Espacer les activités afin d'alterner les périodes de repos et d'exercice en fonction du degré de tolérance du patient. | a) Incite le patient à être actif tout en se ménageant suffisamment de repos. | • Il dit que sa fatigue a diminué. |
| b) Aider le patient à effectuer ses activités d'autosoins lorsqu'il est fatigué. | b) Permet au patient de participer aux activités d'autosoins dans la mesure de ses capacités. | • Il prend conscience de son environnement et s'y intéresse. |
| c) Stimuler le patient grâce à des conversations et à des activités calmes. | c) Éveille l'intérêt du patient sans contribuer au stress. | • Il participe aux activités et aux événements organisés dans son milieu. |
| d) Observer la réaction du patient lors de l'accroissement des activités. | d) Prévient la fatigue excessive tout en permettant un effort qui respecte sa tolérance. | • Il participe aux activités familiales. |
| | | • Il ne signale pas de douleur thoracique, d'augmentation de la fatigue ou d'essoufflement quand il augmente ses activités. |

***Diagnostic infirmier:*** Altération de la température corporelle reliée au myxœdème

***Objectif:*** Maintien d'une température corporelle normale

| | | |
|---|---|---|
| 1. Fournir au patient un chandail ou une couverture supplémentaire. | 1. Réduit les pertes de chaleur. | • Le patient améliore sa tolérance au froid. |
| 2. Recommander au patient de ne pas utiliser de sources externes de chaleur (coussins chauffants ou couvertures électriques, par exemple). | 2. Réduit les risques de vasodilatation périphérique et de collapsus vasculaire. | • Sa température corporelle reste à sa valeur initiale. |
| | | • Le patient dit avoir suffisamment chaud et ne pas avoir de frissons. |
| 3. Prendre la température corporelle du patient et signaler toute baisse par rapport à la valeur initiale. | 3. Permet de déceler les baisses de la température corporelle et le début d'un coma myxœdémateux. | • Il utilise un chandail ou une couverture supplémentaire. |
| 4. Protéger contre l'exposition au froid et aux courants d'air. | 4. Accroît le confort du patient et diminue le risque de pertes de chaleur. | • Il explique pourquoi il ne doit pas utiliser de sources externes de chaleur. |

***Diagnostic infirmier:*** Constipation reliée à l'altération de la fonction gastro-intestinale

***Objectif:*** Rétablissement de l'élimination intestinale

| | | |
|---|---|---|
| 1. Inciter le patient à accroître son apport liquidien tout en respectant les restrictions imposées. | 1. Favorise le passage de selles molles. | • Le patient retrouve un fonctionnement intestinal normal. |
| 2. Donner au patient des aliments à forte teneur en fibres. | 2. Augmente le volume des selles et favorise l'élimination régulière. | • Il dit que ses intestins fonctionnent normalement. |
| 3. Renseigner le patient sur les aliments qui contiennent beaucoup d'eau. | 3. Permet d'augmenter son apport liquidien. | • Il connaît les aliments à forte teneur en fibres et en consomme. |

## Plan de soins infirmiers 31-1 (suite)
## Patients souffrant d'hypothyroïdie ou de myxœdème

| Interventions infirmières | Justification | Résultats escomptés |
|---|---|---|
| 4. Vérifier le fonctionnement intestinal du patient. | 4. Permet de savoir si le patient souffre de constipation ou si sa fonction intestinale revient à la normale. | • Il boit chaque jour les quantités de liquide recommandées.<br>• Il participe à un programme progressif d'exercice. |
| 5. Inciter le patient à accroître sa mobilité sans dépasser son seuil de tolérance à l'effort. | 5. Favorise l'évacuation des selles. | • Il prend des laxatifs selon l'ordonnance médicale et évite la dépendance aux laxatifs et aux lavements. |
| 6. Recommander au patient de faire un usage modéré des laxatifs et des lavements. | 6. Réduit les risques de dépendance aux laxatifs et aux lavements et favorise le retour d'habitudes normales d'évacuation. | |

**Diagnostic infirmier:** Manque de connaissances sur l'hormonothérapie substitutive qu'il devra suivre toute sa vie

**Objectif:** Connaissance et acceptation du programme thérapeutique

| | | |
|---|---|---|
| 1. Expliquer au patient la raison d'être de l'hormonothérapie substitutive. | 1. Permet au patient de comprendre pourquoi il doit se conformer à une hormonothérapie substitutive. | • Le patient fait une description exacte de son programme thérapeutique.<br>• Il explique la raison d'être de l'hormonothérapie substitutive. |
| 2. Décrire au patient les effets favorables des médicaments. | 2. Encourage le patient en lui démontrant en quoi l'hormonothérapie améliorera son état physique et son bien-être. | • Il énumère les effets favorables de l'hormonothérapie substitutive. |
| 3. Aider le patient à préparer un horaire de prise de médicaments et une liste de vérification qui faciliteront l'autoadministration de l'hormonothérapie substitutive. | 3. Incite le patient à prendre ses médicaments selon l'ordonnance. | • Le patient prend ses médicaments selon l'ordonnance. |
| 4. Décrire au patient les signes et symptômes d'un excès et d'une insuffisance de médicaments. | 4. Permet au patient de savoir si les objectifs du traitement sont atteints. | • Le patient énumère les effets indésirables à signaler immédiatement au médecin: récurrence des symptômes d'hypothyroïdie ou apparition de symptômes d'hyperthyroïdie. |

### MYXŒDÈME GRAVE

**Diagnostic infirmier:** Mode de respiration inefficace relié à l'altération de la ventilation

**Objectif:** Amélioration de l'état respiratoire et maintien d'un mode de respiration normal

| | | |
|---|---|---|
| 1. Vérifier la fréquence et l'amplitude respiratoires, ainsi que le mode de respiration. | 1. Donne des valeurs initiales qui permettront d'observer ultérieurement les changements et d'évaluer l'efficacité des interventions. | • L'état du patient s'améliore et il maintient un mode de respiration efficace.<br>• La fréquence et l'amplitude respiratoires ainsi que le mode de respiration sont normaux. |
| 2. Inciter le patient à faire des exercices de respiration profonde et de toux. | 2. Prévient l'atélectasie et favorise une ventilation adéquate. | • Le patient fait des exercices de respiration profonde et de toux régulièrement.<br>• Ses bruits respiratoires sont normaux et il n'y a pas de bruits adventices à l'auscultation. |
| 3. Administrer les médicaments (hypnotiques et sédatifs) avec prudence. | 3. Les patients myxœdémateux sont *très* exposés à la dépression respiratoire quand ils prennent des hypnotiques et des sédatifs. | • Le patient explique pourquoi il doit prendre ses médicaments avec prudence.<br>• Il collabore aux aspirations et à l'assistance ventilatoire, au besoin. |
| 4. Si cela est indiqué, maintenir la liberté des voies aériennes en procédant à des aspirations et en fournissant une assistance ventilatoire (voir au chapitre 34 les soins à prodiguer au patient sous ventilateur). | 4. L'intubation et l'assistance ventilatoire peuvent être nécessaires si le patient souffre de dépression respiratoire. | |

## Plan de soins infirmiers 31-1   (suite)
## Patients souffrant d'hypothyroïdie ou de myxœdème

| Interventions infirmières | Justification | Résultats escomptés |
|---|---|---|

**Diagnostic infirmier:**   Altération des opérations de la pensée reliée à la dépression du métabolisme et à l'altération de l'état cardiovasculaire et de l'état respiratoire

**Objectif:**   Amélioration des opérations de la pensée

| Interventions infirmières | Justification | Résultats escomptés |
|---|---|---|
| 1. Orienter le patient: heure, lieu, date, événements. | 1. Permet d'améliorer le sens de la réalité. | • Les fonctions cognitives du patient s'améliorent.<br>• Le patient peut citer correctement la date, l'heure, le lieu et les événements. |
| 2. Stimuler le patient grâce à des conversations et à des activités apaisantes. | 2. Stimule le patient tout en respectant sa tolérance au stress. | • Il réagit à la stimulation.<br>• Il a des réactions spontanées lorsque le traitement commence à agir. |
| 3. Expliquer au patient et à sa famille que les changements des fonctions cognitives et mentales sont dus au processus morbide. | 3. Rassure le patient et la famille sur la cause des changements cognitifs et leur fait comprendre que le traitement corrigera le problème. | • Il interagit spontanément avec sa famille et son entourage.<br>• Il explique que les changements survenus dans son fonctionnement cognitif et mental sont le résultat du processus morbide. |
| 4. Vérifier les fonctions cognitives et mentales du patient ainsi que sa réaction aux médicaments et aux autres traitements. | 4. Permet d'évaluer l'efficacité du traitement. | • Il prend les médicaments selon l'ordonnance afin de prévenir la détérioration de ses fonctions cognitives. |

## HYPERTHYROÏDIE (maladie de Basedow)

L'hyperthyroïdie est une entité morbide bien définie, qu'on appelle aussi *maladie de Basedow* ou *goitre exophtalmique*. Ses causes sont inconnues, mais on croit que la sécrétion excessive d'hormones thyroïdiennes serait due à une stimulation anormale de la glande thyroïde par des immunoglobulines. On retrouve d'importantes concentrations de l'activateur thyroïdien à action prolongée (LATS) dans le sérum de plusieurs des patients atteints de la maladie, ce qui pourrait s'expliquer par une anomalie du système immunitaire de surveillance. L'hyperthyroïdie, qui est cinq fois plus fréquente chez les femmes que chez les hommes, et qui se manifeste le plus souvent dans la trentaine et dans la quarantaine, peut apparaître à la suite d'un choc émotionnel, d'un stress ou d'une infection, mais on ne connaît pas exactement l'importance de ces facteurs dans le déclenchement de la maladie.

### Manifestations cliniques

Les patients atteints d'une hyperthyroïdie établie présentent un ensemble de signes et de symptômes caractéristiques que l'on désigne parfois sous le nom de thyrotoxicose. La première manifestation de la maladie est souvent la nervosité. Le patient est hyperémotif, irritable, agité et appréhensif; il a des palpitations, son pouls est anormalement rapide, tant au repos qu'à l'effort; il tolère mal la chaleur et transpire profusément. Sa peau, d'une couleur saumon caractéristique, est souvent chaude, lisse et moite. On observe parois un léger tremblement des mains et une exophtalmie (protrusion du globe oculaire) qui donne au visage une expression ahurie.

Les autres symptômes importants sont, notamment, une augmentation de l'appétit et de l'apport alimentaire, un amaigrissement progressif, une faiblesse et une fatigue musculaires anormales, de l'aménorrhée, et une altération de la fonction intestinale caractérisée par de la diarrhée ou de la constipation. La fréquence du pouls varie constamment entre 90 et 160 battements / min; la pression systolique est élevée, mais non la diastolique. On observe parfois une fibrillation auriculaire et une décompensation cardiaque qui se manifeste sous la forme d'une insuffisance cardiaque, surtout chez les personnes âgées.

La glande thyroïde augmente invariablement de volume; elle est lisse et peut être pulsatile. On perçoit souvent un frémissement à la palpation et un souffle à l'auscultation au niveau des artères thyroïdiennes; ce sont des signes d'une augmentation du débit sanguin dans la thyroïde.

Au stade avancé, on pose le diagnostic d'après les symptômes et les résultats des épreuves décrites précédemment: augmentation de la $T_4$ sérique et augmentation de 50 % du taux de fixation de l'$I^{131}$ par la thyroïde.

La maladie peut évoluer discrètement, se caractériser par des périodes de rémission et des périodes d'exacerbation, et se résorber spontanément après quelques mois ou quelques années. À l'inverse, elle peut progresser impitoyablement et, si elle n'est pas traitée, provoquer chez le patient une émaciation, une extrême nervosité, un délire et une désorientation et, éventuellement, une défaillance cardiaque.

Les symptômes de l'hyperthyroïdie peuvent apparaître à la suite d'une inflammation due à l'irradiation de la thyroïde ou à la destruction du tissu thyroïdien par une tumeur, ce qui entraîne une hypersécrétion d'hormones thyroïdiennes;

ils peuvent aussi être attribuables à une administration excessive d'hormones thyroïdiennes pour le traitement de l'hypothyroïdie.

## Traitement

On ne peut traiter la cause fondamentale de l'hyperthyroïdie puisqu'on la connaît mal. Néanmoins, une réduction de l'hyperactivité de la thyroïde assure un soulagement efficace des symptômes et prévient ses plus importantes complications.

On retrouve trois méthodes de traitement pour soigner l'hyperthyroïdie et juguler l'hyperactivité de la thyroïde: (1) l'administration de médicaments qui inhibent la synthèse des hormones thyroïdiennes ou qui enrayent les manifestations de l'hyperthyroïdie; (2) l'irradiation à l'$I^{131}$ ou à l'$I^{125}$ pour inhiber l'activité de la glande thyroïde; (3) l'ablation chirurgicale d'une grande partie de la glande thyroïde.

**Pharmacothérapie.** La pharmacothérapie est utilisée pour inhiber une ou plusieurs phases de la synthèse ou de la libération des hormones thyroïdiennes; on peut également l'utiliser pour diminuer la quantité de tissu thyroïdien, ce qui entraîne une baisse de production des hormones thyroïdiennes.

Les médicaments antithyroïdiens bloquent efficacement l'utilisation d'iode en interférant avec l'iodation de la tyrosine et le couplage de l'iodotyrosine, ce qui inhibe la synthèse des hormones thyroïdiennes. Les médicaments les plus souvent utilisés sont le propylthiouracile (Propacil, PTU) ou le méthimazole (Tapazole), administrés jusqu'à l'induction d'un état euthyroïdien (fontion thyroïdienne normale). Ces médicaments inhibent la conversion extrathyroïdienne de $T_4$ en $T_3$. Parce qu'ils n'entravent pas la libération et l'activité des hormones thyroïdiennes constituées antérieurement, les symptômes ne seront pas soulagés avant plusieurs semaines. Une dose de soutien sera alors établie, et sera suivie d'un sevrage graduel du médicament qui s'échelonnera sur une période de plusieurs mois.

La thérapie est choisie en fonction de certains critères cliniques, notamment les modifications de la fréquence du pouls, de la pression différentielle, du poids corporel et de la taille de la glande, ainsi que les résultats des épreuves d'exploration de la fonction thyroïdienne. Même si les effets toxiques de ces médicaments antithyroïdiens sont relativement rares, on recommande au patient de subir des examens périodiques afin d'éviter de développer une sensibilisation se manifestant par de la fièvre, une éruption cutanée, de l'urticaire ou même une agranulocytose et une thrombopénie. S'il constate des signes d'infection, en particulier une pharyngite accompagnée de fièvre ou l'apparition d'ulcères buccaux, le patient doit cesser immédiatement de prendre le médicament et consulter sans délai son médecin qui demandera des études hématologiques. Les éruptions cutanées, les arthralgies et la fièvre ne se manifestent que chez 5 % des patients. L'agranulocytose, qui est l'effet secondaire toxique le plus important, n'apparaît que dans 1 cas sur 200, généralement dans les trois mois suivant le début du traitement. Les patients de plus de 40 ans qui prennent de fortes doses de méthimazole sont les plus vulnérables à cet effet secondaire.

Il faut recommander aux patients qui prennent des médicaments antithyroïdiens d'éviter l'usage des décongestionnants car ils les tolèrent mal. Les médicaments antithyroïdiens sont contre-indiqués dans les derniers mois de la grossesse parce qu'ils peuvent engendrer un goitre ou le crétinisme chez le fœtus.

On peut dans certains cas administrer une hormone thyroïdienne en association avec un médicament antithyroïdien pour mettre la glande thyroïde au repos. On évite ainsi l'apparition d'une hypothyroïdie et la stimulation de la glande thyroïde par la TSH. L'hormone thyroïdienne se présente sous la forme d'extraits thyroïdiens lyophilisés, de thyroglobuline (Proloid) et de lévothyroxine sodique (Synthroid). Comme ce sont des préparations qui agissent lentement, elles ne produisent leurs effets qu'après 10 jours. La liothyronine sodique (Cytomel), a une plus grande rapidité d'action, mais son effet est de courte durée.

**Traitement adjuvant.** L'iode et les iodures, qui ont été pendant longtemps le seul traitement de l'hyperthyroïdie, ne sont habituellement plus utilisés dans le traitement de cette maladie. Ils diminuent la libération des hormones thyroïdiennes et réduisent la vascularité et la taille de la thyroïde. On utilise maintenant des composés, tels que l'iodure de potassium, la solution de Lugo ou l'iodure de potassium saturé, en association avec des agents antithyroïdiens ou avec des β-bloquants pour préparer le patient hyperthyroïdien à une thyroïdectomie. Comme ces médicaments ralentissent l'activité des hormones thyroïdiennes et réduisent la vascularité de la glande thyroïde, ils facilitent l'intervention. Les solutions d'iode et d'iodure ont un goût plus agréable si elles sont coupées avec du lait ou du jus de fruit. Il vaut mieux les prendre avec une paille pour ne pas tacher les dents. Elles ralentissent le métabolisme plus rapidement que les médicaments antithyroïdiens, mais leur action est de plus courte durée.

Il faut bien observer les patients qui reçoivent ces médicaments afin de déceler l'apparition d'un goitre. On doit également leur recommander d'éviter les médicaments en vente libre contenant des iodures, car ils peuvent exacerber la réaction au traitement. Les antitussifs, les expectorants, les bronchodilatateurs et les succédanés du sel peuvent contenir des iodures.

On peut utiliser des β-bloquants pour prévenir les effets de l'hyperthyroïdie sur le système nerveux sympathique. Le propanolol, par exemple, maîtrise la nervosité, la tachycardie, les tremblements, l'anxiété et l'intolérance à la chaleur.

**Iode radioactif.** Le traitement à l'iode radioactif ($I^{131}$) vise à détruire les cellules thyroïdiennes hyperactives. L'iode qui pénètre dans l'organisme est presque entièrement concentré dans la glande thyroïde. L'iode radioactif converge donc également vers la glande thyroïde, où il détruira les cellules hyperactives sans nuire aux autres tissus radiosensibles. Les cellules exposées à l'iode radioactif sont détruites en quelques semaines ou en quelques mois, ce qui corrige l'hyperthyroïdie mais entraîne, à plus ou moins brève échéance, une hypothyroïdie.

Avant le traitement à l'iode radioactif, le patient reçoit des antithyroïdiens pendant 6 à 18 mois. Une fois que la concentration des hormones thyroïdiennes est revenue à la normale, on peut sans danger procéder à l'irradiation.

Il faut expliquer au patient les effets de l'$I^{131}$. Si celui-ci est hospitalisé pendant le traitement à l'$I^{131}$, il faut prendre les précautions recommandées par le comité de radioprotection du centre hospitalier. Une fois le traitement à l'$I^{131}$ terminé, le patient reçoit son congé et est suivi régulièrement jusqu'à ce qu'il ait atteint un état euthyroïdien.

Une dose unique du médicament est administrée par voie orale; cette dose est calculée sur la base du poids estimé de la thyroïde et se situe entre 80 et 160 $\mu$Ci/gm. Il faut observer le patient afin de déceler les signes de crise thyrotonique. Le pourcentage de patients guéris par une dose unique d'I[131] est de 70 à 85 %, les autres ayant besoin d'une seconde dose. Une troisième dose est rarement nécessaire.

Les symptômes d'hyperthyroïde disparaissent en trois ou quatre semaines. Étant donné que l'hypothyroïde est très fréquente après ce traitement (plus de 90 % après 10 ans), le patient devra être suivi de près et obtenir régulièrement des évaluations de sa fonction thyroïdienne. Il devra se soumettre à une hormonothérapie substitutive.

L'iode radioactif a été utilisé, avec un succès mitigé, pour traiter les adénomes toxiques, les goitres multinodulaires, et la plupart des hyrotoxicoses; c'est le traitement de prédilection pour les patients atteints d'un goitre diffus toxique ayant dépassé l'âge de procréer. Il est contre-indiqué chez les femmes enceintes ou chez celles qui allaitent, car l'iode radioactif traverse la barrière placentaire et est excrété dans le lait maternel.

Étant donné que les patients craignent souvent la radioactivité, il est important de les rassurer et de leur expliquer que le traitement est surveillé de très près.

**Intervention chirurgicale.** Chez la plupart des patients atteints de goitre exophtalmique, l'ablation chirurgicale des cinq sixièmes du tissu thyroïdien (thyroïdectomie subtotale) assure presque toujours une rémission prolongée. Avant l'opération, on administre au patient du prophylthiouracile jusqu'à la disparition des signes d'hyperthyroïde. On prescrit également de l'iode (solution de Lugol ou iodure de potassium) afin de réduire la taille et la vascularisation du goitre.

- Il faut observer les patients qui reçoivent des médicaments à base d'iode afin de déceler tout signe d'intoxication par l'iode. Le cas échéant, il faut cesser immédiatement la prise du médicament. Les symptômes de l'iodisme sont, notamment, un œdème de la muqueuse buccale, le ptyalisme (hypersalivation), le coryza (inflammation de la muqueuse nasale) et des éruptions cutanées.

La thyroïdectomie est généralement effectuée aussitôt que le métabolisme basal du patient est revenu à la normale. Les soins à prodiguer au patient qui subit une thyroïdectomie sont décrits à la page 894.

**Taux de récidive et risques d'hypothyroïde après le traitement.** Les trois formes de traitement de la thyrotoxicose (médicaments, irradiation et chirurgie) produisent des effets secondaires, et ont les mêmes complications: récidive de l'hyperthyroïde et hypothyroïde permanente. Le taux de récidive est plus élevé chez les patients très gravement atteints, chez ceux dont l'hyperthyroïde est ancienne, chez ceux qui présentent des symptômes cardiaques et oculaires ou un goitre important, et chez ceux qui ont déjà présenté une récidive. Les taux de récidive et l'apparition d'une hypothyroïde varient selon les études. Le taux de récidive est d'environ 45 % 1 an après la fin du traitement médicamenteux, et de 75 % 5 ans plus tard. Les patients qui cessent de prendre des antithyroïdiens avant la fin du traitement ont généralement une récidive dans les six mois qui suivent. Chez les patients traités à l'iode radioactif, le taux de récidive est d'environ 26 % 1 an après le traitement. Une hypothyroïde apparaît dans 28 % des cas 1 an après le traitement à l'iode radioactif, et dans 90 à 100 % des cas après 5 ans. Chez les patients qui ont subi une thyroïdectomie subtotale, le taux de récidive est

de 19 % après 18 mois, et on observe après cette même période 25 % d'hypothyroïde. À cause des risques que posent ces complications, il faut de toute évidence que les patients qui subissent un traitement pour hyperthyroïde soient suivis pendant de nombreuses années.

## Gérontologie

Les patients de plus de 60 ans comptent pour 10 à 20 % des cas de thyrotoxicose. La plupart d'entre eux ne présentent pas les signes et symptômes caractéristiques de la maladie. Les principaux symptômes rencontrés chez les patients âgés souffrant d'hyperthyroïde sont la dépression et l'apathie, souvent accompagnés d'une perte pondérale importante, et parfois de symptômes cardiovasculaires et d'une faiblesse musculaire. La maladie peut se manifester par un symptôme unique comme une fibrillation auriculaire, l'anorexie ou une perte pondérale. Ce sont là des symptômes généraux qui ne sont pas nécessairement caractéristiques de l'hyperthyroïde. Il est rare de constater une rémission spontanée de l'hyperthyroïde chez les personnes âgées. Il est donc indiqué de mesurer les taux de $T_4$ et de $T_3$ chez les personnes âgées qui présentent une détérioration physique ou mentale inexpliquée. À moins qu'une glande thyroïde hypertrophiée ne fasse pression sur les voies respiratoires, on recommande généralement d'utiliser l'I[131] de préférence à la chirurgie chez les patients âgés. Toutefois, il faut corriger l'état hypermétabolique engendré par la tyrotoxicose avec des médicaments antithyroïdiens avant d'utiliser l'I[131], car l'irradiation peut déclencher une crise thyrotoxique en augmentant la libération des hormones thyroïdiennes. Chez les personnes âgées, le taux de mortalité de la crise thyrotoxique est de 10 %.

On peut utiliser des β-bloquants pour atténuer les signes et symptômes de la thyrotoxicose. Il faut toutefois administrer ces agents avec une extrême prudence, car ils affectent la fonction cardiaque et peuvent ainsi causer une insuffisance cardiaque. Il faut suivre de près les personnes âgées à qui on administre des antithyroïdiens, car elles sont plus exposées à la granulopénie.

Étant donné que l'hyperthyroïde altère le métabolisme, il faut modifier la posologie des autres médicaments destinés à soigner les maladies chroniques.

# DÉMARCHE DE SOINS INFIRMIERS
## PATIENTS ATTEINTS D'HYPERTHYROÏDIE

### ▷ Collecte des données

Le profil initial et l'examen physique viseront surtout à recueillir des données sur l'apparition de symptômes reliés à l'accélération du métabolisme. Pour ce faire, on peut entre autres demander au patient et à sa famille si celui-ci présente des signes d'irritabilité et des réactions émotionnelles exacerbées. Il est également important de préciser les répercussions de ces changements sur l'interaction qu'a le patient avec sa famille, ses amis et ses collègues de travail. On notera dans le profil du patient les autres facteurs de stress et sa capacité d'adaptation au stress. Il faut aussi évaluer son état nutritionnel et les symptômes reliés à une hyperstimulation du système nerveux, ainsi que toute modification de la vue et de l'apparence des yeux.

## ▷ *Analyse et interprétation des données*

Selon les données recueillies, voici les principaux diagnostics infirmiers pouvant s'appliquer au patient souffrant d'hyperthyroïdie:

- Excès ou déficit nutritionnel relié à l'accélération du métabolisme, à un appétit excessif et à une augmentation de l'activité gastro-intestinale
- Stratégies d'adaptation inefficaces reliées à l'irritabilité, à l'hyperexcitabilité et à l'instabilité émotionnelle
- Perturbation de l'estime de soi reliée à des changements dans l'apparence, à un appétit excessif et à une perte pondérale
- Altération de la température corporelle

## ▷ *Planification et exécution*

▷ *Objectifs de soins:* Amélioration de l'état nutritionnel, des stratégies d'adaptation et de l'estime de soi; maintien d'une température corporelle normale

## ▷ *Interventions infirmières*

▷ *Amélioration de l'état nutritionnel.* L'hyperthyroïdie affecte tous les systèmes et appareils de l'organisme, y compris l'appareil digestif.

Pour satisfaire son excès d'appétit, le patient peut prendre jusqu'à six petits repas quotidiens bien équilibrés. Il devra choisir des liquides qui compensent les pertes hydriques causées par la diarrhée et la diaphorèse, ainsi que des aliments qui réduiront la diarrhée produite par l'accélération du péristaltisme. Le mouvement rapide des aliments dans le tractus gastro-intestinal peut entraîner un déséquilibre nutritionnel et une perte pondérale additionnelle. Pour atténuer la diarrhée, on recommande au patient d'éviter les aliments très épicés ainsi que les stimulants tels le café, le thé, le cola et l'alcool et de consommer des aliments à forte teneur énergétique et protéique. Un climat de détente pendant les repas facilitera la digestion. Il faut noter le poids du patient et son apport alimentaire afin de contrôler son état nutritionnel.

▷ *Stratégies d'adaptation.* Le patient souffrant d'hyperthyroïdie a besoin de savoir que ses réactions émotionnelles sont dues à un dérèglement hormonal et peuvent être corrigées par le traitement. Étant donné que ces symptômes affectent les interactions du patient avec sa famille et ses amis, il est important de les rassurer aussi en leur expliquant que le traitement éliminera ces réactions indésirables. On doit faire preuve de calme et de patience à l'endroit du patient et lui éviter le stress. Il ne faut pas placer un patient hyperthyroïdien dans la même chambre que des personnes très souffrantes ou très loquaces. Il faut garder la chambre calme et en ordre, et réduire les bruits: musique forte, conversations et dispositifs d'alarme. Il faut inciter le patient à avoir des activités reposantes qui ne risquent pas de le surexciter.

Si le patient doit subir une thyroïdectomie, il sera vraisemblablement inquiet et anxieux. Il faut lui expliquer que le traitement préopératoire a pour objet de préparer sa glande thyroïde à l'opération. L'infirmière doit l'aider à prendre ses médicaments et dresser avec lui un plan qui l'incitera à se conformer au traitement. Étant donné que le patient est hyperexcitable et que son champ d'attention est réduit, il faudra répéter les renseignements et lui fournir des directives écrites.

▷ *Amélioration de l'estime de soi.* Le patient atteint d'hyperthyroïdie subit généralement des changements d'apparence, d'appétit et de poids auxquels il ne peut rien. S'il accepte mal ces changements et s'il a des problèmes avec sa famille et son entourage, son estime de soi risque de diminuer. L'infirmière doit lui montrer qu'elle le comprend et qu'elle est prête à l'aider à résoudre ses problèmes. Elle doit lui expliquer que ces changements sont provoqués par le mauvais fonctionnement de sa glande thyroïde et qu'il n'en est pas responsable. L'infirmière doit expliquer au patient que la plupart des changements disparaîtront après le traitement. Si l'hyperthyroïdie a provoqué des changements oculaires, il faudra aussi protéger ses yeux et lui prodiguer des soins oculaires. Il faudra peut-être enseigner au patient comment instiller correctement les collyres et les pommades prescrits pour apaiser les yeux et protéger la cornée exposée.

Les repas très substantiels qu'il consomme à cause de son métabolisme accéléré peuvent être une source d'embarras pour le patient. L'infirmière doit laisser le patient manger seul s'il le désire, et éviter de passer des commentaires sur son appétit, tout en s'assurant que son apport alimentaire est suffisant.

▷ *Maintien d'une température corporelle normale.* Étant donné que l'hyperthyroïdie accélère le métabolisme et accroît la production de chaleur, le patient a souvent trop chaud dans une pièce où la température ambiante est normale. L'infirmière doit donc veiller à ce que la chambre du patient soit fraîche et confortable, et à ce que ses draps et ses vêtements soient remplacés aussi souvent que nécessaire. Elle peut soulager ses malaises en lui faisant prendre des bains frais, en lui donnant des liquides froids et en prenant régulièrement sa température corporelle.

▷ *Enseignement au patient et soins à domicile.* L'infirmière doit enseigner au patient souffrant d'hyperthyroïdie à quel moment prendre les médicaments et comment les prendre. Elle doit aussi lui expliquer le rôle des médicaments dans le programme thérapeutique. Le patient hyperthyroïdien étant hyperexcitable et ayant un champ d'attention réduit, il faut lui fournir un exemplaire du plan de traitement, qu'il pourra consulter au besoin lorsqu'il aura réintégré son domicile.

Étant donné que l'enseignement peut provoquer un stress chez le patient, il faut adapter en conséquence l'information. Le patient et sa famille doivent être informés, verbalement et par écrit, des effets escomptés des médicaments et de leurs effets indésirables. Il faut recommander au patient de consulter son médecin si certains effets indésirables se manifestent. On doit aussi lui expliquer qu'un suivi prolongé est nécessaire à cause des risques d'hypothyroïdie qu'entraînent la thyroïdectomie ou le traitement aux antithyroïdiens ou à l'iode radioactif.

Si le patient doit subir une thyroïdectomie totale ou subtotale, on l'informe préalablement de la nature et des conséquences de l'opération. Il faudra toutefois répéter ces explications juste avant l'opération. On doit aussi recommander au patient d'éviter les situations pouvant déclencher une crise thyrotoxique mortelle.

## ▷ *Évaluation*

### *Résultats escomptés*

1. Le patient améliore son état nutritionnel.
   a) Il dit que son apport alimentaire est adéquat.

b) Il dit que son poids s'est stabilisé.

c) Il énumère des aliments à forte teneur énergétique et protéique.

d) Il explique pourquoi son appétit augmente.

e) Il énumère les aliments à éviter.

f) Il ne consomme pas d'alcool ni d'autres stimulants.

g) Il dit que les épisodes de diarrhée ont diminué.

h) Il présente une turgescence cutanée normale et un bilan hydrique équilibré.

2. Le patient applique des stratégies d'adaptation efficaces dans ses relations avec sa famille, ses amis et ses collègues de travail.

a) Il dit avoir une meilleure communication avec ses amis, sa famille et ses collègues de travail.

b) Il expose les raisons de son irritabilité et de son instabilité émotionnelle.

c) Il connaît les situations, les événements et les personnes qui provoquent chez lui du stress.

d) Il évite les situations, les événements et les personnes qui provoquent chez lui du stress.

e) Il participe à des activités qui le détendent et ne lui causent pas de tension.

f) Il explique aux membres de sa famille et à ses amis les raisons de son irritabilité et les assure que son comportement changera quand le traitement aura agi.

g) Il cite les objectifs et les résultats escomptés de la chirurgie ou du traitement.

h) Il explique pourquoi l'opération est reportée et le rôle qu'il aura à jouer pendant la période d'attente.

i) Il prend les médicaments prescrits avant l'opération ou le traitement.

3. Le patient améliore son estime de soi.

a) Il verbalise ses sentiments face à lui-même et face à la maladie.

b) Il parle de sa frustration et de son sentiment d'avoir perdu la maîtrise de lui-même.

c) Il expose les raisons de son excès d'appétit.

d) Il parle de ce qui se passe autour de lui plutôt que de se concentrer sur l'altération de son apparence physique.

e) Il porte des vêtements attrayants qui ne soulignent pas les changements de son apparence physique.

4. La température corporelle du patient reste normale.

a) Il dit qu'il a moins chaud et que la température de sa chambre est plus agréable.

b) Ses vêtements et ses draps sont frais et confortables.

c) Il prévient le personnel lorsqu'il a besoin de vêtements ou de draps propres.

d) Sa température corporelle est normale.

e) Il boit des liquides rafraîchissants sans dépasser les quantités permises.

f) Il utilise un climatiseur ou un ventilateur, si besoin est.

g) Il évite les endroits trop chauds.

## CRISE THYROTOXIQUE

Cette forme d'hyperthyroïdie se caractérise par une apparition brutale, une forte fièvre (hyperpyrexie), une tachycardie prononcée et une altération des facultés mentales ressemblant souvent à du délire. La crise thyrotoxique est une urgence mettant la vie en danger. Elle est habituellement déclenchée par un stress: traumatisme, infection, chirurgie non thyroïdienne, thyroïdectomie, extraction dentaire, réaction à l'insuline, acidose diabétique, grossesse, intoxication digitalique, arrêt brusque des médicaments antithyroïdiens ou une palpation vigoureuse de la thyroïde. Elle est une complication de la thyrotoxicose non traitée ou traitée de façon incorrecte. Les patients maintenus dans un état euthyroïdien par des doses appropriées d'antithyroïdiens sont peu exposés à la crise thyrotoxique.

La crise thyrotoxique est parfois difficile à reconnaître, les signes suivants l'évoquent: (1) tachycardie (plus de 130 battements à la minute); (2) température supérieure à 37,7 °C; (3) symptômes exagérés d'hyperthyroïdie; (4) dérèglement d'un important appareil ou système, tel que l'appareil digestif (perte pondérale, diarrhée, douleur abdominale), le système nerveux (psychose, somnolence, coma) ou l'appareil cardiovasculaire (œdème, douleur thoracique, dyspnée, palpitations).

Non traitée, la crise thyrotoxique est presque toujours fatale. Un traitement adéquat réduit considérablement les risques de mortalité.

***Traitement***.    Le traitement a pour objectif immédiat d'enrayer la fièvre, de diminuer la fréquence cardiaque et de prévenir le collapsus vasculaire. Pour enrayer la fièvre, on utilise un matelas ou une couverture hypothermique, ou encore des sacs de glace; on peut aussi placer le patient dans une pièce fraîche et lui administrer de l'hydrocortisone.

- Il faut éviter les salicylates parce qu'ils déplacent les hormones thyroïdiennes des sites de liaison des protéines et accélèrent le métabolisme.

On administre de l'oxygène humidifié afin d'améliorer l'oxygénation des tissus et de répondre aux besoins métaboliques élevés. Pour refaire les réserves hépatiques de glycogène, diminuées par l'hyperthyroïdie, on administre au patient des solutés intraveineux contenant du dextrose. On lui donne également du prophylathiouracile (PTU) ou du méthimazole pour inhiber la production des hormones thyroïdiennes et la conversion de $T_4$ en $T_3$, la plus active des hormones thyroïdiennes. De l'hydrocortisone est prescrite pour traiter l'état de choc ou l'insuffisance surrénale, et de l'iode pour inhiber la libération de $T_4$ par la thyroïde. On peut donner des agents sympatholytiques pour traiter les troubles cardiaques tels que la fibrillation auriculaire, les arythmies et l'insuffisance cardiaque. Le propanolol associé à la digitaline s'est révélé efficace pour atténuer les symptômes cardiovasculaires graves.

- Le patient présentant une crise thyrotoxique est dans un état critique; il exige des soins infirmiers complets et fréquents durant la phase aiguë de la maladie et durant la période subséquente. Les soins infirmiers se basent sur les soins au patient souffrant d'hyperthyroïdie.

## THYROÏDITE

La thyroïdite subaiguë ou granulomateuse (thyroïdite de DeQuervain) est une maladie inflammatoire de la thyroïde qui touche principalement les femmes dans la cinquantaine. Elle se manifeste par un œdème douloureux dans la partie antérieure du cou qui dure un ou deux mois et disparaît spontanément sans laisser de séquelles. Il semble que cette maladie est due à un virus. La thyroïde est augmentée de volume de façon symétrique, et elle est parfois douloureuse. La région cutanée sous-jacente est souvent rouge et chaude. La déglutition peut être difficile. On note fréquemment de l'irritabilité, de la nervosité, de l'insomnie et une perte pondérale (des manifestations de l'hyperthyroïdie), de même que des frissons et de la fièvre.

Il existe une autre forme de thyroïdite qui survient généralement au cours du postpartum. On croit qu'elle serait due à une réaction auto-immunitaire. On l'appelle la thyroïdite silencieuse.

Le traitement vise à maîtriser l'inflammation. Les symptômes bénins sont généralement soulagés par l'acide acétylsalicylique (aspirine). Si des symptômes d'hyperthyroïdie apparaissent, il faut éviter l'aspirine parce qu'elle déplace les hormones thyroïdiennes de leurs sites de liaison, ce qui augmente le taux d'hormones dans la circulation. On peut utiliser des $\beta$-bloquants pour maîtriser les symptômes de l'hyperthyroïdie. Toutefois, il ne faut pas administrer d'agents antithyroïdiens car la thyroïdite est due à la libération des hormones thyroïdiennes stockées, et non à une augmentation de la synthèse. Les glucocorticoïdes sont efficaces dans les cas plus graves, mais ils n'agissent pas sur la cause sous-jacente.

**Thyroïdite d'Hashimoto (thyroïdite chronique).** Cette forme chronique de thyroïdite apparaît plus fréquemment chez les femmes de 30 à 50 ans ; on l'a appelée *maladie d'Hashimoto* à cause de l'apparence histologique de la glande inflammée. Contrairement aux formes aiguës de thyroïdite, où l'activité thyroïdienne s'intensifie, la thyroïdite chronique n'est pas accompagnée de douleur, de symptômes de compression, ou de fièvre ; l'activité thyroïdienne est normale ou diminuée.

Un trouble de l'immunité à médiation cellulaire et une prédisposition génétique contribueraient à son apparition. Si la maladie n'est pas soignée, elle évolue lentement et de façon progressive, entraînant une hypothyroïdie à plus ou moins longue échéance.

Le traitement vise à réduire la taille de la glande thyroïde et à prévenir le myxoedème. On prescrit des antihyroïdiens pour réduire l'activité thyroïdienne et diminuer la production de thyroglobuline. S'il y a présence de symptômes d'hypothyroïdie, on donne des hormones thyroïdiennes. Si les symptômes de pression persistent, une intervention chirurgicale peut s'avérer nécessaire.

## TUMEURS THYROÏDIENNES

On classifie les tumeurs de la glande thyroïde selon leur bénignité ou leur malignité, selon la présence ou l'absence d'une thyrotoxicose associée et selon que l'hypertrophie glandulaire est diffuse ou irrégulière. Si la glande augmente suffisamment de volume pour causer un oedème visible du cou, on nomme la tumeur *goitre*.

On rencontre tous les degrés de goitre, de ceux qui sont à peine visibles jusqu'à ceux qui provoquent un défigurement. Certains sont symétriques et diffus, d'autres nodulaires. Certains goitres s'accompagnent d'hyperthyroïdie, auquel cas ils sont dits *toxiques* ; les goitres associés à un état euthyroïdien sont dits *non toxiques*.

**Goitre endémique** (lié à une carence en iode). Il s'agit de la forme la plus fréquente de goitre. Appelé goitre simple ou colloïde, on le rencontre surtout dans les régions où l'apport naturel d'iode est déficient (par exemple, dans la région des Grands Lacs aux États-Unis). Le goitre simple peut être causé par une carence en iode, mais aussi par l'ingestion

de substances goitrigènes par des patients dont la glande est anormalement vulnérable. Ces substances contiennent des quantités excessives d'iode ou de lithium ; ce dernier élément est couramment utilisé dans le traitement des états maniaco-dépressifs.

Le goitre simple est une hypertrophie compensatrice de la glande thyroïde, probablement causée par une stimulation de l'hypophyse. L'hypophyse sécrète une hormone qui régularise la croissance de la thyroïde ; la production de cette hormone augmente quand l'activité thyroïdienne est réduite, par exemple à cause d'une carence en iode. Les goitres de ce type ne causent habituellement aucun symptôme sauf un oedème du cou qui, s'il est très important, peut provoquer une compression trachéale.

**Traitement.** Ce type de goitre est souvent résorbé par la correction de la carence en iode. On prescrit un supplément d'iode, sous la forme d'une solution saturée d'iodure de potassium, pour inhiber la sécrétion de thyrostimuline par l'hypophyse.

Si une opération est recommandée, les complications postopératoires sont réduites si certains critères sont respectés : (1) le patient doit être relativement jeune et ne pas présenter de complications d'une maladie concomitante telle que le diabète, une cardiopathie ou une allergie médicamenteuse ; (2) il est euthyroïdien grâce à un traitement par des antithyroïdiens ; (3) il a reçu de l'iodure avant l'opération pour réduire la taille et la vascularité du goitre ; (4) l'équipe chirurgicale a beaucoup d'expérience dans ce type d'opération.

**Enseignement au patient.** On peut assurer la prévention du goitre simple ou endémique en administrant des suppléments d'iode aux enfants des régions où il y a carence en iode. L'ingestion moyenne d'iode doit être de 40 $\mu$g par jour pour éviter l'hypertrophie de la thyroïde. L'Organisation mondiale de la santé recommande que le sel soit iodé dans une proportion de 1 partie par 100 000, ce qui suffit à prévenir le goitre endémique. Au Canada, la concentration de l'iode dans le sel est de 1 partie par 10 000. La consommation du sel iodé a été la mesure la plus efficace de prévention du goitre chez les populations à risque.

**Goitre nodulaire.** La présence d'une ou de plusieurs zones d'hyperplasie (croissance exagérée) peut entraîner l'apparition de nodules dans la glande thyroïde. Il semble que ces zones d'hyperplasie apparaissent dans des conditions analogues à celles qui causent le goitre simple. Ces nodules ne provoquent aucun symptôme, mais il arrive qu'ils augmentent lentement de volume et descendent dans le thorax, où ils causent une compression des tissus environnants. Comme certains nodules deviennent malins et que d'autres sont associés à une hyperthyroïdie, il faut souvent avoir recours à la chirurgie.

## CANCERS THYROÏDIENS

Les cancers thyroïdiens sont moins répandus que les autres formes de cancer. Au Canada environ 100 personnes meurent d'un cancer de la glande thyroïde chaque année. Le plus répandu des cancers thyroïdiens est l'*adénocarcinome papillaire* (plus de 50 % des cancers de la thyroïde). Ce type de cancer commence durant l'enfance ou au début de l'âge adulte et reste localisé. S'il n'est pas traité, il se dissémine sous forme de métastases qui se propagent par voie lymphatique et se logent dans les ganglions. Dans une glande normale, il prend l'aspect d'un nodule asymptomatique. Comme les autres formes de cancers thyroïdiens, il est habituellement plus actif chez les personnes âgées. Les antécédents familiaux de cancer thyroïdien en augmentent le risque.

Il existe un lien entre l'irradiation externe de la tête, du cou ou du thorax dans la petite enfance et l'enfance et les carcinomes thyroïdiens.

Entre les années 40 et 60, l'irradiation externe était parfois pratiquée pour réduire le volume des amygdales et des végétations adénoïdes hypertrophiées, pour traiter l'acné ou pour réduire le volume du thymus. Cinq à quarante ans après l'irradiation, on a noté un nombre croissant de cancers thyroïdiens. Les personnes qui ont subi un tel traitement dans leur enfance devraient donc consulter un médecin, demander une scintigraphie thyroïdienne et suivre le traitement recommandé si on dépiste une anomalie. Si tout semble normal, elles doivent continuer à se soumettre annuellement à un examen médical complet.

*L'adénocarcinome folliculaire* apparait habituellement après la quarantaine, et représente 20 à 25 % des cancers thyroïdiens. La tumeur est encapsulée et de texture élastique et caoutchouteuse à la palpation. Ce cancer se propage par voie hématogène jusqu'aux os, au foie et aux poumons. Son pronostic est plus sombre que celui de l'adénocarcinome papillaire.

On soupçonne un cancer quand on décèle à la palpation une masse solitaire, dure et immobile, associée ou non à une adénopathie cervicale.

Les autres formes de cancers thyroïdiens sont le cancer médullaire (5 %), qui se manifeste par une tumeur nodulaire dure, et le cancer anaplasique (5 %), qui se manifeste par une masse dure et irrégulière qui grossit rapidement et peut être douloureuse et sensible. Presque la moitié des carcinomes thyroïdiens anaplasiques se rencontrent chez les patients de 60 ans et plus; leur pronostic est très sombre.

### Examens diagnostiques.
Pour évaluer les nodules et les masses thyroïdiens, les épreuves de la fonction thyroïdienne peuvent être utiles bien qu'elles ne donnent pas toujours des résultats concluants.

On peut pratiquer une ponction-biopsie à l'aiguille de la glande thyroïde, en clinique externe, pour établir le diagnostic de cancer thyroïdien et pour distinguer les nodules cancéreux des nodules non cancéreux. L'intervention est sans danger et n'exige habituellement qu'une anesthésie locale. Néanmoins, même si les résultats de la biopsie sont négatifs, le patient devra se soumettre à un suivi rigoureux, car la biopsie ne permet pas toujours de déceler les tissus cancéreux. Parmi les autres examens diagnostiques, on compte l'échographie, la scintigraphie thyroïdienne et l'épreuve à la triiodothyronine.

### Traitement.
Le traitement de choix du carcinome thyroïdien est l'ablation chirurgicale. On procède à une thyroïdectomie totale ou, si possible, subtotale.

Si les ganglions lymphatiques sont atteints, on pratique un curage ganglionnaire cervical modifié. Si la tumeur est radiosensible, l'opération est suivie de l'élimination du tissu thyroïdien résiduel par l'I[131]. L'iode radioactif facilitera également la détection des métastases si on procède ultérieurement à une scintigraphie du corps entier.

Après l'opération, on administre des doses suppressives d'hormones thyroïdiennes pour diminuer les concentrations de TSH jusqu'à l'obtention d'un état euthyroïdien.

### Enseignement au patient.
Après l'opération, il faut expliquer au patient qu'il devra prendre une hormone thyroïdienne exogène afin de prévenir l'hypothyroïdie. Le suivi comprend un examen physique visant à déceler toute récidive de nodules ou de masses cervicales, ainsi que les enrouements, la dysphagie ou la dyspnée. Si le médecin le recommande, le patient devra aussi subir des radiographies thoraciques. On lui conseillera de se soumettre annuellement à des scintigraphies du corps entier pendant les trois ans qui suivent l'opération, puis moins fréquemment par la suite. Environ un mois avant de subir cet examen, il devra cesser de prendre les hormones thyroïdiennes.

Il faut déterminer les taux sériques de $T_4$, de TSH, de calcium et de phosphore afin de s'assurer que l'hormonothérapie substitutive est adéquate et de vérifier si l'équilibre calcique est maintenu.

Il arrive que certains patients aient des réactions locales et générales à l'irradiation, notamment une neutropénie ou une thrombopénie, mais ces réactions sont rares avec l'I[131]. Les chances de survie sont meilleures quand la chirurgie est associée à un traitement à l'I[131].

## THYROÏDECTOMIE

On peut pratiquer une thyroïdectomie partielle ou totale pour le traitement du carcinome thyroïdien, de l'hyperthyroïdie et de l'hyperparathyroïdie. On décide de l'étendue de l'excision en fonction du diagnostic, de l'objectif visé et du pronostic.

### Traitement préopératoire.
Avant de subir une opération pour le traitement de l'hyperthyroïdie, le patient devra suivre un traitement médicamenteux pour normaliser ses concentrations d'hormones thyroïdiennes ainsi que la vitesse de son métabolisme, et réduire ainsi les risques postopératoires de crise thyrotoxique et d'hémorragie. Dans la phase préopératoire, il est important de gagner la confiance du patient et de réduire son anxiété. Certaines formes d'ergothérapie sont recommandées, à condition qu'elles permettent au client de rester calme et détendu.

Le patient souffrant d'hyperthyroïdie provoque souvent dans son foyer une atmosphère de tension causée par son agitation, son irritabilité et sa nervosité. Il est donc essentiel de le protéger des tensions pour prévenir une crise thyrotoxique. Si les visites de sa famille et de ses amis semblent lui causer beaucoup de stress, il vaut mieux les restreindre.

Il faut établir le régime alimentaire du patient avec lui de façon à lui assurer un apport suffisant en glucides et en protéines. À cause de l'augmentation de l'activité métabolique et de la déplétion de ses réserves de glycogène, le patient a besoin d'un apport énergétique quotidien important. On lui administre des suppléments vitaminiques, notamment de la thiamine et de la vitamine C, et on lui conseille d'éviter le thé, le café et les autres stimulants.

Si le patient doit subir des examens diagnostiques préopératoires, il faut le rassurer en le renseignant sur le but de ces examens. On doit aussi lui expliquer les préparatifs préopératoires, et veiller à ce qu'il dorme bien la nuit précédant l'opération.

Dans le cadre de l'enseignement préopératoire, on montre au patient comment il devra soutenir son cou après l'opération pour éviter toute tension sur l'incision, soit en levant les coudes et en plaçant les mains derrière le cou.

***Traitement postopératoire***. Il faut mobiliser le patient avec précaution en lui soutenant la tête pour éviter les tensions sur les sutures. On le place dans la position la plus confortable (semi-Fowler), la tête surélevée et soutenue avec des oreillers. On lui administre les narcotiques prescrits pour soulager la douleur. On peut aussi lui administrer de l'oxygène humidifié pour faciliter la respiration. Des solutés intraveineux seront administrés tout de suite après l'opération. Au début, le patient aura un peu de difficulté à avaler; il vaut donc mieux lui donner des liquides froids et de la glace. Pendant la phase postopératoire immédiate, les patients préfèrent généralement un régime à consistance molle à un régime liquide.

On devrait procéder à une vérification périodique des pansements chirurgicaux, et les renforcer au besoin. Lorsque le patient est couché sur le dos, il ne faut pas oublier d'examiner les côtés et l'arrière du cou ainsi que la partie antérieure du pansement afin de déceler tout saignement. On doit prendre le pouls et la pression artérielle afin de dépister les signes d'hémorragie interne, et signaler immédiatement les sensations de compression ou de plénitude dans la région de l'incision, ce qui pourrait indiquer la présence d'une hémorragie sous-cutanée.

Certains patients ont de la difficulté à respirer à cause d'un œdème de la glotte ou d'une lésion du nerf laryngé inférieur. Comme cette complication requiert une intubation, il faut toujours garder au chevet du patient le matériel de trachéotomie, et réagir rapidement au premier signe de détresse respiratoire.

L'infirmière doit conseiller au patient de parler le moins possible. Quand il parle, elle doit relever les changements de la voix qui pourraient indiquer une lésion du nerf laryngé inférieur, situé derrière la thyroïde près de la trachée.

Les objets utilisés fréquemment, comme des mouchoirs en papier, une cruche d'eau et un verre et un haricot, sont disposés sur une table roulante de manière à ce que le patient n'ait pas à tourner la tête pour les prendre. Cette table pourra également servir lors des inhalations de vapeur destinées à réduire les mucosités.

On permet au patient de sortir du lit aussitôt qu'il se sent apte à le faire. Quand il peut s'alimenter on lui prescrit un régime bien équilibré à forte teneur énergétique pour l'aider à prendre du poids. Les sutures et les agrafes sont habituellement retirées dès le deuxième jour. S'il ne survient aucune complication postopératoire, le patient reçoit son congé du centre hospitalier le jour même de l'opération ou peu après.

***Complications***. On vient de voir les complications de la thyroïdectomie, comme l'hémorragie, l'œdème de la glotte et l'atteinte du nerf laryngé inférieur. Il arrive aussi parfois qu'au cours de l'opération les glandes parathyroïdes soient lésées ou excisées, ce qui entraîne un déséquilibre du métabolisme du calcium. La baisse de la concentration sérique de calcium provoque une hyperirritabilité des nerfs, avec spasmes des mains et des pieds et secousses musculaires. C'est ce que l'on appelle la *tétanie*. Il faut faire part sans délai au médecin des signes de tétanie, car ils peuvent entraîner, quoique rarement, un laryngospasme qui peut obstruer les voies respiratoires du patient. On traite généralement la tétanie par l'administration intraveineuse de gluconate de calcium. Ce trouble du métabolisme du calcium n'est parfois que temporaire.

***Enseignement au patient et soins à domicile***. Il faut expliquer au patient et à sa famille pourquoi le repos, la détente et une bonne alimentation sont nécessaires. On donne des directives précises en ce qui concerne les consultations de suivi au cabinet du médecin ou à la clinique externe, car elles permettent de contrôler l'état de la thyroïde. Dès que le patient s'est rétabli de l'opération, il peut reprendre toutes ses activités et ses responsabilités antérieures.

On a souvent pensé que la tension émotionnelle causée par les responsabilités et le milieu familial étaient le facteur déclenchant de la thyrotoxicose. On peut profiter de l'hospitalisation du patient pour évaluer ce facteur et peut-être l'encourager à modifier certains aspects de son milieu de vie.

## PRÉVENTION DES LÉSIONS ET DES CANCERS THYROÏDIENS RADIO-INDUITS

La thyroïde est capable de capter très efficacement l'iode du sang circulant pour la synthèse des hormones thyroïdiennes. En fait, la concentration de l'iode dans la thyroïde est de 20 à 40 fois supérieure à celle du plasma. Si le lait ou d'autres aliments étaient contaminés par la radioactivité à la suite d'une explosion nucléaire ou d'un accident dans une centrale nucléaire, l'iode radioactif deviendrait hautement concentré à l'intérieur de la glande thyroïde, irradierait la glande et augmenterait le risque de cancer thyroïdien. On a tenté, dans des régions exposées à une forte radioactivité, de bloquer la fixation de l'iode radioactif en saturant la glande thyroïde avec de l'iode non radioactif. Des solutions saturées d'iodure de potassium ou d'autres préparations à base d'iode administrées aussitôt que possible après l'exposition inhibent complètement l'absorption de l'iode radioactif par la thyroïde et favorisent l'excrétion rapide de celui qui a été absorbé.

## GLANDES PARATHYROÏDES

### HYPERPARATHYROÏDIE

L'hyperparathyroïdie est due à une sécrétion excessive de parathormone par les glandes parathyroïdes. Elle se caractérise par une calcification osseuse et par la formation de calculs rénaux contenant du calcium. L'hyperparathyroïdie primaire, qui touche deux à quatre fois plus souvent les femmes que les hommes, est plus fréquente chez les personnes de plus de 70 ans. Avec des manifestations similaires, l'hyperparathyroïdie secondaire se rencontre chez les patients souffrant d'insuffisance rénale chronique et d'ostéodystrophie rénale dues à une rétention de phosphore, à une hyperstimulation des glandes parathyroïdes et à une hypersécrétion de parathormone.

***Manifestations cliniques et diagnostic***. Le patient peut être asymptomatique ou présenter des signes et symptômes résultant de l'atteinte de plusieurs systèmes de l'organisme. Il peut présenter de l'apathie, de la fatigue, de la faiblesse musculaire, des nausées, des vomissements, de la constipation et des arythmies cardiaques, tous ces symptômes étant imputables à une hypercalcémie. Les manifestations psychologiques peuvent aller de l'irritabilité émotionnelle à la névrose et à la psychose à cause de l'effet direct du calcium sur le cerveau et le système nerveux.

Une augmentation du taux de calcium entraîne une hausse du potentiel d'excitation des tissus nerveux et musculaires. Il arrive parfois qu'on diagnostique à tort une «psychonévrose» chez ces patients.

La formation de calculs dans un rein ou les deux, reliée à l'augmentation de la sécrétion urinaire de calcium et de phosphore, constitue une importante complication de l'hyperparathyroïdie, et on la retrouve chez 55 % des patients souffrant de la forme primaire de cette maladie. La précipitation du phosphate de calcium dans le bassinet et le parenchyme rénal peut aussi provoquer une obstruction, une pyélonéphrite et de l'urémie.

Les symptômes musculosquelettiques associés à l'hyperparathyroïdie entraînent une déminéralisation osseuse ou des tumeurs osseuses composées d'ostéoclastes.

Le patient peut présenter les signes et symptômes suivants: douleur et sensibilité osseuses, en particulier dans le dos et dans les articulations; douleur lorsqu'il fait porter son poids sur ses jambes; fractures pathologiques; déformations et diminution de la taille.

L'ulcère gastroduodénal et la pancréatite, qui sont plus fréquents chez les personnes atteintes d'hyperparathyroïdie, peuvent être à l'origine de l'apparition de plusieurs symptômes gastro-intestinaux.

Un taux élevé de parathormone, associé à un taux élevé de calcium, révèle une hyperparathyroïdie primaire. Les méthodes radio-immunologiques de dosage de la parathormone sont très sensibles et permettent de faire la distinction entre l'hyperparathyroïdie primaire et les autres causes d'hypercalcémie chez plus de 90 % des patients ayant des concentrations élevées de calcium sérique. Comme les concentrations sériques de calcium peuvent être modifiées par le régime alimentaire, par les médicaments et par des altérations rénales et osseuses, des concentrations élevées n'évoquent pas nécessairement une hyperparathyroïdie. Dans les cas avancés de la maladie, les clichés radiographiques permettent de déceler des anomalies osseuses. L'échographie, l'imagerie par résonance magnétique, la scintigraphie au thallium et la ponction-biopsie à aiguille ont été utilisées pour évaluer la fonction parathyroïdienne et dépister les kystes, les adénomes ou l'hyperplasie.

***Traitement.*** À cause du caractère insidieux et chronique de la maladie, et du fait que les symptômes sont variés et souvent vagues, beaucoup de patients souffrant d'hyperparathyroïdie se sentent déprimés et frustrés. De plus, il se peut que leur famille pense que la maladie est psychosomatique. L'infirmière peut les aider à faire face à leurs réactions et à leurs sentiments lorsqu'elle connaît bien l'évolution de la maladie et fait preuve de compréhension.

Le traitement indiqué pour l'hyperparathyroïdie primaire est l'ablation chirurgicale du tissu parathyroïdien anormal. Avant l'opération, il faut vérifier s'il y a atteinte rénale, car ces patients sont sujets aux calculs rénaux. L'infirmière conseille au patient de boire au moins 2000 mL de liquide pour prévenir la formation de calculs. On suggère la consommation de jus de canneberge, parce qu'il acidifie les urines. Le patient peut, s'il le désire, le mélanger à un autre jus de fruit ou à du soda au gingembre. Il faut filtrer l'urine afin de recueillir s'il y a lieu les calculs pour analyse en laboratoire. L'infirmière doit observer le patient afin de déceler les autres manifestations des calculs rénaux, comme les douleurs abdominales et l'hématurie. Les patients souffrant d'hyperparathyroïdie ne doivent pas prendre de diurétiques thiazidiques, car ils diminuent l'excrétion rénale de calcium, ce qui a pour effet d'aggraver l'hypercalcémie.

Il faut inciter le patient à bouger le plus possible, à marcher ou à se bercer, parce que les os soumis à un stress normal libèrent moins de calcium. L'alitement augmente l'excrétion de calcium et prédispose à la formation de calculs rénaux.

Les phosphates administrés par voie orale abaissent le taux de calcium chez certains patients, mais on en déconseille l'emploi prolongé parce qu'ils provoquent des calcifications ectopiques dans les tissus mous.

Il faut répondre aux besoins nutritionnels du patient tout en restreignant sa consommation d'aliments riches en calcium et en phosphore tels le lait et les produits laitiers. Si le patient souffre également d'un ulcère gastroduodénal, le médecin doit lui prescrire des antiacides spécifiques et des suppléments protéiniques. La consommation de jus de pruneau, la prise de laxatifs émollients, l'activité physique et un apport liquidien accru pourront faire disparaître la constipation, un problème courant en période postopératoire.

Les soins infirmiers à prodiguer aux patients qui doivent subir une parathyroïdectomie sont essentiellement les mêmes que les soins dispensés aux patients qui doivent subir une thyroïdectomie (voir page 894). Même si on conserve une partie du tissu parathyroïdien pour maintenir l'équilibre phosphocalcique, il faut garder le patient en observation afin de déceler les symptômes de tétanie qui apparaissent souvent peu après l'opération. Heureusement, la reprise du fonctionnement du tissu parathyroïdien résiduel est généralement rapide et l'hypocalcémie n'est que légère et transitoire.

***Crise d'hypercalcémie.*** Les patients souffrant d'hyperparathyroïdie peuvent présenter une crise aiguë d'hypercalcémie quand la concentration sérique de calcium est extrêmement élevée. Une calcémie supérieure à 3,7 mmol/L provoque des symptômes neurologiques, cardiovasculaires et rénaux qui peuvent mettre la vie du patient en danger. Le traitement consiste à le réhydrater avec d'importantes quantités de solutés intraveineux, à lui administrer des diurétiques afin de favoriser l'excrétion de l'excès de calcium par les reins, et à lui administrer des phosphates pour corriger l'hypophosphatémie et abaisser la concentration sérique de calcium en accélérant la calcification osseuse et en diminuant l'absorption gastro-intestinale de calcium. En situation d'urgence, on peut avoir recours à des agents cytotoxiques, à la calcitonine ou à la dialyse pour abaisser rapidement la concentration de calcium. Il faut garder le patient souffrant d'une crise d'hypercalcémie en observation constante afin de vérifier si des complications apparaissent, si son état se dégrade et si la concentration sérique de calcium diminue.

# HYPOPARATHYROÏDIE

L'hypoparathyroïdie résulte le plus souvent d'une sécrétion insuffisante de parathormone due à l'interruption de l'irrigation des parathyroïdes ou à l'excision de ces glandes au cours d'une thyroïdectomie ou d'un curage ganglionnaire cervical élargi. Une atrophie des parathyroïdes de cause inconnue peut également provoquer une hypoparathyroïdie, ce qui est toutefois relativement rare.

***Physiopathologie***. Les symptômes de l'hypoparathyroïdie sont dus à une insuffisance de parathormone donnant lieu à une hyperphosphatémie, et à une hypocalcémie. En l'absence de parathormone, il y a diminution de l'absorption du calcium d'origine alimentaire et de la réabsorption du calcium par les os et les tubules rénaux, ce qui entraîne une hypocalcémie. La diminution de l'excrétion rénale des phosphates provoque une hypophosphaturie, et la faible concentration sérique de calcium se traduit par une hypocalciurie.

***Manifestations cliniques***. L'hypocalcémie cause une irritabilité des systèmes nerveux et musculaire, et contribue au principal symptôme de l'hypoparathyroïdie, la *tétanie* (hypertonie musculaire généralisée accompagnée de tremblements et de contractions spasmodiques ou non coordonnées déclenchées spontanément ou par un effort). Si la tétanie est latente, il y a engourdissement, picotements et crampes dans les membres, accompagnés de raideur des mains et des pieds. La tétanie patente se manifeste par un bronchospasme, un laryngospasme, un spasme carpopédal (flexion des coudes et des poignets et extension des articulations carpophalangiennes; voir la figure 46-6), de la dysphagie, une photophobie, des arythmies cardiaques et des convulsions. Les autres symptômes de la tétanie sont notamment l'anxiété, l'irritabilité, la dépression, et même le délire.

***Examens diagnostiques***. Le signe de Trousseau et le signe de Chvostek évoquent la présence d'une tétanie latente. Il y a *signe de Trousseau* lorsqu'une obstruction de la circulation du bras par un brassard de tensiomètre ou un garrot appliqué pendant trois minutes provoque un spasme carpopédal. Il y a *signe de Chvostek* lorsqu'une percussion du nerf facial, au niveau de la glande parotide (en avant de l'oreille), déclenche une contraction des muscles de la bouche, du nez et des yeux.

Les vagues symptômes de courbatures et de douleur rendant souvent le diagnostic difficile à établir, les épreuves de laboratoire s'avèrent d'une grande utilité. Une tétanie peut apparaître lorsque la concentration sérique de calcium se situe entre 1,2 et 1,5 mmol/L. La concentration sérique des phosphates est élevée, et les études radiographiques montrent un accroissement de la densité osseuse. On peut détecter une calcification sur les clichés du noyau lenticulaire sous-cutané ou paramédullaire du cerveau.

***Traitement***. Le traitement vise à ramener la concentration de calcium entre 2,2 et 2,5 mmol/L et à éliminer les symptômes d'hypoparathyroïdie et d'hypocalcémie. S'il y a apparition d'une hypocalcémie et d'une tétanie postthyroïdectomie, on doit procéder immédiatement à l'administration de gluconate de calcium par voie intraveineuse. Si on ne constate pas une baisse instantanée de l'activité neuromusculaire et des convulsions, on peut administrer des sédatifs tels que le pentobarbital.

Dans le cas d'une hypoparathyroïdie aiguë accompagnée de tétanie, on peut procéder à l'administration de parathormone par voie parentérale. Toutefois, à cause de la fréquence des réactions allergiques aux injections de parathormone, il faut limiter son utilisation aux épisodes aigus d'hypocalcémie. On doit donc suivre de près le patient recevant cette hormone afin de déceler tout changement dans la concentration sérique de calcium et l'apparition de réactions allergiques.

À cause de l'irritabilité neuromusculaire que provoque l'hypocalcémie et la tétanie, il faut éviter le bruit, les courants d'air, les lumières crues et les mouvements brusques.

Si le patient souffre de détresse respiratoire, il faudra peut-être pratiquer une trachéotomie ou le mettre sous ventilation artificielle et lui administrer des bronchodilatateurs.

La conduite à tenir auprès du patient susceptible de présenter une hypoparathyroïdie est la suivante:

- Durant la phase postopératoire, l'infirmière doit observer le patient qui a subi une thyroïdectomie, une parathyroïdectomie ou un curage ganglionnaire cervical élargi afin de déceler l'apparition d'effets indésirables comme la tétanie, les convulsions ou les difficultés respiratoires.

- Elle doit laisser au chevet du patient du gluconate de calcium et du matériel de perfusion intraveineuse. S'il présente des problèmes cardiaques, s'il est sujet aux arythmies ou s'il reçoit de la digitaline, on procède avec prudence à l'administration lente de gluconate de calcium.

- Le calcium et la digitaline accélèrent la contraction systolique. De plus, ces deux médicaments se potentialisent et peuvent entraîner des arythmies fatales. Le patient présentant des problèmes cardiaques devra donc être sous monitorage cardiaque continu et faire l'objet d'une évaluation minutieuse.

Le traitement du patient atteint d'hypoparathyroïdie chronique est déterminé par les concentrations sériques de calcium. On prescrit un régime alimentaire à forte teneur en calcium et à faible teneur en phosphore. Le patient doit restreindre sa consommation de lait, de produits laitiers et de jaunes d'œufs, car bien que ces aliments soient riches en calcium, ils contiennent également beaucoup de phosphore. Il doit également éviter de consommer des épinards, car ils contiennent des oxalates qui peuvent former avec le calcium des sels calciques insolubles. Il peut ajouter à son régime alimentaire des suppléments de calcium sous la forme de comprimés de gluconate de calcium. Il doit également prendre un gel d'hydroxyde d'aluminium ou de carbonate d'aluminium (ALU-TAB, Amphojel) après les repas pour lier le phosphore et favoriser son excrétion par le tractus gastro-intestinal.

Le patient reçoit des doses variables d'une préparation de vitamine D, sous forme de dihydrotachystérol (Hytakerol), ergocalciférol (vitamine $D_2$) ou cholécalciférol (vitamine $D_3$), pour faciliter l'absorption de calcium par le tractus gastro-intestinal.

L'enseignement relatif au régime alimentaire et au traitement médicamenteux constitue un aspect important des soins infirmiers à prodiguer au patient. L'infirmière lui explique pourquoi il doit consommer des aliments à forte teneur en calcium et à faible teneur en phosphore, et lui décrit les symptômes d'hypocalcémie et d'hypercalcémie pour qu'il puisse communiquer avec son médecin dès leur apparition.

# GLANDE SURRÉNALE

## PHÉOCHROMOCYTOME

Le phéochromocytome est une tumeur généralement bénigne qui naît dans les cellules chromaffines de la médulosurrénale. Dans 80 à 90 % des cas, la tumeur apparaît dans la partie médullaire de la surrénale. Dans les autres cas, elle apparaît dans le tissu chromaffine extra-surrénalien (aorte, ovaires, rate, ou autres organes). Bien que pouvant survenir à tout âge, l'incidence des phéochromocytomes est plus élevée entre 25 et 50 ans. Les femmes sont aussi souvent atteintes que les hommes. Parce que le phéochromocytome s'observe souvent chez les membres d'une même famille, on devrait aussi soumettre la famille du patient déjà diagnostiqué à un test de dépistage. Dans 10 % des cas, ces tumeurs sont bilatérales; le taux de malignité se situe autour de 10 %.

Un faible pourcentage (0,1 à 0,5 %) des patients hypertendus doivent leur hypertension à un phéochromocytome. L'hypertension due à un phéochromocytome peut être traitée par l'ablation de la tumeur, mais elle a des conséquences fatales si elle n'est pas traitée.

**Manifestations cliniques.** Les tumeurs fonctionnelles de la médullosurrénale causent de l'hypertension et d'autres troubles cardiovasculaires dont la nature et la gravité dépendent des taux de sécrétion d'adrénaline et de noradrénaline. L'hypertension peut être paroxystique ou permanente. La forme permanente ne touche que 50 % des patients atteints de phéochromocytome, et il est difficile de la distinguer de l'hypertension dite essentielle. Les symptômes qui accompagnent l'hypertension sont essentiellement les mêmes que ceux observés après l'administration de doses importantes d'épinéphrine: tachycardie ou palpitations, transpiration excessive, tremblements, céphalée, rougeurs et anxiété. La sécrétion d'adrénaline peut convertir le glycogène hépatique et musculaire en glucose entraînant ainsi une hyperglycémie qui exigera l'administration d'insuline.

La forme paroxystique du phéochromocytome se distingue par des crises aiguës et imprévisibles d'une durée de quelques secondes ou de plusieurs heures, pendant lesquelles le patient est extrêmement anxieux et faible. Il peut présenter des maux de tête, des vertiges, une vision trouble, un acouphène, une respiration de Kussmaul et de la dyspnée. Les autres symptômes sont notamment la polyurie, des nausées, des vomissements, de la diarrhée, une douleur abdominale et une sensation de mort imminente. Les palpitations et la tachycardie sont fréquentes.

On a relevé des pressions artérielles jusqu'à 350/200 mm Hg. Des hausses de pression aussi importantes sont dangereuses et peuvent précipiter des complications pouvant provoquer la mort. Une hypotension orthostatique apparaît dans 70 % des cas de phéochromocytome non traités.

**Examens diagnostiques.** Une hyperactivité du système nerveux sympathique associée à une hypertension marquée laissent présager un phéochromocytome. Toutefois, pour vérifier l'hyperactivité de la médullosurrénale, l'examen le plus direct et le plus concluant reste le dosage des catécholamines urinaires et sanguins.

Avant le prélèvement du sang pour le dosage des catécholamines (adrénaline et noradrénaline), le patient doit se reposer en décubitus dorsal pendant 30 minutes. On insère le cathéter intraveineux 30 minutes avant le prélèvement sanguin afin de prévenir une fausse élévation de la concentration des catécholamines due au stress de la ponction veineuse. Pour obtenir des résultats valables, il faut éliminer les facteurs qui peuvent augmenter la concentration des catécholamines: consommation de thé ou de café, usage du tabac, stress émotionnel et physique; usage de certains médicaments vendus sur ordonnance et en vente libre (entre autres, amphétamines, gouttes ou pulvérisations nasales, décongestionnants, bronchodilateurs). La valeur normale de l'adrénaline plasmatique est de 590 pmol/L et celle de la noradrénaline plasmatique est généralement de moins de 590-3240 pmol/L. On pose un diagnostic de phéochromocytome lorsque le taux d'adrénaline est supérieur à 2180 pmol/L et celui de la noradrénaline à 11 800 pmol/L. Si les valeurs mesurées se situent entre les valeurs normales et les valeurs de diagnostic du phéochromocytome, il faut procéder à des examens supplémentaires.

La mesure des métabolites urinaires des catécholamines peut aider à établir le diagnostic. Le taux urinaire des métanéphrines est le meilleur reflet de la fonction médullosurrénalienne. On peut aussi procéder au dosage de l'acide vanillylmandélique (VMA), un métabolite des catécholamines. Ces dosages se font sur les urines de 24 heures. Le patient doit éviter le café, le thé, les bananes, le chocolat, la vanille et l'aspirine pour ne pas fausser les résultats de ces examens. On peut faire le dosage des catécholamines sur des échantillons d'urines recueillis sur une période de deux à trois heures après une crise d'hypertension.

On n'utilise plus les épreuves de provocation et la plupart des épreuves de freinage pour le diagnostic des phéochromocytomes, parce qu'ils donnent des résultats faussement positifs ou négatifs, et parce qu'ils peuvent causer des épisodes d'hypertension et d'hypotension.

Si les résultats des dosages des catécholamines urinaires et plasmatiques s'avèrent non concluants, on peut utiliser l'épreuve de freinage à la clonidine. La clonidine (Catapres) est un médicament à action centrale antiadrénergique qui inhibe la libération des catécholamines d'origine nerveuse. Dans les phéochromocytomes, la clonidine n'inhibe pas la libération des catécholamines, car l'augmentation du taux des catécholamines n'est pas due à l'action du septème nerveux, comme c'est normalement le cas, mais plutôt à une diffusion excessive dans la circulation qui passe outre aux mécanismes normaux de stockage et de libération. Les résultats de l'épreuve sont normaux quand on observe une baisse de 40 % du taux des catécholamines (ou sous les 3000 pmol/L en chiffres absolus). Chez les patients présentant un phéochromocytome, on n'observe aucune variation du taux de catécholamines.

On peut aussi effectuer les examens diagnostiques suivants pour localiser le phéochromocytome et pour déterminer le nombre de tumeurs présentes: tomodensitométrie (TDM), imagerie par résonance magnétique (IRM), échographie, urographie intraveineuse, aortographie ou artériographie. Toutefois, on ne procède pas à ces interventions avant d'avoir administré au patient des inhibiteurs adrénergiques afin de prévenir les crises d'hypertension.

Récemment, on a mis au point une épreuve de localisation des tumeurs utilisant la métaiodobenzylguanidine (MIGB) marquée à l'iode [131], un composé qui est capté par les cellules adrénergiques. Cette épreuve a permis de dépister des tumeurs qui ne l'avaient pas été par les autres examens diagnostiques. Cette intervention non effractive et sans danger accroît la précision du diagnostic des tumeurs surrénaliennes.

On peut aussi utiliser des examens diagnostiques pour évaluer la fonction d'autres glandes endocrines, car le phéochromocytome peut être associé à d'autres tumeurs endocriniennes.

***Traitement.*** Durant un épisode ou une crise d'hypertension accompagnée de tachycardie, d'anxiété et d'autres symptômes de phéochromocytome, on recommande le repos au lit avec la tête du lit surélevée pour favoriser une baisse de la pression artérielle. On peut transférer le patient à l'unité des soins intensifs et le garder en observation afin de déceler rapidement tout changement dans son électrocardiogramme. Si sa pression artérielle monte, on pourra la faire baisser rapidement en lui administrant un inhibiteur α-adrénergique comme la phentolamine (Rogitine) ou un myorelaxant comme le nitroprussiate de sodium (Nipride).

Le traitement du phéochromocytome consiste à extraire chirurgicalement la tumeur, habituellement en procédant à une surrénalectomie. La surrénalectomie peut être bilatérale s'il y a une tumeur dans chacune des glandes surrénales. La préparation préopératoire du patient comprend la régularisation, sur une période de 10 jours à 2 semaines, de la pression artérielle et du volume sanguin total. On peut administrer de la phentolamine ou de la phénoxybenzamine en toute sécurité sans causer une hypotension excessive. Ces agents inhibent les effets des catécholamines sans modifier leur synthèse ou leur dégradation. On peut administrer des inhibiteurs β-adrénergiques aux patients qui présentent des arythmies cardiaques ou à ceux qui ne réagissent pas aux inhibiteurs α-adrénergiques. Comme les patients atteints d'un phéochromocytome sont très sensibles à ces médicaments, il faut les utiliser avec prudence. On dispose d'un autre groupe de médicaments pour la phase préopératoire. Ce sont les inhibiteurs de la synthèse des catécholamines qui sont utilisés à l'occasion quand les inhibiteurs adrénergiques ne diminuent pas les effets des catécholamines.

La manipulation de la tumeur pendant l'opération peut entraîner la libération des réserves d'adrénaline et de noradrénaline et causer d'importantes élévations de la pression artérielle ainsi que des modifications de la fréquence cardiaque. Pour cette raison, on peut devoir administrer au patient du nitroprussiate de sodium et des inhibiteurs α-adrénergiques pendant et après l'opération. Le chirurgien procède souvent à l'exploration des autres foyers possibles de tumeurs, ce qui soumet le patient au stress et aux effets d'une longue intervention chirurgicale et peut accroître les risques d'hypertension postopératoire.

À la suite d'une surrénalectomie unilatérale ou bilatérale, il est nécessaire de procéder à un traitement substitutif aux corticostéroïdes. On peut commencer à administrer des corticostéroïdes (succinate sodique de méthylprednisolone [Solu-Medrol]) par voie intraveineuse dans la soirée précédant l'opération, et continuer en phase postopératoire. Lorsque le stress intense causé par l'opération sera atténué, on prescrira des préparations orales de corticostéroïdes (prednisone).

On gardera le patient en observation pendant plusieurs jours à l'unité des soins intensifs, en prenant note de tout changement de l'électrocardiogramme, de la pression artérielle, du bilan hydroélectrolytique et de la glycémie. On procèdera à l'insertion de plusieurs lignes de perfusion intraveineuse pour administrer les liquides et les médicaments. Étant donné que le sevrage brusque de grandes quantités de catécholamines peut entraîner une hypotension et une hypoglycémie, il faut observer le patient attentivement afin de déceler rapidement l'apparition de ces complications et de les traiter sur-le-champ.

L'hypertension disparaît généralement avec le traitement. Cependant, elle peut persister ou réapparaître si les vaisseaux sanguins ont été lésés par une hypertension grave et prolongée, ou si le tissu adrénergique n'a pas été entièrement excisé.

Plusieurs jours après l'opération, on obtient des dosages plasmatiques et urinaires des catécholamines et des dosages urinaires de leurs métabolites afin de s'assurer que l'opération a réussi. Le patient pourra quitter le centre hospitalier quand les résultats de ces dosages seront normaux. Par la suite, il devra se soumettre à des examens de contrôle périodiques, surtout s'il est jeune et s'il a des antécédents familiaux de phéochromocytome. Les soins infirmiers à prodiguer avant l'opération sont présentés au plan de soins 31-2.

***Enseignement au patient et soins à domicile***. La période précédant l'opération et la phase postopératoire sont souvent source de stress pour le patient, et il peut craindre les récidives. Bien qu'en général tout le tissu adrénergique ait été enlevé, il arrive que des zones tumorales échappent à l'exploration. Pour s'assurer que la pression artérielle et les concentrations sériques et urinaires de catécholamines restent dans les limites de la normale, on fixe pour le patient des rendez-vous périodiques à la clinique externe ou au cabinet du médecin. Il faut l'avertir qu'il devra peut-être recueillir des échantillons d'urines de 24 heures avant ses rendez-vous et lui fournir des directives verbales et écrites. Si on prévoit un traitement stéroïdien substitutif de longue durée, on lui enseigne comment suivre fidèlement le schéma posologique (voir à la page 906). On peut demander à une infirmière en santé communautaire de visiter le patient pour s'assurer qu'il adhère correctement au schéma posologique et l'aider à résoudre les problèmes relatifs à l'emploi prolongé de stéroïdes.

# TROUBLES CORTICOSURRÉNALIENS

Les sécrétions de la corticosurrénale permettent à l'organisme de s'adapter à tous les genres de stress, mais le degré d'adaptation varie d'une personne à l'autre. Cette propriété d'adaptation rend la corticosurrénale indispensable à la vie. Sans elle, un stress grave provoquerait une insuffisance de la circulation périphérique, un état de choc et une prostration. Seules une rééquilibration nutritionnelle et hydroélectrolytique ainsi qu'une hormonothérapie substitutive peuvent assurer la survie dans ce cas.

On divise les hormones corticosurrénaliennes en trois groupes: les minéralocorticoïdes, les glucocorticoïdes et les hormones sexuelles. Les *minéralocorticoïdes* interviennent dans la rétention du sodium et de l'eau et dans l'excrétion du potassium. L'aldostérone et la désoxycorticostérone, un précurseur naturel de l'aldostérone, sont des minéralocorticoïdes. Les *glucocorticoïdes* agissent sur le métabolisme, notamment celui des glucides, stimulent la dégradation des protéines et des lipides pour assurer une source d'énergie pendant les périodes de jeûne, antagonisent l'action de l'insuline, et activent le catabolisme des protéines et en inhibent la synthèse. Ils agissent également sur les mécanismes de défense de l'organisme et influent directement et indirectement sur l'émotivité. Ils inhibent la réaction inflammatoire et la formation de tissu cicatriciel. Les patients atteints d'insuffisance surrénalienne peuvent être dépressifs ou anxieux, tandis que ceux qui souffrent d'un hyperfonctionnement ont tendance à être

## Plan de soins infirmiers 31-2
## Patients atteints de phéochromocytome

| Interventions infirmières | Justification | Résultats escomptés |
| --- | --- | --- |

### SOINS PRÉOPÉRATOIRES ET SOINS EN PHASE AIGUË

**Diagnostic infirmier:**    Anxiété et peur reliées aux symptômes résultant d'une quantité excessive de catécholamines circulantes

**Objectif:**    Réduction de la peur et de l'anxiété

| | | |
| --- | --- | --- |
| 1. Demeurer avec le patient durant l'épisode aigu ou la crise. Rester calme. | 1. Le patient a moins peur et est moins anxieux si l'infirmière reste auprès de lui. | • Le patient se dit moins anxieux et moins craintif. |
| 2. Rassurer le patient en lui expliquant que la crise est passagère et qu'il bénéficie de soins appropriés. | 2. La peur et l'anxiété peuvent stimuler davantage la médullosurrénale et élever la pression artérielle. | • Il se dit confiant que l'équipe de soins règle efficacement son problème. |
| 3. Réduire les stimuli externes. | 3. Un climat de calme est moins stimulant. | • Il se repose confortablement et calmement à l'unité des soins intensifs. |
| 4. Expliquer brièvement toutes les interventions en s'en tenant aux faits. | 4. Le patient craindra moins les interventions s'il comprend leur objectif et les résultats escomptés. | • Il explique la raison d'être des interventions. |
| | | • Sa pression artérielle et sa fréquence cardiaque n'augmentent pas, et ses autres symptômes ne s'aggravent pas. |

**Complication possible:**    Récurrence des crises due à une quantité excessive de catécholamines circulantes

**Objectif:**    Élimination des facteurs susceptibles de précipiter des crises

| | | |
| --- | --- | --- |
| 1. Donner au patient la liste des activités et des facteurs susceptibles de précipiter les crises: <br> a) Palpation de la tumeur <br> b) Anxiété <br> c) Exercice vigoureux <br> d) Traumatisme <br> e) Certaines positions (diffère selon les patients) | 1. Certaines activités peuvent stimuler la tumeur et activer la libération d'une quantité excessive de catécholamines. | • Le patient énumère les situations et les activités à éviter pour ne pas déclencher d'autres crises. <br> • Il explique pourquoi il doit éviter les situations et les activités qui augmentent les risques de crises. <br> • Il ne laisse pas les membres de l'équipe de soins palper inutilement sa tumeur. <br> • Il nomme les aliments qui augmentent les risques de crises. |
| 2. Avertir le patient de ne pas consommer certains aliments (bière, vin rouge, fromage mûr, yaourt) et certains médicaments (agents antitussifs [sirops contre la toux], inhibiteurs de la mono-amine-oxydase [IMAO], isoprotérénol, amphétamines). | 2. Certains aliments et certains médicaments peuvent précipiter une crise en agissant directement sur la tumeur, provoquant la libération de catécholamines. | • Il ne consomme aucun aliment qui pourrait augmenter les risques de crises. <br> • Il explique pourquoi il ne doit pas consommer d'aliments susceptibles de précipiter des crises. <br> • Il énumère les effets indésirables des corticostéroïdes et indique des façons de réduire ces effets indésirables et les complications. |
| 3. Observer le patient afin de connaître sa réaction aux situations qui engendrent du stress. | 3. La surrénalectomie unilatérale ou bilatérale rend le patient plus vulnérable au stress et moins apte à réagir aux facteurs d'agression. | |
| 4. Enseigner au patient comment s'administrer les corticostéroïdes et à quel moment le faire (voir page 906 les soins à prodiguer au patient qui suit un traitement stéroïdien de longue durée). | 4. Si on a procédé à une surrénalectomie bilatérale, le patient devra se soumettre à une corticothérapie substitutive toute sa vie. | |

euphoriques. Le cortisol et la corticostérone font partie des glucocorticoïdes. Les *hormones sexuelles* sécrétées par la corticosurrénale sont les androgènes et les œstrogènes.

Les troubles corticosurrénaliens sont dus à l'hyposécrétion ou à l'hypersécrétion d'hormones corticosurrénaliennes. L'insuffisance surrénalienne peut être provoquée par une maladie, une atrophie, une hémorragie ou l'ablation chirurgicale d'une ou des deux glandes surrénales.

## INSUFFISANCE CORTICOSURRÉNALIENNE CHRONIQUE (maladie d'Addison)

**Physiopathologie.** La maladie d'Addison est causée par une insuffisance d'hormones corticosurrénaliennes due à une surrénalectomie bilatérale, ou à une destruction de la corticosurrénale à la suite d'une atrophie idiopathique ou d'infections comme la tuberculose ou l'histoplasmose. L'hyposécrétion d'ACTH par l'hypophyse entraîne une insuffisance surrénalienne à cause de la baisse de stimulation de la corticosurrénale. Les symptômes de l'insuffisance corticosurrénalienne peuvent également être dus à l'interruption brusque d'une corticothérapie, qui supprime la réponse normale de l'organisme au stress et entrave les mécanismes normaux de rétroaction.

**Manifestations cliniques.** Le tableau clinique de la maladie d'Addison est caractéristique: faiblesse musculaire, anorexie, symptômes gastro-intestinaux, fatigue, émaciation, pigmentation foncée de la peau, hypotension, hypoglycémie, hyponatrémie et hyperkaliémie. Dans les cas graves, la perturbation du métabolisme du sodium et du potassium peut se traduire par une déplétion du sodium et de l'eau et par une déshydratation chronique grave.

À un stade plus avancé, une hypotension grave provoque ce que l'on appelle la crise d'insuffisance surrénalienne aiguë. Il s'agit d'une urgence. Elle se manifeste par de la cyanose, de la fièvre, et les signes classiques de l'état de choc: pâleur, appréhension, pouls rapide et faible, respiration rapide et hypotension. De plus, le patient peut se plaindre de maux de tête, de nausées, de douleurs abdominales et de diarrhée, et il peut montrer des signes de confusion mentale et d'agitation. Le moindre surmenage, l'exposition au froid, les infections aiguës ou une diminution de l'apport sodique peuvent entraîner un collapsus cardiovasculaire. Le stress de l'opération ou la déshydratation résultant de la préparation aux examens diagnostiques ou à l'intervention chirurgicale peuvent précipiter une crise d'hypotension ou d'insuffisance surrénalienne.

**Examens diagnostiques.** Au début, les symptômes de la maladie d'Addison sont souvent non caractéristiques. Le diagnostic doit donc être confirmé par les résultats des épreuves de laboratoire. Une hypoglycémie, une hyponatrémie, une hyperkaliémie et une leucocytose évoquent la maladie d'Addison. Par ailleurs, de faibles taux sanguins et urinaires d'hormones corticosurrénaliennes confirment le diagnostic. En présence d'insuffisance surrénalienne, on note une baisse de la concentration sérique du cortisol. Si la corticosurrénale est détruite, l'injection d'ACTH ne provoque pas d'augmentation de la concentration plasmatique de cortisol et de l'excrétion urinaire des 17-hydroxycorticostéroïdes. Si la glande surrénale est normale, mais incorrectement stimulée par l'hypophyse, on constate une réponse normale à l'administration répétée d'ACTH exogène, mais une réponse anormale à l'administration de métyrapone, qui stimule l'ACTH endogène.

**Traitement.** On doit prendre des mesures thérapeutiques immédiates pour combattre le choc: rétablir la circulation, administrer des solutés, prendre les signes vitaux et installer le patient en position de Trendelenbourg. Par voie intraveineuse, on administre de l'hydrocortisone (Solu-Cortef) suivie de sérum physiologique glucosé à 5 %. Si l'hypotension persiste, on peut devoir administrer de la vasopressine.

Le médecin peut prescrire des antibiotiques si l'infection a précipité la crise d'insuffisance surrénalienne chez un patient souffrant d'insuffisance surrénalienne chronique. Il faut examiner minutieusement le patient afin de déceler les autres facteurs ou maladies qui ont pu déclencher la crise.

Si la fonction surrénalienne n'est pas rétablie, le patient devra prendre toute sa vie des corticostéroïdes et des minéralocorticoïdes afin de prévenir la récurrence de l'insuffisance surrénalienne et d'éviter les crises en temps de stress et de maladie. De plus, le patient devra ajouter du sel à son régime alimentaire lorsque des vomissements et de la diarrhée augmenteront les pertes liquidiennes.

## ▶ DÉMARCHE DE SOINS INFIRMIERS PATIENTS ATTEINTS D'INSUFFISANCE SURRÉNALIENNE

### ▷ Collecte des données

Le profil du patient et l'examen physique sont axés sur la recherche de symptômes de déséquilibre hydrique et sur l'évaluation de son niveau de stress. Pour savoir si le volume liquidien est inadéquat, on mesure la pression artérielle et la fréquence du pouls pendant que le patient passe de la position couchée à la position debout. On évalue la coloration de la peau et le signe du pli cutané afin de déceler les changements reliés à une insuffisance surrénalienne chronique et à une baisse de volume liquidien. On note les antécédents de variations de poids, de faiblesse musculaire et de fatigue. On interroge le patient et la famille sur l'apparition de la maladie et sur le stress qui aurait pu précipiter la crise.

### ▷ Analyse et interprétation des données

Selon les données recueillies, voici les principaux diagnostics infirmiers possibles:

- Déficit de volume liquidien relié à un apport liquidien inadéquat et à une perte liquidienne due à une sécrétion insuffisante d'hormones surrénaliennes
- Intolérance à l'activité reliée à la production inadéquate d'hormones surrénaliennes
- Manque de connaissances sur l'hormonothérapie substitutive et les modifications à apporter au régime alimentaire

### ▷ Objectifs: Rétablissement de l'équilibre hydrique, amélioration de la tolérance à l'activité, réduction des facteurs de stress et amélioration des connaissances sur l'hormonothérapie substitutive et les modifications à apporter au régime alimentaire.

## ▷ *Interventions infirmières*

▷ *Bilan hydrique.* Il faut peser le patient tous les jours, car les variations de poids permettent de savoir si l'hormonothérapie substitutive et la rééquilibration hydrique sont adéquates. De plus, il faut évaluer l'élasticité de la peau et des muqueuses pour vérifier s'il y a déshydratation. On demande au patient de signaler toute intensification de la soif, car cela pourrait indiquer un déséquilibre hydrique imminent. La mesure fréquente de la pression artérielle en position couchée, assise et debout peut également fournir des renseignements utiles sur l'équilibre hydrique. Une baisse de la pression systolique (20 mm Hg ou plus) peut signaler une déplétion hydrique, en particulier si cette baisse s'accompagne d'autres symptômes.

On incite le patient à consommer des aliments et des liquides qui rétabliront et maintiendront son équilibre hydroélectrolytique. En collaboration avec la diététicienne, l'infirmière peut donner au patient des conseils sur la consommation d'aliments à forte teneur en sodium lorsqu'il souffrira de troubles gastro-intestinaux ou lors des périodes de grande chaleur.

En collaboration avec le médecin, l'infirmière enseigne au patient comment s'administrer l'hormonothérapie substitutive prescrite et comment modifier la posologie lors des périodes de maladie et de stress. Elle lui fournit des instructions verbales et écrites sur l'administration des minéralocorticoïdes (Florinef) et/ou des glucocorticoïdes (Prednisone) prescrits (voir page 906).

▷ *Amélioration de la tolérance à l'activité.* Jusqu'à ce que l'état du patient se stabilise, il doit éviter le plus possible les activités et les situations qui risquent d'entraîner un stress et ainsi précipiter un autre épisode d'hypotension. Même un stress mineur peut prendre une importance considérable chez un patient atteint d'insuffisance surrénalienne. Pendant la phase aiguë, il faut assurer au patient une ambiance calme, et ne le laisser effectuer aucune activité (bain, changement de position, etc.). Il est important de lui expliquer chacune des interventions afin de le rassurer et de réduire son anxiété. L'infirmière explique à la famille pourquoi il faut réduire le stress durant la phase aiguë de la crise, et propose des mesures visant à aider le patient à diminuer ou à éviter le stress.

▷ *Enseignement au patient.* Le patient devra suivre durant toute sa vie une hormonothérapie substitutive pour prévenir l'apparition d'une insuffisance surrénalienne et le déclenchement d'une crise aiguë accompagnée de collapsus vasculaire. Par conséquent, il faut expliquer clairement au patient et à sa famille, verbalement et par écrit, pourquoi le patient doit recevoir une hormonothérapie substitutive et la posologie correcte. En outre, le médecin et l'infirmière doivent leur montrer comment modifier la posologie et augmenter l'apport sodique durant les périodes de maladie ou de stress. Il arrive souvent qu'on leur remette une seringue et une ampoule contenant un stéroïde injectable, comme du Solu-Cortef pour utilisation en situation d'urgence. Dans ce cas, il faut leur enseigner à quel moment et comment s'en servir. On recommande au patient d'avertir les autres professionnels de la santé, comme son dentiste, qu'il reçoit des stéroïdes. On lui conseille également de porter un bracelet Medic Alert et d'avoir toujours sur lui des renseignements concernant son traitement hormonal.

Le patient et sa famille doivent connaître les signes d'une posologie excessive ou insuffisante. Un œdème peut indiquer une dose *trop forte*, tandis qu'une hypotension orthostatique (chute de la pression systolique, sensation ébrieuse et étourdissements au passage à la station debout) indique fréquemment une dose *trop faible*.

Le patient doit aussi être informé sur les modifications de son régime alimentaire qui aideront à maintenir son équilibre hydroélectrolytique. Il devra augmenter sa consommation d'aliments à forte teneur en sodium durant les périodes de maladie et de grande chaleur afin de compenser l'augmentation des pertes sodiques. On incite le patient à boire suffisamment de liquide pour conserver un équilibre hydrique normal. On lui conseille de se peser quotidiennement afin de déceler tout changement pondéral important, car cela pourrait indiquer une perte ou une rétention liquidienne due à un excès ou à une insuffisance d'hormones, ou une récurrence de l'insuffisance surrénalienne.

▷ *Soins à domicile.* La plupart des patients sont aptes à reprendre leurs responsabilités professionnelles et familiales peu après leur congé du centre hospitalier, mais d'autres en sont incapables parce qu'ils souffrent d'une maladie concomitante ou parce qu'ils ne se sont pas complètement rétablis. Il faut alors demander à une infirmière en santé communautaire de visiter le patient à son domicile pour évaluer son rétablissement, superviser l'hormonothérapie substitutive et apprécier les facteurs de stress. Elle pourra également évaluer les connaissances du patient et de sa famille sur le traitement médicamenteux et les modifications à apporter au régime alimentaire, et s'assurer que le patient se présente à ses visites d'observation.

## ▷ *Évaluation*

*Résultats escomptés*

1. Le patient retrouve un bon équilibre hydrique.
   a) La turgescence de la peau est normale et les muqueuses sont humides.
   b) Il dit que son poids est stable et qu'il ne ressent pas une soif intense.
   c) Il dit ne pas avoir de symptômes d'hypotension orthostatique (sensation ébrieuse, étourdissements, évanouissements au passage à la station debout).
   d) Il explique pourquoi il doit augmenter son apport en sel et en liquide dans les périodes de maladie, de stress important et de grande chaleur.
   e) Il énumère les aliments à forte teneur en sodium.
   f) Il consomme des aliments à forte teneur en sodium pendant les périodes de maladie, de grande chaleur et de stress.
   g) Il consulte un professionnel de la santé lorsqu'il est malade ou qu'il subit un stress trop important.
2. Le patient réagit mieux au stress et diminue son niveau de stress.
   a) Il se dit capable de supporter un stress quotidien normal sans que n'apparaissent des symptômes d'insuffisance surrénalienne.
   b) Il nomme les sources de stress excessif et sait comment les éviter.
3. Il acquiert des connaissances sur l'hormonothérapie substitutive et sur les modifications à apporter à son régime alimentaire.
   a) Il explique pourquoi il doit se soumettre à une hormonothérapie substitutive.

b) Il connaît les conséquences d'une hormonothérapie substitutive inadéquate.

c) Il fait une démonstration pratique de la technique d'injection hormonale à utiliser en situation d'urgence.

d) Il explique comment il peut modifier la posologie des hormones et son régime alimentaire pendant les périodes de maladie, de stress et de grande chaleur.

e) Il porte toujours un bracelet Medic Alert et garde toujours sur lui une carte portant les informations médicales pertinentes.

f) Il établit un horaire de prise de médicaments pour s'assurer de bien suivre son traitement.

g) Il prend ses médicaments selon l'ordonnance.

h) Il énumère les signes et symptômes d'une dose excessive et d'une dose insuffisante d'hormones.

i) Il ne montre aucun signe ni symptôme de dose excessive ou de dose insuffisante d'hormones.

## SYNDROME DE CUSHING

À l'opposé de la maladie d'Addison, le syndrome de Cushing se caractérise par un hyperfonctionnement de la corticosurrénale. Ce syndrome peut être dû à l'administration d'une quantité excessive de cortisone ou d'ACTH, ou à une hyperplasie de la corticosurrénale.

***Physiopathologie.*** La lésion à l'origine du syndrome de Cushing est souvent une tumeur hypophysaire entraînant une hypersécrétion d'ACTH qui stimule de façon excessive la sécrétion cortisocurrénalienne. Le syndrome de Cushing peut aussi être dû à une hyperplasie primaire de la glande surrénale sans tumeur hypophysaire, ce qui est plus rare. L'administration de cortisone ou d'ACTH peut également provoquer ce syndrome. Quelle qu'en soit la cause, le mécanisme normal de rétroaction qui régit le fonctionnement de la corticosurrénale devient inefficace, et les variations diurnes du cortisol sont altérées. Les signes et symptômes du syndrome de Cushing traduisent essentiellement une sécrétion excessive de glucocorticoïdes et d'androgènes (hormones sexuelles), bien que la sécrétion de minéralocorticoïdes puisse aussi être déréglée.

***Manifestations cliniques.*** L'hypersécrétion d'hormones corticosurrénaliennes entraîne un arrêt de croissance, de l'obésité et des modifications musculosquelettiques.

Un faciès lunaire, de même qu'une obésité du tronc avec empâtement graisseux supraclaviculaire et cervicodorsal (bosse de bison) contrastant avec des extrémités minces, constituent le tableau classique du syndrome de Cushing (figure 31-4). La peau, fine et fragile, se lèse facilement, et présente des ecchymoses et des vergetures. Le patient se plaint de faiblesse et de lassitude. L'altération de variations diurnes du cortisol entraîne des troubles du sommeil. L'augmentation du catabolisme des protéines cause une atrophie musculaire et de l'ostéoporose, qui peuvent se traduire par une cyphose, des maux de dos et des fractures. L'hyperactivité des minéralocorticoïdes cause une rétention sodique et hydrique qui contribue à l'hypertension et à l'insuffisance cardiaque fréquemment rencontrées dans le syndrome de Cushing.

Le patient a souvent la peau grasse et présente de l'acné. Il est plus vulnérable aux infections. Une hyperglycémie ou un diabète peuvent apparaître, ainsi qu'un gain pondéral, un retard de cicatrisation, des blessures mineures et des contusions.

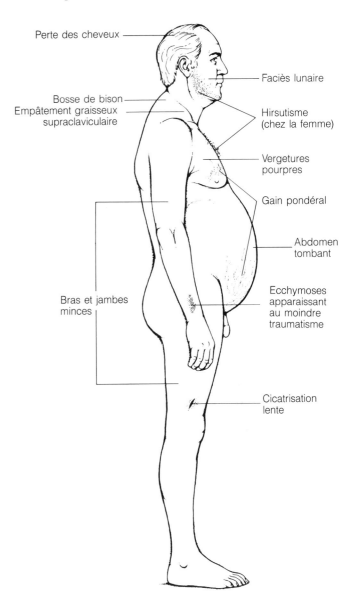

***Figure 31-4.*** Les signes suivants sont caractéristiques du syndrome de Cushing: obésité du tronc, membres minces, faciès lunaire, bosse de bison et empâtement supraclaviculaire. Des vergetures pourpres apparaissent aux points d'étirement sur l'abdomen, les hanches et les épaules. L'hirsutisme et la calvitie s'observent quand il y a hypersécrétion d'androgènes.

Chez les femmes de tous les âges, on observe des signes de virilisation (apparition de caractères sexuels secondaires masculins et régression des caractères sexuels féminins) dus à un excès d'androgènes. Les principaux signes de virilisation sont l'hirsutisme (exagération de la pilosité normale et distribution de type masculin), l'atrophie des seins, la disparition des règles, l'augmentation du volume du clitoris et la gravité de la voix. Il y baisse de la libido chez l'homme et chez la femme.

L'humeur et l'activité mentale changent et une psychose apparaît parfois. La détresse et la dépression sont fréquentes et intensifiées par les changements physiques importants qu'entraîne ce syndrome. Si une tumeur hypophysaire est à l'origine du syndrome de Cushing, on peut observer des troubles visuels causés par la pression qu'exerce la tumeur sur le chiasma optique.

(Labels on figure)
Perte des cheveux
Bosse de bison
Empâtement graisseux supraclaviculaire
Bras et jambes minces
Faciès lunaire
Hirsutisme (chez la femme)
Vergetures pourpres
Gain pondéral
Abdomen tombant
Ecchymoses apparaissant au moindre traumatisme
Cicatrisation lente

***Examens diagnostiques.*** Une augmentation du taux sérique de sodium et de la glycémie, une baisse du taux de potassium et du nombre des éosinophiles, de même que la disparition du tissu lymphoïde sont des indicateurs du syndrome de Cushing. Il faut mesurer les taux plasmatiques et urinaires de cortisol. On peut prélever des échantillons de sang à différentes heures de la journée afin de vérifier si les variations diurnes du taux de cortisol sont normales. Généralement, les patients atteints du syndrome de Cushing ont des taux élevés tout au cours de la journée. Il est important de prélever les échantillons de sang aux heures indiquées sur la formule de demande d'analyses.

La mesure du cortisol libre urinaire est l'examen le plus précis dans les cas de syndrome de Cushing. Le dosage radio-immunologique de l'ACTH permet de connaître la cause de la maladie. On peut aussi procéder au dosage des métabolites urinaires du cortisol et des androgènes, les 17-hydroxy-corticostéroïdes et les 17-cétostéroïdes, dans les urines de 24 heures. Les résultats de ces dosages sont élevés dans le syndrome de Cushing.

L'épreuve à la dexaméthasone peut aussi être utile. Selon cette épreuve, on administre de faibles doses de dexaméthasone, un puissant glucocorticoïde de synthèse, puis on obtient le taux plasmatique de cortisol et le taux urinaire de 17-hydroxycorticostéroïdes. Chez les patients dont la fonction surrénalienne est normale, la dexaméthasone entraîne une baisse des taux de cortisol et de 17-hydroxycorticostéroïdes. Il s'agit toutefois d'une épreuve complexe qui comprend l'administration de dexaméthasone toutes les 6 heures pendant 48 heures, ainsi que le prélèvement d'échantillons de sang et des urines de 24 heures. Elles exige donc généralement l'hospitalisation du patient.

On peut avoir recours à la tomodensitométrie (TDM) ou à l'imagerie par résonance magnétique (IRM) pour localiser le tissu surrénal et dépister les tumeurs surrénaliennes.

***Traitement.*** Si le syndrome de Cushing est dû à une tumeur hypophysaire, comme c'est généralement le cas, le traitement de prédilection est l'ablation de la tumeur par hypophysectomie transphénoïdale. Cette opération a un taux de réussite de 90 %. On a aussi utilisé avec succès l'implantation dans l'hypophyse d'aiguilles renfermant un isotope radioactif. La surrénalectomie est le traitement de choix dans les cas d'hypertrophie surrénalienne primaire (voir page 906).

Une insuffisance surrénalienne se manifeste généralement dans les 12 à 48 heures qui suivent l'opération. Elle est due à la baisse soudaine du taux des hormones surrénaliennes circulantes. Un traitement au cortisol doit donc être institué, et poursuivi jusqu'à ce que les surrénales soient en mesure de répondre aux besoins de l'organisme, ce qui peut prendre plusieurs mois. L'ablation chirurgicale des deux glandes surrénales (surrénalectomie bilatérale) exige une corticothérapie substitutive à vie.

Si le syndrome de Cushing est dû à l'administration de cortisol exogène, on tentera de réduire graduellement la posologie jusqu'à un niveau plus faible permettant quand même de soulager les symptômes de l'affection sous-jacente (maladie auto-immunitaire ou allergique, ou rejet d'un organe greffé, par exemple). Souvent, on peut soulager les symptômes du syndrome de Cushing et rétablir la réactivité à l'ACTH des surrénales en administrant les stéroïdes un jour sur deux.

# ▶ DÉMARCHE DE SOINS INFIRMIERS PATIENTS ATTEINTS DU SYNDROME DE CUSHING

## ▷ Collecte des données

L'interrogatoire et l'examen physique doivent porter essentiellement sur les effets sur l'organisme des taux élevés d'hormones corticosurrénaliennes. Il faut recueillir des données sur le niveau d'activité du patient et sa capacité d'effectuer ses activités usuelles et ses autosoins. Il faut examiner sa peau à la recherche de lésions, de contusions et de signes d'œdème et d'infection. On note les changements de l'apparence physique et les réactions du patient à ces changements. Tout au long de l'interrogatoire et de l'examen, l'infirmière évalue la fonction mentale du patient: humeur, réponses aux questions, conscience de l'environnement.

## ▷ Analyse et interprétation des données

Selon les données recueillies, voici les principaux diagnostics infirmiers pouvant s'appliquer aux patients atteints du syndrome de Cushing:

- Déficit d'autosoins relié à la faiblesse, à la fatigue, à l'atrophie musculaire et à une perturbation des habitudes de sommeil
- Atteinte à l'intégrité de la peau reliée à l'œdème, à un retard de cicatrisation, de même qu'à la minceur et à la fragilité de la peau
- Risque élevé d'accident et d'infection relié au dérèglement du métabolisme des protéines et à la réaction inflammatoire
- Perturbation de l'image corporelle reliée à une altération de l'apparence physique, à des troubles sexuels et à une baisse du niveau d'activité
- Altération des opérations de la pensée reliée aux sautes d'humeur, à l'irritabilité et à la dépression

## ▷ Planification et exécution

▷ ***Objectifs***: Capacité d'effectuer ses autosoins; maintien de l'intégrité de la peau; prévention des accidents et des infections; amélioration de l'image corporelle et de la fonction mentale

## ▷ Interventions infirmières

▷ ***Repos et activité.*** Le patient atteint du syndrome de Cushing peut difficilement vaquer à ses occupations normales à cause de la faiblesse, de la fatigue et de l'atrophie musculaire. Il faut quand même l'inciter à rester modérément actif afin de prévenir les complications reliées à l'immobilité et d'améliorer son estime de soi. Comme sa fatigue est souvent aggravée par l'insomnie, on doit prévoir des périodes de repos tout au long de la journée. Il faut de plus veiller à ce que l'ambiance soit propice au repos et au sommeil.

▷ ***Soins de la peau.*** Le patient atteint du syndrome de Cushing a un épiderme anormalement fragile. Il faut donc apporter une attention particulière aux soins de la peau pour prévenir les lésions. On doit éviter d'utiliser du diachylon car on pourrait irriter la peau et la déchirer en le retirant. Il faut examiner souvent les proéminences osseuses et inciter le patient à changer régulièrement de position pour prévenir les ruptures de l'épiderme.

▷ *Prévention des accidents et des infections.* Il importe de protéger le patient des chutes, et par conséquent des fractures et autres lésions osseuses et tissulaires. S'il est très affaibli, on doit l'aider à marcher pour lui éviter de tomber ou de se heurter contre les meubles. On évitera de l'exposer à des visiteurs, des membres du personnel ou d'autres patients atteints d'infection. Il faut observer fréquemment l'apparition de signes subtils d'infection, car les glucocorticoïdes ont des effets anti-inflammatoires qui peuvent masquer les signes habituels d'infection. On recommande un régime alimentaire à forte teneur en protéines, en calcium et en vitamine D afin de réduire l'atrophie musculaire et l'ostéoporose.

▷ *Amélioration de l'image corporelle.* Les principales altérations de l'apparence physique disparaissent quand on élimine la cause du syndrome de Cushing. Il serait quand même bon de discuter avec le patient des répercussions de ces changements sur son estime de soi et ses interactions sociales. On peut atténuer le gain pondéral et l'œdème par un régime alimentaire à faible teneur en glucides et en sodium. Un apport élevé en protéines peut soulager certains autres symptômes désagréables.

▷ *Amélioration de la fonction mentale.* Il est important d'expliquer au patient et à sa famille la cause de son instabilité émotionnelle et des manifestations de cette instabilité (sautes d'humeur, irritabilité et dépression) pour les aider à y faire face. Il est également important de leur expliquer que le syndrome de Cushing peut entraîner chez certains patients un comportement psychotique, ce dont il faut faire part au médecin le cas échéant. On doit aussi encourager le patient et sa famille à exprimer leurs sentiments.

Si une surrénalectomie est nécessaire, il faut préparer le patient à cette opération et aux soins postopératoires (voir ci-dessous). L'ulcère gastroduodénal et le diabète sucré sont des complications fréquentes du syndrome de Cushing. Il faut donc procéder régulièrement à la recherche de sang dans les selles et de glucose dans les urines.

## ▷ *Évaluation*

### *Résultats escomptés*

1. Le patient participe davantage aux activités d'autosoins.
   a) Il planifie ses exercices et ses activités de façon à intercaler des périodes de repos.
   b) Il participe à ses soins d'hygiène.
   c) Il dit ressentir un plus grand bien-être.
   d) Il dort bien la nuit et pendant ses siestes.
   e) Il ne présente aucune complication reliée à l'immobilité.
2. Le patient maintient l'intégrité de sa peau.
   a) Sa peau est intacte et ne présente pas de signes de rupture ou d'infection.
   b) L'œdème des membres et du tronc a diminué.
   c) Il évite les lésions cutanées.
   d) Il change fréquemment de position.
   e) Il procède quotidiennement à l'examen de ses proéminences osseuses.
3. Le patient réduit les risques de blessure et d'infection.
   a) Il ne présente aucune fracture ou lésion des tissus mous.
   b) Il ne présente pas d'ecchymoses.
   c) Il prend des mesures pour prévenir les lésions (il demande de l'aide quand il en a besoin, il dispose les tapis et les meubles de façon à prévenir les chutes, etc.).

d) Il évite de côtoyer des personnes qui présentent des symptômes de grippe ou de rhume.
   e) Sa température reste stable, il ne présente pas de rougeur, ni d'autres signes d'infection ou d'inflammation et ne ressent pas de douleur.
   f) Il explique pourquoi il doit consommer des aliments à forte teneur en protéines, en calcium et en vitamine D.
   g) Il consomme des aliments à forte teneur en protéines, en calcium et en vitamine D.
4. Le patient améliore son estime de soi.
   a) Il soigne son apparence.
   b) Il entretient des rapports sociaux réguliers.
   c) Il ne prend pas de poids.
   d) Il se conforme à son régime alimentaire (à forte teneur en protéines et à faible teneur en glucides et en sodium).
   e) Il verbalise ses sentiments face à l'altération de son apparence, de ses troubles sexuels et de la baisse de son niveau d'activité.
   f) Il explique que les changements physiques qu'il subit sont dus à une trop forte concentration de corticostéroïdes dans son organisme.
5. La fonction mentale du patient s'améliore.
   a) Il sait que ses sautes d'humeur sont dues à une trop forte concentration de corticostéroïdes dans son organisme.
   b) Il exprime ses sentiments à l'infirmière et à sa famille.
   c) Il participe aux activités familiales.
   d) Quand ses sentiments deviennent accablants, il en informe l'infirmière, le médecin ou un membre de sa famille.

## *HYPERALDOSTÉRONISME PRIMAIRE*

L'aldostérone a pour principale fonction de conserver le sodium. Sous son action, les reins excrètent moins de sodium et plus de potassium et d'hydrogène.

L'hypersécrétion d'aldostérone que l'on observe chez certains patients présentant une tumeur surrénalienne se caractérise par des changements biologiques et des manifestations cliniques qui ont une valeur diagnostique: hypokaliémie marquée avec alcalose (augmentation du pH et de la capacité du sang en gaz carbonique). Le taux sérique de sodium est normal ou élevé, étant fonction de la quantité d'eau réabsorbée avec le sodium. On observe habituellement une hypertension. Toutefois, seulement 3 % des cas d'hypertension sont directement attribuables à l'hyperaldostéronisme.

Chez les patients atteints d'hyperaldostéronisme, l'hypokaliémie entraîne une faiblesse musculaire plus ou moins importante. De plus, on observe une polyurie (augmentation du volume des urines) due à l'incapacité des reins à concentrer les urines. Par contre, le sérum devient anormalement concentré, ce qui peut entraîner une polydipsie (soif excessive) et de l'hypertension. L'hypertension est aussi due à une augmentation secondaire du volume sanguin et peut-être aux effets directs de l'aldostérone sur certains récepteurs nerveux comme le sinus carotidien. L'alcalose avec hypokaliémie peut entraîner une baisse du taux de calcium ionisé, ce qui prédispose le patient à la tétanie et à des paresthésies. On peut utiliser les signes de Trousseau et de Chvostek pour évaluer l'irritabilité neuromusculaire avant que la tétanie et les paresthésies ne se manifestent.

Les études diagnostiques révèlent un faible taux sérique de potassium et un taux normal ou élevé de sodium, un taux

**TABLEAU 31-3.    *Corticostéroïdes couramment utilisés***

| Dénomination commune | Nom déposé |
| --- | --- |
| *GLUCOCORTICOÏDES* | |
| Hydrocortisone | Cortef, Compound F |
| Cortisone | Cortacet, Cortamed, Cortone, |
| Dexaméthasone | Decadron, Hexadrol, Deronil, Dexasone, |
| | 16-alpha-méthyl-9-alpha-fluoro prednisone |
| Prednisone | Meticorten, Deltasone, Orasone |
| Prednisolone | Meticortelone, 1,2-dehydrocortisol |
| Méthylprednisolone | Medrol, Solu-Metrol |
| Triamcinolone | Aristocort, Kenalog, Azmacort, Aristopan |
| Béclométhasone | Beconase, Beclovent, Vanceril, Vancenase, Propaderm |
| Bétaméthasone | Celestone, Betameth, Betnesol |
| | |
| *MINÉRALOCORTICOÏDES* | |
| Fludrocortisone | Florinef, |
| Aldostérone | Aldocortin |

sérique élevé d'aldostérone et un faible taux sérique de rénine. On peut procéder à la mesure du taux d'excrétion de l'aldostérone après une perfusion intraveineuse d'une solution salée pendant 3 jours ou en ajoutant au régime alimentaire entre 10 et 12 g de chlorure de sodium pendant 5 à 7 jours.

Le traitement de l'hyperaldostéronisme primaire comporte généralement l'ablation chirurgicale de la tumeur par surrénalectomie.

## SURRÉNALECTOMIE

La surrénalectomie est le traitement de choix dans les formes primaires du syndrome de Cushing et de l'hyperaldostéronisme. On l'utilise également dans le traitement des tumeurs surrénaliennes et de certains cancers du sein et de la prostate.

***Tumeurs surrénaliennes.***    Tous les troubles endocriniens causés par une tumeur médullosurrénalienne ou corticosurrénalienne peuvent être éliminés de façon spectaculaire par l'ablation de la glande surrénale affectée. On pratique la surrénalectomie par une incision dans la région lombaire ou abdominale. Les soins postopératoires sont sensiblement les mêmes que pour les autres chirurgies abdominales. Après l'opération, le patient présente généralement des fluctuations des taux des hormones surrénaliennes et doit pour cette raison recevoir des corticostéroïdes. On doit en plus lui administrer des liquides et des médicaments destinés à stabiliser sa pression artérielle et à prévenir les complications. On doit aussi maintenir la glycémie dans les limites de la normale par l'administration d'insuline, et de solutions intraveineuses appropriées, de même que par des modifications au régime alimentaire.

Les soins infirmiers postopératoires sont, notamment, la prise fréquente des signes vitaux pour déceler rapidement les hémorragies et les crises d'insuffisance surrénalienne. On évite de soumettre le patient à un stress en lui expliquant les interventions et en appliquant des mesures destinées à favoriser son bien-être, en lui réservant des périodes de repos et en établissant un ordre de priorités.

***Tumeurs malignes du sein ou de la prostate.***
On sait que les hormones ovariennes ont une influence sur la croissance de certaines tumeurs malignes du sein et les hormones testiculaires sur certaines tumeurs malignes de la prostate. Pour cette raison, on supprime la stimulation endocrinienne. Néanmoins, il arrive qu'il reste en circulation des hormones sécrétées par les glandes surrénales et pour cette raison, on peut procéder à une surrénalectomie bilatérale. On pratique la surrénalectomie par voie abdominale ou par voie dorsale (au niveau de la 12e côte).

Après l'opération, le patient doit recevoir des doses appropriées d'hormones corticosurrénaliennes. On réduit progressivement la posologie à mesure que l'organisme s'adapte à la baisse de sécrétion de ces hormones.

## CORTICOTHÉRAPIE

On utilise beaucoup les corticostéroïdes pour traiter l'insuffisance surrénalienne, mais aussi les réactions inflammatoires et auto-immunitaires. On les emploie également pour prévenir les réactions allergiques et le rejet du greffon. On trouvera au tableau 31-3 une liste de corticostéroïdes couramment utilisés. À cause de leur action *anti-inflammatoire* et *antiallergique*, ils sont efficaces pour le traitement des maladies rhumatismales, comme la polyarthrite rhumatoïde, et des collagénoses, comme le lupus érythémateux disséminé. Administrés à fortes doses, ils semblent accroître le seuil de tolérance au stress. Leur action *antistress* pourrait être due au fait qu'ils aident les vasopresseurs circulants à garder élevée la pression artérielle ou qu'ils contribuent à maintenir le taux sanguin de glucose.

À part le fait que les glucocorticoïdes de synthèse soient plus sûrs pour certains patients à cause de leur activité minéralocorticoïde relativement faible, les corticostéroïdes de synthèse ont les mêmes effets secondaires que les corticostéroïdes naturels. Les doses nécessaires pour obtenir l'action anti-inflammatoire ou antiallergique désirée provoquent des effets métaboliques, en plus d'entraîner l'inhibition de l'activité des glandes surrénales et de l'hypophyse, ainsi qu'une altération du fonctionnement du système nerveux central. Ces effets peuvent être invalidants, voire dangereux.

Il faut donc utiliser les corticostéroïdes avec la plus grande prudence. On les administre à fortes doses quand c'est nécessaire, mais on réduit progressivement la posologie dès qu'on peut le faire pour éviter dans la mesure du possible les effets secondaires. Il faut suivre le patient de près pour dépister les réactions indésirables. L'inhibition de l'activité corticosurrénalienne peut persister jusqu'à un an après un traitement de deux semaines seulement.

## Effets thérapeutiques et complications de la corticothérapie

La posologie des corticostéroïdes est établie en fonction de la nature de la maladie à traiter et des autres problèmes médicaux du patient. Ces médicaments ne peuvent guérir des maladies chroniques comme la polyarthrite rhumatoïde et l'asthme bronchique, mais ils peuvent être utiles quand les autres mesures ne donnent pas les résultats escomptés. Avant de les utiliser toutefois, il faut soupeser les risques en regard des effets favorables. On peut les employer pour un certain temps, en prenant soin de les diminuer progressivement avant de les arrêter. Si les symptômes réapparaissent ou que le patient a peur qu'ils réapparaissent quand on diminue la posologie, il incombe à l'infirmière d'encourager, d'écouter et de soutenir celui-ci.

On traite les poussées aiguës de nombreux troubles par l'administration de fortes doses de corticostéroïdes. Parmi ces troubles, on note l'obstruction bronchique due à l'asthme ou le choc dû à une septicémie à bactéries Gram négatif. On peut associer les corticostéroïdes à d'autres médicaments, comme des antibiotiques, pour traiter le choc et d'autres complications graves.

Il arrive qu'on poursuive la corticothérapie au-delà de la phase aiguë d'une crise afin de prévenir des complications plus graves que les effets secondaires des corticostéroïdes. C'est ce que l'on fait souvent par exemple dans les cas de lupus érythémateux.

L'utilisation des corticostéroïdes pour le traitement des infections oculaires ne pose pas les mêmes problèmes, surtout s'il s'agit d'une infection de la partie externe de l'œil. Dans ce cas, on peut procéder à l'administration locale de collyres qui ne provoquent pas de réactions toxiques généralisées. Toutefois, un usage prolongé peut causer un glaucome (par augmentation de la pression intraoculaire) ou des cataractes.

Les corticostéroïdes à action locale, sous forme de crèmes, de pommades, de lotions et d'aérosols sont particulièrement efficaces pour le traitement des affections dermatologiques. Dans certains cas, il faut recouvrir la région traitée d'un pansement occlusif pour obtenir une meilleure pénétration du produit. On améliore aussi la pénétration et l'absorption des corticostéroïdes si on applique la préparation sur la peau humide (immédiatement après le bain, par exemple). L'absorption des préparations de corticostéroïdes à action locale n'est pas la même dans toutes les régions de la peau. Ainsi, la peau du cuir chevelu, du visage et des régions génitales absorbe mieux le médicament que la peau des avant-bras et est par conséquent plus vulnérable aux effets secondaires. On peut maintenant se procurer en vente libre des préparations de corticostéroïdes à usage local, ce qui peut présenter des dangers pour les personnes qui n'en connaissent pas les risques et les utilisent sans discernement. Un usage excessif de ces médicaments, surtout sur de larges surfaces de peau enflammée, peut réduire leurs effets thérapeutiques et augmenter leurs effets indésirables.

## Principaux effets indésirables de la corticothérapie

L'usage prolongé des corticostéroïdes augmente les risques d'effets indésirables. Ceux-ci peuvent se diviser comme suit:

***Effets métaboliques.*** De fortes doses de glucocorticoïdes et de minéralocorticoïdes peuvent entraîner des changements métaboliques. Par exemple, elles peuvent causer les manifestations du syndrome de Cushing (voir page 903), dont le faciès lunaire et l'obésité du tronc.

Les corticostéroïdes perturbent aussi le métabolisme des glucides, des protéines et des lipides, ce qui peut entraîner d'autres complications, dont des ulcères gastroduodénaux, le diabète et l'ostéoporose. Pour prévenir ces complications, il faut appliquer des mesures prophylactiques et un traitement de soutien. Ainsi, le patient ayant des antécédents d'ulcères gastroduodénaux doit continuer de prendre des antiacides et des antispasmodiques, parce que les corticostéroïdes peuvent masquer les symptômes d'ulcères. Pour leur part, les diabétiques doivent poursuivre la prise des hypoglycémiants oraux ou ajuster leurs doses d'insuline au besoin. Dans le cas des patients atteints d'ostéoporose, un régime à forte teneur en protéines peut être utile, de même que la prise de suppléments de calcium et de vitamine D. Il faut toutefois être à l'affût des signes d'hypercalciurie. De plus, on fera en sorte d'éviter les fractures en adoptant des mesures pour prévenir des accidents.

Les corticostéroïdes ont un effet immunosuppresseur et masquent les symptômes d'inflammation. Par conséquent, les infections peuvent passer inaperçues chez les patients sous corticothérapie. Les infections virales et fongiques sont des contre-indications à l'usage des corticostéroïdes parce qu'elles sont difficiles à traiter.

***Effets endocriniens.*** Une corticothérapie prolongée peut inhiber certaines fonctions de l'antéhypophyse. Par conséquent, on peut observer chez les enfants un retard de croissance due à l'inhibition de la sécrétion d'ACTH par l'hypophyse qui entraîne une atrophie surrénalienne. Les effets des corticostéroïdes sur l'hypophyse ne sont habituellement manifestes qu'en période de stress. On peut observer alors une insuffisance surrénalienne aiguë exigeant des doses massives de corticostéroïdes.

***Effets sur le système nerveux central.*** Les effets des corticostéroïdes sur le système nerveux central se manifestent notamment par de l'euphorie et des changements d'humeur. Ces réactions créent une dépendance à l'égard du médicament, de sorte que le patient peut s'opposer à son retrait. L'usage prolongé des corticostéroïdes entraîne une surexcitation, de l'agitation, de la dépression ou de l'insomnie. Le patient a donc énormément besoin du soutien et de la compréhension de l'infirmière. Si un patient a des antécédents de troubles émotionnels, psychologiques ou psychotiques, on doit en informer le médecin afin qu'il ne prescrive pas de corticostéroïdes.

On trouvera à l'encadré 31-1 un résumé des effets secondaires des corticostéroïdes et les interventions infirmières et médicales appropriées.

**TABLEAU 31-4.    *Effets indésirables des glucocorticoïdes***

| | |
|---|---|
| *OPHTALMIQUES* | *SQUELETTIQUES* |
| Cataractes | Ostéoporose |
| Glaucome | Fractures pathologiques |
| | Nécrose aseptique du fémur |
| *CARDIOVASCULAIRES* | Fractures par tassement des vertèbres |
| Hypertension | |
| Insuffisance cardiaque | *GASTRO-INTESTINAUX* |
| | Ulcères gastroduodénaux |
| *ENDOCRINIENS ET MÉTABOLIQUES* | Pancréatite |
| Obésité du tronc | |
| Faciès lunaire | *MUSCULAIRES* |
| Bosse de bison | Myopathie |
| Rétention de sodium | Faiblesse musculaire |
| Hypokaliémie | |
| Alcalose métabolique | *DERMATOLOGIQUES* |
| Hyperglycémie | Amincissement de la peau |
| Irrégularité menstruelle | Pétéchies |
| Impuissance | Ecchymoses |
| Bilan azoté négatif | Vergetures |
| Altération du métabolisme du calcium | Acné |
| Inhibition de l'activité surréna-lienne | *PSYCHOLOGIQUES* |
| | Troubles de l'humeur |
| *IMMUNITAIRES* | Psychoses |
| Altération de la réaction inflam-matoire | |
| Retard de cicatrisation | |
| Vulnérabilité accrue aux infections | |

## Schéma posologique

On commence souvent une corticothérapie par l'administration de doses aux six heures ou aux huit heures, puis on passe à une dose quotidienne totale. On a tenté de déterminer par de nombreuses études le meilleur moment de la journée pour l'administration de la dose totale. Pour se conformer à la sécrétion naturelle de cortisol, il faut l'administrer au début de la matinée, soit entre 7 h et 8 h, alors que la glande est à son maximum d'activité. On obtient ainsi une excellente inhibition de l'activité de la glande, en plus de permettre à l'organisme d'échapper aux effets du médicament entre 16 h et 4 h, alors que le taux sérique de cortisol est normalement bas. On réduit ainsi les effets cushingoïdes. Quand on a réussi à supprimer les symptômes de la maladie, une administration tous les deux jours suffit généralement. Toutefois, certains patients se plaignent de malaises la deuxième journée. L'infirmière devra leur expliquer que l'administration tous les deux jours est nécessaire pour réduire les effets secondaires et l'inhibition de la fonction surrénalienne.

**Réduction progressive de la posologie.**    On diminue progressivement la posologie pour permettre le retour à la normale de la fonction surrénalienne et prévenir l'insuffisance surrénalienne médicamenteuse. Le risque d'insuffisance surrénalienne due au stress peut persister un an ou plus chez les personnes qui ont été soumises à une corticothérapie, ce qui exige l'administration de corticostéroïdes par voie intra-veineuse avant et après une intervention chirurgicale.

# HYPOPHYSE

## HYPOPITUITARISME

L'hypopituitarisme est une insuffisance hypophysaire due à la destruction de l'antéhypophyse. On appelle *panhypopituitarisme* (maladie de Simmonds) l'absence de sécrétion de toutes les hormones hypophysaires. Il s'agit d'une affection rare. La nécrose hypophysaire du postpartum (syndrome de Sheehan) est une cause d'hypopituitarisme. Il s'agit d'un syndrome relativement rare qui apparaît chez des femmes qui ont eu un accouchement compliqué d'une grave hémorragie, d'hypovolémie et d'hypotension.

L'hypopituitarisme peut aussi avoir pour cause une irradiation de la tête et du cou. La destruction totale de l'hypophyse, due à un traumatisme, une tumeur ou une lésion vasculaire, élimine tous les stimuli reçus normalement par la thyroïde, les gonades et les glandes surrénales. Il en résulte une endocrinopathie caractérisée par une émaciation, une atrophie de toutes les glandes endocrines, une perte de cheveux, une impuissance sexuelle, une aménorrhée, un ralentissement du métabolisme et une hypoglycémie. Sans une hormonothérapie substitutive, le patient peut sombrer dans le coma et mourir.

## TUMEURS HYPOPHYSAIRES

Il existe trois types de tumeurs hypophysaires: (1) les adénomes acidophiles, (2) les adénomes basophiles et (3) les adénomes chromophobes (dont les cellules n'ont pas d'affinité pour les colorants acides ou basiques).

Les *adénomes acidophiles* entraînent le gigantisme quand ils apparaissent avant la puberté. Les personnes atteintes de gigantisme peuvent mesurer jusqu'à 2 m et ont un aspect massif, mais elles sont tellement faibles qu'elles peuvent à peine se tenir debout. Quand la tumeur apparaît à l'âge adulte, le gigantisme se caractérise par une croissance exagérée des pieds et des mains et une augmentation des dimensions du nez, du menton et des oreilles; il porte alors le nom d'*acromégalie*. La croissance exagérée ne se limite pas au squelette mais atteint tous les tissus. Certains des patients atteints de tumeur hypophysaire souffrent de graves céphalées et de troubles visuels dus à la pression qu'exerce la tumeur sur le nerf optique. L'évaluation de la vision centrale et du champ visuel peut révéler une perte du sens chromatique, une diplopie (double vision) ou une hémianopsie. On associe aussi aux tumeurs de ce type, certains symptômes d'hyperthyroïdie comme une décalcification osseuse, une faiblesse musculaire et des perturbations endocriniennes.

Les *adénomes basophiles* provoquent un syndrome de Cushing (voir page 903) dont les caractéristiques sont en grande partie imputables à une hyperactivité surrénalienne. Ces caractéristiques sont notamment la virilisation et l'aménorrhée chez la femme, l'obésité du tronc, l'hypertension, l'ostéoporose et la polyglobulie.

## Encadré 31-1
# Effets indésirables des corticostéroïdes et soins à prodiguer

| Effets indésirables | Interventions infirmières | Intervention médicale possible |
|---|---|---|
| Effets cardiovasculaires<br>Hypertension<br>Thrombo-embolies<br>Artérites | Avertir le médecin.<br>Recueillir d'autres données. | Réduire les doses de corticostéroïdes. |
| Infection et masquage des signes d'inflammation | Rechercher les signes atypiques d'infection.<br>Avertir le médecin.<br>Restreindre les visites et l'exposition aux infections dans la mesure du possible.<br>Promouvoir une bonne hygiène. | Prescrire des antibiotiques. |
| Effets ophtalmologiques<br>Glaucome<br>Lésions cornéennes | Avertir le médecin. | Diriger le patient vers un ophtalmologiste. |
| Insuffisance surrénalienne se manifestant par un collapsus des vaisseaux périphériques (hypotension orthostatique) | Avertir le médecin.<br>Rester au chevet du patient.<br>Réduire les sources de stress.<br>Collaborer à l'administration des liquides et des corticostéroïdes. | Prescrire de l'hydrocortisone et une perfusion intraveineuse de sérum physiologique normal. Prescrire des corticostéroïdes par voie orale quand l'état du patient est stable. |
| Effets musculosquelettiques | Inciter le patient à consommer des aliments à forte teneur en calcium et en vitamine D.<br>Déplacer le patient avec prudence.<br>Éviter les chutes et les blessures. | Prescrire des œstrogènes et des androgènes de synthèse.<br>Prescrire des suppléments de calcium et de vitamine D. |
| Faciès lunaire (syndrome de Cushing) | Conseiller au patient de réduire son apport énergétique. | Prescrire une préparation différente de corticostéroïdes. |
| Gain pondéral et œdème | Conseiller au patient de réduire son apport en sodium. | Prescrire des diurétiques. |
| Pertes de potassium | Faire part au médecin des symptômes.<br>Conseiller au patient de consommer des aliments riche en potassium. | Prescrire des suppléments de potassium. |
| Acné | Conseiller au patient de se laver le visage fréquemment. | Prescrire une préparation à action locale. |
| Augmentation de la fréquence des mictions et nycturie | Faire procéder à une recherche de bactéries et de glucose dans les urines. | Demander des épreuves de dépistage du diabète, de même qu'une analyse d'urines et une culture d'urines avec antibiogramme. |

### Conseils aux patients sous corticothérapie prolongée

1. Les corticostéroïdes sont d'excellents médicaments, mais ils peuvent entraîner des effets indésirables s'ils sont pris pendant plus de deux semaines.
2. Les effets indésirables à signaler au médecin sont les étourdissements au passage à la position debout (hypotension orthostatique révélatrice d'insuffisance surrénalienne), les nausées, les vomissements, une soif excessive, les douleurs abdominales, les douleurs en général, la dépression, la nervosité et les signes d'infection.
3. Les autres effets indésirables sont un gain pondéral (qui peut être dû à une rétention d'eau ou à une augmentation de l'apport énergétique), l'acné, les céphalées, la fatigue et l'augmentation de la fréquence des mictions.
4. Un traumatisme (chute, accident de voiture) ou un stress important peuvent déclencher une insuffisance surrénalienne. Le patient doit donc porter un bracelet Medic Alert. Il faut aussi apprendre au patient ou à un membre de sa famille comment faire une injection d'hydrocortisone en cas d'urgence.
5. Le patient doit se garder des réserves suffisantes de corticostéroïdes pour éviter d'en manquer.

Les *adénomes chromophobes*, qui représentent 90 % des tumeurs hypophysaires, ne produisent pas d'hormones, mais détruisent l'hypophyse, provoquant un hypopituitarisme. Les patients atteints d'une tumeur chromophobe sont souvent obèses et somnolents ; ils ont les cheveux fins et clairsemés, leur peau est sèche et flasque, leur teint est terreux et leurs os petits. Ils présentent aussi des céphalées, une perte de libido et des troubles visuels évoluant vers la cécité, de la polyurie, de la polyphagie, un ralentissement du métabolisme et une température corporelle sous la normale.

**Traitement de l'acromégalie et des tumeurs hypophysaires**.  L'ablation de l'hypophyse par voie transsphénoïdale (voir ci-dessous) est le traitement de choix dans les cas de tumeur hypophysaire. Quand l'opération est impossible, on peut avoir recours à l'irradiation et à des médicaments comme la bromocriptine, un agent dopaminomimétique et les analogues de la somatostatine. Ces deux agents inhibent la production ou la libération de l'hormone de croissance. Ils peuvent atténuer les symptômes d'acromégalie de façon remarquable.

## HYPOPHYSECTOMIE

On peut pratiquer une hypophysectomie (ablation de l'hypophyse) pour plusieurs raisons, dont le traitement des tumeurs hypophysaires. Dans les cas de rétinopathie diabétique, on la pratique pour arrêter les progrès de la rétinopathie et prévenir la cécité. On peut aussi y avoir recours comme mesure palliative dans les cancers hormonodépendants du sein et de la prostate avec métastases osseuses. Les hormones hypophysaires stimulent le fonctionnement des ovaires et des glandes surrénales. L'hypophysectomie a donc pour effet d'inhiber l'action de ces glandes sur la croissance des tumeurs.

Il existe plusieurs voies d'abord pour l'ablation de l'hypophyse : sous-crânienne, transfrontale ou oronasale-transsphénoïdale. On peut aussi détruire l'hypophyse par irradiation ou cryochirurgie. (Voir le chapitre 58 pour l'ablation de l'hypophyse par voie transsphénoïdale et les soins infirmiers au patient subissant une crâniotomie.)

L'ablation totale ou presque totale de l'hypophyse provoque l'arrêt des menstruations et la stérilité. Elle exige une hormonothérapie substitutive constituée de corticostéroïdes (hydrocortisone) et parfois d'hormones thyroïdiennes.

## DIABÈTE INSIPIDE

Le diabète insipide est un trouble posthypophysaire dû à une insuffisance de la sécrétion de vasopressine, l'hormone antidiurétique hypophysaire (ADH). Il se caractérise par une soif excessive (polydipsie) et par l'excrétion d'importantes quantités d'urines diluées. Il peut être secondaire à un traumatisme crânien ou à une tumeur cérébrale, de même qu'à l'ablation ou à l'irradiation de l'hypophyse. La vasopressine agit sur le néphron distal pour concentrer l'urine. Une insuffisance de la sécrétion de cette hormone entraîne donc l'élimination de grands volumes d'urines très diluées, sans glycosurie ou albuminurie, dont la densité se situe entre 1,001 et 1,005. Une soif intense amène le patient à boire entre 4 et 40 L de liquide par jour, surtout de l'eau froide.

Il existe une forme héréditaire du diabète insipide dont les symptômes peuvent apparaître dès la naissance. Chez l'adulte, la polyurie peut débuter de façon insidieuse, mais aussi de façon brutale. La maladie est parfois secondaire à un traumatisme.

On ne peut maîtriser le diabète insipide en limitant l'apport liquidien, ce qui ne fait que déclencher une soif insatiable et entraîne une hypernatrémie et une déshydratation grave.

**Examens diagnostiques.**  Pour diagnostiquer le diabète insipide, on procède à une épreuve de restriction hydrique, selon laquelle on supprime l'apport liquidien pendant 8 à 12 heures ou jusqu'à ce que le patient ait perdu 3 % de son poids corporel. On mesure l'osmolalité plasmatique et l'osmolalité et la densité urinaires au début et à la fin de l'épreuve. Chez les patients atteints de diabète insipide, la densité et l'osmolalité urinaires n'augmentent pas et on observe une perte pondérale. Par contre, l'osmolalité plasmatique est augmentée, de même que le taux sérique de sodium. Il faut surveiller continuellement le patient pendant cette épreuve et y mettre fin quand apparaissent des problèmes comme une tachycardie, une perte pondérale excessive ou de l'hypotension.

**Traitement.**  Le traitement vise : (1) à remplacer les pertes liquidiennes, (2) à remplacer la vasopressine (ce qui exige généralement la prise prolongée de médicaments) et (3) à déceler et à corriger le trouble intracrânien sous-jacent.

Le médicament de choix est aujourd'hui la desmopressine (DDAVP), un analogue synthétique de la vasopressine, qui ne produit pas les effets vasculaires de la vasopressine naturelle. Ce médicament a une durée d'action plus longue et moins d'effets secondaires que les médicaments utilisés antérieurement. Il s'administre par voie intranasale, au moyen d'une sonde de plastique flexible calibrée, deux fois par jour.

On peut aussi avoir recours à l'administration intramusculaire de tannate huileux de vasopressine. On l'administre tous les 24 à 96 heures selon la durée d'action. Avant l'administration, il faut laisser réchauffer le médicament et bien l'agiter. L'administration se fait généralement le soir pour obtenir un action maximale pendant le sommeil. Les crampes abdominales sont le principal effet secondaire de ce médicament. Pour prévenir la lypodystrophie, il faut faire une rotation des points d'injection.

Un autre médicament utilisé pour le traitement du diabète insipide est la lypressine (Diapid), qui s'administre par voie intranasale, car il pénètre dans le sang circulant par la muqueuse nasale. Toutefois, sa durée d'action est trop courte pour les patients gravement atteints. Il peut provoquer une rhinopharyngite chronique.

Le clofibrate, un agent hypolipidémiant, a des effets antidiurétiques chez les patients qui ont de la vasopressine résiduelle. Dans les formes bénignes de la maladie, on emploie aussi le chlorpropamide (Diabenese) et des diurétiques thiazidiques parce qu'ils potentialisent l'action de la vasopressine. On doit prévenir le patient des effets hypoglycémiants de la chlorpropamide.

## SYNDROME D'ANTIDIURÈSE INADÉQUATE

Ce syndrome est dû à une sécrétion prolongée d'ADH, inadéquate en regard de l'osmolalité plasmatique. Les patients atteints de ce trouble ne peuvent excréter l'urine diluée ;

ils présentent une rétention d'eau et une hyponatrémie de dilution. Sa cause n'est pas nécessairement hormonale. On l'observe chez des patients atteints d'un cancer des bronches, avec synthèse et libération d'ADH par les cellules malignes, de même que dans des cas de pneumonie grave, de pneumothorax et autres maladies pulmonaires, et de tumeurs malignes touchant d'autres organes.

Certaines atteintes du système nerveux central (traumatisme crânien, chirurgie, tumeur cérébrale et méningite) peuvent provoquer le syndrome d'antidiurèse inadéquate, par une stimulation de l'hypophyse. On a aussi associé à ce syndrome des médicaments comme la vincristine, les phénothiazines et les antidépresseurs tricycliques, qui stimulent directement l'hypophyse ou augmentent la sensibilité des tubules rénaux à l'ADH.

On traite généralement ce syndrome en éliminant sa cause sous-jacente et en réduisant l'apport liquidien pour corriger la rétention de liquide et l'hyponatrémie de dilution. On peut utiliser des diurétiques quand l'hyponatrémie est grave.

Quand un patient est prédisposé au syndrome d'antidiurèse inadéquate, il faut tenir le bilan des ingesta et des excreta, le peser tous les jours et obtenir des analyses de sang et d'urines, en plus d'évaluer régulièrement son état neurologique. Pour aider le patient à faire face à ce problème, l'infirmière doit appliquer des mesures de soutien et lui expliquer les interventions et les traitements.

Résumé: Les glandes endocrines sécrètent des substances circulantes appelées hormones. Les hormones agissent de concert avec le système nerveux central pour assurer la régulation des fonctions organiques. Un mécanisme de rétroaction maintient normalement leur concentration à un niveau assez constant. Selon ce mécanisme, une baisse de la concentration d'une hormone active sa sécrétion jusqu'à ce que sa concentration revienne à la normale. À l'opposé, une augmentation de la concentration d'une hormone inhibe sa sécrétion. Les dérèglements des glandes endocrines entraînent soit une sécrétion excessive (hypersécrétion) d'hormones, soit une sécrétion insuffisante (hyposécrétion). Comme l'action des hormones est vaste, les troubles hormonaux touchent tout l'organisme. On traite habituellement l'hyposécrétion hormonale par une hormonothérapie substitutive et l'hypersécrétion par l'ablation partielle ou totale de la glande en cause.

# PANCRÉAS

Le pancréas a des fonctions endocrines et exocrines interdépendantes. Sa principale fonction exocrine est de faciliter la digestion en sécrétant des enzymes dans le duodénum proximal. La sécrétine et la cholécystokinine-pancréozymine sont des hormones de la muqueuse duodénale qui stimulent les sécrétions pancréatiques. Des facteurs neurologiques influent également sur les sécrétions pancréatiques. On observe une diminution de la sécrétion des enzymes pancréatiques et une perturbation de la digestion des protéines et des lipides dans les dysfonctions pancréatiques graves seulement. Les sécrétions pancréatiques représentent normalement entre 1000 et 4000 mL par jour, selon la quantité et la nature des aliments consommés.

**Gérontologie.** La taille du pancréas change très peu avec l'âge. Toutefois, chez les personnes de 70 ans et plus, on retrouve normalement plus de tissu fibreux et de dépôts graisseux, de même que de légers changements artérioscléreux. Selon certains études, le rythme de la sécrétion des enzymes pancréatiques (lipase, amylase et trypsine) et le débit de bicarbonate diminueraient avec l'âge. De plus, le vieillissement peut entraîner une perturbation de l'absorption des lipides due à la lenteur de la vidange gastrique et à une insuffisance pancréatique. On peut aussi observer une diminution de l'absorption du calcium. Il faut donc tenir compte de ces modifications dans l'interprétation des résultats des épreuves diagnostiques chez les personnes âgées. Il faut de plus leur prodiguer des conseils appropriés concernant leur alimentation.

# PANCRÉATITE

La pancréatite est une inflammation du pancréas qui peut prendre plusieurs formes. Dans la *pancréatite aiguë*, qui est le plus souvent secondaire à une lithiase vésiculaire, le pancréas retrouve après la guérison sa structure et son fonctionnement normal. Dans la *pancréatite chronique* par contre, les altérations sont permanentes et la cause la plus fréquente est la consommation prolongé d'alcool. Toutefois, les patients atteints d'une pancréatite chronique ancienne non diagnostiquée peuvent présenter des crises aiguës de pancréatite, ce qui complique le tableau clinique.

Il existe différents systèmes de classification des pancréatites. Selon un de ces systèmes, on distingue les pancréatites aiguës selon les caractéristiques histologiques. Ainsi, on parle de pancréatite oedémateuse (interstitielle) et de pancréatite hémorragique (nécrosante). Selon le classement adopté par l'International Symposium on Classification of Pancreatitis, tenu en 1984, on ne distingue que la pancréatite aiguë et la pancréatite chronique et on place la pancréatite obstructive dans la catégorie des pancréatites chroniques.

Il existe plusieurs théories sur les causes de la pancréatite et les mécanismes qui la provoquent. En général, on croit qu'il s'agirait d'une autodigestion du pancréas due à une hypersécrétion d'enzymes pancréatiques à la suite d'une obstruction du canal pancréatique. Ces enzymes pénétreraient dans le canal cholédoque où elles seraient activées, puis refouleraient avec la bile vers le canal pancréatique pour provoquer la pancréatite.

## Pancréatite aiguë

**Physiopathologie et étiologie.** Comme on l'a mentionné plus haut, la pancréatite aiguë serait causée par la digestion du pancréas par les enzymes qu'il produit, particulièrement la trypsine. On estime que 80 % des patients qui présentent une pancréatite aiguë souffrent d'un trouble des voies biliaires. Heureusement, seulement 5 % des patients qui présentent une lithiase biliaire développent une pancréatite. Les calculs biliaires pénètrent dans le canal cholédoque et se logent dans l'ampoule de Vater, obstruant l'écoulement du suc pancréatique et entraînant un reflux de la bile depuis le canal cholédoque jusque dans le canal pancréatique, ce qui provoque l'activation des puissantes enzymes pancréatiques. Normalement, ces enzymes restent inactives jusqu'à ce que le suc pancréatique atteigne la lumière du duodénum. Le spasme et l'oedème de l'ampoule de Vater, causés par l'inflammation du duodénum, seraient à l'origine de la pancréatite.

Les crises de pancréatite aiguë sont souvent associées à l'alcoolisme chronique. Dans ce cas, le patient est généralement atteint depuis un certain temps d'une pancréatite chronique non diagnostiquée. Parmi les causes moins fréquentes, on retrouve les infections virales et bactériennes. Par exemple, la pancréatite peut être une complication des oreillons. Certaines affections (traumatisme abdominal fermé, ulcère gastroduodénal, maladie des vaisseaux périphériques, hyperlipidémie, hypercalcémie) et certains médicaments (corticostéroïdes, diurétiques et contraceptifs oraux) sont associés à une incidence accrue de pancréatite. On a observé des pancréatites aiguës à la suite d'une intervention chirurgicale au pancréas ou dans la région voisine, ou encore d'une exploration diagnostique du canal pancréatique. Il existe aussi une forme héréditaire de pancréatite, qui est toutefois rare.

On attribue le taux élevé de mortalité de la pancréatite aiguë (10 %) à certaines complications (choc, anoxie, hypotension et déséquilibres hydroélectrolytiques). La pancréatite aiguë peut ne pas laisser de séquelles, réapparaître sans laisser de séquelles ou évoluer vers une pancréatite chronique. Le patient hospitalisé pour pancréatite aiguë est dans un état grave et a besoin de soins médicaux et infirmiers compétents.

**Classification.**    La pancréatite est parfois relativement bénigne et spontanément résolutive. À l'autre extrême, elle ne répond à aucun traitement et provoque rapidement la mort. La forme la plus bénigne de la pancréatite, que l'on appelle *oedémateuse* se caractérise par un oedème et une inflammation limités au pancréas. Elle rend tout de même le patient gravement malade et présente des risques de choc, de déséquilibres hydroélectrolytiques et de septicémie.

La pancréatite hémorragique est une forme plus grave de pancréatite, la digestion de la glande étant plus étendue et plus complète. Elle entraîne une nécrose tissulaire et des lésions vasculaires avec fuites de sang dans la substance pancréatique et le tissu rétropéritonéal. Elle peut se compliquer tardivement d'un kyste ou d'un abcès et a des conséquences fatales dans 30 % des cas.

**Manifestations cliniques.**    Le principal symptôme de la pancréatite est une douleur abdominale intense qui irradie souvent vers le dos. Cette douleur est due à une stimulation des terminaisons nerveuses causée par le pancréas enflammé, l'augmentation de la pression sur la capsule du pancréas et l'obstruction du canal pancréatique. La douleur abdominale caractéristique se situe dans la région épigastrique. Elle apparaît généralement 24 à 48 heures après un repas très copieux ou une forte consommation d'alcool. Elle est parfois diffuse et difficile à localiser. Elle n'est pas soulagée par les antiacides et est plus intense après les repas. Elle peut s'accompagner d'une distension abdominale, d'une masse abdominale mal définie et d'une diminution du péristaltisme.

Le patient est dans un état grave. On observe parfois un «ventre de bois», une contracture de la musculature abdominale. Il s'agit d'un signe d'irritation péritonéale qui assombrit le pronostic. En l'absence de péritonite, le ventre reste mou. La présence d'ecchymoses dans la région lombaire ou ombilicale peut indiquer une pancréatite hémorragique grave.

Les nausées et les vomissements sont fréquents. Les vomissements sont généralement d'origine gastrique, mais peuvent être teintés de bile. On peut aussi noter de la fièvre, un ictère, de la confusion et de l'agitation.

L'hypotension est un signe caractéristique de la pancréatite. Elle traduit une hypovolémie et un choc dus à la perte de grandes quantités de liquide riche en protéines dans les tissus et la cavité péritonéale. On peut observer de la tachycardie; la peau est parfois cyanosée, froide et moite. L'insuffisance rénale est fréquente.

Les autres complications de la pancréatite sont une détresse respiratoire se manifestant par de la dyspnée et de la tachypnée, de l'hypoxie et une congestion pulmonaire, de même que des anomalies des gaz artériels. On peut aussi retrouver une insuffisance cardiaque, une hypoglycémie, une hyperglycémie et une coagulation intravasculaire disséminée.

**Examens diagnostiques.**    Le dosage du taux sérique d'amylase est l'épreuve la plus utile pour le diagnostic de la pancréatite aiguë. Le taux d'amylase est augmenté dans les 24 heures qui suivent la crise et revient à la normale après 48 à 72 heures. Le taux urinaire d'amylase augmente aussi et reste élevé plus longtemps que le taux sérique. On observe généralement une leucocytose. L'hypocalcémie semble associée à une atteinte grave. Certains patients présentent une hyperglycémie transitoire avec glycosurie, de même qu'une augmentation du taux sérique de bilirubine.

Les radiographies abdominales et thoraciques permettent de différencier la pancréatite des autres affections qui se manifestent par des symptômes similaires et de dépister la présence d'un épanchement pleural. On utilise l'échographie et la tomodensitométrie pour déterminer s'il y a hypertrophie du pancréas et dépister les kystes et les pseudokystes.

Chez le patient atteint de pancréatite, les selles sont généralement volumineuses et pâles et ont une odeur nauséabonde. Elles contiennent entre 50 et 90 % de graisses (la normale est de 20 %).

**Traitement.**    Le traitement de la pancréatite aiguë vise à supprimer les symptômes et à prévenir les complications. On cesse l'alimentation orale pour inhiber la stimulation du pancréas et la sécrétion des enzymes pancréatiques. L'utilisation de l'alimentation parentérale totale (APT) dans le traitement de la pancréatite ne fait pas l'unanimité parce qu'elle peut stimuler la sécrétion pancréatique, mais on y a généralement recours surtout si le patient est asthénique. L'aspiration des sécrétions gastriques peut soulager les nausées et les vomissements, réduire la distension abdominale et corriger l'iléus paralytique. Elle sert aussi à diminuer l'acide chlorhydrique pour éviter qu'il ne pénètre dans le duodénum et ne stimule le pancréas. On utilise également la cimétidine (Tagamet) pour réduire la sécrétion d'acide chlorhydrique.

L'administration d'analgésiques est essentielle au cours de la phase aiguë pour soulager la douleur et réduire l'agitation qui pourrait stimuler davantage le pancréas.

Pour maintenir le volume liquidien et prévenir l'insuffisance rénale, on doit remplacer les pertes de sang et de liquide et corriger l'hypoalbuminémie. Le patient est généralement dans un état critique et gardé en observation dans une unité de soins intensifs. L'administration d'antibiotiques est nécessaire s'il y a infection. Dans les cas d'hyperglycémie grave, on doit avoir recours à l'insuline. On a utilisé avec succès le lavage péritonéal dans des cas de pancréatite grave, ou avec ascite.

Des soins respiratoires sont nécessaires à cause des risques de compression des poumons par le diaphragme, de congestion pulmonaire et d'atélectasie. On a pu observer une hypoxémie chez une importante proportion des patients atteints de pancréatite aiguë, même si les radiographies ne révèlent pas d'anomalies. Les soins respiratoires comprennent la vérification fréquente des gaz artériels, l'utilisation d'oxygène humidifié et l'intubation avec assistance ventilatoire.

On a utilisé récemment avec un certain succès la mise en place de drains biliaires et de tubes en T dans le canal pancréatique, afin de rétablir l'évacuation des sécrétions pancréatiques et éviter la chirurgie. On a obtenu un soulagement de la douleur et un gain de poids.

Après la phase aiguë, on peut administrer au patient des antiacides. On doit reprendre très graduellement l'ingestion orale d'aliments qui doivent être faibles en lipides et en protéines. Le patient doit également éliminer la caféine et l'alcool. Si la pancréatite est associée aux diurétiques thiazidiques, aux glucocorticoïdes ou aux contraceptifs oraux, il faut interrompre la prise de ces médicaments. Pour vérifier si la pancréatite se résorbe et s'il y a présence d'abcès ou de pseudokystes, on peut avoir recours à l'échographie, à des études radiographiques et à la cholangiopancréatographie rétrograde endoscopique (CPRE). On peut aussi utiliser la CPRE pour trouver la cause de la pancréatite, pour pratiquer une sphinctérotomie ou extraire les calculs biliaires.

Des études sont présentement en cours pour trouver des médicaments capables de prévenir la perméabilité capillaire et l'oedème observés dans la pancréatite aiguë.

***Gérontologie.*** La pancréatite aiguë peut toucher des personnes de tous les âges. Toutefois son taux de mortalité augmente avec l'âge, de même que la gravité de ses complications. En effet, les complications d'ordre général sont plus fréquentes chez les personnes âgées, peut-être en raison de l'altération des fonctions organiques. Il convient donc de surveiller étroitement chez elles le fonctionnement des principaux organes, comme les poumons et les reins. Un traitement plus énergique est également nécessaire pour réduire les risques de décès.

## ▶ *DÉMARCHE DE SOINS INFIRMIERS*
## *PATIENTS ATTEINTS DE*
## *PANCRÉATITE AIGUË*

### ▷ *Collecte des données*

On doit d'abord recueillir des données sur la douleur abdominale : siège, relation avec la consommation d'aliments et d'alcool, effets des mesures de soulagement utilisées par le patient. Il faut évaluer l'état nutritionnel et l'hydratation du patient et noter ses antécédents de lithiase biliaire et de consommation d'alcool. Il faut aussi noter ses antécédents de troubles gastro-intestinaux : nausées, vomissements, diarrhée, évacuation de selles contenant une forte proportion de graisses. On examine l'abdomen à la recherche de régions douloureuses et sensibles et du «ventre de bois» et on écoute les bruits intestinaux. On note aussi la fréquence et le mode respiratoires, les bruits respiratoires normaux ou adventices, de même que les observations anormales à la percussion du thorax, comme une matité à la base des poumons et des vibrations (voir le chapitre 2).

### ▷ *Analyse et interprétation des données*

Selon les données recueillies, voici les principaux diagnostics infirmiers pouvant s'appliquer au patient atteint de pancréatite aiguë :

- Douleur grave reliée à l'inflammation, à l'oedème, à l'hypertrophie du pancréas et à l'irritation du péritoine
- Déficit nutritionnel et liquidien relié à des vomissements, à un apport insuffisant de liquide, à la fièvre avec diaphorèse et à des échanges hydriques anormaux entre les compartiments cellulaires
- Mode de respiration inefficace relié à la douleur, à une congestion pulmonaire, à un épanchement pleural et à une atélectasie

### ▷ *Planification et exécution*

▷ *Objectifs* : Soulagement de la douleur ; amélioration de l'état nutritionnel et liquidien ; amélioration de la fonction respiratoire

### ▷ *Interventions infirmières*

▷ *Soulagement de la douleur.* Le traitement a pour objectif de soulager la douleur et d'inhiber la sécrétion des enzymes pancréatiques. La douleur étant généralement très intense, on doit pour la soulager utiliser de fortes doses d'analgésiques. L'analgésique de choix est la mépéridine (Demerol). Il faut éviter la morphine qui provoque des contractions du sphincter d'Oddi. On élimine temporairement l'alimentation orale pour réduire la production de sécrétine et on administre des solutions d'électrolytes par voie parentérale pour rétablir l'équilibre hydroélectrolytique. On pratique l'aspiration des sécrétions gastriques pour réduire la distension abdominale. L'infirmière doit prodiguer régulièrement des soins d'hygiène buccale pour soulager la sécheresse de la bouche et le malaise provoqués par la présence de la sonde nasogastrique. Les anticholinergiques, parfois administrés pour réduire la sécrétion des enzymes pancréatiques, aggravent la sécheresse de la bouche.

Le patient, qui est dans un état grave, devra rester alité pour ralentir son métabolisme et réduire la sécrétion des enzymes pancréatiques et gastriques. S'il se plaint d'une intensification de la douleur, il faut avertir le médecin, car la cause pourrait en être une hémorragie du pancréas ou des doses insuffisantes d'analgésiques.

Le patient atteint de pancréatite aiguë est souvent confus à cause de la douleur, des déséquilibres hydroélectrolytiques et de l'hypoxémie. On devra donc lui répéter souvent, en termes simples, les raisons pour lesquelles il doit s'abstenir de prendre des liquides par voie orale, subir l'aspiration des sécrétions gastriques et rester alité.

▷ *Équilibre hydrique et état nutritionnel.* Les nausées, les vomissements, l'aspiration des sécrétions gastriques, les échanges de liquide entre les compartiments cellulaires et la diaphorèse occasionnent des pertes de liquide et d'électrolytes qu'il importe de remplacer afin de maintenir le volume liquidien et de prévenir ou traiter le choc hypovolémique. Le patient devra donc recevoir des liquides par voie intraveineuse, et peut-être du sang ou des dérivés sanguins. Il faut évaluer régulièrement l'équilibre hydroélectrolytique en notant la turgescence et l'hydratation de la peau et des muqueuses. Il faut aussi peser le patient quotidiennement et tenir un bilan minutieux des ingesta et des excreta. On doit observer le patient à la recherche de signes d'ascite et vérifier s'il y a augmentation du volume de l'abdomen.

Pendant la crise de pancréatite, le patient doit être gardé à jeun. Il importe donc d'évaluer régulièrement son état nutritionnel et de noter les facteurs qui peuvent altérer les besoins nutritionnels et liquidiens: fièvre, agitation, diarrhée. Il faut observer de près le patient à la recherche de signes de choc hypovolémique et de collapsus vasculaire et avoir à portée de la main les médicaments appropriés. Il faut avertir immédiatement le médecin si on note une baisse de la pression artérielle et du débit urinaire, ce qui pourrait indiquer une hypovolémie ou une insuffisance rénale.

Quand les symptômes s'atténuent, on reprend graduellement l'alimentation orale. On recommande au patient un régime alimentaire à forte teneur en glucides et à faible teneur en lipides et en protéines. Celui-ci devra à l'avenir éviter les repas copieux et les boissons alcooliques.

▷ **Amélioration du mode de respiration.** On place le patient dans la position semi-Fowler pour réduire la pression qu'exerce sur le diaphragme l'abdomen distendu et augmenter l'expansion des poumons. Il faut mobiliser le patient régulièrement pour prévenir l'atélectasie et l'accumulation des sécrétions. Les anticholinergiques administrés pour réduire l'activité pancréatique et gastrique assèchent les sécrétions, ce qui prédispose le patient aux occlusions et aux infections. Il faut procéder régulièrement à des évaluations de la fonction respiratoire et enseigner au patient les techniques de respiration profonde et de toux.

▷ **Enseignement au patient et soins à domicile.** Le patient qui a souffert de pancréatite aiguë a été gravement malade. Il lui faudra donc beaucoup de temps pour retrouver sa force et son niveau d'activité. Comme il était probablement confus au cours de la crise, on devra lui répéter les explications et les directives qui lui ont été données à ce moment. Si la pancréatite a eu pour cause une affection des voies biliaires, comme une lithiase ou une maladie de la vésicule, il faut lui faire comprendre l'importance d'un régime alimentaire à faible teneur en lipides et de la modération. Si l'alcoolisme est à l'origine de la pancréatite, on devra rappeler au patient l'importance d'éviter *toute* consommation d'alcool. Une fois de retour chez lui, le patient sera peut-être tenté de reprendre ses habitudes de consommation d'alcool. Il est donc essentiel de le diriger vers un groupe de soutien comme les Alcooliques anonymes.

Il est souvent utile d'avoir recours aux services d'une infirmière en santé communautaire, qui pourra évaluer sa situation familiale et répéter les directives concernant l'apport nutritionnel et liquidien. Elle pourra également renforcer les directives concernant l'abstinence de l'alcool et permettre au patient et à sa famille de poser des questions et d'exprimer leurs craintes.

On trouvera dans le plan de soins 31-3, un résumé des soins infirmiers destinés au patient atteint de pancréatite aiguë.

▷ *Évaluation*

### Résultats escomptés

1. Le patient éprouve un soulagement de la douleur.
   a) Il dit éprouver moins de douleur.

   b) Il connaît les raisons de la présence d'une sonde nasogastrique.
   c) Il prend des analgésiques, conformément à l'ordonnance.
   d) Il participe aux soins d'hygiène buccale.
   e) Il reste au lit comme on le lui recommande.
   f) Il prend des anticholinergiques, conformément à l'ordonnance, s'il y a lieu.
   g) Il évite la consommation d'alcool pour réduire les douleurs abdominales.
   h) Il avertit l'infirmière si la douleur s'intensifie soudainement ou s'il n'est pas soulagé par les analgésiques.
2. Le patient améliore son état nutritionnel.
   a) La turgescence et l'hydratation de sa peau et de ses muqueuses sont adéquates.
   b) Il dit que son poids est stable.
   c) Il ne présente pas d'augmentation de son volume abdominal.
   d) Il dit souffrir moins souvent de diarrhée.
   e) Son régime alimentaire est composé d'aliments à forte teneur en glucides et à faible teneur en lipides et en protéines.
   f) Il connaît les raisons pour lesquelles il doit éviter toute consommation d'alcool.
   g) Il se conforme à l'apport liquidien recommandé.
3. Le patient présente une amélioration de sa fonction respiratoire.
   a) Il se place dans la position semi-Fowler quand il est au lit.
   b) Il se mobilise régulièrement.
   c) Il fait des exercices de respiration profonde et de toux toutes les heures si possible.
   d) Sa fréquence respiratoire, son mode de respiration et l'expansion de ses poumons sont normaux.
   e) Ses bruits respiratoires sont normaux.
   f) Il boit au moins huit verres de boissons non alcooliques tous les jours (à moins de contre-indications) pour liquéfier les sécrétions pulmonaires.
   g) Sa température corporelle est normale et il ne présente pas de signes d'infection respiratoire.

## Pancréatite chronique

La pancréatite chronique est une maladie inflammatoire du pancréas caractérisée par la formation progressive de tissu fibreux qui mène à une obstruction mécanique des canaux pancréatique et cholédoque et du duodénum. De plus, on observe une atrophie de l'épithélium de ces canaux et une destruction des cellules sécrétrices du pancréas.

Dans la société occidentale, elle est le plus souvent due à l'alcoolisme et dans les pays en voie de développement, à la malnutrition. La pancréatite est 50 fois plus fréquente chez les alcooliques. La consommation chronique d'alcool provoque en effet une augmentation de la teneur en protéines des sécrétions pancréatiques, ce qui provoque la formation de bouchons de protéines et de calculs dans le canal pancréatique. L'alcool aurait également un effet toxique direct sur les cellules pancréatiques. Les personnes dont le régime alimentaire est faible en protéines et très riche ou très pauvre en lipides sont davantage prédisposées aux lésions pancréatiques. La pancréatite chronique est plus fréquente chez les hommes et se caractérise par des accès répétés de douleurs abdominales irradiant vers le dos, accompagnées de vomissements. La douleur est souvent si intense que de fortes doses de narcotiques n'arrivent pas à la soulager. À mesure que la maladie progresse, les crises deviennent plus fréquentes, plus graves et plus longues. Certains patients se plaignent d'une douleur intense, d'autres d'une douleur sourde. L'intensité de la douleur et son caractère chronique augmentent les risques d'accoutumance aux opiacés.

Plus de 75 % des personnes atteintes de pancréatite chronique présentent une perte pondérale importante, due généralement à une réduction de l'apport alimentaire causée par l'anorexie ou par la crainte que la consommation d'aliments ne déclenche une autre crise. On observe une malabsorption au stade avancé de la maladie, quand la fonction pancréatique n'est plus que de 10 %. Il en résulte une altération de la digestion des protéines et des lipides. Les selles deviennent mousseuses et plus fréquentes; elles ont une odeur nauséabonde. On observe une *stéatorrhée* (présence de quantités excessives de matières grasses dans les selles). À la longue, la glande peut se calcifier.

**Examens diagnostics.**     La cholangiopancréatographie rétrograde endoscopique (CPRE) est l'examen le plus utile pour le diagnostic de la pancréatite chronique. Elle permet d'obtenir des détails anatomiques du pancréas et des canaux pancréatiques et biliaires et de prélever des tissus pour examen histologique, afin de différencier la pancréatite d'autres affections, comme le cancer. Pour dépister les kystes pancréatiques, on peut avoir recours à la tomodensitométrie et à l'échographie. On procède à une hyperglycémie provoquée pour établir s'il y a atteinte des îlots de Langerhans, ce qui est nécessaire pour prendre une décision relativement à la résection chirurgicale du pancréas.

**Traitement.**     Le traitement de la pancréatite chronique diffère selon la cause de la maladie. On choisira un traitement médical si les symptômes ne justifient pas une intervention chirurgicale, si le patient refuse la chirurgie ou si son état ne lui permet pas d'en supporter les effets. Le traitement médical vise la prévention des crises, le soulagement de la douleur et la correction de l'insuffisance de la sécrétion pancréatique endocrine et exocrine. On utilise les mêmes mesures de soulagement de la douleur que dans la pancréatite aiguë, mais on évite l'usage des opiacés, en raison des risques d'accoutumance. Le médecin, l'infirmière et la diététiste doivent faire comprendre au patient, de même qu'à sa famille, qu'il doit obligatoirement éviter la consommation d'alcool et d'aliments susceptibles de déclencher des douleurs, et qu'aucun traitement ne pourra plus soulager ses douleurs s'il reprend ses habitudes.

On traite le diabète causé par l'atteinte des îlots de Langerhans par le régime alimentaire, les hypoglycémiants oraux ou l'insuline. Il faut insister sur le fait que la consommation d'alcool peut provoquer une hypoglycémie. Si le patient présente une malabsorption et une stéatorrhée, il faut lui administrer des extraits pancréatiques.

On peut avoir recours à la chirurgie pour soulager la douleur, rétablir l'évacuation des sécrétions pancréatiques et réduire la fréquence des crises. La technique chirurgicale utilisée dépend des anomalies anatomiques et fonctionnelles observées, de la région du pancréas qui est atteinte, de même que de la présence de diabète, d'insuffisance de la sécrétion exocrine, de sténose biliaire, et de pseudokystes. On tient aussi compte du degré d'alcoolisme et de l'aptitude du patient à s'adapter à l'insuffisance de l'activité pancréatique entraînée par l'opération.

La pancréatojéjunostomie, avec anastomose latérolatérale ou anastomose du canal pancréatique au jéjunum permet l'excrétion des sécrétions pancréatiques dans le jéjunum.

Quatre-vingt pour cent des patients qui ont subi cette opération éprouvent un soulagement de la douleur dans les six mois suivants. La douleur réapparaît toutefois chez un important nombre d'entre eux quand la maladie s'aggrave. Cette intervention peut entraîner un gain pondéral et une amélioration de l'état nutritionnel, mais ces effets seraient davantage imputables à l'augmentation de l'apport nutritionnel qu'à la correction de la malabsorption. On peut aussi pratiquer d'autres interventions chirurgicales, comme la révision du sphincter de l'ampoule de Vater, le drainage interne des kystes dans l'estomac et la résection partielle ou subtotale du pancréas. On tente actuellement de perfectionner la technique de greffe autologue des îlots de Langerhans, qui permettrait de préserver la fonction endocrine. Le taux de mortalité de ces interventions chirurgicales est élevé, à cause de la mauvaise condition physique du patient et de la présence fréquente d'une cirrhose concomitante.

Ces opérations ne soulageront la douleur et les troubles digestifs que si le patient s'abstient de consommer de l'alcool.

## KYSTES PANCRÉATIQUES

La plupart des kystes pancréatiques se forment dans le tissu nécrosé résultant des crises de pancréatite aiguë. Ils se composent de liquide entouré d'une membrane de tissu fibreux. Ils peuvent aussi avoir pour cause une anomalie congénitale ou être secondaire à la pancréatite chronique ou à un traumatisme du pancréas.

On les dépiste par échographie, tomodensitométrie et CPRE. On utilise aussi la CPRE pour observer les caractéristiques anatomiques du pancréas et évaluer la perméabilité de l'excrétion pancréatique. Les kystes pancréatiques peuvent atteindre une taille considérable. Ils siègent généralement derrière la partie postérieure du péritoine et peuvent empiéter sur l'estomac et le côlon, qui se trouvent à proximité, et les refouler. À la longue, à cause de la pression ou des infections secondaires, ils provoquent des symptômes et doivent être drainés.

**Traitement.**     On peut drainer les kystes dans les voies digestives ou par aspiration percutanée, à travers la paroi abdominale. Quand on utilise la seconde méthode de drainage, il faut protéger la peau de l'excoriation que peuvent provoquer les enzymes contenues dans l'exsudat en y appliquant une pommade. Pour réduire la teneur en enzymes de l'exsudat, on peut avoir recours à l'aspiration constante des sucs digestifs au moyen d'un appareil d'aspiration relié à la sonde de drainage. Cette méthode exige que l'infirmière veille à ce que l'appareil d'aspiration ne se détache pas de la sonde de drainage et s'assure du bon fonctionnement du système.

On recommande une consultation auprès d'un stomathérapeute pour établir les meilleures mesures de protection de la peau.

Quand une pancréatite chronique s'accompagne d'un trouble vésiculaire, il faut tenter de corriger l'obstruction par une chirurgie exploratrice du canal cholédoque, l'extraction des calculs s'il y a lieu, et l'ablation de la vésicule. Pour améliorer l'évacuation des canaux pancréatique et cholédoque, on peut pratiquer une *sphinctérotomie*, une opération selon laquelle on incise le sphincter d'Oddi, un muscle qui entoure l'ampoule de Vater. Les soins infirmiers aux patients ayant subi cette opération sont les mêmes que pour les autres

(suite à la page 919)

# Plan de soins infirmiers 31-3
## Patients atteints de pancréatite aiguë

| Interventions infirmières | Justification | Résultats escomptés |
|---|---|---|

*Diagnostic infirmier:* Douleur intense reliée à l'œdème et à la distension du pancréas, de même qu'à l'irritation du péritoine

*Objectif:* Soulagement de la douleur

| | | |
|---|---|---|
| 1. Administrer de la mépéridine (Demerol) fréquemment, selon l'ordonnance et l'intensité de la douleur. | 1. La mépéridine agit sur le système nerveux central pour modifier le seuil de la douleur. On évite généralement la morphine parce qu'elle provoque la contraction du sphincter d'Oddi. | • Le patient dit éprouver moins de douleur.<br>• Il se mobilise sans que la douleur ne soit intensifiée.<br>• Il se repose calmement et dort plus longtemps.<br>• Il dit éprouver moins souvent des accès de douleur et de crampes. |
| 2. Évaluer avec le patient l'intensité de la douleur avant et après l'administration de l'analgésique. | 2. Il est important d'évaluer et de soulager la douleur parce que l'agitation qu'elle provoque accélère le métabolisme, ce qui stimule la sécrétion des enzymes pancréatiques et gastriques. | |
| 3. Avertir le médecin si la douleur n'est pas soulagée ou si elle s'intensifie. | 3. La douleur peut stimuler la sécrétion des enzymes pancréatiques et peut être un signe d'hémorragie pancréatique. | |
| 4. Aider le patient à s'installer de façon à être à l'aise; le mobiliser toutes les deux heures. | 4. On mobilise régulièrement le patient pour prévenir les plaies de pression ainsi que les complications vasculaires et respiratoires. | |

*Objectif:* Inhibition de la stimulation du pancréas

| | | |
|---|---|---|
| 1. Administrer les anticholinergiques selon l'ordonnance du médecin. | 1. Les anticholinergiques réduisent les sécrétions gastriques et pancréatiques. | • Le patient dit éprouver un soulagement de la douleur et des crampes.<br>• Il ne prend pas d'aliments ou de liquides par voie orale pendant la phase aiguë.<br>• Il garde le lit.<br>• Il connaît les raisons de la restriction des aliments et des liquides et de l'utilisation de la sonde nasogastrique. |
| 2. Garder le patient à jeun. | 2. Les aliments et les liquides stimulent les sécrétions pancréatiques. | |
| 3. Garder le patient au lit. | 3. L'alitement ralentit le métabolisme et, par conséquent, les sécrétions gastriques et pancréatiques. | |
| 4. Procéder à l'aspiration continue des sécrétions gastriques.<br>a) Mesurer les sécrétions gastriques à intervalles réguliers.<br>b) Noter la couleur et la viscosité des sécrétions gastriques.<br>c) S'assurer de la perméabilité de la sonde. | 4. L'aspiration nasogastrique permet d'évacuer les sécrétions de l'estomac pour éviter qu'elles ne pénètrent dans le duodénum et ne stimulent la production de sécrétine. La décompression des intestins (si on utilise l'intubation intestinale) aide à soulager la détresse respiratoire. | |

*Objectif:* Soulagement du malaise associé à la présence d'une sonde nasogastrique

| | | |
|---|---|---|
| 1. Appliquer un lubrifiant hydrosoluble dans les narines. | 1. Prévient les irritations. | • La peau du patient est intacte, de même que les tissus des narines au point d'insertion de la sonde.<br>• Le patient dit ne pas éprouver d'irritation des narines ou de l'oropharynx.<br>• Ses muqueuses buccales et nasopharyngiennes sont libres et bien hydratées.<br>• Il connaît les raisons de la présence de la sonde nasogastrique. |
| 2. Mobiliser le patient régulièrement; éviter de manipuler inutilement la sonde. | 2. Les manipulations peuvent causer des lésions à l'œsophage et à la muqueuse gastrique. | |
| 3. Administrer des soins d'hygiène buccale; utiliser un gargarisme sans alcool. | 3. Soulage la sécheresse et l'irritation de l'oropharynx. | |
| 4. Expliquer au patient les justifications de l'usage de la sonde nasogastrique. | 4. Aide le patient à supporter la présence de la sonde et l'aspiration. | |

## *Plan de soins infirmiers 31-3* (suite)
## *Patients atteints de pancréatite aiguë*

| *Interventions infirmières* | *Justification* | *Résultats escomptés* |
| --- | --- | --- |

**Diagnostic infirmier:** Déficit de volume liquidien relié à une baisse de l'apport liquidien, à des pertes due à la sudation et aux vomissements, de même qu'aux effets des échanges de liquide entre les compartiments cellulaires

**Objectif:** Maintien de l'équilibre hydroélectrolytique

| | | |
| --- | --- | --- |
| 1. Évaluer l'équilibre hydroélectrolytique (turgescence de la peau et des muqueuses, débit urinaire, signes vitaux). | 1. La composition des liquides de remplacement est dictée par la pression artérielle, les taux sériques d'électrolytes, le taux d'azote uréique, le débit urinaire et l'état du patient. | • La turgescence cutanée est normale, de même que l'hydratation des muqueuses.<br>• Le patient ne présente pas d'hypotension orthostatique.<br>• Son débit urinaire est normal.<br>• Sa soif est normale. |
| 2. Établir les sources de pertes hydroélectrolytiques (vomissements, diarrhée, sécrétions nasogastriques, diaphorèse). | 2. Les pertes d'électrolytes proviennent notamment de l'aspiration des sécrétions gastriques, de la diaphorèse, des vomissements et du fait que le patient soit à jeun. | • Son pouls et sa fréquence respiratoire sont normaux.<br>• Le patient est conscient et réagit aux stimuli. |
| 3. Traiter le choc s'il y a lieu.<br>　a) administrer des corticostéroïdes selon l'ordonnance du médecin si le patient ne répond pas aux autres traitements.<br>　b) Mesurer le débit urinaire. Tenter de le maintenir à 50 mL/h. | 3. La pancréatite aiguë peut se compliquer d'un choc et d'un collapsus des vaisseaux périphériques. La baisse du volume sanguin peut être due à des pertes de sang dans la cavité abdominale, et le choc à des toxines provenant des bactéries présentes dans le pancréas nécrosé. | • Sa pression artérielle et ses gaz artériels sont normaux.<br>• Ses taux sériques d'électrolytes sont normaux.<br>• Il ne présente pas de signes d'hypocalcémie (tétanie, spasme carpopédal, etc.). |
| 4. Administrer des solutions d'électrolytes par voie intraveineuse (sodium, potassium, chlore) selon l'ordonnance du médecin. | 4. L'administration d'électrolytes aide à rétablir l'équilibre électrolytique. | • Il ne présente pas de pertes liquidiennes par vomissements, diarrhée ou diaphorèse.<br>• Il dit que son poids est stable.<br>• Il ne présente pas d'augmentation du volume abdominal. |
| 5. Administrer du plasma, de l'albumine et du sang selon l'ordonnance du médecin. | 5. L'administration de sang et de plasma aide à rétablir le volume sanguin circulant. | • Il ne présente pas de signe du flot à la palpation de l'abdomen. |
| 6. Garder à portée de la main des solutions intraveineuses de gluconate de calcium. | 6. On peut avoir besoin de gluconate de calcium pour prévenir ou traiter la tétanie. | |
| 7. Rechercher les signes d'ascite.<br>　a) Mesurer le volume abdominal.<br>　b) Peser le patient tous les jours.<br>　c) Palper l'abdomen à la recherche du signe du flot (page 779). | 7. La pancréatite peut se compliquer d'une ascite. | |

**Diagnostic infirmier:** Déficit nutritionnel relié à un apport inadéquat, à l'altération des sécrétions pancréatiques et à l'augmentation des besoins nutritionnels due à une maladie grave et à la fièvre

**Objectif:** Amélioration de l'état nutritionnel

| | | |
| --- | --- | --- |
| 1. Évaluer l'état nutritionnel et l'augmentation des demandes métaboliques. | 1. L'altération de l'activité pancréatique perturbe la digestion. Les maladies graves, les infections et la fièvre augmentent les besoins métaboliques. | • Le patient a un poids normal.<br>• Il ne perd pas de poids.<br>• Il dit souffrir moins souvent de vomissements et de diarrhée. |
| 2. Vérifier la glycémie et administrer de l'insuline selon l'ordonnance. | 2. L'altération de la fonction endocrine du pancréas cause une augmentation de la glycémie. | • Sa glycémie est dans les limites de la normale. |
| 3. Administrer des liquides et des électrolytes par voie intraveineuse de même que l'alimentation parentérale, selon l'ordonnance. | 3. L'administration parentérale de liquides, d'électrolytes et d'éléments nutritifs est essentielle quand l'apport oral est prohibé. | • Il dit que ses selles ont retrouvé leur aspect normal et que son mode d'évacuation intestinal est rétabli. |

# *Plan de soins infirmiers 31-3*    (suite)
# *Patients atteints de pancréatite aiguë*

| Interventions infirmières | Justification | Résultats escomptés |
|---|---|---|
| 4. Offrir des aliments à forte teneur en glucides et à faible teneur en protéines et en lipides, quand le patient peut tolérer l'alimentation entérale. | 4. Les aliments riches en glucides, mais faibles en protéines et en lipides augmentent l'apport énergétique sans stimuler outre mesure l'activité pancréatique. | • Il consomme des aliments riches en glucides et pauvres en lipides et en protéines.<br>• Il connaît les justifications d'un régime alimentaire à forte teneur en glucides et à faible teneur en lipides et en protéines. |
| 5. Recommander au patient de s'abstenir de consommer de l'alcool. | 5. La consommation d'alcool peut déclencher des crises de pancréatite et aggraver les lésions au pancréas. | • Il s'abstient de consommer de l'alcool.<br>• Il connaît les raisons pour lesquelles il doit restreindre sa consommation de caféine et d'aliments épicés. |
| 6. Conseiller au patient de restreindre sa consommation de caféine et d'aliments épicés. | 6. La caféine et les aliments épicés stimulent les sécrétions pancréatiques et gastriques. | |

**Diagnostic infirmier:**    Mode de respiration inefficace relié à la douleur, à la congestion pulmonaire, à la présence d'un épanchement pleural et à l'atélectasie

**Objectif:**    Amélioration du mode de respiration

| | | |
|---|---|---|
| 1. Évaluer la fonction respiratoire (rythme, mode, bruits respiratoires). | 1. La pancréatite aiguë provoque un œdème rétropéritonéal, une compression des poumons par le diaphragme, un épanchement pleural et une altération de la ventilation. L'infection abdominale et la dyspnée augmentent les demandes métaboliques, ce qui diminue la réserve pulmonaire et entraîne une insuffisance respiratoire. | • Le mode et le rythme respiratoires du patient sont normaux, de même que l'expansion de ses poumons.<br>• Ses bruits respiratoires sont normaux.<br>• Ses gaz artériels sont normaux.<br>• Le patient reste dans la position semi-Fowler quand il est au lit.<br>• Il se mobilise régulièrement.<br>• Il fait des exercices de toux et de respiration profonde toutes les heures si possible.<br>• Sa température corporelle est normale.<br>• Il ne présente pas de signes d'infection ou de troubles respiratoires.<br>• Il est conscient et réagit aux stimuli. |
| 2. Placer le patient dans la position semi-Fowler. | 2. La position semi-Fowler diminue la pression du diaphragme et permet l'expansion des poumons. | |
| 3. Enseigner au patient les exercices de respiration profonde et de toux et l'encourager à les pratiquer toutes les heures. | 3. Les exercices de toux et de respiration profonde dégagent les voies respiratoires et réduisent les risques d'atélectasie. | |
| 4. Aider le patient à se mobiliser toutes les deux heures. | 4. Les changements de position favorisent la ventilation et le drainage des lobes pulmonaires. | |
| 5. Prendre des mesures pour réduire les demandes métaboliques.<br>a) Administrer des antibiotiques selon l'ordonnance du médecin.<br>b) Placer le patient dans une chambre climatisée.<br>c) Administrer de l'oxygène par voie nasale, selon les besoins, pour corriger l'hypoxie.<br>d) Utiliser une couverture hypothermique, au besoin. | 5. La pancréatite provoque une importante réaction péritonéale et rétropéritonéale qui se manifeste par de la fièvre, de la tachycardie et une accélération du rythme respiratoire. Le fait de placer le patient dans une chambre climatisée et de lui administrer de l'oxygène réduit le travail respiratoire et l'utilisation de l'oxygène par les tissus. La baisse de la température corporelle et du rythme cardiaque diminue les demandes métaboliques. | |

opérations des voies biliaires. On place généralement un drain en T dans le canal cholédoque pour le drainage de la bile après l'opération.

## TUMEURS PANCRÉATIQUES

### Carcinomes

L'incidence du cancer du pancréas augmente continuellement depuis 20 à 30 ans, en particulier chez les hommes de couleur. Il vient au quatrième rang parmi les formes de cancer les plus mortelles. Il apparaît le plus souvent entre l'âge de 60 et 70 ans. Il est associé l'exposition à des produits chimiques industriels, à des toxines, à une forte consommation de lipides et au tabagisme, mais on ne sait pas très bien selon quels mécanismes. Les personnes atteintes de pancréatite héréditaire sont davantage exposées au cancer du pancréas.

La tumeur peut se développer dans la tête, le corps ou la queue du pancréas et atteindre ou non les îlots de Langerhans. Les symptômes sont souvent non caractéristiques, sauf dans le cas des tumeurs de la tête du pancréas (les plus fréquentes), dont le tableau clinique est caractéristique, et les tumeurs bénignes ou malignes des îlots de Langerhans, qui se manifestent par un hyperinsulinisme (voir page 923). Entre 80 et 85 % des cancers du pancréas sont dépistés trop tard pour que l'on puisse les traiter efficacement.

**Manifestations cliniques.** Les premiers symptômes du cancer du pancréas sont notamment l'anorexie et l'ictère. Ils apparaissent souvent quand le cancer est déjà très avancé. On peut aussi observer une perte pondérale, qui peut être importante, rapide ou progressive, de même qu'une douleur vague dans la partie haute ou moyenne de l'abdomen, qui irradie vers le dos et n'est pas reliée à un trouble gastro-intestinal, ni à la posture ou à l'activité. La douleur est généralement atténuée par la position accroupie et exacerbée par le décubitus dorsal. Elle est souvent progressive et intense, ne pouvant être soulagée que par des analgésiques narcotiques. Elle s'intensifie la nuit dans bien des cas. L'ascite est fréquent.

Les symptômes d'hypo-insulinisme (glycosurie, hyperglycémie et intolérance au glucose) sont de la plus haute importance quand on les observe, car le diabète peut être un des premiers signes de carcinome du pancréas. La consommation d'aliments exacerbe souvent la douleur épigastrique, qui se manifeste habituellement des semaines avant l'apparition d'un ictère et d'un prurit. Les clichés en série du tube digestif peuvent révéler des déformations des viscères qui se trouvent dans le voisinage de la tumeur. L'échographie, la tomodensitométrie et la CPRE aident à établir le diagnostic.

On utilise la biopsie pour confirmer le diagnostic. Si la tumeur est opérable, il est parfois utile de procéder, avant l'opération, à une étude des cellules malignes sur du tissu prélevé au moyen d'une aiguille introduite dans la tumeur en se guidant par tomodensitométrie, échographie, CPRE ou autre technique d'imagerie.

On peut avoir recours à la cholangiographie percutanée transhépatique pour vérifier s'il y a obstruction des canaux biliaires par la tumeur. Des chercheurs dans le domaine consacrent leurs efforts à l'étude de marqueurs tumoraux qui pourraient faciliter le diagnostic des cancers du pancréas.

**Traitement.** Le traitement est généralement de nature palliative, car la tumeur est inopérable dans la majorité des cas, à cause de son étendue, mais aussi de la présence probable de métastases (surtout dans le foie, les poumons et les os).

Les patients qui présentent des tumeurs localisées opérables doivent généralement subir une opération étendue (pancréatectomie totale ou pancréatoduodénectomie). On utilise aussi la radiothérapie et la chimiothérapie, mais la plupart des tumeurs du pancréas sont radiorésistantes. Les tâches les plus importantes de l'infirmière sont de soulager la douleur et d'assurer un apport nutritionnel suffisant pour améliorer le bien-être du patient.

### Tumeurs de la tête du pancréas

**Évaluation.** Les tumeurs de la tête du pancréas provoquent une obstruction du canal cholédoque à son point de jonction avec le canal pancréatique, à l'endroit où il se vide dans le duodénum par l'ampoule de Vater. La rétention de la bile se manifeste par un ictère, des selles de couleur argile et des urines foncées.

L'obstruction et l'absence de bile dans les voies digestives peut entraîner une mauvaise absorption des éléments nutritifs et des vitamines liposolubles. On peut observer une douleur abdominale et un prurit. Des symptômes non caractéristiques, comme l'anorexie, une perte pondérale et un malaise généralisé, sont parfois présents.

On doit différencier l'ictère dû à un cancer de l'ictère dû à une lithiase vésiculaire, qui est généralement intermittent et apparaît surtout chez des femmes obèses qui ont des antécédents de troubles vésiculaires. La tumeur provoquant l'obstruction peut naître du pancréas, du canal cholédoque ou de l'ampoule de Vater.

**Traitement.** Le patient souffrant d'un cancer de la tête du pancréas est généralement dans un piètre état physique et nutritionnel quand il est admis au centre hospitalier, de sorte qu'une longue préparation est nécessaire avant que l'on puisse pratiquer une opération. On doit procéder à des épreuves fonctionnelles hépatiques et pancréatiques, et administrer de la vitamine K pour rétablir l'activité de la prothrombine. Un régime à forte teneur en protéines et l'administration d'enzymes pancréatiques sont souvent indiqués. On doit parfois avoir recours à l'hyperalimentation parentérale, de même qu'à des transfusions sanguines.

Après les analyses de laboratoire et les examens radiologiques courants, on peut procéder à des examens plus précis, comme la duodénographie, l'angiographie par cathétérisation du tronc cœliaque ou de l'artère hépatique, la scintigraphie pancréatique, la cholangiographie percutanée transhépatique, la CPRE et la biopsie par aspiration. On peut aussi pratiquer une laparotomie avec biopsie pour confirmer le diagnostic.

**Traitement chirurgical.** On peut pratiquer une double dérivation gastrique et biliaire pour corriger l'ictère et peut-être s'accorder du temps pour procéder aux examens diagnostiques. La pancréatoduodénectomie (opération de Whipple), qui comprend l'ablation de la vésicule, de la partie distale de l'estomac, du duodénum et de la tête du pancréas, et l'anastomose au jéjunum de la partie restante du pancréas et de l'estomac, de même que du canal cholédoque, est l'opération de choix dans les cas de tumeur opérable (figure 31-5A, B). On obtient, grâce à cette opération, l'excision de la tumeur et l'évacuation de la bile dans le jéjunum. Quand on ne peut exciser la tumeur, on peut soulager l'ictère par l'anastomose du jéjunum à la vésicule. C'est ce que l'on appelle la cholécystojéjunostomie (figure 31-5C). (On utilise aussi l'opération de Whipple pour soulager la douleur dans la pancréatite chronique.)

***Interventions infirmières.*** Le patient qui doit subir une intervention chirurgicale pour une tumeur cancéreuse du pancréas a besoin d'une importante préparation, comprenant le rétablissement de l'équilibre hydrique, l'administration de vitamine K pour corriger la déficience en prothrombine et le traitement de l'anémie pour réduire les risques de complications postopératoires.

Les soins postopératoires aux patients ayant subi une pancréatoduodénectomie sont sensiblement les mêmes que pour les autres opérations majeures des voies biliaires ou gastro-intestinales. L'infirmière doit toutefois porter une attention particulière à l'aspect psychique des soins. Le patient a en effet subi une opération majeure pour une maladie grave, ce qui peut provoquer chez lui de l'anxiété et une dépression pouvant compromettre sa réponse au traitement.

Le taux de mortalité de l'opération de Whipple est aujourd'hui plus faible à cause des progrès dans les techniques d'anastomose et dans les méthodes de soutien nutritionnel. Avant comme après l'opération, l'infirmière a pour rôle de prévenir les complications et de favoriser le bien-être du patient et sa qualité de vie.

L'hémorragie, le collapsus vasculaire et l'insuffisance rénale et hépatique sont les principales complications de la pancréatoduodénectomie. Dans la période postopératoire immédiate, le patient sera sous monitorage constant à l'unité des soins intensifs. Il aura en place de nombreux cathéters veineux et artériels pour l'administration des liquides et du sang, de même que pour la mesure des pressions artérielles, et sera sous assistance ventilatoire. Il faut suivre de près les signes vitaux, les valeurs des gaz artériels, les pressions, les résultats de laboratoire et le débit urinaire. Le médecin et l'infirmière doivent se préoccuper principalement de l'état physique du patient, mais ils ne doivent pas négliger son état psychique et émotionnel, de même que celui des membres de sa famille. Comme les résultats immédiats et à long terme de cette opération sont incertains, il est essentiel de faire preuve de compréhension envers le patient et sa famille et de leur offrir un soutien émotionnel.

Voir le plan de soins 31-4 pour les soins postopératoires au patient ayant subi une pancréatoduodénectomie.

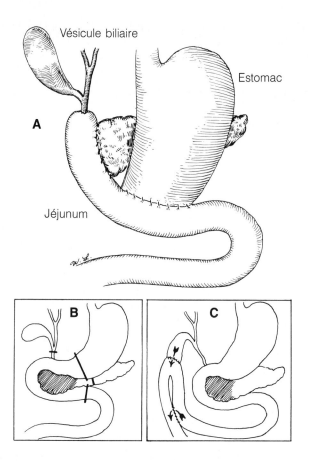

**Figure 31-5.** Pancréatoduodénectomie (opération de Whipple) **(A)** Résultat final de la résection d'un carcinome de la tête du pancréas ou de l'ampoule de Vater. Le canal cholédoque est anastomosé à l'extrémité du jéjunum et la portion restante du pancréas et de l'estomac est reliée à la partie latérale du jéjunum. **(B)** Les lignes indiquent les parties réséquées du pancréas, du duodénum et de l'estomac et du canal cholédoque. **(C)** La cholécystojéjunostomie est une opération utilisée à titre palliatif dans les cas de tumeur inopérable. La bile se vide dans l'intestin grâce à une anastomose du jéjunum et de la vésicule.

## Tumeurs des îlots de Langerhans

Le pancréas contient les îlots de Langerhans, de petits groupes de cellules qui sécrètent des hormones directement dans la circulation sanguine et qui font, par conséquent, partie du système endocrinien. Ils sécrètent notamment l'insuline, qui est essentielle au métabolisme du glucose. Une insuffisance de la sécrétion d'insuline provoque le diabète (voir le chapitre 30).

Il existe au moins deux types de tumeurs des îlots de Langerhans, les tumeurs fonctionnelles, comme les insulinomes qui sécrètent de l'insuline, et les tumeurs non fonctionnelles qui ne sécrètent pas d'hormones.

Les insulinomes sécrètent donc un excès d'insuline, ce qui accélère le métabolisme du glucose et entraîne une hypoglycémie. Les crises d'hypoglycémie se manifestent par de l'asthénie, de la confusion et même des convulsions. L'administration de glucose par voie orale ou intraveineuse fait disparaître presque instantanément les symptômes. Pour distinguer l'hypoglycémie causée par un insulinome de l'hypoglycémie fonctionnelle, qui est beaucoup plus courante, on peut avoir recours à l'hyperglycémie provoquée.

On traite généralement l'insulinome par excision chirurgicale. Il peut s'agir d'un adénome bénin ou d'une tumeur maligne. Quand la tumeur peut être excisée complètement, la guérison est habituellement spectaculaire. Chez certains patients, une hyperplasie des îlots de Langerhans provoque les mêmes symptômes qu'un insulinome. Dans ce cas, on pratique une *pancréatectomie partielle*, soit l'ablation de la queue et d'une partie du corps du pancréas.

***Soins infirmiers.*** Au cours de la période préopératoire, l'infirmière doit être à l'affût des symptômes d'hypoglycémie et être prête à administrer du glucose si ces symptômes se manifestent. Après l'opération, elle doit administrer sensiblement les mêmes soins que pour les autres chirurgies abdominales, mais elle doit porter une attention particulière à la glycémie.

## Plan de soins infirmiers 31-4

## Patients ayant subi une pancréatoduodénectomie (opération de Whipple)

| Interventions infirmières | Justification | Résultats escomptés |
|---|---|---|

**Diagnostic infirmier:** Douleur reliée à une importante incision chirurgicale et à la présence d'une sonde nasogastrique

**Objectif:** Soulagement de la douleur

| | | |
|---|---|---|
| 1. Évaluer régulièrement la douleur avec le patient avant et après l'administration d'analgésiques. | 1. Une intensification de la douleur peut indiquer la présence de complications (pancréatite, péritonite, perforation d'un organe, ou désunion d'une anastomose). | • Le patient dit éprouver moins de douleur et être plus à l'aise. |
| 2. Administrer régulièrement des analgésiques, conformément à l'ordonnance du médecin. | 2. L'utilisation antérieure d'analgésiques peut réduire la réponse du patient à ces médicaments, de sorte que des doses plus fortes sont nécessaires. | • Si la douleur s'intensifie il le signale immédiatement. • Il prend des analgésiques, conformément à l'ordonnance du médecin. |
| 3. Aider le patient à s'installer de façon à être à l'aise. | 3. Les changements de position soulagent les pressions sur les proéminences osseuses et réduisent les tensions sur les sutures. | • Il se mobilise régulièrement, avec de l'aide, pour améliorer son bien-être. • Il se repose calmement. • La peau de ses narines est intacte au point d'insertion de la sonde. |
| 4. Appliquer un lubrifiant hydrosoluble autour des narines. | 4. L'utilisation d'un lubrifiant réduit les frictions au point d'entrée de la sonde nasogastrique. | • Il ne se plaint pas de douleur ou d'irritation du nasopharynx, de l'oropharynx ou des narines. |
| 5. Prodiguer des soins d'hygiène buccale et utiliser des gargarismes. | 5. Les soins d'hygiène buccale soulagent la sécheresse et l'irritation de l'oropharynx. | • Les muqueuses de la bouche et du nasopharynx sont propres et bien hydratées. • Il ne se plaint pas de soif excessive. |
| 6. Expliquer au patient les raisons de la présence de la sonde nasogastrique et des drains. | 6. Les explications permettent au patient de mieux accepter la présence de la sonde nasogastrique et des drains. | • Il connaît les raisons de la présence de la sonde nasogastrique. |

**Diagnostic infirmier:** Mode de respiration inefficace relié aux incisions chirurgicales, à l'immobilité et à une anesthésie prolongée

**Objectif:** Amélioration du mode de respiration

| | | |
|---|---|---|
| 1. Évaluer la fonction respiratoire: a) Dépendance de l'assistance ventilatoire b) Fréquence et mode respiratoires c) Ampliation thoracique d) Bruits respiratoires | 1. Les contractures dues à l'incision chirurgicale, l'immobilité prolongée et l'anesthésie altèrent souvent le mode de respiration et provoquent une rétention des sécrétions pulmonaires. | • La fréquence respiratoire du patient se situe entre 12 et 18/min et son ampliation thoracique est normale. • Le patient respire efficacement, avec assistance ventilatoire si nécessaire. |
| 2. Aspirer les sécrétions pulmonaires par la sonde endotrachéale ou la trachéotomie, selon le cas. | 2. Les sécrétions non évacuées nuisent aux échanges gazeux. | • Ses bruits respiratoires sont normaux. • Il fait toutes les heures des exercices de respiration profonde et de toux en maintenant l'incision abdominale avec les mains. |
| 3. Aider le patient à faire ses exercices de respiration profonde et de toux toutes les heures. | 3. Les exercices de respiration profonde et de toux favorisent l'excrétion des sécrétions pulmonaires et préviennent l'atélectasie. | • Sa toux est productive et les sécrétions évacuées sont claires et blanches. • Il se mobilise régulièrement. |
| 4. Aider le patient à changer de position toutes les deux heures. | 4. Les changements de position favorisent le drainage des lobes pulmonaires. | • Sa température corporelle est normale et il ne présente pas d'infection respiratoire. |

## Plan de soins infirmiers 31-4    (suite)

## Patients ayant subi une pancréatoduodénectomie (opération de Whipple)

| Interventions infirmières | Justification | Résultats escomptés |
|---|---|---|

**Diagnostic infirmier:**    Déficit nutritionnel relié à un régime alimentaire insuffisant avant l'opération, à l'augmentation des demandes métaboliques due à l'opération et à la cicatrisation, de même qu'à l'altération de la fonction gastro-intestinale

**Objectif:**    Amélioration de l'état nutritionnel

| | | |
|---|---|---|
| 1. Noter les facteurs susceptibles de modifier les besoins nutritionnels: <br> a) Fièvre <br> b) Augmentation du volume des sécrétions gastriques et des autres pertes de liquide (vomissements, diaphorèse) <br> c) Signes d'infection <br> d) Stress. | 1. L'augmentation du volume des sécrétions gastriques, les infections et le stress augmentent la demande métabolique et, par conséquent, les besoins nutritionnels. | • Le patient ne perd pas de poids, ou présente un gain de poids qui n'est pas imputable à l'œdème. <br> • Il ne présente pas d'augmentation de la demande métabolique. <br>     Sa température corporelle est normale. <br>     Il ne présente pas de pertes excessives de liquides et d'éléments nutritifs par les voies gastro-intestinales. |
| 2. Administrer des solutions d'électrolytes et d'éléments nutritifs par voie parentérale. | 2. L'administration parentérale de solutions d'électrolytes et d'éléments nutritifs est essentielle à la guérison quand l'alimentation orale est interrompue. | • Il ne présente pas de signes d'infection ou d'inflammation. <br> Son niveau de stress a diminué. <br> • Les incisions cicatrisent rapidement sans formation de fistules. |
| 3. Examiner la peau et les tissus à la recherche de lésions. | 3. La malnutrition augmente les risques de lésions cutanées, qui peuvent augmenter les besoins nutritionnels. | • Sa peau est intacte. <br> • Sa glycémie est normale. |
| 4. Vérifier la glycémie et être à l'affût des signes d'hyperglycémie et d'hypoglycémie. | 4. Les îlots de Langerhans, qui sécrètent l'insuline, ont pu être altérés ou retirés au cours de la chirurgie, ce qui augmente les risques d'hypoglycémie ou d'hyperglycémie. | • Il consomme des aliments riches en glucides, en protéines et en vitamines. <br> • Il dit avoir meilleur appétit. <br> • Il connaît les raisons pour lesquelles il doit consommer des aliments riches en glucides, en protéines et en vitamines. |
| 5. Offrir des aliments à forte teneur en glucides et en protéines, de même qu'en vitamines, quand le patient tolère l'alimentation entérale. | 5. Un régime alimentaire riche en glucides, en protéines et en vitamines est nécessaire pour répondre aux demandes métaboliques, prévenir l'atrophie musculaire, favoriser la cicatrisation et éviter les pertes pondérales. | • Il connaît les aliments riches en glucides, en protéines et en vitamines. <br> • Il prend des enzymes pancréatiques aux repas, conformément à l'ordonnance du médecin. |
| 6. Administrer des enzymes pancréatiques au moment des repas, s'il y a lieu, selon l'ordonnance du médecin. | 6. La résection chirurgicale du pancréas peut altérer la sécrétion des enzymes pancréatiques, ce qui peut causer une malabsorption. | • Il dit souffrir moins souvent de diarrhée et de stéatorrhée. <br> • Il connaît les raisons de la prise d'enzymes pancréatiques aux repas. |

**Diagnostic infirmier:**    Risque d'atteinte à l'intégrité de la peau

**Objectif:**    Prévention des atteintes à l'intégrité de la peau

| | | |
|---|---|---|
| 1. Éviter les pressions sur les anastomoses et les sutures: <br> a) Irriguer la sonde nasogastrique et les drains, *en douceur* et *seulement* si le médecin le demande. | a) L'irrigation assure la perméabilité des sondes et des drains, mais il faut la pratiquer en douceur pour ne pas accroître la pression intraluminale et provoquer la désunion des anastomoses et des sutures. | • Les écoulements provenant du drain en T, de la sonde nasogastrique et des autres tubes ont un aspect et un volume normaux. <br> • Le patient ne présente pas de réactions indésirables à la suite de l'irrigation des drains. |
| b) Vérifier le fonctionnement du drain en T, de la sonde nasogastrique et des autres tubes. | b) Il faut s'assurer de la perméabilité des sondes et des drains. | • Les bruits intestinaux sont revenus à la normale. |

## Plan de soins infirmiers 31-4 (suite)

## Patients ayant subi une pancréatoduodénectomie (opération de Whipple)

| Interventions infirmières | Justification | Résultats escomptés |
|---|---|---|
| c) Prévenir les nœuds dans les tubes. | c) On prévient ainsi l'augmentation de la pression intraluminale et la pression sur les anastomoses. | • Il ne présente pas de distension abdominale. |
| 2. Interrompue l'alimentation orale jusqu'au retour à la normale de la fonction gastro-intestinale et jusqu'à ce que le médecin autorise l'ingestion orale d'aliments et de liquides. | 2. L'ingestion d'aliments et de liquide trop tôt après une intervention chirurgicale peut provoquer une distension abdominale et des vomissements, ce qui augmente les risques de désunion des anastomoses. | • Il produit des gaz intestinaux. • Il ne se plaint pas de nausées et de vomissements. • Son incision chirurgicale est propre et ne présente pas de signes d'infection, d'inflammation ou de formation d'abcès. |
| 3. Écouter les bruits intestinaux et vérifier s'il y a distension de l'abdomen. | 3. On obtient ainsi des données sur la fonction gastro-intestinale, ce qui permet de dépister à temps les obstructions. | • Sa température corporelle est normale. • Sa peau est intacte et de couleur normale. • Les écoulements provenant des drains ne sont pas purulents et il n'y a pas de fuite de sécrétions gastro-intestinales sur la peau. |
| 4. Examiner les incisions chirurgicales à la recherche de signes d'inflammation, d'infection et de formation d'abcès. | 4. Le mauvais état nutritionnel du patient augmente les risques de troubles de cicatrisation et de rupture de la peau et des tissus. | • Il ne se plaint pas d'augmentation de la pression ou de la douleur dans la région des incisions et des drains. |
| 5. Examiner la peau à la recherche de lésions. | 5. La fuite du liquide de drainage gastro-intestinal peut provoquer des excoriations. | |
| 6. Respecter les règles de l'asepsie quand on est en contact avec les pansements, les drains et les sécrétions. | 6. On réduit ainsi les risques d'infection. | |
| 7. Appliquer une pommade sur la peau qui entoure les drains. | 7. On protège ainsi la peau des excoriations. | |

### Hyperinsulinisme

L'hyperinsulinisme est une sécrétion exagérée d'insuline. Du point de vue clinique, il se traduit par des crises d'hypoglycémie, dont les principaux symptômes sont une faim excessive, la nervosité, une sudation, des céphalées et des étourdissements. Dans les cas graves, on peut observer des convulsions et une perte de conscience. L'opération ou l'autopsie peuvent révéler la présence d'une hyperplasie des îlots de Langerhans ou d'un insulinome bénin ou malin (voir ci-dessus). On observe à l'occasion une hypersécrétion par des tumeurs non pancréatiques d'une substance semblable à l'insuline pouvant provoquer une hypoglycémie, ce qui peut se manifester par des convulsions qui coïncident avec une baisse de la glycémie à un taux qui ne permet pas le fonctionnement normal du cerveau (sous les 1,6 mmol / L).

Les symptômes de l'hypoglycémie sont soulagés par l'administration de glucose par voie orale ou parentérale. La seule méthode efficace de traitement est l'ablation du tissu hyperplasique ou néoplasique. Environ 15 % des patients qui présentent une hypoglycémie spontanée ou fonctionnelle développent à la longue un diabète.

### Syndrome de Zollinger-Ellison (gastrinome)

Certaines tumeurs des îlots de Langerhans sont associées à une hypersécrétion d'acide gastrique pouvant provoquer la formation d'ulcères gastriques, duodénaux ou même jéjunaux. L'hypersécrétion est parfois si importante que même une gastrectomie partielle ne peut réduire suffisamment l'acidité pour éviter la formation d'ulcères. On soupçonne la présence d'une tumeur ulcérogène du pancréas quand on observe une prédisposition marquée aux ulcères gastriques et duodénaux.

Ces tumeurs peuvent être bénignes ou malignes et se traitent, si possible, par excision chirurgicale. Souvent, elles sont inopérables parce qu'elles s'étendent au-delà du pancréas. Dans certains cas, une gastrectomie totale est nécessaire pour prévenir la formation d'ulcères.

Résumé: Le pancréas a des fonctions endocrines et exocrines. Après le diabète, qui est dû à une sécrétion insuffisante d'insuline, les troubles pancréatiques les plus fréquents sont la pancréatite et le cancer. Le patient qui souffre de pancréatite aiguë ou chronique, ou d'un cancer du pancréas, a souvent un apport nutritionnel insuffisant et éprouve des douleurs abdominales. Il doit généralement se soumettre à de nombreuses épreuves diagnostiques pour établir les causes de sa maladie et le traitement approprié. Ce traitement peut être médical ou chirurgical. L'infirmière qui soigne un patient atteint d'un trouble pancréatique a pour tâche de soulager ses symptômes, de l'aider à accepter le diagnostic et le traitement, de lui enseigner des mesures de promotion de la santé et de lui offrir son soutien.

## *Bibliographie*

### *Ouvrages*

Baumel H and Deixonne B (eds). Exocrine Pancreatic Cancer. New York, Springer-Verlag, 1987.

Becker KL (ed). Principles and Practice of Endocrinology and Metabolism. Philadelphia, JB Lippincott, 1990.

Burch WM. Endocrinology for the House Officer. Baltimore, Williams & Wilkins, 1988.

Howard JM, Jordan GL Jr, and Reber HA. Surgical Diseases of the Pancreas. Philadelphia, Lea & Febiger, 1987.

Ingbar SH and Braverman LE (eds). Werner's The Thyroid: A Fundamental Clinical Text, 5th ed. Philadelphia, JB Lippincott, 1986.

Malfertheiner P and Ditschuneit H. Diagnostic Procedures in Pancreatic Disease. New York, Springer-Verlag, 1986.

Malseed RT and Harrigan GS. Textbook of Pharmacology and Nursing Care. Using the Nursing Process. Philadelphia, JB Lippincott, 1989.

National Cancer Institute. Cancer of the Pancreas. Research Report. U.S. Department of Health and Human Services, National Institutes of Health, Washington, DC, October 1987.

Perlemuter L, Guillaume B. Endocrinologie, Diabète. Paris, Masson, 1980.

Riccabona G. Thyroid Cancer: Its Epidemiology, Clinical Features, and Treatment. New York, Springer-Verlag, 1987.

Roblin, Perlemuter L. Endocrinologie, Soins Infirmiers. Paris, Masson, 1987.

Toledo-Pereyra LH (ed). Pancreas Transplantation. Boston, Kluwer Academic Publishers, 1988.

Toledo-Pereyra LH. The Pancreas: Principles of Medical-Surgical Practice. New York, John Wiley & Sons, 1985.

Wilson JD and Foster DW (eds). Williams' Textbook of Endocrinology, 7th ed. Philadelphia, WB Saunders, 1985.

### *Revues*

#### *Généralités*

Aron DC. Endocrine complications of the acquired immunodeficiency syndrome. Arch Intern Med 1989 Feb; 149(2):330-333.

Beall GN. Immunologic aspects of endocrine diseases. JAMA 1987 Nov 27; 258(20):2952-2956.

Bravo EL. Clinical aspects of endocrine hypertension. Med Clin North Am 1987 Sep; 71(5):907-920.

Goldmann DR. Surgery in patients with endocrine dysfunction. Med Clin North Am 1987 May; 71(3):499-509.

Hague WM. Prescribing in pregnancy: Treatment of endocrine diseases. Br Med J 1987 Jan 31; 294(6567):297-300.

Hobbie WL and Schwartz CL. Endocrine late effects among survivors of cancer. Semin Oncol Nurs 1989 Feb; 5(1):14-21.

Lancaster LE. Renal and endocrine regulation of water and electrolyte balance. Nurs Clin North Am 1987 Dec; 22(4):761-772.

Lobo A et al. Emotional disturbances in endocrine patients: Validity of the scaled version of the General Health Questionnaire (GHQ-28). Br J Psychiatry 1988 Jun; 152:807-812.

Truhan AP and Ahmed AR. Corticosteroids: A review with emphasis on complications of prolonged systemic therapy. Ann Allergy 1989 May; 62(5):375-391.

#### *Troubles thyroïdiens*

Aurengo A. Différencier les cancers de la thyroïde. Soins 1990; 542:25-29.

Bethune JE. Interpretation of thyroid function tests. Dis Mon 1989 Aug; 25(8):546-595.

Brabant A et al. The role of glucocorticoids in the regulation of thyrotropin. Acta Endocrinol (Copenh) 1989 Jul; 121(1):95-100.

Connor CS et al. Radioiodine therapy for differentiated thyroid carcinoma. Am J Surg 1988 Dec; 156(6):519-521.

Dall'Aglio E et al. Graves' disease and thyroxine-binding globulin deficiency. Arch Intern Med 1988 Jun; 148(6):1445-1446.

Faber J et al. Pituitary-thyroid axis in critical illness. J Clin Endocrinol Metab 1987 Aug; 65(2):315-320.

Gavin LA. The diagnostic dilemmas of hyperthyroxinemia and hypothyroxinemia. Adv Intern Med 1988; 33:185-204.

Greenspan FS (ed). Thyroid diseases. Med Clin North Am 1991 Jan; 75(1): 1-234.

Jackson JA, Verdonk CA, and Spiekerman AM. Euthyroid hyperthyroxinemia and inappropriate secretion of thyrotropin. Arch Intern Med 1987 Jul; 147(7):1311-1313.

Lervang H-H, Pryds O, and Østergaard Kristensen HP. Thyroid dysfunction after delivery. Acta Med Scand 1987; 222(4):369-374.

Levin RM. Editorial: Thyrotoxicosis in the elderly. J Am Geriatr Soc 1987 Jun; 35(6):587-589.

Mathewson MK. Thyroid disorder. Crit Care Nurs 1987 Jan/Feb; 7(1):74-85.

Mechlis S et al. Amiodarone-induced thyroid gland dysfunction. Am J Cardiol 1987 Apr 1; 59(8):833-835.

Melliere D, Etienne G, and Becquemin J-P. Operation for hyperthyroidism: Methods and rationale. Am J Surg 1988 Mar; 155(3):395-399.

Menegaux F. Le cancer de la thyroïde. Rev. Infirm. 1992; 42(5):42-44.

Mier A et al. Reversible respiratory muscle weakness in hyperthyroidism. Am Rev Respir Dis 1989 Feb; 139(2):529-533.

O'Neil JR. Thyroid crisis. Nursing 1987 Nov; 17(11):33.

Reeve TS. Surgical treatment for thyrotoxicosis. Br J Surg 1988 Sep; 75(9): 833-834.

Reid DJ. Hyperthyroidism and hypothyroidism complicating the treatment of thyrotoxicosis. Br J Surg 1987 Nov; 74(11):1060-1062.

Sakiyama R. Common thyroid disorders. Am Fam Physician 1988 Jul; 38(1): 227-238.

Scott MA. Admission thyroid function testing in elderly patients. Aust N Z J Med 1986 Oct; 16(5):699-702.

Tawrand S. Médicaments antithyroïdiens. Soins 1990; 542.

Thomas R and Reid RL. Thyroid disease and reproductive dysfunction: A review. Obstet Gynecol 1987 Nov; 70(5):789-798.

Warnet A. Le diabète insipide. Soins 1989; 522:15-18.

Whiteside-Yim C and MacAdams MR. Thyroid disorders: The general internist's approach. Postgrad Med 1987 Apr; 81(5):231-235, 238-240, 245.

Yeomans AC. Assessment and management of hypothyroidism. Nurse Pract 1990 Nov 15(11):8-15.

#### *Troubles parathyroïdiens*

Chambers JK. Metabolic bone disorders: Imbalances of calcium and phosphorus. Nurs Clin North Am 1987 Dec; 22(4):861-872.

Favus LH et al. Recurrent parathyroid cystic disease. Am Fam Physician 1989 Jul; 40(1):119-122.

Fitzpatrick LA and Bilezikian JP. Acute primary hyperparathyroidism. Am J Med 1987 Feb; 82(2):275-282.

McCance DR et al. Parathyroid carcinoma: A review. J R Soc Med 1987 Aug; 80(8):505-509.

Mondal BK, Biswas RL, and Mondal KN. Primary hyperparathyroidism. Br J Clin Pract 1988 Nov; 42(11):475-477.

Nikkilä MT, Saaristo JJ, and Koivula TA. Clinical and biochemical features in primary hyperparathyroidism. Surgery 1989 Feb; 105(2 pt 1):148-153.

Peck WW et al. Hyperparathyroidism: Comparison of MR imaging with radionuclide scanning. Radiology 1987 May; 163(2):415-420.

Randal SB et al. Parathyroid variants: US evaluation. Radiology 1987 Oct; 165(1):191-194.

#### *Troubles médullosurrénaliens*

Angermeier KW and Montie JE. Perioperative complications of adrenal surgery. Urol Clin North Am 1989 Aug; 16(3):597-606.

Cooper MB et al. Phaeochromocytoma in the elderly: A poorly recognised entity? Br Med J 1986 Dec 6; 293(6560):1474-1475.

Girard M and Deluca SA. Pheochromocytoma. Am Fam Physician 1989 May; 39(5):139-142.

Greene JP and Guay AT. New perspectives in pheochromocytoma. Urol Clin North Am 1989 Aug; 16(3):487-503.

Hull CJ. Phaeochromocytoma: Diagnosis, preoperative preparation and anaesthetic management. Br J Anaesth 1986 Dec; 58(12):1453-1468.

Jovenich JJ. Anesthesia in adrenal surgery. Urol Clin North Am 1989 Aug; 16(3):583-587.

MacDougall IC et al. Overnight clonidine suppression test in the diagnosis and exclusion of pheochromocytoma. Am J Med 1988 Jun; 84(6): 993-1000.

Malone MN et al. Preoperative and surgical management of pheochromocytoma. Urol Clin North Am 1989 Aug; 16(3):567-582.

Samaan NA, Hickey RC, and Shutts PE. Diagnosis, localization, and management of pheochromocytoma. Cancer 1988 Dec 1; 62(11):2451-2460.

Stenström G, Ernest I, and Tisell LE. Long-term results in 64 patients operated upon for pheochromocytoma. Acta Med Scand 1988; 223(4): 345-352.

Telenius-Berg M et al. Catecholamine release after physical exercise: A new provocative test for early diagnosis of pheochromocytoma in multiple endocrine neoplasia type 2. Acta Med Scand 1987; 222(4): 351-359.

Young MJ et al. Biochemical tests for pheochromocytoma: Strategies in hypertensive patients. J Gen Intern Med 1989 Jul/Aug; 4(4):273-276.

*Troubles corticosurrénaliens*

Avgerinos PC et al. The corticotropin-releasing hormone test in the postoperative evaluation of patients with Cushing's syndrome. J Clin Endocrinol Metab 1987 Nov; 65(5):906-913.

Bloom LS and Libertino JA. Surgical management of Cushing's syndrome. Urol Clin North Am 1989 Aug; 16(3):547-565.

Chandler WF et al. Surgical treatment of Cushing's disease. J Neurosurg 1987 Feb; 66(2):204-212.

Freidberg SR. Transsphenoidal pituitary surgery in the treatment of patients with Cushing's disease. Urol Clin North Am 1989 Aug; 16(3):589-595.

Fuhrman SA. Appropriate laboratory testing in the screening and work-up of Cushing's syndrome. Am J Clin Pathol 1988 Sep; 90(3):345-350.

Guilhaume B et al. Transsphenoidal pituitary surgery for the treatment of Cushing's disease: Results in 64 patients and long-term follow-up studies. J Clin Endocrinol Metab 1988 May; 66(5):1056-1064.

Mampalam TJ, Tyrrell JB, and Wilson CB. Transsphenoidal microsurgery for Cushing disease: A report of 216 cases. Ann Intern Med 1988 Sep 15; 109(6):487-493.

Melby JC. Therapy of Cushing disease: A consensus for pituitary microsurgery. Ann Intern Med 1988 Sep 15; 109(6):445-446.

Nieman LK et al. The ovine corticotropin-releasing hormone (CRH) stimulation test is superior to the human CRH stimulation test for the diagnosis of Cushing's disease. J Clin Endocrinol Metab 1989 Jul; 69(1):165-169.

Perry RR et al. Primary adrenal causes of Cushing's syndrome. Ann Surg 1989 Jul; 210(1):59-68.

Sandler LM et al. Long-term follow-up of patients with Cushing's disease treated by interstitial irradiation. J Clin Endocrinol Metab 1987 Sep; 65(3):441-447.

Schira MG. Steroid-dependent states and adrenal insufficiency: Fluid and electrolyte disturbances. Nurs Clin North Am 1987 Dec; 22(4):837-841.

Sheeler LR. Cushing's syndrome. Urol Clin North Am 1989 Aug; 16(3): 447-445.

*Troubles hypophysaires*

Barkan AL. Case report: Pituitary atrophy in patients with Sheehan's syndrome. Am J Med Sci 1989 Jul; 298(1):38-40.

Barkan AL et al. Treatment of acromegaly with the long-acting somatostatin analog SMS 201-995. J Clin Endocrinol Metab 1988 Jan; 66(1):16-23.

Bloom SR. Acromegaly. Am J Med 1987 May 29; 82(Suppl 5B):88-91.

Cobb WE and Jackson IMD. Short-term recovery of visual field loss in acromegaly during treatment with a long-acting somatostatin analogue. Am J Med 1989 Apr; 86(4):496-498.

Diamond T, Nery L, and Posen S. Spinal and peripheral bone mineral densities in acromegaly: The effects of excess growth hormone and hypogonadism. Ann Intern Med 1989 Oct 1; 111(1):567-573.

Germon K. Fluid and electrolyte problems associated with diabetes insipidus and syndrome of inappropriate antidiuretic hormone. Nurs Clin North Am 1987 Dec; 22(4):785-796.

Impallomeni M et al. Investigation of anterior pituitary function in elderly in-patients over the age of 75. Q J Med 1987 Jun; 63(242):505-515.

Lam KSL et al. Long-term effects of megavoltage radiotherapy in acromegaly. Aust N Z J Med 1989 Jun; 19(3):202-206.

Melmed S and Fagin JA. Acromegaly update—Etiology, diagnosis and management. West J Med 1987 Mar; 146(3):328-336.

Oelkers W. Hyponatremia and inappropriate secretion of vasopressin (antidiuretic hormone) in patients with hypopituitarism. N Engl J Med 1989 Aug 24; 321(8):492-496.

Poe CM and Taylor LM. Syndrome of inappropriate antidiuretic hormone: Assessment and nursing implications. Oncol Nurs Forum 1989 May/Jun; 16(3):373-381.

Roberts DM. Sheehan's syndrome. Am Fam Physician 1988 Jan; 37(1): 223-227.

Ross DA and Wilson CB. Results of transsphenoidal microsurgery for growth hormone-secreting pituitary adenoma in a series of 214 patients. J Neurosurg 1988 Jun; 68(6):854-867.

Schultz PN. Hypopituitarism in patients with a history of irradiation to the head and neck area: Diagnoses and implications for nursing. Oncol Nurs Forum 1989 Nov/Dec; 16(6):823-826.

Sukegawa I et al. Urinary growth hormone (GH) measurements are useful for evaluating endogenous GH secretion. J Clin Endocrinol Metab 1988 Jun; 66(6):1119-1123.

Tordjman F. Anatomie de l'hypophyse. Soins 1988; 514:5-6.

Tordjman F. Physiologie de l'hypophyse. Soins 1988; 514:7-9.

Tulandi T, Yusuf N, and Posner BI. Diabetes insipidus: A postpartum complication. Obstet Gynecol 1987 Sep; 70(3 pt 2):492-495.

van't Verlaat JW et al. Transsphenoidal microsurgery as primary treatment in 25 acromegalic patients: Results and follow-up. Acta Endocrinol (Copenh) 1988 Feb; 117(2):154-158.

Wang C et al. Comparison of the effectiveness of 2-hourly *versus* 8-hourly subcutaneous injections of a somatostatin analog (SMS 201-995) in the treatment of acromegaly. J Clin Endocrinol Metab 1989 Sep; 69(3):670-677.

*Pancréatite*

Adinaro D. Liver failure and pancreatitis: Fluid and electrolyte concerns. Nurs Clin North Am 1987 Dec; 22(4):843-852.

Bourliere M and Sarles H. Pancreatic cysts and pseudocysts associated with acute and chronic pancreatitis. Dig Dis Sci 1989 Mar; 34(3): 343-348.

Carter DC. Pancreatitis and the biliary tree: The continuing problem. Am J Surg 1988 Jan; 155(1):10-17.

DiMagno EP. Early diagnosis of chronic pancreatitis and pancreatic cancer. Med Clin North Am 1988 Sep; 72(5):979-992.

Ebbehøj N et al. Pancreaticogastrostomy for chronic pancreatitis. Am J Surg 1989 Mar; 157(3):315-317.

Fan ST et al. Influence of age on the mortality from acute pancreatitis. Br J Surg 1988 May; 75(5):463-466.

Grendell JH and Egan J. Acute pancreatitis (medical staff conference). West J Med 1987 May; 146(5):598-602.

Hayakawa T et al. Chronic alcoholism and evolution of pain and prognosis in chronic pancreatitis. Dig Dis Sci 1989 Jan; 34(1):33-38.

Jeffres C. Complications of acute pancreatitis. Crit Care Nurs 1989 Apr; 9(4):38-44, 46, 48.

Kiviluoto T et al. Pseudocysts in chronic pancreatitis. Arch Surg 1989 Feb; 124(2):240-243.

Kozarek RA et al. Endoscopic placement of pancreatic stents and drains in the management of pancreatitis. Ann Surg 1989 Mar; 209(3):261-266.

Nealon WH, Townsend CM, and Thompson JC. Operative drainage of the pancreatic duct delays functional impairment in patients with chronic pancreatitis: A prospective analysis. Ann Surg 1988 Sep; 208(3):321–326.

Nealon WH, Townsend CM, and Thompson JC. Preoperative endoscopic retrograde cholangiopancreatography (ERCP) in patients with pancreatic pseudocyst associated with resolving acute and chronic pancreatitis. Ann Surg 1989 May; 209(5):532–537.

Neoptolemos JP et al. Acute cholangitis in association with acute pancreatitis: Incidence, clinical features and outcome in relation to ERCP and endoscopic sphincterotomy. Br J Surg 1987 Dec; 74(12):1103–1106.

# PROGRÈS DE LA RECHERCHE EN SCIENCES INFIRMIÈRES

## SOINS INFIRMIERS AUX PATIENTS ATTEINTS DE DIABÈTE

### Sommaire

La recherche en sciences infirmières dans le domaine du diabète porte sur une variété de sujets, mais surtout sur les moyens d'améliorer la capacité d'effectuer les autosoins chez les patients atteints de cette maladie. Certaines études portent toutefois sur des sujets un peu plus pratiques, comme la réutilisation des seringues à insuline et la division en deux des bandelettes réactives utilisées pour la mesure du glucose, dans le but d'économiser de l'argent. D'autres infirmières ont dirigé leur recherche sur les connaissances de base des diabétiques et évalué des moyens de se conformer aux normes d'enseignement aux diabétiques établies par des organismes nationaux. Une étude portant sur l'évaluation par les patients de l'état de leur diabète a révélé que leur interprétation des symptômes ne coïncide pas toujours avec l'enseignement qu'ils ont reçu.

Les aspects émotionnels du diabète et les mécanismes d'adaptation du patient et de sa famille intéressent les chercheurs en sciences infirmières, mais aussi en psychologie et en médecine. La perception qu'a le patient de ses prédispositions aux complications et les effets favorables de certaines activités d'autosoins ont aussi fait l'objet d'études qui ont pour but de guider les infirmières dans la mise au point de programmes efficaces d'enseignement et de mesures destinées à favoriser l'observance du traitement.

Les études en rapport avec le milieu hospitalier ont pour objet la stabilisation de la glycémie, les réactions du patient à l'hospitalisation et les connaissances sur le diabète des infirmières œuvrant en milieu hospitalier.

▷ **G. W. Poteet, B. Reinert et H. E. Ptak, «Outcome of multiple usage of disposable syringes in the insulin-requiring diabetic», Nurs Res, nov.-déc. 1987; 36(6):350-352**

Cette étude porte sur la réutilisation des seringues à insuline jetables. L'échantillon se composait de 166 diabétiques qui ont rempli un questionnaire concernant leurs habitudes d'utilisation des seringues. Soixante-quatorze sujets (44,6 %) ont dit utiliser leurs seringues plusieurs fois, dont 67 (90,5 %) de 2 à 4 fois; les autres ont dit utiliser leurs seringues de 5 à 20 fois. Les sujets qui ont dit réutiliser leurs seringues étaient plus âgés, avaient un revenu plus faible et avaient besoin d'un plus grand nombre d'injections quotidiennes.

On a choisi au hasard 44 des 74 sujets qui ont dit réutiliser leurs seringues pour la poursuite de l'étude. On a demandé à ces sujets, qui avaient tous besoin de plus d'une injection par jour, de ne pas modifier leurs habitudes d'injection, mais de conserver une de leurs seringues après la dernière injection de la journée en vue d'une culture. Les cultures étaient négatives dans 91 % des cas (40 seringues). Les quatre autres seringues contenaient des microorganismes faisant partie de la flore microbienne normale de la peau.

Quelques sujets de cette étude ont dit présenter une rougeur aux points d'injection (4 % de ceux qui réutilisent leurs seringues et 14 % de ceux qui ne les réutilisent pas). Les auteurs croient que les rougeurs, qui sont plus fréquentes chez les sujets qui ne réutilisent pas leurs seringues, sont dues à une mauvaise préparation de la peau. On n'a noté aucune infection chez les sujets qui réutilisent leurs seringues.

**Soins infirmiers.** Les résultats de cette étude confirment les résultats d'autres études qui avaient démontré que la réutilisation des seringues est sans danger. Ses auteurs recommandent toutefois la prudence jusqu'à ce que soient menées des études supplémentaires portant sur un échantillon plus grand. Il faudra aussi procéder à des cultures sur les seringues au moment où elles seraient normalement jetées et déterminer les causes des rougeurs aux points d'injection. Même si on sait que beaucoup de diabétiques réutilisent leurs seringues sans effets nocifs apparents, la plupart des centres hospitaliers ne sont pas en faveur de cette pratique. Les infirmières qui donnent de l'enseignement aux patients doivent donc se conformer aux directives de leur établissement concernant la réutilisation des seringues. Toutefois, elles peuvent leur expliquer que cette pratique fait l'objet d'études et les informer des résultats de ces études afin qu'ils puissent prendre une décision éclairée.

▷ **J. A. McCarthy, P. F. Sink et B. M. Covarrubias, «Reevaluation of single-use insulin syringes», Diabetes Care, nov.-déc. 1988; 11(10):817-818**

Cette étude porte sur diverses méthodes de réutilisation des seringues. L'échantillon se composait de 25 sujets diabétiques qui se donnaient 2 injections par jour d'insuline humaine. Tous les sujets se sont conformés, pendant 12 jours chaque fois, à 4 protocoles de réutilisation des seringues et à un protocole de non réutilisation. Les protocoles ont été assignés au hasard. Les protocoles de réutilisation comportaient l'usage d'une même seringue quatre fois, en se conformant aux directives qui suivent après chaque usage:

- Essuyer l'aiguille avec de l'alcool, la recouvrir de son capuchon et garder la seringue au réfrigérateur.
- Essuyer l'aiguille avec de l'alcool, la recouvrir de son capuchon et garder la seringue à la température de la pièce.

- Recouvrir l'aiguille de son capuchon et garder la seringue au réfrigérateur.
- Recouvrir l'aiguille de son capuchon et garder la seringue à la température de la pièce.

On a demandé aux sujets d'observer les points d'injection à la recherche de signes d'infection (rougeur, tuméfaction, chaleur et sensibilité) au cours des 72 heures suivant l'injection et de communiquer immédiatement avec les chercheurs si ces signes se manifestaient. Le cas échéant, on dirigerait les sujets vers un médecin et on ferait des cultures des écoulements.

Aucun des sujets n'a présenté de signes d'infection tout au cours de l'étude. Les auteurs en concluent que la réutilisation des seringues (au moins quatre fois) est sans danger, à condition que l'on garde la seringue dans des conditions appropriées.

***Soins infirmiers.*** L'infirmière qui doit répondre aux questions d'un patient sur la réutilisation des seringues à insuline peut lui citer cette étude en lui indiquant comment conserver sa seringue.

▷ ***B. Wakefield et coll., «Does contamination affect the reliability and validity of bisected Chemstrip bGs?», West J Nurs Res,*** *juin 1989; 11(3):328-333*

Cette étude avait pour but de déterminer si le fait de couper en deux les bandelettes réactives pour la mesure du glucose nuit à l'interprétation des résultats. Il s'agit d'une mesure recommandée par certaines infirmières pour épargner de l'argent au patient. Deux facteurs sont susceptibles de nuire à l'interprétation des résultats : la contamination de la bandelette par la peau ou des ciseaux non stériles et la réduction de la surface colorée.

On a obtenu de 56 sujets du sang capillaire que l'on a analysé au moyen de cinq bandelettes : un bandelette non coupée, utilisée conformément aux directives du fabricant ; une bandelette non coupée contaminée par le sujet qui l'a pressée entre son pouce et son index non lavés pendant cinq secondes ; une bandelette coupée en deux avec des ciseaux stériles ; une bandelette coupée en deux avec des ciseaux lavés à l'eau et au savon et une bandelette coupée en deux avec des ciseaux non lavés. Les lectures visuelles ont été faites par une ou deux infirmières. De plus, on a lu les bandelettes non coupées au moyen de l'appareil Accu-Chek. L'échantillon comptait des étudiantes en sciences infirmières (non diabétiques) et des diabétiques, afin d'obtenir un éventail de taux de glucose.

On a observé un faible écart des moyennes dans les différentes conditions de l'étude, soit entre 8,4 et 9,0 mmol / L. On a noté d'autre part une différence significative du point de vue statistique entre la moyenne des lectures avec Accu-Chek (8,4 mmol / L) et celle des lectures visuelles (8,9 mmol / L). Cette différence n'est toutefois pas significative du point de vue clinique. Cette étude révèle que le fait de couper en deux ou de contaminer les bandelettes réactives ne nuit pas à leur interprétation visuelle.

***Soins infirmiers.*** Les auteurs de cette étude, malgré les résultats qu'ils ont obtenus, soulignent qu'on devra attendre les résultats d'autres études avant de pouvoir recommander aux patients de couper en deux leurs bandelettes réactives. Ces études devront déterminer si le fait de couper les bandelettes nuit à l'interprétation des résultats par les patients

et si le fait de les couper à l'avance a des effets sur la précision des résultats. Les infirmières doivent donc éviter de donner aux patients des directives qui n'ont pas été établies par le fabricant. Elles peuvent toutefois les informer des résultats des études portant sur le fait de couper les bandelettes réactives afin qu'ils puissent pendre une décision éclairée.

▷ ***S. L. Teza, W. K. Davis et R. G. Hiss, «Patient knowledge compared with national guidelines for diabete care», Diabetes Educator,*** *mai-juin 1988; 14(3):207-211*

Cette étude avait pour but d'évaluer les connaissances des diabétiques sur leur maladie en regard des normes établies par l'American Diabetes Association et l'American Association of Diabetes Educators. L'échantillon se composait de 428 sujets choisis au hasard parmi les patients de médecins de première ligne dans 8 communautés. L'âge des sujets variait entre 16 et 85 ans. On les a divisé en trois groupes selon le type de leur diabète et le mode de traitement : diabète insulinodépendant (DID), diabète non insulinodépendant (DNID) traité à l'insuline et diabète non insulinodépendant non traité à l'insuline. La moyenne de la durée du diabète était de 19,6 ans dans le groupe DID, de 13,3 ans dans le groupe DNID traité à l'insuline et de 7,9 ans dans le groupe DNID non traité à l'insuline.

Les sujets ont répondu à un questionnaire visant à évaluer leurs connaissances sur différents aspects du traitement du diabète : régime alimentaire, administration de l'insuline ou des hypoglycémiants oraux, exercice, hypoglycémie, cétoacidose et soins des membres inférieurs.

Les sujets du groupe DID ont eu les meilleurs résultats (71 % de réponses correctes). Les sujets du groupe DNID traités à l'insuline ont obtenu une moyenne de 57 % et ceux du groupe DNID non traités à l'insuline, une moyenne de 52 %. Le plus haut taux de réponses erronées dans les trois groupes a été observé dans les questions portant sur les justifications du régime alimentaire, le classement des aliments dans les groupes alimentaires, les modifications au régime alimentaire en période de maladie et les soins des blessures mineures aux pieds et aux jambes.

Les auteurs de cette étude croient que les normes d'enseignement établies dans les années 1980 par des organismes nationaux n'ont pas encore eu les effets escomptés dans les communautés où le traitement du diabète est confié à des omnipraticiens. Ils croient également que les bons résultats obtenus par les sujets du groupe DID reflètent le fait que les professionnels de la santé et les patients eux-mêmes considèrent que le DID est plus grave et exige plus de soins et de connaissances que le DNID.

Les différences dans le taux de réussite du questionnaire observées entre les groupes suggèrent que les diabétiques doivent recevoir un enseignement adapté au type de diabète dont ils souffrent, et que l'on devrait tenir compte de ce fait dans les études destinées à évaluer leurs connaissances.

***Soins infirmiers.*** Le manque de connaissance des personnes atteintes de diabète depuis longtemps, surtout pour ce qui a trait au régime alimentaire et aux soins des pieds, fait ressortir l'important rôle de l'infirmière dans l'évaluation des autosoins chez les patients. Les résultats de cette étude confirment que les diabétiques doivent recevoir un enseignement continu, car il ne faut pas présumer qu'ils ont acquis par eux-mêmes des connaissances au cours des années.

▷ *E. Hamera et coll., «Self-regulation in individuals with type II diabetes»,* Nurs Res, *nov.-déc. 1988; 37(6):363-367*

Cette étude avait pour but d'établir si le fait de baser le traitement sur les symptômes a des effets sur la stabilisation du diabète, présumant qu'il existe un modèle d'autorégulation du diabète selon lequel les diabétiques évaluent leur taux de glucose en fonction de leurs symptômes et prennent des mesures basées sur le soulagement de ces symptômes.

L'échantillon se composait de 173 sujets atteints de diabète de type II dont l'âge allait de 27 à 83 ans. La durée moyenne de la maladie était de 9,9 ans et tous les sujets ont dit avoir reçu une certaine forme d'enseignement. Le diabète était traité par les hypoglycémiants oraux chez 46,8 % des sujets, à l'insuline chez 42,8 % des sujets et par le régime alimentaire chez 10,4 %. Quatre-vingt cinq pour cent des sujets ont dit mesurer leur glycémie et 6,9 % faire la recherche de sucre dans les urines.

On a interrogé les sujets afin de déterminer s'ils étaient à l'écoute de leurs symptômes et s'ils prenaient des mesures en fonction de ces symptômes. Des questions portaient sur les symptômes qui reflètent le mieux l'hyperglycémie ou l'hypoglycémie, et d'autres sur la confiance des sujets dans la fidélité de ces symptômes, sur les mesures qu'ils prennent quand les symptômes apparaissent et sur l'effet de ces mesures sur la glycémie et le soulagement des symptômes.

Selon les résultats de cette étude, une majorité de sujets (85 %) associent des symptômes à l'hyperglycémie et à l'hypoglycémie. Ces symptômes étaient très variés, certains étant conformes aux symptômes caractéristiques décrits dans la documentation médicale, d'autres non. Un peu plus de la moitié des sujets croyaient que les symptômes reflètent fidèlement la glycémie, même si la plupart d'entre eux n'avaient pas vérifié concrètement ce fait par un dosage de la glycémie.

Soixante-seize pour cent des sujets ont dit prendre des mesures quand ils ressentent des symptômes associés à l'hyperglycémie (ils surveillent davantage leur régime alimentaire, font une sieste, prennent une boisson non alcoolique ou une boisson ou un aliment à forte teneur en protéines, par exemple) et 88 % ont dit prendre des mesures quand ils ressentent des symptômes d'hypoglycémie (ils prennent un aliment à forte teneur énergétique, font une sieste, etc.).

On n'a pas observé de corrélation entre l'utilisation de ces mesures et le niveau de connaissance formelle sur le diabète, la fréquence des dosages de la glycémie et la durée du diabète. Par contre, les femmes et les sujets traités à l'insuline étaient plus susceptibles de prendre des mesures pour soulager leurs symptômes. Le degré de stabilisation du diabète (révélé par l'hémoglobine glycosylée) n'est pas en corrélation avec l'autorégulation.

Les auteurs croient que cette absence de corrélation pourrait être imputable aux raisons suivantes: les sujets interprètent mal leurs symptômes, ils ne dosent pas leur glycémie quand ces symptômes apparaissent et ils prennent des mesures (la sieste, par exemple) qui n'ont pas d'effets bénéfiques sur le taux de glucose ou pourraient avoir un effet néfaste.

***Soins infirmiers.*** Cette étude démontre l'importance de la mesure de la glycémie dans le diabète. Les infirmières qui soignent des diabétiques qui croient pouvoir estimer leur taux de glucose par leurs symptômes doivent donc inciter ceux-ci à confirmer leurs présomptions par une vérification de la glycémie. La prise de mesures non appropriées par certains sujets fait ressortir l'importance de l'enseignement continu aux diabétiques, même plusieurs années après que le diagnostic a été posé.

▷ *J. Edelstein et M. W. Linn, «Locus of control and the control of diabetes»,* Diabetes Educator, *1987; 13(1):51-54*

Cette étude avait pour but de déterminer s'il existe une relation entre le locus de contrôle (LC) et la stabilisation du diabète dans un groupe d'hommes diabétiques. Le LC est la perception qu'a une personne de la relation entre son comportement et les résultats de ce comportement. Dans le domaine des comportements touchant la santé, on présume que les patients qui ont un locus de contrôle interne croient avoir une influence directe sur leur santé et sont, pour cette raison, plus enclins à prendre des mesures de prévention. À l'inverse, les patients qui ont un locus de contrôle externe croient que des facteurs venus de l'extérieur ont une influence sur leur santé et sont moins enclins à prendre des mesures de prévention. Ils auraient donc besoin d'être suivis de plus près. Toutefois, certains chercheurs ont obtenu des résultats contradictoires à cet égard.

L'échantillon retenu pour cette étude se composait de 120 hommes diabétiques traités à l'insuline. L'âge moyen des sujets était de 51 ans et la durée moyenne de leur diabète de 12 ans. Tous les sujets étaient suivis dans une même clinique et avaient reçu le même enseignement. Ils ont été vus par les chercheurs tous les six mois pendant trois ans et ont subi une batterie de tests psychologiques et d'épreuves physiologiques. Parmi les tests psychologiques, notons le Rotter's Locus of Control Scale, selon lequel plus le score est élevé, plus l'orientation est externe. Les épreuves physiologiques avaient pour but de vérifier la stabilité du diabète: hémoglobine glycosylée $A_1C$, taux de glucose, de triglycérides et de cholestérol.

Les auteurs ont observé que, de façon générale, les sujets avec un locus de contrôle externe présentaient un meilleur équilibre de leur diabète à la visite suivante, ce qui pourrait s'expliquer par le fait que ces sujets sont plus réceptifs aux directives. Par contre, les sujets avec un locus de contrôle interne abandonneraient certains comportements s'ils constatent que ceux-ci ne donnent pas les résultats escomptés.

Les auteurs ont par ailleurs observé que le LC n'a pas une bonne valeur prédictive de l'équilibre du diabète chez les patients qui ont beaucoup de problèmes en ce sens, ce qui limite la portée des résultats de cette étude.

***Soins infirmiers.*** Les études portant sur la relation entre le LC et l'observance du programme de traitement donnent des résultats contradictoires. On peut néanmoins affirmer que les programmes d'enseignement des autosoins et d'adaptation à une maladie chronique doivent être personnalisés pour donner de meilleurs résultats. D'autres études devront être menées sur l'influence du LC sur la santé, de même que sur le changement d'une orientation interne à une orientation externe chez un même patient au cours des années.

▷ *K. S. Keith et B. Pieper, «Perioperative blood glucose levels: a study to determine the effect of surgery»,* AORN J, *juillet 1989; 50(1):103-110*

Cette étude avait pour but de comparer les taux sanguins de glucose pendant une intervention chirurgicale chez des personnes souffrant de diabète insulinodépendant (DID) à celui de personnes souffrant de diabète non insulinodépendant (DNID) et de personnes non diabétiques. L'échantillon se composait de 36 sujets (13 avec DID, 11 avec DNID et 12 non diabétiques), dont l'âge moyen était de 52,6 ans et devant subir une parmi huit interventions chirurgicales, dont les plus fréquentes étaient la cholécystectomie, l'extraction d'une cataracte et l'hystérectomie abdominale. Soixante-et-un pour cent des sujets ont eu une anesthésie générale, 11 % une anesthésie rachidienne et 28 % une anesthésie locale. On a mesuré le taux de glucose sur le sang capillaire au moyen d'un glucomètre au moins cinq fois : le matin de l'opération, dans l'antichambre de la salle d'opération, 15 minutes avant l'opération, toutes les heures au cours de l'opération et 15 minutes après l'arrivée à la salle de réveil.

On a observé des différences significatives dans les taux de glucose préopératoires entre les diabétiques et les non diabétiques, les taux moyens étant de 5,9, 9,8 et 10,5 mmol/L chez les sujets non diabétiques, les sujets avec DID et les sujets avec DNID respectivement. Au cours de l'opération et après, on n'a pas observé de différences significatives entre les groupes, peu importe le traitement utilisé pour maintenir le taux de glucose. Les taux moyens de glucose 75 minutes après le début de l'opération étaient de 15,3, 13,6 et 16,4 mmol/L chez les sujets non diabétiques, les sujets avec DID et les sujets avec DNID respectivement. À la salle de réveil, les taux de glucose se situaient entre 8,9 et 11,1 mmol/L. On n'a pas observé de corrélation entre le type d'anesthésie et les taux de glucose, mais le nombre des patients ayant eu une anesthésie spinale ou locale était faible.

**Soins infirmiers.** Les auteurs de cette étude soulignent que l'hyperglycémie peut entraîner des troubles de cicatrisation et des déséquilibres hydroélectrolytiques dus à la diurèse osmotique. Ils suggèrent que pour prévenir la diurèse osmotique, il faudrait maintenir le taux de glucose sous le seuil d'élimination rénale qui est d'environ 10,0 mmol/L. Les résultats de cette étude indiquent qu'un traitement plus énergique à l'insuline est nécessaire, surtout chez les patients dont la glycémie reste élevée dans la période postopératoire immédiate. Il serait intéressant que l'on étudie les effets de l'hyperglycémie observée pendant l'opération chez les non diabétiques.

Les infirmières jouent un rôle important dans la surveillance de la glycémie, surtout à la salle d'opération où l'usage d'un glucomètre évite de faire appel à un technicien de laboratoire ou de transporter les échantillons au laboratoire, ce qui réduit le va-et-vient.

▷ *C. P. Germain et R. M. Nemchik,* **Diabetes self-management and hospitalization,** *Image: J Nurs Scholarship, été 1988; 20(2):74-78*

Cette étude avait pour but d'analyser l'opinion et l'expérience des patients hospitalisés concernant l'autotraitement du diabète au cours de l'hospitalisation. L'échantillon de commodité se composait de 73 diabétiques. On a demandé aux sujets de remplir un questionnaire portant sur leur programme actuel d'autosoins, leur opinion et leurs désirs concernant les autosoins pendant l'hospitalisation, leur expérience au cours de l'hospitalisation et leurs inquiétudes pour les hospitalisations futures.

Cinquante-et-un sujets (71 %) ont dit avoir été hospitalisés peu avant l'étude, pour un trouble non directement lié au diabète dans la plupart des cas. Pour la majorité d'entre

eux, le personnel hospitalier s'est chargé des activités relatives au traitement du diabète. Les sujets qui ont pu effectuer des autosoins ont participé pour la plupart aux quatre activités suivantes : choix des aliments, injection d'insuline, recherche du glucose dans les urines et traitement de l'hypoglycémie.

La majorité des sujets croient que les diabétiques devraient être autorisés à poursuivre leur autotraitement quand ils sont hospitalisés. Une question portait aussi sur la plus mauvaise expérience concernant le traitement de leur diabète au cours d'une hospitalisation. Des sujets ont dit avoir reçu le mauvais type ou la mauvaise dose d'insuline et d'autres ont dit ne pas être écoutés par les médecins et les infirmières. Les inquiétudes concernant les hospitalisations futures étaient notamment la crainte de faire une réaction à l'insuline et de n'avoir pas d'aliments à sa portée, la crainte de ne pas recevoir son insuline au bon moment et selon la bonne dose et des doutes concernant les connaissances du personnel hospitalier.

**Soins infirmiers.** Cette étude souligne l'importance de connaître les désirs des diabétiques hospitalisés en matière d'autosoins et d'établir des directives autorisant les autosoins si le patient le désire. En permettant au patient de préparer son insuline et de se l'injecter, et en laissant à sa portée des aliments pour traiter l'hypoglycémie, on pourrait réduire les épisodes d'hypoglycémie et d'hyperglycémie chez les diabétiques hospitalisés. Cette étude fait aussi ressortir l'importance de s'assurer que les connaissances sur le diabète du personnel hospitalier soient à jour, afin d'accroître la confiance du patient dont la capacité d'effectuer ses autosoins est temporairement altérée. Par ailleurs, quand les autosoins sont autorisés, l'infirmière a suffisamment de temps pour évaluer les capacités du patient et lui prodiguer de l'enseignement au besoin.

▷ *J. A. Drass et coll.,* «*Perceived and actual level of knowledge of diabetes mellitus among nurses*», Diabetes Care, *mai 1989; 12(5):351-356*

Cette étude avait pour but d'évaluer les connaissances sur le diabète des infirmières d'un grand centre hospitalier universitaire et leur capacité d'estimer elles-mêmes leurs connaissances. L'échantillon se composait de 184 infirmières de différents services. On a demandé aux sujets de remplir trois questionnaires. Le premier questionnaire avait pour but de recueillir des données démographiques (années de pratique, formation et expérience personnelle ou familiale du diabète). Le second, mis au point par les auteurs de l'étude, a servi à recueillir la perception des sujets sur leurs connaissances à propos du diabète. Le troisième visait à évaluer objectivement les connaissances des sujets ; il se composait de 45 questions à choix multiples, portant notamment sur les causes du diabète, les différentes modalités de traitement, les complications aiguës et chroniques, les mesures d'hygiène, la chirurgie et le stress.

La moyenne des réponses correctes au questionnaire d'évaluation des connaissances fut de 64 %. Les questions où on a noté le plus de réponses incorrectes touchaient surtout le traitement de l'hypoglycémie, la durée d'action des hypoglycémiants oraux, la surveillance du taux de glucose et les causes du diabète insulinodépendant. Les infirmières qui ont obtenu les scores les plus élevés au questionnaire portant sur la perception des connaissances ont obtenu la note la plus basse au questionnaire d'évaluation des connaissances, ce qui indique que plus elles croient en savoir sur le diabète, moins elles en savent. De plus, les infirmières qui avaient le plus d'expérience et celles qui n'avaient pas assisté à une conférence sur le diabète au cours des six derniers mois ont eu des notes plus basses au questionnaire d'évaluation des connaissances. Il est intéressant de noter que les infirmières ayant une expérience personnelle ou familiale du diabète ont eu un score plus bas au questionnaire sur la perception des connaissances. Il semble que l'expérience du diabète les ait amenées à se rendre compte qu'elles avaient beaucoup à apprendre sur cette maladie.

***Soins infirmiers.*** Les résultats de cette étude suggèrent que les progrès techniques rapides dans le traitement du diabète et le peu de possibilités pour les infirmières de se tenir au courant de ces progès entraînent chez elles un manque de connaissances dont elles ne sont pas conscientes. Dans un grand nombre d'établissements, on exige que les infirmières assistent aux séances d'enseignement aux diabétiques. Il importe d'assurer aux infirmières une formation permanente afin d'améliorer leurs connaissances et, par le fait même, les connaissances du patient et sa capacité d'effectuer ses autosoins.

# *partie* 8
## Soins aux opérés

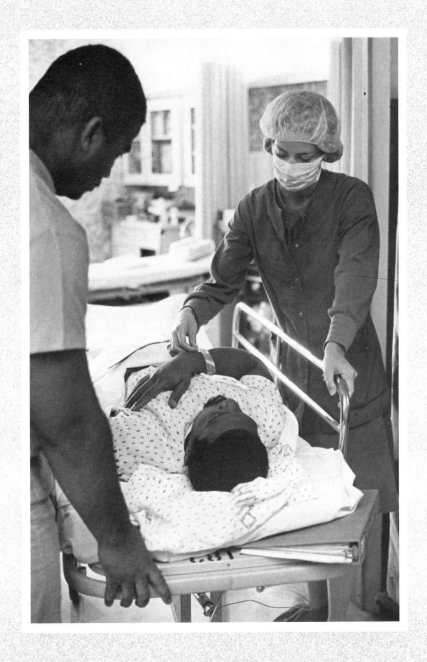

# 32
# SOINS INFIRMIERS PRÉOPÉRATOIRES

## OBJECTIFS D'APPRENTISSAGE

*Après avoir étudié ce chapitre, vous devriez être en mesure de réaliser ce qui suit:*

1. Reconnaître les causes d'anxiété préopératoire et décrire les interventions infirmières destinées à apaiser cette anxiété.

2. Reconnaître les facteurs qui exposent le patient aux complications chirurgicales à partir d'une collecte complète de données préopératoires.

3. Reconnaître la portée légale et éthique du consentement éclairé et autres autorisations.

4. Décrire les soins infirmiers préopératoires destinés à réduire les risques d'infection et autres complications postopératoires.

5. Élaborer un plan d'enseignement préopératoire destiné à favoriser le rétablissement du patient et ainsi prévenir les complications postopératoires.

6. Décrire les soins infirmiers préopératoires immédiats.

7. Définir le rôle de l'infirmière auprès de la famille de l'opéré.

## CLASSEMENT DES INTERVENTIONS CHIRURGICALES SELON LES INDICATIONS ET L'URGENCE DE LA SITUATION

Les interventions chirurgicales se pratiquent pour une foule de raisons. Elles peuvent être *diagnostiques* (biopsie ou laparotomie exploratrice), *curatives* (ablation d'une tumeur ou d'un appendice infecté), *réparatrices* (fixations internes de plusieurs fractures), *esthétiques* (mammoplastie ou rhytidectomie) ou *palliatives* (gastrostomie visant à compenser l'incapacité d'avaler les aliments).

On peut aussi classer les interventions chirurgicales selon l'urgence de la situation en utilisant les termes *extrêmement urgente, urgente, nécessaire, élective, optionnelle*. Ces termes sont définis dans le tableau 32-1 avec exemples à l'appui.

 ## DÉMARCHE DE SOINS INFIRMIERS

### ▷ Collecte des données

Les données préopératoires comprennent un grand nombre de facteurs physiques et psychologiques et une collecte de données complète se fait en fonction de nombreux paramètres qui permettront à l'infirmière de prévoir divers problèmes et de formuler divers diagnostics infirmiers. Une description

**TABLEAU 32-1.** *Classement des interventions chirurgicales selon l'urgence de la situation*

| Catégorie | Urgence | Exemples |
|---|---|---|
| I. Extrêmement urgente — Le patient est dans un état critique qui exige des soins immédiats; sa vie est en danger. | Sans délai | Hémorragie grave<br>Obstruction vésicale ou intestinale<br>Fracture du crâne<br>Blessure par arme blanche ou par balle<br>Brûlures graves |
| II. Urgente — Le patient est dans un état grave qui exige des soins rapides. | Dans les 24 à 30 heures | Cholécystite aiguë<br>Calculs rénaux ou urétraux |
| III. Nécessaire — L'état du patient exige une intervention chirurgicale. | Dans quelques semaines ou quelques mois | Hyperplasie de la prostate sans obstruction vésicale<br>Troubles thyroïdiens<br>Cataractes |
| IV. Élective — L'intervention chirurgicale est indiquée. | L'opération n'est pas indispensable. | Réfection de cicatrices<br>Hernie simple<br>Colpoplastie |
| V. Optionnelle — La décision appartient au patient. | Préférence personnelle | Chirurgie esthétique |

détaillée de l'évaluation psychosociale et de l'examen physique de l'opéré est présentée ci-après.

### ▷ *Analyse et interprétation des données*

Selon les données recueillies, voici les principaux diagnostics infirmiers préopératoires possibles:

- Anxiété reliée à l'intervention chirurgicale elle-même (anesthésie, douleur) et aux conséquences de cette intervention
- Manque de connaissances sur les techniques et protocoles préopératoires et sur les résultats de l'opération

### ▷ *Planification et exécution*

▷ *Objectifs de soins:* Réduction de l'anxiété préopératoire et acquisition de connaissances sur les soins préopératoires ainsi que sur le déroulement postopératoire.

### ▷ *Interventions infirmières*

▷ *Réduction de l'anxiété préopératoire.* Les interventions infirmières à appliquer en fonction de cet objectif sont décrites en détail sous la rubrique intitulée Évaluation psychosociale et interventions infirmières.

▷ *Enseignement au patient.* Les interventions infirmières relatives à cet objectif sont décrites en détail sous la rubrique intitulée Enseignement préopératoire au patient. On trouvera d'autres éléments d'enseignement au patient aux rubriques intitulées Soins infirmiers préopératoires et Soins infirmiers préopératoires immédiats.

### ▷ *Évaluation*

#### *Résultats escomptés*

1. Le patient éprouve un soulagement de son anxiété.
    a) Il dit à sa famille et à la personne clé dans sa vie qu'il a hâte que son problème soit corrigé.

b) Il s'informe auprès de l'anesthésiste sur les divers types d'anesthésie et sur l'induction de l'anesthésie.
c) Il dit connaître les indications des médicaments préopératoires et le déroulement de l'anesthésie générale.
d) Il fait part aux membres du personnel soignant de ses craintes de dernière minute et s'informe auprès d'eux.
e) Il éprouve moins d'anxiété relativement aux conséquences financières de l'opération après avoir eu un entretien avec un travailleur social.
f) Il réclame la visite d'un membre du clergé, au besoin.
g) Il se repose calmement après la visite des membres de l'équipe soignante.
2. Le patient se prépare à l'intervention chirurgicale.
    a) Il participe de bon gré aux soins préopératoires.
    b) Il décrit les exercices postopératoires et en fait la démonstration.
    c) Il passe en revue les informations reçues sur les soins postopératoires.
    d) Il accepte la prémédication.
    e) Il reste au lit.
    f) Il est détendu pendant le transport au bloc opératoire.
    g) Il connaît les raisons qui justifient l'utilisation des ridelles.

## ÉVALUATION PSYCHOSOCIALE ET INTERVENTIONS INFIRMIÈRES

Toute personne devant subir une intervention chirurgicale présente une réaction émotionnelle, parfois visible, parfois cachée, parfois normale, parfois anormale. Il s'agit généralement d'une réaction d'anticipation à une expérience considérée comme une menace à l'intégrité sociale et corporelle, voire à la vie, que l'on désigne sous le nom d'anxiété préopératoire. Or, comme on sait que le psychisme influe directement sur le fonctionnement de l'organisme humain, il est essentiel de déceler les signes d'anxiété chez le futur opéré.

Lorsqu'elle dresse le *profil du patient,* l'infirmière consciencieuse peut lui poser des questions qui lui permettront de savoir s'il nourrit des inquiétudes se rapportant directement à l'intervention chirurgicale : crainte de l'inconnu, de la mort, de l'anesthésie, du cancer, ou peur de devoir s'absenter longtemps de son travail, de perdre son emploi et de ne pouvoir assumer ses responsabilités familiales. La tension émotionnelle provoquée par la perspective de subir une opération sera encore plus forte si celle-ci risque d'entraîner une incapacité permanente. Il ne faut pas non plus oublier que le patient peut avoir eu de mauvaises expériences au cours d'hospitalisations antérieures ou avoir connu des personnes ayant subi la même intervention avec peu de succès. Par conséquent, l'infirmière doit inciter le patient à exprimer ses craintes ; elle doit l'écouter, se montrer compréhensive et lui fournir des informations qui pourront le rassurer.

De nombreux facteurs influent sur la réaction du patient, notamment la façon dont il envisage l'issue de l'intervention, de même que la souffrance et les changements physiques, financiers, psychologiques, spirituels ou sociaux qu'elle risque d'entraîner. L'opération va-t-elle améliorer son état actuel ? Sera-t-il invalide ? Ne s'agit-il que d'une mesure temporaire destinée à retarder les effets d'une maladie chronique ?

Une importante partie de la collecte des données doit être consacrée à déterminer le rôle de la famille ou des personnes clés, de même que les réseaux de soutien dont le patient dispose. D'autres renseignements, comme le degré habituel de fonctionnement et les activités quotidiennes normales, pourront aider le personnel soignant à élaborer un plan de soins et un programme de réadaptation approprié.

La *peur* ne s'exprime pas toujours de la même façon. Chez certaines personnes, elle se manifeste indirectement par de nombreuses questions, sans cesse répétées, même si des réponses ont déjà été fournies. Chez d'autres, elle provoque un repli sur soi ou un refus délibéré de communiquer. Les personnes qui réagissent de cette façon vont par exemple se plonger dans la lecture d'un livre ou rester clouées devant le téléviseur. D'autres patients vont débiter des banalités. Ceux-ci vont parfois se tourner brusquement vers l'infirmière et lui dire : « Mon opération me rend un peu nerveux, je pense que ça se voit. » C'est alors le moment ou jamais d'établir la communication. Il faut éviter de nier leurs craintes en disant : « Il n'y a aucune raison d'avoir peur », car on ne ferait que couper la communication et obliger le patient à régler seul ses problèmes, ce qu'il fera peut-être de façon moins efficace qu'avec l'aide de l'infirmière.

S'il sent qu'il ne peut communiquer avec l'infirmière, le patient ne saura plus que penser et risque de mal comprendre ce qu'on lui dit au point qu'une remarque banale d'une infirmière ou d'un médecin prendra des proportions démesurées. Il peut arriver, par exemple, que l'on doive retarder une opération parce que la liste opératoire est complète. Si on se contente alors de dire au patient qu'il y a eu un contretemps, celui-là peut s'imaginer que le délai est dû à une détérioration de son état.

La personne qui doit subir une opération peut éprouver toutes sortes de craintes. Elle peut par exemple avoir *peur de l'anesthésie,* ce qui était justifié à une époque où l'on connaissait mal l'usage des anesthésiques et leurs effets. Aujourd'hui, des méthodes perfectionnées, des médicaments éprouvés et des anesthésistes compétents rendent les risques négligeables. Par ailleurs, une bonne préparation physique et mentale du patient facilitent l'anesthésie. Une mauvaise préparation, au contraire, peut entraîner une induction difficile et un réveil désagréable. Lors de ses contacts avec le patient, l'infirmière peut faire beaucoup pour rétablir les faits. La visite de l'anesthésiste, la veille de l'opération, contribue également à créer un climat de confiance. Le patient est donc moins craintif parce qu'il en sait davantage sur l'anesthésie et l'accepte alors plus facilement.

Souvent, la peur de l'anesthésie découle de la *peur de la douleur et de la mort.* Le patient se demande s'il va sentir le bistouri au moment de l'incision, ou s'il pourrait se réveiller avant que l'opération ne soit terminée. Il faut lui assurer que l'anesthésiste sera continuellement à ses côtés pour prévenir ces problèmes. La crainte de la mort est bien réelle et ne doit pas être prise à la légère. En fait, certains chirurgiens refusent même de pratiquer l'intervention chirurgicale si le patient est convaincu qu'il va en mourir. Pour faire prendre conscience au patient que ses craintes sont exagérées, l'infirmière doit établir avec lui de bonnes relations et faire preuve de tact. Un climat de confiance contribuera à réduire ses inquiétudes.

La *peur de l'inconnu* est souvent la pire des craintes et provient en partie du fait que le patient croit qu'on lui « cache quelque chose ». Or, l'être humain s'adapte d'autant mieux qu'il sait ce qui l'attend. L'infirmière est bien placée pour dissiper les craintes du patient et lui procurer une certaine sérénité. C'est pourquoi celui-ci lui confie souvent des inquiétudes qu'il cache au chirurgien. Dans ce cas, elle doit en faire part discrètement à ce dernier.

Si la personne a déjà subi une intervention chirurgicale qui a bien réussi, il est probable qu'elle ait peu d'appréhensions. Si, au contraire, elle a vécu une expérience pénible, elle peut être très inquiète. Il incombe à l'infirmière d'aider le patient à considérer l'opération comme une nouvelle expérience, et non comme le renouvellement d'une dure épreuve.

La *peur de l'altération de l'image corporelle* se manifeste généralement lorsque le patient doit subir une opération radicale. Toutefois, comme les médias et la mode projettent abondamment l'image de la jeunesse et du corps parfait, de nombreuses personnes acceptent mal toute altération de leur corps, même s'il ne s'agit que de la cicatrice laissée par l'incision chirurgicale pratiquée lors d'une intervention mineure.

La *peur d'être privé* de la personne aimée, de son réseau de soutien habituel et de ses activités peut aussi engendrer de l'anxiété.

La majorité des patients ont également d'autres soucis : problèmes financiers, responsabilités familiales et obligations professionnelles. Ils peuvent craindre un mauvais pronostic ou la perspective d'être invalides. Il appartient à l'infirmière de déceler ces difficultés et ces inquiétudes, et de demander l'aide d'un travailleur social pour les problèmes d'ordre personnel, ou du médecin pour les problèmes d'ordre médical.

Après avoir dissipé ces craintes, on doit permettre au patient d'exprimer comment il entrevoit les suites de l'intervention chirurgicale dans l'avenir immédiat et à plus long terme. L'anxiété est le plus souvent due à la crainte de ne plus être maître de soi-même, aussi bien physiquement que socialement. Le patient peut avoir peur de perdre son autonomie, son intégrité ou un certain pouvoir sur son milieu. Il est donc important que l'infirmière fasse part au chirurgien des inquiétudes du patient quand elle prépare l'opération avec lui.

L'anxiété n'a pas que des effets négatifs. En effet, un certain degré d'inquiétude s'avère nécessaire pour se préparer psychologiquement au stress, et celle-ci est préférable à l'absence de crainte. Une anxiété modérée permet de trouver des moyens efficaces de faire face à ses problèmes, et, par conséquent d'accroître sa tolérance au stress. Un patient qui n'a pas d'inquiétudes supportera mal le stress en cas de crise, car il n'aura pas la préparation psychologique nécessaire.

*L'aspect spirituel* ne doit pas être négligé. Quelle que soit la religion du patient, l'infirmière doit reconnaître que la foi en un pouvoir supérieur peut avoir autant d'effets thérapeutiques qu'un médicament. Elle doit donc faire tout ce qu'elle peut afin de lui procurer le soutien spirituel dont il a besoin. Elle peut, par exemple, prier avec lui, lui lire des passages des Saintes Écritures, ou lui permettre de rencontrer un membre du clergé. La foi pouvant être d'un précieux secours, il importe de respecter les croyances de chacun. Certaines infirmières évitent de proposer la visite d'un membre du clergé de crainte d'alarmer le patient. Bien au contraire, cette suggestion dénote une attitude bienveillante et sécurisante.

Si l'opération est retardée, on peut tenter de *changer les idées* du patient en lui offrant de se divertir, soit en lisant, en écoutant des émissions de radio ou de télévision, en faisant des activités manuelles ou en jouant à des jeux de société.

La meilleure façon de gagner la confiance du patient est probablement de l'*écouter*. En se servant des techniques d'entrevue, l'infirmière peut obtenir des renseignements précieux sur la personne dont elle s'occupe. Sa patience, sa gentillesse et sa compréhension contribuent également à la mettre en confiance.

Comme les attentes et les craintes diffèrent sensiblement d'une personne à l'autre, l'infirmière doit adapter sa façon de procéder en conséquence. Elle doit prendre le temps d'apporter à chaque patient des explications claires et un bon soutien psychologique pour faciliter la récupération après l'opération. Le patient dormira mieux, aura besoin de doses plus faibles d'anesthésiques et d'analgésiques, il se rétablira plus rapidement et retournera chez lui plus vite.

**Déni de l'anxiété.**    On a traité ci-dessus des réactions psychologiques les plus fréquentes du futur opéré, mais il ne faut pas oublier toutefois que certaines personnes nient être malades et, par conséquent, refusent d'être traitées. Elles ferment les yeux sur les signes et les symptômes qu'elles se découvrent et ne consultent pas. Le déni de la réalité est une réaction fréquente devant une réalité qui risque d'être bouleversante. Cette réaction ne dure généralement que quelques jours ou quelques semaines, mais elle peut néanmoins entraîner des délais qui ont des conséquences graves. C'est à l'infirmière qu'incombe la responsabilité d'inciter toute personne qui se découvre une anomalie ou des symptômes de maladie à consulter le plus rapidement possible un médecin.

# EXAMEN PHYSIQUE GÉNÉRAL

Avant tout traitement, il faut dresser le *profil du patient* et procéder à un *examen physique* pour mesurer les signes vitaux et recueillir des données initiales qui serviront à des fins de comparaison. L'examen physique permet également de noter certains facteurs contribuants, comme les escarres de décubitus ou les éruptions cutanées.

Le médecin prescrit généralement divers examens diagnostiques, dont des analyses de sang, d'urines et de selles, des examens radiologiques, des endoscopies et des biopsies tissulaires. L'infirmière doit préparer le patient en vue de ces épreuves et lui expliquer les raisons qui les justifient.

Le bilan de santé, l'examen physique et les examens diagnostiques constituent le premier contact du patient avec les personnes chargées de ses soins; ces examens lui offrent la possibilité de poser des questions. Pour établir de bons rapports avec lui, il importe de respecter ses sentiments et ses besoins.

# ÉTAT NUTRITIONNEL ET CONSOMMATION DE MÉDICAMENTS ET DE DROGUES

Pour connaître les besoins nutritionnels du patient, on doit recueillir les données suivantes: taille et poids, pli cutané du triceps, périmètre du bras, taux sérique de protéines et bilan azoté. Le chapitre 11 présente une description détaillée de ces mesures.

**Besoins nutritionnels.**    Il importe de corriger les carences nutritionnelles, surtout dans les cas de malnutrition protéinoénergétique, car les protéines sont essentielles à la cicatrisation des tissus. L'anorexie qui accompagne le vieillissement, une maladie chronique débilitante, un cancer ou des vomissements fréquents, de même que de mauvaises habitudes alimentaires ou un régime comportant peu de viande et d'œufs peuvent entraîner une carence en protéines. En outre, on observe une déperdition protéique dans les cas de brûlures graves, d'écoulements provenant d'abcès ou de plaies et dans les cas de pertes gastro-intestinales importantes.

Le remplacement des protéines peut prendre plusieurs jours ou même plusieurs semaines. Il peut se faire par (1) un régime alimentaire à forte valeur protéinoénergétique (viande, lait, œufs et fromage), riche en hydrates de carbone mais faible en matières grasses, (2) un supplément par voie orale de protéines (lait enrichi ou lait écrémé en poudre) ou (3) l'administration d'hydrolysats de protéines par voie orale ou par perfusion intraveineuse. On peut aussi administrer une alimentation parentérale totale en insérant un tube de polyéthylène dans une veine profonde, comme la sous-clavière (voir le chapitre 26 pour de plus amples renseignements sur ce sujet).

Les vitamines jouent différents rôles dans l'organisme humain. Par exemple, la thiamine (vitamine $B_1$) est nécessaire à l'oxydation des hydrates de carbone et au maintien des fonctions gastro-intestinales normales. Les maladies gastro-intestinales et les hépatites chroniques s'accompagnent d'une carence en vitamine $B_1$. L'acide ascorbique (vitamine C) est nécessaire à la cicatrisation des plaies et à la synthèse du collagène. La vitamine K joue un rôle essentiel dans la coagulation sanguine, puisqu'elle est nécessaire à la biosynthèse de la prothrombine et des facteurs VII et IX. On peut administrer ces vitamines par voie orale ou parentérale.

La perte de liquides biologiques provoque des déséquilibres électrolytiques. Le remplacement liquidien est traité au chapitre 46. Dans les cas de pertes liquidiennes, l'infirmière doit mesurer les ingesta et les excreta, et peser quotidiennement le patient.

Des caries dentaires et une mauvaise hygiène buccodentaire peuvent contribuer à l'affaiblissement général. Il importe donc de s'assurer que les patients ont des soins buccodentaires adéquats (voir le chapitre 25).

Il faut procéder périodiquement à des évaluations afin d'observer les progrès du patient et de décider s'il est prêt à subir l'intervention chirurgicale. Les examens diagnostiques, surtout ceux qui exigent des restrictions alimentaires et liquidiennes ou des lavements, peuvent retarder l'opération, en particulier chez les personnes âgées, qui sont sujettes à la déshydratation et à des carences nutritionnelles.

Pour inciter le patient à s'alimenter correctement, on doit lui servir des repas appétissants, en petites portions. Les patients qui sont alimentés par voie entérale ou parentérale (par exemple, par gastrostomie ou perfusion intraveineuse) ont parfois besoin d'encouragements et de distractions. Le mode d'administration des liquides dépend de la nature du remplacement liquidien. Ainsi, le patient est en position assise pour recevoir une alimentation par sonde nasogastrique, et dans la position de Fowler pour recevoir un tube de gastrostomie.

La déshydratation, l'hypovolémie et les déséquilibres électrolytiques sont fréquents, et ces manifestations doivent être soigneusement notées au dossier. Il est souvent difficile d'en déterminer la gravité. Pour que le patient soit bien préparé, on doit dans la mesure du possible corriger les carences nutritionnelles et les déséquilibres hydroélectrolytiques avant l'opération.

***Obésité.*** Si le patient est obèse et que l'intervention chirurgicale n'est pas urgente, le médecin peut prescrire un programme de réduction de poids, car l'obésité accroît considérablement les risques de complications chirurgicales et leur gravité. En effet, comme le tissu adipeux est particulièrement réceptif à l'infection, les personnes obèses sont techniquement et mécaniquement plus difficiles à opérer. C'est d'ailleurs pourquoi on peut observer chez elles un plus grand nombre de désunion des points de suture et d'infection de plaies. En raison de leur poids, elles sont aussi plus difficiles à traiter. De plus, les personnes obèses respirent péniblement en décubitus latéral et sont donc exposées à l'hypoventilation et à des complications pulmonaires postopératoires. En outre, elles présentent une plus forte incidence de distension abdominale, de phlébites et de maladies cardiovasculaires, endocriniennes, hépatiques et biliaires. On estime que pour chaque excédent de poids de 15 kg, le sang doit circuler sur une distance accrue de 40 km, ce qui, on le voit bien, représente un travail supplémentaire pour le cœur.

***Consommation de narcotiques, de drogues ou d'alcool.*** Il arrive fréquemment que les toxicomanes tentent de cacher leur dépendance. Souvent, l'infirmière peut soupçonner une consommation excessive de drogues quand elle observe des infections ou des lésions cutanées sur le corps. Elle doit alors faire preuve de beaucoup de vigilance et de patience, et poser des questions franches sans porter de jugement.

Les personnes qui présentent une intoxication aiguë sont exposées aux blessures. Par conséquent, on doit dans leur cas retarder l'intervention chirurgicale, si possible. Si l'intervention est urgente mais mineure, il faut pratiquer une anesthésie locale ou régionale. Dans les cas où une anesthésie générale est nécessaire, il faut préalablement intuber le patient et aspirer le contenu gastrique afin de prévenir les vomissements et l'aspiration des sécrétions gastriques.

Les personnes qui ont des antécédents d'alcoolisme chronique souffrent souvent de malnutrition et d'autres problèmes généraux qui accroissent les risques de complications chirurgicales. De plus, on observe habituellement chez elles un delirium tremens deux ou trois jours après le début du sevrage alcoolique. Or, en période postopératoire, le delirium tremens entraîne fréquemment la mort.

## ÉTAT RESPIRATOIRE

Il importe que les futurs opérés ne présentent pas d'altération des fonctions respiratoires. Il faut donc les exhorter à cesser de fumer quatre à six semaines avant l'opération. Si l'intervention touche la partie supérieure de l'abdomen ou le thorax, il faut de plus leur enseigner des exercices de respiration et le mode d'utilisation d'un spiromètre de stimulation.

Lorsque le patient souffre d'une infection des voies respiratoires, il faut retarder l'intervention à cause des risques d'hypoventilation. Si l'infection est d'origine microbienne, on peut avoir recours à l'antibiothérapie. En présence de troubles respiratoires, l'anesthésie accroît les risques d'atélectasie, de bronchopneumonie et de détresse respiratoire. Chez les personnes atteintes de troubles pulmonaires, il faut procéder à une exploration fonctionnelle respiratoire et à une analyse des gaz du sang artériel pour déterminer la gravité de l'insuffisance respiratoire.

## ÉTAT CARDIOVASCULAIRE

Un appareil cardiovasculaire en bon état permet à l'organisme de combler ses besoins en oxygène, en liquides et en éléments nutritifs pendant et après l'opération. La préparation du patient doit donc viser le bon fonctionnement de l'appareil cardiovasculaire.

Les personnes qui présentent des troubles cardiovasculaires sont davantage exposées à des complications chirurgicales et exigent par conséquent des soins plus attentifs. Si les symptômes sont graves, on peut différer l'intervention jusqu'à ce que le traitement médical ait donné les meilleurs résultats possible. Dans certains cas, on peut utiliser une technique chirurgicale différente. Par exemple, chez une personne obèse qui souffre d'une cholécystite lithiasique et qui est atteinte d'une insuffisance coronarienne et peut-être aussi de diabète, on peut remplacer la cholécystectomie par un simple drainage de la vésicule avec extraction des calculs.

Chez les patients qui souffrent de troubles cardiovasculaires, il importe d'éviter les changements brusques de position, l'immobilité prolongée, l'hypotension ou l'hypoxie, de même que la surcharge liquidienne et sanguine de l'appareil circulatoire.

## FONCTIONS HÉPATIQUE ET RÉNALE

Le foie et les reins doivent fonctionner le mieux possible pour que les médicaments et les anesthésiques, de même que les déchets et les toxines soient éliminés adéquatement.

Le *foie* joue un rôle important dans la biotransformation des anesthésiques, leur métabolisme étant perturbé lors d'une atteinte hépatique. De plus, les hépatites aiguës augmentent les risques de mortalité au cours des interventions chirurgicales. C'est pourquoi il importe d'améliorer le fonctionnement du foie avant toute opération si les tests d'exploration fonctionnelle révèlent la présence d'un trouble hépatique (voir le chapitre 29).

Les *reins* servent à l'excrétion des anesthésiques et de leurs métabolites. Lorsqu'on administre des anesthésiques, on doit aussi tenir compte du bilan acidobasique et du métabolisme basal. À moins que l'intervention ne soit absolument essentielle ou qu'elle ne soit destinée à améliorer la fonction rénale (correction d'une uropathie obstructive, par exemple), la chirurgie est contre-indiquée en présence d'une néphrite aiguë, d'une insuffisance rénale aiguë avec oligurie ou anurie, ou de tout autre trouble rénal aigu.

## FONCTION ENDOCRINIENNE

L'hypoglycémie est la plus dangereuse complication chirurgicale chez les patients dont le diabète est mal équilibré. Elle peut apparaître au cours de l'anesthésie ou pendant la période postopératoire à cause d'un apport insuffisant d'hydrates de carbone ou de l'administration d'une trop forte quantité d'insuline. L'acidose et la glycosurie menacent aussi le patient diabétique; cependant, ces symptômes sont lents à apparaître. En général, si le diabète est bien équilibré, les risques chirurgicaux sont les mêmes que chez une personne non diabétique. Il importe donc de mesurer fréquemment la glycémie avant, pendant et après l'opération (voir le chapitre 30).

Les médicaments stéroïdiens peuvent entraîner une insuffisance surrénale. Si un patient fait usage de tels médicaments, il faut donc en informer l'anesthésiste et le chirurgien, et observer le patient afin de déceler les signes d'insuffisance surrénale.

## FONCTION IMMUNITAIRE

Il importe d'établir les antécédents d'allergie du patient en notant la nature de toutes les réactions allergiques antérieures, particulièrement dans les cas de sensibilité à des médicaments. On doit donc dresser la liste des médicaments et substances qui ont déjà provoqué des réactions allergiques, sans oublier les réactions aux transfusions sanguines et aux opacifiants radiologiques. On doit de plus dresser la liste des médicaments que prend actuellement le patient. Si celui-ci a des antécédents d'asthme bronchique, il faut en informer l'anesthésiste.

Les patients qui prennent des corticostéroïdes, qui ont subi une greffe d'organe ou qui sont soumis à une radiothérapie ou une chimiothérapie présentent une immunodépression. Chez ces patients, le moindre signe d'infection ou la moindre élévation de température exigent une intervention immédiate. Une asepsie rigoureuse s'impose dans leur cas.

## ANTÉCÉDENTS PHARMACOLOGIQUES

Quand on établit les antécédents pharmacologiques d'un patient, il ne faut pas oublier d'y inclure les médicaments en vente libre et la fréquence de leur usage. Les médicaments puissants ont un effet sur les fonctions physiologiques et peuvent avoir avec certains anesthésiques des interactions qui ont parfois de graves conséquences, comme une hypotension artérielle, un collapsus ou un ralentissement de la circulation.

L'anesthésiste doit évaluer les effets possibles des traitements médicamenteux antérieurs en fonction de leur durée, de l'état du patient et de la nature de l'intervention chirurgicale prévue. Parmi les médicaments les plus susceptibles de provoquer des complications, on retrouve:

Les *minéralocorticoïdes* — Une brusque interruption de l'administration de ces médicaments avant une intervention chirurgicale, s'ils sont utilisés depuis un certain temps pour le traitement d'une maladie chronique, peut provoquer un collapsus cardiovasculaire. On peut les administrer en bolus immédiatement avant ou après l'intervention.

Les *diurétiques* — Les diurétiques thiazidiques peuvent entraîner une importante dépression respiratoire au cours de l'anesthésie à cause du déséquilibre électrolytique qu'ils provoquent.

Les *phénothiazines* — Elles peuvent potentialiser l'effet hypotenseur des anesthésiques.

Les *antidépresseurs* — Les inhibiteurs de la monoamine oxydase (MAO) potentialisent l'effet hypotenseur des anesthésiques.

Les *tranquillisants* — Les barbituriques, le diazépam et le chlordiazépoxyde peuvent provoquer de l'anxiété, de la tension et même des convulsions si on en interrompt brusquement l'usage.

L'*insuline* — Elle peut avoir des interactions avec les anesthésiques.

Les *antibiotiques* — Les antibiotiques en «mycine», comme la néomycine et la kanamycine, et plus rarement la streptomycine, lorsqu'ils sont combinés avec un relaxant musculaire curariforme, peuvent provoquer un blocage de la transmission nerveuse et une apnée due à une paralysie respiratoire.

Pour toutes les raisons mentionnées ci-dessus, il est essentiel que l'infirmière et l'anesthésiste évaluent les antécédents pharmacologiques du futur opéré.

## GÉRONTOLOGIE

Chez les personnes âgées, des maladies chroniques et des troubles de santé peuvent s'ajouter à la maladie ou au trouble pour lesquels une intervention chirurgicale s'avère nécessaire. Souvent, ces personnes ne signalent pas leurs symptômes, parce qu'elles craignent un diagnostic de maladie grave ou parce qu'elles croient qu'ils font partie du processus de vieillissement. L'infirmière doit donc être davantage à l'affût des signes subtils de troubles sous-jacents.

En général, on considère qu'une intervention chirurgicale chez une personne âgée présente plus de risques que chez une personne plus jeune à cause de la diminution du volume sanguin circulant, de l'altération des fonctions hépatique et rénale et de la réduction de l'activité gastro-intestinale qu'entraîne habituellement le vieillissement. Les personnes âgées peuvent aussi présenter des signes de déshydratation, de constipation et de malnutrition.

L'infirmière qui travaille auprès des aînés doit veiller à assurer leur sécurité, car ceux-ci sont davantage exposés aux blessures et aux brûlures en raison de la baisse de leur acuité visuelle et auditive et de la réduction de leur sensibilité tactile. En outre, comme de nombreuses personnes âgées souffrent d'arthrite, elles ne peuvent se tourner d'un côté à l'autre sans ressentir de la douleur. Il importe donc de les déplacer doucement, de protéger les régions sensibles et les proéminences

## Encadré 32-1
# Facteurs de risque dans tous les cas de chirurgie

### Facteurs généraux

Hypovolémie
Déshydratation ou déséquilibre électrolytique
Déficits nutritionnels
Âge (bébés et personnes âgées)
Maigreur ou obésité
Infections
Intoxications
Troubles immunitaires

### Maladies pulmonaires

### Maladies rénales

### Grossesse

Diminution des réserves physiologiques

### Maladies cardiovasculaires

Insuffisance coronarienne
Insuffisance cardiaque
Arythmies
Hypertension
Port d'une valve synthétique
Thrombo-embolie
Diathèse hémorragique
Accident vasculaire cérébral

### Dysfonctions endocriniennes

Diabète
Troubles surrénaux
Troubles thyroïdiens

### Maladies hépatiques

osseuses contre la pression, et de les masser doucement pour favoriser la circulation.

Il importe d'examiner l'état de la bouche des personnes âgées afin de vérifier si elles ont des caries. On doit également signaler à l'anesthésiste le port d'une prothèse dentaire totale ou partielle.

Chez les personnes âgées, la diminution de la transpiration provoque souvent une sécheresse et des démangeaisons de la peau qui la rendent fragile. Pour cette raison, il importe de les déplacer avec précaution. Ces personnes sont aussi moins résistantes aux changements de température, car elles ont moins de tissu adipeux sous-cutané. On recommande donc de les recouvrir d'une couverture légère en coton au cours du transport entre la chambre et le bloc opératoire.

À cause de leur âge, les aînés ont généralement connu plusieurs maladies et perdu de nombreux parents et amis. Par conséquent, ils craignent souvent la mort, même s'ils ne le montrent pas toujours. Il faut donc prendre le temps de parler avec eux pour les inciter à exprimer leurs craintes, ce qui les aidera à se sentir acceptés et à se détendre.

Résumé: Il importe que le futur opéré soit dans le meilleur état physique et mental possible. Il faut donc faire tout son possible pour éliminer les facteurs qui pourraient compromettre sa guérison ou augmenter les risques de complications (encadré 32-1).

**TABLEAU 32-2.** *Conditions de validité d'un consentement éclairé*

| Conditions | Explications |
|---|---|
| Autorisation librement donnée | Pour être valide, le consentement doit être donné librement et sans contrainte. |
| Aptitude à signer le consentement | Les personnes inaptes à signer le consentement se définissent, en vertu de la Loi, comme des personnes en perte *totale* d'autonomie et qui ne peuvent par conséquent donner ou refuser leur autorisation (par exemple, les personnes qui souffrent d'un retard mental ou d'une maladie mentale, et les personnes qui sont dans le coma). |
| Information complète | L'information peut être donnée par écrit (même si la Loi ne l'exige pas) et comprendre les points suivants: <br> Explication de l'intervention et de ses risques <br> Description des effets favorables de l'intervention <br> Possibilité d'obtenir des renseignements complémentaires <br> Droit de refuser son consentement <br> Modifications au protocole opératoire habituel, s'il y a lieu |
| Information claire | L'information doit être donnée dans un langage que le patient est en mesure de comprendre. S'il y a lieu, on doit clarifier les points obscurs. |

(Source: S. Douglas, et E. Larson. «There's more to informed consent than information», *Focus Crit Care*, avril 1986; 13[2]:44)

# CONSENTEMENT ÉCLAIRÉ

Le chirurgien n'est pas légalement autorisé à pratiquer une intervention chirurgicale et l'anesthésiste n'est pas autorisé à anesthésier si le patient ne leur en a pas donné la permission par écrit, en toute connaissance de cause. Le consentement éclairé est une formule d'autorisation qui a valeur légale. Il protège à la fois le patient, l'anesthésiste et le chirurgien.

Il incombe à l'infirmière de s'assurer que la formule de consentement a été signée librement et en toute connaissance de cause (voir le tableau 32-2).

Avant que le patient ne signe la formule de consentement, le chirurgien et l'anesthésiste doivent lui donner, en termes clairs et simples, toutes les explications auxquelles il est en droit de s'attendre. Ils doivent l'informer des risques et des complications de l'intervention. Le chirurgien doit l'informer des altérations de l'apparence physique et des incapacités qu'elle entraîne. Il doit de plus lui expliquer à quoi il doit s'attendre tout au cours de la période postopératoire et lui indiquer quels organes et tissus seront prélevés.

Le consentement éclairé est obligatoire dans ces cas:

* pour toute intervention effractive, comme une incision chirurgicale, une biopsie, une cystoscopie ou une paracentèse;
* pour toute anesthésie;
* pour toute intervention non chirurgicale qui présente des risques relativement élevés pour le patient, comme une angiographie;

---

## Encadré 32-2
## Exercices préopératoires

### A. Respiration diaphragmatique

Respiration au cours de laquelle le sommet du diaphragme s'aplatit pendant l'inspiration, ce qui provoque une dilatation de la partie supérieure de l'abdomen au moment où les poumons se gonflent d'air. Les muscles abdominaux se contractent pendant l'expiration.

1. Se placer dans la position que l'on devra adopter après l'intervention chirurgicale (on peut également utiliser une serviette roulée), soit en position semi-Fowler, les épaules et le dos bien soutenus par des oreillers.
2. Placer les mains légèrement fermées sur la partie antérieure de la cage thoracique, le bout des doigts sur la bordure inférieure des côtes, de façon à sentir le mouvement (figure 32-1).
3. Expirer lentement et profondément. Il faut sentir les côtes s'enfoncer vers l'intérieur.
4. Inspirer ensuite profondément par le nez et la bouche, en laissant l'abdomen se dilater pendant que les poumons se gonflent d'air, puis retenir sa respiration pendant cinq secondes.
5. Expirer par le nez et la bouche en expulsant *tout* l'air des poumons.
6. Refaire l'exercice 15 fois, en 3 séries de 5 respirations, avec un court repos entre chaque série.
7. Pratiquer cet exercice deux fois par jour.

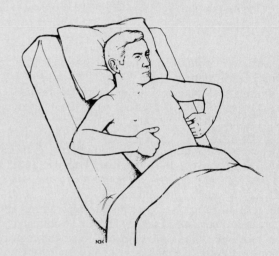

**Figure 32-1.** Respiration diaphragmatique

### B. Toux contrôlée

1. Se placer en position assise, puis se pencher légèrement vers l'avant; joindre les mains et croiser les doigts, puis placer les paumes sur la région où sera pratiquée l'incision chirurgicale, de façon à pouvoir exercer une légère pression sur cette région pendant la toux (figure 32-2).
2. Respirer selon la méthode diaphragmatique, conformément à la description précédente.
3. Inspirer profondément, la bouche entrouverte; retenir sa respiration pendant trois secondes, puis tousser à fond trois fois de suite sans inspirer entre les toux.
4. Garder la bouche ouverte, puis prendre une respiration rapide et profonde et tousser à fond immédiatement une fois ou deux, ce qui aide à dégager la poitrine des sécrétions. Même si la toux contrôlée est parfois un peu douloureuse, elle ne peut désunir les sutures.

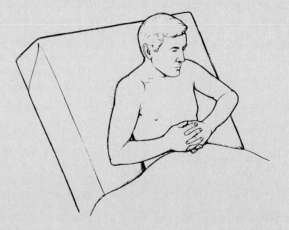

**Figure 32-2.** Pression sur la région de l'incision pendant la toux

• dans les cas d'examens ou de traitements qui exigent l'emploi de rayonnements ionisants ou de cobalt.

Le patient peut signer lui-même la formule de consentement s'il est majeur et mentalement apte à la signer. S'il est mineur, inconscient ou inapte, la formule doit être signée par un membre de sa famille ou par son représentant légal. Au Québec, s'il a 14 ans et plus et possède un certificat de mariage valide ou s'il répond à certaines autres conditions prévues par la Loi, il peut signer lui-même la formule de consentement. Dans une situation d'urgence où le patient est inapte à donner son autorisation et où il est impossible de rejoindre la famille à temps, la Loi autorise le chirurgien à opérer sans consentement. Toutefois, il faut tenter dans la mesure du

possible d'obtenir l'autorisation d'un membre de la famille. Celle-ci peut être accordée de vive voix par téléphone ou par écrit, dans un télégramme.

Si le patient n'est pas convaincu de la nécessité de l'intervention chirurgicale, il est en droit de consulter un autre spécialiste. On ne peut, en vertu de la Loi, forcer qui que ce soit à accepter une intervention chirurgicale. Il faut toutefois noter par écrit les raisons du refus et en faire part au chirurgien pour qu'il puisse prendre les mesures qu'il juge nécessaires. Il peut par exemple donner des explications additionnelles au patient et à sa famille, ou reporter l'intervention à un moment plus propice.

Pour s'assurer que le consentement est donné en toute connaissance de cause, on peut s'assurer que la formule de

---

## Encadré 32-2 (suite)

### C. Exercices pour les jambes

1. Se placer en position semi-Fowler pour faire ces exercices simples destinés à améliorer la circulation.
2. Lever la jambe et le pied en pliant le genou; garder la position quelques secondes, puis allonger la jambe sur le lit (figure 32-3).
3. Refaire cinq fois pour chaque jambe.
4. Tracer des cercles avec les pieds en les fléchissant vers le lit, puis l'un vers l'autre, puis vers le haut, puis vers l'extérieur (figure 32-4).
5. Refaire cinq fois.

### D. Se tourner sur le côté

1. Se tourner sur un côté, la jambe du dessus en position plus fléchie que l'autre et soutenue par un oreiller.
2. S'aider en s'agrippant aux ridelles.
3. Pratiquer dans cette position les exercices de respiration diaphragmatique et de la toux contrôlée.

### E. Sortir du lit

1. Se tourner sur le côté.
2. Se relever en poussant avec une main sur le matelas tout en amenant les jambes vers le bas du lit.

### F. Utilisation de l'urinal (hommes)

L'infirmière doit expliquer au patient alité comment utiliser l'urinal.

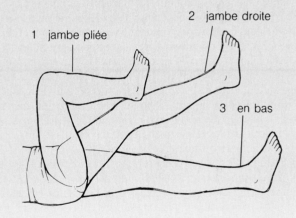

**Figure 32-3.** Exercices pour les jambes

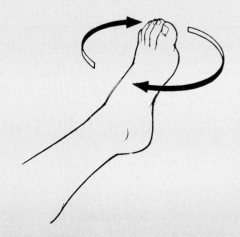

**Figure 32-4.** Rotation des pieds

consentement est rédigée de façon compréhensible, utiliser du matériel audiovisuel pour compléter les explications et se servir d'autres ressources selon les besoins.

- La formule de consentement doit être placée bien en vue sur le dossier du patient, lequel doit accompagner le patient à la salle d'opération.

# ENSEIGNEMENT PRÉOPÉRATOIRE AU PATIENT

On reconnaît depuis longtemps que l'enseignement préopératoire est d'une grande utilité. Le programme d'enseignement est établi de façon personnalisée, et tient compte des connaissances de chaque patient, ainsi que de ses peurs, ses besoins et ses attentes. Il importe également de lui donner l'enseignement au moment opportun. Il ne faut pas le faire trop tôt, car le patient aura le temps d'oublier ce qu'il a appris, ni trop près du moment de l'intervention chirurgicale, car il ne sera alors pas dans les conditions idéales pour apprendre parce qu'il sera trop nerveux ou sous l'effet des médicaments préopératoires.

Pour que l'enseignement soit efficace, il faut le transmettre à un moment où le patient est très réceptif et en mesure de participer au processus d'apprentissage. Idéalement, l'information doit être donnée petit à petit afin de permettre au patient de l'assimiler et de poser des questions au fur et à mesure qu'elles surgissent. Souvent, on fait coïncider les séances d'enseignement avec les soins préopératoires afin de faciliter la communication. Essentiellement, l'infirmière doit discerner ce que le patient veut savoir. Elle doit aussi veiller à ne pas lui donner plus d'informations qu'il n'est nécessaire, car des explications trop détaillées peuvent aggraver son anxiété.

En règle générale, le patient apprend mieux si on lui donne des explications concrètes plutôt que des explications purement techniques. Par exemple, il est préférable de lui expliquer que les médicaments préopératoires vont provoquer des étourdissements et de la somnolence plutôt que de lui dire qu'ils vont lui procurer une détente. En effet, le patient qui sait précisément à quoi s'attendre peut mieux se décontracter.

Dans le cas des chirurgies d'un jour, on ne peut évidemment pas échelonner l'enseignement dans le temps ni choisir les moments les plus propices. Toutefois, lorsque le patient se présente au centre hospitalier pour subir les examens de préadmission, on peut lui offrir les services d'une personne-ressource capable de répondre à ses questions. On peut également mettre à sa disposition du matériel didactique (matériel audiovisuel, brochures d'information, etc.) et lui permettre d'entrer en contact avec le personnel soignant. En outre, on peut lui donner le numéro de téléphone d'une infirmière de liaison qui pourra répondre aux questions qui pourraient surgir ultérieurement.

## Exercices de respiration profonde, de toux et de relaxation

Les soins infirmiers préopératoires visent entre autres à enseigner au patient comment favoriser la ventilation des poumons et l'oxygénation du sang après l'anesthésie générale. Dans cette optique, on lui apprend à inspirer lentement et profondément

(inspiration soutenue maximale) et à expirer lentement. Le patient doit se placer en position assise afin de dilater complètement ses poumons. Après lui avoir fait pratiquer la respiration profonde à quelques reprises, on lui demande de prendre une grande inspiration, d'expirer par la bouche, de prendre ensuite une courte respiration, puis de tousser à fond (encadré 32-2). Ces exercices ont aussi l'avantage de détendre le patient.

Si l'incision chirurgicale doit être pratiquée dans la région du thorax ou de l'abdomen, l'infirmière peut enseigner au patient comment exercer une légère pression sur la région de l'incision afin de réduire la pression et la douleur. Le patient croise les doigts et appuie légèrement sur l'endroit de l'incision avec les paumes ou avec une serviette roulée. Cette pression des mains sur l'incision est également utile lors des exercices de toux. Pour rassurer davantage le patient, on doit l'informer qu'il recevra des médicaments contre la douleur.

En respirant profondément juste avant de tousser, on stimule le réflexe de la toux. La toux permet d'expulser les mucosités contenues dans les voies respiratoires. Le patient qui ne tousse pas efficacement risque des complications pulmonaires, comme une pneumonie hypostatique.

## Changements de position et exercices actifs

Les exercices postopératoires visent à améliorer la circulation, à prévenir l'insuffisance veineuse et à faciliter les échanges gazeux.

On doit enseigner au patient à changer de position, c'est-à-dire à se retourner d'un côté à l'autre. On doit aussi lui montrer comment se placer en décubitus latéral, car il sera installé dans cette position tout de suite après l'opération, avant même qu'il n'ait repris conscience. Il devra par la suite être tourné dans cette position toutes les deux heures.

Pour conserver son tonus musculaire et se déplacer avec plus de facilité le moment venu, le patient doit faire certains exercices. Pour les jambes, on recommande notamment un exercice d'extension et de flexion du genou et de la hanche (comme si on allait à bicyclette), ainsi qu'un exercice de rotation du pied (le patient trace un cercle, le plus grand possible, avec le gros orteil) (voir l'encadré 32-2 C). On peut également lui faire pratiquer des exercices d'amplitude des mouvements articulaires pour les coudes et les épaules. Il faut aider le patient à faire ces exercices jusqu'à ce qu'il soit en mesure de les faire par lui-même.

Quand elle enseigne les exercices, l'infirmière doit respecter les principes de mécanique corporelle et s'assurer que le patient fait de même. Quelle que soit la position adoptée, le corps doit toujours être bien droit.

## Analgésiques et autres médicaments

On doit informer le patient qu'il recevra avant l'opération des médicaments qui vont l'aider à se détendre, mais qui vont peut-être le rendre somnolent et lui donner soif. On l'informe également qu'après l'opération, il recevra des médicaments destinés à réduire la douleur et à améliorer son bien-être; ces médicaments ne nuiront pas aux échanges gazeux et ne l'empêcheront pas de reprendre ses activités.

Dans certains cas précis, on prescrit des antibiotiques comme mesure prophylactique. Il s'agit la plupart du temps de céphalosporines, car elles ont une faible toxicité et un large spectre d'action.

## *Contrôle des perceptions cognitives*

Certaines techniques permettent de soulager la tension, de réduire l'anxiété et, par conséquent, de se détendre. En voici quelques-unes:

*Imagerie mentale* — Consiste à se concentrer sur une expérience heureuse.

*Diversion* — Consiste à réciter quelques-uns de ses proverbes ou de ses adages préférés.

*Pensée positive* — Consiste à se répéter des phrases empreintes d'optimisme comme: «Je suis certain que tout ira bien.»

## *Autres informations*

Les patients se sentent mieux s'ils savent quand ils pourront recevoir la visite de leur famille ou de leurs amis après l'intervention, car ils se sentent ainsi moins isolés. De plus, ils se sentent rassurés s'ils savent qu'ils pourront avoir recours aux services d'un conseiller spirituel s'ils le désirent.

Si une ventilation mécanique, une intubation ou tout autre traitement postopératoire sont prévus, on doit en informer le patient à l'avance afin qu'il accepte mieux ces mesures. De même, il faut avertir le patient s'il est possible qu'il soit transféré aux soins intensifs après l'intervention chirurgicale.

# SOINS INFIRMIERS PRÉOPÉRATOIRES

## ALIMENTATION ET HYDRATATION

Le patient peut prendre un repas du soir léger la veille d'une intervention chirurgicale lorsque celle-ci doit avoir lieu le matin. S'il est déshydraté, et surtout s'il est âgé, il faut l'inciter à prendre des liquides par voie orale. S'il est incapable de boire, on doit parfois lui administrer des solutions par voie intraveineuse, selon l'ordonnance du médecin.

En règle générale, le patient doit cesser de prendre des aliments ou de l'eau 8 à 10 heures avant l'opération afin de prévenir l'aspiration du contenu gastrique. Celle-ci se produit quand des aliments ou des liquides sont régurgités de l'estomac et absorbés dans les voies respiratoires. Les substances aspirées agissent alors comme un corps étranger: elles produisent de l'irritation et une réaction inflammatoire, ce qui nuit aux échanges gazeux. L'aspiration présente de graves dangers et cause souvent la mort (dans 60 à 70 % des cas).

## PRÉPARATION DES INTESTINS

La veille de l'intervention chirurgicale, on peut pratiquer un lavement évacuateur doux ou administrer des laxatifs, et répéter le traitement s'il n'a pas produit les effets escomptés la première fois. On provoque l'évacuation des intestins pour éviter que le patient ne défèque pendant l'anesthésie ou pour prévenir un traumatisme intestinal accidentel lors d'une chirurgie abdominale. Il est préférable que le patient utilise les toilettes ou une chaise d'aisances plutôt que le bassin hygiénique pour évacuer le contenu de ses intestins, à moins que

son état ne l'interdise. Dans certains cas, le médecin prescrit des antibiotiques pour réduire la flore intestinale.

## PRÉPARATION DE LA PEAU

La préparation de la peau vise à réduire les sources d'infection bactérienne. Elle ne doit donc pas causer d'irritation. La région où sera pratiquée l'incision chirurgicale est nettoyée avec une préparation germicide la veille de l'intervention.

Le jour de l'intervention, de préférence, ou encore la veille dans la soirée si celle-ci est prévue très tôt le matin, le patient doit prendre un bain chaud et relaxant (ou une douche), et se servir d'un savon à base de povidone-iode (Betadine). Ce bain vise à réduire les risques de contamination de la plaie chirurgicale.

Il est préférable de ne *pas* raser la région de l'incision afin d'éviter des lésions qui favoriseraient l'entrée et la croissance des bactéries. On a constaté en effet que l'infection des plaies chirurgicales est moins fréquente si la peau est propre et non rasée. On sait en outre que plus il s'écoule de temps entre le rasage et l'opération, plus le taux d'infection postopératoire est élevé.

La préparation de la peau est prescrite par le chirurgien et les protocoles varient. Certains d'entre eux préfèrent un rasage de la région de la future incision. Dans ce cas, les méthodes les moins irritantes sont l'utilisation d'une tondeuse électrique (qui coupe les poils entre 1 et 2 mm au ras de la peau, ce qui évite le frottement) ou l'utilisation d'une crème épilatoire (voir ci-après). La tondeuse doit toutefois être nettoyée soigneusement après usage.

Si le rasage est exigé par le protocole en vigueur dans l'établissement ou par le chirurgien, il faut en informer le patient. Pour procéder au rasage, on installe ce dernier dans une position confortable en évitant de l'exposer inutilement aux regards indiscrets. Les adhésifs et les corps gras s'enlèvent facilement au moyen d'une éponge imbibée de benzène ou d'éther si le patient peut supporter l'odeur de ces produits et la sensation de froid qu'ils provoquent.

Le rasage peut être fait par l'infirmière, un membre de l'équipe chirurgicale ou un membre de l'équipe de préparation chirurgicale.

Pour faciliter le rasage, on peut d'abord couper aux ciseaux les poils plus longs puis utiliser un savon germicide et produire de la mousse sur la région où sera pratiquée l'incision. On doit tendre la peau et raser à grands traits dans le sens de la pousse des poils, en évitant d'érafler les tissus cutanés. Si on découvre des zones d'infection potentielle, il faut en faire part au médecin. La personne qui fait le rasage doit noter au dossier tous ses gestes et toutes ses observations.

**Crèmes épilatoires.** Les crèmes épilatoires sont des composés chimiques qui peuvent être utilisés sans danger pour le rasage préopératoire. Si on craint une réaction allergique, on doit procéder à un essai du produit sur une petite région cutanée avant de l'utiliser. On peut couper aux ciseaux les poils longs afin de réduire la quantité de crème nécessaire.

Les crèmes épilatoires se présentent généralement dans un tube flexible. On en applique une couche égale d'environ 1,25 cm d'épaisseur sur tout le champ opératoire au moyen d'un abaisse-langue en bois ou avec la main gantée. On laisse la crème en contact avec la peau pendant environ 10 minutes (selon le mode d'emploi), puis on l'enlève doucement au moyen d'un abaisse-langue ou de compresses humides. On lave ensuite la peau à l'eau et au savon et on l'assèche par tapotement.

Les crèmes épilatoires comportent certains avantages. Elles laissent la peau propre et douce, et ne provoquent pas d'irritations, d'éraflures ni de coupures. Elles n'incommodent pas le patient, et il peut même les appliquer lui-même dans certains cas. Elles sont aussi plus efficaces et plus sûres que le rasoir ou la tondeuse dans le cas des patients peu coopératifs ou agités. Les crèmes épilatoires ne coûtent pas plus cher que les autres méthodes de rasage. Elles ont toutefois un inconvénient: dans de rares cas, elles provoquent des réactions cutanées transitoires lorsqu'elles sont utilisées dans la région de l'anus ou du scrotum.

# SOINS INFIRMIERS PRÉOPÉRATOIRES IMMÉDIATS

Avant l'opération, le patient doit revêtir une blouse laissée ouverte à l'arrière et enlever tous ses sous-vêtements. Si la personne a les cheveux longs, on peut les tresser. Il faut retirer les épingles à cheveux et couvrir entièrement la tête d'un bonnet jetable en papier.

On examine ensuite la bouche du patient et on retire les prothèses dentaires et la gomme à mâcher afin d'éviter que ces objets ne tombent dans la gorge au cours de l'induction de l'anesthésie et n'obstruent les voies aériennes.

Il faut également retirer tous les bijoux, y compris les alliances. Si le patient s'y oppose, on peut passer une mince bande de gaze à travers la bague et l'attacher solidement à son poignet. Il faut marquer le nom du patient sur tous les objets de valeur, y compris les prothèses dentaires, et les mettre en sécurité à l'endroit prévu à cette fin.

Si l'intervention chirurgicale touche les voies gastro-intestinales, il faut évacuer le contenu des intestins au moyen d'une petite quantité d'une solution de lavement prémesurée (Fleet), ou, plus souvent, d'un purgatif. Le lavement à l'eau du robinet n'est pas recommandé, car il peut provoquer un déséquilibre électrolytique.

Le patient doit vider sa vessie juste avant de recevoir sa prémédication. Cette mesure vise à éviter qu'il n'y ait émission d'urine au cours de l'intervention chirurgicale et à faciliter l'accès aux organes abdominaux. Il faut noter l'heure de la dernière miction et le volume des urines évacuées dans le dossier préopératoire. On n'utilise une sonde urétrale qu'en cas d'urgence. Toutefois, la présence d'une sonde à demeure peut être souhaitable pour assurer que la vessie reste vide. La sonde doit alors être raccordée à un système de drainage fermé.

## PHARMACOCINÉTIQUE DE LA PRÉMÉDICATION

Il importe d'obtenir les antécédents pharmacologiques complets du patient qui doit subir une intervention chirurgicale, à cause des risques d'interactions médicamenteuses. Ceci comprend tous les médicaments que le patient a pris au cours des deux derniers mois. (S'il a pris des stéroïdes au cours de la dernière année, il faut le noter et en faire part à l'anesthésiste et au chirurgien.) Il faut aussi noter la posologie des médicaments consommés, les indications thérapeutiques, de même que les allergies médicamenteuses du patient.

Les médicaments préopératoires, comme tout autre traitement, sont prescrits en fonction des besoins particuliers de chaque patient.

***Barbituriques et autres tranquillisants.*** Les sédatifs les plus souvent utilisés sont les barbituriques (surtout le pentobarbital [Nembutal] et le sécobarbital [Seconal]) et les hypnotiques (comme les benzodiazépines [flurazépam et diazépam]). Des études ont toutefois démontré qu'une visite de l'anesthésiste calme davantage le patient que l'emploi de barbituriques. Cependant, on administre généralement au patient un hypnotique contre l'insomnie, la veille de l'opération.

***Opiacés.*** Avant une intervention chirurgicale, on administre parfois des opiacés comme la morphine ou la mépéridine (Demerol) pour réduire la quantité d'anesthésiques généraux nécessaires. On peut aussi utiliser ces médicaments comme analgésiques chez les patients qui éprouvent de la douleur avant l'intervention. Il faut toutefois se rappeler que les doses d'opiacés qui provoquent l'analgésie ralentissent la respiration et inhibent le réflexe de la toux, ce qui augmente les risques d'acidose respiratoire et du syndrome de Mendelson. Une dose importante de ces opiacés (plus de 100 mg de mépéridine, par exemple) peut provoquer de l'hypotension, des nausées, des vomissements, de la constipation et une distension abdominale.

***Anticholinergiques.*** Ces médicaments diminuent la sécrétion de mucus pulmonaire; ils sont utilisés pour faciliter l'intubation et l'induction de l'anesthésie. On peut également les utiliser pour prévenir ou traiter un important ralentissement réflexe du cœur au cours de l'anesthésie. L'atropine est l'anticholinergique le plus utilisé, mais elle est formellement contre-indiquée chez les patients souffrant de glaucome, de thyrotoxicose, d'hyperplasie prostatique et de certains troubles cardiaques.

Les alcaloïdes de la belladone, comme l'atropine et la scopolamine, agissent sur le rythme cardiaque et ont d'autres effets indésirables. C'est pourquoi on les remplace souvent par un ammonium quaternaire, le glycopyrrolate (Robinul). L'action antisécrétoire de cet anticholinergique est deux fois plus forte que celle des alcaloïdes de la belladone et dure trois fois plus longtemps.

***Autres prémédications.*** On utilise également le dropéridol et le fentanyl isolément ou en association. Ces médicaments ne doivent cependant pas être administrés en même temps que des sédatifs, car ils peuvent alors provoquer une dépression respiratoire et circulatoire. Ils peuvent également potentialiser l'action des sédatifs.

Si les risques de contamination bactérienne sont élevés, on administre des *antibiotiques* comme mesure prophylactique. Les patients à qui l'on doit poser une prothèse sur une plaie propre prennent également des antibiotiques.

***Horaire d'administration des médicaments.*** Étant donné que les médicaments préopératoires doivent être administrés entre 45 et 75 minutes avant le début de l'anesthésie, il est essentiel que l'infirmière les administre à l'heure prescrite. Si ces médicaments sont administrés trop tôt, leurs effets risquent de se dissiper avant le début de l'anesthésie. S'ils sont administrés trop tard, ils n'auront pas commencé à agir.

Le patient doit rester au lit après avoir pris la prémédication, car celle-ci provoque des étourdissements et de la somnolence. (Si on le laisse sans surveillance, il faut remonter les ridelles.) S'il reçoit de l'atropine ou du glycopyrrolate (Robinul), il faut l'avertir qu'il aura la bouche sèche. Après lui avoir administré la prémédication, l'infirmière doit observer le patient afin de déceler tout signe de réactions indésirables. Elle doit veiller à ce qu'il soit dans un endroit calme et tranquille pour qu'il puisse se détendre.

Il arrive très souvent que les interventions chirurgicales soient reportées. Il est alors impossible de fixer l'heure d'administration de la prémédication. Celle-ci est prescrite par téléphone de la salle d'opération. Comme la préparation du patient pour l'opération prend entre 15 et 20 minutes, il faut administrer les médicaments avant toute autre chose pour que le patient puisse profiter au moins en partie de leurs effets.

## DOSSIER PRÉOPÉRATOIRE

La figure 32-5 présente une liste de vérification préopératoire. Le dossier complet du patient (comprenant la formule de consentement éclairé, les résultats de toutes les épreuves de laboratoire, toutes les notes d'observation des infirmières et médecins et, dans certains cas, les radiographies) doit accompagner celui-ci à la salle d'opération. Les observations de dernière minute qui peuvent avoir des conséquences pour l'anesthésie ou l'intervention doivent être placées bien en vue sur la couverture du dossier.

## TRANSPORT AU BLOC OPÉRATOIRE

Trente à soixante minutes avant l'administration de l'anesthésie, le patient est transporté dans une salle d'attente adjacente à la salle d'opération. À son arrivée, on revérifie toujours son bracelet d'identité. On l'installe confortablement dans un lit ou une civière qu'on aura pris soin de préparer. Il faut prévoir suffisamment de couvertures pour protéger le patient des frissons causés par l'air climatisé et lui fournir un petit oreiller. La couverture du dessus doit être rentrée sous le matelas, aux pieds et aux épaules.

Dans la mesure du possible, le patient est amené directement à la salle d'attente, où on l'accueille en l'appelant par son nom et où on lui fait sentir qu'il est en bonnes mains. La salle doit être calme pour que la prémédication puisse agir pleinement. Le patient ne doit pas y entendre des bruits ou des paroles susceptibles d'être mal interprétés.

- On ne doit jamais laisser le patient seul sans surveillance.

Même s'il a reçu une prémédication, qu'il semble somnolent et qu'il est étendu sur une civière dont les ridelles sont remontées, le patient ne doit pas être laissé seul. La présence de l'infirmière qui l'a préparé à l'opération ou de l'anesthésiste qui l'a visité la veille le rassurera grandement. Un mot, une expression du visage, une chaude pression de la main ou la vue d'un visage familier peuvent contribuer à le mettre en confiance.

## SOUTIEN À LA FAMILLE

Il existe dans la plupart des centres hospitaliers une salle d'attente prévue spécialement pour les membres de la famille des opérés. On y trouve généralement des sièges confortables, un téléviseur et un téléphone. On peut ainsi y prendre des rafraîchissements. Parfois, des bénévoles tiennent compagnie aux membres de la famille, leur servent du café et les informent du déroulement de l'intervention. C'est souvent dans cette salle que le chirurgien fait part à la famille des résultats de l'opération.

Il ne faut jamais juger de la gravité d'une intervention chirurgicale d'après le temps que le patient passe dans la salle d'opération, car des retards peuvent se produire pour différentes raisons, notamment celles-ci:

- Le patient est généralement amené à la salle d'opération avant l'heure prévue.

- L'anesthésiste procède souvent à des préparatifs additionnels qui peuvent prendre entre 30 et 60 minutes.

- Occasionnellement, l'intervention précédente est plus longue que prévue.

- Une fois l'intervention terminée, le patient doit rester dans la salle de réveil jusqu'à ce qu'il ait repris conscience.

Pour que les personnes qui visitent le patient à sa chambre après l'opération ne s'alarment pas outre mesure, il faut leur expliquer le matériel mis en place (ligne de perfusion intraveineuse ou de transfusion sanguine, matériel d'oxygénation ou de monitorage, sonde vésicale à demeure ou sonde nasogastrique, flacons d'aspiration, etc.). L'infirmière doit aussi les avertir que de nombreuses interventions postopératoires seront nécessaires et les rassurer en leur en expliquant la raison. Toutefois, il appartient au chirurgien, et non à l'infirmière, de révéler les résultats et le pronostic de l'intervention chirurgicale, même s'ils sont favorables.

## RÉSUMÉ

L'infirmière applique la démarche de soins infirmiers auprès des opérés avant, pendant et après l'opération.

Les soins infirmiers préopératoires visent essentiellement à réduire les craintes du patient et à l'informer. L'anxiété préopératoire est provoquée principalement par la peur de l'inconnu et de la mort, la peur de l'anesthésie et la peur de voir son image corporelle altérée. Pour atténuer cette anxiété, l'infirmière doit être à l'écoute du patient et répondre à ses questions.

L'enseignement au patient doit être personnalisé. Avant l'opération, l'infirmière décrit habituellement la technique chirurgicale au futur opéré. Elle lui explique également le rôle qu'il doit jouer, elle revoit avec lui les exercices postopératoires, lui explique les effets de la prémédication et des analgésiques et l'informe des soins postopératoires prévus.

L'évaluation du déroulement de l'intervention et de l'évolution postopératoire est faite à partir du profil du patient et de son examen physique préopératoire. Quant à l'estimation des risques chirurgicaux et à la planification de l'intervention, elles tiennent compte de l'état physique du patient, de ses antécédents pharmacologiques, de son état nutritionnel, de son poids et de son âge.

1. Nom du patient: _____ Date: _____ Taille: _____ Poids: _____
   Bracelet d'identité en place: _____
2. Signature du consentement opératoire: _____ Signature des autorisations spéciales: _____
   (dans les cas de stérilisation, par exemple)
3. Présence au dossier des antécédents et des résultats de l'examen physique: _____ Date: _____
4. Présence au dossier des résultats des épreuves de laboratoire: _____
   FSC: _____ Hb-Ht: _____ Analyse urinaire: _____

5. Objets personnels                                                          En place              Retirés

   a) Dents naturelles                                                    _____          _____
      Prothèse dentaire: supérieure, inférieure, partielle               _____          _____
      Prothèse partielle fixe                                            _____          _____
      Couronne                                                           _____          _____
   b) Lentilles cornéennes                                               _____          _____
   c) Autres prothèses — type _____                               _____          _____
   d) Bijoux:
      Alliance (fixée avec un ruban adhésif, attachée)                   _____          _____
      Bagues                                                             _____          _____
      Boucles d'oreille à tige (pour oreilles percées) ou à pince        _____          _____
      Chaînes et colliers                                                _____          _____
   e) Maquillage                                                         _____          _____
      Vernis à ongles                                                    _____          _____
6. Vêtements
   a) Blouse d'hôpital propre                                            _____          _____
   b) Bonnet                                                             _____          _____
   c) Serviette hygiénique, etc.                                         _____          _____
7. Les membres de la famille savent où se trouve la salle d'attente. _____
8. Les objets de valeur du patient sont placés en lieu sûr. _____
9. La demande de sang a été faite: _____ Le sang est prêt: _____ Il se trouve _____ .
10. Administration de la prémédication: _____ _____
                                                        Signature                           Heure
11. Miction: _____ Volume: _____ Heure: _____ Sonde: _____
12. Soins de la bouche: _____
13. Signes vitaux: Température: _____ Pouls: _____ Respiration: _____ Pression artérielle: _____
14. Précautions spéciales ou problèmes particuliers (allergies, surdité, etc.): _____
15. Région de la peau à préparer: _____
16. _____ Date: _____ Heure: _____
        Signature de l'infirmière

**Figure 32-5.** Liste de vérification préopératoire

Avant une intervention chirurgicale, l'infirmière doit notamment modifier au besoin les apports alimentaires et liquidiens, préparer la peau, administrer la prémédication et remplir la liste de vérification préopératoire. Pour que l'opéré reçoive la meilleure préparation possible, elle doit intervenir sur les plans physique et psychologique.

## Bibliographie

*Voir la bibliographie du chapitre 34.*

# 33
# SOINS INFIRMIERS OPÉRATOIRES

## OBJECTIFS D'APPRENTISSAGE

*Après avoir étudié ce chapitre, vous devriez être en mesure de réaliser ce qui suit:*

*1. Décrire l'approche multidisciplinaire pour les soins à prodiguer au patient pendant une opération.*

*2. Décrire les principes, les protocoles et les règles fondamentales de l'asepsie chirurgicale.*

*3. Décrire le rôle de l'anesthésiste dans les soins prodigués avant et pendant une intervention chirurgicale.*

*4. Énoncer les facteurs de risques chirurgicaux chez les personnes âgées et citer les interventions infirmières destinées à contrer ces facteurs.*

*5. Comparer les différents types d'anesthésie en ce qui a trait à leur fréquence d'utilisation, leurs avantages et leurs inconvénients, de même que les interventions infirmières qu'ils exigent.*

Dans une salle d'opération, toutes les activités convergent vers le patient qui subit une intervention chirurgicale pour la correction ou le soulagement d'un trouble physique. À partir du moment où le patient arrive dans la salle d'opération jusqu'à l'administration de l'anesthésie, toute l'attention se porte vers ses réactions physiologiques et psychologiques.

L'infirmière doit être le principal porte-parole de l'opéré. Ses soins et son attention sont requis pour les interventions et l'enseignement préopératoires, tant pendant la période préopératoire immédiate que pendant l'opération et la période de réveil, et tout au cours de la convalescence.

- Tout au long de ces différentes étapes, elle doit donner la priorité aux besoins physiques et psychologiques du patient, à sa sécurité et à son information.

Comme la personne qui subit une intervention chirurgicale est généralement soumise à un important stress, elle a besoin de savoir que ses intérêts sont protégés, particuliè-

rement au cours de l'anesthésie alors qu'elle est entièrement à la merci de l'équipe chirurgicale.

Il est maintenant reconnu qu'une visite de l'anesthésiste la veille ou le jour de l'intervention chirurgicale contribue à faciliter la transition entre l'unité de soins et la salle d'opération. Au cours de cette visite, l'anesthésiste doit encourager le patient à poser des questions et lui explique ce qui va se passer dans la salle d'opération. Plus tard, quand le patient y sera transporté, la vue de visages familiers le réconfortera.

Au moment de l'arrivée du patient dans la salle d'opération, différentes personnes s'affairent à la préparation de l'intervention chirurgicale. Ce sont: (1) l'anesthésiste, qui administre les anesthésiques et installe le patient dans la position appropriée pour l'intervention chirurgicale; (2) le chirurgien et ses résidents, qui pratiquent l'intervention chirurgicale; (3) les infirmières qui sont responsables de l'organisation de la salle d'opération, de la sécurité et du bien-être du patient. Pendant l'opération, elles occupent soit les fonctions d'instrumentiste, soit celles d'infirmière en service externe.

## Encadré 33-1
# Lavage chirurgical des mains

### Méthode

1. Les ongles doivent être courts et sans vernis. Il importe au début du lavage de nettoyer soigneusement la partie sous-unguéale (sous l'ongle) au moyen d'un bâtonnet stérile.
2. Pour le lavage, on doit utiliser une brosse à soies fermes mais douces ou une éponge jetable en polyuréthanne imprégnée de savon, conçue spécialement à cette fin.
3. Il existe différents détersifs antiseptiques appropriés, comme les iodoformes.

4. On doit faire mousser sur les mains et les bras une bonne quantité de détersif et rincer plusieurs fois. Il convient de rappeler qu'aucun agent chimique ne peut remplacer un lavage mécanique minutieux de la peau.
5. Le brossage se fait dans un ordre déterminé en consacrant un certain nombre de secondes ou de coups de brosse à chacune des parties des mains et des avant-bras. Il importe de suivre une technique pratique, fiable et efficace. Comme l'humidité et la chaleur sous les gants chirurgicaux offrent des conditions idéales à la croissance des bactéries, il est essentiel de procéder à un lavage chirurgical des mains entre chaque opération.
6. Après le brossage, on doit rincer parfaitement les mains et les avant-bras et laisser le détersif et la brosse dans l'évier ou dans le contenant prévu à cet effet. On utilise le coude, le genou ou le pied pour actionner les robinets. Il faut tenir les mains au-dessus du niveau des coudes et éloignées du corps.
7. Quand on essuie les mains, on doit éviter de toucher la blouse avec la serviette. On essuie d'abord une main, en partant du bout des doigts et en allant vers le coude, puis l'autre main de la même façon en utilisant une partie sèche de la serviette.

### Justification

1. Le vernis à ongles pourrait s'écailler pendant le brossage, ce qui peut créer des brèches favorisant la croissance microbienne.
2. La brosse ou l'éponge spéciale facilite l'élimination de la peau morte, des souillures et des microorganismes.
3. Les solutions antimicrobiennes à large spectre sont utilisées de préférence quand les infections nosocomiales à bactéries Gram négatif prédominent.
4. Les bactéries sont éliminées de deux façons:
   a) mécaniquement;
   b) par l'action d'un agent antimicrobien.
5. Il importe d'apporter une attention rigoureuse aux détails et de suivre les directives en vigueur dans le centre hospitalier.

6. On tient les mains au-dessus du niveau du coude et éloignées du corps pour éviter que l'eau contaminée ne coule sur les mains.

7. En allant du bout des doigts aux coudes, on évite la contamination par des organismes provenant des parties non lavées.

Pour que le patient reçoive les meilleurs soins possible au cours d'une intervention chirurgicale, l'anesthésiste, les infirmières et le chirurgien doivent se faire part de toutes leurs observations. De plus, toutes les constatations d'importance susceptibles d'influer sur les soins postopératoires immédiats (hémorragie, réaction inattendue, déséquilibres hydroélectrolytiques, choc, troubles respiratoires, etc.) doivent être notées et transmises au personnel de la salle de réveil.

## FONCTIONS DE L'INFIRMIÈRE AU COURS DE L'OPÉRATION

Les infirmières de la salle d'opération assument l'une ou l'autre des fonctions suivantes: infirmière en service externe ou instrumentiste.

L'*infirmière en service externe* assure l'organisation de la salle d'opération, de même que la sécurité et le bien-être du patient, en supervisant les activités des autres membres de l'équipe. Elle doit également assurer la propreté de la salle et veiller à ce que la température, l'humidité et l'éclairage soient adéquats, de même qu'au bon fonctionnement et à l'accessibilité du matériel. Elle a de plus pour fonction d'assurer le respect des règles de l'asepsie à l'intérieur de la salle d'opération et de coordonner les déplacements du personnel de l'extérieur (médecins, techniciens de radiologie et de laboratoire, etc.). Elle doit en outre veiller au respect des besoins et des droits du patient.

L'*instrumentiste* porte des vêtements stériles (encadrés 33-1 à 33-4). Elle a pour tâche de préparer les tables d'instruments stériles, le matériel de suture et de ligature ainsi que le matériel spécial, et d'assister le chirurgien et ses résidents en leur fournissant les instruments, les compresses, les drains, etc. Elle doit également noter la durée de l'anesthésie et veiller à ce que la plaie demeure ouverte le moins longtemps possible. À la fin de l'intervention, elle doit compter les aiguilles, les compresses et les instruments utilisés afin de s'assurer que rien n'est resté dans la plaie chirurgicale. Elle doit aussi étiqueter les échantillons prélevés et les faire parvenir au laboratoire. Toutes ces tâches exigent une connaissance

# *Encadré 33-2*
# *Comment enfiler la blouse*

Après le lavage chirurgical des mains avec un détersif antiseptique, on doit enfiler une blouse et des gants stériles. La blouse et les gants stériles sont une façon pratique d'assurer l'asepsie quand on participe à une intervention chirurgicale ou qu'on en observe le déroulement.

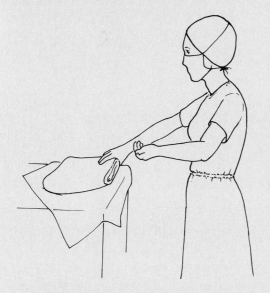

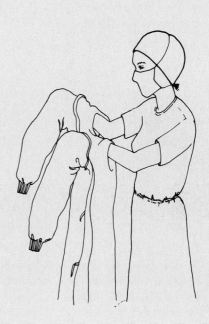

1. La blouse est retirée d'un emballage ouvert, ou tendue par une personne qui a déjà procédé au lavage des mains.

2. La blouse étant pliée à l'envers, pour éviter que l'on en touche l'extérieur, on peut la tenir au niveau de l'encolure et la laisser se déplier sur les mains étendues, les emmanchures vers soi. On tient ensuite les mains vers le haut et on glisse les bras dans les manches, jusqu'aux poignets de la blouse seulement si on utilise la méthode fermée pour enfiler les gants (voir encadré 33-3).

3. On peut demander à l'infirmière en service externe de rentrer les mains à l'intérieur de la blouse et d'en placer les manches de la façon voulue.

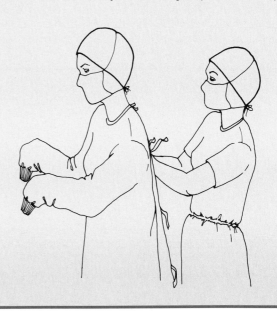

4. L'infirmière en service externe attache ensuite les cordons qui se trouvent à l'arrière de la blouse au cou et à la taille, en évitant de toucher la blouse. Pour ce faire, elle ramène vers elle les rubans en les prenant par les bouts, puis les attache. (Certaines blouses ont des attaches en Velcro.)

*Note*: La blouse est stérile si elle est sèche et non froissée. Une blouse mouillée par de la transpiration ou d'autres liquides est considérée comme contaminée.

# Encadré 33-3
## Comment enfiler les gants stériles par la méthode fermée

Saisir l'intérieur de la couture du poignet de la blouse avec le pouce et l'index d'une main, les mains étant restées à ce niveau quand on a enfilé la blouse.

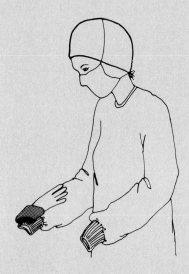

1. Saisir un gant avec cette main (toujours à l'intérieur de la blouse) et le placer sur l'autre bras, tourné du côté de la paume de la main, le pouce vers le bas et les doigts vers l'épaule. (Le poignet du gant repose sur le poignet de la blouse.)*

2. Saisir le bord inférieur du poignet du gant avec les doigts qui tiennent la couture, et le bord supérieur du poignet du gant avec les doigts de l'autre main.

3. Ramener le poignet du gant sur le poignet de la blouse, en prenant soin de ne pas replier le poignet de la blouse ou d'exposer les doigts.

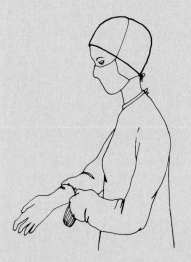

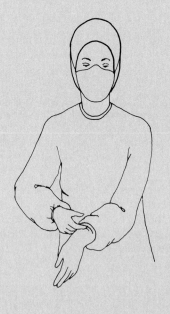

4. Tirer ensuite le gant en y glissant les doigts et bien l'ajuster.

5. Enfiler l'autre gant de la même façon en se servant de la main gantée.

* Les régions ombragées indiquent les parties du gant qui ne sont pas stériles.

# *Encadré 33-4*
# *Comment enfiler les gants stériles par la méthode ouverte*

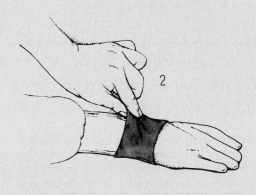

1. Si la main droite est la main dominante, saisir l'intérieur du poignet du gant droit avec la main gauche.

2. Glisser la main droite dans le gant et tirer le gant en place avec la main gauche, en laissant le poignet du gant retourné.

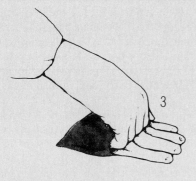

3. Saisir ensuite le gant gauche avec la main droite en glissant les doigts sous le poignet et en prenant soin de ne pas glisser sous le poignet du gant le pouce de la main droite (si on est droitière). (La partie extérieure est la partie stérile.)

4. Glisser la main gauche dans le gant et le tirer en place en laissant le poignet retourné.

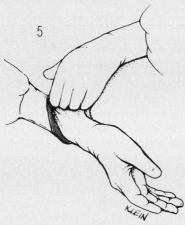

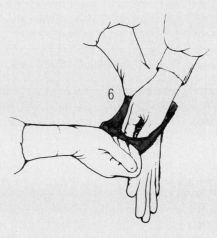

5. Replier le poignet de la blouse de façon à ce qu'il s'ajuste parfaitement, retenir le pli avec le pouce ganté de l'autre main et déplier le poignet du gant sur le poignet de la blouse.

*Autre méthode* : Le gant est tenu ouvert par l'instrumentiste, le pouce vers la personne qui doit enfiler le gant. L'ouverture doit être suffisamment grande pour permettre que le gant soit enfilé sans qu'il ne touche la personne qui le retient. Une fois le gant enfilé, le poignet du gant est déplié sur le poignet de la blouse.

approfondie de l'anatomie, de la manipulation des tissus et des règles de l'asepsie, de même que des buts de l'intervention chirurgicale. L'instrumentiste doit posséder en outre les connaissances et la dextérité nécessaires pour prévoir les besoins du chirurgien et remplir adéquatement son rôle au sein de l'équipe chirurgicale. Elle doit aussi être en mesure de faire face à toute situation d'urgence.

## SANTÉ DES PERSONNES AFFECTÉES À LA SALLE D'OPÉRATION ET VÊTEMENTS CHIRURGICAUX

Il est essentiel que les personnes qui travaillent dans une salle d'opération soient en bonne santé, car elles peuvent transmettre des germes pathogènes si elles souffrent par exemple d'un rhume, d'un mal de gorge ou d'une infection cutanée. Dans un centre hospitalier notamment, on a pu attribuer une série d'infections de plaies chirurgicales à une infection bénigne de la gorge dont souffrait une infirmière de la salle d'opération. Il importe donc de signaler sans délai toute affection, même bénigne.

**Vêtements.**    Dans une salle d'opération, on ne doit porter que des vêtements chirurgicaux approuvés et propres, les directives à cet effet devant faire l'objet d'un protocole écrit. Dans tous les blocs opératoires, on trouve des salles d'habillage auxquelles on accède par un corridor extérieur à la salle d'opération adjacente. C'est dans ces salles d'habillage que l'on doit changer de vêtements avant d'entrer dans la salle d'opération et avant d'en sortir. On ne doit jamais porter les vêtements chirurgicaux à l'extérieur de la salle d'opération.

Il existe différents styles de vêtements chirurgicaux, dont des robes en coton ajustées, des ensembles-pantalon et des combinaisons. Le pantalon doit être bien ajusté à la cheville, par une bande élastique ou par un cordon, afin de retenir les germes provenant du périnée et des jambes. Les chemises et les cordons doivent être rentrés à l'intérieur du pantalon afin de prévenir la contamination des zones stériles et, encore une fois, retenir les germes cutanés. On doit changer les vêtements mouillés et souillés et revêtir une nouvelle tenue chaque fois que l'on entre dans la salle d'opération.

**Masque.**    On doit toujours porter un masque afin de réduire au maximum la contamination par les germes aérogènes. Le masque doit être bien ajusté et couvrir entièrement le nez et la bouche afin de filtrer ou de retenir les gouttelettes qui renferment des microorganismes provenant de l'oropharynx et du nasopharynx. Il ne doit toutefois pas nuire à la respiration, à l'élocution ou à la vue, tout en étant dense et confortable. On doit éviter dans la mesure du possible l'expiration forcée, produite notamment par la parole, le rire, les éternuements et la toux, parce qu'elle augmente le nombre des germes déposés sur le masque. Il existe des masques efficaces dont le pouvoir de filtration est supérieur à 95 %. Des études ont démontré leur supériorité sur les masques de gaze.

Le masque perd une grande partie de son efficacité quand il est humide. C'est pourquoi on doit le changer aussi souvent que nécessaire et au moins entre chaque opération. On ne doit jamais le porter à l'extérieur de la salle d'opération, ni le laisser pendre autour du cou. Quand on change le masque, il ne faut toucher que les cordons afin d'éviter la contamination des mains. Les cordons du haut se nouent à l'arrière de la tête, ceux du bas sur la nuque.

**Bonnet.**    Le bonnet doit recouvrir entièrement les cheveux (sur la tête et sur la nuque), de même que la barbe, pour éviter que des poils, des épingles à cheveux, des pinces, des pellicules ou de la poussière ne tombent sur les champs stériles. Tous les bonnets sont jetables, et faits d'une matière qui ne peluche pas et qui ressemble à du tissu.

**Chaussures.**    Les chaussures doivent être confortables et offrir un bon support. Les sabots, les espadrilles et les bottes ne sont pas permis parce qu'ils présentent des risques d'accident et sont difficiles à nettoyer. On doit recouvrir les chaussures d'un couvre-chaussure jetable. Il existe des couvre-chaussures conducteurs qui procurent une mise à la terre à la personne qui les porte. Certains s'accompagnent de bandes noires qui doivent être placées à l'intérieur de la chaussure en contact avec la plante du pied. Les couvre-chaussures se portent une fois seulement et doivent être enlevés quand on quitte la salle d'opération. On trouve généralement des conductimètres à l'entrée de la salle d'opération.

**Risques pour la santé des professionnels.**    On connaît depuis longtemps l'existence de risques professionnels dans les salles d'opération, mais la nature de ces risques change avec le temps. On peut prendre diverses mesures pour prévenir ces risques, notamment le prélèvement d'échantillons pour la recherche d'agents infectieux ou toxiques dans l'environnement (murs et planchers), de même que des directives concernant l'exposition au laser et aux radiations.

Depuis 1987, les Centers for Disease Control des États-Unis ont fait état de quelques cas de contamination par le VIH chez des travailleurs de la santé dans l'exercice de leurs fonctions. À cause de la propagation de ce virus, on a vu apparaître des vêtements de protection supplémentaires dans la salle d'opération. Le port de deux gants superposés est maintenant chose courante, à tout le moins s'il y a risque de blessures par des fragments d'os tranchants. Le port de lunettes s'impose pour l'irrigation des plaies et le forage des os. Certains chirurgiens recouvrent maintenant leur blouse d'un tablier imperméable, portent des bottes de caoutchouc et des protecteurs pour les manches. Dans les cas où les saignements sont abondants, un écran facial remplace les lunettes.

## RÈGLES DE L'ASEPSIE CHIRURGICALE

Tous les membres du personnel doivent avoir pour priorité la prévention des complications chirurgicales, notamment des infections. Or, on réduit considérablement les risques d'infection en se conformant strictement aux règles de l'asepsie avant, pendant et après une intervention chirurgicale.

Pour que les interventions chirurgicales se fassent dans les meilleures conditions qui soient, le bloc opératoire doit être situé dans un endroit qui est à l'abri des particules susceptibles de provoquer des contaminations, de la poussière et autres polluants, des radiations et du bruit. Au Québec, les services d'entretien ménager et de génie biomédical voient à l'entretien préventif des installations, des appareils et du matériel de la salle d'opération. Ils doivent respecter les normes émises par l'Association canadienne de normalisation (Canadian Standard Association).

Dans la salle d'opération, l'asepsie a pour but de prévenir la contamination des plaies chirurgicales. Tout le personnel qui y œuvre a donc la responsabilité de prendre toutes les mesures d'asepsie nécessaires pour réduire au maximum les risques d'infections postopératoires, même si toutes ces infections ne sont pas dues à des négligences en ce sens, certaines étant attribuables à la flore cutanée normale ou à une infection préexistante. L'application pratique des règles de l'asepsie est traitée dans les paragraphes qui suivent.

## MESURES DE PRÉVENTION DES INFECTIONS

### Protocole préopératoire

Tout le matériel chirurgical doit être stérile, notamment les instruments, les aiguilles, le matériel de suture, les pansements, les gants, les blouses et couvre-chaussures, de même que les solutions qui peuvent venir en contact avec la plaie ou les tissus exposés. De plus, le chirurgien, ses résidents et les infirmières doivent procéder à un lavage chirurgical des mains et des avant-bras à l'eau et au savon, revêtir une blouse stérile à manches longues et des gants, et se couvrir la tête d'un bonnet. Ils doivent également porter un masque qui recouvre le nez et la bouche afin d'empêcher que les bactéries des voies respiratoires supérieures ne pénètrent dans la plaie. La peau du patient, sur une surface considérablement plus grande que le champ opératoire, doit faire l'objet d'un lavage minutieux, suivi de l'application d'un antiseptique. On doit recouvrir la partie non exposée du corps du patient d'un drap stérile.

### Protocole opératoire

Les personnes qui se trouvent dans la zone stérile ne doivent toucher que les objets stériles. Celles qui sont à l'extérieur de cette zone stérile doivent éviter de toucher les objets stériles.

### Protocole postopératoire

La plaie doit être protégée de la contamination par un pansement stérile. Pendant le nettoyage de la plaie et le changement du pansement, on doit utiliser du sérum physiologique stérile et des antiseptiques. Il importe d'éviter que la plaie n'entre en contact avec du matériel non stérile.

En présence d'une infection, il faut avoir recours à une antibiothérapie spécifique et au drainage pour éliminer les microorganismes en cause. Dans certains cas, il faudra parer la plaie pour en exciser les débris et les tissus dévitalisés. Pour prévenir toute infection subséquente, un respect rigoureux des règles de l'asepsie s'impose tout au cours du traitement.

### Asepsie de la salle d'opération

La salle d'opération doit faire l'objet d'un entretien méticuleux. Il importe de nettoyer fréquemment les planchers et autres surfaces horizontales à l'eau et au savon ou avec un détersif germicide et de vérifier régulièrement le matériel de stérilisation pour s'assurer de son efficacité. On doit utiliser des vêtements, des draps et des solutions stériles préemballés et nettoyer et stériliser les instruments dans un endroit situé près de la salle d'opération. Si du matériel supplémentaire est nécessaire, on ne doit se servir que d'objets stériles emballés individuellement.

De nombreuses salles d'opération sont munies de systèmes de purification d'air par flux laminaire qui filtrent un pourcentage élevé de poussières et de bactéries. Conçus à l'origine pour les vaisseaux spatiaux, ces systèmes sont munis de filtres absolus (HEPA) qui retiennent plus de 99 % des particules aéroportées de 0,3 $\mu$m ou plus. Les systèmes à flux laminaire ont aussi l'avantage d'échanger l'air plus fréquemment que les systèmes d'air climatisé, soit environ 200 fois à l'heure, comparativement à 12 fois à l'heure.

Malheureusement, en dépit de toutes ces précautions, il arrive parfois que les plaies chirurgicales soient contaminées, ce qui se manifeste par une infection ou un abcès dans la région de l'incision quelques jours ou quelques semaines après l'opération.

Comme nul n'est à l'abri des erreurs et des méprises, il est essentiel de veiller sans cesse à l'application rigoureuse des règles de l'asepsie et d'en faire valoir l'importance aussi souvent que nécessaire.

## RÈGLES FONDAMENTALES DE L'ASEPSIE CHIRURGICALE

### Règles générales
- Les surfaces et les objets stériles restent stériles s'ils ne viennent en contact qu'avec d'autres surfaces ou objets stériles. Tout contact avec des surfaces ou des objets non stériles provoque une contamination. De plus, si une surface stérile devient mouillée, elle est considérée immédiatement comme non stérile.
- Si on a le moindre doute concernant la stérilité d'une surface ou d'un objet, on doit considérer cette surface ou cet objet comme non stérile.
- Les objets stériles affectés à un patient (plateau stérile ouvert ou tables de matériel stérile) ne doivent pas être utilisés pour un autre patient. Le matériel stérile non utilisé doit être jeté ou stérilisé de nouveau avant usage.

### Règles concernant le personnel
- Les personnes affectées à la zone stérile doivent rester dans cette zone. On considère qu'elles sont contaminées si elles quittent la salle d'opération. Avant d'y revenir, elles doivent procéder à un lavage chirurgical des mains, et revêtir une blouse et des gants stériles.
- Seule une petite partie du corps est considérée comme stérile, soit de la taille aux épaules, les avant-bras et les mains gantées. Par conséquent, on doit tenir les mains vers l'avant entre les épaules et la taille.
- Si, comme dans certaines salles d'opération, on porte une blouse «portefeuille» spéciale, on peut considérer comme stérile une plus grande partie du corps.
- L'infirmière en service externe et toutes les autres personnes qui ne portent pas de vêtements stériles doivent rester à une bonne distance de la zone stérile.

### Règles concernant les draps
- Quand on place un drap sur une table ou sur un patient, il faut tenir le drap bien au-dessus de la surface à couvrir, et le placer de l'avant vers l'arrière.
- Seul le dessus du drap est considéré comme stérile.
- On fixe les draps stériles en place au moyen de pinces ou de ruban adhésif et on évite de les déplacer au cours de l'opération. Un drap déchiré ou troué doit être remplacé, parce qu'il donne accès à une surface non stérile.

**TABLEAU 33-1.** *Classification de l'état physique en vue d'une anesthésie*

| Cote | Description | Exemples |
|---|---|---|
| 1. Bon | 1. Absence de maladie organique ou de problèmes généraux | 1. Hernie ou fracture sans complications |
| 2. Passable | 2. Problème général de bénin à modéré | 2. Maladie cardiaque bénigne (I et II), diabète léger |
| 3. Faible | 3. Problème général grave | 3. Diabète mal équilibré, troubles pulmonaires, maladie cardiaque modérée (III) |
| 4. Mauvais | 4. Maladie générale qui menace la vie | 4. Maladie rénale grave, maladie cardiaque grave (IV), décompensation |
| 5. Critique | 5. Minces chances de survie; opération tentée en désespoir de cause | 5. Embolie pulmonaire importante, rupture d'anévrisme abdominal avec choc profond |
| U. Situation d'urgence | U. Situation d'urgence dans l'un ou l'autre des états physiques ci-dessus | U. Une hernie sans complications maintenant étranglée, accompagnée de nausées et de vomissements sera classée 1(U). Un cas d'urgence avec état physique 3 sera classé 3(U). |

(Source: American Society of Anesthesiology Inc., *Codes for the Collection and Tabulation of Data Relating to Anesthesia, Inhalation Therapeutic Diagnostic Blocks.*)

*Règles concernant la manipulation du matériel stérile*

- Les emballages doivent être faits de telle sorte qu'on puisse les ouvrir facilement sans risquer d'en contaminer le contenu.
- Quand on dépose du matériel stérile dans la zone stérile ou qu'on le donne à une personne affectée à la zone stérile, on doit le faire de façon à éviter la contamination.
- On considère comme non stériles les bords des emballages qui recouvrent le matériel stérile et les bords extérieurs des bouteilles ou des flacons qui contiennent des solutions stériles.
- L'infirmière en service externe ne doit pas étendre la main au-dessus de la zone stérile. Elle doit déposer les objets stériles sur le champ stérile, en restant à une distance raisonnable des limites de la zone stérile, soit en les laissant tomber sur la zone stérile, soit en les déposant sur la zone stérile en les manipulant par la partie externe de l'emballage.

*Règles concernant les solutions*

- En versant les solutions stériles, on doit éviter de toucher le contenant stérile qui les reçoit tout en évitant les éclaboussures. (Une surface stérile mouillée est contaminée.)

# PATIENTS SUBISSANT UNE ANESTHÉSIE

## RELATIONS ENTRE LE PATIENT ET L'ANESTHÉSISTE

L'*anesthésiste* est un médecin spécialisé dans la pratique de l'anesthésie. Il a pour fonction de choisir le type d'anesthésie à administrer, après consultation avec le chirurgien, d'administrer les anesthésiques, de s'occuper des problèmes techniques reliés à leur administration et de surveiller l'état du patient au cours de l'anesthésie.

Généralement, le futur opéré craint l'anesthésie et désire de l'information à ce sujet. Ses parents et amis lui ont fait part de leurs expériences et de leurs idées préconçues, il a lu sur le sujet et s'est formé une opinion sur les avantages et les inconvénients des différentes méthodes utilisées, d'où l'utilité d'une visite de l'anesthésiste avant l'opération. Lors de cette visite, l'anesthésiste peut l'informer, répondre à ses questions et apaiser ses craintes. Il peut également discuter avec lui de la forme d'anesthésie qu'il compte utiliser, le questionner sur ses réactions antérieures à l'anesthésie et lui demander s'il consomme des médicaments susceptibles d'influencer le choix de l'anesthésique (voir page 940).

Au cours de cette importante visite, l'anesthésiste évalue l'état de l'appareil cardiorespiratoire du patient, s'enquiert de ses habitudes de consommation de tabac et lui demande s'il a déjà eu des infections respiratoires. Il évalue également l'état général du patient, car il influe sur la conduite de l'anesthésie (tableau 33-1).

Un peu avant l'intervention chirurgicale, on transporte le patient à la salle d'opération et on le place sur la table d'opération. L'anesthésiste procède alors à une dernière évaluation de son état en mesurant notamment sa pression artérielle, son pouls et son rythme respiratoire, après quoi il administre les anesthésiques.

Tout au cours de l'intervention, l'anesthésiste suit de près la pression artérielle, le pouls et le rythme respiratoire du patient, de même que son électrocardiogramme, son volume respiratoire courant, la concentration des gaz artériels et le pH sanguin, la concentration des gaz alvéolaires et la température corporelle, de même que, dans certains cas, l'électro-encéphalogramme. Il peut aussi vérifier au besoin la concentration des gaz anesthésiques dans l'organisme du patient, le spectromètre de masse lui permettant d'obtenir instantanément des lectures sur des écrans placés de façon judicieuse.

On peut également utiliser un oxymètre au cours de la phase de réveil, les lectures obtenues pouvant indiquer si le patient peut respirer sans aide ou s'il a besoin d'une ventilation assistée.

## GÉRONTOLOGIE

La population vieillit de plus en plus. L'augmentation croissante du nombre des personnes âgées signifie qu'un nombre de plus en plus grand d'interventions chirurgicales devront être pratiquées chez des patients appartenant à cette population. Or, chez les aînés, l'anesthésie et la chirurgie comportent des risques plus grands que chez les adultes d'âge moyen. Selon les statistiques, ces risques augmentent avec chaque décennie après l'âge de 60 ans. Or, on peut les réduire en adaptant l'anesthésie et les techniques chirurgicales en fonction des changements biologiques provoqués par le vieillissement (figure 33-1) et en se servant des résultats des plus récentes recherches en ce sens. Certaines de ces adaptations sont exposées dans les paragraphes qui suivent.

Le vieillissement diminue la capacité de réaction au stress du cœur et des vaisseaux sanguins. Parmi les changements cardiaques, on note une diminution du débit et de la réserve cardiaques. À cause de la réduction du lit vasculaire, les personnes âgées sont sujettes à des troubles de thermorégulation. Elles peuvent donc avoir besoin d'une meilleure protection qu'un adulte d'âge moyen pour conserver leur température corporelle. Elles présentent également des risques accrus de pneumonie, à cause de l'altération de la fonction ciliaire et du réflexe de la toux ; elles courent également des risques accrus d'hypoxie cérébrale parce que leurs échanges gazeux sont réduits.

Chez les personnes âgées, la quantité d'anesthésique nécessaire pour induire l'anesthésie est moindre que chez les adultes d'âge moyen, notamment parce que la proportion de tissu adipeux augmente régulièrement avec l'âge, se situant entre 20 et 30 % à l'âge de 20 ans et entre 35 et 45 % à l'âge de 60 à 70 ans. Or, comme les anesthésiques ont une affinité pour le tissu adipeux, leur absorption tissulaire est plus grande, de même que, conséquemment, leur accumulation dans le cerveau. De plus, ils sont éliminés plus lentement, à cause d'une réduction du volume des tissus composés principalement d'eau et fortement irrigués par le sang, comme ceux des muscles squelettiques, du foie et des reins. Or, la réduction du volume du foie diminue le rythme d'inactivation par cet organe de nombreux anesthésiques et l'altération de la fonction rénale en ralentit l'excrétion, comme celle des autres substances étrangères.

Les personnes âgées présentent généralement une perte osseuse, qui est en moyenne de l'ordre de 25 % chez la femme et de 12 % chez l'homme. Il importe donc de les déplacer avec précaution au cours d'une intervention chirurgicale. On doit en outre surveiller le volume et le débit des perfusions intraveineuses, à cause des risques d'œdème pulmonaire, et éviter une baisse soudaine ou prolongée de la pression artérielle qui peut causer une ischémie cérébrale, une thrombose, une embolie, un infarctus et une anoxémie.

Il ne faut pas non plus oublier que les personnes âgées s'adaptent plus lentement que les adultes d'âge moyen au stress physique et émotif, ce qui peut avoir une influence sur l'issue d'une intervention chirurgicale (le taux de mortalité est plus élevé pour les chirurgies urgentes que pour les chirurgies électives). Par conséquent, il importe de les garder en observation constante tout au cours de l'anesthésie et d'intervenir rapidement si nécessaire.

## ANESTHÉSIE

L'*anesthésie* se caractérise par une perte de la sensibilité et des réflexes ainsi qu'une sensation de détente. Elle est le plus souvent induite par inhalation, car cette méthode est plus facile à maîtriser. L'absorption et l'élimination des agents anesthésiants sont affectées dans une large mesure par la ventilation pulmonaire. La profondeur de l'anesthésie est fonction de la quantité d'anesthésique utilisée.

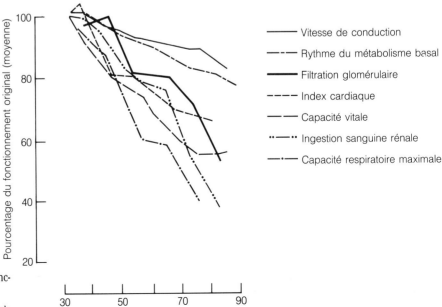

**Figure 33-1.** Effets du vieillissement sur les fonctions physiologiques

(Source : R. D. Miller. *Anesthesia for the elderly*, New York, Churchill Livingstone)

TABLEAU 33-2. *Liquides volatiles employés comme agents anesthésiants généraux*

| Agent | Administration | Avantages | Inconvénients | Remarques |
|---|---|---|---|---|
| Halothane (Fluothane) | Inhalation par vaporisateur spécial | Non explosif et ininflammable<br>Induction rapide et en douceur<br>Utile dans presque tous les types d'opérations<br>Faible incidence de nausées et de vomissements postopératoires | Doit être administré par une personne hautement qualifiée, à cause des risques de surdosage.<br>Peut causer des atteintes hépatiques.<br>Peut provoquer de l'hypotension.<br>Doit être administré à l'aide d'un vaporisateur spécial. | Prendre fréquemment le pouls, les paramètres respiratoires et la pression artérielle après l'opération. |
| Enflurane (Ethrane) | Inhalation | Induction et réveil rapides<br>Analgésique puissant<br>Non explosif et ininflammable | Peut provoquer rapidement une dépression respiratoire accompagnée d'anomalies à l'ECG.<br>Incompatible avec l'adrénaline | Observer le patient afin de déceler tout signe de dépression respiratoire.<br>Il y a possibilité de fibrillation ventriculaire si administré en association avec de l'épinéphrine. |
| Isoflurane (Forane) | Inhalation | Induction et réveil rapides<br>Potentialise de façon marquée l'effet des myorelaxants. | Peut provoquer une profonde dépression respiratoire. | Il faut prendre régulièrement les paramètres respiratoires et fournir une ventilation assistée si nécessaire. |

TABLEAU 33-3. *Gaz employés comme agents anesthésiants généraux*

| Agent | Administration | Avantages | Inconvénients | Remarques |
|---|---|---|---|---|
| Protoxyde d'azote ($N_2O$) | Inhalation (méthode semi-fermée) | Induction et réveil rapides<br>Ininflammable<br>Utile en association avec de l'oxygène pour des interventions de courte durée<br>Utile en association avec d'autres anesthésiques pour tous les types d'opérations | Faible effet myorelaxant<br>Faible pouvoir anesthésiant<br>Peut provoquer de l'hypoxie. | Est plus utile en association avec d'autres anesthésiques ayant une durée d'action plus longue.<br>Utiliser avec précaution lorsqu'il est associé à d'autres agents. |
| Cyclopropane ($C_3H_6$) | Inhalation (méthode fermée) | Bon effet myorelaxant<br>Utile pour tous les types d'opérations<br>Induction et réveil rapides<br>Large marge de sécurité<br>Effet agréable | Explosif<br>Doit être administré par une personne hautement qualifiée, à cause de ses puissants effets de dépression respiratoire.<br>Provoque souvent de l'arythmie cardiaque.<br>Peut provoquer un bronchospasme et une acidose. | Prendre des mesures de protection contre les explosions.<br>Mesurer régulièrement la pression artérielle après l'opération, à cause des risques d'hypotension. |

Les anesthésiques se divisent en deux catégories selon qu'ils suppriment la sensibilité (1) dans tout le corps (anesthésie générale) ou (2) dans une partie du corps (anesthésie locale ou régionale).

## ANESTHÉSIE GÉNÉRALE

On provoque l'anesthésie générale soit par inhalation, soit par injection intraveineuse.

Les *anesthésiques liquides volatiles* (halothane, enflurane et isoflurane) provoquent l'anesthésie par l'inhalation de leurs vapeurs. Ils sont tous administrés en association avec de l'oxygène et, habituellement, du protoxyde d'azote (tableau 33-2).

Les *gaz anesthésiants* s'administrent aussi par inhalation en association avec de l'oxygène. Le protoxyde d'azote fait partie de ce groupe d'anesthésiques (tableau 33-3).

Quand elles sont inhalées, ces substances pénètrent dans le sang par les capillaires pulmonaires et, une fois que leur concentration est suffisante, elles agissent sur les centres cérébraux pour provoquer une perte de conscience et de sensation. Elles sont éliminées par les poumons.

***Facteurs physiques et physiologiques influant sur l'induction de l'anesthésie.*** Les anesthésiques généraux provoquent l'anesthésie parce qu'ils atteignent le cerveau à une pression partielle élevée. Pendant et juste après l'induction, l'anesthésique circule dans le sang et se dépose peu à peu dans les tissus, de sorte que des quantités relativement grandes sont nécessaires jusqu'à ce que les tissus soient saturés. Ensuite, des quantités moins grandes suffisent à maintenir l'anesthésie parce que les concentrations dans le sang, les tissus cérébraux et les autres tissus sont en équilibre. Tout problème qui ralentit la circulation périphérique, comme une vasoconstriction ou un état de choc, réduit la quantité d'anesthésique nécessaire. À l'inverse, une accélération de la circulation périphérique, comme celle observée chez les personnes anxieuses ou qui ont une forte activité musculaire, ralentit l'induction et augmente la quantité d'anesthésique nécessaire parce que le cerveau en reçoit des concentrations plus faibles.

***Méthodes d'administration.*** Pour administrer les anesthésiques liquides volatiles, on peut en mélanger les vapeurs avec de l'oxygène ou du protoxyde d'azote et faire inhaler ce mélange au patient, au moyen d'un tube et d'un masque.

Pour administrer les anesthésiques par la méthode endotrachéale, on introduit un tube flexible en caoutchouc ou en plastique dans la trachée, par le nez ou par la bouche (figure 33-2), soit au moyen d'un fibroscope flexible, soit en utilisant un laryngoscope pour situer le larynx, soit en introduisant le tube «à l'aveugle». Le tube endotrachéal isole les poumons de l'œsophage, ce qui évite l'aspiration dans les poumons du contenu de l'estomac lors de vomissements.

### Stades de l'anesthésie générale

L'anesthésie générale comporte quatre stades qui se caractérisent de façon bien définie. Les narcotiques et les myorelaxants estompent certains de ces stades.

***Stade I : début de l'anesthésie.*** Le patient éprouve une sensation de chaleur ; il devient peu à peu étourdi, puis cesse de percevoir son environnement. Avant de perdre conscience, il éprouve un bourdonnement ou un sifflement

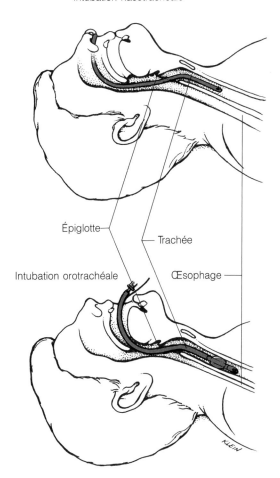

Intubation nasotrachéale

Épiglotte

Trachée

Intubation orotrachéale

Œsophage

**Figure 33-2.** Anesthésie endotrachéale. (**Illustration du haut**) Intubation nasotrachéale avec tube dans la position appropriée. (**Illustration du bas**) Intubation orotrachéale avec tube dans la position appropriée et manchon gonflé. Dans les deux cas, la tête est inclinée vers l'arrière pour garder ouvertes les voies respiratoires.

d'oreille et est incapable de bouger ses membres. Au cours de ce stade, les bruits sont exagérés au point que même les sons les plus faibles peuvent sembler trop forts et irréels. C'est pourquoi il importe d'éviter les bruits et les déplacements superflus quand le patient est à ce stade.

***Stade II : excitation.*** Selon le cas, le patient au stade d'excitation est agité, crie, chante, parle, rit et, parfois même, pleure. On peut souvent éviter ce stade en administrant l'anesthésique régulièrement et rapidement. Les pupilles sont dilatées, mais se contractent en réaction à la lumière. Le pouls est rapide et la respiration irrégulière.

Comme les mouvements sont involontaires, l'anesthésiste doit être assisté d'une personne capable d'immobiliser le patient au besoin. Les jambes peuvent être retenues par une courroie placée sur les cuisses et les mains attachées à des planches. On doit éviter de toucher le patient, sauf pour l'immobiliser. Les dispositifs de contention ne doivent pas toucher le dessus du champ opératoire. De plus, les manipulations augmentent l'irrigation sanguine, ce qui accroît les risques d'hémorragie.

**Stade III: anesthésie chirurgicale.** Pour amener le patient au stade de l'anesthésie chirurgicale, on lui administre les vapeurs ou les gaz de façon continue. Au cours de ce stade, celui-ci est inconscient et calme. Ses pupilles sont en myosis, mais se contractent en réaction à la lumière. La respiration est régulière, le pouls est normal et la peau est rosée ou légèrement rougie. Une administration judicieuse de l'anesthésique permet de maintenir ce stade pendant plusieurs heures, à la profondeur désirée, soit entre léger (1) et profond (4).

**Stade IV: surdosage.** Ce stade est le résultat d'une anesthésie trop profonde. Il se caractérise par une respiration superficielle, un pouls faible et filant et une cyanose. Les pupilles sont très dilatées et ne se contractent plus en réaction à la lumière. La mort peut survenir rapidement si les mesures appropriées ne sont pas entreprises sans délai, soit l'arrêt immédiat de l'administration de l'anesthésique et le recours à une assistance respiratoire et circulatoire. On peut administrer des stimulants (bien qu'on ne le fasse que rarement) si l'anesthésique est en cause. Dans les cas de surdose de narcotiques, on peut administrer l'antagoniste approprié. Le Narcan (naloxone) est souvent utilisé à cette fin.

Si l'anesthésie se déroule normalement, le passage d'un stade à l'autre se fait graduellement et le stade IV n'apparaît pas. Seule l'observation étroite de certains signes (dilatation des pupilles, pression artérielle, fréquences respiratoire et cardiaque) permet à l'anesthésiste de suivre l'évolution de l'état du patient.

## Autres changements physiologiques

L'administration d'un anesthésique s'accompagne d'autres réactions physiologiques. Certains anesthésiques peuvent provoquer une hypersécrétion de mucus et de salive. L'administration préopératoire d'atropine réduit cette hypersécrétion. On peut aussi observer des vomissements et des régurgitations, surtout si le contenu de l'estomac du patient n'a pas été évacué ou s'il n'a pas été à jeun depuis au moins huit heures avant l'opération. Si des haut-le-cœur se manifestent, on doit tourner le patient sur le côté et incliner la table vers le bas au niveau de la tête. On recueille les vomissements dans un haricot et on retire la salive et le contenu gastrique au moyen d'un appareil d'aspiration, qui doit toujours être à portée de la main.

Comme la température corporelle peut chuter au cours de l'anesthésie, il faut prendre les mesures qui s'imposent pour prévenir les frissons et avoir toujours à portée de la main des couvertures en coton chaudes (voir hypothermie). Le métabolisme du glucose étant ralenti, une acidose métabolique peut se manifester.

L'anesthésiste doit aussi prévenir l'asphyxie, dont les causes les plus fréquentes sont la présence d'un corps étranger dans la bouche, un spasme des cordes vocales, un relâchement de la langue ou l'aspiration de vomissements, de salive ou de sang. On peut éviter cette complication par l'utilisation d'un tube endotrachéal avec manchon gonflable.

## Anesthésie par voie intraveineuse

On peut aussi provoquer une anesthésie générale par l'administration par voie intraveineuse de certains agents, dont le plus couramment utilisé est le thiopental sodique (Pentothal) (tableau 33-4), un barbiturique à action rapide qui induit l'inconscience en 30 secondes.

**Avantages.** Le thiopental induit l'anesthésie de façon agréable, sans les bourdonnements d'oreille et les étourdissements provoqués par l'inhalation. Pour cette raison, les patients qui ont connu les deux méthodes préfèrent l'injection à l'inhalation. Sa durée d'action est courte et le réveil s'accompagne rarement de nausées et de vomissements. On administre souvent le thiopental en association avec d'autres agents dans les interventions chirurgicales de longue durée.

**TABLEAU 33-4.** *Agents anesthésiants intraveineux*

| Agent | Administration | Avantages | Inconvénients | Remarques |
|---|---|---|---|---|
| **BARBITURIQUES** | | | | |
| Thiopental sodique (Pentothal) | Injection intraveineuse | Induction rapide<br>Non explosif<br>Son administration exige peu de matériel.<br>Faible incidence de nausées et de vomissements postopératoires | Dépression respiratoire importante<br>Faible effet myorelaxant<br>Provoque parfois de la toux, des éternuements et un laryngospasme.<br>Contre-indiqué chez les enfants, car leurs veines sont petites | Exige une observation judicieuse et étroite du patient, à cause de la puissance et de la rapidité d'action du médicament. |
| **NARCOTIQUES** | | | | |
| Chlorhydrate de mépéridine (Demerol) | Injection intraveineuse, sous-cutanée, intramusculaire | Action rapide<br>Son effet spasmolytique en fait l'anesthésique de choix pour les opérations touchant les canaux biliaires, la partie distale du côlon et le rectum.<br>Biotransformation et excrétion rapides | Peut ralentir le rythme de la respiration.<br>Peut provoquer des étourdissements, des nausées et des vomissements. | Provoque une réaction allergique chez certains patients exigeant l'emploi de diphénhydramine (Benadryl). |

**TABLEAU 33-4.** (suite)

| Agent | Administration | Avantages | Inconvénients | Remarques |
|---|---|---|---|---|
| **NARCOTIQUES** (suite) | | | | |
| Morphine (fortes doses) | Intraveineuse | Absence de dépression cardiaque | Peut provoquer de l'hypotension en diminuant la résistance vasculaire générale. Amnésie insuffisante Effet myorelaxant insuffisant | Possibilité d'hypotension orthostatique |

**NEUROLEPTANALGÉSIQUES**

La neuroleptanalgésie est caractérisée, chez la plupart des patients, par l'analgésie, par l'absence d'activité motrice apparente cliniquement, par la suppression des réflexes autonomiques, par le maintien de la stabilité cardiovasculaire et par l'amnésie.
C'est ce qu'on appelle l'anesthésie balancée.
On emploie le protoxyde d'azote, des narcotiques, des neuroleptiques, des relaxants musculaires. Cette technique est suivie d'une dépression respiratoire en postopératoire; il n'y a pas de dépression cardiovasculaire.
Ces malades ont besoin d'assistance respiratoire pour quelques heures en postopératoire. Il est possible d'anesthésier pour de longues périodes les vieillards et ceux dont l'état général est mauvais (Bachand).

| Agent | Administration | Avantages | Inconvénients | Remarques |
|---|---|---|---|---|
| Fentanyl (Sublimaze): composition chimique apparentée à celle de la mépéridine | Intraveineuse Transdermique | 75 à 100 fois plus puissant que la morphine et durée d'action environ 4 fois plus courte (IV) Faibles effets cardiovasculaires | Effet adrénolytique à très forte dose Dépression respiratoire | Son action est de plus courte durée que les autres narcotiques, parce qu'il est réabsorbé et métabolisé plus rapidement par le foie. |
| Sufentanil (Sufenta) | Injection intraveineuse | Action extrêmement rapide | | Durée d'action environ 3 fois plus courte que celle du fentanyl |

**AGENTS DISSOCIATIFS**

Sous l'effet d'un agent dissociatif, le patient ne semble pas endormi ou anesthésié, mais plutôt dissocié de son environnement.

| Agent | Administration | Avantages | Inconvénients | Remarques |
|---|---|---|---|---|
| Kétamine (Ketalar) | Intraveineuse Intramusculaire | Induction rapide et action de courte durée; souvent utilisé comme supplément au protoxyde d'azote Utile quand l'hypotension présente des dangers; peut servir d'analgésique ou d'anesthésique | Peut provoquer de l'hypertension et une dépression respiratoire. Peut provoquer des hallucinations. Peut provoquer des vomissements et un danger d'aspiration. | Éviter les stimulations verbales, visuelles ou tactiles, qui peuvent déclencher des troubles psychiques. Le dropéridol ou le diazépam (voir ci-dessous) peuvent éviter ces problèmes. Observer le patient afin de déceler les signes de dépression respiratoire. Il faut avoir du matériel de réanimation à portée de la main. |

**TRANQUILLISANTS**

| Agent | Administration | Avantages | Inconvénients | Remarques |
|---|---|---|---|---|
| Benzodiazépines Diazépam (Valium) | Intraveineuse Orale | Sédation préopératoire Action sédative au cours d'une anesthésie régionale | Ont une absorption imprévisible s'ils sont administrés par voie intramusculaire. | Peuvent provoquer une thrombophlébite s'ils sont administrés par voie intraveineuse (ils doivent donc être administrés de préférence dans une veine centrale). |
| Chlordiazépoxide (Librium) | Intramusculaire | Provoque un état hypnotique pendant l'induction de l'anesthésie. | | |
| Dropéridol (Inapsine) | Intraveineuse | Action prolongée | Effet antihistaminique faible et effet adrénolytique; effet ganglioplégique sur les voies dopaminergiques pouvant provoquer une rigidité extrapyramidale de type parkinsonien. | Tranquillisant majeur Avoir à portée de la main des solutions intraveineuses et des vasopresseurs, à cause des risques d'hypotension. |

Les agents anesthésiants intraveineux ne sont pas explosifs; ils s'administrent facilement et requièrent peu de matériel. Parce qu'ils provoquent rarement des vomissements, ils sont utiles en chirurgie oculaire, où une augmentation de la pression intraoculaire provoquée par des vomissements pourrait menacer la vision. Ils sont beaucoup utilisés dans les opérations de courte durée, mais moins dans les interventions abdominales de longue durée. Ils sont contre-indiqués chez les enfants, car ceux-ci ont de petites veines et doivent de toute façon être intubés parce qu'ils sont sujets aux obstructions des voies respiratoires.

**Inconvénients.** Le thiopental provoque une importante dépression respiratoire et son principal effet toxique découle de cette caractéristique. Il ne doit être administré que par un anesthésiste qualifié et avec du matériel de réanimation à portée de la main. Il peut provoquer des éternuements, de la toux et un laryngospasme.

## Adjuvants: myorelaxants

Les myorelaxants bloquent la transmission des influx nerveux à la jonction neuromusculaire des muscles squelettiques. Ils sont utilisés pour provoquer un relâchement musculaire dans les interventions abdominales ou thoraciques, pour relâcher les muscles des yeux dans certaines interventions oculaires, pour faciliter l'intubation endotrachéale, pour traiter les laryngospasmes et pour faciliter la ventilation mécanique.

Le premier myorelaxant utilisé à grande échelle fut le curare purifié dont on a isolé le principe actif, la tubocurarine. On s'est plus tard tourné vers la succinylcholine parce que son action est plus rapide que celle du curare. Depuis, plusieurs autres myorelaxants sont apparus sur le marché (tableau 33-5). Le myorelaxant idéal possède les caractéristiques suivantes:

**TABLEAU 33-5.    *Myorelaxants***

| Myorelaxant | Action | Avantages | Inconvénients | Usages et remarques |
|---|---|---|---|---|
| *SANS EFFET DÉPOLARISANT* | | | | |
| Chlorure de tubocurarine (Tubarine) | Pic d'action de 30 à 60 minutes après l'administration | Excrété sous sa forme intacte dans une proportion de 50 à 70 % en 3 à 6 heures | Réaction de type allergique Hypotension Augmentation de la résistance des voies aériennes Érythème cutané | Contre-indiqué chez les personnes ayant des antécédents d'allergie et d'asthme |
| Gallamine (Flaxedil) | 20 % de la puissance du curare 25 % de la durée d'action du curare Effet ganglioplégique sur le nerf vague, au niveau du cœur | Entièrement excrétée sous sa forme intacte | Tachycardie | Bonne compatibilité avec le cyclopropane et l'halothane |
| Bromure de pancuronium (Pavulon) | Semblable à celle du curare, mais avec cinq fois plus de puissance Durée de 60 à 85 minutes | Sûr, stable Bon effet myorelaxant Action réversible par l'administration de néostigmine et d'atropine | | Excellent dans les cas qui exigent un relâchement complet Contre-indiqué chez les personnes souffrant de myasthénie ou de maladie rénale Contre-indiqué chez les personnes allergiques aux bromures |
| Bromure de vécuronium (Norcuron) | Bloque la dépolarisation. | Facilite l'intubation endotrachéale; bon effet myorelaxant. | Apnée prolongée reliée à la dose reçue | Apparenté au Pavulon Bien toléré chez les personnes atteintes d'insuffisance rénale |
| *AVEC EFFET DÉPOLARISANT* | | | | |
| Ces myorelaxants ont des effets parasympathomimétiques (semblables à ceux de l'acétylcholine) à la jonction neuromusculaire. L'acétylcholine est hydrolysée presque immédiatement après sa libération, ce qui provoque une repolarisation des muscles. Les myorelaxants à effet dépolarisant provoquent une dépolarisation continue. | | | | |
| Succinylcholine (Anectine, Sucostrin) (Syncurine) | Action rapide (1 minute) Durée de 4 à 8 minutes | Idéal dans les cas d'intubation endotrachéale, de réduction de fracture; utilisé pour le traitement des laryngospasmes | Contre-indiquée chez les patients qui ont de faibles taux de pseudocholinestérase Bradycardie et arythmies lors d'une seconde injection | Utilisé dans le traitement des laryngospasmes, des crises d'asthme et des réactions toxiques aux anesthésiques locaux |

TABLEAU 33-6.  *Anesthésiques rachidiens*

| Agent | Avantages de l'anesthésie rachidienne (tous les agents) | Inconvénients de l'anesthésie rachidienne (tous les agents) |
|---|---|---|
| Procaïne (Novocaïne) Tétracaïne (Pontocaïne) Lidocaïne (Xylocaïne) | Facile à administrer Peu coûteuse Exige peu de matériel Action rapide Bon effet myorelaxant | Possibilité de chute rapide de la pression artérielle, ce qui exige que l'on surveille de près la pression et que l'on administre rapidement un médicament comme l'épinéphrine si on observe une baisse Possibilités de difficultés respiratoires si l'agent anesthésique atteint la poitrine Possibilités de complications postopératoires, comme des céphalées, ou, rarement, une méningite ou une paralysie |

- Il n'a pas d'effet dépolarisant; a une rapidité d'action semblable à celle de la succinylcholine, mais n'en a pas les effets secondaires (bradycardie et arythmies cardiaques).
- Sa durée d'action se situe entre celle de la succinylcholine et celle du pancuronium.
- Il n'a pas d'effets cumulatifs et cardiovasculaires.
- Il peut être métabolisé et ne dépend pas des reins pour son élimination.

# ANESTHÉSIE RÉGIONALE

L'anesthésie régionale est une forme d'anesthésie locale provoquée par l'injection d'un agent anesthésiant autour d'un tronc nerveux et qui se caractérise par une perte de sensation dans la région innervée par ce tronc nerveux. L'effet obtenu est fonction du type des nerfs touchés. Les fibres des nerfs moteurs sont les plus grosses et celles dont la gaine de myéline est la plus épaisse. Les fibres des nerfs sympathiques sont les plus petites et celles dont la gaine de myéline est la plus mince. Les fibres des nerfs sensitifs se situent entre les deux. Par conséquent, il est plus facile pour un agent anesthésiant d'interrompre la conduction des nerfs sympathiques que celle des nerfs moteurs. On considère que l'action d'un anesthésique est épuisée quand les trois systèmes (moteur, sensitif et autonome) ont retrouvé leurs fonctions.

Le patient sous anesthésie régionale ou locale est éveillé et conscient de son environnement. On doit donc en sa présence éviter les conversations et les bruits inutiles, de même que les odeurs désagréables, afin qu'il garde de son intervention chirurgicale le souvenir le plus agréable possible. Le calme a un effet thérapeutique. On doit de plus éviter de formuler à haute voix le diagnostic s'il doit rester inconnu du patient.

## Anesthésie rachidienne

Il s'agit d'une forme d'anesthésie par blocage nerveux étendu provoquée par l'injection d'un anesthésique local dans l'espace sous-arachnoïdien, au niveau des vertèbres lombaires (habituellement L-2). Elle provoque une perte de sensation dans les membres inférieurs, le périnée et la partie basse de l'abdomen. On l'administre par ponction lombaire en respectant les règles de l'asepsie. Pour procéder à la ponction lombaire, on couche le patient sur le côté, en position génupectorale. Tout de suite après l'injection, on doit le tourner sur le dos. Si on désire que l'anesthésique se diffuse sur une plus grande surface, on lui incline la tête et les épaules vers le bas. La diffusion de l'agent anesthésiant et le degré de l'anesthésie sont fonction de la quantité d'anesthésique injectée et de la rapidité de l'injection, de même que de la position du patient après l'injection. Elles dépendent aussi de la densité de l'anesthésique, ceux dont la densité est plus grande que celle du liquide céphalorachidien (LCR) se déplaçant vers la portion déclive de l'espace sous-arachnoïdien, ceux dont la densité est moindre que celle du LCR se déplaçant depuis la portion déclive. C'est l'anesthésiste qui régit ces variables. Les agents anesthésiants les plus souvent utilisés pour l'anesthésie rachidienne sont la procaïne (Novocaïne), la tétracaïne (Pontocaïne) et la lidocaïne (Xylocaïne) (tableau 33-6).

Quelques minutes après l'injection, les orteils et le périnée perdent leur sensibilité, suivis graduellement des jambes et de l'abdomen. Si de fortes concentrations d'agent anesthésiant atteignent le niveau supérieur de la poitrine ou le cerveau, on peut observer une paralysie respiratoire transitoire, partielle ou complète. Dans ce cas, on doit maintenir artificiellement la respiration jusqu'à ce que les effets de l'anesthésique soient épuisés.

Les patients qui subissent une intervention chirurgicale sous anesthésie rachidienne peuvent éprouver des nausées, des vomissements et de la douleur. Ces réactions sont généralement la conséquence d'une traction sur différentes structures, particulièrement sur celles de la cavité abdominale. On peut les éviter par l'administration de thiopental à faible concentration par voie intraveineuse ou par l'inhalation de protoxyde d'azote.

Les céphalées constituent une complication postopératoire de l'anesthésie rachidienne. Leur fréquence est déterminée par le calibre de l'aiguille utilisée pour la ponction lombaire, les pertes de liquide de l'espace sous-arachnoïdien par le point de ponction et le degré d'hydratation du patient. Pour soulager les céphalées, on peut utiliser des mesures qui augmentent la pression céphalorachidienne, comme de garder le patient à plat et bien hydraté, dans une ambiance calme.

***Collecte des données après une anesthésie rachidienne.*** L'infirmière doit prendre régulièrement les signes vitaux et observer le patient de près. Elle doit de plus noter l'heure du retour de la sensibilité dans les jambes et les orteils. On peut considérer que le patient n'est plus sous l'effet de l'anesthésique quand ses orteils ont recouvré complètement leur sensibilité (réaction à une piqûre d'aiguille).

TABLEAU 33-7.   *Agents anesthésiants locaux*

| Agent | Administration et usages | Avantages | Inconvénients | Remarques |
|---|---|---|---|---|
| **AMIDES** | | | | |
| Lidocaïne (Xylocaine) et mépivacaïne (Carbocaine) | Topique Injection | Action rapide Durée d'action plus longue que celle de la procaïne Absence d'irritation locale | Idiosyncrasie occasionnelle | Utilisé pour les cystoscopies (application topique) Utilisé en médecine et en chirurgie dentaire (injection) Possibilité de réactions indésirables (somnolence, dépression respiratoire) |
| Bupivacaïne (Marcaïne) | Infiltration Bloc nerveux périphérique Bloc épidural | Durée d'action de 2 à 3 fois plus longue que celle de la lidocaïne ou de la mépivacaïne | Utiliser avec précaution chez les personnes présentant des allergies médicamenteuses. | Son effet analgésique persiste après le retour de la sensibilité, ce qui permet de réduire l'emploi d'analgésiques puissants. |
| **ESTERS** | | | | |
| Procaïne (Novocaine) | Sous-cutanée, intramusculaire, intraveineuse, rachidienne | | | Possibilité d'hypotension, de bradycardie et de faiblesse du pouls filant Généralement administrée en association avec de l'épinéphrine afin de provoquer une vasoconstriction qui ralentit son absorption et prolonge son effet d'insensibilisation |
| Tétracaïne (Pontocaine) | Topique Infiltration Bloc nerveux | Mêmes avantages que la procaïne | Mêmes inconvénients que la procaïne | Plus de 10 fois plus puissante que la procaïne Habituellement administrée en association avec de l'épinéphrine |

**Anesthésie rachidienne continue.**   Elle se pratique en injectant plus d'anesthésique, au besoin, à l'aide d'un cathéter en plastique laissé dans l'espace sous-arachnoïdien pendant l'opération. Cette méthode permet une meilleure maîtrise du dosage, mais présente des risques plus grands de céphalées postopératoires à cause du calibre plus élevé de l'aiguille utilisée.

## Anesthésie par blocage nerveux

Il existe différents types d'anesthésie par blocage nerveux selon les groupes de nerfs touchés.

**Bloc épidural.**   Il est provoqué par l'injection d'un anesthésique local dans le canal rachidien, dans l'espace qui entoure la dure-mère. Contrairement à l'anesthésie rachidienne, il n'entraîne pas de complications neurologiques, comme des céphalées, et a moins d'effets sur la pression artérielle. Par conséquent, il est de plus en plus utilisé. Toutefois, l'injection dans l'espace épidural est techniquement plus difficile que l'injection dans l'espace sous-arachnoïdien. La profondeur de l'anesthésie est aussi plus difficile à contrôler.

**Bloc du plexus brachial.**   Il provoque l'anesthésie du bras.

**Anesthésie paravertébrale.**   Elle provoque l'anesthésie des troncs nerveux qui innervent la poitrine, la paroi abdominale et les membres.

**Anesthésie caudale.**   Il s'agit d'une forme d'anesthésie épidurale qui insensibilise le périnée et, occasionnellement, la partie basse de l'abdomen.

## Anesthésie locale par infiltration

L'anesthésie par infiltration consiste à injecter une solution contenant un anesthésique local dans les tissus de la région de l'incision chirurgicale. Elle est souvent combinée à un blocage du tronc nerveux qui innerve immédiatement cette région. Elle a pour avantages:

- d'être simple, économique et de ne présenter aucun risque d'explosion;
- de s'administrer avec un minimum de matériel;
- de réduire la durée de la récupération postopératoire;
- d'éviter les effets indésirables de l'anesthésie générale;
- d'être idéale pour les opérations superficielles ou de courtes durées.

On administre souvent les anesthésiques locaux en association avec de l'épinéphrine, ce médicament provoquant une constriction des vaisseaux sanguins, ce qui ralentit l'absorption de l'agent anesthésiant et en prolonge l'action, en plus de prévenir les convulsions qui pourraient résulter de son absorption trop rapide dans le sang. Les différents types d'anesthésiques locaux sont présentés au tableau 33-7.

***Contre-indications.*** On doit préférer l'anesthésie locale aux autres formes d'anesthésie pour toutes les opérations qui permettent son utilisation. Elle est toutefois contre-indiquée chez les personnes très anxieuses, car elle peut aggraver l'anxiété. Un patient qui demande une anesthésie générale avec insistance réagit habituellement mal à l'anesthésie locale.

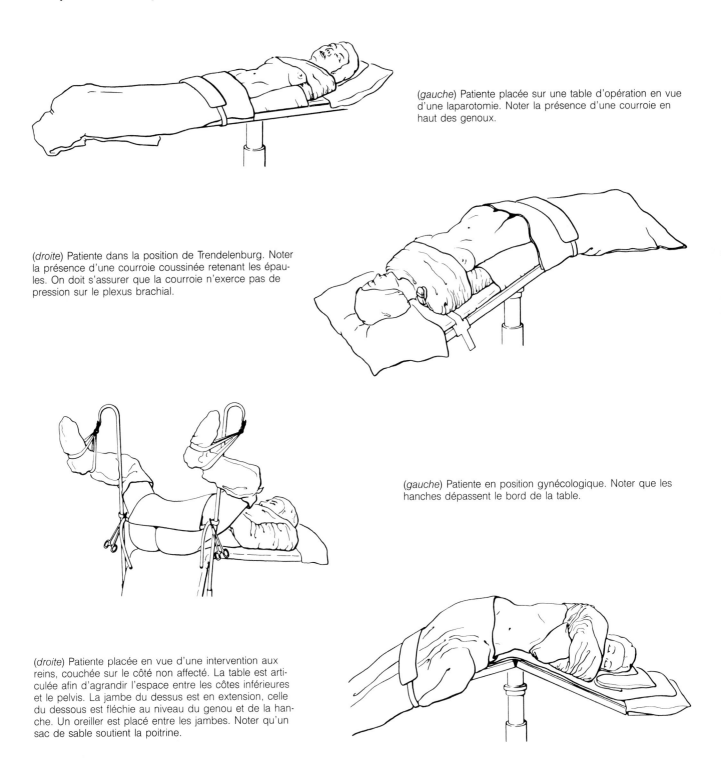

(*gauche*) Patiente placée sur une table d'opération en vue d'une laparotomie. Noter la présence d'une courroie en haut des genoux.

(*droite*) Patiente dans la position de Trendelenburg. Noter la présence d'une courroie coussinée retenant les épaules. On doit s'assurer que la courroie n'exerce pas de pression sur le plexus brachial.

(*gauche*) Patiente en position gynécologique. Noter que les hanches dépassent le bord de la table.

(*droite*) Patiente placée en vue d'une intervention aux reins, couchée sur le côté non affecté. La table est articulée afin d'agrandir l'espace entre les côtes inférieures et le pelvis. La jambe du dessus est en extension, celle du dessous est fléchie au niveau du genou et de la hanche. Un oreiller est placé entre les jambes. Noter qu'un sac de sable soutient la poitrine.

***Figure 33-3.*** Différentes positions sur une table d'opération. On souligne dans les légendes les mesures de sécurité et de bien-être. Tous les opérés doivent porter un bonnet qui recouvre complètement les cheveux.

Dans certaines opérations, l'anesthésie locale est irréalisable, car elle exigerait un trop grand nombre d'injections et une trop forte quantité d'anesthésique. C'est le cas de la mammoplastie (reconstruction du sein).

***Méthode d'administration.*** L'infiltration d'un anesthésique local exige le matériel suivant:

- Une solution d'anesthésique local à la concentration désirée (0,5 à 2 %)
- Un contenant stérile
- Des seringues et des aiguilles stériles
- Des compresses et un drap stériles

On doit auparavant désinfecter la peau comme pour toute opération. On injecte d'abord une petite quantité d'anesthésique dans les couches cutanées, au moyen d'une aiguille de petit calibre, ce qui provoque le blêmissement de la peau ou la formation d'une saillie. L'anesthésique se diffuse ensuite dans la peau. Quand toute la région de l'incision est insensibilisée, on infiltre de l'anesthésique dans les couches cutanées plus profondes au moyen d'une aiguille plus longue. L'action est presque immédiate, de sorte que l'opération peut commencer tout de suite après l'injection. Elle dure de 45 minutes à 3 heures, selon l'anesthésique employé et que l'on a ou non administré de l'épinéphrine.

# POSITION DU PATIENT SELON L'INTERVENTION CHIRURGICALE

La position du patient sur la table d'opération dépend de l'intervention chirurgicale qui doit être pratiquée et de l'état physique du patient (figure 33-3). Quand on place un patient sur une table d'opération, il faut tenir compte des points suivants:

- Le patient doit être aussi à l'aise que possible, qu'il soit endormi ou éveillé.
- Le champ opératoire doit être exposé de façon adéquate.
- On doit éviter les positions et les pressions qui pourraient gêner l'irrigation tissulaire.
- On doit s'assurer que rien ne gêne la respiration: pression sur les bras et la poitrine ou blouse trop serrée au niveau du cou et de la poitrine.
- On doit s'assurer de l'absence de pression indue sur les nerfs, des lésions graves ou une paralysie pouvant résulter d'une mauvaise position des bras, des mains, des jambes ou des pieds. Les courroies qui retiennent les épaules doivent être coussinées afin de prévenir des lésions nerveuses irréversibles, particulièrement si on doit adopter la position de Trendelenburg.
- On doit observer toutes les mesures de sécurité nécessaires, particulièrement si le patient est maigre, âgé ou obèse.
- Une *légère* contention est nécessaire avant l'induction de l'anesthésie, à cause des risques d'excitation.

***Décubitus dorsal.*** Il s'agit de la position la plus courante. L'un des bras est placé sur la table, la paume vers le bas; l'autre, celui qui doit recevoir la perfusion intraveineuse, est soigneusement immobilisé sur une planche (voir la figure 33-3). Les chirurgies abdominales se font généralement dans cette position, sauf celles qui touchent la vessie et la région pelvienne et les autres régions mentionnées ci-dessous.

***Position de Trendelenburg.*** Cette position est généralement utilisée pour les opérations touchant la partie inférieure de l'abdomen et la région pelvienne. Elle permet de déplacer les intestins dans la partie supérieure de l'abdomen pour obtenir une bonne exposition. La tête et le tronc sont inclinés vers le bas et les genoux sont fléchis. Des courroies coussinées placées au niveau des épaules retiennent le patient.

***Position gynécologique.*** Dans cette position, le patient est couché sur le dos, les jambes et les cuisses fléchies à angle droit, les pieds retenus dans des étriers. Presque toutes les opérations touchant le périnée, le rectum et le vagin se font dans cette position.

***Position pour chirurgie rénale.*** Le patient est placé sur le côté non affecté dans la position de Sims, avec un oreiller gonflé à l'air de 12,5 à 15 cm sous la région lombaire. On peut utiliser pour cette position une table articulée spéciale (voir la figure 33-3).

***Positions pour chirurgie thoracique ou abdominothoracique.*** La position varie selon l'intervention. Il appartient au chirurgien et à l'anesthésiste de placer le patient dans la position voulue.

***Position pour les opérations touchant le cou.*** Pour les opérations touchant le cou, comme la thyroïdectomie, le patient est couché sur le dos, avec un oreiller sous les épaules pour garder le cou en extension. La tête et les épaules sont surélevées pour réduire la pression veineuse.

***Positions pour les opérations touchant le crâne et le cerveau.*** Ces interventions exigent des positions spéciales, habituellement réglées par le chirurgien au moyen de dispositifs spéciaux.

# HYPOTENSION CONTRÔLÉE

Dans certaines opérations, comme les interventions intracrâniennes, le curage ganglionnaire cervical élargi et les chirurgies pelviennes radicales, il est parfois nécessaire de faire baisser la pression artérielle afin de réduire les saignements. Cette mesure a pour effet de raccourcir la durée de l'opération et de réduire les pertes sanguines.

Pour provoquer l'hypotension, on administre par inhalation ou par injection intraveineuse des médicaments qui agissent sur le système nerveux sympathique et les muscles lisses périphériques. L'halothane est souvent employé à cette fin. On ajoute à l'inhalation de cet agent anesthésiant d'autres mesures destinées à faire baisser la pression artérielle (élévation de la tête, emploi d'un ventilateur à pression positive, administration d'un ganglioplégique, comme le pentolinium (Ansolysen) ou le nitroprussiate sodique.

# HYPOTHERMIE

L'hypothermie se définit comme une baisse de la température profonde du corps sous les limites de la normale. La température normale, ou *normothermie*, se situe entre 36,6 et 37,5 °C (prise par voie orale). L'hypothermie peut avoir pour cause la basse température de la salle d'opération, la perfusion de

**TABLEAU 33-8.** *Médicaments utilisés dans le traitement de l'hyperthermie maligne*

| Dénomination commune (nom commercial) | Action | Interventions infirmières |
|---|---|---|
| Dantrolène sodique (Dantrium) | Myorelaxant à action directe<br>Réduit la libération d'ions calcium du réticulum sarcoplasmique, afin de provoquer un relâchement de la contraction musculaire. | Vérifier régulièrement l'ECG, la température corporelle, la pression artérielle, la pression veineuse centrale et le taux de potassium sérique.<br>Vérifier s'il y a infiltration dans les tissus adjacents.<br>Poursuivre la perfusion intraveineuse jusqu'à ce que les symptômes s'atténuent.<br>Mélanger à de l'eau distillée sans agents bactériostatiques. |
| Bicarbonate de sodium | Provoque une augmentation du pH sanguin en tamponnant les ions hydrogène en excès. | Obtenir les taux sériques des électrolytes.<br>Vérifier régulièrement les valeurs des gaz artériels. |
| Insuline ordinaire (Iletin) | Favorise l'absorption du glucose par le foie afin de répondre aux demandes métaboliques accrues de l'organisme.<br>Refoule le potassium dans le liquide intracellulaire. | Être à l'affût des signes d'hypoglycémie. |
| Dextrose à 50 % | Favorise le mouvement du potassium du liquide extracellulaire vers le liquide intracellulaire. | Vérifier régulièrement le taux de glucose sanguin et urinaire.<br>Perfuser par la voie d'un cathéter central.<br>Obtenir les taux sériques des électrolytes.<br>Être à l'affût des signes d'hypotension. |
| Furosémide (Lasix) | Puissant diurétique<br>Favorise l'excrétion des myoglobines, du potassium, du sodium et du magnésium. | Vérifier le débit urinaire.<br>Obtenir un dosage d'azote uréique et de créatinine.<br>Obtenir les taux sériques des électrolytes.<br>Être à l'affût des signes de déshydratation.<br>Peser le patient tous les jours.<br>Administrer des suppléments de potassium selon l'ordonnance. |
| Mannitol (Osmitrol) | Diurétique osmotique qui favorise l'excrétion de l'excès de liquide.<br>Augmente le débit urinaire afin de prévenir l'insuffisance rénale.<br>Réduit l'œdème cérébral. | Effectuer régulièrement le bilan des ingesta et excreta.<br>Peser le patient tous les jours.<br>Obtenir les taux sériques des électrolytes.<br>Assurer la perméabilité du cathéter. |
| Chlorhydrate de procaïnamide | Antiarythmique<br>Diminue l'excitabilité du muscle cardiaque et ralentit la vitesse de conduction. | Être à l'affût des signes d'hypotension.<br>Vérifier l'ECG et le débit cardiaque.<br>Vérifier le pH urinaire pour s'assurer de l'absence d'effets toxiques. |
| Succinate sodique d'hydrocortisone (Solu-Cortef) | Utilisé pour son action minéralocorticoïde sur l'excrétion du potassium et l'augmentation de la filtration glomérulaire<br>Agit sur l'absorption du calcium du tractus gastro-intestinal.<br>Réduit l'œdème cérébral. | Peser le patient tous les jours.<br>Ne pas administrer des salicylés.<br>Vérifier la pression artérielle.<br>Être à l'affût des signes d'hémorragie gastrique.<br>Obtenir les taux sériques des électrolytes. |
| Héparine sodique | Anticoagulant<br>Utilisé pour le traitement de la coagulation intravasculaire disséminée | Être à l'affût des signes d'hémorragie.<br>Vérifier les résultats des épreuves de coagulation.<br>Prélever des échantillons d'urine et de selles pour la recherche du sang occulte. |

(Source: R. Caine, K. Molla, et R. Reynolds, «Malignant hyperthermia: A critical care challenge», *Dimens Crit Care Nurs* 1986, mai-juin, 5(3):148)

liquides froids, l'inhalation de gaz froids, l'ouverture de la plaie ou d'une cavité, l'absence d'activité musculaire, l'âge ou l'administration de certains médicaments (vasodilatateurs, phénothiazines, anesthésiques généraux). Dans certaines opérations, on provoque délibérément une hypothermie dans le but de réduire la vitesse du métabolisme.

***Traitement.*** On doit avant tout viser à prévenir l'hypothermie, mais dans les cas où elle se produit, le traitement a pour but de la faire rétrocéder ou d'en prévenir l'aggravation. Si l'hypothermie a été provoquée intentionnellement, on doit viser à ramener la température corporelle à la normale de façon sûre.

## Encadré 33-5
# Démarche de soins infirmiers au cours d'une intervention chirurgicale

### Collecte des données

A. À partir des données obtenues du patient et de celles qui figurent dans son dossier, déterminer les variables pouvant influer sur les soins et servir de lignes directrices pour l'établissement d'un plan de soins personnalisé en période postopératoire.
  1. Vérifier le bracelet d'identité du patient et lui demander son nom.
  2. Vérifier auprès du patient la justesse des données recueillies, selon les directives en vigueur dans l'établissement.
  3. Vérifier le dossier du patient afin de s'assurer qu'il contient:
    a) la formule de consentement éclairé dûment remplie;
    b) le bilan de santé initial et les données complètes de l'examen physique;
    c) les résultats des épreuves diagnostiques (incluant les radiographies);
    d) les données recueillies par l'infirmière;
    e) la liste de vérification préopératoire.
  4. Procéder à l'évaluation préopératoire du patient.
    a) État physiologique (profil normal et pathologique, niveau de conscience)
    b) État psychologique (inquiétudes, anxiété, problèmes de communication verbale, mécanismes d'adaptation)
    c) État physique (région du champ opératoire: état de la peau, efficacité de la préparation, rasage ou utilisation d'une crème épilatoire; mobilité des articulations)

### Planification

A. Organiser la salle d'opération.
  1. Vérifier si le matériel nécessaire pour l'intervention chirurgicale et le matériel exigé par le chirurgien sont disponibles.
  2. Vérifier s'il faut des médicaments, des dérivés du sang, des instruments spéciaux, etc.
  3. Préparer la salle elle-même, les instruments, le matériel de suture et les pansements.
B. Vérifier si certains aspects de l'ambiance de la salle d'opération pourraient affecter le patient.
  1. Aspects physiques
    a) Température et humidité
    b) Sécurité des installations électriques
    c) Contaminants possibles (poussière, taches de sang ou d'écoulements sur le plancher ou le matériel; personnes dont les cheveux ne sont pas couverts, qui ne portent pas les vêtements appropriés, portent des bijoux ou des chaussures sales)
    d) Circulation superflue
  2. Aspects psychologiques
    a) Bruit
    b) Manque de considération pour le patient
    c) Présence de quelqu'un auprès du patient dans la salle d'attente
    d) Conversations superflues

### Interventions

A. Prodiguer au patient les soins infirmiers nécessaires en respectant avant tout ses besoins.

### Interventions

1. Préparer le matériel d'aspiration et en assurer le bon fonctionnement.
2. Préparer le matériel de monitorage effractif.
3. Aider à la mise en place des sondes (artérielle, Swan-Ganz, pression veineuse centrale (PVC) et cathéter intraveineux).
4. Prendre les mesures appropriées pour assurer le bien-être physique du patient.
5. Placer le patient dans la position appropriée pour l'anesthésie et l'opération (après que celui-ci soit inconscient) en respectant l'alignement corporel.
6. S'acquitter de ses fonctions au cours des différentes étapes de l'opération.
  a) Procéder au lavage chirurgical des mains, revêtir les vêtements stériles; circuler comme il se doit.
  b) Veiller à la bonne marche de l'opération en remettant au chirurgien le matériel dont il a besoin avant qu'il ne le demande.
7. Se conformer aux directives en vigueur dans l'établissement pour ce qui a trait, par exemple:
  a) à la conservation et à l'utilisation du sang et de ses dérivés;
  b) à la manipulation et à la conservation des échantillons, des tissus et des cultures;
  c) à la désinfection de la peau;
  d) à la façon d'enfiler soi-même la blouse ou de la tenir pour le chirurgien;
  e) aux méthodes ouverte et fermée pour enfiler les gants;
  f) au compte des compresses, des instruments, des aiguilles et du matériel spécial;
  g) à la technique à appliquer auprès de patients infectés;
  h) aux soins relatifs à la sonde urétrale;
  i) aux pansements et à l'évaluation des écoulements.
8. Faire part au chirurgien, à l'anesthésiste ou à l'infirmière en chef de toute réaction défavorable du patient ou intervenir de façon à maîtriser cette réaction ou à en inverser le cours.
9. Utiliser judicieusement le matériel en évitant tout gaspillage.
B. Agir à titre de porte-parole du patient.
  1. Protéger son intimité.
  2. Assurer le respect du secret professionnel.
  3. Assurer son bien-être physique et sa sécurité.
C. Donner au patient des explications sur le déroulement de l'opération.
  1. Lui décrire les sensations qu'il est susceptible d'éprouver.
  2. Tenter de soulager son anxiété en employant des techniques de communication courantes, par exemple:
    a) Toucher
    b) Contact visuel
    c) Assurer au patient que l'on sera avec lui dans la salle d'opération.
    d) Rassurer le patient par des explications rationnelles.
D. Coordonner les activités des autres personnes qui ont un rôle à jouer dans les soins au patient:
  1. Les techniciens de radiologie et de laboratoire, le personnel de la salle de réveil, des soins intensifs ou de l'unité de chirurgie

## *Encadré 33-5* (suite)

### *Interventions*

2. Les autres techniciens (inhalothérapie, plâtres, etc.)
3. Le pharmacien
4. Le personnel auxiliaire de la salle d'opération

E. Faire fonctionner le matériel couramment utilisé dans la salle d'opération et les services connexes (y compris les autoclaves) et remédier aux pannes.

F. Participer aux réunions concernant le patient.

G. Consigner toutes ses observations et interventions sur les formules appropriées et dans le dossier du patient.

H. Communiquer verbalement et par écrit avec le personnel de la salle de réveil, ou celui de l'unité de soins, s'il y a lieu, pour lui faire part de l'état du patient à son départ de la salle d'opération.

### *Évaluation*

A. Évaluer l'état du patient juste avant qu'il ne quitte la salle d'opération:
   1. État respiratoire: respiration facile (spontanée ou assistée)
   2. État de la peau: couleur, absence d'éraflures, de brûlures, d'ecchymoses

3. Dispositifs effractifs: lignes intraveineuses, drains, sondes, solutés intraveineux — absence de tortillement ou d'obstruction, fonctionnement normal, etc.

4. État de la peau dans les régions de contention

5. Pansements: permettent l'écoulement, sont bien fixés, ne sont pas trop serrés, etc.

### *Autres tâches et responsabilités*

A. Intervenir de façon appropriée dans les cas où on décèle l'emploi de méthodes de soins qui présentent des risques pour le patient.

B. Collaborer à l'évaluation de la sécurité de l'environnement: matériel, propreté, etc.

C. Faire part au médecin de tout comportement ou réaction défavorable.

D. Savoir appliquer les règles de l'asepsie et les techniques de soins infirmiers.

E. Connaître les implications légales des soins infirmiers administrés pendant une intervention chirurgicale.

(Source: «Procedure and practices», Memorial Hospital Medical Center, Long Beach, California)

---

La température ambiante dans une salle d'opération doit se situer entre 25 et 26,6 °C. On doit réchauffer à 37 °C les liquides de perfusion ou d'irrigation. Il importe de remplacer sans délai les blouses et les draps mouillés, car ils favorisent les pertes de chaleur. Si on réchauffe un patient par quelque méthode que ce soit, on doit le faire graduellement. Tout au cours de l'intervention chirurgicale, il est essentiel de vérifier constamment la température profonde, le débit urinaire, l'ECG, la pression artérielle, les gaz artériels et les électrolytes sériques.

On doit aussi prévenir l'hypothermie au cours de la période postopératoire, car elle pourrait entraîner d'importantes pertes d'azote et un catabolisme. Parmi les mesures appropriées on note l'administration d'oxygène, une bonne hydratation et une bonne alimentation.

***Gérontologie.*** Des études indiquent que l'on peut prévenir les pertes de chaleur au cours de l'anesthésie chez les patients âgés en leur couvrant la tête. Un simple bonnet de douche jetable en plastique, que l'on place après l'induction de l'anesthésie et que l'on retire avant que le patient ne reprenne conscience, peut très bien convenir, à peu de frais. On doit aussi maintenir la température de la salle d'opération à 26,6 °C. Il faut de plus réchauffer les solutions antiseptiques utilisées pour la désinfection de la peau.

## HYPERTHERMIE MALIGNE PERANESTHÉSIQUE

L'hyperthermie maligne est un trouble musculaire transmis héréditairement, provoqué par certains agents anesthésiants.

***Étiologie et physiopathologie.*** Les symptômes de l'hyperthermie maligne sont généralement déclenchés par des anesthésiques puissants administrés par inhalation (halothane, enflurane) et des myorelaxants (succinylcholine). Les médicaments comme les sympathomimétiques (épinéphrine), la théophylline, l'aminophylline, les anticholinergiques (atropine) et les cardiotoniques (digitale) peuvent aussi déclencher ou exagérer l'hyperthermie maligne. Le stress peut également être en cause.

La physiopathologie de ce processus est reliée à l'activité des cellules musculaires. Celles-ci sont composées d'une membrane extérieure, le sarcoplasme, renfermant un liquide. Le calcium, qui est essentiel à la contraction musculaire, est normalement mis en réserve dans le réticulum sarcoplasmique, une structure qui se trouve dans le sarcoplasme et qui est constituée par un système de tubules et de sacs aplatis. Quand des influx nerveux stimulent le muscle, le réticulum sarcoplasmique libère le calcium, permettant la contraction du muscle. Un mécanisme de pompage refoule ensuite le calcium dans le réticulum pour permettre le relâchement de la contraction. Dans l'hyperthermie maligne, ce mécanisme est altéré. Les ions calcium ne sont donc plus refoulés dans le réticulum et s'accumulent. Il en résulte une augmentation du métabolisme basal qui provoque une rigidité musculaire, une hyperthermie et des lésions au système nerveux central.

L'hyperthermie maligne étant fatale dans plus de 50 % des cas, il est essentiel de connaître quelles sont les personnes qui y sont prédisposées. Ce sont des personnes ayant une importante masse musculaire, des antécédents de spasmes et de faiblesse musculaires, des antécédents d'hyperthermie de cause inconnue, ou dont un membre de la famille est décédé de cause inconnue pendant une intervention chirurgicale au cours de laquelle il a présenté une poussée fébrile.

***Manifestations cliniques.*** Les premiers symptômes de l'hyperthermie maligne sont reliés à l'activité cardiovasculaire et musculosquelettique. La tachycardie (rythme cardiaque supérieur à 150 / min) en est souvent le premier signe, suivie d'une rigidité musculaire et de mouvements tétaniques provoqués par le transport anormal du calcium. La stimulation du système nerveux sympathique provoque, en plus d'une tachycardie, de l'arythmie ventriculaire, de l'hypotension, une réduction du débit cardiaque, une oligurie et, plus tard, un arrêt cardiaque. L'hyperthermie se manifeste généralement de façon tardive, mais elle est rapide, la température augmentant de un degré toutes les cinq minutes.

***Traitement.*** Il est essentiel que l'infirmière en service externe reconnaisse dès le début les symptômes de l'hyperthermie maligne et que l'on cesse d'administrer les anesthésiques dès que des symptômes se manifestent. Il est également nécessaire de vérifier régulièrement tous les signes vitaux, les gaz artériels, les électrolytes et l'ECG. Le traitement a pour but de ralentir le métabolisme, de corriger l'acidose métabolique et respiratoire, de supprimer les arythmies, de faire baisser la température corporelle, d'oxygéner et de nourrir les tissus et de corriger les déséquilibres électrolytiques.

Dans la plupart des cas, l'hyperthermie maligne se manifeste entre 10 à 20 minutes après l'induction de l'anesthésie, mais elle peut apparaître n'importe quand dans les 24 heures qui suivent l'opération. Dès que l'on pose un diagnostic d'hyperthermie maligne, on doit interrompre l'anesthésie et l'opération et hyperventiler le patient avec de l'oxygène à 100 %. Il faut de plus administrer sans délai un myorelaxant, le dantrolène sodique, et du bicarbonate de sodium. Voir le tableau 33-8 pour les principaux médicaments utilisés dans le traitement de l'hyperthermie maligne et les interventions infirmières reliées à l'administration de ces médicaments. Pour évaluer les progrès du patient, il faut vérifier régulièrement tous les paramètres appropriés.

Même si cette complication est rare, on en sait maintenant suffisamment à son sujet pour être en mesure de la diagnostiquer quand elle se manifeste. Il est essentiel que l'infirmière sache quels sont les patients qui y sont prédisposés. Elle doit également connaître les manifestations de cette complication et les modalités de son traitement, et avoir à portée de la main les médicaments et le matériel nécessaires à ce traitement. La vie du patient en dépend.

# Soins infirmiers opératoires: démarche de soins infirmiers

Voir l'encadré 33-5 pour un résumé de la démarche de soins infirmiers au cours d'une intervention chirurgicale.

# Résumé

Les soins opératoires sont la seconde phase des soins infirmiers aux opérés. Ils sont centrés sur le patient qui reçoit une anesthésie et qui subit une intervention chirurgicale. L'infirmière

de la salle d'opération travaille en collaboration avec l'anesthésiste et le chirurgien pour offrir au patient toute la sécurité qu'il est en droit d'attendre. Dans la salle d'opération, elle s'occupe de la gestion de la salle en tant qu'infirmière en service externe, ou joue un rôle d'assistante en tant qu'instrumentiste. Peu importent ses fonctions, elle doit se conformer aux règles de l'asepsie chirurgicale en portant les vêtements prescrits et en procédant au lavage chirurgical des mains, veiller au respect de ces règles au cours de l'opération et utiliser des bonnes pratiques sanitaires. La sécurité du patient doit être sa première préoccupation. Si l'opéré est âgé, elle doit tenir compte du fait qu'il présente des risques plus élevés qu'un adulte d'âge moyen, parce qu'il réagit moins bien au stress, qu'il présente une réduction des échanges gazeux et que les effets de l'anesthésie durent plus longtemps chez lui.

Avant l'opération, l'anesthésiste rend visite au patient afin de discuter avec lui du type d'anesthésie qu'il compte utiliser, d'évaluer son état et de le rassurer. Au cours de l'opération, l'anesthésiste administre l'anesthésie, vérifie les signes vitaux, l'état cardiaque et respiratoire et le degré d'anesthésie.

L'anesthésie peut être générale, ou limitée à une partie du corps (locale). Les anesthésiques généraux s'administrent par inhalation ou par injection intraveineuse et les anesthésiques locaux par injection directe dans les tissus. L'anesthésie générale comporte quatre stades de changements physiologiques. Les stades I, II et III sont normaux, mais le stade IV met la vie du patient en danger. Les anesthésiques intraveineux ont une action rapide et sont utilisés pour les opérations de courte durée ou comme adjuvants aux anesthésiques administrés par inhalation dans les opérations plus longues. Les anesthésiques locaux sont utilisés pour l'anesthésie locale ou régionale. On utilise aussi au cours de l'anesthésie des myorelaxants qui, comme leur nom l'indique, provoquent un relâchement des muscles.

Après l'anesthésie, l'infirmière doit prendre régulièrement les signes vitaux du patient et veiller à ce que le retour de ses fonctions physiques et mentales se fasse normalement. Elle doit aussi être à l'affût des signes de complications de l'anesthésie générale, dont l'hypotension, l'hypothermie et l'hyperthermie maligne. Par ses observations au cours de l'opération, le dépistage rapide des problèmes et l'application immédiate des mesures appropriées, l'infirmière peut réduire les risques de complications et favoriser le rétablissement postopératoire.

## Bibliographie

*Voir la bibliographie du chapitre 34.*

# 34
# SOINS INFIRMIERS POSTOPÉRATOIRES

## OBJECTIFS D'APPRENTISSAGE

*Après avoir étudié ce chapitre, vous devriez être en mesure de réaliser ce qui suit:*

1. *Décrire le rôle de l'infirmière de la salle de réveil dans la prévention des complications postopératoires immédiates.*

2. *Appliquer la démarche de soins infirmiers aux soins postopératoires.*

3. *Reconnaître les malaises postopératoires les plus fréquents et savoir comment les soulager.*

4. *Décrire les aspects gérontologiques des soins postopératoires.*

5. *Énoncer les variables qui affectent la cicatrisation des plaies.*

6. *Faire la démonstration de l'application d'un pansement stérile.*

7. *Connaître les premiers signes des différentes complications postopératoires.*

8. *Décrire les avantages et les modalités de la chirurgie d'un jour.*

Durant la période postopératoire, la démarche de soins infirmiers vise à rétablir l'équilibre physiologique du patient, à soulager la douleur et à prévenir les complications. Pour que le patient recouvre un fonctionnement optimal rapidement, en toute sécurité et avec le moins de souffrance possible, l'infirmière doit recueillir les données avec minutie et intervenir immédiatement au besoin.

Il est essentiel de consacrer beaucoup d'efforts à la prévision et à la prévention des complications qui pourraient prolonger l'hospitalisation et mettre la vie du patient en danger. À cet égard, les soins infirmiers postopératoires sont aussi importants que le succès de l'opération.

## TRANSPORT DU PATIENT À LA SALLE DE RÉVEIL

Quand on transporte un patient de la salle d'opération à la salle de réveil, on doit non seulement veiller à sa sécurité, mais aussi porter une attention spéciale à la région de l'incision chirurgicale, aux changements vasculaires et aux problèmes respiratoires.

Il importe de protéger la région de l'incision chaque fois que l'on déplace un patient qui vient de subir une opération.

Par exemple, on doit éviter de le coucher sur le côté opéré s'il a subi une néphrectomie, de crainte d'obstruer les drains qui sont placés dans la plaie. De plus, les points de suture sont parfois très tendus et il importe d'éviter tout ce qui pourrait les distendre davantage.

On peut provoquer une hypotension grave quand on déplace un patient d'une position à une autre, comme de la position gynécologique à une position horizontale, du décubitus latéral au décubitus dorsal, et du décubitus ventral au décubitus dorsal. On peut même déclencher cette complication simplement en plaçant un patient anesthésié sur une civière. Il importe donc que tous les changements de position soient faits *lentement* et *en douceur*.

Dès que le patient est sur la civière ou sur le lit, on remplace sa chemise souillée par une chemise sèche et on le recouvre ensuite de couvertures légères. Les ridelles doivent aussi être remontées pour prévenir les chutes.

Le transport du patient de la salle d'opération à la salle de réveil est sous la responsabilité de l'anesthésiste; il est accompagné d'un membre de l'équipe chirurgicale et parfois de l'infirmière chargée des soins du patient. Le transport doit se faire rapidement, et il faut porter une attention spéciale au bien-être, à la sécurité et à l'état général du patient. On doit manipuler les tubes et les drains avec soin de façon à ne pas gêner leur fonctionnement.

# SOINS À LA SALLE DE RÉVEIL

La salle de réveil est généralement adjacente à la salle d'opération. On y place les patients encore sous les effets de l'anesthésie pour (1) qu'ils bénéficient des services d'infirmières qui ont de l'expérience dans les soins postopératoires immédiats, (2) qu'ils soient à proximité d'anesthésistes et de chirurgiens et (3) qu'ils aient à leur disposition des moniteurs et du matériel spécialisé, des médicaments et des liquides de remplacement, bref pour qu'ils y reçoivent les meilleurs soins possible de la part des personnes les mieux qualifiées pour les administrer.

La salle de réveil doit être calme, propre et ne contenir que les appareils qui sont strictement nécessaires. Elle doit être dotée (1) de murs et de plafonds d'une couleur sobre et agréable, (2) d'un éclairage indirect, (3) d'un plafond insonorisé, (4) de matériel non bruyant (haricots en plastique, tables et civières munies de pare-chocs en caoutchouc, etc.) et (5) de cabines d'isolement (si possible) en verre pour les patients agités. Tous ces éléments concourent au bien-être psychologique du patient en réduisant son anxiété.

On doit avoir à sa disposition des dispositifs de monitorage pour être en mesure d'évaluer instantanément et de façon précise l'état du patient. Il importe aussi d'avoir à portée de la main du matériel de réanimation cardiorespiratoire: oxygène, laryngoscopes, nécessaires de trachéotomie, bronchoscopes, sondes, ventilateurs mécaniques et appareils d'aspiration (Gomco ou aspiration murale).

On doit aussi être en mesure d'assurer le maintien d'une circulation adéquate. Pour ce faire, on a besoin de sphygmomanomètres, de solutions intraveineuses, de sang, de plateaux de perfusion intraveineuse et de dissection veineuse, de matériel de réanimation, d'un défibrillateur, d'angiocathéters et de garrots. On doit disposer de plus de pansements chirurgicaux, de narcotiques et de médicaments d'urgence, de même que de matériel d'irrigation et de drainage.

Le lit doit permettre un accès facile au patient. Il importe qu'il soit sûr et facile à déplacer, et qu'il soit doté de caractéristiques qui facilitent les soins, comme une potence pour les solutions intraveineuses, des ridelles, des freins et un support pour le dossier provisoire de la salle de réveil. Le pied doit se remonter.

La salle de réveil doit être maintenue à une température de 20 à 22,2 °C et dotée d'un bon système de ventilation. Le patient reste dans la salle de réveil jusqu'à ce qu'il ne soit plus sous l'effet des agents anesthésiants, soit jusqu'à ce que sa pression artérielle soit stable, que sa fonction respiratoire soit adéquate et qu'il ait recouvré un niveau de conscience acceptable. Voir à la figure 34-1 les critères qui servent à l'évaluation de l'état du patient à la salle de réveil.

Les interventions infirmières à la salle de réveil ont pour but de donner des soins au patient jusqu'à ce qu'il ne soit plus sous l'effet de l'anesthésie (retour des fonctions motrices et sensorielles), que ses signes vitaux soient stables, qu'il ne présente pas de signes d'hémorragie, qu'il ait retrouvé son orientation spatiotemporelle et qu'il reconnaisse les personnes. En cas de problème, la proximité du chirurgien, de l'anesthésiste et de la salle d'opération lui assure une aide immédiate. Si le réveil s'est fait de façon normale, le patient peut ensuite être transporté à sa chambre.

## *Évaluation postopératoire immédiate*

L'infirmière de la salle de réveil passe en revue les points suivants avec l'anesthésiste:

1. Le diagnostic médical et la nature de l'intervention chirurgicale
2. L'âge du patient et son état général
3. La perméabilité des voies respiratoires, les signes vitaux, le pansement opératoire
4. Les anesthésiques et autres médicaments reçus pendant l'intervention chirurgicale (narcotiques, myorelaxants, antibiotiques, etc.)
5. Les complications survenues à la salle d'opération qui sont susceptibles d'avoir une incidence sur les soins postopératoires (hémorragie importante, choc, arrêt cardiaque, etc.)
6. Les constatations en cours d'opération (si on a découvert une tumeur maligne, en a-t-on informé la famille?)
7. Les solutions administrées, les pertes sanguines et leur remplacement
8. La mise en place de drains, de sondes ou d'autres dispositifs
9. Les données précises à signaler au chirurgien et à l'anesthésiste

Les données préliminaires à recueillir sont, notamment, l'intensité et la régularité du pouls, la profondeur, le rythme et les autres caractéristiques de la respiration, la couleur de la peau, le niveau de conscience et la capacité de réagir aux ordres. L'infirmière doit aussi examiner la région de l'incision pour déceler les écoulements et les hémorragies, et vérifier s'il y a présence d'un tube fermé par une pince qui doit être ouvert et raccordé à un système de drainage ou à un drain (Hemovac, par exemple).

Il est de plus essentiel qu'elle connaisse les antécédents du patient qui pourraient avoir de l'importance à ce stade-ci (surdité, épilepsie, diabète, allergies médicamenteuses, etc.). Ces renseignements peuvent être recueillis à la lecture du dossier ou donnés verbalement par l'infirmière de la salle d'opération.

## SALLE DE RÉVEIL
### Feuille de pointage

Patient:                          Score final:

Chambre:                        Chirurgien:

Date:                             Infirmière:

| Champ d'évaluation | Points | À l'admission | Après | | |
|---|---|---|---|---|---|
| | | | 1 h | 2 h | 3 h |
| Respiration | | | | | |
| • Capacité de respirer profondément et de tousser | 2 | | | | |
| • Effort respiratoire limité (dyspnée ou spasme (splinting?) | 1 | | | | |
| • Absence d'effort respiratoire | 0 | | | | |
| Circulation: pression systolique | | | | | |
| • >80 % de la valeur préanesthésie | 2 | | | | |
| • 50 à 80 % de la valeur préanesthésie | 1 | | | | |
| • <50 % de la valeur préanesthésie | 0 | | | | |
| Niveau de conscience | | | | | |
| • Répond verbalement aux questions et est orienté dans l'espace. | 2 | | | | |
| • Réagit à l'appel de son nom. | 1 | | | | |
| • Ne réagit pas aux ordres. | 0 | | | | |
| Coloration de la peau | | | | | |
| • Coloration et apparence normales | 2 | | | | |
| • Peau pâle, rouge, tachetée, ictérique | 1 | | | | |
| • Cyanose franche | 0 | | | | |
| Activité musculaire: mouvement spontané ou sur commande | | | | | |
| • Bouge tous les membres. | 2 | | | | |
| • Bouge deux membres. | 1 | | | | |
| • Ne peut bouger les membres. | 0 | | | | |
| Total | | | | | |

Un indice de 7 ou 8 est nécessaire pour que le patient puisse quitter la salle de réveil.

Heure du départ                                    Signature de l'infirmière

*Figure 34-1.* Feuille de pointage de la salle de réveil. Peut aussi être utilisée pour la chirurgie d'un jour.

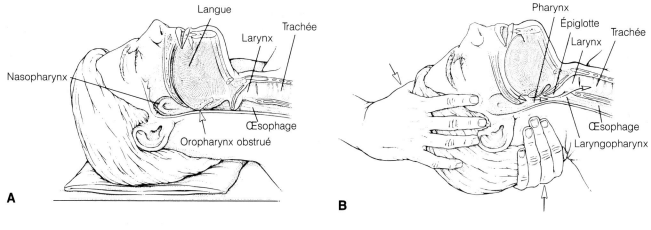

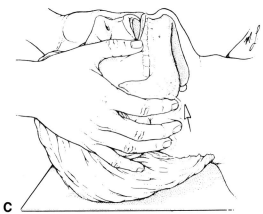

***Figure 34-2.*** **(A)** Obstruction de l'oropharynx due à une flexion du cou permettant que le menton tombe vers la poitrine. Ce genre d'obstruction se produit presque toujours quand la tête est en position droite. **(B)** La tête est inclinée vers l'arrière pour étirer la partie antérieure du cou de façon à ce que la langue dégage la partie postérieure de la paroi du pharynx. Les flèches indiquent la direction de la pression des mains. **(C)** Ouverture de la bouche pour corriger une obstruction des voies nasales en cours d'expiration. Ce genre d'obstruction se produit chez environ 30 % des patients inconscients. Après avoir ouvert la bouche du patient (lèvres et dents), pousser la mâchoire inférieure en avant de la mâchoire supérieure. Pour incliner la tête vers l'arrière, pousser vers le haut avec les mains au niveau de la partie ascendante de la mâchoire.

## Interventions infirmières

L'infirmière doit prendre les signes vitaux et évaluer l'état du patient toutes les 5 à 10 minutes. Elle commence par vérifier si les voies respiratoires sont dégagées et si la fonction respiratoire est intacte, puis elle passe, dans l'ordre, à l'évaluation de la fonction cardiovasculaire (incluant les signes vitaux), de l'état de la région de l'incision et de la fonction du système nerveux central.

- Son principal objectif est d'assurer la ventilation pulmonaire et une oxygénation adéquate afin de prévenir l'hypoxémie (réduction du taux d'oxygène dans le sang) et l'hypercapnie (augmentation du taux de gaz carbonique dans le sang), qui ont généralement pour cause une hypoventilation due à une obstruction des voies respiratoires.

On peut souvent prévenir le choc en administrant au moment opportun des solutions intraveineuses ou du sang, de même que des médicaments hypertenseurs.

***Respiration.*** Certains problèmes respiratoires sont associés à l'anesthésie générale. Si elle est de courte durée (induction par inhalation de protoxyde d'azote, par exemple), le patient se réveille généralement quelques minutes après avoir quitté la salle d'opération. Par contre, si elle est prolongée, le patient arrive inconscient à la salle de réveil et présente une importante myorelaxation. Comme ce relâchement musculaire touche les muscles du pharynx, on emploie une canule oropharyngée afin de maintenir ses voies respiratoires ouvertes, de crainte que sa mâchoire inférieure et sa langue ne tombent vers l'arrière et n'obstruent le passage de l'air

(figure 34-2A), ce qui se manifesterait par de la suffocation, une respiration bruyante et irrégulière et, en quelques minutes, une cyanose (coloration bleue de la peau).

- La seule façon de vérifier si un patient respire est de placer la paume de la main au-dessus de son nez et de sa bouche de façon à sentir l'air expiré. Les mouvements du thorax et du diaphragme ne signifient pas nécessairement que le patient respire.

- Pour corriger une obstruction du laryngopharynx, on incline la tête du patient vers l'arrière et on pousse la mâchoire inférieure à l'avant de la mâchoire supérieure (voir la figure 34-2 B,C). Cette manœuvre a pour effet de pousser la langue vers l'avant pour permettre le passage de l'air.

Souvent, l'anesthésiste laisse une canule oropharyngée en caoutchouc dur ou en plastique dans la bouche du patient (voir la figure 34-3) pour garder les voies respiratoires libres. On doit laisser ce dispositif en place jusqu'à ce que des signes, comme des haut-le-cœur, indiquent le retour du réflexe pharyngé.

À l'occasion, un patient arrive à la salle de réveil avec un tube endotrachéal en place et a besoin d'une ventilation assistée. Dans ce cas, l'infirmière doit collaborer à la préparation du ventilateur, puis au sevrage du ventilateur et au retrait du tube.

***Élimination des sécrétions des voies respiratoires.*** Une sécrétion excessive de mucus peut provoquer des problèmes respiratoires. En tournant le patient sur le côté, il est possible de recueillir le liquide qui s'échappe par un coin

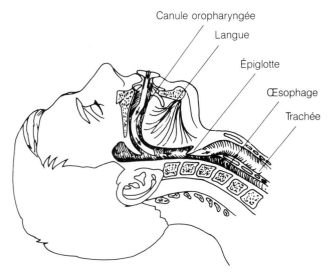

Canule oropharyngée
Langue
Épiglotte
Œsophage
Trachée

***Figure 34-3.*** Diagramme illustrant la position d'une canule oropharyngée utilisée dans le but de prévenir les problèmes respiratoires après l'anesthésie. La canule appuie sur la base de la langue et permet le passage de l'air dans le pharynx, au niveau de l'épiglotte. Le patient arrive souvent à la salle de réveil avec une canule en place. Il importe de l'y laisser jusqu'à ce qu'il respire normalement. Une fois qu'il a repris conscience toutefois, la canule doit être retirée parce qu'elle cause habituellement de l'irritation.

de sa bouche. Si ses dents sont serrées, on peut lui ouvrir la bouche au moyen d'un abaisse-langue coussiné ou d'une canule oropharyngée. S'il vomit, on le tourne sur le côté et on recueille les vomissements dans un haricot. On lui essuie ensuite le visage avec de la gaze ou un mouchoir de papier et on note la quantité et la qualité des vomissements.

On aspire généralement le mucus ou les vomissements qui obstruent le pharynx ou la trachée en insérant dans le nasopharynx ou l'oropharynx un cathéter en plastique flexible relié à un appareil d'aspiration; certains de ces appareils sont fixés au mur. On peut insérer le cathéter sans danger à une distance de 15 à 20 cm si les sécrétions peuvent être obtenues à ce niveau. Pour des raisons d'hygiène, on peut passer un même tube de la bouche au nez, mais non du nez à la bouche.

Si des aspirations fréquentes sont nécessaires, on utilise un cathéter propre et on le rince dans un bassin d'eau que l'on garde à portée de la main. Pour l'aspiration des sécrétions d'un patient ayant un tube endotrachéal, on utilise un cathéter stérile à chaque fois. Chez les patients qui ont subi une amygdalectomie, on doit aspirer les sécrétions de la gorge avec précaution pour éviter d'irriter la région opérée et de provoquer des saignements.

***Position.*** Le lit doit rester en position horizontale jusqu'à ce que le patient ait repris conscience. À moins de contre-indications, on place le patient en décubitus latéral, le dos soutenu par un oreiller et le cou en extension pour réduire les risques d'aspiration. Dans les cas de chirurgie abdominale, les genoux sont fléchis et un oreiller est placé entre les jambes pour réduire la tension sur les sutures. Si le décubitus latéral est contre-indiqué, on tourne la tête sur le côté.

***Soutien psychologique.*** Les tâches de l'infirmière de la salle de réveil ne se limitent pas à soigner le patient, à assurer sa sécurité et à soulager sa douleur. Elle doit en outre lui assurer un soutien psychologique. Si elle connaît bien le patient et l'a accompagné depuis la phase préopératoire, elle est en excellente position pour lui offrir ce soutien. Si tel n'est pas le cas, elle peut se guider sur les observations inscrites au dossier pour connaître ses besoins particuliers.

## *Critères de réveil et feuille de pointage*

On utilise habituellement les critères suivants pour déterminer si un patient est prêt à quitter la salle de réveil:

- Fonction respiratoire normale
- Signes vitaux stables, en particulier la pression artérielle
- Orientation dans le temps et dans l'espace
- Débit urinaire de 30 mL/h ou plus
- Absence de nausées et de vomissements; douleur faible à moyenne

Pour établir de façon plus objective l'état général du patient et décider s'il peut quitter la salle de réveil, des centres hospitaliers utilisent une feuille de pointage qui permet d'évaluer certains signes physiques selon une échelle définie. Ce système de pointage s'inspire de l'indice d'Apgar utilisé pour l'évaluation des nouveau-nés (voir la figure 34-1).

On établit l'indice à intervalles réguliers, par exemple à toutes les 15 ou 30 minutes. Un indice de 7 ou plus est nécessaire pour quitter la salle de réveil.

# *RETOUR DU PATIENT À SA CHAMBRE ET SOINS INFIRMIERS POSTOPÉRATOIRES*

On prépare la chambre du patient en réunissant le matériel nécessaire pour répondre à ses besoins: potence, bassin de lit, haricot, papier absorbant, piqués et couvertures.

Quand l'infirmière de la salle de réveil téléphone à l'infirmière de l'unité de soins pour l'informer que le patient retourne à sa chambre, elle doit lui mentionner le matériel supplémentaire requis. Lorsque le patient est de retour à sa chambre, l'infirmière de la salle de réveil doit faire un rapport à l'infirmière de l'unité de soins sur l'état du patient. Elle doit lui indiquer les données de base, les médicaments administrés pour soulager la douleur (heure de la dernière dose analgésique), la nature et le volume des solutions administrées et le débit urinaire, de même que les renseignements donnés à la famille. C'est habituellement le chirurgien qui informe les membres de la famille de l'état du patient et leur dit à quoi ils doivent s'attendre quand ils le visiteront à sa chambre.

## ▶ *DÉMARCHE DE SOINS INFIRMIERS* *SOINS POSTOPÉRATOIRES*

### ▷ *Collecte des données*

Après avoir reçu le compte-rendu de la salle de réveil, l'infirmière procède à un premier examen et entreprend sans délai toutes les interventions infirmières qui s'imposent. Habituellement, la réponse à la question «Comment allez-vous?» lui indiquera si le patient est souffrant et lui permettra d'évaluer son niveau de conscience. Il arrive que le transport à la chambre amplifie temporairement les malaises.

L'infirmière consulte aussi le dossier du patient pour savoir si elle peut lui administrer un médicament contre la douleur et, si oui, lui demande s'il veut le recevoir. Même si les anesthésiques utilisés aujourd'hui provoquent généralement peu de nausées, on doit garder un haricot à portée de la main.

Les données recueillies immédiatement après le retour du patient à sa chambre sont:

*Respiration*: Dégagement des voies respiratoires, profondeur et rythme de la respiration, bruits respiratoires

*Circulation*: Signes vitaux, notamment la pression artérielle, et coloration de la peau

*État neurologique*: Niveau de réactivité, orientation spatio-temporelle

*Écoulements*: Présence; tubes devant être reliés à un système de drainage; état du pansement

*Bien-être*: Nature et siège de la douleur; nausées et vomissements; changement de position

*État psychologique*: Nature des questions; besoin de repos et de sommeil; tolérance aux bruits et aux visiteurs; accès à la sonnette d'appel

*Sécurité*: Ridelles remontées; perméabilité des tubes de drainage; immobilisation du bras qui reçoit la perfusion intraveineuse, s'il y a lieu

*Matériel*: Vérification du fonctionnement

▷ *Respiration.*   Dès que le patient arrive à sa chambre, l'infirmière doit vérifier si ses voies respiratoires sont dégagées et noter les caractéristiques de sa respiration: profondeur, rythme, intensité et symétrie. Les analgésiques ralentissent souvent la respiration; la douleur, les pansements trop serrés, une dilatation de l'estomac ou l'obésité l'accélèrent et en réduisent la profondeur. Une respiration bruyante peut avoir pour cause une obstruction par des sécrétions ou par la langue (voir à la page 974).

Les observations notées lors de l'auscultation des poumons serviront à des comparaisons ultérieures. Les râles peuvent indiquer la présence de sécrétions qui doivent être aspirées. On doit dans ce cas demander au patient de se retourner, de tousser et de prendre une respiration profonde. Si l'état du patient l'exige, le médecin prescrira de la physiothérapie respiratoire.

▷ *Circulation.*   Quand on évalue la fonction cardiovasculaire d'un patient, on doit avant tout s'assurer de l'absence de choc et d'hémorragie, en se fondant principalement sur l'apparence générale, le pouls, la respiration, la pression artérielle et la température. Si l'état du patient l'exige, on doit aussi tenir compte de la pression veineuse centrale et des valeurs des gaz artériels.

Les protocoles varient selon les centres hospitaliers pour ce qui est de la prise des signes vitaux après une intervention chirurgicale. Généralement, on prend le pouls, la pression artérielle et la respiration toutes les 15 minutes pendant les 2 premières heures, puis toutes les 30 minutes dans les 2 heures qui suivent. On peut ensuite espacer les vérifications si les

signes vitaux sont stables. On doit prendre la température toutes les 4 heures au cours des 24 premières heures.

- On doit prévenir immédiatement le médecin si la température buccale est supérieure à 37,7 °C ou inférieure à 36,1 °C, si le rythme respiratoire est supérieur à 30 ou inférieur à 16 par minute ou si la pression systolique baisse à moins de 90 mm Hg. Dans le cas de la pression, on doit toutefois tenir compte des valeurs préopératoires.

- Une pression antérieurement stable qui baisse de 5 mm Hg toutes les 15 minutes est signe de problème.

L'infirmière doit aussi noter l'état général du patient, la coloration, la température et l'état de la peau ainsi que la présence d'un excès de mucus dans la gorge ou les narines.

## ▷ Analyse et interprétation des données

Selon les données recueillies, voici les principaux diagnostics infirmiers possibles:

- Dégagement inefficace des voies respiratoires relié aux effets de dépression des médicaments et des agents anesthésiants
- Douleur et autres malaises postopératoires reliés à la plaie chirurgicale et aux effets secondaires de l'anesthésie
- Risque élevé d'accident relié aux effets de l'anesthésie
- Diminution de l'irrigation tissulaire générale reliée à une hypovolémie, à une accumulation de sang dans les vaisseaux périphériques et à une vasoconstriction
- Risque élevé de déficit de volume liquidien relié à une hémorragie
- Altération de l'élimination urinaire reliée à une baisse de l'activité rénale, aux effets de la prémédication et de l'anesthésie, ainsi qu'à un faible apport liquidien
- Constipation reliée à une diminution de la motilité gastrique et intestinale au cours de l'opération
- Atteinte à l'intégrité de la peau reliée à l'incision chirurgicale et à la présence de drains
- Risque élevé d'infection de la plaie relié à une diminution de la résistance à l'infection
- Altération de la mobilité physique reliée aux effets de l'anesthésie, à une diminution de la tolérance à l'effort et à une restriction obligatoire des activités et à la douleur
- Anxiété reliée au pronostic postopératoire, aux changements possibles dans le mode de vie et à une altération de l'image de soi

## ▷ Planification et exécution

▷ *Objectifs de soins:*   Retour de la fonction respiratoire normale, soulagement de la douleur et des malaises postopératoires (agitation, nausées et vomissements, distension abdominale, hoquet), absence de blessures, maintien d'une irrigation tissulaire satisfaisante, maintien d'un volume liquidien adéquat, maintien d'une température corporelle normale, maintien de l'équilibre nutritionnel, retour de la fonction urinaire, reprise des habitudes d'élimination fécale, maintien de l'intégrité de la peau, absence d'infection, retour de la mobilité selon le plan de réadaptation, baisse de l'anxiété et atteinte d'un bien-être psychologique.

## ▷ *Interventions infirmières*

### ▷ *Retour de la fonction respiratoire*

On doit d'abord prendre les mesures décrites précédemment pour maintenir l'intégrité des voies respiratoires.

#### ▷ *Distension pulmonaire.*   Il existe différentes mesures pour favoriser la distension pulmonaire et les échanges gazeux. On peut par exemple faire bâiller le patient ou lui faire prendre des inspirations maximales soutenues, ce qui crée une pression intrathoracique négative de moins 40 mm Hg et provoque une distension des poumons à leur pleine capacité.

On doit aussi tourner le patient au moins toutes les deux heures et lui faire prendre à ce moment de grandes respirations. Il faut de plus lui recommander de tousser afin de déloger les bouchons muqueux. Pour que le patient ne craigne pas que l'effort produit par la toux ne fasse ouvrir la plaie, on doit lui enseigner à maintenir la région abdominale ou thoracique, selon le cas, à l'aide d'un coussin ou d'un oreiller. L'administration d'analgésiques peut rendre la toux plus efficace, et l'administration d'oxygène peut prévenir ou corriger l'hypoxémie ou l'hypoxie. La toux est contre-indiquée chez les patients ayant un traumatisme crânien ou qui ont subi une intervention chirurgicale au cerveau (à cause des risques d'augmentation de la pression intracrânienne), chez ceux qui ont subi une intervention aux yeux (à cause des risques d'augmentation de la pression intraoculaire) et chez ceux qui ont eu une chirurgie plastique (à cause des risques de tension sur les tissus fragiles).

#### *Spirométrie de stimulation.*   Il s'agit d'une méthode qui, en permettant au patient de voir les résultats de ses efforts, l'amène à augmenter volontairement son amplitude respiratoire par des inspirations maximales soutenues. Il importe toutefois de lui enseigner préalablement comment utiliser le spiromètre pour en retirer le maximum d'efficacité.

Il existe différents types de spiromètres de stimulation, dont les spiromètres de volume, qui mesurent l'amplitude de l'inspiration (voir la figure 34-4). On établit d'abord avec le patient le but à atteindre. On lui demande ensuite d'expirer, puis de placer les lèvres autour de l'embouchure et d'inspirer lentement, en essayant de faire monter le piston jusqu'à la marque préétablie. Les appareils de ce genre ont certains avantages : (1) ils assurent la participation active du patient au traitement ; (2) ils s'adaptent à ses capacités physiologiques ; (3) ils peuvent être laissés près du lit pour que le traitement soit répété selon les besoins ; (4) ils constituent un moyen économique de prévenir les complications pulmonaires.

#### ▷ *Évaluation : Résultats escomptés.*   Le patient retrouve une fonction respiratoire normale.

1. Il fait ses exercices de respiration profonde.
2. Il n'y a aucun bruit anormal à l'auscultation.
3. Il utilise le spiromètre de stimulation pendant 5 à 10 minutes toutes les 2 heures au moins.
4. La température est normale.
5. Les gaz artériels sont normaux.
6. Les radiographies pulmonaires sont normales.
7. Il change de position comme on le lui a enseigné.
8. Il tousse de façon efficace pour expulser les sécrétions.
9. Il fait les exercices prescrits et marche.
10. Il évite les contacts avec les personnes atteintes d'une infection des voies respiratoires supérieures.

### ▷ *Soulagement de la douleur et des malaises postopératoires*

#### ▷ *Soulagement de la douleur.*   De nombreux facteurs psychologiques (motivation, affectivité, connaissances et émotivité) ont une influence sur l'intensité de la douleur. Des recherches récentes nous permettent de mieux comprendre comment l'anxiété, la dépression et la douleur sont influencées par la perception, l'éducation, la personnalité, les facteurs culturels et ethniques, ainsi que l'environnement. L'intensité de la douleur postopératoire dépend donc du tempérament de la personne, de son seuil de tolérance, du siège de l'incision chirurgicale, de la nature de l'opération, de l'étendue du traumatisme chirurgical, de même que de la nature et du mode d'administration de l'anesthésique. Une bonne préparation préopératoire (informations sur la période postopératoire, réconfort, soutien psychologique, etc.) contribue dans une large mesure à réduire l'anxiété, l'appréhension et même la douleur après l'opération.

Environ un tiers des patients se plaignent de douleurs importantes et un tiers de douleurs modérées. L'autre tiers des patients disent ressentir peu de douleur ou aucune douleur. Il semblerait que ces derniers soient capables de faire intervenir des mécanismes psychodynamiques qui inhibent la douleur (théorie du portillon et altération de la transmission nociceptive).

On administre souvent des analgésiques narcotiques pour soulager la douleur et pour réduire l'agitation qui se manifeste généralement dans la période qui suit immédiatement l'opération. Le médicament est généralement prescrit au besoin.

On peut rarement procurer au patient un soulagement complet de la douleur dans la région de l'incision dans les quelques semaines qui suivent l'opération. Toutefois, en le changeant de position, en utilisant des techniques de diversion, en lui plaçant une serviette fraîche sur le visage et en lui frottant le dos avec une lotion adoucissante, on peut améliorer temporairement son bien-être ainsi que l'efficacité des médicaments.

Des études ont démontré l'efficacité de l'électrostimulation nerveuse percutanée (ESNP) dans le soulagement de la douleur, ce qui se traduit par une consommation moins importante d'analgésiques.

#### ▷ *Réduction de l'agitation.*   L'agitation postopératoire est importante chez certains patients. Elle peut avoir pour cause un mauvais échange gazeux ou une hémorragie, ce qui est révélé par les signes vitaux. Toutefois, la cause la plus fréquente d'agitation est sans doute un malaise généralisé causé par la position du patient sur la table d'opération, la manipulation des tissus par le chirurgien et la réaction de l'organisme aux anesthésiques. Les analgésiques, les changements fréquents de position, le changement d'un pansement trop serré ou souillé peuvent soulager ce malaise. On doit aussi noter le débit urinaire et palper la vessie pour vérifier si elle est dilatée, car une rétention urinaire peut provoquer de l'agitation. Si possible, il faut permettre au patient d'uriner dans une position normale et ne recourir à la pose d'une sonde que si tous les autres moyens généralement utilisés pour favoriser la miction n'ont pas donné de résultats.

#### ▷ *Élimination des nausées et des vomissements.* Les agents anesthésiants et les antiémétiques dont dispose la

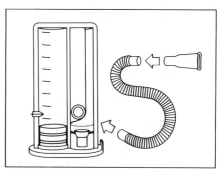

Raccorder l'une des extrémités du tube à l'embout buccal et l'autre à la tige prévue à cet effet au bas de l'appareil.

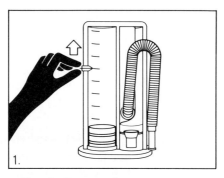

1. Placer l'indicateur vis-à-vis la marque désirée. Tenir l'appareil en position verticale.

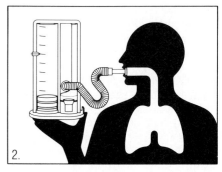

2. Expirer normalement, puis placer les lèvres autour de l'embout.

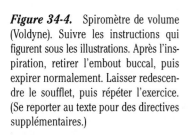

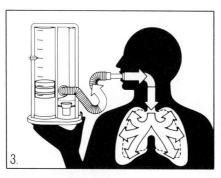

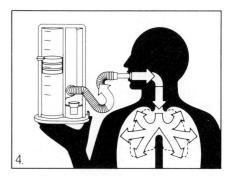

**Figure 34-4.** Spiromètre de volume (Voldyne). Suivre les instructions qui figurent sous les illustrations. Après l'inspiration, retirer l'embout buccal, puis expirer normalement. Laisser redescendre le soufflet, puis répéter l'exercice. (Se reporter au texte pour des directives supplémentaires.)

3. Inspirer lentement pour faire monter le soufflet dans la chambre.

4. Continuer d'inspirer jusqu'à ce que le dessus du soufflet atteigne la marque préétablie.

médecine moderne ont réduit considérablement la fréquence des vomissements postopératoires, mais une ventilation insuffisante au cours de l'anesthésie en augmente les risques. On peut souvent attribuer les vomissements qui se produisent au cours de la phase de réveil à des efforts pour soulager l'estomac du mucus et de la salive accumulés au cours de l'anesthésie.

Après l'opération, un simple traitement des symptômes suffit souvent à faire cesser les vomissements. Selon beaucoup de spécialistes, la plupart des antiémétiques (généralement des dérivés de la phénothiazine) ont des effets indésirables trop importants (hypotension et dépression respiratoire) pour que leur emploi soit justifié. Si un médicament est nécessaire, le médecin prescrit souvent un barbiturique à action de courte durée, comme le dropéridol (Inapsine) administré par voie intraveineuse ou intramusculaire, pour provoquer une sédation. Parfois, on administre avant l'opération ou au cours de l'opération un médicament dont l'effet se prolongera au cours de la phase de réveil.

- Au moindre signe de nausées, on doit tourner le patient sur un côté pour favoriser l'écoulement des vomissements.

- Dans les cas de vomissements, l'intervention infirmière la plus importante est de prévenir l'aspiration des vomissements, qui peut provoquer une asphyxie fatale (voir le chapitre 3).

Quand les risques de vomissements sont élevés à cause de la nature de l'opération, on insère avant l'opération une sonde nasogastrique qui reste en place jusqu'à ce que la présence de bruits intestinaux et l'expulsion de gaz indiquent le retour du péristaltisme.

Il existe d'autres causes de vomissements postopératoires, dont une accumulation de liquide dans l'estomac, la dilatation de l'estomac, et l'ingestion d'aliments ou de liquides avant le retour du péristaltisme. Des facteurs psychologiques peuvent aussi être en cause. Ainsi, un patient qui est persuadé que les vomissements postopératoires sont inévitables en éprouvera probablement. On peut donc constater encore ici l'importance de l'enseignement préopératoire.

Après un épisode de vomissements, on doit aider le patient à se rincer la bouche et lui interdire pendant quelques heures l'absorption de liquides. Comme nous l'avons mentionné précédemment, l'aspiration est le principal danger des vomissements, d'où l'importance d'intervenir avant même que le patient ne vomisse.

En cas d'urgence, on transporte souvent un patient à la salle d'opération sans que le contenu de son estomac n'ait été évacué. Certains anesthésistes administrent alors un antiacide par voie orale pour prévenir le syndrome de Mendelson, dû au reflux de liquide gastrique acide dans les bronches. Ce reflux provoque des symptômes semblables à ceux d'une crise d'asthme, avec spasmes bronchiques graves et respiration sifflante (wheezing), évoluant vers une bronchopneumonie et un œdème pulmonaire accompagnés d'une hypoxie extrêmement grave.

Il semble que le reflux silencieux du contenu gastrique soit plus fréquent qu'on ne l'avait cru jusqu'ici. C'est pourquoi il se fait de plus en plus d'études à ce sujet. Ces études portent entre autres sur l'importance du pH du liquide gastrique et sur l'efficacité de l'administration préopératoire d'un antagoniste du récepteur $H_2$ de l'histamine, comme la cimétidine.

▷ *Réduction de la distension abdominale.* La distension abdominale postopératoire est due à une accumulation de gaz dans les voies gastro-intestinales. La manipulation des organes de l'abdomen au cours de l'opération peut ralentir le retour à un péristaltisme normal qui peut durer de 24 à 48 heures, selon la nature et la gravité de l'opération. Même si rien n'est absorbé par la bouche, de l'air et des sécrétions peuvent pénétrer dans l'estomac et les intestins, s'y accumuler à cause de l'absence de péristaltisme, et provoquer une distension de l'abdomen qui se manifeste par une sensation de lourdeur et de la douleur. Comme les gaz s'accumulent le plus souvent dans le côlon, un tube rectal peut procurer un soulagement (voir la figure 34-5).

Après une chirurgie abdominale majeure, on peut éviter la distension par des changements fréquents de position, des exercices et, si possible, la marche. L'aérophagie due à l'anxiété est généralement la cause des gaz. Si on prévoit une distension abdominale postopératoire, on peut insérer avant l'opération une sonde nasogastrique et la laisser en place jusqu'à ce que l'expulsion de flatuosités ou la présence de bruits intestinaux perçus à l'auscultation indiquent le retour du péristaltisme.

L'infirmière doit vérifier si les bruits intestinaux sont revenus et s'assurer que le patient n'a pas de nausées ni de vomissements afin que les modifications appropriées au régime alimentaire puissent être apportées.

▷ *Arrêt du hoquet.* Le hoquet est provoqué par une contraction spasmodique du diaphragme déterminant une brusque secousse de l'abdomen et du thorax, et qui s'accompagne d'un bruit rauque caractéristique («hic») dû à la constriction de la glotte avec vibration des cordes vocales. La contraction spasmodique du diaphragme peut avoir pour cause une irritation du nerf phrénique depuis son centre dans la moelle épinière jusqu'à ses terminaisons sous la surface du diaphragme. Cette irritation peut provenir (1) d'une stimulation directe du nerf lui-même provoquée par une distension de l'estomac, une péritonite ou un abcès diaphragmatique, une distension abdominale, une pleurésie ou des tumeurs thoraciques; (2) d'une stimulation indirecte du centre nerveux résultant d'une toxémie ou d'une urémie, par exemple; (3) d'une stimulation réflexe provoquée notamment par un tube de drainage irritant, l'exposition au froid, l'absorption de liquides très chauds ou très froids ou une obstruction des intestins.

Les patients qui ont subi une chirurgie abdominale souffrent occasionnellement de hoquet. Souvent les crises sont légères et transitoires; elles cèdent spontanément ou n'exigent qu'un traitement très simple. Parfois, elles persistent, deviennent très pénibles et ont d'importants effets comme des vomissements, de l'épuisement, et même la désunion des sutures.

Il existe une multitude de mesures destinées à arrêter le hoquet, ce qui prouve bien qu'aucune d'entre elles n'est infaillible. La meilleure mesure consiste à éviter les causes du hoquet, comme les boissons trop chaudes ou trop froides. Parmi les mesures traditionnelles, la plus efficace, sans doute, consiste à retenir sa respiration tout en avalant de l'eau. On peut aussi faire une pression sur les paupières closes pendant quelques minutes. De plus, certains médecins conseillent l'usage d'un cornet nasal (canule nasopharyngée), ce qui interrompt l'arc réflexe qui provoque le spasme intermittent du

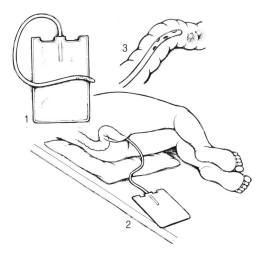

***Figure 34-5.*** Soulagement de la distension abdominale. (1) Tube rectal relié à un sac de plastique. (2) Patient couché sur le côté gauche avec tube rectal en place. (3) Dilatation du côlon et bulles d'air captées par le tube rectal.

diaphragme. Dans certains cas, les vomissements provoqués peuvent être utiles, de même que, à l'occasion, l'administration d'un phénothiazinique.

▷ *Évaluation: Résultats escomptés.*    Le patient est soulagé de la douleur et des malaises postopératoires (agitation, nausées et vomissements, distension abdominale et hoquet).

1. Sa douleur est moins intense.
2. Il maintient la région de l'incision avec un coussin ou un oreiller quand il tousse pour prévenir la douleur.
3. Il utilise des mesures de diversion (conversation, télévision, etc.).
4. Il dit ne plus éprouver de nausées et de vomissements.
5. Il n'éprouve pas de douleurs abdominales ni de douleurs dues à des gaz.
6. Il n'a pas de hoquet.

## ▷ Prévention des blessures

Le patient qui se réveille d'une anesthésie est parfois agité. Il importe donc de le protéger des blessures et d'empêcher qu'il ne déloge les lignes de perfusion ou autres tubes et qu'il ne nuise au fonctionnement du matériel de monitorage. On doit toutefois éviter dans toute la mesure du possible l'emploi de dispositifs de contention. On peut administrer au patient des analgésiques et des sédatifs conformément aux ordonnances du médecin, mais il importe aussi de vérifier si l'agitation est due à une cause extérieure, comme un pansement trop serré, une pression sur un nerf à cause d'une mauvaise position, un écoulement irritant, une fuite de liquides intraveineux ou une bouillotte trop chaude. La prévention des blessures exige donc que l'infirmière observe attentivement le patient tout au cours de la période de réveil.

1. Le patient évite les blessures.
2. Il accepte que les ridelles soient levées pour les 48 heures qui suivent l'opération.
3. Il ne présente pas de blessures dues à une mauvaise position, à des chutes, etc.
4. Il a recouvré un niveau de conscience normal.

## ▷ Maintien de l'irrigation tissulaire

L'infirmière doit être à l'affût des signes et des symptômes de diminution de l'irrigation tissulaire, soit une baisse de la pression artérielle, une respiration rapide ou laborieuse, un pouls au repos supérieur à 100 battements par minute, de l'agitation, des réactions lentes, une peau pâle, moite, froide ou cyanosée, des pouls périphériques faibles ou imperceptibles ou un débit urinaire inférieur à 30 mL/h. On doit signaler au médecin l'apparition de n'importe lequel de ces signes ou symptômes.

Pour assurer le maintien de l'irrigation tissulaire, la chambre ne doit être ni trop chaude ni trop froide et le patient doit être bien couvert, de façon à prévenir les frissons qui peuvent provoquer une vasoconstriction. Les perfusions de liquide ou les transfusions de sang ou de dérivés du sang peuvent provoquer des réactions qu'il importe de dépister à temps. Les exercices pour les jambes enseignés avant l'opération servent à stimuler la circulation. En plus de faire des exercices, le patient doit se tourner et changer de position lentement toutes les deux heures en évitant celles qui peuvent compromettre le retour veineux: position semi-assise avec genoux relevés ou soutenus par un oreiller, position assise pendant de longues périodes, jambes pendantes avec pression à l'arrière des genoux. Dès que le médecin le permet, l'infirmière doit aider le patient à descendre du lit et marcher. Si le port de bas élastiques est indiqué, elle doit les appliquer pendant que le patient est en position de décubitus dorsal, et les retirer au moment du bain.

▷ *Évaluation: Résultats escomptés.*    Le patient conserve une bonne irrigation tissulaire.

1. Ses signes vitaux sont dans les limites de la normale.
2. Il ne présente pas de cyanose de la peau ou des muqueuses.
3. Il est orienté dans le temps et dans l'espace.

## ▷ Maintien d'un volume liquidien adéquat

Les interventions chirurgicales entraînent généralement une perte considérable de liquides, à cause de la transpiration, d'une abondante sécrétion de mucus et d'une perte de sang. Pour corriger les pertes liquidiennes, on administre généralement une solution de remplacement par voie intraveineuse dans les quelques heures qui suivent l'opération. Cette perfusion fournit une quantité suffisante de liquide, mais ne soulage pas nécessairement la soif. De plus, l'anesthésie générale peut provoquer une soif désagréable, due très souvent à l'administration d'atropine, un médicament qui inhibe la sécrétion du mucus et provoque par le fait même la sécheresse de la bouche et du pharynx. Les patients sous anesthésie locale se plaignent souvent de la soif au cours de l'opération.

Les patients ayant subi une chirurgie mineure ou courte qui n'éprouvent pas de nausées et de vomissements et qui présentent des bruits intestinaux peuvent boire pour soulager la sécheresse de la bouche. Un thé chaud avec du citron dissout le mucus plus efficacement que l'eau froide. On doit cesser l'administration de solutions par voie intraveineuse dès que le patient peut absorber du liquide par la bouche en quantité suffisante.

L'infirmière doit observer le patient à la recherche de signes de déséquilibre électrolytique: faiblesse, lassitude, nausées, vomissements, irritabilité et, dans certains cas, anomalies neuromusculaires. Elle doit aussi noter son état mental et la coloration de sa peau, prendre régulièrement sa température, et vérifier s'il y a présence de pouls périphériques et en noter les caractéristiques, le cas échéant. Elle doit aussi faire part au médecin de tout signe de diminution de l'irrigation tissulaire. Les risques de déséquilibre hydroélectrolytique sont particulièrement élevés chez les personnes âgées.

*Signes d'hypovolémie*: Baisse de la pression artérielle, tachycardie, diminution du débit urinaire, pression veineuse centrale inférieure à 4 cm $H_2O$

*Signes d'hypervolémie*: Hausse de la pression artérielle, pression veineuse centrale supérieure à 15 cm $H_2O$, râles à la base des poumons et bruit de galop ($B_3$)

▷ *Évaluation: Résultats escomptés.* Le patient maintient un volume liquidien adéquat.

1. Il augmente graduellement son apport liquidien.
2. Il maintient son équilibre liquidien et soulage sa soif.
3. Il émet une quantité suffisante d'urine (minimum 30 mL/h), sans l'aide d'une sonde.
4. Il ne présente pas de symptômes d'hypovolémie.

### ▷ *Maintien d'une température corporelle normale*

Les patients qui viennent de subir une anesthésie sont sensibles aux refroidissements. Lorsqu'un patient est resté longtemps dans une salle d'opération froide ou qu'il a reçu de gros volumes de perfusions, il risque de souffrir d'hypothermie. L'infirmière doit donc être à l'affût des signes de cette complication et avertir le médecin si ces signes se manifestent. Elle doit de plus veiller à ce que la chambre ne soit pas trop froide et à ce que le patient soit bien couvert afin de prévenir les frissons.

▷ *Évaluation: Résultats escomptés.* Le patient maintient une température corporelle normale.

1. Sa température interne est normale.
2. Il dit ne pas éprouver de frissons.
3. Il ne présente pas d'autres signes d'hypothermie.

### ▷ *Maintien de l'équilibre nutritionnel*

Plus le patient revient rapidement à son régime alimentaire habituel après une opération, plus sa fonction gastro-intestinale revient rapidement à la normale. La prise d'aliments par la bouche stimule la production des sucs digestifs et favorise le fonctionnement de l'estomac et le péristaltisme. Les exercices au lit et la marche le plus tôt possible facilitent aussi le processus digestif et préviennent certains problèmes, tels que la distension, la flatulence et la constipation.

Le rythme du retour au régime alimentaire normal varie selon chaque patient, et est directement fonction de la nature de l'opération ainsi que du type et de la durée de l'anesthésie. Ce retour peut s'amorcer dès que le patient est complètement remis des effets de l'anesthésie et qu'il n'éprouve plus de nausées.

Après une opération mineure ou de courte durée, on commence par donner au patient des liquides, ce qu'il tolère généralement bien. Donc, dès que cessent les nausées et les vomissements, on peut lui faire prendre de l'eau, des jus de fruit et du thé, et augmenter graduellement les quantités. Ces liquides doivent être frais; ils ne doivent être ni glacés, ni tièdes. Comme leur valeur énergétique est relativement faible, on doit graduellement leur ajouter, dès qu'ils sont tolérés, des aliments mous (gélatine, lait fouetté, crème-dessert, lait et potages). Puis, quand les aliments mous sont tolérés, on leur ajoute des aliments solides.

Un régime alimentaire bien équilibré, composé d'aliments choisis par le patient selon ses préférences et présentés de façon attrayante, contribue à stimuler l'appétit. On doit généralement compter deux ou trois jours avant que l'appétit d'un opéré ne revienne.

- Le retour du péristaltisme est plus lent si l'opération touche les voies gastro-intestinales.

Généralement, on laisse une sonde nasogastrique ou gastro-intestinale en place pendant 24 à 48 heures (selon le retour du péristaltisme) chez les patients qui viennent de subir une chirurgie gastro-intestinale. La sonde a pour fonction d'éliminer les gaz et les sécrétions. Il importe d'offrir à ces patients les éléments nutritifs, les liquides et les électrolytes dont ils ont besoin pour assurer leur équilibre hydroélectrolytique, ce qui peut se faire par l'administration parentérale de liquides ou par alimentation parentérale totale (voir le chapitre 26).

Si rien n'est donné par la bouche, une hygiène buccodentaire méticuleuse s'impose. Un patient dont la bouche est propre et fraîche a généralement moins de nausées et recouvre plus rapidement son appétit. On peut suivre les progrès du patient en le pesant quotidiennement.

▷ *Évaluation: Résultats escomptés.* Le patient maintient un bon équilibre nutritionnel.

1. Sa motilité gastro-intestinale augmente et il ne présente pas d'iléus paralytique; ses bruits intestinaux sont normaux.
2. Il reprend son régime alimentaire normal selon le rythme souhaitable.
3. Il gagne du poids.

### ▷ *Retour de la fonction urinaire*

La nature de l'opération détermine le délai permis avant la première miction.

- Généralement, on doit éviter dans toute la mesure du possible l'emploi d'une sonde urétrale, à cause des risques d'infection.

Il faut donc utiliser toutes les méthodes dont on dispose pour faciliter la miction (laisser de l'eau couler, appliquer de la chaleur sur le périnée, etc.). Le bassin hygiénique ne doit pas être froid, car le froid cause une sensation désagréable qui peut provoquer une contraction des muscles du sphincter.

Si un patient se dit incapable d'utiliser le bassin, on doit lui offrir l'usage d'un cabinet d'aisances. Souvent, on permet aux hommes d'utiliser le bassin en position assise, ou debout près du lit, tout en prenant les mesures qui s'imposent pour prévenir les évanouissements et les chutes.

- On doit mesurer et inscrire au dossier le volume de toutes les urines émises, que ce soit par voie normale ou par sonde.
- On doit tenir un bilan des ingesta et excreta pour tous les patients qui ont subi une opération touchant les voies urinaires ou une opération majeure, de même que pour toutes les personnes âgées.
- Si le débit urinaire est inférieur à 30 mL/h pendant deux heures consécutives, il faut en informer le médecin.

▷ *Évaluation: Résultats escomptés.* Le patient recouvre une fonction urinaire normale.

1. Il urine normalement sans l'aide d'une sonde.
2. Il ne présente pas de signes de rétention urinaire (émission fréquente de petites quantités d'urines, par exemple).
3. Son apport liquidien est satisfaisant.

### ▷ *Reprise des habitudes d'élimination intestinale*

Les lavements préopératoires, l'immobilité, la manipulation des intestins au cours de l'opération et la réduction de la prise de liquides et d'aliments par la bouche affectent le fonctionnement du tractus gastro-intestinal. Par contre, l'augmentation de l'apport liquidien et la marche le plus tôt possible peuvent favoriser le retour des bruits intestinaux et du péristaltisme. C'est par auscultation au moyen d'un stéthoscope que l'infirmière peut déterminer la présence de bruits intestinaux et, consécutivement, décider si le retour au régime alimentaire normal peut être amorcé.

L'*iléus paralytique* est une complication possible de la chirurgie intestinale ou abdominale. Il se caractérise par l'absence de bruits intestinaux (absence de péristaltisme) et par une distension de l'abdomen qui se manifeste par de la douleur, une sensation d'oppression et une augmentation du volume abdominal. Il peut même provoquer un antipéristaltisme, un trouble qui se caractérise par des nausées et par des vomissements contenant parfois des matières fécales. Dans ce cas, on doit procéder à l'insertion d'une sonde nasogastrique et, si l'état du patient l'exige, à l'administration intraveineuse de liquide ou à une alimentation parentérale totale.

▷ *Constipation.*    La constipation est une difficulté d'évacuer les matières fécales. Dans la période postopératoire, elle peut avoir une cause bénigne aussi bien que grave. En effet, elle est parfois provoquée tout simplement par l'inhibition du péristaltisme due à l'irritation et au traumatisme de l'opération. Dans ce cas, on assiste généralement au retour du péristaltisme environ trois jours après l'opération grâce aux effets combinés de la marche précoce et de l'augmentation de l'apport nutritionnel. Parfois, un lavement simple (Fleet) est nécessaire. Toutefois, la constipation peut aussi être due à un trouble sous-jacent relativement grave (inflammation localisée, péritonite ou abcès, etc.). Si tel est le cas, il faut traiter le trouble sous-jacent.

Il convient de noter qu'un grand nombre de personnes souffrent de constipation chronique et font un usage quotidien de laxatifs depuis de nombreuses années. Ces personnes ont besoin d'une rééducation intestinale, qui doit être entreprise dès que possible. Toutefois, dans certains cas, surtout chez les personnes âgées, la rééducation est impossible. Si l'absorption de liquides et de fibres et l'emploi de laxatifs qui augmentent la masse fécale ne donnent pas de résultats, on peut avoir recours à des lavements pour évacuer le contenu de la partie inférieure des intestins. On ne doit administrer des laxatifs que sur ordonnance du médecin.

▷ *Évaluation: Résultats escomptés.*    Le patient retrouve un fonctionnement intestinal normal.

1. Il a des bruits intestinaux (à l'auscultation).
2. Il ne souffre pas de douleurs abdominales, de flatulences ni de constipation.
3. Il a recouvré ses habitudes normales d'élimination intestinale.

▷ *Maintien de l'intégrité de la peau et prévention des infections*

Entre 10 et 15 % des opérés contractent une infection dite nosocomiale, ce qui signifie «contractée à l'hôpital». La plaie chirurgicale, les voies urinaires, la circulation sanguine et les voies respiratoires sont les sièges de la plupart de ces infections, qui ont pour cause:

• le passage à travers la peau et les muqueuses de tubes et de sondes, la maladie ou l'intervention chirurgicale;

• une diminution de la résistance à l'infection due aux effets de l'anesthésie et de l'opération;

• l'exposition à des agents infectieux résistants (*Staphylococcus aureus, Escherichia coli, Serratia Marcescens, Pseudomonas, Klebsiella pneumoniæ, Proteus,* etc.) au cours de l'hospitalisation;

• des manquements aux règles de l'asepsie et du lavage des mains.

Les infections postopératoires retardent la cicatrisation, prolongent la convalescence, peuvent altérer certaines fonctions organiques et peuvent même entraîner la mort. Elles peuvent avoir des conséquences graves pour le patient atteint, sa famille et les autres patients (contamination), le personnel hospitalier (soins supplémentaires et hospitalisation prolongée) et la société dans son ensemble (augmentation des coûts de l'assurance santé et perte de main d'œuvre).

Pour lutter efficacement contre les infections respiratoires, il faut inciter le patient à se retourner souvent en toussant et en prenant des respirations profondes, afin de prévenir une accumulation des sécrétions pouvant provoquer une atélectasie, une congestion pulmonaire et une pneumonie. La pratique d'exercices spirométriques plusieurs fois par jour est également recommandée à titre de mesure préventive. L'utilisation de matériel stérile (aiguilles, canules, pansements), y compris le matériel d'assistance ventilatoire, prévient la transmission des organismes pathogènes. S'il existe un danger manifeste de contamination, le médecin peut prescrire des antibiotiques à titre prophylactique. Dans le cas d'une infection typique par une bactérie identifiée, une antibiothérapie spécifique s'impose. En respectant rigoureusement les règles de l'asepsie et en s'assurant que ces règles sont respectées par les autres, l'infirmière joue un rôle essentiel dans la lutte contre les infections.

• Il est essentiel de se laver soigneusement les mains avant et après tout contact avec un patient.

L'infirmière doit examiner périodiquement les pansements pour y déceler tout signe d'hémorragie ou d'écoulements anormaux. Si la plaie se situe sur l'abdomen ou le thorax, elle doit aussi vérifier s'il y a des taches de sang dans le dos, car les liquides peuvent suinter par gravité jusqu'à une région du corps relativement éloignée. Il faut renforcer et changer les pansements au besoin et inscrire au dossier la date et l'heure du changement. (Voir à la page 987, pour des renseignements plus détaillés sur le changement des pansements et le soin des plaies.)

Il importe de prendre les mesures qui s'imposent pour lutter contre les infections des voies respiratoires supérieures et de la peau. Les perfusions intraveineuses sont souvent source d'infection (voir au chapitre 46 pour les mesures de prévention).

▷ *Évaluation: Résultats escomptés.*    Le patient maintient l'intégrité de sa peau et présente une cicatrisation normale de la plaie, sans infection.

1. Il ne présente pas d'écoulements ou très peu.
2. Sa peau ne présente pas de lésions ou de signe d'infection.
3. Il sait reconnaître les premiers signes d'hématome, de lésion ou d'infection.
4. Il applique les onguents médicamenteux prescrits.
5. Il n'a pas de fièvre et sa leucocytose est normale.

▷ *Retour de la mobilité*

Il arrive souvent que le nouvel opéré, retenu par les pansements, les attelles et les appareils de drainage, soit incapable de changer seul de position. Or, l'immobilité peut provoquer des escarres de décubitus ou une pneumonie hypostatique, pour ne mentionner que deux de ses plus graves complications.

- Les patients dont la mobilité est réduite doivent être tournés d'un côté à l'autre toutes les deux heures et changés de position dès qu'ils se sentent mal à l'aise.

▷ *Mise en position.* Pour favoriser le bien-être du patient qui vient de subir une opération et soulager sa douleur, on peut le placer dans différentes positions, selon la nature de l'opération.

*Décubitus dorsal.* Il s'agit de la position couchée sur le dos, sans élévation de la tête. Dans la plupart des cas, le patient est placé dans cette position tout de suite après l'opération. Les couvertures ne doivent pas gêner le mouvement des pieds et des orteils.

*Décubitus latéral.* Il s'agit de la position couchée sur l'un ou l'autre côté avec les bras vers l'avant. La jambe du dessous est légèrement fléchie et la jambe du dessus est fléchie au genou et à la hanche. Un oreiller supporte la tête et un autre est placé dans le sens de la longueur entre les jambes. On utilise cette position quand des changements fréquents s'imposent, pour favoriser l'écoulement des sécrétions (provenant, par exemple, de l'abdomen et du thorax) et pour prévenir les complications respiratoires et circulatoires. Une autre variante de cette position est de plus en plus utilisée. On place le patient sur le côté, les bras vers l'avant, la jambe du dessus fléchie au genou, la jambe du dessous légèrement fléchie. Un oreiller est placé au-dessous de la jambe du dessus. Cette dernière position empêche une trop grande extension de la hanche.

*Position de Fowler.* Il s'agit de la position assise, le tronc à un angle de 60 à 70 degrés. C'est la position la plus souvent utilisée, mais aussi la plus difficile à assurer. Dans la plupart des cas, la difficulté provient du fait que l'on tente d'adapter le patient au lit plutôt que le lit au patient. Il importe aussi de relever lentement la tête du lit pour réduire les étourdissements. Les patients portant un drain abdominal sont généralement placés dans cette position dès qu'ils ont repris conscience. Pour que le patient ne glisse pas vers le pied du lit, on relève légèrement ce dernier de quelques degrés.

- Il n'est pas rare que les patients éprouvent des étourdissements quand ils sont en position assise (particulièrement les fumeurs). Il importe donc de prendre leur pouls et leur pression artérielle, de vérifier la couleur de leur peau fréquemment et de baisser lentement la tête du lit dès qu'ils se disent étourdis. Si les étourdissements cessent, on peut remonter la tête du lit une heure ou deux plus tard.

Il appartient à l'infirmière de déterminer si la position du patient est correcte et s'il y est à l'aise. Souvent les personnes très petites ne sont pas à l'aise dans un lit d'hôpital de dimensions courantes et doivent être soutenues par des oreillers. Pour éviter que le patient ne glisse et pour qu'il se sente davantage en sécurité, il est recommandé d'utiliser un appui-pieds ou de surélever le pied du lit. Ces mesures n'excluent toutefois pas la nécessité de le changer souvent de position et de replacer ses oreillers.

▷ *Marche.* Dans la plupart des cas, il est recommandé que le patient sorte du lit dès qu'il en est capable, ce qui dépend de l'état de l'appareil cardiovasculaire et du système neuromusculaire, de sa condition physique antérieure et de la nature de l'opération qu'il a subie. S'il a subi une intervention chirurgicale majeure, le premier lever s'effectue habituellement de 8 à 10 heures après l'opération. Les patients dont l'opération s'est faite sous anesthésie locale ou régionale ou encore en externe, peuvent marcher le jour même de l'opération.

- La marche le plus tôt possible après l'opération a pour avantage de réduire les risques de complications comme l'atélectasie, la pneumonie hypostatique, les douleurs gastro-intestinales et les problèmes circulatoires.

Les patients qui se lèvent rapidement après l'opération sont beaucoup moins exposés à l'atélectasie et à la pneumonie hypostatique, car la marche favorise les échanges gazeux et aide à prévenir l'accumulation des sécrétions bronchiques. Elle réduit aussi les risques de distension abdominale parce qu'elle aide à tonifier le tractus gastro-intestinal (favorise l'élimination des gaz) et la paroi abdominale, et de thrombophlébite parce qu'elle active la circulation périphérique.

Des études cliniques ont démontré que la marche accélère la cicatrisation des plaies abdominales et réduit les risques d'éviscération. Selon d'autres chercheurs, elle réduirait aussi la douleur et accélérerait le retour à la normale du pouls et de la température. Elle réduit par conséquent la durée de l'hospitalisation avec les avantages économiques que cela comporte.

La marche doit bien sûr être adaptée aux capacités du patient et exige une préparation.

- Il est recommandé d'administrer un analgésique au patient avant de le mobiliser pour que le lever soit moins douloureux et pour favoriser sa collaboration.

- Tout d'abord, en respectant rigoureusement les règles de sécurité, l'infirmière aide le patient à passer graduellement de la position couchée sur le côté à la position assise (ce qui peut se faire en levant la tête du lit), jusqu'à ce qu'il n'ait plus d'étourdissements.

- Elle l'aide ensuite à relever complètement le tronc, puis à s'asseoir au bord du lit.

- Puis, elle l'aide à se placer debout près du lit.

Une fois habitué à la station debout, le patient peut commencer à marcher ou s'asseoir au fauteuil. L'infirmière doit rester à ses côtés pour lui offrir un soutien physique et moral. Elle doit l'observer afin de déceler les signes de fatigue et de choc. La durée des premières marches varie selon la nature de l'opération, la condition physique du patient et son âge.

▷ *Exercices au lit.* Quand la marche n'est pas possible, les exercices au lit peuvent donner des résultats presque aussi efficaces. Les exercices généraux doivent débuter dès que le patient en est capable, de préférence dans les 24 heures qui suivent l'opération. La sécurité du patient exige qu'ils se fassent sous surveillance. Ils ont pour but de favoriser la circulation et de prévenir les contractures, et aussi de permettre au patient de recouvrer le meilleur fonctionnement possible. Les exercices au lit les plus courants sont:

- Les exercices de respiration profonde destinés à favoriser la dilatation complète des poumons

- Les exercices pour les bras sur toute l'amplitude de mouvement des articulations, en portant une attention spéciale à l'abduction et à la rotation externe de l'épaule
- Les exercices pour les mains et les doigts
- Les exercices pour les pieds destinés à prévenir le pied tombant ainsi que les déformations des orteils et à favoriser la circulation
- Les flexions et les levées des jambes qui préparent le patient à la marche
- Les exercices en isométrie pour les abdominaux et les fesses

▷ **Évaluation: Résultats escomptés.**　Le patient retrouve sa mobilité en respectant le plan de réadaptation postopératoire.

1. Il fait suivre les périodes d'activité d'une période de repos.
2. Il augmente progressivement la durée de ses marches.
3. Il recouvre ses activités normales selon un rythme acceptable.
4. Il effectue ses autosoins.
5. Il participe au programme de réadaptation, le cas échéant.

▷ **Réduction de l'anxiété et bien-être psychologique**

Presque tous les patients ont besoin d'un soutien psychologique au cours de la période postopératoire immédiate. Si leur état le permet, une courte visite d'un proche les rassurera.

Les questions qu'ils posent à la salle de réveil trahissent souvent leurs pensées et leurs sentiments profonds. Certains s'inquiètent de l'issue de l'opération et de ses répercussions sur leur avenir, mais quelle que soit la nature de leurs craintes, l'infirmière doit toujours être en mesure de répondre à leurs questions de façon rassurante, sans s'attarder sur les détails. En effet, la période postopératoire immédiate ne se prête pas à une discussion sur les constatations et le pronostic de l'opération. Par ailleurs, les questions ne doivent pas rester sans réponse, ce qui pourrait aggraver les craintes du patient.

Dans les jours qui suivent l'opération, on doit prendre les mesures nécessaires pour donner au patient un sentiment de stabilité, en lui assurant qu'une infirmière est toujours à sa disposition pour parler avec lui, éclaircir les explications du médecin et dissiper au besoin les malentendus. Il faut aussi lui enseigner des techniques de relaxation et de diversion. Ses proches doivent assister aux séances d'enseignement afin d'être en mesure de l'aider après son retour à la maison. Avant son départ du centre hospitalier, on doit évaluer le temps nécessaire à son adaptation et ses besoins en ce sens. L'infirmière a aussi pour rôle de l'inciter à exprimer ses craintes au sujet de sa convalescence et de sa perte d'autonomie.

▷ **Évaluation: Résultats escomptés.**　Le patient atteint ou maintient un bien-être psychologique.

1. Il participe à ses autosoins.
2. Il consacre du temps à sa toilette.
3. Il parle de l'avenir avec optimisme.
4. Il pose des questions sur la reprise de ses activités sexuelles.
5. Il a hâte de voir ses parents et amis.

## Importance des signes et symptômes

L'infirmière doit faire preuve de jugement pour établir l'importance des signes et des symptômes qu'elle observe et doit les évaluer en regard de la situation globale.

Les règles qui suivent peuvent l'aider à en juger. Il va de soi que tout symptôme grave a de l'importance.

- On doit considérer comme important un symptôme mineur qui se répète ou qui s'aggrave. Par exemple, un hoquet n'est plus un problème mineur s'il se prolonge.
- On doit parfois attacher de l'importance à un symptôme mineur en soi s'il est associé à d'autres changements. Par exemple, des soupirs répétés peuvent indiquer une importante hémorragie s'ils sont accompagnés d'une agitation croissante, de pâleur et d'une accélération du pouls.
- On ne doit jamais négliger une détérioration progressive de l'état général du patient, même en l'absence de symptômes manifestes.
- On ne doit jamais écarter les plaintes et les dires d'un patient avant d'en avoir vérifié la légitimité.

L'infirmière doit inscrire au dossier toutes ses observations de façon précise et concise, pour que les autres infirmières et les médecins puissent facilement prendre connaissance de l'état du patient et pour satisfaire aux exigences médicolégales.

Quand l'infirmière téléphone à un médecin pour quelque raison que ce soit, elle doit rassembler toutes les informations dont elle a besoin, y compris les derniers signes vitaux, le diagnostic du patient, le type d'opération effectué, et avoir à portée de la main le dossier du patient avec les notes d'évolution des infirmières.

# GÉRONTOLOGIE

On doit déplacer un patient âgé de la table d'opération à la civière *lentement* et *en douceur*, tout en étant à l'affût des variations de sa pression artérielle et des signes d'hypoxie, et en observant l'expression de son visage (s'il est réveillé). Il importe de prendre toutes les mesures nécessaires pour le garder au chaud, sa température corporelle étant plus instable que celle d'un adulte d'âge moyen. On doit également le changer souvent de position pour stimuler sa respiration et sa circulation et améliorer son bien-être.

Les personnes âgées reçoivent les mêmes soins postopératoires immédiats que les opérés plus jeunes, mais exigent plus d'attention si elles présentent une altération des fonctions cardiorespiratoires et rénales.

Aujourd'hui, les techniques effractives de monitorage permettent le dépistage de l'insuffisance cardiorespiratoire avant l'apparition de signes et de symptômes. Grâce à ces techniques et à une meilleure préparation préopératoire, un grand nombre de personnes âgées tolèrent mieux l'opération et s'en remettent plus rapidement.

La confusion est une des plus fréquentes conséquences de la chirurgie chez les personnes âgées. Elle est parfois aggravée par l'isolement social, la contention et la privation sensorielle. L'infirmière peut réduire la confusion nocturne en accordant au patient davantage d'attention et en utilisant judicieusement les médicaments, surtout les analgésiques narcotiques et les sédatifs.

La mobilité peu après l'intervention prévient la pneumonie, la complication respiratoire la plus fréquente chez les opérés âgés. Elle prévient aussi l'atélectasie, les escarres de décubitus, la thrombose veineuse profonde et une faiblesse indue. On doit toutefois éviter les positions assises qui favorisent la stase veineuse dans les membres inférieurs. *Il ne suffit pas d'asseoir le patient sur une chaise pour améliorer sa mobilité.* Il faut le faire marcher, en restant à ses côtés pour lui éviter de se cogner ou de tomber.

Pour prévenir l'incontinence urinaire, il faut s'assurer que le patient peut facilement atteindre le bouton d'appel et la chaise d'aisances ou l'urinal. Il importe aussi de stimuler la miction. La marche aussitôt que possible après l'opération et une bonne connaissance de l'aménagement de la chambre permettent au patient de recouvrer plus rapidement son autonomie.

On peut aussi prévenir la distension abdominale, la réduction du péristaltisme et le fécalome par l'activité et une bonne hydratation.

Les patients se plaignent souvent de douleurs musculaires au début de la période postopératoire. Ces douleurs sont généralement dues au fait qu'ils ont été maintenus constamment dans la même position au cours de l'opération. Elles peuvent être soulagées par un massage en douceur des muscles endoloris et des oreillers placés de façon judicieuse.

Pour éviter les surcharges liquidiennes ou la déshydratation, il importe de faire régulièrement le bilan hydroélectrolytique. L'infirmière doit comparer les notes antérieures avec ses observations courantes pour déceler tout changement dans le bilan hydrique, les bruits respiratoires et le poids.

Dans les cas de convalescence prolongée, il est parfois nécessaire de recourir à la physiothérapie ou à un programme intensif de réadaptation.

L'infirmière doit offrir au patient âgé tout l'encouragement et toute la stimulation dont il a besoin et le convaincre gentiment que l'activité peut accélérer sa guérison et prévenir les complications.

# SOINS DE LA PLAIE CHIRURGICALE

Une *plaie* est une interruption dans la continuité des tissus. La *cicatrisation* est donc le rétablissement de cette continuité.

Une plaie peut avoir différentes conséquences dont: (1) une perte immédiate de fonctionnement de l'organe affecté, totale ou partielle, (2) une réaction de stress, (3) une hémorragie ou la formation d'un caillot, (4) une infection et (5) une nécrose des tissus. Pour atténuer ces effets et favoriser la cicatrisation, le respect rigoureux des règles de l'asepsie est de la plus haute importance.

## Classification des plaies

On peut classer les plaies de deux façons, soit en fonction de la nature de la lésion, soit en fonction de sa propreté (degré de contamination).

**Nature de la lésion.**    Une plaie peut avoir pour cause une incision, une contusion, une lacération ou une perforation.

- Une plaie par *incision* est causée par un instrument tranchant, par exemple le bistouri du chirurgien. Les plaies chirurgicales sont fermées par des sutures après que tous les vaisseaux sanguins ont été soigneusement ligaturés.

- Une plaie par *contusion* est causée par un coup provenant d'un objet contondant. Elle se caractérise par d'importantes lésions aux tissus mous, une hémorragie et de l'œdème.

- Une plaie par *lacération* peut être causée par du verre ou du fer barbelé, et se caractérise par des bordures dentelées.

- Une plaie par *perforation* peut être causée par une balle ou la pointe d'un couteau. Elle se caractérise par une petite ouverture de la peau.

**Propreté.**    On peut qualifier une plaie de propre, de propre-contaminée, de contaminée ou d'infectée*.

- Une plaie *propre* est une plaie qui ne contient pas de germes pathogènes. Il s'agit de la plaie chirurgicale fermée, non œdémateuse, qui ne touche pas les voies respiratoires, gastro-intestinales, génitales, ou urinaires non infectées, ni la cavité oropharyngée. Parfois, un drain relié à un système d'évacuation des écoulements (Jackson-Pratt, par exemple) y est inséré. Le risque relatif d'infection d'une plaie propre est de 1 à 5 %.

- Une plaie *propre-contaminée* est une plaie produite dans des conditions d'asepsie mais avec pénétration dans une cavité qui recèle habituellement des microorganismes. Il s'agit donc d'une plaie chirurgicale qui touche les voies respiratoires, génitales ou urinaires, ou la cavité oropharyngée, dans des conditions contrôlées. Le risque relatif d'infection de ces plaies est de 3 à 11 %.

- Une plaie *contaminée* est une plaie produite dans des conditions où la présence de microorganismes est probable. Il peut s'agir d'une plaie accidentelle, ouverte et fraîche, ou d'une plaie chirurgicale produite dans de mauvaises conditions d'asepsie ou en présence de sécrétions gastro-intestinales. Les plaies avec signes d'inflammation aiguë non purulente font aussi partie de cette catégorie. Le risque relatif d'infection des plaies contaminées est de 10 à 17 %.

- Une plaie *infectée* est une plaie produite en présence de microorganismes. Les incisions chirurgicales dans une région infectée ou faites en présence de viscères perforés entrent dans cette catégorie, de même que les vieilles plaies traumatiques qui retiennent des tissus nécrosés. Le risque relatif d'infection de ces plaies est de plus de 27 %. (Voir à la page 991, pour de plus amples renseignements sur l'infection des plaies.)

**Traitement.**    Si on prévoit une contamination ou si on doit poser une prothèse sur une plaie propre, on administre au patient des antibiotiques à titre préventif.

Avant de refermer une plaie contaminée, il faut tenter dans toute la mesure du possible d'en retirer tous les tissus nécrosés et infectés en procédant à ce que l'on appelle un «débridement». Souvent, on y insère un petit drain pour empêcher la lymphe et le sang de s'y accumuler et de retarder la cicatrisation.

## Physiologie de la cicatrisation

La cicatrisation fait appel à une série de processus physiologiques intégrés: régénération et prolifération cellulaires et production de collagène. La réaction des tissus à une agression comporte trois phases: inflammation, prolifération et maturation (tableau 34-1). Ce sujet est également traité au chapitre 18.

**Phase d'inflammation.**    Une interruption dans la continuité des tissus provoque immédiatement des réactions vasculaires et cellulaires, dont une vasoconstriction et une intervention de la fibrine et des plaquettes pour former un caillot destiné à stopper l'hémorragie. Cette réaction dure entre 5 et 10 minutes et est suivie d'une dilatation des veinules, la vasoconstriction étant freinée par une inhibition de la

---

* Centers for Disease Control, *Guidelines for Prevention of Surgical Wound Infection*, Washington, D.C., Department of Health and Human Services, 1985.

production de noradrénaline par les enzymes intracellulaires. On assiste également à une libération d'histamine qui augmente la perméabilité des capillaires.

La perturbation de la microcirculation provoque une infiltration de l'espace vasculaire par certains composants du sang, comme les anticorps, les protéines, les électrolytes, le complément et l'eau. Cette infiltration dure de deux à trois jours et provoque de l'œdème, de la chaleur, de la rougeur et de la douleur.

Les neutrophiles sont les premiers leucocytes qui parviennent aux tissus endommagés. Ils sont suivis des monocytes qui jouent le rôle de macrophages et nettoient la plaie des débris. Des anticorps viennent aussi à la rescousse.

Les cellules basales qui se trouvent sur les bords de la plaie subissent une mitose et les cellules filles ainsi formées migrent. Ce phénomène s'accompagne d'une sécrétion d'enzymes protéolytiques qui dissolvent la base des caillots. L'espace entre les bords de plaie se remplit ensuite progressivement et se referme, en 24 à 48 heures. La migration des cellules est favorisée par une hyperplasie de la moelle osseuse.

TABLEAU 34-1. *Phases de la cicatrisation*

| Phase | Durée |
| --- | --- |
| Inflammation | 1 à 4 jours |
| Prolifération | 5 à 20 jours |
| Maturation | De 21 jours à plusieurs mois ou même plusieurs années |

**Phase de prolifération.** Cette phase commence avec la prolifération des fibroblastes qui forment un réseau destiné à retenir les cellules migratoires. Les cellules épithéliales bourgeonnent aux bords de la plaie pour former des capillaires, qui alimentent le nouveau tissu de granulation.

Le collagène est le principal composant du tissu conjonctif de régénération. La synthèse du collagène et des mucopolysaccharides, constituants de la substance fondamentale du tissu conjonctif, s'amorce dans les fibroblastes. En deux à quatre semaines, le collagène forme des fibres de plus en plus longues et grosses qui se disposent en des faisceaux bien structurés. La synthèse du collagène provoque une diminution du nombre des capillaires qui entraîne en rétroaction une diminution de la synthèse du collagène pour régulariser la destruction des capillaires. Ce processus engendre une augmentation de la force de rupture de la plaie. Après deux semaines toutefois, le tissu cicatriciel n'a que 3 à 5 % de la force du tissu qu'il remplace et après un mois entre 35 et 59 %. Il n'atteint jamais plus de 70 à 80 % de la force du tissu qu'il remplace. De nombreuses vitamines, la vitamine C surtout, favorisent la cicatrisation.

**Phase de maturation.** Après environ trois semaines, les fibroblastes quittent la plaie. La cicatrice est large, mais se rétrécira peu à peu, renforcée par les fibres de collagène et une déshydratation. La maturation des tissus se poursuit pendant 10 à 12 semaines.

## Formes de cicatrisation

Les plaies chirurgicales, comme les autres plaies, peuvent cicatriser de trois façons: par première intention, par deuxième intention ou par troisième intention.

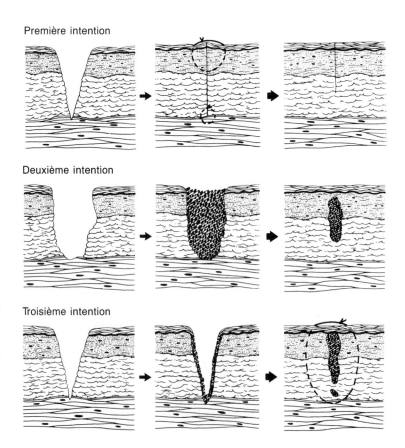

Première intention

Deuxième intention

Troisième intention

*Figure 34-6.* Formes de cicatrisation des plaies. *Première intention* — Incision propre et fermée, cicatrice peu visible. *Deuxième intention* — Plaie ouverte qui se remplit de tissu de granulation; formation d'une large cicatrice et altération de la jonction dermoépidermique. *Troisième intention* (fermeture tardive) — La plaie reste ouverte pendant un certain temps avant d'être fermée par suture s'il y a absence d'infection. (Source: J. D. Hardy, *Hardy's Textbook of Surgery*, 2e édition, Philadelphia, J. B. Lippincott, 1988, p. 107)

***Cicatrisation par première intention.*** Les plaies chirurgicales propres, avec peu de nécrose tissulaire et fermées par des sutures cicatrisent généralement par première intention, soit sans complications (voir la figure 34-6), avec faible formation de tissu de granulation et cicatrice peu visible.

***Cicatrisation par deuxième intention.*** La cicatrisation par deuxième intention, appelée aussi cicatrisation par granulation, est obtenue quand les lèvres de la plaie sont écartées, lorsqu'il y a perte de substance et surtout infection. Elle est plus longue et plus complexe que la cicatrisation par première intention. Prenons par exemple le cas d'un abcès. Pour que s'amorce la cicatrisation, il faut d'abord l'inciser pour en évacuer le pus, puis avoir recours au drainage ou au tamponnement pour éviter que les cellules mortes et autres débris ne s'accumulent dans la cavité laissée par le pus. Graduellement, le tissu nécrosé se désintègre et est évacué. La cavité se remplit ensuite d'un tissu rouge, mou et sensible qui saigne très facilement. Ce tissu se compose de capillaires minuscules à parois très minces et de bourgeons qui vont plus tard se transformer en tissu conjonctif. Les bourgeons, que l'on appelle granulations, se propagent jusqu'à ce qu'ils remplissent la cavité laissée par le tissu nécrosé (voir la figure 34-6). Les cellules rondes qui entourent les capillaires s'allongent et s'entrelacent pour former la cicatrice. La cicatrice se recouvre ensuite de cellules cutanées (épithélium), ce qui complète la guérison.

***Cicatrisation par troisième intention.*** On obtient une cicatrisation par troisième intention quand une plaie profonde a été fermée tardivement ou qu'on a dû avoir recours à une seconde suture. Il se forme alors deux couches superposées de tissu de granulation qui produisent une cicatrice plus profonde et plus large (voir la figure 34-6).

## Effets des soins infirmiers sur la cicatrisation des plaies

La vitesse de la cicatrisation repose sur différents facteurs, dont un apport alimentaire adéquat, la propreté, le repos et la position. Or, certaines interventions infirmières ont une influence sur tous ces facteurs. Ces interventions sont présentées à l'encadré 34-1. Les méthodes de lutte contre l'infection des plaies sont présentées à l'encadré 34-2.

# PANSEMENTS

## Fonctions des pansements

Les pansements ont différentes fonctions, dont: (1) favoriser la cicatrisation; (2) absorber les écoulements; (3) immobiliser la plaie; (4) protéger la plaie et le nouveau tissu épithélial des lésions mécaniques; (5) protéger la plaie des contaminations bactériennes et de la souillure par les selles, les vomissements et l'urine; (6) favoriser l'hémostase (pansement compressif, par exemple); (7) favoriser le bien-être physique et mental du patient.

Souvent, le chirurgien applique un pansement au moment de l'opération et décide de la fréquence à laquelle il doit être changé. On connaît bien sûr les pansements de gaze, mais il existe aussi des pansements perméables aux gaz et à la vapeur, mais imperméables aux liquides et aux bactéries (Op-Site, Tegaderm, Bioclusive). Ces pansements sont faits d'une pellicule transparente de polyuréthanne enduite d'un côté d'un adhésif hypoallergénique et imperméable. Ils sont très flexibles et épousent bien les contours du corps. On les utilise le plus souvent pour couvrir la région d'insertion d'un cathéter artériel ou veineux, les escarres de décubitus, la peau qui entoure les stomates ou les fistules, la région du prélèvement de la peau chez un donneur de greffe cutanée et les plaies chirurgicales. Ils ont pour principal avantage de ne pas cacher la plaie, ce qui permet de dépister plus rapidement l'infection. Comme ils sont imperméables, le patient peut quand même prendre des bains.

Jusqu'à ce que les écoulements cessent, on doit nettoyer doucement les points de suture au moyen d'un tampon d'ouate ou d'une compresse à la fréquence établie par le médecin. Les points, qu'ils soient faits de fil de soie noir, de fil de nylon, de fil métallique fin ou d'agrafes, sont peu utiles après six ou sept jours. On les retire donc (une sur deux pour les agrafes) en allant de ceux du haut vers ceux du bas, puis on les remplace par des sparadraps de rapprochement (Steristrips) afin de protéger la ligne de l'incision, encore fragile (voir la figure 34-7). Par la suite, la ligne de l'incision est nettoyée au moyen d'un tampon d'ouate imbibé de teinture d'iode (avant d'appliquer cette solution, toutefois, on doit tout d'abord s'assurer que le patient n'est pas allergique à l'iode) ou d'Hibitane jusqu'à ce que la cicatrisation soit complète. Une fois les points retirés, le pansement ne fait plus que protéger l'incision, mais il confère souvent au patient un sentiment de sécurité.

Certains chirurgiens préfèrent, dans la mesure du possible, ne pas recouvrir l'incision d'un pansement. En fait, les pansements ne sont pas nécessaires dans le cas notamment des lacérations du visage, des lambeaux pédiculés et des greffes cutanées sur une surface lisse.

Souvent, on ne remplace pas le pansement posé à la salle d'opération sur une plaie propre et sèche. On le laisse généralement en place jusqu'à ce que les bords de la plaie soient fermés et que la cicatrisation soit amorcée (24 heures en général), après quoi l'incision reste à l'air libre.

La cicatrisation à l'air libre a notamment l'avantage: (1) d'éviter certaines conditions qui favorisent la croissance des bactéries (chaleur, humidité, noirceur); (2) de faciliter l'observation de la plaie et le dépistage rapide des complications; (3) de permettre la douche; (4) d'éviter les réactions allergiques aux rubans adhésifs; (5) de favoriser le bien-être du patient et de lui permettre une plus grande activité; (6) de réduire le coût des pansements; (7) de réduire les répercussions psychologiques de l'opération.

## Interventions infirmières

Le pansement appliqué à la salle d'opération est toujours changé par le chirurgien, mais les changements subséquents sont faits par l'infirmière. On n'a pas besoin d'une ordonnance médicale pour renforcer un pansement entre les changements dans le but de garder sèche et propre sa couche supérieure et de réduire ainsi les risques de contamination. L'infirmière doit noter au dossier l'état du pansement et de la plaie.

***Préparation du patient en vue du changement du pansement.*** Avant de changer le pansement, on doit en avertir le patient et lui dire qu'il s'agit d'une intervention simple qui cause peu de douleur. De plus, il vaut mieux lui donner un analgésique environ 30 minutes avant le changement de pansement. Il importe de choisir un moment propice

## Encadré 34-1
# *Facteurs agissant sur la cicatrisation*

| Facteurs | Justification | Interventions infirmières |
|---|---|---|
| Âge | La résistance des tissus diminue avec l'âge. | Manipuler les tissus délicatement. |
| Manipulation des tissus | Les manipulations brusques provoquent des lésions et retardent la cicatrisation. | Manipuler les tissus délicatement et uniformément. |
| Hémorragie | L'accumulation de sang provoque la formation de cavités qui se remplissent de cellules mortes devant être évacuées. Le sang constitue un milieu de culture pour les bactéries. | Prendre les signes vitaux. Observer l'incision à la recherche de signes d'hémorragie ou d'infection. |
| Hypovolémie | Un volume sanguin insuffisant entraîne une vasoconstriction et une réduction de l'alimentation en oxygène et en éléments nutritifs, qui sont nécessaires à la cicatrisation. | Rechercher les signes d'hypovolémie (altération de la circulation). Corriger l'hypovolémie en remplaçant les pertes liquidiennes selon l'ordonnance. |
| Facteurs locaux<br>Œdème | L'œdème provoque une augmentation de la pression interstitielle sur les vaisseaux, ce qui altère l'irrigation tissulaire. | Surélever la partie œdémateuse; appliquer des compresses fraîches. |
| Pansement inadéquat<br>Trop petit | Un pansement trop petit permet la pénétration des bactéries. | Appliquer les techniques appropriées de changement des pansements. |
| Trop serré | Un pansement trop serré réduit l'irrigation tissulaire et par conséquent l'apport en oxygène et en éléments nutritifs. | |
| Carences nutritionnelles<br>Diabète | Les carences nutritionnelles peuvent provoquer une hyperglycémie en inhibant la sécrétion d'insuline. Elles peuvent provoquer une déplétion protéique et énergétique. | Vérifier régulièrement la glycémie. Administrer des suppléments de vitamines A et C, selon l'ordonnance. Corriger les carences, par alimentation parentérale si nécessaire. |
| Corps étrangers | Les corps étrangers retardent la cicatrisation. | Veiller à ce qu'il n'y ait pas de fils provenant de la gaze des pansements, de talc ou de poudre provenant des gants sur la plaie. |
| Déficit en oxygène<br>Oxygénation des tissus insuffisante<br>Croissance de microorganismes | Un apport insuffisant en oxygène peut avoir pour cause une altération de la fonction cardiorespiratoire. | Inciter le patient à pratiquer ses exercices de respiration profonde et de toux contrôlée, et à se retourner fréquemment. S'assurer du bon fonctionnement des systèmes de drainage en circuit fermé. |
| Système de drainage inadéquat | Le drainage des écoulements excède la capacité d'absorption du pansement. | Prendre les mesures nécessaires pour évacuer l'exsudat. |
| Médicaments<br>Stéroïdes | Peuvent masquer la présence d'une infection en altérant la réaction inflammatoire normale. | Connaître l'action et les effets des médicaments que reçoit le patient. |

*Encadré 34-1* (suite)

| Facteurs | Justification | Interventions infirmières |
|---|---|---|
| Anticoagulants | Peuvent provoquer une hémorragie. | |
| Antibiotiques spécifiques ou à large spectre | Sont efficaces s'ils sont administrés immédiatement avant une opération pour traiter une maladie ou une contamination bactérienne particulière à titre prophylactique. | |
| | Sont inefficaces s'ils sont administrés après la fermeture de la plaie, à cause de la coagulation intravasculaire. | |
| Hyperactivité | Empêche l'affrontement des bords de la plaie. | Prendre des mesures pour garder les bords de la plaie rapprochés: bandage, immobilisation, bande Montgomery. |
| | Le repos favorise la cicatrisation. | Inciter le patient à se reposer. |
| Problèmes généralisés | Ces problèmes altèrent le fonctionnement cellulaire, ce qui agit directement sur la cicatrisation. | Connaître la nature du problème. |
| Choc hémorragique | | Administrer le traitement prescrit. |
| Acidose | | Si nécessaire, faire procéder à des cultures et antibiogrammes pour permettre au médecin de déterminer l'antibiotique approprié. |
| Hypoxie | | |
| Insuffisance rénale | | |
| Maladies hépatiques | | |
| Septicémie | | |
| Immunosuppression | La réduction des mécanismes de défense rend le patient plus sujet aux infections bactériennes et virales. | Prendre toutes les mesures de protection qui s'imposent pour prévenir les infections. Interdire la visite des personnes qui souffrent d'une infection des voies respiratoires, rendre obligatoire le lavage des mains pour toutes les personnes qui viennent en contact avec le patient. |
| Facteurs de stress physique | Ces facteurs provoquent des tensions sur la plaie, particulièrement si elle se situe sur le torse. | Inciter le patient à changer fréquemment de position et à marcher aussi souvent que possible. Administrer les antiémétiques prescrits. |
| Vomissements | | |
| Manœuvre de Valsalva | | |
| Forte toux | | |
| Efforts | | |

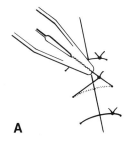 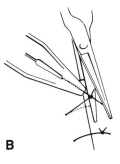 

A          B          C

*Figure 34-7.* *Retrait des points de suture.* (**A**) Soulever doucement le fil au moyen d'une pince, puis glisser les ciseaux sous le fil et (**B**) le couper près de la peau. (**C**) Tirer ensuite sur le fil au moyen de la pince pour le retirer.

## Encadré 34-2
## Méthodes efficaces de lutte contre les infections

OBJECTIF: Favoriser la cicatrisation en prévenant les infections.

### Intervention

#### Avant l'opération

Réduire autant que possible la durée de l'hospitalisation préopératoire.

Traiter les infections existantes.

Éviter l'emploi du rasoir; enlever plutôt les poils au moyen d'une tondeuse ou d'une crème épilatoire.

Si un rasage est exigé, le faire immédiatement avant l'opération.

S'assurer que la région où sera pratiquée l'incision est propre par des lavages préopératoires répétés au moyen d'antiseptiques et un bain à la Betadine iodée la veille de l'opération.

Administrer des antibiotiques en prophylaxie.

#### Pendant l'opération

Nettoyer soigneusement la région du champ opératoire pour éliminer la flore superficielle, les souillures et les débris.

Se conformer rigoureusement aux règles de l'asepsie.

Prévenir l'hémorragie par une hémostase méticuleuse.

Éviter l'emploi de drains dans les plaies propres.

Retarder la fermeture des plaies contaminées.

### Justification

Réduit le temps d'exposition du patient aux infections nosocomiales.

Les infections, notamment celles qui touchent les voies respiratoires, peuvent entraîner des complications pulmonaires.

Le rasoir peut causer de l'irritation et des coupures qui favorisent l'infection; le rasage produit des microlésions devenant des portes d'entrée pour les bactéries.

La fréquence des infections est directement proportionnelle au temps écoulé entre le rasage et l'opération.

Élimine la majeure partie des bactéries et autres contaminants.

Réduit les risques de contamination de la plaie par la flore normale.

Toute entorse aux règles de l'asepsie peut provoquer une infection en permettant l'introduction de contaminants.

Une plaie propre cicatrise sans infection.

Les drains augmentent les risques d'infection.

Permet la cicatrisation depuis la base de la plaie vers l'extérieur, évitant la formation d'un abcès.

---

et d'*éviter l'heure des repas*. Si le patient n'est pas dans une chambre à un lit, on doit tirer les rideaux pour le mettre à l'abri des regards indiscrets. Le terme «cicatrice» ayant une connotation négative pour certaines personnes, on doit éviter de l'employer. Il faut de plus rassurer le patient sur l'aspect futur de l'incision en lui affirmant qu'elle va rétrécir et perdre sa couleur rouge avec le temps.

**Retrait des pansements adhésifs.** On retire un pansement adhésif en le tirant parallèlement à la surface de la peau et dans le sens de la croissance du poil, et non à angle droit (figure 34-8). On peut réduire la douleur et accélérer le retrait du pansement en utilisant un tampon imbibé d'alcool ou d'un solvant non irritant.

On retire l'ancien pansement et les mèches au moyen d'une pince, puis on les place dans un sac à déchets hermétique, en évitant de les toucher avec les mains non gantées à cause des risques de transmission de germes pathogènes. Les instruments utilisés pour le changement du pansement ne doivent pas être laissés sur une surface propre, mais placés dans un sac ou un contenant couvert. Si on utilise des instruments jetables, on doit les jeter dans un contenant approprié.

**Pansement simple.** Pour changer un pansement ordinaire, on a besoin de tampons d'ouate, de gaze et d'une solution nettoyante, de même que d'instruments comme des ciseaux et des pinces, et parfois d'une sonde. La personne qui applique le pansement saisit d'abord un tampon d'ouate avec des pinces et le trempe dans la solution d'antiseptique et l'essore sur le rebord du contenant stérile. Elle nettoie d'abord le long de la plaie, et ensuite la peau qui entoure la plaie, en changeant de tampon à chaque fois; puis elle applique le nouveau pansement.

- On doit toujours porter des gants stériles quand on applique un pansement.
- On ne doit jamais toucher un pansement souillé avec les mains nues.
- Si on a le moindre doute concernant la stérilité d'un instrument ou d'un pansement, on doit le considérer comme non stérile.

Le pansement est retenu par du ruban adhésif, qui peut être fait d'une matière où il n'entre pas de caoutchouc pour les patients qui y sont allergiques. Il existe également des rubans poreux qui permettent à la peau de respirer et préviennent l'accumulation d'humidité. Les points de suture sont laissés en place plus longtemps dans certains cas.

**Présence d'un drain.**   Les risques d'infection de la plaie sont moins grands si un drain permet l'évacuation du sang (caillots), des liquides biologiques, du pus et du tissu nécrosé dont l'accumulation constitue un riche milieu de culture pour les microorganismes. La présence d'un drain permet toutefois l'entrée des microorganismes et c'est pourquoi les systèmes de drainage en circuit fermé sont préférables aux systèmes ouverts.

Pour prévenir l'irritation de la peau par les écoulements qui proviennent d'une plaie infectée, on peut utiliser des compresses vaselinées ou un onguent à base d'oxyde de zinc, ou encore des compresses sèches autour du drain.

**Appareils de drainage portatifs.**   Un appareil de drainage portatif exerce de façon constante une légère succion qui favorise l'écoulement du liquide sérosanguin et l'affaissement des lambeaux de peau sur le tissu sous-jacent. L'appareil *Hemovac* est un drain fermé muni d'un diaphragme à ressort et de multiples petits tubes perforés en polyéthylène. On insère ces tubes à la salle d'opération, puis on ferme complètement la plaie (figure 34-9). Le *Surgivac* est un drain en forme de soufflet destiné à l'évacuation des écoulements plus épais. Ces appareils sont offerts en différentes dimensions. Le *Redi-Vacette* est plat et a la forme d'une gamelle.

Les appareils de drainage portatifs présentent certains avantages. Ils sont jetables, légers, peu coûteux, silencieux et peu encombrants. Ils permettent de plus au patient de se déplacer.

**Dernières étapes de l'application d'un pansement.**   Pour retenir le pansement, on utilise du ruban adhésif du type et de la largeur appropriés. Certains rubans sont hypoallergéniques.

Pour poser un ruban adhésif, on le place sur le centre du pansement, puis on presse sur les deux côtés, en exerçant la pression uniformément depuis le milieu (figure 34-10).

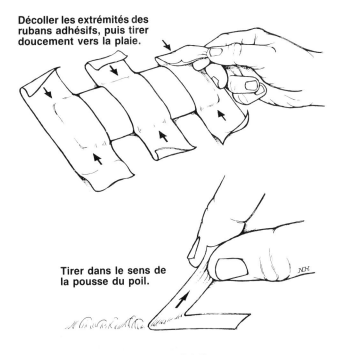

**Décoller les extrémités des rubans adhésifs, puis tirer doucement vers la plaie.**

**Tirer dans le sens de la pousse du poil.**

***Figure 34-8.*** Retrait d'un ruban adhésif

Si on pose le ruban de la mauvaise façon, soit en collant une de ses extrémités sur la peau puis en le tirant par-dessus le pansement, on risque de trop tendre la peau ou de la plisser. Il s'exerce alors une traction continue provoquant un effet de cisaillement qui déplace l'épiderme d'un côté à l'autre et le sépare prématurément des couches dermiques plus profondes.

Il existe des composés en aérosol à base de silicone qui peuvent être vaporisés sur le pansement pour le rendre imperméable et l'isoler des contaminants. Un pansement imperméable permet aussi au patient de prendre un bain ou de nager. Ces composés sont incolores, inodores, thermostables et hypoallergéniques. Ils ne tachent pas et ne causent pas d'inflammation.

On doit utiliser de préférence les bandages adhésifs élastiques (Elastoplast, Microfoam-3M) pour retenir les pansements dans les régions mobiles (cou, membres) ou si une pression est nécessaire.

On doit placer les pansements souillés dans un sac étanche que l'on dépose dans un contenant couvert.

**Enseignement au patient.**   Le changement du pansement donne à l'infirmière l'occasion d'enseigner au patient comment prendre soin de la plaie à la maison. Celui-ci doit toutefois être prêt à recevoir les informations qu'elle compte lui fournir. Il doit par exemple être capable de regarder la plaie, exprimer de l'intérêt et aider au changement du pansement. L'encadré 34-3 résume l'enseignement relatif aux soins de la plaie.

## COMPLICATIONS

### Hématomes (hémorragie)

L'infirmière doit connaître l'emplacement de l'incision et examiner régulièrement le pansement pour y déceler des signes d'hémorragie dans les 24 heures qui suivent l'opération. Le cas échéant, l'infirmière doit encercler l'écoulement sur le pansement avec un stylo-bille afin de suivre sa progression. Si l'écoulement devient trop important, elle doit renforcer le pansement et avertir le médecin. Elle ne doit pas enlever le premier pansement chirurgical, car seul le médecin est autorisé à le faire. Parfois, un saignement se produit à l'intérieur de la plaie, sous la peau. Il est alors non apparent. Il se résorbe habituellement de façon spontanée, mais provoque la formation d'un caillot à l'intérieur de la plaie. Si le caillot est petit, il sera absorbé. Il n'exige donc pas de traitement. Par contre, s'il est gros et forme une saillie, il doit être retiré car il risque de retarder la cicatrisation. C'est le médecin qui procède à cette intervention, après avoir enlevé quelques points de suture. Une fois le caillot retiré, il introduit dans la plaie un tampon peu serré. La cicatrisation se fait généralement par deuxième intention. Une suture secondaire est parfois nécessaire.

### Infection

Les infections de plaies chirurgicales viennent au deuxième rang parmi les infections nosocomiales. On trouvera à l'encadré 34-4 les facteurs qui contribuent à l'infection des plaies. La prévention repose essentiellement sur une bonne technique chirurgicale, une propreté et des soins méticuleux et le respect rigoureux des règles de l'asepsie.

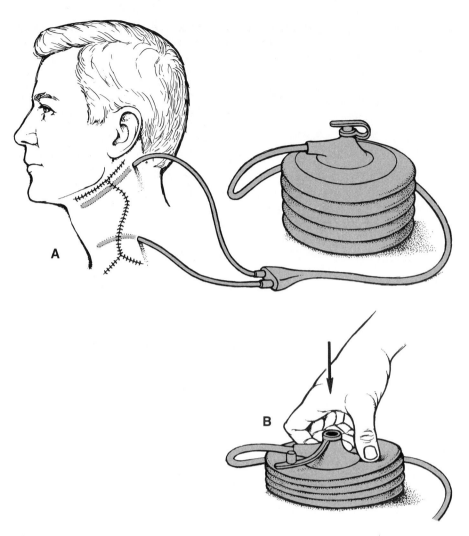

**Figure 34-9.** Appareil de drainage portatif. (**A**) Le patient que l'on voit sur l'illustration a subi un curage ganglionnaire élargi. Deux tubes perforés ont été insérés dans la plaie. Ces tubes sont raccordés à un tube en «Y», grâce auquel les écoulements sont amenés dans le contenant prévu à cette fin. Pour vider le contenant, on enlève le bouchon qui le surmonte. (**B**) Pour rétablir la pression négative et reprendre l'évacuation des écoulements, on comprime le contenant et on replace le bouchon.

Un grand nombre d'infections postopératoires sont dues à *Staphylococcus aureus*, d'autres à *Escherichia coli*, *Proteus vulgaris*, *Aerobacter aerogenes* et *Pseudomonas aeruginosa* pour ne nommer que les microorganismes les plus communs (voir au chapitre 53 la section consacrée aux infections nosocomiales).

Les signes et symptômes d'inflammation se manifestent généralement dans les 36 à 48 heures qui suivent le déclenchement du processus. Ce sont une accélération du pouls, de la fièvre et une leucocytose, de même qu'une sensation de chaleur, un œdème et une douleur dans la région de l'incision. Les signes localisés sont parfois absents dans les cas d'infections profondes.

Dans les cas d'infection d'une plaie chirurgicale, le médecin retire généralement quelques points de suture et, en respectant les règles de l'asepsie, ouvre la plaie en écartant les bords au moyen de ciseaux mousses ou de pinces hémostatiques pour y insérer un drain.

La *cellulite* est une infection bactérienne qui se propage dans le tissu cellulaire, plus particulièrement le tissu cellulo-adipeux sous-cutané. Tous les signes d'inflammation sont présents. Elle est souvent due au streptocoque et répond généralement aux antibiotiques à action générale. Si l'infection affecte un membre, l'élévation réduit l'œdème et la chaleur favorise la circulation sanguine. Le repos réduit les contractions musculaires qui pourraient faire pénétrer des microorganismes dans la circulation générale.

Un *abcès* est une poche de pus (liquide dans lequel on trouve des bactéries, du tissu nécrosé et des leucocytes) bien délimitée qui se forme au sein d'un tissu infecté. Il est généralement douloureux en un point. Comme la région qui entoure l'abcès est soumise à une pression, les bactéries qu'il renferme peuvent s'échapper et envahir les tissus sous-jacents pour provoquer une cellulite, ou encore les espaces vasculaires pour causer une septicémie. L'abcès doit être disséqué et son contenu évacué complètement. Le patient doit recevoir une antibiothérapie. Pour éviter que l'abcès ne se reforme, on doit insérer un drain dans la cavité laissée par le pus. Le repos, l'élévation de la partie affectée et la chaleur peuvent être utiles.

La *lymphangite* est la propagation dans les vaisseaux lymphatiques de microorganismes provenant d'une cellulite ou d'un abcès. Elle se traite par le repos et l'administration d'antibiotiques.

## Déhiscence et éviscération

La déhiscence (séparation de la plaie) et l'éviscération (protrusion du contenu de la plaie) sont des complications

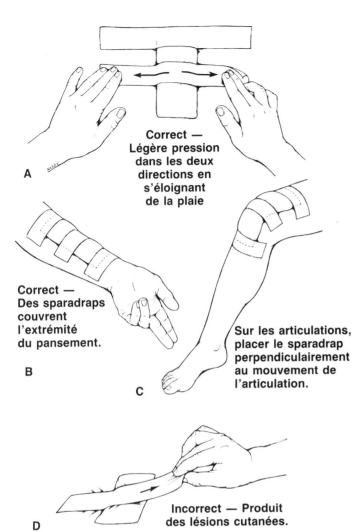

**Figure 34-10.** Pose d'un sparadrap. Les méthodes illustrées en A, B et C sont correctes; celle illustrée en D est incorrecte. (**A**) On exerce la pression de façon uniforme, en s'éloignant de l'incision. (**B**) On doit couvrir les extrémités du pansement pour protéger davantage la plaie. (**C**) Quand on applique un pansement sur une articulation, on doit placer les sparadraps adhésifs perpendiculairement au mouvement de la jambe. (**D**) Quand on tire le ruban contre la peau, on exerce une pression sur la plaie.

• On doit appeler le chirurgien dès que l'on observe une déhiscence. Il faut couvrir d'un pansement stérile humecté de sérum physiologique les intestins qui sortent de l'abdomen.

Un bandage abdominal, placé correctement, peut prévenir l'éviscération des intestins. On l'utilise donc souvent quand le premier pansement est en place, surtout chez les patients dont les muscles abdominaux sont faibles ou dont l'abdomen est pendant, ou encore quand il y a eu séparation de la plaie. Certains patients qui présentent une déhiscence et une éviscération souffrent d'une carence vitaminique et ont de faibles taux sériques de protéines et de chlore, ce qui doit être corrigé.

### Chéloïde

On appelle chéloïde un bourrelet dur de la peau constitué au niveau de la cicatrice. Parfois, toute la cicatrice est affectée, parfois seulement une partie. On n'en connaît pas la cause et on ne peut ni prévoir, ni éviter sa formation.

Des études portant sur la prévention et le traitement du chéloïde ont été menées. Selon ces études, cette fâcheuse complication serait moins fréquente quand la plaie est fermée soigneusement, quand l'hémostase est complète et quand on a mis sur la plaie un pansement compressif qui ne cause pas de tension indue sur les points de suture.

# COMPLICATIONS POSTOPÉRATOIRES

Une intervention chirurgicale présente des risques en soi, mais elle peut aussi entraîner des complications susceptibles de compromettre ses résultats et de prolonger la convalescence. L'infirmière a un important rôle à jouer dans la prévention de ces complications et leur traitement rapide quand elles se manifestent. Les pages qui vont suivre sont consacrées aux complications postopératoires les plus fréquentes. On y traitera des signes et symptômes de ces complications, des méthodes de prévention les plus efficaces et des traitements usuels.

On doit toutefois se rappeler que la démarche de soins infirmiers s'applique au patient dans son intégralité, et non à ses seuls problèmes chirurgicaux.

## CHOC

Le choc est une des complications postopératoires les plus graves. Il se manifeste par une oxygénation cellulaire inadéquate accompagnée de l'incapacité d'excréter les déchets du métabolisme. Il peut être associé à différents troubles graves, comme une hémorragie, un traumatisme, des brûlures, une infection ou une maladie cardiaque. Il est causé par une défaillance de la circulation qui peut mettre en cause la fonction de «pompe» du cœur, la résistance périphérique ou le volume sanguin. Par conséquent, même s'il peut être de différents types, il se définit essentiellement, dans tous les cas, comme une insuffisance de l'irrigation des organes vitaux et une incapacité des tissus qui composent ces organes d'utiliser l'oxygène et les éléments nutritifs.

particulièrement graves des plaies abdominales. Elles peuvent avoir pour cause la désunion des points de suture, l'infection et, plus souvent, une distension marquée ou une forte toux. Elles peuvent aussi être dues à l'âge, à une mauvaise alimentation ou à une maladie pulmonaire ou cardiovasculaire chez un patient ayant subi une chirurgie abdominale.

Quand les bords de la plaie se séparent lentement, les intestins peuvent être poussés graduellement vers l'avant. Le premier signe d'éviscération dans ce cas est un écoulement de liquide péritonéal sérosanguinolent. Par contre, quand la rupture se produit brutalement, une portion des intestins est parfois poussée hors de l'abdomen. Souvent, le patient dira: «Quelque chose a lâché.» L'éviscération peut provoquer de la douleur et des vomissements.

## Encadré 34-3
# Enseignement au patient : Soin de la plaie

### Avant le retrait des points de suture

1. Garder la plaie sèche et propre.
   a) Si elle n'est pas recouverte d'un pansement, demandez à l'infirmière ou au médecin si vous pouvez prendre un bain ou une douche.
   b) Nettoyez doucement la région de la plaie avec de l'alcool isopropylique à 70 % 1 ou 2 fois par jour.
   c) Ne retirez pas les pansements ou les attelles à moins qu'ils ne soient humides ou souillés.
   d) Si le pansement est humide ou souillé, changez-le vous-même si vous avez appris à le faire. Sinon, demandez l'aide de l'infirmière ou du médecin.
   e) Pour changer le pansement :
      (1) Recouvrez la plaie d'une compresse Telfa stérile ou d'une compresse ordinaire.
      (2) Appliquez un ruban Dermacel ou un sparadrap en papier poreux hypoallergénique (micropores) (l'emploi de bandages adhésifs n'est pas recommandé, parce qu'il est difficile de les retirer sans risques d'endommager l'incision).
2. Signalez immédiatement à l'infirmière ou au médecin tout signe d'infection :
   a) Rougeur, œdème (qui s'étend à plus de 2,5 cm du point d'incision), sensibilité au toucher, chaleur
   b) Stries rouges dans la région qui entoure l'incision
   c) Pus ou écoulement, odeur nauséabonde
   d) Frissons ou fièvre (température buccale de plus de 37,7 °C)
3. Si la douleur est difficile à supporter, appliquez un sac de glace ou de l'eau froide sur la région touchée ou prendre deux comprimés d'acétaminophène toutes les quatre à six heures. Consultez votre médecin avant de prendre de l'aspirine, à cause des risques d'hémorragie.

4. La présence d'œdème est fréquente après une opération. Pour le réduire, surélevez la partie affectée au-dessus du niveau du cœur.
   a) Main ou bras
      (1) Pendant le sommeil, placez le bras sur un oreiller.
      (2) Si vous êtes assis, placez le bras sur un oreiller ou sur une table.
      (3) Si vous êtes debout, placez la main affectée sur l'épaule opposée en soutenant le coude avec la main non affectée.
   b) Jambe ou pied
      (1) Si vous êtes assis, placez la jambe affectée sur une chaise, le genou sur un oreiller.
      (2) Si vous êtes couché, placez un oreiller sous la jambe affectée.

### Après le retrait des points de suture

Même si la plaie semble guérie après le retrait des points, elle est encore sensible, la cicatrisation devant se poursuivre pendant plusieurs semaines encore.

1. Suivez les directives du médecin ou de l'infirmière pour ce qui a trait aux activités permises.
2. Gardez la plaie propre ; ne la frottez pas vigoureusement ; séchez-la par tapotement. Les bords de la plaie peuvent être rouges et légèrement surélevés, ce qui est normal.
3. Massez doucement la région qui entoure l'incision avec une crème hydratante (avec vitamine E) deux fois par jour.
4. Si la cicatrice est encore rouge, épaisse et sensible à la pression après huit semaines, avertissez votre médecin. (Une formation excessive de collagène pourrait être en cause, ce qui doit être vérifié.)

## Encadré 34-4
# Facteurs contribuant à l'infection des plaies

### Locaux

Contamination de la plaie
Présence d'un corps étranger
Points de suture mal faits
Présence de tissu nécrosé
Présence d'un hématome
Présence d'une cavité

### Généraux

Affaiblissement
  Déshydratation
  Malnutrition
  Anémie
Âge avancé
Obésité importante
Choc
Longue hospitalisation préopératoire
Opération de longue durée
Maladies connexes (par exemple, le diabète)

### Physiopathologie

Les catécholamines (adrénaline et noradrénaline) augmentent en réaction à un choc grave. Ces hormones ont pour effet de provoquer une constriction des artérioles dans la peau, le tissu sous-cutané et les reins, ainsi qu'une dilatation des artérioles dans les muscles squelettiques. De plus, les grosses veines s'étranglent pour tenter d'augmenter le débit cardiaque, ce qui provoque une accélération du rythme cardiaque de même qu'une augmentation de la contractilité du myocarde et du retour veineux. Le choc stimule également la libération de corticotrophine, une hormone hypophysaire, d'où une augmentation du taux plasmatique de glucocorticoïdes. L'activité du système rénine-angiotensine est aussi augmentée, provoquant une augmentation des minéralocorticoïdes et de la pression artérielle. On observe de plus une libération de glucagon, qui fournit de l'énergie, et d'hormone antidiurétique, qui stimule la réabsorption glomérulaire de l'eau.

La libération de corticotrophine est associée à une libération d'endorphines, des polypeptides qui ont un effet analgésique analogue à celui de la morphine et qui pourraient contribuer à faire baisser la pression artérielle.

On assiste également à une stimulation du catabolisme due à l'augmentation des taux d'adrénaline, de cortisol et de glucagon et à la baisse du taux d'insuline. En outre, la baisse

# Encadré 34-5
## Physiopathologie du choc

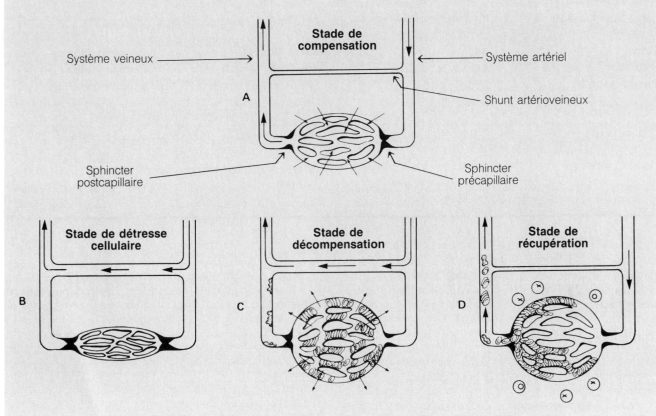

**Figure 34-11.** Perturbations de la microcirculation causées par un choc. (**A**) Stade de compensation (**B**) Stade de détresse cellulaire (**C**) Stade de décompensation (**D**) Stade de récupération

(Source: J. E. Dunphy, et L. W. Way, *Current Diagnostic and Treatment*, Los Altos, California, Lange Medical Publishers)

Le choc est une réaction de compensation à une agression, comme une hémorragie, des brûlures étendues ou une insuffisance cardiaque. Cette réaction se traduit par une libération de catécholamines par la portion médullaire de la glande surrénale, ce qui provoque une constriction des artérioles et des veinules dans les principaux organes corporels (reins, foie, intestins) causant une augmentation de l'apport sanguin au cerveau et au cœur.

### Conséquences physiopathologiques du choc

Le choc, peu importe son type, agit principalement sur la microcirculation (artérioles, capillaires, veinules). Son premier stade comporte une réaction à l'hypovolémie qui se traduit par un étranglement des sphincters précapillaires (figure 34-11A). Ce mécanisme de compensation entraîne une baisse de la pression capillaire qui a pour résultat un déplacement de liquide dans les espaces vasculaires et une augmentation du volume sanguin, ce qui le ramène à la normale et provoque un relâchement des sphincters précapillaires. Dans un choc prolongé toutefois, la récupération ne se fait pas et on entre dans le stade de détresse cellulaire (figure 34-11B). Au cours de ce stade, on assiste à une ouverture des shunts artérioveineux et à un détournement de la circulation artérielle vers le système veineux.

Les cellules qui se trouvent dans le segment court-circuité de la microcirculation doivent compter sur le métabolisme anaérobie pour obtenir leur énergie. Elles reçoivent beaucoup moins de glucose, ce qui provoque une accumulation d'acide lactique. Il se produit alors une libération d'histamine et un étranglement des sphincters postcapillaires. La circulation dans les capillaires est alors considérablement ralentie et leur lit s'étrangle. Suit un stade de décompensation (figure 34-11C) qui précède immédiatement la mort des cellules. Au cours de ce stade, on observe une acidose (baisse du pH) qui provoque une ouverture des sphincters précapillaires. Il se produit alors une fuite des liquides et des protéines dans l'espace interstitiel et une expansion des capillaires avec présence de globules rouges agglutinés. Les globules blancs et les plaquettes s'accumulent dans les veinules où l'acidose est la plus profonde. La circulation artérioveineuse continue d'alimenter en oxygène les régions vitales du cerveau et du cœur. Si le volume sanguin revient à la normale au cours de la phase de décompensation, avant que les lésions cellulaires ne deviennent irréversibles, le stade de récupération s'engage (figure 34-11D) et les amas cellulaires sont éliminés par les poumons. Par contre, si les lésions cellulaires sont irréversibles, le choc est fatal.

**TABLEAU 34-2.**   *Classification du choc hypovolémique en fonction de la gravité des symptômes*

|  | Bénin | Modéré | Grave |
|---|---|---|---|
| Perte de sang en pourcentage du volume total | 20 % ou moins | 20 à 40 % | 40 % ou plus |
| Altération de l'irrigation tissulaire | Peau, graisse, muscles squelettiques, os | Foie, intestins, reins | Cerveau, cœur |
| Pouls | Rapide | Rapide, faible, filant | Très rapide, irrégulier |
| Respiration | Profonde et rapide | Superficielle et rapide | Très superficielle et très rapide |
| Pression artérielle | 120/80 | Systolique : 60 à 90 mm Hg | Systolique : moins de 60 mm Hg |
| État de la peau | Fraîche et pâle | Froide, pâle, moite | Froide, moite, lèvres et ongles cyanosés |
| Débit urinaire | Plus de 50 mL/h | 10 à 25 mL/h | 10 mL/h ou moins → anurie |
| Niveau de conscience | Anxiété, mais bonne orientation et capacité de réaction mentale | Agitation, légère confusion, vertige | Léthargie → coma |

du débit cardiaque et du taux d'insuline provoquent une diminution de l'utilisation de l'oxygène. La figure 34-11 présentée dans l'encadré 34-5 illustre les perturbations de la microcirculation causées par le choc.

## Types de choc

Il existe différents types de choc, soit le choc hypovolémique, le choc cardiogénique, le choc neurogénique et le choc septique.

**Choc hypovolémique.**   Il est causé par une diminution du volume liquidien due à une perte de sang ou de plasma, ou même par une perte liquidienne résultant d'une diarrhée ou de vomissements prolongés. Après une opération, le volume liquidien est souvent réduit pour différentes raisons (par exemple, une hémorragie plus importante qu'on ne l'avait cru, ou une perte de sang et de plasma due à des lésions localisées provoquées par la manipulation des tissus au cours de l'opération). Le choc hypovolémique se caractérise par une baisse de la pression veineuse, une augmentation de la résistance périphérique et une tachycardie. Les autres symptômes sont présentés au tableau 34-2.

**Choc cardiogénique.**   Il est causé par une insuffisance cardiaque ou une altération de la fonction cardiaque (par exemple, une diminution du débit cardiaque due à une défaillance de la fonction de pompe). Un infarctus du myocarde, des arythmies, une tamponnade, une embolie pulmonaire, une hypovolémie grave à un stade avancé ou une anesthésie régionale ou générale peuvent entraîner un choc cardiogénique. Il se manifeste par une augmentation de la pression dans le lit veineux et une augmentation de la résistance périphérique.

**Choc neurogénique.**   Il est dû à une insuffisance de la résistance artérielle (causée par exemple par une anesthésie rachidienne ou des lésions à la moelle épinière). Il se caractérise par une baisse de la pression artérielle provoquée par une accumulation de sang dans les vaisseaux capacitifs (vaisseaux capables de modifier la capacité volumique) dilatés. Il provoque aussi une augmentation de l'activité cardiaque pour garder normal le débit systolique et favorise ainsi le remplissage des vaisseaux dilatés. Ce mécanisme vise à assurer le maintien d'une pression d'irrigation adéquate.

**Choc septique.**   Le choc septique est le plus souvent la conséquence d'une septicémie à bactérie Gram négatif, mais il peut aussi être causé par une infection virale, fongique ou à bactérie Gram positif. Il se manifeste d'abord par de la fièvre, un pouls rapide et fort, une respiration rapide et une pression artérielle normale ou légèrement basse. La peau est rouge, chaude et sèche. Le choc septique non traité peut se transformer en choc hypovolémique. On peut l'appeler *choc hyperdynamique* dans son premier stade et *choc hypodynamique* quand il s'apparente au choc hypovolémique. L'hypovolémie s'accompagne d'une dépression de la fonction cardiaque (voir le chapitre 14).

## Manifestations cliniques

Les manifestations cliniques du choc sont presque toujours les mêmes, peu importe sa cause (traumatisme, septicémie, hypovolémie, insuffisance cardiaque).

- Les signes caractéristiques du choc sont la pâleur, une peau froide et moite, une cyanose des lèvres, des gencives et de la langue, un pouls rapide, faible et filant, une diminution de la pression différentielle et, habituellement, une diminution de la pression artérielle et une concentration urinaire. On trouvera au tableau 34-2 la classification du choc en fonction de la gravité des symptômes.

## Diagnostic

Avant de traiter le choc, on doit procéder à un premier examen physique dans le but de déterminer la cause de la perte de volume et d'établir l'état des fonctions vitales. Les données évaluées lors de cet examen sont les suivantes :

1. *Respiration.* L'hyperventilation est l'un des premiers signes de choc septique.

2. *État de la peau.* Dans le choc hypovolémique, la peau est pâle, froide et moite, ce qui indique une vasoconstriction avec augmentation de la résistance des artérioles. Dans le choc septique ou le choc neurogénique, elle peut être rouge et chaude, ce qui indique une diminution de la résistance des artérioles.

3. *Pouls et pression artérielle*. Pris isolément, le pouls et la pression artérielle ne sont pas de bons indicateurs de la gravité du choc, mais leur évolution peut être significative. Par exemple, un pouls mesuré toutes les 10 minutes qui monte progressivement et une pression artérielle qui monte puis qui chute indiquent un choc. Un pouls à 80 / min est normal, tout comme une pression de 120 / 80. Chez une personne normotendue, une pression systolique entre 60 et 90 mm Hg est un signe de choc avancé. Chez une personne hypertendue, une pression systolique à 30 mm Hg sous la valeur habituelle indique un choc. Dans le choc hypovolémique et cardiogénique, le pouls est accéléré et filant. Le choc cardiogénique peut provoquer des arythmies.

4. *Débit urinaire*. Le débit urinaire est l'un des meilleurs indicateurs de l'irrigation des organes vitaux. C'est pourquoi on recommande la pose d'une sonde urétrale à demeure chez tous les patients prédisposés au choc. Une baisse de la circulation et de la pression dans l'artère rénale cause en effet une constriction de cette artère avec pour résultat un ralentissement de la filtration glomérulaire et une diminution du débit urinaire. Le débit urinaire normal est de 50 mL / h. Une baisse à 30 mL / h ou moins (oligurie ou anurie) évoque une insuffisance cardiaque ou un déficit de volume liquidien.

5. *Pression veineuse centrale*. Il s'agit de la pression dans l'oreillette droite. Associée à d'autres paramètres (signes vitaux et état cardiorespiratoire), elle est un bon indicateur de l'intégrité du volume vasculaire. La moyenne est de 4 à 12 cm d'eau. On doit prendre plusieurs lectures afin d'en établir les variations. Une lecture près de zéro peut indiquer une hypovolémie, ce qui est confirmé si une perfusion intraveineuse rapide améliore l'état du patient. Des lectures supérieures à 15 cm d'eau suggèrent une hypervolémie, une vasoconstriction ou une insuffisance cardiaque. La pression artérielle pulmonaire et la pression capillaire pulmonaire donnent une mesure plus précise de l'intégrité de la fonction de pompe du côté gauche du cœur (voir le chapitre 12).

6. *Gaz artériels*. La pression partielle en oxygène ($pO_2$) et la pression partielle en gaz carbonique ($pCO_2$) donnent des indications utiles au traitement. Une $pO_2$ inférieure à 60 mm Hg indique une réserve respiratoire précaire. Une $pCO_2$ supérieure à 45 mm Hg est un signe d'hypoventilation grave. Dans les cas de choc, la $pCO_2$ est généralement dans les limites de la normale.

7. *Acide lactique sérique*. Dans les cas de choc, il existe un lien étroit entre le taux d'acide lactique dans le sang artériel et la survie. Plus le taux d'acide lactique est élevé, plus les besoins en oxygène sont grands.

8. *Hématocrite*. L'hématocrite est utile pour déterminer le type de liquide à utiliser pour le remplacement. Des mesures répétées sont toutefois nécessaires, car la perte de sang ne se traduit dans les résultats qu'après quelques heures. Si l'hématocrite est supérieur à 55 %, on doit administrer du sérum physiologique ou du plasma. S'il est à 20 % ou moins, une transfusion de sang est nécessaire. L'hématocrite doit se situer entre 35 et 45 % pour que le transport de l'oxygène se fasse de façon optimale.

9. *Niveau de conscience*. Le patient qui souffre d'un choc bénin est conscient, tandis que celui qui souffre d'un choc modéré est confus. Si le choc s'aggrave, le patient devient léthargique et ne réagit qu'aux stimuli désagréables. On soupçonne un choc irréversible quand il n'y a plus de réaction aux stimuli.

## Traitement et interventions infirmières

**Prévention.** On doit avant tout prévenir le choc en préparant bien le patient à l'opération, tant sur les plans psychologique que physique, et en prévoyant les complications pendant et après l'opération. Il faut toujours avoir à portée de la main le matériel nécessaire au traitement du choc. Le choix du type d'anesthésie a aussi de l'importance et doit se faire en fonction de l'état du patient et de sa maladie. Si on prévoit des pertes sanguines, on doit pouvoir administrer sans délai du sang ou un dérivé du sang. Les pertes sanguines doivent être évaluées aussi précisément que possible.

- Si les pertes de sang excèdent 500 mL (particulièrement si elles sont rapides), une transfusion sanguine est habituellement indiquée.

La nécessité d'une transfusion doit être établie sur une base individuelle, en fonction des circonstances. Par exemple, elle est davantage indiquée chez une personne âgée mal alimentée que chez un adulte en bonne santé.

La première étape de prévention du choc consiste à limiter autant que faire se peut le traumatisme chirurgical. Après l'opération, il importe d'éviter les facteurs qui contribuent au choc. On doit soulager la douleur par une utilisation judicieuse de narcotiques. Il faut de plus protéger le patient du froid avec des couvertures légères. On ne doit pas utiliser de couvertures chauffantes, car elles créent une vasodilatation. Les soins à la salle de réveil doivent être administrés par des infirmières spécialement formées, et la salle doit être calme pour réduire le stress. Si on doit déplacer le patient, il faut le faire doucement. La position du décubitus dorsal favorise la circulation. On doit prendre régulièrement les signes vitaux jusqu'à ce qu'il n'y ait pour ainsi dire plus de risques de choc.

**Traitement.** (Voir aussi au chapitre 54 la section consacrée au traitement d'urgence du choc.) Il faut garder le patient au chaud, mais éviter une trop grande chaleur qui pourrait causer une dilatation des vaisseaux cutanés et altérer l'irrigation des organes vitaux. Une perfusion de lactate Ringer est indiquée. On doit coucher le patient sur le dos, les jambes surélevées, comme l'illustre la figure 34-12. (La position de Trendelenburg est à éviter.) On doit vérifier régulièrement l'état circulatoire et respiratoire du patient: respiration, pouls, pression artérielle, état de la peau, débit urinaire, niveau de conscience, pression veineuse centrale, pression artérielle pulmonaire, pression capillaire pulmonaire et débit cardiaque.

Fondamentalement, le traitement du choc consiste à en corriger la cause. Les principales mesures de prévention sont les suivantes:

1. *Assurer le maintien de la fonction respiratoire*. On doit vérifier l'état de la fonction respiratoire du patient par des mesures des gaz du sang artériel et, si nécessaire, lui administrer de l'oxygène par intubation, masque ou canule nasale.

2. *Rétablir le volume sanguin ou liquidien*. Le type et le volume des pertes, de même que l'état du patient, déterminent la nature du liquide à perfuser: soluté, plasma ou sang. Dans des conditions normales, 20 % du volume sanguin total se trouve dans les capillaires, 10 % dans les artères et le reste dans les veines et le cœur. Dans les cas de choc, une plus grande proportion du sang se trouve dans les capillaires, leurs lits étant dilatés.

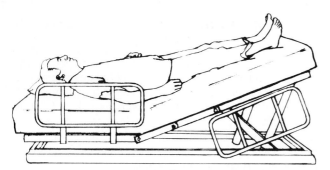

**Figure 34-12.** Position du patient en état de choc. Les jambes sont surélevées à un angle de 20 degrés environ. Les genoux sont en extension, le tronc est horizontal et la tête légèrement élevée.

Il existe deux types de liquides de remplacement: cristalloïde et colloïde. Une substance cristalloïde peut traverser certaines membranes et, par conséquent, se diffuser dans les espaces interstitiels. C'est le cas du lactate Ringer, une solution tamponnée qui neutralise les ions hydrogène. Il y a trois parties de solution cristalloïde dans le compartiment extravasculaire, pour une partie dans le système vasculaire, ce qui signifie que l'on doit administrer 2000 mL pour obtenir une augmentation de 500 mL du volume liquidien vasculaire. Dans les cas de choc hémorragique, on perfuse d'abord une solution cristalloïde pour réduire la viscosité du sang et faciliter la microcirculation.

Le sang, les sangs artificiels, les dérivés du sang, le plasma, l'albumine et les dérivés du plasma sont des substances colloïdes. Les substances de ce type restent dans le compartiment intravasculaire, car elles ne peuvent traverser les membranes. Dans une situation d'extrême urgence où l'on ne peut obtenir le groupe du patient, on peut transfuser du culot globulaire O négatif. Dans tous les autres cas, il faut transfuser du sang du groupe du patient préparé spécialement à son intention. Dans les cas de choc dû à des brûlures, l'administration de grandes quantités de substances colloïdes est indiquée.

3. *Traitement médicamenteux.* Les cardiotoniques corrigent les arythmies et améliorent la fonction cardiaque. Pour leur part, les diurétiques sont administrés pendant et après les neurochirurgies pour favoriser l'excrétion de liquide et réduire l'oedème. Les vasodilatateurs ont pour propriété de réduire la résistance périphérique, ce qui facilite le travail du coeur, augmente le débit cardiaque et améliore l'irrigation des tissus. On utilise fréquemment le nitroprussiate sodique (Nipride) pour stimuler la contractilité du myocarde et diminuer la résistance périphérique. Certains médecins préconisent l'usage de stéroïdes, d'autres d'associations médicamenteuses. Selon certains spécialistes, on doit éviter l'emploi des agents vasoactifs dans le traitement du choc hypovolémique, car ces médicaments ont pour effet d'augmenter la résistance vasculaire et de diminuer l'irrigation des tissus, ce qui aggrave les effets du choc.

On peut administrer le nitroprussiate sodique au moyen d'une pompe à perfusion pour en régulariser le débit. Il existe également des moniteurs de pression artérielle qui règlent toutes les 10 secondes la vitesse d'administration de la solution en fonction de la pression.

***Interventions infirmières.*** L'infirmière qui s'occupe d'un patient en état de choc a pour rôle d'aider le médecin à administrer les traitements. Si un vasodilatateur est prescrit, il faut vérifier souvent la pression artérielle et le rythme cardiaque, et garder le patient couché à plat. Si la pression systolique baisse de façon constante, on doit cesser l'administration du médicament et augmenter l'apport en liquides.

Les interventions infirmières suivantes sont indiquées dans les cas de choc:

1. *Offrir un soutien psychologique et réduire les dépenses d'énergie.* L'infirmière doit suivre de près les réactions du patient au traitement et prendre les mesures nécessaires pour qu'il se repose. Elle doit de plus calmer ses appréhensions en lui offrant appui et réconfort. Pour éviter d'aggraver le ralentissement de la circulation, les sédatifs doivent être administrés avec la plus grande prudence. Comme l'hypothermie réduit l'oxygénation des tissus et affecte la circulation périphérique, le patient doit être gardé au chaud. Il faut le changer de position toutes les deux heures et lui faire faire des exercices de respiration profonde pour maintenir sa fonction cardiorespiratoire.

2. *Prévenir les complications.* L'infirmière doit vérifier régulièrement les signes vitaux et les autres paramètres dans les 24 heures qui suivent l'apparition du choc afin de prévenir des complications telles qu'un oedème pulmonaire dû à une administration trop rapide de liquides.

3. *Inscrire au dossier toutes les observations et interventions.*

## *HÉMORRAGIE*

### *Types*

L'hémorragie peut être (1) primaire, (2) intermédiaire ou (3) secondaire. Elle est dite «primaire» quand elle survient au cours de l'opération, et «intermédiaire» quand elle se produit dans les quelques heures qui suivent l'opération, au moment où une hausse de la pression artérielle déloge des caillots de vaisseaux non ligaturés. L'hémorragie secondaire survient quelque temps après l'opération; elle a pour cause le relâchement d'une ligature pour diverses raisons (manque de solidité, infection ou érosion d'un vaisseau par un drain).

Souvent, on classe les hémorragies selon le type de vaisseaux dont elles proviennent. Dans l'hémorragie *capillaire*, le saignement est lent; dans l'hémorragie *veineuse*, il est rapide et le sang est foncé; dans l'hémorragie *artérielle*, le sang est rouge clair et gicle avec chaque battement du coeur.

On peut aussi qualifier une hémorragie d'*externe* ou d'*interne*, selon que l'on peut voir ou non l'écoulement du sang.

### *Manifestations cliniques*

Les signes cliniques de l'hémorragie varient en fonction de sa rapidité et du volume de sang perdu. Le patient en hémorragie manifeste généralement de l'anxiété. Il est agité et a soif; sa peau est pâle, froide et moite. Son pouls s'accélère et sa température baisse; sa respiration est rapide et profonde, souvent du type Kussmaul (inspiration profonde, mais assez soudaine, suivie d'une pause; expiration subite et gémissante, suivie d'une nouvelle pause). Si l'hémorragie se poursuit, le débit cardiaque diminue, les pressions artérielle et veineuse chutent et l'hémoglobine baisse rapidement. Les lèvres, les extrémités et la conjonctive pâlissent. Le patient voit des points noirs et a des bourdonnements d'oreilles. Il s'affaiblit progressivement, mais reste conscient jusqu'à ce que son état devienne critique.

## Traitement

Après une intervention chirurgicale, les signes d'hémorragie sont souvent masqués par les effets des agents anesthésiants ou du choc. Par conséquent, on doit d'abord suivre de façon générale la ligne de conduite indiquée dans les cas de choc (voir la section précédente). Il faut toujours examiner la plaie pour y déceler les signes d'hémorragie. S'il y a saignement, on couvre la plaie d'une compresse de gaze stérile ou d'un bandage, on applique une pression constante et on surélève si possible la partie affectée.

- Une transfusion de sang ou d'un dérivé du sang, et la détermination de la cause de l'hémorragie constituent les premières mesures thérapeutiques à prendre.

- Si on doit administrer des liquides par voie intraveineuse, il importe de se rappeler qu'une perfusion trop rapide ou un trop fort volume peuvent faire augmenter la pression artérielle suffisamment pour déclencher une nouvelle hémorragie.

## THROMBOSE VEINEUSE PROFONDE

Comme son nom l'indique, la thrombose veineuse profonde (TVP) se définit comme la présence d'un thrombus dans une veine profonde. Elle se complique souvent d'une embolie pulmonaire ou d'une maladie postphlébitique.

### Fréquence

Les patients les plus susceptibles de présenter une TVP au cours de la période postopératoire sont*:

- Les patients qui ont subi une chirurgie orthopédique à la hanche, au genou ou à une autre partie des membres inférieurs;

- Les patients qui ont subi une prostatectomie transurétrale et les personnes âgées soumises à une opération touchant les voies urinaires;

- Les opérés de plus de 40 ans qui sont obèses, qui souffrent de cancer ou qui ont déjà fait une TVP ou une embolie pulmonaire, ou encore qui ont subi une opération majeure et complexe;

- Les patientes en gynécologie ou en obstétrique de plus de 40 ans qui présentent des facteurs de risque comme des varices, une thrombose veineuse antérieure, une infection, un cancer ou de l'obésité;

- Les patients de neurochirurgie qui présentent les facteurs de risque mentionnés pour les autres groupes (dans les cas d'accident vasculaire cérébral, les risques de TVP dans la jambe paralysée sont de 75 %).

### Physiopathologie

La TVP se manifeste par une inflammation de modérée à importante de la veine et par la formation d'un caillot. Elle peut avoir de nombreuses causes qui, croit-on, agissent en association: lésion à la veine causée par un dispositif de contention trop serré, pression due à une couverture roulée

sous le genou, hémoconcentration provoquée par une perte de liquides ou une déshydratation ou, plus communément, ralentissement de la circulation du sang dans le membre affecté dû à un ralentissement du métabolisme après l'opération. La jambe gauche est plus souvent affectée.

### Manifestations cliniques

Le premier symptôme de TVP est souvent une douleur ou une crampe dans le mollet (voir la figure 34-13). La région est sensible à la pression. Quelques jours plus tard, on observe un œdème douloureux de toute la jambe, souvent accompagné d'une légère fièvre, d'une rougeur localisée et, parfois, de frissons et de transpiration. L'œdème est mou et prend le godet.

La *phlébothrombose* est une forme bénigne de TVP et se définit comme la formation d'un caillot dans une veine, sans inflammation marquée. Le caillot se forme généralement dans les veines du mollet, avec pour seule manifestation une légère douleur. Il peut toutefois se déloger pour provoquer une embolie pulmonaire; ce serait d'ailleurs la cause la plus fréquente de cette complication.

### Traitement médical et interventions infirmières

Le traitement de la phlébothrombose et de la TVP peut être préventif ou actif.

**Prévention.** Les exercices pour les jambes enseignés avant l'opération comptent parmi les mesures utilisées pour prévenir la formation d'un thrombus (voir au chapitre 32, l'encadré 32-2). Si le patient en reconnaît l'importance, il les fait souvent par lui-même. Il faut aussi éviter l'emploi de courroies de contention sur les jambes à la salle de réveil, surtout si la civière est munie de ridelles. Les courroies restreignent le mouvement en plus de gêner la circulation.

Il est devenu pratique courante d'administrer par voie sous-cutanée de faibles doses d'héparine aux opérés alités. Pour prévenir la formation de caillots microscopiques provoquée par l'hémoconcentration, on peut utiliser un expanseur du volume plasmatique comme le dextran 40 et le dextran 70 (poids moléculaire faible et élevé respectivement). Les expanseurs du volume plasmatique sont aussi efficaces que les anticoagulants, mais sont plus coûteux. On peut aussi utiliser la compression pneumatique externe (plutôt rare) ou les bas élastiques (antiemboliques), avec ou sans administration de faibles doses d'héparine.

Certains disent obtenir de meilleurs résultats en utilisant en association avec l'héparine à faibles doses un inhibiteur adrénergique, la déhydroergotamine. Ce médicament a toutefois des effets vasoconstricteurs et des contre-indications dont il faut tenir compte. Il semble que l'aspirine employée seule ne puisse prévenir efficacement la formation de caillots. On doit de plus éviter de l'administrer en association avec un anticoagulant, car elle en potentialise les effets.

Pour éviter de comprimer les vaisseaux qui se trouvent sous le genou, on ne doit pas y placer une couverture roulée ou un oreiller. Pour la même raison, la position assise avec les jambes pendantes doit être évitée chez les personnes prédisposées à la formation de caillots.

Il n'existe pas de méthode de prévention idéale de la TVP, mais l'emploi de mesures adaptées à chaque patient permet

---

* Source: Consensus Development Conference Statement. *Prevention of Venous Thrombosis and Pulmonary Embolism*, Bethesda, MD, National Institutes of Health, mars 1986

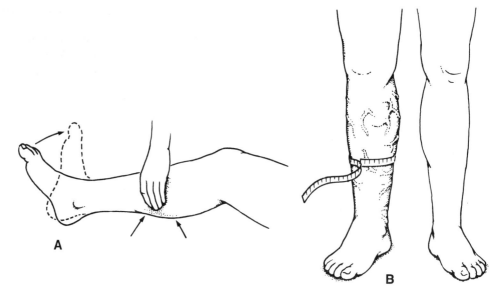

**Figure 34-13.** Évaluation des signes de phlébothrombose. (**A**) Douleur dans le mollet déclenchée par la flexion dorsale du pied, quand le genou est fléchi (signe d'Homans). Il s'agit de l'un des premiers signes de thrombose non apparente, mais il ne se manifeste pas toujours. Les muscles du mollet sont sensibles à une faible pression (voir flèches). (**B**) La jambe affectée enfle, les veines sont plus proéminentes et peuvent être palpées facilement. (Source: D. S. Suddarth, *The Lippincott Manual of Nursing Practice*, 5ᵉ éd., Philadelphia, J.B. Lippincott, 1991)

souvent d'éviter cette complication qui peut être sérieuse, voire fatale ou d'en réduire beaucoup la gravité.

***Traitement actif.*** Selon certains chirurgiens, l'occlusion de la veine fémorale serait une méthode de traitement importante. Elle a pour but de prévenir l'embolie pulmonaire en empêchant que le thrombus ne se déloge des parois de la veine et ne s'engage dans la circulation.

L'emploi des anticoagulants tient une place de choix dans le traitement des phlébites et des phlébothromboses. L'héparine (un inactivateur de la thrombine) ralentit la coagulation du sang. On l'utilise, administrée par voie intraveineuse dans un liquide de perfusion ou par voie sous-cutanée, quand une action rapide est souhaitable. On en règle les doses en fonction du temps de coagulation ou du temps de céphaline activé (APTT). On peut aussi utiliser d'autres anticoagulants comme le dicoumarol ou la warfarine (Coumadin), ou des antivitaminiques K. Ils s'administrent par voie orale et ne commencent à agir que 24 heures après leur administration. On en règle les doses en fonction du temps de prothrombine.

On a également utilisé les bas antiembolie longs (des orteils à l'aine) pour le traitement actif des phlébites et des thromboses. Ils préviennent l'inflammation, favorisent la circulation du sang dans les jambes et contribuent à soulager la douleur. Ils ne sont toutefois pas efficaces si la jambe n'est pas surélevée et si on néglige les exercices. Des spécialistes ont remis en question leur emploi à cause des risques qu'ils présentent s'ils ne sont pas mis correctement. Dans certains centres hospitaliers, on évite maintenant de les utiliser chez les opérés. La marche aussitôt que possible après l'opération est utile dans certains cas. Il importe cependant d'éviter que les personnes dont l'abdomen est proéminent marchent quelques pas puis s'assoient les jambes pendantes, car l'abdomen peut causer une pression qui gêne la circulation veineuse.

## EMBOLIE PULMONAIRE

Un *embole* est un corps étranger (caillot de sang, air, gras) qui se déplace dans la circulation sanguine.

Un embole qui se déplace vers le côté droit du cœur et obstrue complètement l'artère pulmonaire provoque des symptômes soudains et alarmants, comme une douleur thoracique vive, en coup de poignard, des difficultés respiratoires, une diaphorèse, de l'anxiété et une cyanose. Les pupilles se dilatent, le pouls devient rapide et irrégulier. Une embolie pulmonaire peut causer une mort subite.

Heureusement, l'occlusion de l'artère pulmonaire est rarement complète et le patient ne présente qu'une légère dyspnée, des arythmies ou une douleur thoracique qui semble bénigne. L'infirmière doit être à l'affût de ces signes afin de prévenir une obstruction plus grave.

- La marche le plus tôt possible après une opération réduit les risques d'embolie pulmonaire.

(Une section du chapitre 4 est consacrée à l'embolie pulmonaire.)

## COMPLICATIONS RESPIRATOIRES

Les complications respiratoires sont parmi les problèmes postopératoires les plus fréquents et les plus graves (voir l'encadré 34-6).

L'expérience semble indiquer qu'une évaluation et un enseignement préopératoires minutieux, de même que l'application de certaines mesures de précaution pendant et après l'opération peuvent en réduire la fréquence. Il est bien connu que les patients qui présentent une altération de la fonction respiratoire avant l'opération sont plus susceptibles de présenter des complications graves après l'opération. Par conséquent, il faut éviter de pratiquer une opération chez une personne qui présente un problème respiratoire aigu (pneumonie, par exemple), sauf en cas d'urgence. Si un futur opéré présente de la toux, des éternuements, une conjonctivite, un écoulement nasal ou des bruits respiratoires anormaux, l'infirmière doit en informer le chirurgien et l'anesthésiste.

Pendant l'opération et immédiatement après, on doit prendre toutes les mesures nécessaires pour prévenir les frissons, car l'hypothermie pourrait réduire encore davantage la résistance du patient. Avant que celui-ci n'ait repris conscience, on doit procéder à l'aspiration des sécrétions par sonde nasopharyngienne et oropharyngienne pour éviter les problèmes respiratoires. Si un patient conscient ne peut se débarrasser

## Encadré 34-6
## Facteurs qui contribuent aux complications pulmonaires postopératoires

Nature de l'opération — Les complications pulmonaires sont plus fréquentes chez les personnes qui ont subi une chirurgie abdominale.

Emplacement de l'incision — Plus l'incision est près du diaphragme, plus les complications pulmonaires sont fréquentes.

Maladies respiratoires préopératoires

Âge — Les complications pulmonaires sont plus fréquentes chez les personnes de plus de 40 ans.

Infection

Obésité — Plus de 110 % du poids idéal

Immobilité prolongée

Durée de l'opération — Plus de trois heures

Aspiration

Déshydratation

Malnutrition

Hypotension et choc

---

des sécrétions par la toux, une aspiration au moyen d'une sonde endotrachéale ou par bronchoscopie s'impose. Chez les patients très affaiblis, on doit parfois pratiquer une trachéotomie, ce qui permet d'aspirer les sécrétions par la trachée à l'aide d'un cathéter stérile.

Les complications respiratoires sont décrites brièvement dans les paragraphes suivants. Pour de plus amples détails, consulter les chapitres 3 et 4.

*Atélectasie.* Il s'agit d'un affaissement des alvéoles pulmonaires dû à une obstruction des bronches par un bouchon de mucus. Elle a pour conséquence une dilatation incomplète des poumons.

*Bronchite.* La bronchite peut apparaître à n'importe quel moment après une opération, mais elle se manifeste généralement après cinq à six jours. Ses symptômes sont variables. La bronchite simple se caractérise par une toux productive, avec faible fièvre et légère accélération du pouls.

*Bronchopneumonie.* Elle est fréquente chez les opérés et se manifeste par une toux productive, de la fièvre, parfois marquée, et une accélération du pouls et du rythme respiratoire.

*Pneumonie lobaire.* Il s'agit d'une complication postopératoire relativement peu fréquente. Elle se manifeste généralement par des frissons, suivis d'une forte fièvre et d'une accélération du pouls et du rythme respiratoire. Parfois, le patient ne tousse pas ou tousse très peu, mais il présente des signes caractéristiques comme une détresse respiratoire et une rougeur des joues, et il est incontestablement malade. La maladie suit son cours normal, mais ajoute aux demandes qu'impose à l'organisme la cicatrisation de la plaie.

*Congestion pulmonaire hypostatique.* Cette complication touche surtout les personnes âgées ou très affaiblies alitées. Elle est causée par une insuffisance cardiovasculaire qui provoque l'accumulation de sécrétions à la base des poumons. Ses symptômes sont souvent peu précis (légère élévation de la température, légère accélération du pouls et du rythme cardiaque, toux). L'examen physique peut révéler une matité et des râles à la base des poumons. La congestion hypostatique peut s'aggraver au point de causer la mort.

*Pleurésie.* Elle peut survenir après une opération. Elle se manifeste par une douleur thoracique aiguë, en coup de poignard, du côté affecté. La respiration profonde rend cette douleur insupportable. Du côté affecté, les bruits respiratoires sont faibles, voire absents. Le patient présente généralement un peu de fièvre et une légère accélération du pouls. Sa respiration est superficielle et plus rapide que la normale.

### Traitement

L'inhalation de vapeurs fraîches au moyen d'un vaporisateur est le traitement le plus efficace de la *bronchite*. On doit s'assurer qu'il y a toujours de l'eau propre dans le vaporisateur et prendre les mesures nécessaires pour éviter que le patient ne se brûle.

Le patient qui souffre d'une *pneumonie lobaire* ou d'une *bronchopneumonie* doit boire beaucoup de liquides et recevoir un expectorant et des antibiotiques. Il faut ausculter fréquemment ses bruits respiratoires pour en déceler les variations avant qu'une gêne respiratoire ne se manifeste.

Dans les cas de *pleurésie*, le médecin peut prescrire des analgésiques ou pratiquer un bloc intercostal à la procaïne pour soulager la douleur. Il importe de dépister toute maladie sous-jacente (pneumonie, infarctus). Parfois, un épanchement pleural se constitue; il exige souvent une aspiration à l'aiguille.

Il arrive que les atteintes pulmonaires dues à la *congestion pulmonaire hypostatique* soient plus graves que le problème pour lequel le patient se fait opérer et doivent être traitées en priorité.

Souvent, les complications respiratoires entraînent une diminution de la ventilation et, par conséquent, de l'oxygénation des tissus. Si tel est le cas, une oxygénothérapie s'impose. Les principes et les modes d'administration de l'oxygénothérapie sont exposés au chapitre 3.

*Surinfection.* Elle a pour cause une altération de la flore bactérienne normale des voies respiratoires par les antibiotiques. On assiste dans ce cas à une destruction des bactéries sensibles, mais à une multiplication des bactéries résistantes. Ces infections exigent un traitement rapide et drastique.

### Interventions infirmières

L'infirmière qui connaît les principales complications respiratoires peut prendre les mesures nécessaires pour les prévenir (voir à la page 977). Elle peut aussi les combattre plus efficacement si elle sait en reconnaître à temps les signes et les symptômes. Dans la semaine qui suit son opération, le patient doit être observé de près. La moindre élévation de la température, ou la plus petite accélération du pouls ou du rythme respiratoire peuvent avoir de l'importance. Il y a parfois absence de signes manifestes comme les douleurs thoraciques, la dyspnée et la toux, mais présence de signes plus subtils comme l'agitation et l'anxiété. L'apparition de ces signes doit être signalée au médecin et inscrite au dossier.

***Mesures destinées à favoriser la ventilation complète des poumons.*** Pour prévenir les complications respiratoires, il importe notamment de favoriser la ventilation complète des poumons. L'infirmière doit recommander au patient de prendre au moins cinq respirations profondes toutes les heures et lui enseigner, si besoin est, l'utilisation d'un spiromètre de stimulation pour favoriser la dilatation complète des poumons (voir à la page 977). De plus, elle doit l'inciter à tousser pour libérer ses voies respiratoires. En retournant souvent le patient d'un côté à l'autre, elle provoque la toux, ce qui déloge les bouchons de mucus qui gênent la ventilation des poumons.

La marche le plus tôt possible après l'opération est l'une des meilleures mesures de prévention des complications respiratoires, surtout chez les personnes âgées. Elle accélère le métabolisme et favorise la ventilation des poumons et, de façon générale, améliore toutes les fonctions organiques. Si son état le permet, le patient peut habituellement se lever un jour ou deux après l'opération, et souvent le jour même.

## RÉTENTION URINAIRE

Tous les opérés peuvent faire de la rétention urinaire, mais cette complication touche plus fréquemment ceux qui ont subi une opération au rectum, à l'anus, au vagin et à la partie inférieure de l'abdomen, de même que ceux qui ont été soumis à une herniorraphie. Elle serait causée par un spasme du sphincter vésical.

***Interventions infirmières.*** Souvent, les patients sont incapables d'uriner en position couchée, mais peuvent le faire sans difficulté en position assise ou debout. Si possible, on permet donc aux hommes de se tenir debout près du lit et aux femmes de s'asseoir dans le lit sur un bassin hygiénique réchauffé. Dans le cas des patients qui ne peuvent se lever, on doit employer d'autres moyens pour stimuler la miction. Certaines personnes sont incapables d'uriner s'il y a quelqu'un d'autre dans la pièce. Il faut les laisser seules le temps nécessaire et leur fournir un bassin hygiénique ou un urinal réchauffé.

Souvent, le bruit ou la vue de l'eau courante suffit à relâcher le spasme du sphincter vésical. Pour les femmes, un bassin contenant de l'eau chaude ou une irrigation du périnée avec de l'eau chaude peuvent déclencher la miction. Si la rétention urinaire dure plusieurs heures et que le patient se plaint d'une importante douleur dans la partie basse de l'abdomen, la vessie est souvent palpable et son contour distendu se dessine dans la partie inférieure de l'abdomen (globe vésical).

Les sondes urétrales présentent des risques d'infection vésicale et de cystite. L'expérience enseigne de plus qu'elles créent une sorte de dépendance. Elles ne doivent donc être utilisées que si toutes les autres mesures ont échoué. Quand le patient a uriné juste avant l'opération, on peut attendre entre 12 et 18 heures après l'opération avant d'y avoir recours, ou aussi longtemps que le patient peut le tolérer.

Certains patients dont la vessie est palpable et qui ressentent des douleurs abdominales émettent fréquemment de petites quantités d'urines (30 à 60 mL toutes les 15 ou 30 minutes). Il ne faudrait pas croire dans ce cas que la vessie fonctionne normalement. Il s'agirait plutôt d'un signe de rétention urinaire avec incontinence par regorgement. On procède alors à la pose d'une sonde urétrale qui permet d'évacuer entre 600 et 900 mL d'urines, ce qui devrait soulager le patient. La rétention urinaire avec incontinence par regorgement se manifeste parfois par une fuite constante d'urines sans diminution de la distension de la vessie. Dans ce cas également, une sonde doit être insérée, car la distension compromet l'irrigation des parois de la vessie et augmente les risques d'infection.

Si le chirurgien prévoit des problèmes urinaires postopératoires, il insère une sonde à demeure à la salle d'opération. Il doit être prévenu si le débit urinaire est inférieur à 30 mL d'urines par heure.

## COMPLICATIONS GASTRO-INTESTINALES

### Nutrition

Souvent, une opération touchant les voies gastro-intestinales perturbe la digestion et l'absorption des aliments, ce qui peut entraîner des complications qui varient selon la nature et la gravité de l'opération. Par exemple, une chirurgie buccale peut gêner la mastication et la déglutition, et il faut modifier le régime alimentaire en conséquence. Dans le cas d'autres opérations, comme la gastrectomie, la résection de l'intestin grêle, l'iléostomie et la colostomie, les effets sur l'appareil digestif sont beaucoup plus importants. Les complications de ces opérations et les mesures nutritionnelles destinées à les corriger sont présentées au tableau 34-3.

### Occlusion intestinale

L'occlusion intestinale est une complication de la chirurgie abdominale. Elle touche le plus souvent des patients qui ont subi une opération à la partie inférieure de l'abdomen et au bassin, surtout s'il y a eu drainage. Les symptômes apparaissent généralement entre trois et cinq jours après l'opération. Ils peuvent toutefois apparaître à n'importe quel moment, parfois des années plus tard. L'occlusion intestinale a pour cause un arrêt du transit intestinal, dû souvent à un étranglement interne sur adhérences. Elle peut aussi être associée à une péritonite ou à une irritation généralisée de la surface péritonéale.

Souvent, le patient ne fait pas de fièvre et son pouls est normal. Il ressent toutefois des douleurs intermittentes, de plus en plus rapprochées, d'abord localisées à la partie de l'intestin qui surmonte l'étranglement. Il importe donc que l'infirmière note l'emplacement de ces douleurs. À l'auscultation, les bruits intestinaux révèlent un mouvement très actif, particulièrement pendant les accès de douleur. Le contenu intestinal, qui ne peut se déplacer vers l'avant, provoque une distension des intestins. Il retourne vers l'estomac et est évacué par vomissements. Par conséquent, les vomissements et une distension abdominale qui augmente graduellement deviennent à ce stade les symptômes les plus caractéristiques d'une occlusion. Chez de nombreux patients, un hoquet précède les vomissements. Il n'y a pas de défécation et le liquide retiré par lavage d'estomac est presque clair, ce qui indique la présence dans le gros intestin d'une petite quantité seulement de contenu intestinal. Si l'occlusion n'est pas corrigée, les vomissements se poursuivent, la distension s'aggrave et le pouls s'accélère. L'issue peut être fatale.

***Traitement.*** Parfois, on peut soulager la distension des intestins en utilisant un appareil d'aspiration intermittente (Gumco) muni d'une sonde endonasale ou d'une simple sonde

TABLEAU 34-3. *Mesures nutritionnelles destinées à corriger les complications de la chirurgie gastro-intestinale*

| Intervention | Complications | Mesures nutritionnelles |
|---|---|---|
| Chirurgie radicale de l'oropharynx | Problèmes de mastication et de déglutition | *Régime alimentaire*:<br>Consistance liquide — gavage<br>Absorption de liquides par la bouche — jus de fruit s'ils sont tolérés<br>Café, thé, gélatine, crème glacée |
| Gastrectomie | *Petit estomac ou volume stomacal réduit*:<br>Syndrome de chasse<br>Plénitude et distension épigastriques; pâleur, transpiration, tachycardie, hypotension, diarrhée | Faible en glucides<br>Teneur modérée en lipides<br>Forte teneur en protéines<br>Petits repas fréquents<br>Injections périodiques de vitamine $B_{12}$ |
| Résection de l'intestin grêle | Mauvaise absorption<br>Perte de poids (la capacité d'absorption s'améliore avec le temps) | *Immédiatement après l'opération*:<br>Alimentation parentérale totale<br>*Plus tard*: Alimentation orale: régime à forte teneur en protéines, à forte valeur énergétique et à faible teneur en lipides<br>Triglycérides à chaîne moyenne |
| Iléostomie ou colostomie | Pertes hydroélectrolytiques au début | Remplacement quotidien des électrolytes, diète entièrement liquide à forte teneur en protéines |
| Dérivation chirurgicale de l'intestin | Malabsorption<br>Problèmes de digestion, diarrhée | Alimentation orale<br>Régime à forte teneur en protéines et en vitamine C, contenant une quantité suffisante de vitamines et de minéraux |

(Source: K. Valassi, «Nutritional management of cancer patients in a variety of therapeutic regimens», *Arch Phys Med Rehab*, vol. 58)

nasogastrique. Il arrive que l'occlusion se corrige après la régression de la réaction inflammatoire. Toutefois, dans d'autres cas, elle exige l'intervention du chirurgien. Habituellement, l'équilibre hydrique doit être maintenu par la perfusion de solutions appropriées. (Pour plus de détails sur l'occlusion intestinale et son traitement, voir le chapitre 28).

# PSYCHOSE POSTOPÉRATOIRE

La psychose postopératoire (atteinte légère de l'intégrité des fonctions intellectuelles) peut avoir des causes physiologiques aussi bien que psychologiques. L'anoxie cérébrale, une thrombo-embolie et un déséquilibre hydroélectrolytique peuvent perturber le fonctionnement du système nerveux central et provoquer un stress. Les facteurs psychologiques qui peuvent contribuer à la dépression et à l'anxiété postopératoires sont la peur, la douleur et la désorientation.

Les personnes âgées, surtout celles qui souffrent d'artériosclérose cérébrovasculaire, sont particulièrement exposées aux troubles psychologiques postopératoires, car elles sont très sensibles aux effets de l'anesthésie et de l'opération. Les opérations mutilantes et les ablations de tumeurs cancéreuses sont aussi sources de problèmes psychologiques. Les personnes dont la vue est cachée par un pansement ou celles qui sont immobilisées dans un plâtre présentent souvent des perturbations du comportement causées par une diminution des stimuli.

***Interventions infirmières avant et après l'opération.*** Il appartient à l'infirmière d'expliquer au patient tout ce à quoi il doit s'attendre après l'opération. Il faut aussi qu'elle lui offre l'occasion d'exprimer ses sentiments et ses craintes. Elle doit en outre corriger ses idées fausses et le rassurer au besoin. Les patients qui sont davantage exposés aux problèmes psychologiques postopératoires doivent recevoir une attention et un soutien particuliers. Une utilisation judicieuse des narcotiques peut réduire la confusion et la désorientation.

On doit orienter le patient dans le temps et dans l'espace afin de l'aider à accepter un environnement peu familier. Des études ont démontré qu'une bonne préparation préopératoire du patient et de sa famille contribue dans une large mesure à réduire l'anxiété postopératoire. De plus, pour que le patient se sente en confiance, tous les membres du personnel qui sont en contact avec lui doivent avoir une attitude constructive.

Dans les cas de psychose manifeste, l'usage de tranquillisants et un traitement par un professionnel de la santé mentale sont parfois nécessaires. Il faut informer la famille comme il se doit et l'assurer du caractère transitoire de la psychose postopératoire. Le patient doit aussi savoir que les illusions et les hallucinations qu'il éprouve sont temporaires.

La chambre doit être bien éclairée pour réduire les hallucinations visuelles. La présence d'un membre de la famille est souhaitable car elle rassure et apaise.

***Contention.*** L'infirmière doit faire comprendre aux patients qui souffrent de psychose postopératoire qu'ils ne doivent sortir du lit qu'en sa présence pour éviter de graves blessures. Toutefois, certains patients, comme les personnes âgées désorientées, ne sont pas en mesure de comprendre la nécessité de rester au lit. Dans ce cas, on peut employer des mesures de protection simples, comme de relever les ridelles, ce qui permet au patient de bouger mais l'empêche de sortir du lit facilement.

Dans les cas de délire, il est souvent nécessaire d'employer un dispositif de contention, sur ordonnance du médecin, pour protéger le patient aussi bien que l'infirmière. La contention peut avoir des effets psychologiques graves et ne doit être utilisée qu'*en dernier ressort*, après qu'on ait tenté de calmer le patient par tous les autres moyens. On doit de plus l'isoler, si possible, des autres patients et ne laisser à sa portée aucun objet qui pourrait le blesser.

Si on utilise un dispositif de contention, il faut placer le patient dans une position naturelle et confortable et s'assurer que la circulation n'est pas entravée en vérifiant souvent si les mains ou les pieds ne sont pas cyanosés. La contention au niveau de la poitrine est à éviter. Les dispositifs doivent être bien coussinés et placés de façon à prévenir l'irritation et les escarres de décubitus. On doit examiner la peau fréquemment, la nettoyer et la masser au moins toutes les deux ou trois heures. Le patient ne doit pas être laissé sans surveillance et exige une attention constante. Il est essentiel de le traiter avec respect. Comme il a subi une modification de son image corporelle et que son estime de soi est perturbée, il a besoin de compréhension et de soutien.

### Délire

Le délire postopératoire touche occasionnellement des patients appartenant à des catégories précises. Les types de délire les plus fréquents sont le délire toxique, le délire traumatique et le delirium tremens (syndrome de sevrage alcoolique grave).

**Délire toxique.** Il accompagne les signes et symptômes de toxémie. La personne atteinte est très malade. Généralement, elle a une forte fièvre et son pouls est très rapide. Son visage est rouge et ses yeux brillants et perdus. Elle est très agitée et tente souvent de sortir du lit. Elle est aussi très confuse. Le délire toxique s'observe le plus souvent chez des patients atteints de péritonite ou d'une autre infection.

Il se traite par la perfusion d'importantes quantités de solutions intraveineuses et par une antibiothérapie visant à enrayer l'infection sous-jacente. Il est la plupart du temps fatal.

**Délire traumatique.** Il s'agit d'un état de confusion mentale dû à un traumatisme soudain. Il touche souvent des personnes extrêmement nerveuses. Il peut prendre la forme d'une violente excitation maniaque, de simple confusion avec hallucinations et illusions ou d'une dépression. Il se traite par l'administration de sédatifs (hydrate de chloral, paraldéhyde et morphine). Il disparaît habituellement aussi brusquement qu'il est apparu.

**Delirium tremens (syndrome de sevrage alcoolique).** Les alcooliques de longue date présentent des risques opératoires élevés. Leur résistance est plus faible que la normale et leur organisme est miné par les effets nocifs de l'alcool. De plus, ils réagissent mal à l'anesthésie.

Après une opération, l'alcoolique va parfois bien pendant quelques jours, mais quand la privation d'alcool se prolonge, il devient agité, nerveux et irritable. L'expression de son visage change parfois complètement. Il dort mal d'un sommeil perturbé par des rêves invraisemblables. Quand on l'approche,

il semble sortir soudainement de son sommeil et demande: «Qui êtes-vous?». Quand on lui dit où il est, il se comporte normalement pendant un court moment. On doit être à l'affût des symptômes de cette nature chez les patients alcooliques, car une intervention appropriée, au moment opportun, peut éviter un délire plus violent.

Le delirium tremens peut apparaître soudainement ou graduellement. Il se manifeste par une période d'agitation, suivie d'un demi-délire nerveux et d'une perte de contrôle des fonctions mentales. Si on tente de contenir le patient, il se débat parfois au point de s'infliger des blessures et d'en infliger aux autres.

**Traitement médical et interventions infirmières.** Si possible, on doit entreprendre le traitement du patient alcoolique deux ou trois jours avant l'opération par la perfusion de solutions intraveineuses vitaminées (en particulier les vitamines du complexe B). Après l'opération, on doit poursuivre ce traitement, surtout si les premiers signes du delirium tremens se manifestent. L'administration de sédatifs ou de tranquillisants (Librium, par exemple) devrait calmer le patient. Des études ont démontré que les principales causes de délire chez les alcooliques sont une déplétion des réserves glucidiques et des carences vitaminiques. Par conséquent, la personne atteinte doit recevoir du glucose par voie intraveineuse et des vitamines sous forme concentrée par voie orale, par injection ou par perfusion i.v.

# CHIRURGIE D'UN JOUR

C'est dans les années 70 que l'on a instauré la chirurgie d'un jour (opération en externe) sur une plus grande échelle. Récemment, cette pratique a pris encore plus d'ampleur à cause de progrès réalisés dans les techniques de chirurgie et d'anesthésie. La chirurgie d'un jour permet d'éviter l'hospitalisation et les coûts qui y sont inhérents.

## Collecte des données et interventions préopératoires

Les analyses préopératoires, la collecte des données objectives et subjectives et l'enseignement se font généralement dans les sept jours qui précèdent l'opération. L'enseignement peut se faire en groupe, au moyen d'un vidéo, ou au cours de la collecte des données. Il importe que les explications soient simples. Dans le cas des personnes âgées, les renseignements imprimés doivent être en gros caractères. Il faut dire au patient à quelle heure et à quel endroit il doit se présenter pour son opération, ce qu'il doit avoir avec lui (sa carte d'assurance-maladie, une liste des médicaments qu'il prend et de ses allergies), ce qu'il doit laisser à la maison (bijoux, montre, médicaments, lentilles cornéennes) et ce qu'il doit porter (vêtements amples et confortables, souliers plats). La veille de l'opération, on doit lui téléphoner une dernière fois pour lui rappeler de ne pas manger ou boire après minuit, et d'éviter même d'avaler de l'eau en se lavant les dents.

Le jour de l'opération, l'infirmière lui fait signer son consentement, prend ses signes vitaux et lui administre la prémédication. Elle le conduit ensuite à la salle d'opération après lui avoir fait vider sa vessie. Après l'opération, le patient reste dans la salle de réveil jusqu'à ce qu'il soit suffisamment réveillé pour rentrer chez lui accompagné d'une personne responsable. Sa circulation doit être stable, il ne doit pas présenter de saignements, de nausées ni de vomissements. Sa douleur doit être supportable. Il doit recevoir par écrit les directives du médecin, ses ordonnances et toute l'information dont il a besoin. La durée de la récupération est variable, mais de façon générale, il doit éviter toute fatigue au cours des 24 à 48 heures qui suivent son retour à la maison. Il ne doit pas conduire, ni consommer de boissons alcooliques, ni s'adonner à des tâches qui exigent de l'énergie ou de la concentration. Il peut boire autant qu'il le désire, mais doit manger moins qu'à l'habitude. Il doit éviter de prendre des décisions importantes, car les effets des médicaments, de l'anesthésie et de l'opération peuvent fausser son jugement.

*Avantages de la chirurgie d'un jour*

- Elle représente des économies pour le patient, le centre hospitalier et les gouvernements.
- Elle réduit le traumatisme psychologique.
- Elle réduit les risques d'infections nosocomiales.
- Elle réduit la durée de la convalescence.

## Opérations qui peuvent se faire en externe

Il s'agit généralement d'opérations qui durent entre 15 et 90 minutes, qui sont peu susceptibles de provoquer des saignements abondants ou des problèmes psychologiques importants:

En chirurgie générale: hernioplastie, vasectomie, excision de petits kystes, lésions ou tumeurs

En gynécologie: dilatation et curetage, ligature des trompes, avortement, laparoscopie, biopsie et excision de condylomes vaginaux

En dermatologie: excision de verrues ou de condylomes

En ophtalmologie: extraction du cristallin

En otorhinolaryngologie: myringotomie, adénoïdectomie, polypectomie, opérations buccodentaires et maxillaires

En cardiologie: cardioversion, pose ou remplacement de stimulateurs cardiaques

En orthopédie: correction du syndrome du canal carpien

## Choix du patient

Le candidat à la chirurgie d'un jour doit être dans un état stable et ne pas présenter d'infection. Pour certaines personnes atteintes d'une maladie générale bénigne, les risques de la chirurgie d'un jour sont moins grands que ceux de l'hospitalisation. L'âge n'entre généralement pas en ligne de compte. Il est toutefois préférable que le patient soit psychologiquement disposé à accepter cette pratique.

***La personne âgée en chirurgie d'un jour.*** La personne âgée est souvent plus susceptible de subir une opération en externe, à cause des risques peu élevés pour ce groupe d'âge. Cependant, si elle habite seule et que l'on prévoit qu'elle sera incapable d'effectuer ses soins personnels, il est essentiel qu'elle puisse obtenir un soutien solide de sa famille et de ses amis. Il convient donc de procéder à une évaluation soignée de ses conditions de vie et d'établir un plan de congé adapté à sa situation en se fondant sur le soutien qu'elle est en mesure d'obtenir.

Chez un grand nombre de personnes âgées, des problèmes comme une perte de la mémoire immédiate et des pertes auditives, des maladies chroniques comme l'arthrite, l'hypertension ou une maladie cardiaque, les médicaments pris pour traiter ces maladies peuvent avoir une incidence sur l'enseignement préopératoire, le type d'anesthésie choisi et l'issue de l'opération. Par conséquent, le personnel de la salle d'opération et de la salle de réveil, de même que les personnes affectées aux soins à domicile doivent travailler en collaboration avec le patient âgé pour que tout se passe bien lorsqu'une opération est pratiquée en externe.

# *RÉSUMÉ*

Les soins postopératoires sont la troisième et dernière phase des soins infirmiers aux opérés. Ils sont axés sur le rétablissement du patient qui vient de subir une intervention chirurgicale et reposent sur une collecte minutieuse des données et des interventions promptes au besoin. Ils visent à favoriser le retour à un fonctionnement optimal et à réduire les complications qui retardent la guérison. Les soins infirmiers postopératoires comprennent: (1) les soins généraux à la salle de réveil et à l'unité de soins, (2) les soins de la plaie ainsi que la prévention et le traitement des complications qui retardent la cicatrisation, et (3) la prévention et le traitement des autres complications.

Les soins infirmiers à la salle de réveil sont axés sur le maintien des échanges gazeux, la stabilisation des signes vitaux, l'observation de la région de l'incision et le bien-être du patient. À l'unité de soins, les infirmières doivent aussi veiller avant tout au bien-être du patient par des interventions destinées à calmer ses craintes, à soulager la douleur, les nausées et les vomissements, et à prévenir la distension de l'abdomen et de la vessie.

Pour favoriser la cicatrisation, il importe d'apporter des soins méticuleux à la plaie, de changer le pansement en évitant toute contamination et de porter une attention particulière aux facteurs qui influent sur la cicatrisation de la plaie et l'intégrité de la peau. L'infirmière doit aussi axer ses soins sur la prévention des complications postopératoires qui peuvent prolonger la convalescence et compromettre le succès de l'opération, comme le choc, l'hémorragie, la thrombose veineuse profonde, l'embolie pulmonaire, les problèmes respiratoires, urinaires et gastro-intestinaux, et les perturbations psychologiques.

Les opérations effectuées en externe (chirurgie d'un jour) et les hospitalisations de courte durée sont de plus en plus fréquentes. Elles ont toutefois l'inconvénient de laisser peu de temps pour la préparation préopératoire, l'enseignement postopératoire et la planification du congé. Les infirmières ont donc mis au point de nouveaux moyens pour préparer les patients à l'opération et planifier le retour à la maison.

## Bibliographie

### Ouvrages

Altemeier WA et al. Manual on Control of Infection in Surgical Patients. Philadelphia, JB Lippincott, 1984.

American College of Surgeons. Care of the Surgical Patient. Vol 1. Critical Care. New York, Scientific American Inc, 1989.

American College of Surgeons. Care of the Surgical Patient. Vol 2. Elective Care. New York, Scientific American Inc, 1989.

AORN Standards and Recommended Practices for Perioperative Nursing. Denver, The Association of Operating Room Nurses, 1986.

Atkinson L. Berry and Kohn's Introduction to Operating Room Technique. New York, McGraw-Hill, 1986.

Bachand, R. Précis d'anesthésie et de réanimation, Presses de l'Université de Montréal, Montréal, 1988.

Barash PG, Cullen BF, and Stoelting RK. Clinical Anesthesia. Philadelphia, JB Lippincott, 1989.

Barret J and Nyhus LM. Treatment of Shock, 2nd ed. Philadelphia, Lea & Febiger, 1986.

Cameron J. Current Surgical Therapy, 2nd ed. St Louis, CV Mosby, 1986.

Cuschieri A, Giles GR, and Moossa AR. Essential Surgical Practice, 2nd ed. Boston, Wright, 1988.

Davis JE (ed). Major Ambulatory Surgery. Baltimore, Williams & Wilkins, 1986.

Deitel M (ed). Nutrition in Clinical Surgery, 2nd ed. Baltimore, Williams & Wilkins, 1985.

Dent TL et al (eds). Surgical Tips. New York, McGraw-Hill, 1989.

Dixon JA. Surgical Application of Lasers, 2nd ed. Chicago, Year Book Medical Publishers, 1987.

Drain CB and Christoph SS. The Recovery Room: A Critical Care Approach to Post Anesthesia Nursing. Philadelphia, WB Saunders, 1987.

Dripps RD, Eckenhoff JE, and Vandam LD. Introduction to Anesthesia, 7th ed. Philadelphia, WB Saunders, 1988.

Dudley HAF (ed). Scott: An Aid to Clinical Surgery. New York, Churchill Livingstone, 1989.

Eltringham R et al. Post-Anesthetic Recovery: A Practical Approach, 2nd ed. New York, Springer-Verlag, 1989.

Finkel ML. Surgical Care in the United States: A Policy Perspective. Baltimore, Johns Hopkins University Press, 1988.

Frost AME. Recovery Room Practice. St Louis, CV Mosby, 1985.

Greenfield LJ (ed). Complications in Surgery and Trauma, 2nd ed. Philadelphia, JB Lippincott, 1990.

Groah L. Operating Room Nursing: The Perioperative Role. Reston, VA, Reston Publishing Company, 1983.

Gruendemann BJ and Meeker MH. Alexander's Care of the Patient in Surgery, 8th ed. St Louis, CV Mosby, 1987.

Hathaway RC (ed). Nursing Care of the Critically Ill Surgical Patient. Rockville, MD, Aspen Systems, 1988.

Kirkwood EK. Guidelines for Preparing and Sterilizing Wrapped Packs. Erie, PA, American Sterilizer Company, 1983.

Kneedler JA and Dodge GH. Perioperative Patient Care. Boston, Blackwell Scientific, 1987.

Liechty RD and Soper RT. Fundamentals of Surgery. St Louis, CV Mosby, 1989.

McConnell EA. Clinical Consideration in Perioperative Nursing. Philadelphia, JB Lippincott, 1987.

McCredie JA. Basic Surgery, 2nd ed. New York, Macmillan, 1986.

Miller TA (ed). Physiologic Basis of Modern Surgical Care. St Louis, CV Mosby, 1988.

Perry AG and Potter PA. Shock: Comprehensive Nursing Management. St Louis, CV Mosby, 1983.

Porter GA (ed). Acute Medical Problems in the Postoperative Patient. New York, Churchill Livingstone, 1987.

Ratz J. Lasers in Cutaneous Medicine and Surgery. New York, Year Book Medical Publishers, 1986.

Reed AP and Kaplan JA. Clinical Cases in Anesthesia. New York, Churchill Livingstone, 1989.

Rothrock J. RN First Assistant: An Expanded Perioperative Nursing Role. Philadelphia, JB Lippincott, 1987.

Sabiston D (ed). Textbook of Surgery, 13th ed. Philadelphia, WB Saunders, 1986.

Schrock TR (ed). Handbook of Surgery. Greenbrae, CA, Jones Medical Publishers, 1985.

Schwartz S et al. Principles of Surgery. New York, McGraw-Hill, 1989.

Seymour G. Medical Assessment of the Elderly Surgical Patient. Hagerstown, MD, Aspen Systems, 1986.

Zollinger RM and Zollinger RM Jr. Atlas of Surgical Operations, 6th ed. New York, Macmillan, 1988.

### Revues

*Les astérisques indiquent un article de recherche*

#### Généralités

*Byra-Cook CJ, Dracup K, and Lazik AJ. Direct and indirect blood pressure in critical care patients. Nurs Res 1990 Sep/Oct; 39(5):285–288.

Chitwood LB. Unveiling the mysteries of anesthesia. Nursing 1987.

Davis AJ. Clinical nurses' ethical decision making in situations of informed consent. Adv Nurs Sci 1989 Apr; 11(3):63–69.

Edel EM et al. Perioperative documentation: Incorporating nursing diagnosis into the intraoperative record. AORN J 1989 Sep; 50(3):596–600.

*Llewellyn J et al. Analysis of falls in the acute surgical and cardiovascular surgical patient. Appl Nurs Res 1988 Nov; 1(3):116–121.

McConnell EA. Preventing postop complications. Nursing 1991.

*OConnell M. Anxiety reduction in family members of patients in surgery and postanesthesia care: A pilot study. J Post Anesth Nurs 1989 Feb; 4(1):7–16.

Menyhert LR. Special considerations in geriatric care: An overview. J Post Anesth Nurs 1988 Jun; 3(3):162–164.

*Richards ML. Perioperative nursing research. Part 6. Postoperative phase. AORN J 1989 Jul; 50(1):120–122.

Stallard S and Prescott S. Postoperative urinary retention in general surgical patients. Br J Surg 1988 Nov; 75(11):1141–1143.

Stoughton A. Development of an interchange-of-gases assessment tool for the adult client. J Post Anesth Nurs 1988 Aug; 3(4):116–121.

Warner MA et al. Role of preoperative cessation of smoking and other factors in postoperative pulmonary complications: A blinded prospective study of coronary artery bypass patients. Mayo Clin Proc 1989 Jun; 64:609–616.

Weikel C. Informed consent: An ethical dilemma. Today's OR Nurse 1987 Jan; 9(1):10–15.

#### Soins infirmiers aux opérés

Alverson E. The preoperative interview: Its effect on perioperative nurses' empathy. AORN J 1987 May; 45(5):1158–1164.

Ammon-Gaberson KB. Adult learning principles: Applications for preceptor programs. AORN J 1987 Apr; 45(4):961–963.

Bailey SL. Electrical injuries: Considerations for the perioperative nurse. AORN J 1989 Mar; 49(3):773–787.

*Bargagliotti LA. Perioperative nursing research: Issues in perioperative nursing. Part 8. AORN J 1989 Sep; 50(3):613–617.

Berky PS. Combativeness: A treatable problem in the elderly patient. Today's OR Nurse 1987 Dec; 9(12):20–23.

Daly MP. The medical evaluation of the elderly preoperative patient. Med Clin North Am 1989 Jun; 16(2):361–376.

Dean AF. The aging surgical patient: Historical overview, implications, and nursing care. Periop Nurs Q 1987 Mar; 3(1):1–7.

Haddad AM. Ethics: Using principles of beneficence, autonomy to resolve ethical dilemmas in perioperative nursing. AORN J 1987 Jul; 46(1):120–124.

Hanowell LH and Boyle WA. Perioperative care of the hemodynamically unstable geriatric patient. Int Anesthesiol Clin 1988 Summer; 26(2):156–168.

Hart AL. Job satisfaction and personality: Are they related? AORN J 1988 Feb; 47(2):479–488.

Jackson MF. The elderly: High risk surgical patients. Prof Nurse 1987 May; 2(8):263–266.

Kleinbeck SV. Developing a nursing diagnosis for a perioperative care plan. AORN J 1989 Jun; 49(6):1613-1615.

Latz PA and Wyble SJ. Elderly patients: Perioperative nursing implications. AORN J 1987 Aug; 46(2):238-253.

Menyhert LR. Special considerations in geriatric care: An overview. J Post Anesth Nurs 1988 Jun; 3(3):162-164.

*Noriega L et al. Perioperative nursing research. Part 7. AORN J 1989 Aug; 50(2):379-381.

Sloane LA et al. Nursing care documentation: Creating a perioperative nursing record. AORN J 1989 Mar; 49(3):808-810, 812-813.

Wachstein J. Care of the elderly surgical patient. Geriatr Nurs Home Care 1987 Apr; 7(4):12-14.

*White et al. Body temperature in elderly surgical patients. Res Nurs Health 1987 Oct; 10(5):317-321.

### Soins infirmiers préopératoires

Alverson E. The preoperative interview. AORN J 1987 May; 45(5):1158-1164.

*Biley C. Nurses' perception stress in preoperative surgical patients. J Adv Nurs 1989 Jul; 14(7):575-581.

Boghosian SG and Mooradian AD. Usefulness of routine preoperative chest roentgenograms in elderly patients. J Am Geriatr Soc 1987 Feb; 35(2):142-146.

Burke JF and Francos GC. Surgery in the patient with acute or chronic renal failure. Med Clin North Am 1987 May; 71(3):489-497.

Campbell IT and Gosling P. Preoperative biochemical screening. Br Med J 1988 Oct; 297(6652):803-804.

Charpak Y et al. Usefulness of selectively ordered preoperative tests. Med Care 1988 Feb; 26(2):95-104.

Charpak Y et al. Prospective assessment of a protocol for selective ordering of preoperative chest x-rays. Can J Anaesth 1988 May; 35(3):259-264.

*Devine EC et al. Clinical and financial effects of psychoeducational care provided by staff nurses to adult surgical patients in the post-DRG environment. Am J Public Health 1988 Oct; 78(10):1293-1297.

Dueholm S, Rubinstein E, and Reipurth G. Preparation for elective colorectal surgery: A randomized, blinded comparison between oral colonic lavage and whole-gut irrigation. Dis Colon Rectum 1987 May; 30(5):360-364.

Friedman LS and Maddrey WC. Surgery in the patient with liver disease. Med Clin North Am 1987 May; 71(3):453-476.

Galazka SS. Preoperative evaluation of the elderly surgical patient. J Fam Pract 1988; 27(6):622-632.

Gluck R, Munoz E, and Wise L. Preoperative and postoperative medical evaluation of surgical patients. Am J Surg 1988 Jun; 155:730-734.

Goldman DR. Surgery in patients with endocrine dysfunction. Med Clin North Am 1987 May; 71(3):499-509.

Goldmann L, Ogg TW, and Levey AB. Hypnosis and daycase anaesthesia: A study to reduce pre-operative anxiety and intra-operative anaesthetic requirements. Anaesthesia 1988 Jun; 43(6):466-469.

Gouma DJ et al. Preoperative total parenteral nutrition. (TPN) in severe Crohn's disease. Surgery 1988 Jun; 103(6):648-652.

Hathaway D and Powell S. An evaluation of a preoperative assessment program. Periop Nurs Q 1987 Jun; 3(2):56-64.

Jackson MF. High risk surgical patients. Today's OR Nurse 1988 Feb; 10(2):26-33.

Knight CG and Donnelly MK. Assessing the preoperative adult. Nurse Pract 1988 Jan; 13(1):6-8.

Leite JF et al. Value of nutritional parameters in the prediction of post-operative complications in elective gastrointestinal surgery. Br J Surg 1987 May; 74(5):426-429.

Leuze M and McKenzie J. Preoperative assessment: Using the Roy Adaptation Model. AORN J 1988 Feb; 47(2):537.

Manning FC. Preoperative evaluation of the elderly patient. Am Fam Physician 1989 Jan; 39(1):123-128.

McClay EF and Bellet RE. Preoperative evaluation of the oncology patient. Med Clin North Am 1987 May; 71(3):529-540.

McCleane GJ. Urea and electrolyte measurement in pre-operative surgical patients. Anaesthesiology 1988 May; 43(5):423-415.

*Gamotis PB et al. Inpatient vs outpatient satisfaction: A research study. AORN J 1988 Jun; 47(6):1424-1425.

Playforth MJ. Pre-operative assessment of fitness score. Br J Surg 1987 Oct; 74:890-892.

Rohrer MJ, Michelotti MC, and Nahrwold DL. A prospective evaluation of the efficacy of preoperative coagulation testing. Ann Surg 1988 Nov; 208(5):554-557.

*Rothrock JC. Perioperative nursing research: Preoperative psychoeducational interventions. Part 1. AORN J 1989 Feb; 49(2):597.

*Smith RC and Hartemink R. Improvement of nutritional measure during preoperative parenteral nutrition in patients selected by the Prognostic Nutritional Index: A randomized controlled trial. J Parenter Enteral Nutr 1988; 12(6):587-591.

Sue-Ling HM et al. Indicators of depressed fibrinolytic activity in pre-operative prediction of deep venous thrombosis. Br J Surg 1987 Apr; 74(4):275-278.

*Takahashi JJ et al. Preoperative assessment: a research study. AORN J 1989 Nov; 50(5):1024-1032.

Tape TG and Mushlin AI. How useful are routine chest x-rays of preoperative patients at risk for postoperative chest disease? J Gen Intern Med 1988 Jan/Feb; 3(1):15-20.

Warner MA et al. Role of preoperative cessation of smoking and other factors in postoperative pulmonary complications: A blinded prospective study of coronary bypass patients. Mayo Clin Proc 1989 Jun; 64(6):609-616.

Wolff BG et al. A new bowel preparation for elective colon and rectal surgery: A prospective, randomized clinical trial. Arch Surg 1988 Jul; 123(7):895-900.

Yousif H et al. Preoperative myocardial ischaemia: Its relation to perioperative infarction. Br Heart J 1987 Jul; 58(1):9-14.

### Soins infirmiers opératoires

*Bailes BK. Perioperative nursing research: intraoperative phase. Part 4. AORN J 1989 May; 49(5):1397-1399.

Campbell K. Pressure point measures in the operating room. J Enterostomal Ther 1989 May/Jun; 16(3):119-124.

Donnell SG. Coping during the wait: surgical nurse liason program aids families. AORN J 1989 Nov; 50(5):1088-1092.

Miner D. Patient positioning. AORN J 1987 May; 45(5):1117-1127.

Moss VA. Burnout: Symptoms, causes prevention. AORN J Nov; 50(5):1071-1076.

*Silo HM. Perioperative nursing research: intraoperative recommended practices. Part 5. AORN J 1989 Jun; 49(6):1627-1636.

Williamson KM et al. Occupational health hazards for nurses. Part 2. Image 1988 Fall; 20(3):162-168.

### Gestion du personnel et communication

Bowen M and Davidhizar R. Anxiety in the operating room: The manager's dilemma. Today's OR Nurs 1990 Jun; 12(6):32-33.

*Kneedler JA et al. Perioperative nursing research. Part 2. Intraoperative chemical and physical hazards to personnel. AORN J 1989 Mar; 49(3):829-836.

*Kneedler JA et al. Perioperative nursing research. Part 3. Potential intra-operative biological hazard to personnel. AORN J Apr; 49(4):1066-1067.

Langford RW and Harmon V. Self-image: Characteristics of operating room nurses. AORN J 1987 Apr; 45(4):969-979.

Patterson P. OR managers face AIDS ethical dilemmas. Today's OR Nurs 1990 Jun; 12(6):31.

### Lavage des mains, vêtements chirurgicaux, asepsie

Centers for Disease Control. Update: Universal precautions for prevention of human immunodeficiency virus, hepatitis B virus, and other blood-borne pathogens. Weekly Rep 1988; 37(24):377-390.

*Copp G et al. Covergowns and the control of operating room contamination. Nurs Res 1986 Sep/Oct; 35(5):263-268.

*Korniewicz DM et al. Integrity of vinyl and latex procedure gloves. Nurs Res 1989 May/Jun; 38(3):144-146.

### Anesthésie et chirurgie

Ivey DF. Local anesthesia: Implications for the perioperative nurse. AORN J 1987 Mar; 3(1):682-689.

Osborn IP and Goldofsky S. Intrathecal and epidural narcotics. Progr Anesth 1989 Nov; 3(22):2-12.

### Hypothermie et hyperthermie maligne

Burkle NL. Inadvertent hypothermia. Today's OR Nurse 1988 Jul; 10(7): 26-32.

*Erickson RS, Yount ST. Comparison of tympanic and oral temperatures in surgical patients. Nurs Res 1991 Mar/Apr; 40(2):90-93.

Feroe DD and Augustine SD. Hypothermia in the PACU. Crit Care Nurs Clin North Am 1991 Mar; 3(1):135-144.

Frederick C, Rosemann D, and Austin MJ. Malignant hyperthermia: Nursing diagnosis and care. J Post Anesth Nurs 1990 Feb; 5(1):29-32.

*Heidenreich T and Guiffre M. Post-operative temperature measurement. Nurs Res 1986 Jul/Aug; 39(3):153-155.

*Holtzclaw BJ. Effects of extremity wraps to control drug-induced shivering: A pilot study. Nurs Res 1990 Sep/Oct; 39(5):280-284.

*Markin DA et al. Comparison between two types of body surface temperature devices: Efficiency, accuracy and cost. J Post Anesth Nurs 1990 Feb; 5(1):33-37.

Newberry JE. Malignant hyperthermia in the postanesthesia care unit: A review of current etiology, diagnosis and treatment. J Post Anesth Nurs 1990 Feb; 5(1):25-28.

Norris MK. Action stat! Malignant hypothermia. Nurs 90 1990 Jun; 20(6): 33.

*White HE et al. Temperature in elderly surgical patients. Res Nurs Health 1987; 10:317-321.

Woody S. Malignant hyperthermia: Potential crisis in patient care. AORN J 1989 Aug; 50(2):286-287.

Wlody GS. Malignant hyperthermia. Crit Care Nurs Clin North Am 1991 Mar; 3(1):129-134.

### Soins infirmiers postopératoires

Biga CD and Bethel SA. Hemodynamic monitoring in postanesthesia care units. Crit Care Nurs Clin North Am 1991 Mar; 3(1):83-93.

Creighton H. Recovery room nurses: Legal implications. Nurs Manage 1987 Jan; 18(1):22-23.

DeFazio-Matson DM. The formulation of standing orders in the PACU. J Post Anesth Nurs 1988 Aug; 3(4):264-269.

Jones DH. Fluid therapy in the PACU. Crit Care Nurs Clin North Am 1991 Mar; 3(1):109-120.

Kochansky CY and Kochansky SW. Postanesthetic considerations for the patient receiving ketamine. J Post Anesth Nurs 1988 Apr; 3(2):118-120.

Lipov EG. Emergency delirium in the PACU. Crit Care Nurs Clin North Am 1991 Mar; 3(1):145-149.

Litwack K. Bleeding and coagulation in the PACU. Crit Care Nurs Clin North Am 1991 Mar; 3(1):121-127.

Litwack K, Saleh D, and Schultz, P. Postoperative pulmonary complications. Crit Care Nurs Clin North Am 1991 Mar; 3(1):77-82.

Tremblay DR et al. Arrhythmias in the PACU: A review. Crit Care Nurs Clin North Am 1991 Mar; 3(1):95-108.

Van Sickel AD and Spadaccia K. Muscle relaxants and reversal agents. Crit Care Nurs Clin North Am 1991 Mar; 3(1):151-158.

### Douleur

Dean RJ Jr. Regional anesthetic techniques for postoperative analgesia. Crit Care Nurs Clin North Am 1991 Mar; 3(1):43-47.

Doddy SB, Smith C, and Webb J. Nonpharmacologic interventions for pain management. Crit Care Nurs Clin North Am 1991 Mar; 3(1).

Eng JB and Sabanathan S. Postoperative wound pain. Br J Surg 1989 Jan; 76(10):101-102.

Gilbert HC. Pain relief methods in the postanesthesia care unit. J Post Anesth Nurs 1990 Feb; 5(1):6-15.

*Hargraves A and Lander J. Use of transcutaneous electrical nerve stimulation for postoperative pain. Nurs Res 1989 May/Jun; 38(3):159-161.

Hussain SA and Hussain S. Incisions with knife or diathermy and postoperative pain. Br J Surg 1988 Dec; 75:1179-1180.

*Keen MF. Comparison of intramuscular injection techniques to reduce site discomfort and lesions. Nurs Res 1986 Jul/Aug; 35(4):207-210.

Lubenow TR and Ivankovich, AD. Postoperative epidural analgesia. Crit Care Nurs Clin North Am 1991 Mar; 3(1):25-32.

Lubenow TR and Ivankovich AD. Patient-controlled analgesia for postoperative pain. Crit Care Nurs Clin North Am 1991 Mar; 3(1):35-41.

Maurset A et al. Comparison of ketamine and pethidine in experimental and postoperative pain. Pain 1989 Jan; 36(1):37-41.

Merrill DC. Clinical evaluation of FasTENS, an inexpensive, disposable transcutaneous electrical nerve stimulator designed specifically for postoperative electroanalgesia. Urology 1989 Jan; 33(1):27-30.

*Miller KM. Deep breathing relaxation: A pain management technique. AORN J 1987 Feb; 45(2):484-488.

Nishino T et al. Breathing patterns during postoperative analgesia in patients after lower abdominal operations. Anesth 1988 Dec; 69(6):967-972.

Stickley M, Jenkins PM, and Stebbins K. Postoperative blood pressure patterns in people 12 to 30 years old. J Post Anesth Nurs 1988 Oct; 3(5):332-335.

Vogelsang J. Opening the postanesthesia care unit to visitors. Dimens Crit Care Nurs 1988 Jan/Feb; 7(1):40-47.

*Wilkie DJ. Use of the McGill Pain Questionnaire to measure pain: A meta-analysis. Nurs Res 1990 Jan/Feb; 39(1):36-41.

### Cicatrisation et infection

Hayek LJ, Emerson JM, and Gardner AM. A placebo-controlled trial of the effect of two preoperative baths or showers with chlorhexidine detergent on postoperative wound infection rates. J Hosp Infect 1987 Sep; 10(2):165-172.

Lalyer J. Wound management in the home. Part II. Home Health Nurse 1988 May/Jun; 6(3):29-34.

Payman BC, Dampier SE, and Hawthorn PJ. Postoperative temperature and infection in patients undergoing general surgery. J Adv Nurs 1989 Mar; 14(3):198-202.

Troxler SH and Nichols RL. Surgical wound infections. Today's OR Nurse 1987 Mar; 9(3):16-22.

### Chirurgie d'un jour

Applegeet CJ. Nursing aspects of outpatient surgery. Urol Clin North Am 1987 Feb; 14(1):21-25.

Bean M. Preparation for surgery in an ambulatory surgery unit. J Post Anesth Nurs 1990 Feb; 5(1):42-47.

Burden N. The ambulatory surgical setting: Adding the caring touch. J Post Anesth Nurs 1988 Dec; 3(6):411-414.

Burden N. Handle with care: The geriatric patient in the ambulatory surgery environment. J Post Anesth Nurs 1989 Feb; 4(1):27-31.

Fehder WP. Help your patient get through outpatient surgery and anesthesia. Office Nurs 1989 May/Jun; 21-22.

Johnson H et al. Are routine preoperative laboratory screening tests necessary to evaluate ambulatory surgical patients? Surg 1988 Oct; 104(4): 639-645.

Keithley J et al. The cost effectiveness of same-day admission surgery. Nurs Econ 1989; 7(2):90-93.

Kempe AR. Ambulatory surgery: Patient education for the ambulatory surgery patient. AORN J 1987 Feb; 45(2):500-507.

Masterson C. Increasing volume and decreasing costs in the ambulatory surgery unit. J Post Anesth Nurs 1990 Feb; 5(1):38-41.

Mathias M. Same day surgery conference addresses risks, challenges, and advances. AORN J 1988 Jun; 47(6):1478-1480.

Omerod BJ. Perioperative nursing care of the elderly outpatient. Periop Nurs Q 1987; 3(2):22-26.

Parrinello KM. Accounting for patient acuity in an ambulatory surgery center. Nurs Econ 1987 Jul/Aug; 5(4):167-172.

*Associations professionnelles*

American Society of Anesthesiologists
     500 North Michigan Avenue, Chicago, IL 60611
American Society of Postanesthesia Nurses
     PO Box 11083, Richmond, VA 23230
Association des infirmières et infirmiers des salles d'opération du Québec
     3180, boul. Neilson, app. 306, Ste-Foy (Québec) G1W 2V8 (418) 651-5887
     C. P. 222, Succ. Dorval, Pointe-Claire, Montréal (Québec) H9R 4N9
Association of Operating Room Nurses, Inc
     10170 E. Mississippi Avenue, Denver, CO 80231
Malignant Hyperthermia Association of the United States (MHAUS)
     163 Waverly Street, Arlington, MA 02174

# PROGRÈS DE LA RECHERCHE EN SCIENCES INFIRMIÈRES

Les pages qui suivent sont consacrées à des résumés d'études qui ont été menées sur différents sujets en rapport avec les soins aux opérés: prévention de l'hypothermie et mesure de la température corporelle chez les personnes âgées, enseignement aux opérés, satisfaction des patients, besoins des membres de leur famille et soulagement de la douleur.

## Prévention de l'hypothermie et mesure de la température corporelle

▷ *H. E. White* et coll., *« Temperature in elderly surgical patients »,* Res Nurs Health, *oct. 1987; 10(5):317-321.*

Les opérés âgés tolèrent moins bien l'hypothermie que les adultes d'âge moyen, à cause de la réduction de leur réserve cardiaque. Chez eux, l'hypothermie peut prolonger le rétablissement postopératoire et provoquer des complications comme une fibrillation ventriculaire, un arrêt cardiaque et même la mort. Dans cette optique, White et ses collaborateurs ont mené une étude de nature presque expérimentale chez des personnes de 60 ans et plus opérées pour la réduction d'une fracture de la hanche dans le but de déterminer les effets de vêtements et de couvertures supplémentaires sur la température corporelle au cours de l'opération et après. Les sujets, au nombre de 37, ont été assignés au hasard soit à un groupe témoin, soit à un groupe expérimental. On a recouvert les sujets du groupe témoin d'une blouse, d'un drap et d'une couverture de finette, comme le veut la coutume. Les sujets du groupe expérimental ont été recouverts de la même façon, mais en plus on leur a recouvert la tête d'un bonnet, on a mis une chaussette en coton au pied non affecté, et on a placé une couverture chauffante en finette sous et sur eux. On a pris la température, au moyen d'une sonde thermique insérée dans le conduit auditif, une première fois deux heures avant l'opération (valeur initiale), puis toutes les 12 minutes au cours de l'opération et à la salle de réveil, jusqu'à ce qu'elle soit revenue à la valeur initiale.

Il n'y avait pas de différences significatives entre les groupes pour ce qui est de l'âge, du sexe, de la durée de l'opération, des problèmes médicaux, de la prémédication et de la température préopératoire. Des 37 sujets, 9 ont présenté de l'hypothermie (température de 35 °C ou moins), 8 des 21 sujets du groupe témoin, contre 1 seulement des 16 sujets du groupe expérimental. De plus, la température auriculaire était significativement plus basse chez les sujets du groupe témoin à la salle de réveil.

**Soins infirmiers.** Les opérés âgés étant particulièrement exposés à l'hypothermie, on doit mesurer régulièrement leur température en plus de leur pression artérielle, de leur pouls et de leur rythme respiratoire, au cours de l'opération et après, ce que confirment les résultats de cette étude. Il semble de plus que des vêtements et des couvertures supplémentaires contribuent à prévenir chez eux l'hypothermie, tant à la salle d'opération qu'au cours de la période postopératoire immédiate.

▷ *T. Heidenreich et M. Giuffre, « Postoperative temperature measurement »,* Nurs Res, *mai-juin 1990; 39(3):153-155.*

Cette étude porte sur la valeur des mesures de la température axillaire au cours de la période postopératoire immédiate chez des personnes de plus de 50 ans ne souffrant pas de problèmes cardiaques. On a donc procédé chez 18 patients à la prise de la température axillaire au moyen d'un thermomètre électronique et d'un thermomètre au mercure ainsi qu'à la mesure de la température rectale au moyen d'un thermomètre au mercure, et on a comparé les résultats obtenus à la température interne prise au moyen du dispositif thermosensible d'un cathéter artériel pulmonaire (Swan-Ganz).

L'échantillon se composait de 11 hommes et 7 femmes âgés de 53 à 86 ans, chez qui on avait posé un cathéter artériel pulmonaire pour le monitorage postopératoire de la pression. On a observé une bonne corrélation entre toutes les températures axillaires et rectales et la température interne, le coefficient de corrélation de Pearson se situant entre 0,92 et 0,98. La meilleure corrélation a été obtenue avec la température rectale au moyen d'un thermomètre au mercure, la température axillaire prise pendant 10 minutes au moyen d'un thermomètre au mercure venant au deuxième rang. Les résultats ont aussi démontré que la température au moment de l'admission aux soins intensifs est inversement proportionnelle à l'âge et à la durée de l'opération.

**Soins infirmiers.** Les résultats de cette étude prouvent une fois de plus qu'il est essentiel de mesurer régulièrement la température chez les opérés âgés. Elle montre également qu'il faut appliquer des stratégies visant à prévenir chez eux l'hypothermie, surtout s'ils ont subi une opération de longue durée, et d'évaluer ces stratégies. La température rectale prise au moyen d'un thermomètre au mercure est le meilleur indicateur de la température interne, la température axillaire prise pendant 10 minutes au moyen d'un thermomètre au mercure venant au deuxième rang.

## Satisfaction de l'opéré

▷ *P. B. Gamotis* et coll., *« Inpatient vs. outpatient satisfaction »,* AORN J, *juin 1988; 47(6):1421-1425.*

Les établissements de santé américains se livrent une importante compétition et éprouvent le besoin de déterminer dans quelle mesure ils répondent aux besoins de leur clientèle. Le nombre des études portant sur la satisfaction des patients le prouve bien. L'étude résumée ici avait pour but de comparer le degré de satisfaction à l'égard des soins infirmiers des patients externes à celui des patients hospitalisés. L'échantillon se composait de 183 sujets ayant subi une opération élective. De ce nombre, 99 ont été hospitalisés et 84 étaient en consultation externe. Leur âge variait de 18 à 65 ans. Pour évaluer leur degré de satisfaction, on a utilisé un questionnaire d'appréciation comprenant trois catégories : compétence technique et professionnelle, enseignement, et relation de confiance. Dans le groupe des patients hospitalisés, 56 % ont rempli le questionnaire, dont deux fois plus de femmes que d'hommes. L'âge moyen était de 42,8 ans. Dans le groupe des patients en consultation externe, 99 % ont rempli le questionnaire, dont 51 femmes et 33 hommes dont l'âge moyen était de 56,7 ans. Les résultats globaux indiquent que les sujets des deux groupes sont satisfaits des soins infirmiers qui leur ont été prodigués. Pour ce qui est de la catégorie «compétence technique et professionnelle», les patients en consultation externe semblent plus satisfaits que les patients hospitalisés. Dans la catégorie «enseignement», les patients hospitalisés se sont révélés significativement moins satisfaits, avec le degré de satisfaction le plus bas. Aucune différence selon l'âge et le sexe n'a été observée dans cette catégorie. Pour ce qui concerne la «relation de confiance», les patients en consultation externe ont encore une fois manifesté une plus grande satisfaction. Les femmes et les patients âgés hospitalisés ont manifesté un plus haut degré de satisfaction à cet égard que les patients en consultation externe, les hommes et les patients plus jeunes. Aucune différence selon l'âge et le sexe n'a été observée dans le groupe des patients en consultation externe.

**Soins infirmiers.**    Il est encourageant de noter que les patients hospitalisés comme les patients externes ont été satisfaits des soins infirmiers qu'ils ont reçus. La faible satisfaction des patients hospitalisés à l'égard de l'enseignement, cet enseignement leur étant prodigué par plus d'une infirmière, indique que l'on devrait peut-être repenser les méthodes présentement utilisées. D'autres études devront être menées pour déterminer les raisons de la plus grande satisfaction des patients en consultation externe et les facteurs qui contribuent le plus à la satisfaction des patients. L'étude résumée ici a des faiblesses : fortes différences entre les groupes pour ce qui a trait au pourcentage des répondants et aux données démographiques, et absence de comparaisons selon la nature de l'opération ou les risques qu'elle représente.

## Enseignement

▷ E. C. Devine et coll., «*Clinical and financial effects of psychoeducational care provided by staff nurses to adult surgical patients in the post-DRG environment*», Am J Public Health, *oct. 1988; 78(10): 1293-1297.*

Cette étude avait un double but : (1) déterminer si les effets bénéfiques des programmes de psychoéducation observés précédemment continuent de se faire sentir dans un milieu où les DRG sont en vigueur (les DRG sont des groupes de pathologies homogènes pour le paiement des hospitalisations des bénéficiaires au plan MEDICARE aux États-Unis selon un tarif unique applicable à chaque groupe, et (2) si les résultats se confirment quand ces programmes sont confiés à des infirmières membres du personnel régulier plutôt qu'à des chercheurs. Pour ce faire, on a fait suivre aux infirmières de l'hôpital étudié un atelier de trois heures portant sur l'enseignement au patient (santé, autosoins, information préopératoire), sur le soutien psychologique au patient dans le but de réduire son anxiété et de favoriser son adaptation, et sur des moyens d'améliorer les soins psychoéducatifs. Les données qui ont servi à analyser si la tenue de cet atelier a eu des effets bénéfiques sur les patients étaient la durée de l'hospitalisation postopératoire et l'usage de médicaments (analgésiques, hypnotiques, antiémétiques et sédatifs).

L'échantillon se composait de deux groupes de sujets provenant soit d'un hôpital étudié, soit d'un hôpital de contrôle. Ces deux groupes ont aussi été divisés, pour fins de comparaison, en deux sous-groupes chacun : patients hospitalisés au cours des six mois qui ont précédé la tenue de l'atelier et patients hospitalisés dans les sept mois et demi qui ont suivi la tenue de l'atelier. Les deux hôpitaux avaient la même administration, la même appartenance académique et à peu près les mêmes chirurgiens, et ils avaient mis les DRG en vigueur presque au même moment.

L'étude a porté sur un total de 354 sujets ayant subi une chirurgie abdominale élective, dont des cholécystectomies, ou une prostatectomie transurétrale. Le groupe étudié comptait 148 sujets, dont 74 hospitalisés dans la période précédant l'atelier et 74 dans la période suivant l'atelier. Le groupe contrôle comptait 206 sujets dont 98 hospitalisés dans la période précédant l'atelier et 108 dans la période suivant l'atelier.

Les sujets du groupe étudié ont été interrogés par téléphone le lendemain de leur congé de l'hôpital pour connaître leur opinion sur les soins psychoéducatifs qu'ils ont reçus. Les autres données ont été obtenues à partir des dossiers. Dans le groupe contrôle, les données ont toutes été obtenues à partir des dossiers.

Dans l'hôpital étudié, la durée de l'hospitalisation postopératoire a été moins longue qu'au centre hospitalier du groupe témoin dans la période qui a suivi la tenue de l'atelier. En outre, l'usage de sédatifs et d'antiémétiques a été plus faible chez les sujets du groupe expérimental que chez ceux du groupe témoin, de même que l'usage des analgésiques chez les sujets ayant subi une cholécystectomie.

**Soins infirmiers.**    Les résultats de cette étude démontrent que dans un milieu où les DRG sont en vigueur, la tenue d'ateliers sur les soins psychoéducatifs postopératoires et, vraisemblablement, l'application des notions enseignées dans ces ateliers ont eu pour effet de réduire la durée de l'hospitalisation et l'usage des médicaments après une opération. On peut donc croire qu'une meilleure formation des infirmières en psychoéducation contribue au bien-être des patients et à leur rétablissement. Comme cette étude portait sur des patients ayant subi le même genre d'opération dans des centres hospitaliers du même type, d'autres études devront être menées chez des patients ayant subi des opérations de différente nature dans divers types d'établissements de santé.

## Besoins des membres de la famille

▷ M. O'Connell. «*Anxiety reduction in family members of patients in surgery and postanesthesia care: A pilot study*», Journal of Post Anesthesia Nursing, *fév. 1989; 4(11):7-16.*

Cette étude avait pour but de déterminer si, sur la base de l'hypothèse selon laquelle l'anxiété a pour cause la peur de l'inconnu, l'infirmière peut apaiser les membres de la famille des opérés en leur donnant de l'information avant et après l'opération. On a mesuré l'information donnée par le nombre des contacts entre l'infirmière et les membres de la famille, pendant l'opération, pendant le séjour du patient à la salle de réveil et juste avant son retour à sa chambre. L'information donnée était la suivante: on a indiqué aux sujets où se trouvait la salle d'attente, le casse-croûte, la cafétéria, les toilettes, etc., on les a tenus au courant de l'état du patient et des progrès de l'opération et on leur a expliqué quel sera le matériel en place au moment du retour du patient à sa chambre (solutions intraveineuses, cathéters, sondes, ventilateur). Les explications étaient répétées aussi souvent que nécessaire. L'échelle de Spielburger a servi à mesurer le degré d'anxiété et a été utilisée au cours de l'opération et juste avant le retour du patient à sa chambre.

L'échantillon se composait de 43 membres des familles de 36 patients: 21 femmes et 22 hommes dont l'âge allait de 19 à 80 ans. Les conjoints étaient les plus nombreux. Tous les patients étaient adultes sauf sept. Les opérations pratiquées chez les adultes étaient mineures aussi bien que majeures.

Les résultats ont démontré que l'information a réduit de façon significative le degré d'anxiété. Selon les analyses statistiques, ils n'ont pas été influencés par les données démographiques.

***Soins infirmiers.*** Il semble que l'information donnée par l'infirmière aux membres de la famille des opérés au cours de l'opération contribue à réduire leur anxiété. Cette étude porte toutefois sur un petit nombre de sujets et ne tient pas compte d'autres variables, comme l'information donnée par le chirurgien.

## Soulagement de la douleur

▷ *A. Hargreaves et J. Lander, «Use of trancutaneous electrical nerve stimulation for postoperative pain»,* Nurs Res*, mai-juin 1989; 38(3):159-161.*

Cette étude avait pour but d'analyser les effets de l'électrostimulation nerveuse percutanée sur la douleur provoquée par le nettoyage de la plaie chirurgicale abdominale et la pose d'une mèche. L'échantillon se composait de 75 sujets répartis au hasard en trois groupes. On a utilisé un dispositif d'électrostimulation nerveuse percutanée chez les sujets du groupe 1 et un faux électrostimulateur chez ceux du groupe 2. Le groupe 3 était le groupe témoin, les sujets n'ayant reçu aucun traitement. L'électrostimulateur a été appliqué au cours du changement du pansement deux jours après l'opération. Les patients ont décrit la douleur éprouvée au cours du changement du pansement selon une échelle d'appréciation en 11 points.

Les résultats indiquent que les sujets du groupe 1 ont éprouvé beaucoup moins de douleur que ceux des deux autres groupes. On n'a pas observé de différences significatives entre les groupes 2 et 3. L'appariement n'a pas montré d'autres variables qui auraient pu expliquer les différences importantes entre le groupe qui avait utilisé l'électrostimulation nerveuse percutanée et les deux autres groupes.

***Soins infirmiers.*** L'électrostimulation nerveuse percutanée semble soulager efficacement la douleur au cours d'interventions qui causent généralement de la douleur ou,

du moins, un malaise. Elle est facile à utiliser, rarement contre-indiquée et soulage la douleur sans provoquer d'effets indésirables. Il serait utile que des études portant sur l'utilisation de ces dispositifs dans d'autres types d'interventions soient menées.

## *Bibliographie*

### *Autres études sur des sujets connexes*

Erickson RS and Yount ST. Comparison of tympanic and oral temperatures in surgical patients. Nurs Res 1991 Mar/Apr; 40(2):90-93.

Holtzclaw BJ. Effects of extremity wraps to control drug-induced shivering: A pilot study. Nurs Res 1990 Sep/Oct; 39(5):280-284.

Keen MF. Comparison of intramuscular injection techniques to reduce site discomfort and lesions. Nurs Res 1986 Jul/Aug; 35(4):207-210.

Paymen BC, Dampier SE, and Hawthorn PJ. Postoperative temperature and infection in patients undergoing general surgery. J Adv Nurs 1989 Mar; 14(3):198-202.

Wilkie DJ. Use of the McGill Questionnaire to measure pain: A meta-analysis. Nurs Res 1990 Jan/Feb; 39(1):36-41.

# APPENDICE
# ANALYSES DE LABORATOIRE: INTERVALLES DE RÉFÉRENCE*
# ET INTERPRÉTATION DES RÉSULTATS

## SYMBOLES

### ANCIENNES UNITÉS

kg = kilogramme
g = gramme
mg = milligramme
μg = microgramme
μμg = micromicrogramme
ng = nanogramme
pg = picogramme
mL = millilitre
mm³ = millimètre cube
fL = femtolitre

mmol = millimole
nmol = nanomole
mOsm = milliosmole
mm = millimètre
μm = micron ou micromètre
mm Hg = millimètre de mercure
U = unité
mU = milliunité
μU = micro-unité
mEq = milliéquivalent
IU = unité internationale
mIu = milliunité internationale

### UNITÉS SI

g = gramme
L = litre
mol = mole
mmol = millimole
μmol = micromole
nmol = nanomole
pmol = picomole
d = jour

---

* Les valeurs varient selon la méthode d'analyse utilisée.

## Hématologie

| Composant | Intervalles de référence | | Interprétation clinique |
|---|---|---|---|
| | Anciennes unités | Unités SI | |
| *HÉMOSTASE* | | | |
| Consommation de prothrombine | > 20 s | | Altérée dans les déficiences en facteurs VIII, IX et X |
| Facteur V (proaccélérine) | 60 à 140 % | | |
| Facteur VIII (facteur antihémophilique) | 50 à 200 % | | Déficient dans l'hémophilie A |
| Facteur IX (composant de thromboplastine plasmatique) | 75 à 125 % | | Déficient dans l'hémophilie B |
| Facteur X (facteur Stuart) | 60 à 140 % | | |
| Fibrinogène | 200 à 400 mg/100 mL | 2 à 4 g/L | Élevé dans la grossesse, les infections avec leucocytose et le syndrome néphrotique<br>Abaissé dans les maladies du foie grave et dans le décollement placentaire |
| Produits de dégradation de la fibrine | < 10 mg/L | < 10 mg/L | Élevés dans la coagulation intravasculaire disséminée |
| Stabilité du caillot de fibrine | Absence de lyse après 24 heures d'incubation | | Présence de lyse dans les hémorragies massives, certaines interventions chirurgicales majeures et les réactions transfusionnelles |
| Temps de céphaline activée | 20 à 45 s | | Allongé dans les déficiences en fibrinogène et en facteurs II, V, VIII IX, X, XI et XII; allongé dans le traitement à l'héparine |
| Temps de prothrombine | 9 à 12 s | | Allongé dans les déficiences en facteurs I, II, V, VII et X, dans les troubles de l'absorption des lipides, dans les maladies du foie graves et dans le traitement aux coumarines |
| Temps de saignement | 2 à 8 min | 2 à 8 min | Allongé dans les thrombopénies et les anomalies de la fonction plaquettaire; allongé par la prise d'aspirine |
| *HÉMATOLOGIE GÉNÉRALE* | | | |
| Fragilité globulaire | Augmentée quand on observe une hémolyse dans le NaCl à plus de 0,5 %<br>Diminuée quand l'hémolyse est incomplète dans le NaCl à 0,3 % | | Augmentée dans la sphérocytose congénitale, dans les anémies hémolytiques idiopathiques acquises, dans l'anémie hémolytique iso-immune et dans l'incompatibilité ABO chez le nouveau-né<br>Diminuée dans la drépanocytose et dans la thalassémie |
| Hématocrite | Hommes: 42 à 50 %<br>Femmes: 40 à 48 % | 0,42 à 0,50<br>0,40 à 0,48 | Abaissé dans les anémies graves, l'anémie de la grossesse et les pertes de sang massives<br>Élevé dans les polyglobulies et dans la déshydratation ou l'hémoconcentration associée au choc |

*Hématologie*   (suite)

| Composant | Intervalles de référence | | Interprétation clinique |
| | Anciennes unités | Unités SI | |
| --- | --- | --- | --- |
| Hémoglobine | Hommes: 13 à 18 g/100 mL<br>Femmes: 12 à 16 g/100 mL | 130 à 180 g/L<br>120 à 160 g/L | Abaissée dans les anémies, dans la grossesse, dans les hémorragies graves et dans les excès de volume liquidien<br>Élevée dans les polyglobulies, les broncho-pneumopathies chroniques obstructives, dans l'hypoxie due à l'insuffisance cardiaque et chez les personnes qui vivent en haute altitude |
| Hémoglobine $A_2$ | 1,5 à 3,5 % de l'hémoglobine totale | 0,015 à 0,035 | Élevée dans certains types de thalassémie |
| Hémoglobine F | <2 % de l'hémoglobine totale | <0,02 | Élevée chez les bébés et les enfants atteints de thalassémie et dans plusieurs anémies |
| Indices globulaires:<br>volume globulaire moyen (VGM) | 80 à 94 ($\mu m^3$) | 80 à 94 fl | Élevé dans les anémies macrocytaires; abaissé dans les anémies microcytaires |
| teneur globulaire moyenne en hémoglobine (TGMH) | 27 à 32 $\mu\mu g$/globule | 27 à 32 pg | Élevé dans l'anémie macrocytaire; abaissé dans l'anémie microcytaire |
| concentration globulaire moyenne en hémoglobine (CGMH) | 33 à 38 % | 0,33 à 0,38 | Abaissée dans l'anémie hypochrome grave |
| Numération des érythrocytes | Hommes:<br>4 600 000 à 6 200 000/mm$^3$<br>Femmes:<br>4 200 000 à 5 400 000/mm$^3$ | 4,6 à 6,2 × $10^{12}$/L<br><br>4,2 à 5,4 × $10^{12}$/L | Élevée dans la diarrhée grave avec déshydratation, dans la polyglobulie, dans les intoxications aiguës et dans la fibrose pulmonaire<br>Abaissée dans les anémies, dans les leucémies et dans les hémorragies |
| Numération leucocytaire<br>neutrophiles<br>éosinophiles<br>basophiles<br>lymphocytes<br>monocytes | 5000 à 10 000/mm$^3$<br>60 à 70 %<br>1 à 4 %<br>0 à 1 %<br>20 à 30 %<br>2 à 6 % | 5 à 10 × $10^9$/L<br>0,6 à 0,7<br>0,01 à 0,04<br>0 à 0,01<br>0,2 à 0,3<br>0,02 à 0,06 | Élevée dans les infections aiguës (la proportion des neutrophiles est augmentée dans les infections bactériennes et celle des lymphocytes dans les infections virales)<br>Élevée dans les leucémies aiguës, après la menstruation et après une intervention chirurgicale ou un traumatisme<br>Abaissée dans l'anémie aplasique, dans l'agranulocytose et par certains agents toxiques, comme les antinéoplasiques<br>La proportion des éosinophiles est augmenté dans les atteintes diffuses du collagène, dans les allergies et dans les parasitoses intestinales |
| Numération plaquettaire | 100 000 à 400 000/mm$^3$ | 100 à 400 × $10^9$/L | Élevée dans certains cancers, dans les affections myéloprolifératives, dans la polyarthrite rhumatoïde et dans la période postopératoire; on diagnostique un cancer chez environ 50 % des personnes qui présentent une élévation non expliquée du nombre des plaquettes<br>Abaissée dans le purpura thrombopénique, dans les leucémies aiguës, dans l'anémie aplasique, dans les infections, dans les réactions médicamenteuses et au cours de la chimiothérapie |

*Hématologie* (suite)

| Composant | Intervalles de référence | | Interprétation clinique |
|---|---|---|---|
| | Anciennes unités | Unités SI | |
| Phosphatase alcaline leucocytaire | Score de 40 à 140 | | Élevée dans la polyglobulie essentielle, dans la myélofibrose et dans les infections<br>Abaissée dans la leucémie granulocytaire chronique, dans l'hémoglobinurie paroxystique nocturne, dans l'aplasie médullaire et dans certaines infections virales, dont la mononucléose infectieuse |
| Réticulocytes | 0,5 à 1,5 % | 0,005 à 0,015 | Élevés dans les troubles qui stimulent l'activité médullaire (infections, pertes de sang, etc.), après un traitement au fer dans l'anémie ferriprive et dans la polyglobulie essentielle<br>Abaissés dans les troubles qui inhibent l'activité médullaire, dans la leucémie aiguë et dans les anémies graves au stade avancé |
| Taux de sédimentation (méthode par centrifugation) | 41 à 54 % | 0,41 à 0,54 % | Même interprétation que pour la vitesse de sédimentation |
| Vitesse de sédimentation (méthode Westergreen) | Hommes de moins de 50 ans: <15 mm/h<br>Hommes de plus de 50 ans: <20 mm/h<br>Femmes de moins de 50 ans: 20 mm/h<br>Femmes de plus de 50 ans: <30 mm/h | <15 mm/h<br><br><20 mm/h<br><br><20 mm/h<br><br><30 mm/h | Élevée quand il y a destruction des tissus d'origine inflammatoire ou dégénérative; élevée pendant la menstruation et la grossesse et dans les affections fébriles aiguës |

*Biochimie (sang)*

| Composant ou épreuve | Intervalles de référence (adultes) | | Interprétation clinique | |
|---|---|---|---|---|
| | Anciennes unités | Unités SI | Élevé | Abaissé |
| Acétoacétate | 0,2 à 1,0 mg/100 mL | 19,6 à 98 $\mu$mol/L | Acidose diabétique<br>Jeûne | |
| Acétone | 0,3 à 2,0 mg/100 mL | 51,6 à 344,0 $\mu$mol/L | Toxémie gravidique<br>Régime pauvre en glucides<br>Régime riche en lipides | |
| Acide ascorbique (vitamine C) | 0,4 à 1,5 mg/100 mL | 23 à 85 $\mu$mol/L | Larges doses d'acide ascorbique | |
| Acide folique | 4 à 16 ng/mL | 9,1 à 36,3 nmol/L | Anémie mégaloblastique de la petite enfance et de la grossesse<br>Carence en acide folique<br>Maladies du foie<br>Malabsorption<br>Anémie hémolytique grave | |

*Biochimie (sang)*  (suite)

| Composant ou épreuve | Intervalles de référence (adultes) | | Interprétation clinique | |
|---|---|---|---|---|
| | Anciennes unités | Unités SI | Élevé | Abaissé |
| Acide lactique | Sang veineux:<br>    5 à 20 mg/100 mL<br>Sang artériel<br>    3 à 7 mg/100 mL | 0,6 à 2,2 mmol/L<br><br>0,3 à 0,8 mmol/l | Augmentation de l'activité musculaire<br>Insuffisance cardiaque<br>Hémorragie<br>Choc<br>Certaines acidoses métaboliques<br>Certaines infections fébriles<br>Maladie du foie grave | |
| Acide pyruvique | 0,3 à 0,7 mg/100 mL | 34 à 80 μmol/L | Diabète<br>Carence en thiamine<br>Infection en phase aiguë (probablement à cause d'une augmentation de la glycogénolyse et de la glycolyse) | |
| Acide urique | 2,5 à 8 mg/100 mL | 120 à 420 μmol/L | Goutte<br>Leucémies aiguës<br>Lymphomes traités par chimiothérapie<br>Toxémie gravidique | Xanthinurie<br>Défaut de réabsorption tubulaire |
| Adrénocorticotrophine (ACTH) | 20 à 100 pg/mL | 4 à 22 pmol/mL | Syndrome de Cushing dépendant de l'ACTH<br>Syndrome d'ACTH ectopique<br>Insuffisance surrénalienne (primaire) | Tumeur corticosurrénalienne<br>Insuffisance surrénalienne secondaire d'un hypopituitarisme |
| Alanine aminotransférase (ALT) | 10 à 40 U/mL | 5 à 20 U/L | Même que pour l'AST, mais augmentation plus marquée dans les maladies du foie | |
| Aldolase | 0 à 6 U/L à 37 °C<br>    (unités Sibley-Lehninger | 0 à 6 U/L | Nécrose hépatique<br>Leucémie granulocytaire<br>Infarctus du myocarde<br>Maladies des muscles squelettiques | |
| Aldostérone | Couché:<br>    3 à 10 ng/100 mL<br>Debout:<br>    5 à 30 ng/100 mL<br>Veine surrénale:<br>    200 à 400 ng/100 mL | 0,08 à 0,30 nmol/L<br><br>0,14 à 0,90 nmol/L<br><br>5,5 à 22,2 nmol/L | Hyperaldostéronisme primaire et secondaire | Maladie d'Addison |
| Alpha-1-antitrypsine | 200 à 400 mg/100 mL | 2 à 4 g/L | | Certaines formes de maladies chroniques des poumons et du foie chez les jeunes adultes |
| Alpha-1-fétoprotéine | 0 à 20 ng/mL | 0 à 20 μg/L | Hépatocarcinome<br>Cancer métastatique du foie<br>Cancer des testicules et des ovaires à cellules germinales<br>Anomalie de la moelle épinière par défaut de soudure chez le fœtus — valeurs élevées chez la mère | |

## Biochimie (sang) (suite)

| Composant ou épreuve | Intervalles de référence (adultes) | | Interprétation clinique | |
|---|---|---|---|---|
| | Anciennes unités | Unités SI | Élevé | Abaissé |
| Alpha-hydroxybutyrique déshydrogénase | < 140 U/mL | < 140 U/L | Infarctus du myocarde Leucémie granulocytaire Anémies hémolytiques Dystrophie musculaire | |
| Ammoniac | 40 à 80 µg/100 mL (varie considérablement selon la méthode de dosage utilisée) | 22,2 à 44,3 µmol/L | Maladies du foie graves Décompensation hépatique | |
| Amylase | 60 à 160 U/100 mL (unités Somogyi) | 111 à 296 U/L | Pancréatite aiguë Oreillons Ulcère duodénal Cancer de la tête du pancréas Pseudokyste pancréatique (élévation prolongée) Prise de médicaments qui contractent les sphincters des canaux pancréatiques: morphine, codéine, cholinergiques | Pancréatite chronique Fibrose et atrophie du pancréas Cirrhose Grossesse (2e et 3e trimestres) |
| Antigène carcino-embryonnaire | 0 à 2,5 ng/mL | 0 à 2,5 µg/L | La présence de cet antigène est fréquente chez les personnes atteintes de cancers du côlon, du rectum, du pancréas et de l'estomac, ce qui porte à croire que son dosage pourrait être utile pour suivre l'évolution de ces cancers. | |
| Arsenic | 6 à 20 µg/100 mL | 0,78 à 2,6 µmol/L | Intoxication accidentelle ou intentionnelle Exposition dans le milieu de travail | |
| Aspartate aminotransférase (AST) | 7 à 40 U/mL | 4 à 20 U/L | Infarctus du myocarde Maladies des muscles squelettiques Maladies du foie | |
| Bilirubine | Totale: 0,1 à 1,2 mg/100 mL Directe: 0,1 à 0,2 mg/100 mL Indirecte: 0,1 à 1,0 mg/100 mL | 1,7 à 20,5 µmol/L 1,7 à 3,4 µmol/L 1,7 à 17,1 µmol/L | Anémie hémolytique (indirecte) Obstruction et maladies des voies biliaires Hépatite Anémie pernicieuse Maladie hémolytique du nouveau-né | |
| Calcitonine | Non mesurable (pg/mL) | Non mesurable (ng/L) | Cancer médullaire de la thyroïde Certaines tumeurs non thyroïdiennes Syndrome de Zollinger-Ellison | |

*Biochimie (sang)* (suite)

| Composant ou épreuve | Intervalles de référence (adultes) | | Interprétation clinique | |
|---|---|---|---|---|
| | Anciennes unités | Unités SI | Élevé | Abaissé |
| Calcium | 8,5 à 10,5 mg/100 mL | 2,2 à 2,56 mmol/L | Tumeur ou hyperplasie des parathyroïdes<br>Hypervitaminose D<br>Myélome multiple<br>Néphrite avec urémie<br>Tumeurs malignes<br>Sarcoïdose<br>Hyperthyroïdie<br>Immobilisation des os<br>Apport excessif de calcium (syndrome du lait et des alcalins) | Hypoparathyroïdie<br>Diarrhée<br>Maladie cœliaque<br>Carence en vitamine D<br>Pancréatite aiguë<br>Néphrose<br>Après une parathyroï-dectomie |
| Catécholamines | Adrénaline:<br>  <90 pg/mL<br>Noradrénaline:<br>  100 à 550 pg/mL<br>Dopamine:<br>  <130 pg/mL | <490 pmol/L<br><br>590 à 3240 pmol/L<br><br><850 pmol/L | Phéochromocytome | |
| Céruloplasmine | 30 à 80 mg/100 mL | 300 à 800 mg/L | | Maladie de Wilson (dégénérescence hépatolenticulaire) |
| Chlorure | 95 à 105 mEq/L | 95 à 105 mmol/L | Néphrose<br>Néphrite<br>Obstruction urinaire<br>Décompensation cardiaque<br>Anémie | Diabète<br>Diarrhée<br>Vomissements<br>Pneumonie<br>Intoxication par un métal lourd<br>Syndrome de Cushing<br>Brûlures<br>Obstruction intestinale<br>Fièvre |
| Cholestérol | 150 à 200 mg/100 mL | 3,9 à 5,2 mmol/L | Hyperlipidémie<br>Ictère obstructif<br>Diabète<br>Hypothyroïdie | Anémie pernicieuse<br>Anémie hémolytique<br>Hyperthyroïdie<br>Infection grave<br>Maladies débilitantes au stade terminal |
| Cholestérol, esters | 60 à 70 % du cholestérol total | En fraction du cholestérol total: 0,6 à 0,7 | | Maladies du foie |

Cholestérol LDL

| Âge | mg/100 mL | mmol/L | Les personnes qui ont un taux élevé de cholestérol LDL présentent un risque élevé de maladie cardiaque. |
|---|---|---|---|
| 1 à 19 | 50 à 170 | 1,30 à 4,40 | |
| 20 à 29 | 60 à 170 | 1,55 à 4,40 | |
| 30 à 39 | 70 à 190 | 1,8 à 4,9 | |
| 40 à 49 | 80 à 190 | 2,1 à 4,9 | |
| 50 à 59 | 20 à 210 | 2,1 à 5,4 | |

Cholestérol HDL

| Âge (ans) | Hommes (mg/100 mL) | Femmes (mg/100 mL) | Hommes (mmol/L) | Femmes (mmol/L) | |
|---|---|---|---|---|---|
| 0 à 19 | 30 à 65 | 30 à 70 | 0,78 à 1,68 | 0,78 à 1,81 | Les personnes ayant un taux abaissé de cholestérol HDL présentent un risque élevé de maladie cardiaque. |
| 20 à 29 | 35 à 70 | 35 à 75 | 0,91 à 1,81 | 0,91 à 1,94 | |
| 30 à 39 | 30 à 65 | 35 à 80 | 0,78 à 1,68 | 0,91 à 2,07 | |
| 40 à 49 | 30 à 65 | 40 à 85 | 0,78 à 1,68 | 1,04 à 2,2 | |
| 50 à 59 | 30 à 65 | 35 à 85 | 0,78 à 1,68 | 0,91 à 2,2 | |
| 60 à 69 | 30 à 65 | 35 à 85 | 0,78 à 1,68 | 0,91 à 2,2 | |

## *Biochimie (sang)* (suite)

| Composant ou épreuve | Intervalles de référence (adultes) | | Interprétation clinique | |
|---|---|---|---|---|
| | Anciennes unités | Unités SI | Élevé | Abaissé |
| Cholinestérase | 620 à 1370 U/L à 25 °C | 620 à 1370 U/L | Néphrose Exercice | Intoxication par un gaz neuroplégique Intoxication par les organophosphates |
| Clairance de la créatinine | 100 à 150 mL/min | 1,7 à 2,5 mL/s | | |
| Complément, $C_3$ | 70 à 160 mg/100 mL | 0,7 à 1,6 g/L | Certaines maladies inflammatoires | Glomérulonéphrite aiguë Lupus érythémateux disséminé avec atteinte rénale |
| Complément, $C_4$ | 20 à 40 mg/100 mL | 0,2 à 0,4 g/L | Certaines maladies inflammatoires | Souvent dans les maladies immunitaires, surtout le lupus érythémateux disséminé Œdème de Quincke familial |
| Cortisol | 8 h : 4 à 19 μg/100 mL 16 h : 2 à 15 μg/100 mL | 110 à 520 nmol/L 50 à 410 nmol/L | Stress dû à une maladie infectieuse, à des brûlures, etc. Grossesse Syndrome de Cushing Pancréatite Toxémie gravidique | Maladie d'Addison Hypoactivité de l'hypophyse antérieure |
| $CO_2$ (sang veineux) | Adultes : 24 à 32 mEq/L Bébés : 18 à 24 mEq/L | 24 à 32 mmol/L 18 à 24 mmol/L | Tétanie Maladies respiratoires Obstructions intestinales Vomissements | Acidose Néphrite Toxémie gravidique Diarrhée Anesthésie |
| Créatine | Hommes : 0,17 à 0,50 mg/100 mL Femmes : 0,35 à 0,93 mg/100 mL | 10 à 40 μmol/L 30 à 70 μmol/L | Grossesse Nécrose ou atrophie des muscles squelettiques | État d'inanition Hyperthyroïdie |
| Créatine phosphokinase | Hommes : 50 à 325 mU/mL Femmes : 50 à 250 mU/mL | 50 à 325 U/L 50 à 250 U/L | Infarctus du myocarde Myopathies Injections intramusculaires Syndrome d'écrasement Hypothyroïdie Délirium tremens Myopathie alcoolique Accident vasculaire cérébral | |
| Créatine phosphokinase, iso-enzymes | Présence de la fraction MM (muscles squelettiques) Absence de la fraction MB (muscle cardiaque) | | Présence de la fraction MB dans l'infarctus du myocarde et l'ischémie | |
| Créatinine | 0,7 à 1,4 mg/100 mL | 62 à 124 μmol/L | Néphrite Insuffisance rénale chronique | Maladies rénales |
| Cryoglobulines | Négatif | | Myélome multiple Leucémie lymphoïde chronique Lymphosarcome Lupus érythémateux disséminé Polyarthrite rhumatoïde Endocardite infectieuse subaiguë Certains cancers Sclérodermie | |
| Cuivre | 70 à 165 μg/100 mL | 11,0 à 26 μmol/L | Cirrhose Grossesse | Maladie de Wilson |

## Biochimie (sang) (suite)

| Composant ou épreuve | Intervalles de référence (adultes) | | Interprétation clinique | |
|---|---|---|---|---|
| | Anciennes unités | Unités SI | Élevé | Abaissé |
| 11-Désoxycortisol | 0 à 2 μg/100 mL | 0 à 60 nmol/L | Forme hypertensive de l'hyperplasie surrénalienne virilisante due à un déficit en 11-B-hydroxylase) | |
| Dibucaïne number (pourcentage d'inhibition par la dibucaïne de la pseudocholinestérase) | Normale: 70 à 85 % d'inhibition<br>Hétérozygotes: 50 à 65 % d'inhibition<br>Homozygotes: 16 à 25 % d'inhibition | | | Traduit une activité anormale de la pseudocholinestérase pouvant provoquer une apnée prolongée à la succinyldicholine, un myorelaxant administré pendant l'anesthésie |
| Dihydrotestostérone | Hommes: 50 à 210 ng/100 mL<br>Femmes: non mesurable | 1,72 à 7,22 nmol/L | | Syndrome de féminisation testiculaire |
| Épreuve d'absorption du D-xylose | 30 à 50 mg/100 mL (après 2 heures) | 2 à 3,5 mmol/L | | Syndrome de malabsorption |
| Électrophorèse des protéines (acétate de cellulose) | | | | |
| Albumine | 3,5 à 5,0 g/100 mL | 35 à 50 g/L | | |
| Globulines: | | | | |
| Alpha 1 | 0,2 à 0,4 g/100 mL | 2 à 4 g/L | | |
| Alpha 2 | 0,6 à 1,0 g/100 mL | 6 à 10 g/L | | |
| Bêta | 0,6 à 1,2 g/100 mL | 6 à 12 g/L | | |
| Gamma | 0,7 à 1,5 g/100 mL | 7 à 15 g/L | | |
| Estradiol | Femmes:<br>Phase folliculaire: 10 à 90 pg/mL<br>Milieu du cycle: 100 à 550 pg/mL<br>Phase lutéale: 50 à 240 pg/mL<br>Hommes: 15 à 40 pg/mL | 37 à 370 pmol/L<br>367 à 1835 pmol/L<br>184 à 881 pmol/L<br>55 à 150 pmol/L | Grossesse | Insuffisance ovarienne |
| Estriol | Femmes non enceintes: <0,5 ng/mL | <1,75 nmol/L | Grossesse | Insuffisance ovarienne |
| Estrogènes | Femmes:<br>Jours du cycle:<br>1 à 10: 61 à 394 pg/mL<br>11 à 20: 122 à 437 pg/mL<br>21 à 30: 156 à 350 pg/mL<br>Hommes: 40 à 115 pg/mL | 61 à 394 ng/L<br>122 à 437 ng/L<br>156 à 350 ng/L<br>40 à 115 ng/L | Grossesse | Détresse fœtale<br>Insuffisance ovarienne |
| Estrone | Femmes:<br>Jours du cycle:<br>1 à 10: 4,3 à 18 ng/100 mL<br>11 à 20: 7,5 à 19,6 ng/100 mL<br>21 à 30: 13 à 20 ng/100 mL<br>Hommes: 2,5 à 7,5 ng/100 mL | 15,9 à 66,6 pmol/L<br>27,8 à 72,5 pmol/L<br>48,1 à 74,0 pmol/L<br>9,3 à 27,8 pmol/L | Grossesse | Insuffisance ovarienne |

## Biochimie (sang)   (suite)

| Composant ou épreuve | Intervalles de référence (adultes) | | Interprétation clinique | |
| --- | --- | --- | --- | --- |
| | Anciennes unités | Unités SI | Élevé | Abaissé |
| Fer | 65 à 170 $\mu$g/100 mL | 11 à 30 $\mu$mol/L | Anémie pernicieuse<br>Anémie aplasique<br>Anémie hémolytique<br>Hépatite<br>Hémochromatose | Anémie ferriprive |
| Fer, capacité de fixation | 250 à 420 $\mu$g/100 mL | 45 à 82 $\mu$mol/L | Anémie ferriprive<br>Hémorragie aiguë ou chronique<br>Hépatite | Infections chroniques<br>Cirrhose |
| Ferritine | Hommes:<br>10 à 270 ng/mL<br>Femmes:<br>5 à 100 ng/mL | 10 à 270 $\mu$g/L<br><br>5 à 100 $\mu$g/L | Néphrite<br>Hémochromatose<br>Certains cancers<br>Leucémie myéloblastique aiguë<br>Myélome multiple | Carence en fer |
| Galactose | <5 mg/100 mL | <0,3 mmol/L | | Galactosémie |
| Gamma-glutamyl-transpeptidase | 0 à 30 U/L à 30 °C | 0 à 30 U/L | Maladies hépatobiliaires<br>Alcoolisme anictérique<br>Lésions dues à des médicaments<br>Infarctus du myocarde<br>Infarctus rénal | |
| Gastrine | À jeun:<br>50 à 155 pg/mL<br>Postprandial:<br>80 à 170 pg/mL | 50 à 155 ng/L<br><br>80 à 170 ng/L | Syndrome de Zollinger-Ellison<br>Ulcère duodénal<br>Anémie pernicieuse | |
| Gaz carbonique:<br>pression partielle ($PaCO_2$) | 35 à 45 mm Hg | 4,7 à 6,0 kPa | Acidose respiratoire<br>Alcalose métabolique | Alcalose respiratoire<br>Acidose métabolique |
| Gaz du sang artériel:<br>Oxygène<br>Pression partielle ($PaO_2$)<br>Saturation ($SaO_2$) | 95 à 100 mm Hg<br><br><br>94 à 100 % | 12,6 à 13,3 kPa<br><br><br>0,94 à 1,0 | Polyglobulie<br>Anhydrémie | Anémie<br>Décompensation cardiaque<br>Bronchopneumopathies chroniques obstructives |
| Globuline de liaison de la thyroxine (TBG) | 10 à 26 $\mu$g/100 mL | 100 à 260 $\mu$g/L | Hypothyroïdie<br>Grossesse<br>Œstrogénothérapie<br>Prise de contraceptifs oraux | Prise d'androgènes et de stéroïdes anabolisants<br>Syndrome néphrotique<br>Hypoprotéinémie grave<br>Maladies hépatiques |
| Glucose | À jeun:<br>60 à 110 mg/100 mL<br>Postprandial:<br>65 à 140 mg/100 mL | 3,3 à 6,0 mmol/L<br><br>3,6 à 7,7 mmol/L | Diabète<br>Néphrite<br>Hyperthyroïdie<br>Hyperpituitarisme au premier stade<br>Lésions cérébrales<br>Infections<br>Grossesse<br>Urémie | Hyperinsulinisme<br>Hypothyroïdie<br>Hyperpituitarisme au stade avancé<br>Vomissements graves<br>Maladie d'Addison<br>Atteinte hépatique grave |
| Glucose-6-phosphate déshydrogénase (globules rouges) | 1,86 à 2,5 IU/mL de GR | 1860 à 2500 U/L | | Anémie hémolytique médicamenteuse<br>Maladie hémolytique du nouveau-né |

*Biochimie (sang)*   (suite)

| Composant ou épreuve | Intervalles de référence (adultes) | | Interprétation clinique | |
| | Anciennes unités | Unités SI | Élevé | Abaissé |
| --- | --- | --- | --- | --- |
| Glycoprotéines(alpha-1-acide) | 40 à 110 mg/100 mL | 400 à 1100 mg/L | Cancer<br>Tuberculose<br>Diabète compliqué d'une maladie vasculaire dégénérative<br>Grossesse<br>Polyarthrite rhumatoïde<br>Rhumatisme articulaire aigu<br>Hépatite<br>Lupus érythémateux | |
| Gonadotrophine chorionique (B-HCG) | 0 à 5 IU/L | 0 à 5 IU/L | Grossesse<br>Mole hydatiforme<br>Choriocarcinome | |
| Haptoglobine | 50 à 250 mg/100 mL | 0,5 à 2,5 g/L | Grossesse<br>Œstrogénothérapie<br>Infections chroniques<br>Différents troubles inflammatoires | Anémie hémolytique<br>Réaction transfusion-<br>nelle hémolytique |
| Hémoglobine A1 (hémoglobine glycosylée) | 4,4 à 8,2 % | | Diabète mal équilibré | |
| Hémoglobine plasmatique | 0,5 à 5,0 mg/100 mL | 5 à 50 mg/L | Réactions transfusionnelles<br>Hémoglobinurie paroxystique nocturne<br>Hémolyse intravasculaire | |
| Hexosaminidase A | Normale:<br>  49 à 68 %<br>Maladie de Tay-Sachs:<br>  Hétérozygotes:<br>    26 à 45 %<br>  Homozygotes:<br>    0 à 4 %<br>  Diabète:<br>    39 à 59 % | 0,49 à 0,68<br><br><br>0,26 à 0,45<br><br>0 à 0,04<br><br>0,39 à 0,59 | | Maladie de Tay-Sachs |
| Hexosaminidase totale | Normale: 333 à 375 nmol/mL/h<br>Maladie de Tay-Sachs:<br>  Hétérozygotes: 288 à 644 nmol/mL/h<br>  Homozygotes:<br>    284 à 1232 nmol/mL/h<br>Diabète: 567 à 3560 nmol/mL/h | 333 à 375 $\mu$mol/L/h<br><br>288 à 644 $\mu$mol/L/h<br><br>284 à 1232 $\mu$mol/L/h<br><br>567 à 3560 $\mu$mol/L/h | Diabète<br>Maladie de Tay-Sachs | |
| Hormone de croissance | <10 ng/mL | <10 mg/L | Acromégalie | Nanisme |
| Hormone folliculostimulante (FSH) | Phase folliculaire:<br>  5 à 20 mIu/L<br>Milieu du cycle:<br>  12 à 30 mIu/L<br>Phase lutéale:<br>  5 à 15 mIu/L<br>Après la ménopause:<br>  40 à 200 mIu/L | 5 à 20 IU/L<br><br>12 à 30 IU/L<br><br>5 à 15 IU/L<br><br>40 à 200 IU/L | Ménopause<br>Insuffisance ovarienne primaire | Insuffisance hypophysaire |

**Biochimie (sang)**   (suite)

| Composant ou épreuve | Intervalles de référence (adultes) | | Interprétation clinique | |
|---|---|---|---|---|
| | Anciennes unités | Unités SI | Élevé | Abaissé |
| Hormone lutéinisante | Hommes:<br>3 à 25 mIu/mL<br>Femmes:<br>2 à 20 mIu/mL<br>Pic de production:<br>30 à 140 mIu/mL | 3 à 25 IU/L<br><br>2 à 20 IU/L<br><br>30 à 140 IU/L | Tumeur hypophysaire<br>Insuffisance ovarienne | Insuffisance<br>hypophysaire |
| Hormone parathyroïdienne<br>17-hydroxyprogestérone | 160 à 350 pg/mL<br>Hommes:<br>0,4 à 4 ng/mL<br>Femmes:<br>0,1 à 3,3 ng/mL<br>Enfants:<br>0,1 à 0,5 ng/mL | 160 à 350 ng/L<br><br>1,2 à 12 nmol/L<br><br>0,3 à 10 nmol/L<br><br>0,3 à 1,5 nmol/L | Hyperparathyroïdie<br>Hyperplasie congénitale des<br>surrénales<br>Grossesse<br>Certains cas d'adénome<br>surrénalien ou ovarien | |
| Hyperglycémie provoquée | Limite supérieure de la<br>normale:<br>À jeun:<br>125 mg/100 mL<br>1 heure:<br>190 mg/100 mL<br>2 heures:<br>140 mg/100 mL<br>3 heures:<br>125 mg/100 mL | <br><br><br>6,9 mmol/L<br><br>10,5 mmol/L<br><br>7,7 mmol/L<br><br>6,9 mmol/L | (Courbe plate ou inversée)<br>Hyperinsulinisme<br>Insuffisance surrénalienne<br>(maladie d'Addison)<br>Hypoactivité de l'hypophyse<br>antérieure<br>Hypothyroïdie<br>Maladie cœliaque | (Courbe élevée)<br>Diabète<br>Hyperthyroïdie<br>Tumeur ou hyperplasie<br>des surrénales<br>Anémie grave<br>Certaines maladies du<br>système nerveux<br>central |
| Immunoglobuline A | 50 à 300 mg/100 mL | 0,5 à 3 g/L | Myélome à IgA<br>Syndrome de Wiskott-Aldrich<br>Maladies auto-immunitaires<br>Cirrhose | Ataxie-télangiectasies<br>Agammaglobulinémie<br>Hypogammaglobuli-<br>némie transitoire<br>Dysgammaglobulinémie<br>Entéropathies avec<br>pertes de protéines |
| Immunoglobuline D | 0 à 30 mg/100 mL | 0 à 300 mg/L | Myélome à IgD<br>Certaines infections<br>chroniques | |
| Immunoglobuline E | 20 à 740 ng/mL | 20 à 740 µg/L | Allergies et infections<br>parasitaires | |
| Immunoglobuline G | 635 à 1400 mg/100 mL | 6,35 à 14 g/L | Myélome à IgG<br>Après une hyperimmunisation<br>Maladies auto-immunitaires<br>Infections chroniques | Hypogammaglobuliné-<br>mies congénitales et<br>acquises<br>Myélome à IgA<br>Macroglobulinémie de<br>Waldenström<br>Certains syndromes de<br>malabsorption<br>Grave perte de protéines |
| Immunoglobuline M | 40 à 280 mg/100 mL | 0,4 à 2,8 g/L | Macroglobulinémie de<br>Waldenström<br>Infections parasitaires<br>Hépatite | Agammaglobulinémie<br>Certains myélomes à<br>IgG et à IgA<br>Leucémie lymphoïde<br>chronique |
| Insuline | 5 à 25 µU/mL | 35 à 145 pmol/L | Insulinome<br>Acromégalie | Diabète |
| Isocitrate-déshydrogénase | 50 à 180 U | 0,83 à 3 U/L | Hépatite et cirrhose<br>Ictère obstructif<br>Cancer métastatique du foie<br>Anémie mégaloblastique | |
| Lactate-déshydrogénase (LDH) | 100 à 225 mU/L | 100 à 225 U/L | Anémie pernicieuse non<br>traitée<br>Infarctus du myocarde<br>Infarctus pulmonaire<br>Maladies du foie | |

## Biochimie (sang) (suite)

| Composant ou épreuve | Intervalles de référence (adultes) | | Interprétation clinique | |
|---|---|---|---|---|
| | Anciennes unités | Unités SI | Élevé | Abaissé |
| Lactate-déshydrogénase, iso-enzymes | | | LDH-1 et LDH-2: | |
| LDH-1 | 20 à 35 % | 0,2 à 0,35 | Infarctus du myocarde | |
| | | | Anémie mégaloblastique | |
| LDH-2 | 25 à 40 % | 0,25 à 0,4 | Anémie hémolytique | |
| | | | LDH-4 et LDH-5: | |
| LDH-3 | 20 à 30 % | 0,2 à 0,3 | Infarctus pulmonaire | |
| | | | Insuffisance cardiaque | |
| LDH-4 | 0 à 20 % | 0 à 0,2 | Maladies du foie | |
| LDH-5 | 0 à 25 % | 0 à 0,25 | | |
| Leucine aminopeptidase | 80 à 200 U/L | 19,2 à 48 U/L | Maladies du foie et des voies biliaires | |
| | | | Maladies du pancréas | |
| | | | Cancers métastatiques du foie et du pancréas | |
| | | | Obstruction des voies biliaires | |
| Lipase | 0,2 à 1,5 U/mL | 55 à 417 U/L | Pancréatite aiguë et chronique | |
| | | | Obstruction des voies biliaires | |
| | | | Cirrhose | |
| | | | Hépatite | |
| | | | Ulcère gastroduodénal | |
| Lipides totaux | 400 à 1000 mg/100 mL | 4 à 10 g/L | Hypothyroïdie | Hyperthyroïdie |
| | | | Diabète | |
| | | | Néphrose | |
| | | | Glomérulonéphrite | |
| | | | Hyperlipoprotéinémies | |

## Caractéristiques des différents types d'hyperlipoprotéinémies

| Type | Fréquence | Aspect du sérum | Triglycérides | Cholestérol | Électrophorèse des lipoprotéines | | | | Causes |
|---|---|---|---|---|---|---|---|---|---|
| | | | | | Bêta | Pré-bêta | Alpha | Chylomicrons | |
| I | Très rare | Lactescent | Très élevés | Normal à modéré- ment élevé | Faible | Faible | Faible | Très forte | Dysglobulinémie |
| II | Fréquent | Limpide | Normaux à légèrement élevés | Légèrement élevé à très élevé | Forte | Absente à forte | Modérée | Faible | Hypothyroïdie, myélomes, syndrome hépatique et apport alimen- taire élevé en cholestérol |
| III | Rare | Limpide ou lactescent | Élevés | Élevé | Large bande, forte | Chevauche la bande bêta | Modérée | Faible | |
| IV | Très fréquent | Limpide ou lactescent | Légèrement élevés ou très élevés | Normal à légèrement élevé | Faible à modérée | Modérée à forte | Faible à modérée | Faible | Hypothyroïdie, diabète, pancréa- tite, glycogéno- ses, syndrome néphrotique myélomes, grossesse et prise de contraceptifs oraux |
| V | Rare | Limpide ou lactescent | Très élevés | Élevé | Faible | Modérée | Faible | Forte | Diabète, pancréa- tite, alcoolisme |

Les types I et II sont provoqués par les lipides, les types III et IV par les glucides et le type V par les lipides et les glucides.

*Biochimie (sang)*   (suite)

| Composant ou épreuve | Intervalles de référence (adultes) | | Interprétation clinique | |
| | Anciennes unités | Unités SI | Élevé | Abaissé |
| --- | --- | --- | --- | --- |
| Lithium | 0,5 à 1,5 mEq/L | 0,5 à 1,5 mmol/L | | |
| Lysozyme (muramidase) | 2,8 à 8 $\mu$g/mL | 2,8 à 8 mg/L | Leucémie monocytaire aiguë Inflammations et infections | Leucémie lymphoïde aiguë |
| Magnésium | 1,3 à 2,4 mEq/L | 0,7 à 1,2 mmol/L | Consommation exagérée d'antiacides contenant du magnésium | Alcoolisme chronique Maladie rénale grave Diarrhée Retard de croissance |
| Manganèse | 0,04 à 1,4 $\mu$g/100 mL | 73 à 255 nmol/L | | |
| Mercure | <10 $\mu$g/100 mL | <50 nmol/L | Intoxication au mercure | |
| Myoglobine | <85 ng/mL | <85 $\mu$g/L | Infarctus du myocarde Nécrose musculaire | |
| 5'nucléotidase | 3,2 à 11,6 IU/L | 3,2 à 11,6 IU/L | Maladies hépatobiliaires | |
| Osmolalité | 280 à 300 mOsm/kg | 280 à 300 mmol/L | Déséquilibre hydro-électrolytique | Sécrétion inadéquate d'hormone antidiu-rétique |
| Peptide C | 1,5 à 10 ng/mL | 1,5 à 10 $\mu$g/L | Insulinome | Diabète |
| pH | 7,35 à 7,45 | 7,35 à 7,45 | Vomissements Hyperhypnée Fièvre Obstruction intestinale | Urémie Acidose diabétique Hémorragie Néphrite |
| Phénylalanine | Première semaine de vie: 1,2 à 3,5 mg/100 mL Après: 0,7 à 3,5 mg/100 mL | 0,07 à 0,21 mmol/L 0,04 à 0,21 mmol/L | Phénylcétonurie | |
| Phosphatase acide prostatique | 0 à 3 U | 0 à 5,5 U/L | Cancer de la prostate | |
| Phosphatase acide totale | 0 à 11 U/L | 0 à 11 U/L | Cancer de la prostate Maladie de Paget au stade avancé Hyperparathyroïdie Maladie de Gaucher | |
| Phosphatase alcaline | 30 à 120 U/L | 30 à 120 U/L | Augmentation de l'activité ostéoblastique Rachitisme Hyperparathyroïdie Maladies du foie | |
| Phosphohexose isomérase | 20 à 90 IU/L | 20 à 90 IU/L | Cancers Maladies du cœur, du foie et des muscles squelettiques | |
| Phospholipides | 125 à 300 mg/100 mL | 1,25 à 3,0 g/L | Diabète Néphrite | |
| Phosphore inorganique | 2,5 à 4,5 mg/100 mL | 0,8 à 1,45 mmol/L | Néphrite chronique Hypoparathyroïdie | Hyperparathyroïdie Carence en vitamine D |
| Plomb | <40 $\mu$g/100 mL | <2 $\mu$mol/L | Intoxication au plomb | |
| Potassium | 3,8 à 5,0 mEq/L | 3,8 à 5,0 mmol/L | Maladie d'Addison Oligurie Anurie Hémolyse, nécrose tissulaire | Acidose diabétique Diarrhée Vomissements |

## Biochimie (sang) (suite)

| Composant ou épreuve | Intervalles de référence (adultes) | | Interprétation clinique | |
|---|---|---|---|---|
| | Anciennes unités | Unités SI | Élevé | Abaissé |
| Progestérone | Phase folliculaire:<br>    <2 ng/mL<br>Phase lutéale:<br>    2 à 20 ng/mL<br>Fin du cycle<br>    <1 ng/mL<br>Grossesse 20e semaine:<br>    jusqu'à 50 ng/mL | <6 nmol/L<br><br>6 à 64 nmol/L<br><br><3 nmol/L<br><br>jusqu'à 160 nmol/L | Utile dans l'évaluation des troubles menstruels et de l'infertilité, de même que de la fonction placentaire dans les grossesses avec complications (toxémie gravidique, diabète, menace d'avortement) | |
| Prolactine | 0 à 20 ng/mL | 0 à 20 ug/L | Grossesse<br>Troubles fonctionnels ou structurels de l'hypothalamus<br>Section de la tige pituitaire<br>Tumeurs hypophysaires | |
| Protéines:<br>    Totales<br>    Albumine<br>    Globulines | <br>6 à 8 g/100 mL<br>3,5 à 5 g/100 mL<br>1,5 à 3 g/100 mL | <br>60 à 80 g/L<br>35 à 50 g/L<br>15 à 30 g/L | Hémoconcentration<br>Choc<br>Myélome multiple (fraction globulines)<br>Infections chroniques (fraction globulines)<br>Maladies du foie (fraction globulines) | <br>Malnutrition<br>Hémorragie<br>Brûlures<br>Protéinurie |
| Protoporphyrine | 15 à 100 $\mu$g/100 mL | 0,27 à 1,8 $\mu$mol/L | Intoxication au plomb<br>Protoporphyrie érythro-poïétique | |
| Pyridoxine | 3,6 à 18 ng/mL | | | Dépression<br>Neuropathies périphériques<br>Anémie<br>Convulsions néonatales<br>Réaction à certains médicaments |
| Régime normal en sodium<br>Régime réduit en sodium<br>Rénine | 1,1 à 4,1 ng/mL/h<br>6,2 à 12,4 ng/mL/h | 0,3 à 1,14 ng•L$^{-1}$•s$^{-1}$<br>1,72 à 3,44 ng•L$^{-1}$•s$^{-1}$ | Hypertension rénovasculaire<br>Hypertension maligne<br>Maladie d'Addison non traitée<br>Néphropathie avec perte de sel<br>Régime pauvre en sel<br>Traitement aux diurétiques<br>Hémorragie | Aldostéronisme primaire<br>Augmentation de l'apport en sel<br>Corticothérapie avec rétention de sel<br>Traitement à l'hormone antidiurétique<br>Transfusion sanguine |
| Sodium | 135 à 145 mEq/L | 135 à 145 mmol/L | Hémoconcentration<br>Néphrite<br>Obstruction du pylore | Hémodilution<br>Maladie d'Addison<br>Myxœdème |
| Sulfate inorganique | 0,5 à 1,5 mg/100 mL | 0,05 à 0,15 mmol/L | Néphrite<br>Rétention d'azote | |
| Testostérone | Femmes:<br>    25 à 100 ng/100 mL<br>Hommes:<br>    300 à 800 ng/100 mL | <br>0,9 à 3,5 nmol/L<br><br>10,5 à 28 nmol/L | Femmes:<br>Polykystose ovarienne<br>Tumeurs virilisantes | Hommes:<br>Orchidectomie<br>Œstrogénothérapie<br>Syndrome de Klinefelter<br>Hypopituitarisme<br>Hypogonadisme<br>Cirrhose |

## *Biochimie (sang)*   (suite)

| Composant ou épreuve | Intervalles de référence (adultes) | | Interprétation clinique | |
| --- | --- | --- | --- | --- |
| | Anciennes unités | Unités SI | Élevé | Abaissé |
| Thyrotrophine (TSH) | | 2 à 11 mU/L | Hypothyroïdie | Hyperthyroïdie |
| Thyroxine libre | 1,0 à 2,2 ng/100 mL | 13 à 30 pmol/L | | |
| Thyroxine (T$_4$) | 4,5 à 11,5 µg/100 mL | 58 à 150 nmol/L | Hyperthyroïdie<br>Thyroïdite<br>Prise de contraceptifs oraux (à cause de l'augmentation du taux des protéines de liaison de la thyroxine)<br>Grossesse | Hypothyroïdie<br>Prise d'androgènes et de stéroïdes anabolisants (à cause de la baisse du taux des protéines de liaison de la thyroxine)<br>Hypoprotéinémie<br>Syndrome néphrotique |
| Transferrine | 230 à 320 mg/100 mL | 2,3 à 3,2 g/L | Grossesse<br>Anémie ferriprive due à une hémorragie<br>Hépatite aiguë<br>Polyglobulie<br>Prise de contraceptifs oraux | Anémie pernicieuse en rémission<br>Thalassémie et drépanocytose<br>Chromatose<br>Cancer et autres maladies du foie |
| Triglycérides | 10 à 150 mg/100 mL | 0,10 1,65 mmol/L | Voir le tableau des hyperlipoprotéinémies | |
| Triiodothyronine (T$_3$), captation | 25 à 35 % | 0,25 à 0,35 | Hyperthyroïdie<br>Déficit en TBG<br>Prise d'androgènes et de stéroïdes anabolisants | Hypothyroïdie<br>Grossesse<br>Excès de TBG<br>Prise d'œstrogènes |
| Triiodothyronine totale | 75 à 220 ng/100 mL | 1,15 à 3,1 nmol/L | Grossesse<br>Hyperthyroïdie | Hypothyroïdie |
| Tryptophane | 1,4 à 3,0 mg/100 mL | 68 à 147 nmol/L | | Malabsorption du tryptophane |
| Tyrosine | 0,5 à 4 mg/100 mL | 28 à 220 mmol/L | Tyrosinose | |
| Urée, azote | 10 à 20 mg/100 mL | 3,6 à 7,2 mmol/L | Glomérulonéphrite aiguë<br>Obstruction urinaire<br>Intoxication au mercure<br>Syndrome néphrotique | Insuffisance hépatique grave<br>Grossesse |
| Vitamine A | 50 à 220 µg/100 mL | 1,75 à 7,7 µmol/L | Hypervitaminose A | Carence en vitamine A<br>Maladie cœliaque<br>Ictère obstructif<br>Giardiase |
| Vitamine B$_1$ (thiamine) | 1,6 à 4,0 µg/100 mL | 47 à 135 nmol/L | | Anorexie<br>Béribéri<br>Polyneuropathies<br>Myocardiopathies |
| Vitamine B$_6$ (pyridoxal) | 3,6 à 18 ng/mL | 14,6 à 72,8 nmol/L | | Alcoolisme chronique<br>Malnutrition<br>Urémie<br>Convulsions néonatales<br>Malabsorption |

*Biochimie (sang)*  (suite)

| Composant ou épreuve | Intervalles de référence (adultes) | | Interprétation clinique | |
| | Anciennes unités | Unités SI | Élevé | Abaissé |
| --- | --- | --- | --- | --- |
| Vitamine B$_{12}$ | 130 à 785 pg/mL | 100 à 580 pmol/L | Lésions des cellules hépatiques<br>Maladies myéloprolifératives (les taux les plus élevés s'observent dans la leucémie myéloïde) | Végétarisme strict<br>Alcoolisme<br>Anémie pernicieuse<br>Gastrectomie totale ou partielle<br>Résection de l'iléon<br>Maladie cœliaque<br>Infection par le Diphyllobothrium latum |
| Vitamine E | 0,5 à 2 mg/100 mL | 11,6 à 46,4 $\mu$mol/L | | Carence en vitamine E |
| Zinc | 55 à 150 $\mu$g/100 mL | 7,6 à 23 $\mu$mol/L | | |

*Biochimie (urines)*

| Composant ou épreuve | Intervalles de référence (adultes) | | Interprétation clinique | |
| | Anciennes unités | Unités SI | Élevé | Abaissé |
| --- | --- | --- | --- | --- |
| Acétone et acétoacétate | Négatif | | Diabète mal équilibré<br>État d'inanition | |
| Acide delta aminolévulinique | 0 à 0,54 mg/100 mL | 0 à 40 $\mu$mol/L | Intoxication au plomb<br>Porphyrie hépatique<br>Hépatite<br>Cancer du foie | |
| Acide homogentisique | 0 | | Alcaptonurie<br>Ochronose | |
| Acide homovanillique | <15 mg/24 h | <82 $\mu$mol/d | Neuroblastome | |
| Acide 5-hydroxyindole-acétique | 0 | | Carcinomes | |
| Acide phénylpyruvique | 0 | | Phénylcétonurie | |
| Acide urique | 250 à 750 mg/24 h | 1,48 à 4,43 mmol/d | Goutte | Néphrite |
| Acide vanillylmandélique | <6,8 mg/24 h | <35 $\mu$mol/d | Phéochromocytome<br>Neuroblastome<br>Certains aliments (café, thé, bananes) et certains médicaments dont l'aspirine | |
| Acidité titrable | 20 à 40 mEq/24 h | 20 à 40 mmol/d | Acidose métabolique | Alcalose métabolique |
| Aldostérone | Régime normal en sel:<br>4 à 20 $\mu$g/24 h | 11,1 à 55,5 nmol/d | Aldostéronisme secondaire<br>Déficit en sel<br>Surcharge en potassium<br>Administration d'ACTH à fortes doses<br>Insuffisance cardiaque<br>Cirrhose avec ascite<br>Néphrose<br>Grossesse | |

## *Biochimie (urines)*

| Composant ou épreuve | Intervalles de référence (adultes) | | Interprétation clinique | |
|---|---|---|---|---|
| | *Anciennes unités* | *Unités SI* | *Élevé* | *Abaissé* |
| Amylase | 35 à 260 unités excrétées à l'heure | 6,5 à 48,1 U/h | Pancréatite aiguë | |
| Arylsulfatase A | >2,4 U/mL | | | Leucodystrophie métachromatique |
| Azote d'aminoacide | 50 à 200 mg/24 h | 3,6 à 14,3 mmol/d | Leucémies Diabète Phénylcétonurie et autres maladies métaboliques | |
| Calcium | <150 mg/24 h | <3,75 mmol/d | Hyperparathyroïdie Intoxication à la vitamine D Syndrome de Fanconi | Hypoparathyroïdie Carence en vitamine D |
| Catécholamines | Totales: 0 à 275 µg/24 h Épinéphrine: 10 à 40 % Norépinéprhine: 60 à 90 % | 0 à 1625 nmol/d 0,1 à 0,4 0,6 à 0,9 | Phéochromocytome Neuroblastome | |
| 17-cétostéroïdes | Hommes: 10 à 22 mg/24 h Femmes: 6 à 16 mg/24 h | 35 à 76 µmol/d 21 à 55 µmol/d | Carcinome des testicules à cellules interstitielles Hirsutisme (occasionnellement) Hyperplasie surrénalienne Syndrome de Cushing Cancer virilisant des surrénales Arrhénoblastome | Thyrotoxicose Hypogonadisme chez la femme Diabète Hypertension Maladies débilitantes Eunochoïdisme Maladie d'Addison Panhypopituitarisme Myxœdème Néphrose |
| Clairance de la créatinine | 100 à 150 mL/min | 1,7 à 2,5 mL/s | | Maladies rénales |
| Cortisol, libre | 20 à 90 µg/24 h | 55 à 248 nmol/d | Syndrome de Cushing | |
| Créatine | Hommes: 0 à 40 mg/24 h Femmes: 0 à 80 mg/24 h | 0 à 300 µmol/d 0 à 600 µmol/d | Dystrophie musculaire Fièvre Cancer du foie Grossesse Hyperthyroïdie Myosite | |
| Créatinine | 0,8 à 2 g/24 h | 7 à 17,6 mmol/d | Fièvre typhoïde Salmonellose Tétanos | Atrophie musculaire Anémie Insuffisance rénale avancée Leucémie |
| Cuivre | 20 à 70 µg/24 h | 0,32 à 1,12 µmol/d | Maladie de Wilson Cirrhose Néphrose | |
| Cystine et cystéine | 10 à 100 mg/24 h | 40 à 420 µmol/d | Cystinurie | |
| 11-désoxycortisol | 20 à 100 µg/24 h | 0,6 à 2,9 µmol/d | Forme hypertensive de l'hyperplasie surrénalienne virilisante due à un déficit en 11-bêta-hyroxylase | |
| Épreuve d'absorption du D-Xylose | 16 à 33 % du D-xylose ingéré | 0,16 à 0,33 | | Syndrome de malabsorption |

*Biochimie (urines)*  (suite)

| Composant ou épreuve | Intervalles de référence (adultes) | | Interprétation clinique | |
|---|---|---|---|---|
| | Anciennes unités | Unités SI | Élevé | Abaissé |
| Estriol (placentaire) | *Semaines de grossesse* | | | Détresse fœtale<br>Prééclampsie<br>Insuffisance placentaire<br>Diabète mal équilibré |
| | | $\mu g/24\,h$ | $nmol/d$ | |
| | 12 | <1 | <3,5 | |
| | 16 | 2 à 7 | 7 à 24,5 | |
| | 20 | 4 à 9 | 14 à 32 | |
| | 24 | 6 à 13 | 21 à 45,5 | |
| | 28 | 8 à 22 | 28 à 77 | |
| | 32 | 12 à 43 | 42 à 150 | |
| | 36 | 14 à 45 | 49 à 158 | |
| | 40 | 19 à 46 | 66,5 à 160 | |
| Estriol (femmes non enceintes) | Femmes:<br>  Début de la menstruation:<br>    4 à 25 $\mu g/24\,h$<br>  Pic ovulation<br>    28 à 99 $\mu g/24\,h$<br>  Pic lutéal<br>    22 à 105 $\mu g/24\,h$<br>  Après la ménopause:<br>    1,4 à 19,6 $\mu g/24\,h$<br>Hommes:<br>  5 à 18 $\mu g/24\,h$ | <br><br><br>15 à 85 nmol/d<br><br>95 à 345 nmol/d<br><br>75 à 365 nmol/d<br><br>5 à 70 nmol/d<br><br>15 à 60 nmol/d | Hypersécrétion d'œstrogènes due à un cancer des gonades ou des surrénales | Aménorrhée primaire ou secondaire |
| Étiocholanolone | Hommes:<br>  1,9 à 6 mg/24 h<br>Femmes:<br>  0,5 à 4 mg/24 h | <br>6,5 à 20,6 $\mu mol/d$<br><br>1,7 à 13,8 $\mu mol/d$ | Syndrome génitosurrénal<br>Hirsutisme idiopathique | |
| 17-hydroxycorticostéroïdes | 2 à 10 mg/24 h | 5,5 à 27,5 $\mu mol/d$ | Maladie de Cushing | Maladie d'Addison<br>Hypofonctionnement de l'hypophyse antérieure |
| Glucose | Négatif | | Diabète<br>Troubles hypophysaires<br>Hypertension intracrânienne<br>Lésion du 4e ventricule | |
| Gonadotrophine chorionique | Négatif en l'absence de grossesse | | Grossesse<br>Chorioépithéliome<br>Môle hydatiforme | |
| Hémoglobine et myoglobine | Négatif | | Brûlures étendues<br>Transfusion de sang incompatible<br>Graves blessures par écrasement (myoglobine) | |
| Hormone folliculostimulante (FSH) | Femmes:<br>  Phase folliculaire:<br>    5 à 20 IU/24 h<br>  Phase lutéale:<br>    5 à 15 IU/24 h<br>  Milieu du cycle:<br>    15 à 60 IU/24 h<br>  Après la ménopause:<br>    50 à 100 IU/24 h<br>Hommes:<br>  5 à 25 IU/24 h | <br><br>5 à 20 IU/d<br><br>5 à 15 IU/d<br><br>15 à 60 IU/d<br><br>50 à 100 IU/d<br><br>5 à 25 IU/d | Ménopause et insuffisance ovarienne primaire | Insuffisance hypophysaire |

*Biochimie (urines)*  (suite)

| Composant ou épreuve | Intervalles de référence (adultes) | | Interprétation clinique | |
|---|---|---|---|---|
| | Anciennes unités | Unités SI | Élevé | Abaissé |
| Hormone lutéinisante | Hommes:<br>    5 à 18 IU/24 h<br>Femmes:<br>    Phase folliculaire:<br>        2 à 25 IU/24 h<br>    Pic ovulation:<br>        30 à 95 IU/24 h<br>    Phase lutéale:<br>        2 à 20 IU/24 h<br>    Après la ménopause:<br>        40 à 110 IU/24 h | 5 à 18 IU/d<br><br><br>2 à 25 IU/d<br><br>30 à 95 IU/d<br><br>2 à 20 IU/d<br><br>40 à 110 IU/d | Tumeur hypophysaire<br>Insuffisance ovarienne | Insuffisance<br>    hypophysaire |
| Hydroxyproline | 15 à 43 mg/24 h | 0,11 à 0,33 μmol/d | Maladie de Paget<br>Dysplasie fibreuse<br>Ostéomalacie<br>Cancer des os<br>Hyperparathyroïdie | |
| Métanéphrines | 0 à 2 mg/24 h | 0 à 11,0 μmol/d | Phéochromocytome; dans quelques cas de phéochromocytome, les métanéprhines sont élevées, mais les catécholamines et l'acide vanillylmandélique sont normaux. | |
| Mucopolysaccharides | 0 | | Maladie de Hurler<br>Syndrome de Marfan<br>Maladie de Morquio | |
| Osmolalité | Hommes:<br>    390 à 1090 mOsm/kg<br>Femmes:<br>    300 à 1090 mOsm/kg | 390 à 1090 mmol/kg<br><br>300 à 1090 mmol/kg | Utile dans l'étude de l'équilibre hydroélectrolytique | |
| Oxalate | <40 mg/24 h | <450 μmol/d | Oxalose | |
| Phosphore inorganique | 0,8 à 1,3 g/24 h | 26 à 42 mmol/d | Hyperparathyroïdie<br>Intoxication à la vitamine D<br>Maladie de Paget<br>Cancer métastatique des os | Hypoparathyroïdie<br>Carence en vitamine D |
| Plomb | <150 μg/24 h | <0,6 μmol/d | Intoxication au plomb | |
| Porphobilinogène | 0 à 2,0 mg/24 h | 0 à 8,8 μmol/d | Intoxication au plomb chronique<br>Porphyrie aiguë<br>Maladie du foie | |
| Porphyrines | Coproporphyrine:<br>    45 à 180 μg/24 h<br>Uroporphyrine:<br>    5 à 20 μg/24 h | 68 à 276 nmol/d<br><br>6 à 24 nmol/d | Porphyrie hépatique<br>Porphyrie érythropoïétique<br>Porphyrie cutanée tardive<br>Intoxication au plomb (coproporphyrine seulement) | |
| Potassium | 40 à 65 mEq/24 h | 40 à 65 mmol/d | Hémolyse | |

## Biochimie (urines) (suite)

| Composant ou épreuve | Intervalles de référence (adultes) | | Interprétation clinique | |
|---|---|---|---|---|
| | *Anciennes unités* | *Unités SI* | *Élevé* | *Abaissé* |
| Prégnandiol | Femmes:<br>Phase proliférative:<br>0,5 à 1,5 mg/24 h<br>Phase lutéale:<br>2 à 7 mg/24 h<br>Après la ménopause:<br>0,2 à 1 mg/24 h<br>Grossesse: | <br><br>1,6 à 4,8 µmol/d<br><br>6 à 22 µmol/d<br><br>0,6 à 3,1 µmol/d | Kystes du corps jaune<br>Rétention placentaire<br>Certaines tumeurs corticosur-<br>rénaliennes | Insuffisance placentaire<br>Menace d'avortement<br>Mort intra-utérine |

| *Semaines de gestation* | *mg/24 h* | *µmol/d* |
|---|---|---|
| 10 à 12 | 5 à 15 | 15,6 à 47,0 |
| 12 à 18 | 5 à 25 | 15,6 à 78,0 |
| 18 à 24 | 15 à 33 | 47,0 à 103,0 |
| 24 à 28 | 20 à 42 | 62,4 à 131,0 |
| 28 à 32 | 27 à 47 | 84,2 à 146,6 |

| Composant ou épreuve | Anciennes unités | Unités SI | Élevé | Abaissé |
|---|---|---|---|---|
| | Hommes:<br>0,1 à 2 mg/24 h | 0,3 à 6,2 µmol/d | | |
| Prégnantriol | 0,4 à 2,4 mg/24 h | 1,2 à 7,1 µmol/d | Hyperplasie surrénalienne<br>congénitale androgénique | |
| Protéines | <100 mg/24 h | <0,10 g/d | Néphrite<br>Insuffisance cardiaque<br>Intoxication au mercure<br>Fièvre<br>Hématurie | |
| Protéines de Bence-Jones | Absence | | Myélome multiple | |
| Sodium | 130 à 200 mEq/24 h | 130 à 200 mmol/d | Utile dans l'étude de l'équi-<br>libre hydroélectrolytique | |
| Urée | 12 à 20 g/24 h | 450 à 700 mmol/d | Augmentation du catabolisme<br>des protéines | Altération de la fonc-<br>tion rénale |
| Urobilinogène | 0 à 4 mg/24 h | 0 à 6,8 µmol/d | Maladies du foie et des voies<br>biliaires<br>Anémies hémolytiques | Obstruction des voies<br>biliaires<br>Diarrhée<br>Insuffisance rénale |
| Zinc | 0,15 à 1,2 mg/24 h | 2,3 à 18,4 µmol/d | | |

## Liquide céphalorachidien

| Composant ou épreuve | Intervalles de référence (adultes) | | Interprétation clinique | |
|---|---|---|---|---|
| | *Anciennes unités* | *Unités SI* | *Élevé* | *Abaissé* |
| Acide lactique | <24 mg/100 mL | <2,7 mmol/L | Méningite bactérienne<br>Hypocapnie<br>Hydrocéphalie<br>Abcès cervical<br>Ischémie cérébrale | |
| Albumine | 15 à 30 mg/100 mL | 150 à 300 g/L | Certains troubles neurolo-<br>giques<br>Lésion du plexus choroïde ou<br>obstruction de l'écoulement<br>du liquide céphalorachidien<br>Altération de la barrière<br>hémato-encéphalique | |

## Liquide céphalorachidien

| Composant ou épreuve | Intervalles de référence (adultes) | | Interprétation clinique | |
|---|---|---|---|---|
| | Anciennes unités | Unités SI | Élevé | Abaissé |
| Chlorure | 100 à 130 mEq/L | 100 à 130 mmol/L | Urémie | Méningite aiguë généralisée<br>Méningite tuberculeuse |
| Électrophorèse des protéines (acétate de cellulose) | | | Augmentation de la fraction albumine seulement: lésion du plexus choroïde ou obstruction de l'écoulement du liquide céphalorachidien. Augmentation de la fraction gamma-globuline avec fraction albumine normale: sclérose en plaques, neurosyphilis, panencéphalite sclérosante subaiguë et infections chroniques du SNC. Fraction gamma-globuline élevée avec fraction albumine élevée: altération grave de la barrière hémato-encéphalique. | |
| Préalbumine | 3 à 7% | 0,03 à 0,07 | | |
| Albumine | 56 à 74% | 0,56 à 0,74 | | |
| Globulines: | | | | |
| Alpha$_1$ | 2 à 6,5% | 0,02 à 0,065 | | |
| Alpha$^2$ | 3 à 12% | 0,03 à 0,12 | | |
| Bêta | 8 à 18,5% | 0,08 à 0,18 | | |
| Gamma | 4 à 14% | 0,04 à 0,14 | | |
| Glucose | 50 à 75 mg/100 mL | 2,7 à 4,1 mmol/L | Diabète<br>Coma diabétique<br>Encéphalite épidémique<br>Urémie | Méningite aiguë<br>Méningite tuberculeuse<br>Choc insulinique |
| Glutamine | 6 à 15 mg/100 mL | 0,4 à 1,0 mmol/L | Encéphalopathies hépatiques, dont le syndrome de Reye<br>Coma hépatique<br>Cirrhose | |
| IgG | 0 à 6,6 mg/100 mL | 0 à 6,6 g/L | Altération de la barrière hémato-encéphalique<br>Sclérose en plaques<br>Neurosyphilis<br>Panencéphalite sclérosante subaiguë<br>Infections chroniques du SNC | |
| Lactate déshydrogénase | 1/10 du taux sérique | 0,1 | Maladies du SNC | |
| Numération globulaire | 0 à 5/mm$^3$ | 0 à 5 × 10$^6$/L | Méningite bactérienne<br>Méningite virale<br>Neurosyphilis<br>Poliomyélite<br>Encéphalite léthargique | |
| Protéines | | | | |
| lombaires | 15 à 45 mg/100 mL | 15 à 45 g/L | Méningite aiguë | |
| sous-occipitales | 15 à 25 mg/100 mL | 15 à 25 g/L | Méningite tuberculeuse | |
| ventriculaires | 5 à 15 mg/100 mL | 5 à 15 g/L | Neurosyphilis<br>Poliomyélite<br>Syndrome de Guillain-Barré | |

## Liquide gastrique

| Composant ou épreuve | Intervalles de référence (adultes) | | Interprétation clinique | |
| --- | --- | --- | --- | --- |
| | Anciennes unités | Unités SI | Élevé | Abaissé |
| Acidité maximum | 5 à 50 mEq/h | 5 à 40 mmol/h | Syndrome de Zollinger-Ellison | Gastrite atrophique chronique |
| Débit acide basal | 0 à 6 mEq/h | 0 à 6 mmol/h | Ulcère gastroduodénal | Cancer de l'estomac |
| pH | <2 | <2 | | Anémie pernicieuse |

## Concentrations thérapeutiques de différents médicaments

| Médicament | Anciennes unités | Unités SI |
| --- | --- | --- |
| Acétaminophène | 10 à 20 $\mu$g/mL | 10 à 20 mg/L |
| Aminophylline (théophylline) | 10 à 20 $\mu$g/mL | 10 à 20 mg/L |
| Bromure | 5 à 50 mg/100 mL | 50 à 500 mg/L |
| Chlordiazépoxide | 1 à 3 $\mu$g/mL | 1 à 3 mg/L |
| Diazépam | 0,5 à 2,5 $\mu$g/100 mL | 5 à 25 $\mu$g/L |
| Digitoxine | 5 à 30 ng/mL | 5 à 30 $\mu$g/L |
| Digoxine | 0,5 à 2 ng/mL | 0,5 à 2 $\mu$g/L |
| Gentamicine | 4 à 10 $\mu$g/mL | 4 à 10 mg/L |
| Phénobarbital | 15 à 40 $\mu$g/mL | 15 à 40 mg/L |
| Phénytoïne | 10 à 20 $\mu$g/mL | 10 à 20 mg/L |
| Primidone | 5 à 12 $\mu$g/mL | 5 à 12 mg/L |
| Quinidine | 0,2 à 0,5 mg/100 mL | 2 à 5 mg/L |
| Salicylates | 2 à 25 mg/100 mL | 20 à 250 mg/L |
| Sulfamides: | | |
| Sulfadiazine | 8 à 15 mg/100 mL | 80 à 150 mg/L |
| Sulfaguanidine | 3 à 5 mg/100 mL | 30 à 50 mg/L |
| Sulfamérazine | 10 à 15 mg/100 mL | 100 à 150 mg/L |
| Sufanilamide | 10 à 15 mg/100 mL | 100 à 150 mg/L |

## Concentrations toxiques de différentes substances

| Substance | Anciennes unités | Unités SI |
| --- | --- | --- |
| Éthanol | Intoxication marquée: 0,3 à 0,4 % Stupeur: 0,4 à 0,5 % | |
| Méthanol | Concentration potentiellement fatale: >10 mg/100 mL | >100 mg/L |
| Monoxyde de carbone | >20 % de saturation | |
| Salicylates | >30 mg/100 mL | 300 mg/L |

Examen de
diagnostic

Cáteres méd.

G          V

Admission

Trachéo

**Ocytocine,** hypophyse, 877
**Odorat,** perte et privation chez les
  personnes âgées, 570
  changements, laryngectomie, 19
**Odynophagie**
  achalasie, 655
  spasmes diffus, 655
  troubles de l'œsophage, 653
**Œdème,** 400
  aigu du poumon, 345
  angionenrotique, 15
  cérébral, 1901, 1902
    papillaire, tumeur cérébrale, 1919
  de Quincke, 1504
    hypersensibilité immédiate, 1491,
      1493
    héréditaire, 1504
  dysfonctionnement hépatique, 782
  laryngé, 15
    allergies, 1491
  maculaire, diabète sucré, 859-860, 862
  pulmonaire, 26, 37t
  syndrome néphrotique, 1075
**Œil (yeux).** *Voir aussi* Affections oculaires
  anatomie et physiologie, 1761, 1762f
  dons d'organes, 1781
  examen, 1764
  fond de l', 860f, 1766
  mouvements, 1761, 1762f
  protection, salle d'opération, 954
  sec, syndrome, 1761
**Œsophage**
  anatomie, 613, 615f, 653, 659
  cancer, 659-660
    apport nutritionnel, 660
    examens diagnostiques, 659
    facteurs de risque, 659
    incidence, 659
    physiopathologie, 659
    traitement, 659-660
  chirurgie, 658
  corps étrangers, 658
  fonction, 653
  perforation, 657-658
  troubles, 653-660
    adaptation, 654
    apport nutritionnel, 654
    collecte des données, 653-654
    douleur, 654
    enseignement au patient, 654
    évaluation du patient, 655
    soins à domicile, 654-655
  varices. *Voir* Varices œsophagiennes
**Œsophagectomie**
  cancer de l'œsophage, 660
**Œsophagite,** après une chirurgie
  gastrique, 711
**Œsophagoscopie,** 45
  brûlures chimiques, 658
  cancer de l'œsophage, 659
  corps étrangers, 658
**Œsophagostomie cervicale,** sclérose
  latérale amyotrophique, 1945
**Œstradiol,** 1130
**Œstrogènes,** 1130, 1131f
**Œstrogénothérapie**
  cancer de la prostate, 1227
  ostéoporose, 2094
**Oignon,** 2089f, 2090
**OIIQ,** 156, 157, 171
**Oligurie**
  définition, 1025
  insuffisance rénale, 1076
**OMS,** 160
**Oncologie,** 1387-1437. *Voir aussi* Cancer
**Ondes**
  A, B et C, monitorage, 1868, 1869f
  de plateau (A), 1868, 1869f
  ECG, 288, 289t
**Ongle,** 1551, 1555, 1558f
  en cuillère, 1558f
  incarné, 2090
**Onguents,** lésions cutanées, 1566, 1567t
  affections de l'œil, 1774, 1775f
**Onychomycose,** 1576
**Opération**
  de Whipple, 919-920, 920f
  intracrânienne
    complications, 1905
    diagnostics infirmiers, 1901-1903

estime de soi, amélioration, 1905
image corporelle, perturbation,
  1901
transsphénoïdales, 1906, 1907f
  complications, 1907
soins infirmiers, démarche,
  1900-1906
techniques chirurgicales, 1898
thoracique, 76-91
  douleurs, 85
  évaluation, 86
  exercices postopératoires, 85, 86t
  soins infirmiers, 77
  plan de, 87-91
**Ophtalmie sympathique,** 1779
**Ophtalmologiste,** 1763
**Ophtalmoscope,** 1766, 1766f, 1783
**Ophtalmoscopie,** 1766, 1783
**Opiacés.** *Voir aussi* Narcotiques
  intraspinaux, 1909
  soins préopératoires, 946
**Opisthotonos,** 1698
**Opium,** abus, 1744t
**Opsonisation,** phagocytose, 1457
**Opticien,** 1763
**Optique et réfraction,** 1767
**Optométriste,** 1763
**Orabase,** 6
**Orchidectomie,** 1212
  cancer de la prostate, 1227
**Orchidopexie,** 1228
**Orchite,** 1228
**Orcovin,** 467
**Oreille(s),** 1807-1828. *Voir aussi* Audition;
  Surdité
  anatomie, 1807-1808, 1809f
  examen, 1809
  revue des systèmes et appareils, 246
**Oreiller,** d'abduction, 2036, 2036f
**Oreillette,** 270, 270f
**Oreillons,** 639, 1656t
**Organisation temporelle de l'être
  humain**
  facteurs
    endogènes, 1310
    exogènes, 1311
  synchronisation, 1311
**Orgasme,** cycle de réaction sexuelle, 1335
**Orgelet,** 1778
**Orientation sexuelle,** 1328
**Orifices externe et interne de
  l'utérus,** 1120
**Ornithose**
  manifestations cliniques, 1701
  prévention, 1702
  traitement, 1701
**Oropharynx,** culture, 1678, 1678t
**Orosomucoïde de Tamm-Horsfall,** 1066
**Orteils**
  cor, 2089
  en marteau, 2089f, 2090
  ongle incarné, 2090
**Orthèses,** 2019, 2020, 2020f
  utilisation, mobilité, 1270
**Orthésiste,** rôle
  équipe de réadaptation, 1252
**Orthodontie,** 639
**Orthophoniste,** rôle
  équipe de réadaptation, 1252
**Orthopnée,** 38
**Os.** *Voir aussi* Appareil locomoteur;
  Squelette
  anatomie, 2005-2006
  consolidation, 2006-2007, 2051,
    2051t, 2052e
  examens diagnostiques, 2011-2013
  formation (ostéogenèse), 2006
  greffe, 2031, 2053
  remodelage, 2007
  structure, 2006
  tumeur(s)
    adaptation, 2103
    apport nutritionnel, 2103
    bénignes, 2100
    collecte des données, 2101
    douleur, 2102
    enseignement au patient, 2102
    estime de soi, 2103
    évaluation du patient, 2103
    examens diagnostiques, 2101

infection, 2103
lésions métastatiques, 2100
malignes, 2100
manifestations cliniques, 2101
physiopathologie, 2100
soins de la plaie, 2103
traitement, 2102
**Oscillateur circadien,** 1319
**Oscillométrie,** 411
**Osmolalité,** 1349
  gavage, 671-672
  urines, 1021
**Osmose,** 1349, 1350f
  gavage, 671-672
  hémodialyse, 1045
**Ossification**
  cicatrisation osseuse, 2007
  endochondrale, 2006
  endomembraneuse, 2006
  hétérotrophe, prothèse totale de la
    hanche, 2037
**Ostéite déformante.** *Voir* Maladie de
  Paget
**Ostéoblastes,** 2006, 2007
  tumeur osseuse, 2100
**Ostéochondrome,** 2100
**Ostéoclastes,** 2006
**Ostéocytes,** 2006
**Ostéodystrophie,** rénale, 1023
**Ostéogenèse,** 2006
  stimulation électrique, 2053, 2055f
**Ostéogénique,** sarcome, 2100, 2101f
**Ostéolyse,** tumeur osseuse, 2100
**Ostéomalacie**
  collecte des données, 2095
  douleur, 2096
  enseignement au patient, 2095-2096
  évaluation du patient, 2096
  examens diagnostiques, 2095
  gérontologie, 2095
  image corporelle, 2096
  interaction sociale, 2096
  manifestations cliniques, 2095
  physiopathologie, 2094-2095
**Ostéome,** ostéoïde, 2100
**Ostéomyélite**
  collecte des données, 2098
  douleur, 2098
  enseignement au patient, 2099
  évaluation du patient, 2099
  examens diagnostiques, 2098
  infection, 2099
  manifestations cliniques, 2098
  mobilité, 2098-2099
  physiopathologie, 2098
  postopératoire, 2098
  prévention, 2097
  tumeur osseuse, 2103
**Ostéons,** 2006
**Ostéoporose,** 2092-2094
  soins infirmiers, 2093
**Ostéosarcome,** 2100, 2101f
**Otalgie,** 1814
**Otite**
  externe, 1814
  moyenne, 1817t
    aiguë, 1817
    barotraumatique, 1816
    chronique, 1818
    séreuse, 1816
**Otologiste,** 1812
**Otorhinolaryngologiste,** 1812
**Otorrhée céphalorachidienne,**
  fracture du crâne, 1955
**Otoscope,** 1810, 1811f
**Otospongiose,** 1819
**Ouverture,** claquement, 283
**Ovaires,** 1120, 1129
  cancer, 1176, 1176t
  stérilité, 1144
**Ovariectomie,** 1195, 1200t
**Ovral,** après une agression sexuelle, 1753
**Ovulation,** 1121, 1131f
**Ovule,** trajet pour la fécondation, 1120f
**Oxazépam,** abus, 1746t-1747t
**Oxygène,** 23, 28-29, 29f
  concentrateur d', 56
  consommation dans divers organes, 400t

dans le sang, diminution
  de l'apport aux tissus, 54
  de la pression artérielle, 54
différence artérioveineuse en, 399
intoxication, 55
liquide, 56
masques à, 55t, 56, 56f
méthodes d'administration, 55
sevrage, 74
toxicité, 54
transport, 29
**Oxygénothérapie,** 54, 55t
  emphysème, 116
  hyperbare, gangrène gazeuse, 1700
  inhalation de monoxyde de carbone, 1741
**Oxyhémoglobine,** courbe de dissociation,
  29, 29f

*P*
**Pacemakers,** 1310. *Voir aussi* Stimulateurs cardiaques
**Paget,** maladie de, 1187, 1193t, 1194
  examens diagnostiques, 2096
  gérontologie, 2097
  incidence, 2096
  manifestations cliniques, 2096
  traitement, 2096-2097
**Palpation,** examen physique, 255
  foie, 770, 772, 772f
  glande thyroïde, 883, 883f
  paroi thoracique, 281
**Paludisme (malaria),** 1656t
  examens diagnostiques, 1707
  incidence, 1706
  manifestations cliniques, 1706-1707
  traitement, 1707
  transmission par transfusion, 479
  types, 1706
**Pamoate de pyrantel,** 1710, 1711
**Panaris superficiel,** 1555, 1558f
**Pancréas**
  anatomie, 768, 768f, 881
  digestion, 615f, 616
  gérontologie, 911
  greffe, 846
  hyperinsulinisme, 923
  inflammation (pancréatite), 911-915
  insuffisance, syndrome de malab-
    sorption, 721t
  kystes, examens diagnostiques et
    traitement, 915, 919
  rôle dans la digestion, 615f, 616
  stimulation, inhibition, 916
  sucs, 881, 911
  tumeurs
    carcinomes, 919
    îlots de Langerhans, des, 920
    tête du pancréas, de la, 919-920, 920f
**Pancréatectomie partielle,** 920
**Pancréatite**
  aiguë
    apport nutritionnel, 914, 917-918
    classification, 912
    collecte des données, 913
    douleur, 913, 916
    enseignement au patient et soins à
      domicile, 914
    électrolytes, 917
    évaluation du patient, 914
    fonction respiratoire, 914, 918
    gérontologie, 913
    inhibition de la stimulation du
      pancréas, 916
    manifestations cliniques et examens
      diagnostiques, 912
    plan de soins infirmiers, 916-918
    physiopathologie et étiologie, 911-912
    traitement, 912-913
    volume liquidien, 913-914
  chronique, 914
    examens diagnostiques, 915
    traitement, 915
**Pancréatoduodenectomie**
  apport nutritionnel, 922
  douleur, 921
  fonction respiratoire, 921
  plan de soins infirmiers, 921-923
  soins de la peau, 922-923
  tumeurs pancréatiques, 919-920, 920f
**Pancréatojéjunostomie,** 915